U0620369

中华经典名著

全本全注全译丛书

刘子立◎译注

长短经 上

中華書局

图书在版编目(CIP)数据

长短经/刘子立译注．—北京：中华书局，2024.7．—(中华经典名著全本全注全译)．—ISBN 978-7-101-16657-6

Ⅰ.C934

中国国家版本馆 CIP 数据核字第 2024FS8138 号

书　　名　长短经(全二册)
译 注 者　刘子立
丛 书 名　中华经典名著全本全注全译丛书
责任编辑　刘胜利
装帧设计　毛　淳
责任印制　陈丽娜
出版发行　中华书局
　　　　　(北京市丰台区太平桥西里 38 号　100073)
　　　　　http://www.zhbc.com.cn
　　　　　E-mail:zhbc@zhbc.com.cn
印　　刷　北京中科印刷有限公司
版　　次　2024 年 7 月第 1 版
　　　　　2024 年 7 月第 1 次印刷
规　　格　开本/880×1230 毫米　1/32
　　　　　印张 48⅛　字数 1080 千字
印　　数　1-10000 册
国际书号　ISBN 978-7-101-16657-6
定　　价　128.00 元

目录

上册

下册

前言

唐代赵蕤所撰的《长短经》，是一部体大思精、极具特点的著作。全书以“宁固根蒂，革易时弊”为宗旨（《长短经·自序》），详细讨论了治国用兵的“王霸、机权、正变之术”（晁公武《郡斋读书志》）。作者出入经史，融会诸子，展现出了广博的知识与高妙的权谋智慧。全书以“抄撰”的方式写成，大部分内容抄自先秦至唐代的各种典籍，却又首尾呼应，体系严密，处处反映出赵蕤本人的政治理念。这种特殊的撰写方式，不仅使《长短经》成为早期文献的渊薮，在辑佚、校勘方面极具价值，同时也为今人了解中古时期书籍的撰写、生成方式，提供了一个宝贵的观察窗口。

一

关于《长短经》作者赵蕤的生平，文献中记载寥寥。在《长短经·自序》中，赵蕤自称“梓州郪县长平山安昌岩草莽臣”。五代时期孙光宪《北梦琐言》载：“赵蕤者，梓州盐亭县人也，博学韬钤，长于经世。夫妇俱有节操，不受交辟。撰《长短经》十卷，王霸之道，见行于世。”《新唐书·艺文志三·杂家类》著录：“赵蕤《长短要术》十卷。”注云：“字太宾，梓州人，开元召之不赴。”综合上述记载，可知赵蕤字太宾，籍贯或为梓州盐亭（今四川绵阳盐亭）。《自序》中提到的“梓州郪县长平山安昌岩（今四川绵阳三台）”，可能是赵蕤撰写《长短经》时的隐居地。明代曹学佺在《蜀中广记·人物记》中，便认为“赵蕤，盐亭人。……隐于梓州长平山”。此外，明代杨慎的《升庵集》中，记载赵蕤“字云卿”，可能另有所据。不过，就名、字相呼应的角度而言，“蕤宾”为十二律之一，故“太宾”之字更为可信。

在赵蕤的生平事迹中，最引人注目的是其与诗仙李白之间的关系。北宋杨天惠《彰明逸事》载：

> （李白）隐居戴天大匡山，往来旁郡，依潼江赵征君蕤。蕤亦节士，任侠有气，善为纵横学，著书号《长短经》。太白从学岁余，去游成都。（《唐诗纪事》卷十八“李白”条引）

据此，李白曾追随赵蕤学习纵横术。李白在其《上安州裴长史书》中，称自己“昔与逸人东严子隐于岷山之阳。白巢居数年，不迹城市，养奇禽千计，呼皆就掌取食，了无惊猜。广汉太守闻而异之，诣庐亲睹，因举二人以有道，并不起”。杨慎认为此处提到的“东严子”便是赵蕤（见《升庵集》卷三《李太白诗题辞》），还谈到赵、李二人曾同时受到广汉太守苏颋的赏识。在《荐西蜀人才疏》中，苏颋有“赵蕤数术，李白文章”之语。（见《升庵集》卷五十六《太白怀乡句》）。然苏颋时任“知益州大都督府长史事”（《旧唐书·苏颋传》），从未出任广汉太守，且《彰明逸事》中关于李白的事迹近乎小说家言，故“东严子”是否就是赵蕤，尚缺乏坚实的证据。不过，李白、赵蕤二人相识，甚至是颇为投契的好友，这一点却是没有疑问的。在李白的作品中，有一首赠予赵蕤的《淮南卧病书怀寄蜀中赵征君蕤》：

> 吴会一浮云，飘如远行客。功业莫从就，岁光屡奔迫。良图俄弃捐，衰疾乃绵剧。古琴藏虚匣，长剑挂空壁。楚怀奏钟仪，越吟比庄舄。国门遥天外，乡路远山隔。朝忆相如台，夜梦子云宅。旅情初结缉，秋气方寂历。风入松下清，露出草间白。故人不可见，幽梦谁与适。寄书西飞鸿，赠尔慰离析。

根据安旗先生的系年，该诗写于开元十四年(726)，李白卧病扬州之时。诗中将赵蕤称为“故人”，又以“尔”相称，反映了二人不拘形迹的亲密关系。而在李白的生平行事中，我们也的确能发现纵横家思想的鲜明印记。如在《代寿山答孟少府移文书》一文中，李白说自己的理想是“申管晏之谈，谋帝王之术，奋其智能，愿为辅弼，使寰区大定，海县清一”。在《经乱离后，天恩流夜郎，忆旧游书怀赠江夏韦太守良宰》一诗中，李白回忆自己早年曾“误逐世间乐，颇穷理乱情。……试涉霸王略，将期轩冕荣”。而如下文所述，“管晏之谈”“帝王之术”与“霸王略”，正是《长短经》的主旨所在。就此而论，赵蕤及其著作《长短经》，很可能确乎深刻地影响了李白的思想。

关于赵蕤的其他著述，马端临《文献通考·经籍考二·经·易》著录《关子明〈易传〉》一卷，注曰：

> 晁氏(公武)曰：“魏关朗撰。元魏太和末，王虬言于孝文，孝文召见之，著成《筮论》数十篇。唐赵蕤云：‘恨书亡半，随文诠解，才十一篇而已。’李邯郸始著之目，云王通赞《易》，盖宗此也。”
>
> 《朱子语录》：“关子明《易》，伪书也。”
>
> 陈氏(振孙)曰：“唐赵蕤注。然隋、唐《志》皆不录，或云阮逸伪作。”

可知自宋代以来，流传有一本据称是北魏关朗撰、赵蕤注解的《关子明〈易传〉》。然如陈振孙《直斋书录解题》所云，该书“隋、唐《志》皆不录，或云阮逸伪作”，朱熹亦认为其为伪书。四库馆臣进一步考证，该书系宋人阮逸的伪作，所谓赵蕤注，自然也是出于伪托(见《四库全书总目·经部七·易类存目一》)。那么，《长短经》一书，便是今日能见到的赵蕤唯一的著作。

二

在流传过程中，《长短经》一书拥有过数个书名，或曰“长短要术”，或曰“儒门经济长短经”，或曰“反经”，梁运华先生指出，此“皆刻板者、著录者或出版者考量儒家传统地位及商业利益所为”（《新编诸子集成续编·长短经》）。在《自序》中，赵蕤自称该书“名曰《长短经》”，自当以此为准。《长短经·三国权》云：“自隋开皇十年庚戌岁灭陈，至今开元四年丙辰岁，凡一百二十六年，天下一统。”可知《长短经》大致写定于唐玄宗开元初年。

关于《长短经》的篇卷数，赵蕤在《自序》中说：“创立题目，总六十有三篇，合为十卷。”《北梦琐言》《新唐书·艺文志》均载《长短经》为十卷。不过，现存最早的宋刊本《长短经》却是九卷六十四篇，卷数少了一卷，篇数反而多了一篇。晁公武《郡斋读书志（衢州本）》载：“《长短经》第十卷载阴谋家，本阙，今存者六十四篇。”可知自南宋时起，《长短经》便已只存九卷。关于这一情形，《四库全书·御题〈长短经〉诗注》认为：“意者六十三篇，‘三’字乃‘五’字之讹，其第十卷阴谋家止有一篇，亦未可知。”但是否如此，已难以确证了。至于书名中“长短”一词的含义，《四库全书总目提要》云：

> 刘向序《战国策》称：“或题曰长短。”此书辨析事势，其源盖出于纵横家，故以“长短”为名，虽因时制变，不免为事功之学，而大旨主于实用，非策士诡谲之谋，其言故不悖于儒者，其文格亦颇近荀悦《申鉴》、刘劭《人物志》，犹有魏、晋之遗。

又如前引《彰明逸事》载赵蕤“善为纵横学，著书号《长短经》”，周广业《长短经跋》称本书“命名取《国策》”（读画斋丛书本《长短经》），周中孚《郑堂读书记》云“‘短长’为《战国策》之别称，大（又作“太”）宾以纵横之学术谈儒门之经济，故命名取诸此”。以上意见，皆认为《长短经》的书名与《战国策》的别名“短长”有着直接的渊源。关于此，周斌、梁运华先生均表示反对。周斌先生认为，“纵横学仅是《长短经》中的一个方面”，“诸子百家之术，王霸孔墨之略，尺有所短，寸有所长，要之在于时势，所谓神而明之，存乎其人，变而通之，存乎其心，这应当才是《长短经》书名中‘长短’二字的真正含义，而非古人所谓仅仅‘纵横’之术而已”（周斌《〈长短经〉校证与研究》）。梁运华先生也认为，“所谓‘长短术’，就是善于因时、因地、因势，正确利用各家长短”（《新编诸子集成续编·长短经》前言）。这一论断很有道理，狭义的揣摩游说、合纵连横的纵横术，的确无法涵盖《长短经》的思想。不过，在汉魏以来的语境中，“长短术”一词与“纵横术”大抵同义。如《汉书·张汤传》：“边通学短长，刚暴人也。”颜师古注引张晏曰：“苏秦、张仪之谋，趣彼为短，归此为长，《战国策》名‘长短术’也。”更重要的是，在《长短经》一书中，赵蕤处处表现出对于“霸道”的偏爱。《长短经·自序》云：

管子曰：“圣人能辅时，不能违时。智者善谋，不如当时。”邹子曰：“政教文质，所以匡救也，当时则用之，过则舍之。”由此观之，当霸者之朝而行王者之化则悖矣，当强国之世而行霸者之威则乖矣。若时逢狙诈，正道陵夷，欲宪章先王，广陈德化，是犹待越客以拯溺，白大人以救火，善则善矣，岂所谓通于时变欤？

夫霸者，驳道也，盖白黑杂合，不纯用德焉。期于有成，不问所以；论于大体，不守小节。虽称仁引义，不及三王，而扶颠定倾，其归一揆。

恐儒者溺于所闻，不知王霸殊略，故叙以长短术，以经纶通变者。……大旨在乎宁固根蒂，革易时弊。

赵蕤开宗明义地指出，王道与霸道旨趣有别，不可偏废，应当根据时势的不同加以取舍。而一般的儒者拘泥于“宪章先王，广陈德化”的王道，“溺于所闻，不知王霸殊略”，所以自己要“叙以长短术，以经纶通变”。由此可知，《长短经》所讨论的种种治国、理政、用兵之术，并不是着眼于太平治世的，而是要在“时逢狙诈，正道陵夷”之时，王道失效之后，起到“扶颠定倾”“革易时弊”的作用。在本书的《霸图》《七雄略》《三国权》三卷中，赵蕤回顾了自战国以来直至隋唐之际的历史，并着重关注了战国七雄、楚汉相争、三国鼎立这样的群雄逐鹿时期，以及易代之际的风云变幻。至于每个朝代的承平时期，往往一语略过。在这些篇章中，赵蕤又浓墨重彩地讲述了辩士谋臣们的精彩韬略，以及他们在历史关键处所发挥的一锤定音的作用。如在《七雄略》中，赵蕤对于战国时期的历史鲜有涉及，却长篇累牍地抄录了苏秦、张仪二人的游说之辞，以此展示二人对天下局势造成的巨大影响。可见，在赵蕤心目中，像苏秦、张仪，乃至随何、蒯通、郦生、娄敬、陆贾、荀攸、张宾这样的乱世中的策士，正是以“白黑杂合，不纯用德”为特征的“霸道”的成功践行者。从这个意义上说，《长短经》与苏、张等纵横家在精神气质、政治理念上无疑是相通的。故赵蕤所谓的“长短术”，不妨理解为一种适用于乱世的，语义略等于“霸道”的“纵横术”。这可能正是赵蕤将本书命名为《长短经》的原因。

就具体内容而论，《长短经》可以划分出七个互相关联的主题：

（一）全书卷一至卷三为《文》，由于体量过大，分为上、中、下三卷。其中《大体》《任长》《品目》《量才》《知人》《察相》《论士》七篇，主要讨论君主如何识别、委任人才的问题。赵蕤认为，知贤而善任，是君主为政的大体，然“人未易知，知人未易”（《知人》），人才不仅有才能高下的差别，禀性品类的不同，还会有似是而非之人混淆其间。而不同的官职，所需要的人才类型也各不相同。故君主必须熟悉包括相术在内的多种识人之术，并深谙设官分职之法。作为这一主题的收束，赵蕤在《论士》篇中再次强调了“得人则兴，失士则崩”，并指出君主应当尊贤重士，不可求全责备。

（二）《政体》《君德》《臣行》《德表》《理乱》五篇，均围绕着国家治理中某些纲领性问题展开讨论。《政体》篇指出君主必须“审于时，察于用，而能备官”，并讨论了“教诲之政”如何实行的问题。《君德》《臣行》篇讨论了君主、臣子的德行与才能问题。《德表》篇讨论了不同才性的品类与优劣，以及如何通过修身、正心来弥补缺憾。《理乱》篇讨论了如何通过各种外在迹象，判断一个国家的治乱情形，并指出君主治国应当重视“势”的作用。这些问题紧承上一主题而来,《政体》篇题后赵蕤自注:“夫政理得人则兴,失人则毁,故首简才行,次论政体焉。”

(三)《反经》《是非》《适变》《正论》四篇,是《长短经》中尤为精彩的一个主题。《反经》《是非》《适变》三篇,强调了治国之术多种多样,不同学说的适用场景不同,是非优劣不可一概而论。而《正论》篇是对以上三篇的总结,赵蕤站在思想史的高度,对百家学说进行了纲举目张的概括,最后指出应“有法无法,因时为业”,以“通变”为根本的宗旨。

(四)全书卷四至卷六为《霸纪》,包括《霸图》《七雄略》《三国权》三篇,《三国权》又分为“蜀”“吴”“魏”三节。这一主题主要是对历史大事的回顾,并包含了对历史经验的总结。如在《霸图》结尾,赵蕤指出历代之兴皆由于“得贤豪,为人兴利除害”,历代之亡皆由于“任用群小,奢汰无度”。《七雄略》的末尾,谈到了郡县制与封建制孰优孰劣的问题。《三国权》结尾部分,谈到了必须防范地方官权力过大、统御地域过广的问题。

(五)卷七为《权议》,包括《惧诫》《时宜》两篇,主要围绕着“权变之道”展开讨论。在《惧诫》篇中,赵蕤搜集了众多历史事例,从多个角度展示了权变之道的成败经验。篇中指出,在天下动荡的特殊时期,必须戒慎恐惧,综合各方面情况进行审慎的判断。《时宜》篇则借助事例,从“情”“形”“势”三个方面讨论了权变之道的成败关键。

(六)卷八为《杂说》,共十九篇。如名所示,赵蕤将一些不太好归类的篇目收入这一卷中。如《钓情》篇列举了游说君主的种种困难,指出游说者必须通过“物”“言”“事”“志”等途径探知君主的隐情。《诡信》篇指出貌似诡诈之人,往往才是真正的忠信之士,“诡谲之行,乃忠信之本焉”。而《定名》篇则搜罗典籍,广征博引,辨析道、德、仁、义、礼、智等重要概念的定义。本卷涉及的内容相当驳杂,篇章之间的关系也不甚紧密。

(七)卷九为《兵权》,共二十四篇。本卷在兵书中广泛抄撮,讨论了一系列重要的军事理论问题。就形式而言，本卷在《长短经》中是较为特殊的：一方面，本卷有独立的序言，这在全书中独树一帜；另一方面，本卷没有沿袭卷一至卷八的篇名编号，而是以《出军第一》至《还师二十四》重新编号。这不禁让人怀疑，赵蕤有可能原本打算撰写一部独立的兵学著作，但因篇幅较短，难以独立成书，故并入了《长短经》中。若这一猜测不误，那么本卷《兵权》。以及已散佚的第十卷《阴谋》，很可能是作为《长短经》的"外篇"存在的。

就整体而言，《长短经》中的这些主题依次展开，彼此呼应，呈现出相当严密的逻辑结构，并处处显示出"期于有成，不问所以；论于大体，不守小节"的思想旨趣。赵蕤在阐述这套"长短术"时，很明显是以帝王师的身份自居的。周斌先生推测，《长短经》是一部进御之作，是作者"进献给当朝皇帝唐玄宗的一个作品"，极有见地。《长短经·自序》云："当代之士，驰骛之曹，书读纵横则思诸侯之变，艺长奇正则念风尘之会。"从某种角度说，这句话不仅是赵蕤对纵横家、兵法家所下的判断，同时也不妨视为作者的夫子自道。但问题是，如果"书读纵横""艺长奇正"之人，却生活在唐初这样一个相对承平的年代，遇不到"诸侯之变""风尘之会"，又怎么办呢？那么，这些多少有纸上谈兵之嫌的"扶颠定倾"之术，也就不免沦为难以施展的屠龙术了。这种思想与时代的错位，大概也是赵蕤终生不仕、李白坎坷连连的部分原因。

三

《长短经》的撰写方式是很有特点的。周斌先生在《〈长短经〉校证与研究》一书中谈到：

> 《长短经》全书约十九万字，而赵蕤自己写作的成段文字不过数段而已，其余均是抄自先秦至唐代各种书籍，涉及经、史、子、集四部书百余种。赵蕤引用前人著作的形式有两种，三分之一是明抄（写出书名或作者名），三分之二是暗引（不写出书名和作者名）。

赵蕤在引用前人著作时，常以简明的几个字或设问、或总结、或说明、或承上启下，这类文字的数量要比赵蕤自己写作的成段文字的数量多得多，但这两类属于赵蕤写作的文字加在一起，也不足一万字。而《长短经》的十八万字，均是明抄或暗引自前人著作。

事实上，这种取材于前人著作，并加以削删、抄撮、编排的著述方式，在中古时期相当常见，是这一时期书籍生成的重要方式。周斌先生称之为“编述”，但更常见的名称则是“钞（抄）”或“抄撰”。南朝时期，曾设立有专门的“抄撰学士”。童岭先生指出，在六朝隋唐时期，照本不动而誊录者谓之“写”，部分摘录且可作改动者谓之“钞”。（见《六朝隋唐汉籍旧钞本研究》）而在这一摘录、改动的过程中，新的著作也随之诞生。《隋书·经籍志》中收录了不少抄撰而成的书籍。以史部为例，《隋书·经籍志·史部·杂史》收录张缅《晋书钞》三十卷，卫飒《史要》十卷（注曰“约《史记》要言，以类相从”），王蔑《史汉要集》二卷（注曰“抄《史记》，入《春秋》者不录”），张温《三史略》二十九卷，张缅《后汉略》二十五卷，葛洪《汉书钞》三十卷，阮孝绪《正史削繁》九十四卷等抄撰而成的史著。《杂史》类小序云：“自后汉已来，学者多钞撮旧史，自为一书，或起自人皇，或断之近代，亦各其志，而体制不经。”这类著作，在《四库全书》中被称为“史钞”，而《长短经》中的《霸图》《七雄略》《三国权》三篇，正是相当典型的史钞类文献。除了史部之外，这类书籍在经部、子部、集部中也不在少数（参见曹之《古代抄撰著作小考》）。

但必须注意的是，在这一类著作中，其“抄撰”的目的与方式是不尽相同的。有些著作是针对一书的抄撰，通常是由于原书篇幅过大，通过择要抄撮以便观览。有些著作是针对众书的抄撰，并将挑选出的材料加以重新编排，如上引卫飒的《史要》，就是摘取《史记》中的“要言”并“以类相从”，这也是魏晋以来盛行的类书的编撰方式。但这些抄撰工作，主要着眼于对原书材料的择取或编排，在思想上未必有进一步的发挥，某种程度上可以视为原书的衍生产品。而《长短经》则完全不同，用周斌先生的话说:“赵蕤用前人的文句编织了一个属于他自己的思想体系。虽然这些思想的局部都已存在于前人的著作中,但任何局部都不能大于《长短经》这个整体。”这使得《长短经》成为一部非常特殊的、具有高度创造性的抄撰类文献。

那么,赵蕤是如何以“抄撰”的方式,阐发自己的思想呢?首先,《长短经》采用了“自为经传”的著述模式。以“经”命名著作,不仅反映了赵蕤的高自标置,同时也便于以经注并行的方式灵活组合各种材料。书中的不少篇章,以某些经典文献作为纲目,并以自注的形式补充大量材料与历史事例。如《政体》篇以《管子·牧民》“十一经”一节作为论述大纲,并在自注中附以大量史事与前人言论作为佐证,深入阐发了“教诲之政”的条目与施行办法。又如《君德》篇以虞世南《帝王略论》为纲,广泛援引各类文献,如曹植《汉二祖优劣论》、曹丕《周成汉昭论》,等等,对于历代君主的优劣得失进行了深入的讨论。这种著述方式,使《长短经》中的某些篇章,往往能比原书更为充分地阐发某一道理。

其次,在许多篇章中,赵蕤会将材料进行相当细致的拆分,并按照自己的思想体系重新加以组合。如在第九卷《兵权》中,赵蕤从《黄石公三略》《六韬》《孙子兵法》等兵书中抄取了大量材料。《还师》篇末尾的自注中,赵蕤承认《兵权》卷“皆诸兵书中语也”。但就本卷整体的篇章结构、编排逻辑而言,却不雷同于上述任何一部兵书。《孙子兵法》某一篇章中的材料,往往依照叙述重点的不同,被细密地拆分到本卷的不同章节中。通过这一方式,赵蕤建构了一个以《出军》为始,以《还师》为终,涵盖了兵权谋、兵形势、兵阴阳之学的相对完整的兵学体系。

最后,在某些篇章中,赵蕤还将前人的不同观点拆分汇聚,让它们互为补充,甚至互相辩驳。关于此,以《是非》篇最为典型。赵蕤从经史典籍中挑选了五十三对正反命题,让不同时代、不同学派的先贤们站在同一个辩论场上,以“是曰”为正方,“非曰”为反方,彼此间展开激烈的交锋。兹举二例:

是曰《大雅》云:“既明且哲,以保其身。”《易》曰:“天地之大德曰生。”非曰《语》曰:“士见危致命。”又曰:“君子有杀身以成仁,无求生以害仁。”

是曰《越绝书》曰:“炫女不贞,炫士不信。”非曰《汉书》曰:“大行不细谨,大礼不让辞。”

这些辩论的内容,涵盖了历史经验、治国之术、立身之道以及鉴识人才等各个方面。在这种情形下,赵蕤不仅是一位抄撰着,更成为了先贤们的裁判者。这些“相灭相生”“相反相成”的精彩辩论,转而成为赵蕤“通于时变”思想的注脚。

综上所述,《长短经》中的绝大部分内容,均来自先秦至唐代的各种典籍,但这些材料经过赵蕤的削删、抄撮、编排,却组成了一个以“经纶通变”为宗旨,篇章之间密切呼应的严整体系,处处反映出作者本人的思想理念。换言之,《长短经》虽是抄撰而成的著作,但思想阐释的主动权,却始终牢牢把握在赵蕤手中。这也为我们了解中古时期书籍的撰写、生成方式,提供了一个宝贵的样本。

四

关于《长短经》的版本情况,周斌先生进行过相当完善的考证。现存最早的《长短经》刻本,是由杭州净戒院所刻的宋刊本。周斌先生指出,“该本是海内外宋刊《长短经》孤本,为四库全书本《长短经》之底本,也是现今所传此书各种抄本、刻本之祖本”,现藏于上海图书馆,文物出版社曾加以影印,后又收入《中华再造善本》丛书中。关于该本的刊刻时代,四库馆臣认为系“南宋旧刻”,《中华再造善本·长短经》在扉页题名“南宋初年杭州净戒院刻本”。而陈先行先生则从装帧形式、字体、避讳等方面出发,列出六条证据,主张该本为北宋刻本。(见《上海图书馆藏宋本图录》)除宋刊本与《四库全书》本之外,尚有清嘉庆年间刊刻的读画斋丛书本《长短经》与光绪年间刊刻的函海丛书本《长短经》,前者后收入《丛书集成初编》中。

在今人的整理本方面,中华书局于2017年出版了梁运华先生整理的《长短经》(《新编诸子集成续编》)。该书以净戒院本为底本,以读画斋丛书本为校本,《文渊阁四库全书》本为参校本点校而成,并附有简短精要的注释,是目前最精善的整理本。由于《长短经》富于权谋智慧,坊间各种关于《长短经》的整理本、注释本不下十种,此处不一一列举。

在相关研究方面,周斌先生的《〈长短经〉校证与研究》一书很值得注意。如上文所述,《长短经》是一部抄撰而成的著作。周斌先生紧紧围绕这一点,在"校证"部分,采取了"先考源,而后据其所引书进行他校"的校证方式,充分揭示了《长短经》一书的特征。在"研究"部分,则对赵蕤的生平,《长短经》的流传与版本情况,《长短经》的文献与史料价值等一系列问题进行了深入的讨论。在附录部分,还编定了《长短经》所引文献的详细索引,为研究提供了极大的便利。

本次注译以净戒院本为底本,并充分借鉴了梁运华先生整理的《长短经》、周斌先生以及前哲时贤的研究成果。注释与翻译的范围,包括《长短经》的正文与自注,力求提供一个完整、准确的《长短经》读本。由于学力所限,书中必定存在着不少疏漏,敬请读者批评指正。

刘子立

2024年5月

序

【题解】

本篇是赵蕤为《长短经》全书所作的自序。篇中,赵蕤开宗明义地提出“作法于理,其弊必乱”,指出盛衰轮替,一治一乱,是历史发展的必然。那么,治理天下的方式,就必须与时势相适应,做到“随时设教”,“因物成务”。尤其当“时逢狙诈,正道陵夷”的乱世到来时,“宪章先王、广陈德化”,适用于承平之世的王道就显示出其不足了,需要“论于大体,不守小节”的霸道出场振衰起敝。赵蕤认为,一般的儒者受限于见闻,不理解王道、霸道的区别,亦无法“经纶通变”,故作《长短经》十卷六十三篇,以阐发这一道理。全书宗旨,归结于“宁固根蒂,革易时弊”。

赵子曰:匠成舆者忧人不贵[①],作箭者恐人不伤,彼岂有爱憎哉?实伎业驱之然耳[②]。是知当代之士,驰骛之曹[③],书读纵横则思诸侯之变[④],艺长奇正则念风尘之会[⑤]。此亦向时之论[⑥],必然之理矣。故先师孔子深探其本[⑦],忧其末,遂作《春秋》大乎王道[⑧],制《孝经》美乎德行[⑨],防萌杜渐[⑩],预有所抑,斯圣人制作之本意也。

【注释】

①匠成舆者忧人不贵：以下至“实伎业驱之然耳”，语本《孟子·公孙丑上》：“矢人岂不仁于函人哉？矢人唯恐不伤人，函人唯恐伤人。”成舆者，指造车的匠人。

②伎业：技艺职业。

③驰骛（wù）：奔走，奔竞。曹：等辈，同类。

④纵横：指战国时期纵横家的学说。

⑤奇（jī）正：指行军用兵之术。奇，指变化无端、出其不意的作战方法。正，指正规的和一般的作战方法。按，在《老子》以及兵家哲学中，“奇”与“正”是一组很重要的相对概念。《孙子兵法·势》：“奇正相生，如循环之无端，孰能穷之哉。”李荃注：“奇正相依而生，如环团圆，不可穷端倪也。”风尘：此指战乱。

⑥向时：昔时，从前。

⑦孔子：名丘，字仲尼，春秋末期思想家、政治家、教育家，儒家的创始者。

⑧《春秋》：编年体史书名。相传孔子据鲁史修订而成，寄寓了孔子的褒贬。大乎王道：光大王道。《史记·太史公自序》：“夫《春秋》，上明三王之道，下辨人事之纪，别嫌疑，明是非，定犹豫，善善恶恶，贤贤贱不肖，存亡国，继绝世，补敝起废，王道之大者也。”

⑨《孝经》：阐述孝道和孝治思想的儒家经典，儒家“十三经”之一。

⑩萌：本义为草木的芽，此指事物刚刚显露的发展情况。

【译文】

赵子说：造车的工匠，担忧他人不富贵；造箭的工匠，唯恐造的箭不能伤人；他们对于他人难道有爱憎的分别吗？是不同的技艺、职业驱使他们这样罢了。可知当时的士人，野心勃勃的奔走之辈，学习了纵横家的著作，便期望诸侯之间的动荡；拥有了行军用兵的才能，便盼望在战乱中建功立业的机会。这也是昔日的共识，必然的道理。所以先师孔子深刻地探求其发端，忧虑其最终带来的弊端，于是作了《春秋》来光大王道，作了《孝经》来赞美德行，防萌杜渐，在错误尚未发生时便事先加以抑制，这便是圣人创作经典的本意。

然作法于理，其弊必乱[①]。若至于乱，将焉救之？是以御世理人，罕闻沿袭。三代不同礼[②]，五霸不同法[③]，非其相反，盖以救弊也。是故国容一致而忠文之道必殊[④]，圣哲同风而皇王之名或异[⑤]。岂非随时设教沿乎此[⑥]，因物成务牵乎彼[⑦]！沿乎此者醇薄继于所遭[⑧]，牵乎彼者王霸存于所遇。故古之理者，其政有三：王者之政化之[⑨]，霸者之政威之，强国之政胁之。各有所施，不可易也。

【注释】

①作法于理，其弊必乱：语本《左传·昭公四年》："君子作法于凉，其敝犹贪。作法于贪，敝将若之何？"杨伯峻注："敝，终也，今言后果。"作法于理，以秩序安定为原则制定法令。弊，通"敝"，后果。

②三代：夏、商、周三个朝代。

③五霸：春秋时期的五位诸侯霸主。说法不一，一般指齐桓公、晋文公、宋襄公、楚庄王、秦穆公。

④忠：忠厚。文：讲究文采礼制。《史记·高祖本纪》："夏之政忠。忠之敝，小人以野，故殷人承之以敬。敬之敝，小人以鬼，故周人承之以文。文之敝，小人以僿，故救僿莫若以忠。三王之道若循环，终而复始。"

⑤皇、王：皆指帝王。古人认为，"皇""帝"与"王""霸"称号不同，所代表的政治风格与成就也不一样。《白虎通·号·论皇帝王之号》："德合天地者称'帝'，仁义合者称'王'，别优劣也。……《钩

命决》曰:‘三皇步,五帝趋。三王驰,五伯骛。’号之为皇者,煌煌人莫违也。烦一夫,扰一士,以劳天下,不为皇也。不扰匹夫匹妇,故为皇。”

⑥随时:顺应时势,切合时宜。设教:实施教化。

⑦因物:顺应外物。成务:成就事业。

⑧醇:淳朴,忠厚。薄:浇薄,凉薄。

⑨王者之政化之:以下至“强国之政胁之”,出自《说苑·政理》:“政有三品:王者之政化之,霸者之政威之,强国之政胁之。夫此三者各有所施,而化之为贵矣。”按,《说苑》认为三种施政方法有高下之分,与此处的观点不同。

【译文】

然而以秩序安定为原则制定法令,其后果必然陷于混乱。如果到了混乱的时候,又如何挽救这一局面呢?所以治理天下,管理人民,很少听说沿袭前代的制度。夏、商、周三代的礼制不同,春秋五霸制定的法令各异,并不是他们有意相反,而是为了纠正弊端。所以国家的规模一致,但采取的治道有或忠厚或重文采礼制的区别;统治者的风采相似,而有的被称为“皇”,有的被称为“王”,名号各不相同。之所以如此,岂不是因为治国需要根据时势实施教化,帝王需要顺应外物以成就功业!由于时势的不同,教化结果便有淳朴、浇薄的不同;由于外物的差异,统治者的名号便有了“王”与“霸”的差别。所以古人治理国家,有三种不同的施政方式:王者施政,采取教化的方式;霸者施政,采用威慑的办法;强国施政,采用胁迫的手段。三种施政手段各有其适应的情境,不可相互替换。

管子曰[①]:“圣人能辅时[②],不能违时。智者善谋,不如当时。”邹子曰[③]:“政教文质,所以匡救也。当时则用之,过则舍之[④]。”由此观之,当霸者之朝而行王者之化则悖矣,当强国之世而行霸者之威则乖矣。若时逢狙诈[⑤],正道陵夷[6]，欲宪章先王[7]，广陈德化，是犹待越客以拯溺[8]，白大人以救火[9]，善则善矣，岂所谓通于时变欤？

【注释】

①管子：即管仲，名夷吾，字仲，颍上（颍水之滨，今安徽境内）人。春秋初期齐国政治家。提出“尊王攘夷”的主张，辅佐齐桓公成就霸业。

②圣人能辅时：以下至“不如当时”，出自《管子·霸言》。辅时，顺应时势，相时而动。

③邹子：即邹衍，战国时期齐国人。长于思辨，宣扬九州说、五德终始说，为阴阳家的先驱。

④政教文质所以匡救也：以下至“过则舍之”，出自《汉书·严安传》。文质，文华与质朴。

⑤狙（jū）诈：狡猾奸诈。

⑥陵夷：渐渐趋于衰微。

⑦宪章：效法。

⑧越客：越地之人，以水性好著称。《淮南子·原道训》：“九疑之南，陆事寡而水事众，于是民人被发文身，以像鳞虫，短绻不绔，以便涉游，短袂攘卷，以便刺舟。”

⑨白大人以救火：语本《史记·齐悼惠王世家》：“失火之家，岂暇先言大人而后救火乎！”大人，尊长。

【译文】

管子说：“圣人能顺应时势，而不能违背时势。智者善于谋划，却不如把握时机。”邹子说：“政治与教化有文与质的不同，是用来匡救时弊的。适应时势就使用它，过时了就舍弃它。”由此看来，在应当施行霸道的时候却推行王道的教化，就会悖谬不通；在应当施行强国统治的时候却推行霸道的威慑，就会适得其反。如果遇到狡猾奸诈的时代，正道渐渐衰微，却想要效法先王，广泛地推行道德教化，就好比等待遥远的越人来拯救溺水者，禀报了尊长之后才来救火，好虽好，可难道这是通晓时世变化的做法吗？

夫霸者，驳道也[①]，盖白黑杂合，不纯用德焉。期于有成，不问所以；论于大体，不守小节。虽称仁引义，不及三王[②]，而扶颠定倾[③]，其归一揆[④]。

【注释】

①驳：杂糅，混杂。

②三王：夏、商、周三代的开国君主，夏禹、商汤与周文王、周武王。

③扶颠定倾：在国家危殆将倾覆之时，扶持之使安定。

④一揆（kuí）：同一道理，同一准则。

【译文】

所谓霸道，是一种驳杂之道，黑白夹杂，并不单纯地施行道德教化。霸道追求成功，不问成功的方式；强调大体，不计较琐细微末的操守。虽然在仁义道德方面比不上夏禹、商汤、周文王与周武王的王道，然而在扶危定倾这一点上，二者的宗旨却是一致的。

恐儒者溺于所闻[①]，不知王霸殊略，故叙以长短术[②]，以经纶通变者。创立题目，总六十有三篇，合为十卷，名曰《长短经》。大旨在乎宁固根蒂，革易时弊。兴亡治乱，具载诸篇，为沿袭之远图，作经济之至道[③]，非欲矫世夸俗，希声慕名，辄露见闻，逗机来哲[④]。凡厥有位[⑤]，幸望详焉。

【注释】

①溺于:沉湎于,局限于。

②长短术:纵横谋略之术。梁运华认为:“所谓‘长短术’,就是善于因时、因地、因势,正确利用各家长短。”(《新编诸子集成续编·长短经》,下同)可备一说。

③经济:经世济民。

④逗机:佛教用语。指禅师与学佛者之机根彼此相契。逗,投合。

⑤厥:其,那些。有位:身居高位者。指帝王或卿相。

【译文】

我害怕儒者局限于自己的见闻,不明白王道与霸道的方略不同,所以专门阐述长短谋略之术,以分析适时变通的道理。确立题目,一共有六十三篇,合为十卷,命名为《长短经》。其主要的宗旨在于巩固国家的根本,革除改变当世的弊端。历朝历代的兴亡治乱,详载于本书的各个篇章中,提供可供沿袭的深远谋划,撰述经世济民的至高道理,我并不是为了纠正世俗,哗众取宠,博取名声,只是要披露自己的见解,等待后世贤哲的赏识契合。那些身居高位者,如果能仔细阅读此书,我将非常荣幸。

卷第一　文上

大体第一

【题解】

所谓“大体”，指的是为君之道的体统、纲领。赵蕤认为，知贤而善任，是一国君主为政理国的大体所在。要做到这一点，君主就必须分清君、臣之间职责的不同：君主的职责在于“设官分职”“委任责成”，而臣子的职责在于负责具体的职事。此外，君主还必须“好谋无倦”，“宽以得众”乃至“含垢藏疾”，这样，才能“君守其道”而“官知其事”，尽得贤才之用。

《大体》篇所提出的知贤善任的主张，成为《长短经》非常重要的一个纲领。此后的《任长》《品目》直至《论士》诸篇，都紧密地围绕着这一纲领，并进一步在如何观人，如何委任责成等问题上，展开了方法论层面的探讨。这也使得《大体》篇在《长短经》全书的理论体系中，占据了一个相当核心的地位。

臣闻老子曰[①]：“以政理国[②]，以奇用兵，以无事取天下。”荀卿曰[③]：“人主者，以官人为能者也[④]；匹夫者，以自能为能者也。”傅子曰[⑤]：“士大夫分职而听[⑥]，诸侯之君分土而守，三公总方而议[⑦]，则天子拱己而正矣[⑧]。”何以明其然耶？

当尧之时[⑨]，舜为司徒[⑩]，契为司马[⑪]，禹为司空[⑫]，后稷为田畴[⑬]，夔为乐正[⑭]，倕为工师[⑮]，伯夷为秩宗[⑯]，皋陶为理官[⑰]，益掌驱禽[⑱]。尧不能为一焉，奚以为君？而九子者为臣，其故何也？尧知九赋之事[⑲]，使九子各授其事，皆胜其任，以成九功。尧遂乘成功以王天下。

【注释】

①老子：姓李名耳，字聃，亦称“老聃”，春秋时期著名思想家，道家学派创始人。著有《老子》。

②以政理国：以下至“以无事取天下”三句，出自今本《老子》第五十七章。政，通“正”，正常的手段。今本《老子》第五十七章作“以正治国”。

③荀卿：即荀子，名况，时人尊而号为“卿”。汉人避宣帝讳，称“孙卿”。战国末年著名的思想家。著有《荀子》。

④官人：选取人才给以适当官职。《尚书·皋陶谟》：“知人则哲，能官人。”

⑤傅子：即傅玄，字休奕，北地泥阳（今陕西铜川耀州区东南）人。西晋哲学家、文学家。学问渊博，精通音律，于诗擅长乐府。著作有《傅子》，原有一百二十卷，宋时已大部散佚。明人辑有《傅鹑觚集》。

⑥士大夫分职而听：以下至“则天子拱己而正矣”，又见于《荀子·王霸》：“农分田而耕，贾分货而贩，百工分事而劝，士大夫分职而听，建国诸侯之君分土而守，三公总方而议，则天子共己而已。”有可能是《傅子》引用了《荀子》，赵蕤又据之转引。分职而听，治理各自的职事。《荀子·王霸》杨倞注：“听，治也。”

⑦总方：总领各方事务。《荀子·王霸》杨倞注：“总，领也。”

⑧拱己：垂拱。指无为而治。《荀子·王霸》作“共己”，杨倞注：

“共,读为‘恭’,或读为‘拱’。垂拱而已也。”

⑨当尧之时:以下至“尧遂乘成功以王天下”,出自《说苑·君道》,文字有所不同。尧,传说中的“五帝”之一。帝喾之子,号陶唐氏,名放勋,史称“唐尧”。曾命羲和掌管时令,制定历法。咨询四岳,选舜为其继任人。

⑩舜:传说中的“五帝”之一。名重华,号有虞氏,瞽叟之子,史称“虞舜”,以孝道闻名。相传因四岳推举,尧命他摄政。尧去世后继位。司徒:掌管土地与教化的官职。向宗鲁《说苑校证》:“《书·尧典》:‘慎徽五典,五典克从。’郑注云:‘五典,五教也,盖试以司徒之职。’”

⑪契(xiè)为司马:契,子姓。帝喾之子,母为简狄。相传契为简狄吞玄鸟卵所生。传说中商的始祖。司马,掌管军事的官职。按,《尚书·尧典》《史记·殷本纪》皆记载契在舜时担任司徒,掌管教化,与此处记载不同。

⑫禹为司空:禹,姒姓,名文命,鲧之子,夏后氏部落领袖。以治水有功,被舜选为继承人。相传曾铸造九鼎,又曾克平三苗之乱。司空,掌管水土营建的官职。

⑬后稷(jì):姬姓,名弃,周人的始祖。传说有邰氏之女姜嫄踏巨人脚迹,怀孕而生,因一度被弃,故名“弃”。善于种植粮食作物,被舜封于邰(今陕西武功西南),号曰“后稷”。田畴:掌管农业的官职。

⑭夔(kuí):尧、舜时的乐官。乐正:古时乐官之长。

⑮倕(chuí):尧、舜时的巧匠。《尚书·尧典》作“垂”。工师:古时百工之长。

⑯伯夷:尧、舜的臣子,负责掌管礼仪祭祀。秩(zhì)宗:《尚书·尧典》《说苑·君道》作“秩宗”。秩宗,古代掌宗庙祭祀的官。秩,指祭祀中的顺序。

⑰皋陶(gāo yáo):舜时的司法官。理官:古代治狱之官。

⑱益：舜时的大臣，担任过虞（古代掌管山林川泽之官）。《尚书·尧典》："帝曰：'俞！咨益，汝作朕虞。'"驱禽：驱逐禽兽，正是虞官的执掌。

⑲九赋：九种不同的职务。《说苑·君道》作"九职"。

【译文】

我听闻老子说："以正常的手段治国，以非常的手段用兵，以清静无为取得天下。"荀子说："君主，是以选贤任能为才能的人；普通人，是以完成自己职能为才能的人。"傅玄说："士大夫各守其职，诸侯各守其土，三公总揽各方事务进行讨论，则天子可以垂拱而治。"怎么知道是这样的呢？在尧的时候，舜做司徒，契做司马，禹做司空，后稷做田官，夔做乐正，倕做工师，伯夷做秩宗，皋陶做理官，益负责驱赶禽兽。这些职务，尧一件都做不了，凭什么成了君主？而这九个人成为尧的臣子，又是什么原因呢？这是因为尧知晓这九种职务的执掌，让这九个人分别负责具体的职责，他们都能胜任，各自完成自己的使命。尧也凭借着他们的功绩得以统治天下。

汉高帝曰[①]："夫运筹策于帏幄之中[②]，决胜于千里之外，吾不如子房[③]。镇国家，抚百姓，给饷馈[④]，不绝粮道，吾不如萧何[⑤]。连百万之军，战必胜，攻必取，吾不如韩信[⑥]。三者皆人杰也，吾能用之，此吾所以有天下也。"《人物志》曰[⑦]："夫一官之任[⑧]，以一味协五味[⑨]；一国之政，以无味和五味[⑩]。故臣以自任为能，君以能用人为能；臣以能言为能，君以能听为能；臣以能行为能，君以能赏罚为能。所以不同，故能君众能也[⑪]。"故曰：知人者[⑫]，王道也；知事者，臣道也。无形者[⑬]，物之君也；无端者[⑭]，事之本也。鼓不预五音而为五音主[⑮]，有道者不为五官之事而为理事之主[⑯]。君守其道，官知其事，有自来矣。

【注释】

①汉高帝曰：以下至“此吾所以有天下也”，出自《史记·高祖本纪》。汉高帝，即汉高祖刘邦，字季，沛县丰邑（今江苏丰县）人。西汉开国君主。

②运筹策：制定策略。筹策，古代计算时所用的算筹。此指谋划。帏幄（wéi wò）：指天子的决策之处或军帅的帐幕。

③子房：即张良，相传为城父（今安徽亳州东南）人。祖与父都是韩国大臣。秦灭韩后，他图谋恢复，结交刺客，在博浪沙（今河南原阳东关）狙击秦始皇，未中。后归刘邦，成为其重要的谋士。

④饷馈：指军粮。

⑤萧何：沛县（今属江苏）人。汉初大臣。秦朝末年辅佐刘邦起义。起义军入咸阳，他收取秦政府的律令图书，掌握了全国的山川险要、郡县户口和当时的社会情况。楚汉战争中，荐韩信为大将，以丞相身份留守关中，输送士卒粮饷，支援作战。后封酂侯。

⑥韩信：淮阴（今江苏淮安淮阴区西南）人。西汉著名军事家。早年家贫，常从人寄食，曾受胯下之辱。秦末参加项羽部队，因不受重用，改投刘邦，被拜为大将军，在楚汉战争中立下了极大的功勋。

⑦《人物志》：三国魏刘劭撰，三卷十二篇。书中对人物才性的本源、类别、所宜以及鉴别方法等问题，进行了系统的探讨。按，《长短经》中大量引用《人物志》中的文字，而且在理论体系上，也对《人物志》多有借鉴。

⑧夫一官之任：以下至“故能君众能也”，出自《人物志·材能》，有删节。

⑨以一味协五味：以一种味道调和五种味道。五味，酸、苦、辛、咸、甘。《人物志·材能》刘昞注：“盐人调盐，醯人调醯，则五味成矣。譬梓里治材，土官治墙，则厦屋成。”

⑩以无味和五味：以无味的水来调和五味。《人物志·材能》刘昞

注："水以无味，故五味得其和。犹君体平淡，则百官施其用。"

⑪所以不同，故能君众能也：《人物志·材理》作"所能不同，故能君众材也"，译文从之。君，主宰，统御。

⑫知人者：以下至"臣道也"，出自《说苑·君道》。

⑬无形者：以下至"事之本也"，出自《战国策·齐策四·齐宣王见颜斶》。无形，没有形体。

⑭无端：没有起点，没有端绪。

⑮鼓不预五音：以下至"有自来矣"，出自《申子·大体》。《申子》原书已佚，本段又见于《群书治要》卷三十六所引《大体》。不预五音，不在五音之内。五音，古代五声音阶中的五个音级，即宫、商、角、徵、羽。

⑯五官：分掌政事的五种高级官职。《礼记·曲礼下》："天子之五官，曰司徒、司马、司空、司士、司寇，典司五众。"

【译文】

汉高祖说："运筹帷幄之中，决胜千里之外，我比不上张良。镇守国家，安抚百姓，提供粮饷，保证粮道的畅通，我比不上萧何。统领上百万的军队，野战一定胜利，攻城一定成功，我比不上韩信。这三人都是人中的豪杰，我能够任用他们，这便是我能拥有天下的原因。"《人物志》说："一个官职的任务，如同以一种味道来协和五味；一个国家的政务，如同以无味的水来调和五味。所以臣子以承担自身的职责为能力，君主以能够委任人才为能力；臣子以能够进言为能力，君主以能够听取进言为能力；臣子以身体力行为能力，君主以能够施行赏罚为能力。君主与臣子的所能不同，所以君主能够掌握利用众多的人材。"所以说：知人善任，是君王之道；知道具体的职事，是臣子之道。没有形体的东西，是事物的主宰；没有端绪的东西，是事物的根本。鼓不在五音之列，却是五音的主宰；懂得为君之道的君主，不从事于五官的具体职务，却是治国理政的主宰。君主恪守自己的道，官员熟悉自己的事务，自古以来就是如此。

先王知其如此也[①]，故用非其有如己有之，通乎君道者也。议曰：《淮南子》云："巧匠为宫室[②]，为圆必以规，为方必以矩，为平直必以准绳。功已就矣，而不知规矩准绳，而赏巧匠。宫室已成，不知巧匠，而皆曰某君某王之宫室也。"孙卿曰："夫人主欲得善射中微[③]，则莫若使羿[④]；欲得善御致远，则莫若使王良[⑤]；欲得调一天下，则莫若聪明君子矣。其用智甚简，其为事不劳，而功名甚大。"此能用非其有如己有者也。

【注释】

①先王知其如此也：以下至"通乎君道者也"，出自《吕氏春秋·似顺论·分职》。

②巧匠为宫室：以下至"而皆曰某君某王之宫室也"一段，不见于今本《淮南子》中，而见于《吕氏春秋·似顺论·分职》。周斌《长短经校正与研究》："《淮南子》当是《吕氏春秋》之误。"《淮南子》，亦称"《淮南鸿烈》"，西汉淮南王刘安及其门客所著。以道家思想为主，又糅合了儒、法、阴阳五行等家思想，属于杂家著作。

③夫人主欲得善射中微：以下至"而功名甚大"，出自《荀子·王霸》，文字略有异同。中微，射中微小的目标。

④羿（yì）：古代神话传说中善射的人。赵翼《陔余丛考·羿奡非夏时人》谓黄帝、帝喾、尧、夏时皆有名羿而善射者，是羿为善射者之通名。

⑤王良：春秋时善于驾驭车马的人。

【译文】

先王知晓这个道理，所以使用非自己所有的东西就像自己拥有一样，这便是通晓了为君之道。评论道：《吕氏春秋·分职》篇说："巧匠建造宫室，画圆一定用圆规，画方一定用曲尺，找平取直一定要用水准和墨线。事情完成之后，主人不知道圆规、曲尺、水准、墨线这些工具，而是赏赐巧匠。宫室建好之后，人们不知道巧匠的功劳，而都说这是某位君王的宫殿。”荀子说：“君主如果想得到射箭精准的人才，则没有比羿更好的了；君主如果想得到善于驾车远行的人才，则没有比王良更好的了；君主如果想协调、统一天下，则没有比明察事理的君子更好的了。君主所用的智谋非常简单，做事不会劳累，而所取得的功劳名声却非常大。”这便是能够使用非自己所有的东西就像自己拥有的一样。

人主不通主道者则不然[①]，自为之则不能任贤，不能任贤则贤者恶之，此功名之所以伤，国家之所以危。议曰：申子云[②]：“君知其道也[③]，臣知其事也。十言十当、百言百当者[④]，人臣之事也，非人君之道也。”尸子云[⑤]：“人臣者[⑥]，以进贤为功也；君者，以用贤为功也。”贾谊云[⑦]：“臣闻圣主言问其臣而不自造事[⑧]，故使人臣得必尽其愚忠，惟陛下财幸[⑨]。”由是言之，夫君不能司契委任而妒贤恶能[⑩]，取败之道也。

【注释】

①人主不通主道者则不然：以下至“国家之所以危”，《吕氏春秋·似顺论·分职》作：“人主之不通主道者则不然。自为人则不能，任贤者则恶之，与不肖者议之。此功名之所以伤，国家之所以危。”许维遹《吕氏春秋集释》引毕沅曰“‘自为人’，疑是‘自为之’”。按，《吕氏春秋》的原意，指不明为君之道的君主，既缺乏自行处理政务的能力，又不能委任贤才，最终导致国家危亡。与《长短经》在此处的表达有所不同。

②申子：战国时法家人物申不害。其著作《申子》，内容多刑名权术之学，已散佚，《群书治要》卷三十六辑录其《大体》一篇。

③君知其道也：以下至“非人君之道也”一段，出自《申子·大体》。

④十言十当、百言百当：意谓每次讨论具体事宜都很得当。

⑤尸子：战国时尸佼。其著作《尸子》，已散佚，《群书治要》卷三十六辑录其《劝学》《贵言》《四仪》等十三篇。清汪继培有辑本。

⑥人臣者：以下至“以用贤为功也”，见于《群书治要》卷三十六所引《尸子·发蒙》。

⑦贾谊：洛阳（今属河南）人。西汉著名政论家、文学家。有《吊屈原赋》《鹏鸟赋》和政论文《过秦论》《陈政事疏》等名作。

⑧臣闻圣主言问其臣而不自造事：以下至“惟陛下财幸”，出自《汉书·贾谊传》。

⑨财幸：裁纳。《汉书·贾谊传》颜师古注：“‘财’与‘裁’同。裁择而幸从其言。”或曰为稍稍采纳之意。王念孙《读书杂志·汉书》：“财，犹少也。唯陛下财幸者，唯陛下少幸从之，犹下文言愿陛下少留计也。”似更通顺，译文从之。

⑩司契：原指掌握契据，此处喻指掌握法则、法度。《文选·左思〈魏都赋〉》：“上垂拱而司契，下缘督而自劝。”李周翰注：“上则垂衣拱手，执法契以御天下。”

【译文】

不通晓为君之道的君主则不这样，亲力亲为而不能任用贤才，不能任用贤才则遭到贤者的厌恶，这便是君主功名受损，国家陷于危亡的原因。评论道：申子说：“君主要知道他的为君之道，臣子要知道他的具体职责。十言、百言每言必当，这是臣子的责任，而不是为君之道。”尸子说：“臣子，以推荐贤人为功劳；君主，以任用贤人为功绩。”贾谊说：“我听说圣明的君主咨询他的臣子而不自作主张，故而能令臣子竭忠尽力，希望陛下能稍稍留意我的话。”这样说来，如果君主不能掌握法度、委任贤人，却嫉贤妒能，这便是自取败亡之道。

汤、武一日而尽有夏、商之财[1]，以其地封而天下莫敢不悦服，以其财赏而天下皆竞劝，通乎用非其有也。议曰：

孙卿云:“修礼者王[②],为政者强,取人者安[③],聚敛者亡。故王者富人,霸者富士,仅存之国富大夫,亡国富筐箧、实府库[④],是谓上溢下漏[⑤]。”又曰:“天子不言多少[⑥],诸侯不言利害,大夫不言得失。”昔者[⑦],周厉王好利[⑧],近荣公[⑨]。芮良夫谏曰[⑩]:“王室其将卑乎?荣公好专利而不知大难。夫利,百物之所生也,天地之所载也。而或专之,其害多矣[⑪]。天地百物皆将取焉[⑫],何可专也?所怒甚多而不备大难,以是教王,其能久乎?”后厉王果败。魏文侯御廪灾[⑬],素服避正殿,群臣皆哭[⑭]。公子成父趋入[⑮],贺曰:“臣闻天子藏于四海,诸侯藏于境内。非其所藏,不有火灾,必有人患。幸无人患,不亦善乎!”孔子曰:“百姓足,君孰与不足[⑯]?”周谚有言曰:“囊漏储中[⑰]。”由此言之[⑱],夫圣王以其地封,以其财赏,不与人争利,乃能通于主道,是用非其有者也。

【注释】

①汤、武一日而尽有夏、商之财:以下至“通乎用非其有也”,出自《吕氏春秋·似顺论·分职》,引用时略有删节。汤,商汤,商朝的开国之君。夏朝末年,起兵讨伐夏桀,在鸣条(今山西运城北)之战中一举灭夏,建立了商朝。武,周武王,姬姓,名发,周文王之子。在牧野(今河南淇县南)之战中打败了商军,建立了周朝。

②修礼者王:以下至“是谓上溢下漏”,出自《荀子·王制》。

③取人:《荀子·王制》作“取民”,赵蕤避李世民讳改“民”为“人”。取民,获得民心。杨倞注:“取民谓得民心。”或曰“取民”意为治民。王先谦《集解》引俞樾曰:“杨注以取民为得民心,于义甚晦,殆非也。老子曰:‘故取天下者,常以无事。’河上公注曰:‘取,治也。’此‘取’字亦当训‘治’。取民,言治民也。”亦通。

④筐箧(qiè):用竹枝等编制的狭长形箱子。杨倞注:"筐箧,藏布帛者也。"

⑤是谓上溢下漏:《荀子·王制》原文作:"筐箧已富,府库已实,而百姓贫,夫是之谓上溢而下漏。"意谓国家的箱柜、仓库都充满了,而百姓却非常贫穷,这便是所谓的上富而下贫。溢,满出。漏,干涸。王先谦《集解》引王引之曰:"溢,满也。漏之言漉也,字或作'盝''盪'。《尔雅》曰:'盝,涸竭也。'《方言》曰:'盪,涸也。''漉,极也。'……上溢而下漏,即是上富而下贫。"

⑥天子不言多少:以下至"大夫不言得失",出自《荀子·大略》。

⑦昔者:以下至"后厉王果败",出自《国语·周语上》。

⑧周厉王:姬姓,名胡,西周天子。任用荣夷公执政,剥削聚敛,并命令卫巫监视"国人",杀死议论他的人,引起反抗。前841年"国人"发难,他逃奔到彘(今山西霍州),十四年后死于此。

⑨荣公:《国语·周语上》作"荣夷公"。荣夷公,周厉王大臣。荣,国名。夷,谥号。荣夷公为周厉王卿士,实行专利,引起"国人"反抗。《墨子·所染》《吕氏春秋·仲春·当染》作"荣夷终"。

⑩芮(ruì)良夫:周厉王大臣。芮,国名。徐元诰《国语集解》:"良夫食采于芮,故曰'芮良夫'。芮,今山西芮城。"

⑪害:指带来的怨恨。《国语·周语上》韦昭注:"害,谓恶害荣公者多也。"

⑫天地百物皆将取焉:意谓天地生成万物,而百姓皆将取而用之,所以不能由某人独占其利。《国语·周语上》韦昭注:"天地成百物,民皆将取用之,何可专其利也。"

⑬魏文侯御廪灾:以下至"不亦善乎",出自《说苑·反质》,文字有所不同。情节类似的故事,还见于《韩诗外传》卷十,主角为晋平公与公子晏。魏文侯,名斯,战国初年魏国君主。周威烈王时与韩、赵同列为诸侯。在位时任用贤良,励精图治,使得魏国的国势

日渐强大。御廪，诸侯的珍宝库。《说苑·反质》："魏文侯作色不悦，曰：'夫御廪者，寡人宝之所藏也。'"

⑭群臣皆哭：《说苑·反质》作"群臣皆素服而吊"。

⑮公子成父：魏文侯大臣，具体事迹不详。趋：古代的一种礼节，以碎步疾行表示敬意。

⑯百姓足，君孰与不足：出自《论语·颜渊》。

⑰囊漏储中：贾谊《新书·春秋》引作"周谚曰：囊漏贮（盛米器，大于囊）中"，谓粮食从小器漏入大器，其实并未漏掉。常以喻实际利益并未外流。

⑱由此言之：以下至"是用非其有者也"，出自《吕氏春秋·似顺论·分职》。

【译文】

商汤、周武王一日之内便完全占有了夏朝、商朝的财富，以前朝的土地分封诸侯，天下没有人敢不表示悦服，以前朝的财富进行赏赐，天下人都争相效力，这便是通晓了利用非自己所有的东西的道理。评论道：荀子说："修行礼义者能够称王，善于治理政务者能够强大，得到民心者能够安定，聚敛财富者则会灭亡。所以行王道的君主令百姓富裕，行霸道的君主令士人富裕，仅能免于灭亡的国家令大夫富裕，即将灭亡的国家充实自己的箱子与仓库，这就是所谓的上富而下贫。"又说："天子不计较财富的多少，诸侯不计较有利还是有害，大夫不计较得到还是失去。"以前，周厉王喜欢敛财，宠幸荣公。芮良夫进谏道："王室将要衰微了吧？荣公喜好独占利益而不知大难临头。利，是由各种物质所产生的，是由天地所承载的。假如要独占它，会带来非常多的怨恨。天地生成万物，人们都要取用，如何能够独占利益呢？所惹怒的人非常多，却不防备由此而来的大难，用这种方式来引导君主，难道可以持久吗？"之后，周厉王果然被放逐。魏文侯的宝库失火，魏文侯穿着素色的衣服避开正殿，群臣都痛哭。公子成父快步而入，庆贺道："我听说天子的宝物收藏于天下，诸侯的宝物收藏于国境之内。藏的地方不恰当，不发生火灾，就一定会有人祸。如今幸亏没有人祸，这岂不是好事吗！"孔子说："百姓富足了，君主哪里会不富足?”周代的谚语说:“袋子漏了,粮食只会落到更大的容器中。”如此说来,圣明的王者以土地分封诸侯,以财物赏赐臣下,不与民众争利,如此便能通晓为君之道,这是利用非自己所有的东西。

故称:“设官分职[①],君之体也;委任责成,君之体也;好谋无倦,君之体也;宽以得众,君之体也;含垢藏疾[②],君之体也。君有君人之体,其臣畏而爱之。”此帝王所以成业也。

【注释】

①设官分职:此下至“其臣畏而爱之”,出自杜恕《体论》。《体论》原书已佚,本段又见于《群书治要》卷四十八所引《体论》。

②含垢藏疾:指君主能够容忍耻辱,并包容臣下的过错。《左传·宣公十五年》:“谚曰:‘高下在心’,川泽纳污,山薮藏疾,瑾瑜匿瑕,国君含垢,天之道也。”

【译文】

所以说:“设立官职,划分职权,是做君主的大体;委任官员,责求成功,是做君主的大体;擅长谋划而不倦怠,是做君主的大体;以宽容取得大众的拥戴,是做君主的大体;容忍耻辱,包容缺陷,是做君主的大体。”君主具备了统治人民的大体,臣子对其既畏惧又敬爱。”这便是帝王之所以能够建功立业的原因。

任长第二

【题解】

所谓“任长”，指的是君主选任人才时应当用其所长，而不应求全责备。赵蕤认为，除了传说中的圣人之外，一般人属于“偏材”，品行与才能长短互见，难以面面俱到。君主应该根据时势的不同，以及人物不同的才性所宜，授予其相应的职位。如此，方能任长避短，“因其至情而用之”。本篇是对《大体》篇“设官分职”原则的进一步阐发。

臣闻：“料才核能[1]，治世之要。自非圣人，谁能兼兹百行，备贯众理乎？故舜合群司，随才授位；汉述功臣，三杰异称[2]。况非此俦而可备责耶[3]？”夫刚略之人不能理微[4]，故论其大体则弘博而高远[5]，历纤理微则宕往而疏越[6]；亢厉之人不能回挠[7]，其论法直则括据而公正[8]，说变通则否戾而不入[9]；宽恕之人不能速捷[10]，论仁义则弘详而长雅，趋时务则迟缓而不及；好奇之人横逸而求异[11]，造权谲则倜傥而瑰壮[12]，案清道则诡常而恢迂[13]。又曰：“王化之政[14]，宜于统大，以之理小则迂；策术之政，宜于理难，以之理平则无奇；矫亢之政[15]，宜于治侈，以之治弊则残；公刻之政[16]，宜于纠奸，以之治边则失其众[17]；威猛之政，宜于讨乱，以之治善则暴。伎俩之政[18]，宜于治富，以之治贫则民劳而下困。此已上皆偏材也。”

【注释】

①料才核能：以下至“况非此俦而可备责耶”，见于《群书治要》卷四十八所引陆景《典语》。

②三杰：指张良、萧何、韩信。参见本书《大体》篇注。

③俦（chóu）：类，辈。

④夫刚略之人不能理微：以下至“案清道则诡常而恢迂”，出自《人物志·材理》，有删节。刚略，性情坚强却粗疏。

⑤论其：《人物志·材理》作“其论”。

⑥历纤理微：《人物志·材理》作“历纤细”。根据上下文意，“微”字为衍文。历，审视，查看。宕往：豪纵不羁。疏越：疏忽，疏漏。

⑦亢厉：《人物志·材理》作“抗厉”，亢直严正。回挠：屈服。

⑧括据：《人物志·材理》作“括处”。扬雄《法言·修身》：“其为中也弘深，其为外也肃括，则可以禔身矣。”李轨注：“括，法也。”括处，指严格依据法律条文。

⑨否戾：乖戾，乖错。

⑩速捷：《人物志·材理》作“速捷”，迅速敏捷。

⑪横逸：纵横奔放。

⑫权谲（jué）：机巧诡诈。倜傥（tì tǎng）：卓异，不同寻常。瑰壮：奇伟，壮丽。

⑬清道：清静无为之道。恢迂：迂阔。

⑭王化之政：以下至“此已上皆偏材也”，出自《人物志·材能》，有删节。

⑮矫亢：与众违异，以示高尚。

⑯公刻：公正严刻。

⑰以之治边则失其众：《人物志·材能》刘昞注：“众民惮法，易逃叛矣。”

⑱伎俩之政：重视工艺技巧的政治。《人物志·材能》："权奇之能，伎俩之材也。故在朝也，则司空之任，为国则艺事之政。"

【译文】

我听说："考察审核人的才能，是治理天下的关键。倘若不是圣人，谁能兼有各种品行，通晓万事万物之理呢？所以舜统合百官，根据才能授予不同的职位；汉初褒述功臣，张良、萧何、韩信的长处各不相同。何况比不上这些人物的普通人，如何能求全责备呢？"刚强却粗疏的人不能深入事情的玄微之处，所以讨论大的原则往往博大而高远，分析细微的道理却不羁而粗疏；亢直严厉的人不能屈服退让，他讨论法律的公平正直，严格依据律令，用意公正，至于讨论灵活变通的策略却乖错而不能深入；宽大仁恕之人不够迅速敏捷，讨论仁义道德时广博详尽，义理雅致，若让他从事当前的具体事务，则反应迟钝，不得要领；喜好奇异之人纵横奔放，标新立异，让他谋划奇策时往往卓异而奇伟，至于讨论清静无为之道时，则违背常理，浮夸迂阔。又说："实行王道教化的政治，适宜于统领大局，用它治理琐事则迂阔；讲究权谋的政治，适宜于处理危难的局面，用它治理太平之世则平平无奇；与众违异、矫枉过正的政治，适宜于纠正奢侈的风气，用它治理习俗的弊端则过于严苛；公正严刻的政治，适宜于纠正奸邪，用它治理边疆则会使民众叛逃；威严凶猛的政治，适宜于讨伐叛乱，用它治理善良的民众则太过残暴。讲究工艺技巧的政治，适宜于治理富饶的国家，用它治理贫穷则会使民众更加疲劳困乏。以上这些，都是只具备某一方面才能的人才。"

昔伊尹之兴土工也①，强脊者使之负土②，眇者使之推③，伛者使之涂④，各有所宜而人性齐矣⑤。管仲曰："升降、揖让、进退闲习⑥，臣不如隰朋⑦，请立以为大行⑧。辟土聚粟，尽地之利，臣不如宁戚⑨，请立以为司田⑩。平原广牧，车不结辙⑪，士不旋踵⑫，鼓之而三军之士视死如归，臣不如王子城父⑬，请立以为大司马。决狱折中⑭，不杀不辜[15],不诬不罪,臣不如宾胥无[16],请立以为大理[17]。犯君颜色[18],进谏必忠,不避死亡,不挠富贵[19],臣不如东郭牙[20],请立以为大谏[21]。君若欲治国强兵,则五子者存焉。若欲霸王,则夷吾在此。”

【注释】

①昔伊尹之兴土工也:以下至“各有所宜而人性齐矣”,出自《淮南子·齐俗训》,有删节。伊尹,商初贤相,名伊,一名挚,尹是官名。最初是商汤妻子陪嫁的奴隶,后被汤委以国政,助汤攻灭夏桀。

②强脊者:脊背强壮的人。

③眇(miǎo)者:一只眼失明的人。推:《淮南子·齐俗训》作“准”,指工程中测量水平。译文从之。

④伛(yǔ)者:驼背的人。涂:指涂抹地面。《淮南子·齐俗训》许慎注:“伛人涂地,因其俯也。”

⑤人性齐:《淮南子·齐俗训》:“乃至天地之所覆载,日月之所照谌,使各便其性,安其居,处其宜,为其能。……各用之于其所适,施之于其所宜,即万物一齐而无由相过。”故此处之“齐”,并不是指整齐划一,而是形容万物各得其宜。

⑥升降、揖让、进退闲习:以下至“则夷吾在此”,出自《管子·小匡》。升降、揖让、进退,指礼仪活动中的各种行礼动作。闲习,熟悉。闲,通“娴”,熟习。

⑦隰(xí)朋:齐桓公的大臣。与管仲同时。

⑧大行:古代接待宾客的官吏。

⑨宁戚:春秋时期卫国人。据说出身穷困,曾为人赶车至齐,于车下饭牛而歌,齐桓公拜为大夫。事迹见《吕氏春秋·离俗览·举难》《淮南子·道应训》。

⑩司田：管理农务的官。

⑪结辙：辙迹交错。谓退车回驶。

⑫旋踵：转身。指畏避退缩。

⑬王子城父：齐国大臣。先为齐襄公大臣，后又辅佐齐桓公。

⑭决狱：判决狱讼。折中：调节使适中。

⑮辜（gū）：罪。

⑯宾胥无：齐桓公大臣。《吕氏春秋·审分览·勿躬》作“弦章”。

⑰大理：掌刑法的官。

⑱颜色：指尊严。

⑲挠：屈服。

⑳东郭牙：齐桓公大臣。或云即鲍叔牙，《管子·小匡》：“故使鲍叔牙为大谏”。

㉑大谏：古代官名。掌谏诤。

【译文】

从前伊尹在兴建土木工程的时候，让脊背强壮的人背土，一只眼失明的人测量水平，驼背的人涂抹地面，每个人都有自己适合的工作，人的特性就能各得其宜了。管仲说：“熟悉礼制，行礼如仪，我不如隰朋，请任命他为大行。开辟土地，集聚粮草，从土地中尽量获得收益，我不如宁戚，请任命他为司田。在广阔的原野之上，使战车不溃逃，士卒不退缩，擂鼓命令进军时三军将士视死如归，我不如王子城父，请任命他为大司马。判决狱讼宽严适中，不杀害无辜者，不冤枉无罪者，我不如宾胥无，请任命他为大理。敢于冒犯君主的尊严，进谏必定忠诚，不逃避死亡，不屈服于权贵，我不如东郭牙，请任命他为大谏。您如果想富国强兵，有这五位就够了。如果想成就霸王之业，则需要用到我管仲。”

黄石公曰[①]：“使智[②]，使勇，使贪，使愚。智者乐立其功，勇者好行其志，贪者决取其利，愚者不爱其死。因其至情而用之，此军之微权也[3]。”

【注释】

①黄石公：亦称“圯上老人”。相传张良曾在下邳圯上遇见一老父。老父授张良以《太公兵法》，并言称十三年后，到济北谷城山下，见到一块黄石，那就是他。事见《史记·留侯世家》《汉书·张良传》。后因称圯上授张良《太公兵法》的老父为“黄石公”。《隋书·经籍志》著录有《黄石公三略》三卷，相传为黄石公所著，收入《武经七书》中。

②使智：以下至“此军之微权也”，出自《黄石公三略·中略》所引《军势》。

③微权：微妙的权谋、机变。

【译文】

黄石公说：“任用有智谋的人，勇敢的人，贪财的人，愚鲁的人。有智谋的人乐于建立自己的功业，勇敢的人想实现自己的志向，贪财的人希望追求自己的利益，愚鲁的人不顾自己的牺牲。根据他们各自不同的品性任用他们，这是用兵的微妙权谋。”

《淮南子》曰：“天下之物莫凶于奚毒[1]，附子也。然而良医橐而藏之[2]，有所用也。麋之上山也，大章不能跂[3]，及其下也，牧竖能追之[4]，才有修短也。胡人便于马[5]，越人便于舟，异形殊类，易事则悖矣。”

【注释】

①天下之物莫凶于奚毒：以下至“才有修短也”，出自《淮南子·主术训》。奚毒，“乌头”的别名。也叫“附子”。根茎块状，有毒，

可做镇痛药。

②橐（tuó）：用袋子装。

③大章：《淮南子·主术训》作“獐”，译文从之。跂（qǐ）：企望，及。

④牧竖：牧童。

⑤胡人便于马：以下至“易事则悖矣”，出自《淮南子·齐俗训》。

【译文】

《淮南子》说：“天下万物，没有比奚毒的毒性更猛烈的，奚毒就是附子。然而良医收入袋中珍藏起来，以备治病之用。麋鹿上山的时候，连獐子也追不上，等到它下山，牧童便能追上它，这是因为才能有长短的不同。胡人善于骑马，越人善于划船，形式与种类不同，改变他们从事的工作就会混乱。”

魏武诏曰[①]：“进取之士未必能有行[②]，有行之士未必能进取。陈平岂笃行，苏秦岂守信耶？而陈平定汉业[③]，苏秦济弱燕者[④]，任其长也。”

【注释】

①魏武：即曹操，字孟德，小字阿瞒，沛国谯县（今安徽亳州）人。汉末政治家、军事家和文学家。曹魏代汉后，追尊为武帝，故称“魏武”。诏：皇帝下达的命令称“诏”。曹操生前并未称帝，《三国志·魏书·武帝纪》作“令曰”。

②进取之士未必能有行：以下至“任其长也”，出自《三国志·魏书·武帝纪》，文字略有不同。

③陈平定汉业：陈平，阳武（今河南原阳东南）人。汉初大臣。刘邦的重要谋士，以多奇计著称。吕后死后，陈平与周勃定计诛杀吕产、吕禄等，迎立文帝。《汉书·王陵传》：“平曰：‘于面折廷争，臣不如君；全社稷，定刘氏后，君亦不如臣。’”定汉业，安定汉家的

基业。

④苏秦济弱燕者：苏秦，字季子，东周洛阳（今河南洛阳东）人。战国时期著名纵横家。根据马王堆帛书《战国纵横家书》记载，苏秦是燕昭王派入齐国的间谍，进行反间活动，使齐国疲于对外战争。后燕将乐毅联合五国大举攻齐，他的反间活动暴露，被车裂处死。

【译文】

曹操下令说："能建立功业的人未必有德行，有德行的人未必能建立功业。陈平难道是德行醇厚的人吗？苏秦难道是守信的人吗？然而陈平安定汉家的基业，苏秦解救弱小的燕国，这是因为发挥了他们各自的特长。"

由此观之[①]，使韩信下帷[②]，仲舒当戎[③]，于公驰说[④]，陆贾听讼[⑤]，必无曩时之勋而显今日之名也[⑥]。故任长之道，不可不察。议曰：魏桓范云[⑦]："帝王用人[⑧]，度世授才。争夺之时，书策为先[⑨]；分定之后，忠义为首。故晋文行咎犯之计而赏雍季之言[⑩]，高祖用陈平之智而托后于周勃[⑪]。"古语曰："守文之代[⑫]，德高者位尊；仓卒之时，功多者赏厚。"诸葛亮曰[⑬]："老子长于养性，不可以临危难。商鞅长于理法[⑭]，不可以从教化。苏、张长于驰辞[⑮]，不可以结盟誓[⑯]。白起长于攻取[⑰]，不可以广众。子胥长于图敌[⑱]，不可以谋身。尾生长于守信[⑲]，不可以应变。王嘉长于遇明君[⑳]，不可以事暗主。许子将长于明臧否[㉑]，不可以养人物。"此任长之术者也。

【注释】

①由此观之：以下至"必无曩时之勋而显今日之名也"，见于《群书治要》卷四十八所引陆景《典语》。

②下帷：放下室内悬挂的帷幕。指教书。《史记·儒林列传》："下帷讲诵，弟子传以久次相受业，或莫见其面，盖三年董仲舒不观于舍园，其精如此。"

③仲舒：董仲舒，广川（今河北景县）人。西汉哲学家。提出"罢黜百家，独尊儒术"，为汉武帝采纳。著作有《春秋繁露》等。

④于公：西汉名臣于定国的父亲。曾担任县狱吏与郡决曹，以治狱公平著称。《汉书·于定国传》："其父于公为县狱史，郡决曹，决狱平，罗文法者于公所决皆不恨。郡中为之生立祠，号曰'于公祠'。"

⑤陆贾：汉初政论家，楚人。早年随刘邦平定天下，有辩士之称，曾任太中大夫。曾两次受命出使南越，说服尉佗接受汉朝所赐予的南越王印，去帝制，归附汉朝。先后为汉高祖著书十二篇，总结秦亡汉兴教训，名为《新语》。

⑥曩（nǎng）时：往时，以前。

⑦桓范：字元则，沛郡龙亢（今安徽怀远龙亢镇）人。三国时期曹魏大臣，号称"智囊"。高平陵事变发生后，力劝曹爽挟皇帝曹芳进入许昌，没有得到采纳，最终被太傅司马懿诛杀。著有《世要论》。

⑧帝王用人：以下至"高祖用陈平之智而托后于周勃"，出自《三国志·魏书·徐宣传》。

⑨书策：《三国志·魏书·徐宣传》作"策略"。

⑩晋文：晋文公，名重耳，春秋时期晋国国君，春秋五霸之一。流亡在外十九年，后借助秦穆公的帮助回国。即位后整顿内政，增强军队，在城濮之战中大败楚军。咎犯：即狐偃，字子犯，晋文公的舅父，故又称"舅犯"，"咎"与"舅"通。智计过人。晋文公返国，咎犯之功甚多。雍季：晋文公大臣，事迹不详。城濮之战发生前，晋文公询问大臣的意见，咎犯主张采取诈伪之道，而雍季认为诈伪之道虽可得逞一时，但好比竭泽而渔，不是长久之计。晋文公虽然采用了咎犯的主张，但战后论功行赏时，雍季得到的奖赏比

咎犯更多。事见《韩非子·难一》《吕氏春秋·孝行览·义赏》。

⑪周勃：汉初大臣，沛县（今属江苏）人。秦末从刘邦起义，以军功为将军，封绛侯。吕后时，任太尉。吕后死，与陈平一道诛杀诸吕等，迎立汉文帝。《史记·高祖本纪》："上曰：'……陈平智有余，然难以独任。周勃重厚少文，然安刘氏者必勃也，可令为太尉。'"

⑫守文之代：以下至"功多者赏厚"，出自《后汉书·袁绍传》。

⑬诸葛亮：字孔明，琅琊阳都（今山东沂南）人。三国时期蜀汉政治家、军事家。

⑭商鞅：姓公孙，卫国人，又称"卫鞅"或"公孙鞅"，战国时秦国政治家。秦孝公任用他实行变法，奠定了秦国强盛的基础。

⑮苏、张：指苏秦、张仪。张仪，战国时期纵横家，主张以连横策略瓦解六国。

⑯不可以结盟誓：张仪曾以"商於之地六百里"为诱饵，诱使楚怀王撕毁齐、楚同盟，之后却拒不承认，所以说这些纵横家"不可以结盟誓"。事见《史记·张仪列传》。

⑰白起：郿（今陕西眉县东）人。战国时期秦国名将。因功封武安君。

⑱子胥：即伍子胥，名员。原为楚国人，其父伍奢被楚平王所杀，他逃亡至吴国，帮助吴王阖闾夺取王位，治军攻楚。吴王夫差打败越王勾践后，伍子胥力劝夫差拒绝越国的求和，夫差不听，并逐渐疏远他，最后赐剑命他自杀。

⑲尾生：古代传说中坚守信约的男子。《庄子·盗跖》："尾生与女子期于梁下，女子不来，水至不去，抱梁柱而死。"

⑳王嘉：字公仲，平陵（今陕西咸阳东北）人。西汉哀帝时为丞相，封新甫侯。因反对封董贤为侯，哀帝怒将他下狱。狱中绝食二十余日，呕血而死。

㉑许子将：即许劭，字子将，汝南平舆（今河南平舆）人。东汉末年著名人物评论家。

【译文】

这样看来，如果让韩信去教书，让董仲舒带兵打仗，让于公进行游说，让陆贾听理诉讼，他们肯定不会有昔日的功劳与今日的美名了。所以，任人要用其所长的道理，不可不仔细体察。评论道：曹魏时期的桓范说："帝王用人，要根据时势任用人才。争夺天下的时候，优先选拔谋略之士；天下安定之后，首先任用忠义之士。所以晋文公虽然采纳了咎犯的计策，却着重奖赏了雍季的进言；汉高祖虽然采用陈平的智谋，临终时却托孤于周勃。"古语说："和平时代，德行高的人地位尊贵；遇到非常事变时，功劳多的人得到的赏赐丰厚。"诸葛亮说："老子善于修身养性，却不善于治理危难的局面。商鞅善于以法治国，却不善于教化民众。苏秦、张仪善于游说，却不能依靠他们订立盟约。白起擅长攻城略地，却不善于扩充人口。伍子胥善于图谋算计敌人，却不善于为自身打算。尾生善于信守诺言，却不善于应付事变。王嘉善于辅佐明君，却不善于侍奉昏君。许劭善于褒贬人物，却不善于培养人才。"这就是用人要用其所长的方法。

品目第三

【题解】

所谓“品目”，指的是不同的人物品类。这种不同，既体现为高下等级的差异，如文中引用《孔子家语·五仪解》篇的说法，将人物分为庸人、士人、君子、贤人、圣人五等；也体现为才性类型的区别，如文中引用《钤经》的说法，将人才分为人之英、人之俊、人之豪、人之杰四类。只有了解了这些区分，才能做到“既知其名，又知其实”。

夫天下重器，王者大统[①]，莫不劳聪明于品材，获安逸于任使[②]。故孔子曰：“人有五仪[③]，有庸人，有士人，有君子，有圣，有贤。审此五者，则治道毕矣。

【注释】

①天下重器，王者大统：出自《史记·伯夷列传》。司马贞《索隐》：“言天下者是王者之重器。”

②莫不劳聪明于品材，获安逸于任使：出自《人物志·自序》。

③人有五仪：以下至“此圣者也”，出自《孔子家语·五仪解》，有删节。类似记载又见于《荀子·哀公》《大戴礼记·哀公问五义》。

仪，等级，等次。

【译文】

天下是极贵重的宝器，王位是极重要的统绪，君主治理天下，莫不运用聪明才智去辨别人才，并任用他们使自己获得安逸。所以孔子说："人有五种等级，有庸人，有士人，有君子，有圣人，有贤人。分清这五种人，那么治理国家的办法就都齐备了。

"所谓庸人者，心不存慎终之规[①]，口不吐训格之言[②]，格，法。不择贤以托身，不力行以自定，见小暗大而不知所务[③]，从物如流而不知所执[④]。此则庸人也。

【注释】

①慎终：谨慎考虑事情的后果。《老子》第六十四章："慎终如始，则无败事。"

②训格之言：指可以奉为行为准则的言论。

③暗：不明了，不了解。

④从物如流：被外物诱惑而随波逐流。《荀子·哀公》："从物如流，不知所归。"杨倞注："为外物所诱荡而不返也。"

【译文】

"所谓庸人，心中没有谨慎小心、善始善终的原则，口中不说奉为准则的言论，格，是法度的意思。不选择贤人作为自己的依靠，不努力行事使自身获得安定，小事清楚而大事糊涂，不知道该做什么，被外物诱惑，随波逐流，不知应该坚持什么。这样的人就是庸人。

"所谓士人者，心有所定，计有所守。虽不能尽道术之本[①]，必有率也；率，犹述也。虽不能遍百善之美[②]，必有处也[③]。是故智不务多[④]，务审其所知；言不务多，务审其所谓；所谓，言之要也。行不务多，务审其所由[⑤]。智既知之[⑥]，言既得之，得其要也。行既由之，则若性命形骸之不可易也[⑦]。富贵不足以益，贫贱不足以损。此则士人也。

【注释】

①道术：指治国之术。

②遍：《孔子家语·五仪解》作“备”。

③处：保持，执守。

④智不务多：《荀子·哀公》作“知不务多”。

⑤所由：所经历的道路。引申为行事的方式方法。

⑥智既知之：《荀子·哀公》作“知既已知之矣”。

⑦形骸：人的躯体。

【译文】

“所谓士人，内心有明确的定向，有坚持的计划。虽然不能穷尽治国之术的本源，但必然有所遵循；率，是述的意思。虽然不能做到尽善尽美，但必然有所执守。所以不追求过多的知识，但一定要审视所知的是否正确；不追求过多的言论，但一定要审视所说的是否精当；所谓，指言论的关键。不追求过多的行动，但一定要审视行事的方式是否恰当。所知的已然正确了，所说的已然精当了，得到言论的关键。所行的已然遵循正路了，则这些正确的原则便如同人的性命与躯体一样不可变动了。富贵不能使其增加，贫贱不能使其受损。这样的人就是士人。

“所谓君子者，言必忠信而心不忌，忌，怨害也。仁义在身而色不伐[①]，思虑通明而辞不专[②]。笃行信道，自强不息，油然若将可越而终不可及者[③]。此君子也。油然，不进之貌也。越，过也。孙卿曰："夫君子能为可贵[4]，不能使人必贵己；能为可信，不能使人必信己；能为可用，不能使人必用己。故君子耻不修，不耻见污；耻不信，不耻不见信；耻不能，不耻不见用。不诱于誉，不怨于诽，率道而行，端然正己[5]，谓之君子也。"

【注释】

①伐：夸耀。

②通明：开通贤明。专：专断，擅自行事。

③油然：从容舒缓的样子。《荀子·哀公》杨倞注："所谓'瞻之在前，忽然在后'。"

④夫君子能为可贵：以下至"谓之君子也"，出自《荀子·非十二子》。

⑤端然：庄重严肃貌。

【译文】

"所谓君子，言论必定忠诚信实而内心没有怨恨，忌，是怨恨嫉妒的意思。身体力行仁义之道而没有自满夸耀的神情，心思开通贤明而没有专断的言辞。切实信奉并履行正道，努力向上永不停息，从容舒缓的样子似乎不难超越，却让人始终赶不上。这样的人就是君子。油然，不前进的样子。越，是超过的意思。荀子说："君子能够做到值得尊重，不能令人一定尊重自己；能够做到值得信任，不能令人一定信任自己；能够做到值得任用，不能令人一定任用自己。所以君子以道德修养不足为耻，不以被污蔑为耻；以诚信不足为耻，不以不被信任为耻；以能力不足为耻，不以不被任用为耻。不被名誉所诱惑，不因诽谤而怨恨，遵循正道而行，庄重严肃地端正自己的思想言行，这就是所谓的君子。"

"所谓贤者，德不逾闲[1]，闲，法也。行中规绳[2]。言足法于天下而不伤其身，言满天下，无口过也。道足化于百姓而不伤于本。本亦身也。富则天下无菀财[3]，菀，积。施则天下不病贫。此则贤者也。

【注释】

①逾:逾越。闲:用于遮拦阻隔的栅栏。引申为法度、界限。

②规绳:规矩、绳墨。比喻法度。

③富则天下无菀(yùn)财:《荀子·哀公》作“富有天下而无怨财”,杨倞注:“怨,读为‘蕴’。言虽富有天下,而无蕴畜私财也。”菀,通“蕴”,蓄积。

【译文】

“所谓贤人,操守不逾越法度,闲,是法度的意思。行为符合规矩。言论足以让天下人效法而不会伤害自身,言论传诵天下,而没有言语的过失。道德足以教化百姓而不会伤害本性。本,指的也是自身。虽然富有天下,却没有私蓄的财产;菀,是蓄积的意思。施舍百姓,则天下人不以贫乏为忧。这样的人就是贤人。

“所谓圣者,德合天地,变通无方,穷万事之终始,协庶品之自然[①],敷其大道而遂成情性[②]。明并日月,化行若神,下民不知其德,睹者不识其邻[③]。此圣者也。”邻,以喻界畔也。庄子曰[④]:“刻意尚行[⑤],离世异俗[⑥],高论怨诽[⑦],为亢而已矣[⑧]。此山谷之士,非世之人,枯槁赴渊者之所好也[⑨]。语仁义忠信,恭俭推让,为修而已矣[⑩]。此平世之士[⑪],教诲之人也,游居博学者之所好也[⑫]。语大功,立大名,礼君臣,正上下,为治世而已矣。此朝廷之士,尊主强国之人也,致功兼并者之所好也[⑬]。就薮泽[⑭],处闲旷,钓鱼闲处[⑮],无为而已矣。此江海之士,避世之人也,闲暇者之所好也。吹呴呼吸[⑯],吐故纳新,熊经鸟伸[⑰],为寿而已矣。此导引之士[⑱],养形之人也,彭祖寿考者之所好也[⑲]。若夫不刻意而高,无仁义而修,无功名而治，无江海而闲，不导引而寿，无不亡也[20]，无不有也，澹然无极而众美从之[21]，此天地之道、圣人之德者也。”

【注释】

①协：协和，调和。庶品：犹众物，万物。

②敷：传布，施行。情性：指万物的情形。《荀子·哀公》作：“所谓大圣者，……辨乎万物之情性者也。大道者，所以变化遂成万物也；情性者，所以理然不、取舍也。”

③睹者不识其邻：《荀子·哀公》作“百姓浅然不识其邻”，杨倞注：“邻，近也。百姓浅见，不能识其所近，况能识其深乎?”邻，浅近。

④庄子：名周，宋国蒙（今属河南）人。战国时期思想家。继承和发展了老子的学说，是道家的主要代表，后人将其与老子合称为“老庄”。

⑤刻意尚行：以下至“圣人之德者也”，出自《庄子·刻意》。刻意，雕砺心志。尚行，崇尚品行。

⑥离世异俗：指超脱世俗，与众不同。

⑦怨诽：怨恨，非议。

⑧为亢：指表现得高傲。亢，高傲。

⑨枯槁：身体枯槁。赴渊：投水自杀。前者如鲍焦、介子推，后者如北人无择、卞随、务光这样不满现实、愤世嫉俗的狷介之士。见《庄子·盗跖》《让王》诸篇所记。

⑩修：修身。

⑪平世之士：有志于治理天下的人。《庄子·刻意》成玄英疏：“平时治世之士。”

⑫游居博学者：《庄子·刻意》作“游居学者”，成玄英疏：“或游行而议论，或安居而讲说。”译文从之。

⑬致功：致力。

⑭薮泽:指水草茂密的沼泽湖泊地带。

⑮闲处:在家闲居。

⑯吹呴(xǔ):道家所谓呼吸吐纳之术。《庄子·刻意》成玄英疏:"吹冷呼而吐故,呴暖吸而纳新。"

⑰熊经鸟伸:像熊一样悬吊在树上,像鸟一样伸展肢体。按,这是一种健身操。《三国志·方技传·华佗传》记载了华佗锻炼身体的"五禽之戏","一曰虎,二曰鹿,三曰熊,四曰猿,五曰鸟",可以活动躯体,"以求难老"。

⑱导引:导气引体,古代医家、道家的养生术。

⑲彭祖:传说中的人物。据说善于养生,有导引之术,活到八百高龄。

⑳无不亡:指一切无心。亡,通"忘"。《庄子·刻意》作"忘"。

㉑澹(dàn)然:淡泊,恬淡。无极:无穷尽,无边际。

【译文】

"所谓圣人,道德与天地相合,变化通达无所不至,穷究万事变化的全部过程,协和万物使之符合自然之道,施行大道以成就万物的本性。光明如同日月,教化如同神灵,一般的百姓无法知晓他的德行,看见的人无法理解其境界中浅近的一面。这样的人就是圣人。邻,是用来比喻边界的。庄子说:"雕砺心志,崇尚品行,超脱世俗,高谈阔论,非议世事,表现得高傲而已。这是隐居于山谷,不满于世俗,愤世嫉俗的狷介之士所喜好的。谈论仁义忠信之道,恭谨俭朴而逊让,致力于修身而已。这是有志于治理天下,教化百姓,时而到处游说,时而定居讲学的人所喜好的。谈论大功,获得大名,使君臣以礼相待,维护上下尊卑的等级,讲求治理天下而已。这是在朝廷中做官,主张推崇君主,强大国家,致力于兼并诸侯的人所喜好的。来到湖泽之中,居住于安静空阔之地,钓鱼闲居,清静无为而已。这是隐居于江海,躲避世道,悠闲从容的人所喜好的。练习呼吸之术,吐出浊气,吸纳清气,像熊一样悬吊在树上,像鸟一样伸展肢体,追求长寿而已。这是修炼导气引体之术,保养形体,追求像彭祖一样长寿的人所喜好的。如果有不雕砺心志而高尚,不讲求仁义而德行美好,不追求功名而天下得到治理,不隐居江海而悠闲，不修习导引之术而长寿，一切无心，却一切都得到，心境淡泊不受约束，而一切美好的东西随之而来，这就是天地的大道、圣人的德行。"

《钤经》曰[1]："德足以怀远[2]，信足以一异，识足以鉴古，才足以冠世，此则人之英也。法足以成教，行足以修义，仁足以得众，明足以照下[3]，此则人之俊也。身足以为仪表，智足以决嫌疑[4]，操足以厉贪鄙，信足以怀殊俗[5]，此则人之豪也。守节而无挠[6]，处义而不回[7]，见嫌不苟免[8]，见利不苟得[9]，此则人之杰也。"德行高妙[10]，容止可法[11]，是谓清节之家[12]，延陵、晏婴是也[13]。思通道化，策谋奇妙，是谓术家[14]，范蠡、张良是也[15]。其德足以厉风俗，其法足以正天下，其术足以谋庙胜[16]，是谓国体[17]，伊尹、吕望是也[18]。其德足以率一国，其法足以正乡邑[19]，其术足以权事宜，是谓器能[20]，子产、西门豹是也[21]。清节之流[22]，不能弘恕[23]，好尚讥诃[24]，分别是非，是谓臧否[25]，子夏之徒是也[26]。法家之流，不能创思图远，而能受一官之任，错意施巧[27]，是为伎俩，张敞、赵广汉是也[28]。术家之流，不能创制垂则，而能遭变用权，权智有余，公正不足，是谓智意，陈平、韩安国是也[29]。能属文著述，是谓文章，司马迁、班固是也[30]。能传圣人之业而不能干事施政，是谓儒学，毛公、贯公是也[31]。辩不入道而应对资给[32]，是谓口辩，乐毅、曹丘生是也[33]。胆力绝众，材略过人，是谓骁雄[34]，白起、韩信是也。

【注释】

①《钤（qián）经》：也称《玉钤经》《玉钤篇》，古代兵法著作。《后汉书·方术传》李贤注："兵法有《玉钤篇》。"据周斌先生考证，即《素书》的别名。

②德足以怀远:以下至“此则人之杰也”,出自《素书·正道章》,文字有所不同。类似记载又见于《淮南子·泰族训》。

③照下:监察下属。

④嫌疑:疑惑难辨的事理。

⑤殊俗:指风俗不同的远方。

⑥无挠:不屈服。

⑦不回:不行邪僻。回,邪僻。

⑧苟免:苟且免于损害。

⑨苟得:不当得而得。

⑩德行高妙:以下至“白起、韩信是也”,出自《人物志·流业》,有删节。《流业》中,将人才按照等级、类型分为八种,此处脱漏了“法家”一种。

⑪容止:仪容举止。

⑫清节:高洁的节操。

⑬延陵:即季札,春秋时期吴王寿梦少子,封于延陵,称“延陵季子”。辞君位不受,以闻见广博、预言准确著称。晏婴:字平仲,夷维(今山东高密)人。春秋时齐国大夫。历任灵公、庄公、景公三世,以节俭力行著称,被尊称为“晏子”。其事迹记载于《晏子春秋》一书中。

⑭术:权术,计谋。

⑮范蠡:字少伯,春秋时期楚国宛(今河南南阳)人。越王勾践的重要谋士,助勾践刻苦图强,灭亡吴国。后功成身退,经商致富,号“陶朱公”。

⑯庙胜:朝廷预先制定的克敌制胜的谋略。

⑰国体:国家栋梁之材。

⑱吕望:姜姓,吕氏,名尚,西周初年大臣。辅佐周武王灭殷,周朝建立,封于齐,为齐国始祖。因号“太公望”,故称“吕望”。

⑲乡邑：指乡遂的城邑。

⑳器能：才能。

㉑子产：姓公孙，名侨，字子产，春秋时期郑国大夫。为政宽猛相济。时晋、楚争霸，郑国弱小，处于两国之间，子产周旋得宜，使郑国多年平安无事。西门豹：战国时期魏人。魏文侯时邺（今河北临漳西南）令。革除恶俗，兴修水利，使民富足。

㉒清节之流：意谓清节家的支派。流，流别，支派。《人物志·流业》："兼有三材之别，各有一流。"刘昞注："三材为源，则习者为流也。"

㉓弘恕：宽容，宽大。

㉔讥诃：讥责，非难。

㉕臧否（pǐ）：品评，褒贬。

㉖子夏：即卜商，字子夏，孔子弟子。为孔门"文学"科的代表。

㉗错意：在意，注意。错，通"措"。

㉘张敞：字子高，河东平阳（今山西临汾西南）人。西汉宣帝时任太中大夫、京兆尹、冀州刺史等。敢直言，严赏罚，所至皆有政绩。赵广汉：字子都，涿郡蠡吾（今河北博野）人。西汉宣帝时任颍川太守、京兆尹。治事廉明，执法不避权贵。

㉙韩安国：字长孺，梁国成安（今河南汝州东南）人。初为梁孝王中大夫，汉武帝时任御史大夫、中尉等职，以多谋略著称。

㉚司马迁：字子长，夏阳（今陕西韩城南）人。西汉著名史学家。著有《史记》。班固：字孟坚，扶风安陵（今陕西咸阳东北）人。东汉著名史学家、文学家。著有《汉书》《两都赋》等。

㉛毛公：有大毛公、小毛公二人。大毛公毛亨为战国末年鲁人，小毛公毛苌为西汉初年赵人，二人皆传习《诗经》。贯公：西汉赵人。受《左氏传》训故于贾谊，为河间献王博士。

㉜资给：天资聪敏，言语便捷。

㉝乐毅：战国时燕国名将。燕昭王时为亚卿，曾率领燕、赵、楚、韩、

魏五国兵伐齐，下齐七十余城。曹丘生：西汉初年著名辩士。对季布的任侠义勇到处赞扬，季布因之享有盛名。事迹见《史记·季布栾布列传》。

㉞骁（xiāo）雄：勇猛威武。

【译文】

《钤经》说："德行足以怀柔远人，诚信足以统合异端，见识足以借鉴古人，才能足以冠绝当代，这样的人就是人中之英。法度足以成为教化的典范，行为足以修行礼义，仁爱足以获得人心，明智足以监察下属，这样的人就是人中之俊。自身足以成为众人的楷模，智慧足以决断疑难，操行足以激励贪婪鄙陋之人，诚信足以安抚风俗不同的远方，这样的人就是人中之豪。坚守节操而不屈服，坚持信义而不行邪僻，遇见引起嫌疑之事而不苟且逃避，见到利益而不苟且获得，这样的人就是人中之杰。"德行高深微妙，仪容举止值得效法，是所谓的清节家，季札、晏婴属于这一类人。思虑通晓大道的变化，策略计谋奇妙，是所谓的术家，范蠡、张良属于这一类人。他们的德行足以矫正风俗，他们的法度足以匡正天下，他们的谋略足以预先克敌制胜，是所谓的国体，伊尹、吕望属于这一类人。他们的德行足以成为一个诸侯国的表率，他们的法度足以匡正某一乡邑，他们的谋略足以权衡处理某些特殊的事变，是所谓的器能，子产、西门豹属于这一类人。清节家的支派，不能宽容他人，喜欢讥责非难，分别对错，是所谓的臧否，子夏一类的儒者属于这一类人。法家的支派，不能有独创的思想和宏大的目标，而能够胜任某一官职，在具体事务上运用巧思，是所谓的伎俩，张敞、赵广汉属于这一类人。术家的支派，不能建立制度垂示法则，而能够在遭遇变故的时候运用权谋，机变智略有余，公平正直不足，是所谓的智意，陈平、韩安国属于这一类人。能够撰写文章著作，是所谓的文章，司马迁、班固属于这一类人。能够传述圣人的事业而不能干预时事施行政务，是所谓的儒学，毛公、贯公属于这一类人。辩论的言谈不符合正道，却应对敏捷，是所谓的口辩，乐毅、曹丘生属于这一类人。胆识力量超过众人，才能谋略胜过他人，是所谓的骁雄，白起、韩信属于这一类人。

《家语》曰[①]:"昔者[②],明王必尽知天下良士之名,既知其名,又知其实,然后用天下之爵以尊之,则天下理也。"此之谓矣。

【注释】

①《家语》:即《孔子家语》,儒家类著作,记载了孔子及孔门弟子的思想言行。《汉书·艺文志》载二十七卷,今传本十卷四十四篇,三国时期王肃注。《四库总目提要》认为今传本系王肃伪作。

②昔者:以下至"则天下理也",出自《孔子家语·王言解》。

【译文】

《孔子家语》说:"以往,圣明的君主必定知道天下所有贤良人士的名字,既知道他们的名声,又了解他们的实际才能,然后用天下的爵位来封赏尊崇他们,天下便得到治理了。"说的就是这个道理。

量才第四

【题解】

所谓“量才”，指衡量人才能的等级与类型。赵蕤指出，人的才能“参差大小不同”，存在着等级与品类的差别；而不同的官职，其所需要的人才类型也各不相同。只有深谙“量才”之道，才能让拥有不同才能的人物各得其所。文中还指出，君主应当以英才、“人师”为佐。辅佐是否得人，关系到国家的存亡。

夫人才能参差大小不同①，犹升不可以盛斛②，满则弃矣。非其人而使之，安得不殆乎③？傅子曰：“凡品才有九：一曰德行以立道本④；二曰理才以研事机⑤；三曰政才以经治体⑥；四曰学才以综典文⑦；五曰武才以御军旅⑧；六曰农才以教耕稼；七曰工才以作器用⑨；八曰商才以兴国利⑩；九曰辩才以长讽议。此量才者也。”

【注释】

①夫人才能参差大小不同：以下至“安得不殆乎”，见于《群书治要》卷三十一所引《六韬·龙韬》。

②升、斛（hú）：量器。古代十升为一斗，十斗为一斛。

③殆(dài):危险。

④道本:指经世治民之道的根本。

⑤事机:事物的关键。

⑥治体:治国的纲领、要旨。

⑦综:整理,治理。典文:典籍文献。

⑧御:统率,率领。

⑨器用:指兵器与农具。

⑩国利:国家的财利。

【译文】

人的才能参差不齐,大小不同,好比用升装不下斛的容量,装满之后,其余的只能丢弃了。任用了不合适的人,怎么能不危险呢?傅玄说:“品评人的才能,总共分为九类:一是道德品行,可以用来建立经世治民之道的根本;二是明于事理的才能,可以用来探究事物的关键;三是执政的才能,可以用来规划治国的纲领;四是治学的才能,可以用来整理典籍文献;五是军事的才能,可以用来统率军队;六是农事的才能,可以用来指导百姓耕种;七是工艺的才能,可以用来制造各种兵器农具;八是商业的才能,可以用来营求国家的财利;九是论辩的才能,可以用来讽喻进谏。这就是衡量才能。”

故伊尹曰:“智通于大道[①],应变而不穷[②],辨于万物之情,其言足以调阴阳,正四时[③],节风雨,如是者举以为三公,故三公之事常在于道[④]。汉文帝问陈平曰[⑤]:“君所主何事[⑥]?”对曰:“陛下不知臣驽下[⑦],使臣待罪宰相[⑧]。宰相者,上佐天子,燮理阴阳[⑨],下遂万物之宜,外镇抚四夷[⑩],内亲附百姓,使公卿大夫各得任其职。”上曰:“善!”汉魏相书曰[⑪]:“臣闻《易》曰[⑫]:‘天地以顺动,故日月不过,四时不忒[⑬]。圣人以顺动,则刑罚清而人服。’天地变化必由阴阳,阴阳之分以日月为纪,各有常职,不得相干。明王谨于尊天，慎于养人，故立羲、和之官[14]，以乘四时[15]，敬授人事[16]。君动静以道，奉顺阴阳，则日月光明，风雨时节，寒暑调和。三者得叙则灾害不生[17]，人不夭疾，衣食有余矣。”此燮理阴阳之大体也。事具《洪范》篇[18]。不失四时，通于地利[19]，能通不通[20]，能利不利[21]，如是者举以为九卿[22]，故九卿之事常在于德[23]。通于人事，行犹举绳，通于关梁[24]，实于府库[25]，如是者举以为大夫，故大夫之事常在于仁。蜀丞相诸葛亮主簿杨颙曰[26]：“坐而论道谓之三公[27]，作而行之谓之卿大夫。”忠正强谏而无有奸诈，去私立公而言有法度，如是者举以为列士[28]，故列士之事常在于义也。故道、德、仁、义定而天下正。”清节之德[29]，师氏之任也[30]。法家之材，司寇之任也[31]。术家之材，三孤之任也[32]。臧否之材，师氏之佐也。伎俩之材，司空之任也。儒学之材，保氏之任也[33]。文章之材，国史之任也[34]。骁雄之材，将帅之任也。

【注释】

①智通于大道：以下至“故道、德、仁、义定而天下正”，出自《说苑·臣术》，略有删节。

②不穷：不陷于困境。

③正四时：指校正历法，令四时不错位。《史记·五帝本纪》：“以闰月正四时。”

④道：指协和、顺应天道。

⑤汉文帝问陈平曰：以下至“上曰：‘善！’”，出自《史记·陈丞相世家》，文字有所不同。汉文帝，即刘恒，汉高祖刘邦之子，继汉惠帝后即位。

⑥君：敬称。指陈平。

⑦驽下:资质驽钝,才能低下。

⑧待罪:古代官吏任职的谦称。意谓不胜其职而将获罪。

⑨燮(xiè)理:协和治理。

⑩四夷:古代华夏族对四方少数民族的统称。

⑪魏相:字弱翁,济阴定陶(今山东菏泽定陶区西北)人。西汉宣帝时任御史大臣、丞相等职。

⑫臣闻《易》曰:以下至"衣食有余矣",出自《汉书·魏相传》,有删节。《易》,指《周易》,儒家"十三经"之一。包括"经"和"传"两部分。魏相上书中所引,出自《豫卦·彖辞》。

⑬忒(tè):差错。

⑭羲、和:指羲氏、和氏。据《尚书·尧典》记载,尧曾命羲仲、羲叔、和仲、和叔两对兄弟分驻四方,观测天象,制定历法。

⑮乘:治理,管理。《汉书·魏相传》颜师古注:"乘,治也。"

⑯敬授人事:《汉书·魏相传》作"节授民事",颜师古注:"各依其节而授以事。"译文从之。

⑰叙:使有次序,符合规律。

⑱《洪范》:《尚书》篇名。相传是西周初年,箕子向周武王陈述的"天地之大法"。洪,大。范,法。

⑲地利:《说苑·臣术》作"地理",指土地、山川等环境形势。

⑳能通不通:《说苑·臣术》作"能通不能通",译文从之。

㉑能利不利:《说苑·臣术》作"能利不能利",译文从之。

㉒九卿:古代中央政府的九个高级官职,各个朝代的名称、司职略有不同。

㉓德:善政,仁政。或曰,指得万物之性。《论语·为政》:"为政以德。"皇侃《义疏》:"德者,得也。言人君为政,当得万物之性,故云'以德'也。"似更符合上下文义,译文从之。

㉔关梁:关口和桥梁。泛指水陆交通必经之处。

㉕府库：指国家贮藏财物、兵甲的处所。

㉖杨颙（yóng）：字子昭，荆州襄阳（今湖北襄阳襄城区）人。三国时期蜀汉官员。曾劝诸葛亮不必事事躬亲。

㉗坐而论道：以下至“谓之卿大夫”，出自《三国志·蜀书·杨戏传》裴松之注引《襄阳记》。

㉘列士：周代上士、中士、下士的统称。

㉙清节之德：以下至“将帅之任也”，出自《人物志·流业》。按，“清节”“术家”“伎俩”等，是《人物志》关于人物才性的专门名目，故译文中不做翻译。其具体内涵参见本书《品目》篇。

㉚师氏：官名。掌辅导王室，教育贵族子弟以及朝仪得失之事。

㉛司寇：官名。掌刑狱、纠察等事。

㉜三孤：官名。《伪古文尚书·周官》：“少师、少傅、少保曰‘三孤’。”为“三公”的副手。

㉝保氏：官名。掌以礼义匡正君王、教育贵族子弟。

㉞国史：国家的史官。

【译文】

所以伊尹说：“智慧与大道相通，应对变化而不陷入困境，能够分辨万事万物的不同情形，其言论足以调和阴阳，调正四时，调节风雨，像这样的人可以任命为三公，所以三公的职责常常在于协和天道。汉文帝问陈平说：“你掌管什么事呢？”陈平回答说：“您不认为我的才能低下，让我待罪于宰相的位置上。所谓宰相，对上要辅佐天子，协和阴阳，对下要让万物各得其宜，对外要安抚四方的少数民族，对内要使百姓亲附，让公卿大臣各尽其职。”汉文帝说：“说得好！”西汉时魏相上书说：“我听说《易经》说：‘天地顺应万物的本性运动，所以日月的运转不会出现过错，四时的更替也不会出现误差。圣人顺应万物的本性行动，所以刑法清明，百姓信服。’天地的变化，必然由于阴阳的变化，阴阳分别以日月的运行为标志，各有其固有的职守，不可相互干扰。圣明的君主恭敬地尊奉上天，慎重地养育百姓，所以设立观测天象的官职，以管理四时，依照时节的不同，安排民众的生产劳作。君主无论行动与止息都符合天道，顺应阴阳的变化，就会使日月光明，风雨合乎时节而有节制，寒暑调和。日月、风雨、寒暑三者合乎规律，那么灾害便不会发生，人们不会因为疾病而夭折，衣食有富余。”这就是协和阴阳的关键。有关记载见于《尚书·洪范》篇。不违背四时的规律，通晓土地山川的形势，能疏通他人所不能疏通的，能获得他人所不能获得的利益，像这样的人可以任命为九卿，所以九卿的职责常常在于掌握、顺应万物之性。通晓人情事理，行为可以作为准绳，使关口与桥梁畅通，国家的仓库充实，像这样的人可以任命为大夫，所以大夫的职责常常在于仁爱。蜀汉丞相诸葛亮的主簿杨颙说：“端坐着讨论大道的人，被称为‘三公’；负责具体工作的人，被称为‘卿大夫’。”忠诚正直，极力谏诤而没有奸诈之心，杜绝私心，扶持朝廷而言谈符合法度，像这样的人可以任命为列士，所以列士的职责常常在于道义。所以道、德、仁、义四者确定了，天下也就合乎正道了。”拥有清节家的德行，适宜担任师氏的职务。拥有法家的才能，适宜担任司寇的职务。拥有术家的才能，适宜担任三孤的职务。拥有臧否的才能，适宜担任师氏的辅佐。拥有伎俩的才能，适宜担任司空的职务。拥有儒学的才能，适宜担任保氏的职务。拥有文章的才能，适宜担任国史的职务。拥有威武的才能，适宜担任将帅的职务。

太公曰[①]：“多言多语[②]，恶口恶舌，终日言恶，寝卧不绝，为众所憎，为人所疾，此可使要遮闾巷[③]，察奸伺祸[④]。权数好事[⑤]，夜卧早起，虽剧不悔[⑥]，此妻子之将也。先语察事[⑦]，劝而与食[⑧]，实长希言[⑨]，财物平均，此十人之将也。忉忉截截[⑩]，垂意肃肃[⑪]，不用谏言，数行刑戮，刑必见血，不避亲戚，此百人之将也。讼辩好胜，嫉贼侵凌，斥人以刑，欲整一众[⑫]，此千人之将也。外貌怍怍[⑬]，言语时出[⑭]，知人饥饱，习人剧易[⑮]，此万人之将也。战战栗栗，日慎一日，近贤进谋，使人知节，言语不慢，忠心诚毕[⑯]，此十万人之将也。经曰[17]："夫将虽以详重为贵，而不可有不决之疑；虽以博访为能[18]，而不欲有多端之惑。此论将之妙也。"温良实长，用心无两，见贤进之，行法不枉，此百万人之将也。勋勋纷纷[19]，邻国皆闻，出入豪居[20]，百姓所亲，诚信缓大[21]，明于领世，能效成事，又能救败，上知天文，下知地理，四海之内，皆如妻子，此英雄之率[22]，乃天下之主也。"聪明秀出谓之英[23]，胆力过人谓之雄，此其大体之别名也。夫聪明者，英之分也[24]，不得雄之胆则说不行[25]；胆力者，雄之分也，不得英之智则事不立。若聪能谋始而明不见机，可以坐论而不可以处事。若聪能谋始，明能见机，而勇不能行，可以修常而不可以虑变[26]。若力能过人而勇不能行，可以为力人，未可以为先登。力能过人，勇能行之，而智不能料事，可以为先登，未足以为将帅。必聪能谋始，明能见机，行能决之[27]，然后乃可以为英，张良是也。气力过人，勇能行之，智足料事，然后乃可以为雄，韩信是也。若一人之身，兼有英雄，则能长世，高祖、项羽是也[28]。

【注释】

①太公：即吕尚，号太公望，故称"太公"。

②多言多语：以下至"乃天下之主也"，见于《群书治要》卷三十一所引《六韬·龙韬》。

③要遮闾巷：《群书治要·六韬》作"要问闾巷"，译文从之。

④察奸伺祸：《群书治要·六韬》作"察奸伺猾"，译文从之。

⑤权数：权术，耍手段。好事：爱兴事端，喜欢多事。

⑥剧：指繁重的事务。

⑦先语察事：意谓在言语交谈之前，就能察觉事情的真相。形容富于先见之明。

⑧劝而与食：意谓与士卒同甘共苦，共同饮食。《六韬·龙韬》："军皆定次，将乃就舍，炊者皆熟，将乃就食，军不举火，将亦不举。"

⑨实长希言：多诚实，少言语。

⑩忉忉：啰唆，唠叨。截截：巧辩貌。

⑪垂意：注意，留意。肃肃：严正貌。

⑫整：《群书治要·六韬》作"正"，译文从之。

⑬怍怍（zuò）：腼腆貌。

⑭言语时出：言语谨慎，合于时宜。《论语·宪问》："夫子时然后言，人不厌其言。"

⑮剧易：艰难。

⑯诚毕：《群书治要·六韬》作"诚必"，指遵守信用，说到做到。译文从之。

⑰经曰：未详所指何书。

⑱博访：广泛地寻查访求。

⑲勋勋纷纷：《群书治要·六韬》作"动动纷纷"，意谓一举一动。译文从之。

⑳出入豪居：《群书治要·六韬》作"出入居处"，译文从之。

㉑缓大：宽大。

㉒率：表率，楷模。

㉓聪明秀出谓之英：以下至"高祖、项羽是也"，出自《人物志·英雄》，有删节。

㉔分：汉魏时期形名学的概念。可以理解为本分、名分或曰要素。

㉕说不行：不敢提出正确的主张。《人物志·英雄》刘昞注："智而无胆，不能正言。"

㉖修常：《人物志·英雄》作"循常"，译文从之。

㉗行：《人物志·英雄》作"胆"。

㉘项羽：名籍，字羽，秦末下相（今江苏宿迁西南）人。秦末重要的反

秦领袖之一。秦亡后自封西楚霸王。在楚汉战争中被刘邦打败。

【译文】

太公说："多嘴多舌，言语恶毒，整天说别人的坏话，躺下休息的时候都不肯停止，被大众所憎恨，被他人所厌恶，这样的人可以让他在街头巷尾打探消息，察探奸猾之人。有权术而爱兴事端，晚睡早起，虽然事务繁重也不后悔，这种人是管理妻子儿女的一家之长。富于先见之明，与士卒共同饮食，忠厚诚实，寡言少语，分配财物平均，这种人可以做十人的首领。能言善辩，用心严正，不听取劝说，屡屡使用刑罚，刑必见血，不避亲戚，这种人可以做百人的领袖。与人争辩时争强好胜，痛恨恶人的侵犯欺凌，以刑罚对人进行惩治，想要以此矫正大众，这种人可以做千人的首领。外表腼腆，言语合于时宜，了解士兵的饥饱，熟知士兵的艰难，这种人可以做万人的首领。畏惧谨慎，一日比一日更小心，亲近贤人，听取谋略，役使人知道节制，言语不傲慢，内心忠诚，说到做到，这种人可以做十万人的首领。经中说：将领虽然以端庄持重为贵，但不可以犹豫不决；虽然以广泛地寻查访求为才能，但不应有头绪繁杂导致的困惑。这是评论将领的精妙之处。温和善良，忠厚诚实，用心专一，见到贤人便加以推荐，执行法令严明公正，这种人可以做百万人的首领。一举一动，邻国无不知晓，所在之处，百姓亲近拥戴，诚实守信而仁厚宽大，明悉治世的方法，既能效法前人的成功事迹，又能挽救危败的局面，上知天文，下知地理，四海之内的人民，都如同自己的妻子儿女一般，这种人是英雄的表率，天下的主宰。"智慧与洞察力突出的叫作"英"，胆魄与气力过人的叫作"雄"，这是二者名号上的大致区别。智慧与洞察力，是"英"的要素，如果得不到"雄"的胆魄，那么主张就不能推行；胆魄与气力，是"雄"的要素，如果得不到"英"的智慧，那么事业也不能成功。如果智慧足够谋划事情的开始，而洞察力不足以抓住关键的时机，这样的人可以坐而论道，却不能处理具体的事务。如果智慧足够谋划事情的开始，洞察力足以抓住时机，而缺乏付诸行动的勇气，这样的人可以遵循常道，而不能应付变故。如果力量过人，却勇气不足，这样的人可以成为大力士，而不能成为战斗中的先锋。力量过人，并具备付诸实行的勇气，然而智慧不足以预测事情的走向，这样的人可以成为战斗中的先锋，而不足以成为军队的统帅。一定要智慧足以谋划事情的开始，洞察力足以抓住时机，胆略足以决断，然后才能成为英才，张良就是这样的人。气力过人，具备付诸行动的勇气，智慧足以预测事情的走向，然后才能成为雄才，韩信就是这样的人。如果一人之身，兼有“英”与“雄”的各种要素，则能够称雄于世，汉高祖、项羽就是这样的人。

经曰：“智如源泉[①]，行可以为表仪者[②]，人师也；智可以砥砺，行可以为辅弼者，人友也；据法守职而不敢为非者，人吏也；当前快意[③]，一呼再诺者[④]，人隶也。故上主以师为佐，中主以友为佐，下主以吏为佐，危亡之主以隶为佐。欲观其亡[⑤]，必由其下。故同明者相见，同听者相闻，同志者相从，非贤者莫能用贤。故辅佐左右，所欲任使者，存亡之机，得失之要。”

【注释】

①智如源泉：以下至“得失之要”，出自《韩诗外传》卷五，文字略有不同。

②表仪：表率、仪范。

③当前快意：指在人面前，供人恣意差遣。

④诺：表示同意、遵命的应答声。

⑤欲观其亡：据许维遹《韩诗外传集释》，“亡”为“上”之误。

【译文】

经说：“智慧如同有源之水，行为可以成为表率，这样的人可以做众人的老师；智慧可以磨砺人，行为可以辅佐人，这样的人可以成为良友；依据法规做事，恪尽职守，不敢做非法之事，这样的人适合做下级官吏；

在人面前，供人恣意差遣，喊他一声便连声答应，这样的人是他人的奴仆。所以上等的君主以老师为辅佐，中等的君主以良友为辅佐，下等的君主以小吏为辅佐，亡国之君以奴仆为辅佐。想要观察君主的优劣，一定要先观察他的下属。所以视力相同的人才能互相发现，听力相同的人才能互相听闻，志向相同的人才能互相交往，只有贤君才能任用贤人。所以身边的辅佐，所想要任用的人，是存亡的根本，得失的关键。”

孙武曰[①]：“主孰有道[②]，昔汉王见围荥阳[③]，谓陈平曰：“天下纷纷，何时定乎？”平曰：“项王为人，恭敬爱人，士之廉节好礼者多归之。至于行功赏爵邑重之[④]，士亦以此不附。今大王嫚人少礼[⑤]，士之顽钝嗜利无耻者亦多归汉[⑥]。诚宜各去两短，集其两长，天下指麾不足定也。”魏太祖谓郭嘉曰[⑦]：“袁本初地广兵强[⑧]，吾欲讨之，力不能敌，何如？”嘉对曰：“刘、项之不敌，公所知也。汉祖唯智胜[⑨]，项羽虽强，终为所擒。嘉窃料之，绍有十败，公有十胜，虽兵强，无能为也。绍繁礼多仪，公体任自然；此道胜，一也。绍虽兵强，绍以逆动[⑩]；公以奉顺，以率天下；此义胜，二也。汉末政失于宽，绍以宽济，故不摄[⑪]；公纠之以猛，而上下知制；此治胜，三也。绍外宽内忌，用人而旋疑之，所任唯亲戚子弟耳；公外简易而内机明，用人无疑，唯才能所宜，不问远近；此度胜，四也。绍多计少决，失在后事[⑫]；公策得辄行，应变无穷；此谋胜，五也。绍因累世之资，高议揖作[⑬]，以收名誉，士之好言饰外者多归之；公至心待人，推诚而行之，不为虚美，以俭率下，与有功者无所吝，士之忠正远见而有实者皆愿为用；此德胜，六也。绍见人饥寒，恤念之情形于颜色，其所不见，虑或不及，所谓妇人之仁耳；公于目前小事时有所忽，至于大事与四海相接，恩之所加，皆过其望，虽所不见，虑之所周，无不济也；此仁胜，七也。绍以大臣争权，谗言或用；公御下以道，浸润不行[14]；此明胜，八也。绍是非不可知，公所是进之以礼，所不是正之以法；此文胜，九也。绍好为虚势，不知兵要；公以少克众，用兵如神，军人恃之，敌人畏之；此武胜，十也。”曹公曰[15]：“吾知之，绍为人，志大而智小，色厉而胆薄，忌克而少威，兵多而分画不明，将骄而政令不一，土地虽广，粮食虽丰，适所以为吾奉也。”杨阜曰[16]：“袁公宽而不断，好谋而少决。不断则无威，少决则后事。今虽强，终为所擒。曹公有雄才远略，决机无疑，法一而兵精，必能济大事也。”**将孰有能**，袁绍率大众攻许，孔融谓荀彧曰[17]：“袁绍地广兵强，田丰、许攸智计之士为其谋[18]，审配、逢纪尽忠之臣任其事[19]，颜良、文丑勇冠三军统其兵[20]，殆难克乎？”彧曰：“绍兵虽多而法令不整。田丰刚而犯上，许攸贪而不治。审配专而无谋，逢纪果而自用。此二人留知后事，许攸贪而犯法[21]，必不能纵，不纵必为变。颜良、文丑一夫之勇耳，可一战而擒也。”后许攸贪不奉法，审配收其妻子。攸怒，奔曹公。又颜良临阵授首，田丰以谏死，皆如彧所料也。**吾以此知胜之谓矣。**”

【注释】

①孙武：亦称“孙子”，春秋末年军事家。著有《孙子兵法》。

②主孰有道：以下至“吾以此知胜之谓矣”：出自《孙子兵法·计》，有删节。有道，指得民心。《孙子兵法·计》：“道者，令民与上同意也，故可以与之死，可以与之生，而不畏危。”

③昔汉王见围荥阳：以下至“天下指麾不足定也”，出自《史记·陈丞相世家》，文字略有不同。前204年，项羽切断了汉军的粮道，将刘邦围困于荥阳城。

④重：吝惜。

⑤今大王嫚(màn)人少礼:《史记·陈丞相世家》以下有“士廉节者不来,然大王能饶人以爵邑”两句,上下文义方完整,译文据此补充。

⑥顽钝:圆滑而无骨气。

⑦魏太祖谓郭嘉曰:以下至“此武胜,十也”,出自《三国志·魏书·郭嘉传》裴松之注引《傅子》。郭嘉,字奉孝,颍川阳翟(今河南禹州)人。曹操的重要谋士。

⑧袁本初:即袁绍,字本初,汝南汝阳(今河南商水西北)人。汉末群雄之一。出身名门“汝南袁氏”,自高祖父袁安起,四代有五人位居三公,门生故吏遍布天下。董卓专权,袁绍与关东州郡牧守联合起兵讨伐董卓,被推举为盟主。后在官渡之战中被曹操击败,两年后惭愤病死。

⑨唯:以,因为。

⑩绍以逆动:指袁绍曾拒绝承认汉献帝,图谋另立新君。《三国志·魏书·袁绍传》:“袁绍与韩馥谋立幽州牧刘虞为帝,太祖拒之。绍又尝得一玉印,于太祖坐中举向其肘,太祖由是笑而恶焉。”

⑪不摄:混乱,不整。

⑫后事:错失事机。

⑬揖作:《三国志·魏书·郭嘉传》裴松之注引《傅子》作“揖让”。

⑭浸润:《论语·颜渊》有“浸润之谮”语,后遂以“浸润”指谗言。

⑮曹公曰:以下至“适所以为吾奉也”,出自《三国志·魏书·武帝纪》,文字略有不同。

⑯杨阜曰:以下至“必能济大事也”,出自《三国志·魏书·杨阜传》,有删节。杨阜,字义山,天水冀(今甘肃甘谷东南)人。曹魏大臣。

⑰孔融谓荀彧(yù)曰:以下至“可一战而擒也”,出自《三国志·魏书·荀彧传》。孔融,字文举,鲁国(今山东曲阜)人。东汉文学家,“建安七子”之一。荀彧,字文若,颍阴(今河南许昌)人。曹

操的重要谋臣。

⑱田丰：字元皓，钜鹿（治今河北平乡西南）人。袁绍谋臣。许攸：字子远，南阳（今属河南）人。袁绍谋臣。

⑲审配：字正南，魏郡阴安（今河南清丰北）人。袁绍谋臣。逢纪：字元图，南阳（今属河南）人。袁绍谋臣。

⑳颜良、文丑：袁绍手下将领。

㉑许攸贪而犯法：《三国志·魏书·荀彧传》作"攸家犯其法"，译文从之。

【译文】

孙武说："哪一方君主能得民心，当年刘邦在荥阳被围困，对陈平说："天下如此混乱，什么时候才能安定呢？"陈平说："项羽为人，恭敬而友爱他人，所以那些清廉有节操、讲究礼仪的士人大多投奔他。但是到了要拿出爵位、封地论功行赏的时候却很吝啬，因此也有很多士人不愿意跟随他。现在大王您对人傲慢，缺少礼貌，所以那些清廉有节操的士人不来投奔，但您赏赐爵位、封地时非常慷慨，所以那些圆滑而无骨气、贪图钱财、不顾羞耻的人往往投奔您。如果两位能去掉各自的短处，吸收对方的长处，那么天下很快就能平定。"曹操对郭嘉说："袁绍地广兵强，我想讨伐他，但实力不足以匹敌，怎么办？"郭嘉回答说："刘邦的实力比不上项羽，您是知道的。由于刘邦智谋过人，所以项羽虽然强大，但最终被刘邦制服。我私下估计，袁绍有十项必败的理由，您有十项必胜的理由，袁绍虽然军队强大，但不会有什么作为。袁绍礼节烦琐，您顺应自然；这是您在大道上胜过袁绍，此其一。袁绍虽然军队强大，但违逆汉室；而您尊奉天子，以率领天下；这是在道义上胜过袁绍，此其二。东汉末年的政策失误在于太过宽松，袁绍却以宽纵拯救宽松，所以政事混乱；您以严猛纠正宽松，则上下都懂得遵守规矩制度；这是您在治道上胜过袁绍，此其三。袁绍貌似宽厚而内心嫉妒，任用他人不久便加以怀疑，所重用的只有亲戚子弟而已；您外表疏略平易而内心精明，用人不疑，只根据才能是否适合，不管亲疏远近；这是您在器量上胜过袁绍，此其四。袁绍计谋虽多却优柔寡断，往往因为错失事机而失败；您计策确定了便马上施行，应对事变办法无穷；这是您在谋略上胜过袁绍，此其五。袁绍凭借着历代积累的政治资本，大发议论，讲究礼节，以博取名誉，那些喜欢夸夸其谈、修饰仪表的士人大多投奔了他；而您以诚心待人，以诚心做事，不追求虚假的名声，以俭朴的作风带领属下，赏赐有功的臣下从不吝啬，所以那些忠诚正直、富有远见而有真才实学的士人都愿意为您效力；这是您在德行上胜过袁绍，此其六。袁绍看见人遭受饥寒，脸上马上表现出恻隐怜悯之情，但是他看不见的，有时便考虑不到，这就是所谓的妇人之仁；您对于眼前的小事时常有所忽略，但至于大事，与海内各地的交往，您给予的恩惠，都超出本人的期望，虽然没有亲眼看见，但考虑周全，人人都得到接济；这是您在仁爱上胜过袁绍，此其七。袁绍因为大臣们争权夺势，常常听信谗言，您以正道统御部下，谗言不得通行；这是您在明智上胜过袁绍，此其八。袁绍是非不分，您认为是对的，就用礼节加以升迁，认为是错的，就用法律加以惩治；这是您在文治上胜过袁绍，此其九。袁绍喜欢虚张声势，不知道用兵之道的关键；您以少胜多，用兵如神，军队仰赖您，敌人畏惧您；这是您在武略上胜过袁绍，此其十。”曹操说：“我知道了，袁绍为人，志向大而智慧不足，外表强硬而内心怯懦，妒忌刻薄而缺少威严，兵力虽多却部署混乱，将领骄横而政令不一，土地虽然广阔，粮食虽然充足，正好可以作为给我的奉献。”杨阜说：“袁绍宽厚而不果断，喜欢谋划而缺少决断。不果断就没有威信，缺少决断就会错失事机。眼下虽然强大，但最终会被人所擒。曹操有雄才远略，判断时机毫不迟疑，法令一致而军队精锐，必定能够成就大事。”**哪一方将领更有能力**，袁绍率领大军进攻许都，孔融对荀彧说：“袁绍土地广阔，军队强大，田丰、许攸这样的谋臣为他出谋划策，审配、逢纪这样的忠臣为他承担政事，颜良、文丑这样勇冠三军的壮士为他统率军队，恐怕难以战胜吧？”荀彧说：“袁绍兵力虽多而法令不严整。田丰刚烈而常常冒犯袁绍，许攸贪婪而不能约束自己，审配专横而没有谋略，逢纪果敢而刚愎自用。许攸、审配这两个人留下来主持后方的政事，如果许攸家人贪财犯法，一定不会放过，不放过，许攸就一定会叛变。颜良、文丑不过是匹夫之勇，一次交锋就能活捉他们。”后来许攸贪财犯法，审配收押了他的妻儿。许攸一怒之下，投奔了曹操。另外，颜良在战场上被杀，田丰因为直谏被处死，一切都如荀彧所料。**我根据这些，就可以判断双方的胜负。**”

知人第五

【题解】

所谓“知人”，指通过观察、考验探知人物的情伪。赵蕤认为，知人之难，莫过于那些似是而非，容易引起混淆的人物类型，“物类者，世之所惑乱也”。这就需要通过言语、神色以及具体情境对其进行考察。在本篇中，赵蕤对《逸周书》《大戴礼记》《吕氏春秋》《人物志》等文献中的观人法进行了广泛的搜罗、整理与辨析，并总结出了六种考察人物的方法：观诚、听气、察色、考志、测隐与揆德。

臣闻主将之法，务览英雄之心[①]。然人未易知，知人未易。汉光武听聪之主也[②]，谬于庞萌[③]；曹孟德知人之哲也，弊于张邈[④]。何则？夫物类者[⑤]，世之所惑乱也。故曰：“狙者类智而非智也[⑥]，狙，音自舒反[⑦]，慢也。愚者类君子而非君子也，戆者类勇而非勇也[⑧]。亡国之主似智，亡国之臣似忠[⑨]，幽莠之幼似禾[⑩]，骊牛之黄似虎[⑪]，白骨疑象，碔砆类玉[⑫]。此皆似是而非也。”《人物志》曰：“轻诺似烈而寡信[⑬]，多易似能而无效[⑭]，进锐似精而去速，诃者似察而事烦，许施似惠而无终，面从似忠而退违。此似是而非者也。亦有似非而是者：大权似奸而有功[15]，大智似愚而内明，博爱似虚而实厚，正言似讦而情忠。非天下之至精，孰能得其实也？”

【注释】

①臣闻主将之法，务览英雄之心：出自《黄石公三略·上略》。览，《黄石公三略·上略》作“揽”，延揽，结纳。

②汉光武：即东汉光武帝刘秀，字文叔，南阳蔡阳（今湖北枣阳西南）人。东汉开国君主。听聪：指明察。董仲舒《春秋繁露·五行五事》：“听曰聪。聪者能闻事而审其意也。”

③庞萌：东汉初年将领。生性谦逊温顺，深得刘秀信任，后背叛刘秀。《后汉书·庞萌传》：“帝……与诸将书曰：‘吾常以庞萌社稷之臣，将军得无笑其言乎？老贼当族！’”

④张邈：字孟卓，东平寿张（今山东东平）人。东汉末年大臣、名士。先归附于曹操，二人交情亲密。兴平元年（194），趁着曹操讨伐徐州牧陶谦，联合陈宫发动叛乱，迎立吕布为兖州牧。后兵败被杀。

⑤夫物类者：以下至“戆者类勇而非勇也”，出自《淮南子·氾论训》。类，相似。

⑥狙（jū）：《淮南子·氾论训》作“狠”，意谓傲慢，自行其是。高诱注：“狠者自用，像有知，非真知。”

⑦反：指反切，我国给汉字注音的一种传统方法，亦称“反语”“反音”。用两个汉字来注另一个汉字的读音。两个字中，前者称“反切上字”，后者称“反切下字”。被切字的声母和清浊跟反切上字相同，被切字的韵母和声调跟反切下字相同。

⑧戆（zhuàng）：愚蠢。

⑨亡国之主似智，亡国之臣似忠：出自《吕氏春秋·慎行论·疑似》。

⑩幽莠（yǒu）之幼似禾：以下至“此皆似是而非也”，出自《战国策·魏策一》。幽莠，即莠草，田间常见杂草，生禾粟下，似禾非禾，

秀而不实。

⑪骊（lí）牛：毛色黄黑相杂之牛。骊，黑色。

⑫碔砆（wǔ fū）：像玉的石块。

⑬轻诺似烈而寡信：以下至“孰能得其实也”，出自《人物志·八观》。

⑭多易：将事情看得很容易。《人物志·八观》刘昞注：“不顾材能，自谓能办。”

⑮权：权宜，权变。

【译文】

我听说做军队主帅的方法，要致力于延揽英雄的人心。然而人不容易被了解，要了解人不容易。东汉光武帝刘秀是明察的君主，但看错了庞萌；曹操是善于知人的聪明人，但被张邈欺骗。为什么？那些相似的事物，很容易令世人迷惑。所以说：“傲慢的人貌似有智慧，但其实并无智慧；狙，音自舒反，傲慢的意思。愚鲁的人貌似君子，但其实并不是君子；鲁莽的人貌似勇敢，但其实并不勇敢。亡国的君主貌似聪明，亡国的臣子貌似忠诚，莠草的幼苗貌似禾苗，骊牛的黄色花纹类似老虎，白骨疑似象牙，像玉的石头类似美玉。这些都是似是而非的情形。”《人物志》说：“轻易许诺的人看似刚烈慷慨，但很少能守信用；把事情看得很容易的人看似有能力，但很少能取得实效；锐意进取的人看似精干，但退缩起来也很迅速；动辄呵斥他人的人看似明察是非，其实处事烦琐纷乱；许诺施舍的人看似仁爱，但最终不会兑现；当面顺从的人看似忠诚，其实阳奉阴违。以上这些，都是似是而非的情况。此外，还有似非而是的情形：执行重大权变的人看似奸邪，但最终能成就功业；拥有大智慧的人看似愚鲁，但内心精明；泛爱众生的人看似虚伪，其实最为敦厚；直言不讳的人看似在恶意攻击，其实情感最为忠诚。如果不是天下最精明的人，谁能够掌握实情呢？”

孔子曰[①]：“凡人心险于山川，难知之于天。天犹有春秋冬夏旦暮之期，人者厚貌深情[②]，故有貌愿而益[③]，有长若不肖[4]，长，音竹两反。有顺懁而达[5]，有坚而缦[6]，有缓而钎[7]。”音汗。

【注释】

①孔子曰：以下至“有缓而钎”，出自《庄子·列御寇》。

②厚貌情深：谓外貌忠厚而深藏其思想感情，不流露于外表或言语。

③貌愿：表面谨厚。益：同“溢”，骄溢。

④长：长者。不肖：不成材的小人。《庄子·列御寇》成玄英疏：“有心实长者，形如不肖也。”

⑤顺懁（xuān）而达：外貌圆顺而内心刚直。

⑥缦（màn）：通“慢”，软弱，绵弱。

⑦钎（hàn）：通“悍”，凶悍，急躁。

【译文】

孔子说：“人心的险恶超过山川，比上天更难知晓。天还有春夏秋冬四季和早晚的一定规律，但人外貌忠厚，真实情感却毫不流露，所以有人外貌忠厚而内心骄溢，有人其实是长者但貌似不成材的小人，长，音竹两反。有人外貌圆顺而内心刚直，有人貌似坚强而内心软弱，有人貌似舒缓而内心急躁。”“钎”读作“汗”。

太公曰[1]：“士有严而不肖者，有温良而为盗者，有外貌恭敬中心欺慢者，有精精而无情者[2]，有威威而无成者[3]，有如敢断而不能断者，有恍恍惚惚而反有忠实者[4]，有倭倭佹佹而有效者[5]，有貌勇佷而内怯者[6]，有梦梦而反易人者[7]。无使不至，无使不遂，天下所贱，圣人所贵，凡人莫知，非有大明不见其际。此士之外貌而不与中情相应者也。”桓范曰：“夫贤愚之异[8]，使若葵之与苋，何得不知其然。若其莠之似禾，类是而非是，类贤而非贤。”扬子《法言》曰[⑨]：“或问难知[⑩]。曰：‘太山之与蚁垤[⑪]，江河之与行潦[⑫]，非难也。大圣与大佞，难也。於乎[⑬]！唯能别似者为无难矣。’”

【注释】

①太公曰：以下至“此士之外貌而不与中情相应者也”，出自《六韬·龙韬·选将》，文字有所不同。

②精精：精明貌。无情：虚伪不实。

③威威：华丽貌。扬雄《甘泉赋》：“建光耀之长旓兮，昭华覆之威威。”《六韬·龙韬·选将》作“湛湛”，深厚貌。

④恍恍惚惚：心神不定，糊里糊涂的样子。

⑤倭倭佹佹（yí）：犹疑徘徊的样子。倭佹，同“逶迤”。

⑥佷（hěn）：凶狠。

⑦梦梦：昏乱。易人：轻视人。

⑧夫贤愚之异：以下至“类贤而非贤”，应为桓范《世要论》佚文。

⑨扬雄：字子云，蜀郡成都（今四川成都）人。西汉末年文学家、哲学家、语言学家。著有《甘泉》《羽猎》《长杨》等赋，以及《太玄》《法言》等著作。

⑩或问难知：以下至“唯能别似者为无难矣”，出自《法言·问神》，文字有所不同。原文作：“或问‘人’。曰：‘艰知也。’”

⑪蚁垤（dié）：蚁穴外隆起的小土堆。

⑫行潦（lǎo）：沟中的流水。

⑬於（wū）乎：同“呜呼”，感叹词。

【译文】

太公说：“士人中有貌似威严，其实不成材的人；有外表温和善良，事实上却做偷盗之事的人；有外貌恭敬，内心却十分欺慢的人；有貌似非常精明，其实虚伪不实的人；有外表华丽，却一事无成的人；有看似敢于决断,其实优柔寡断的人;有看似糊里糊涂,其实忠实可靠的人;有看似犹豫徘徊,其实办事很有成效的人;有貌似勇敢凶狠,其实内心怯懦的人;有处事昏乱,但还看不起他人的人。有的人任何地方都能到达,任何差事都能办好,被天下人看轻,独独被圣人看重,一般人都不能了解他,只有拥有大智慧的人才能洞察其边际。这是士人外貌与内心实情不符的各种情形。"桓范说:"贤人与愚人的差别,如果像葵菜与苋菜的差别那样明显,哪里还会分辨不清?但贤、愚的区别,有时仿佛莠草长得像禾苗,貌似相同但实际不同,愚人貌似贤明却并非如此。"扬雄《法言》说:"有人问,什么东西难以知晓。回答说:'要分辨泰山与蚁穴外隆起的小土堆,大江大河与沟中的积水,并不困难。要分辨大圣人与大奸大恶之人,这就困难了。呜呼!只有那些能把很相似的事物区别开的人,才不会感到困难。'"

知此士者而有术焉:"微察问之以观其辞[①],穷之以辞以观其变,与之间谋以观其诚[②],明白显问以观其德[③],远使以财以观其廉,又曰:"委之以财以观其仁,临之以利以观其廉。"试之以色以观其贞,又曰:"悦之以色以观其不淫。"告之以难以观其勇,又曰:"告之以危而观其勇。"又曰:"惧之以验其特[④]。"醉之以酒以观其态。"又曰:"醉之以酒而观其则。"又曰:"醉之以酒,观其不失。"

【注释】

①微察问之以观其辞:以下至"醉之以酒以观其态",出自《六韬·龙韬·选将》。

②间谋:《六韬·选将》作"间谍",译文从之。

③显问:谓明显之事而故意询问。

④惧之以验其特:出自《吕氏春秋·季春纪·论人》。特,单独。高

诱注："特，独也。虽独不恐。"或曰"特"为"持"字之讹，指持守。似更通顺，译文从之。

【译文】

要了解这类士人还是有办法的："稍微察问他，观察他应对的言辞；对他的回答穷究到底，观察他应变的能力；派人暗中考察监视，以观察他是否忠诚；故意公然地询问他明显之事，以观察他的德行；派他出远门处理钱财事务，以观察他是否清廉；另一种说法是："把钱财交给他，以观察他是否仁爱；用利益诱惑他，以观察他是否清廉。"以美色诱惑他，以观察他是否操守坚定；另一种说法是："用美色来愉悦他，以观察他是否不淫乱。"告诉他面临的危难，以观察他的勇气；另一种说法是："告诉他面对的危险，以观察他的勇气。"还有一种说法："让他恐惧，以观察他的持守。"让他喝醉，以观察他的表现。"另一种说法是："让他喝醉，以观察他是否有原则。"还有一种说法："让他喝醉，以观察他是否不失态。"

庄子曰[①]："远使之而观其忠，又曰："远使之，以观其不二。"近使之而观其敬，又曰："近之以昵，观其不狎。"烦使之而观其能，又曰："烦之以事以观其理。"卒然问焉而观其智[②]，又曰："设之以谋以观其智。"太公曰："事之而不穷者，谋也。"急与之期而观其信，太公曰："使之而不隐者谓信也。"杂之以处而观其色[③]。"又曰："纵之以视，观其无变。"

【注释】

①庄子曰：以下至"杂之以处而观其色"，出自《庄子·列御寇》。原文作"孔子曰"。

②卒（cù）然：突然。卒，同"猝"。

③杂之以处：指男女混杂。《庄子·列御寇》成玄英疏："男女参居，

贞操不易。”

【译文】

庄子说：“派去远处工作，以观察他是否忠诚；另一种说法是：“派去远处工作，以观察他是否没有二心。”安排在身边工作，以观察他是否恭敬；另一种说法是：“安排在身边并与之亲昵，以观察他能否做到不轻薄。”让他承担繁杂的使命，以观察他的能力；另一种说法是：“让他处理繁杂的事务，以观察他治理的能力。”突然询问他，以观察他的智慧；另一种说法是：“给他设一个计谋，以观察他的智慧。”太公说：“处理事情办法无穷，这就是有谋略。”给他定下急促的期限，以观察他的信用；太公说：“派他完成工作而不欺瞒，这就是有信用。”让他处于男女混杂的环境中，以观察其神色。”另一种说法是：“使他任意观看接触各种事物，以观察他是否坚定不变。”

《吕氏春秋》曰[①]：“通则观其所礼[②]，通，达也。贵则观其所进，又曰：“达视其所举也。”富则观其所养，又曰：“富视其所与。”又曰：“见富贵人，观其有礼施。”太公曰：“富之而不犯骄逸者，谓仁也。”听则观其所行，行则行仁。止则观其所好[③]，又曰：“居视其所亲[④]。”又曰：“省其居处[⑤]，观其贞良；省其交游，观其志比。”习则观其所言，好则好义，言则言道。穷则观其所不受，又曰：“穷则视其所不为非。”又曰：“贫视其所不取。”贱则观其所不为，又曰：“贫贱人观其有德守也。”喜之以验其守，守，慎守也。又曰：“喜之以观其轻[⑥]。”乐之以验其僻，僻，邪僻也。又曰：“娱之以乐以观其俭[⑦]。”怒之以验其节[⑧]，节，性也。又曰：“怒之仇以观其不怨也。”哀之以验其仁，仁人见可哀者则哀。苦之以验其志[⑨]。”又曰：“捡之以观其能安[⑩]。”

【注释】

①《吕氏春秋》：亦称《吕览》，战国末年秦相国吕不韦组织门客共同编写。为杂家代表著作，共二十六卷，一百六十篇。

②通则观其所礼：以下至“苦之以验其志”，出自《吕氏春秋·季春纪·论人》。

③止：闲居在家。

④居：平素家居。

⑤居处：指日常生活。

⑥轻：轻佻。

⑦俭：约束，节制。

⑧节：指性情有节制，有涵养。

⑨志：意志力。《吕氏春秋·论人》高诱注：“钻坚攻难，不成不止，故曰‘以验其志’也。”

⑩捡：约束。

【译文】

《吕氏春秋》说：“**如果他显达，就观察他礼遇什么人**；通，是显达的意思。**如果他尊贵，就观察他举荐什么人**；另一种说法是：“如果他显达，就观察他提拔什么人。”**如果他富有，就观察他养了什么样的门客**；另一种说法是：“如果他富贵，就观察他施予的对象。”还有一种说法：“看见富贵的人，就观察他是否讲礼，是否乐于施舍。”太公说：“使他富有，还能不骄纵放肆，这就是仁人。”**如果他听取言论，就观察他采纳实践了哪些内容**；做就要做仁德之事。**如果他闲居在家，就观察他的爱好**；另一种说法是：“如果他平素家居，就观察他亲近什么人。”还有一种说法：“检查他的日常生活，观察他是否忠正诚信；检查他的交游对象，观察他的志向。”**如果他学习，就观察他谈论些什么**；爱好就要爱好仁义，谈论就要谈论道德。**如果他穷困，就观察他不接受什么**；另一种说法是：“如果他穷困，就观察他能否不为非作歹。”还有一种说法：“如果他贫穷，就观察他不收受什么。”**如果他贫贱，就观察他不做什么**；另一种说法是：“贫贱之人，就观察他是否有道德操守。”让他高兴，以检验他的操守；守，是慎于操守的意思。另一种说法是：“使他高兴，以观察他是否轻佻。”使他快乐，以检验他的品行是否邪僻；僻，是邪僻的意思。另一种说法是：“使他愉悦，以观察他是否有节制。”使他愤怒，以检验他的涵养；节，指性情有节制。另一种说法是：“用仇人触怒他，以观察他是否能做到不怨恨。”使他哀愁，以检验他是否仁爱；仁人见到值得悲哀之事就会悲哀。使他困苦，以检验他的意志。”另一种说法是：“约束他，以观察他能否安之若素。”

经曰：“任宠之人[①]，观其不骄奢；太公曰：“贵之而不骄奢者，义也。”疏废之人，观其不背越；荣显之人，观其不矜夸；隐约之人[②]，观其不慑惧[③]。少者观其恭敬好学而能悌[④]，《人物志》曰：“夫幼智之人[⑤]，在于童龀[⑥]，皆有端绪。故文本辞繁[⑦]，辨始给口[⑧]，仁出慈恤，施发过与[⑨]，慎生畏惧，廉起不取者也。”壮者观其廉絜务行而胜其私，老者观其思慎、强其所不足而不逾。父子之间观其慈孝，兄弟之间观其和友，乡党之间观其信义，君臣之间观其忠惠。”太公曰：“付之而不转者[⑩]，忠也。”此之谓观诚。傅子曰：“知人之难，莫难于别真伪。设所修出于为道者，则言自然而贵玄虚。所修出于为儒者，则言分制而贵公正。所修出于为纵横者，则言权宜而贵变常。九家殊务[⑪]，各有所长，非所为难也。以默者观其行，以语者观其辞，以出者观其治，以处者观其学。四德或异，所观有微，又非所谓难也。所谓难者，典说诡合[⑫]，转应无穷。辱而言高，贪而言廉，贼而言仁，怯而言勇，诈而言信，淫而言贞，能设似而乱真，多端以疑暗[⑬]，此凡人之所常惑，明主之所甚疾也。君子内洗其心，以虚受人[⑭]，外设法度，立不易方[⑮]，贞观之道也[⑯]。九流有主，贞一之道也。内贞观而外贞一，则执伪者无地而逃矣。夫空言易设，但责其实事之效，则是非之验立可见也。故韩子曰[17]：'人皆寐[18]，盲者不知；人皆默，喑者不识[19]。觉而使之视，问而使之对，则喑盲穷矣。发齿吻，视毛色，虽良乐不能必马[20]。连车蹴驾[21]，试之行途，则臧获定其驽良[22]。观青黄，察瑕锖[23]，虽欧冶不能必剑[24]。陆断狗马，水截蛟龙，虽愚者识其利钝矣。'"是知明试责实乃圣功也。

【注释】

①任宠之人：以下至"此之谓观诚"，出自《逸周书·官人解》，有删节。

②隐约：困厄。

③慑惧：恐惧，害怕。

④悌（tì）：指敬重兄长。

⑤夫幼智之人：以下至"廉起不取者也"，出自《人物志·七缪》。

⑥童龀（chèn）：年幼。龀，儿童换牙。指年幼。

⑦文：有文采。《人物志·七缪》刘昞注："初辞繁者，长必文丽。"

⑧辨：通"辩"，指善于辩论。给口：口才敏捷。

⑨过与：过多的给予。

⑩转：通"专"，专断。

⑪九家：指战国时法、道、儒、阴阳、名、墨、纵横、杂、农九个学派。《汉书·艺文志》："诸子十家，其可观者九家而已。"

⑫典说：引经据典。诡合：不以正道而投合。此处指诡言巧辩以附会经典。

⑬暗：愚昧的人。

⑭虚：指空明的心境。《老子》第十六章："致虚极，守静笃。"

⑮立不易方：意谓立身处世不背离方正之道。《周易·恒卦·象辞》："君子以立不易方。"《正义》："君子立身，得其恒久之道，故

不改易其方。方,犹道也。”

⑯贞观:以正道示人。贞,正。观,示。

⑰韩子:即韩非,战国末思想家,法家主要代表人物。著有《韩非子》。

⑱人皆寐:以下至“虽愚者识其利钝矣”,出自《韩非子·显学》,文字有所不同。

⑲喑(yīn):哑。

⑳良乐:《韩非子·显学》作“伯乐”,秦穆公时人,以善相马著称。译文从之。

㉑蹴(cù)驾:指驾车。蹴,同“蹙”,靠近。

㉒臧获:古代对奴婢的贱称。

㉓瑕销:《韩非子·显学》作“锻锡”。古代锻造青铜要掺入锡,剑锋利与否,与所掺锡的比例相关。《韩非子·显学》王先慎注:“《考工记》:‘六齐,视锡之品数以为上下。’故冶剑必锻以锡,然色之青黄仍不能决其剑之利钝。”译文从之。

㉔欧冶:即欧冶子,春秋时著名铸剑工。

【译文】

经中说:“被任用宠信之人,就观察他是否不骄横奢侈;太公说:“使他尊贵还能不骄横奢侈,这就是有道义的人。”被疏远废退之人,就观察他是否不背叛;荣达显贵之人,就观察他是否不自矜夸耀;困厄不得志之人,就观察他是否不恐惧害怕。如果是少年,观察他是否待人恭敬、好学、尊敬兄长;《人物志》说:“年幼时就聪明智慧的人,在年幼时,就表现出了苗头。所以年幼时文采华丽,长大后一定言辞繁富;年幼时口才敏捷,长大后一定善于辩论;年幼时仁慈顾惜,长大后一定富于仁爱;年幼时常常把东西给予别人,长大后一定慷慨好施;年幼时胆小怕事,长大后一定为人谨慎;年幼时不妄索取,长大后一定廉洁不贪。”如果是壮年,观察他是否廉洁、务实、无私;如果是老年,观察他是否思虑谨慎、努力弥补自己的不足、不逾越本分。父子之间,观察是否父慈子孝;兄弟之间,观察是否和睦友爱;乡亲之间,观察是否诚实守信;君臣之间，观察臣子是否忠诚，君主是否仁爱宽厚。”太公说：“受托重任而不独断专横，这就是忠诚的人。”这就是观人方法中的“观诚”。傅玄说：“了解人的困难，最难的莫过于辨别真伪。假设一个人的修养源于道家，则谈论自然之道而尊崇大道的玄远虚无。一个人的修养源于儒家，则谈论名分制度而尊崇公平正直。一个人的修养出于纵横家，则谈论权宜机变而推崇改变常道。诸子九家的追求不同，各有长处，并不难于分辨。沉默的人观察他的行动，好谈论的人观察他的言辞，出仕的人观察他的政绩，隐退的人观察他的学问。四种人的德行不同，观察的方式有微妙的区别，也不难于分辨。所谓知人的困难，是因为有的人时而引经据典，时而诡言巧辩，转变与应对的方式无穷。品格污浊而大谈清高的德行，贪婪不已而大谈廉洁无私，祸害他人而大谈仁爱之道，禀性怯懦而大谈勇敢，为人诈伪而大谈信用，行为淫乱而大谈贞洁，能够用类似的东西以假乱真，以头绪繁多的言论让愚昧之人生疑，这是一般人所常常迷惑，明君所深恶痛疾的。君子对内要洗涤心胸，以空明的心境与人交往，对外设立法度，立身处世不改易方正之道，这是观察人物的正道。九流诸子都有一定的原则，这是守正专一之道。内心以正道观人，对外守正专一，那么那些伪装的人就无法隐藏了。空话容易说，但如果检验其办理事务的成效，那么是非对错的情形马上就显现出来。所以韩非子说：‘如果人人都睡着了，就不知道谁是盲人；如果人人都沉默了，就不知道谁是失语的人。叫醒让他们看东西，提问让他们回答，则盲人、失语的人也就无所遁形了。看看马的牙齿，观察马的毛色，即便是伯乐也不能一定分辨出马的好坏。如果让马套车赶路，试跑一段路程，则即便奴婢也能断定马的好坏。察看金属成色，锻造时分辨掺入的锡，即便是欧冶子也不能一定分辨出剑的好坏。用剑在陆地上砍杀狗与马，在水中斩杀蛟龙，则虽然是愚人也能识别其是否锋利。’”由此可知，明白地考察，检验其是否符合实际，这是圣人的功业。

《人物志》曰：“凡有血气者[①]，莫不禀阴阳以立性，体五行而着形[②]。其在体也，木骨、金筋、火气、土肌、水血，五物之象也。五物之实，各有所济也[③]。骨植而柔立者谓之弘毅[④]，弘毅也者，仁之质也。木则垂阴，为仁之质。质不弘毅，不能成仁。气清而朗者谓之文理[5],文理也者,礼之本也。火则照察,为礼之本。本无文理,不能成礼。体端而实者谓之贞固,贞固也者,信之基也。土必吐生,为信之基。基不贞固,不能成信也。筋劲而精者谓之勇敢,勇敢也者,义之决也。金能断割,为义之决。决不勇敢,不能成义也。色平而畅者谓之通微,通微也者,智之原也。水流疏达,为智之原。原不通微,不能成智。五质恒性,故谓之五常。故曰:直而不柔则木,木强徼讦[6],失其正色。劲而不精则力,负鼎绝髌[7],失其正劲。固而不端则愚,专己自是,陷于愚戆。气而不清则越[8],辞不清顺,发越无成。畅而不平则荡。好智无涯[9],荡然失己[10]。然则平陂之质在于神[11],神者,质之主也,故神平则质平,神陂则质陂也。明暗之实在于精[12],精者,实之本,精惠则实明[13],精浊则实暗。勇怯之势在于筋,筋者,势之用也,故筋劲则势勇,弱则势怯。强弱之植在于骨,骨者,植之基,故骨粗则植强,骨细则植弱。躁静之决在于气,气者,决之地也,气盛决于躁,气冲决于静[14]。惨怿之情在于色[15],色者,情之候[16],故色悴由情惨[17],色怿由情怿也。衰正之形在于仪,仪者,形之表,故仪衰由形殆,仪正由形肃。态度之动在于容[18],容者,动之符,哀动则容哀[19],态正则容度也[20]。缓急之状在于言。言者,心之状,心恕则言缓,心偏则言急也[21]。若质素平淡[22],中睿外朗,筋劲植固,声清色怿,仪崇容直,则纯粹之德也。"

【注释】

①凡有血气者:以下至"各有所济也",出自《人物志·九征》,有删节。

②五行:即金、木、水、火、土,我国古代称构成各种物质的五种元素,古人常以此说明宇宙万物的起源和变化。

③五物之实，各有所济：指由于所禀五行性质、多寡的不同，造成了人物性情的差异。《人物志·九征》刘昞注："五性不同，各有所禀。禀性多者，则偏性生也。"

④骨植而柔立者谓之弘毅：以下至"纯粹之德也"，出自《人物志·九征》，有删节，注释为刘昞原注。骨植而柔立者，《人物志·九征》作"骨植而柔者"，译文从之。弘毅，指抱负远大，意志坚强。

⑤文理：犹条理。

⑥徼讦（jiāo jié）：《人物志·九征》作"激讦"。二者皆为激烈率直地揭发、斥责别人的隐私、过失之义。

⑦负鼎绝髌（bìn）：战国时秦武王与力士比赛扛鼎，却不慎砸断了膝盖骨。《史记·秦本纪》："王与孟说举鼎，绝膑。八月，武王死。"

⑧越：指好高骛远，不切实际。

⑨好智：指过分喜好智计谋略。

⑩荡然失已：《人物志·九征》作"荡然失纪"，意谓放荡而违背纲纪法度。译文从之。

⑪平陂（bì）：平坦与倾斜。指禀性的正派与邪佞。质：素质，禀性。

⑫实：指人内在的质地。

⑬惠：据梁运华说，应为"清"字之误，与下文"浊"字相对。

⑭冲：冲和，平和。

⑮惨：悲伤。怿（yì）：喜悦。

⑯候：征候，征兆。

⑰色悴（cuì）：面色憔悴。

⑱态：通"慝（tè）"，邪恶，欺诈。度：正直，合乎法度。容：脸上的神情和气色。

⑲哀动则容哀：《人物志·九征》刘昞注作"邪动则容态"，译文从之。

⑳态正则容度：《人物志·九征》刘昞注作"正动则容度"，译文从之。

㉑偏：《人物志·九征》刘昞注作"褊"，指心胸、气量等狭隘。

㉒质素：素质，固有的质量或性质。

【译文】

《人物志》说："凡有血气的生命，莫不禀赋阴阳以确立其性情，容纳五行的特性而形成其形体。表现在身体上，木对应骨、金对应筋、火对应气、土对应肌、水对应血，是五行在人体的具体征象。五行内蕴于人体之中，表现出不同的特征。骨骼挺直而柔韧的人宽宏坚毅，宽宏坚毅，是仁的特质。"木"会以树荫覆盖他物，这是仁的品质。若缺乏宽宏坚毅的特质，则不能成就仁的德行。气质清爽而开朗的人条理清晰，条理清晰，是礼的根本。"火"能照亮明察万物，这是礼的根本。若缺乏条理清晰的根本，则不能建立礼教。身体端正而充实的人守持正道，守持正道，是信的根基。"土"会生养万物，这是信的根基。如果缺乏守持正道的根基，则不能建立诚信。筋腱强劲而精干的人勇敢无畏，勇敢无畏，决断时才会遵循大义。"金"能够砍截切割，如同遵循大义进行决断。如果决断缺乏勇气，则不能成就大义。神色平和舒畅的人能够通晓细微的事物，通晓细微的事物，是智的源泉。"水"流动起来通畅无阻，这是智的源泉。如果不能通晓细微，则不能成为智慧。这五种素质有着恒常不变的本性，所以叫作'五常'。所以说：挺直而不柔韧就会木讷，质直刚强，激烈率直，丧失了正直的本色。强劲而不精干就只是蛮力，扛起大鼎反而砸断了膝盖骨，没有使用巧劲。固执而不正直就是愚蠢，固执己见，自以为是，就会陷于愚昧刚愎。体气充盈而不清畅就会好高骛远，言辞不明白顺畅，就会过分偏激而一事无成。神色舒畅而不平和就会动荡。喜好智计谋略而不知休止，就会放荡而违背法度。那么，禀性是正派还是邪僻，关键在于精神；精神，是禀性的主宰，所以精神正派则禀性正派，精神邪僻则禀性邪僻。内在的质地是聪明还是愚昧，关键在于精气；精气，是内在质地的根本，所以精气清明则质地聪明，精气浑浊则质地愚昧。气势是勇敢还是怯懦，关键在于筋腱；筋腱，是气势发挥功用的关键，所以筋腱强劲则气势勇敢，筋腱软弱则气势怯懦。体质是强壮还是柔弱，关键在于骨骼；骨骼，是体质的基础。所以骨骼粗壮则体质强壮，骨骼细小则体质柔弱。决断的时候是急躁还是冷静，关键在于气；气，是决断的根基，气盛大则决断时急躁，气平和则决断时冷静。情感是悲伤还是喜悦，关键在于面色；面色，是情感的征候，所以面色憔悴则情感悲伤，面色喜悦则情感喜悦。外形是懈怠还是庄重，关键在于仪态；仪态，是外形的表现，仪态松懈则外形懈怠，仪态端正则外形庄重。行为是邪恶还是正直，关键在于神情；神情，是举动的表征，举动邪恶则神情邪恶，举动正派则神情正直。内心情状是和缓还是焦急，关键在于言谈。言谈，反映了内心的情状，内心宽厚则言谈和缓，内心狭隘则言谈急躁。如果一个人禀性平淡，内心聪慧而外表清朗，筋腱坚劲而骨骼强固，声音清畅而神色和悦，仪表庄重而容貌端正，这就是具有纯粹品德的人。

夫人有气[①]，气也者，谓诚在其中，必见诸外，故心气粗讼者其声沉散[②]，心气详慎者其声和节，心气鄙戾者其声粗犷，心气宽柔者其声温润。信气中易，义气时舒，和气简略，勇气壮立[③]，此之谓听气。以其声[④]，处其实[⑤]。气生物，物生有声，声有刚柔清浊，咸发乎声[⑥]。听其声，察其气，考其所为，皆可知矣。

【注释】

①夫人有气：以下至“此之谓听气”，出自《逸周书·官人解》，文字有所不同。《大戴礼记·文王官人》有类似内容。

②讼：喧嚷，喧哗。

③壮立：《逸周书·官人解》作“壮力”，译文从之。

④以其声，以下至“皆可知矣”，出自《逸周书·官人解》，文字经过了调整编排。

⑤处：审度，辨察。

⑥咸发乎声：当作“咸发乎气”。黄怀信《逸周书汇校集注》引于鬯云：“‘声’字当作‘气’，必涉上下文诸‘声’字而误。”译文从之。

【译文】

人都有气，这种气，确实地内蕴于人的形体之中，必然要表现于形体之外，所以心气粗强杂乱不宁的人声音低沉散漫，心气周详谨慎的人声音平和节制，心气鄙诈乖戾的人声音粗犷，心气宽缓和柔的人声音温和柔润。诚信之气中和平易，仁义之气合乎时宜而舒畅，平和之气简约疏阔，勇猛之气雄壮有力，这是观人方法中的"听气"。通过发出的声音，辨察人真实的禀性。气凝聚为万物，万物产生后发出声音，声音有刚、柔、清、浊的区别，都来源于气。听他的声音，观察他的气，考察他的所作所为，就可以全面地了解一个人的禀性。

又有察色。察色谓心气内蓄，皆可以色取之。夫诚智必有难尽之色[①]，又曰："诚智必有明达之色。"诚仁必有可尊之色，又曰："诚仁必有温柔之色。"诚勇必有难慑之色，又曰："诚勇必有矜奋之色也。"诚忠必有可观之色，诚絜必有难污之色，诚贞必有可信之色。质色浩然固以安[②]，伪色曼然乱以烦[③]，此之谓察色。《人物志》曰："夫心质亮直[④]，其仪劲固；心质平理，其仪安闲。夫仁，目之精，悫然以端[⑤]；勇，胆之精，晔然以强[⑥]。夫忧患之色[⑦]，乏而且荒[⑧]；疾疢之色[⑨]，乱而垢理[⑩]。喜色愉然以怿，愠色厉然以扬，妒惑之色冒昧无常[⑪]。是故其言甚怿而精色不从者，中有违也。其言有违而精色可信者，辞不敏也。言未发而怒色先见者，意愤溢也。言已发而怒气送之者，强所不然也。凡此之类，虽欲违之，精色不从，感愕以明，虽变可知也[⑫]。"

【注释】

①诚智必有难尽之色：以下至"此之谓察色"，出自《大戴礼记·文王官人》。《逸周书·官人解》有类似内容。

②质：朴实，淳朴。

③曼然：纷然，杂乱貌。

④夫心质亮直：以下至"晔然以强"，出自《人物志·九征》，文字经过了调整编排。心质，心性气质。亮直，诚实正直。

⑤精：目光。悫（què）然：诚实。

⑥胆之精：伏俊琏《人物志译注》认为"胆"为"目"字之讹。刘昞注："志不怯懦，则视不衰悴。"晔（yè）然：明亮的样子。

⑦夫忧患之色：以下至"虽变可知也"，出自《人物志·八观》，文字经过了调整编排。

⑧乏：困倦。荒：迷乱，困惑。

⑨疾疢（chèn）：疾病。

⑩垢理：底本据《人物志》改为"垢杂"，今不从。《人物志·八观》刘昞注："黄黑色杂，理多尘垢。"原文应为"理"字。理，即腠理。此处指脸部皮肤的纹路。垢理，指污垢嵌入脸部皮肤纹理，显得神色晦暗。

⑪妒惑：妒忌与疑惑。冒昧：鲁莽轻率。

⑫感愕以明，虽变可知也：刘昞注："情虽在内，感愕发外，千形万貌，粗可知矣。"感愕，即感触惊愕。指神情的各种变化。按，情感虽然蕴藏在内，但是会通过不同的神情表现出来，从而为人所知。

【译文】

观人的方法还有"察色"。所谓"察色"，指人的心气蕴藏于体内，皆可以通过神色进行了解。真正智慧的人，一定会有难以揣测的神色；另一种说法是："真正智慧的人，一定会有明澈通达的神色。"真正仁爱的人，一定会有值得尊敬的神色；另一种说法是："真正仁爱的人，一定会有温柔的神色。"真正勇敢的人，一定会有难以威慑的神色；另一种说法是："真正勇敢的人，一定会有武勇果敢的神色。"真正忠诚的人，一定会有值得赞叹的神色；真正廉洁的人，一定会有难以玷污的神色；真正忠贞的人，一定会有值得信任的神色。朴实的神色浩然正大，坚固而安稳；伪诈的神色纷纷然，混乱而烦扰。这就是观人方法中的“察色”。《人物志》说：“心性气质诚实正直，外表就显得坚强而稳固；心性气质平和理智，外表就显得安静而闲逸。仁爱的人，目光诚实而端庄；勇敢的人，目光明亮而坚强。心中有忧患之事，则神色疲倦而迷乱；身体有疾病，则神色紊乱而晦暗。心中喜悦，则神色快乐而愉悦；心中怨恨，则神色严肃而激昂；心中嫉妒疑惑，则神色鲁莽而变化不定。所以言论很和悦而神色不一致，是因为言论与内心所想并不相同。言论虽然不合情理而神色却诚实可信，是因为不善言辞。还没说话，怒气就已经表现出来，这是因为内心的怒气满溢。话已经说出，而随之表现愤怒的态度，这是因为想强行推行不该做的事情。上述种种情况，即便想加以掩饰，而神色是藏不住的，通过种种不同的神情，内心的情感尽管变化仍然可以探知。”

又有考志[①]。考志者，谓方与之言[②]，以察其志。其气宽以柔，其色捡而不谄[③]，其礼先人，其言后人，每自见其所不足者，是益人也。若好临人以色，高人以气，胜人以言，防其所不足[④]，而废其所不能者[⑤]，是损人也。太公曰：“博闻辩辞[⑥]，高行论议[⑦]，而非时俗，此奸人也。王者慎勿宠之也。”其貌直而不侮[⑧]，其言正而不私，不饰其美，不隐其恶，不防其过者，是质人也[⑨]。又曰：“与之不为喜[⑩]，夺之不为怒，沉静而寡言，多信而寡貌者[⑪]，是质静人也。”议曰：太公云：“朴其身头[⑫]，恶其衣服，语无为以求名，言无欲以求得，此伪人也。王者慎勿近之。”夫质人之中有如此之伪者也。若其貌曲媚，其言谀巧，饰其见物[⑬]，务其小证[⑭]，以故自说者[⑮]，是无质人也[⑯]。议曰：晏子云：“谗夫佞人之在君侧[⑰]，材能皆非常也。夫藏大不诚于中者，必谨小诚于外，以成其大不诚。此难得而知也。”荀悦曰[⑱]：“察人情术[⑲]，观其言行，未必合道，而悦于己者，必佞人也。观其言行，未必悦己，而合于道者，必正人也。此察人之情之一端也。"喜怒以物而色不作，烦乱以事而志不惑，深导以利而心不移，临慑以威而气不卑者，是平心固守人也。又曰："荣之以物而不娱[20]，犯之以卒而不惧，置义而不迁，临货而不回者[21]，是果正人也。"议曰：孔子称："取人之法[22]，无取健[23]。健，贪也。"夫健之弊有如此者矣。若喜怒以物而心变易[24]，乱之以事而志不治，示之以利而心迁动，慑之以威而气恇惧者，是鄙心而假气人也[25]。又曰："若移易以言[26]，志不能固，已诺而不决者[27]，是情弱之人也。"设之以物而数决[28]，惊之以卒而屡应，不文而慧者，是有智思之人。议曰：太公云："有名而无实[29]，出入异言，扬美掩恶，进退为功，王者慎勿与谋。"夫智思之人弊于是矣。若难设以物，难说以言，守一而不知变，固执而不知改，是愚佷人也。议曰：志士守操，愚佷难变。夫不变是同，而愚智异者，以道为管也[30]。何以言之？《新语》云："夫长于变者不可穷以诈[31]，通于道者不可惊以怪，审于辞者不可惑以言，达于义者不可动以利。故君子闻见欲众而采择欲谨，学问欲博而行已欲敦。目不淫炫耀之色，耳不乱阿谀之辞。虽利以齐、鲁之富而志不移，谈以松、乔之寿而行不改[32]。然后能一其道而定其操，致其事而立其功。"观其道业，此其所以与愚佷异也。若屏言而勿顾[33]，自私而不护[34]，非是而强之，是诬嫉人也。议曰：刘备以客见诸葛亮而贤之[35]。亮曰："观客色动而神惧[36]，视低而忤数[37]，奸形外漏，邪心内藏，必曹氏刺客。"后果然。夫奸人容止大抵如是。何晏、夏侯玄、邓飏等求交于傅嘏[38]，而不纳也。或怪而问之。嘏曰："太初志大其量[39]，能合虚声而无实才。何平叔言远而情近[40]，好辩而无诚，所谓利口覆国之人也。邓玄茂有为而无终,外要名利,内无关钥[41],贵同而恶异,多言而妒前[42]。多言多败衅,妒前而无功。以吾观此三人,皆败德也。远之犹恐祸及,况昵之乎[43]。"后皆如嘏言。夫妒者之行有如此者也。**此之谓考志**。《人物志》曰:"夫精欲深微[44],质欲懿重[45],志欲弘大,心欲嗛小[46]。精微所以入神妙也,懿重所以崇德守也,志大所以堪物任也,心小所以慎咎悔也,故《诗》咏文王[47],'小心翼翼'[48],'不大声以色'[49],心小也;'王赫斯怒','以对于天下'[50],志大也。由此论之,心小志大者,圣贤之伦也;心大志大者[51],豪杰之俊也;心大志小者,敖荡之类也[52];心小志小者,拘懦之人也。"

【注释】

①又有考志:以下至"此之谓考志",出自《大戴礼记·文王官人》,文字有所不同。《逸周书·官人解》有类似内容。

②方(páng):通"旁",广泛。方向东《大戴礼记汇校集解·文王官人》引刘师培云:"'方'当训为'广','方与之言',犹言'广与之言'。"

③捡:《大戴礼记·文王官人》作"俭",谦恭。谄(tāo):《大戴礼记·文王官人》作"谄",谄媚。译文从之。

④防:隐藏,遮掩。

⑤废其所不能:《大戴礼记·文王官人》作"伐其所能",译文从之。

⑥博闻辩辞:以下至"王者慎勿宠之也",出自《群书治要》所引《六韬·文韬》,与今本《六韬》文字有所不同。

⑦高行论议:《六韬·文韬·上贤》作"虚论高议",译文从之。

⑧侮:轻慢,态度傲慢。

⑨质人:指内在充实的人。质,实也。

⑩与之不为喜:以下至"是质静人也",出自《大戴礼记·文王官

人》,文字有所不同。

⑪寡貌:谓外貌朴质自然,不加矫饰。

⑫朴其身头:以下至“王者慎勿近之”,出自《六韬·文韬·上贤》。身头,《文韬》作“身躬”,即身体。译文从之。

⑬饰其见物:修饰显而易见的小事。《大戴礼记·文王官人》卢辩注:“有浮浅之事,则工饰之。”

⑭务其小证:《大戴礼记·文王官人》作“务其小征”,王聘珍《大戴礼记解诂》:“征,信也。勉为小信以固人也。”指致力于建立一些小的信用。译文从之。

⑮故:诡诈,巧伪。

⑯无质人:指内在空虚的人。

⑰谗夫佞(nìng)人之在君侧:以下至“此难得而知也”,出自《晏子春秋》内篇卷六《景公问治国之患晏子对以佞人谗夫在君侧》。

⑱荀悦:字仲豫,颍阴(今河南许昌)人。东汉末年政论家、史学家。著有《汉纪》《申鉴》。

⑲察人情术:以下至“此察人之情之一端也”,出自《汉纪·孝元皇帝纪》。

⑳荣之以物而不娱:以下至“是果正人也”,出自《大戴礼记·文王官人》。荣,《文王官人》作“营”,扰乱。娱,《文王官人》作“虞”,忧虑。译文从之。

㉑不回:正直,不行邪僻。

㉒取人之法:以下至“健,贪也”,出自《荀子·哀公》。

㉓健:指争强好胜的人。

㉔喜怒以物:以外物挑动,引起或喜或怒的情绪变化。

㉕假气:陈逢衡《逸周书补注》:“假气,气浮而伪也。”

㉖若移易以言:以下至“是情弱之人也”,出自《逸周书·官人解》。

㉗已:不许,不承诺。诺:许,承诺。

㉘数:通“速”,快。

㉙有名而无实:以下至“王者慎勿与谋”,出自《六韬·文韬·上贤》。

㉚管:枢要,法则。

㉛夫长于变者不可穷以诈:以下至“致其事而立其功”,出自《新语·思务》,有删节。

㉜松、乔:即赤松子与王乔,均为传说中的仙人。

㉝屏言而勿顾:孔广森《大戴礼记补注》:“言伪而辨,又不果行。”意谓只会巧言空论,而不能落实于行动。屏言,即辨言,巧言。《大戴礼记·文王官人》作“辨言”。

㉞自私而不护:《大戴礼记·文王官人》作“自慎而不让”,王聘珍《大戴礼记解诂》:“‘慎’读曰‘顺’,谓顺非也。自顺不让者,自以为是而不逊也。”译文从之。

㉟刘备:字玄德,涿郡涿县(今河北涿州)人。三国时期蜀汉开国皇帝,谥号昭烈帝。

㊱观客色动而神惧:以下至“必曹氏刺客”,出自《三国志·蜀书·诸葛亮传》裴松之注引《蜀记》。

㊲忤:指忤视,直视。

㊳何晏:字平叔,南阳宛(今河南南阳)人。三国时期曹魏大臣,著名玄学家。夏侯玄:字太初,沛国谯县(今安徽亳州)人。三国时期曹魏大臣,玄学家。邓飏(yáng):字玄茂,南阳新野(今河南新野)人。曹魏大臣。

㊴太初志大其量:以下至“况昵之乎”,出自《三国志·魏书·傅嘏传》裴松之注引《傅子》。量,指才能。

㊵近:鄙薄,平庸。

㊶关钥:比喻控制、约束。

㊷妒前:忌惮别人胜过自己。卢弼《三国志集解》引严衍曰:“妒前者,忌人之在己前也。”

㊸昵：指距离近。

㊹夫精欲深微：以下至"拘懦之人也"，出自《人物志·七缪》。

㊺懿（yì）重：美好厚重。

㊻嗛（qiān）小：谦虚谨慎。嗛，通"谦"。

㊼文王：指周文王。姬姓，名昌，商纣时为西方诸侯之长，建国于岐山之下，积善行仁，政化大行，为周朝建立奠定了基础。其子武王灭商后，被追尊为文王。

㊽小心翼翼：出自《诗经·大雅·大明》："维此文王，小心翼翼。"意谓恭敬谨慎的样子。

㊾不大声以色：出自《诗经·大雅·皇矣》："帝谓文王，予怀明德，不大声以色。"意谓不疾言厉色。

㊿"王赫斯怒"，"以对于天下"：出自《诗经·大雅·皇矣》："王赫斯怒，爰整其旅，以按徂旅，以笃于周祜，以对于天下。"意谓文王勃然大怒，整顿军队，打击敌人，以巩固周家的天赐之福，以安定天下。对，安定。陈奂《诗毛氏传疏》："对为遂，遂又为安。《孟子》云'文王一怒而安天下之民'，即其义也。"

(51)心大：不谨慎，粗疏草率。刘昞注："心阔远。"

(52)敖（ào）荡：傲慢放荡。敖，同"傲"。

【译文】

观人的方法还有"考志"。所谓"考志"，指与一个人广泛地交谈，以观察他的志向。他的语气宽缓而柔和，他的神色谦恭而不谄媚，行礼在他人之前，发言在他人之后，常常能自己发现自身的不足，这就是日益进步的人。如果喜欢在他人面前耍脸色，以气势压人，用言语胜人，遮掩自己的不足，夸耀自己的才能，这就是日益退步的人。太公说："见闻广博，能言善辩，空谈高论，而非议世俗，这是奸邪之人。君主要小心，不可宠信他。"他的外表刚直而不傲慢，他的言语公正而不偏私，不粉饰自己的优点，不隐瞒自己的缺点，不掩盖自己的过错，这就是内在充实的人。另一种说法是：

“给予好处不因此喜悦，夺走利益也不因此愤怒，性格平静而言谈寡少，多诚信而外表不加矫饰，这就是本质平静的人。”评论道：太公说：“外表表现得朴素，穿着粗劣的衣服，讲着清静无为之道以求取名誉，标榜无欲无求以求取利益，这是虚伪的人。君主要小心，不要亲近这样的人。”在看似内在充实的人中，有这样似是而非者。**如果他的外表柔顺谄媚，他的言语谄谀巧伪，修饰那些显而易见的小事，致力于建立一些小的信用，以诡诈的言谈为自己辩护，这就是内在空虚的人。**评论道：晏子说：“在君主身边的谗邪奸佞之人，都有着不一般的才能。那些心中隐藏着大的不忠诚的人，一定会将小小的诚信展现在外，以便成就其大的不忠诚。这样的人最难以看清。”荀悦说：“考察人性情的方法，观察某人的言行，如果未必合乎道义，却能讨君主的欢心，一定是善于阿谀奉承的人。观察某人的言行，未必讨君主的欢心，而能合乎道义，一定是正直的人。这是观察人性情的一种方法。”**以外物挑动他的情绪而能神色不变，以事情来烦扰他而能心志不迷惑，以利益来引诱他而能意志不转移，以威风来恐吓他而能不卑躬屈膝，这就是内心冷静、坚定不移的人。**另一种说法是：“用事情扰乱他而不忧虑，突然惊吓他而不畏惧，坚持道义而不改变，面对财货而不行邪僻，这就是果敢正直的人。”评论道：孔子说：“选择人的办法，不要选争强好胜的人。争强好胜，就会贪婪。”争强好胜就会带来这样的弊端。**如果以外物挑动他的情绪则内心波动，以事情来烦扰他则心志迷乱，以利益来引诱他则意志转移，以威风来恐吓他则神色畏惧，这就是心志浅陋、志气浮伪的人。**另一种说法是：“如果劝他改变主意，意志便不能坚固，某件事承诺与否无法决断，这就是情感脆弱的人。”**预设事件来考验他，能够迅速决断；以突发状况来考验他，每次都能应对；不讲究文饰而富有智慧，这就是有才智的人。**评论道：太公说：“有的人有名而无实，在不同场合下言论矛盾，宣扬自己的优点，掩盖自己的短处，举止行动全都为了功名利禄，君主要小心，不可与他商量计议。”有才智的人，有时会有这样的弊端。**如果难以应对事件的考验，不听取他人的意见，守着一件事而不知变通，固执己见而不知改变，这就是愚蠢固执的人。**评论道：有志之士坚守节操，愚蠢固执的人难以改变。两者在不变这一点上是相同的，而愚蠢与智慧却截然不同，判断的法则就在于是否符合大道。为什么这么说呢？《新语》说："擅长变化之道的人，不会因为诡诈之术而困窘；通晓大道的人，不会因为怪异之事而惊慌；善于辨析言辞的人，不会因为言论而迷惑；通达道义的人，不会因为利益而动摇。所以君子见闻要广博而选择的时候要谨慎，学问要博达而立身行事要敦厚。眼睛不被华丽闪耀的颜色所迷惑，耳朵不被迎合谄媚的言论所扰乱。即使以齐国、鲁国那么多的财富来利诱他，其志向也不会动摇；与他谈论赤松子、王乔那样的长生之道，其品行也不会改变。然后才能专一贯彻自己的道义，坚持自己的节操，完成自己的事业，立下自己的功勋。"观察他们在道德、事业上的区别，这是志士与愚蠢固执之人不同的原因所在。**如果只会发表空论而不能落实，自以为是而不逊让，明明不正确仍然坚持错误，这就是诬枉嫉妒的人。**评论道：刘备带着一位客人来见诸葛亮，并称赞他的贤能。诸葛亮说："观察这位客人，脸色改变而神情畏惧，低着头而又屡屡以眼神直视人，奸邪之状流露于外，邪恶之心包藏于内，必定是曹氏派来的刺客。"后来发现果然如此。奸邪之人的仪容举止大概就是这样。何晏、夏侯玄、邓飏等人想与傅嘏结交，但傅嘏不同意。有人感到奇怪，问傅嘏为什么。傅嘏说："夏侯玄志向大于他的才能，能赢得虚名而缺乏真实的才干。何晏言论玄远而性情鄙薄，喜欢辩论而缺乏诚心，是所谓的犟嘴利舌颠覆国家的人。邓飏有作为而有始无终，对外求取名利，对自己缺乏约束，喜欢与自己意见相同的人，厌恶与自己意见不同的人，喜欢言谈而忌惮别人胜过自己。言语过多会招来失败与祸患，妒忌胜过自己的人则难以成功。凭着我对这三个人的观察，都是败坏德义的人。远远避开他们还担心会连累自己，何况与他们亲近呢？"后来三人的结局皆如傅嘏所言。嫉妒他人者的行为有这样的情形。**这是观人方法中的"考志"。**《人物志》说："精神要深刻微妙，气质要美好厚重，志向要宽广远大，内心要谦虚谨慎。深刻微妙，才能深入神妙的境界；美好厚重，才能使道德操守更为高尚；志向远大，才能承担重任；小心谨慎，才能防止过失悔恨；所以《诗经》中歌咏周文王，'小心翼翼'，'不大声以色'，这是说他小心谨慎；'王赫斯怒'，'以对于天下'，这是歌颂他志向远大。就此而言，小心谨慎而志向远大的人，属于圣贤一类；内心粗疏草率而志向远大的人，属于豪杰中的俊秀；内心粗疏草率而胸无大志的人，属于傲慢放荡一类；小心谨慎而胸无大志的人，属于拘谨软弱一类。”

又有测隐[①]。测隐者，若小施而好得[②]，小让而大争，言愿以为质[③]，伪爱以为忠，尊其行以收其名[④]，此隐于仁贤。孙卿曰：“仲尼之门[⑤]，五尺童子羞言霸道者，何也？彼非本政教也，非服人心也，以让饰争，依乎仁而蹈利者也，小人之桀耳[⑥]，曷足称大君子之门乎！”若问则不对，详而不穷[⑦]，貌示有余，假道自从[⑧]，困之以物，穷则托深[⑨]，此隐于艺文也。又曰：“虑诚不及而佯为不言[⑩]，内诚不足而色示有余，此隐于智术者也。”《人物志》曰：“有处后特长[⑪]，从众所安，似能听断者；有避难不应，似若有余，而实不解者；有因胜情错失[⑫]，穷而称妙，似理不可屈者。此数似者，众人之所惑也。”若高言以为廉，矫厉以为勇，内恐外夸[⑬]，亟而称说[⑭]，以诈气临人[⑮]，此隐于廉勇也。议曰：太公云：“无智略大谋[⑯]，而以重赏尊爵之故，强勇轻战，侥幸于外。王者慎勿使将。”此诈勇之弊也。若自事君亲，而好以告人，饰其见物而不诚于内，发名以君亲[⑰]，因名以私身，此隐于忠孝也。此谓测隐矣。《人物志》曰：“尤妙之人[⑱]，含精于内，外无饰姿；尤虚之人，硕言瑰姿，内实乖违。而人之求奇，不以精微测其玄机，或以貌少为不足，或以瑰姿为巨伟[⑲]，或以直露为虚华，或以巧饰为真实。”何由得哉！故须测隐焉。

【注释】

①又有测隐：以下至“此隐于忠孝也”，出自《逸周书·官人解》，《大戴礼记·文王官人》有类似内容。隐，隐饰。

②得：通“德”，感恩。《逸周书·官人解》作“德”。

③愿:质朴,恭谨。

④尊其行以收其名:《逸周书·官人解》作“尊其得改其名”,朱右曾《逸周书集训校释》认为“改”当作“攻”:“尊得攻名者,表暴其一德以取美名。”意谓宣扬推崇自己的这些行为,以求得名誉。本句《大戴礼记·文王官人》作“故其行以攻其名”。故,诡诈,巧伪,意谓以巧伪的行为求得名誉,文义似更为通达。

⑤仲尼之门:以下至“曷足称大君子之门乎”,出自《荀子·仲尼》,文字有删节与调整。

⑥桀(jié):杰出的人才。

⑦详而不穷:《逸周书·官人解》作“佯为不穷”。佯,假装。

⑧假道自从:《逸周书·官人解》作“假道而自顺”。假道,假借他事。自顺,自圆其说。译文从之。

⑨托深:托言深奥。《大戴礼记·文王官人》作“为深”,王聘珍《大戴礼记解诂》:“故为艰深,以文其陋也。”

⑩虑诚不及而佯为不言:以下至“此隐于智术者也”,出自《逸周书·官人解》。

⑪有处后特长:以下至“众人之所惑也”,出自《人物志·材理》,有删节。处后特长,《人物志》作“处后持长”,指在别人谈论后,才挑选其中最好的意见作为自己的立场。译文从之。

⑫因胜情错失:《人物志·材理》作“因胜情失”,指由于追求辩论的胜利而失去常情。译文从之。

⑬外夸:对外夸饰。

⑭亟(jí)而称说:指极力宣扬自己。亟,爱。

⑮以诈气临人:《逸周书·官人解》作“以诈临人”,意谓以诈伪的言论欺人。译文从之。

⑯无智略大谋:以下至“王者慎勿使将”,出自《六韬·文韬·上贤》。

⑰发:通“伐”,矜夸。

⑱尤妙之人：以下至“或以巧饰为真实”，出自《人物志·七缪》。

⑲瑰姿：美好的姿容。伟：奇异。

【译文】

观人的方法还有“测隐”。所谓“测隐”，如果有人做些小的施舍便希望他人感恩，推让小利却争夺大的利益，言语恭谨以显得质朴，假装友爱以显得忠厚，推崇宣扬自己的这些行为以求得名誉，这就是以仁爱贤明来隐饰自己的人。荀子说：“孔子门下，五尺高的童子都以谈论五霸的霸道为耻，这是为什么？他们没有把政治教化作为根本，没有使人心悦诚服，以礼让来掩饰争斗，假装仁爱而求取利益，不过是小人中的杰出者，哪里有资格让孔子的门人称道呢！”如果问而不答，装出一副难以穷尽的样子；外表显得绰有余裕，而借他事以自圆其说；一旦因为某事而困窘，辞穷之后即假托深奥；这就是以学识文采来隐饰自己的人。另一种说法是：“事实上没有考虑到，却假装故意不说；事实上内在不足，神色却装作绰有余裕；这就是以才智权术来隐藏自己的人。”《人物志》说：“有的人在别人谈论后，挑选一种最好的意见作为自己的立场，附和众人认为稳妥的观点，好像能够判断言论的是非；有的人避开他人的问难不回答，似乎绰有余裕，而事实上不能理解；有的人由于追求辩论的胜利而失去常情，已经辞穷还装作妙处未尽，好像自己的理论并没有被驳倒。这几种似是而非的情况，容易引起众人的迷惑。”如果发表高妙的言论以显示自己廉正，矫情厉色以显示自己勇敢，内心恐惧而对外夸饰，喜好宣扬自己，以诈伪的言论欺人，这就是以廉正勇敢来隐饰自己的人。评论道：太公说：“有的人没有才智谋略，而为了要获得厚重的赏赐、尊贵的爵位，故作勇敢，轻率出战，企图侥幸获胜。君主要小心，不要让这样的人担任将帅。”这就是假装勇敢的弊端。如果自己侍奉君主、父母，而喜欢告诉他人，修饰那些显而易见的小事，内在缺乏诚心，以能够侍奉君主父母自夸，用忠孝之名为自己谋取私利，这就是以忠诚孝顺来隐饰自己的人。这就是观人方法中的“测隐”。《人物志》说：“尤其精妙之人，精粹蕴含于内，外表不经修饰；尤其空虚之人，高谈阔论，姿容美好，内在却与此相反。而人们在寻求奇才时，不能精细入微地观测其中的玄机，或因为外貌欠缺而认为其才能不足，或因为姿容美好而认为其特别奇异，或将直率坦白当作浮华不实，或将诈伪粉饰当作真诚实在。”怎么能了解一个人的真实面目呢！所以需要测隐。

夫人言行不类[①]，终始相悖，外内不合，而立假节以感视听者，曰毁志者也。《人物志》曰：“夫纯讦性违[②]，不能公正。依讦似直[③]，以讦讦善。纯宕似流[④]，不能通道。依宕似通[⑤]，行傲过节。故曰直者亦讦，讦者亦讦，其讦则同，其所以为讦则异。通者亦宕，宕者亦宕，其宕则同，其所以为宕则异。”观其依似则毁志可知也。若饮食以亲，货赂以交，损利以合[⑥]，得其权誉而隐于物者[⑦]，曰贪鄙者也。太公曰：“果敢轻死[⑧]，苟以贪得，尊爵重禄，不图大事，待利而动，王者慎勿使也。”若小知而不大解[⑨]，小能而不大成，规小物而不知大伦[⑩]，曰华诞者也。文子曰[⑪]：“夫人情莫不有所短[⑫]。诚其大略是也[⑬]，虽有小过不足以为累；诚其大略非也，闾里之行，未足多也。”

【注释】

①夫人言行不类：以下至“曰华诞者也”，出自《大戴礼记・文王官人》，文字有所不同。

②纯讦性违：以下至“其所以为宕则异”，出自《人物志・八观》。纯讦，指一心攻击、揭发他人阴私的人。违，邪行，不正。

③依讦：指打着某种旗号，事实上仍是为了攻击、揭发他人阴私的人。

④宕（dàng）：放纵，不受拘束。流：放纵，无节制。

⑤依宕：指貌似通达，本质上放荡不检。《人物志・八观》刘昞注：“似通之宕。”

⑥损利以合：《大戴礼记・文王官人》作“接利以合”，指因为利益相接而同流合污。译文从之。

⑦得其权誉而隐（yìn）于物：意谓依靠财货，获得权力荣誉。隐，依凭，依据。《大戴礼记·文王官人》作“故得望誉征利而依隐于物”，黄怀信《大戴礼记汇校集注》引戴礼曰：“故得望誉，谓巧取名望宠誉。《正韵》：‘征，取也。’郑《檀弓注》：‘隐，据也。’物，即指饮食货利。”

⑧果敢轻死：以下至“王者慎勿使也”，出自《群书治要》所引《六韬·文韬》。

⑨不大解：指缺乏对全局的认识。《大戴礼记·文王官人》作“不大决”，意谓不能决断大事。

⑩规：谋划。

⑪文子：相传为老子弟子，与孔子同时。著有《文子》一书，《汉书·艺文志》认为系后人依托。

⑫夫人情莫不有所短：以下至“未足多也”，出自《文子·上义》。

⑬诚：确实。大略：大节。

【译文】

有的人言行不一，所持立场前后矛盾，内在与外在不符合，而立下虚伪的节操以打动他人的视听，这就是败坏心志的人。《人物志》说：“一心攻击、揭发他人阴私的人性情邪恶，不能做到公正。而那些打着某种旗号，事实上仍是为了发人阴私的人看似正直，其实是借直言揭发的手段来攻击善良的人。纯粹放纵的人不受节制，不能通晓正道。有些本质上放纵的人貌似通达，其实行为傲慢不受节制。所以说，正直的人也指责别人的过错，恶意攻击、揭发他人阴私的人也指责别人的过错，二者同是指责，但他们指责的目的却不相同。通达的人也放纵不羁，放纵的人也放纵不羁，二者同是放纵，但放纵的原因却不相同。”观察这些似是而非的情况，那么“毁志”的情形就可以知晓了。**如果有的人借助饮食来亲近人，通过贿赂与人交往，因为利益相接而同流合污，依靠饮食财货取得权力与荣誉，这就是贪婪鄙陋的人。**太公说：“有的人果决勇敢不顾性命，但只是为了贪求尊贵的爵位与厚重的俸禄，不顾大局，见利而动，王者要小心，不要任用这样的人。”如果有的人只有琐细的知识而缺乏对于全局的认识，只有小的才能而无法成就大事，只能谋划小事而不识大体，这就是浮华虚妄的人。文子说：“每个人都有各自的短处。如果他的大节正确，即使有小的过失，也不足以成为他的拖累；如果他的大节错误，那么街头巷尾的那些小善，并不值得赞扬。”

又有揆德[①]。揆德者，其有言忠行夷[②]，秉志无私，施不求反，情忠而察，貌拙而安者，曰仁心者也。有事变而能治，效穷而能达[③]，措身立功而能遂[④]，曰有知者也。有富贵恭俭而能施，威严有礼而不骄，曰有德者也。议曰：鱼豢云[⑤]：“贫不学俭，卑不学恭，非人性分[⑥]，处所然耳[⑦]。”是知别恭俭者，必在于富贵人也。有隐约而不慑，安乐而不奢，勋劳而不变，喜怒而有度，曰有守者也。有恭敬以事君，恩爱以事亲，情乖而不叛，力竭而无违，曰忠孝者也。此之谓揆德。桓范曰：“夫帝王之君，历代相踵，莫不慕霸王之任贤，恶亡国之失士，然犹授任凶愚，破亡相属。其故何哉？由取人不求合道，而求合己也。”故《人物志》曰：“清节之人[⑧]，以正直为度，故能历众材也[⑨]，能识性行之常[⑩]，而或疑法术之诡。术谟之人[⑪]，以思谋为度，故能识策略之奇，而或失遵法之良。伎俩之人，以邀功为度，故能识进趣之功，而不通道德之化。言语之人，以辩析为度，故能识捷给之慧[⑫]，而不知含章之美[⑬]。是以互相非驳，莫肯相是。凡此之类，皆谓一流[⑭]。故一流之人，能识一流之善。二流之人[⑮]，能识二流之美。尽有诸流，则亦能兼达众材矣。”又曰：“夫务名者[⑯]，不能出陵己之后。是故性同而相倾[⑰]，则相援而相赖也；性同而势均，则相竞而相害也。此又同体之变。”不可不察也。

【注释】

①又有揆德：以下至“此之谓揆德”，出自《逸周书·官人解》，文字有删节与调整。揆德，指估量人的德行。

②夷：平和，平易。

③效穷而能达：意谓虽一时穷困而能重新显达。陈逢衡《逸周书补注》：“效穷而能达，屈而能信也。”信，通“伸”。

④措身：置身，投身。遂：成功。

⑤鱼豢（huàn）云：以下至“处所然耳”，出自《三国志·魏书·任城陈萧王传》裴松之注。鱼豢，京兆（今陕西西安）人。三国时期曹魏大臣，史学家。著有《魏略》。

⑥性分：天性，本性。

⑦处所然耳：意谓环境使然。《三国志·魏书·任城陈萧王传》裴松之注作“势使然耳”。

⑧清节之人：以下至“则亦能兼达众材矣”，出自《人物志·接识》，有删节。

⑨故能历众材也：《人物志·接识》作“故其历众材也”，译文从之。历，观察。

⑩性行之常：指能够坚持自己的本性与德行的人。《人物志·接识》刘昞注：“度在正直，故悦有恒之人。”

⑪术谟（mó）：权术谋略。《人物志·接识》作“术谋”。

⑫捷（jiàn）给：《人物志·接识》作“捷给”，意谓应对敏捷。译文从之。

⑬含章：包含美质。

⑭一流：指只具备一种才性的人。《人物志·接识》：“取同体也，则接论而相得；取异体也，虽历久而不知。凡此之类，皆谓一流之材也。”

⑮二流：指同时具备两种才性的人。

⑯夫务名者：以下至“此又同体之变”，出自《人物志·七缪》，有删节。

⑰性同而相倾：《人物志·七缪》作“性同而材倾”，意谓才性种类相同而高下悬殊。译文从之。

【译文】

观人的方法还有“揆德”。所谓“揆德”，有的人言语忠诚，行为平和，秉持公正无私的志向，施舍不求回报，性情忠厚而明察秋毫，外貌朴拙而安稳，这就是心地仁厚的人。有的人对于突发事变能够处理，虽一时穷困而能重新显达，投身于建功立业而能成功，这就是有智慧的人。有的人虽然富贵却恭谨谦逊，而且能够施舍，威严而有礼貌，不骄横，这就是有德行的人。评论道：鱼豢说：“贫穷的人不用学习俭朴，卑贱的人不用学习谦恭，这并不是本性如此，而是环境使然。”由此可知，要知道一个人是否恭敬简朴，必须在富贵之人身上才能鉴别出来。有的人虽然困厄却能够不恐惧，虽然生活安逸而能够不奢侈，虽然有功勋而能够不改变本性，喜怒都有节度，这就是有操守的人。有的人侍奉君主恭敬有礼，侍奉父母恩爱有加，感情不和也不会背叛君主，气力用尽也不会违背孝道，这就是忠诚孝顺的人。这是观人方法中的“揆德”。桓范说：“历代帝王，前后相续，无不羡慕成就霸业的君主能够任用贤人，痛恨亡国之君失去人才，然而他们仍然任用那些凶顽愚昧的人，国破家亡的情况接连出现。这是什么原因呢？这是因为他们在选拔人才的时候，不追求符合道义的人，而追求迎合自己心意的人。”所以《人物志》说：“清节之人，以操行正直为法则，所以他们观察众多人才时，能够识别那些坚持自己的本性与德行的人，而怀疑讲究法律与权术的人充满诡诈。术谟之人，以思虑谋划为法则，所以能够识别策术谋略奇异的人，而不能赏识那些严格遵守法律的人。伎俩之人，以获得功效为法则，所以能够识别锐意进取的人，而不能赏识那些能以道德进行教化的人。言语之人，以善于论辩析理为法则，所以能够识别那些应对敏捷的人，而不能赏识那些言语迟缓而内在优美的人。所以相互非难驳斥，没有人愿意肯定对方。像这样的人才，都是只具备一种才性的人。所以只具备一种才性的人，只能识别与其才性相同的人。具备两种才性的人，能够识别同样具备两种才性的人。如果具备了多种才性，则能够同时识别各式各类的人才。”又说道：“追求名声的人，不能甘心让别人超过自己。所以如果才性相同而高下悬殊,则彼此间相互提携,相互依赖;如果才性相同而势均力敌,则彼此间相互竞争,相互妨害。这又是才性相同的人之间关系的变化。”不可不加以考察。

夫圣贤之所美[①],莫美乎聪明[②]。聪明之所贵,莫贵乎知人。知人识智[③],则众材得其序而庶绩之业兴矣[④]。又曰:“夫天下之人,不可尽与游处。何以知之?欲观其一隅[⑤],则终朝足以识之[⑥]。将究其详,必三日而后足。何谓三日而后足?夫国体之人,兼有三材,故不谈三日不足以尽之。一以论道德,二以论法制,三以论策术,然后乃能竭其所长而举之不疑。然则何以知其兼偏而与之言乎?其为人也,务以流数杼人之所长[⑦],而为之名目[⑧],如是者兼也;好陈己善,欲人称之,不欲知人之所有,如是者谓偏也。”是故仲尼训六蔽以戒偏材之失[⑨],仁者爱物[⑩],蔽在无断;信者诚露,蔽在无隐。此偏材之常失也。思狂狷以通拘抗之材[⑪],疾悾悾而无信[⑫],以明为似之难保[⑬]。察其所安,观其所由,以知居止之行。率此道也,人焉廋哉[⑭]!人焉廋哉!

【注释】

①夫圣贤之所美:以下至“以知居止之行”,出自《人物志·自序》,有删节。

②聪明:指明察事理。

③知人识智:《人物志·自序》作“知人诚智”。诚,如果,假如。

④庶绩:各种事业。

⑤欲观其一隅:以下至“如是者谓偏也”,出自《人物志·接识》。

⑥终朝:一整天。

⑦流数：指人物才能的不同类别。《人物志·接识》刘昞注："每因事类，杼尽人之所能。"杼：通"抒"，抒发，陈说。

⑧名目：称道，标榜。

⑨六蔽：人才的六种弊病。《论语·阳货》："子曰：'由也，女闻六言六蔽矣乎？'对曰：'未也。''居，吾语女。好仁不好学，其蔽也愚；好知不好学，其蔽也荡；好信不好学，其蔽也贼；好直不好学，其蔽也绞；好勇不好学，其蔽也乱；好刚不好学，其蔽也狂。'"

⑩仁者爱物：以下至"此偏材之常失也"，出自《人物志·自序》刘昞注。

⑪狂：不受拘束，放荡。狷（juàn）：洁身自好。《论语·子路》："子曰：'不得中行而与之，必也狂狷乎？狂者进取，狷者有所不为也。'"拘：拘谨局促。抗：抗直坦率。

⑫悾悾（kōng）而无信：貌似诚恳却不守信。《论语·泰伯》："子曰：'狂而不直，侗而不愿，悾悾而不信，吾不知之矣。'"

⑬为似：通"伪似"，虚假。难保：难以安稳。

⑭廋（sōu）：隐藏，藏匿。

【译文】

圣贤所赞美的，莫过于明察事理的才能。在明察事理中，最可贵的莫过于知人。如果能够识别人才了解他们的才智，则众多的人才就能各得其所，各种事业就能兴盛。又说道："天下之人，不可能与他们一一交游相处。如何了解他们的才能呢？要观察人物才能的某一方面，有一天的时间就够了。如果要进行详细彻底的了解，必定要三天时间才足够。为什么需要三天的时间呢？因为国体之人，兼有道德、法制、权术三种才能，所以交谈不足三天，就不能彻底地了解他。第一天讨论道德问题，第二天讨论法制问题，第三天讨论权术问题，然后才能完全地了解他的长处，举荐他而毫不怀疑。那么如何识别一个人是兼材还是偏材，从而与之交谈呢？如果他的为人，致力于根据人物不同的才能宣扬他们的长处，从而为他们称道标榜，这样的人就是兼材；如果喜欢陈说自己的优点，希望别人进行夸奖，而不愿意了解他人的长处，这样的人就是偏材。”所以孔子训诫愚、荡、贼、绞、乱、狂六种过失，以防备偏材带来的过失，仁者爱护万物，却有处事不果决的弊病；诚信的人真实坦诚，却有太过显露的弊病。这是偏材常有的不足。思考狂者与狷者的特性，使拘谨和抗直的人才都能得到合理的任用，厌恶那些貌似诚恳却不守信的人，以此表明似是而非的人是靠不住的。观察一个人安于什么，不安于什么，观察他为达目的所采用的方式方法，以此了解他的举止行为。用这样的方法观察人物，人怎么隐藏得住呢！人怎么隐藏得住呢！

察相第六

【题解】

所谓"察相",指通过相术观察人物的品行、才性乃至命运。在中国古代的诸多方术中,相术是一个重要的门类,有着悠久的传统。如《汉书·艺文志·数术·形法》中,便载录了《相人》二十四卷,内容是举人之"骨法之度数"。

赵蕤认为,人的命运与相貌之间,存在着非常密切的呼应关系,"命之与相,犹声之与响也,声动乎几,响穷乎应",故很有必要通过相术对人物进行观察。本篇所记载的相术,将人的面部细细划分为不同的区域,并依照不同部位的样貌、气色,断定人物的吉凶贤愚。此外,还涉及了关于人物"骨骼""容止"的相术。比较而言,《知人》篇所讨论的,是基于理性与实践的观人法;而本篇所讨论的,则是具有浓厚方术气息的观人法。

《左传》曰[①]:"周内史叔服如鲁[②],公孙敖闻其能相人也[③],见其二子焉。叔服曰:'穀也食子[④],难也收子[⑤]。穀也丰下[⑥],必有后于鲁国。'"杜预曰[⑦]:"丰下谓面方也。"郑伯享赵孟于垂陇[⑧],七子从[⑨]。赵孟曰:"七子从君,以宠武也。请皆赋[⑩],以卒君贶[⑪]。"子展赋《草虫》[⑫]。赵孟曰:"善哉!人之主也。抑武也[⑬],

不足以当之。”印段赋《蟋蟀》[14]。赵孟曰：“善哉！保家之主，吾有望矣。”文子曰：“子展其后亡者也[15]，在上不忘降[16]。印氏其次也，乐而不荒。乐以安人，不淫以使之，后亡，不亦可乎！”

【注释】

①《左传》：又称《春秋左氏传》或《左氏春秋》，儒家经典之一，编年体春秋史，相传为春秋时鲁国史官左丘明著。

②周内史叔服如鲁：以下至“必有后于鲁国”，事见《左传·文公元年》。内史，官名。西周始置，协助天子管理爵、禄、废、置等政务。春秋时沿置。叔服，东周大臣。

③公孙敖：春秋时期鲁国大夫，庆父之子。相人：给人看相。

④穀（gǔ）：公孙敖之子，即文伯。食子：指死后祭祀供养你。

⑤难：公孙敖之子，即惠叔。收子：指安葬你。

⑥丰下：下颌丰满。

⑦杜预：字元凯，京兆杜陵（今陕西西安东南）人。西晋将领，学者。著有《春秋左氏经传集解》《春秋释例》等。

⑧郑伯享赵孟于垂陇：以下至“不亦可乎”，事见《左传·襄公二十七年》。郑伯，指郑简公。享，通“飨（xiǎng）”，用酒食款待人。赵孟，即赵武，又称“赵文子”，晋国重臣。垂陇，今河南荥阳东北。

⑨七子：指郑国的子展、伯有、子西、子产、子大叔、印段、公孙段七位大夫。

⑩赋：指赋诗。春秋时有赋诗言志的习惯，通过赋诗表达各人之志。

⑪贶（kuàng）：赏赐。

⑫子展：即公孙舍之，春秋时期郑国大夫。《草虫》：《诗经·召南》中的篇名。诗中写道：“未见君子，忧心忡忡，亦既见止，亦既觏止，我心则降。”子展借此称赞赵武为君子。

⑬抑：但是，然而。

⑭印段：春秋时期郑国大夫。《蟋蟀》：《诗经·唐风》中的篇名。诗中写道："无以大康，职思其居。好乐无荒，良士瞿瞿。"印段借此表示应当安不忘危，勤谨戒惧，遵守礼仪。

⑮子展其后亡者也：指子展的家族能够延续最久。

⑯降：指降低身份，谦逊。子展所赋《草虫》中有"我心则降"一句。

【译文】

《左传》记载："周王室的内史叔服来到鲁国，公孙敖听说他能看相，让他的两个儿子与叔服相见。叔服说：'穀可以在你死后祭祀供养你，难可以安葬你。穀的下颌丰满，其后代在鲁国必然昌盛。'"杜预说："丰下，指的是面相方正。"郑简公在垂陇款待赵武，七位大夫随同出席。赵武说："七位大夫跟从国君，这是给我的莫大荣幸。请各位赋诗，以完成郑君的赏赐。"子展赋《草虫》。赵武说："真好啊！这位是人民的主人。但我不足以承担这样的赞美。"印段赋《蟋蟀》。赵武说："真好啊！这位是能保住家族的大夫！我有希望了。"赵武说："子展的家族是最后灭亡的，他身处上位而不忘降抑自己。印氏家族的延续仅次于子展，欢乐而不放纵。欢乐用来安定民众，又不过分地役使民众，灭亡在后，不也是正常的吗！"

《汉书》曰："高祖立濞为吴王[①]，已拜，上相之曰：'汝面状有反相，汉后五十年，东南有乱，岂非汝耶？天下一家，慎无反。'"经曰[②]："眉上骨斗高者[③]，名为'九反骨'，其人恒有苞藏之志[④]。"又曰："黄色绕天中[⑤]，从发际通两颧，其两眉下各发黄色，其中正上复有黄色直下鼻者，三公相也。若下贱有此色者，能杀君父。"《春秋左氏传》曰："楚子将以商臣为太子[⑥]，访诸令尹子上[⑦]。子上曰：'是人也，蜂目豺声，忍人也，不可立也。'弗听。后谋反，以宫甲围成王[⑧]，缢之[⑨]。"又曰："楚司马子良生子越椒[⑩]。子文曰[⑪]：'必杀之。是人也，熊虎之状，而豺狼之声，弗杀，必灭若敖氏矣[⑫]。

谚曰：“狼子野心。”是乃狼也，其可畜乎！’子良不可，后果反，攻王。楚王鼓而进，遂灭若敖氏。”又曰：“晋韩宣子如齐[13]，见子雅[14]。子雅召其子子旗[15]，使见宣子。宣子曰：‘非保家之主也，不臣。’”杜预曰：“言子旗志器亢也[16]。”后十年来奔[17]。周灵王之弟儋季卒[18]，其子括将见王，而叹。单公子愆期闻其叹也[19]，入以告王曰：“不戚而愿大，视躁而足高[20]，心在他矣。不杀，必为害。”王曰：“童子何知！”及灵王崩，儋括欲立王子佞夫[21]，周大夫杀佞夫。齐崔杼帅师伐我[22]，公患之。孟公绰曰[23]：“崔子将有大志，不在病我，必速归，何患焉？其来也不寇，使人不严，异于他日。”齐师徒归[24]，果弑庄公。晋、楚会诸侯而盟[25]，楚公子围设服离卫[26]。鲁大夫叔孙穆子曰[27]：“楚公子美矣，君哉！”杜预曰：“设君服也。此年子围篡位[28]。”卫孙文子来聘[29]，君登亦登[30]。叔孙穆子趋进曰：“诸侯之会，寡君未尝后卫君。今吾子不后寡君，未知所过。吾子其少安。”孙子无辞，亦无悛容[31]。穆叔曰[32]：“孙子必亡。为臣而君，过而不悛，亡之本也。”后十四年，林父逐君[33]。初，郑伯享赵孟[34]，七子赋诗。伯有赋《鹑之贲贲》[35]。享卒，赵孟告叔向曰[36]：“伯有将为戮矣。诗以言志，志诬其上而公怨之，以为宾荣，其能久乎！”魏时，管辂相[37]。何晏、邓飏当诛死，辂舅问之。答曰：“邓飏行步，筋不束骨，脉不制肉，起立倾倚，若无手足，谓之鬼躁。何之视候，魂不守宅，面无华色，精爽烟浮[38]，容若枯木，谓之鬼幽。鬼躁者为风所收，鬼幽者为火所烧，自然之符，不可蔽也。”守孔熙光就姚生曰[39]：“夫相人也，天欲其员[40]，地欲其方[41]，眼欲光曜[42]，鼻须柱梁，四渎欲明[43]，五岳欲强[44]。此数者，君无一焉。又君之眸子脉脉如望羊[45]，行委曲而失步，声嘶散而不扬，岂唯失其福禄，将乃罹其祸殃[46]。”后皆谋反，被杀之矣。

【注释】

①高祖立濞为吴王：以下至“慎无反”，事见《汉书·荆燕吴传》。濞，即刘濞，西汉宗室，汉高祖刘邦之侄，代王刘仲之子，被封为吴王，“七国之乱”的发起者。

②经：相术类典籍。周斌先生认为可能出自《隋书·经籍志》所载锺武隶《相经》或萧吉《相经要录》。

③斗：通“陡”，突然。

④苞藏：即“包藏”，指包含隐藏的祸心。苞，通“包”。

⑤天中：相术用语。相术家将面部中线紧挨发际下的部位称为“天中”。或谓鼻之所在为“天中”。

⑥楚子将以商臣为太子：以下至“缢之”，事见《左传·文公元年》。楚子，指楚成王。商臣，即楚穆王，楚成王之子。

⑦诸：之于。令尹：春秋战国时楚国执政官名。相当于宰相。子上：即斗勃，字子上，楚成王时担任令尹。

⑧宫甲：太子宫中的卫队。

⑨缢（yì）：用绳子勒颈而死。

⑩楚司马子良生子越椒：以下至“遂灭若敖氏”，事见《左传·宣公四年》。子良，斗伯比之子，令尹子文之弟，担任楚国的司马。越椒，即斗椒，字子越，楚庄王时担任令尹，后发动叛乱。

⑪子文：即斗谷於菟，字子文，斗伯比之子，楚国名臣。楚成王时长期担任令尹。

⑫若敖氏：活跃于春秋时期楚国的芈姓家族，祖先为楚国国君熊仪，其内部又分斗氏和成氏两个支系。

⑬晋韩宣子如齐：以下至“不臣”，事见《左传·昭公二年》。韩宣子，即韩起，谥号为“宣”，韩厥之子，春秋时期晋国卿大夫。

⑭子雅：即栾灶，字子雅，又称“公孙灶”。齐惠公之孙。

⑮子旗：子雅之子栾施。

⑯志器:《春秋左传正义·昭公二年》作“志气”,译文从之。

⑰后十年来奔:指鲁昭公十年(前532),栾施因在齐国内乱中作战失败而出奔鲁国。事见《左传·昭公十年》。

⑱周灵王之弟儋(dān)季卒:以下至“周大夫杀佞夫”,事见《左传·襄公三十年》。周灵王,周简王之子,东周第十一代君主。

⑲愆(qiān)期:单国公子,当时担任周灵王的御士。

⑳视躁:四处张望。足高:走路时抬脚高。形容趾高气扬。

㉑王子佞(nìng)夫:周灵王之子。

㉒齐崔杼帅师伐我:以下至“果弑庄公”,事见《左传·襄公二十五年》。崔杼,春秋时期齐国大夫。

㉓孟公绰:春秋时期鲁国大夫。

㉔徒归:空手而归。

㉕晋、楚会诸侯而盟:以下至“君哉”,事见《左传·昭公元年》。

㉖楚公子围:即楚灵王,楚共王次子。此时当任令尹。设服:陈设国君的仪仗服饰。离卫:两名并排的卫兵。

㉗叔孙穆子:即叔孙豹,谥号为“穆”,又称“穆叔”,春秋时期鲁国大夫。

㉘此年子围篡位:指鲁昭公元年(前541),公子围弑侄儿楚王郏敖自立为王。

㉙卫孙文子来聘:以下至“亡之本也”,事见《左传·襄公七年》。孙文子,即孙林父,谥号为“文”,卫国大夫。聘,聘问。专指天子与诸侯或诸侯与诸侯间的遣使通问。

㉚君登亦登:根据《仪礼·聘礼》,国君与贵宾登阶上殿,国君先登二级台阶,然后贵宾登一级。现在鲁襄公登阶,孙文子随之同登,是无礼的行为。

㉛悛(quān):悔改。

㉜穆叔:即叔孙穆子。

㉝后十四年，林父逐君：指鲁襄公十四年（前559），孙林父驱逐卫献公。事见《左传·襄公十四年》。

㉞郑伯享赵孟：以下至“其能久乎”，事见《左传·襄公二十七年》。

㉟伯有：即良霄，字伯有，春秋时期郑国大夫。《鹑之奔奔》：《诗经·鄘风》中的篇名。诗中写道：“人之无良，我以为君。”伯有以此讥讽郑简公。

㊱叔向：即羊舌肸，春秋时期晋国大夫。

㊲魏时，管辂相：以下至“不可蔽也”，事见《三国志·魏书·管辂传》裴松之注引《辂别传》。管辂，字公明，平原（今属山东）人。三国时期著名的术士。以善于易占、相术等方术著名。

㊳精爽：精神。

㊴守孔熙光就姚生曰：“守”疑作“宋”，“孔熙光”应作“孔熙先”，译文从之。孔熙先，兖州鲁郡（今山东曲阜）人。南朝宋大臣。曾任员外散骑侍郎，后与范晔谋反被诛。《宋书·范晔传》中不见此段记载，亦无“姚生”其人。据文意，似应为姚生给孔熙先看相。

㊵天：相术用语。指人的额头。

㊶地：相术用语。指人的下颌。

㊷光曜（yào）：光彩，光耀。曜，光辉。

㊸四渎：相术用语。指人的鼻孔、口、眼睛、耳朵。

㊹五岳：相术用语。指人的额头、下巴、鼻子、左右颧骨。

㊺脉脉：通“眽眽（mò）”，凝视貌。望羊：仰视貌。

㊻罹（lí）：遭受。

【译文】

《汉书》记载：“汉高祖立刘濞为吴王，封王之礼已经完成，刘邦给刘濞看相后说：‘你的面相中有谋反之相，汉朝建立后五十年，东南方向将有叛乱，难道不是你发动的吗？现在天下都是一家，千万不要造反。’”经说：“眉毛上方的骨头陡然隆起，名叫‘九反骨’，这样的人常常包藏祸心。”又说道：

“黄色围绕着天中，并从发际一直贯通到两边的颧骨，两边的眉毛下方显现黄色，眉毛中间的正上方又有黄色直直往下贯通到鼻梁，这就是三公的相貌。如果身份低贱的人有这样的相貌，这人能杀害君主和父亲。”《春秋左氏传》记载：“楚成王将立商臣为太子，征求令尹子上的意见。子上说：‘商臣这个人，眼睛像胡蜂，声音像豺狼，是个残忍的人，不可立为太子。’楚成王没有听从。之后商臣谋反，用东宫卫队围困了楚成王，把楚成王勒死。”又记载：“楚国司马子良生了儿子斗椒。子文说：‘一定要杀了他。这个小孩，外形长得像狗熊老虎，而发出豺狼一样的声音，如果不杀他，一定会灭亡我们若敖氏。谚语说：“狼崽子虽幼，却有凶残的本性。”这个小孩就像狼一样，怎么能养大呢！’子良不听，之后斗椒果然造反，攻打楚庄王。楚庄王击鼓进军，就此消灭了若敖氏。”又记载：“晋国大臣韩宣子来到齐国，见到子雅。子雅招来他的儿子子旗，让他与韩宣子见面。韩宣子说：‘子旗不是能保持家业的人，因为不守臣道。’”杜预说：“这是讲子旗太过志高气傲。”鲁昭公十年（前532），子旗出奔鲁国。周灵王的弟弟儋季去世了，他的儿子儋括将要拜见周灵王，却叹气。单国公子愆期听说儋括叹气，进来告诉周灵王说：“儋括不哀伤而野心勃勃，四处张望而趾高气扬，他的心思已经在别的地方了。如果不杀，必定造成危害。”周灵王说：“小孩子知道什么！”到周灵王去世，儋括想要立王子佞夫为天子，周王室的大夫们杀了王子佞夫。齐国大夫崔杼率领军队讨伐鲁国，鲁襄公感到担忧。鲁国大夫孟公绰说：“崔杼将有大的举动，目的不在损害我们，必定很快回国，有什么可担心的？他率军来我国不进行掳掠，役使民众也不严苛，与以往不同。”齐军一无所获地撤军，崔杼后来果然弑杀了齐庄公。晋国、楚国召集诸侯盟会，楚国的公子围陈设国君的仪仗服饰，两名卫兵并排侍立。鲁国大夫叔孙穆子说：“楚国公子的服饰真是华美啊，已经和君主一样了！”杜预说：“这是说公子围穿着君主的服饰。这一年公子围篡位。”卫国的孙文子来鲁国聘问，鲁襄公登上台阶的时候，孙文子也一并登阶。叔孙穆子快步上前说道：“诸侯相会，鲁君从来没有走在卫君后面。现在您没有走在鲁君后面，鲁君不知道自己犯了什么过错。请您稍停一下吧。”孙文子没有说话，也没有悔改的表情。叔孙穆子说：“孙文子必然逃亡。作为臣下而与君主并肩而行，犯了过错而不悔改，这是逃亡的根本原因。”鲁襄公十四年（前559），孙林父驱逐了卫献公。当初，郑简公款待赵武，七位大夫分别赋诗。伯有赋《鹑之奔奔》。宴会结束后，赵武告诉叔向说：“伯有将要被诛戮了。诗是用来表达心志的，他的内心污蔑君主，并且公然抱怨，以此作为对宾客的荣宠，怎么可能长久呢！”曹魏时，管辂善于相人。何晏，邓飏将被诛戮，管辂的舅舅询问管辂。管辂回答道：“邓飏走路的样子，筋腱不能约束骨头，血脉不能制约肌肉，站立的时候歪斜，就好像没有手脚一样，这种相叫作‘鬼躁’。何晏观察外物的时候，魂不守舍，脸上没有血色，精神如烟尘般飘荡，容貌如同枯木，这种相叫作‘鬼幽’。有‘鬼躁’之相者将被风所收，有‘鬼幽’之相者将被火所烧，这是自然的符应，不可能隐饰。”南朝宋时期，孔熙先找姚生看相，姚生说：“给人看相，额头应该饱满，下颌应该方正，眼睛应该有光彩，鼻梁应该挺直，鼻孔、口、眼睛、耳朵应该分明，额头、下巴、鼻子、左右颧骨应该挺立。这几种相貌，您一种也不具备。此外，您的眼睛凝视的时候如同在仰望，走路的时候歪歪扭扭步伐错乱，声音嘶哑低沉不能高扬，这样的相貌不但会失去福禄，而且会遭受祸患。”后来孔熙先果然谋反被杀。

由此观之，以相察士，其来尚矣。故曰：“贵贱在于骨法[①]，忧喜在于容色，经曰：“青主忧[②]，白主哭泣，黑主病，赤主惊恐，黄主庆喜，凡此五色，并以四时判之。春三月，青色王[③]，赤色相，白色囚，黄、黑二色皆死。夏三月，赤色王，白色、黄色皆相，青色死，黑色囚。秋三月，白色王，黑色相，赤色死，青、黄二色皆囚。冬三月，黑色王，青色相，白色死，黄与赤二色囚。若得其时，色王、相者吉。不得其时，色王、相若囚、死者凶。”魏管辂往族兄家[④]，见二客。客去，辂谓兄曰：“此二人，天庭及口耳之间同有凶气[⑤]，异变俱起，双魂无宅，流魄于海，骨归于家。”后果溺死。此略举色变之效。成败在于决断。以此参之[⑥]，万不失一。”

【注释】

①贵贱在于骨法：以下至“万不失一”，出自《史记·淮阴侯列传》。

②青主忧:以下至“死者凶”,类似内容又见于张行简《人伦大统赋》卷上薛延年注引《龟鉴》。主,预示,预兆。

③青色王:方术用语。阴阳家以王(旺盛)、相(强壮)、胎(孕育)、没(没落)、死(死亡)、囚(禁锢)、废(废弃)、休(休退)八字与五行、四时、八卦等递相配搭,以表示事物的消长更迭。《春秋运斗枢》:“四时生者休,王所胜者死,相所胜者囚。”按照五行学说,木、火、土、金、水五行,分别对应春、夏、季夏、秋、冬五季,以及青、赤、黄、白、黑五色。春季属木,所以木(青色)“王”,木所生的火(赤色)“相”,木所克的土(黄色),以及生木的水(黑色)皆“死”,而火所克的金(白色)“囚”。参见萧吉《五行大义》卷二《论四时休王》。按,下文对于夏、秋、冬三季相、囚、死的分析略有不同。

④魏管辂往族兄家:以下至“后果溺死”,事见《三国志·魏书·管辂传》。族兄,同高祖兄弟的兄辈。

⑤天庭:相术用语。指人两眉之间,亦指前额中央。

⑥参:参详,判断。

【译文】

就此来看,用看相的方法观察士人,由来已久了。所以说:“一个人是尊贵还是卑贱,要看他的骨相;一个人是忧愁还是喜悦,要看他的容貌神色;经说:“青色预示忧愁,白色预示哭泣,黑色预示疾病,赤色预示惊恐,黄色预示喜庆,以上这五种颜色,都要结合四时进行判断。在春季三个月中,青色旺盛,赤色强壮,白色禁锢,黄色、黑色皆死亡。在夏季三个月中,赤色旺盛,白色、黄色皆强壮,青色死亡,黑色禁锢。在秋季三个月中,白色旺盛,黑色强壮,赤色死亡,青色、黄色皆禁锢。在冬季三个月中,黑色旺盛,青色强壮,白色死亡,黄色、赤色皆囚禁。如果时节合适,表现出相应的旺盛、强壮的神色就很吉利。如果时节不合适,之前旺盛、强壮的神色转为禁锢、死亡,就很凶险。”曹魏时管辂来到族兄家,见到两位客人。客人离去后,管辂对族兄说:“这两个人,天庭以及口、耳之间都有凶气,灾异变故将同时在二人身上发生,他们的魂无所归依,魄将流归大海,只有尸骨回到家中。”后来两个人果然淹死。以上大概列举了神色变化的征验。一个人是成功还是失败,要看他如何决断。用这样的办法参详判断,可以万无一失。”

经曰:“言贵贱者存乎骨骼[1],言修短者存乎虚实[2],经曰:“夫人喘息者,命之所存也。喘息条条状长而缓者[3],长命人也。喘息急促出入不等者,短命人也。”又曰:“骨肉坚硬,寿而不乐。体肉耎者[4],乐而不寿。”《左传》曰:“鲁使襄仲如齐[5],复曰:‘臣闻齐人将食鲁之麦[6],以臣观之,将不能[7]。齐君之语偷[8]。臧文仲有言曰[9]:“人主偷,必死。”’”后果然[10]。郑伯如晋拜成[11],授玉于东楹之东[12]。晋大夫贞伯曰[13]:“郑伯其死乎?自弃也已。视流而行速[14],不安其位,宜不能久。”杜预曰:“言郑伯不端谛也[15]。”六月卒。天王使刘康公、成肃公会晋侯伐秦[16]。成子受脤于社[17],不敬。刘子曰:“吾闻之:人受天地之中以生,所为命也。是以有动作礼义威仪之则,以定命也。能者养之以福[18],不能者败以取祸。是故君子勤礼,小人尽力。勤礼莫如致敬,尽力莫如敦笃[19]。敬在养神,笃在守业。国之大事,在祀与戎。祀有执燔[20],戎有受脤,神之大节也[21]。今成子堕,弃其命矣,其不反乎?”五月卒于瑕[22]。晋侯嬖程郑[23],使佐下军[24]。郑行人公孙挥如晋聘[25],程郑问焉,曰:“敢问降阶何由[26]?”子羽不能对,归以语然明[27]。然明曰:“是将死矣。不然,将亡。贵而知惧,惧而思降,乃得其阶。下人而已[28],又何问焉?且夫既登而求降者,知人也[29],不在程郑。其有亡衅乎[30]?不然,其有惑疾[31],将死而忧乎?”明年,程郑卒。天王使单子会韩宣子于戚[32],视下言徐[33]。叔向曰:“单子其将死乎?朝有著定[34],会有表[35],衣有襘[36],带有结[37]。会朝之言，必闻于表著之位，所以昭事序也；视不过结袷之中[38]，所以导容貌也[39]。言以命之，容貌以明之，失则有阙。今单子为王官伯[40]，而命事于会[41]，视不登带，言不过步[42]，貌不导容[43]，而言不昭矣。不道，不恭；不昭，不从。无守气矣[44]。"此冬，单子卒。宋平公享昭子[45]，宴饮乐，语相泣也。乐祁佐[46]，退而告人曰："今兹君与叔孙其将死乎[47]？吾闻之：'哀乐而乐哀[48]，皆丧心也。'心之精爽[49]，是谓魂魄。魂魄去之，何以能久？"此年，叔孙、宋公皆卒。邾隐公来朝[50]，执玉高[51]，其容仰。鲁公受玉卑，其容俯。子贡曰[52]："以礼观之，二君皆有死气[53]。高、仰，骄也；卑、俯，替也[54]。骄近乱，替近疾，君为主，其先亡乎？"此年，公薨。哀七年，以邾子益归[55]。卫侯会吴于郧[56]，吴人藩卫侯之舍[57]。子贡说太宰嚭而免之[58]。卫侯归，效夷言[59]。子之尚幼[60]，曰："君必不免，其死于夷乎？执焉而又说其言，从之固矣。"后卒死于楚[61]。鲁公作楚宫[62]。穆叔曰："《太誓》云[63]：'人之所欲，天必从之。'君欲楚也夫，故作其宫。不复适楚，必死是宫。"六月辛巳，公薨于楚宫。晋侯使郤犨送孙林父于卫[64]，卫侯飨之[65]，苦成叔敖[66]。卫大夫宁子曰[67]："苦成家其亡乎？古之飨食也，以观威仪，省祸福[68]，故《诗》云：'兕觥其觩[69]，旨酒思柔[70]。彼交匪敖[71]，万福来求[72]。'今夫子敖，取祸之道也。"十七年，郤氏亡[73]。齐侯与卫侯会于商王[74]，不敬。叔向曰："二君者必不免。会朝[75]，礼之经也；礼，政之舆也；政，身之守也。怠礼失政，失政不立，是以乱也。"二十五年，齐弑光[76]。二十六年，卫弑剽也[77]。言性灵者存乎容止[78]。"斯其大体。

【注释】

①存：鉴察，观察。《孟子·离娄上》："存乎人者，莫良于眸子，眸子

不能掩其恶。”焦循《正义》:“谓察人之善恶也。”

②修短:长短。指人的寿命。

③条条:畅达貌。

④耎:同“软”,柔软。

⑤鲁使襄仲如齐:以下至“必死”,事见《左传·文公十七年》。襄仲,名遂,鲁庄公之子,春秋时期鲁国大夫。因住在鲁国东门,所以又被称为“东门襄仲”“东门遂”。

⑥食鲁之麦:指讨伐鲁国。

⑦将:殆,大概。

⑧齐君:指齐懿公。偷:苟且,怠惰。

⑨臧文仲:春秋时期鲁国大夫,谥号为“文”。

⑩后果然:据《左传·文公十八年》记载,齐懿公为大臣邴歜与阎职所杀。

⑪郑伯如晋拜成:以下至“六月卒”,事见《左传·成公六年》。郑伯,指郑悼公。拜成,拜谢晋国同意讲和。鲁成公五年(前586),郑国与晋国在垂棘、虫牢两次盟会。

⑫授玉于东楹之东:《左传·成公六年》杨伯峻注:“古代堂上有东、西两大柱,曰‘东楹’‘西楹’。两楹之中曰‘中堂’。如宾主身份相当,授受玉应在两楹之间。如宾身份低于主人,授受玉在中堂与东楹之间,即在东楹之西。晋景公与郑悼公皆一国之君,依当时常礼,应授受玉于两楹之间。郑悼纵以为晋景为霸主,不敢行平等身份之礼,亦当在中堂与东楹之间。今晋景安详缓步,而郑悼则快步又过谦,竟至东楹之东授玉,尤见自卑。”

⑬贞伯:即士渥浊,又称“士贞伯”“士贞子”,春秋时期晋国大夫。

⑭视流:视线游移,东张西望。

⑮端谛:端庄专注。

⑯天王使刘康公、成肃公会晋侯伐秦:以下至“五月卒于瑕”,事见

《左传·成公十三年》。天王，春秋时特指周天子。此时天子为周简王。刘康公、成肃公，均为东周王室大臣。晋侯，指晋厉公。

⑰受脤（shèn）于社：古代出兵要祭祀土地神，祭祀完成后，将祭肉颁赐众人，叫作“受脤”。脤，祭社用的生肉。社，指祭祀土地神的社坛。

⑱养之以福：应作“养以之福”，自唐石经后误倒作“养之以福”。意谓保持动作礼义威仪的准则以获得福报。

⑲敦笃：敦厚笃实。

⑳执燔（fán）：指古代于祭祀后向参祭者分祭肉。燔，通“膰”，古代祭祀用的熟肉。

㉑神之大节：指供奉神灵的关键礼仪。

㉒瑕：地名。今山西临猗南。

㉓晋侯嬖（bì）程郑：以下至“将死而忧乎”，事见《左传·襄公二十四年》。晋侯，指晋平公。嬖，宠爱。程郑，春秋时晋国大夫。

㉔下军：古代军事编制名称。大国分上、中、下三军。

㉕行人：官名。掌管朝觐聘问。《周礼·秋官》有行人，春秋、战国时各国都有设置。公孙挥：字子羽，春秋时鲁国大夫。挥，一作“翚”。

㉖降阶：降级。杜预注：“自问降下之道。”

㉗然明：鬷（zōng）蔑，字然明，春秋时郑国大夫。

㉘下人：居于人之后，对人谦让。

㉙知人：明智的人。

㉚亡衅：逃亡的征兆。

㉛惑疾：迷惑之疾。谓心神不安，疑神疑鬼。

㉜天王使单子会韩宣子于戚：以下至“单子卒”，事见《左传·昭公十一年》。天王，指周景王。单子，单成公。戚，地名。今河南濮阳北。

㉝视下：目光向下。言徐：说话迟缓。

㉞朝有著定：朝见有固定的位置。著，大门与屏风之间的地方，大臣上朝之处。朝位既定，所以叫“著定”。

㉟会有表：天子或盟主会见诸侯时，诸侯皆依次设位，设有标志位置的旗帜。《春秋左传正义·昭公十一年》：“礼，诸侯建旂设旂以为表。”

㊱襘（guì）：古代衣领交叉之处。

㊲结：衣带连接处。

㊳视不过结襘之中：指视线往上不要超过衣领交叉的地方，往下不要低于衣带。

㊴导容貌：《左传·昭公十一年》作“道容貌”，指端正容貌。

㊵王官伯：王官之长。

㊶命事于会：在盟会上宣布王命。

㊷言不过步：指声音细小，走过一步就听不到。

㊸貌不导容：《左传·昭公十一年》作“貌不道容”，“貌”指外貌，“容”指威仪。

㊹守气：犹言保持生气。

㊺宋平公享昭子：以下至“叔孙、宋公皆卒”，事见《左传·昭公二十五年》。宋平公，为“宋元公”之误。昭子，即叔孙婼（chuò），谥号为“昭”，叔孙豹之子，春秋时期鲁国大夫。

㊻乐祁：字子梁，春秋时期宋国大夫。佐：辅佐主持宴会。

㊼今兹：今此，现在。

㊽哀乐：可乐而哀。乐哀：可哀而乐。

㊾心之精爽：心的精华神明。

㊿邾隐公来朝：以下至“此年，公薨”，事见《左传·定公十五年》。邾隐公，邾国国君，名益。

(51)执玉：拿着玉。古代诸侯相见，有“授玉”“受玉”之礼。

(52)子贡：端木赐，春秋末年卫国人。孔子弟子。善于经商，有口才。

(53)二君皆有死气：《左传·定公十五年》作“二君者，皆有死亡焉”，指两位君主都有死亡的征兆。

(54)替:松弛,怠惰。

(55)以邾子益归:据《左传·哀公七年》记载,鲁国俘虏了邾隐公。

(56)卫侯会吴于郧(yún):以下至“从之固矣”,见于《左传·哀公十二年》。卫侯,指卫出公。郧,地名。今山东莒县南。

(57)藩:包围。

(58)说(shuì):游说,劝说。太宰嚭(pǐ):本名伯嚭,后任吴国太宰,故称“太宰嚭”。

(59)夷言:指吴语。

(60)子之:即公孙弥牟,字子之,谥号为“文”,春秋时期卫国大夫。

(61)后卒死于楚:据《左传·哀公二十六年》记载,卫出公最终死于越国。

(62)鲁公作楚宫:以下至“公薨于楚宫”,事见《左传·襄公三十一年》。鲁公,指鲁襄公。楚宫,楚国风格的宫殿。

(63)《太誓》:《尚书》篇名,今已逸。

(64)晋侯使郤犨(xì chōu)送孙林父于卫:以下至“取祸之道也”,事见《左传·成公十四年》。晋侯,指晋厉公。郤犨,春秋时期晋国大夫。

(65)卫侯:指卫定公。

(66)苦成叔:即郤犨。苦成,地名。今山西运城东,为郤犨采邑。一说“苦”为邑名,郤犨采邑,“成”为郤犨谥号,“叔”为其字。

(67)宁(nìng)子:宁殖,又称“宁惠子”,春秋时期卫国大夫。

(68)省(xǐng):省察。

(69)兕觥(sì gōng)其觩(qiú):以下至“万福来求”,出自《诗经·小雅·桑扈》。兕觥,形状弯曲的酒具。觩,牛角弯曲貌。

(70)旨酒:醇厚的酒。思:斯,语气词。

(71)彼交匪敖(ào):不侥幸,也不傲慢。彼,通“匪”。交,通“徼”,徼幸。敖,同“傲”,傲慢。

⑫求：聚集。

⑬十七年，郤氏亡：据《左传·成公十七年》记载，晋厉公杀郤锜、郤犨、郤至，灭郤氏。

⑭齐侯与卫侯会于商王：以下至"是以乱也"，事见《左传·襄公二十一年》。齐侯，指齐庄公，名光。卫侯，指卫殇公，名剽。商王，《左传》作"商任"，地名。在今河北邢台任泽区东南。译文从之。

⑮会朝：指诸侯或群臣朝会盟主或天子。

⑯二十五年，齐弑光：据《左传·襄公二十五年》，前548年，齐国大夫崔杼杀齐庄公。

⑰二十六年，卫弑剽（piào）也：据《左传·襄公二十六年》，前547年，卫国大夫宁喜杀卫殇公。

⑱性灵：内心世界，泛指精神、思想、情感等。

【译文】

经说："判断一个人的贵贱，要观察他的骨骼；判断一个人寿命的长短，要观察他的虚实；经说："人的呼吸，是性命存在的关键。呼吸畅达，气息悠长而舒缓，这是长寿的人。呼吸急促，吸气与出气不均匀，这是短命的人。"又说："一个人骨骼肌肉坚硬，长寿但不快乐。一个人身体肌肉柔软，快乐但不长寿。"《左传》记载："鲁文公让襄仲出使齐国，襄仲回来禀报说：'我听说齐国人打算来吃鲁国的麦子，但在我看来，大概不能。齐国国君言谈言语苟且敷衍。臧文仲曾经说过："君主苟且怠惰，必死无疑。"'"齐懿公之后果然被杀。郑悼公来到晋国，拜谢晋国同意讲和，典礼上，在东楹的东边进行了授玉之礼。晋国大夫贞伯说："郑伯恐怕要死了吧？太不尊重自己了。视线游移不定而走路过快，不能安定地处在自己的位置上，应该活不了多久。"杜预说："这是说郑伯不端庄专注。"六月，郑悼公去世。周简王命令刘康公、成肃公会和晋厉公攻打秦国。成肃公在社坛接受祭肉时不恭敬。刘康公说："我听说：人接受了天地的中和之气而生，这就是所谓的天命。因此有动作、礼义、威仪的准则，用来保有天命。有能力的人保持这些准则以获得福报，没有能力的人破坏这些准则而导致祸患。所以君子勤于礼法，小人竭尽力量。勤于礼法没有比恭敬更好的，竭尽力量没有比敦厚笃实更好的。恭敬在于供奉神灵，笃实在于各尽职守。国家的大事，在于祭祀与战争。祭祀有分配祭肉之礼，战争有接受祭肉之礼，这是供奉神灵的关键礼仪。现在成子在这样的场合怠惰，这是丢弃了他的天命，他恐怕回不来了吧？”五月，成肃公在瑕去世。晋平公宠爱程郑，让他做下军佐。郑国行人公孙挥到晋国聘问，程郑向他请教，说：“请问怎样才能降级？”公孙挥不能回答，回郑国后把这件事告诉了然明。然明说：“程郑将要死了。不然的话，就是将要逃亡。地位尊贵而知道害怕，害怕了而想要降级，从而得到适合自己的地位。这只要居于人之后就可以了，有什么好询问的呢？况且已经登上了高位而寻求降级，这是明智的人，程郑并不是这样的人。他大概有了逃亡的征兆吧？不然的话，就是有了迷惑之疾，将要死了而为自己担心吧？”第二年，程郑果然去世了。周景王派单成公与韩起在戚地相会，单成公目光向下，说话迟缓。叔向说：“单成公快要死了吧？大臣朝见有规定的位置，诸侯相会有标明位置的旗帜，衣领有交叉，衣带有打结。会见、朝见时说的话，一定要让在位的人都听见，这是用来表明事情的条理；视线要处于衣领交叉处与衣带之间，这是用来端正容貌。言语用来发布命令，仪表容貌用来表明态度，没有做到就会有缺误。现在单子作为王官之长，在盟会上宣布天子的命令，却目光低于衣带，声音超过一步就听不到，外貌不能展现出威仪，言语不能让人明白。容貌不端正，就不恭敬；言语不明晰，就不能让人听从。他已经没有生气了。”这年的冬天，单成公去世。宋元公款待叔孙昭子，宴饮非常欢乐，但两个人说话的时候都哭了。乐祁辅佐主持宴会，结束后告诉别人说：“最近国君和叔孙昭子恐怕都要死了吧？我听说：‘应该快乐的时候哀伤，而应该哀伤的时候快乐，都是丧失心志的表现。’心的精华神明，叫作‘魂魄’。魂魄散失了，怎么可能活得长？”这一年，叔孙昭子、宋元公都去世了。邾隐公来鲁国朝见，拿着玉的姿势过高，脸朝上仰着。鲁定公接受玉的姿势过低，脸朝下俯着。子贡说：“从礼的角度来看，两位君主都有死亡的征兆。高与仰，这是骄傲的表现；低与俯，这是怠惰的表现。骄傲近乎动乱，怠惰近乎疾病，我国国君是主人，恐怕要先死吧？”这一年，鲁定公去世。鲁哀公七年（前488），鲁军俘虏了邾隐公返回鲁国。卫出公与吴国在郧地盟会，吴人包围了卫出公的住处。子贡劝说太宰嚭，才撤走了包围。卫出公回国之后，模仿夷人的语言。子之这个时候年纪还小,说:“国君必然不能免于祸患,恐怕要死在夷地吧?被夷人抓了却喜欢他们的语言,一定会跟他们在一起了。”后来,卫出公最终死于越国。鲁襄公建造楚国风格的宫殿。叔孙豹说:“《太誓》说:‘人们所希望的,上天必定满足他。’国君喜欢楚国吧,所以建造了楚国式的宫殿。如果不再去楚国,必然死在这座宫殿里。”六月辛巳这一天,鲁襄公死在楚宫里。晋厉公让郤犨护送孙林父返回卫国,卫定公款待郤犨,郤犨表现得很傲慢。卫国大夫宁子说:“郤犨的家族恐怕要灭亡了吧?古时候举行享礼,是为了观察威仪,省察祸福,所以《诗经》中说道:‘弯弯的角杯,醇厚的美酒。不侥幸不傲慢,聚集众多福禄。’现在这个人态度傲慢,是取祸之道。”鲁成公十七年(前574),郤氏灭亡。齐庄公与卫殇公在商任相会,表现得不恭敬。叔向说:“二位君主必定不能免于祸难。会盟与朝见,是礼仪的规范;礼仪,是政事的车子;政事,是身体性命的守备。轻慢礼仪,政事便会有错失,政事有错失,便难以存身,因此会发生动乱。”鲁襄公二十五年(前548),齐人杀死齐庄公。鲁襄公二十六年(前547),卫人杀死卫殇公。**判断一个人的内心,要观察他的容貌举止。”这是相术的大体。**

夫相人先视其面,面有五岳四渎,五岳者,额为衡山,颊颐为恒山[①],鼻为嵩山,左权为泰山[②],右权为华山。四渎者,鼻孔为济,口为河,目为淮,耳为江。五岳欲耸峻圆满。四渎欲深大,崖岸成就[③]。五岳成者,富人也,不丰则贫。四渎成者,贵人也,不成则贱矣。**五官六府**,五官者,口一,鼻二,耳三,目四,人中五。六府者,两行上为二府[⑤],两辅角为四府[⑥],两权衡上为六府[⑦]。一官好,贵十年。一府好,富十年。五官六府皆好,富贵无已。左为文,右为武也。**九州八极**[⑧],九州者,额从左达右,无纵理,不败绝,状如覆肝者为善。八极者,登鼻而望,八方成形,不相倾者为良也。**七门二仪**[⑨]。七门者,两奸门,两阙门[⑩],两命门,一庭中。二仪者,头圆法天,足方象地。天欲得高,地欲得厚。若头小足薄,贫贱人也。七门皆好，富贵人也。总而言之，额为天，颏为地[11]，鼻为人，左目为日，右目为月。天欲张，地欲方，人欲深广，日月欲光。天好者贵，地好者富，人好者寿，日月好者茂。上亭为天[12]，主父母贵贱；中亭为人，主昆弟、妻子、仁义、年寿；下亭为地，主田宅、奴婢、畜牧、饮食也。

【注释】

①颊颐：指下颌。

②权：通"颧"，颧骨，面颊。

③崖岸成就：指边际分明。崖岸，边际。

⑤两行：指两边的眉毛。

⑥辅角：相术用语。又称"辅角骨""辅骨""龙角骨"，指两眉棱骨隆起横伸至发际。《月波洞中记》："两眉毛入边地稍高似角者，名'龙角骨'，亦名'辅角骨'。"

⑦权衡：指颧骨。《太清神鉴》卷二《六府》："两目上为二府，两辅角为四府，两颧骨为六府。"按，不同相术典籍，对于"六府"等相术用语的解释不同。如《人伦大统赋》卷上薛延年注："六府者，两辅骨，两颧骨，两颐骨。"

⑧九州：相术用语。相术家用以指代唇下（冀州）、印堂上（扬州）、右颧（青州）、左笑靥下（雍州）、鼻梁（豫州）、左眼尾下（荆州）、右眼尾下（徐州）、左颧（梁州）、右笑靥下（兖州）九个部位。

⑨七门：相术用语。指两斗门（眉头）、两奸门（眼尾）、两命门（耳孔）及鼻梁（庭中）。

⑩阙（què）门：即斗门（眉头）。

⑪颏（kē）：下颌。

⑫上亭：即"上停"。相术家把人体及面部各分三部，称上、中、下三停。

【译文】

给人看相，要先观察其面相，面相上有五岳四渎，所谓“五岳”，额头是衡山，下颌是恒山，鼻子是嵩山，左颧骨是泰山，右颧骨是华山。所谓“四渎”，鼻孔是济水，口是黄河，眼睛是淮河，耳朵是长江。五岳要长得高俊饱满。四渎要长得既深且大，边际分明。五岳长得好，是富人的面相，不丰满就是贫穷的面相。四渎长得好，是贵人的面相，长得不好就是身份低贱人的面相。**五官六府**，所谓“五官”，第一是口，第二是鼻，第三是耳，第四是眼，第五是人中。所谓“六府”，两边眉毛上方为二府，两边的辅角骨为四府，两边的颧骨为六府。其中一官长得好，显贵十年。其中一府长得好，富裕十年。五官六府都长得好，富贵无穷尽。左为文官，右为武官。**九州八极**，所谓“九州”，前额从左到右没有纵向的纹理，横向的纹理没有断开的地方，有如一块倒覆的肝为好。所谓“八级”，登上鼻子四下张望，八方均成规模，不相倾挤为好。**七门二仪**。所谓“七门”，指两边眼尾，两边眉头，两边耳孔，以及鼻梁。所谓“二仪”，指人的头圆像天，人的脚方像地。天希望它高，地希望它厚。如果头小而脚薄，这是贫贱之相。“七门”都长得好，这是富贵之相。总而言之，额头为天，下颌为地，鼻子为人，左眼为日，右眼为月。天要舒展，地要方正，人要既深且广，日月要有光明。天长得好的人尊贵，地长得好的人富有，人长得好的人长寿，日月长得好的人卓越。上停为天，预示父母的贵贱；中停为人，预示兄弟、妻子、儿女、仁义、年寿的吉凶好坏；下停为地，预示田宅、奴婢、畜牧、饮食的吉凶。

若夫权骨才起[①]**，肤色润泽者，九品之候也。**又曰：“腰腹相称，臀髀才厚[②]，及高视广步，此皆九品候也。”夫色须厚重，腰须广长，故经曰：“面如黄瓜，富贵荣华。白如截脂，黑色如漆，紫色如椹，腰广而长，腹如垂囊，行如鹅、龟，此皆富贵人也。”凡称夫公侯将相已下者，不论班品也。**辅骨小见，鼻准微端者**[③]**，八品之候也。**又曰：“胸背微丰，手足悦泽[④]，及身端步平者，此皆八品之候也。”夫鼻须洪直而长，胸脾须丰厚如龟形，手足色须赤白，此皆富贵人也。故经曰："手足如绵，富贵终年。手足厚好，立使在傍也[5]。"**辅角成棱，仓库皆平者[6]，七品之候也。**又曰："胸厚颈粗，臂胫佣均[7]，及语调顾定者[8]，此皆七品之候也。"夫颈须粗短，手臂须纤长，语须如篁及凤[9]，此皆贵相也。故经曰："额角高耸，职位优重；虎颈圆粗，富贵有余；牛顾虎视，富贵无比。天仓满，得天禄[10]；地仓满[11]，丰酒肉也。"**天中丰隆[12]，印堂端正者[13]，六品之候也。**又曰："脑起身方[14]，手厚腰圆，及声清音朗者，此皆六品之候也。"夫人额上连天中，下及司空，有骨若肉如环者，名曰"天城"。周匝无缺者[15]，大贵。有缺若门者，为三公。夫声者须深实，大而不浊，小而能彰，远而不散，近而不亡，余响激澈，似若笙篁[16]，宛转流韵[17]，能圆能长，此善者也。宫声重大沉壅[18]，商声坚劲广博，角声圆长通彻，徵声抑扬流利，羽声奄蔼低曳[19]，此谓正声也。**伏犀明峻[20]，辅角丰秾者，五品之候也。**又曰："颈短背隆，乳阔腹垂，及鹅行虎步者，皆五品之候也。"夫人脑缝骨起，前后长大者，将军二千石领兵相也[21]。出发际为伏犀，须耸峻棱利，公侯相也。不用宽平，有坎者迍剥[22]，有峰者大佳。宽平者犹为食禄。夫腹须端妍，故曰："马腹庞庞[23]，玉帛丰秾也。"**边地高深，福堂广厚者，四品之候也。**又曰："头高面丰，长上短下，及牛顾龙行者，此皆四品候也。"边地在额角近发际也。福堂在眉尾近上也。夫头须高大，故经曰："牛头四方，富贵隆昌；虎头高峙，富贵无比；象头高广，福禄长厚；犀头律崒[24]，富贵郁郁；驼头蒙洪，福禄所钟。虎行将军，雁行大富也。"**犀及司空[25]，龙角纤直者[26]，三品之候也。**又曰："胸背极厚，头深且尖，及志雄体柔者，此皆三品候也。"司空从发际直下次天庭是也。龙角在眉头上也。**头顶高深，龙犀成就者，二品之候也。**又曰："头骨奇起，支节合度[27]，及貌杰性安者，此皆二品之候也。”夫容貌慷慨，举止汪翔[28]，精爽清澄，神仪安定，言语审谛[29]，不疾不徐[30]，动息有恒，不轻不躁，喜怒不妄发，趋舍合物宜[31]，声色不变其情[32]，荣枯不易其操[33]，此谓神有余者，主得贵位也。**四仓尽满[34]，骨角俱明者，一品之候也。**头颈皆好，支节俱成，及容质姿美[35]，顾视澄澈者[36]，此皆一品之候也。

【注释】

①才：稍微。

②髀（bì）：指股部，大腿。

③鼻准：鼻尖。

④悦泽：光润悦目。

⑤立使在傍：指有人站立一旁伺候。使，仆役。

⑥仓库：相术用语。指天仓、地库。天仓，又名“迁移宫”，指眼角外侧部位。地库，两颐（脸颊）的别称。

⑦胫：小腿。侀均：均匀。

⑧语调顾定：指言语协调，目光稳定。调，协调。顾，视，看。

⑨篁（huáng）：竹管乐器。

⑩天禄：俸禄。

⑪地仓：即地库。

⑫天中：此处指额头上部之“天中”。相术家将人的面部中线自发际至下颏划分为十三个部位，由上至下分别为天中、天庭、司空、中正、印堂、山根、年上、寿上、准头、人中、水星、承浆、地阁。

⑬印堂：在两眉之间。

⑭起：凸出。

⑮周匝（zā）：周围。

⑯笙篁：即笙。

⑰宛转：形容声音抑扬动听。流韵：谓经久不绝的感人乐音。

⑱宫声：五音中的宫音。五音，指我国古代五声音阶中的五个音级，即宫、商、角、徵、羽。重大沉壅：形容声音的厚重深沉。

⑲奄蔼低曳：形容声音低回婉转。

⑳伏犀：相术用语。又称"匿犀"，指人前额至发际骨骼隆起。《后汉书·李固传》："固貌状有奇表，鼎角匿犀。"李贤注："匿犀，伏犀也。谓骨当额上入发际隐起也。"

㉑二千石：汉制，郡守俸禄为二千石，即月俸百二十斛。世因称郡守为"二千石"。

㉒迍剥：迍，通"屯"。屯、剥为《易》二卦名。"屯"谓艰难，"剥"谓剥落，后以遭遇艰难、不得志为"屯剥"。

㉓庞庞：肥壮貌。

㉔律崒（zú）：同"嵂崒（lù zú）"，高耸貌。

㉕犀：指伏犀。

㉖龙角：即辅角骨。

㉗支节：四肢。支，同"肢"。

㉘汪翔：潇洒。

㉙审谛：谨慎仔细。

㉚疾：急速。徐：缓慢。

㉛趋舍：取舍。亦引申为好恶。趋，通"取"。

㉜声色：指淫声与女色。

㉝荣枯：喻人世的盛衰、穷达。

㉞四仓：两侧天仓、地库，合称"四仓"。

㉟容质：容貌姿态。姿美：美好貌。

㊱顾视：转视，回视。此处指目光。

【译文】

如果颧骨微微隆起，肤色滋润光泽，是能当九品官的征候。又说道：

“腰与腹长得相配，臀部与大腿稍厚，以及视线朝上，步伐较大，这些都是能当九品官的征候。”肤色要厚重，腰部要宽且长，所以经说：“脸长得如黄瓜，则有财有势，荣耀显达。肤色白如凝固的脂肪，或黑如漆，或紫如桑葚，腰部宽而长，腹部像垂下的包袱，走路像鹅和龟，这些都是富贵之相。”凡是说到地位在公侯将相以下的人，不细分官位品级。**辅骨略微显现，鼻尖稍显端正，是能当八品官的征候。**又说道：“胸和背略为丰满，手和足光润悦目，以及身体端正，步履平稳，这些都是能当八品官的征候。”鼻子要长得又大又直而且长，胸部要长得丰满厚重如同乌龟的形状，手足的肤色要白里透红，这些都是富贵之相。所以经说：“手足如丝绵般柔软，全年富贵。手足长得既厚且好，始终有人伺候。”**辅骨长得突出，天仓、地库都长得平坦，是能当七品官的征候。**又说道：“胸部厚重，脖子粗壮，手臂和小腿长得匀称，以及言语协调，目光稳定，这些都是能当七品官的征候。”脖子要粗短，手臂要细长，说话的声音要像吹奏乐器，又像凤凰鸣叫，这些都是富贵之相。所以经说：“额角高耸，位高权重；脖子像老虎又圆又粗，富贵有余；像牛一样回首，像虎一样注视，富贵无比。天仓长得丰满，能够当官得到俸禄；地仓长得丰满，酒肉丰足。”**天中长得丰满隆起，印堂长得端正，是能当六品官的征候。**又说道：“头颅凸起，身材方正，手长得厚重，腰长得浑圆，以及声音清晰响亮，这些都是能当六品官的征候。”在人的前额上，上连天中，下至司空，有骨头长得像肉且长成环形，叫作“天城”。如果天城四面都没有缺口，这是大贵之相。如果一面有缺口像门的形状，能当上三公。声音要深沉厚实，说话大声的时候没有浊音，小声的时候依旧清晰，传到远方而不消散，传到近处而不消失，余音激荡而清朗，如同笙的乐音，抑扬动听，经久不绝，时而圆润时而悠长，这才是好的声音。宫声要厚重而深沉，商声要有力而广大，角声要圆润悠长而通透，徵声要高低抑扬而流畅，羽声要低回而婉转，这是所谓的正声。**伏犀骨长得明显高耸，辅角骨长得丰满，是能当五品官的征候。**又说道：“脖子短而脊背隆起，双乳宽阔而腹部下垂，以及走路像鹅与虎，这些都是能当五品官的征候。”人的头颅中央有骨头隆起，且前后延伸又长又大，这是能当将军郡守率领军队的相貌。骨头延伸出发际叫作“伏犀”，要长得耸峻而棱角分明，这是能成为高官显贵的相貌。伏犀不要长得宽且平，如果有凹陷，会遭遇艰难，如果有凸起，就是非常好的相貌。即便伏犀长得宽而平,依然能够享受俸禄。腹部要长得端正美好,所以说:“腹部如同马腹一样肥壮,则财富丰厚。”**边地既高且深,福堂宽广饱满,是能当四品官的征候。**又说道:“头长得高而面部丰满,上身长下身短,以及像牛一样回首,像龙一样走路,这些都是能当四品官的征候。”所谓边地,在额角接近发际的部位。所谓福堂,在眉毛尾部靠上的部位。头要长得高而大,所以经说:“头像牛一样方方正正,富贵兴旺;头像虎一样高耸,富贵无比;头像大象一样又高又宽,福禄长年深厚;头像犀牛一样高耸,富贵茂盛;头像骆驼一样大而蓬松,为福禄所钟爱。走路像虎一样,是将军之相;走路像大雁一样,是大富之相。”**伏犀骨一直延伸到司空,龙角骨长得细而直,是能当三品官的征候。**又说道:“胸与背极其宽厚,头长且尖,以及志气雄壮,身体柔软,这些都是能当三品官的征候。”所谓司空,在从发际直下,紧挨着天庭下方的位置。龙角在眉头上方。**头顶长得又高又深,龙角与伏犀都长得很完美,是能当二品官的征候。**又说道:“头骨奇崛突起,四肢合乎法度,以及相貌突出,性情安定,这些都是能当二品官的征候。”容貌显得慷慨豪爽,举止潇洒,精神清明,神情仪表安宁镇定,言语谨慎仔细,不快也不慢,动止起居有一定的规律,不轻浮也不焦躁,不随意显露高兴或愤怒的情绪,取舍合乎情理,淫声女色不会改变他的性情,盛衰穷达也不能改易他的节操,这就叫作精神有余,是地位显贵的征兆。**两侧的天仓、地库都很饱满,各个骨与角都很分明,是能当一品官的征候。**头和脖子长得都很好,四肢都很完美,以及容貌姿态美好,目光通透清澈,这些都是能当一品官的征候。

似龙者为文吏,似龙者甚贵,龙行者为三公也。似虎者为将军,虎行者为将军,驿马骨高为将军也[1]。似牛者为宰辅,似马者为武吏,似马亦甚贵也。似狗者有清官为方伯[2]。似猪、似猴者大富贵。似鼠者唯富而已。凡称似者,谓动静并似之。若偏似一处,乃贫寒者也。

【注释】

①驿马骨：相术用语。指颧骨延伸入鬓角。《月波洞中记》："（颧骨）势入天仓为驿马骨。"

②方伯：殷周时代一方诸侯之长。后泛称地方长官。

【译文】

像龙是文官之相，像龙是大贵之相，走路像龙是三公之相。像虎是将军之相，走路像虎是将军之相，驿马骨很高，也是将军之相。像牛是宰辅之相，像马是武官之相，像马也是大贵之相。像狗，是清官之相，能成为地方长官。像猪、像猴都是大富大贵之相。像鼠，仅是富裕之相。凡是说到像某种动物，是指行动静止全都相似。如果只有某一方面相似，就是贫寒之相。

天中主贵气，平满者宜官禄也[①]。天中最高近发际，发黄色，上入正角至高广[②]，参驾迁刺史牧守[③]；黄色如日月，在天中左右，侍天子也；黄色出天中，圆大光重者，暴见天子[④]；经年及井灶[⑤]，有功受封。恒有黄气如悬钟鼓，三公之相也。又发黄气如龙形，亦受封也。四时官气发天部如镜光者[⑥]，暴贵相也。天庭主上公大丞相之气[⑦]。天庭直下次天中[⑧]，有黑子[⑨]，市死[⑩]。司空主天官[⑪]，亦三公之气。司空直下次天中[⑫]，色恶，主上书大凶。中正主群寮之气[⑬]，平品人物之司也[⑭]。中正直下次司空，色好者，连官转职[⑮]。若司空、中正发赤色而历历者[⑯]，在中正为县官，在天庭为郡官。州县、兰台、尚书各视所部也[⑰]。印堂主天下印绶，掌符印之官也。印堂在两眉间，微下眉头少许，次中正。发赤色如连刀，上至天庭，下至鼻准，为县令。直阙庭发色者[⑱]，长吏也[⑲]。如车轮，与辅角相应者，大贵。印堂，一名"阙庭"也。山根平美及有奇骨伏起，为婚连帝室，公主婿也。山根直下次印堂，亦主有势无势也。

【注释】

①平满:犹满。

②高广:相术用语。位于额头上部,天中之侧。详见下节注释。

③参驾:指参军、别驾,为军府与刺史的幕僚辅佐官员。迁:晋升。

④暴:突然。

⑤年:相术用语。指年上,位于鼻梁,在山根之下,寿上之上。井灶:相术用语。相术家对鼻孔的别称。

⑥天部:指上额。

⑦上公:汉制,以太傅为上公。晋制,太宰、太傅、太保皆为上公。位阶在三公之上。

⑧直下次天中:指紧挨着天中的正下方。

⑨黑子:黑痣。

⑩市死:在闹市处死。指弃市,古代死刑之一。

⑪天官:《周礼》分设六官,以天官冢宰居首,总御百官。

⑫司空直下次天中:"天中"应为"天庭"之误,司空在天庭下方。

⑬群寮(liáo):百官。

⑭平品人物之司:魏晋南北朝时期,设立中正以评定士族品第。所以相术家以"中正"为"平品人物之司"。

⑮连官转职:指连续升官。

⑯历历:清晰貌。

⑰兰台:汉代宫内收藏典籍之处。由于御史中丞掌管兰台,亦代指御史台。唐代指秘书省。尚书:官名。原掌管收发文书,汉武帝之后地位逐渐重要。隋唐时期成为三省之一,职权益重。

⑱直:只有,只是。

⑲长吏:州县长官的辅佐。

【译文】

天中预兆尊贵之气,天中饱满者将获得官位俸禄。天中位置最高,接近发际，若呈现出黄色，向上进入正角并延伸到高广，预兆能担任参军、别驾，并晋升为刺史、州牧；若形状像日、月的黄色，围绕在天中左右，预兆能够侍奉天子；黄色从天中发出，又圆又大，光彩浓重，预兆将突然得到天子的召见；黄色往下延伸，一直到年上以及鼻孔的位置，预兆将立下功劳，接受封赏。天中周围始终有黄气，像悬挂的钟鼓，预兆能够成为三公。此外，天中呈现黄气好似龙的形状，也预兆能够接受封赏。上额散发四时官气，如同镜子的光芒，预兆将突然富贵。**天庭预兆上公与丞相之气。**天庭紧挨着天中的正下方，如果长有黑痣，预兆将在闹市被处死。**司空预兆冢宰之气，也属于三公之气。**司空紧挨着天庭的正下方，如果颜色丑恶，预兆向皇帝上书遭遇凶祸。**中正预兆百官之气，掌管品评人物。**中正紧挨着司空的正下方，如果颜色好，预兆能够连续升官。如果司空、中正呈现清晰的赤色，位于中正的，预兆能够担任县官；位于天庭的，预兆能够担任郡守。其余能成为州县、兰台、尚书官员的，由各个部位所呈现的颜色而定。**印堂预兆天下官爵的归属，是执掌符节印信之官。**印堂在两眉之间，稍微比眉头靠下一些，紧挨着中正下方。如果呈现赤色，像连着的刀，向上延伸到天庭，向下延伸到鼻尖，预兆能够成为县令。只有阙庭呈现赤色，预兆能够担任州县长官的辅佐。如果形状如车轮，与辅角相呼应，是大贵之相。印堂，又叫作"阙庭"。**山根平实美好，以及有奇崛的骨头或隐伏或凸起，预兆能与皇室联姻，成为公主的夫婿。**山根紧挨着印堂正下方，也预兆得势与失势。

高广主方伯之坐。从天中横列至发际，凡七名[①]，高广位在第三。高广忽发黄色，如两人捉鼓者，将军相也。阳尺主州佐之官。横次高广，位在第四。阳尺亦主少出方伯[②]，有气，忧远行也[③]。武库主兵甲典库之吏[④]。横次阳尺，位在第五。辅角主远州刺史之官[⑤]。横次武库，位在第六。骨起色好，主黄门、舍人之官也[⑥]。边地主边州之任。横次辅角，位在第七。有黑子，落难为奴也。日角主公侯之坐。从天庭横列至发际，凡八名[⑦]，日角位在第一。

平满充直者，宜官职。**房心主京辇之任**[8]。横次日角，位在第二。房心左为文，右为武。骨起宜作人师。黄色见房心，上至天庭，为丞、令[9]。直见房心而光泽者，召为国师也[10]。**驿马主急疾之吏。**横次战堂，位在第七。驿马好色应印堂上，秋冬得官也。**额角主卿寺之位**[11]。从司空横列至发际，凡八名[12]，额角横次位第一。色红黄，大吉昌也。**上卿主帝卿之位**[13]。横次额角，上卿跃跃[14]，封卿大乐。**虎眉主大将军**[15]。从中正横列至发际，凡九名[16]，虎眉横次位在第二。发青白色者，应行也[17]。**牛角主王之统师小将。**横次虎眉，位在第三，亦主封侯食禄。成角者，更胜于肉也。**玄角主将军之相。**横次辅角，位在第五。无角者，不可求官。凡欲知得官在任久不，先视年上发色长短[18]，发色长一分主一年，二分二年，以此消息则可知也。有恶色间之者，主其年有事。白色遭丧，赤色弹夺，黑色病，青色狱厄。天中有气横干者[19]，无官也。然官色既久[20]，忽有死厄色间之者，代人死也。若年上有好色，如连山出云雨，处处皆通，则无虑不达[21]。发际有黄气，为已得官；若黑气，未也；有黄气如衣带发额上，迁官益禄也。

【注释】

①从天中横列至发际，凡七名：据《太清神鉴》，从天中横列至发际，一共分为八个部位，分别是天狱、左厢、内府、高广、阳尺、武库、转角、边地。高广排在第四位。

②少出方伯：年少时即成为地方长官。

③有气，忧远行也：《太清神鉴》作"有黑痣者，客死他乡"。

④兵甲典库之吏：管理武器军备的官吏。

⑤辅角：《太清神鉴》作"转角"。

⑥黄门:黄门侍郎、给事黄门侍郎的简称。为中朝官员,侍从皇帝,顾问应对,出则陪乘。舍人:本宫内人之意,后世以为亲近左右之官。

⑦从天庭横列至发际,凡八名:据《太清神鉴》,从天庭横列至发际,一共分为八个部位,分别是日角、天府、房心、上墓左右、四煞、战堂、驿马、吊庭。

⑧京辇:指国都。

⑨丞令:古代官职中称丞、令的甚多,难以确定此处所指。丞,中央和地方官吏的副职。令,县令,以及历代中央最高机关及某些下属机关的主官,如尚书令、中书令,太子家令等。

⑩国师:"太师"的别称。或指国子祭酒。

⑪卿寺:九卿的官署。

⑫从司空横列至发际,凡八名:据《太清神鉴》,从司空横列至发际,一共分为八个部位,分别是额角、上卿、少府、交朋、道上、交额、重眉、山林。

⑬帝卿:《太清神鉴》作"正卿",即上卿,春秋时诸侯国的最高执政大臣。译文从之。

⑭跃跃:跳动貌。

⑮虎眉:《太清神鉴》作"虎角"。

⑯从中正横列至发际,凡九名:据《太清神鉴》,从中正横列至发际,一共分为九个部位,分别是龙角、虎角、牛角、辅角、玄角、釜戟、华盖、福堂、郊外。

⑰应行也:指适宜出行。《太清神鉴》:"(虎角)一名'疑路',主行之象也。色好宜行,色恶慎出,有黑痣者行不还。"

⑱发色:呈现色彩。

⑲天中有气横干:指天中部位有气,横向冲犯了年上之色。

⑳官色既久:指发于年上的颜色很长,预兆着官运长久。

㉑无虑不达：不用忧愁不得志，即一定得志。

【译文】

高广预兆能否成为地方长官。从天中横向排列到发际，一共有七个部位，高广排在第三位。高广忽然呈现出黄色，如同两人持鼓的形状，是将军之相。**阳尺预兆能否成为一州长官的辅佐。**横向排列，阳尺紧挨着高广，排在第四位。阳尺也预兆年少时即成为地方长官，如果有气散发，有远离故土之忧。**武库预兆能否成为管理武器军备的官吏。**横向排列，武库紧挨着阳尺，排在第五位。**辅角预兆能否成为远方之州的刺史。**横向排列，辅角紧挨着武库，排在第六位。如果此处骨头隆起，颜色美好，预兆能成为黄门、舍人之官。**边地预兆能否成为边境之州的长官。**横向排列，边地紧挨着辅角，排在第七位。如果长有黑痣，将遭遇灾难成为奴隶。**日角预兆能否成为公侯。**从天庭横向排列到发际，一共有八个部位，日角排在第一位。如果长得饱满充实，适合出仕。**房心预兆能否成为京城官员。**横向排列，房心紧挨着日角，排在第二位。左侧的房心预兆当文官，右侧的房心预兆当武官。如果此处骨头隆起，适合成为老师。房心呈现黄色，向上延伸到天庭，预兆将担任丞、令。黄色只见于房心而有光泽，预兆将被召为国师。**驿马预兆能否成为传递紧要公文的官吏。**横向排列，驿马紧挨着战堂，排在第七位。驿马颜色美好，与印堂相应，预兆在秋、冬时节获得官职。**额角预兆能否成为九卿。**从司空横向排列到发际，一共有八个部位，额角排在第一位。如果呈现红色与黄色，非常吉祥。**上卿预兆能否成为正卿。**横向排列，上卿紧挨着额角，如果上卿跳动，预兆官拜正卿而大乐。**虎眉预兆能否成为大将军。**从中正横向排列到发际，一共有九个部位，虎眉排在第二位。如果呈现出青白色，适宜出行。**牛角预兆能否成为君主的统兵小将。**横向排列，牛角紧挨着虎眉，排在第三位，也预兆着能否封侯享受俸禄。如果骨头凸起如角，比仅有肉更吉利。**玄角预兆能否成为将军。**横向排列，玄角紧挨着辅角，排在第五位。玄角没有凸起，不可追求官职。如果想要知道得到官职后在任时间的长短，先观察年上所呈现颜色的长短，颜色长一分预兆在任一年，长二分预兆在任二年，由此可知在任时间的长短。如果其间有丑恶的颜色间杂，预兆这一年会出事。白色预兆遭遇丧事，赤色预兆遭遇弹劾，官职被剥夺，黑色预兆遭遇疾病，青色预兆遭遇牢狱之灾。如果天中有气，横向冲犯了年上的颜色，预兆着没有官运。虽然官色很长，却忽然有象征死亡与灾厄的颜色间杂其间，预兆将会代人死亡。如果年上有美好的颜色，像云和雨出自连绵的山岭中，处处都通达，则一定得志。发际处有黄气，表明已经得到官职；如果有黑气，则表明尚未得到官职；如果有像衣带一样的黄气呈现在额头上，预兆将升官并增加俸禄。

夫人有六贱：头小身大，为一贱；又曰："额角陷缺，天中洼下，亦为一贱。"经曰："额促而迮[①]，至老穷厄。蛇颈薄曲[②]，糟糠不足。蛇头平薄，财物寥落。狢头尖锐[③]，穷厄无计也。"**目无光泽，为二贱**；又曰："胸背俱薄，亦为二贱。"经曰："陷胸薄尻及猴目[④]，皆穷相也。"**举动不便，为三贱**；又曰："音声雌散，亦为三贱。"经曰："语声啧啧[⑤]，面部枯燥，面毛戎戎[⑥]，无风而尘，皆贫贱相也。夫声之恶者，粗浊飞散，细嗄聊乱[⑦]，声去则若尽，往则不还，浅乱涩细，沉浊痿弊，舌短唇彊[⑧]，蹇吃无响[⑨]，此恶相也。夫人不笑似笑，不嗔似嗔[⑩]，不喜似喜，不畏似畏。不醉似醉常如宿酲[⑪]，不愁似愁常如忧戚，容貌阙乏如经痫病[⑫]，神色凄怆常如有失，举止慞惶恒如趋急[⑬]，言语涩缩若有隐藏，体貌低摧如遭凌辱[⑭]，此并神不足也。神不足者，多牢狱厄，有官隐藏而失，有位贬逐而黜者也。"**鼻不成就，准向前低[⑮]，为四贱**；又曰："眇目斜视[⑯]，亦为四贱。"经曰："人中平满，耳无轮郭[⑰]，皆贫贱相也。"**脚长腰短，为五贱**；又曰："唇倾鼻曲，亦为五贱。"经曰："蛇行雀趋[⑱]，财物无储。鼻柱薄[⑲]，主立诺[⑳]。鼻头低垂，至老独炊。摇腰急步，必无所使。腰短者，则被人夺职也。"**文策不成[㉑]，唇细横长，为六贱**。又曰："多言少信，亦为六贱。"经曰："口薄，人不提携。僻侧[㉒]，为人所毁。口如炊火，至老独坐。舌色白，下贱人也。舌短，贫穷人也。凡欲知人是贱者，贵处少而贱处多。多者,广也;少者,狭也。六贱备具,为仆隶之人。”**此贵贱存乎骨骼者也。**论曰:尧眉八采[23],舜目重瞳[24],禹耳三漏[25],文王四乳。然则世人亦时有四乳者,此则驽马一毛似骥也[26]。若日角月偃之奇[27],龙栖虎踞之美,地静镇于城堩[28],天关运于掌策[29],金槌玉枕[30],磊落相望[31],伏犀起盖[32],隐辚交映[33],井宅既兼[34],仓匮已实[35],斯乃卿相之明效也。若深目长颈,颓颜蹙頞[36],蛇行鸷立[37],猥啄鸟味[38],筋不束体,面无华色,手无春荑之柔[39],发有寒蓬之悴[40],是则穷乏征验也。昔姑布子卿谓子贡曰[41]:“郑东门有一人,其长九尺六寸,河目而隆颡[42],其头似尧,其项似皋陶,其肩似子产,然自腰已下不及禹三寸,儽然若丧家之狗[43]。”河目谓上下匡平而长也。颡,额也。汉高祖隆准而龙颜[44]。准,鼻也。颜,额颡也。两角为龙角,一角为犀角。言高祖似龙,两眉颡骨高而鼻上隆。魏陈留王丰下兑上[45],有尧图之表。陈宣帝颈缜[46],貌若不惠,初贱时,杨忠见而奇之[47],曰:“此人虎头,必当大贵。”后皆果然。此贵贱之效也。

【注释】

①迮:同“窄”,狭窄。

②蛇颈薄曲:脖颈像蛇一样又薄又弯。

③狢(hé):即貉。

④尻(kāo):臀部,屁股。

⑤啧啧:象声词。形容声音轻细。

⑥戎戎:浓密貌。

⑦嗄(shà):声音嘶哑。聊乱:杂乱。

⑧彊:通“僵”,僵硬。

⑨蹇(jiǎn)吃:口吃。

⑩嗔（chēn）：怒。

⑪宿酲（chéng）：宿醉。

⑫阙（quē）乏：即缺乏。痫（xián）病：指癫痫。

⑬慞惶：慌张。趋（cù）：急促。

⑭低摧：低首摧眉。形容劳瘁的样子。

⑮准：指鼻准，即鼻尖。

⑯眇（miǎo）：一目失明。

⑰轮郭：即轮廓。郭，物的外框、周边。

⑱趋：碎步疾行。

⑲鼻柱：鼻中隔。

⑳立诺：站立着表示遵命。指身份为仆役。诺，表示同意、遵命的答应声。

㉑文策不成：似指口部纹理长得不好。

㉒僻侧：偏斜。

㉓尧眉八采：以下至“此则驽马一毛似骥也”，出自曹植《相论》。八采，有八种色彩。

㉔重瞳（chóng tóng）：一个眼睛内有两个瞳孔。

㉕三漏：一只耳朵有三个洞。

㉖驽马：劣马。骥（jì）：骏马。

㉗若日角月偃之奇：以下至“斯乃卿相之明效也”，出自刘孝标《相经序》。日角月偃，额骨中央部分隆起，形状如日为日角，如月为月偃，相术家认为是极贵之相。

㉘地静：疑指耳。《黄庭内景玉经·至道章》：“耳神空闲字幽田。”梁丘子注：“空闲幽静，听物则审。神之所居，故曰田也。”堙：通“廛（chán）”，民居，市宅。城廛，疑指耳旁之骨。《月波洞中记》：“两耳后骨起名‘玉堂骨’，亦曰‘玉阶骨’，……贵相也。”

㉙天关运于掌策：疑指纳拳于口之相。敦煌文书伯2572（A）《相

书》:“口容双手,贵。”天关,疑指口。《黄庭内景玉经·至道章》:“口为天关精神机。”或曰天关为某种掌相。掌策,形容掌相如同记录人之吉凶的书册。

㉚金槌(chuí):不详,疑为某种头部骨相。玉枕:即玉枕骨,指脑后枕骨。《月波洞中记》:“前为额,后为脑,前为星堂,后脑为玉枕。枕之骨凡一十八般,皆公侯富贵之相。”

㉛磊落:山高大貌。

㉜盖:即华盖,指眉毛。《黄庭内景玉经·天中章》:“眉号华盖覆明珠。”或曰指华盖骨,位于眉毛上方。《人伦大统赋》薛延年注:“眉之上为华盖骨。”

㉝隐辚(lín):险峻不平貌。

㉞井宅:井,疑指井灶,相术家对于鼻孔的别称。《人伦大统赋》:“井灶露兮厨无粟。”薛延年注:“鼻露窍,无归着。”宅,疑指田宅宫,相术家所谓“十二宫”之一,即双目。《神相全编》卷一《十二宫》:“田宅者位居两眼。”

㉟仓匮(guì):疑指天仓、地库。匮,同“柜”。

㊱颓颜:神色颓唐。蹙齃(cù è):鼻与眉相聚拢。齃,鼻梁。

㊲鸷(zhì):凶猛的鸟,如鹰鹯之类。

㊳猳(jiā):同“豭”,猪。喙:嘴。《相经序》作“喙”。咮(zhòu):禽鸟嘴。

㊴荑(tí):茅草嫩芽。

㊵寒蓬:冬天的枯草。

㊶昔姑布子卿谓子贡曰:以下至“儽然若丧家之狗”,出自《孔子家语·困誓》。姑布子卿,春秋末年著名相术家。

㊷河目:细长的眼睛。隆颡(sǎng):高高的额头。隆,高。

㊸儽(léi)然:颓丧貌。

㊹汉高祖隆准而龙颜:出自《史记·高祖本纪》。

㊺魏陈留王：曹魏末代皇帝曹奂。曹魏灭亡后，被降封为陈留王。然《三国志·魏书·董卓传》裴松之注引《献帝起居注》："陈留王协，圣德伟茂，规矩邈然，丰下兑上，有尧图之表。"可知此处陈留王应为汉献帝刘协而非曹奂。丰下：下颌丰满。兑上：上额尖锐。兑，通"锐"。

㊻陈宣帝颈缜（zhěn）：以下至"必当大贵"，事见《南史·陈本纪·宣帝》。陈宣帝，陈顼，字绍世，南朝陈第四位皇帝。颈缜，脖子细。

㊼杨忠：弘农华阴（今陕西华阴）人。隋文帝杨坚之父，北魏到北周时期名将。据《南史》，评论陈宣帝长相的是杨忠门客张子煦。

【译文】

人有六种贱相：头小身体大，是第一种贱相；又说道："额角缺漏凹陷，天中低下，也是第一种贱相。"经说："额头局促而狭窄，预兆到老都贫穷困厄。脖颈像蛇一样又薄又弯，预兆连糟糠都吃不饱。头部像蛇一样又平又薄，预兆财物稀少。头部像貉头一样尖锐，预兆贫穷困厄，无计可施。"**眼睛没有光泽，是第二种贱相**；又说道："胸和背都很单薄，也是第二种贱相。"经说："胸部塌陷，臀部单薄以及眼睛像猴子，都是贫穷之相。"**举动不方便，是第三种贱相**；又说道："说话声音像女子且散乱，也是第三种贱相。"经说："说话声音轻细，面部枯燥，面部毛发浓密，并未刮风，脸上却像覆盖着尘土，这些都是贫贱之相。不好的声音，如粗重浑浊而飘飞四散，细微嘶哑而杂乱，声音发出后仿佛立刻消散，也激不起回响，细微杂乱而生硬尖细，低沉粗浊而疲弱衰微，舌头短小，嘴唇僵硬，结巴而不响亮，这些都是恶相。人不笑的时候好似在笑，不生气的时候好似生气，不高兴的时候好似高兴，不害怕的时候好似害怕。没有喝醉的时候好似喝醉，常常如宿醉一般；不忧愁的时候好似忧愁，常常看似悲愁烦恼；容貌有缺陷，仿佛得过癫痫；神色凄惨，常常如同丢失了东西；举止慌张，好像一直很急促迫切；说话艰涩畏缩，好似有所隐瞒；身体样貌低首摧眉，好似遭受了欺凌侮辱；这些都是精神不足的表现。精神不足的人，往往会有牢狱之灾，即便当了官，也会丢官，即便有了地位，也会遭遇贬职和放逐。"**鼻子长得不好，鼻尖往前低，是第四种贱相**；又说道："一目失明和斜视，也是第四种贱相。"经说：

“人中平而饱满，耳朵没有轮廓，都是贫贱之相。”**脚长腰短，是第五种贱相**；又说道：“嘴唇倾斜，鼻子歪曲，也是第五种贱相。”经说：“走路像蛇，碎步疾行像麻雀，预兆存不下财物。鼻梁薄，预兆将成为仆役。鼻头低垂，预兆将孤独终老。走路时腰部摇动，步子很急，预兆没有人可供使唤。腰部短，预兆将被人夺去官职。”**口部纹理长得不好，嘴唇薄而横长，是第六种贱相**。又说道：“话多而缺少信用，也是第六种贱相。”经说：“嘴唇薄，预兆难以得到他人的提携。嘴偏斜，预兆将被人诋毁。嘴长得像吹火筒，预兆将孤独终老。舌头颜色发白，是下贱人之相。舌头短，是贫穷人之相。如果想知道某人是低贱者，特征是尊贵之相少而低贱之相多。多，是广的意思；少，是狭的意思。六种贱相全都具备，注定成为奴仆。”**这就是所谓一个人尊贵还是卑贱，取决于他的骨骼**。评论道：尧的眉毛有八种颜色，舜的一个眼睛有两个瞳孔，禹的每只耳朵有三个洞，周文王有四个乳房。然而世间偶尔也有四个乳房的人，这就是劣马身上的一根毛与骏马相似。如果有额骨中央隆起，状如日、月的奇特相貌，歇宿如龙、蹲踞如虎的美好外表，双耳长得端正，口部呈现异相，金槌与玉枕骨，高耸而彼此相向，伏犀骨与华盖骨，险峻而彼此映照，鼻孔与双目都很美好，天仓、地库都很饱满，这是公卿宰相的明显特征。如果眼窝深，脖子长，神色颓唐，鼻与眉相聚拢，行走如蛇，站立如鹰，猪嘴鸟嘴，筋脉不能约束身体，脸上没有光彩，手不像春天的茅草嫩芽那样柔软，头发像冬天的枯草那样憔悴，则是穷困贫乏的征验。从前姑布子卿对子贡说：“郑国的东门外有一个人，身高九尺六寸，长着细长的眼睛和隆起的额头，他的头像尧，脖子像皋陶，肩膀像子产，但自腰部以下，比禹短三寸，颓丧的样子好像丧家之犬。”河目，说的是眼眶上下又平又长。颡，指额头。汉高祖鼻梁隆起而上额突出。准，指鼻梁。颜，指上额。额头隆起两个角叫龙角，一个角叫犀角。说的是汉高祖长得像龙，两眉上方的额骨高耸而鼻梁隆起。汉献帝下颌丰满，上额尖锐，看上去与画像中的尧相似。陈宣帝脖子细，貌似不聪明，起初贫贱时，杨忠见到他感到很奇特，说：“这个人头颅长得像老虎，日后一定会非常尊贵。”后来果然如此。这些都是骨相决定贵贱的证明。

夫木主春[①]，生长之行也[②]。春主肝，肝主目，目主仁。生长敷荣者[3]，施恕惠与之意也[4]。**火主夏，丰盛之时。**夏主心，心主舌，舌主礼。丰盛殷阜者[5]，富博宏通之义也[6]。**金主秋，收藏之节也。**秋主肺，肺主鼻，鼻主义。收藏聚敛者，吝啬悭鄙之情也[7]。**水主冬，万物伏匿之日也。**冬主肾，肾主耳，耳主智。伏匿隐弊者[8]，邪谄奸佞之怀也。**土主季夏[9]，万物结实之月也。**季夏主脾，脾主唇，唇主信。结实坚确者，贞信谨厚之理也。

【注释】

①木主春：木，指五行中的"木"。在五行学说中，将五行、四季、五常、五脏、五官等等相匹配。木主春，即木与春季相配。此外，木还与五脏之"肝"，五官之"目"，五常之"仁"相配。

②生长之行：意谓生长的时节。

③敷荣：开花。

④施恕惠与：乐善好施而宽厚待人。

⑤殷阜：富足。

⑥富博宏通：宏富广博而通达事理。

⑦悭（qiān）鄙：吝啬鄙陋。

⑧隐弊：即隐蔽。

⑨季夏：夏季的最后一个月，农历六月。

【译文】

木与春天相配，春天是万物生长的时节。春天与肝相配，肝与目相配，目与仁相配。春天草木生长开花，对应着人乐善好施，宽厚待人之意。**火与夏天相配，夏天是万物茂盛的时节。**夏天与心相配，心与舌相配，舌与礼相配。夏天万物茂盛富足，对应着人宏富广博，通达事理之义。**金对应秋天，是万物收获蓄藏的时节。**秋天与肺相配，肺与鼻相配，鼻与义相配。秋天万物收藏聚敛，对应人吝啬鄙陋之情。**水与冬天相配，冬天是万物潜藏隐匿的时节。**冬天与肾相配，肾与耳相配，耳与智相配。冬天万物潜藏隐蔽，对应人邪恶谄媚之怀。**土对应季夏，季夏是万物结出果实的时节。**季夏与脾相配，脾与嘴唇相配，嘴唇与信相配。季夏万物结出坚实的果实，对应人正直诚实，谨慎笃厚之理。

故曰：凡人美眉目、好指爪者，庶几好施人也。肝出为眼，又主筋。穷为爪，荣于眉[①]，藏于魂。经曰："凡人眉直而头昂，意气雄强。缺损及薄，无信人也。如弓者，善人也。眼有光彩而媚好者，性识物理而明哲人也。眼光溢出睑外[②]，不散不动，睑又不急不缓而精不露者，智惠人也。睑蹇缩[③]，精无光者，愚钝人也。眼光不出睑者，藏情人也。加以睑涩盗视，必作偷也。若务睮（音戌）映矃（而叶切）者[④]，蛆嫉人也[⑤]。急睫（侧夹切）者[⑥]，不嫉妒，则虚妄人也。盯（竹耕切）睢眐血者[⑦]，恶性人也。瞌睴（时闲切）睆晃者[⑧]，憨喷（呼笛切）人也[⑨]。眡（丁念切）瞒（馨念切）珉睐（时巾切）者[⑩]，淫乱人也。弥词瞎瞪者[⑪]，奸诈人也。瀌澄拗（乌巧切）曒（胡巧切）者[⑫]，掘强人也[⑬]。羊目眐（乌江切）瞳（敕江切）者[⑭]，毒害人也。睢盱映烁者[⑮]，回邪人也[⑯]。精色杂而光彩浮浅者[⑰]，心意不定，无信人也。精清光溢者，聪明人也。精沉光定者，大胆人也。上目眦下、眦中深厚、气色秾厚者[⑱]，有威武，亦大胆人也。气色彫眇[⑲]，浅薄人也。土地不洁者[⑳]，无威，怯懦人也。精紫黑而光彩端定者，刚烈人也。精洁白而端定者，好隐遁人也。精多光而不溢散、清澈而视端审者[㉑]，直性人也。精黄而光彩澄澈者，慕道术人也。点精近上者[㉒]，志意下劣人也。点精近下者，志意高尚人也。点精近里者，自收敛人也。点精近外者，慠慢憨人也。羊目直视，能杀妻子。猪目瀌澄，刑祸相仍。鹰视狼顾，常怀嫉妒。蝼蛄目，心难得。夫指者欲纤秾，如鹅有皮相连者，性淳和人也。指头方怼者，见事迟人也。

妍美者，嘱授人信之。恶者，人不遵承也。”**毛发光泽，唇口如朱者，才能学艺人也。**心出为舌，又主血。血穷为毛发，荣于耳，藏于神。经曰：“野狐鬓，难期信。羖羱鬓[23]，多狐疑。唇急齿露[24]，难与为友。唇宽端正，出言有章。唇口不佳，出言不信。口边无媚[25]，好扬人恶。口喙如鸟，不可与居[26]，恶心人也。口急缓如鸟[27]，言语皆撮聚者[28]，此人多口舌，缓急不同，少信人也。”**鼻孔小缩，准头低曲者，悭吝人也。**肺出为鼻孔，又主皮肤，又为气息，藏于魄。好鼻者有声誉。鼻柱薄而梁陷者，多病厄人也。鼻无媚，憨惷人也。蜣蜋鼻[29]，少意智人也[30]。**耳孔小，齿瓣细者，邪谄奸佞人也。**肾出为骨，又主髓。髓穷为耳孔，骨穷为齿，藏于志。经曰：“耳穴深广者，心虚而识玄。耳孔丑小者，无智而不信神理[31]。耳边无媚，鄙拙人也。耳孔小而骨节曲戾者[32]，无意智人也。老鼠耳者，杀之不死。”又云：“鼠耳之人，多作偷盗者也。”**耳轮厚大[33]，鼻准圆实，乳头端净，颏颐深广厚大者[34]，忠信谨厚人也。**脾出为肉，肉穷为孔，又主耳轮、准、鼻梁、颏、颐等，藏于意。经曰：“夫头高大者，性自在而好凌人。头卑弊者，性随人而细碎。故曰：‘鹿头侧长[35]，志气雄强。兔头蔑颉[36]，意志下劣。獭头横阔，心意豁达。’夫颈细而曲者，不自树立人也[37]。若色班驳或不洁净者，性随宜而不坚固。夫手纤长者，好舍施；短厚者，好取。舍则庶几[38]，取则贪惜[39]。故曰：‘手如鸡足，意智褊促[40]；手如猪蹄，志意昏迷[41]；手如猴掌，勤劬伎俩[42]。’夫背厚阔者，刚决人也；薄者，怯弱人也。夫腹端妍者[43]，才华人也。故曰：‘牛腹婪贪，财物自淹。’虾蟆腹者[44]，懒人也。夫腰端美者，则乐而能任人也。蜥蜴腰者，缓人也。夫臀髀厚广者，可倚任，安稳人也。夫蛇行者，含毒人也，不可与之共事。鸟行跄跄，性行不良，似乌鹊行也。鹰行，雄烈。豺狼行者，性粗，觅利人也。牛行，性直也。马行，猛烈之人也。”**此性灵存乎容止者也。**范蠡曰[45]：“越王为人，长颈鸟喙[46]，可与共患难，不可与共安乐。”尉缭曰[47]：“秦始皇隆准长目，鸷膺豺声[48]，少恩信，虎狼心，居约易出人下[49]，得志亦轻食人[50]，不可与之久游。”叔鱼生[51]，其母视之曰：“是虎目而豕心[52]，鸢肩而牛腹[53]，溪壑可盈[54]，是不可厌也[55]。”晋叔向欲娶于巫臣氏[56]，其母不欲，曰：“昔有仍氏生女黰黑而甚美[57]，光可以鉴[58]，名曰玄妻。乐正后夔娶之，生伯封，实有豕心，贪婪无厌，忿纇无期[59]，谓之封豕[60]。有穷后羿灭之[61]，夔是以不祀。且三代之亡，皆是物也[62]。汝何为哉！夫有尤物[63]，足以移人。苟非德义，则必有祸。”叔向惧，乃止。魏安釐王问子从曰[64]：“马回梗梗亮直[65]，大夫之节[66]。吾欲为相，可乎？”答曰：“长目而豕视，则体方而心圆[67]。每以其法相人，千百不失一。臣见回非不伟其体干，然甚疑其目。”平原君相秦将白起[68]，谓赵王曰：“武安君之为人也[69]，小头而锐下，瞳子白黑分明，视瞻不转。小头而锐下者，断敢行也[70]。瞳子白黑分明者，见事明也。视瞻不转者，执志强也。可与持久，难与争锋。”王莽大口蹶颐[71]，露目赤精[72]，声大，而身长七尺五寸，反膺仰视[73]，瞰临左右[74]。或言莽，所谓鸮目虎喙[75]，豺狼之声，故啖食人，亦当为人所杀。莽后篡汉位，后兵败归，果被杀也。

【注释】

①穷为爪，荣于眉：指肝的情形表现在指甲、眉毛中。《素问·五藏生成篇》：“肝之合筋也，其荣爪也。”《太清神鉴》：“肝出为眼，又主筋脉爪甲。”

②睑（jiǎn）：眼皮。

③蹇（jiǎn）缩：困顿畏缩。

④若务睮（yú）眏矖（zhǎ shè）者：以下至"心难得"，类似内容又见于《人伦大统赋》薛延年注引《龟鉴》以及《青箱杂记》卷四。务睮，《青箱杂记》作"眢（mǎo）睮"，嫉妒的目光。译文从之。眏矖，眨眼。眏，同"眨"。

⑤蛆（qū）嫉：嫉妒。《龟鉴》《青箱杂记》作"嫉妒"。

⑥睱（jí）：张目。

⑦盯睢（huī）：《龟鉴》《青箱杂记》作"盱睢"，张目仰视貌。译文从之。眰（dié）血：同"瞸眦（dié xuè）"，恶貌。

⑧瞮睚（xiān yán）：目光憨直。瞊（tǎng）晃：茫然直视。

⑨憨喷（hè）：憨傻。

⑩ 䀡睐（diān lián）、珉瞋（mín chèn）：皆为目光低垂窃视之义。

⑪弥词：粗俗的话。《青箱杂记》注："俚人言也。"瞢瞪（méng céng）：目不明。瞢，同"瞢"。

⑫瀌澄（yìng chéng）：不详，疑为阴沉之意。《人伦大统赋》作"随征"，《青箱杂记》作"应征"。拗瞰（jiǎo）：执拗人的目光。

⑬掘强：同"倔强"。

⑭羊目：眼睛长得像羊。盳（yāng）瞳：《龟鉴》《青箱杂记》作"盳瞳"，目光阴险狠毒。

⑮睢盱（huī xū）：仰视貌。眏（zhǎ）烁：眨眼。

⑯回邪：指邪佞之人。

⑰精：通"睛"，眼睛。

⑱眦（zì）：上下眼睑的接合处。近鼻处为内眦，近鬓处为外眦，通称"眼角"。

⑲彯（piāo）眇：飘渺，渺茫不可捉摸。

⑳土地：不详，疑指眼球表面。

㉑端审：稳重谨慎。

㉒点精近上：眼珠在眼眶中靠上。点精，黑眼珠。点，《说文》："小黑也。"

㉓羖䍽（gǔ lì）：一种勇悍的羊。

㉔急：紧缩。

㉕媚：美好的姿态。

㉖居：相处。

㉗急缓：指嘴部说话时的动作。

㉘撮聚：指说话时多唇音，如同鸟嘴张合。敦煌文书伯2012《守温韵学残卷·辩官（宫）商徵羽角例》："欲知羽，撮口聚。"《切韵指掌图·辨五音例》："欲知羽，撮口聚（唇重唇轻）。"

㉙蜣螂（qiāng láng）：一种昆虫。俗称"屎壳郎"。

㉚意智：犹心计，主见。

㉛神理：犹神道。谓冥冥之中具有无上威力，能显示灵异，赐福降灾的神灵之道。

㉜曲戾（lì）：弯曲。

㉝耳轮：耳廓的边缘，下连耳垂。

㉞颏（kē）颐：下巴和腮帮。

㉟侧长：又窄又长。

㊱蔑颉（jié）：小而弯曲。

㊲不自树立：不能有所建树。

㊳庶几：《周易·系辞下》："颜氏之子，其殆庶几乎。"后因以"庶几"借指贤才。

㊴贪惜：犹贪吝。

㊵褊（biǎn）促：气量狭隘，性情急躁。

㊶昏迷：愚昧，糊涂。

㊷勤劬（qú）：勤劳。伎俩：狡诈。

㊸妍（yán）：美丽。

㊹虾蟆：蛤蟆。

㊺范蠡曰：以下至“不可与共安乐”，出自《史记·越王勾践世家》。

㊻鸟喙（huì）：鸟嘴。常用来形容尖凸的人嘴。

㊼尉（yù）缭曰：以下至“不可与之久游”，出自《史记·秦始皇本纪》。尉缭，名缭，魏国人。因其后来在秦国担任国尉，遂称其为“尉缭”。著有《尉缭子》。

㊽鸷膺（zhì yīng）：胸部长得像猛禽一样向前凸出。

㊾居约：不得志的时候。易出人下：不难于居于人下。指礼贤下士。

㊿轻食人：不把吃人当成一回事。

(51)叔鱼生：以下至“是不可厌也”，出自《国语·晋语》。叔鱼，即羊舌鲋，晋国大夫，叔向之弟。

(52)豕心：《国语·晋语》作“豕喙”，译文从之。

(53)鸢（yuān）：鸟名。属猛禽类。俗称“鹞鹰”“老鹰”。

(54)溪（xī）壑：山间的沟壑。

(55)厌：满足。

(56)晋叔向欲娶于巫臣氏：以下至“乃止”，出自《左传·昭公二十八年》。娶于巫臣氏，娶申公巫臣与夏姬的女儿。

(57)有仍氏：古代诸侯。黰（zhěn）黑：头发稠黑。

(58)光可以鉴：谓其发之光泽可以照人。

(59)忿纇（lèi）：犹愤戾，暴躁乖戾。无期：无穷尽，无限度。

(60)封豕：大猪。

(61)有穷：部落名。在今河南洛阳西。后：君主。

(62)且三代之亡，皆是物也：夏桀、商纣、周幽王都因为美色而灭亡。是物，指美色。

(63)尤物：指绝色美女。

(64)魏安釐（xī）王问子从曰：以下至“然甚疑其目”，出自《孔丛子·执节》。安釐王，战国时期魏国君主。子从，《孔丛子》作“子顺”，即孔子六世孙孔斌，曾任魏相。译文从之。

(65)梗梗：刚强正直貌。

(66)大夫：《孔丛子·执节》作“大丈夫”，译文从之。

(67)体方而心圆：外表貌似方正，而内心圆滑。

(68)平原君相秦将白起：以下至“难与争锋”，出自《春秋后语》，又见于《世说新语·言语》刘孝标注引严尤《三将叙》。平原君，即赵胜，战国赵武灵王子，赵惠文王弟，封于平原，故号“平原君”。战国四公子之一。

(69)武安君：即白起。

(70)断敢行：《三将叙》作“敢断决”，译文从之。

(71)王莽大口蹷（jué）颐：以下至“亦当为人所杀”，出自《汉书·王莽传》。王莽，字巨君，魏郡元城（今河北大名东）人。汉元帝皇后之侄。西汉末年掌握朝政，后自立为帝，国号新。蹷颐，短下巴。

(72)露目：眼球突出。

(73)反膺：挺胸。

(74)瞰（kàn）临：居高视下。

(75)鸱（chī）：同“鸮”，猫头鹰。

【译文】

所以说：凡是人的眉毛、眼睛长得美，指甲长得好，多半是喜好施舍的人。肝在外部体现为眼睛，又与筋脉相配。其情形表现在指甲、眉毛中，又隐藏于魂中。经说：“凡是人的眉毛直、头颅高昂，是意气雄壮强盛的人。眉毛缺损单薄，是没有信用的人。眉毛的形状像弓，是善良的人。眼睛有光彩且美好，是明白事理而睿智通达的人。眼光溢出眼皮之外，不分散不游移，眼皮眨动不急不缓而眼神精光不外露，是有智慧的人。眼皮困顿畏缩，眼神无光，是愚蠢迟钝的人。眼光不透出眼皮之外，是隐藏真情的人。再加上眼皮不灵活而常常偷看，一定是窃贼。如果眼神嫉妒（睮，音戌），不停眨眼（矋，音而叶切），是心怀嫉妒的人。眼睛睁大而目光急切（睫，音侧夹切），不是嫉妒就是荒诞无稽的人。丑恶地张目仰视（盯，音竹耕切），是本性恶劣的人。目光憨直（眡，音时闲切），茫然直视，是憨傻的人（憨，音呼箇切）。目光低垂窃视（觇，音丁念切；瞸，音馨念切；瞸，音时巾切），是淫乱的人。言谈粗俗，目光不明，是奸诈的人。目光阴沉而执拗（拗，音乌巧切；𥇦，音胡巧切），是倔强的人。眼睛长得像羊，目光阴险狠毒（眐，音乌江切；瞳，音敕江切），是狠毒的人。仰视着眨眼，是邪佞之人。眼睛的颜色混杂且光彩浮而浅，是心意不定，不讲信用的人。眼睛清澈，光彩流溢，是聪明的人。眼神沉着，光彩稳定，是胆大的人。上眼角靠下，眼角深厚，气色浓厚，是威武之人，也是大胆的人。神态渺茫不可捉摸，是浅薄的人。眼珠长得不干净，是没有威信，怯懦的人。眼珠呈紫黑色，光彩端正坚定，是刚烈的人。眼珠颜色洁白，光彩端正坚定，是喜欢隐居的人。眼珠多光彩而不流溢四散，目光清澈而稳重谨慎，是性情正直的人。眼珠发黄而光彩清澈，是向往道术的人。眼珠靠上，是意志卑劣的人。眼珠靠下，是意志高尚的人。眼珠内凹，是谨慎检点的人。眼珠外凸，是傲慢愚蠢的人。眼睛像羊一样直视，这样的人会杀害妻子儿女。眼睛像猪一样阴沉，这样的人将不断遭受刑罚灾祸。像老鹰一样注视，像狼一样转头看，这样的人常怀嫉妒之心。眼睛像蝼蛄一样，这样的人内心难测。手指长得纤细而丰腴，像鹅掌有蹼相连，这是性情仁厚平和的人。手指长得方而不协调，是识别事势迟钝的人。手指长得美，说的话会得到他人信任。手指长得丑，别人不遵从他的话。”**毛发有光泽，嘴唇红润，是有才能技艺的人。**心在外部体现为舌头，又与血相配。血的情形表现在毛发、耳朵中，又隐藏于神识中。经说：“鬓发长得像野狐，这样的人难以期望他讲信用。鬓发长得像羊，这样的人疑心重。嘴唇紧缩，牙齿外露，这样的人难以结交。嘴唇宽而端正，这样的人出口成章。嘴唇长得不好，这样的人说话没有信用。嘴边没有美好的姿态，这样的人喜欢宣扬他人的缺点。嘴巴长得像乌鸦，这样的人不可与其相处，是内心险恶的人。嘴部的动作像鸟，说话时全是唇音，这样的人多嘴多舌，性情的宽缓或急迫与人不同，是缺少信用的人。”**鼻孔小而内缩，鼻头低而弯曲，是吝啬的人。**肺在外部体现为鼻孔，又与皮肤相配，又与呼吸相应，隐藏于魄中。鼻子长得好的人，有好的声誉。鼻中隔薄而鼻梁塌陷，是多病多灾之人。鼻子长得不美，是憨傻的人。鼻子长得像屎壳郎，是缺少主见的人。**耳孔小，牙齿细，是谄媚而奸佞的人。**肾在外部体现为骨骼,又与骨髓相配。骨髓的情形表现在耳孔中,骨骼的情形表现在牙齿中,隐藏于意志中。经说:“耳孔深且大,是内心空明而能体悟玄妙之理的人。耳孔丑而小,是没有智慧而不信神灵之道的人。耳朵周围长得不美,是浅俗拙劣的人。耳孔小而骨节弯曲,是没有主见的人。耳朵长得像老鼠的人,杀不死。”又说:“耳朵长得像老鼠的人,多为盗贼。”**耳轮厚而大,鼻头浑圆结实,乳头端正干净,下巴和腮帮深而宽、厚而大,是忠信、谨慎、淳厚的人。**脾在外部体现为肉体,肉体的情形表现在耳孔中,又与耳轮、鼻头、鼻梁、下巴、脸颊等相配,隐藏于意气中。经说:“头颅又高又大的人,个性自在而喜好以势压人。头颅低而且有缺陷的人,性格随和而琐碎。所以说:‘头像鹿一样又窄又长,这样的人志气强盛。头像兔一样又小又弯,这样的人意志低下卑劣。头像水獭一样粗壮宽厚,这样的人心意豁达。’脖子细而弯,这样的人自己不能有所建树。如果脸色斑驳或不干净,这样的人性情随便而意志不坚固。手纤细而长,这样的人喜欢施舍;手短而厚,这样的人喜欢索取。喜欢施舍,差不多属于贤才;喜欢索取,则是贪吝之人。所以说:‘手像鸡爪,这样的人性情狭窄急躁;手像猪蹄,这样的人心志愚昧;手像猴掌,这样的人勤劳而狡诈。’背部厚而阔,是刚毅果断的人;背部薄,是胆小懦弱的人。腹部端正美好,是有才华的人。所以说:‘腹部长得像牛,这样的人贪婪,能够获取大量财物。’腹部长得像蛤蟆,是懒惰的人。腰部长得端正美好,生性快乐而能任用他人。腰长得像蜥蜴,是性情迟缓的人。臀部与大腿长得厚而宽,是可以倚重信任,办事稳重的人。走路像蛇,是内心狠毒的人,不可与之共事。走路像鸟一样跳跃,这样的人品性不好,行为好似鸟鹊。走路像鹰,这样的人勇武刚烈。走路像豺狼,这样的人品性粗俗,是寻求利益的人。走路像牛,这样的人性情耿直。走路像马,这样的人勇猛刚烈。”**这就是所谓判断一个人的内心,要观察他的容貌举止。**范蠡说:“越王这个人,脖子长,嘴巴凸,可以与他一起吃苦,不能和他一起享福。”尉缭子说:“秦始皇鼻梁高,眼睛细长,胸部凸出像猛禽,声音像豺狼,缺少恩德信义,内心如同虎狼,不得志时可以居于人下,得志后将不把吃人当成一回事,不能与他长期共处。”叔鱼出生后,他的母亲看了之后说:“这个孩子眼睛像虎,嘴巴像猪,肩膀像老鹰,肚子像牛,山间的沟壑尚有盈满的时候,他的欲望却不会满足。”晋国大夫叔向想要娶申公巫臣与夏姬的女儿,叔向的母亲不愿意，说："以前有仍氏的女儿头发稠密乌黑，非常美丽，头发的光泽可以照人，被称为'玄妻'。乐正后夔娶了她，生下伯封，心地和猪一样，贪婪不知满足，暴躁乖戾没有限度，被人叫作'封豕'。有穷氏的后羿消灭了他，夔因此得不到祭祀。况且三代灭亡，都是由于美色。你为什么要娶她呢！特别美丽的女人，足以使人改变心性。如果不是极有道德正义的人，娶了这样的女人必然导致灾祸。"叔向害怕了，不敢娶。魏安釐王问子顺说："马回这个人刚强、诚实而正直，有大丈夫的节操。我想任用他为宰相，可以吗？"子顺回答说："眼睛细长，注视时像猪一样，这样的人外表貌似方正而内心圆滑。用这一方法给人看相，千百人中不会有一次失误。我观察马回，他的身体并非不魁伟，但我非常怀疑他的眼睛。"平原君赵胜观察了秦国大将白起的面相后，对赵王说："武安君白起这个人，头小而下巴尖，瞳孔黑白分明，看东西时目不转睛。头小而下巴尖的人，敢于做决断。瞳孔黑白分明的人，能够明晰地识别事势。看东西时目不转睛的人，意志坚强。可以与他长久相持，不能和他短兵相接。"王莽长得嘴大而下巴短，眼球突出而颜色赤红，声音很大，身高七尺五寸，挺胸而仰视，居高临下地俯瞰两旁。有人说王莽，是所谓的眼睛像猫头鹰，嘴巴像老虎，声音像豺狼，所以会吃人，将来也会被别人所杀。王莽后来篡夺汉帝之位，后来兵败，果然被人所杀。

夫命之与相[①]，犹声之与响也，声动乎几[②]，响穷乎应，必然之理矣。虽云"以言信行，失之宰予；以貌度性，失之子羽"[③]，然《传》称"无忧而戚，忧必及之；无庆而欢，乐必还之"[④]，此心有先动，而神有先知，则色有先见。故扁鹊见桓公，知其将亡[⑤]；申叔见巫臣，知其窃妻[⑥]。或跃马膳珍[⑦]，或飞而食肉[⑧]，或早隶晚侯[⑨]，或初刑末王[⑩]。铜岩无以饱生[⑪]，玉馔终乎饿死[⑫]，则彼度表扪骨[⑬]，指色摘理[⑭]，不可诬也，故列云尔。

【注释】

①夫命之与相：以下至"响穷乎应"，出自刘孝标《相经序》。

②几：隐微。

③以言信行：以下至"失之子羽"，出自王朗《相论》。宰予，孔子弟子。擅长言辞。《论语·公冶长》："子曰：'始吾于人也，听其言而信其行；今吾于人也，听其言而观其行。于予与改是。'"子羽，即澹台灭明，孔子弟子。

④无忧而戚：以下至"知其窃妻"，出自曹植《相论》。

⑤扁鹊见桓公，知其将亡：事见《史记·扁鹊仓公列传》。扁鹊，春秋时名医。桓公，《史记》作"齐桓侯"，《韩非子·喻老》作"蔡桓公"。

⑥申叔见巫臣，知其窃妻：事见《左传·成公二年》。申叔，指申书跪，楚国大夫。巫臣，屈氏，字子灵，又称"屈巫"，原为楚国大夫，后携夏姬逃到晋国。

⑦或跃马膳珍：以下至"玉馔终乎饿死"，出自刘孝标《相经序》。跃马膳珍，指蔡泽。《史记·范雎蔡泽列传》："（蔡泽）曰：'吾持粱刺齿肥，跃马疾驱，怀黄金之印，结紫绶于要，揖让人主之前，食肉富贵，四十三年足矣。'"

⑧飞而食肉：指班超。《后汉书·班超传》："相者指曰：'生燕颔虎颈，飞而食肉，此万里侯相也。'"

⑨早隶晚侯：指翟方进。《汉书·翟方进传》："方进年十二三，失父孤学，给事太守府为小史，号迟顿不及事，数为掾史所詈辱。方进自伤，乃从汝南蔡父相问己能所宜。蔡父大奇其形貌，谓曰：'小史有封侯骨，当以经术进，努力为诸生学问。'"后翟方进任丞相，封高陵侯。

⑩初刑末王：指黥布。《史记·黥布列传》："有客相之曰：'当刑而王。'及壮，坐法黥。布欣然笑曰：'人相我当刑而王，几是乎？'"西汉建立后被封为淮南王。

⑪铜岩无以饱生：指邓通。《史记·佞幸列传》："上使善相者相通，曰'当贫饿死'。文帝曰：'能富通者在我也。何谓贫乎？'于是赐邓通蜀严道铜山，得自铸钱，邓氏钱布天下。其富如此。"汉景帝即位后抄没其家产，最终贫困潦倒而死。

⑫玉馔终乎饿死：指周亚夫。《史记·绛侯周勃世家》："许负相之，曰：'君后三岁而侯。侯八岁为将相，持国秉，贵重矣，于人臣无两。其后九岁而君饿死。'亚夫笑曰：'臣之兄已代父侯矣，有如卒，子当代，亚夫何说侯乎？然既已贵如负言，又何说饿死？指示我。'许负指其口曰：'有从理入口，此饿死法也。'"后周亚夫下狱绝食而死。

⑬度表：观察外表。扪（mén）骨：摸骨。

⑭指色摘理：观察面色与纹理。

【译文】

命运与相貌的关系，就像声音与回响一样，只要有隐微的声音，就会有回响呼应，这是必然的道理。虽然说"听一个人的言语便相信其行为，会出现孔子错误判断宰予那样的失误；以外貌来判断一个人的本性，就会错失子羽这样的人才"，然而《传》中说"没有忧愁却悲伤，忧愁就会追上他；没有喜事却欢乐，快乐一定会降临"，这是由于对尚未发生之事，内心会事先有所触动，精神会事先有所察觉，那么在面容上就会先显露出来。因此扁鹊见到桓公，就知道他不久将要死去；申叔见到巫臣，就知道他将有私通之事。有的人策马驰骋、饱食珍馐，有的人飞翔吃肉，有的人早年做小吏晚年封侯，有的人当初受刑罚后来做了王。有的人拥有铜山却不足以一生衣食无忧，有的人曾享受山珍海味却最终饿死，那么看相者通过观察外表、骨相、面色、纹理进行预测，其效验不可抹杀，故而罗列了以上内容。

论士第七

【题解】

本篇中，赵蕤再次强调了贤士对于治理国家的重要性，并继而讨论了三个层面的问题：其一，君主必须尊重士人，要表现出以士为贵，求贤若渴的姿态，真正的英才才会前来投奔。其二，用人不可求全责备，当用其所长。只有贤人才能识别贤才，世俗的评论不足为凭。其三，就士人而言，也唯有遇见慧眼识人的君主，遭逢时势才能成功，所谓“贤士之立功成名，因于资而假物者”。

从《大体》至《论士》一共七篇，可视为《长短经》的第一部分，主要讨论了如何识别贤才并加以委任的问题。《论士》篇，是赵蕤为该部分所做的总结。

臣闻黄石公曰：“昔太平之时[1]，诸侯二师[2]，方伯三师，天子六师。世乱则叛逆生，王泽竭则盟誓相罚[3]。德同势敌，无以相加，乃揽英雄之心。”故曰：“得人则兴，失士则崩。”何以明之？昔齐桓公见小臣稷[4]，一日三往而不得见。从者止之。桓公曰：“士之傲爵禄者固轻其主[5]，其主傲霸王者亦轻其士。纵夫子傲爵禄，吾庸敢傲霸王乎[6]！”五往而后得见。

【注释】

①昔太平之时:以下至"乃揽英雄之心",出自《黄石公三略·中略》。

②师:犹言"军"。古代军队以一万二千五百人为一军。《周礼·夏官·叙官》:"凡制军,万有二千五百人为军,王六军,大国三军,次国二军,小国一军。"

③盟誓相罚:《黄石公三略·中略》作"盟誓相诛伐",译文从之。

④昔齐桓公见小臣稷:以下至"五往而后得见",出自《新序·杂事》,有删节。齐桓公,姜姓,名小白,春秋时期齐国国君,春秋五霸之首。在位期间任用管仲为相,对内推行改革,使齐国国力日渐强盛,对外高举"尊王攘夷"的旗号,北击山戎,南伐楚国,成为第一位中原霸主。小臣稷,春秋时齐国处士。

⑤傲:轻视。

⑥庸:岂,哪里。

【译文】

我听黄石公说:"往日天下太平的时候,诸侯有两支军队,诸侯长有三支军队,天子有六支军队。世道混乱就会产生叛逆,天子的恩泽枯竭,诸侯之间就会结盟立誓,彼此讨伐。德行相同,势力均等,无法胜过彼此,于是便收揽英雄人物之心。"所以说:"得到人才就会兴旺,失去人才就会崩溃。"如何证明这一道理?往日齐桓公拜访小臣稷,一天去了三次也没有见到。随从劝齐桓公不要再去。齐桓公说:"轻视爵禄的士人,固然轻视他们的君主;他们的君主中轻视王霸之业的,也轻视他们士人。纵使先生轻视爵禄,我哪敢轻视王霸之业呢!"去了五次最终见到了小臣稷。

《书》曰:"能自得师者王[①]。"何以明之?齐宣王见颜斶[②],曰:"斶前!"斶亦曰:"王前!"议曰:"夫斶前为慕势,王前为趋士。与使斶为慕势，不若使王为趋士。”宣王作色曰：“王者贵乎？士者贵乎？”对曰：“昔秦攻齐，令曰：‘有敢去柳下季陇五百步而樵采者[3]，罪死不赦。’令曰：‘有能得齐王头者，封万户侯，赐金千镒[4]。’由是言之，生王之头，曾不如死士之陇[5]。”宣王竟师之[6]。宣王左右曰[7]：“大王据千乘之地，而建千石之钟[8]，东南西北莫敢不服。今夫士之高者乃称匹夫[9]，徒步而处于农亩；之下则鄙野、监门闾里[10]，士之贱也亦甚矣。”斶曰：“古大禹之时，诸侯万国。舜起农亩而为天子。及汤之时，诸侯三千。当今之世，南面称寡人者乃廿四[11]。由此观之，非得失之策与[12]？稍稍诛灭[13]，灭亡无族之时，欲为监门闾里，安可得哉！《易传》不云乎：‘居上位，未得其实[14]。’故无其实而喜其名者削，无其德而望其福者约[15]，无其功而受其禄者辱，祸必握[16]。故曰：‘矜功不立[17]，虚愿不至[18]。’此皆夸其名华而无其实德也。是以尧有九佐，舜有七友，禹有五丞，汤有三辅。自古及今，而能虚成名于天下者[19]，无有。是以君王无羞亟问[20]，不愧下学，而成其道。老子曰：‘虽贵必以贱为本，虽高必以下为基。是以侯王称孤、寡、不穀[21]。’夫孤寡者，困贱下位者也，而侯王以自谓，岂非以下人而尊贵士与？夫尧传舜，舜传禹，周成王任周公旦，而世世称明，是以明乎士之贵也。”

【注释】

①能自得师者王：出自《伪古文尚书·仲虺之诰》。

②齐宣王见颜斶(chù)：以下至“宣王竟师之”，出自《战国策·齐策四·齐宣王见颜斶》，有删节。齐宣王，田氏，名辟彊，齐威王之子。战国时齐国国君。颜斶，战国时期齐国隐士。

③柳下季：展氏，名禽，字季。食邑柳下，死后谥“惠”，故又称“柳下

惠”。春秋时期鲁国大夫。陇：坟墓。

④镒（yì）：古代重量单位。合二十两，一说二十四两。

⑤曾（zēng）：乃，竟。

⑥宣王竟师之：据《战国策》，颜斶进言后“再拜而辞去”，并未留在齐宣王身边。

⑦宣王左右曰：以下至“是以明乎士之贵也”，出自《战国策·齐策四·齐宣王见颜斶》，有删节。左右，近臣，侍从。

⑧建千石之钟：铸造了千石之重的巨钟。

⑨匹夫：指平民百姓。

⑩鄙野：边远偏僻之地。监门闾里：闾里巷口的看门人。

⑪南面：古代以坐北朝南为尊位，故帝王诸侯见群臣，皆面向南而坐，因用以指居帝王或诸侯之位。寡人：古代君主的谦称。

⑫得：得士。失：失士。

⑬稍稍：渐次，逐渐。

⑭居上位，未得其实：这句文字不见于“十翼”中。《战国策·齐策四》引作：“居上位未得其实，以喜其为名者，必以骄奢为行。据慢骄奢，则凶从之。”

⑮约：遭到困顿窘迫的境遇。

⑯祸必握：必然遭遇严重的灾祸。握，通“渥”，厚，重。

⑰矜功：自恃功劳。

⑱虚愿：不切实际的愿望。

⑲虚：何建章《战国策注释》：“虚，指不贵士，无贤士辅佐。”译文从之。

⑳亟（qì）：屡次。

㉑不穀（gǔ）：不善。古代王侯自称的谦辞。

【译文】

《尚书》说：“能够自己找到老师的人可以称王。”如何证明这一道理？齐宣王召见颜斶，说：“颜斶到我面前来！”颜斶也说：“大王到我面前来!”颜斶评论道:“我走向大王,意味着我贪慕权势;大王走向我,意味着大王礼贤下士。与其让我贪慕权势,不如让大王礼贤下士。”齐宣王变了脸色,说:“王者尊贵?还是士人尊贵?”颜斶回答说:“从前秦国攻打齐国时,曾下令道:‘有谁敢去柳下季坟墓五百步以内的地方打柴的,一律处死,决不赦免。’又下令道:‘有谁能取得齐王的首级,封为万户侯,赏黄金千镒。’如此说来,活着的君王的脑袋,竟比不上死去士人的坟墓。”宣王最终以颜斶为师。齐宣王的侍从对颜斶说:“大王是拥有千乘战车的大国之君,曾铸造千石之重的巨钟,东南西北四方的邻国,没有敢不服从大王的。如今士人中地位高的,不过是普通百姓,每天步行到田地中耕种;地位更低的,则住在偏远之地,或担任里巷的看门人,士人的地位实在是太卑贱了。”颜斶说:“从前大禹统治时,天下有上万诸侯国。舜从农田中兴起,最后成为天子。到了商汤的时代,诸侯国剩下三千个。到了当代,南面自称寡人的只剩下二十四位。就此来看,这岂不是由于得士则兴,失士则亡吗?到了被渐次消灭、国亡族灭之时,国君即使想成为里巷的看门人,又哪里做得到呢!《易传》不是说过吗:‘身居高位,而不具备相应的德行。’所以没有才能却喜好名声的人会被削弱,没有德行却盼望福报的人会遭遇困窘,没有功劳却享受俸禄的人会蒙受侮辱,并遭遇严重的灾祸。所以说:‘自恃功劳的人无法建功立业,不切实际的空想无法实现。’这些都是夸耀虚名而没有实际德行的人。所以尧有九位辅佐,舜有七位挚友,禹有五位助手,汤有三位辅佐。从古到今,不依靠贤士辅佐就能成名于天下的人,从来没有过。所以君主不以屡次向他人请教为耻辱,不因向地位低下的人学习而羞愧,这样才能实现其理想。老子说:‘虽然尊贵,却一定以卑贱为根本;虽然高高在上,却一定以低下为根基。所以国君自称孤、寡、不穀。’所谓孤、寡,是困顿低贱居下位的人,而君主们却用以自称,难道不是为了表示谦居人下而尊重士人吗?尧传位给舜,舜传位给禹,周成王任用周公旦,世世代代都称他们为明君,就是因为他们懂得士人的可贵。”

谚曰:“浴不必江海[①],要之去垢;马不必骐骥[②],要之善走;士不必贤也[③],要之知道[④];女不必贵种,要之贞好。”何以明之？淳于髡谓齐宣王曰[5]："古者好马[6]，王亦好马；古者好味，王亦好味；古者好色，王亦好色；古者好士，王独不好。"王曰："国无士耳。有则寡人亦悦之。"髡曰："古有骅骝、骐骥[7]，今之无有，王选于众，王好马矣。古有豹、象之胎[8]，今之无有，王选于众，王好味矣。古有毛嫱、西施[9]，今之无有，王选于众，王好色矣。王必待尧、舜、禹、汤之士而后好之，则尧、舜、禹、汤之士亦不好王矣。"鲁仲连谓孟尝君曰[10]："君好士，未也[11]。"孟尝君曰："文不得士故也。"对曰："君之厩马百乘，无不被绣衣而食菽粟，岂有骐骥、騄耳哉[12]？后宫十妃，皆衣缟纻[13]，食粱肉[14]，岂有毛嫱、西施哉？色与马取于今之世，士何必待古哉！故曰'君好士，未也'。"张敞与朱邑书曰[15]："饥者甘糟糠[16]，饱者饫粱肉[17]，何则？有无之势异也。昔陈平虽贤，须魏倩而后进[18]；韩信虽奇，赖萧何而后信；故士各达其及时之宜[19]。若待古之英俊，必若伊尹、吕望而后荐之，则此人不因足下而进矣。"《淮南》曰："待骒袅、飞兔而后驾[20]，则世莫乘车矣；待西施、洛浦而后妃[21]，则终身不家矣。然不待古之英俊而自足者，因其所有而遂用之也。"

【注释】

①浴不必江海：以下至"要之贞好"，出自《史记·外戚世家》"褚先生曰"。

②骐骥（qí jì）：千里马的别称。

③士不必贤也：《史记·外戚世家》作"士不必贤世"。贤世，天下最贤明者。译文从之。

④知道：通晓为人处世与治国安邦之道。

⑤淳于髡（kūn）：战国时期齐人。博学多才，以滑稽善辩闻名。

⑥古者好马:以下至“则尧、舜、禹、汤之士亦不好王矣”,出自《说苑·尊贤》。

⑦骅骝(huá liú):周穆王“八骏”之一。泛指骏马。

⑧豹象之胎:豹子、大象的胎盘。指珍贵美味的肴馔。

⑨毛嫱(qiáng):古代美女名。《庄子·齐物论》:“毛嫱、丽姬,人之所美也。”西施:又称“西子”,春秋末年越国美女。被越王勾践献给吴王夫差,使其迷惑忘政,越遂灭吴。

⑩鲁仲连谓孟尝君曰:以下至“君好士,未也”,出自《战国策·齐策四·鲁仲连谓孟尝君曰》,文字有所不同。鲁仲连,战国时齐人。喜替人排难解纷而不肯仕宦任职。曾游于赵,为赵国解除危难。孟尝君,即田文,战国时齐贵族,封于薛(今山东滕州南),称“薛公”,号孟尝君,为战国四公子之一。以善养士著称。

⑪未也:不足,还不够。

⑫騄(lù)耳:周穆王“八骏”之一。泛指骏马。

⑬缟(gǎo):素色缯。纻(zhù):细麻布。

⑭粱肉:泛指美食佳肴。粱,品质优良的小米。

⑮朱邑:字仲卿,庐江舒(今安徽庐江西南)人。官至大司农。事迹见《汉书·朱邑传》。

⑯饥者甘糟糠:以下至“则此人不因足下而进矣”,出自《汉书·朱邑传》,文字有所不同。

⑰饱者饫(yù)粱肉:《汉书·朱邑传》作“穰岁余粱肉”。“饫”应为“余”字之误。

⑱魏倩:即魏无知,秦末时人。楚汉相争时跟随刘邦,曾向刘邦举荐陈平。颜师古认为,“倩”并非魏无知之名,而是对于魏无知的赞美。《汉书·朱邑传》颜师古注:“倩,士之美称,故云魏倩也。”

⑲及时:逢时。谓得到有利时机。

⑳待骙袅(yǎo niǎo)、飞兔而后驾:以下至“因其所有而遂用之也”,

出自《淮南子·齐俗训》，文字有所不同。骒褭、飞兔，古骏马名。

㉑洛浦：借指洛神，传说中的洛水女神，即宓妃。后世用以指代美女。妃（pèi）：匹配，婚配。

【译文】

俗话说："洗澡不一定要去江海之中，要紧的是洗去身上的污垢；骑马不一定要骐骥这样的骏马，要紧的是善于奔驰；士人不一定要最为贤明，关键在于通晓大道；女子不一定要出身高贵，关键在于贞洁而美丽。"如何证明这一道理？淳于髡对齐宣王说："古人喜欢马，大王也喜欢马；古人喜欢美味，大王也喜欢美味；古人喜欢女色，大王也喜欢女色；古人喜欢贤士，唯独大王不喜欢贤士。"齐宣王说："国内没有贤士。如果有的话，我也会喜欢他们。"淳于髡说："古代有骅骝、骐骥那样的骏马，如今没有，大王从众多马中挑选出骏马，说明大王喜欢马。古代有豹子、大象胎盘做成的珍馐，如今没有，大王从众多食物中挑选出美味，说明大王喜欢美味。古代有毛嫱、西施那样的美女，如今没有，大王从众多女子中挑选出美女，说明大王喜欢美女。大王一定要等到尧、舜、禹、汤时代的贤士出现，然后才喜欢他们，那么像尧、舜、禹、汤时代那样的贤士，也不会喜欢大王您。"鲁仲连对孟尝君说："您没有真正做到喜欢贤士。"孟尝君说："这是因为我没有遇见真正的贤士。"鲁仲连说："您马厩中的马有上百匹，无不披着锦绣的彩衣，吃着豆子、小米，难道它们之中有骐骥、騄耳这样的骏马吗？您的后宫有十位妃子，都穿着素丝、细麻的衣服，吃着美味佳肴，难道她们之中有毛嫱、西施这样的绝色吗？女人与马匹都取之当世，而士人为何一定要用古代的呢！所以说'您没有真正做到喜欢贤士'。"张敞给朱邑写信说："饥饿之人以糟糠为美味，饱腹之人却会遗弃佳肴，为何如此？这是有与没有的不同形势造成的。往日陈平虽然贤明，却需要魏倩的引见才能被任用；韩信虽然是奇才，有赖于萧何的保举才获得信任；所以士人的成功有赖于有利的时机。如果要等待像伊尹、吕望这样的古代英才才肯推荐，那么这样的人物也不必依靠你的推荐才能进身。"《淮南子》说："要等待骒褭、飞兔这样的千里马才能驾车，那么世上的人就没有车子可乘了。要等待西施、宓妃这样的美女才结婚，那无需等待古代的英才，现有的人才就足够使用，这是由于根据现有人才的特点而充分加以任用的缘故。”

语曰：“琼艘瑶楫无涉川之用[①]，金弧玉弦无激矢之能[②]。是以介絜而无政事者[③]，非拨乱之器；儒雅而乏治理者，非翼亮之士[④]。”何以明之？魏无知见陈平于汉王[⑤]，汉王用之。绛、灌等谗平曰[⑥]：“平盗嫂受金。”汉王让魏无知[⑦]。无知曰：“臣之所言者，能也；陛下所问者，行也。今有尾生、孝己之行[⑧]，而无益于胜负之数，陛下假用之乎[⑨]？今楚、汉相距[⑩]，臣进奇谋之士，顾其计诚足以利国家耳[⑪]。盗嫂受金，又安足疑哉！”汉王曰：“善！”

【注释】

①琼艘瑶楫无涉川之用：以下至“非翼亮之士”，出自《抱朴子外篇·博喻》。琼艘瑶楫，玉石雕刻的船只。琼、瑶，两种美玉名。楫，船桨。

②弧、弦：指代弓。激矢：指射箭。

③介絜：刚直高洁。

④翼亮：辅佐。

⑤魏无知见陈平于汉王：以下至“汉王曰善”，出自《史记·陈丞相世家》，有删节。

⑥绛（jiàng）：即周勃，被封为绛侯。灌：即灌婴，睢阳（今河南商丘南）人。汉初大臣。初以贩缯为业，后从刘邦起义，屡立战功。汉朝建立，封颍阴侯。吕后死，他与陈平、周勃共同诛灭吕氏，迎立汉文帝，任太尉，后为丞相。

⑦让：责怪。

⑧尾生:古代传说中坚守信约的男子。《庄子·盗跖》:“尾生与女子期于梁下,女子不来,水至不去,抱梁柱而死。”孝己:传说为殷高宗武丁之子,以孝行闻名。因遭后母谗言,被放逐而死。后用作孝子的典范。

⑨假:《史记·陈丞相世家》作“何暇”。

⑩楚、汉:秦汉之际,项羽、刘邦分据称王的两个政权。

⑪顾:转折词,犹言“关键是”。

【译文】

古语说:“用美玉做成的船只,没有渡河的作用;用金玉制作的弓弦,没有发射箭矢的功能。所以刚直高洁而没有从政能力的人,不是拨乱反正的人才;温文尔雅而缺乏治国谋略的人,不是能辅佐大业的人。”如何证明这一道理?魏无知把陈平推荐给刘邦,刘邦重用陈平。周勃、灌婴等人进谗言诋毁陈平道:“陈平与嫂子私通,还接受他人的贿赂。”刘邦责怪魏无知。魏无知说:“我向您推荐陈平,是因为他有才能;您所责问的,是他的品行。假如某人有尾生、孝己那样的品行,而对于战争胜败丝毫没有好处,您会任用这样的人吗?如今楚、汉相抗,我推荐的是有非凡谋略的人才,考虑其计谋是否真的对国家有利。至于私通嫂嫂,受人贿赂这样的事,又有什么值得怀疑的呢!”刘邦说:“好!”

黄石公曰:“有清白之士者①,不可以爵禄得;守节之士,不可以威刑胁②。致清白之士修其礼,致守节之士修其道。”何以明之?郭隗说燕昭王曰③:“帝者与师处④,王者与友处,霸者与臣处,亡国者与厮役处⑤。诎指而事之⑥,北面受学⑦,则百己者至。先趋而后息⑧,先问而后默⑨,则什己者至⑩。人趋己趋,则若己者至。凭几据杖⑪,眄视指使⑫,则厮役之人至。恣睢奋击⑬,呴藉叱咄⑭,则徒隶之人至矣[15]。此乃古之服道致士者也。”

【注释】

①有清白之士者:以下至“致守节之士修其道”,出自《黄石公三略·下略》。

②威刑:严厉的刑罚。

③郭隗(wěi)说燕昭王曰:以下至“此乃古之服道致士者也”,出自《战国策·燕策一·燕昭王收破燕后即位》。郭隗,战国时燕国贤人。燕昭王,名平,一说名职,燕王哙之子,战国时期燕国国君。时燕为齐所破,即位后,筑黄金台以招纳贤士。其后以乐毅为上将军,伐齐,入临淄,下齐七十余城,燕乃复强,在位三十三年。

④帝者与师处:指成就帝业的君主以贤臣为师。《说苑·君道》:“郭隗曰:‘帝者之臣,其名臣也,其实师也。’”

⑤厮役:受人驱使的仆人。

⑥诎(qū)指:折节,屈尊。

⑦北面:谓拜人为师,行弟子敬师之礼。

⑧先趋而后息:先于别人侍奉贤者,后于别人去休息。趋,犹趋役,指侍奉贤者。

⑨先问而后默:先于别人向人求教,别人已经不求教了,自己还求教不止。

⑩什:十。

⑪凭几据杖:靠着几案,拄着拐杖。

⑫眄(miǎn)视:斜视。

⑬恣睢(suī):放纵暴戾。奋击:指行为粗暴。

⑭呴(xǔ)藉:何建章《战国策注释》:“‘呴籍’当读作‘呵谱’,即‘呵责’‘斥责’的意思”。叱咄(chì duō):大声斥责。

⑮徒隶:刑徒奴隶,服劳役的犯人。

【译文】

黄石公说:“清白廉洁的士人,不可用爵禄收买得到;固守节操的士人,不可用严厉的刑罚威胁。招揽清白廉洁的士人要讲究礼节,招揽固守节操的士人要讲究道义。”如何证明这一道理?郭隗游说燕昭王说:“成就帝业的君主以贤者为师,成就王业的君主以贤者为友,成就霸业的君主以贤者为臣,亡国的君主以奴仆为臣。君主如果能屈尊奉人,像弟子一样向贤者求教,则才能超过自己百倍的人就会到来。如果侍奉在先而休息在后,请教在先而沉默在后,则才能超过自己十倍的人就会到来。如果跟着他人亦步亦趋,则才能与自己相当的人就会到来。如果靠着几案,拄着拐杖,斜着眼睛看人,指手画脚,那么受人驱使的仆人就会到来。如果放纵粗暴,对人大声呵斥,那么身份卑贱的奴隶就会到来。这就是古代行正道、得贤才的方法。”

黄石公曰:“礼者[①],士之所归;赏者,士之所死。招其所归,示其所死,则所求者至矣。”何以明之?魏文侯太子击礼田子方[②],而子方不为礼。太子不悦,谓子方曰:“不识贫贱者骄人乎?富贵者骄人乎?”子方曰:“贫贱者骄人耳。富贵者安敢骄人!人主骄人而亡其国,大夫骄人而亡其家。贫贱者若不得意,纳履而去,安往而不得贫贱乎?”宋燕相齐[③],见逐罢归,谓诸大夫曰:“有能与我赴诸侯者乎[④]?”皆执仗排班[⑤],默而不对。燕曰:“悲乎!何士大夫易得而难用也?”陈饶曰:“非士大夫易得而难用,君不能用也。君不能用,则有不平之心,是失之于己,而责诸人也[⑥]。”燕曰:“其说云何?”对曰:“三升之稷不足于士[⑦],而君雁鹜有余粟[⑧],是君之过一也。果园梨栗,后宫妇女以相提掷[⑨],而士曾不得一尝，是君之过二也。绫纨绮縠[10]，美丽于堂，从风而弊[11]，士曾不得以为缘[12]，是君之过三也。夫财者君之所轻，死者士之所重。君不能行君之所轻，而欲使士致其所重，譬犹铅刀畜之[13]，干将用之[14]，不亦难乎！”宋燕曰：“是燕之过也。”

【注释】

①礼者：以下至“则所求者至矣”，出自《黄石公三略·上略》。

②魏文侯太子击礼田子方：以下至“安往而不得贫贱乎”，出自《说苑·尊贤》，有删节。类似记载又见于《史记·魏世家》《韩诗外传》。太子击，魏文侯太子，名击，即魏武侯。田子方，春秋战国之际魏国贤人。相传魏文侯曾聘其为师，执礼甚恭。

③宋燕相齐：以下至“是燕之过也”，出自《韩诗外传》卷七。类似记载又见于《战国策·齐策四》《说苑·尊贤》《新序·杂事第二》。宋燕，人名。《战国策》作“管燕”，《说苑》作“宗卫”。

④赴：投奔。

⑤仗：弓、矛、剑、戟等兵器的总称。

⑥诸：之于。

⑦稷（jì）：一种食用作物，即粟。

⑧鹜（wù）：鸭子。

⑨提挃（zhì）：投掷。

⑩绫纨（wán）绮縠（hú）：泛指各种丝织品。绫纨，指薄而细的丝织品。绮縠，绫绸绉纱之类。

⑪美丽于堂，从风而弊：指将丝织品做成堂上的帷幕，直至被风吹坏。《新序·杂事第二》作“君之台观帷嫌锦绣，随风飘飘而弊”。

⑫缘：衣服的边饰。

⑬铅刀：铅制的刀。铅质软，作刀不锐，比喻无用的人和物。

⑭干将：古剑名。相传春秋吴有干将、镆铘夫妇善铸剑，为阖闾铸阴阳剑，阳曰“干将”，阴曰“镆铘”。后亦以“干将”泛称利剑。

【译文】

黄石公说：“以礼相待，是士人归附的原因；赏赐，是士人效死的原因。以礼仪来招揽士人，以重赏让士人效死，则所追求的人才就会到来。”如何证明这一道理？魏文侯的太子击向田子方行礼，而田子方不回礼。太子很不高兴，对田子方说：“不知是贫贱的人可以傲慢待人？还是富贵的人可以傲慢待人？”田子方说：“贫贱的人可以傲慢待人。富贵的人如何敢傲慢待人！人主傲慢待人就会亡国，大夫傲慢待人就会亡家。贫贱的人如果心意不满足，穿上鞋告辞而去，到哪里不能做一个贫贱的人呢？”宋燕做齐国国相，遭到斥逐，罢官回家，对众位大夫说：“有谁能与我一起去投奔诸侯吗？”所有人拿着武器排着队，默然不应。宋燕说：“可悲啊！为何士大夫这样容易得到而难以任用啊？”陈饶说：“并不是士大夫容易得到而难以任用，是您不能任用。您不能任用，士大夫便会有不平之心，这是您自己的错误，却去责备他人。”宋燕说：“为什么这么说？”陈饶回答说：“士大夫连三升小米都领不足，而您所养的大雁与鸭子却有余粮，这是您的第一处过错。果园中的梨子与栗子，后宫的妇人拿来相互投掷取乐，而士大夫却无法尝一尝，这是您的第二处过错。绫罗绸缎，被拿来做堂上的帷幕，直至被风吹坏，而士大夫却无法拿来做衣服上的边饰，这是您的第三处过错。财物是您所看轻的，死亡是士大夫所看重的。您不肯拿出您所看轻的财物，却想让士大夫献出他所看重的生命，这好比平日将士大夫视为铅刀这样的无用之物，使用时却希望他们发挥宝剑那样的作用，这不是太难了吗！”宋燕说：“这是我的过错。”

语曰：“夫人同明者相见，同听者相闻[①]。德合则未见而相亲，声同则处异而相应[②]。”韩子曰：“趣舍同则相是，趣舍异则相非[③]。”何以明之？楚威王问宋玉曰[④]：“先生其有遗行欤[5]？何士人众庶不誉之甚[6]？"宋玉曰："夫鸟有凤而鱼有鲸。凤皇上击九万里，翱翔乎窈冥之上[7]。夫蕃篱之鷃[8]，岂能与料天地之高哉[9]！鲸鱼朝发于昆仑之墟[10]，暮宿于孟诸[11]。夫尺泽之鲵[12]，岂能与量江海之大哉！故非独鸟有凤而鱼有鲸，士亦有之。夫圣人瑰意琦行[13]，超然独处[14]，夫世俗之民，又安知臣之所为哉！"议曰：世之善恶，难得而知，苟非其人，莫见其际[15]。何者？夫文章为武人所嗤，未必鄙也；为扬、马所嗤[16]，此真鄙矣。夫人臣为桀、纣所毁[17]，未必为愚也；必若尧、舜所毁，此真愚矣。世之毁誉，不足信也。故曰："不夜出，安知有夜行人？"太公曰："智与众同[18]，非人师；伎与众同，非国工[19]。"老子曰："下士闻道[20]，大笑之，不笑不足以为道。"故曰凡人所贱，圣人所贵，信矣哉！

【注释】

①夫人同明者相见，同听者相闻：出自《韩诗外传》卷五。

②德合则未见而相亲，声同则处异而相应：出自《说苑·尊贤》。声同则处异而相应，指声音的共振现象。两个振动频率相同的物体，当一个发生振动时，会引起另一个物体的振动。《淮南子·览冥训》："今夫调弦者，叩宫宫应，弹角角动，此同声相和者也。"

③趣舍同则相是，趣舍异则相非：出自《韩非子·奸劫弑臣》。趣舍，取舍。趣，通"取"。

④楚威王问宋玉曰：以下至"又安知臣之所为哉"，出自《文选·对楚王问》。楚威王，应为楚襄王之误。楚襄王，即楚顷襄王，名横，楚怀王之子，战国后期楚国君主。

⑤遗行：失检之行为，品德有缺点。

⑥众庶：百姓。

⑦窈冥（yǎo míng）：遥空，极远处。

⑧蕃篱：篱笆。鷃（yàn）：小鸟。

⑨料：估量，忖度。

⑩墟：大丘，山。

⑪孟诸：亦作“孟潴（zhū）”，古大泽名。

⑫尺泽：小沼泽。鲵（ní）：小鱼。

⑬瑰意琦行：卓越的思想和不平凡的行为。

⑭超然：高超出众。独处：不与众偶。

⑮际：事物的分界，区分。

⑯扬、马：指扬雄、司马相如。

⑰桀、纣：指夏桀与商纣，夏与商的最后一任君主，相传都是暴君。

⑱智与众同：以下至“非国工”，出自《六韬·龙韬·军势》。

⑲国工：一国中技艺特别高超的人。

⑳下士闻道：以下至“不笑不足以为道”，出自今本《老子》第四十五章。下士，素质低下的人。

【注释】

古语说：“具有相同眼光的人，能够互相发现；具有相同听力的人，能够互相听闻。德行相合的人物，虽未见面却能心里亲近；振动频率相同的乐器，不在一处却能彼此相应。”韩非子说：“取舍相同的人就会互相肯定，取舍不同的人就会互相非难。”如何证明这一道理？楚襄王问宋玉说：“先生大概有失检的行为吧？为何士人与百姓这样不称道你呢？”宋玉说：“鸟中有凤凰，鱼中有巨鲸。凤凰上飞九万里，翱翔于渺茫的高空之上。在篱笆上停留的小鸟，怎能像凤凰一样识别天地之高远！鲸鱼早晨从昆仑山下出发，晚上宿于孟诸泽中。小沼泽中的小鱼，怎能像鲸鱼一样测量江海之广阔！所以，不但鸟中有凤，鱼中有鲸，士人中也有这样的大人物。圣人有卓越的思想和不平凡的行为，出类拔萃，不同凡响。那些世俗之人,又怎能了解我的所作所为呢?”评论道:世间的善恶好坏,很难确切了解,若不是杰出的人,无法洞察其区别。为什么呢?假如某人的文章被武人所嘲笑,未必真的不好;如果是被扬雄、司马相如所嘲笑,这说明确实不好。假如某位臣子被桀、纣这样的暴君批评,未必真的愚笨;如果被尧、舜这样的明君批评,这说明确实愚笨。世俗的评价,不足相信。所以说:“晚上不出门,怎么知道有赶夜路的人呢?”太公说:“智慧与一般人相同的,不能做他人的老师;技艺与一般人相同的,不能做一国的能工巧匠。”老子说:“素质低下的人听到大道会哈哈大笑,不被他们嘲笑,大道也就不足以成为大道。”所以说一般人所看轻的,恰是圣人所看重的,确实是这样啊!

语曰:“知人未易,人未易知。”何以明之?汗明说春申君[①],春申君悦之。汗明欲复谈,春申君曰:“仆已知先生意矣[②]。”汗明曰:“未审君之圣孰与尧?”春申君曰:“臣何足以当尧!”汗明曰:“然则君料臣孰与舜?”春申君曰:“先生即舜也。”汗明曰:“不然。臣请为君终言之。君之贤不如尧,臣之能不及舜。夫以贤舜事圣尧,三年而后乃相知也。今君一时而知臣,是君圣于尧而臣贤于舜也。”

【注释】

①汗明说春申君:以下至“是君圣于尧而臣贤于舜也”,出自《战国策·楚策四·汗明见春申君》,有删节。汗明,人名。事迹不详。春申君,即黄歇,战国时楚贵族,战国四公子之一。门下有食客三千。楚考烈王时任令尹。

②仆:自称的谦辞。

【译文】

古语说:“要了解人不容易,人不容易被了解。”如何证明这一道理?汗明去游说春申君,春申君对他很满意。汗明想继续谈,春申君说:

"我已经明白先生的主张了。"汗明说:"不知道您的圣明与尧相比怎么样?"春申君说:"我怎么比得上尧!"汗明说:"那么您觉得我和舜相比怎么样?"春申君说:"先生就是舜。"汗明说:"不对。请让我把话说完吧。您的贤明比不上尧,我的才能比不上舜。即是贤明的舜服事圣明的尧,三年之后尧才完全了解舜。现在您顷刻之间就能了解我,那就是您比尧更圣明,而我比舜更贤能了。"

记曰:"夫骥[①],唯伯乐独知之。若时无伯乐之知,即不容其为良马也。"士亦然矣。何以明之?孔子厄于陈、蔡[②]。颜回曰:"夫子之德至大[③],天下莫能容。然夫子推而行之,世不我用,有国者之丑也,夫子何病焉[④]?"故曰:"文王明夷则主可知,仲尼旅人则国可知[⑤]。"《穀梁传》曰[⑥]:"子既生[⑦],不免乎水火,母之罪也。羁冠成童[⑧],不就师傅,父之罪也。羁冠,谓交互剪发[⑨]。成童,谓八岁已上。就师,学问无方[⑩],心志不通,身之罪也[⑪]。心志既通,而名誉不闻,友之罪也。名誉既闻,有司不举[⑫],有司之罪也。有司举之,王者不用,王者之过也。"孔子曰:"夫内行不修[⑬],己之罪也。行修而名不彰,友之罪也。"

【注释】

①夫骥:以下至"即不容其为良马也",见于《群书治要》卷三十六所引《尸子·恕》,文字有所不同。

②孔子厄于陈、蔡:以下至"王者之过也",出自《孔子家语·在厄》,有删节。《史记·孔子世家》有类似记载。陈、蔡,指陈国、蔡国,周时诸侯国名。孔子师徒曾在陈国遭遇绝粮的困境。《论语·卫灵公》:"(孔子)在陈绝粮,从者病,莫能兴。"

③德:《史记·孔子世家》《孔子家语·在厄》作"道"。

④病：忧虑。

⑤文王明夷则主可知，仲尼旅人则国可知：出自《周易·乾卦·文言》王弼注。明夷，六十四卦之一，《离》下《坤》上。《周易·明夷卦》："明夷，利艰贞。"《彖辞》："内文明而外柔顺，以蒙大难，文王以之。"孙星衍《周易集解》引郑玄曰："夷，伤也，日出地上，其明乃光，至其入地，明则伤矣，故谓之明夷。"后因以比喻昏君在上，贤人遭受艰难或不得志。旅人，旅行于外的人。比喻不能安居。

⑥《穀梁传》：亦称《春秋穀梁传》，《春秋》"三传"之一。旧题战国鲁人穀梁赤撰。

⑦子既生：以下至"王者之过也"，出自《穀梁传·昭公十九年》。

⑧羁冠：《穀梁传·昭公十九年》作"羁贯"，指儿童的发式。古时成童发式，女曰"羁"，男曰"贯"。成童：八岁以上的儿童。

⑨羁冠，谓交互剪发：以下至"谓八岁已上"，出自《穀梁传·昭公十九年》范宁注。交互剪发，指成童之礼上为儿童剪发，剪出纵横相交的发式。《礼记·内则》："三月之末，择日剪发为鬌，男角女羁。"郑玄注："午达曰'羁'。"孔颖达疏："一从一横曰'午'。今女剪发，留其顶上纵横各一，相交通达，故云'午达'。"交互，即午达，纵横相交。

⑩无方：没有方法，不得法。

⑪身：自身，自己。

⑫有司：官吏。古代设官分职，各有专司，故称。

⑬夫内行不修：以下至"友之罪也"，出自《孔子家语·困誓》。

【译文】

记说："千里马，唯有伯乐能够识别它。如果一个时代没有伯乐的见识，它就不会被世人当作良马。"士人也是如此。如何证明这一道理？孔子在陈国、蔡国之间受困。颜回说："您的德行博大精深，以至于天下哪里都无法容纳。然而，您还是推广并实践它，世人不任用我们，是各国君主的耻辱,您有什么好忧虑的呢?”所以说:“周文王遭遇困厄,那么商纣王是什么样的君主就可以知道了;孔子不能安居,那么鲁国的情形如何就可以知道了”《穀梁传》说:“孩子生下之后,如果不能免于水、火等意外的伤害,这是母亲的罪过。到了八岁以上,如果不让孩子跟着老师学习,这是父亲的罪过。羁贯,指剪成纵横相交的发式。成童,指八岁以上。如果跟着老师学习,但求学方法不对,心志不开窍,这是自己的罪过。心志已经开窍,但是名声不能传播开去,这是他的朋友的罪过。名声已经得到传扬,但是官员却不推荐,这是相关官员的罪过。官员已经推荐了他,但是君主却不任用他,这是君主的过错。”孔子说:“内在的品行不端正,是自己的罪过。品行端正而名声不显著,是朋友的罪过。”

论曰:“行远道者①,假于车马②;济江海者,因于舟楫③。故贤士之立功成名,因于资而假物者。”何以明之?公输子能因人主之材木④,以构宫室台榭,而不能自为专屋狭庐⑤,材不足也。欧冶能因国君之铜铁⑥,以为金炉大钟⑦,而不能自为壶鼎盘盂⑧,无其用也。君子能因人主之政朝⑨,以和百姓,润众庶,而不能自饶其家,势不便也。故舜耕于历山,恩不及州里⑩;太公屠牛于朝歌,利不及于妻子。及其用也,恩流八荒⑪,德溢四海。故舜假之尧,太公因之周文。君子能修身以假道,不能枉道而假财。慎子曰⑫:“腾蛇游雾⑬,飞龙乘云,云罢雾霁,与蚯蚓同,则失其所乘矣。”韩子曰:“千钧得船则浮⑭,锱铢失船则沉⑮,非千钧轻而锱铢重,有势之与无势耳。故势有不可得⑯,事有不可成。乌获轻千钧而重其身⑰,非其身重于千钧也,势不便也。离娄易于百步而难于眉睫⑱,非百步近而眉睫远,道不可也。”

【注释】

①行远道者:以下至“因于资而假物者”,出自《盐铁论·贫富》。

②假:借助。

③舟楫:指船只。

④公输子能因人主之材木:以下至“不能枉道而假财”,出自《盐铁论·贫富》。公输子,即公输班,春秋时期鲁国的巧匠,又被称为“鲁班”。

⑤专屋狭庐:狭小的房屋。

⑥欧冶:即欧冶子,春秋时期著名的铸剑工。

⑦金炉:金属铸的香炉。

⑧盂:盛汤浆或饭食的圆口器皿。

⑨政朝:朝政。

⑩州里:指乡里或本土。

⑪八荒:八方极远之处。

⑫慎子:即慎到,战国时期法家,主张“贵势”。

⑬腾蛇游雾:以下至“则失其所乘矣”,出自《韩非子·贵势》所引“慎子曰”。腾蛇,传说中一种能飞的蛇。

⑭千钧得船则浮:以下至“有势之与无势耳”,出自《韩非子·功名》。钧,古代的重量计算单位。三十斤为一钧。

⑮锱铢(zī zhū):古代的重量计算单位。六铢为一锱,四锱为一两。这里指很轻的东西。

⑯故势有不可得:以下至“道不可也”,出自《韩非子·观行》。

⑰乌获:人名。战国时秦国著名的大力士。重其身:指没法把自己举起来。《韩非子·观行》:“有乌获之劲而不得人助,不能自举。”

⑱离娄:传说为黄帝时人。视力极强,能看到百步以外的毫毛。

【译文】

评论说:“走远路的人,要借助车马;渡江海的人,要依靠船只。所

以贤士立下功劳，成就名声，要借助外界的资源与事物。”如何证明这一道理？公输班能够依靠君主的木材，来构建宫室台榭，而不能为自己建一个狭小的房屋，这是因为没有足够的木材。欧冶子能够依靠君主的铜铁，来铸造金炉与大钟，却不能为自己做一些壶、鼎、盘、盂等普通器皿，这是因为没有材料。君子能够借助君主的朝廷政事，来协和百姓，恩泽民众，却不能使自己家庭富饶，这是因为情势不允许。所以当舜在历山耕田的时候，恩惠达不到自己的家乡；当姜太公在朝歌杀牛的时候，没法让自己的妻子儿女得到什么利益。等到他们被任用，恩泽流通八方，德行充溢四海。所以舜借助尧，姜太公借助周文王。君子能够借助道义来修身，不能违背道义而借助钱财。慎子说：“腾蛇在雾中飞行，飞龙在云中飞行，等到云消雾散，它们就同蚯蚓一样了，这是因为失去了飞行的凭借。”韩非子说：“千钧的重物有船承载就能浮起来，很轻的物品无船承载就会沉下去，并不是千钧的东西轻而锱铢的东西重，而是因为有依托与无依托的区别。所以形势总有难以具备的，事情总有办不成的。乌获能轻易举起千钧重物却没法把自己举起来，并不是因为他的身体比千钧还重，而是由于形势不便。离娄能轻易看到百步之外却看不到自己的眉毛和睫毛，并不是因为百步的距离近而眉毛与睫毛远，而是由于道理上行不通。”

语曰：“夫有国之主[①]，不可谓举国无深谋之臣，阖朝无智策之士，在听察所考精与不精、审与不审耳。”何以明之？在昔汉祖[②]，听聪之主也。纳陈恢之谋则下南阳[③]，不用娄敬之计则困平城[④]。广武君者[⑤]，策谋之士也。韩信纳其计则燕、齐举[⑥]，陈馀不用其谋则泜水败[⑦]。由此观之，不可谓事济者有计策之士，覆败者无深谋之臣。虞公不用宫之奇之谋灭于晋[⑧]，仇由不听赤章之言亡于智氏[⑨]，蹇叔之哭不能济崤黾之覆[⑩]，赵括之母不能救长平之败[⑪]。此皆人主之听不精不审耳，天下之国莫皆不有忠臣谋士也。议曰：天下无灾害，虽有贤德，无所施才。老子曰：“大道废[12]，有仁义；国家昏乱，有忠臣。”《淮南子》曰：“未有其功而知其贤者[13]，唯尧之知舜也。功成事立而知其贤者，市人之知舜也。”陆机曰[14]：“飞辔西顿[15]，则离朱与蒙瞍收察[16]；悬景东秀[17]，则夜光与碔砆匿耀[18]。是以才换世则俱困，功偶时而并劭[19]。”以此推之，向使殷无鸣条之事[20]，则伊尹有莘之媵臣[21]；周无牧野之师[22]，则太公渭滨之渔者耳，岂能勒名帝籍[23]，策勋天府乎[24]！故曰：“贤不肖者[25]，才也；遇与不遇者，时也。”诚哉，是言也！

【注释】

①夫有国之主：以下至“在听察所考精与不精、审与不审耳”，见于《群书治要》卷四十八所引杜恕《体论》。

②在昔汉祖：以下至“天下之国莫皆不有忠臣谋士也”，见于《群书治要》卷四十八所引杜恕《体论》，有删节。

③纳陈恢之谋则下南阳：陈恢，秦末南阳郡郡守吕齮（yǐ）的舍人。在刘邦围攻宛城（今河南南阳）时向刘邦献计，使刘邦兵不血刃得到了南阳郡，并保全了宛城军民。事见《史记·高祖本纪》。

④不用娄敬之计则困平城：娄敬，即刘敬，汉初齐（治今山东淄博东北）人。以戍卒身份求见刘邦，建议入都关中有功，赐姓刘。曾劝说刘邦不可出击匈奴，刘邦不听，后果然于白登山被围。事见《史记·刘敬叔孙通列传》。平城，汉县名。今山西大同东北。

⑤广武君：即李左车，楚汉相争时赵国谋臣。韩信、张耳攻赵时，成安君陈馀不听广武君之言，以致兵败。韩信获广武君而师事之，广武君遂为之筹策下燕齐之地。事见《史记·淮阴侯列传》。

⑥举：攻克。

⑦陈馀：魏国大梁（今河南开封）人。秦末义军将领。泜（chí）水：古水名。即今槐河。韩信在此大败赵军。

⑧虞公不用宫之奇之谋灭于晋：晋国向虞假道攻虢，大臣宫之奇以“唇亡齿寒”的道理劝谏虞君。虞君不听，最终为晋国所灭。事见《左传·僖公五年》。

⑨仇由不听赤章之言亡于智氏：仇由，春秋时国名。故地在今山西盂县东北。赤章，即赤章曼枝，仇由国大臣。智氏，指智伯瑶，春秋末期晋国执政的六卿之一。智伯要讨伐仇由，苦于道路崎岖，于是铸了一口大钟送给仇由之君。仇由之君不听赤章曼枝的劝谏，修通道路接受大钟，智伯随之灭亡仇由。事见《韩非子·说林下》。

⑩蹇叔之哭不能济崤黾（xiáo miǎn）之覆：蹇叔，春秋时秦国大夫。曾劝谏秦穆公不要“劳师以袭远”，攻打郑国，秦穆公不听，后秦军在崤底为晋军所败。《左传·僖公三十二年》：“蹇叔之子与师，哭而送之，曰：‘晋人御师必于崤。崤有二陵焉。其南陵，夏后皋之墓也；其北陵，文王之所辟风雨也。必死是间，余收尔骨焉。’”崤黾，指崤底一带，在崤山山谷之底。

⑪赵括之母不能救长平之败：赵括，战国时期赵国将领，马服君赵奢之子。好空谈兵法，缺乏战争的实际经验。长平之战时，代廉颇为将，兵败身死。赵括之母曾劝谏赵孝成王不可令赵括领兵。事见《史记·廉颇蔺相如列传》。长平，今山西高平西北。

⑫大道废：以下至“有忠臣”，出自今本《老子》第十八章。

⑬未有其功而知其贤者：以下至“市人之知舜也”，出自《淮南子·氾论训》。

⑭陆机：字士衡，吴郡华亭（今上海松江）人。西晋文学家。

⑮飞辔（pèi）西顿：以下至“功偶时而并劭”，出自《文选·演连珠》。飞辔西顿，指太阳落山。李善注：“飞辔、悬景，皆谓日也。日有御，故云‘辔’也。顿，犹舍也。西顿，谓已夕也。”

⑯离朱：即离娄。蒙瞍（sǒu）：盲人。

⑰悬景东秀：指太阳升起。

⑱夜光：夜光之璧。

⑲偶时：逢时。劭：美好。

⑳向使殷无鸣条之事：以下至“则太公渭滨之渔者耳”，出自《晋书·张载传》。鸣条之事，商汤讨伐夏桀，战于鸣条。据文意，此处指商汤立志讨伐夏桀。

㉑媵（yìng）臣：古代随嫁的臣仆。

㉒牧野之师：周武王讨伐商纣，战于牧野。据文意，此处指周文王立志讨伐商纣。

㉓勒：刻。帝籍：皇室所藏的图书典籍。

㉔策勋：记功勋于策书之上。天府：原为周官名，掌祖庙之守藏，后因称朝廷藏物之府库为“天府”。

㉕贤不肖者：以下至“时也”，出自《荀子·宥坐》。

【译文】

古语说：“拥有国家的君主，不能说全国上下都没有深谋远虑的臣子，整个朝廷都没有计策高明的士人，关键在于君主探听审察人才是否精心，是否仔细。”如何证明这一道理？过去，汉高祖是一位明察的君主。采纳了陈恢的计谋则获得了南阳郡，不听取娄敬的计谋则被匈奴围困于平城。广武君李左车，是足智多谋的人。韩信采纳了他的计策则顺利攻取了燕、齐之地，陈馀不采纳他的计策则遭遇了泜水之战的失败。由此看来，不能说成功者才有出谋划策之人，败亡者便无深谋远虑之臣。虞公不采用宫之奇的意见，被晋国所灭；仇由之君不听赤章曼枝的话，被智伯所灭；蹇叔哭师，不能拯救秦军崤之战的败局；赵括之母的劝谏，不能挽回赵军长平之战的失败。这都是由于君主的视听不精心不仔细造成的，天下所有的国家，全都有忠臣与谋士。评论说：天下如果没有灾害，虽然有贤德的人，也无法施展其才干。老子说：“大道废弛，仁义才显现；国家政治昏乱，忠臣才出现。”《淮南子》说：“一个人尚未立下功绩便能看出他的贤明，唯有尧了解舜是这样。一个人立下功绩后知晓他的贤明，这是一般人了解舜的方式。”陆机说：“太阳落山后，离娄与盲人同样看不见东西；太阳升起后，夜光璧与碱砆石同样失去光辉。所以换了一个时代，高下不同的人才往往同时遭遇困境；遇见好的时势，则皆能成就美好的功业。”以此推断，如果商汤不立志讨伐夏桀，则伊尹不过是有莘氏陪嫁的臣仆；周文王不立志讨伐商纣，姜太公不过是渭水河边的渔父，哪里能刻名字于典籍，载功勋于史册呢！所以说：“贤与不贤，在于才能；得志与不得志，在于机遇。”这话说得太对了！

黄石公曰：“罗其英雄则敌国穷[1]。夫英雄者，国家之干；士民者，国家之本。得其干，收其本，则政行而无怨。”知人则哲，唯帝难之[2]，慎哉！

【注释】

①罗其英雄则敌国穷：以下至“则政行而无怨”，出自《黄石公三略·上略》。穷，困窘。

②知人则哲，唯帝难之：出自《尚书·皋陶谟》。知人则哲，谓能鉴察人的品行才能，即可谓之明智。帝，指尧。

【译文】

黄石公说：“招揽敌国的英雄人物，敌国就会走向衰败。英雄，是国家的桢干；士人与民众，是国家的根本。得到了桢干，获得了根本，政令就会得到施行而民众也不会有怨言。”能鉴察人的品行才能，即可以称得上明智，这连帝尧都感到困难，要谨慎啊！

政体第八 议曰：夫政理得人则兴，失人则毁，故首简才行，次论政体焉。

【题解】

所谓“政体”，指的是君主为政的大体与要点。赵蕤认为，只有做到“审于时，察于用，而能备官者”，才是一位合格的君主。本篇以《管子·牧民》篇“十一经”作为论述大纲，并在自注中附以大量史事与前人言论作为佐证，详细讨论了“教诲之政”的条目与施行办法。从《政体》至《理乱》篇，均围绕着国家治理中的某些纲领性问题展开讨论，可以视为《长短经》的第二部分。

赵蕤自注：“为政之道，得到人才就会兴盛，失去人才就会衰败，所以本书首先讨论人的才智德行，接下来讨论为政的纲领。”

古之立帝王者[①]，非以奉养其欲也，为天下之人强掩弱，诈欺愚，故立天子以齐一之。谓一人之明不能遍照海内，故立三公九卿以辅翼之。为绝国殊俗不得被泽[②]，故立诸侯以教诲之。

【注释】

①古之立帝王者：以下至“故立诸侯以教诲之”，出自《文子·自然》，有删节。类似内容亦见于《淮南子·修务训》。

②绝国：极其辽远之邦国。殊俗：风俗不同的远方。

【译文】

古代之所以拥立帝王，不是为了供养他们的嗜欲，而是因为天下之人强大的压迫弱小的，巧诈的欺骗愚昧的，所以要拥立天子来让他们齐同一致。因为一个人的聪明不能够遍照所有的地方，所以设立三公九卿来辅佐天子。因为辽远的邦国、风俗不同的远方难以承受恩泽，所以设立诸侯来教诲他们。

夫教诲之政，有自来矣。何以言之？管子曰：措国于不倾之地[①]，授有德也。周武王问于粥子曰[②]：“寡人愿守而必存，攻而必得，为此奈何？”对曰：“攻守同道，而和与严其备也[③]。故曰：‘和可以守，而严不可以守[④]，严不若和之固也；和可以攻，而严不可以攻[⑤]，严不若和之得也。’故诸侯发政施令，政平于人者，谓之文政矣。接士而使吏，礼恭于人者，谓之文礼也。听狱断治，刑仁于人者，谓之文诛矣[⑥]。故三文立于政，行于理，守而不存，攻而不得者，自古至今，未之尝闻。”尸子曰：“德者[⑦]，天地万物得也。义者，天地万物之宜也。礼者，天地万物体也[⑧]。使天地万物皆得其宜，当其体，谓之大仁。”文子曰：“夫人无廉耻[⑨]，不可以治也；不知礼义，不可以行法也。法能杀人，不能使人孝悌；能刑盗者，不能使人有廉耻。故圣王在上，明好恶以示之，经非誉以导之[⑩]，亲贤而进之，贱不肖而退之，刑措不用[⑪]，礼义修而任得贤也。”又曰：“夫义者[⑫]，非能尽利天下者也，利一人而天下从；暴者，非能尽害海内者也，害一人而天下叛。故举措废置⑬,不可不审也。”

【注释】

①措国于不倾之地:正文以下至“可奉以为君”,出自《管子·牧民》,有删节。措,安放、安置。

②周武王问于粥(yù)子曰:以下至“未之尝闻”,出自贾谊《新书·修政语下》所引《鬻子》。粥子,即鬻熊,周文王大臣,楚国先祖。《汉书·艺文志》道家类有《鬻子》二十二篇。粥,同“鬻”。

③和:平和。严:严厉。

④严不可以守:《新书·修政语下》作“严可以守”,“不”字为衍文。

⑤严不可以攻:《新书·修政语下》作“严可以攻”,“不”字为衍文。

⑥诛:惩罚,责罚。

⑦德者:以下至“谓之大仁”,出自《尸子·处道》。

⑧天地万物体也:指天地万物皆合事体。《释名·释言语》:“礼,体也,得事体也。”

⑨夫人无廉耻:以下至“礼义修而任得贤也”,出自《文子·上礼》。人,《文子》作“民”,赵蕤避李世民讳改“民”为“人”。

⑩经:度量,衡量。非誉:毁誉。

⑪刑措:放置刑法而不用。措,放置。

⑫夫义者:以下至“不可不审也”,出自《文子·上义》。

⑬举措:任用与废黜。废置:撤消和设立。泛指君主的各项施政措施。

【译文】

这种以教化为原则的统治方法,由来已久。为什么这么说?管子说:要把国家建立在稳固的基础上,就必须把政权交给有德行的人。周武王问鬻子说:“我希望防守一定能守住,攻战一定能取胜,如何才能做得到?”鬻子回答说:“进攻与防守之道相同,而平和与严厉是攻守的装备。所以说:‘采用平和的方式可以防守,严厉的方式也可以防守,但采用严厉的方式不如平和的方式守得稳固；采用平和的方式可以进攻，严厉的方式也可以进攻，但采用严厉的方式不如平和的方式取得的战果大。’所以诸侯颁布政令，对待人较为平和的，叫作‘有文德的政治’。诸侯接待士人、差遣官吏，以恭敬的礼仪对待人的，叫作‘文明的礼仪’。诸侯审理狱讼、判决处治时，以仁慈之心判刑，叫作‘有文德的刑罚’。所以如果将文政、文礼、文诛树立为政治的原则，并落实于国家治理中，这样防守不能守住，作战不能取胜，从古到今，从来没有听说过。”尸子说：“德，就是天地万物都有所得。义，就是天地万物都得到适当的安置。礼，就是天地万物都合事体。让天地万物都得到适当的安置，都合乎事体，就是最大的仁。”文子说：“民众没有廉耻之心，就无法治理；不知礼义，就无法实行法治。法律能够杀人，但不能使人孝敬父母、尊敬兄长；能够惩罚盗贼，但不能使人有廉耻之心。所以圣明的君主处在高位，明确好恶来指示给民众，衡量毁誉来引导民众，亲近贤才而举用他们，轻贱小人并斥退他们，放置刑罚而不用，礼义得以修明而贤才得以任用。”又说：“所谓义，并不能让天下之人全都获利，然而使一人获利，天下之人就都归顺了；所谓残暴，并不能让天下之人全都受害，然而伤害一人，天下之人就都反叛了。所以君主的各项施政举措，不可不审慎对待。”

积于不涸之仓，务五谷也①。晁错说汉文帝曰②：“今土地、人民不减于古，无尧、汤之水旱，而蓄积不及古者，何也？地有遗利，人有余力，生谷之土未尽垦辟，山泽之利未尽出，游食之人未尽归农也③。当今之务在于贵粟④，贵粟之道在于使人以粟为赏罚。今募天下之人入粟塞下，得以拜爵，得以除罪。如此则富人有爵，农人有钱，粟有所余，而国用饶足。不过三岁，塞下之粟必多矣。”汉景帝诏曰⑤：“雕文刻镂⑥，伤农事者也；锦绣纂组⑦，害女工者也⑧。农事伤，则饥之本也；女工害，则寒之原也。夫饥寒并至而能毋为非者，寡矣。朕亲耕，后亲桑，以奉宗庙，为天下先，欲天下务农蚕，素有蓄积，以备灾害。”《盐铁论》曰⑨：“国有沃野之饶⑩，而人不足于食者，工商盛而本业荒也⑪；有山海之货，而人不足于财者，不务人用而淫巧众也[12]。”

【注释】

①务：努力，致力。五谷：五种谷物，一般指黍、稷、粟、菽、麦等。此处泛指各种粮食。

②晁错说汉文帝曰：以下至“塞下之粟必多矣”，出自《汉纪·孝文皇帝纪》所载晁错《论贵粟疏》，有删节。类似记载又见于《汉书·食货志》。晁错，颍川（治今河南禹州）人。西汉政治家。主张削平藩国，奖励农耕，抗击匈奴。前154年，吴、楚七国以“清君侧”为名发动叛乱，汉景帝迫于藩国压力而斩杀晁错。

③游食：游手好闲，不劳而食。

④贵粟：以粮食为珍贵之物。

⑤汉景帝：即刘启，汉文帝之子。他同文帝统治时期，历史上并称为“文景之治”。

⑥雕文刻镂（lòu）：以下至“以备灾害”，出自《汉书·景帝纪》，有删节。雕文，雕绘文采。刻镂，雕刻。

⑦纂（zuǎn）组：指精美的织物。

⑧女工：指女子所做纺织、刺绣、缝纫等事。

⑨《盐铁论》：记述西汉昭帝时盐铁会议的文献。汉昭帝始元六年（前81），召集各地推举的贤良、文学六十余人到京，“问民间所疾苦”。他们主张“张仁义”“抑末利”，要求废除盐铁专卖制度，与御史大夫桑弘羊等人发生了激烈的辩论。汉宣帝时，由桓宽将会议内容整理“推衍”成书。

⑩国有沃野之饶：以下至“不务人用而淫巧众也”，出自《盐铁论·本议》。

⑪本业：指农业。

⑫人用：《盐铁论》做“民用”，指民众日常所需的物品。淫巧：谓过

于精巧而无益的技艺与制品。

【译文】

要把粮食储存在取之不尽的粮仓里，就必须努力进行粮食生产。晁错劝汉文帝说："如今土地、人民不比古时少，也没有出现尧、汤之时的水旱之灾，而粮食的积蓄却不如古代，这是什么原因？这是因为土地尚未充分开发，民众的劳力尚未完全利用，能够产出粮食的土地尚未完全开垦，山林与川泽的资源尚未全部利用，游手好闲的人尚未全部回归农业生产。如今当务之急，在于以粮食为贵重之物，其方法，在于让人以粮食作为赏罚的依据。现在招募天下之人将粮食输送到边境地区，可以凭此获得爵位，免除罪责。这样，则富人有了爵位，农民有了钱，粮食有了富余，而国家的财源充足。不超过三年，边境地区的粮食一定会多起来。"汉景帝下诏说："雕绘装饰器物，会损害农业生产；织造精美的丝绸，会耽误女子纺织。农业生产被妨碍，是发生饥荒的原因；女子纺织被耽误，是百姓受冻的原因。饥寒交迫而不为非作歹，能做到的人很少。我亲自耕田，皇后亲自采桑养蚕，用以供奉宗庙，为天下做榜样，就是想让天下之人都从事农耕纺织，平时能拥有积蓄，以防备灾害的到来。"《盐铁论》说："国家有丰饶的肥沃田野，而民众却吃不饱的原因，在于工商业兴盛而农业荒废；国家有山林河海的出产，而民众却财货不足的原因，在于不顾民众的日用所需，而过多制作奢侈精巧之物。"

藏于不竭之府，养桑麻、育六畜也①。汉景帝诏曰："农，天下之本也②。黄金珠玉，饥不可食，寒不可衣。其令郡国劝农桑③，益种树可充衣食物④。吏发人取庸采黄金珠玉者⑤，坐赃为盗⑥，二千石听者与罪同。"《申鉴》论曰⑦："人不畏死⑧，不可惧之以罪；人不乐生，不可劝之以善。故在上者，先丰人财，以定其志也。"

【注释】

①六畜：马、牛、羊、鸡、狗、猪。在此泛指各种牲畜。

②农，天下之本也：以下至“二千石听者与罪同”，出自《汉书·景帝纪》，有删节。

③郡国：“郡”和“国”的并称。汉初，兼采封建及郡县之制，分天下为郡与国。郡直属中央，国分封诸王、侯。

④种树：种植，栽种。

⑤发人：《汉书·景帝纪》作“发民”，征发民众。取庸：雇佣工。

⑥坐赃为盗：犯为盗获赃之罪。

⑦《申鉴》：东汉末年荀悦的政治、哲学论著。全书五卷，包括《政体》《时事》《俗嫌》《杂言》五篇。

⑧人不畏死：以下至“以定其志也”，出自《申鉴·政体》，有删节。人，《申鉴》作“民”。

【译文】

要把财货贮藏在用之不竭的仓库里，就必须种植桑麻，饲养六畜。汉景帝下诏说：“农业，是天下的根本。黄金珠玉，饿了不能吃，冷了不能穿。要命令各郡县与诸侯国鼓励百姓投入农业生产，多多种植可以提供衣食的作物。如果官吏征发民众或雇佣佣工开采黄金珠玉，以盗窃罪论处，郡守听之任之的，与之同罪。”《申鉴》议论说：“百姓不怕死亡，便无法用刑罚威吓他们；民众不对生存感到快乐，便无法用善道劝导他们。所以在上位的统治者，要先让民众富裕起来，以此安定他们的情志。”

下令于流水之原[①]，令顺人心也。尉缭子曰：“令，所以一众心也[②]。不审所出则数变，数变，则令虽出，众不信也。出令之法，虽有小过，无更，则众不二听，即令行矣。”尹文子曰[③]：“父之于子也[④]，令有必行、有不必行者。去贵妻，卖爱妾，此令必行者也。因曰：‘汝无敢恨，汝无敢思。’此令不行者也。故为人上者，必慎所出令焉。”文子曰：“治国有常[⑤]，而利人为本；政教有道，而令行为右也[⑥]。”

【注释】

①下令于流水之原：指政令合乎民心则民众顺从，犹如水自源头顺流而下。原，同“源”。

②令，所以一众心也：以下至“即令行矣”，见于《群书治要》卷三十七所引《尉缭子·战威》，有删节。

③尹文子：即尹文，战国时期齐国思想家。《汉书·艺文志·诸子》载有《尹文子》一篇。

④父之于子也：以下至“必慎所出令焉”，见于《群书治要》卷三十七所引《尹文子·圣人》。

⑤治国有常：以下至“而令行为右也”，出自《文子·上义》。

⑥右：古代崇右，故以右为上，为贵，为高。

【译文】

要让政令下达后民众顺从如流水，就必须使颁布的政令顺应民心。尉缭子说：“号令，是用来统一众人意志的。如果不在发布时仔细斟酌，号令就会屡屡变更，号令屡屡变更，则号令尽管发布，众人也不相信了。发布号令的正确方法是，虽然有小的差错，不轻易更改，那么众人就不会无所适从，号令也就能贯彻执行了。”尹文子说：“父亲给儿子所下的命令，有的一定会照办，有的不必照办。如果命令休掉出身高贵的妻子，卖掉心爱的小妾，儿子一定会照办。如果接着命令：‘你不许怨恨，不许思念。’儿子肯定做不到。所以作为统治者，一定要小心所颁布的号令。”文子说：“治国有原则，而以有利于民众为根本；政治与教化有原则，而以令行禁止为最高准则。”

使士于不诤之官①，使人各为其所长也。孙卿曰：“相高下②，序五谷，君子不如农人；通财货，辨贵贱，君子不如贾人；设规矩③，便备用，君子不如工人；若夫论德而定次，量能而授官，言必当理，事必当务，然后君子之所长。”文子曰：“力胜其任④，即举之不重也；能胜其事，则为之不难也。”

【注释】

①不诤:《管子·牧民》作“不争”。

②相高下:以下至“然后君子之所长”,出自《荀子·儒效》,有删节。

③规矩:规和矩。校正圆形和方形的两种工具。

④力胜其任:以下至“则为之不难也”,出自《文子·自然》。

【译文】

要把士人安排在不会互相争斗的职位上,就必须让他们从事自己所擅长的工作。荀子说:“观察农田的地势高低,安排五谷的种植季节,君子不如农民;使财货流通,分辨货物的贵贱,君子不如商人;设立规矩,方便器物的使用,君子不如工人;如果依照德行来确定等级次序,衡量才能来授予官职,言论一定合乎道理,做事一定适合时务,这才是君子所擅长的。”文子说:“力量足以承受,举起来就不会感到沉重;能力足以办好,做起来就不会觉得困难。”

明必死之路,严刑罚也。议曰:孔子曰:“上失其道而杀其下[①],非理也。故三军大败不可斩,狱犴不治不可刑[②]。何也?上教之不行,罪不在人故也[③]。夫慢令谨诛[④],贼也[⑤]。征敛无时,暴也[⑥]。不诫责成[⑦],虐也。政无此三者,然后刑可即也。陈道德以先服之[⑧],犹不可,则尚贤以劝之。又不可,则废不能以惮之。而犹有邪人不从化者,然后待之以刑矣。”袁子曰[⑨]:“夫仁义礼制者[⑩],法之本也[⑪]。法令刑罚者,治之末也[⑫]。无本者不立,无末者不成。”何则?夫礼教之法,先之以仁义,示之以礼让,使之迁善日用而不知[⑬]。儒者见其如此,因为治国不须刑法[⑭]。不知刑法承于下,而后仁义兴于上也。法令者,赏善禁淫[⑮],居理之要。商、韩见其如此[⑯],因曰“治国不待仁义”。不知仁义为体,故法令行于下也。故有刑法而无仁义则人怨,怨则怒也。有仁义而无刑法则人慢[⑰],慢则奸起也。本之以仁，成之以法，使两道而无偏重，则治之至也。故仲长子曰[18]：“昔秦用商君之法，张弥天之网，然陈涉大呼于沛泽之中[19]，天下响应。人不为用者，怨毒结于天下也。”桓范曰：“桀、纣之用刑也[20]，或脯醢人肌肉[21]，或刳割人心腹[22]，至乃叛逆众多，卒用倾危者[23]，此不用仁义为本者也。”故曰：仁者法之恕，义者法之断也。是知仁义者，乃刑之本。故孙子曰：“令之以文[24]，齐之以武，是谓必取。”此之谓矣。

【注释】

①上失其道而杀其下：以下至“然后待之以刑矣”，出自《孔子家语·始诛》，有删节。

②狱犴（àn）：古代乡亭的牢狱。引申为狱讼之事。

③罪不在人：《孔子家语·始诛》作“罪不在民”。

④慢令谨诛：法令松弛却刑罚严厉。

⑤贼：残害。

⑥暴：欺凌。

⑦不诫责成：《孔子家语·始诛》作“不试责成”。

⑧以先服之：指率先身体力行，使百姓信服。

⑨袁子：即袁准，字孝尼，陈郡扶乐（今河南太康）人。魏晋时期学者。

⑩夫仁义礼制者：以下至“则治之至也”，见于《群书治要》卷五十所引《袁子正书·礼政》，有删节。

⑪法之本：《袁子正书·礼政》作“治之本”，正与下文“治之末”对应，译文从之。

⑫治之末：可以理解为治理国家的具体手段。

⑬日用而不知：日常运用却不知不觉。

⑭为：通“谓”。《袁子正书·礼政》作“谓”。

⑮淫：邪恶，奸邪。

⑯商、韩：指商鞅、韩非，战国法家代表人物。

⑰慢：怠慢，轻慢。

⑱仲长子：即仲长统，字公理，山阳高平（今山东微山西北）人。东汉末年思想家。著有《昌言》。以下引文不见于今本《昌言》。

⑲陈涉：即陈胜，字涉，阳城（今河南登封东南）人。秦二世时被征发戍守渔阳（治今北京密云西南），途中与吴广在沛郡蕲县大泽乡（今安徽宿州东南）发动同行戍卒九百人起义。沛泽：沛郡大泽乡。

⑳桀、纣之用刑也：以下至“乃刑之本”，应为桓范《世要论》佚文。

㉑脯醢（fǔ hǎi）：一种处斩之后剁肉成泥的古代酷刑。

㉒刳（kū）割：剖杀，切割。

㉓卒：最终。用：因此。

㉔令之以文：以下至“是谓必取”，出自《孙子兵法·行军》。文，指恩惠。武，指刑罚。

【译文】

要向民众明确哪里是必死之路，就必须严肃刑罚。评论道：孔子说：“统治者违背道义却要诛杀臣民，这是不合理的。所以三军大败，不可以诛杀将士；狱讼之事管理不善，不可以动用刑罚。为什么？这是由于统治者没有推行教化，罪过并不在民众身上。法令松弛却刑罚严厉，这是在残害民众。随意横征暴敛，这是在欺凌民众。不事先告诫却责令成功，这是在虐待民众。政治上没有这三种情况，才可以动用刑罚。首先陈说道德，身体力行，使民众信服，如果还不行，就尊崇贤人以劝勉民众。如果还是不行，就废黜无能之辈，使民众忌惮。若仍有奸邪之人不服从教化，最后再用刑罚对付这种人。”袁子说：“仁义与礼制，是治理国家的根本。法令与刑罚，是治理国家的具体手段。没有根本，则国家无法建立；没有手段，则治国不会成功。”为什么这么说？以礼教治国的方法，以仁义之道为先，以守礼谦让的行为向民众示范，使百姓在不知不觉间去恶向善。儒者看到这种情况，就认为治理国家不需要法令刑罚。他们不知道必须以法令刑罚作为后盾，然后仁义之道才能大兴于上。所谓法令，奖赏善举，禁止邪恶，是治理国家的关键。商鞅、韩非看到这种情况，就认为“治理国家不需要仁义之道”。他们不知道必须以仁义作为根本，法令才能顺利地推行下去。所以只有刑罚而不施行仁义，民众就会怨恨，怨恨会滋生愤怒。只推行仁义而不辅以刑罚，民众就会轻慢，轻慢会滋生奸恶。以仁义为根本，以法令为手段，双管齐下，无所偏颇，这才是治理国家的最高境界。所以仲长统说：“过去秦国施行商鞅制定的法律，张开遮天蔽日的大网以控制百姓，然而陈胜在大泽乡一声大喊，天下群起响应。民众不愿为秦朝效力，是因为秦朝与天下百姓都结下了仇怨。”桓范说：“夏桀、商纣使用刑罚，或把人剁成肉酱，或剖开人的身体，以致反叛的人越来越多，最终因此灭亡，这是因为不以仁义作为治国的根本。”所以说：法律要讲求宽恕，这是仁的精神；法律要讲究决断，这是义的精神。由此可知，仁义是刑罚的根本。所以孙子说：“用恩义来号令，用刑罚来约束，这样就能必胜。”说的就是这个道理。

开必得之门，信庆赏也。《吕氏春秋》曰：“夫信立则虚言可以赏矣[①]。六合之内，皆可以为己府矣[②]。人主见此论者[③]，其王久矣[④]。人臣知此论者，可以为王者佐矣。”徐幹《中论》曰[⑤]：“天生蒸民[⑥]，其情一也。刻肌亏体[⑦]，所同恶也；被文垂藻[⑧]，所同好也。此二者常在，而人或不理其身[⑨]，有由然也。当赏者不赏，而当罚者不罚，则为善者失其本望而疑其所行[⑩]，则为恶者轻于国法而怙其所守[⑪]。苟如是，虽日用斧钺于市[⑫]，而人不去恶矣；日赏赐爵禄于朝，而人不兴善矣。”蜀张裔谓诸葛亮曰[⑬]：“公赏不遗远[⑭]，罚不阿近，爵不以无功取，刑不可以势贵免，此贤愚之所以佥忘其身也[⑮]。”

【注释】

①夫信立则虚言可以赏矣：以下至“可以为王者佐矣”，出自《吕氏春秋·离俗览·贵信》，有删节。信立则虚言可以赏，意谓诚信树

立之后，臣民信服，故暂未兑现的承诺可以作为奖赏。

②府：府库，古代国家收藏财货或文书的地方。

③见：知道。

④其王久矣：《吕氏春秋·离俗览·贵信》作“其王不久矣”，译文从之。

⑤徐幹：字伟长，北海剧县（今山东寿光南）人。东汉时期著名文学家、思想家，“建安七子”之一。著有《中论》。

⑥天生蒸民：以下至“而人不兴善矣”，出自《中论·赏罚》。蒸民，即“烝人”，众民，百姓。

⑦刻肌：古代指墨、劓（yì）、膑（bìn）、刖（yuè）之刑。

⑧被文垂藻：指获得官爵，穿着华丽的官服。被，同“披”。文，锦绣等织物。垂，佩戴，悬挂。藻，装饰。

⑨人或不理其身：《中论·赏罚》作“民或不治其身”。

⑩本望：本来的愿望。

⑪怙（hù）其所守：指坚持自己的恶行。怙，依靠。

⑫用斧钺（yuè）于市：在市场公开诛杀犯人。

⑬张裔：字君嗣，蜀郡成都（今四川成都）人。三国时期蜀汉官员。

⑭公赏不遗远：以下至“此贤愚之所以佥忘其身也”，出自《三国志·蜀书·张裔传》。据《三国志》记载，这是张裔向他人称赞诸葛亮的话。

⑮佥：都，皆。

【译文】

向民众敞开有功必赏的大门，奖赏功劳时就必须言而有信。《吕氏春秋》说：“诚信树立之后，则暂未兑现的承诺也可以作为奖赏。如此一来，整个天下都成为自己的府库了。君主如果知道这个道理，很快就可以称王。臣子如果知道这个道理，就可以成为王者的辅佐。”徐幹《中论》说：“天生众民，其性情相同。伤害肌肤、毁损肢体，这是众人共同厌恶的；获得官爵，穿上华丽的官服，这是众人共同喜好的。这种厌恶与喜好一直存在，但有些民众却不修养自身，这是有原因的。应当奖赏的人不被奖赏，而应当惩罚的人不被惩罚，那么行善的人就会失去他本来的愿望，而怀疑自己的善行，作恶的人就会轻视国法，而继续自己的恶行。如果像这样，即便每天公开在市场上诛杀犯人，民众也不会改正恶行；每天在朝堂上赏赐爵禄，民众也不会兴起善行。”蜀国的张裔对诸葛亮说：“您赏赐不遗漏关系疏远的人，惩罚不宽容关系亲近的人，没有功劳的人无法获得官爵，有权有势的人无法免除刑罚，这就是无论贤愚都能舍身为国的原因。”

不为不可成，量人力也。文子曰：“夫债少易偿也[①]，职寡易守也，任轻易劝也。上操约少之分，下效易为之功，是以为君为臣久而不相厌也。末世之法，高为量而罪不及，重为任而罚不胜，危为难而诛不敢。人困于三责，即饰智以诈上[②]，虽峻法严刑，不能禁其奸也。”《新语》曰：“秦始皇设刑法为车裂之诛[③]，筑城域以备胡、越。事愈烦，下愈乱。法愈众，奸愈纵。秦非不欲治也，然失之者，举措太众，刑罚太极故也。”

【注释】

①夫债少易偿也：以下至“不能禁其奸也”，出自《文子·下德》，赵蕤重新安排了论述顺序。

②饰智：装作有智慧，弄巧欺人。

③秦始皇设刑法为车裂之诛：以下至“刑罚太极故也”，出自《新语·无为》，有删节。

【译文】

不做办不到的事情，就必须度量民力。文子说：“欠债少，便容易偿还；职责少，便容易司守；任务轻，便容易劝勉。君主操持简约寡少的职分，臣下效力于容易办好的职务，所以君臣相处良久，也不会互相厌恶。而王朝衰落时期的法度，定下很高的标准，达不到标准的就要治罪；定下很重的任务，不能胜任的就要受处罚；定下危险的任务，没有胆量的就会被诛杀。民众受困于这三项要求，就会弄巧以欺诈君主，即使有严刑峻法，也不能禁绝奸诈。”《新语》说：“秦始皇制定刑法，使用车裂的酷刑，修筑城塞以防备胡人与越人。事情越多，则天下越乱。法令越多，则奸邪之人越放纵。秦朝并非不想治理天下，但最终失败的原因，就在于举措太多，刑罚太严。”

不求不可得，不强人以其所恶也。故其称曰：“政者[①]，政之所行在顺人心，政之所废在逆人心。夫人恶忧劳[②]，爱逸乐。逸乐之人恶贫贱，富贵之人恶危坠，存安之人恶绝灭，生生者育之。能逸乐之，则人恐之忧劳；能富贵之，则人恐之贫贱；能存安之，则人恐之危坠；能生育之，则人恐之绝灭。故从其四欲，则远者自亲；行其四恶，则近者以叛。”晏子曰：“谋度于义者必得[③]，事因于仁者必成。反义而行，背仁而动，未闻能成也。”《吕氏春秋》曰：“树木茂则禽兽归之[④]，水泉深则鱼鳖归之，人主贤则豪杰归之，故圣主不务归之者，而务其所归。故曰：强令之笑不乐，强令之哭不悲。强之为道，可以成小[⑤]，而不可以成大也。”

【注释】

①政者：以下至“则近者以叛”，出自《管子·牧民》，文字有所不同。

②夫人恶忧劳：以下至“生生者育之”，此段文字有错乱，《管子》原文作：“民恶忧劳，我佚乐之；民恶贫贱，我富贵之；民恶危坠，我存安之；民恶灭绝，我生育之。”译文从之。

③谋度于义者必得：以下至“未闻能成也”，出自《晏子春秋》内篇卷三《景公问谋必得事必成何术晏子对以度义因民》，有删节。谋度于义，指谋略本于道义。度，居也，宅也。张纯一《晏子春秋校注》引王念孙曰：“‘度’之言‘宅’也；……宅者，居也，谓谋必居于义也。”

④树木茂则禽兽归之：以下至“而不可以成大也”，出自《吕氏春秋·仲春纪·功名》，文字有所不同。

⑤小：指虚名。《吕氏春秋·仲春纪·功名》高诱注：“虚称可以伪制，显实难以诈成。虚小实大也，故曰‘不可以成大’也。”

【译文】

不追求得不到的东西，就不要强迫民众做他们所厌恶的事情。所以说：“所谓政治，政令所以能够推行，在于顺应民心，政令所以废弛，在于违背民心。民众讨厌忧患劳苦，我就让他们得到安乐；得到安乐的民众讨厌贫贱，我就让他们得到富贵；得到富贵的民众害怕危难，我就让他们生活安稳；生活安稳的民众害怕家族灭绝，我就让他们生养繁育。能让民众安乐的人，民众就会担心他陷于忧患劳苦；能让民众富贵的人，民众就会担心他陷于贫贱；能让民众生活安稳的人，民众就会担心他遭受危险；能让民众生养繁育的人，民众就会担心他家族灭绝。所以如果顺应百姓的四种欲望，那么疏远的人也会亲近；如果让百姓陷于四种恶劣的境遇，那么亲近的人也会反叛。”晏子说：“谋略本于义的，必定有收获；做事根据仁的，必定会成功。违背义而行，违背仁而动，还没有听说能成功的。”《吕氏春秋》说：“树木茂盛，禽兽就会奔向那里；水泉深广，鱼鳖就会游向那里；君主贤明，豪杰就会前来投奔；所以圣明的君主不勉强使人们归附，而是尽力创造令人们归附的条件。所以说：强迫人们发笑，不会真的快乐；强迫人们哭泣，不会真的悲伤。强制命令这种做法，只能成就虚名，而不能成就大业。”

不处不可久，不偷取一世宜也[①]。董仲舒论安边之策[②]，欲令汉与匈奴和亲[③]，又取匈奴爱子为质。班固以匈奴桀骜[④]，每有人降汉，辄亦拘留汉使以相报复[⑤]，安肯以爱子为质？孝文时妻以汉女，而匈奴屡背约束，昧利不顾[⑥]，安在其不弃质而失重利也[⑦]？夫规事建议，不图万世之固而偷恃一时之事者[⑧]，未可以经远。晁错说汉文帝[⑨]，令人入粟塞下，得以拜爵，得以赎罪。上从之。荀悦曰：“圣人之政[10]，务在纲纪，明其道义而已。若夫一切之计[11]，必推其公议，度其时宜，不得已而用之。非有大故[12]，弗由之也。”

【注释】

①偷：苟且。一世：一代，犹如说“短期行为”。诸侯世代相及，不可偷取一代之苟安而不顾其后。

②董仲舒论安边之策：以下至“未可以经远”，语本《汉书·匈奴传》“赞曰”。

③和亲：指利用婚姻关系与边疆各族统治者结亲和好。

④桀骜（jié ào）：强横，乖戾。骜，用同“傲”。

⑤辄：犹则，就。

⑥昧利：贪利。

⑦弃质：指不顾人质性命。

⑧偷：苟且。

⑨晁错说汉文帝：以下至“上从之”，语本《汉书·食货志》。

⑩圣人之政：以下至“弗由之也”，出自《汉纪·孝文皇帝纪》。

⑪一切：权宜、临时。

⑫大故：重大的事故。多指对国家、社会有重大影响的祸患，如灾害、兵寇、国丧等。

【译文】

不居处于不可久留之地，就不要苟且追求短期的利益。董仲舒讨论安定边境的策略，主张让汉朝与匈奴和亲，并将匈奴单于的爱子作为人质。班固认为匈奴桀骜不驯，每当匈奴中有人投降汉朝，他们便立即扣留汉朝的使者作为报复，怎么肯以单于的爱子作为人质呢？汉文帝时，朝廷将汉朝女子嫁给匈奴单于，而匈奴却屡屡违背达成的协议，贪图利益而不顾信义，如何能指望他们会不顾人质性命而放弃重利呢？谋划大事，议定国策，不图长治久安，而偷安于权宜之计，这样的人无法做长远的谋划。晁错劝说汉文帝，让民众将粮食输送到塞下，可以凭此获得爵位，免除罪责。汉文帝听从了晁错的建议。荀悦说："圣明君主的政治，致力于纲纪的制定，彰显道义。如果要行一时的权宜之计，一定让群臣共同商议，衡量其是否合乎时宜，迫不得已才会采用它。如果不是国家有重大的事故，都不应当这样做。"

知时者，可立以为长。范蠡曰："时不至[①]，不可强生[②]；事不究[③]，不可强成。"管子曰："圣人能辅时，不能违时[④]。"语曰："圣人修备[⑤]，以待时也。"**审于时，察于用[⑥]，而能备官者[⑦]，可奉以为君。**议曰：孙卿曰："盗王者之法与王者之人为之[⑧]，则亦王矣；盗霸者之法与霸者之人为之，则亦霸矣；盗亡国之法与亡国之人为之，则亦亡矣。夫与积礼义之君子为之，则王矣；与端诚信令之士为之，则霸矣；与权谋倾覆之人为之[⑨]，则亡矣。三者，明主之所谨择。"此能察于用也。管子曰："大位不仁[⑩]，不可授以国柄。见贤不让，不可与尊位。罚避亲戚，不可使主兵。不好本事[⑪]，不可与都邑。"又曰："使贤者食于能则上尊崇[⑫]，斗士食于功则卒轻死，使二者设于国则天下理[⑬]。"傅子曰："凡都县之考课有六[⑭]：一曰以教课治则官慎德，二曰以清课本则官慎行，三曰以才课任则官慎举，四曰以役课平则官慎事，五曰以农课等则官慎务，六曰以狱课讼则官慎理。"此能备官也。

【注释】

①时不至：以下至"不可强成"，出自《国语・越语下》。时，时机。

②强生：勉强生长。

③究：穷。指事物发展的转折点。《国语・越语下》韦昭注："究，穷也。穷则变，生可因而成之。"

④圣人能辅时，不能违时：出自《管子・霸言》。辅时，相时而动，善用时机。

⑤修备：指做好准备。按，《左传·庄公八年》作“姑务修德，以待时乎”。

⑥察于用：明察用人之道。

⑦备官：选拔任用官吏。

⑧盗王者之法与王者之人为之：以下至“明主之所谨择”，出自《荀子·王霸》，有删节。盗，《荀子·王霸》作“道”，引导，采用。译文从之。与，任用。《王霸》前文云“何法之道，谁子之与也？”杨倞注：“问以何法导达之，求谁人付与之。”

⑨倾覆：谓邪僻不正，反复无常。

⑩大位不仁：以下至“不可与都邑”，出自《管子·立政》，有删节。大位不仁，《管子·立政》作“大德不至仁”，指德行没有达到仁者的标准。译文从之。

⑪本事：指农业。

⑫使贤者食于能则上尊崇：以下至“使二者设于国则天下理”，出自《管子·法法》，有删节。贤者食于能，贤者依靠能力获得俸禄。

⑬设：施行。

⑭考课：按一定标准考核官吏优劣，分别等差，决定升降赏罚。

【译文】

能够通晓时势的人，可以任命为官长。范蠡说：“时机未到，不可让万物勉强生长；事物转折点未到，不可勉强促使其成功。”管子说：“圣明的君主能够把握时机，而不违背时势。”古语说：“圣人做好准备，以等待时机。”**通晓时势，明察财用之道，而又能任用贤才为官吏的，可以拥奉为君主。**评论道：荀子说：“实行王者之法，任用王者一类的人去执行，就能够称王天下；实行霸者之法，任用霸者一类的人去执行，就能称霸天下；实行亡国之法，任用亡国一类的人去执行，国家就会灭亡。任用积累礼义的君子来治国，就能称王；任用端正诚实守信的人来治国，就能称霸；任用操弄权术、反复无常的人来治国，就会亡国。这三种情况，贤明的君主一定要谨慎选择。”这便是能够明察用人之道。管子说：“德行尚未到达仁者的标准，不可授予国家大权。见到贤能之人不能让位，不可授予尊显的地位。执行刑罚时回避亲戚,不可使其统率军队。不重视农业,不可使其担任地方长官。”又说:“贤者依靠能力获得俸禄,君主就会受到尊崇;战士依靠功劳获得奖赏,士卒就不怕牺牲;使两者成为国家政策,则天下就能安定。”傅玄说:“对郡县官员进行考课有六项标准:一是通过推行教化的情况来考察治绩,这样官员就会注重德行;二是通过清廉与否来考察本职,这样官员就会行为检点;三是通过推举人才的情况考察是否胜任,这样官员就会慎重地推举人才;四是通过徭役的情况考察施政是否公平,这样官员就会谨慎地处理政事;五是通过农业生产的情况评定该地区的等第,这样官员就会谨慎地办好政务;六是通过刑狱的情况考察断案是否合理,这样官员就会谨慎地审理案件。”这便是能够选取任用官吏。

故曰:“明版籍[①],审什伍[②],限夫田[③],定刑名[④],立君长[⑤],急农桑,去末作[⑥],敦学斆[⑦],核才艺,简精悍[⑧],修武备,严禁令,信赏罚,纠游戏[⑨],察苛克,此十五者,虽圣人复起,必此言也[⑩]。”

【注释】

①明版籍:以下至“必此言也”,出自仲长统《昌言·损益》,有删节。版籍,户口册。古代户口登记在木版上,故称“版籍”。

②什伍:古代户籍编制。五家为伍,十户为什,相连相保。

③夫田:古代有计口受田制度。一夫所受之田,谓之“夫田”。

④刑名:刑律。

⑤立君长:《昌言·损益》作“益君长”,译文从之。《损益》篇前文云:“制国以分人,立政以分事。人远则难绥,事总则难了。今远州之县界,或相去数百千里,虽多山陵洿泽,犹有可居人种谷者焉。”所以需要“益君长”,即增加官员。

⑥末作:指工商业。

⑦斆（xiào）：教导。

⑧简：选择。精悍：精悍的士卒。

⑨纠：举发，惩治。游戏：指伤风败俗的游乐嬉戏。

⑩必：肯定。

【译文】

所以说："明晰户籍登记，审定什伍编制，限定一夫受田的大小，审定刑律，增加官员，加紧农事劳作，放弃工商业，敦促教育，检核才能，挑选精悍的士卒，修整武器装备，严格执行禁令，使赏罚有信用，惩治伤风败俗的娱乐，检查苛刻的官员，这十五项措施，即便圣人复生，也会同意我的言论。"

夫欲论长短之变，故立政道以为经焉。

【译文】

想要讨论治国之术的长短变化，所以先论定为政之道作为纲领。

卷第二　文中

君德第九

【题解】

所谓“君德”，指君主的德行与才能。赵蕤指出，君主有皇、王、帝、霸等不同层次，他们功业不同，但均需运用“刑”“德”两种手段来治理国家，“二者相须而行，相待而成”，“虽圣人为政，不能偏用也”。申明这一主旨后，赵蕤以虞世南《帝王略论》为纲，并援引各类相关文献，如曹植《汉二祖优劣论》、曹丕《周成汉昭论》等，对于历代君主的优劣得失进行了广泛的比较。赵蕤本人虽主张王霸、刑德不可偏废，但由于文中大量援引了虞世南的观点，本篇总体呈现出重王而轻霸，重德而轻刑的明显倾向。在本篇结尾处，还讨论了定谥号、改正朔、易服色等行为的政治意义。

夫三皇无言[①]，化流四海[②]，故天下无所归功。伏羲、女娲、神农称三皇也[③]。帝者[④]，体天则地，有言有令，而天下太平。君臣让功，四海化行，百姓不知其所以然，故使臣不用礼赏功，美而无害。黄帝者[⑤]，顺天地之纪[⑥]，时播百谷[⑦]，勤劳心力耳目[⑧]，节用水火时物[⑨]，有土德之瑞[⑩]，故号黄帝。颛顼者[⑪]，养材以任地[⑫]，载时以象天[⑬]，依鬼神以制义[⑭]，治气以教化[⑮]，洁诚以祭祀，动静之物[16]，大小之神[17]，日月所照，莫不砥砺[18]。高辛者[19]，取地之财而节用之，抚教万人而利诲之[20]，历日月而迎送之[21]，明鬼神而敬事之，其色郁郁[22]，其德嶷嶷[23]。帝尧者，其仁如天，其智如神，就之如日[24]，望之如云[25]，富而不骄，贵而不舒[26]。虞舜者[27]，善无微而不著，恶无隐而不彰，任自然以诛赏[28]，委群心而就制[29]，故能造御乎无为，运道于至和[30]，百姓日用而不知，合德若自有者[31]。此五帝德也。**王者[32]，制人以道，降心服志，**议曰：韩信云："项王所过[33]，无不残灭，百姓不亲，特劫于威[34]，强服耳。名虽为霸，实失天下心，故曰其强易弱。"诸葛亮曰："荆州之人附操者[35]，逼兵势耳，非心服。今将军诚命猛将与豫州协规同力[36]，破操军必矣。"由此言之，人心不服，其势易破，故王者之道，降心服志也。**设矩备衰，有察察之政[37]，兵甲之备，而无争战血刃之用，天下太平，君无疑于臣，臣无疑于主，国定主安，臣以义退[38]，亦能美而无害。**昔三代明王[39]，启建洪业，文质殊制[40]，而令名一致[41]。故曰："夏人尚忠[42]，忠之弊也朴[43]，救朴莫若敬。殷人革而修焉[44]，敬之弊也鬼，救鬼莫若文。周人矫而变焉，文之弊也薄[45]，则又反之于忠。"三代相循，如水济火，所谓随时之宜，救弊之术。此三王之德也。**霸主[46]，制士以权，结士以信，使士以赏。信衰士疏，赏毁，士不为用。**《左传》曰："楚围宋[47]，宋如晋告急。先轸曰[48]：'报施救患[49]，取威定霸，于是乎在矣。'狐偃曰[50]：'楚始得曹，而新婚于卫。若伐曹、卫，楚必救之，则齐、宋免矣[51]。'于是乎蒐于被庐[52]，作三军[53]，谋元帅，使郤縠将中军[54]。晋侯始入而教其民，二年，欲用之。子犯曰[55]：'民未知义，未安其居。'于是乎出定襄王[56]，入务利人，人怀生矣[57]。将用之，子犯曰：'人未知信，未宣其用。'于是乎伐原以示信[58]。人易资者[59]，不求丰焉[60],明征其辞[61]。公曰:'可矣乎?'子犯曰:'民未知礼,未生其恭。'于是乎大搜以示之礼,作执秩以正其官[62],人听不惑而后用之[63]。出谷戍[64],释宋围,一战而霸,文之教也。"此五霸德也。

【注释】

①夫三皇无言:以下至"士不为用",出自《黄石公三略·中略》。三皇,传说中的远古帝王。说法不一,一般指伏羲、神农和黄帝。

②化流:德化传布。

③伏羲:风姓,相传其始画八卦,又教民渔猎,取牺牲以供庖厨,因称"庖牺"。亦作"伏戏""伏牺"。女娲(wā):中国神话中人类的始祖。传说她与伏羲由兄妹而结为夫妇,产生人类。又传说她曾用黄土造人,炼五色石补天,断鳌足支撑四极,平治洪水,驱杀猛兽,使人民得以安居。神农:传说中的太古帝王。始教民为耒耜,务农业,故称"神农氏",也称"炎帝"。

④帝:指传说中的五帝。文献中有不同说法,《史记·五帝本纪》以黄帝、颛顼(zhuān xū)、帝喾(kù)、唐尧、虞舜为五帝。

⑤黄帝者:以下至"贵而不舒",出自《史记·五帝本纪》,有删节。黄帝,姓公孙,号轩辕氏。传说中的"五帝"之一。

⑥顺天地之纪:遵循天地的法则。纪,法则。

⑦时:按时。

⑧勤劳心力耳目:指教人用心尽力地做事,不要偷懒。

⑨节用水火时物:指对于山林沼泽动植物的捕捉、采伐依照时令。《史记·五帝本纪》张守节《正义》:"节,时节也。水,陂障决泄也。火,山野禁放也。材,木也。物,事也。言黄帝教民,江湖陂泽山林原隰皆收采禁捕以时,用之有节,令得其利也。"

⑩土德:"五德"之一。古以五行相生相克附会王朝命运,谓土胜者为得土德。《吕氏春秋·有始览·应同》:"凡帝王者之将兴也,天

必先见祥乎下民。黄帝之时,天先见大螾大蝼。黄帝曰:'土气胜。'土气胜,故其色尚黄,其事则土。"

⑪颛顼:传说中的"五帝"之一,号高阳氏,黄帝之孙。

⑫养材以任地:因地制宜以发挥地力,增殖财物。材,通"财"。

⑬载时以象天:按天象运行规定春、夏、秋、冬四时。《史记·五帝本纪》司马贞《索隐》:"载,行也。言行四时以象天。"

⑭制义:制定尊卑之义。《史记·五帝本纪》司马贞《索隐》:"鬼神聪明正直,当尽心敬事,因制尊卑之义。"

⑮治气以教化:依照阴阳五行的运转原则以教化人民。气,指四时、五行之气。《史记·五帝本纪》司马贞《索隐》:"谓理四时五行之气以教化万人也。"

⑯动静之物:动物与草木。《史记·五帝本纪》张守节《正义》:"动物谓鸟兽之类,静物谓草木之类。"

⑰大小之神:大大小小的神祇。《史记·五帝本纪》张守节《正义》:"大谓五岳、四渎,小谓丘陵坟衍。"

⑱砥砺:《史记·五帝本纪》作"砥属",归属。《史记·五帝本纪》裴骃《集解》:"王肃曰:'砥,平也。四远皆平而来服属。'"译文从之。

⑲高辛:即帝喾,黄帝曾孙。传说中的"五帝"之一。

⑳利:因势利导。诲:教诲。

㉑历日月而迎送之:依照日月运行制定历法,并按照节气举行迎送的祭祀之礼。《史记·五帝本纪》张守节《正义》:"言作历弦、望、晦、朔,日月未至而迎之,过而送之。"

㉒郁郁:端庄恭敬。《史记·五帝本纪》司马贞《索隐》:"郁郁犹穆穆也。"

㉓嶷嶷(nì):形容道德高尚。

㉔就之如日:《史记·五帝本纪》司马贞《索隐》:"如日之照临,人咸依就之,若葵藿倾心以向日也。"

㉕望之如云:《史记·五帝本纪》司马贞《索隐》:“如云之覆渥,言德化广大而浸润生人,人咸仰望之,故曰如百谷之仰膏雨也。”

㉖舒:傲慢。

㉗虞舜者:以下至“合德若自有者”,见于《群书治要》卷十一《史记》注引皇甫谧《帝王世纪》,有删节。

㉘诛赏:责罚与奖赏。

㉙委:顺从。

㉚至和:极和谐、安顺。

㉛合德:《群书治要》作“含德”。

㉜王:指三王,夏、商、周三代的开国君主,即夏禹、商汤、周文王与周武王。

㉝项王所过:以下至“故曰其强易弱”,出自《汉书·项羽传》。项王,即项羽。

㉞特:只是。劫:威逼,胁迫。

㉟荆州之人附操者:以下至“破操军必矣”,出自《三国志·蜀书·诸葛亮传》。

㊱将军:指孙权,字仲谋,吴郡富春(今浙江富阳)人。三国时期孙吴开国皇帝。谥号“大皇帝”,史称“吴大帝”。孙权当时的官职为“讨虏将军”。豫州:指刘备。刘备当时的官职为“豫州牧”,故称“刘豫州”。

㊲察察:明辨,清楚。

㊳义退:功成身退。

㊴昔三代明王:以下至“救弊之术”,出自《晋书·纪瞻传》所载陆机策问与纪瞻对策。

㊵文质:文华与质朴。

㊶令名:美好的名声。

㊷忠:忠厚。

㊸忠之弊：指忠厚的政治发展到末路。弊，衰败。朴：粗野。

㊹革：更改，变革。

㊺薄：虚假刻薄。

㊻霸主：指五霸，春秋时期先后称霸的五个诸侯。文献中有不同的说法，一般指齐桓公、晋文公、宋襄公、秦穆公、楚庄王。

㊼楚围宋：以下至"文之教也"，出自《左传·僖公二十七年》，有删节。

㊽先轸（zhěn）：晋国将领。因采邑在原邑，故又称"原轸"。

㊾报施：报答宋国的恩惠。晋文公流亡于宋国时，宋襄公曾赠马二十乘。

㊿狐偃：晋国大臣。晋文公的舅父，字子犯。

51齐、宋免矣：鲁僖公二十六年（前634），楚伐齐，侵占谷地。狐偃估计晋国讨伐曹、卫，可以使齐、宋免于楚国的侵略。

52蒐（sōu）：检阅军队。被庐：晋国地名。

53作三军：晋国原来只有上、下二军，晋文公乘此机会建立上、中、下三军。

54郤縠（xì hú）：晋国大夫。

55子犯：即狐偃。

56定襄王：鲁僖公二十五年（前635），周王室发生王子带之乱。晋文公派兵诛杀王子带，帮助周襄王复位。

57怀生：安居乐业。

58伐原以示信：通过攻打原邑以彰显信用。《左传·僖公二十五年》："冬，晋侯围原，命三日之粮。原不降，命去之。谍出，曰：'原将降矣。'军吏曰：'请待之。'公曰：'信，国之宝也，民之所庇也。得原失信，何以庇之？所亡滋多。'退一舍而原降。"

59易资：做买卖。

60不求丰：不过分求利。

61明征其辞：明码标价。

⑫执袟（zhì）：《左传・僖公二十七年》作“执秩”，负责管理爵禄秩位的官。

⑬人听不惑：民众能够明辨是非。《左传・襄公二十七年》杨伯峻注：“不惑，即《论语・子罕》‘知者不惑’，明其道理，故不致迷惑也。”

⑭出谷戍：赶走楚国在谷地的驻军。事见《左传・襄公二十八年》。谷，齐地。在今山东东阿。

【译文】

三皇不用言辞进行教化，但他们德行的影响却遍及天下，所以天下人不知道功劳应该归于谁。伏羲、女娲、神农被称为“三皇”。**五帝，效法天地，发布言论与法令，而天下太平。君臣之间互相推让功劳，四海之内教化盛行，百姓却不知道为何会这样，所以差使臣子不需要依靠礼仪与赏赐的手段，君臣之间和美而没有灾祸。**黄帝，遵循天地的法则，按时播种粮食，教导民众用心尽力地做事，对于山林沼泽动植物的捕捉采伐要依照时令，获得了土德的祥瑞，因此号称黄帝。颛顼，因地制宜以发挥地力，按天象运行规定春、夏、秋、冬四时，依照鬼神的旨意制定尊卑之义，依照阴阳五行的原则以教化人民，洁净真诚地举行祭祀，所有动物草木、大小神祇，凡是日月所照的地方无不归属臣服。高辛，获取大地所生之物而有节制地使用，抚慰万民并因势利导地教化他们，依照日月运行制定历法，并按照节气举行迎送的祭祀之礼，明确地识别鬼神并祭祀他们，他的神色端庄，德行崇高。帝尧，他的仁德像天那么广阔，智慧有如神灵，人们倾心归附，好比万物依恋太阳的照耀；翘首企盼，好比百谷依赖云雨的滋润，他富有而不骄奢，尊贵而不傲慢。虞舜，无论多么微小的善行都要使之彰显，无论多么隐蔽的恶行都要使之暴露，遵循自然之道进行惩罚与奖赏，顺从民心而制定制度，所以能够驾驭无为而治的法则，在极和谐的境界中运行大道，百姓在日常生活中受到恩惠却不知不觉，保有德义好像本来就有这种修养。这就是五帝的德行。**三王，以道义治理人民，使人心悦诚服，**评论道：韩信说：“项羽军队所到之处，无不被残灭，百姓谁也不亲近他，只不过是慑于淫威，勉强屈服罢了。项羽虽然名义上是霸主，实际上已经丧失了天下的民心，所以说他的强大很容易变弱。”诸葛亮说：“荆州百姓看似归附曹操，但只是迫于大兵压境的形势，并非心悦诚服。现在您只要命令猛将与刘豫州同心协力，必定能够大败曹操的军队。”就此而言，如果不得人心，强势一方的优势很容易被打破，所以王者的策略，要使人心悦诚服。**设立规矩法度以防备衰乱，政治上明辨功过是非，军事上有充足的防备，但没有战争的祸患，天下太平，君主不怀疑大臣，大臣也不怀疑君主，国家稳定，君主平安，臣子功成身退，也能做到君臣之间和美而没有灾祸。**从前，夏、商、周三代的圣明君主，开创万世基业，其制度有文华与质朴的差异，但都获得了美好的名声。所以说：“夏朝人崇尚忠厚，忠厚的政治发展到末路就会粗野鄙陋，要挽救粗野的政治，最好的办法是恭敬。所以殷人进行了改革，转而崇尚恭敬，恭敬的政治发展到末路就会迷信鬼神，要挽救迷信的政治，最好的办法是礼仪文采。所以周人进行了矫正，转而讲究礼仪文采，讲究礼仪文采的政治发展到末路就会虚假刻薄，这就又需要返回到夏代的忠厚之道。”三代的政治道路周而复始，如同水、火互相辅佐，这便是根据时势所宜，拯救弊端的办法。这就是三王的德行。**五霸，用权术来驾驭士人，用信义来结交士人，用赏赐来驱使士人。如果信义衰微，则士人就会疏远；如果赏赐减少，士人就不会效力。**《左传》说：“楚军包围宋国，宋国派使臣到晋国求救。先轸说：‘报答恩惠，救援患难，获取威望，奠定霸业，就在这一仗了。’狐偃说：‘楚国刚刚与曹国结盟，最近又与卫国通婚。如果我们讨伐曹、卫两国，楚国必定救援。那么齐、宋两国就可以免于被楚国进攻了。’于是在被庐检阅军队，建立上、中、下三军，并商量中军元帅的人选，最终任命郤縠为中军元帅。晋文公一回国即位，就训练百姓作战。过了两年，想使用他们。子犯说：‘百姓还不知道道义，没能各安其位。’于是在外，晋文公平定王子带之乱，帮助周襄王复位；对内，注重为百姓谋取福利，百姓安居乐业了。晋文公又准备用他们作战，子犯说：‘百姓还不知道信用，不明白信用的作用。’于是晋文公通过攻打原邑，向百姓彰显信用。百姓做买卖不追求暴利，明码标价了。晋文公问：‘现在可以了吗？’子犯说：‘百姓还不知道礼义，还没有产生恭敬之心。’于是举行盛大的阅兵仪式，向百姓展示礼义；设置管理爵禄秩位的官员，规定官员的职责；等百姓能够明辨是非，然后才使用他们作战。于是赶走了楚国在谷地的驻军，解除了宋国的包围，一战而成就霸业，这都是晋文公的教化所致。”这就是五霸的德行。

故曰：理国之本[①]，刑与德也[②]。二者相须而行，相待而成也。天以阴阳成岁，人以刑德成治，故虽圣人为政，不能偏用也。故任德多、用刑少者，五帝也。刑德相半者，三王也。杖刑多、任德少者[③]，五霸也。纯用刑、强而亡者，秦也。议曰：古之理者[④]，其政有三：王者之政化之，霸者之政威之，强国之政胁之。故化之不变而后威之，威之不变而后胁之，胁之不变而后刑之。故至于刑，则非王者之所贵矣。故虞南云[⑤]："彼秦皇者[⑥]，弃仁义而用威力，此可以吞并，而不可以守成。"此任刑之弊也。

【注释】

①理国之本：以下至"秦也"，见于《群书治要》卷四十七引桓范《政要论·臣不易》。

②刑：刑罚。德：教化。《韩非子·二柄》："何谓刑德？曰：杀戮之谓刑，庆赏之谓德。"

③杖：凭恃，依靠。

④古之理者：以下至"则非王者之所贵矣"，出自《说苑·政理》，有删节。

⑤虞南：即虞世南，字伯施，越州余姚（今浙江余姚）人。南北朝至隋唐时期书法家、文学家。

⑥彼秦皇者：以下至"而不可以守成"，出自虞世南《帝王略论》。

【译文】

所以说：治理国家的根本，是刑罚与教化。二者互相配合，相辅相成。天以阴、阳二气构成四季，人以刑罚、教化构成治国之道，所以即便是圣人执政，二者也不可偏废。所以运用教化多、刑罚少的，是五帝。运用教化、刑罚各半的，是三王。依靠刑罚多，运用教化少的，是五霸。纯粹运用刑罚、强横却最终灭亡的，是秦朝。评论道：古代治理国家，施政方式有三种不同类型：王者的政治教化民众，霸者的政治威慑民众，强国的政治胁迫民众。如果教化不能改变民众，而后就威慑他们；如果威慑不能奏效，就胁迫他们；胁迫不能奏效，最后只好动用刑罚。所以非用刑罚不可的政治，并不是王者所推崇的。所以虞世南说："秦始皇摒弃仁义而使用武力，这种方法只能用于吞并敌国，而不能用于守住天下。"这就是只靠刑法治国的弊病。

或曰："王霸之道，既闻命矣。敢问高、光二帝皆拔起垄亩[1]，芟夷祸难[2]，遂开王业。高祖豁达以大度[3]，光武谨细于条目，各擅其美，龙飞凤翔，故能拨乱庇人[4]，拯斯涂炭。然比大德，方天威，孰为优劣乎？"曹植曰[5]："昔汉之初兴[6]，高祖因暴秦而起，遂诛强楚[7]，光有天下[8]，功齐汤、武，业流后嗣，诚帝王之元勋，人君之盛事也。然而名不继德，行不纯道，身没之后，崩亡之际，果令凶妇肆酷虐之心[9]，嬖妾被人彘之刑[10]，赵王幽囚[11]，祸殃骨肉，诸吕专权[12]，社稷几移。凡此上事，岂非高祖寡计浅虑以致斯哉？然其枭将画臣皆古今之所鲜有[13]，历代之希睹。彼能任其才而用之，听其言而察之，故兼天下而有帝位也。世祖体乾灵之休德[14]，禀贞和之纯精[15]，蹈黄中之妙理[16]，韬亚圣之懿才[17]。其为德也，聪达而多识，仁智而明恕[18]，重慎而周密，乐施而爱人。值阳九无妄之世[19]，遭炎精厄会之运[20]，殷尔雷发[21]，赫然神举[22]，奋武略以攘暴，兴义兵以扫残，军未出于南京[23]，莽已毙于西都[24]。尔乃庙胜而后动众[25]，计定而后行师，故攻无不陷之垒，战无奔北之卒，宽仁以和众，迈德以来远[26]，故窦融闻声而影附[27]，马援一见而叹息[28]。敦睦九族，有唐虞之称；高尚纯朴，有羲皇之素[29]；谦虚纳下，有吐握之劳[30]；留心庶事，有日昃之勤[31]。是以计功则业殊，比隆则事异[32]，旌德则靡愆[33]，言行则无秽，量事则势微，论辅则臣弱，卒能握乾图之休征，立不刊之遐迹[34]，金石铭其休烈，诗书载其懿勋[35]，故曰：光武其优也。"荀悦曰："高祖起于布衣之中[36]，奋剑而取天下，不由唐、虞之禅，不阶汤、武之王[37]，龙兴虎变，率从风云[38]，征乱伐暴，廓清帝宇[39]，八载之间，海内克定，遂荷天衢[40]，登建皇极[41]。上古已来，书籍所载，未尝有也。非雄俊之才，宽明之略，历数所授[42]，神祇所相[43]，安能致功如此。焚鱼断蛇[44]，异物同符，岂非精灵之感哉！《书》曰：'天功人其代之[45]。'《易》曰：'汤、武革命，顺乎天而应乎人[46]。'斯之谓矣。夏正忠，忠之弊野，故殷承之以敬。敬之弊鬼，故周承之以文。文之弊薄，救薄莫若忠。三王之道，周而复始。周、秦之间，可谓文弊，秦不改，反酷刑，汉承其弊，得天统矣[47]。"孔融曰："周武从后稷已来至其身[48]，相承积十五世，但有鱼鸟之瑞[49]。至如高祖，一身修德，瑞有四五。白蛇分，神母哭[50]。西入关，五星聚[51]。又武王伐纣，斩而枭之；高祖入秦，赦子婴而遣之[52]。是其宽裕，又不如高祖。"虞南曰："帝者与师处[53]，王者与友处，霸者与臣处。汉祖之臣，三杰是也。光武之佐，二十八将是也[54]。岂得以邓禹、吴汉匹于张良、韩信者乎[55]？然汉祖功臣皆以强盛诛灭，光武佐命悉用优祑安全[56]，君臣之际，良可称也。绝长补短，抑其次焉。"由此言之，夫汉高克平秦、项，开创汉业，衣冠礼乐垂之后代[57]，虽未阶王道，霸德之盛也。

【注释】

①高:汉高祖刘邦。光:东汉光武帝刘秀。拔起垄亩:意谓兴起于民间。垄亩,田野。

②芟(shān)夷:铲除,削平。

③高祖豁达以大度:以下至“拯斯涂炭”,出自虞世南《帝王略论》。

④拨乱:《帝王略论》作“拨乱”,平定祸乱。

⑤曹植:字子建,谯县(今安徽亳州)人。曹操之子,三国时期文学家。早年因富于才学,曾被曹操宠爱,欲立为太子。及曹丕、曹叡相继为帝,备受猜忌,郁郁而死。

⑥昔汉之初兴:以下至“光武其优也”,出自曹植《汉二祖优劣论》,有删节。

⑦强楚:指项羽。

⑧光有:广有。光,大也。

⑨凶妇:指吕后,名雉,单父(今山东单县)人。汉高祖刘邦的皇后。肆:放纵,任意行事。

⑩嬖(bì)妾被人彘(zhì)之刑:指吕后残酷杀害刘邦的宠妃戚夫人。《史记·吕太后本纪》:“吕后最怨戚夫人及其子赵王,乃令永巷囚戚夫人,……太后遂断戚夫人手足,去眼,煇耳,饮喑药,使居厕中,命曰‘人彘’。”

⑪赵王幽囚:指吕后幽囚赵王刘友,最后使其饿死。《史记·吕太后本纪》:“太后怒,以故召赵王。赵王至,置邸不见,令卫围守之,弗与食。……丁丑,赵王幽死。”

⑫诸吕:指吕后侄儿吕产、吕禄等吕姓贵族。

⑬枭(xiāo)将:猛将。画臣:谋臣。鲜(xiǎn):少。

⑭世祖:光武帝刘秀的庙号。乾灵:上天。休德:美德。

⑮贞和:正直平和。纯精:指品质纯一。

⑯蹈:履行,遵循。黄中:比喻内在德行之美。《周易·坤卦·文言》:

“君子黄中通理，正位居体。”

⑰韬(tāo)：蕴含。亚圣：谓道德才智仅次于圣人。

⑱明恕：明信宽厚。

⑲阳九：古代术数家的学说。以四千六百一十七岁为一元，初入元一百零六岁，内有旱灾九年，谓之“阳九”。泛指灾荒的年景与厄运。无妄：指灾祸变乱。《汉书·谷永传》：“陛下……遭《无妄》之卦运。”颜师古注：“应劭曰：‘天必先云而后雷，雷而后雨，而今无云而雷。无妄者，无所望也。万物无所望于天，灾异之最大者也。’师古曰：‘取《易》之《无妄》卦为义。’”《无妄》卦象上《乾》下《震》，故曰“无云而雷”。

⑳炎精：指汉王朝。按照五行学说，汉以火德王，故称“炎精”。厄会：众灾会合，犹言“厄运”。

㉑殷(yǐn)尔雷发：发出隆隆雷声。比喻号令如雷声般响亮。《诗经·召南·殷其雷》：“殷其雷，在南山之阳。”郑玄笺：“雷以喻号令于南山之阳。”

㉒赫(hè)然：奋发貌。

㉓南京：指南阳(今属河南)。汉光武帝定都于洛阳，以洛阳之南的南阳为南都，故称“南京”。

㉔莽：王莽。西都：指长安(今陕西西安)。

㉕庙胜：指预先制定克敌制胜的谋略。

㉖迈德：语出《尚书·大禹谟》：“皋陶迈种德。”谓勉力树德。

㉗窦融：字周公，扶风平陵(今陕西咸阳北)人。更始帝时据河西，后归顺光武帝，官至大司空。影附：如影随形。比喻依附。

㉘马援：字文渊，扶风茂陵(今陕西兴平东北)人。初依隗嚣，后归顺汉光武帝，拜伏波将军。

㉙羲(xī)皇：伏羲。

㉚吐握之劳：指周公接纳贤才，吐哺握发之事。《史记·鲁周公世

家》："周公戒伯禽曰：'我文王之子，武王之弟，成王之叔父，我于天下亦不贱矣。然我一沐三捉发，一饭三吐哺，起以待士，犹恐失天下之贤人。'"

㉛日昃（zè）之勤：指周文王勤劳政事，太阳偏西还来不及吃饭。《汉书·董仲舒传》："周文王至于日昃不暇食。"

㉜比隆：指比较功业的兴盛。

㉝愆（qiān）：同"諐"，过失。

㉞遐（xiá）迹：远大的功业。遐，远。

㉟休烈、懿（yì）勋：皆指盛美的事业。

㊱高祖起于布衣之中：以下至"得天统矣"，出自《汉纪·高祖皇帝纪》"赞曰"。布衣，指平民。古代平民不能衣锦绣，故称。

㊲不阶汤、武之王：指商、周在得到天下之前，已经是传承已久、势力颇强的诸侯，与刘邦出身布衣不同。

㊳龙兴虎变，率从风云：比喻汉高祖宛如龙腾虎跃，引起了风云的变化。《周易·乾卦·文言》："云从龙，风从虎，圣人作而万物睹。"

㊴帝宇：指天下。

㊵荷天衢：承担天之大道。指登上帝位。天衢，天道。《文选·鲁灵光殿赋》"荷天衢以元亨"，李善注："郑玄《周易注》曰：'人君在上位，负荷天之大道。'"

㊶皇极：指皇位。

㊷历数：指天命。

㊸神祇（qí）：天神与地神。相：辅助，佑助。

㊹焚鱼：相传周武王伐纣，渡河，有白鱼跃入舟中，武王烧鱼以祭。后借指开国君主受命之符。《汉书·终军传》："昔武王中流未济，白鱼入于王舟，俯取以燎，群公咸曰'休哉！'" 断蛇：指刘邦斩蛇起义之事。《史记·高祖本纪》："高祖被酒，夜径泽中，令一人行前。行前者还报曰：'前有大蛇当径，愿还。'高祖醉，曰：'壮士

行，何畏！’乃前，拔剑击斩蛇。蛇遂分为两，径开。行数里，醉，因卧。后人来至蛇所，有一老妪夜哭。人问何哭，妪曰：‘人杀吾子，故哭之。’人曰：‘妪子何为见杀？’妪曰：‘吾子，白帝子也，化为蛇，当道，今为赤帝子斩之，故哭。’”

㊺天功人其代之：出自《尚书·皋陶谟》，意谓上天之事，应当由人来完成。

㊻汤、武革命，顺乎天而应乎人：出自《周易·革卦·彖辞》。革命，谓实施变革以应天命。古代认为王者受命于天，改朝换代是天命变更，因称“革命”。

㊼天统：天之统绪，天之正统。

㊽周武从后稷（jì）已来至其身：以下至“又不如高祖”，出自孔融《周武王汉高祖论》。

㊾但：只。鱼乌之瑞：指武王伐纣时，有白鱼与赤乌之瑞。《史记·周本纪》：“武王渡河，中流，白鱼跃入王舟中，武王俯取以祭。既渡，有火自上复于下，至于王屋，流为乌，其色赤，其声魄云。”

㊿白蛇分，神母哭：见上文“断蛇”注。

51西入关，五星聚：《史记·张耳陈馀列传》：“甘公曰：‘汉王之入关，五星聚东井。东井者，秦分也。先至必霸。’”五星，水、木、金、火、土五大行星。

52子婴：秦朝最后一位统治者，在位四十六天。刘邦攻破咸阳，子婴投降。后为项羽所杀。

53帝者与师处：以下至“抑其次焉”，出自虞世南《帝王略论》。

54二十八将：指佐助汉光武帝建立东汉政权的二十八个有功的武将。汉明帝永平中，绘“二十八将”像于南宫云台，故又称“云台二十八将”。

55邓禹：字仲华，南阳新野（今河南新野）人。东汉中兴名将。官至太傅。吴汉：字子颜，南阳宛（今河南南阳）人。东汉中兴名将。

官至大司马。

㊻优祑(zhì):《帝王略论》作“优秩”,指给予高官厚禄的优厚待遇。

㊼衣冠礼乐:指文明礼教。

【译文】

有人问:“王道、霸道,我们已经了解了。请问就高祖刘邦、光武帝刘秀两位君主,他们都从民间兴起,平定祸乱,开启帝王基业。高祖豁达大度,光武帝谨慎细心,二人各有所长,好似龙、凤飞翔的不同身姿,所以都能平定乱世,庇护民众,拯救百姓于水火之中。然而,若比较他们的德行与威严,谁优谁劣呢?”曹植说:“从前汉朝刚刚兴起的时候,高祖因秦朝的暴政而起事,消灭了强敌项羽,广有天下,功绩等同于商汤与周武王,王业流传后代子孙,的确成就了帝王的大功,君主的盛事。然而高祖的名声与德行无法匹配,行为不完全符合道义标准,去世之后,驾崩之时,果然令吕后放纵其残酷之心,戚夫人惨遭‘人彘’之刑,赵王刘友被幽禁饿死,祸难殃及刘氏宗亲,吕产、吕禄等吕姓贵族专权,汉朝江山几乎易主。凡以上这些事情,岂不是由于高祖缺乏深谋远虑所造成的吗?然而高祖身边的猛将谋臣都是古今少有、历代罕见的。高祖能够根据他们的才能而加以任用,听取他们的进言而加以考虑,所以能够兼并天下而据有帝位。光武帝身怀上天的美德,秉持正直平和的纯一品质,践行美好的内在德行,蕴藏仅次于圣人的才智。他的品德,聪慧通达而博学多识,仁爱聪明而明信宽厚,慎重小心而考虑周密,乐于施舍而爱护百姓。正值灾厄不断的年景,遭遇汉王朝厄运连连的时代,光武帝犹如惊雷震发,奋然起事,振奋军事谋略以除暴,兴起仁义之兵以扫灭残暴之人,大军还未离开南阳,王莽已经身死长安。于是制定了胜敌之策后才发兵,计谋商定之后才行动,所以进攻时没有攻不下的堡垒,作战时没有临阵脱逃的士兵,宽厚仁慈以团结众人,树立德行使远方之人前来投奔,所以窦融听闻了光武帝的名声便来归附,马援一见光武帝之面便赞叹不已。亲厚九族之人,名声如同尧、舜;德行高尚淳朴,好比伏羲的质朴;谦虚而采纳下人的意见，有周公握发吐哺的勤劳；小心处理日常政事，有周文王太阳偏西还来不及吃饭的勤勉。所以计算功劳则非比寻常，比较功业兴盛则事迹特殊，表彰道德则毫无过失，讨论行为则没有瑕疵，比较力量则势力较小，讨论辅佐则能力更弱，却最终能够把握上天赐予的吉兆，立下不可磨灭的远大功业，让金石铭刻他盛美的事业，诗书记载他美好的勋业，所以说：光武帝优于汉高祖。”荀悦说：“高祖出身于普通百姓，倚仗武力取得天下，既不是通过尧、舜禅让的方式，也与商汤、周武王取得天下的形势不同，宛如龙腾虎跃，引起风云的变化，征讨乱贼，讨伐暴君，肃清天下，八年之间，使海内平定，于是负荷天道，登上帝位。自上古以来，书籍中所记载的，从未有过这样的事情。如果不是有着杰出的才智，宽大贤明的谋略，天命所授，神灵佑助，如何能够成就如此大的功业呢？周武王焚鱼祭天，汉高祖斩蛇起义，其事虽异，却皆为开国君主的受命之符，这难道不是神灵的感应吗！《尚书》说：‘上天之事，应当由人来完成。’《周易》说：‘商汤、周武王革命，上顺天心，下应民意。’说的就是这个道理。夏代的政治崇尚忠厚，忠厚的政治发展到末路就会粗野，所以殷代以恭敬之道予以纠正。恭敬的政治发展到末路就会迷信鬼神，所以周代以礼仪文采予以纠正。讲究礼仪文采的政治发展到末路就会虚假刻薄，而要纠正虚假刻薄的政治，莫过于忠厚之道。夏、商、周三王之道，周而复始。周朝与秦朝之间，可以说是讲究礼仪文采的政治弊端尽显之时，秦朝不用忠厚之道加以改正，反而采用残酷的刑罚，汉代乘秦之危，所以能为天命所归。”孔融说：“周武王自后稷以来一直到他自己，累计传承了十五代人，只不过有白鱼与赤乌的祥瑞。至于汉高祖，他一人的德行所引起的祥瑞就有四五起。挥剑斩蛇，使得白帝之母哭泣。西入关中，使得五星聚会。又如周武王伐纣，砍下了纣的首级示众；汉高祖进入咸阳之后，却赦免释放了秦王子婴。所以周武王在宽大仁厚方面，也不如汉高祖。”虞世南说：“成就帝业的君主以贤者为师，成就王业的君主以贤者为友，成就霸业的君主以贤者为臣。汉高祖的臣子，是张良、萧何、韩信这样的人物。光武帝的辅佐，是云台二十八将这样的人物。邓禹、吴汉等人，哪里能与张良、韩信相提并论呢？但是汉高祖的功臣，大都因为势力过大而被铲除；光武帝的佐命大臣，却全都保全性命，享受高官厚禄，他们君臣之间的关系，很值得称道。综合衡量长处与短处,光武帝比汉高祖略微差一些。”就此而言,汉高祖战胜秦朝、项羽,开创汉家基业,文明礼教传至后代,虽然尚未成就王道,但在霸者之中,功德最为盛大。

或曰:“班固称[①]:‘周云成、康[②],汉言文、景。’斯言当乎?”虞南曰:“成、康承文、武遗迹,以周、召为相[③],化笃厚之氓[④],因积仁之德,疾风偃草[⑤],未足为喻。至如汉祖开基,日不暇给[⑥],亡嬴之弊[⑦],犹有存者。太宗体兹仁恕[⑧],式遵玄默[⑨],涤秦、项之酷烈,反轩、昊之淳风[⑩],几致刑厝[⑪],斯为难矣。若使不溺新垣之说[⑫],无取邓通之梦[⑬],懔懔乎庶几近于王道[⑭]。景帝之拟周康,则尚惭德[⑮]。”《汉文》赞曰[⑯]:“文帝即位二十三年[⑰],宫室苑囿车骑服御无所增益,有不便[⑱],辄弛以利人[⑲]。南越尉他自立为帝[⑳],召贵他兄弟[㉑],以德怀之,他遂称臣。与匈奴结亲,而背约入盗,令边备守,不发兵深入,恶烦百姓。吴王诈病不朝[㉒],赐以机杖[㉓]。群臣谏说虽切[㉔],常假借纳用焉[㉕]。张武等受赂金钱[㉖],觉加赏赐,以愧其心。专务以德化人,是以海内殷富,兴于礼义,断狱数百[㉗],几致刑措。呜呼,仁哉!”或问傅子曰[㉘]:“汉太宗除肉刑[㉙],可谓仁乎?”对曰:“匹夫之仁也。夫王天下者,大有济者也,非小不忍之谓。”由此言之,班固以太宗为仁,不在除肉刑矣。《景帝》赞曰:“孔子称[㉚]:‘斯人也,三代之所以直道而行[㉛]。’信哉!周、秦之弊,罔密文峻,而奸宄不胜[㉜]。汉兴,扫除烦苛,与人休息。至于孝文,加之以恭俭,孝景遵业,五六十载之间,至于移风易俗,黎人醇厚。周云成、康,汉言文、景,美矣哉!”此王道也。

【注释】

①班固称:以下至“尚有惭德”,出自虞世南《帝王略论》。

②成:指周成王,名诵,周武王之子。康:指周康王,名钊,周成王之子。据《史记·周本纪》载,成王、康王时期,天下太平,四十余年不用刑罚,是周朝的盛世。

③周:指周公,姓姬名旦,也称"叔旦"。周文王子,周武王弟,周成王叔,西周初期政治家。佐武王灭商。武王崩,成王幼,周公摄政。东平武庚、管叔、蔡叔之叛。继而厘定典章、制度,复营洛邑为东都,作为统治中原的中心,天下臻于大治。召:指召公,姓姬,名奭,西周初期政治家。曾佐武王灭商,被封于燕。成王时任太保,与周公分陕而治。

④氓:民众。

⑤疾风偃草:语本《论语·颜渊》:"君子之德风,小人之德草。草上之风,必偃。"何晏《集解》引孔安国曰:"加草以风,无不仆者,犹民之化于上。"比喻民众被德教感化而顺从君上。

⑥日不暇(xiá)给:形容事务繁忙,没有空闲。

⑦嬴(yíng):指秦朝。

⑧太宗:汉文帝的庙号。

⑨玄默:清静无为。

⑩轩:指黄帝。昊:太昊氏,即伏羲。

⑪刑厝(cuò):置刑法而不用。

⑫新垣:即新垣平,汉文帝时期方士。以望气之术得到汉文帝信任,后被人揭发行诈,夷三族。事见《史记·封禅书》。

⑬邓通:蜀郡南安(今四川乐山)人。汉文帝曾做一梦,梦中欲上天不能,邓通推之上天。邓通因此得到汉文帝宠幸,官至上大夫,赐钱无数。又赐以蜀郡严道铜山,许自铸钱,邓氏钱遂遍天下。后因得罪汉景帝,被籍没家产,贫饿而死。事见《史记·佞幸列传》。

⑭懔懔(lǐn):严正的样子。庶几:差不多。

⑮惭德:因言行有缺失而内愧于心。

⑯《汉文》:指《汉书·文帝纪》赞。

⑰文帝即位二十三年:以下至“仁哉”,出自《汉书·文帝纪》“赞曰”,有删节。

⑱不便:不利。

⑲弛:废弛。

⑳尉他:即赵佗,原为秦朝将领,与任嚣南下攻打百越。秦末大乱时,赵佗割据岭南,建立南越国,自称南越武王。

㉑贵:使其尊贵。

㉒吴王:指刘濞。

㉓机杖:坐几和手杖,皆老者所用,古代常用为敬老之物。机,通“几”。

㉔切:激烈。

㉕假借:宽容。

㉖张武:西汉将领。汉文帝任代王时为代国郎中令。汉文帝即位后,官至郎中令、车骑将军。

㉗断狱:审理和判决案件。此处指死刑案件。《汉书·文帝纪》颜师古注:“断狱数百者,言普天之下死罪人不过数百。”

㉘或问傅子曰:以下至“非小不忍之谓”,见于《群书治要》卷四十九引《傅子》。

㉙肉刑:残害肉体的刑罚,古指墨、劓、刵、官、大辟等。

㉚孔子称:以下至“美矣哉”,出自《汉书·景帝纪》“赞曰”。

㉛斯人也,三代之所以直道而行:出自《论语·卫灵公》。《汉书·景帝纪》颜师古注:“言此今时之人,亦夏、殷、周之所驭,以政化淳壹,故能直道而行。”

㉜奸宄(guǐ):违法作乱的人。不胜:制伏不了。

【译文】

有人问:“班固说:‘周朝有成、康盛世,汉朝有文、景之治。’这个说法正确吗？”虞世南说：“成王、康王继承文王、武王的基业，以周公旦、召公奭为辅佐，教化忠实厚道的民众，凭借周朝累世积累的仁德，即使用强风吹平草丛作为比喻，仍不足以形容成王、康王平治天下之易。至于汉高祖开创基业，事务非常繁忙，秦朝的弊端，仍然存留了不少。汉文帝以仁慈宽恕为本，遵循清静无为之道，清除了秦朝、项羽时期残酷暴烈的做法，恢复了黄帝、伏羲时期的淳朴风气，几乎使刑法搁置不用，这实在很难做到。如果使文帝不被新垣平的妖言蛊惑，不因梦见有人助其登天而宠溺邓通的话，就非常接近王道了。汉景帝与周康王相比，在德行上还是有所缺失的。”《汉书·文帝纪》赞曰：“文帝即位二十三年以来，宫殿、园林、车马、服饰都没有增加，若有不利于民的举措，就废除以利民众。南越赵佗自立为帝，文帝将赵佗的兄弟招来厚加赏赐，用德行加以感化，于是赵佗对汉称臣。与匈奴缔结和亲，而匈奴违背盟约入侵，文帝命令边境守军加强守备，而不发兵深入追击，唯恐战争烦扰百姓。吴王刘濞诈称有病不上朝，文帝赐予坐几与手杖以示尊重。各位大臣进谏虽然言辞激烈，文帝常宽容地加以采纳。张武等人曾接受金钱贿赂，被发觉之后，文帝却更加赏赐，以使其内心羞愧。专门注重以德行教化民众，所以天下富裕，礼义兴盛，每年判决的死刑不过数百件，几乎使刑法搁置不用。啊，文帝真是仁德之君！”有人问傅玄说：“汉文帝废除肉刑，可以称得上仁爱吗？”傅玄回答说：“这不过是普通人的仁爱。统治天下的君主，是能够为广大民众谋求长远利益的人，不能只讲究小的同情心。”就此而论，班固认为汉文帝是仁德之君，并不是因为他废除了肉刑。《汉书·景帝纪》赞曰：“孔子说：‘夏、商、周三代的人都如此，所以三代能直道而行。’这话很可信！周朝与秦朝统治的弊端，在于法网严密、律令严苛，然而违法作乱之人层出不穷。汉朝建立之后，扫除烦琐严苛的法令，让民众休养生息。到了文帝时，又加以恭敬节俭的治国方略，景帝遵循了文帝的政策，五六十年之间，达到了移风易俗，民风淳朴的境地。周朝有成、康盛世，汉朝有文、景之治，真是美好啊！”这就是王道。

或曰[①]：“汉武帝雄才大略，可方前代何主？”虞南曰：

“汉武承六世之业，海内殷富，又有高人之资，故能总揽英雄，驾御豪杰，内兴礼乐，外开边境，制度宪章，焕然可述。方于始皇，则为优矣。至于骄奢暴虐可以相亚[2]，并功有余而德不足。”《武帝》赞曰：“汉承百王之弊[3]，高祖拨乱反政[4]，文、景务在养人，至于稽古礼文之事[5]，犹多阙焉[6]。孝武初立，卓然罢黜百家[7]，表章‘六经’[8]，遂畴咨海内[9]，举其俊茂，与之立功[10]，兴太学，修郊祀[11]，改正朔[12]，定历数[13]，协音律，作诗乐，建封禅[14]，礼百神，绍周后[15]，号令文章，焕焉可述。后嗣得遵洪业，而有三代之风。如武帝之雄材大略，不改文、景之恭俭，以齐斯人[16]，虽《诗》《书》所称，何有加焉？”推此而言之，彼汉武、秦皇，皆立功之君，非守成之主也。

【注释】

①或曰：以下至“并功有余而德不足”，出自虞世南《帝王略论》，有删节。

②相亚：相近似，相当。

③汉承百王之弊：以下至“何有加焉”，出自《汉书·武帝纪》“赞曰”。

④政：通“正”。

⑤稽古：考察古事。

⑥阙（quē）：缺失。

⑦卓然：高明的样子。罢黜（chù）：废除，排斥。

⑧表章：同“表彰”。六经：《诗》《书》《礼》《乐》《易》《春秋》六部儒家经典。

⑨畴（chóu）咨：访问、访求。

⑩与：使。

⑪郊祀：古代于郊外祭祀天地，南郊祭天，北郊祭地。

⑫正朔:谓帝王新颁的历法。正,指正月,即历法中一年的第一个月。朔,指正月初一,即一年中的第一天。古代帝王易姓受命,必改正朔,夏、殷、周、秦的正朔各不相同。汉初沿袭秦制,以建亥之月(农历十月)为岁首,汉武帝于太初元年(前104)颁布太初历,规定以建寅之月(农历一月)为岁首。

⑬历数:历法。

⑭封禅(shàn):古代帝王祭天地的大典。在泰山上筑土为坛,报天之功,称"封";在泰山下的梁父山上辟场祭地,报地之德,称"禅"。

⑮绍周后:指分封周王室的后裔。汉武帝封周王室后裔姬嘉为周子南君,以延续周朝的祭祀。《汉书·武帝纪》载武帝诏曰:"观于周室,邈而无祀。询问耆老,乃得孽子嘉。其封嘉为周子南君,以奉周祀。"

⑯齐:通"济",救助。

【译文】

有人问:"汉武帝雄才大略,可以与前代的哪位君主相比?"虞世南说:"汉武帝继承汉家六代的基业,天下富裕,自身又有着超出常人的才智,所以能够招揽英雄,统率豪杰,对内兴起礼乐,对外开拓疆域,所制定的典章制度,富于光彩,值得称述。与秦始皇相比,汉武帝更胜一筹。至于在位期间的骄奢淫逸、残暴肆虐,与秦始皇相近似,都是功劳有余而德行不足的君主。"《汉书·武帝纪》赞曰:"汉代承接了历代王朝的弊政,汉高祖拨乱反正,文帝、景帝注重休养民众,至于考究古代礼乐制度之事,还有很多缺憾。武帝刚刚继位时,高明地罢黜百家,推崇儒家'六经',于是在天下广泛访求,推举优秀人才,使他们建立功业,兴建太学,制定祭祀天地的制度,改定正朔,确定历法,协调音律,采诗作乐,举行封禅仪式,祭祀百神,分封周王室的后裔,武帝的号令与文章,富于光彩,值得称述。后继者得以继承他开创的伟大事业,具备了夏、商、周三代的气象。像武帝这样的雄才大略,如果不改文帝、景帝的恭敬俭朴,以此救助百姓,那么即便是《诗经》《尚书》中所称颂的先王，又有谁能够超过武帝呢？”由此推论，汉武帝、秦始皇，都是建功立业的君主，而不是保持前人成就的君主。

昔周成以孺子继统[①]，而有管、蔡四国之变[②]；汉昭幼年即位[③]，亦有燕、盖、上官逆乱之谋[④]。成王不疑周公，汉昭委任霍光[⑤]，二主孰为先后？魏文帝曰[⑥]：“周成王体圣考之休气[⑦]，禀贤妣之胎诲[⑧]，周、邵为保傅[⑨]，吕望为太师，口能言则行人称辞[⑩]，足能履则相者导仪[⑪]，目厌威容之美[⑫]，耳饱德义之声，所谓沉渍玄流而沐浴清风矣[⑬]。犹有咎悔[⑭]，聆二叔之谤[⑮]，使周公东迁。皇天赫怒，显明厥咎，然后乃寤。不亮周公之圣德[⑯]，而信金縢之教言[⑰]，岂不暗哉！夫汉昭父非武王，母非邑姜，养惟盖主[⑱]，相则桀、光。保无仁孝之质，佐无隆平之治，所谓生于深宫之中，长于妇人之手。然而德与性成，行与体并，在年二七[⑲]，早知夙达[⑳]，发燕书之诈，亮霍光之诚，岂将启金縢、信国史而后乃寤哉！使成、昭钧年而立，易世而化，贸臣而治[㉑]，换乐而歌，则汉不独少，周不独多也。”大将军霍光及上官桀秉政，桀害光宠，欲诛之，乃诈为帝兄燕王旦上书[㉒]，称光行上林称跸等事[㉓]。帝不信。

【注释】

①昔周成以孺子继统：以下至“汉昭委任霍光”，出自《汉书·昭帝纪》“赞曰”。孺子，幼儿。

②管、蔡四国之变：管、蔡，指周武王的弟弟管叔鲜与蔡叔度。他们不满周公摄政，联合商纣王之子武庚发动叛乱。《汉书·昭帝纪》颜师古注：“四国，谓管、蔡、商、奄也。……武王崩，成王幼弱，周

公摄政，四国乃流言曰公将不利于孺子，遂致雷风之异。”

③汉昭：指汉昭帝刘弗陵，汉武帝之子，即位时年仅八岁。

④燕、盖、上官逆乱之谋：燕，指燕王刘旦，汉昭帝之兄。盖，指盖长公主，汉昭帝姐姐。上官，指上官桀，字少叔，陇西上邽（今甘肃天水）人。西汉大臣。与霍光同受武帝遗诏辅佐昭帝。昭帝即位之后，三人不满霍光权力过大，试图发动政变。

⑤霍光：字子孟，河东平阳（今山西临汾）人。霍去病异母弟，西汉时期权臣、政治家。汉武帝临终时，被任命为大司马大将军，封博陆侯，与金日磾、上官桀、桑弘羊同受遗诏，辅佐年幼的汉昭帝。汉昭帝死后，迎立昌邑王刘贺为帝，不久又废黜刘贺，迎立汉宣帝。前后执政二十年。

⑥魏文帝：即曹丕，字子桓，沛国谯县（今安徽亳州）人。曹操之子。220年，代汉称帝，都洛阳，国号魏。

⑦周成王体圣考之休气：以下至“周不独多也”，出自曹丕《周成汉昭论》。圣考，指周成王的父亲周武王。考，对死去父亲的称呼。休，美好。

⑧妣（bǐ）：指母亲。周成王之母为邑姜。胎诲：胎教。

⑨保傅：指太保、太傅。周代以太师、太傅、太保为三公，为辅弼国君之官。《伪古文尚书·周官》：“立太师、太傅、太保，兹惟三公，论道经邦，燮理阴阳。”

⑩行人：掌管朝觐聘问的官。

⑪相者：引导宾客，传达命令，辅助行礼的官。

⑫厌：吃饱，饱足。

⑬玄流、清风：用以比喻周成王所接触的威容与德义之美。玄流，清泉。

⑭咎悔：因为过错而后悔。

⑮聆二叔之谤：以下至“而信金縢之教言”，事见《尚书·金縢》《史记·鲁周公世家》。周灭商后二年，武王生了重病，周公祈祷上

天,请求代武王死。事后,史官将周公祝辞收进金属封缄的匣子中。武王死后,成王继位,周公摄政。管叔、蔡叔散布流言,宣扬周公将不利于成王,并联合武庚发动叛乱。周公东征,平定了叛乱。成王仍然怀疑周公,后来天降雷电暴风等灾异,成王惊慌失措,意外发现金縢中周公的祝辞,方才幡然悔悟,亲自出郊迎接周公回国。

⑯亮:相信,信任。

⑰金縢(téng)之教言:指藏在金縢中的周公祝词。金縢,指用金质的带子封存藏简册的柜子。

⑱盖主:指盖长公主。

⑲二七:十四岁。

⑳知:同"智"。夙(sù)达:幼年通达。

㉑贸:交换。

㉒诈为帝兄燕王旦上书:《汉书·霍光传》:"盖主、上官桀、安及弘羊皆与燕王旦通谋,诈令人为燕王上书,言'光出都肄郎羽林,道上称趩,太官先置。又引苏武前使匈奴,拘留二十年不降,还乃为典属国,而大将军长史敞亡功为搜粟都尉。又擅调益莫府校尉。光专权自恣,疑有非常'。"

㉓跸(bì):古代帝王出行时,禁止行人以清道。

【译文】

从前,周成王年幼登基,有管、蔡、商、奄四国发动叛乱;汉昭帝幼年即位,也有燕王旦、盖长公主、上官桀等人阴谋造反。而周成王不怀疑周公,汉昭帝将国事委任给霍光,两位君主谁做得更好呢?魏文帝说:"周成王继承了周武王的美好气质,秉承了贤母邑姜的胎教,以周公为太傅,召公为太保,吕望为太师,刚会说话时就有行人教导辞令,刚会走路时就有相者教导礼仪,眼睛看惯了庄重美好的仪容,耳朵听惯了道德仁义的言论,可以说是沉浸于威仪的清泉内,沐浴于德义的清风中。即便如此,仍然犯了过错，听信管叔、蔡叔散布的流言，致使周公东迁。上天震怒，用灾异彰显周成王的过错，这才幡然醒悟。不相信周公的圣德，而相信藏在金縢中的祝辞，难道不糊涂吗！汉昭帝的父亲比不上周武王，母亲也比不上邑姜，抚养他的只是盖长公主，辅佐大臣不过是上官桀与霍光。保傅没有仁义孝顺的品质，辅佐缺乏平治天下的才能，这就是所说的在深宫中出生，在妇人身边长大。然而汉昭帝的品德与天性相应而成，才能与身体一同成长，在十四岁时，就表现得睿智成熟，能够发现燕王旦的书信有诈，相信霍光的忠诚，哪里要等到开启金縢、翻检史书之后才醒悟呢！如果让周成王、汉昭帝在相同的年龄即位，时代互换而教化，交换大臣而治理，更换礼乐而歌唱，则汉昭帝的功绩未必少，周成王的功绩未必多。”大将军霍光与上官桀共同辅政，上官桀嫉妒霍光得到昭帝的宠信，计划诛杀霍光，于是以昭帝之兄燕王旦的名义上书，诬告霍光在上林苑检阅羽林郎时使用了天子仪仗，以及其他种种专权僭越行为。昭帝不相信。

或曰[①]：“汉宣帝政事明察[②]，其光武之俦欤[③]？”虞南曰：“汉宣起自闾阎[④]，知人疾苦，是以留心听政，擢用贤良[⑤]，原其循名责实[⑥]，峻法严令，盖流出于申、韩也[⑦]。古语云：‘图王不成，弊犹足霸。图霸不成，弊将如何？’光武，仁义图王之君也。宣帝，刑名图霸之主也[⑧]。今以相辈[⑨]，恐非其俦。”议曰：元帝之为太子[⑩]，尝谏宣帝，以为持法太严。帝作色曰[⑪]：“我汉家以霸、王之道杂之，奈何纯任德化，用害政乎？”虽以此言之知其量度不远，然宽猛之制，有自来矣。昔高祖入秦，约法三章[⑫]，秦人大悦。此言缓刑之美也。郭嘉说曹公云：“汉末政失于宽[⑬]，绍以宽济，故不摄。公纠之以猛，而上下知制。”此言严刑之当也。故《传》曰：“政宽则人慢[⑭]，慢则纠之以猛。猛则人残，残则施之以宽。

宽以济猛，猛以济宽，政是以和。”《书》曰：“刑罚世轻世重[15]。”《周礼》曰：“刑新国用轻典[16]，刑乱国用重典，刑平国用中典。”由此观之，但问时代何如耳，严刑恶足小哉！

【注释】

①或曰：以下至“恐非其俦”，出自虞世南《帝王略论》。

②汉宣帝：即刘询，汉武帝曾孙，西汉第七任皇帝。幼年流落民间，深知民间疾苦与吏治得失，故亲政后励精图治，任用贤能，并使匈奴臣服。

③俦（chóu）：同类。

④闾阎：泛指民间。

⑤擢（zhuó）用：选拔任用。擢，举拔，提升。

⑥原：推究。循名责实：按其名而求其实，要求名实相符。

⑦申、韩：战国时法家申不害和韩非的并称。后世以“申韩”代表法家。

⑧刑名：战国时以申不害为代表的学派。主张循名责实，慎赏明罚，后人称为“刑名之学”。此处代指法家学说。

⑨相辈：相比。

⑩元帝之为太子：以下至“用害政乎”，出自虞世南《帝王略论》。元帝，即刘奭（shì），汉宣帝之子，西汉第八任皇帝。统治时期，西汉开始由盛转衰。

⑪作色：脸上变色。指神情变严肃或发怒。

⑫约法三章：《史记·高祖本纪》：（高祖）召诸县父老豪桀曰：“父老苦秦苛法久矣，诽谤者族，偶语者弃市。……与父老约，法三章耳：杀人者死，伤人及盗抵罪。”

⑬汉末政失于宽：以下至“而上下知制”，出自《三国志·魏书·郭嘉传》裴松之注引《傅子》。

⑭政宽则人慢:以下至“政是以和”,出自《左传·昭公二十年》。

⑮刑罚世轻世重:出自《尚书·吕刑》。指刑罚要根据社会情况决定轻重。孔传:“言刑罚随世轻重也。”

⑯刑新国用轻典:以下至“刑平国用中典”,出自《周礼·秋官·大司寇》。

【译文】

有人问:“汉宣帝处理政事明察秋毫,他是和汉光武帝一类的君主吗?”虞世南说:“汉宣帝从民间寻回,了解民众的疾苦,所以对政事非常上心,选拔任用贤才,其治国注重名实相符,采用严刑峻法,究其根源,来自申不害、韩非子的法家学说。古话说:‘谋求王道不成,不完善的王道政策仍足以成就霸道。若追求霸道不成,不完善的霸道政策又能实现什么呢?’汉光武帝,是讲究仁义、追求王道的君主。汉宣帝,是遵循法家学说、追求霸道的君主。现在将二人相比,恐怕宣帝难以与光武帝相提并论。”评论道:汉元帝在做皇太子的时候,曾劝谏汉宣帝,认为当时执法过于严厉。宣帝改变神色说:“我们汉家治理天下,一向是王道与霸道掺杂使用,如何能只使用仁德教化,来扰乱汉家制度呢?”虽然由此可以看出,宣帝的度量不够宽广,但宽松、严猛两种政策不可偏废,自来有之。从前汉高祖进入咸阳,约法三章,秦地的民众非常喜悦。这说的是刑罚宽松的好处。郭嘉劝曹操说:“东汉末年的政策失误在于太过宽松,袁绍却以宽纵拯救宽松,所以政事混乱。您以严猛纠正宽松,则上下都懂得遵守规矩制度。”这说的是严刑峻法的合理性。所以《左传》说:“政治太宽松民众就会怠慢,怠慢了就用严猛之政来纠正。政治太严猛会使民众受到残害,受到残害就要采用宽松的政治。用宽松调剂严猛,用严猛调剂宽松,政事因此和谐。”《尚书》说:“刑罚要根据社会情况决定轻重。”《周礼》说:“治理新建的国家用宽松的法典,治理动乱的国家用严厉的法典,治理安定的国家用宽严适中的法典。”由此看来,只要探究所处的时代怎么样,哪里能轻视严刑峻法的作用呢!

或曰[①]:“汉元帝才艺温雅[②],其守文之良主乎[③]?”虞南曰:“夫人君之才在乎文德武功而已。文则经天纬地[4],词令典策[5]。武则禁暴戢兵[6],安人和众。此南面之宏图也。至于鼓瑟吹箫,和声度曲,斯乃伶官之职[7],岂天子之所务乎?”议曰:元帝多才艺,善鼓琴瑟,虽如此,非善之善也。何则?徐幹《中论》曰:“夫详小事而略大道[8],察近物而暗远数[9],自古及今,未有如此而不乱也,未有如此而不亡也。所谓详小事、察近物者,谓耳聪于丝竹歌谣之和,目明于雕琢彩色之章,口给于辩惠切对之辞[10],心通于短言小说之文[11],手习于射御书数之巧也。所谓远数、大道者,谓仁足以覆焘群生[12],惠足以抚养百姓,明足以照见四方,智足以统理万物,权足以应变无端,义足以阜生财用[13],威足以禁遏奸非,武足以平定祸乱。详于听受而审于官人[14],达于废兴之原,通于安危之分,如此则君道毕矣。昔鲁庄多伎艺[15],诗人刺之[16];鲁昭善容仪[17],有出奔之祸。由是言之,使人主视如离娄,听如师旷[18],射如夷羿,书如史籀[19],可谓善于有司之职,何益于理乎?”匡衡《谏元帝改政书》曰[20]:“受命之王[21],务在创业垂统,传之无穷;继体之君,必存于承宣先王之德[22],而褒大其功。今陛下圣德天覆,子爱海内,然阴阳未和、奸邪未禁者,殆议论者未丕扬先帝之盛功[23],争言制度不可用。臣窃恨国家释乐成之业[24],而虚为此纷纷也。愿陛下详览统业之事[25]。”此守文也。

【注释】

①或曰:以下至“岂天子之所务乎”,出自虞世南《帝王略论》。

②才艺:指多才多艺。温雅:温和文雅。

③守文:指遵循先王法度。

④经天纬地:指经营天下,治理国政。

⑤词令：词翰策令。

⑥戢（jí）兵：息兵，停止军事行动。

⑦伶（líng）官：乐官。

⑧夫详小事而略大道：以下至“何益于理乎”，出自《中论·务本》，有删节。

⑨远数：深远的谋略。

⑩辩惠：聪明而善辩。切对：恰切应对。

⑪短言：犹琐言、琐语。小说：街谈巷语、道听途说。

⑫覆焘（dào）：犹覆被、覆盖。指施恩、加惠。

⑬阜（fù）生：生息，生长。

⑭详：审慎。

⑮鲁庄：鲁庄公，鲁桓公与文姜之子，春秋时期鲁国君主。

⑯诗人刺之：指《诗经·齐风·猗嗟》。《毛序》：“刺鲁庄公也。齐人伤鲁庄公有威仪技艺，然而不能以礼防闲其母，失子之道，人以为齐侯之子焉。”

⑰鲁昭善容仪：指鲁昭公善于行礼。《左传·昭公五年》：“公如晋，自郊劳至于赠贿，无失礼。”鲁昭公，春秋时期鲁国君主。曾试图讨伐季氏，反而被三桓驱逐，流亡在外。

⑱师旷：春秋时晋国乐师，善于辨音。

⑲史籀（zhòu）：周宣王的太史，名籀，故称为“史籀”。相传著有字书《史籀篇》。

⑳匡衡：字稚圭，东海（治今山东郯城北）人。西汉经学家。

㉑受命之王：以下至“愿陛下详览统业之事”，出自《汉书·匡衡传》，有删节。

㉒必：《汉书·匡衡传》作“心”，译文从之。

㉓殆（dài）：大概。丕扬：大力宣扬。

㉔乐成之业：指已经成就的功业，为人情所乐。

㉕统业：指帝王之业。

【译文】

有人问："汉元帝多才多艺，温和文雅，是能够谨守先王法度的好君主吗？"虞世南说："君主的才能，应该表现在文德与武功上。文德方面，具备经营天下的才能，言辞与政令足以载入典册。武功方面，能够制止暴乱、平息战火、稳定社会、团结民众。这才是君主的宏图大略。至于鼓瑟吹箫，唱和创作乐曲，这是乐官的职责，哪里是天子所应该做的事？"评论道：汉元帝多才多艺，善于演奏琴瑟，虽然如此，这并非什么突出的优点。为什么这么说？徐幹《中论》说："熟悉琐细小事而忽略治国大道，明辨眼前事物而不知深远谋略，从古至今，没有君主如此而国家不混乱的，没有君主如此而国家不灭亡的。所谓熟悉琐细小事、明辨眼前事物，指的是耳朵善于鉴赏音乐歌谣的唱和，眼睛善于分辨雕饰绚丽的文饰，口中善于说出能言善辩的言辞，心里通晓道听途说的琐言碎语，手上熟习射箭、驾车、书写、算数的技巧。所谓深远谋虑、治国大道，指的是仁爱足以恩泽众生，慈惠足以抚养百姓，明察足以洞悉四方之事，智慧足以统辖管理万物，权变足以应对无端的变故，信义足以增长财富，威严足以禁止奸恶，武力足以平定祸乱。能够审慎地听取意见，慎重地授予官职，明达盛衰成败的根源，通晓治乱安危的分别，这样为君之道就完备了。从前鲁庄公多才多艺，却遭到诗人的讽刺；鲁昭公善于行礼，却有出奔流亡之祸。就此而言，即便君主视力如同离娄，听力如同师旷，射箭如同后羿，书写如同史籀，可以说是善于某些专门职位负责的技能了，对于治国又有什么帮助呢？"匡衡在《谏元帝改政书》中说："承受天命的君主，致力于开创基业，使之代代相传、无穷无尽；继承基业的君主，其用心在于继承、弘扬先王的德行，光大先王的功业。如今陛下的圣德覆盖天下，爱民如子，然而阴阳之气尚未调和，奸邪之事尚未禁绝，恐怕是因为讨论政事的人尚未大力宣扬先帝的丰功伟绩，而争相述说先帝定下的制度不可用。我私下痛恨国家放弃已经成就的功业，而徒劳地从事于这些纷乱无益之事。希望陛下审慎地考虑国家大业。"这说的是谨守先王法度。

或曰[1]:“观伪新王莽,谦恭礼让,岂非一代之名士乎?至作相居尊[2],骄淫暴虐,何先后相背甚乎?”虞南曰:“王莽天姿惨酷诈伪人也。未达之前,徇名求誉;得志之后,矜能傲物,饬情既尽而本质存焉[3]。愎谏自高[4],卒不改寤,海内冤酷,为光武之驱除焉[5]。”班固曰:“王莽始起外戚[6],折节力行[7],以要名誉。成、哀之际,勤劳国家,直道而行,动见称述,岂所谓‘在国必闻,在家必闻’,‘色取仁而行违之者’也[8]?莽既非仁,而有邪佞之材,又承四父世业之权[9],遭汉中微,国统三绝[10],而太后寿考为之宗主[11],故得肆其奸慝[12],以成篡盗之祸。推此言之,亦有天时,非人力所致。及其窃位南面,处非所据,颠覆之势,险于桀、纣,而莽晏然[13],自谓黄、虞复出也[14]。乃矜其威诈,滔天虐人[15],是以海内嚣然[16],丧其乐生之心,内外怨恨,远近俱发,城池不守,支体分裂,遂令天下城邑为墟。自书传所载乱臣贼子无道之人,未有如莽之甚者也。紫色蛙声[17],余分闰位[18],为圣王之驱除云。”吴王孙权论吕蒙曰[19]:“子明少时[20],孤谓不辞剧易[21],果敢有胆而已。长大,学问开益,筹略奇至,可以次于公瑾[22],图取关羽[23],胜于子敬[24]。子敬答孤书云:‘帝王之起,皆有驱除,羽不足忌。’此子敬内不能辨,而外为大言耳。孤亦恕之,不苟责也。”此“驱除”之意也。

【注释】

①或曰:以下至“为光武之驱除焉”,出自虞世南《帝王略论》。

②相:宰相。此处指三公级别的高官。王莽曾担任大司马。

③饬:巧饰,伪装。

④愎谏:坚持己见,不听规劝。

⑤驱除:在前面开路清扫的人。比喻表面上看似敌对,其实是在帮

着清除障碍，奠定新政权的基础。

⑥王莽始起外戚：以下至“为圣王之驱除云”，出自《汉书·王莽传》“赞曰”，有删节。

⑦折节：屈己下人。力行：努力实践。

⑧“在国必闻，在家必闻”，“色取仁而行违之者”：语本《论语·颜渊》。孔子认为，“闻”与“达”不同，“夫达也者，质直而好义，察言而观色，虑以下人。在邦必达，在家必达。夫闻也者，色取仁而行违，居之不疑。在邦必闻，在家必闻”。在国，指做国家的官。在家，指做卿大夫的家臣。

⑨四父：指王莽的四位叔父王凤、王音、王商、王根，皆曾以外戚的身份执掌大权。

⑩国统三绝：指西汉成帝、哀帝、平帝都没有子嗣。

⑪太后：指王政君，汉元帝皇后，汉成帝生母。

⑫奸慝（tè）：奸恶的心术或行为。

⑬晏然：安适，安闲。

⑭黄、虞：黄帝与虞舜。

⑮滔天：语出《尚书·尧典》。据颜师古注，即“漫天”，比喻罪恶、灾祸或权势等极大。

⑯嚣（xiāo）然：扰攘不宁貌。

⑰紫色：古人认为紫色为间色，不是正色。鼃（wā）声：哇声，非雅正的、淫邪的乐曲。《汉书·王莽传》颜师古注：“紫，间色；鼃，邪音也。”鼃，通“哇”。

⑱余分闰位：余分，指地球环绕太阳运行一周的实际时间与历法纪年时间相比所余的零头数。这些多出来的日子，古人以设置闰月的方式加以处理。班固认为，王莽称帝犹如多余的日子凑成的闰月，并非正统。

⑲吕蒙：字子明，汝南富陂（今安徽阜南东南）人。三国吴大将。

⑳子明少时：以下至“不苟责也”，出自《三国志·吴书·吕蒙传》。

㉑剧易：艰难。

㉒公瑾：即周瑜，字公瑾，庐江舒（今安徽庐江西南）人。三国吴大将。曾辅佐孙策平定江东，并亲率吴军大破曹兵于赤壁。

㉓关羽：字云长，河东解县（今山西临猗西南）人。三国蜀汉大将。赤壁之战后镇守荆州。

㉔子敬：即鲁肃，字子敬，临淮东城（今安徽定远东南）人。三国吴大将。

【译文】

有人问：“观察建立了新朝的王莽，谦虚恭敬，讲究礼让，难道不是一代名士吗？等他成了三公以及做了皇帝之后，骄奢淫逸，残酷暴虐，其前后表现为何差别那么大呢？”虞世南说：“王莽是一个天生残暴、奸诈、虚伪的人。还没有飞黄腾达的时候，沽名钓誉；得志之后，便自矜才能，目中无人，虚伪的掩饰消失之后，其本来面目就暴露出来了。他不听劝谏，自高自大，至死都没有醒悟，使海内民怨沸腾，不过是为光武帝的兴复大业驱除障碍罢了。”班固说：“王莽由外戚出身，谦恭下人，勉力而行，以此博取名誉。在汉成帝、汉哀帝时期，勤劳于国家政事，行事正直，一举一动常常被人们称道，这不正是孔子所说的‘做国家官员时一定有名望，做卿大夫家臣时一定有名望’，‘表面上似乎爱好仁德，实际行为却不如此’一类的人吗？王莽既不仁德，而有奸邪伪善的才能，又继承了四位叔父世代相传的大权，遇到汉朝中途衰落，皇位三次没有继承人，而王太后寿命很长，成为王莽的靠山，所以能够施展其奸恶的手段，最后酿成了篡权夺位的灾祸。由此推论，这也是由于天时，不是人力所能办到的。等到王莽窃夺了政权，占据了不应该拥有的皇位，其败亡的趋势，比夏桀、商纣时还要险恶，而王莽却安然自得，认为自己是黄帝与虞舜再世。于是依靠自己的权势与狡诈，罪恶极大，虐待百姓，因此海内扰攘动荡，百姓不对生存感到快乐，朝野内外都非常怨恨，远处与近处都爆发了起义，京城陷落，王莽死无全尸，并使得天下的城市都化为废墟。典籍中所记载的乱臣贼子、不讲道义的人，没有比王莽更恶劣的。王莽如同杂色淫声，多余的日子凑成的闰月，不过为了圣王即位扫清障碍罢了。”吴王孙权评论吕蒙说：“吕蒙年少时，我认为他只是不怕艰难，果断勇敢而已。长大后学问长进，谋略奇计屡出不穷，仅次于周瑜，策划打败关羽时，表现胜过鲁肃。鲁肃在回我的信中说：‘帝王兴起之际，都有为其扫除障碍的人，关羽不足忌惮。’这是鲁肃其实无法解决关羽，对外说大话而已。我也宽恕他，不随便加以责备。”这就是“驱除”的意思。

“夏少康、汉光武皆中兴之君①，孰者为最？”虞南曰：“此二帝皆兴复先绪，光启王业，其名则同，其实则异。何者？光武之世，籍思乱之民②，诛残贼之莽，取乱侮亡③，为功差易。至如少康，则夏氏之灭已二代矣④。羿及寒浞⑤。藐然遗体⑥，身在胎孕。母氏逃亡，生于他国，不及过庭之训⑦，曾无强近之亲，遭离乱之难，庇身非所。而能踦跂于丧乱之间⑧，遂成配天之业⑨。中兴之君，斯为称首。”魏高贵乡公问荀顗曰⑩：“有夏既衰⑪，后相殄灭⑫。少康收辑夏众⑬，复禹之绩。高祖拔起垄亩，芟夷秦、项。考其功德，谁为先后？”顗等曰：“造之与因，难易不同。少康功德虽美，犹为中兴，与汉世祖同流可也。至如高祖，臣等以为优。”上曰：“少康生于灭亡之后，降为诸侯之隶⑭，能布其德，而兆有其谋⑮，卒灭过、戈⑯，复禹之绩，祀夏配天，不失旧物⑰，非至德弘仁，岂能济斯勋乎！汉祖因土崩之势，仗一时之权，为人子则数危其亲⑱，为人君则囚系贤相⑲，为人父则不能卫其子⑳，身没之后，社稷几倾。若与少康易时而处，或未能复大禹之绩也，推此言之，宜高夏康而下汉祖矣。”

【注释】

①夏少康：以下至“斯为称首”，出自虞世南《帝王略论》。少康，夏

代的中兴君主，帝相之子。

②思乱：想造反。

③取乱侮亡：夺取政治混乱的国家，侵侮将亡的国家。

④二代：指夏朝初年，羿与寒浞二人相继“因夏人而代夏政”，夺取了夏代的政权。

⑤寒浞：据《左传·襄公四年》载，寒浞本为寒国宗族，辅寒国君伯明氏，被废弃。后羿夺帝相之位以代夏，任浞为相。浞杀羿自立。后为少康所灭。

⑥藐（miǎo）然：幼小貌。遗体：旧谓子女的身体为父母所生，因称子女的身体为父母的“遗体”。

⑦过庭之训：《论语·季氏》：“鲤趋而过庭。曰：‘学《诗》乎？’对曰：‘未也。’‘不学《诗》，无以言。’鲤退而学《诗》。他日，又独立，鲤趋而过庭。曰：‘学礼乎？’对曰：‘未也。’‘不学礼，无以立。’鲤退而学礼。”后因以“过庭”指父亲的训导。

⑧踦跂（qí qū）：通“崎岖”，指历经险阻。

⑨配天：谓受天命为天子。

⑩高贵乡公：即曹髦，三国时魏国皇帝。因不甘心做司马氏的傀儡，率宿卫数百攻司马昭，为昭部属所杀。荀顗（yǐ）：字景倩，颍川颍阴（今河南许昌）人。荀彧第六子，西晋开国元勋。

⑪有夏既衰：以下至“宜高夏康而下汉祖矣”，出自《三国志·魏书·三少帝纪·高贵乡公纪》裴松之注引《魏氏春秋》，有删节。

⑫后相：即夏代君主帝相，少康之父。殄（tiǎn）灭：灭亡，灭绝。

⑬收辑：收复安抚。辑，使安定。

⑭降为诸侯之隶：据《左传·哀公元年》载，少康曾做过有仍氏的牧正（牧官之长）与有虞氏的庖正（掌管饮食之官）。

⑮兆：起始，发端。

⑯过、戈：寒浞的两个儿子浇、豷（yì）的封国。

⑰旧物：指旧日的典章制度。

⑱为人子则数危其亲：《史记·高祖本纪》：“（项羽）为高俎，置太公其上，告汉王曰：‘今不急下，吾烹太公。’汉王曰：‘吾与项羽俱北面受命怀王，曰“约为兄弟”，吾翁即若翁，必欲烹而翁，则幸分我一杯羹。’”

⑲为人君则囚系贤相：指刘邦曾将萧何投入狱中之事，见《史记·萧相国世家》。

⑳为人父则不能卫其子：指刘邦死后，其子刘如意、刘友被吕后杀害事。

【译文】

“夏代的少康、东汉的光武帝，都是中兴之君，哪一位更值得称道呢？”虞世南说：“这两位君主都恢复了祖先的功业，并将之发扬光大，虽然都有中兴之名，但功业的实质却并不一样。为什么这么说？光武帝的时代，他借助于想要造反的民众，诛杀凶残暴虐的王莽，击败政治混乱、将要灭亡的政权，比较容易成功。至于少康，则夏代灭亡已经过了两代人。羿与寒浞两代。幼小的躯体，还在母亲腹中。母亲怀着他逃亡在外，出生在异乡，没有接受过父亲的训导，没有强大近亲的帮助，遭遇战乱的艰难，流离失所。而少康历经丧乱艰险之后，最终登上帝位。在中兴的君主中，少康应为第一。”曹髦问荀顗说：“夏代衰落之后，帝相时政权已被篡夺。少康招集整顿夏代的民众，恢复了大禹的帝业。汉高祖出身民间，铲除了秦朝与项羽。如果比较二人的功德，那谁先谁后？”荀顗等人回答说：“创业与继承，难度不同。少康的功德虽然美好，还只是中兴，可以和光武帝相提并论。至于汉高祖，我们认为还是更胜一筹。”曹髦说：“少康出生于国家灭亡之后，沦落为诸侯的奴隶。但他能够广施恩德，深谋远虑，最终消灭了过与戈两个国家，恢复了大禹的帝业，夏朝的宗庙得以重新祭祀，旧日的典章制度得以恢复，若不是大仁大德，哪里能立下这样的功勋呢！汉高祖凭借秦末土崩瓦解的局势，倚仗一时的权谋，作为儿子，多次使父亲遭受危险；作为君主，曾经囚禁贤明的宰相；作为父亲，则不能保护自己的儿子；去世之后，政权几乎被颠覆。如果汉高祖与少康交换时代，汉高祖未必能够恢复大禹的帝业，就此而言，少康应该在汉高祖之上。”

“后汉衰乱[①]，由于桓、灵[②]，二主凶德[③]，谁则为甚？”虞南曰：“桓帝赫然奋怒[④]，诛灭梁冀[⑤]，有刚断之节焉。然阉人擅命，党锢事起[⑥]，中平乱阶[⑦]，始于桓帝。古语曰：‘天下嗷嗷[⑧]，新主之资也。’灵帝承疲民之后，易为善政。黎庶倾耳[⑨]，咸冀中兴。而帝袭彼覆车[⑩]，毒逾前辈，倾覆宗社，职帝之由[⑪]，天年厌世[⑫]，为幸多矣。”议曰：桓帝问侍中爰延曰[⑬]：“朕何如主也？”对曰：“汉中主。”“何者？”“尚书令陈蕃任事则理[⑭]，中常侍黄门豫政则乱[⑮]，是以知陛下可与为善，可与为非。”此中主之谓也。虞南曰：“夫岷江初发[⑯]，其源可以滥觞[⑰]。及其远也，方舟而后能济[⑱]。元帝之时，而任弘恭、石显[⑲]。暨于桓、灵[⑳]，加以单超、张让[㉑]。既斁彝伦[㉒]，遂倾宗国，其所由来者渐矣。故曰：‘荧荧不灭[㉓]，炎炎奈何。’言慎其始也。呜呼！百代之后，其鉴之哉。”古语曰：“寒者易为衣，饥者易为食。”晁错云：“夫国富强而邻国乱者，帝王之资[㉔]。”由此言之，是知昏乱之君，将以开圣德矣。

【注释】

①后汉衰乱：以下至“为幸多矣”，出自虞世南《帝王略论》。

②桓：指汉桓帝刘志，汉章帝曾孙。在位时期宦官把持朝政，酿成党锢之祸。灵：指汉灵帝刘宏，汉章帝玄孙。在位时期宦官专政与党锢之祸愈演愈烈，朝政日益凋败，最终引发黄巾起义。

③凶德：违背仁德的恶行。

④赫然：盛怒貌。

⑤梁冀:字伯卓,安定乌氏(今宁夏固原东南)人。东汉外戚,汉顺帝、汉桓帝皇后的哥哥。继其父梁商为大将军,骄横跋扈,把持朝政二十余年。

⑥党锢:指东汉桓帝、灵帝时期的党锢之祸。桓帝时宦官专权,士大夫李膺、陈蕃等联合太学生郭泰、贾彪等,猛烈抨击宦官集团。宦官诬告他们结为朋党,诽谤朝廷,李膺等二百余人遭捕,后虽释放,但终身不许做官。灵帝时,膺等复起用,与大将军窦武谋诛宦官。事败,膺等百余人被杀,并陆续处死、流徙、囚禁六七百人。事见《后汉书·党锢列传》。

⑦中平:东汉灵帝刘宏的第四个年号(184—189)。中平元年(184),黄巾起义爆发。乱阶:祸端,祸根。

⑧嗷嗷:众口愁怨声。形容民怨沸腾。

⑨黎庶:黎民百姓。倾耳:谓侧着耳朵静听。形容期盼的神态。

⑩覆车:比喻失败的教训。

⑪职:犹惟、只。表示主要由于某种原因。

⑫天年:自然的寿数。厌世:去世。

⑬桓帝问侍中爰延曰:以下至"可与为非",出自《后汉书·爰延传》。侍中,古代职官名。秦始置,两汉沿置,为正规官职外的加官之一。因侍从皇帝左右,出入宫廷,与闻朝政,逐渐变为亲信贵重之职。爰延,字季平,陈留外黄(今河南民权西北)人。东汉时期官员。官至大鸿胪。

⑭尚书令:职官名。秦置,汉沿袭,隶属少府,掌奏章文书。汉武帝之后权职渐重。陈蕃:字仲举,汝南平舆(今河南平舆)人。东汉时期名臣,与窦武、刘淑合称"三君"。

⑮中常侍:职官名。秦置,为皇帝侍从,出入宫廷,以宦者或士人为之。东汉时专用宦官,以传达诏令和掌理文书。黄门:指太监。东汉时黄门令、中黄门等官皆为太监充任,故称太监为"黄门"。

⑯夫岷江初发：以下至“其鉴之哉”，出自虞世南《帝王略论》。岷江，长江上游支流，位于四川省中部，古代亦称“汶江”。

⑰滥觞（shāng）：指江河发源处水很小，仅可浮起酒杯。

⑱方舟：两船相并。

⑲弘恭、石显：西汉时期宦官，宣帝、元帝时期，先后担任中书令。二人明习法令，善为奏请，长期把持朝政。

⑳暨（jì）：至，到。

㉑单超：东汉宦官。汉桓帝时为中常侍，与宦官左悺、具瑗、徐璜、唐衡合谋诛除外戚梁冀，封新丰侯，为“五侯”之一，控制朝政，横行不法。张让：东汉宦官。汉灵帝时为中常侍，封列侯，为“十常侍”之一。善于搜括聚敛，深得汉灵帝宠信。

㉒斁（dù）：败坏。彝伦：常理，常道。

㉓荧荧：小火。炎炎：火光猛烈貌。

㉔夫国富强而邻国乱者，帝王之资：出自《汉书·晁错传》。

【译文】

“东汉王朝衰落昏乱，主要是由于汉桓帝、汉灵帝的恶行所致，二人违背仁德的恶行，其中谁的责任更大一些？”虞世南说：“桓帝赫然震怒，诛杀梁冀，有刚毅果断的气质。然而宦官专权，党锢之祸兴起，中平年间爆发黄巾之乱的祸根，正是桓帝时期埋下的。古话说：‘天下民怨沸腾，正是新君主成就事业的契机。’灵帝即位时，民众困苦不堪，容易推行善政。百姓殷切期待，都希望灵帝能够中兴汉朝。但灵帝重蹈覆辙，残暴更胜桓帝，汉家社稷最终倾覆，主要是由灵帝造成的，没有死于非命，已经够幸运了。”评论道：汉桓帝问侍中爰延说：“我是什么样的君主呢？”爰延回答说：“您是中等的君主。”桓帝问：“为什么这么说？”爰延说：“您让尚书令陈蕃主政，国家就得到治理；您让宦官干政，国家就昏乱；由此可知陛下可以一起为善，也可以一起为非。”这就是“中主”的意思。虞世南说：“岷江的源头处，水量只能浮起酒杯。到了下游，要两条船并在一起才能渡过。汉元帝时，任用宦官弘恭、石显。到了汉桓帝、汉灵帝时,信任的宦官又加上单超、张让。不仅败坏治国常理,最终使国家倾覆,这种恶果是逐渐形成的。所以说:'小火苗不扑灭,一旦火势燎原又有什么办法呢?'讲的是在事物的开端处就要慎重。啊!百代之后,都要以此为鉴。"古话说:"寒不择衣,饥不择食。"晁错说:"国家富强而邻国动乱,正是实现帝王之业的大好机会。"就此而言,昏庸糊涂的君主,是在为明主的出现进行准备。

"自炎精不竞[①],寓县分崩[②],曹孟德挟天子而令诸侯,刘玄德凭蜀、汉之阻,孙仲谋负江、淮之固,三分天下,鼎足而立,皆肇开王业,光启霸图。三方之君,孰有优劣?"虞南曰:"曹公兵机智算,殆难与敌[③],故能肇迹开基,居中作相,实有英雄之才矣。然谲诡不常[④],雄猜多忌,至于杀伏后[⑤],鸩荀彧[⑥],诛孔融,戮崔琰[⑦],娄生毙于一言[⑧],桓邵劳于下拜[⑨],弃德任刑,其虐已甚。坐论西伯[⑩],实非其人。许邵所谓'治世之能臣,乱世之奸雄',斯言为当。刘公待刘璋以宾礼[⑪],委诸葛而不疑,人君之德,于斯为美。彼孔明者,命世之奇才[⑫],伊、吕之俦匹[⑬],臣主同心,鱼水为譬。但以国小兵弱,斗绝一隅[⑭],支对二方,抗衡上国。若使与曹公易地而处,骋其长算,肆关、张之武,尽诸葛之文,则霸王之业成矣。孙主因厥兄之资,用前朝之佐,介以天险,仅得自存,比于二人,理弗能逮。"陈寿云[⑮]:"刘备机权干略不逮魏武,所以基宇亦狭[⑯]。"张辅曰[⑰]:"何为其然[⑱]?夫拨乱之主,当先以收相获将为本,一身善战,不足恃也。诸葛孔明达理知变,殆王佐之才。玄德无强盛之势,而令委质[⑲]。关羽、张飞皆人杰也,服而使之。夫明暗不相为用,能否不相为使,武帝虽处安强,不为之用也,况在危急之间乎！若令玄德据有中州，将与周室比隆，岂徒二杰而已[20]。”魏帝问吴使赵咨曰[21]：“吴王何等主也？”咨对曰：“聪明仁智，雄略之主也。”帝问其状。咨曰：“纳鲁肃于凡品，是其聪也。拔吕蒙于行阵，是其明也。获于禁而不害[22]，是其仁也。取荆州兵不血刃，是其智也。据三州，虎视天下，是其雄也。屈身于陛下，是其略也。”孙策疮甚[23]，呼第权曰[24]：“举江东之众，决机于两阵之间，与天下争衡，卿不如我。举贤任能，各尽其才，以保江东，我不如卿。”陈寿云：“孙权屈身忍辱[25]，任才尚计，有勾践之奇[26]，人之杰也。故能自擅江表[27]，成鼎峙之业也。”

【注释】

①自炎精不竞：以下至“理弗能逮”，出自虞世南《帝王略论》。竞，强盛，强劲。

②寓（yǔ）县：指天下。寓，同“宇”。

③殆（dài）：大概。

④谲（jué）诡：变化多端。

⑤伏后：汉献帝皇后，名寿，伏完之女。

⑥鸩（zhèn）：以鸩酒杀人。

⑦崔琰：字季珪，清河东武城（今河北清河东北）人。东汉末年名士，先后跟随袁绍、曹操，后被曹操赐死。

⑧娄生：指娄圭，字子伯，因言辞得罪曹操被杀。事见《三国志·魏书·崔琰传》裴松之注引《魏略》《吴书》。

⑨桓邵：东汉末年沛国人。因曾轻视曹操被杀。事见《三国志·魏书·武帝纪》裴松之注引《曹瞒传》。

⑩西伯：指周文王。《三国志·魏书·武帝纪》裴松之注引《魏氏春秋》载，夏侯惇劝曹操称帝，曹操回答道：“‘施于有政，是亦为

政。'若天命在吾,吾为周文王矣。"

⑪刘璋:字季玉,江夏竟陵(今湖北潜江西北)人。继其父刘焉为益州牧,据有今四川之地。后投降刘备,被安置于南郡公安(今湖北公安西北)。

⑫命世:当世。

⑬伊、吕:伊尹与吕望。俦(chóu)匹:指可与相比者。

⑭斗绝一隅:孤悬边远之地。

⑮陈寿:字承祚,安汉(今四川南充北)人。西晋史学家。著有《三国志》。

⑯刘备机权干略不逮魏武,所以基宇亦狭:出自《三国志·蜀书·先主传》。

⑰张辅:字世伟,南阳西鄂(今河南南阳石桥镇)人。西晋官员。官至秦州刺史。

⑱何为其然:以下至"岂徒二杰而已",出自张辅《名士优劣论》,今见《艺文类聚》卷二十二《人部六·品藻》,有删节。

⑲委质:向君主献礼,表示献身。

⑳二杰:张辅《名士优劣论》作"三杰",译文从之。

㉑魏帝问吴使赵咨曰:以下至"是其略也",出自《三国志·吴书·吴主传》。赵咨,字德度,南阳(今属河南)人。三国时期吴国大臣。

㉒于禁:字文则,泰山钜平(今山东泰安南)人。曹魏名将。"五子良将"之一。建安二十四年(219),关羽围攻樊城(今湖北襄阳樊城区),于禁率大军救援,由于汉水泛滥,全军覆没,遂投降。后孙权夺取荆州,他被遣还魏,被曹丕羞辱,惭恨而死。

㉓孙策疮甚:以下至"我不如卿",出自《三国志·吴书·孙策传》。孙策,字伯符,吴郡富春(今浙江富阳)人。吴主孙权之兄,孙吴政权的奠基者。

㉔第:《三国志·吴书·孙策传》作“弟”。

㉕孙权屈身忍辱:以下至“成鼎峙之业也”,出自《三国志·吴书·吴主传》“评曰”。

㉖勾践:春秋末期越国君主。曾被吴王夫差打败,屈服求和,入吴为人质。释放回国后卧薪尝胆,发愤图强,最终灭亡吴国。

㉗江表:江外。指长江以南的地区。

【译文】

“自从汉朝衰落,天下分崩离析,曹操挟持天子而号令诸侯,刘备凭借蜀地的险要,孙权依靠长江与淮河的天然屏障,三分天下,鼎足而立,都开创了帝王基业,建立了称霸一方的宏图。三位君主中,有没有优劣之分呢?”虞世南回答道:“曹操用兵的计策与谋略,大概天下难以找到敌手,所以能开创基业,在朝廷中担任丞相,确实有着英雄的才能。然而诡谲狡诈,反复无常,猜忌之心很重,至于杀害伏皇后,毒死荀彧,杀害孔融、崔琰,娄圭只因说错一句话就被杀害,桓邵叩头求饶,依然难免一死,放弃德治,专用刑罚,非常残忍暴虐。谈论时自比周文王,实际上根本不是如此。许劭称曹操是‘治世之能臣,乱世之奸雄’,这个评价很恰当。刘备以宾客之礼对待投降的刘璋,委任诸葛亮而从不怀疑,作为君主的德行,可以说非常完美了。诸葛亮这个人,是当世奇才,可以与伊尹、吕望相媲美,君臣之间同心同德,好似如鱼得水。只是由于疆域狭小,军力薄弱,孤悬边远之地,同时对付魏、吴两国,与大国相抗衡。如果让刘备与曹操交换疆土,使他的长远谋略得以施展,充分发挥关羽、张飞的勇猛,完全施展诸葛亮的才智,则一定能够成就王霸之业。孙权凭借他的哥哥孙策留下的基业,任用前朝的辅佐大臣,凭借天险,仅仅能够自保而已,与刘备、曹操二人相比,自然就不如他们了。”陈寿说:“刘备的谋略与才能比不上曹操,所以国土也较小。”张辅说:“为什么这么说?拨乱反正的君主,应当以获得将相之才为根本,自己一个人善于作战,不足以依赖。诸葛亮通达事理,洞悉天下大势的变化,是辅佐君主成就王业的人才。刘备没有强大的势力,却能够令诸葛亮尽心辅佐。关羽、张飞都是人中豪杰,却心悦诚服地为刘备效力。明智的人不会与愚昧的人合作,有才能的人不会与无能的人共事,曹操的势力虽然安定强大,这些人也不会效力于他,更不用说危难紧急的时候了！如果让刘备占据中原,他创立的基业将与周朝媲美,岂只是与曹操、孙权并称三杰呢?”曹丕问吴国使者赵咨说:“吴王是什么样的君主?”赵咨回答说:“吴王是聪慧、英明、仁慈、睿智,具有雄才大略的君主。”曹丕询问具体的表现。赵咨或:“在常人中提拔鲁肃,这是他的聪慧。在士兵中提拔吕蒙,这是他的英明。俘获了于禁而不杀害,这是他的仁慈。兵不血刃地夺取了荆州,这是他的睿智。占据扬、荆、交三州之地,虎视天下,这是他的雄才。屈身服从陛下,这是他的大略。”孙策伤势严重,呼唤弟弟孙权前来说:“率领江东的人马,在两军战阵之间把握战机,与天下英雄一争高下,你不如我。选拔任用贤才,使他们发挥各自的才能,以保卫江东,我不如你。”陈寿说:“孙权能够忍辱屈服于魏国,任用贤才,重视谋略,像勾践那样奇特,是人中的豪杰。所以能够独自占据长江以南的地区,成就三国鼎立的功业。”

“晋宣帝雄谋妙筭①,诸葛亮冠世奇才,谁为优劣?”虞南曰:“宣帝起自书生,参佐帝业,济世危难,克清王道,文武之略,实有可称。而多杖阴谋,弗由仁义,猜忍诡伏盈诸襟抱②。至如示谬言于李胜③,委鞫狱于何晏④,愧心负理,君子不为。以此伪情,行之万物,若使力均势敌,俱会中原,以仲达之奸谋,当孔明之节制,恐非俦也。”吴张俨《默记》论诸葛亮、司马宣王二相优劣曰⑤:“汉朝倾覆⑥,天下分崩,二公并遭值际会,托身明主。孔明起蜀、汉之地,蹈一州之土,方之大国,盖有九分之一也。提步卒数万,长驱祁山,慨然有饮马河、雒之志⑦。仲达据天下十倍之地,杖兼并之众,据牢城,拥精锐,无擒敌之意,务自保而已,使彼孔明自来自去。若此而不亡,则凉、雍不解甲,中国不释鞍,胜负之势亦已决矣。方之司马，不亦优乎！”

【注释】

①晋宣帝雄谋妙筭（suàn）：以下至“恐非俦也”，出自虞世南《帝王略论》。晋宣帝，即司马懿，字仲达，河内温县（今河南温县西南）人。三国时期魏国权臣。曾屡次出师成功对抗诸葛亮的北伐。司马炎称帝后，追尊司马懿为宣帝。

②猜忍：疑忌残忍。诡伏：奸诈而隐藏不露。

③示谬言于李胜：《三国志·魏书·曹爽传》：“李胜出为荆州刺史，往诣宣王。宣王称疾困笃，示以羸形。胜不能觉，谓之信然。”李胜，字公昭，南阳（治今属河南）人。三国时曹魏大臣，曹爽亲信。

④委鞫（jū）狱于何晏：《三国志·魏书·桓范传》裴松之注引《魏氏春秋》：“宣王使晏与治爽等狱。晏穷治党与，冀以获宥。宣王曰：‘凡有八族。’晏疏丁、邓等七姓。宣王曰：‘未也。’晏穷急，乃曰：‘岂谓晏乎！’宣王曰：‘是也。’乃收晏。”鞫狱，审理案件。

⑤张俨：字子节，吴郡吴县（今江苏苏州）人。三国时吴国学者。

⑥汉朝倾覆：以下至“不亦优乎”，出自《三国志·蜀书·诸葛亮传》裴松之注引《默记》，有删节。

⑦饮马：使战争临于某地。河、雒（luò）：指黄河与洛水。此处指洛阳地区。

【译文】

“晋宣帝有着宏大的谋略、神妙的计策，诸葛亮是盖世奇才，两个人谁优谁劣？”虞世南说：“宣帝原本是一介书生，辅佐曹魏成就帝业，拯救世道于危难之中，恢复王道，其文才武略，确实有值得称道的地方。然而他行事多靠阴谋诡计，不用仁义之道，内心充满疑忌、残忍与奸诈。比如在李胜面前故意装病，让何晏负责审理曹爽的案件，像这样有愧于心、伤天害理的事，正人君子是不会做的。以这种伪诈的情意，应对万事万物，如果双方势均力敌，在中原一决高下，以司马懿的奸诈谋略，应对诸葛亮的节度法治，恐怕就不是对手了。吴国张俨在其所著的《默记》中评论诸葛亮、司马懿两位辅相的优劣时说："汉朝倾覆，天下分崩离析，二人都遭遇了这一时机，投靠了各自的明主。诸葛亮兴起于蜀、汉之地，占据一州的国土，与大国相比，仅有九分之一的大小。但他率领数万步兵，远征祁山，慷慨激昂，有着打到洛阳的远大志向。司马懿占据着天下十倍于蜀汉的领土，倚仗着四处兼并而来的军队，占据着牢固的城池，率领着精锐的士卒，却没有俘获敌人的意图，只是力图自保而已，使诸葛亮得以来去自如。如果诸葛亮不去世，则曹魏一方凉州、雍州的军队无法休息，中原也无法解除武备，双方的胜负态势早已决出了。与司马懿相比，诸葛亮不是更高明吗！"

或曰[①]："晋景、文兄弟孰贤[②]？"魏明帝崩[③]，立养子齐王芳[④]，遗诏使曹爽与司马宣王辅政[⑤]。宣王诛爽，自专政。宣王薨，子景王名师字子元代立辅政，废齐王芳，立高贵乡公[⑥]。景王薨，弟文王名昭字子上又代立辅政，杀高贵乡公，立陈留王[⑦]。后陈留王以魏禅晋。武帝名炎字安世即位[⑧]，平吴，天下一统。及子惠帝立[⑨]，天下大乱，五胡入中原矣[⑩]。虞南曰："何晏称：'惟深也[⑪]，故能通天下之志[⑫]，夏侯太初是也。惟机也[⑬]，故能成天下之务[⑭]，司马子元是也。'故知王佐之才，著于早日。及诛爽之际，智略已宣，钦、俭称兵全军独克[⑮]，此足见其英图也。虽道盛三分而终身北面[⑯]，威名振主而臣节不亏，侯服归全[⑰]，于斯为美。太祖嗣兴，克宁祸乱，南定淮海，西平庸、蜀[⑱]，役不逾时，厥功为重。及高贵篡历[⑲]，聪明夙智，不能竭忠协赞[⑳]，拟迹伊、周[㉑]，遂乃伪谤士彦[㉒]，委罪成济[㉓]，自贻逆节，终享恶名。斯言之玷，不可磨也[㉔]。"干宝《晋总论》曰[㉕]："昔宣帝以雄才硕量应运而仕[26]，值魏太祖创基之初，筹画军国，嘉谋屡中，遂服舆轸[27]，驱驰三世[28]。性深阻有如城府[29]，而能宽绰以容纳，行任数以御物[30]，而知人善采拔，故能西擒孟达[31]，东举公孙渊[32]，内夷曹爽，外袭王陵[33]，屡距诸葛亮节制之兵，而东支吴人辅车之势[34]，于是百姓与能[35]，大象始构矣[36]。世宗承基，太祖继业，玄、丰乱内[37]，钦、诞寇外[38]。潜谋虽密，而在机必兆[39]。淮浦再扰[40]，而许、洛不震[41]。咸默异图[42]，用光前烈。然后推毂锺、邓[43]，长驱庸、蜀。三关电扫[44]，刘禅入臣[45]。天符人事，于是信矣。始当非常之礼，终受备物之锡[46]。至于世祖，遂享皇极。仁以厚下，俭以足用，和而不弛，宽而能断，故人咏惟新[47]，四海悦劝矣[48]。沉舟三峡[49]，介马桂阳[50]，役不二时[51]，江、湘来同[52]。夷吴、蜀之垒垣，通二方之险塞。太康之中，天下书同文，车同轨，虽太平未洽，亦足以明。吏奉其职，人乐其生，百代之一时也。武皇既崩，山陵未干[53]，而杨骏被诛[54]，母后废黜[55]，朝士旧臣夷灭者数十族。寻以二公、楚王之变[56]，宗子无维城之助[57]，而阏伯、实沈之隙岁构[58]。师尹无具瞻之贵[59]，而颠坠戮辱之祸日有。方岳无均石之镇[60]，关门无结草之固[61]。李辰、石冰倾之于荆、扬[62]，刘渊、王弥桡之于青、冀[63]。二十余年，而河、雒为墟，戎羯称制[64]，二帝失尊[65]，山陵无所[66]，何哉？树立失权[67]，托附非才[68]，四维不张[69]，而苟且之政多也。故观阮籍之行[70]，而觉礼教崩弛之所由；察庾纯、贾充之事[71]，而见师尹之多僻[72]；思郭钦之谋[73]，而寤戎狄之有衅[74]；核傅咸之奏、钱神之论[75]，而睹宠赂之彰[76]。民风国势如此，虽以中庸之才、守文之主治之[77]，辛有必见之于祭祀[78]，季札必得之于乐声[79]，范燮必为之请死[80]，贾谊必为之痛哭[81]，又况我惠帝以荡荡之德而临之哉[82]！淳耀之烈未渝[83]，故大命重集于中宗元皇帝也[84]。”

【注释】

①或曰:以下至“不可磨也”,出自虞世南《帝王略论》。

②晋景、文兄弟:指晋景帝司马师与晋文帝司马昭。司马师,字子元,司马懿长子。继其父为魏大将军,专擅朝政。曾废魏帝曹芳,立高贵乡公曹髦为帝,次年病死。司马炎称帝后,追尊司马师为景帝,庙号世宗。司马昭,字子上,司马懿次子,继其兄司马师把持魏国朝政。曾弑杀魏帝曹髦,改立曹奂。司马炎称帝后,追尊司马昭为文帝,庙号太祖。

③魏明帝:即曹叡,字元仲,魏文帝曹丕长子,曹魏第二位皇帝。

④齐王芳:即曹芳,字兰卿,魏明帝曹叡养子,曹魏第三位皇帝。后为司马师所废。

⑤曹爽:字昭伯,沛国谯县(今安徽亳州)人。魏大司马曹真之子,三国时魏宗室大臣。魏明帝去世时,与司马懿同为顾命大臣,后为司马懿所杀。司马宣王:即司马懿。

⑥高贵乡公:即曹髦,字彦士,魏文帝曹丕之孙,封高贵乡公。司马师废曹芳,立他为帝。因不满司马昭专权,孤注一掷,亲自率领侍卫攻打司马昭,因寡不敌众被害。

⑦陈留王:即曹奂,原名曹璜,字景明,曹操之孙,曹魏最后一位君主。咸熙二年(265)禅位于司马炎,被封为陈留王。

⑧武帝:即晋武帝司马炎,字安世,司马昭之子,西晋开国皇帝,庙号世祖。

⑨惠帝:即晋惠帝司马衷,字正度,司马炎之子,西晋第二位皇帝。性愚痴,在位时爆发“八王之乱”。

⑩五胡:晋武帝死后,晋室内乱,北方少数民族匈奴族的刘渊及沮渠氏、赫连氏、羯族石氏、鲜卑族慕容氏及秃发氏、乞伏氏、氐族苻氏、吕氏、羌族姚氏,相继在中原称帝,史称“五胡”。

⑪深:指探究幽深的事理。

⑫通天下之志：会通统一天下人的意志。《周易·系辞上》孔颖达疏："圣人用易道以极深，故圣人德深也，故能通天下之志意。"

⑬机：通"几"，指洞悉微妙的征象。

⑭能成天下之务：成就天下的事务。《周易·系辞上》孔颖达疏："圣人用易道以研几，故圣人知事之几微。……几者离无入有，是有初之微。以能知有初之微，则能兴行其事，故能成天下之事务也。"

⑮钦、俭：指文钦与毌丘俭。文钦，字仲若，沛国谯郡（今安徽亳州）人。三国时曹魏将领。毌丘俭，字仲恭，河东闻喜（今山西闻喜）人。三国时曹魏大将。二人于正元二年（255）联合吴军，起兵讨伐司马氏。司马师亲自率军讨平之，毌丘俭被杀，文钦逃奔吴国。全军：保全军队的实力。《孙子兵法·谋攻》："凡用兵之法，全国为上，破国次之；全军为上，破军次之。"独克：只消灭敌人。

⑯道盛三分：足以成为三分天下的一国之主。指取代曹魏称帝。北面：指臣服于人。

⑰侯服归全：谓司马师去世时依然是侯爵，生前没有称王。归全：去世。

⑱庸、蜀：皆古国名。庸，在川东夔州一带；蜀，在成都一带。此处泛指四川。

⑲纂历：嗣位。

⑳协赞：辅佐。

㉑伊、周：指伊尹、周公。

㉒伪谤士彦：《帝王略论》作"伪杀彦士"，译文从之。彦士，为高贵乡公曹髦的字。

㉓成济：三国时曹魏官员，骑督成倅之弟，时任太子舍人。受司马昭的心腹贾充指使，刺死魏帝曹髦。司马昭为平息众怒，将罪责全部推卸到成济身上，夷其三族以谢天下。

㉔斯言之玷，不可磨也：语出《诗经·大雅·抑》："白圭之玷，尚可

磨也；斯言之玷，不可为也。”

㉕干宝：字令升，汝南新蔡（今河南新蔡）人。东晋文学家、史学家。著有《晋纪》，编有志怪小说集《搜神记》。

㉖昔宣帝以雄才硕量应运而仕：以下至“故大命重集于中宗元皇帝也”，出自干宝《晋纪总论》，有删节。

㉗服舆轸（zhěn）：即出入乘车。此处形容司马懿获得了尊贵的地位。服，驾，乘。舆轸，指车。《文选・晋纪总论》李周翰注：“舆轸，车也。谓乘舆也。”

㉘三世：指魏文帝曹丕、魏明帝曹叡、齐王曹芳三代。

㉙深阻：性情深沉而不外露。

㉚任数：用权谋、使心计。御物：驾驭万物。

㉛孟达：字子度。原为蜀汉将领，后投降曹魏，任新城（郡治在今湖北房县）太守。魏明帝时，欲反曹魏而归蜀汉，被司马懿率军击杀。

㉜公孙渊：字文懿，三国时辽东地方割据首领。曾自立为燕王，被司马懿率军讨平。

㉝王陵：《三国志》作“王凌”，字彦云，太原祁（今山西祁县）人。三国时曹魏将领，汉末名臣王允之侄。与外甥令狐愚谋废曹芳而立曹彪，事泄，向司马懿投降，不久自杀。

㉞辅车：面颊与牙床。一说车夹木与车舆。比喻事物互为依存的利害关系。

㉟百姓与能：指百姓亲附。《周易・系辞下》：“人谋鬼谋，百姓与能。”孔颖达疏：“天下百姓，亲与能人，乐推为王也。”与，依附。

㊱大象：大业。

㊲玄、丰：夏侯玄与李丰。李丰，字安国，三国时曹魏大臣。魏嘉平六年（254），中书令李丰等谋诛大将军司马师，以夏侯玄代司马师辅政。事泄，夏侯玄、李丰等皆诛灭三族。

㊳钦、诞：文钦与诸葛诞。诸葛诞，字公休，琅琊阳都（今山东沂南）

人。三国时曹魏将领。甘露二年(257),扬州都督诸葛诞联络吴人,占据寿春发动叛乱,文钦随吴军救援诸葛诞。后被司马昭率军平定。

㊴兆:显露。

㊵淮浦:指淮南地区。

㊶许、洛:许昌与洛阳。许昌为曹魏"五都"之一,洛阳为曹魏都城。

㊷咸默异图:《文选·晋纪总论》作"咸黜异图"。黜,排除。异图,图谋不轨。译文从之。

㊸推毂(gǔ):推车前进。古代帝王任命将帅时的隆重礼遇,指全权委任在外带兵作战的将领。锺、邓:锺会与邓艾。锺会,字士季,颍川长社(今河南长葛)人。锺繇幼子,三国时曹魏官员,军事家、玄学家。邓艾,字士载,义阳棘阳(今河南南阳南)人。三国时曹魏名将。

㊹三关:蜀汉的三处险要关塞阳平关、江关、白水关。此处以"三关"泛指蜀汉要冲。

㊺刘禅:字公嗣,刘备之子,蜀汉后主。邓艾军抵成都,刘禅出降,被封为安乐公。

㊻备物之锡:即九锡,古代天子赐给诸侯、大臣的九种器物,是一种最高礼遇。自王莽起,历魏晋南北朝,掌政大臣夺取政权、建立新朝前,都加九锡,成为例行公事。

㊼惟新:更新。《诗经·大雅·文王》:"周虽旧邦,其命维新。"

㊽悦劝:乐于接受教化。

㊾沉舟:《文选·晋纪总论》作"泛舟",指咸宁五年(279),王濬伐吴时,率军从成都顺流而下。译文从之。

㊿介马:披甲的战马。介,甲,铠甲。桂阳:郡名。其地约当今湖南郴州地区。

(51)二时:犹两季。《汉书·匈奴传下》:"近不过旬月之役,远不离二时之劳。”颜师古注:“离,历也。三月为一时。”晋伐吴自咸宁五年(279)十一月始,次年三月灭吴,不足六月。

㊾江、湘:江水、湘水。此指东吴全境。同:归顺。

㊿山陵:帝王的坟墓。

(54)杨骏:字文长,弘农华阴(今陕西华阴)人。西晋初年权臣,外戚,晋武帝司马炎的岳父。后为贾后所杀。

(55)母后:指晋武帝皇后杨芷,杨骏之女,晋惠帝生母武帝元皇后杨艳从妹。

(56)寻:不久。二公、楚王之变:杨骏被杀后,司马亮与卫瓘共同辅政,司马亮为太宰,卫瓘为太保。贾后矫诏使司马玮杀司马亮、卫瓘,旋又以矫诏罪杀司马玮。二公,指司马亮和卫瓘。司马亮,字子翼,司马懿之子,汝南王。卫瓘,字伯玉,河东安邑(今山西夏县)人。西晋初年重臣。楚王,即司马玮,字彦度,晋武帝之子。

(57)宗子:古代宗法制度称大宗的嫡长子。此处指惠帝。维城:指皇子或皇室宗族。

(58)阏(è)伯、实沈(chén):传说为高辛氏二子。二人不兼容,常相征讨。《左传·昭公元年》:“昔高辛氏有二子,伯曰阏伯,季曰实沈,居于旷林,不相能也,日寻干戈,以相征讨。”此处指晋宗室诸王为争夺政权连年征战,叔侄兄弟互相残杀。

(59)师尹无具瞻之贵:语出《诗经·小雅·节南山》:“赫赫师氏,民具尔瞻。”师尹,周太师尹氏,后用为三公之称。具瞻,谓为众人所瞻。

(60)方岳:传说尧命羲和四子掌四岳,称“四伯”。后因称专任一方之重臣为“方岳”。均石:古代重量单位。三十斤为一均,四均为一石。

(61)结草:扎草。

(62)李辰:本名张昌,晋惠帝太安二年(303)率流民起义,乃改姓名。立山都县吏丘沈为帝,自任相国,占据江夏等地。不久兵败窜逃,次年被擒斩首。石冰:初为李辰部将,后进占扬州各郡,兵败后为部将所杀。

⑥③刘渊：字元海，匈奴族，十六国时汉国的建立者。乘西晋八王之乱起兵，永兴元年（304）称汉王，后改称汉帝。王弥：东莱（今山东莱州）人。西晋叛民领袖。晋惠帝末年聚众起兵，纵横青、徐等州，曾联合刘曜、石勒攻破洛阳，后为石勒所杀。桡（náo）：扰动，搅乱。

⑥④戎羯（jié）：戎和羯，古族名。泛指西北少数民族。称制：秦始皇统一中国后以“命”为“制”，“令”为“诏”，后因谓即位执政为“称制”。

⑥⑤二帝：西晋怀帝和愍帝。失尊：指怀、愍二帝先后成为俘虏。

⑥⑥山陵无所：指怀、愍二帝被俘后，先后死于前赵都城平阳（今山西临汾西南），不知陵墓何在。《文选·晋纪总论》吕向注：“（怀帝、愍帝）俱蒙尘于平阳，死于虏廷，故云山陵无所。”

⑥⑦树立失权：指晋武帝选择痴愚的晋惠帝作为储君，有失权衡。

⑥⑧托付非才：指晋武帝临终托付杨骏辅佐晋惠帝，但杨骏并非辅佐之才。

⑥⑨四维：旧时以礼、义、廉、耻为治国之四纲，称为“四维”。

⑦⓪阮籍：字嗣宗，陈留尉氏（今河南尉氏）人。三国时魏国诗人、玄学家，“竹林七贤”之一。反对名教，旷达不拘礼法。

⑦①庾纯：字谋甫，颍川鄢陵（今河南鄢陵）人。西晋名儒。贾充：字公闾，平阳襄陵（今山西襄汾）人。西晋开国元勋。据《晋书·庾纯传》载，庾纯曾痛斥贾充，称“天下凶凶，由尔一人”，并质问“高贵乡公何在？”

⑦②多僻：多邪僻。

⑦③郭钦：晋武帝时侍御史。郭钦曾上疏建议趁平吴之势，驱徙西北诸郡杂胡，严防四夷出入。事见《晋书·北狄传》。

⑦④衅（xìn）：征兆。

⑮傅咸:字长虞,北地泥阳(今陕西铜川耀州区东南)人。西晋官员,文学家。傅咸为司隶校尉时,曾上书建议深绝货赂之风。钱神之论:即《钱神论》,晋惠帝时南阳人鲁褒所作。文中对当世贪鄙好财之风进行了辛辣讽刺。

⑯宠赂:私宠与贿赂。

⑰中庸之才:《文选·晋纪总论》刘良注:"中庸,谓非愚之才。"中庸,指中等、平庸。

⑱辛有必见之于祭祀:辛有,周平王时人。平王东迁,辛有往伊川,见披发之人祭祀于野地,认为是戎人将占据此地的征兆,后秦、晋迁陆浑之戎于伊川。事见《左传·僖公二十二年》。

⑲季札必得之于乐声:季札,春秋时期吴国贵族,政治家。季札出使鲁国时,曾观赏鲁国保存的周室礼乐,并予以点评。事见《左传·襄公二十九年》。

⑳范燮(xiè)必为之请死:范燮,即士燮,春秋时晋大夫,死谥文子,亦称"范文子"。据《左传·成公十七年》载,范燮以晋君骄侈,晋难将作,令其祝宗向神灵祈祷,祈请让自己早死,以免及于晋难。

㉑贾谊必为之痛哭:贾谊《陈政事疏》:"臣窃惟事势,可为痛哭者一,可为流涕者二,可为长太息者六。"

㉒荡荡:《诗经·大雅·荡》:"荡荡上帝,下民之辟。"郑玄笺:"荡荡,法度废坏之貌。"

㉓淳耀:光明。渝:变更,改变。

㉔中宗元皇帝:即晋元帝司马睿,字景文,东晋开国皇帝,谥号元皇帝,庙号中宗。

【译文】

有人问:"司马师、司马昭兄弟,谁更贤明?"魏明帝去世后,立养子齐王曹芳为帝,遗诏托付曹爽与司马懿共同辅政。司马懿诛杀曹爽,自己专擅朝政。司马懿死后,他的儿子景王司马师,字子元,接替父亲辅政,废黜齐王曹芳,立高贵乡公曹髦为帝。司马师死后，他的弟弟文王司马昭，字子上，又接替哥哥辅政，杀害高贵乡公曹髦，立陈留王曹奂。之后，曹奂将曹魏的天下禅让给晋朝。晋武帝叫司马炎，字安世，即位之后，平定吴国，天下归于一统。到了晋武帝之子晋惠帝即位，天下大乱，五胡入主中原。虞世南说："何晏说：'唯有探明幽深的事理，才能够会通天下人的意志，夏侯玄是这样的人。唯有洞悉微妙的征象，才能够成就天下的事务，司马师是这样的人。'由此可知，司马师的将相之才，在青少年时期就已显露。到了诛杀曹爽时，他的智慧谋略已经很出名了，文钦与毌丘俭起兵，司马师大获全胜，由此足以看出他的雄图伟略。司马师虽然已经可以取代曹魏称帝，却终身保持臣子的名分；虽然威名震主，却依然恪守臣子的名节，去世时依然是侯爵，这是很值得赞美的。司马昭继承了他的事业，平定各地的祸乱，向南平定了淮南地区的叛乱，向西消灭了蜀汉政权，用兵打仗能够及时获胜，立下了更为伟大的功业。高贵乡公曹髦即位，这是一位聪明早慧的君主，然而司马昭不能尽忠辅佐，效仿伊尹、周公，而在杀害曹髦之后，又把罪名推到成济身上，自毁名节，永远背负着弑君犯上的恶名。这种污点，永远无法磨灭。干宝在《晋纪总论》中说："当初，宣帝司马懿凭借其雄才大度，顺应时势走上仕途，正好遇见曹操初创基业，他为曹操筹划军国大事，高明的谋略屡被采纳，于是获得了尊贵的地位，先后辅佐曹魏三代君主。他的性情深沉有如城池府库，但气量宽宏，能够听取意见；他行事好用权谋以驾驭外物，但善于识别、提拔人才，所以能够在西边俘虏孟达，在东边打败公孙渊，对内诛杀曹爽，对外袭击王凌，多次击退诸葛亮号令严整的军队，又向东抵挡与蜀汉互为声援的东吴军队，于是百姓亲附，开始奠定帝王大业。世宗司马师、太祖司马昭继承了司马懿的基业，此时夏侯玄、李丰作乱于内，文钦、诸葛诞起兵于外。前者的阴谋虽然诡秘，但刚露端倪就被察觉。后者虽然一再扰动淮南地区，京都却丝毫不受震动。图谋不轨者都被清除，前辈基业更加发扬光大。然后委任锺会、邓艾，远征四川。如闪电般攻克蜀汉要冲，刘禅随即投降。天意与人情，可谓昭彰显著。于是司马昭开始获得非凡的礼遇，最终接受九锡的赏赐。到了世祖司马炎，遂登上皇位。他仁慈地对待臣民，勤俭节约以充足财用，平和而不懈怠，宽厚而能决断，所以人人歌咏国家气象一新，天下都乐于接受教化。大军穿过三峡顺流而下，披甲的战马驰骋于桂阳，不到六个月的战役，就平定了东吴全境。拆毁了吴、蜀的营垒城墙，开通了两国的险要关塞。到了太康年间，天下文字统一，各种车辆的车轨大小相同，太平景象虽未周遍天下，却也足够显明了。官吏奉公守法，百姓安居乐业，是百代难逢的太平之时。晋武帝去世之后，陵墓的封土尚未全干，而杨骏被诛杀，太后被废黜，朝中旧臣惨遭族诛的有数十家。紧接着发生了司马亮、卫瓘与楚王司马玮被杀的事变，惠帝得不到兄弟的帮助，而皇室兄弟之间频繁互相讨伐。重臣没有万民景仰的威望，而随时面临被打倒、侮辱、诛灭的危险。州郡长官无法镇守地方，险要的关塞还不如草房牢固。李辰、石冰在荆州、扬州倾覆社稷，刘渊、王弥在青州、冀州搅动乱局。二十余年间，黄河、洛水之间化为废墟，戎和羯的首领纷纷称帝，怀帝与愍帝先后被俘虏，死后坟墓不知何在，为什么会这样呢？这是因为晋武帝树立储君时有失权衡，所选择的托孤大臣人选不当，礼义廉耻不得伸张，而且苟且偷安的政策比比皆是。所以看阮籍的行径，就能省悟礼教崩溃废弛的缘由；观庾纯与贾充的纠纷，就能知道执政大臣多行邪僻之事；思考郭钦所献的良谋，就能明白戎狄入主中原早有征兆；考察傅咸的奏疏与鲁褒的《钱神论》，就能看出私宠与贿赂行为公行无忌。民间的风尚与国家的政治形式如此，即便让才能中等、谨守法度的君主来治理，辛有必定预言国家将被戎狄占据，季札必定从音乐中听出亡国之音，范燮必定祈请自己早死，贾谊必定为国家倾危而痛哭，更何况惠帝以败坏法度的德性治理天下呢！但光明的帝业尚未改变，所以天命重新降临于中宗元皇帝司马睿。”

“东晋自元帝已下何主为贤[①]？”虞南曰：“晋自迁都江左[②]，强臣擅命，垂拱南面[③]，政非己出。王敦以盘石之宗居上流之要[④]，负才矜地，志怀问鼎[⑤]。非肃祖之明断、王导之忠诚[⑥]，则晋祚其移于王氏矣[⑦]。若使降年永久[⑧]，仗任群贤，因瀍、涧之遗黎[⑨]，乘刘、石之衰运[⑩]，则克复中原，不难图也。”元帝值天下崩离，创立江左。后肃祖即位，大将军王敦威震内外,将谋为逆。帝与王导、温峤等决计征敦[11],敦败死也。

【注释】

①东晋自元帝已下何主为贤:以下至“不难图也”,出自虞世南《帝王略论》。

②江左:江东,指长江下游以东地区。东晋建都建康(今江苏南京),位于江东。

③垂拱:垂衣拱手。形容君主不亲理事务。

④王敦:字处仲,琅琊临沂(今山东临沂)人。王导从弟,东晋时期权臣。盘石之宗:形容宗族强盛,如巨石般牢固。盘石,大石。

⑤问鼎:《左传・宣公三年》:“楚子伐陆浑之戎,遂至于雒,观兵于周疆。定王使王孙满劳楚子,楚子问鼎之大小轻重焉。”禹铸九鼎,三代视之为国宝。楚王问鼎,有取而代周之意。后遂称图谋王位为“问鼎”。

⑥肃祖:即晋明帝司马绍,字道畿,晋元帝长子,东晋第二位皇帝。在位期间讨平了王敦叛乱。庙号肃宗。王导:字茂弘,琅琊临沂(今山东临沂)人。政治家,东晋开国元勋。

⑦其:表推测、估计的副词,大概,或许。

⑧降年:谓上天赐予人的年龄,寿命。

⑨瀍(chán)、涧:瀍水和涧水。指洛阳地区。东周以来的古都洛阳(今河南洛阳东),瀍水直穿城中,涧水环其西,故多以二水连称其地。遗黎:沦陷区的遗民。

⑩刘、石:指刘渊创建的前赵和石勒创建的后赵政权。

⑪温峤:字太真,太原祁县(今山西祁县)人。东晋名臣。

【译文】

“东晋自元帝司马睿以下,哪一位君主最为贤明?”虞世南说:“晋朝自从迁都建康之后,权臣专擅朝政,皇帝不亲理事务,朝廷的政令不出自皇帝。王敦凭借强盛的宗族，占据京城上游的要害之地，自负才能与门第，有图谋皇位的志向。如果不是晋明帝的英明决断、王导的忠心为国，晋朝的政权大概已被王敦篡夺了。如果能让晋明帝的寿命再长一些，倚仗任用各位贤明的大臣，借助洛阳一带的遗民，趁着前赵与后赵政权衰弱之际，那么收复中原，并不是难以做到的事。”晋元帝在天下分崩离析之际，在江东建立东晋政权。明帝即位之后，大将军王敦威震内外，将要篡夺政权。明帝与王导、温峤等大臣决定征讨王敦，使王敦兵败身死。

或曰[①]：“伪楚桓玄[②]，有奇才远略，而遂至灭亡，何也？”桓玄，字敬道。父温[③]，大司马。玄博综术艺，以雄豪自处。晋安帝以为丞相[④]，封楚王，遂禅位。虞南曰：“夫人君之量，必器度宏远，必虚己应物，覆载同于天地，信誓拟于暄寒[⑤]，然后万姓乐推而不厌也[⑥]。彼桓玄者，盖有浮狡之小智，而无含弘之大德[⑦]。值晋末衰乱，威不逮下，故玄得肆其爪牙。以徼幸之余[⑧]，而逢神武之运[⑨]，至于夷灭，固其宜也。”鬻子曰：“发政施令为天下福者[⑩]，谓之道；上下相亲，谓之和；民不求而得所欲，谓之信；除天下之害者，谓之仁。仁与信，和与道，帝王之器也。”由此言之，豪雄小智，何益于乐推哉！

【注释】

①或曰：以下至“固其宜也”，出自虞世南《帝王略论》。

②桓玄：字敬道，谯国龙亢（今安徽怀远西北）人。桓温幼子，东晋权臣。逼晋安帝禅位，建立桓楚政权。半年后被刘裕所破，兵败被杀。

③温：指桓玄之父桓温，字元子，东晋权臣。

④晋安帝：即司马德宗，字德宗，东晋孝武帝之子。据《晋书·安帝纪》载，“帝不惠，自少及长，口不能言，虽寒暑之变，无以辩也”。

曾禅位给桓玄，桓玄兵败被杀后复位。后为刘裕所杀。

⑤信誓拟于暄寒：谓言而有信，犹如夏热冬寒的时令季节运行一样。

⑥乐推：乐意拥戴。

⑦含弘：包容博厚。

⑧儌（jiǎo）幸：获得意外的成功。儌，通"侥"。

⑨神武：这里指代刘裕。他率领北府兵攻杀了桓玄。

⑩发政施令为天下福者：以下至"帝王之器也"，见于《群书治要》卷三十一引《鬻子》。

【译文】

有人问："建立桓楚政权的桓玄，有着非常的才能，深远的谋略，却最终灭亡，这是什么原因呢？"桓玄，字敬道。父亲桓温，曾任东晋大司马。桓玄博学多才，以英雄豪杰自居。晋安帝任命他为丞相，封为楚王，最终禅位给他。虞世南说："作为君主的度量，胸怀器度一定要宏大深远，以虚怀若谷的姿态待人接物，恩德好似天地覆载万物，誓言如同寒来暑往般可信，这样才能让百姓乐意拥戴而不厌倦。桓玄这样的人，只有浅薄狡诈的小聪明，而没有包容宽厚的高尚德行。正好遇到东晋末年国家衰乱，皇帝的威严不足以服众，因此桓玄得以张牙舞爪地肆意妄为。虽然侥幸获得了帝位，却遇见了英明神武的刘裕，最终被消灭，正是他应得的下场。"鬻子说："发布政令为天下谋求福祉，叫作'道'；君臣上下和睦相亲，叫作'和'；民众不用索求就能得到想要的东西，叫作'信'；清除危害天下的恶人，叫作'仁'。仁与信，和与道，是帝王应有的器量。"由此看来，乱世豪杰的小聪明，如何能获得百姓的真心拥戴呢！

"宋祖诛灭桓玄[①]，再兴晋室。梁代裴子野优之于宣、武[②]，其事云何？"虞南曰："魏武，曹腾之孙[③]，累叶荣显，濯缨汉室三十余年[④]。及董卓之乱[⑤]，乃与山东俱起，诛灭元凶，曾非己力。晋宣历任卿相，位极台鼎[⑥]，握天下之图，居既安之势，奉明诏而诛逆节，建瓴为譬[7]，未足喻也。宋祖以匹夫提剑，首创大业，旬月之间，重安晋鼎。居半州之地，驱一郡之卒，斩谯纵于庸、蜀[8]，禽姚泓于崤、函[9]，克慕容超于青部[10]，枭卢循于岭外[11]，戎旗所指，无往不捷。观其豁达，则汉祖之风；制胜胸襟，则光武之匹。惜其祚短[12]，志未可量，此为优矣。”裴子野曰：“宋武皇帝奇迹多于魏武[13]，大德厚于晋宣。拔足行阵之间[14]，却孙恩蚁聚之众[15]。奋臂荆、郢，扫桓玄盘石之宗。方轨长驱[16]，则三齐无坚垒[17]；回戈内赴，则五岭靡余妖[18]。命孙季高于巨海之上[19]，而番禺席卷。擢朱龄石于百夫之下[20]，而庸、蜀来王[21]。羌胡畏威，交为表里[22]；董率虎旅[23]，以事中原。然后请呼上帝，步骤前王，光有帝图[24]，谓之义取者也。”又曰：“桓敬道有文武奇才[25]，志雪余耻[26]，校动离乱之中[27]，奄有天下而不血刃[28]。既而啸命六合[29]，规模进取[30]，未及逾年，坐盗社稷。自以名高汉祖，事捷魏、晋[31]，思专其侈[32]，以冀恭己。若王谧、桓谦以人望镇领袖[33]，王绥、谢混以后进相光辉[34]。群从兄弟，方州连郡，民骇其速而服其强，无异望矣。高祖于时，朱方之一匹夫也[35]，无千百之众，纠合同盟，电击二州[36]，未及半旬，荡清京邑，号令群后[37]，长驱江、汉[38]，推亡楚于匪隙，拔衰晋于已颓。自轩辕以来，用兵之疾，未始有也。自非雄略不世，天命底止[39]，焉能若此者乎？于是人知攸暨[40]，而王迹兴矣。”

【注释】

①宋祖诛灭桓玄：以下至“此为优矣”，出自虞世南《帝王略论》。宋祖，指宋武帝刘裕，字德舆，小名寄奴，祖籍彭城（今江苏徐州），后迁居京口（今江苏镇江）。南朝刘宋开国君主。庙号高祖。

②裴子野：字几原，河东闻喜（今山西闻喜）人。南朝史学家、文学

家。曾删沈约《宋书》为《宋略》二十卷。其曾祖裴松之、祖父裴骃,均为著名史学家。宣、武:晋宣帝司马懿与魏武帝曹操。

③曹腾:字季兴,沛国谯县(今安徽亳州)人。东汉著名宦官,被封为费亭侯。曹腾死后,养子曹嵩袭爵,官至太尉。曹嵩即曹操之父。

④濯缨:语本《楚辞·渔父》"沧浪之水清兮,可以濯我缨"。此处指做官。缨,结冠的带子。

⑤董卓:字仲颖,陇西临洮(今甘肃岷县)人。东汉末年军阀、权臣。曾废汉少帝、立汉献帝,并挟持汉献帝迁都长安。后为吕布所杀。

⑥台鼎:古称三公为"台鼎"。

⑦建瓴(líng):语本《史记·高祖本纪》:"譬犹居高屋之上建瓴水也。"建瓴,即"建瓴水"之省,谓倾倒瓶中之水。形容居高临下、难以阻挡的形势。建,倾倒。

⑧谯纵:巴郡南充(今四川南部)人。十六国时期谯蜀政权建立者,后为刘裕将领朱龄石所灭。

⑨姚泓(hóng):字元子,羌族,十六国时期后秦政权末代国君。为刘裕所灭。姚泓被押送建康,斩首于市。崤(xiáo)、函:崤山与函谷关。此处指关中地区。

⑩慕容超:字祖明,鲜卑族,十六国时期南燕政权末代国君。为刘裕所灭。慕容超被押送建康,斩首于市。青部:青州。

⑪枭(xiāo):斩杀。卢循:字于先,范阳涿县(今河北涿州)人。东晋末年,参加孙恩起义,孙恩死后被余部推为首领。后为刘裕所败,投水自尽。岭外:指五岭以南地区。

⑫祚(zuò):君位。

⑬宋武皇帝奇迹多于魏武:以下至"谓之义取者也",出自裴子野《宋略总论》,亦见于《建康实录》与《文苑英华》,有删节。

⑭拔足:犹出身。

⑮孙恩:字灵秀,琅琊临沂(今山东临沂)人。东晋时期五斗米道

士,起义军领袖。兵败后投海自尽。

⑯方轨:指战车并行。

⑰三齐:秦亡,项羽以齐国故地分立齐、胶东、济北三国,皆在今山东东部,后泛称“三齐”。当时为南燕的势力范围。

⑱五岭:越城、都庞、萌渚、骑田、大庾五岭的总称,也称“南岭”。位于今江西、湖南、广东、广西四省之间,是长江与珠江流域的分水岭。靡:无,没有。妖:对于卢循所率领起义军的蔑称。

⑲孙季高:即孙处,字季高,会稽永兴(今浙江杭州萧山区)人。东晋将领。受刘裕派遣,渡海攻破卢循大本营番禺(今广东广州)。

⑳朱龄石:字伯儿,沛郡沛县(今江苏沛县)人。东晋名将。曾率军攻灭谯纵统治的后蜀。百夫:即百夫长。指低层军官。

㉑来王:古代诸侯定期朝觐天子。此处指收入版图。

㉒交为表里:相互声援呼应。此处指刘裕北伐时,北魏派兵声援后秦,阻挠刘裕进军。《晋书·姚泓载记》:“泓以晋师之逼,遣使乞师于魏。魏遣司徒、南平公拔拔嵩,正直将军、安平公乙旃眷,进据河内,游击将军王洛生屯于河东,为泓声援。”

㉓董率:统率,领导。

㉔帝图:犹帝位。

㉕桓敬道有文武奇才:以下至“而王迹兴矣”,出自裴子野《宋略》,又见于《建康实录》。

㉖志雪余耻:指桓玄年少时曾仕途不顺,郁郁不得志。《晋书·桓玄传》:“年二十三,始拜太子洗马,时议谓温有不臣之迹,故折玄兄弟而为素官。太元末,出补义兴太守,郁郁不得志。尝登高望震泽,叹曰:‘父为九州伯,儿为五湖长!’弃官归国。”

㉗校:急速。

㉘奄有:全部占有。

㉙啸命:高声命令。六合:指天下。

㉚规模：规划，谋划。进取：此处指登上帝位。

㉛事捷魏、晋：指夺取天下、登上帝位的速度，比曹魏代汉、西晋代魏更快。

㉜思专其侈：想要专享奢侈。《文选·东京赋》"思专其侈"，薛综注："言始皇所以思专擅其奢侈。"

㉝王谧（mì）：字稚远，琅琊临沂（今山东临沂）人。王导之孙，东晋至刘宋时期大臣。深得桓玄敬昵。桓玄接受晋安帝禅让时，王谧亲奉玺册。桓谦：字敬祖，谯国龙亢（今安徽怀远西北）人。桓冲之子，东晋大臣。桓玄执政时，官至尚书令、侍中。《晋书·桓谦传》："谦兄弟显列，玄甚倚杖之。"

㉞王绥：字彦猷，太原晋阳（今山西太原）人。王坦之之孙，东晋大臣。桓玄篡位后，官至中书令。《晋书·王绥传》："桓玄之为太尉，绥以桓氏甥甚见宠待。"谢混：字叔源，小字益寿，陈郡阳夏（今河南太康）人。谢安之孙，东晋大臣。

㉟朱方：南朝时京口或南徐州的别称。因南徐州治京口（今江苏镇江），而京口春秋时为朱方地，故称。

㊱二州：指东晋时期的徐州（治京口，今江苏镇江）与青州（治广陵，今江苏扬州）。刘裕等人起兵讨伐桓玄时，在京口与广陵同时起事。

㊲群后：群雄。

㊳江、汉：指长江与汉水之间及其附近的一些地区，古荆楚之地，在今湖北省境内。

㊴天命厎（zhǐ）止：《左传·宣公三年》："天祚明德，有所厎止。"杨伯峻注："厎，音旨，定也，至也。'厎''止'意义相近，故同用，于此盖固定之义。句谓上天赐福于明德之人，必有所固定，非随时可变者。"指天命所归。底，同"厎"。

㊵人知攸塈（jì）：民众得到了休息。《诗经·大雅·假乐》作"民之

攸塈”，毛传：“塈，息也。”郑玄笺：“民之所以休息。”

【译文】

“宋武帝刘裕诛灭桓玄，恢复了东晋政权。梁代的裴子野认为他优于司马懿与曹操，这是怎么回事?”虞世南说：“魏武帝曹操，是曹腾的孙子，累世荣耀显贵，为汉室效力三十余年。到了董卓作乱时，他与山东各路英雄同时起兵，诛杀罪魁祸首董卓，但这并非是曹操一人的功劳。晋宣帝司马懿长期身居要职，位极人臣，掌握天下的要害，处于不可动摇的位置，奉皇帝的诏书，诛灭犯上作乱之人，居高临下、形势难挡，也不足以比喻成事之易。而刘裕以平民的身份起兵，首先开创大业，不到一个月的时间，便重新稳定了东晋的政权。他仅凭半个州的根据地，率领一个郡的军队，在庸、蜀之地消灭了谯纵，在关中一带擒获了姚泓，在青州打败了慕容超，在岭南诛杀了卢循，战旗所指，无往不胜。看他豁达的气度，有汉高祖刘邦的风范；胜算在握的胸襟气概，可以和光武帝刘秀媲美。可惜在位时间太短，否则他的志向不可限量，因此说刘裕更为优秀。”裴子野说：“宋武帝刘裕非凡的功绩比曹操更多，德行比司马懿更厚重。他出身于普通士卒，击退了孙恩的乌合之众。在荆州、郢州振臂而起，扫荡了桓玄强盛的宗族势力。战车长驱直入，三齐之地的坚固堡垒被一一攻克；回师南向，南岭地区的贼寇被尽数剿灭。任命孙处渡海进击，番禺被迅速攻克。在低级军官中提拔朱龄石，庸、蜀之地便被收复。后秦、北魏畏惧刘裕的威势，相互声援呼应；他仍统率勇猛的军队，以求平定中原。然后才祈请祷告上天，效法前代行禅让之事的君主，登上帝位，这可说是以道义获取天下。”又说：“桓玄有文武奇才，立志洗刷耻辱，在动乱的局势中迅速兴起，兵不血刃地占有了天下。他继而高声号令天下，谋划登上帝位，不到一年，就盗取了晋朝政权。他自认为名望超过了刘邦，获取天下的速度快于曹魏、西晋，想要专享奢侈荣华，希望天下人都顺从自己。像王谧、桓谦这样为众人所仰望的人，王绥、谢混这样的后起之秀，都为桓玄所用。他的亲戚兄弟，都做了州郡长官，民众对于桓玄如此迅速地获得天下感到惊骇，屈服于他的强大，不敢有反叛的念头。在那个时候，刘裕不过是京口的一介平民，手下并没有军队，然而他纠集同伴，闪电般攻下了京口与广陵，不到半个月，迅速扫平了都城建康，号令群雄，长驱直入江汉地区，消灭桓玄，不容其有喘息之机，将晋朝从颓败之势中拯救出来。自从黄帝以来，用兵如此神速的，从未有过。如果不是雄才盖世，天命所归，怎么可能做到呢？于是民众得以休养生息，刘裕的帝王基业由此兴起。”

“宋孝武、明帝二人孰贤①？”虞南曰：“二帝残忍之性，异体同心。诛戮贤良，剗翦枝叶②，内无平、勃之相③，外阙晋、郑之亲④。以斯大宝⑤，委之昏稚⑥，故使齐氏乘衅⑦，宰制天下，未逾岁稔⑧，遂移龟玉⑨。缄縢虽固，适为大盗之资⑩，百虑同失，可为长叹。鼎社倾沦⑪，非不幸也。”孝武名骏，文帝第三子，为江州刺史。弟劭既杀逆帝⑫，与颜竣于江州起义⑬，征劭平之。明帝名彧，文帝第十八子。即位，尽杀孝武诸子，务为雕饰⑭，天下骚然。崩，子昱立⑮，无道，萧道成杀之⑯。

【注释】

①宋孝武、明帝二人孰贤：以下至“非不幸也”，出自虞世南《帝王略论》。宋孝武，即刘骏，字休龙，小字道民，宋文帝第三子。太子刘劭弑父自立后，刘骏自江州起兵讨斩之，即皇帝位。明帝，即宋明帝刘彧，字休景，小字荣期，宋文帝第十一子，杀前废帝刘子业，自立为帝。

②枝叶：原指枝条与树叶，后用以比喻同宗的旁支。《左传·文公七年》：“公族，公室之枝叶也，若去之，则本根无所庇荫矣。”

③平、勃：指陈平与周勃。

④晋、郑：春秋时晋国与郑国，在护卫周平王东迁时发挥了重要作用。《左传·隐公六年》：“我周之东迁，晋、郑焉依。”此处指能够夹辅王室的同姓诸侯。

⑤大宝:指帝位。《周易·系辞下》:“圣人之大宝曰位。”

⑥昏稚:指宋孝武帝子前废帝刘子业和宋明帝子后废帝刘昱,二人即位时年幼,且昏庸残暴,不久均被弑杀。

⑦齐氏乘衅(xìn):指取代了刘宋政权的南齐政权,创建者为萧道成。乘衅,利用机会,趁空子。

⑧岁稔(rěn):年成丰熟。此处指一年。

⑨龟玉:龟甲与宝玉。古代认为是国家的重器。此处指代国家政权。

⑩缄縢(téng)虽固,适为大盗之资:语本《庄子·胠箧》:“将为胠箧、探囊、发匮之盗而为守备,则必摄缄縢,固扃镝,此世俗之所谓知也。然而巨盗至,则负匮、揭箧、担囊而趋,唯恐缄縢扃镝之不固也。”缄縢,封藏捆扎。

⑪鼎社倾沦:指国家政权覆灭沦丧。

⑫劭:指刘劭,字休远,宋文帝长子。元嘉三十年(453),刘劭弑父自立。沈约在《宋书》中,称刘劭为“元凶”。

⑬颜竣:字士逊,琅琊临沂(今山东临沂)人。颜延之之子,南朝刘宋大臣。

⑭雕饰:雕镂绘饰。《宋书·明帝纪》作“雕侈”:“上奢费过度,务为雕侈。每所造制,必为正御三十副,御次、副又各三十,须一物辄造九十枚,天下骚然,民不堪命。”雕侈,奢侈。译文从之。

⑮昱(yù):指刘宋后废帝刘昱,字德融,宋明帝刘彧长子,在位时凶狠残暴,后被侍卫所杀。

⑯萧道成:字绍伯,祖籍东海兰陵(今山东枣庄东南),迁居南兰陵(今江苏常州西北),南朝齐开国皇帝。

【译文】

“宋孝武帝刘骏与宋明帝刘彧,哪一位更贤明?”虞世南说:“这两位君主躯体虽异,残忍的本性却高度相同。他们杀害贤良,残害同宗的亲属,内部没有陈平、周勃这样的重臣,外部没有晋国、郑国这样足以夹辅王室的宗室诸侯。将帝位交给昏庸无知的幼童，所以让萧道成趁此机会，控制了天下，不到一年的时间，就夺取了国家政权。珍贵的东西虽然封藏、捆扎得很牢固，却恰恰为盗贼提供了方便，费尽心机却全部失算，真是可悲可叹。刘宋政权覆灭，事出必然，并非由于偶尔的不幸。”宋孝武帝名骏，是文帝的第三子，曾任江州刺史。刘劭弑父自立后，刘骏与颜竣在江州起兵，讨伐平定了刘劭。宋明帝名彧，是文帝的第十八子。即位之后，将孝武帝的儿子全部杀害，且奢靡过度，以致天下骚动。明帝死后，他的儿子刘昱即位，荒淫无道，被萧道成所杀。

“齐建元、永明之间[①]，号为治世，诚有之乎？”虞南曰：“齐高创业之主，知稼穑之艰难，且立身俭素，务存简约。武帝则留意后庭[②]，雕饰过度，然能委任王俭[③]，宪章攸出，礼乐之盛，咸称‘永明’。宰相得人，于斯为美。”议曰：子言卫灵公之无道[④]，康子曰[⑤]：“夫如是，奚为不丧？”孔子曰：“仲叔圉治宾客[⑥]，祝鮀治宗庙[⑦]，王孙贾治军旅[⑧]，夫如是，奚其丧！”此言委任有德之美也。田单相齐[⑨]，过淄水[⑩]，有老人涉淄而寒，田单解裘而衣之。襄王恶之[⑪]，曰：“田单之厚施，将欲以取我国乎？不早图，恐后之。”此言委任有德之恶也。故齐侯恶陈氏厚德[⑫]，晏子谓齐侯曰：“在礼，家施不及国[⑬]，大夫不收公利，可以止之。”齐襄恶田单厚施[⑭]，贯珠者谓襄王曰[⑮]：“王不如嘉单之善，令曰：‘寡人忧人之饥也，单收而食之。寡人忧人之寒也，单解裘而衣之。称寡人意。’单有是善，而王嘉之，善单之善，亦王之善也。”后里闾相与语曰[⑯]：“田单之爱人，乃王之教也。”夫收臣下之权，宜如晏子及贯珠者。昔汉祖疾甚[⑰]，吕后问为相。曰：“曹参可[⑱]。”问其次。曰：“王陵可[⑲]。然少戆[⑳]，陈平可以助之。陈平智有余，然难独任。周勃厚重少文，然安刘氏者，必勃也，可令为太尉。"宋高祖大渐[21]，诫太子曰："檀道济虽有干略[22]，而无远志。徐羡之、傅亮当无异图[23]。谢晦常从征伐[24]，颇识机变，若有同异，必此人也。可以会稽处之。"夫任用贤能，宜如汉高及宋祖矣。

【注释】

①齐建元、永明之间：以下至"于斯为美"，出自虞世南《帝王略论》。建元，齐高帝萧道成的年号（479—482）。永明，齐武帝萧赜的年号（483—493）。

②武帝：即齐武帝萧赜，字宣远，萧道成长子，南朝齐第二位皇帝。后庭：指后宫。

③王俭：字仲宝，琅琊临沂（今山东临沂）人。王导五世孙、王僧绰之子，南齐名臣、文学家、目录学家。

④子言卫灵公之无道：以下至"奚其丧"，出自《论语·宪问》。卫灵公，姬姓，名元，春秋后期卫国君主。

⑤康子：即季康子，姓季孙，名肥，谥号康，鲁哀公时正卿。

⑥仲叔圉（yǔ）：即卫国大夫孔文子，名圉，谥号文。孔子曾称赞其"敏而好学，不耻下问"。

⑦祝鮀（tuó）：字子鱼，卫国大夫。有口才。

⑧王孙贾：卫国大夫。

⑨田单相齐：以下至"恐后之"，出自《战国策·齐策六·燕攻齐齐破》。田单，战国时期齐国名将。在齐国危亡之际，坚守即墨，并以火牛阵大破燕军，收复失地七十余城。事见《史记·田单列传》。

⑩淄水：古水名。在今山东省，流经临淄东南。

⑪襄王：田氏，名法章，齐湣王之子，战国时期齐国国君。

⑫故齐侯恶陈氏厚德：以下至"可以止之"，出自《左传·昭公二十六年》，有删节。齐侯，指齐景公，春秋时期齐国君主。陈氏，指陈

国贵族陈完的家族。因陈国内乱，陈完出奔于齐，改姓田氏。田陈家族在齐国不断发展，逐步把持齐国政权，至田和遂篡夺姜氏之政，建立田氏齐国。

⑬家施不及国：指大夫的施恩不能遍及国人。家，指大夫。《左传·昭公二十六年》孔颖达疏："大夫称家，家之所施，不得施及国人，言国人是国君之所有，大夫不得妄施遗之，以树已私惠。"

⑭齐襄恶田单厚施：以下至"乃王之教也"，出自《战国策·齐策六·燕攻齐齐破》，有删节。

⑮贯珠者：穿珠的匠人。

⑯里闾：乡里。相与：互相。

⑰昔汉祖疾甚：以下至"可令为太尉"，出自《史记·高祖本纪》。

⑱曹参：沛县（今江苏沛县）人。汉初功臣。封平阳侯，继萧何为相国。

⑲王陵：沛县（今江苏沛县）人。汉初功臣。封安国侯，曾任右丞相。

⑳戆（zhuàng）：憨厚刚直。

㉑大渐：病危。

㉒檀道济：高平金乡（今山东金乡北）人，世居京口（今江苏镇江）。东晋末年名将，刘宋开国元勋。

㉓徐羡之：字宗文，东海郯（今山东郯城北）人。南朝宋开国功臣。傅亮：字季友，北地灵州（今宁夏吴忠）人。南朝宋开国功臣。

㉔谢晦：字宣明，陈郡阳夏（今河南太康）人。南朝宋开国功臣。

【译文】

"齐朝的建元、永明年间，被称为太平治世，确实如此吗？"虞世南说："齐高帝萧道成是创业之君，了解百姓农业劳作的艰难，而且为人生活俭朴，衣食起居务求简单节约。齐武帝萧赜却沉湎女色，过分地装饰宫室，然而能够任用王俭，朝廷的典章制度都由其制定，说起礼乐教化的兴盛，人们都一致称道永明年间。宰相人选得当，此时表现得最为完美。"评论道：孔子讲到卫灵公的昏乱，季康子说："既然这样，为什么不败亡？"孔子说:“他有仲叔圉接待宾客,祝鮀管理祭祀,王孙贾统率军队,像这样,怎么会败亡!”这说的是委任有德之人的好处。田单在齐国做宰相,有一次过淄水时,看见一位老人趟水过河后非常寒冷,便脱下自己的皮裘给他穿上。齐襄王很不高兴,说:“田单笼络人心,是想要篡夺我的国家吗?如果不早点想办法,恐怕他会先下手。”这说的是委任有德之人的坏处。所以齐景公厌恶陈氏笼络人心,晏子对齐景公说:“在礼的规范中,大夫的施恩不能遍及国人,不得获取公共的利益,如此可以阻止陈氏。”齐襄王厌恶田单笼络人心,一个穿珠的匠人对襄王说:“大王不如嘉奖田单的善行,下令说:‘我担心百姓挨饿,田单就收养他们,给他们饭吃。我担心百姓受冻,田单就脱下自己的皮裘给他们穿,很合我的心意。’田单有这样的善行,而大王嘉奖他,嘉奖田单的善行,他的善行也就成了大王的善行。”后来,街头巷尾的人都说:“田单爱护百姓,是大王教导的结果。”要控制臣下的权柄,应当像晏子与穿珠的匠人所说的那样做。当年,汉高祖刘邦病得很严重,吕后询问宰相人选。刘邦说:“曹参可以。”又问接下来的人选。刘邦说:“王陵可以。但王陵有些憨厚鲁莽,可以让陈平帮助他。陈平智谋有余,但难以独当大任。周勃沉着厚重而学问不足,但日后安定刘氏政权的,必定是周勃,可以让他担任太尉。”宋高祖刘裕病危,告诫太子说:“檀道济虽然有才干谋略,但没有远大志向。徐羡之、傅亮应当都没有野心。谢晦经常跟着我征战,颇有机智权变,将来如果有什么变故,必然由于此人。可以将他安置到会稽。”任用贤才,应当像汉高祖刘邦与宋高祖刘裕那样做。

“宋、齐二代[①],废主有五[②]。并骄淫狂暴,前后如一。或身被贼杀,或倾坠宗社,岂厥性顽凶,自贻非命?将天之所弃,用亡大业乎?”虞南曰:“夫上智下愚,特禀异气。中庸之才,皆由训习。自宋、齐已来,东宫师傅[③],备员而已[④]。贵贱礼隔,规献无由[⑤]。多以位升,罕由德进。此五君者,禀凡庸之性,无周、召之师保,远益友之箴规,狎宵人之近习[⑥]。以斯下质,生而楚言[⑦],覆国亡身,理数然也。”议曰:贾生云[8]："昔成王幼，在襁抱之中[9]，召公为太保，周公为太傅，太公为太师。保，保其身体；傅，傅之德义；师，导之教训。此三公之职也。又置三少，曰少傅、少保、少师，是与太子宴者也[10]。乃孩抱有识[11]，三公三少固明孝仁礼义以导习之，逐去邪人，不使见恶行。选天下之端士孝悌博闻有道术者以翼卫之，使与太子居处。故太子乃生见正事，闻正言，行正道，左右前后皆正人也。夫习与正人居，不能无正，犹生长齐地，不能不齐言也。习与不正人居，犹生长楚地，不能不楚言也。秦使赵高傅胡亥[12]，而教之狱[13]，所习者，非斩劓人[14]，则夷人之三族也。故胡亥今日即位，明日射人。忠谏者谓之诽谤，深计者谓之妖言，视杀人为刈草菅[15]，然岂胡亥之性恶哉？彼其所以导之者非其理也。"晋惠帝太子遹有罪[16]，阎纂上书谏曰[17]："臣伏念遹长养深宫，沉沦富贵，受饶先帝，父母骄之。每见选师傅，下至群吏，率取膏粱击钟鼎食之家[18]，希有寒门儒素如卫绾、周文[19]，洗马、舍人亦无汲黯、郑庄之比[20]，遂使不见事父君之道。古礼，太子以士礼与国人齿，欲令知贱然后乃贵。自顷东宫亦微太盛[21]，所以致败。非但东宫，诸王师、友、文学亦取豪族力能得者[22]，岂有切磋能相长益！今遹言语勃逆[23]，受罪之日，不失子道，尚可重选师傅。置游谈文学，皆选寒门孤宦以学行自立者，及涉履艰难名行素立者[24]，使与游处，绝贵戚子弟、轻薄宾客。但通古今孝子事亲、忠臣事君及思愆改过，皆闻善道，庶几可全。"由此观之，故知太子者，选左右俾喻教之最急也[25]。

【注释】

①宋、齐二代：以下至"理数然也"，出自虞世南《帝王略论》。宋，南北朝时期南朝的第一个朝代，420年由宋武帝刘裕创建，479年为齐高帝萧道成所取代。齐，南朝的第二个朝代，502年为梁武

帝萧衍所取代。

②废主有五:宋、齐两代被废黜的五位君主:宋前废帝刘子业、宋后废帝刘昱、齐郁林王萧昭业、齐海陵王萧昭文和齐东昏侯萧宝卷。

③东宫:太子所居之宫。亦指太子。

④备员:充数,凑数。

⑤规献:规劝献替。

⑥狎:亲近,亲密。宵(xiāo)人:小人,坏人。近习:指君主宠爱亲信的人。

⑦楚言:楚国方言。此处借以比喻沾染恶习。参见下文赵蕤自注。

⑧贾生云:以下至"彼其所以导之者非其理也",出自虞世南《帝王略论》。该段文字被赵蕤截为两部分,分别放在正文与自注中。又见于《汉书·贾谊传》与《新书·保傅》。

⑨襁(qiǎng)抱:即襁褓。借指婴幼时。

⑩与太子宴:在平时闲居时辅导太子。《汉书·贾谊传》王先谦补注:"《新书》'宴'作'燕',于燕居时随事辅导也。'与'读曰'预'。"

⑪孩抱:幼年。

⑫赵高:秦朝宦官。秦始皇死后,与李斯合谋,伪造遗诏,逼始皇长子扶苏自杀,立胡亥为帝。控制朝政,掌握大权。后杀李斯,自任丞相。不久又杀二世,立二世兄子子婴为秦王,最终为子婴所杀。胡亥:即秦二世,秦始皇次子。秦始皇死后,赵高、李斯矫诏杀公子扶苏,立为帝。

⑬狱:断狱,审案。

⑭劓(yì):割鼻的酷刑。

⑮刈(yì):割。草菅(jiān):茅草。

⑯太子遹(yù):即司马遹,字熙祖,晋惠帝之子。遭晋惠帝皇后贾南风与权臣贾谧陷害,被废为庶人,不久被害。贾后倒台后,朝廷

下诏恢复司马遹太子名位，赐谥愍怀。

⑰阎纂上书谏曰：以下至"庶几可全"，出自《晋书·阎缵传》，有删节。阎纂，《晋书》作"阎缵"，字续伯，巴西安汉（今四川南充北）人。西晋大臣。

⑱膏粱：指富贵人家及其后嗣。击钟鼎食：打钟列鼎而食。形容贵族或富人生活奢华。

⑲卫绾（wǎn）：代郡大陵（今山西交城西南）人。西汉大臣。曾任太子太傅、丞相。周文：即周仁，任城（今山东微山西北）人。西汉大臣。曾任太子舍人、郎中令。按，据《史记·万石张叔列传》载，卫绾、周仁均以恭谨著称，并不以学问见长。

⑳洗（xiǎn）马：官名。太子属官。《后汉书·百官志四》："太子洗马，比六百石。本注曰：《旧注》云员十六人，职如谒者。太子出，则当直者在前导威仪。"舍人：官名。太子属官。《后汉书·百官志四》："太子舍人，二百石。本注曰：无员，更直宿卫，如三署郎中。"汲黯：字长孺，濮阳（今属河南）人。西汉名臣。曾任太子洗马，官至九卿。郑庄：即郑当时，字庄，陈（今河南淮阳）人。西汉名臣。曾任太子洗马，官至九卿。

㉑东宫亦微太盛：指太子行为有出格之处。《晋书·愍怀太子传》："（司马遹）及长，不好学，惟与左右嬉戏，不能尊敬保傅。"

㉒师、友、文学：诸侯王属官。负责训导、辅佐诸王。《晋书·职官志》："王置师、友、文学各一人。"

㉓勃逆：叛逆。勃，通"悖"。

㉔素立：《晋书·阎缵传》作"素闻"。

㉕俾（bǐ）：使。喻教：开导教育。

【译文】

"刘宋、南齐两个朝代，一共有五位君主被废黜。这些被废的君主骄纵放荡、狂妄暴虐，所作所为前后如一。他们有的被杀害，有的国破家亡，难道是他们本性顽劣凶残，自取其祸？还是因为被上天抛弃，使他们的国家灭亡？”虞世南说：“最智慧与最愚蠢的人，是由于禀受了上天的特异之气形成的。才德中等的人，都来源于后天的训练与学习。自宋朝和齐朝以来，教导太子的老师，都是充数之人而已。由于礼制隔离贵贱的规定，那些身份较低的贤人无法进谏劝导太子。而太子的老师大多因为官位升迁而担任，很少根据道德修养进行选拔。这五位被废黜的君主，生性平庸，没有周公、召公这样的师傅，远离良朋益友的规劝，宠信身边的小人。以这样平庸的资质，沾染了众多恶习，国破身亡，也就注定无法避免了。”评论道：贾谊说：“当成王年幼，还在襁褓中时，召公担任太保，周公担任太傅，姜太公担任太师。保，就是保护太子的身体；傅，就是用道德信义教育太子；师，就是培养太子的教养。这是三公的职责。此外，又设置了三少，叫作少傅、少保、少师，负责在平时闲居时随时辅导太子。当太子年纪尚小、刚能晓事时，三公、三少便用孝顺、仁爱、礼义之道来教导他，驱逐邪恶之人，不让太子看到邪恶的行为。选择天下品行端正、孝顺父母、友爱兄弟、博闻多识、有治国之术的人才来辅佐太子，让太子与他们朝夕相处。所以太子生来见到的都是正直的行为，听到的都是正直的言论，走的都是正道，前后左右都是正直的人。习惯了与正直的人相处，品行就不可能不端正，就好比生长于齐地，不可能不说齐地的方言。习惯了与品行不端的人相处，就好比生长于楚地，不可能不说楚地的方言。秦始皇让赵高辅佐胡亥，而赵高教导胡亥如何审案，胡亥所学习的，不是斩断人的肢体，割人的鼻子，就是灭人的三族。所以胡亥今天即位，明天就用活人当靶子练习射箭。忠诚进谏的人被认为是诽谤，深谋远虑的人被认为是妖言惑众，把杀人当作割茅草一般轻易，这难道是胡亥的本性恶毒吗？只是因为教导他的知识都不是正理的原因。”晋惠帝的太子司马遹有罪，阎缵上书劝谏道：“我认为，太子司马遹成长于深宫之内，沉溺于富贵之中，受到先帝的宠爱，父母的骄纵。每次选拔太子的师傅以及东宫官属，都取自豪门大族，很少有出身寒门的名儒如卫绾、周仁这样的人；太子洗马、太子舍人等东宫官属中，也没有能和汲黯、郑庄相提并论的人才，于是使太子无法学习奉事君父的忠孝之道。按照古代的礼仪，太子按照士人的礼仪与国人结交，这是为了让太子体会贫贱之人的感受，然后才能做身份尊贵的人。近来，太子行为有出格之处，所以导致被废。而非但太子如此，其他王子身边的师、友、文学之官，也都是从有势力的豪族中选取，何尝有能与各位王子相互切磋，有所教益的人呢！如今太子司马遹言语悖逆，但他接受惩罚的时候，尚能恪守作为儿子的规矩，所以还可以为太子重新选取师傅。在挑选游谈文学等辅佐太子的官属时，应该选择那些出身寒门，以学问德行自立的人，以及那些曾经经历艰难，名声品行一向著称的人，让这些人与太子相处，杜绝太子与纨绔子弟、轻薄宾客的来往。教导太子的，只能是古往今来孝子如何侍奉父母，忠臣如何服事君主，以及反省罪愆、改正过错这样的道理，使太子听到的都是善道，这样太子或许还可以保全。”由此看来，对于太子而言，谨慎选择官属，使他们开导教育太子，是最重要的事。

“梁元帝聪明才学[①]，克平祸乱[②]，而卒致倾覆，何也？”元帝，梁武第七子[③]，名绎。为荆州刺史，破侯景[④]，都荆州。为西魏万纽于谨来伐[⑤]，执帝害之。虞南曰：“梁元聪敏伎艺，才兼文武。杖顺伐逆，克雪家冤[⑥]，成功遂事[⑦]，有足称者。但国难之后，伤夷未复，信强寇之甘言[⑧]，袭褊心于怀楚[⑨]。蕃屏宗支[⑩]，自为仇敌。孤远悬僻，莫与同忧，身亡祚灭，生人涂炭，举鄢、郢而弃之[⑪]，良可惜也。”议曰：《淮南子》云：“夫仁智[⑫]，才之美者也。所谓仁者，爱人也；所谓智者，知人也。爱人则无虐刑，知人则无乱政，此三代所以昌也。智伯有五过人之才[⑬]，而不免于身死人手者，不爱人也。齐王建有三过人之巧[⑭]，而身虏于秦者，不知贤也。故仁莫大于爱人，智莫大于知人。二者不立，虽察慧捷巧，不免于乱矣。”或曰：“周武之雄才武略[⑮]，身先士卒，若天假之年，尽其兵筭，必能平一宇内，为一代之明主乎？”虞南曰：“周武骁勇果毅，有出人之才略。观其卑躬厉士，法令严明，虽勾践、穰苴亦无以过也[⑯]。

但攻取之规有称于海内，而仁惠之德无闻于天下。此猛将之奇才，非人君之度量也。”由此观之，夫拨乱之主，当先以收相获将为本，一身善战，不足恃也。故刘向曰[17]：“知人者[18]，王道也；知事者，臣道也。”伎艺善战何益哉！

【注释】

①梁元帝聪明才学：以下至“良可惜也”，出自虞世南《帝王略论》。梁元帝，即萧绎，字世诚，小字七符，梁武帝第七子，南朝梁皇帝。曾平定侯景之乱，后于江陵（今湖北荆州）即位。在位三年，被西魏所灭。

②祸乱：指梁末侯景之乱。

③梁武：指梁武帝萧衍，字叔达，小字练儿，南兰陵中都里（今江苏常州西北）人。南朝梁开国君主，在位四十八年。后于侯景之乱时饿死，庙号高祖。

④侯景：字万景，怀朔镇（今内蒙古固阳西南）人。初仕魏，后降于梁武帝，被封为河南王。梁太清二年（548）发动叛乱，攻占建康。后为梁将陈霸先、王僧辩等讨平。

⑤万纽于谨：姓万纽于，名谨，字思敬，鲜卑族，洛阳（今属河南）人。西魏、北周大将。

⑥家冤：家族的冤仇。侯景之乱中，梁武帝被囚禁饿死，梁简文帝萧纲被杀。

⑦遂事：成就事业。

⑧信强寇之甘言：指萧绎听信西魏的甜言蜜语，边境疏于防备。《资治通鉴·梁纪十九·大宝元年》载，萧绎曾与西魏大将杨忠缔结合约：“绎遣舍人王孝祀等送子方略为质以求和，魏人许之。绎与忠盟曰：‘魏以石城为封，梁以安陆为界，请同附庸，并送质子，贸迁有无，永敦邻睦。’”

⑨衮褊(biǎn)心于怀楚:指梁元帝定都江陵,不愿回到建康。江陵旧属楚地,故曰"怀楚"。《资治通鉴·梁纪二十一·承圣二年》:"领军将军胡僧祐、太府卿黄罗汉、吏部尚书宗懔、御史中丞刘毂谏曰:'建业王气已尽,与虏正隔一江,若有不虞,悔无及也!'……上以建康凋残,江陵全盛,意亦安之,卒从僧祐等议。"褊心,狭隘之心。

⑩蕃屏:藩卫之臣。宗支:同宗族的支派。

⑪鄢、郢:鄢,为鄢邑,楚国别都,在今湖北宜城东南。郢,为楚都,在今湖北江陵纪南城。时人常以"鄢郢"连称,指楚国的都城。此处代指江陵。

⑫夫仁智:以下至"不免于乱矣",出自《淮南子·泰族训》,有删节。

⑬智伯:指智瑶,因智氏源自荀氏,亦称"荀瑶",春秋末期晋国执政大臣。被韩、赵、魏联军打败,领地被三家瓜分。五过人之才:《淮南子·泰族训》许慎注:"知伯美须长大,一材也;射御足力,二材也;材艺毕给,三材也;功文辩慧,四材也;强毅果敢,五材也。"

⑭齐王建:战国时期齐国最后一位国君,后投降秦国。三过人之巧:《淮南子·泰族训》许慎注:"力能引强,走先驰马,超能越高。"

⑮周武之雄才武略:以下至"非人君之度量也",出自虞世南《帝王略论》。周武,指北周武帝宇文邕,字祢罗突,鲜卑族,周文帝宇文泰第四子。在位期间灭北齐,统一了中国北方。

⑯穰苴(ráng jū):春秋时齐国大夫,田氏,名穰苴,官至大司马,故又称"司马穰苴"。治军严整,深通兵法。

⑰刘向:字子政,本名更生,沛(今江苏沛县)人。西汉经学家、目录学家、文学家。

⑱知人者:以下至"臣道也",出自《说苑·君道》。

【译文】

"梁元帝聪明且富有才学,平定了侯景之乱,却最终国破家亡,这是什么原因?”元帝,是梁武帝萧衍的第七子,名绎。担任荆州刺史,战胜侯景,定都于荆州。西魏大将万纽于谨前来讨伐,梁元帝被俘虏杀害。虞世南说:“梁元帝聪明敏捷、多才多艺,文武双全。曾率领正义之师讨伐叛逆,洗刷了家族的冤仇,成就了大功,确实有值得称道之处。只是国家遭遇大难之后,战争的创伤还未恢复,梁元帝却听信西魏的甜言蜜语,因怀恋楚地而定都江陵。同宗族的藩卫之臣,自此全都成为仇敌。定都于孤悬僻远的江陵,没有与他患难与共的人,结果身死国灭,生灵涂炭,国都江陵被攻破,真是令人叹惜。”评论道:《淮南子》说:“仁与智,是最美好的才能。所谓仁,就是仁爱他人;所谓智,就是能识别人才。仁爱他人便不会有暴虐的刑罚,能识别人才便不会有混乱的政治,这就是夏、商、周三代之所以昌盛的原因。智伯有五种过人的才能,而不免死于他人之手,原因就在于不仁爱百姓。齐王建有三种过人的技巧,却被秦国俘虏,原因就在于不能识别贤才。所以仁的表现,没有比仁爱他人更重要的;智的表现,没有比识别人才更关键的。如果不能树立这两种德行,即便君主明智聪慧、灵敏机巧,国家也难免混乱。”有人问:“北周武帝宇文邕雄才大略,身先士卒,如果上天能让他活得长一些,充分发挥他的军事谋略,他一定能统一天下,成为一代圣明的君主吗?”虞世南说:“周武帝骁勇善战、果敢坚毅,有超出常人的才干与谋略。观察他身先士卒、激励将士,法令严明,即便是越王勾践、司马穰苴也不过如此。只是他攻城拔寨的军事能力海内闻名,但在仁慈宽厚方面,却很少有人称道。这是猛将的高明才能,却不是君主应有的胸襟器量。”由此来看,凡是拨乱反正的君主,应当以求取贤臣良将为根本,自己一人善战,不足以依凭。所以刘向说:“知人善任,是君王之道;知道具体的职事,是臣子之道。”多才多艺、能征善战这样的才能,就君主本人而言,有什么用处呢!

“后齐文宣帝狂勃之迹①,桀、纣之所不为,而国富人丰,不至于乱亡,何也?”宣帝名洋,后齐高欢第二子②,受后魏禅也③。虞南曰:“昔齐桓奢淫亡礼,人伦所弃,假六翮于仲父④,遂伯诸侯⑤。宣武帝鄙秽忍虐,古今无比,委万机于遵

彦[⑥]，保全宗国，以其任用得才，所以社稷犹存者也。”议曰：殷有三仁[⑦]，太康有五弟[⑧]，亦皆贤者，而国为墟，何哉？鬻子云：“君子与人之谋也[⑨]，能必用道而不能必见受也，能必忠而不能必见入也，能必信而不能必见信也。”故虞公不用宫之奇谋灭于晋，仇由不听赤章之言亡于智氏。天下之国，莫不有忠臣谋士，但在用与不用耳。苟为不用，反贻君谤，贤人君子，安能救败乱乎！

【注释】

①后齐文宣帝狂勃之迹：以下至“所以社稷犹存者也”，出自虞世南《帝王略论》。后齐文宣帝，即高洋，字子进，鲜卑名侯尼于。高欢次子，北齐开国皇帝。即位之初留心政务，励精图治，但在位后期沉湎酒色，荒淫残暴。狂勃，狂暴。

②高欢：字贺六浑，渤海蓨县（今河北景县南）人。出身怀朔镇兵户之家。东魏权臣，北齐王朝奠基人。其子高洋称帝后，被追尊为神武帝，庙号高祖。

③后魏：即北魏，南北朝时期鲜卑族政权。为了与三国时期曹魏相区别，故史称“后魏”。此处应指东魏。534年，北魏孝武帝受高欢胁迫，逃往关中。高欢另立元善见为孝静帝，迁都邺（今河北临漳西南），史称“东魏”。550年，孝静帝禅位于高洋。

④六翮（hé）：鸟类双翅中的正羽。此处借以比喻处理国家各种事务的权力。仲父：即管仲，齐桓公尊称管仲为“仲父”。

⑤伯：通“霸”。

⑥遵彦：指杨愔（yīn），字遵彦，弘农华阴（今陕西华阴）人。北齐重臣。官至尚书令。

⑦殷有三仁：指商纣王的三位大臣微子、箕子与比干。《论语·微子》：“微子去之，箕子为之奴，比干谏而死。孔子曰：‘殷有三

仁焉。'"

⑧太康有五弟：据《伪古文尚书·五子之歌》载，夏代君主太康有五位贤明的弟弟，曾作歌以劝谏太康。

⑨君子与人之谋也：以下至"能必信而不能必见信也"，见于《群书治要》卷三十一引《鬻子》。

【译文】

"北齐文宣帝高洋狂妄暴虐的行径，即使是夏桀、商纣王这样的暴君也做不出来，但他在位期间，国家富强，人民生活丰足，没有引起国家的混乱灭亡，这是什么原因？"文宣帝名洋，北齐神武帝高欢第二子，接受东魏禅让称帝。虞世南说："往日齐桓公奢侈淫逸，不遵礼法，丢弃人伦之道，但他能够将国家大事委托给管仲，所以能够称霸诸侯。文宣帝行事卑鄙污秽，残忍暴虐，古今无人可比，但是他将国家大事全部委托给杨愔，所以能够保全国家与宗族，因为他用人得当，所以国家社稷能够保全。"评论道：殷朝有三位仁人，太康有五位贤良的弟弟，都是贤良之士，而国家灭亡，沦为废墟，这是什么原因？鬻子说："君子参与君主的图谋策划，必定遵循道义，却不能保证意见一定被采纳；必定忠诚，却不能保证一定被接受；必定诚信，却不能保证一定被信任。"所以虞公不采用宫之奇的意见，被晋国所灭；仇由之君不听赤章曼枝的话，被智伯所灭。天下各国，无不有忠臣谋士，区别只在于任用还是不任用罢了。不仅不被任用，反而还会招来君主的怀疑与指责，贤人君子，又如何能挽救失败崩溃的局面呢！

"陈武帝起自草莱[①]，兴创帝业，近代以来，可方何主？"虞南曰："武帝以奇才远略，怀匡复之志，龙跃海嵎[②]，豹变岭表[③]，扫重氛于绛阙，复帝座于紫微[④]。西抗周师，北夷齐寇，宏谋长筭，动无遗册[⑤]，实开基之令主，拨乱之雄才。比宋祖则不及，方齐高则优矣。"

【注释】

①陈武帝起自草莱：以下至“方齐高则优矣”，出自虞世南《帝王略论》。陈武帝，即陈霸先，字兴国，小字法生，吴兴长城（今浙江长兴）人。南朝陈开国君主。草莱，犹草莽，指社会下层平民。

②龙跃：喻王者兴起。海嵎（yú）：海角，海边。

③豹变：语本《周易·革卦》：“君子豹变，小人革面。”此处比喻地位变得显贵。领表：指岭南地区。陈霸先在广东韶关起兵讨伐侯景，故曰“豹变岭表”。

④扫重氛于绛阙（què），复帝座于紫微：指陈霸先平定梁内乱后，在建康拥立萧方智为梁帝。重氛，种种凶恶气象。指灾祸。绛阙，宫殿寺观前的朱色门阙。亦借指朝廷。紫微，即紫微垣，代指帝王宫殿。

⑤册：通“策”。

【译文】

“陈武帝兴起自社会下层，创立帝王基业，近代以来，可以和哪一位君主相提并论？”虞世南说：“陈武帝凭借奇才远略，心怀匡复天下的壮志，兴起于海边，发迹于岭南，扫除了朝廷中的凶恶气象，恢复了梁朝的政权。西面抵抗北周的军队，北面平定北齐的侵扰，深谋远虑，每次行动都有万全之策，确实是开基创业的明君，拨乱反正的豪杰。与宋高祖刘裕相比略有不及，与齐高祖萧道成相比，就优秀得多了。”

“隋文帝起自布衣[①]，光有神器，西定庸、蜀，南平江表，比于晋武，可为俦乎？”虞南曰：“隋文因外戚之重[②]，值周室之微，负图作宰[③]，遂膺宝命[④]。留心政治，务从恩泽，故能绥抚新旧[⑤]，缉宁遐迩[⑥]，文武制置，皆有可观。及克定江、淮，咸同书轨，率土黎献[⑦]，企伫太平[⑧]。自金陵灭后[⑨]，王心奢汰，虽威加四海，而情馑万机[10]，荆璧填于内府[11]，吴姬满于下室[12]。仁寿雕饰[13]，事将倾宫[14]，万姓力殚，中民产竭。加以猜忌心起，巫蛊事兴[15]，戮爱子之妃，离上相之母，猫鬼事起[16]，秦王妃及仆射杨素母皆坐焉[17]。纲维已紊，礼教斯亡，牝鸡晨响[18]，皇枝剿绝[19]，废黜不辜，树立所爱。废太子勇为庶人[20]，立晋王广也[21]。功臣良佐，诛翦无遗。季年之失[22]，多于晋武，卜世不永，岂天亡乎！”议曰：汉高祖欲以赵王如意易太子[23]，叔孙通谏曰[24]：“昔晋献公以骊姬故[25]，废太子立奚齐[26]，晋国乱者数十年，为天下笑。秦以不早定扶苏[27]，令赵高得以诈立胡亥，自使灭祀。此陛下所亲见。今陛下必欲废嫡而立少，臣愿先伏诛，以颈血污地。”帝曰：“吾直戏耳。”叔孙通曰：“太子乃天下本，本之一摇，天下振动，奈何以天下戏！”乃听之。袁绍爱少子尚[28]，乃以太子谭继兄后[29]。沮授谏曰[30]：“世称万人逐兔，一人获之，贪者悉止，分定故也。且年均以贤，德均以长[31]，上古之制也。愿上惟先代成败之诫，下思逐兔分定之义，若其不改，祸始此矣。”绍不从，后果构隙[32]。故曰：“立嫡子者[33]，不使庶孽疑焉[34]。疑则动，两则争。子两位者家必乱。子两位而家不乱者，亲犹在也。恃亲不乱，失亲必乱。”有旨哉[35]！

【注释】

①隋文帝起自布衣：以下至“岂天亡乎”，出自虞世南《帝王略论》。隋文帝，即杨坚，弘农华阴（今陕西华阴）人。小名那罗延，隋朝开国皇帝。在位期间，灭陈统一全国，结束了西晋末年以来南北分裂的局面。

②隋文因外戚之重：杨坚之女杨丽华，为北周宣帝宇文赟皇后。

③负图：据《汉书·霍光传》载，汉武帝年老，欲立少子刘弗陵为嗣，

察群臣中唯有霍光可堪大任，于是让黄门画者画周公负成王朝诸侯以赐光，曰："立少子，君行周公之事。"后"负图"遂为受先帝遗命辅佐幼帝的典实。按，《隋书·高祖纪》载："（宣帝）帝崩。时静帝幼冲，未能亲理政事。内史上大夫郑译、御正大夫刘昉以高祖皇后之父，众望所归，遂矫诏引高祖入总朝政，都督内外诸军事。"

④遂膺（yīng）宝命：指登上帝位。

⑤绥（suí）抚：安抚。

⑥缉宁：安和。遐迩：远近。

⑦率土：境域之内。黎献：民众中的贤者。此处指百姓。

⑧企伫：踮起脚来等待。表示急切盼望。

⑨金陵：古邑名。今江苏南京的别称。此处代指定都建康的陈朝。

⑩情堕万机：指厌倦朝政。堕，通"惰"。

⑪荆璧：即和氏璧。用以泛指美玉珍宝。

⑫吴姬：吴地的美女。此处泛指美女。

⑬仁寿：指隋文帝所营建的仁寿宫，位于今陕西麟游境内。《资治通鉴·隋纪二·开皇十三年》："诏营仁寿宫于岐州之北，……于是夷山堙谷以立宫殿，崇台累榭，宛转相属。役使严急，丁夫多死。"

⑭将：《帝王世纪》作"埒"，等同。译文从之。倾宫：相传为商纣王所营建的宫殿。《列子·杨朱》："纣亦藉累世之资，……肆情于倾宫，纵欲于长夜。"《三国志·魏书·杨阜传》："桀作璇室、象廊，纣为倾宫、鹿台，以丧其社稷。"

⑮巫蛊（gǔ）：巫师用邪术谋害人。

⑯猫鬼：古代行巫术者畜养的猫，谓有鬼物附着其身，可以咒语驱使害人，故称"猫鬼"。隋开皇十八年（598），发生了独孤陁猫鬼案。《隋书·后妃传》："后异母弟陁，以猫鬼巫蛊，咒诅于后，坐当死。"事又见《隋书·独孤陁传》。

⑰秦王：指杨俊，字阿祇，隋文帝杨坚第三子。秦王妃，指杨俊妻崔

氏。按，崔氏因为行巫蛊之事毒杀杨俊，被杨坚处死，但似与独孤陁猫鬼案无关。《北史·文帝四王传》："俊颇好内，妃崔氏性妒，甚不平之，遂于瓜中进毒。……帝及后往视，见大蜘蛛、大蛷螋从枕头出，求之不见。穷之，知妃所为也。……妃崔氏以毒王故，下诏废绝，赐死于其家。"仆射：尚书仆射，尚书省的副官。杨素时任尚书右仆射。杨素：字处道，弘农华阴（今陕西华阴）人。隋朝权臣、军事家、诗人。按，据《隋书·独孤陁传》载，独孤陁之妻杨氏为杨素异母妹。猫鬼案发生后，杨氏被勒令出家为尼。

⑱牝（pìn）鸡晨响：语本《尚书·牧誓》："牝鸡无晨，牝鸡之晨，惟家之索。"孔传："喻妇人知外事。雌代雄鸣则家尽，妇夺夫政则国亡。"母鸡报晓，旧时贬喻女性掌权，认为阴阳倒置，将导致家破国亡。

⑲皇枝：指皇帝的庶子或宗族。

⑳太子勇：即杨勇，字睍地伐，隋文帝杨坚长子。因骄奢淫逸，加之杨广与杨素的陷害，被废为庶人。隋文帝去世后，被杨广矫诏赐死。

㉑晋王广：即隋炀帝杨广，小字阿麽，隋文帝杨坚次子。隋文帝代周，立为晋王。后杀文帝即皇帝位。在位期间频繁发动战争，滥用民力，穷奢极欲，导致隋朝崩溃灭亡。

㉒季年：晚年，末年。

㉓汉高祖欲以赵王如意易太子：以下至"乃听之"，出自《史记·刘敬叔孙通列传》。赵王如意，刘邦宠妃戚夫人所生，被封为赵王。后为吕后所杀。

㉔叔孙通：薛（今山东滕州南）人。初仕秦，后降汉，拜博士，号稷嗣君。曾为刘邦制定朝仪，被司马迁称为"汉家儒宗"。

㉕晋献公：春秋时期晋国君主。骊姬：春秋时期骊戎国君之女，晋献公妃子。

㉖太子：指申生，晋献公与齐姜之子。被骊姬陷害，自杀而死。奚齐：晋献公与骊姬之子，晋献公死后被立为国君，后被晋国大臣里

克所杀。

㉗扶苏:秦始皇长子,由于直言劝谏触怒秦始皇,被发配至上郡(郡治在今陕西榆林东南)监军。秦始皇病逝后,赵高、李斯矫诏逼令扶苏自尽。

㉘袁绍爱少子尚:以下至"祸始此矣",出自《后汉书·袁绍传》。尚,即袁尚,字显甫,袁绍第三子。

㉙谭:即袁谭,字显思,袁绍长子。

㉚沮授:广平(今河北鸡泽东南)人。袁绍属下。

㉛德均以长:《后汉书·袁绍传》作"德均则卜"。《左传·昭公二十六年》:"昔先王之命曰:'王后无適,则择立长。年钧以德,德钧以卜。'"

㉜构隙:结怨。

㉝立嫡子者:以下至"失亲必乱",出自《慎子·德立》,有删节。

㉞庶孽:指妃妾所生之子。疑:通"拟",相比拟。此处指僭拟、僭越。《吕氏春秋·审分览·慎势》:"立適子不使庶孽疑焉。"陶鸿庆曰:"'疑'皆读为'拟',谓相比拟也。《管子·君臣》篇云:'内有疑妻之妾,此宫乱也。庶有疑適之子,此家乱也。朝有疑相之臣,此国乱也。'……是'疑''拟'古通用。"

㉟旨:美好。

【译文】

"隋文帝兴起自一介布衣,最终登上帝位,西面平定了四川地区,南面平定了江南,与晋武帝相比,是否可以相提并论?"虞世南说:"隋文帝凭借外戚的身份,遭遇北周衰弱之际,受遗诏辅佐幼主,位居宰相,遂由此登上帝位。他留心政务,致力于对臣民施以恩惠,所以能够安抚新旧势力,使朝野安宁,在文治与武功方面,都有不俗的建树。等到平定江淮地区,天下都书同文,车同轨,天下百姓都开始企盼太平。但从灭陈之后,隋文帝开始讲究奢侈享受,虽然威震四海,却开始厌倦朝政,珍宝填满府库，美女充斥后宫。营建装饰仁寿宫，事迹与商纣王修建倾宫类似，致使民力枯竭，中产之家面临破产。加上他的猜忌之心日渐严重，大兴巫蛊之狱，杀害爱子的妃子，离间重臣的母亲，猫鬼之案爆发，秦王杨俊的妃子与尚书仆射杨素的母亲都受到牵连。朝廷纲纪紊乱，礼乐教化衰亡，后宫干预国政，皇子纷纷被废，废黜无辜的太子，另立宠爱之子。将太子杨勇废为庶人，立晋王杨广为太子。功臣良将，被全部诛杀。他晚年的过失，超过晋武帝司马炎，隋朝短命而亡，怎能归因于天意？”评论道：汉高祖刘邦打算改立赵王如意为太子，叔孙通劝谏道：“过去，晋献公因为宠爱骊姬，废黜太子，改立骊姬之子奚齐，结果使晋国陷入数十年的混乱，成为天下人的笑柄。秦朝由于没有及早确立扶苏的太子之位，让赵高得以伪造遗诏，立胡亥为帝，从而导致了国家的灭亡。这都是您亲眼所见到的。现在您一定要废黜嫡子，另立幼子，我请求先死，用颈血弄脏您面前之地。”刘邦说：“我只不过是开玩笑罢了。”叔孙通说：“太子是天下的根本，根本一摇，天下振动，怎么能拿天下开玩笑呢！”于是刘邦听取了他的劝告。袁绍偏爱小儿子袁尚，就把长子袁谭过继给自己的哥哥。沮授劝谏说：“人们常说，万人追逐一只野兔，只要一个人追到了，其他的人都会停止，这是由于名分已定的缘故。况且选择继承人时，若年龄相同，便挑选更贤明的，若德行相同，便挑选更年长的，这是上古以来的制度。希望您借鉴前代的成败教训，思考获免则分定的含义，如果不改变现在的做法，将从此开启祸端。”袁绍不听，此后袁谭、袁尚兄弟果然结怨。所以说：“确立嫡子的地位，不要让庶子僭拟嫡子。僭拟就会产生动荡，地位匹敌就会产生争夺。庶子势力匹敌相争，家族一定会产生混乱。如果庶子势力匹敌相争而家族不乱，这是因为父母还在世。父母健在不出乱子，若父母去世，一定产生混乱。”这话说得真好啊！

或曰：“王霸之略，请事斯语矣。敢问殁而作谥[①]，及改正朔，易服色[②]，以变人之耳目，其事奚象？”对曰：“古之立谥者，将以戒夫后代，随行受名，君亲无隐。今之臣子，不论名实，务在尊崇，斯风替也久矣。昔季康子问五帝之德于孔子[③]，孔子曰：'天有五行，木火金水及土，分时化育，以成万物。一岁三百六十日，五行，行七十二日，化生长育。其神为五帝，五帝，五行之神。古之王者，易代改号，取法五行。五行更王，终始相生[④]。亦象其义，故其生为明王者，而死配五行。是以太皞配木[⑤]，勾芒为木正也[⑥]。炎帝配火[⑦]，祝融为火正也[⑧]。少皞配金[⑨]，蓐收为金正也[⑩]。颛顼配水，玄冥为水正也[⑪]。黄帝配土。后土为土正也[⑫]。帝王改号，于五行之德各有所尚，从其所王之德次焉[⑬]。木家次位火也[⑭]。木家尚赤，以木德义之普，循其母，兼其子也[⑮]。夏后氏以金德王而尚黑，殷人以水德王而尚白，水家尚青[⑯]，而尚白者，避土家之尚青也。土家宜尚白，为土者四行之主，王于四季[⑰]，五行用事，先起于木，故土家尚木色青也。周人以木德王而色尚赤，此三代之所以不同也。'及汉之初[⑱]，公孙臣、贾谊以为汉土德[⑲]，以五行之传，从所不胜[⑳]。传移之传也。五帝相代，常从金木水火土相胜之法也。秦在水德，故谓汉据土而克之。刘向父子以为帝出于震，故庖牺氏始受木德[㉑]。其后以母传子[㉒]，终而复始。自神农、黄帝下历唐、虞、三代，而汉得火焉，故高祖始起，神母夜号，着赤帝之符[㉓]，得天统矣。昔共工以水德间于木火[㉔]，与秦同运[㉕]，非其次，故皆不永也。以吾观之，帝王之兴，各本其所出五帝之后，以定五德。何以明之？汉，尧后也。尧，火德王，故汉为火焉。袁绍时，耿包曰[㉖]："赤德衰尽[㉗]，袁为黄胤[㉘]。"以为袁，舜后。舜，土德君，故劝进焉。是知帝王之兴，各本其所出五帝之后，有自来矣。今秦，颛顼后，水德也，故秦为水德焉。以此观之，虽百代可知也。"

【注释】

①殁(mò):去世。

②易:变换。服色:车马和祭牲的颜色。《礼记·大传》:"改正朔,易服色。"孙希旦《集解》:"'服'如'服牛乘马'之'服',谓戎事所乘,若夏乘骊,殷乘翰,周乘骠是也。色,谓祭祀所用之牲色,若夏玄牡,殷白牡,周骍犅是也。"

③昔季康子问五帝之德于孔子:以下至"此三代之所以不同也",出自《孔子家语·五帝》,有删节。本段随文注释采自《孔子家语·五帝》王肃注。

④五行更王,终始相生:指五行按照相生的顺序,交替主事,周而复始。我国古代"五行"说认为木、火、土、金、水五者互相生成,其顺序是:木生火,火生土,土生金,金生水,水生木。《白虎通·五行·论五行更王相生相胜变化之义》:"五行所以更王何?以其转相生,故有终始也。木生火,火生土,土生金,金生水,水生木。"

⑤太皞(hào):传说中的帝王名。即伏羲氏。

⑥勾芒:传说中的木神之名。木正:木神。《孔子家语·五帝》:"凡五正者,五行之官名,五行佐成上帝,而称'五帝'。"

⑦炎帝:传说中的帝王名。一说即神农氏。

⑧祝融:传说中的火神之名。

⑨少皞:传说中的帝王名。

⑩蓐(rù)收:传说中的金神之名。

⑪玄冥:传说中的水神之名。

⑫后土:传说中的土地神之名。

⑬德次:据王肃注,"德次"指五行相生顺序中的下一行。如木生火,木行之次即为火行。故以木德王者,推崇的是火德所主的赤色。

⑭木家:指以木德称王的朝代。

⑮循其母,兼其子:指遵循木德,兼而推崇火德所主的赤色。按照五

行学说，木生火，故木为火之母，火为木之子。

⑯水家尚青：水德之次为木德，木德所主之色为青色。所以说以水德称王的朝代，所崇尚的原本应为青色。

⑰王于四季：木、火、金、水四行各主一季，而土行是四行之主，主宰四行与四季的运行，故曰"王于四季"。《白虎通·五行·论五行更王相生相胜变化之义》："土所以王四季何？木非土不生，火非土不荣，金非土不成，水非土不高，土扶微助衰，历成其道，故五行更王，亦须土也。王四季，居中央，不名时。"

⑱及汉之初：以下至"故皆不永也"，出自《汉书·郊祀志》"赞曰"。

⑲公孙臣：汉初学者，鲁（治今山东曲阜）人。汉文帝时召拜博士。上书言五德始终之说，称汉为土德，其符应有黄龙见，当改正朔，易服色。

⑳五行之传，从所不胜：指五行以相克的顺序传递。我国古代"五行"说又认为水、火、金、木、土五者互相克制，其顺序是：水克火，火克金，金克木，木克土，土克水。《汉书·郊祀志》颜师古注引服虔曰："五帝相承代，常以金木水火相胜之法，若火灭金，便以火代金。"

㉑帝出于震，故庖牺氏始受木德：庖牺氏，即伏羲氏。《周易·说卦》："帝出乎震。……震，东方也。"按照五行学说，东方属木，所以伏羲氏作为最早的帝王，秉持的是木德。

㉒以母传子：指五行以相生的顺序传递。如木生火，故木为火之母，木德转为火德，就好比"以母传子"。

㉓神母夜号，着赤帝之符：指刘邦斩蛇起义，遇见老妪夜哭之事。参见上文"焚鱼断蛇"注。

㉔共工：古代传说中的帝王。《左传·昭公十七年》："共工氏以水纪，故为水师而水名。"杜预注："共工，以诸侯霸有九州者，在神农前，大皞后。亦受水瑞，以水名官。"太皞伏羲氏为木德，神农

氏为火德，故曰共工“以水德间于木火”。

㉕与秦同运：按照刘向、刘歆父子的五行学说，周为木德，秦为水德，汉为火德，所以秦与共工一样，均是“以水德间于木火”。

㉖耿包：袁绍的主簿。

㉗赤德：即火德。五行学说中，火对应赤色。

㉘黄：指土德。五行学说中，土对应黄色。胤（yìn）：后裔。

【译文】

有人问：“王道、霸道的策略，我将照着您的话施行。请问去世后定下谥号，以及变更历法，变换车马和祭牲的颜色，以使人耳目一新，这些举动有什么意义？”回答道：“古代确定谥号，是为了告诫后代，生前的行为将招致相应的评价，即便对于君主或父母也无法有所隐讳。如今的臣子，不管名实是否相符，只求以美谥尊崇君主，古人实事求是的作风早已不存在了。从前，季康子向孔子请教五帝之德的问题，孔子说：‘上天有五行，即木、火、金、水、土，它们按照不同的时节化生孕育，以生成万物。一年三百六十天，按照五行分配，一行有七十二天，生成养育万物。五行之神为五帝，五帝，就是五行之神。古代的帝王，因改朝换代而更改国号，皆取法于五行。五行以相生的顺序交替主事，周而复始。帝王更改名号，便是效仿这一原则，所以生前是圣明的君主，死后便与五行相配。所以太皞配木，勾芒为木神。炎帝配火，祝融为火神。少皞配金，蓐收为金神。颛顼配水，玄冥为水神。黄帝配土。后土为土神。帝王更改国号，所崇尚的五行之德各有不同，他们所崇尚的是五行相生顺序中下一行的德行。五行相生中，木行之次是火行。以木德称王的朝代崇尚赤色，这是因为木行的德义广大，故遵循木德，便兼而推崇火德的赤色。夏朝以金德称王而崇尚黑色，商朝以水德称王而崇尚白色，以水德称王的朝代理应崇尚青色，而商代却崇尚白色，这是由于以土德称王的朝代崇尚青色，故加以避让。以土德称王的朝代理应崇尚白色，但因为土行是其余四行之主，是四季的主宰，而五行按照相生的顺序运转，首先从木行开始，所以土德转而崇尚木德的颜色青色。周人以木德称王而崇尚赤色，这是三代服色不同的原因。'到了汉代初年，公孙臣、贾谊认为汉代以土德称王，认为五行之德的传递，依照的是五行相胜的顺序。传，是传递的意思。五帝相互取代，遵循的是金、木、水、火、土相克的次序。秦以水德称王，所以说汉代依据土德，克制了秦的水德。刘向父子认为，《周易·说卦》记载"帝出于震"，所以伏羲氏作为最早的帝王，以木德称王。其后按照五行相生的顺序相传，终而复始。从神农氏、黄帝直至唐尧、虞舜、夏商周三代依次相传，而汉代刚好是火德，所以汉高祖刘邦起事时，有神母夜哭之事，展示了赤帝的符瑞，说明高祖乃天命所归。从前，共工以水德夹在木德与火德中间，与秦朝的命运相同，因为并非五行相生的应有次第，所以国运都不长久。在我看来，帝王的兴起各有本源，其究竟是五帝中哪一位的后裔，决定了这一政权五行之德的属性。为什么这么说？汉朝，是尧的后代，尧，以火德称王，所以汉代也是火德。袁绍之时，他的属下耿包说："汉代的火德已经衰败，袁氏为土德的后代。"认为袁氏是舜的后裔。舜以土德称王，所以劝袁绍代汉称帝。由此可知，帝王的兴起，其本源在于作为其先祖的五帝，这种说法有其缘由。秦国是颛顼的后裔，颛顼为水德，所以秦朝也是水德。由此来看，即便过了一百代人，政权的兴替规律不难知晓。"

臣行第十

【题解】

所谓"臣行",指臣子的德行与才能。本篇与《君德》篇彼此呼应,论述结构上也高度相似。赵蕤援引了《说苑·臣术》的说法,指出人臣有所谓"六正"与"六邪"的区别,君主只有具备了辨别"邪正之得失"的能力,能够"甄综人物",才能立功成名,治理天下。与《君德》篇相同,《臣行》篇也列举了大量历史中的名臣作为例证,以此讨论"人臣得失之效",为君主选择人才提供镜鉴。

夫人臣萌牙未动[①],形兆未见[②],照然独见存亡之机、得失之要[③],豫禁乎未然之前[④],使主超然立乎显荣之处,如此者,圣臣也。虚心尽意,日进善道,勉主以礼义,谕主以长策,将顺其美[⑤],匡救其恶,如此者,良臣也。夙兴夜寐,进贤不懈,数称往古之行事,以厉主意,如此者,忠臣也。或问袁子曰[⑥]:"故少府杨阜[⑦],岂非忠臣哉?"对曰:"可谓直士,忠则吾不知。何者?夫为人臣,见主失道,指其非而播扬其恶,可为直士,未为忠也。故司空陈群则不然,其谈语终日,未尝言人主之非;书数十上而外不知。君子谓陈群于是乎长者。"此为忠矣。明察成败,早防而救之，塞其间[⑧]，绝其源，转祸以为福，使君终已无忧，如此者，智臣也。依文奉法，任官职事[⑨]，不受赠遗，食饮节俭，如此者，贞臣也。国家昏乱，所为不谀，敢犯主之严颜[⑩]，面言主之过失，如此者，直臣也。是谓六正。桓范《世要论》曰："臣有辞拙而意工[⑪]，言逆而事顺，可不恕之以直乎？臣有朴骙而辞讷[⑫]，外疏而内敏，可不恕之以质乎？臣有犯难以为上，离谤以为国，可不恕之以忠乎？臣有守正以逆众意，执法而违私欲，可不恕之以公乎？臣有不曲己以求合，不祸世以取名，可不恕之以贞乎？臣有从仄陋而进显言[⑬]，由卑贱而陈国事，可不恕之以难乎？臣有孤特而执节[⑭]，介立而见毁[⑮]，可不恕之以劲乎？此七恕者，所以进善也。"

【注释】

①夫人臣萌牙未动：以下至"是谓六正"，出自《说苑·臣术》。萌牙，亦作"萌芽"，比喻始发或初生的事物。

②形兆：征兆，形迹。

③照然：《说苑·臣术》作"昭然"，明白貌。译文从之。

④豫禁：事先禁止。豫，事先，预先。

⑤将顺：顺势促成。

⑥或问袁子曰：以下至"君子谓陈群于是乎长者"，出自《三国志·魏书·陈群传》裴松之注，有删节。

⑦少府：秦汉时期为管理皇室财用收支、宫廷服务和手工业的高级官员，九卿之一，秩中二千石。魏、晋、南朝时期主要管理宫廷手工业。杨阜：字义山，天水翼（今甘肃甘谷东）人。三国时期曹魏名臣。

⑧间（jiàn）：空隙，漏洞。

⑨职事：任职。

⑩严颜：严厉的脸色。

⑪臣有辞拙而意工：以下至“所以进善也”，见于《群书治要》卷四十七引桓范《政要论·为君难》。

⑫朴骙（ái）：质朴，愚鲁。讷（nè）：出言迟钝，口齿笨拙。

⑬仄（zè）陋：指出身卑微，社会下层。显言：明白直言。

⑭孤特：特出，孤高。

⑮介立：卓异独立。

【译文】

作为人臣，当事物萌芽未发，征兆尚未显现的时候，只有他清楚地看到了存亡的关键，得失的要害，能够防患于未然，让君主超然居于尊荣显贵之处，像这样的人，是圣明之臣。谦虚而竭尽心力，每日进谏善言正道，以礼义之道勉励君主，以长远之计劝说君主，顺势促成君主的美德，匡正补救君主的恶行，像这样的人，是贤良之臣。早起晚睡，不懈地推举贤才，屡屡称引古代圣贤之君的行为事迹，以激励君主的意志，像这样的人，是忠心之臣。有人问袁子说：“前少府杨阜，难道不是一位忠臣吗？”回答说：“可以称得上是耿直之士，是否是忠臣我就不知道了。为什么这么说？作为臣子，看到君主违背道义，指责他的过错，宣扬他的罪恶，这样的人可以称得上耿直，却不能称为忠臣。前司空陈群便不这样，他谈论终日，从不提及君主的过错；上书数十次，外界也不知道。君子们都认为陈群这样做，可谓是忠厚长者。”这才是忠臣。明察成败得失的原因，及早防备进行补救，堵塞漏洞，杜绝失败的根源，从而转祸为福，使君主始终没有忧患，像这样的人，是智谋之臣。遵奉法律，当官任职不接受贿赂，饮食节俭，像这样的人，是忠贞之臣。当国家昏乱时，不做阿谀奉承之事，敢于冒犯君主的权威，当面指出君主的过失，像这样的人，是正直之臣。这六种臣子，就是所谓的“六正”。桓范在《世要论》中说：“有的臣子言语朴拙却用心精巧，说话貌似悖逆却做事顺从，对于这样的臣子，怎能不体谅他正直的用心呢？有的臣子质朴而不善言辞，貌似疏陋而心思敏捷，对于这样的臣子，怎能不体谅他质朴的本性呢？有的臣子为了君主以身犯险，为了国家甘愿遭受诽谤，对于这样的臣子，怎能不体谅他的忠诚呢？有的臣子恪守正道而不顾众人的反对，执法严明而不顾个人的私欲，对于这样的臣子，怎能不体谅他的公正呢？有的臣子不为了迎合君主而改变操守，不为了获得名声而祸害社会，对于这样的臣子，怎能不体谅他的忠贞呢？有的臣子出身低微却敢于明白直言，地位卑贱却敢于直陈对于国家大事的意见，对于这样的臣子，怎能不体谅他进言的困难呢？有的臣子孤傲而坚守节操，卓异独立而遭受诋毁，对于这样的臣子，怎能不体谅他刚劲的个性呢？这七个方面的恕道，是君主进善举贤的办法。”

安官贪禄[①]，不务公事，与世沉浮，左右观望，如此者，具臣也[②]。主所言皆曰善，主所为皆曰可，隐而求主之所好，而进之以快主之耳目，偷合苟容[③]，与主为乐，不顾后害，如此者，谀臣也。中实险诐[④]，外貌小谨，巧言令色[⑤]，又心疾贤，所欲进则明其美，隐其恶，所欲退则彰其过，匿其美，使主赏罚不当，号令不行，如此者，奸臣也。智足以饰非，辩足以行说[⑥]，内离骨肉之亲，外妒乱于朝廷，如此者，谗臣也。专权擅势，以轻为重[⑦]，私门成党，以富其家，擅矫主命，以自显贵，如此者，贼臣也。谄主以佞邪，坠主于不义，朋党比周，以蔽主明，使白黑无别，是非无闻，使主恶布于境内，闻于四邻，如此者，亡国之臣也。是谓六邪。桓范《世要论》曰：“臣有立小忠以售大不忠[⑧]，效小信以成大不信，可不虑之以诈乎？臣有貌厉而内荏，色取仁而行违[⑨]，可不虑之以虚乎？臣有害同侪以专朝[⑩]，塞下情以壅上，可不虑之以嫉乎？臣有进邪说以乱是，因似然以伤贤，可不虑之以谗乎？臣有因赏以偿恩，因罚以作威，可不虑之以奸乎？臣有外显相荐[⑪]，内阴相除，谋事效公而实挟私，可不虑之以欺乎？臣有事左右以求进[12]，托重臣以自结[13]，可不虑之以伪乎？臣有和同以取谐[14]，苟合以求进[15]，可不虑之以祸乎？臣有悦主意以求亲，悦主言以取容[16]，可不虑之以佞乎？此九虑者，所以防恶也。”

【注释】

①安官贪禄：以下至“是谓六邪”，出自《说苑·臣术》。

②具臣：备位充数之臣。

③偷合苟容：苟且迎合以取悦人。

④中实险诐（bì）：内心阴险邪僻。中，指内心。

⑤巧言令色：用花言巧语和媚态伪情来迷惑、取悦他人。

⑥行说：游说，劝说别人采纳其说辞。

⑦以轻为重：《说苑·臣术》作“以为轻重”。轻重，指左右、影响事物。《韩非子·人主》：“所谓威者，擅权势而轻重者也。”陈奇猷《集释》：“轻重者，谓能左右其事，彼以为轻则轻，彼以为重则重也。”译文从之。

⑧臣有立小忠以售大不忠：以下至“所以防恶也”，见于《群书治要》卷四十七引桓范《政要论·为君难》。售，推行，实现。

⑨色取仁：貌似仁德。

⑩侪（chái）：辈。

⑪外显相荐：指表面上推荐。

⑫左右：指君主的近臣、侍从。

⑬自结：主动攀附、缔交。

⑭和同：指和光同尘，无所是非。

⑮苟合：附和，迎合。

⑯取容：讨好别人以求欢心。《吕氏春秋·似顺论·似顺》：“夫顺令以取容者，众能之。”高诱注：“容，说（悦）也。”

【译文】

安于官爵，贪恋禄位，不能专心公事，随俗俯仰，遇事左右观望，像这样的人，是充数之臣。凡是君主的言论一律夸奖，凡是君主的作为一律赞同，暗中探求君主的偏好，从而进献以满足君主的耳目之欲，苟且迎合，陪同君主寻欢作乐，不顾后患，像这样的人，是阿谀之臣。内心阴险邪僻，外表貌似小心谨慎，用花言巧语与媚态来取悦人，加之内心嫉贤妒能，对于想要进用的人宣扬其好处，隐藏其恶行，对于想要斥退的人彰显其过错，掩盖其美德，使君主赏罚不当，政令无法执行，像这样的人，是奸恶之臣。机智足以粉饰其错误，口才足以推行其说辞，对内离间君主的骨肉之亲，对外嫉贤妒能扰乱朝廷，像这样的人，是谗佞之臣。专揽大权，左右国家事务，结党营私，使自己的家族富有，擅自假托君主的命令，使自己尊荣显贵，像这样的人，是乱臣贼子。用奸邪之道谄媚君主，陷君主于不义，结党营私，蒙蔽君主，使君主黑白不分，是非不别，使君主的恶名不仅传布国内，而且还传到四周邻国，像这样的人，是亡国之臣。这六种臣子，就是所谓的“六邪”。桓范在《世要论》中说：“有的臣子在小事上表现得忠心耿耿，是为了实现在大事上的不忠诚，在小事上讲信用，是为了实现大事上的欺骗，对于这样的臣子，怎能不考虑他的狡诈呢？有的臣子外表强硬而内心怯弱，貌似仁爱而实际行为却不如此，对于这样的臣子，怎能不考虑他的虚伪呢？有的臣子陷害同僚以独揽朝政，堵塞民意以蒙蔽君主，对于这样的臣子，怎能不考虑他的嫉妒之心呢？有的臣子用歪理邪说来混淆是非，用似是而非的理由来伤害贤人，对于这样的臣子，怎能不考虑他的谗言呢？有的臣子利用君主的赏赐来偿还私人的恩情，利用君主的刑罚来树立私人的权威，对于这样的臣子，怎能不考虑他的奸诈呢？有的臣子表面上推荐某人，暗中却盘算着加以铲除，谋事貌似一心为公，实际上却怀着私人的目的，对于这样的臣子，怎能不考虑他欺骗的行径呢？有的臣子结交近臣以求升官，攀附高官以求重用，对于这样的臣子，怎能不考虑他的伪诈呢？有的臣子和光同尘以求得表面的和谐，附会迎合他人以求升官，对于这样的臣子，怎能不考虑他带来的祸患呢？有的臣子讨好君主的心意以求得亲近，迎合君主的言论以求得欢心，对于这样的臣子，怎能不考虑他的谄佞呢？这九个方面的考虑，是君主防备恶行的方法。”

子贡曰[①]：“陈灵公君臣宣淫于朝[②]，泄冶谏而杀之[③]，是与比干同也[④]，可谓仁乎？”子曰：“比干于纣，亲则叔父，官则少师，忠款之心，在于存宗庙而已。固以必死争之，冀身死之后而纣悔寤，其本情在乎仁也。泄冶位为下大夫，无骨肉之亲，怀宠不去[⑤]，以区区之一身[⑥]，欲正一国之淫昏，死而无益，可谓怀矣[⑦]。《诗》云：‘民之多僻，无自立辟[⑧]。’其泄冶之谓乎？”

【注释】

①子贡曰：以下至“其泄冶之谓乎”，出自《孔子家语·子路初见》。

②陈灵公：春秋时陈国国君。他与陈国大夫孔宁、仪行父皆私通于大夫夏徵舒之母夏姬，甚至穿着夏姬的衣服在朝廷上相互戏弄，后为夏徵舒所杀。事见《左传·宣公九年》。

③泄冶：陈国大夫。因劝谏陈灵公被杀。

④比干：商纣王的叔父。因屡次劝谏纣王被杀。

⑤怀宠：留恋君主的恩宠。

⑥区区：小，少。形容微不足道。

⑦怀：《孔子家语·子路初见》作“狷”，耿直，固执。译文从之。

⑧民之多僻，无自立辟：语出《诗经·大雅·板》。僻，邪僻。自立辟，自立法度。辟，法。

【译文】

子贡问：“陈灵公君臣在朝堂上公然宣扬淫乱，泄冶劝谏却被杀害，这与比干的事迹相同，可以称得上仁义吗？”孔子说：“比干对于商纣王来说，论亲情是叔父，论官职是少师，他的忠诚之心，不过是为了保住商朝的宗庙社稷。所以他坚持以死劝谏，希望自己死后，纣王能幡然悔悟，他的本心正是出乎仁义。泄冶对于陈灵公来说，职位不过是下大夫，又没有亲戚关系，留恋君主的恩宠不愿离去，想用自己微不足道的身躯，纠正一个国家的淫乱昏暗，死了也没有什么益处，可以说是耿直吧。《诗经》中说：'百姓多行邪僻，就不要再自立法度了。'说的就是泄冶这样的人吧？"

或曰："叔孙通阿二世意[①]，可乎？"司马迁曰："夫量主而进[②]，前哲所韪[③]。叔孙生希世度务[④]，制礼进退，与时变化，卒为汉家儒宗[⑤]。古之君子，直而不挺[⑥]，曲而不挠[⑦]，大直若诎[⑧]，道同蝼蛇[⑨]，盖谓是也。"议曰：太公云："吏不志谏，非吾吏也[⑩]。"朱云廷诘张禹曰[⑪]："尸禄保位[⑫]，无能往来[⑬]，可斩也。"班固曰："依世则废道[⑭]，违俗则危殆，此古人所以难受爵位。"由此言之，存与死，其义云何？对曰："范晔称[⑮]：'夫专为义则伤生[⑯]，专为生则骞义[⑰]。若义重于生，舍生可也；生重于义，全生可也。'"

【注释】

①阿：曲从，逢迎。二世：指秦二世胡亥。

②夫量主而进：以下至"盖谓是也"，出自《史记·刘敬叔孙通列传》"太史公曰"，然与今本出入颇大。王叔岷《史记斠证》："《长短经·臣行》篇引此文，……与今本出入颇大，未知所据何本。《长短经》正文、注文所引《史记》，往往与徐广注所称一本合，来源甚早。然则此所引，或亦据六朝故本邪？"

③韪（wěi）：同意，赞赏。

④生："先生"的省称。希世：迎合世俗。度务：考量时势。

⑤卒：终于，最后。

⑥挺：僵硬，强硬。

⑦挠（náo）：屈服。

⑧诎（qū）：弯曲。

⑨蝼蛇：同“委蛇”，曲折行进貌。

⑩吏不志谏，非吾吏也：出自《六韬·文韬·上贤》，原文作“臣不忠谏，非吾臣也”。

⑪朱云廷诘张禹曰：以下至“可斩也”，出自《汉书·朱云传》。按，据《汉书·朱云传》，“亡能往来”系朱云斥责韦玄成之语。朱云，字游，鲁（治今山东曲阜）人。西汉大臣。以敢于直谏闻名。张禹，字子文，河内轵（今河南济源东南）人。西汉经学家。官至丞相。

⑫尸禄：空食俸禄。

⑬往来：指引荐与黜退。《尚书·君奭》：“无能往来，兹迪彝教。”孙星衍疏：“无能往来，为无能进贤退不肖。”

⑭依世则废道：以下至“此古人所以难受爵位”，出自《汉书·何武王嘉师丹传》“赞曰”。

⑮范晔（yè）：字蔚宗，顺阳（今河南淅川南）人。曾任尚书吏部郎、宣城太守、太子詹事等职。后因与孔熙先等谋迎刘义康一案被杀。

⑯夫专为义则伤生：以下至“全生可也”，出自《后汉书·李杜列传》“论曰”，有删节。

⑰骞（qiān）：违也。

【译文】

有人问：“叔孙通曲意逢迎秦二世，这样的行为可以接受吗？”司马迁说：“考虑君主是否英明来决定自己的进退，是前代哲人赞同的行为。叔孙通先生迎合世俗，考量时势，为汉家制定礼仪，顺应时势的变化，最终成为汉朝儒家的一代宗师。古时候的君子，正直而不僵硬，柔软而不屈服，最直的看起来就像弯的，大道本来就曲曲折折，说的就是这个道理。”评论道：姜太公说：“官吏不直言劝谏，就没有资格做我的下属。”朱云在朝廷上当面责问张禹说：“空食俸禄，只想着保住自己的官位，不能荐举贤才，黜退不肖之人，这样的人应该杀头。”班固说：“与世浮沉则废弃道义，违背世俗则危及自身，这就是古人不愿轻易接受官爵的原因。”就此而言，生与死，应当如何抉择呢？回答道：“范晔说：‘一味坚持道义，就会危及生命；一味顾惜生命，就会违背道义。如果在某件事上，道义比生命更重要，就应该舍生取义；如果生命比道义更珍贵，就应该保全生命。’”

或曰：“然则窦武、陈蕃与宦者同朝廷争衡[①]，终为所诛，为非乎？”范晔曰：“桓、灵之世[②]，若陈蕃之徒，咸能树立风声，抗论昏俗[③]。驱驰岨峗之中[④]，而与腐夫争衡[⑤]，终取灭亡者，彼非不能洁情志、违埃雾也[⑥]，悯夫世士以离俗为高，而人伦莫相恤也[⑦]。以遁世为非义[⑧]，故屡退而不去；以仁心为己任，虽道远而弥厉[⑨]。及遭值际会，协策窦武[⑩]，可谓万代一时也[⑪]。功虽不终，然其信义足以携持世心矣。”议曰：此所谓“义重于生，舍生可也”。

【注释】

①窦武：字游平，扶风平陵（今陕西咸阳东北）人。汉桓帝窦皇后之父，东汉时期外戚。与陈蕃、刘淑合称“三君”。

②桓、灵之世：以下至“然其信义足以携持世心矣”，出自《后汉书·陈蕃传》“论曰”。

③抗论：在言论上相抗衡。昏俗：《后汉书·陈蕃传》作“惛俗”，昏乱的流俗。

④岨峗（zǔ è）：险阻。

⑤腐夫：指宦官。

⑥埃雾：喻世俗的污浊。

⑦恤：周济，救济。

⑧遁（dùn）世：避世隐居。

⑨厉：振奋。

⑩协策窦武：建宁元年（168），汉灵帝即位之初，窦武与陈蕃等人共同谋划诛杀宦官。《后汉书·窦武传》："武既辅朝政，常有诛剪宦官之意，太傅陈蕃亦素有谋。时共会朝堂，蕃私谓武曰：'中常侍曹节、王甫等，自先帝时操弄国权，浊乱海内，百姓匈匈，归咎于此。今不诛节等，后必难图。'武深然之。"

⑪可谓万代一时：《后汉书·陈蕃传》作"自谓万世一遇"，译文从之。

【译文】

有人问："那么东汉时期窦武、陈蕃与宦官在朝廷上抗争，最终为宦官所杀，难道他们做得不对吗？"范晔说："汉桓帝、汉灵帝时期，像陈蕃这样的人，皆能树立良好的名声，批判昏乱的流俗。他们在艰难险阻中奔驰，与宦官斗争，最终招来灭亡的灾祸，他们并不是不能洁身清高，远离世俗的污浊，而是担忧世人把躲避俗世看作最高洁的行为，而没有人去救济人伦道德的崩坏。他们认为避世隐居是不道德的，所以多次被贬仍不愿离去；把发扬仁义作为自己的责任，尽管路途遥远，意志却更加坚定。等到遇见难得的时机，他们协助窦武，力图铲除宦官，自认为这是万代一遇的良机。最后虽然没有成功，但他们的忠贞信义足以扶持维系人心。"评论道：这就是所说的"道义比生命更重要，就应该舍生取义"。

或曰："臧洪死张超之难①，可谓义乎？"范晔曰："雍丘之围②，臧洪之感愤壮矣。想其徒跣且号③，束甲请举④，诚足怜也。夫豪雄之所趣舍，其与守义之心异乎？若乃缔谋连衡，怀诈算以相尚者，盖惟势利所在而已。况偏城既危，

曹、袁方穆，洪徒指外敌之衡，以纾倒悬之会[⑤]。忿悁之师[⑥]，兵家所忌，可谓怀哭秦之节[⑦]，存荆则未闻。”昔广陵太守张超委政臧洪，后袁绍亦与结友。及曹操围张超于雍丘，洪闻超被围，乃徒跣号泣，勒兵救超，兼从绍请兵，绍不听。超城陷，遂族诛超。洪由是怨绍，与之绝。绍兴兵围之，城陷诛死。议曰：臧洪当纵横之时，行平居之义[⑧]，非立功之士也。

【注释】

①臧洪：字子源，广陵射阳（今江苏宝应东）人。东汉末年名士。曾为广陵太守张超功曹，后归袁绍，任青州刺史、东郡太守。张超：字孟高，东平寿张（今山东东平西南）人。张邈之弟，东汉末年大臣。曹操讨伐徐州牧陶谦时，与张邈、陈宫一同背叛曹操，迎立吕布为兖州牧。后兵败被杀。

②雍丘之围：以下至“存荆则未闻”，出自《后汉书·臧洪传》“论曰”。雍丘之围，指曹操围攻张超于雍丘。《三国志·魏书·张邈传》：“（张）邈从（吕）布，留超将家属屯雍丘。太祖攻围数月，屠之，斩超及其家。”

③徒跣（xiǎn）：赤足。

④束甲：卷起甲衣。表示轻装疾进。请举：指臧洪向袁绍请兵。《后汉书·臧洪传》：“洪始闻超围，乃徒跣号泣，并勒所领，将赴其难。自以众弱，从绍请兵，而绍竟不听之，超城遂陷，张氏族灭。”

⑤纾（shū）：解除，排除。倒悬：头朝下脚朝上倒挂。比喻处境困顿、危急。《孟子·公孙丑上》：“当今之时，万乘之国行仁政，民之悦之，犹解倒悬也。”

⑥忿悁：忿、悁同义，愤怒，怨恨。

⑦哭秦之节：指申包胥在秦廷痛哭乞师，拯救楚国。《史记·伍子胥

列传》:"申包胥走秦告急,求救于秦。秦不许。包胥立于秦廷,昼夜哭,七日七夜不绝其声。秦哀公怜之,曰:'楚虽无道,有臣若是,可无存乎!'乃遣车五百乘救楚击吴。"

⑧平居:平日,平素。

【译文】

有人问:"臧洪死于张超之难,可以称得上是义士吗?"范晔说:"雍丘被曹操围攻时,臧洪的愤慨之情非常悲壮。想起他赤脚哭号,率兵奔赴,并向袁绍借兵,确实足以使人怜悯。那些豪杰之士的取舍,大概与坚守道义之心有所区别吧?那些缔结合纵连横的盟约,心怀欺诈想要压倒对方的人,考虑的不过是权势与利益罢了。何况偏僻小城危在旦夕,曹操、袁绍二方正处于和睦时期,而臧洪徒然地指望依靠外敌的制衡,解救张超的倒悬之危。因愤怒而起兵,是兵家大忌,臧洪可以说有着申包胥在秦廷痛哭乞师的节操,却没有达成保住楚国的功业。"从前,广陵太守张超将政事委托给臧洪,后来袁绍也与臧洪结为好友。当曹操在雍丘围攻张超时,臧洪听到张超被围,赤着脚哭号,率军营救张超,同时向袁绍请兵相助,袁绍没有答应。雍丘陷落之后,张超全家被曹操所杀。臧洪因此怨恨袁绍,与他绝交。袁绍起兵围攻臧洪,城破之后,臧洪被袁绍杀害。评论道:臧洪处在合纵连横的时期,奉行的却是太平时期的仁义之道,并不是能够建功立业的人。

或曰:"季布壮士[①],而反摧刚为柔[②],髡钳匪匿[③],为是乎?"司马迁曰:"以项羽之气[④],而季布以勇显于楚,身屦典军搴音绮连反。旗者数矣[⑤],可谓壮士。然至被刑戮,为人奴而不死,何其下也。彼必自负其材,故受辱而不羞,欲有所用其未足也,故终为汉名将。贤者诚重其死。夫婢妾贱人感慨而自杀者,非勇也,其计尽无复之耳[⑥]。"议曰:太史公曰:"魏豹、彭越虽故贱[⑦],然以席卷千里,南面称孤,喋血乘胜[⑧],日有闻矣[9]。怀叛逆之意,及败,不死而虏因[10],身被刑戮,何哉?中材以上且羞其行,况王者乎!彼无异故,智略绝人,独患无身耳。得摄尺之柄[11],其云蒸龙变,欲有所会其度[12],以故幽囚而辞云[13]。"此则纵横之士,务立其功者也。又《蔺公》赞曰[14]:"知死必勇[15],非死者难也,处死者难。方蔺相如引璧睨柱[16],及叱秦王左右[17],势不过诛,然士或怯懦不敢发。相如一厉其气,威信敌国[18];退而让廉颇[19],名重太山。其处智勇,可谓兼之矣。"此则忠贞之臣,诚知死所者也。管子曰:"不耻身在缧绁之中[20],而耻天下之不理;不耻不死公子纠[21],而耻威之不申于诸侯。"此则自负其才,以济世为度者也。斯皆士之行己[22],死与不死之明效也。

【注释】

①季布:楚地人。曾效力于项羽,项羽败亡后,被汉高祖刘邦悬赏缉拿。后因夏侯婴说情,被刘邦赦免,并拜为郎中。后官至中郎将、河东太守。

②摧刚为柔:折屈刚强为柔软。意指季布忍辱负重。

③髡(kūn)钳:古代刑罚。谓剃去头发,用铁圈束颈。季布在逃匿时,曾伪装成遭受刑罚的奴隶。《史记·季布栾布列传》:"季布匿濮阳周氏。周氏曰:'汉购将军急,迹且至臣家,将军能听臣,臣敢献计;即不能,愿先自到。'季布许之。乃髡钳季布,衣褐衣,置广柳车中,并与其家僮数十人,之鲁朱家所卖之。"匪匿:《四库全书》本《长短经》作"逃匿",译文从之。

④以项羽之气:以下至"其计尽无复之耳",出自《史记·季布栾布列传》"太史公曰"。

⑤典军:统率军队。搴(qiān)旗:拔取敌方旗帜。

⑥其计尽无复之耳:《史记·季布列传》作"其计划无复之耳"。王

叔岷《史记斠证》:“即‘计画(划)无复出’之意。更无其他计画(划),惟有自杀耳。”

⑦魏豹、彭越虽故贱:以下至“以故幽囚而辞云”,出自《史记·魏豹彭越列传》“太史公曰”。魏豹,战国时期魏国贵族,秦末汉初时期群雄之一。从项羽入关,被封为西魏王。继投刘邦,又叛归项羽。后韩信破魏,被虏至荥阳,为汉将周苛所杀。彭越:字仲,昌邑(今山东钜野南)人。汉初功臣。秦末聚众起义,楚汉战争时归刘邦,屡立奇功,封梁王。后因被告发谋反,为刘邦所杀。

⑧喋(dié)血:形容杀人流血很多。《史记·魏豹彭越列传》司马贞《索隐》:“喋犹跕也。杀敌跕血而行。”

⑨日有闻矣:谓名声传播于当日。

⑩因:《史记·魏豹彭越列传》作“囚”,译文从之。

⑪得摄尺之柄:《史记·魏豹彭越列传》作“得摄尺寸之柄”。尺寸之柄,比喻很小的权力。

⑫欲有所会其度:希望能遇到机会施展其才干。度,气量,才干。

⑬幽囚而辞:《史记·魏豹彭越列传》作“幽囚而不辞”,译文从之。

⑭蔺公:指蔺相如,战国时期赵国大臣,著名政治家、外交家。事迹见《史记·廉颇蔺相如列传》。

⑮知死必勇:以下至“可谓兼之矣”,出自《史记·廉颇蔺相如列传》“太史公曰”。

⑯引璧睨(nì)柱:赵惠文王时,秦昭王欲以十五城交换赵国的和氏璧。蔺相如怀璧赴秦,见秦王无意交付城池,便用计要回玉璧,作势要在柱子上砸碎。《史记·廉颇蔺相如列传》:“相如持其璧睨柱,欲以击柱。”睨,斜眼看。

⑰叱秦王左右:指在渑池之会上,蔺相如维护赵王尊严,呵斥秦王左右。《史记·廉颇蔺相如列传》:“蔺相如前曰:‘赵王窃闻秦王善为秦声,请奏盆缻秦王,以相娱乐。’秦王怒,不许。于是相如前

进瓴，因跪请秦王。秦王不肯击瓴。相如曰：'五步之内，相如请得以颈血溅大王矣！'左右欲刃相如，相如张目叱之，左右皆靡。"

⑱信：通"伸"，伸张。

⑲廉颇：战国时期赵国名将。

⑳不耻身在缧绁（léi xiè）之中：以下至"而耻威之不申于诸侯"，语本《史记·鲁仲连邹阳列传》："故管子不耻身在缧绁之中，而耻天下之不治；不耻不死公子纠，而耻威之不信于诸侯。"赵蕤误以为管子语。缧绁，捆绑犯人的绳索。引申为牢狱。

㉑公子纠：春秋时期齐人。齐僖公之子，齐桓公之兄。齐桓公（公子小白）和公子纠都是齐襄公的弟弟。齐襄公无道，两人怕受牵累而出奔，公子纠由管仲和召忽奉事逃往鲁国。襄公被杀之后，桓公抢先回国登基，之后兴兵伐鲁，逼迫鲁国杀了公子纠。召忽自杀以殉，管仲却做了桓公的宰相。

㉒行己：指立身行事。

【译文】

有人问："季布是壮士，却忍辱负重，剃去头发，铁圈束颈，逃亡藏匿，这样的行为对吗？"司马迁说："在以勇气著称的项羽麾下，季布居然能以勇敢在楚军中闻名。他屡屡统率军队，立下斩将搴旗的功劳，搴，音绮连反。可以称得上是壮士。然而到了被通缉之时，却接受被髡钳、为人奴隶的侮辱而不自杀，这样的处境是多么卑下啊。他之所以如此，一定是因为对自己的才能非常自信，所以忍受侮辱而不感到羞耻，想等待机会施展自己未尽的才干，所以最终成为汉朝的名将。凡是有才能的人，都珍视自己的生命。那些身份低下的婢妾与小人，遇到小事冲动自杀，这并不是勇敢，只是因为他们穷途末路，无计可施罢了。"评论道：司马迁说："魏豹、彭越虽然出身卑贱，但他们攻城略地，席卷千里，南面称王，踏着敌人的鲜血乘胜前进，名震当代。等到他们图谋造反的计划失败，不自杀而被俘虏囚禁，最终被处死，这是为什么呢？即便是才能中等的普通人，也以这种行径为耻，何况是曾经的王者呢！没有其他的原因，只是因为他们智慧谋略过人，唯独害怕失去生命而已。若让他们获得很小的权力，那么在风云际会中，想有机会再次发挥自己的才能，所以宁愿被囚禁而在所不惜。”这就是所谓的纵横之士，一心想着建功立业。此外，司马迁在《史记·廉颇蔺相如列传》中说：“一个人知道自己非死不可的时候，就会勇敢起来；死亡并不难，困难的是如何面对死亡。当蔺相如作势要砸坏和氏璧，以及厉声呵斥秦王左右时，最多不过被杀罢了，但有些怯懦的人，便不敢做出这样的举动。蔺相如激发自己的勇气，威风震慑敌国；回到赵国后，又礼让廉颇，使自己的名声重于泰山。他可以说是智勇双全之人。”这就是所谓的忠贞之臣，明白死得其所的道理。管子说：“我不以身处牢狱为耻，而以天下没有得到治理为耻；不以不和公子纠一起赴死为耻，而以齐国不能威震诸侯为耻。”这就是自负于自己的才能，以救世济民为目标的人。以上这些，就是不同类型的士人在立身行事时，面对生死问题的明显表现。

或曰：“宗悫之贱也[1]，见轻庾业[2]，及其贵也，请业为长史，何如？”裴子野曰：“夫贫而无戚，贱而无闷[3]，恬夫天素[4]，弘此大猷[5]，曾、原之德也[6]。降志辱身[7]，俯眉折脊[8]，忍屈庸曹之下，贵骋群雄之上，韩、黥之志也[9]。卑身之事则同，居卑之情已异。若宗元幹无怍于草具[10]，有韩、黥之度矣，终弃旧恶，长者哉。”宋宗悫之贱也，州人庾业丰富。待客必方丈[11]，其为悫设则粟饭[12]，悫亦致饱。及为豫州，请业为长史也。

【注释】

①宗悫：字元幹，南阳涅阳（今河南邓州东北）人。南朝宋名将。

②庾业：南阳涅阳（今河南邓州东北）人。宗悫同乡。

③无闷：没有苦恼。

④恬夫天素：指乐天知命。天素，天性。

⑤大猷（yóu）：大道。

⑥曾、原：指孔子的学生曾参、原宪，二人均以安贫乐道著称。

⑦降志辱身：降低自己的志向，屈辱自己的身份。

⑧俯眉：低眉，表示谦卑、恭顺。折脊：弯腰。

⑨韩、黥（qíng）：指刘邦大将韩信、黥布。黥布，即英布，六县（今安徽六安）人。秦末汉初名将。秦末从项羽入咸阳，封九江王。后降汉，破项羽于垓下，封淮南王。韩信、彭越相继被诛后，遂举兵反，兵败被杀。因曾受黥刑，故亦称为"黥布"。据《史记》载，韩信、黥布在贫贱时，都曾受人侮辱、嘲笑。

⑩无怍：面不改色。草具：粗劣的饭食。《宋书·宗悫传》："先是，乡人庾业，家甚富豪，方丈之膳，以待宾客，而悫至，设以菜菹粟饭，谓客曰：'宗军人，惯啖粗食。'悫致饱而去。至是业为悫长史，带梁郡，悫待之甚厚，不以前事为嫌。"

⑪方丈：语出《孟子·尽心下》："食前方丈，侍妾数百人，我得志弗为也。"指方丈之食，极言肴馔之丰盛。

⑫粟饭：糙米饭。

【译文】

有人问："宗悫贫贱之时，曾被庾业轻视，而当他显贵之后，请庾业担任自己的长史，这种行为如何评价？"裴子野说："贫穷时不悲戚，卑贱时不苦恼，乐天知命，却不忘弘扬大道，这是曾参、原宪的德行。暂时降低志向，忍受屈辱，低眉折腰，屈居于无能之辈的手下，等到显贵之后，则纵横于群雄之上，这是韩信、黥布的志向。这两种人，身份卑贱时的处境类似，但是面对这一处境的心态却完全不同。至于宗悫，面对庾业提供的粗劣饭食面不改色，有着韩信、黥布这样的气度，却最终能不计前嫌，有长者之风。"南朝宋宗悫贫贱之时，同乡庾业家产富厚。招待客人时肴馔必定极为丰盛，但招待宗悫时，只为他准备糙米饭，宗悫也坦然饱餐。等到宗悫做了豫州刺史，请庾业担任自己的长史。

“世称郦寄卖交[①]，以其给吕禄也[②]，于理何如？”班固曰：“夫卖交者[③]，谓见利忘义也。若寄父为功臣而执劫，虽摧吕禄，以安社稷，义存君亲，可也。”

【注释】

①郦寄：字况，陈留高阳（今河南杞县西南）人。汉初功臣郦商之子。

②给（dài）：欺诳。吕禄：砀郡单父（今山东单县）人。刘邦皇后吕雉的侄子，与骊寄是好友。《史记·樊郦滕灌列传》：“及高后崩，大臣欲诛诸吕，吕禄为将军，军于北军，太尉勃不得入北军，于是乃使人劫郦商，令其子况给吕禄，吕禄信之，故与出游，而太尉勃乃得入据北军，遂诛诸吕。”

③夫卖交者：以下至“可也”，出自《汉书·樊郦滕灌傅靳周传》“赞曰”。

【译文】

“世人因为郦寄曾经欺骗吕禄，就说他出卖好友，这件事应当如何评价？”班固说：“所谓出卖好友，说的是那些见利忘义的人。至于骊寄，他的父亲骊商是功臣，又被周勃等人劫持胁迫，所以骊寄帮助诛杀吕禄，安定汉家社稷，出于大义保全君主与父亲，这种行为是正当的。”

或曰：“靳允违亲守城[①]，可谓忠乎？”徐众曰：“靳允于曹公未成君臣[②]。母，至亲也，于义应去。昔王陵母为项羽所拘[③]，母以高祖必得天下，因自杀，以固陵志。明心无所系，然后可得事人尽其死节[④]。卫公子开方仕齐[⑤]，十年不归。管仲以为不怀其亲，安能爱君，不可以为相。是以求忠臣必于孝子之门，允宜先救至亲。徐庶母为曹公所得[⑥]，刘备乃遣庶归。欲为天下者，恕人子之情，公又宜遣允也。”魏太祖征徐州，使程昱留守甄城[⑦]。张邈叛太祖，迎吕布[⑧]。布执范令靳允母，太祖遣昱说靳允无以母故，使固守范。允流涕曰："不敢有二也。"

【注释】

①靳允：东汉末年东平范县（今河南范县）县令。事迹见《三国志·魏书·程昱传》。

②靳允于曹公未成君臣：以下至"公又宜遣允也"，出自《三国志·魏书·程昱传》裴松之注引徐众《三国志评》。

③王陵母为项羽所拘：《史记·陈丞相世家》："项羽取陵母置军中，陵使至，则东乡坐陵母，欲以招陵。陵母既私送使者，泣曰：'为老妾语陵，谨事汉王。汉王，长者也，无以老妾故，持二心。妾以死送使者。'遂伏剑而死。项王怒，烹陵母。陵卒从汉王定天下。"

④然后可得事人尽其死节：《三国志·魏书·程昱》裴松之注作"然后可得成事人尽死之节"。

⑤卫公子开方：春秋时期卫国公子，名开方，齐桓公侍臣。《吕氏春秋·先识览·知接》："公又曰：'卫公子启方事寡人十五年矣，其父死而不敢归哭，犹尚可疑邪？'管仲对曰：'人之情，非不爱其父也，其父之忍，又将何有于君？'"

⑥徐庶：字元直，颍川（今治河南禹州）人。东汉末年刘备的谋士。后归曹操。《三国志·蜀书·诸葛亮传》："先主在樊闻之，率其众南行，亮与徐庶并从，为曹公所追破，获庶母。庶辞先主而指其心曰：'本欲与将军共图王霸之业者，以此方寸之地也。今已失老母，方寸乱矣，无益于事，请从此别。'遂诣曹公。"

⑦程昱（yù）：字仲德，东郡东阿（今山东阳谷东北）人。曹魏重要的谋臣。官至卫尉。甄城：即鄄（juàn）城，今山东鄄城北。甄，同"鄄"。

⑧吕布：字奉先，五原九原（今内蒙古包头西北）人。东汉末年将领，汉末群雄之一。初为并州刺史丁原主簿，后杀死丁原，成为董

卓义子。又因董卓暴虐,与王允联手杀死董卓。被李傕击败后,先后投奔袁术、袁绍、张扬,并趁刘备与袁术交战之机,抢占徐州,自称徐州牧。最终被曹操击败,被俘后处死。

【译文】

有人问:"靳允不顾母亲性命,坚守城池,可以称得上忠诚吗?"徐众说:"靳允与曹操尚未缔结君臣关系。母亲,是最亲的亲人,按照道义应该舍弃城池离去。当年,王陵的母亲被项羽挟持,王陵之母认为刘邦一定能取得天下,于是自杀,以此坚定王陵的志向。这说明心中没有牵挂,然后才能让事奉君主的人舍命报效。卫国公子开方在齐国做官,十年不回家。管仲认为不怀念亲人的人,怎么可能爱戴君主,不能任用这样的人做国相。所以要寻求忠臣,就必须到孝子中去找,靳允应该先救母亲。徐庶的母亲被曹操抓获,刘备于是让徐庶回家。想要获得天下的人,必须满足人的母子之情,所以说曹操应该让靳允弃城救母。"曹操征讨徐州,让程昱留守鄄城。张邈背叛曹操,迎立吕布为兖州牧。吕布抓住了范县县令靳允的母亲,曹操派程昱游说靳允,让他不要因为母亲的缘故投降吕布,继续固守范县。靳允流着眼泪说:"我不敢有二心。"

魏文帝问王朗等曰[①]:"昔子产治郑,人不能欺;子贱治单父[②],人不忍欺;西门豹治邺[③],人不敢欺。三子之才,于君德孰优[④]?"对曰:"君任德,则臣感义而不忍欺;君任察,则臣畏觉而不能欺;君任刑,则臣畏罪而不敢欺。任德、感义与夫导德、齐礼、有耻且格等趋者也[⑤];任察、畏罪与夫导政、齐刑、免而无耻同归者也[⑥]。优劣之悬,在于权衡[⑦],非徒钧铢之觉也[⑧]。"

【注释】

①魏文帝问王朗等曰：以下至"非徒钧铢之觉也"，出自《史记·滑稽列传》裴骃《集解》，有删节。王朗，字景兴，东海郯（今山东郯城北）人。汉末至三国曹魏时期重臣、经学家。据裴骃《集解》载，参与本次对话的还有锺繇与华歆。

②子贱：即孔子的学生宓不齐，字子贱。他曾为单父的地方官，政绩卓著。事迹见《史记·仲尼弟子列传》。单（shàn）父：春秋时期鲁邑名。故址在今山东单县南。

③西门豹：战国时期魏国人。著名的政治家、水利家。魏文侯时任邺令。事迹见《史记·滑稽列传》。邺，战国时期魏邑名。在今河北临漳西南。

④三子之才，于君德孰优：《史记·滑稽列传》裴骃《集解》作"三不欺，于君德孰优"。

⑤导德、齐礼、有耻且格：语本《论语·为政》："道之以德，齐之以礼，有耻且格。"等趋：一致。

⑥导政、齐刑、免而无耻：语本《论语·为政》："道之以政，齐之以刑，民免而无耻。"同归：一致。

⑦在于权衡：指用天平或秤进行衡量。权，秤锤。衡，秤杆。

⑧非徒钧铢（zhū）之觉（jiào）也：《史记·滑稽列传》裴骃《集解》作"非徒低卬之差，乃钧铢之觉也"。意谓两者若放在秤上进行衡量，绝不仅仅是天平略有高低的微小差别，而是钧与铢的巨大差异。低卬，指天平或秤杆的起伏。钧、铢，均为重量单位。二十四铢为两，十六两为斤，三十斤为钧。觉，通"较"，比较，相差。

【译文】

魏文帝曹丕问王朗等人说："当年，子产治理郑国，人们没法欺骗他；宓不齐治理单父，人们不忍心欺骗他；西门豹治理邺，人们不敢欺骗他。如果作为君主的德行，这三种不同的才能哪一种优秀？"回答说："君主以德治国，则臣子感念他的仁义，不忍心欺骗他；君主以明察治国，则臣子担心被发觉，不能欺骗他；君主以刑罚治国，则臣子害怕罪责，不敢欺骗他。以德治国，臣子感念其仁义，与孔子所说的'用道德引导民众，用礼教规范民众，民众不但有羞耻心，而且能自觉归正'的宗旨相同；以明察治国，臣子害怕罪责，与孔子所说的'用政令引导民众，用刑法约束民众，民众虽然免于犯罪，但没有羞耻心'的宗旨相同。二者优劣的悬殊，若放在秤上进行衡量，绝不仅仅是天平略有高低的微小差别，而是有着钧与铢那样的巨大差异。"

或曰："季文子、公孙弘[①]，此二人皆折节俭素[②]，而毁誉不同，何也？"范晔称："夫人利仁者[③]，或借仁以从利；体义者，不期体以合义[④]。季文子妾不衣帛，鲁人以为美谈。公孙弘身服布被，汲黯讥其多诈[⑤]。事实未殊，而毁誉别者，何也？将体之与利之异乎？"故前志云[⑥]："仁者安仁，智者利仁，畏罪者强仁。"校其仁者[⑦]，功无以殊，核其为仁，不得不异。安仁者，性善者也；利仁者，力行者也；强仁者，不得已者也。三仁相比，则安者优矣。议曰：夫圣人德全，器无不备；中庸已降，才则好偏。故曰："柴也愚[⑧]，参也鲁[⑨]，师也僻[⑩]，由也喭[⑪]。"由此观之，全德者鲜矣。全德既鲜，则资矫情而力善矣[⑫]。然世恶矫伪[⑬]，而人贤任真[⑭]。使其真贪愚而亦任之，可为贤乎？对曰："吁，何为其然！夫肖精天地[⑮]，负阴抱阳，虽清浊贤愚，其性则异，而趋走嗜欲，所规则同。故靡颜腻理[⑯]，人所悦也；乘坚驱良[⑰]，人所爱也；苦心贞节，人所难也；徇公灭私，人所苦也。不以礼教节之，则荡而不制，安肯攻苦食淡、贞洁公方、临财廉而取与义乎[⑱]？故《礼》曰：'欲不可纵，志不可满[⑲]。'古语云：'廉士非不爱财，取之以道。'

《诗》云:‘如切如磋,如琢如磨[20]。’皆矫伪之谓也。若肆其愚态,随其鄙情,名曰任真而贤之,此先王之罪人也。故吾以为矫伪者,礼义之端;任真者,贪鄙之主。夫强仁者,庸可诬乎[21]!”

【注释】

①季文子:姓季孙,名行父,谥号文。春秋时期鲁国大夫。历仕鲁国文公、宣公、成公、襄公诸代。公孙弘:字季,齐淄川(今山东寿光)人。西汉名臣。汉武帝时官至丞相,封平津侯。《史记·平津侯主父列传》:“弘为人恢奇多闻,常称以为人主病不广大,人臣病不俭节。弘为布被,食不重肉。”

②折节:屈己下人。俭素:俭省朴素。

③夫人利仁者:以下至“将体之与利之异乎”,出自《后汉书·王良传》“论曰”。

④体义者,不期体以合义:《后汉书·王良传》李贤注:“若天性自然,体合仁义者,举措云为,不期于体,而冥然自合。”

⑤公孙弘身服布被,汲黯讥其多诈:《史记·平津侯主父列传》:“汲黯曰:‘弘位在三公,奉禄甚多。然为布被,此诈也。’”汲黯,字长孺,濮阳(今属河南)人。西汉名臣。以直言极谏著称。

⑥故前志云:以下至“则安者优矣”,出自《史记·滑稽列传》裴骃《集解》。前志,指《礼记·表记》。

⑦挍:同“校”,比较。

⑧柴也愚:以下至“由也喭”,出自《论语·先进》。柴,即高柴,字子羔。孔子学生。

⑨参:即曾参,字子舆。孔子学生。鲁:迟钝。

⑩师:即颛孙师,字子张。孔子学生。僻:《论语·先进》作“辟”,偏激。

⑪由:即仲由,字子路。孔子学生。喭(yàn):鲁莽。

⑫矫情:指矫正原本有缺陷的性情。力善:努力向善。

⑬矫伪：此处指人为地矫正性情。《荀子·性恶》："人之性恶，其善者伪也。"杨倞注："伪，为也，矫也，矫其本性也。凡非天性而人作为之者，皆谓之伪。"

⑭任真：听其自然，率真任情。

⑮肖：仿效、类似。

⑯靡颜腻理：容貌美丽，肌肤细腻。

⑰乘坚驱良：乘好车，驱良马。形容生活奢华。

⑱攻苦：犹刻苦，谓过艰苦的生活。食淡：指饮食朴素清淡。

⑲欲不可纵，志不可满：出自《礼记·曲礼》。

⑳如切如磋，如琢如磨：出自《诗经·卫风·淇奥》。切、磋、琢、磨，皆是治器的方法，用以比喻君子的修养方法。毛传："治骨曰切，象曰磋，玉曰琢，石曰磨。道其学而成也。听其规谏以自修，如玉石之见琢磨也。"

㉑庸：岂，哪里。

【译文】

有人问："季文子、公孙弘，这两个人都屈己下人，俭省朴素，但后世对于他们的毁誉评价完全不同，这是什么原因？"范晔说："把仁义作为谋利手段的人，有时会假借仁义的名义来追求利益；仁义根植于本性的人，行为举措不用刻意追求，自然符合仁义之道。季文子的妾不穿丝织的衣服，鲁国人把这当作美谈。公孙弘用布制的被子，汲黯讥讽他多伪诈。事实没有差异，而受到的毁誉却不相同，这是什么原因呢？大概就是天性合乎仁义与将仁义作为谋利手段的不同吧？"所以前代文献中说："有仁德的人安于仁道，聪明的人知道行仁道有利于己，害怕获罪的人勉强行仁。"对比三者，他们遵行仁道的外在表现并没有什么区别，但加以考察，他们之所以遵行仁道的原因却各不相同。安于仁道的，是天性善良的人；知道行仁有利于己的，是努力践行仁道的人；勉强行仁的，是不得已而为之的人。三者相比，则安于仁道的人最优秀。评论道：圣人德行完备,各种才能无不具备;中等以下的人,才性则各有所偏。所以说:“高柴愚笨,曾参迟钝,颛孙师偏激,仲由鲁莽。”由此看来,才德完备的人很少见。才德完备者既然少见,那么就需要矫正性情,努力向善。然而世人又厌恶人为的矫正,认为率真任性的人更优秀。那么,即使一个贪婪愚蠢的人,真实地放纵其本性,这种人也值得肯定吗?回答道:“啊,当然不是如此!人效法天地之性而生,秉承阴阳之气,虽然才性的清与浊、贤与愚,不同人物各不相同,但在趋向、嗜好方面,却是大体一致的。所以美丽的容颜,细腻的肌肤,人人都喜爱;乘好车,驱良马,人人都喜欢;苦其心志,坚守节操,人人都感到困难;殉公灭私,人人都感到痛苦。如果不用礼教进行约束,那么人心就会放荡而没有节制,怎么会愿意过艰苦的生活,吃清淡的饮食,忠贞高洁,公平正直,面对财物保持清廉,收受或给予时遵照义理呢?所以《礼记·曲礼》说:‘欲望不可放纵,志意不可自满。’古话说:‘廉洁之士并非不喜欢财物,只是获取时一定遵循道义。’《诗经》说:‘如切如磋,如琢如磨。’说的都是如何人为地矫正性情。如果放任其愚蠢之态,随顺其贪鄙之情,美其名曰率真任情并加以赞赏,这是破坏先王之道的罪人。所以我认为矫正性情,是礼义的发端;率真任性,是贪婪鄙佞的由来。那些勉力遵行仁道的人,哪里能轻易否定呢!”

或曰:“长平之事[①],白起坑赵卒四十万,可为奇将乎?”何晏曰:“白起之降赵卒[②],诈而坑其四十万,岂徒酷暴之谓乎!后亦难以重得志矣。向使众人豫知降之必死,则张虚拳犹可畏也,况于四十万被坚执锐哉!天下见降秦之将头卢依山[③],归秦之众骸积成丘,则后日之战,死当死耳,何众肯服,何城肯下乎!是为虽能裁四十万之命,而适足以强天下之战,欲以要一朝之功,而乃更坚诸侯之守。故兵进而自伐其势,军胜而还丧其计,何者?设使赵众复合,马服更生[④],则后日之战,必非前日之对也。况今皆使天下为后日乎!其所以终不敢复加兵于邯郸者,非但忧平原之补缝[⑤],

患诸侯之救至也，徒讳之而不言耳。且长平之事，秦人十五已上皆荷戟而向赵矣。夫以秦之强，而十五已上死伤过半，此为破赵之功小、伤秦之败大也，又何称奇哉！”议曰：黄石公称：“柔者能制刚[⑥]，弱者能制强。柔者德也，刚者贼也。柔者人之所助，刚者怨之所居[⑦]。”是故纣之百克而卒无后，项羽兵强终失天下。故随何曰[⑧]：“使楚胜，则诸侯自危惧而相救。夫楚之强，适足以致天下之兵耳[⑨]。”由是观之，若天下已定，籍一战之胜[⑩]，诈之可也。若海内纷纷，雄雌未决，而失信义于天下，败亡之道也。当七国之时，诸侯尚强，而白起乃坑赵降卒，使诸侯畏之而合纵[⑪]。诸侯合纵，非秦之利，为战胜而反败。何晏论当矣。

【注释】

①长平之事：指长平之战。前260年，秦军与赵军在长平（今山西高平西北）一带展开决战，以赵军惨败告终。

②白起之降赵卒：以下至“又何称奇哉”，出自《史记·白起王翦列传》裴骃《集解》。

③头卢依山：《史记·白起王翦列传》裴骃《集解》作“头颅似山”。卢，通“颅”。

④马服：即赵奢，战国时期赵国名将，被封为马服君。

⑤平原之补缝：形容赵国在长平之战失利后上下一心，同仇敌忾。平原，指平原君赵胜，赵武灵王之子，赵惠文王之弟，战国四公子之一。补缝，缝补衣物。《战国策·中山策》：“至于平原君之属，皆令妻妾补缝于行伍之间。臣人一心，上下同力，犹勾践困于会稽之时也。”

⑥柔者能制刚：以下至“刚者怨之所居”，出自《黄石公三略·上略》。

⑦刚者怨之所居:《黄石公三略·上略》作“强者怨之所攻”,译文从之。

⑧故随何曰:以下至“适足以致天下之兵耳”,出自《史记·黥布列传》。随何,刘邦的谋士与说客。

⑨适:但,只。

⑩籍:通“藉”,借助。

⑪合纵:指战国时,东方六国诸侯联合拒秦。秦在西方,六国地处南北,故称“合纵”。

【译文】

有人问:“长平之战,白起坑杀了赵国降卒四十万,可以称得上奇将吗?”何晏说:“白起诱使赵军投降,用欺骗的手段坑杀了四十万降卒,这岂止是‘酷暴’二字足以形容的行为!而且自此之后,白起也难以再次成功了。如果赵军预先知道投降必死,那么四十万人即便赤手空拳地反抗,也是令人畏惧的力量,何况这是四十万全副武装的士卒呢!天下人看到投降秦国的将军们头颅堆成山,归顺秦国的士卒们的尸骸积成丘,那么日后与秦国作战,无非一死罢了,还有什么人肯归顺,哪座城肯投降呢!所以白起虽然夺去了四十万赵国士卒的生命,却恰好坚定了天下人与秦国作战的意志;想要获得一时的功绩,却更加坚定了诸侯保家卫国的决心。所以虽然军队向前推进,却恶化了日后作战的形势;虽然取得胜利,却损害了战略上的全盘计划,为什么这么说?假如让赵国的军队重新振作,赵奢这样的大将重生,那么秦、赵日后之战的态势,一定与长平之战不同。何况白起的作为,使得天下各国都坚定了对秦作战的意志了呢!白起最终不敢再攻打邯郸的原因,不仅是担忧赵国上下一心、同仇敌忾,而且也担心诸侯援兵的到来,只不过出于忌讳没有说出来罢了。况且长平之战中,秦国十五岁以上的男子,都被征召入伍与赵国作战了。以秦国的强大,全国十五岁以上的男子死伤过半,就此而言,打败赵国的功劳小,而对于秦国国力的伤害更大,又有什么值得称奇的地方呢!”评论道：黄石公说："柔的能制服刚的，弱的能制服强的。柔，是一种美德；刚，是一种祸害。柔弱，会得到人们的帮助；刚强，会受到怨恨与攻击。"所以商纣王战无不克，却最终国破家亡；项羽兵强马壮，却最终丢掉了天下。所以随何说："如果项羽获胜，则诸侯人人自危而互相救助。项羽的强大，只会招致天下诸侯一起来攻打他。"由此看来，如果天下大局已定，凭借一战之胜就可以得到天下，那么不妨使用伪诈的手段。如果天下纷扰，胜负未定，而在天下人面前违背信义，这是失败灭亡之道。当战国七雄争霸之时，各个诸侯国力尚强，而白起却坑杀赵国降卒，令诸侯因为畏惧而联合起来。诸侯联合，对秦国很不利，所以长平之战虽然获胜，但在战略层面上反而失败了。何晏的观点很正确。

或曰："乐毅不屠二城[①]，遂丧洪业，为非乎？"夏侯玄曰："观乐生遗燕惠王书[②]，其殆乎知机合道[③]，以礼终始者欤！夫欲极道德之量，务以天下为心者，岂其局迹当时，止于兼并而已哉？夫兼并者，非乐生之所屑。强燕而废道，又非乐生之所求。不屑苟利[④]，不求小成，斯意兼天下者也。举齐之事，所以运其机而动四海也[⑤]。围城而害不加于百姓，此仁心著于遐迩矣[⑥]。迈令德以率列国[⑦]，则几于汤、武之事矣。乐生方恢大网，以纵二城，收人明信，以待其弊，将使即墨、莒人顾仇其上。开弘广之路，以待田单之徒；长容善之风，以申齐士之志。昭之东海，属之华裔[⑧]，我泽如春，人应如草。思戴燕主，仰望风声[⑨]，二城必从，则王业隆矣。虽淹留于两邑，乃致速于天下也。不幸之变[⑩]，世所不图，败于垂成，时变所然。若乃逼之以兵，劫之以威，奢杀伤之残，以示四海之人，虽二城几于可拔，则霸王之事逝其远矣。乐生岂不知拔二城之速了哉？顾城拔而业乖也。岂不虑不

速之致变哉？顾业乖与变同也。由是观之，乐生之不屠二城，未可量也。”或以乐毅相弱燕，破强齐，合五国之兵⑪，雪君王之耻⑫，围城而不急攻，将令道穷而义服，此则仁者之师。咸以为谟谋胜武侯也⑬，可乎？张辅曰：“夫以五国之兵共伐一齐⑭，不足为强；大战济西⑮，伏尸流血，不足高仁。彼孔明包文、武之德，长啸俟时⑯。刘玄德以知人之明，屡造其庐，咨以济世。奇策泉涌，遂东说孙权，北抗大魏，以乘胜之师，翼佐取蜀。及玄德临终，禅以大位，在扰攘之际，立童蒙之主⑰，设官分职，班叙众才。文以能内⑱，武以折冲⑲，然后布其恩泽于国中之人。其行军也，路不拾遗，毫毛不犯，勋业垂济而陨。观其遗文，谟谋弘远矣。已有功则让于下，下有阙则躬自咎，见善则迁，纳谏则改，故声烈震遐迩也。孟子曰：‘闻伯夷之风，贪夫自廉⑳。’余以为，睹孔明之忠，奸臣立节。殆将与伊、吕争俦，岂徒乐毅为伍哉！”

【注释】

①乐毅不屠二城：指乐毅率领燕军伐齐，下齐七十余城，唯独莒、即墨两座城池没有攻下。《史记·乐毅列传》：“乐毅留徇齐五岁，下齐七十余城，皆为郡县以属燕，唯独莒、即墨未服。”《资治通鉴·周纪四·赧王三十六年》：“乐毅围二邑，期年不克，乃令解围，各去城九里而为垒，令曰：‘城中民出者勿获，困者赈之，使即旧业，以镇新民。’三年而犹未下。”不屠，不屠戮。意谓没有用残暴的手段。

②观乐生遗燕惠王书：以下至“未可量也”，出自夏侯玄《乐毅论》，见于《史记·乐毅列传》裴骃《集解》与《艺文类聚》卷二十二《人部六·品藻》，有删节。燕惠王，燕昭王之子，战国时期燕国君主。

③殆（dài）：应当。知机：有预见，看出事物发生变化的隐微征兆。

④苟利：不正当的利益。

⑤运其机而动四海：指运转枢纽，使天下随之变动。机，指事物的关键、枢纽。

⑥遐迩（xiá ěr）：远近。

⑦迈令德：语本《尚书·大禹谟》："皋陶迈种德。"谓勉力树立美德。令德，美德。

⑧属（zhǔ）：至，及。华裔：指中原和边远地区。华、裔对举，始见于《左传·定公十年》："裔不谋夏，夷不乱华。"

⑨风声：声望，声誉。

⑩不幸之变：指燕昭王病死，继位的燕惠王不信任乐毅，派骑劫取代乐毅担任统帅，最终导致了失败。

⑪五国之兵：指当时参与攻齐的燕、赵、楚、韩、魏五国。

⑫雪君王之耻：指齐国曾经趁燕国内乱攻打燕国。《史记·乐毅列传》："燕昭王以子之之乱而齐大败燕，燕昭王怨齐，未尝一日而忘报齐也。"

⑬武侯：指诸葛亮。

⑭夫以五国之兵共伐一齐：以下至"岂徒乐毅为伍哉"，见于《艺文类聚》卷二十二《人部六·品藻》所引张辅《名士优劣论》。

⑮济西：济水以西地区。五国联军与齐军在此作战，齐军大败。《史记·乐毅列传》："乐毅于是并护赵、楚、韩、魏、燕之兵以伐齐，破之济西。"

⑯长啸俟（sì）时：《三国志·蜀书·诸葛亮传》裴松之注引《魏略》："（诸葛亮）每晨夜从容，常抱膝长啸。"

⑰童蒙之主：指刘备之子刘禅。

⑱能：《艺文类聚·人部·品藻》作"宁"，译文从之。

⑲折冲：使敌人的战车后撤，即制敌取胜。冲，冲车，战车的一种。

⑳闻伯夷之风，贪夫自廉：出自《孟子·万章下》，原文作“闻伯夷之风者，顽夫廉，懦夫有立志”。

【译文】

有人问：“乐毅没有用残暴的手段攻下即墨、莒二城，使得灭齐大业最终失败，做得不对吗？”夏侯玄说：“看乐毅写给燕惠王的书信，他应当是一位见微知著，合乎大道，自始至终遵循礼义的人吧！凡是想最大程度贯彻道德原则，一心怀有天下的人，怎么会拘泥于一时的得失，仅仅把兼并敌国作为目标呢？兼并齐国，为乐毅所不屑。为了燕国的强大而废弃道义，也不是乐毅所追求的目标。不屑于不正当的利益，不追求渺小的成就，这就是想要一统天下之人的胸襟。攻打齐国，是为了运转天下的枢纽，使四海之内随之变动。包围城池却不加害城中的百姓，如此一来，仁爱之心便远近皆知了。树立美德以率领天下诸侯，则与商汤、周武王的事迹相近了。乐毅正要展开自己的宏伟战略，通过暂缓攻打二城，以获得百姓的信任，等待敌人自己暴露弊端，使即墨、莒两座城池的百姓怨恨他们的统治者。再展开宏大宽广的道路，等待田单等齐国将领前来归顺；助长容纳善良的风气，让齐国士人的志向得以实现。这番心意，将昭彰于东海之滨，使华夷之人尽皆知晓，燕国的恩泽如同春天，百姓如同春草一般受到润泽。天下百姓都想着拥戴燕王，敬仰期望着燕王的声望，那么即墨、莒两座城池必定投降，帝王之业也随之兴起隆盛。虽然为了两座城池耽误了许久，却能够更快地一统天下。至于后来发生了不幸的事变，这是无法事先预料的，乐毅功败垂成，是时势变化所造成的。如果乐毅以兵力进逼，以威势胁迫，并大肆屠杀两座城池的百姓，向天下展示自己的残暴不仁，那么虽然两座城池差不多能攻下，但燕国的霸王之业也就无法实现了。乐毅难道不知道这两座城池很快就能攻下吗？只不过是顾虑攻下城池，将使霸业难以实现。难道不知道不速战速决将会导致变故？只不过是考虑霸业难以实现与产生变故二者的危害相同。由此看来，乐毅不屠戮即墨、莒二城，其抱负不是常人所能忖度的。”

有人认为，乐毅辅佐弱小的燕国，攻破强大的齐国，联合五国的军队，洗雪燕王的耻辱，围困即墨、莒二城却不强攻，想让二城穷途末路后心悦诚服地投降，这就是所谓的仁者之师。世人都认为乐毅的谋略胜过了诸葛亮，可以这么说吗？张辅说："以五个国家的军队共同攻打齐国，不能算是强大；双方军队在济西大战，伏尸遍野，血流成河，不能算是仁义。诸葛亮兼有文武之才，平素隐居长啸，以等待出山的时机。刘备有知人之明，多次前往茅庐，向他请教救世之策。诸葛亮的奇谋良策犹如泉涌，于是到江东说服孙权，联合抵抗北方的曹魏，凭借赤壁之战打败曹操的大好局势，辅佐刘备取得蜀地。刘备在临终之际，想把帝位禅让给诸葛亮，而在混乱危急之际，诸葛亮拥立刘禅即位，设置官职爵位，使人才各得其所。文治方面，能够安定国内局势；武功方面，能够制敌取胜，然后广施仁政，使得蜀国的百姓都享受恩泽。诸葛亮行军打仗时，路不拾遗，秋毫无犯，却在大功即将告成之际不幸逝世。读他流传下来的文章，谋划非常深远。自己立功，则将功劳让给属下；属下犯错，则引咎自责；看到善人善政，便及时学习改变自己；接受他人的劝谏，便及时改正错误，所以能够名震天下。孟子说：'听到伯夷的风范，即便是贪婪的人也会变得廉洁。'我认为，看到诸葛亮的忠诚，奸臣也会变得有节操。诸葛亮应当是能与伊尹、吕望相媲美的贤臣，乐毅怎么比得上呢！"

或曰："商鞅起徒步干孝公[①]，挟三术之略[②]，吞六国之纵[③]，使秦业帝，可为霸者之佐乎？"刘向曰："夫商君内急耕织之业[④]，外重战伐之赏，不阿贵宠，不偏疏远[⑤]。虽《书》云'无偏无党'[⑥]，《诗》云'周道如砥，其直如矢'[⑦]，《司马法》之厉戎士[⑧]，周后稷之劝农业，无以易此[⑨]。此所以并诸侯也。故孙卿曰：'四世有胜[⑩]，非幸也，数也。'夫霸君若齐桓、晋文者，桓不倍柯之盟[⑪]，文不负原之期[⑫]，而诸侯信之。此管仲、咎犯之谋也。今商君倍公子卬之旧恩[⑬]，弃交魏之明信，诈取三军之众，故诸侯畏其强而莫亲信也。籍使孝公遇齐桓、晋文，得诸侯之统将，合诸侯之君，驱天下之兵以伐秦，秦则亡矣。天下无桓、文之君，故秦得以兼诸侯也。卫鞅始自以为知王霸之德，原其事不伦也[14]。昔周邵公施美政[15]，其死也，后世思之，'蔽芾甘棠'之诗是[16]。尝舍于树下，不忍伐其树，况害于身乎！管仲夺伯氏骈邑三百户[17]，无怨言。今卫鞅内刻刀锯之刑[18]，外深铁钺之诛[19]，身死车裂[20]，其去霸者之佐亦远矣。然惠王杀之亦非也[21]，可辅而用。使卫鞅施宽平之法，加之以恩，申之以信，庶几霸者之佐乎！"议曰：商鞅初因景监求见秦孝公[22]，说以帝道[23]，孝公意不入，时时睡。后又与鞅语，不知膝之过席。景监曰："子何以中吾君[24]？君之欢甚也。"鞅曰："始吾说公以帝道，而君曰：'久远，安能邑邑待数十百年[25]，以子孙成事乎？'吾又说以霸道，其意欲之而未能也。吾又以强国之术说君，君大悦之，然亦难以比德于殷、周矣。昔齐桓公与鲁庄公会于柯而盟[26]，曹沫以匕首劫桓公反鲁侵地。桓公许之。后悔欲无与鲁地而杀曹沫。管仲曰：'弃信于诸侯，失天下之援，不可。'于是与曹沫三败所亡地。诸侯闻之，皆信齐而欲附焉。山戎伐燕[27]，燕告急于齐。齐桓公救燕而还，燕庄公送桓公入齐境。桓公曰：'非天子，诸侯相送不出境。吾不可以无礼于燕。'于是分沟割燕君所至与燕君，令复修召公之政，纳贡于周。诸侯闻之，皆从，齐桓公于是始霸。"由此观之，商鞅深刻弃信[28]，非霸者之佐，明矣。然孝公欲速，不从鞅言，孝公过也。商鞅牵于世[29]，迫于君，不得行其志耳。刘以鞅无霸王之术，谬矣。

【注释】

①徒步:平民的代称。古时平民出行无车,故称。干:干谒,游说。孝公:即秦孝公,名渠梁。战国时期秦国君主。在位期间重用商鞅,实行变法,使秦国国力日益强盛,为统一中国奠定了基础。

②三术:据《史记·商君列传》载,商鞅曾以“帝道”“王道”“霸道”三种治国之术游说秦孝公。

③吞六国之纵:指消灭了联合抗秦的东方六国。吞,兼并,消灭。纵,合纵。

④夫商君内急耕织之业:以下至“庶几霸者之佐乎”,见于《史记·商君列传》裴骃《集解》引刘向《新序》。

⑤偏:疏远,忽视。

⑥无偏无党:出自《尚书·洪范》。意谓不偏私,不阿党。

⑦周道如砥,其直如矢:出自《诗经·小雅·大东》。毛传:“如砥,贡赋平均也。如矢,赏罚不偏也。”比喻周代的赋税制度如磨刀石一般平均,赏罚制度如箭矢一般不偏不倚。砥,磨刀石。

⑧《司马法》:中国古代著名兵书。《史记·司马穰苴列传》:“齐威王使大夫追论古者司马兵法,而附穰苴于其中,号曰《司马穰苴兵法》。”《汉书·艺文志》载《军礼司马法》一百五十五篇,《隋书·经籍志》载《司马兵法》三卷,题司马穰苴撰。戎士:将士。

⑨无以易此:指无法取代商鞅的治国之术。易,代替。

⑩四世有胜:以下至“数也”,出自《荀子·议兵》。

⑪桓不倍柯之盟:据《史记·刺客列传》载,齐桓公与鲁庄公在柯地盟会时,曹沫劫持了齐桓公,逼迫他归还侵占的鲁国国土,齐桓公被迫答应。之后,在管仲的劝说下,齐桓公遵守了这一约定。倍,通“背”。柯,又作“阿”,春秋、战国齐邑。在今山东阳谷东北阿城镇。

⑫文不负原之期:指晋文公攻打原邑时,信守三日退兵的约定。参

见《君德》“伐原以示信”注。

⑬商君倍公子卬之旧恩：指商鞅以欺诈的手段俘虏魏军统帅公子卬。《史记·商君列传》：“（秦孝公）使卫鞅将而伐魏。魏使公子卬将而击之。军既相距，卫鞅遗魏将公子卬书曰：‘吾始与公子欢，今俱为两国将，不忍相攻，可与公子面相见，盟，乐饮而罢兵，以安秦魏。’魏公子卬以为然。会盟已，饮，而卫鞅伏甲士而袭虏魏公子卬，因攻其军，尽破之以归秦。”

⑭不伦：不相当，不相类。

⑮邵公：即召公，姓姬名奭。西周初期政治家。曾佐周武王灭商，被封于燕。

⑯蔽芾（fèi）甘棠：出自《诗经·召南·甘棠》：“蔽芾甘棠，勿剪勿伐，召伯所茇。”郑玄笺：“召伯听男女之讼，不重烦劳百姓，止舍小棠之下而听断焉。国人被其德，说其化，思其人，敬其树。”诗句表达了民众对于召公的爱戴思念。蔽芾，树叶密集细小貌。甘棠，即棠梨，亦称“杜梨”。

⑰管仲夺伯氏骈（pián）邑三百户：出自《论语·宪问》：“问管仲。曰：‘人也。夺伯氏骈邑三百，饭疏食，没齿无怨言。’”伯氏，齐国大夫。骈邑，地名。伯氏的食邑。

⑱刀锯之刑：指肉刑。《国语·鲁语上》：“中刑用刀锯。”韦昭注：“割劓用刀，断截用锯。”

⑲铁钺（fǔ yuè）：大斧和斫刀。腰斩、砍头的刑具。铁，通“斧”。

⑳身死车裂：指秦孝公死后，商鞅被诬蔑谋反，起兵战败而死，尸身被运至咸阳车裂，全家被杀。

㉑惠王：即秦惠文王，秦孝公之子，战国时期秦国君主。

㉒商鞅初因景监求见秦孝公：以下至“然亦难以比德于殷、周矣”，事见《史记·商君列传》。景监，秦孝公的宠臣。

㉓帝道：五帝之道。

㉔中：说服，打动。

㉕邑邑：通“悒悒”，忧郁不乐的样子。数十百年：指八九十年。

㉖昔齐桓公与鲁庄公会于柯而盟：以下至“齐桓公于是始霸”，事见《史记·齐太公世家》。

㉗山戎：古代北方民族名。又称“北戎”，匈奴的一支。活动地区在今河北省北部。

㉘深刻：严峻苛刻。

㉙牵：牵制，牵累。

【译文】

有人问：“商鞅起自平民，干谒秦孝公，精通帝道、王道、霸道三种治国之术，吞灭了联合抗秦的东方六国，奠定了秦国的帝业，可以称得上是霸者的辅佐吗？”刘向说：“商鞅治理秦国，对内敦促农耕、纺织之业，对外重视奖赏战功，不阿附权贵，不忽视关系疏远的人。即便像《尚书》所说的‘无偏无党’，《诗经》所说的‘周道如砥，其直如矢’，《司马法》中对于将士的激励，周人始祖后稷对于农耕的鼓励督促，都无法取代商鞅的治国之术。这也是秦国最终能兼并诸侯的原因。所以荀子说：‘秦国四代都能胜利，并不是侥幸，而是有其必然性。’但就春秋五霸如齐桓公、晋文公来说，齐桓公在柯地盟会时虽被挟持，却依然遵守被迫许下的盟约，晋文公在攻打原邑时，不违背对士卒许下的三日撤兵的约定，所以得到了诸侯的信赖。这是出自管仲与咎犯的谋略。如今，商鞅背叛与公子卬旧日的恩义，抛弃与魏国缔结的盟约，以欺诈的方式打败魏国的军队，所以诸侯都畏惧秦国的强大，却没有国家愿意亲近信任秦国。如果让秦孝公遇到齐桓公、晋文公这样的对手，他们任用各国的良将，联合各国的君主，率领天下之兵讨伐秦国，那么秦国一定会灭亡。战国时期，天下已无齐桓公、晋文公这样的君主，所以秦国才得以兼并诸侯。商鞅起初自以为懂得王霸之道，但其所作所为却与王霸之道背道而驰。当年，周代的召公施行仁政，他去世后，后人一直怀念他，并作了‘蔽芾甘棠’这样的诗篇对其进行歌颂。召公曾经在甘棠树下歇息，人们便不忍砍伐那棵甘棠树，更不用说去伤害召公本人了！管仲剥夺了伯氏骈邑三百户的封地，但伯氏始终没有怨言。如今，商鞅对内推行残酷的肉刑，对外实施暴虐的杀戮，最后落得死后惨遭车裂的下场，他离霸者的辅佐还差得很远。不过秦惠文王杀死商鞅也不对，可以让他辅佐国政。如果让商鞅施行宽仁公平的法律，并广施恩德，申明信义，差不多就能成为霸者的理想辅佐了！”评论道：商鞅当初通过景监求见秦孝公，为其陈说五帝之道，秦孝公听不进去，一直打瞌睡。之后，秦孝公又与商鞅谈论，不知不觉与商鞅越靠越近，膝盖都到了席子外头。景监问商鞅：“你拿什么打动了我们的君主？他与你谈话后高兴得很。”商鞅说：“一开始，我用五帝之道劝说他，而他说：‘这种办法见效太慢，我哪里能郁闷地等待八九十年，让子孙去成就大业呢？’我又用五霸之道劝说他，他很感兴趣，但还没有完全听取。最后，我用强国之术劝说他，他非常喜欢，但这样做，秦国也就难以达到殷朝、周朝那样的德行水平了。当年，齐桓公与鲁庄公在柯地盟会，曹沫用匕首劫持了齐桓公，逼迫他归还侵占的鲁国土地。齐桓公被迫答应了。事后，齐桓公想要反悔，不把土地还给鲁国，并杀掉曹沫。管仲说：‘这会失信于诸侯，并落得孤立无援的下场，不能这么做。’于是齐国便归还了之前三次战胜曹沫所夺取的土地。诸侯听说后，都信任齐国，并希望前来归附。山戎攻打燕国，燕国向齐国求救。齐桓公救援燕国后回国，燕庄公送行，一直送到了齐国境内。齐桓公说：‘除非周天子，诸侯互相送行时，不能越过自己国境。我不能让燕国无礼。’于是便把燕庄公所走过的区域都划给了燕国，让燕国重新实行召公的政令，按时向周天子进贡。诸侯听说了这件事，都愿意追随齐国，齐桓公于是成为诸侯的霸主。”由此看来，商鞅严刑峻法，不讲信用，并不是霸主的合格辅佐，这已经很明显了。但这是由于秦孝公想让秦国迅速强大，不听从商鞅提出的帝道与王道，这是秦孝公的过错。商鞅屈从于当时的形势，被迫迎合君主的心意，不能实现自己真正的志向。刘向认为商鞅不懂霸王之术，说得不对。

诸葛亮以马谡败于街亭[①]，杀之。后蒋琬谓亮曰[②]：“昔楚杀得臣[③]，然后文公喜可知也[④]。天下未定而戮智计之士，岂不惜哉?”亮流涕曰:“孙武所以能制胜者,用法明也。是以杨干乱法[⑤],魏绛戮之[⑥]。四海分裂,兵交方始,若复废法,何用讨贼耶?”习凿齿曰[⑦]:“诸葛亮之不能兼上国也,岂不宜哉?夫晋人视林父之后济[⑧],故废法而收功;楚成暗得臣之益己[⑨],故杀之以重败。今蜀僻陋一方,才少上国,而杀其骏桀,退收驽下之用,明法胜才,不师三败之道[⑩],将以成业,不亦难乎!”晋侯使荀桓子与楚战于邲[⑪],桓子败归而请死,晋侯欲许之。士贞子曰[⑫]:“不可。城濮之役[⑬],晋师三日馆谷[⑭],文公犹有忧色。左右曰:‘有喜而忧,如有忧而喜乎?’公曰:‘得臣犹在,忧未歇也。困兽犹斗,况国相乎!’及楚杀子玉,公喜而后可知,曰:‘是晋再克而楚再败也。’楚是以再世不竞[⑮]。今天或者大警晋也,而又杀林父,以重楚胜,其无乃不竞乎!林父之事君也,进思尽忠,退思补过,社稷之卫也。君若之何杀之?夫其败也,如日月之蚀,何损于明?”晋侯使复其位也。

【注释】

①马谡(sù):字幼常,襄阳宜城(今湖北宜城南)人。三国时期蜀汉大臣。才气过人,深得诸葛亮器重。后与魏将张郃战于街亭(今甘肃秦安东),因违背指令,为张郃所败,被诸葛亮处死。

②后蒋琬谓亮曰:以下至“何用讨贼耶”,出自《三国志·蜀书·马谡传》裴松之注引《襄阳记》。蒋琬,字公琰,零陵湘乡(今湖南湘乡)人。三国时期蜀汉政治家。官至尚书令。

③得臣:芈姓,成氏,名得臣,字子玉,春秋时期楚国令尹。城濮之战失败后,被楚成王赐死。

④文公:即晋文公。喜可知也:喜形于色。《左传·僖公二十八年》

“晋侯闻之而后喜可知也。”杜预注:“喜见于颜色。”

⑤杨干:春秋时期晋悼公之弟。《左传·襄公三年》作“扬干”。

⑥魏绛:即魏庄子,春秋时期晋国大夫。《左传·襄公三年》:“晋侯之弟扬干乱行于曲梁,魏绛戮其仆。”杨伯峻注:“其仆,为扬干驾车者也。此时魏绛为中军司马,主管晋军军法。”

⑦习凿齿曰:以下至“不亦难乎”,出自《三国志·蜀书·马谡传》裴松之注。习凿齿,字彦威,襄阳(今湖北襄阳襄城区)人。东晋著名史学家、文学家。著有《汉晋春秋》。

⑧视:《三国志·蜀书·马谡传》裴松之注作“规”,谋求,谋划。译文从之。林父:即荀林父。因曾任中行之将,故以中行为氏,谥号桓,又称“荀桓子”“中行桓子”,春秋时期晋国正卿。担任晋国中军元帅,因诸将不睦,在邲之战中被楚军打败。荀林父请求处死自己。晋景公听取了士贞子的劝谏,没有处罚荀林父,并让其官复原职。事见《左传·宣公十二年》。后济:在将来取得功绩。指将功补过。

⑨楚成:即楚成王。暗:不明了,不了解。得臣:即子玉。

⑩三败:指曹沫为鲁将,与齐战,三战三败。后曹沫在柯地盟会上劫持齐桓公,逼迫齐桓公归还了鲁国的土地。事见《史记·刺客列传》。李陵《答苏武书》:“昔范蠡不殉会稽之耻,曹沫不死三败之辱,卒复勾践之仇,报鲁国之羞。”

⑪晋侯使荀桓子与楚战于邲(bì):以下至“晋侯使复其位也”,出自《左传·宣公十二年》。晋侯,指晋景公,春秋时期晋国君主。邲,古地名。春秋时郑邑,在今河南荥阳东北。

⑫士贞子:名渥浊,亦称“士贞伯”“士伯”,士会的庶子,春秋时期晋国大臣。

⑬城濮之役:周襄王二十年(前632),晋、楚两国在城濮(山东鄄城西南)地区进行的争夺中原霸权的大战,以晋国的胜利告终。

⑭馆谷：居其馆，食其谷。指驻军就食。《左传·僖公二十八年》："楚师败绩，……晋师三日馆谷。"杜预注："馆，舍也。食楚军谷三日。"

⑮再世：两代。不竞：不强，不振。

【译文】

诸葛亮因为马谡在街亭之战中失败，将其处死。之后蒋琬对诸葛亮说："从前，楚国在城濮之战失败后处死了令尹得臣，晋文公听到这个消息后喜形于色。天下尚未平定就杀死智谋之士，难道不可惜吗？"诸葛亮流着泪说："孙武之所以能克敌制胜，是因为他军法严明。所以杨干扰乱法律，魏绛便处死了他的仆从。如今天下分裂，战争才刚刚开始，如果再废除军法，用什么讨伐敌人呢？"习凿齿说："诸葛亮不能兼并魏国，难道不是理所当然的吗？当年，晋侯打算让荀林父将功补过，所以没有执行刑罚而获得了成功；楚成王不了解得臣对于楚国的重大意义，所以处死了他而导致了再次失败。如今，蜀国僻居一隅，人才比魏国稀少，却杀害他们的俊杰之士，退而求其次，任用那些才能更为低下的人，把法律看得比人才更重要，不从曹沫的事迹中吸取教训，这样还想成就功业，岂不是很困难吗！"晋景公令荀林父率领晋军，与楚军在邲地交战，荀林父战败，回来请求处死自己，晋景公想答应他的请求。士贞子劝谏说："不可。城濮之战胜利后，晋军连着三天驻扎在楚军军营内，吃楚军留下的粮食，而晋文公仍然面有忧色。左右侍臣问：'有了喜事还在忧虑，那么如果有了忧虑，难道反而要高兴吗？'晋文公说：'得臣还活着，我的忧虑便无法消除。被困的野兽还会搏斗一番，何况是一国的宰相呢！'到了楚王处死了得臣，晋文公才喜形于色，说：'这是晋国的再次胜利与楚国的再次失败。'楚国因此一连两代都无法振兴。邲之战的失败，大概是上天想要严厉警告晋国，如果我们又处死荀林父，使楚国获得再次的胜利，恐怕晋国也会长久无法振兴吧！荀林父事奉国君，进，想着如何竭尽忠诚，退，想着如何弥补过失，是国家社稷的卫士。您怎么能杀害他呢？他的这次失败，就好比日食月食，哪里会损害日月的光明？"于是晋景公让荀林父官复原职。

“代以周勃功大霍光[1]，何如？”对曰：“勃本高帝大臣[2]，众所归向，居太尉位，拥兵百万，既有陈平、王陵之力，又有朱虚诸王之援[3]，郦寄游说以谲诸吕[4]，因众之心，易以济事。若霍光者，以仓卒之际，受寄托之任，辅弼幼主，天下晏然[5]。遇燕王、上官之乱，诛除凶逆，以靖王室。废昌邑[6]，立孝宣，任汉家之重，隆中兴之祚，参声伊、周，为汉贤相。推验事效，优劣明矣。”袁盎问汉文帝曰[7]：“陛下以绛侯周勃何如人？”上曰：“社稷臣也[8]。”盎曰：“所谓功臣，非社稷臣。社稷臣者，主在与在，主亡与亡。方吕后时，刘氏不绝如带，绛侯为太尉，主兵柄，不能正。吕后崩，大臣相与诛诸吕。太尉主兵，适会其成功，所谓功臣，非社稷臣也。”

【注释】

①代：“世”的避讳字。赵蕤避唐太宗李世民讳，改“世”为“代”。

②勃本高帝大臣：以下至“优劣明矣”，见于《艺文类聚》卷二十二《人部六·品藻》所引姚信《士纬》。

③朱虚：指朱虚侯刘章，西汉初年宗室，汉高祖刘邦之孙，齐悼惠王刘肥次子。吕后称制期间被封为朱虚侯。后来由于在诛灭吕氏的过程中有功，被封为城阳王，谥号景王。

④谲（jué）：欺骗，诡诈。

⑤晏（yàn）然：安定、安宁的样子。

⑥昌邑：指昌邑侯刘贺，汉武帝刘彻之孙，昌邑哀王刘髆之子。由于汉昭帝去世时无子，刘贺被征召入朝立为天子。在位二十七天，因其荒淫无度、不保社稷，被废为庶人。汉宣帝时，被封为海昏侯。

⑦袁盎问汉文帝曰：以下至“非社稷臣也”，出自《史记·袁盎晁错

列传》。袁盎，字丝，西汉初年大臣。以敢于直谏著称。

⑧社稷臣：关系国家安危的重臣。

【译文】

“世人认为周勃的功绩大于霍光，这种看法正确吗？”回答说：“周勃本是汉高祖的大臣，众望所归，官居太尉之职，统率百万军队，既有陈平、王陵的帮助，又得到了朱虚侯刘章等宗室的援手，还让郦寄通过游说以欺骗吕禄、吕产等人，靠着众人齐心协力，所以诛灭诸吕的事业易于成功。至于霍光，在汉武帝病危的仓促之际，接受托孤的重任，辅佐年幼的汉昭帝，天下得以安宁。后来遇到了燕王刘旦、上官桀发动的叛乱，霍光诛杀凶恶悖逆之人，以安定王室。又废黜了昌邑侯刘贺，迎立汉宣帝刘询，肩负着汉王朝的重任，使汉朝实现了中兴，名声与伊尹、周公不相上下，是汉代的贤明宰相。考察二人的功绩，谁优谁劣是很明显的。”袁盎问汉文帝：“您认为绛侯周勃是什么样的人？”汉文帝说：“是关系国家安危的重臣。”袁盎说：“周勃是所谓的功臣，而不是关系国家安危的重臣。关系国家安危的重臣，应该与君主共存亡，主在与在，主亡与亡。当吕后专权时，刘家的天下几乎像丝带一样要断绝，周勃担任太尉之职，掌握军权，却不能有所匡正。吕后去世后，大臣们联合起来诛杀诸吕。周勃刚好掌握军权，碰巧成功，所以说周勃是功臣，而非关系国家安危的重臣。”

后汉陈蕃上疏荐徐稺、袁闳、韦著三人①。帝问蕃曰：“三人谁为先后？”蕃曰：“闳生公族，闻道渐训②。著长于三辅③，礼义之俗，所谓不扶自直，不镂自雕。至于稺者，爰自江南卑薄之域④，而角立杰出⑤，宜当为先。”

【注释】

①后汉陈蕃上疏荐徐稺（zhì）、袁闳、韦著三人：以下至“宜当为

先”，出自《后汉书·徐穉传》。徐穉，字孺子，豫章南昌（今江西南昌东）人。东汉时期隐士。袁闳，字夏甫，汝南汝阳（今河南商水西南）人。袁安玄孙，东汉时期隐士。韦著，字休明，京兆杜陵（今陕西西安东南）人。东汉时期隐士。

②渐：熏染，习染。

③三辅：西汉治理京畿地区的三个职官（京兆尹、左冯翊、右扶风）的合称，亦指其所辖地区（京兆、左冯翊、右扶风）。

④卑薄：土地低洼瘠薄。

⑤角立：卓然特立。

【译文】

东汉时，陈蕃上疏推荐徐穉、袁闳、韦著三人。汉桓帝问陈蕃：“这三人中谁更优秀？”陈蕃回答说：“袁闳出身于名门大族，自幼听闻道义，得到熏陶教导。韦著在三辅地区成长，受到礼义习俗的熏陶，这就是所谓的不用扶持，自然就会挺直；不用雕镂，自然就有文采。至于徐穉，来自江南低洼贫瘠的地区，却卓然特立，才德出众，在三人中最为优秀。”

或曰[①]：“谢安石为相[②]，可与何人为比？”虞南曰：“昔顾雍封侯之日[③]，而家人不知。前代称其质重[④]，莫以为偶。夫以东晋衰微，壃场日骇[⑤]，况永固苻坚字也。六夷英主[⑥]，亲率百万；苻融俊才名相[⑦]，执锐先驱。厉虎狼之爪牙，骋长蛇之锋锷[⑧]，先筑宾馆以待晋君[⑨]。强弱而论，鸿毛、太山不足为喻。文静深拒桓冲之援[⑩]，不喜谢玄之书[⑪]，则胜败之数，固已存于胸中矣。夫斯人也，岂以区区万户之封动其方寸者欤[⑫]？若论其度量，近古已来，未见其匹。”

【注释】

①或曰:以下至“未见其匹”,出自虞世南《帝王略论》。

②谢安石:即谢安,字安石,陈郡阳夏(今河南太康)人。东晋时期政治家、名士。淝水之战时,任征讨大都督,坐镇建康,运筹帷幄,指挥谢玄等取得淝水大捷。

③顾雍:字元叹,吴郡吴县(今江苏苏州)人。三国时期吴国大臣。官至尚书令、丞相,被封为醴陵侯。

④质重:诚朴敦厚

⑤埸场:亦作“疆埸(yì)”,边境,疆界。骇:惊扰,扰乱。

⑥苻坚:字永固,一字文玉,略阳临渭(今甘肃秦安东南)人。氐族,十六国时期前秦君主。六夷:古指东夷、西南夷、西羌、西域、南匈奴、乌桓鲜卑等各族。后泛指外族。

⑦苻融:字博休,氐族,苻坚之弟。前秦政治家、名将。

⑧锋锷(è):剑锋与刀刃。借指刀剑等武器。

⑨先筑宾馆以待晋君:《晋书·苻坚载记》:“(苻坚)下书期克捷之日,以帝为尚书左仆射,谢安为吏部尚书,桓冲为侍中,并立第以待之。”

⑩桓冲:字幼子,谯国龙亢(今安徽怀远西北)人。桓温之弟,东晋时期名将。《晋书·桓冲传》:“既而苻坚尽国内侵,冲深以根本为虑,乃遣精锐三千来赴京都。谢安谓三千人不足以为损益,而欲外示闲暇,闻军在近,固不听。报云:‘朝廷处分已定,兵革无阙,西藩宜以为防。’”

⑪谢玄:字幼度,陈郡阳夏(今河南太康)人。谢安之侄,东晋名将。《晋书·谢安传》:“玄等既破坚,有驿书至,安方对客围棋,看书既竟,便摄放床上,了无喜色,棋如故。客问之,徐答云:‘小儿辈遂已破贼。’”

⑫方寸:指心。

【译文】

有人问："谢安作为宰相，可以和什么人相提并论？"虞世南说："从前，顾雍被封为醴陵侯的那一天，家里人根本不知道这个消息。前代的人都称赞他诚朴敦厚，无人可比。谢安的时候，东晋朝廷日渐衰微，边境地区日益扰乱，何况永固苻坚，字永固。是外族中的英明之君，亲自统率百万雄师；苻融是杰出的人才，有名的宰相，率领前锋部队。前秦大军有着虎狼般的武士，巨蛇利齿般的武器，苻坚还事先修建了宾馆，用来安置被俘的晋朝君主。如果把东晋与前秦的强弱加以比较，即便是鸿毛与泰山之间的巨大差别，也不足以形容双方的差距。但谢安始终坦然镇定，坚决拒绝桓冲的救援，看到谢玄送来的捷报仍然不动声色，这说明战争的胜败之数，谢安早已存在于胸了。像这样的人，区区万户侯的封赏，哪里能让他动心呢？如果就器量涵养而言，近代以来，找不到能与谢安匹敌的人。"

隋炀帝在东宫[①]，尝谓贺若弼曰[②]："杨素、韩擒虎、史万岁三人俱称良将[③]，其间优劣何如？"对曰："杨素是猛将，非谋将。议曰：胆气果敢，猛将也。渊而有谋，谋将也。韩擒虎是斗将，非领将。议曰：拳捷趫悍[④]，斗将也。御军齐肃，领将也。史万岁是骑将，非大将。"议曰：领一偏师，所向无敌，骑将也。包罗英雄，使群才各当其用，大将也。太子曰："善。"

【注释】

①隋炀帝在东宫：以下至"太子曰善"，出自《隋书·贺若弼传》。

②贺若弼：字辅伯，洛阳（今属河南）人。鲜卑族，北周隋朝时期名将。

③韩擒虎：字子通，东垣（今河南新安）人。隋朝名将。史万岁：京兆杜陵（今陕西西安东南）人。隋朝名将。

④拳捷：勇敢敏捷。趫（qiáo）悍：矫捷勇猛。

【译文】

隋炀帝杨广还是太子时，曾经问贺若弼："杨素、韩擒虎、史万岁三个人，都被人们称作良将，他们之中谁强谁弱？"贺若弼回答说："杨素是猛将，不是谋将。评论道：有胆识，果决勇敢，是猛将。深沉而有谋略，是谋将。韩擒虎是斗将，不是领将。评论道：勇敢而矫捷，是斗将。统率军队，使军容整齐严整，是领将。史万岁是骑将，不是大将。"评论道：率领部分军队，所向无敌，是骑将。能够招揽英雄豪杰，使人尽其才，是大将。太子说："说得好。"

故自"六正"至于"问将"，皆人臣得失之效也。古语曰："禹以夏王[①]，桀以夏亡。汤以殷王，纣以殷亡。阖庐以吴战胜[②]，无敌于天下，而夫差以见擒于越[③]。穆公以秦显名尊号[④]，而二世以劫于望夷[⑤]。其所以君王者同，而功迹不等者，所任异也。是以成王处襁褓而朝诸侯，周公用事也。赵武灵王年五十而饿死于沙丘[⑥]，任李兑故也[⑦]。故魏有公子无忌[⑧]，削地复得；赵任蔺相如，秦兵不敢出；楚有申包胥[⑨]，而昭王反位[⑩]；齐有田单，而襄王得国[⑪]。"因斯而谈，夫有国者不能陶冶世俗，甄综人物[⑫]，论邪正之得失[⑬]，撮霸王之余议[⑭]，而能立功成名者，未之前闻。故知量能授官，至理之术。

【注释】

①禹以夏王：以下至"而襄王得国"，出自《说苑·尊贤》，有删节。

②阖庐：一作"阖闾"，姬姓，名光，又称"公子光"，春秋末期吴国君主。在位期间重用伍子胥、孙武等人，屡败楚军，曾一度攻入楚国郢都。后在吴、越槜李之战中受伤而死。

③夫差：阖庐之子，春秋末期吴国君主。为报父仇，在夫椒之战中大

败越国。后越王勾践卧薪尝胆,积蓄国力,最终灭亡了吴国,夫差被擒后自杀。

④穆公:指秦穆公,嬴姓,名任好,春秋时期秦国君主,春秋五霸之一。

⑤望夷:秦代宫名。故址在今陕西泾阳东南。因东北临泾水以望北夷,故名。秦末,赵高在望夷宫逼秦二世胡亥自杀。

⑥赵武灵王:名雍,战国时期赵国国君。在位时期推行胡服骑射,陆续攻灭中山、林胡、楼烦,使赵国国势大盛。沙丘:赵王别宫名。故址在今河北广宗西北。前295年,赵公子章及其傅田不礼作乱,欲杀赵惠文王。政变失败后,公子章逃入赵武灵王宫中。李兑等人派兵包围了沙丘宫,三个月后赵武灵王活活饿死。

⑦李兑:战国时期赵国权臣,号奉阳君。

⑧公子无忌:即信陵君,魏昭王之子,魏安釐王之弟,战国四公子之一。以礼贤下士著称。曾窃符救赵,两次率军击败秦国。

⑨申包胥:战国时期楚国大臣。参见上文“哭秦之节”注。

⑩昭王:指楚昭王,芈姓、熊氏,名珍。楚平王之子,春秋时期楚国君主。伍子胥率军攻入楚郢都之后,楚昭王出逃,后借助秦军的力量复国。

⑪襄王:指齐襄王,田氏,名法章,齐湣王之子,战国时期齐国国君。乐毅破齐之后,齐湣王被杀,齐襄王隐姓埋名逃到莒城,后在莒城即位。田单击败燕军后,迎接齐襄王回到临淄。

⑫甄综:综合分析,鉴定品评。

⑬邪正:即本篇所讨论的“六正”与“六邪”。

⑭撮:摘取,摄取。余议:识见广博之论,宏论。

【译文】

以上,从“六正”一直到隋炀帝“问将”,说的都是人臣的得失经验。古话说:“大禹凭着夏朝成就王业,夏桀拥有夏朝却最终灭亡。商汤凭着殷朝成就王业,商纣拥有殷朝却最终灭亡。阖庐凭着吴国战胜诸侯,天下没有敌手，而夫差拥有吴国，却被越王勾践俘虏。秦穆公凭着秦国，使自己的名声显赫尊荣，而秦二世拥有秦国，却被迫在望夷宫自杀。这些人成为君王的依凭相同，但功业事迹却不一样，这是由于他们所任用的人不一样。所以周成王虽然年幼，却能让诸侯前来朝拜，这是由于有周公主持朝政。赵武灵王五十岁时在沙丘宫活活饿死，这是由于任用了李兑。所以魏国有公子无忌，使割让的土地失而复得；赵国任用蔺相如，使秦国不敢出兵；楚国有申包胥，使楚昭王得以复位；齐国有田单，使齐襄王得以复国。”就此而言，一个国家的君主，如果不能移风易俗，鉴别人物，了解人臣“六邪”与“六正”的得失区别，汲取霸王之道的宏论，却能够建功立业、成就名声的，从来没有这样的先例。由此可知，衡量才能来授予官职，是治理国家的关键所在。

德表第十一

【题解】

所谓“德表”，指的是人内在德行与才性的外在表现。本篇指出，不同才性之人，才能各有所偏、各有优劣。比如“聪明疏通者”，弊端在于过分苛察；“仁爱温良者”，弊端在于优柔寡断，等等。要弥补这些缺憾，就“必审己之所有余，而强其所不足”。赵蕤根据《人物志》《文子》《素书》等文献，罗列了多种不同的人物才性类型，并给出了相应的“治性之道”。本篇最后借傅玄之口强调，正天下之本在于正身，而身正之本则在于正心。

孔子曰[①]：“性相近也，习相远也[②]。”言嗜欲之本同[③]，而迁染之涂异也[④]。夫刻意则行不肆[⑤]，牵物则其志流[⑥]。是以圣人导人理性[⑦]，裁抑流宕[⑧]，慎其所与，节其所偏。故传曰[⑨]：“审好恶，理情性，而王道毕矣。”治性之道，必审己之所有余，而强其所不足。盖聪明疏通者戒于太察[⑩]，寡闻少见者戒于拥蔽[⑪]，勇猛刚强者戒于太暴，仁爱温良者戒于无断，湛静安舒者戒于后时，广心浩大者戒于遗忘。

【注释】

①孔子曰：以下至“节其所偏”，出自《后汉书·党锢列传》。

②习：习惯，习染。

③嗜欲：《后汉书·党锢列传》作“嗜恶”，李贤注：“言人好恶，各有本性，迁染者，由其所习。”译文从之。

④迁染：指性情为习俗所移。

⑤刻意：克制意志。《后汉书·党锢列传》李贤注：“刻削其意不得自恣也。”

⑥牵物：为外物所牵制。《后汉书·党锢列传》李贤注：“牵物谓为物所牵制，则其志流宕忘反也。”

⑦理性：涵养性情。

⑧裁抑：制止，遏止。流宕：放荡，不受约束。

⑨故传曰：以下至“广心浩大者戒于遗忘”，出自《汉书·匡衡传》，有删节。

⑩疏通：通达。察：苛察，苛求。

⑪拥蔽：隔绝，阻塞。

【译文】

孔子说：“人的天性本来相近，由于习染不同才相去甚远。”这是说，人好恶的本性相同，但由于后天习染的不同，所以性情千差万别。克制自己的意志，行为便不会放肆；为外物所牵制，心志就会放荡。所以圣人引导人们涵养性情，遏止放荡的行为，谨慎地对待所交往的人，节制性情中的偏激之处。所以传中说：“审视人的好恶之情，治理引导人的性情，而王道也就完成了。”治理性情的方法，一定要分辨自己的长处，而努力弥补自己的不足。一般来说，聪明通达的人，要避免过于苛察；孤陋寡闻的人，要避免闭塞不通；勇猛刚强的人，要避免过于粗暴；仁爱温和的人，要避免优柔寡断；恬静舒缓的人，要避免错过时机；心思广大的人，要避免粗心大意。

《人物志》曰："厉直刚毅[1]，材在矫正，失在激讦[2]。强毅之人[3]，佷刚不和[4]，不戒其强之搪突[5]，而以顺为挠[6]，厉其亢[7]。是故可与立法，难与入微也[8]。柔顺安恕，美在宽容，失在少决。柔顺之人，缓心寡断，不戒其事之不摄[9]，而已亢为刿[10]，安其舒。是故可与循常，难与权疑也[11]。雄悍桀健[12]，任在胆烈，失在少忌。雄悍之人，气奋英决，不戒其勇之毁跌[13]，而以顺为恇[14]，竭其势。是故可与涉难，难与居屈也。精良畏慎[15]，善在恭谨，失在多疑。精慎之人[16]，畏患多忌，不戒其懦于为义，而以勇为悍[17]，增其疑。是故可与保全，难与立节也。强楷坚劲[18]，用在桢干，失在专固。凌楷之人[19]，秉意劲持[20]，不戒其情之固护[21]，而以辩为虚，强其专。是故可与持正，难与附众也[22]。论辩理绎[23]，能在释结[24]，失在流宕。博辩之人，论理赡给[25]，不戒其辞之浮滥，而以楷为系[26]，遂其流[27]。是故可与泛序[28]，难与立约也。普博周洽[29]，崇在覆裕[30]，失在溷浊[31]。弘普之人，意爱周洽，不威其友之溷杂[32]，而以介为狷[33]，广其浊。是故可与抚众，难与厉俗也。清介廉洁，节在俭固，失在拘局。狷介之人，砭诃清激[34]，不戒其道之隘狭，而以普为秽[35]，益其拘。是故可与中节，难与变通也。休动磊硌[36]，业在攀跻[37]，失在疏越[38]。休动之人，志慕超越，不戒其意之太猥[39]，而以静为滞，果为锐。是故可与进趋，难与持后也[40]。沉静瘱密[41]，精在玄微，失在迟懦。沉静之人，道思回复[42]，不戒其静之迟后，而以动为疏，美其懦。是故可与深虑，难与捷速也。朴露径尽[43]，质在中诚，失在不微[44]。朴露之人，中款实确[45]，不戒其质之野直[46]，而以谞为诞[47]，露其诚。是故可与立信，难与消息也[48]。多智韬情[49]，权在谞略[50]，失在依违[51]。韬谞之人[52]，原度取容[53]，不戒其术之难正，而以尽为愚[54],贵其虚。是故可以赞善,难与矫违也。”此拘亢之材,非中庸之德也[55]。

【注释】

①厉直刚毅:以下至“失在依违”,出自《人物志·体别》。

②激讦(jié):激烈率直地揭发、斥责别人的隐私、过失。讦,攻击他人的过错或短处。

③强毅之人:以下至“难与矫违也”十二条注文,出自《人物志·体别》刘昞注。

④很(hěn)刚:《人物志·体别》作“狠刚”,暴戾。《韩非子·亡征》:“狠刚而不和,愎谏而好胜,不顾社稷而轻为自信者,可亡也。”陈奇猷《集释》:“狠刚,犹言暴戾也。”

⑤搪突:即唐突,冒犯。

⑥挠(náo):屈服。

⑦厉:发扬,增益。亢:激进,亢直。

⑧入微:深入到细微之处。

⑨不摄:混乱,不整。

⑩已:《人物志·体别》作“以”。刿(guì):伤害。

⑪权疑:谋划处理疑事。

⑫雄悍:勇武强悍。桀健:豪强。

⑬毁跌:过失。

⑭恇(kuāng):畏怯,恐惧。

⑮精良畏慎:精明善良,戒惕谨慎。

⑯精慎:《人物志·体别》作“惧慎”,胆小谨慎。译文从之。

⑰悍:《人物志·体别》作“狎”,刘昞注:“以勇戆为轻侮,而增其疑畏之心。”

⑱强楷:强劲刚直。坚劲:坚强不屈。

⑲凌楷:凌厉正直。

⑳劲持:《人物志·体别》作“劲特”,刚毅专一。译文从之。

㉑固护:志坚专一。《文选·马融〈长笛赋〉》:“或乃聊虑固护,专美擅工。”李善注:“聊虑固护,精心专一之貌。”刘昞注:“以辨博为浮虚,而强其专一之心。”此处指过分固执。

㉒附众:使众人归附。

㉓理绎:梳理,分析。

㉔释结:解决疑难。

㉕赡给:富足,丰富。

㉖以楷为系:把规矩视为束缚。楷,法式,典范。

㉗遂其流:指随顺其放荡之心。刘昞注:“以楷正为系碍,而遂其流宕之心。”

㉘泛序:泛泛地议论。

㉙普博周洽:指交游广泛而周到融洽。

㉚崇在覆裕:《人物志·体别》作“弘在覆裕”,指广泛的包容众人。译文从之。

㉛溷(hùn)浊:混浊。

㉜威:《人物志·体别》作“戒”,译文从之。

㉝狷(juàn):拘谨。

㉞砥诃(hē)清激:《人物志·体别》作“砭清激浊”,指针砭抨击世事的清浊,激浊扬清。译文从之。

㉟普:指交游广泛。秽:杂乱。刘昞注:“以弘普为秽杂,而益其拘局之心。”

㊱休动:或休或动,好动而不安分。磊硌(luò):《人物志·体别》作“磊落”,胸怀坦荡。译文从之。

㊲攀阶(jī):攀登。

㊳疏越:疏忽,疏漏。

㊴猥：杂滥，繁琐。

㊵持后：语本《老子》第七章："圣人后其身而身先，外其身而身存。"保持谦退，不与人争先。

㊶瘱（yì）密：《人物志·体别》作"机密"，深思熟虑。译文从之。

㊷道思回复：指考虑问题纡曲反复。

㊸朴露：质朴显露。径尽：直截了当，无所保留。

㊹不微：指不能严守机密。刘昞注："漏露生于径尽。"

㊺中款实确：内心真诚老实。

㊻野直：粗鲁直率。

㊼谞：《人物志·体别》作"谲"，权变。译文从之。诞：虚妄夸诞。

㊽消息：变化。

㊾韬情：隐藏实情。

㊿谞（xū）略：《人物志·体别》作"谲略"，谲诈多谋。译文从之。

51依违：指左右依违，模棱两可。

52韬谞：《人物志·体别》作"韬谲"，心怀诡诈。译文从之。

53原度取容：指推测揣度别人的心思，讨好对方。

54尽：指诚恳尽力。刘昞注："以款尽为愚直，而贵其浮虚之心。"

55中庸：指性情不偏不倚，兼有多种德性之美。《人物志·九征》："兼德而至，谓之中庸。中庸也者，圣人之目也。"

【译文】

《人物志》说："**严厉耿直、刚强果决的人，他的才干在于纠正错误，不足之处在于好激烈地攻击别人的短处。**刚强果决的人，性格暴戾而不平和，不知道改正过分强势、好冒犯他人的缺点，反而把柔顺当作屈服，进一步发扬他的亢直。所以这样的人，可以让他制定法律条款，难以让他研究细致微妙的事物。**温柔顺从、安静宽恕的人，好处在于宽厚包容，不足之处在于缺少决断。**温柔顺从的人，用心迟缓，优柔寡断，不知道改正所负责事务混乱不整的缺点，反而认为亢直容易伤害他人，进一步保持他的舒缓。所以这样的人，可以让他遵守常道，难以和他谋划处理疑难事务。**勇武强悍的豪强之人，好处在于富于胆识气魄，不足之处在于无所顾忌。**勇武强悍的人，意气风发，勇猛果敢，不知道改正其勇武鲁莽所带来的过失，反而认为柔顺是畏怯的表现，竭力发扬他的勇悍之势。所以这样的人，可以和他共同面对祸难，难以让他暂时屈居人下。**精明善良、小心谨慎的人，好处在于恭敬慎重，不足之处在于疑心太重。**胆小谨慎的人，畏惧祸患多所忌讳，不知道改正他害怕行义的缺点，反而认为勇悍是对他人的轻侮，进一步增加他的多疑。所以这样的人，可以保全自身，难以让他树立节操。**强劲刚直、坚强不屈的人，可以成为栋梁之材，不足之处在于专横固执。**凌厉正直的人，秉持着刚毅专一的意志，不知道改正过于固执的缺点，反而认为能言善辩是虚伪，进一步加强他的固执专断。所以这样的人，可以让他坚持正义，难以让他团结众人。**能言善辩、长于分析的人，能够解决疑难问题，不足之处在于放荡而不受约束。**巧言善辩的人，论辩道理时言辞丰富，不知道改正言辞泛滥的缺点，反而把规矩视为束缚，进一步听任其放纵之心。所以这样的人，可以和他泛泛地谈论，难以与他订立盟约。**交游广泛而周道融洽的人，好处在于广泛地包容众人，不足之处在于好坏不分。**交际广博的人，普遍地对人施予仁爱之意，不改正他交友混杂的缺点，反而认为耿介的人太过拘谨，进一步扩大清浊不分的毛病。所以这样的人，可以让他安抚大众，难以让他激励世俗。**清正耿直、廉洁无私的人，有着俭约固持的节操，不足之处在于过于拘谨。**孤高洁身的人，喜好针砭抨击世事的清浊，不知道改正立身处世过于狭隘的缺点，反而认为交游广泛的行为过于污浊杂乱，进一步加剧他的拘谨。所以这样的人，可以让他坚守节操，很难让他变通。**生性好动、胸怀坦荡的人，在事业上善于攀登，不足之处在于容易疏忽遗漏。**生性好动的人，追慕高远的志向，不知道改正思想上的杂滥烦琐，反而认为沉静就是停滞不前，进一步增强他的锐气。所以这样的人，可以让他开拓进取，难以让他保持谦退。**沉稳宁静、深思熟虑的人，精于洞悉深奥微妙的事理，不足之处在于迟疑懦弱。**沉稳宁静的人，考虑问题纡曲反复，不知道改正过分沉静所带来的迟缓滞后的缺点，反而认为好动是粗疏的表现，以怯懦为美德。所以这样的人，可以让他深思熟虑，难以让他迅速决断。**质朴显露、无所保留的**

人，他的内心诚实忠厚，不足之处在于不能严守机密。质朴显露的人，内心真诚老实，不知道改正过于粗鲁直率的缺点，反而认为讲究权变是虚妄夸诞的做法，进一步袒露其真诚。所以这样的人，可以和他讲信义，难以让他随机应变。足智多谋、隐匿真情的人，拥有谲诈多谋的权变，不足之处在于左右依违。心怀诡诈之人，善于推测他人的心思讨好对方，不改正他处事脱离正道的缺点，反而认为真诚尽力是愚昧的做法，进一步看重他的虚伪诡诈。所以这样的人，可以让他赞扬善美，难以让他纠正邪恶。”这些人有着或拘谨局促，或激进亢直的才性，都不是中庸之德。

文子曰：“凡人之道[①]，心欲小，志欲大，智欲圆，行欲方，能欲多，事欲少。所谓心小者，虑患未生，戒祸慎微，不敢纵其欲也。志大者，兼包万国，一齐殊俗，是非辐凑[②]，中为之毂也[③]。智圆者，终始无端[④]，方流四远[⑤]，深泉而不竭也。行方者，直立而不挠，素白而不污，穷不易操，达不肆志也。能多者，文武备具，动静中仪也[⑥]。事少者，执约以治广[⑦]，处静以待躁也[⑧]。夫天道极即反[⑨]，盈则损，故聪明广智守以愚[⑩]，多闻博辩守以俭[⑪]，武力毅勇守以畏，富贵广大守以狭[⑫]，德施天下守以让。此五者，先王所以守天下也。”

【注释】

①凡人之道：以下至“处静以待躁也”，出自《文子·微明》，有删节。

②辐（fú）凑：集中，聚集。

③毂（gǔ）：车轮的中心部位，周围与车辐的一端相接，中有圆孔，用以插轴。此处用以比喻君王的中心地位。《淮南子·主术训》：“是非辐凑，而为之毂。”高诱注：“以喻王。”

④终始无端：没有开端与终结之处。比喻智谋运转不竭。《淮南

子·主术训》："智欲员者，环复转运，终始无端。"高诱注："若顺连环，故曰无端。"

⑤方流四远：比喻智谋如水一般四处奔流。方，通"旁"。

⑥中仪：符合礼节。

⑦执约以治广：指把握关键，以简驭繁。

⑧处静以待躁：指保持虚静，以静制动。

⑨夫天道极即反：以下至"先王所以守天下也"，出自《文子·九守·守弱》，有删节。极，顶点。反，同"返"。

⑩守愚：保持愚拙，不事巧伪。

⑪俭：约束，节制。

⑫狭：与"广"相对，指不丰裕，俭朴。

【译文】

文子说："为人之道，心欲小，志欲大，智欲圆，行欲方，能欲多，事欲少。所谓心小，说的是防患未然，要谨小慎微地防备祸端，不能放纵自己的欲望。所谓志大，说的是要胸怀天下，使各地不同的风俗归于一致，天下的是非对错都汇聚于中央，由君王进行定夺。所谓智圆，说的是智慧要像圆环一样没有开端与终结之处，如水一般四处奔流，如源泉一般没有竭尽之时。所谓行方，说的是要立身正直而不屈挠，洁白而没有污点，穷困时不改变节操，发达后不肆意妄为。所谓能多，说的是要兼备文武之才，行动与止息都符合礼仪。所谓事少，说的是要把握关键，以简驭繁，保持虚静，以静制动。天道的规律，到达顶点就要回返，盈满就要缺损，所以虽然聪明多智，仍要保持愚拙；虽然博闻善辩，仍要保持节制；虽然勇武刚毅，仍要保持畏惧；虽然大富大贵，仍要保持俭朴；虽然恩德遍及天下，仍要保持谦让。这五个方面，是古代贤明君王能够守住天下的原因。"

《传》曰："无始乱①，无怙富②，无恃宠，无违同③，无傲礼[④]，无骄能[⑤]，无复怒[⑥]，无谋非德，无犯非义。”此九言，古人所以立身也。

【注释】

①无始乱：以下至“无犯非义”，出自《左传·定公四年》。始乱，发动祸乱。

②怙（hù）富：凭恃富有。

③违同：违背共同的意愿。

④傲礼：傲视有礼的人。

⑤骄能：恃才骄傲。

⑥复怒：为一事而再次发怒。

【译文】

《左传》说：“不要发动祸乱，不要倚仗富有，不要恃宠而骄，不要违背共同的意愿，不要傲视有礼的人，不要仗着有才干而骄傲，不要为同一件事重复发怒，不要谋划不道德的事，不要去做不义的事。”这九句话，是古人安身立命的原则。

《玉钤经》曰：“夫以明示者浅[①]，有过不自知者弊[②]，迷而不反者惑，以言取怨者祸，令与心乖者废，后令缪前者毁[③]，怒而无威者犯，好众辱人者殃，戮辱所任者危，慢其所敬者凶，貌合心离者孤，亲佞远忠者亡，信谗弃贤者惛[④]，私人以官者浮[⑤]，女谒公行者乱[⑥]，群下外恩者沦[⑦]，凌下取胜者侵，名不胜实者耗[⑧]，自厚薄人者弃，薄施厚望者不报，贵而忘贱者不久，用人不得其正者殆[⑨]，为人择官者乱，失其所强者弱，决于不仁者险，阴谋外泄者败，厚敛薄施者凋[⑩]。”此自理之大体也。孙卿曰：“口能言之[⑪]，身能行之，国宝也。口不能言，身能行之，国器也。口能言之，身不能行之，国用也[12]。口言善，身行恶，国妖也。”

【注释】

①夫以明示者浅：以下至“厚敛薄施者凋”，见于《素书·遵义》。以明示者浅，《素书·遵义》作“以明示下者暗”，张商英注：“圣贤之道，内明外晦。惟不足于明者，以明示下，乃其所以暗也。”指向属下炫耀自己的高明，一定会被欺骗与蒙蔽。译文从之。

②弊：《素书·遵义》作“蔽”，昏聩，不明是非。译文从之。

③缪（miù）：错误，乖误。毁：毁弃，失败。张商英注：“号令不一，心无信而事毁弃矣。”

④惛（hūn）：认识糊涂，不明事理。

⑤私人以官：指私自授予人官职。浮：轻浮，肤浅。张商英注：“浅浮者，不足以胜名器。”

⑥女谒：指通过宫中嬖宠的女子干求请托。

⑦群下外恩：《素书·遵义》作“群下外异”，指臣下纷纷产生外心。张商英注：“人人异心，求不沦亡，不可得也。”译文从之。

⑧耗：损失。

⑨正者：正直的人。

⑩凋：衰落。

⑪口能言之：以下至“国妖也”，出自《荀子·大略》。

⑫国用：能为国所用。《荀子·大略》杨倞注：“国赖其言而用也。”

【译文】

《玉钤经》说：“喜欢在属下面前炫耀自己的高明，这样的人会被蒙蔽；有了过错而不自知，是不明是非的人；误入歧途而不知悔改，是神志糊涂的人；因言语不当而招致怨恨，这样的人会遭遇灾祸；发布的政令与内心的想法相违背，政令将难以推行；颁布的政令前后不一，一定会最终毁弃；发怒却没有威严，这样的人会被侵犯；喜欢当众侮辱他人，这样的人会遭殃；羞辱惩罚所任用的人，这样的人会有危险；怠慢应该尊敬的人，这样的人会有凶险；与众人貌合神离，这样的人会陷入孤立；亲近谄佞之人、疏远忠诚之人，这样的人将会灭亡；相信谗言，抛弃贤者，这样的人不明事理；私自授予人官职，这样的人轻浮不可靠；人们公然通过宫中嬖宠的女子干求请托，这样的国家朝政混乱；臣下纷纷产生外心，这样的国家将会沦亡；欺凌下属以获胜，这样的人也将遭到侵犯；名声超过实际的才德，这样的人会遭到损失；厚待自己而刻薄待人，这样的人会被抛弃；给予的恩惠很少，却想得到丰厚的回报，最终一定无法实现；富贵之后，就忘了曾经的贫贱，这样的人不会长久；用人时不任用正直之人，将带来危险；为了某人特地设置官位，将导致朝政的混乱；丢失了自己的优势，将导致衰弱；让不仁之人制定政策，将带来危险；秘密计划被泄露，将导致失败；横征暴敛而薄施寡恩，这样的国家将会衰落。”这是自我修养的关键所在。荀子说：“嘴里能说，能够身体力行，这是国家的珍宝。嘴里不能说，能够身体力行，这是国家的器具。嘴里能说，但不能身体力行，这样的人能为国所用。嘴里说好话，干的却是坏事，这是国家的妖孽。”

故傅子曰：“立德之本莫尚乎正心[①]。心正而后身正，身正而后左右正，左右正而后朝廷正，朝廷正而后国家正，国家正而后天下正。故天下不正修之国家，国家不正修之朝廷，朝廷不正修之左右，左右不正修之身，身不正修之心。所修弥近，所济弥远。禹、汤罪己，其兴也勃焉[②]，正心之谓也。”尸子曰：“心者[③]，身之君也。天子以天下受令于心，心不当则天下祸。诸侯以国受令于心，心不当则国亡。匹夫以身受令于心，心不当则身为僇矣[④]。”

【注释】

①立德之本莫尚乎正心：以下至“正心之谓也”，见于《群书治要》卷四十九引《傅子》。正心，使人心归向于正。

②勃：兴起貌。

③心者：以下至“心不当则身为僇矣”，出自《尸子·贵言》。

④僇（lù）：通“戮”，杀戮。

【译文】

所以傅玄说：“树立德业的根本，没有比正人心更重要的了。心正之后才能身正；自身端正之后，左右之人才能端正；左右之人端正了，朝廷才能端正；朝廷端正了，国家才能端正；国家端正了，天下才能端正。所以如果天下不正，就要整顿国家；国家不正，就要整顿朝廷；朝廷不正，就要整顿左右之人；左右之人不正，就要修养自身；自身不正，就要修养内心。所修养整顿的越切近，所成就的就越远大。大禹、商汤检讨自己的错误，所以他们的国家勃然兴起，这就是正人心的意义。”尸子说：“心，是身体的君主。天子受心的指令治理天下，如果用心不当，天下就会遭殃。诸侯受心的指令治理国家，如果用心不当，国家就会灭亡。百姓受心的指令支使自身，如果用心不当，就会身遭杀戮。”

理乱第十二

【题解】

所谓“理乱”，指的是国家“治”与“乱”的不同情形。赵蕤认为，可以通过三种不同的方法判断一个国家的治乱情形：其一，以“王主、治主、存主、衰主、危主、亡主”六者为标准，观察君主的品性与施政得失，并由此判定国家的命运。其二，通过九种不同的政治风气，观察国家的治乱情形。其三，着重观察几种导致国家混乱的行为，即所谓“四乱”与“四危”。

那么，如何让一个国家避免混乱呢？赵蕤援引《潜夫论》的说法，强调了“势”的作用。文中指出，一个国家“法术明而赏罚必”，则“势自治”，反之则“势自乱”。在自注中，赵蕤还援引了《商君书》的说法，认为法令可以确立名分，而“名分定，势治之道也；名分不定，势乱之道也”，故君主应该“审法度而布教令”，天下方能长治久安。

夫明察六主，以观君德；审惟九风，以定国常①；探其四乱，覈其四危②；则理乱可知矣③。

【注释】

①国常：国家的典章、法规。

②覈(hé):考察。

③理乱:治与乱。

【译文】

明辨六种不同的君主,用以观察君主的德行;审视九种不同的政治风气,用以确定国家的法度;探讨四种乱国的表现,考察四种危国的征兆;那么导致国家安定与动乱的原因,也就可以知道了。

何谓六主?荀悦曰:"体政性仁[①],心明志固,动以为人,不以为己,是谓王主。议曰:王主者,谓天姿仁德。克己恕躬[②],好问力行,动以从义,不以从情,是谓治主。议曰:治主者,谓抑情割欲。勤事守业,不敢怠荒[③],动以先公,不以先私,是谓存主。议曰:存主者,谓拘法守律。悖义交争[④],公私并行,一得一失,不纯道度[⑤],是谓衰主。情过于义,私多于公,制度逾限,政教失常,是谓危主。亲用谗邪,放逐忠贤,纵情追欲,不顾礼度,出入游放[⑥],不拘仪禁[⑦],赏赐行私,以越公用[⑧],忿怒施罚,以逾法理,遂非文过[⑨],而不知改,忠言拥塞[⑩],直谏诛戮,是谓亡主。"故王主能致兴平[⑪];治主能修其政;存主能保其国;衰主遭无难则庶几能全,有难则殆;危主遭无难则幸而免,有难则亡;亡主必亡而已矣。

【注释】

①体政性仁:以下至"是谓亡主",出自《汉纪·孝昭皇帝纪》。体政,《汉纪》作"体正"。

②恕躬:躬行宽仁之道。

③怠荒:懒惰放荡。

④悖：昏乱。义：正义。

⑤道度：规矩，法度。

⑥游放：指纵情游览。

⑦仪禁：礼仪的约束。

⑧公用：犹国用，国家的用度。

⑨遂非文过：文过饰非，掩饰错误和过失。

⑩拥塞：阻塞，阻隔。

⑪故王主能致兴平：以下至"亡主必亡而已矣"，出自《汉纪·孝昭皇帝纪》。

【译文】

什么是"六主"？荀悦说："自身正直，本性仁义，内心清明，志向专一，举动都是为了他人，而不是为了自己的私欲，这就是所谓的'王主'。评论道：所谓"王主"，说的是天性仁德的君主。克制私欲，躬行宽仁之道，勤于向人请教，身体力行，举动遵从道义的原则，而不是顺从私情，这就是所谓的'治主'。评论道：所谓"治主"，说的是能够克制情感，割舍欲望的君主。勤于政事，守护祖先开创的基业，不敢懒惰迷乱，处理政务先公后私，这就是所谓的'存主'。评论道：所谓"存主"，说的是能够严格奉行法律的君主。昏乱与正义相互争斗，公事与私事混杂并行，政事有得有失，不能完全遵循法度，这就是所谓的'衰主'。私情压倒道义，私事多于公事，制度逾越法度的限制，政治与教化失去常态，这就是所谓的'危主'。亲近任用谄佞邪恶的小人，放逐忠诚贤明的大臣，纵情追欲，不顾礼法的限制，纵情游览，不受礼仪的约束，用于赏赐私事的花销，多于国家公事的用度，由于个人愤怒所施加的刑罚，超过了国家法度的规定，文过饰非，不知改过，忠诚之言被阻隔，直言规谏之臣被诛杀，这就是所谓的'亡主'。"所以说，王主能够开创太平盛世；治主能够整顿国家政治；存主能够保全国家；衰主如果没有遭遇灾难，大概也能保全国家，但如果遇到灾难便很危险；危主如果没有遭遇灾难，还有幸免的可能，如果遭遇灾难则一定灭亡；亡主的国家必然灭亡。

何谓九风？君臣亲而有礼[1]，百僚和而不同[2]，让而不争，勤而不怨，唯职是司[3]，此理国之风也[4]。尹文子曰："上不能胜其下[5]，下不能犯其上，上下不相胜犯，故禁令行，人人无私，虽经崄易[6]，而国不可侵，治国也。"礼俗不一，职位不重，小臣谗疾，庶人作议，此衰国之风也。尹文子曰："君年长多妾媵[7]，少子孙，疏强宗，衰国也。"君好让[8]，臣好逸，士好游[9]，民好流[10]，此弱国之风也。君臣争明[11]，朝廷争功，大夫争名，庶人争利，此乖国之风也[12]。上多欲，下多端[13]，法不定，政多门，此乱国之风也。尹文子曰："君宠臣[14]，臣爱君，公法废，私欲行，乱国也。"以侈为博[15]，以伉为高[16]，以滥为通[17]，遵礼谓之拘，守法谓之固，此荒国之风也[18]。议曰：夫晋家尚于浮虚[19]，所以败也，此之谓矣。以苛为察，以利为公，以割下为能[20]，以附上为忠[21]，此叛国之风也[22]。叔向曰[23]："大臣重禄而不极谏，近臣畏罪而不敢言，下情不上通，此患之大者也。"上下相疏，内外相疑，小臣争宠，大臣争权，此危国之风也。上不访下，下不谏上，妇言用，私政行[24]，此亡国之风也。尹文子曰："国贫小[25]，家富大，君权轻，臣势重，亡国也。内无专宠，外无近习[26]，支庶繁息[27]，长幼不乱，昌国也。农桑以时，仓廪充实，兵甲劲利，封疆修理[28]，强国也。"文子曰："夫乱国若盛[29]，治国若虚，亡国若不足，存国若有余。虚者非无人，各守其职也。盛者非多人，皆邀于末也[30]。有余非多财，节欲事寡也。不足者非无货，人躁而费多也[31]。"

【注释】

①君臣亲而有礼：以下至"此亡国之风也"，出自《申鉴·政体》。

②和而不同：和睦相处，但不随便附和。《论语·子路》："君子和而不同，小人同而不和。"何晏《集解》："君子心和，然其所见各异，故曰不同。"

③唯职是司：各司其职。

④理国：《申鉴·政体》作"治国"，安定太平的国家。赵蕤避唐高宗讳，改"治"为"理"。

⑤上不能胜其下：以下至"治国也"，出自《尹文子·大道下》。胜，欺凌。

⑥崄（xiǎn）易：偏指艰难困厄。崄，同"险"。

⑦君年长多妾媵（yìng）：以下至"衰国也"，出自《尹文子·大道下》。妾媵，指侍妾。

⑧让：指屈服，忍让。

⑨游：游乐放荡。

⑩民好流：指民众离散，不安其居。《申鉴·政体》黄省曾注："万民离散，不安其居，如水之流也。"

⑪争明：《申鉴·政体》孙启治校补："犹言争智。"

⑫乖：乖戾不和。

⑬多端：头绪众多、繁杂。

⑭君宠臣：以下至"乱国也"，出自《尹文子·大道下》。

⑮侈（chǐ）：过分，超过限度。

⑯伉（kàng）：骄纵，倨傲。

⑰滥：指没有操守，胡作非为。

⑱荒：荒乱，迷乱。《申鉴·政体》孙启治校补："迷乱曰荒。"

⑲浮虚：指魏晋清谈的虚无玄理。

⑳割：剥削，夺取。

㉑附上：对君主随声附和。

㉒叛国：指上下离心离德之国。叛，背离。

㉓叔向曰:以下至“此患之大者也”,出自《新序·杂事第五》。

㉔私政行:指后宫干政。《申鉴·政体》孙启治校补:“《意林》五‘私’作‘内’,义同,并指后宫。”

㉕国贫小:以下至“强国也”,出自《尹文子·大道下》。

㉖近习:指君主宠爱信任的人。

㉗支庶:宗法制度谓嫡子以外的旁支。

㉘修理:指治理得好。

㉙夫乱国若盛:以下至“人躁而费多也”,出自《文子·自然》。

㉚邀:谋求。末:古代指工商业,与为“本”的农业相对。

㉛躁:通“懆(cǎo)”,贪欲,贪婪。《广雅·释诂》:“懆,贪也。”

【译文】

什么是“九风”?君主与臣子亲近而守礼,百官和睦相处却不随便附和,互相谦让而不争夺,勤劳而不抱怨,各司其职,这是安定太平之国的政治风气。尹文子说:“在上位的人不敢欺凌在下位的人,在下位的人不敢冒犯在上位的人,上下互不侵犯,所以能够做到令行禁止,人人没有私心,国家即便遭遇危险,依然不可侵犯,这是安定太平的国家。”礼仪与习俗不能统一,朝廷的职位没有威重,地位不高的小吏谗害嫉妒他人,平民百姓非议朝政,这是衰乱之国的政治风气。尹文子说:“君主年岁大,侍妾众多,子孙稀少,宗族疏远,这是衰败的国家。”君主选择忍让,臣下喜欢安逸,士人喜好游乐放荡,民众离散,不安其居,这是弱小之国的政治风气。君主与臣子争着表现自己的睿智,朝廷上下争抢功劳,士大夫争抢名声,平民百姓争夺私利,这是乖戾不和之国的政治风气。在上位的人欲望过多,在下位的人多生事端,法令不能统一,政出多门,这是混乱之国的政治风气。尹文子说:“君主宠信臣子,臣子奉承君主,国家的法律被废弃,个人的私欲横行,这是混乱的国家。”把过度当作广博,把骄纵倨傲当作高洁,把不讲操守当作通达,认为遵守礼义过于拘谨,遵守法度过于固执,这是荒乱之国的政治风气。评论道:晋朝崇尚玄虚的清谈,所以最终败亡,说的正是这个道理。把严苛当作明察,把谋利当作公事，把剥削下民当作能力，把附和君主当作忠诚，这是离心离德之国的政治风气。叔向说："大臣看重俸禄而不肯尽力劝谏，亲信害怕罪责而不敢说真话，下面的真实情况无法传达到朝廷，这是国家最大的祸患。"君臣相互疏远，朝廷内外相互怀疑，小吏相互争宠，大臣相互争权，这是危殆之国的政治风气。在上位的人不征询意见，在下位的人不直言劝谏，听信妇人之言，后宫干预朝政，这是将亡之国的政治风气。尹文子说："国家贫穷弱小，私家富裕强大，君主的权力太轻，大臣的权势太重，这是将要灭亡的国家。宫内没有专宠之人，朝中没有亲信之臣，宗族子孙繁盛，长幼有序，这是昌盛的国家。农耕与蚕桑不违背时令，国家粮食充足，军队强大，边防稳固，这是强大的国家。"文子说："混乱之国貌似兴盛，太平之国貌似空虚，将亡之国貌似不足，保全之国貌似有余。所谓空虚，并不是无人，而是人人都能各尽其职。所谓兴盛，并不是人多，而是人人都去追求末利。所谓有余，并不是财富很多，而是节制欲望，少生事端。所谓不足，并不是财富太少，而是人心贪婪，费用繁多。"

何谓四乱？管子曰："内有疑妻之妾[①]，此家乱也；庶有疑嫡之子[②]，此宗乱也；朝有疑相之臣，此国乱也；任官无能，此众乱也。"故曰：立天子者不使诸侯疑焉[③]，立诸侯者不使大夫疑焉，立正妻者不使嬖妾疑焉，立嫡子者不使庶孽疑焉。疑则动，两则争[④]，杂则相伤。故臣有两位者国必乱[⑤]，臣两位而国不乱者，君犹在也。恃君不乱，失君必乱矣。子两位者家必乱，子两位而家不乱者，亲犹存也。恃亲不乱，失亲必乱矣。臣疑其君，无不危之国；孽疑其宗，无不危之家也。何谓四危？又曰："卿相不得众[⑥]，国之危也；大臣不和同[⑦]，国之危也；兵主不足畏[⑧]，国之危也；民不怀其产[⑨]，国之危也。"此治乱之形也。

【注释】

①内有疑妻之妾：以下至“此众乱也”，出自《管子·君臣下》。疑，通“拟”，相比拟。此处指僭拟、僭越。

②嫡：嫡长子。

③立天子者不使诸侯疑焉：以下至“无不危之家也”，出自《慎子·德立》。

④两：等同，比并。

⑤臣有两位者：指大臣的权势僭拟君主，故下文云“臣疑（拟）其君，无不危之国”。

⑥卿相不得众：以下至“国之危也”，出自《管子·立政》。得众，得民心。

⑦和同：和睦同心。

⑧兵主：军队的统帅。

⑨怀其产：安心于他们的产业。怀，安心。

【译文】

什么是“四乱”？管子说：“家中有与正妻地位类似的宠妾，这是家中之乱；庶子中有与嫡长子地位类似的宠子，这是宗族之乱；朝廷中有与宰相权力类似的大臣，这是国家之乱；任用的官员没有才干，这是众官之乱。”所以说：确立天子的地位，不能让诸侯僭拟天子；确立诸侯的地位，不能让大夫僭拟诸侯；确立正妻的地位，不能让宠妾僭拟正妻；确立嫡子的地位，不能让庶子僭拟嫡子。僭拟就会招致动荡，地位匹敌就会导致争夺，贵贱混杂不分就会导致互相伤害。所以，如果大臣僭拟君主，国家一定会混乱；如果大臣僭拟君主而国家不乱，这是因为君主还在世。君主在世不出乱子，若君主去世，一定产生混乱。庶子僭拟嫡子，家族一定会混乱；如果庶子僭拟嫡子而家族不乱，这是因为父母还在世。父母健在不出乱子，若父母去世，一定产生混乱。大臣僭拟君主，国家没有不发生危险的；庶子僭拟嫡子，家族没有不发生危机的。什么是“四危”？管子又说：“执政大臣不得民心，是国家的危险；大臣不能和睦同心，是国家的危险；军队的统帅没有威严不足畏惧，是国家的危险；民众不安心于他们的产业，是国家的危险。”这便是国家太平与混乱的不同情形。

凡为人上者[①]，法术明而赏罚必者[②]，虽无言语而势自治；法术不明而赏罚不必者，虽日号令，然势自乱。管子曰：“理国有三器[③]，乱国有六攻。明君能胜六攻而立三器，则国理。不肖君不能胜六攻而立三器，故国乱。三器者何也？曰：‘号令也，斧钺也[④]，禄赏也[⑤]。’六攻者何也？曰：‘亲也，贵也，货也，色也，巧佞也，玩好也[⑥]。’三器之用何也？曰：‘非号令无以使下，非斧钺无以威众，非禄赏无以劝人。’六攻之败何也？曰：‘虽不听而可以得存，虽犯禁而可以得免，虽无功而可以得富。夫国有不听而可以得存者，则号令不足以使下；有犯禁而可以得免者，则斧钺不足以威众；有无功而可以得富者，则禄赏不足以劝人。号令不足以使下，斧钺不足以威众，禄赏不足以劝人，则人君无以自守也。’”是故势理者，虽委之不乱；势乱者，虽勤之不治。尧、舜拱己无为而有余[⑦]，势理也；胡亥、王莽驰骛而不足，势乱也。商子曰：“法令者[⑧]，人之命也[⑨]，为治之本也。一兔走而百人逐之，非以兔可分以为百，由名分之未定也。夫卖兔者满市，盗不敢取，由名分之定也。故夫名分定，势治之道也；名分不定，势乱之道也。故势治者不可乱也，势乱者不可治也。夫势乱而欲治之，愈乱矣；势治而治之，则治矣。故圣人治治不治乱也。圣人为人作法，必使之明白易知，愚智偏能知之[⑩]。故圣人立天下，而天下无刑死者，非可刑杀而不刑杀也，万人皆知所以辟祸就福，而皆自治也。明主因治而治之，故天下大治也。”故曰：“善者求之于势[⑪]，不责于人。”是故明主审法度而布教令，则天下治矣。《左传》曰："国将亡，必多制[12]。"杜预云："数变法也。"

【注释】

①凡为人上者：以下至"则天下治矣"，出自《潜夫论·明忠》，有删节。

②法：指法度。术：指君主统驭群臣的方法。《潜夫论·明忠》："所谓术者，使下不得欺也。"

③理国有三器：以下至"则人君无以自守也"，出自《管子·重令》。理国，《管子·重令》作"治国"。

④斧钺（yuè）：指刑罚手段。

⑤禄赏：俸禄和奖赏。

⑥玩好：供玩赏的奇珍异宝。

⑦拱己：垂拱。指无为而治。

⑧法令者：以下至"故天下大治也"，出自《商君书·定分》，有删节。

⑨人：《商君书·定分》作"民"。

⑩偏（biàn）：通"遍"，普遍，全面。

⑪善者：指善治国者。《潜夫论·明忠》彭铎校正："此承上言，'善者'即'善为国者'，古人语简质耳。"

⑫国将亡，必多制：出自《左传·昭公六年》。

【译文】

凡为君主，如果法令与统驭之术高明且赏罚必行，虽然不说话，国家的局势自然会安定；如果法令与统驭之术不高明且赏罚不行，虽然频繁发号施令，国家的局势也一定混乱。管子说："安定的国家有'三器'，混乱的国家有'六攻'。贤明的君主能克制'六攻'而设立'三器'，所以国家就能安定。昏庸的君主不能克制'六攻'而设立'三器'，所以国家就会混乱。什么是'三器'？回答道：'号令，刑罚，俸禄赏赐。'什么是'六攻'？回答道：'亲信，权贵，财货，美色，奸诈阿谀之人,供玩赏的珍宝。’‘三器’的用途是什么?回答道:‘没有号令,就无法驱使臣民;没有刑罚,就无法威慑民众;没有俸禄赏赐,就无法鼓励百姓。’‘六攻’的坏处是什么?回答道:‘虽然不听号令,却能平安无事;虽然触犯禁令,却能得到赦免;虽然没有功劳,却能获得财富。如果一国之内,存在不听号令却平安无事的情形,那么号令便不足以驱使臣民;存在触犯禁令却得到赦免的情形,那么刑罚便不足以威慑民众;存在没有功劳却获得财富的情形,那么俸禄赏赐便不足以鼓励百姓。号令不足以驱使臣民,刑罚不足以威慑民众,俸禄赏赐不足以鼓励百姓,那么君主也就无法保全自己了。’”所以,如果国家大势趋于安定,即使放任自流,也不会发生混乱;如果国家大势趋于混乱,即使竭尽心力,也不会安定太平。尧、舜垂手,无为而治却绰有余裕,这是因为太平之势已定;胡亥、王莽日夜奔走却穷于应付,这是因为混乱之势已生。商鞅说:“法令,是人们的性命,是治国的根本。一只兔子奔逃,一百个人去追赶,这并不是因为一只兔子可以分成百份,而是因为兔子的所有权还没确定。市场上到处都有兔子售卖,而盗贼不敢随意去拿,这是因为兔子的所有权已经确定了。所以确定名分,是让国家大势趋于安定的方法;名分不确定,是国家大势趋于混乱的原因。所以大势趋于安定,就难以使之混乱;大势趋于混乱,就难以使之安定。大势趋于混乱的国家,如果加以治理,只会愈加混乱;大势趋于安定的国家,如果加以治理,便会愈加安定太平。所以圣人只治理大势安定的国家,不治理大势混乱的国家。圣人为民众制定法令,一定让法令明白易懂,不论愚人智者都能明白。所以圣人治理天下,天下没有受刑被杀的人,之所以如此,并不是应当受刑的人没有受到惩治,而是因为人人都知道如何避祸求福,做到自我约束。贤明的君主凭借民众的自我约束而加以治理,所以天下就大治了。”所以说:“善于治理国家的人,追求看重的是国家大势,而不苛责于人。”所以贤明的君主审核法度,发布政令,则天下自然就安定了。《左传》说:“国家将要灭亡,必然法令众多。”杜预注:“屡屡改动法律。”

论曰:夫能匡世辅政之臣,必先明于盛衰之道,通于成败之数,审于治乱之势,达于用舍之宜,然后临机而不惑[①],

见疑而能断。为王者之佐,未有不由斯者矣。

【注释】

①临机:谓面临变化的机会和情势。

【译文】

评论道:能够匡扶世道、辅佐朝政的大臣,一定要先明白盛衰的道理,通达成败的规律,细察安定与动乱的大势,明白取舍的适当方法,然后才能面对复杂的局面而不迷惑,遇到疑难而能做出决断。要成为君王的辅佐,没有不从这些做起的。

卷第三　文下

反经第十三

议曰：理国之要，以仁义赏罚，此其大略也。然用失其宜，反以为害，故著《反经》一章以明之也。

【题解】

所谓“反”，指种种看似正确的德行与政治举措，在运用不当的情况下，均会起到反作用。对于这一论断，赵蕤十分重视，故以“经”字为本篇命名。文中罗列了仁、义、礼、乐、名、法、刑、赏，乃至文书、尊贤、明罚、明察、忠孝等方面的负面作用，强调“理国之要，以仁义赏罚，……然用失其宜，反以为害”。由此可见，虽然赵蕤在《理乱》篇中提出了法的作用，认为“法术明”是治乱的关键；但在赵蕤的整体理论中，操纵法术的君主才是真正的关键所在，所谓“知法也者，先王之陈迹，苟非其人，道不虚行”。

赵蕤自注：“治理国家的关键，在于施行仁义，赏罚分明，这是就大体情况而言。但如果仁义、赏罚运用不当，就会适得其反，所以撰写《反经》这一章来说明这个问题。”

臣闻：三代之亡，非法亡也，御法者非其人矣。故知法也者，先王之陈迹，苟非其人，道不虚行。故尹文子曰：“仁、义、礼、乐、名、法、刑、赏①，此八者，五帝三王治世之术。故仁者，所以博施于物，亦所以生偏私②。反仁也③。议曰：在礼④，家施不及国，大夫不收公利。孔子曰⑤："天子爱天下，诸侯爱境内。"不得过所爱者，恶私惠也。故知偏私之仁，王者恶之也。义者，所以立节行，亦所以成华伪⑥。反义也。议曰：忘身徇国⑦，临大节而不可夺⑧，此正义也。若赵相虞卿⑨，弃相捐君，以周魏齐之危⑩；信陵无忌，窃符矫命，以赴平原之急⑪。背公死党之义成⑫，守职奉上之节废。故毛公数无忌曰⑬："于赵则有功矣，于魏则未为得⑭。"凡此之类，皆华伪者。礼者，所以行谨敬，亦所以生惰慢。反礼也。议曰：汉时欲定礼⑮，文帝曰："繁礼饰貌，无益于理，躬化谓可耳⑯。"故罢之。郭嘉谓曹公曰："绍繁礼多仪，公体任自然，此道胜者也。"夫节苦难贞⑰，故生惰慢也。乐者，所以和情志，亦所以生淫放。反乐也。《乐书》曰⑱："郑、卫之音，乱代之音⑲；桑间、濮上之音⑳，亡国之音也。"故严安曰㉑："夫佳丽珍怪㉒，固顺于耳目，故养失而泰㉓，乐失而淫㉔，礼失而彩㉕，教失而伪。伪、彩、淫、泰，非所以范人之道。"名者，所以正尊卑，亦所以生矜篡。反名也。议曰：古者名位不同，礼亦异数㉖，故圣人明礼制以序尊卑，异车服以彰有德㉗。然汉高见秦皇威仪之盛㉘，乃叹曰："大丈夫当如此。"此所以生矜篡。《老经》曰㉙："夫礼者㉚，忠信之薄㉛，而乱之首㉜。"信矣哉！法者，所以齐众异，亦所以生乖分㉝。反法也。议曰：《道德经》云："法令滋彰，盗贼多有㉞。"贾谊云："法出而奸生，令下而诈起㉟。"此乖分也。刑者，所以威不服，亦所以生凌暴。反刑也。赏者，所以劝忠能，亦所以生鄙争㊱。"反赏也。

【注释】

①仁、义、礼、乐、名、法、刑、赏：以下至“亦所以生鄙争”，出自《尹文子·大道下》，有删节。

②偏私：袒护私情，不公正。

③反仁也：指“仁”的负面作用。

④在礼：以下至“大夫不收公利”，出自《左传·昭公二十六年》。

⑤孔子曰：以下至“诸侯爱境内”，出自《韩非子·外储说右上》。

⑥华伪：虚浮诈伪。

⑦侚（xùn）：通“殉”。

⑧大节：关系存亡安危的大事。夺：动摇，屈服。

⑨若赵相虞卿：以下至“守职奉上之节废”，出自《汉书·游侠列传》，有删节。虞卿，战国时期游说之士，曾游说赵孝成王，被任命为上卿，故号为“虞卿”。后为了拯救魏相魏齐，抛弃相位，与魏齐一同逃到魏国。

⑩周：周济，救济。魏齐：战国时期魏国相国。因怀疑门客范雎与齐国相勾结，对其鞭笞折辱。后范雎成为秦国相国，魏齐十分恐惧，抛弃相位逃到赵国。之后，秦昭襄王悬赏魏齐首级，魏齐又投奔虞卿，两人一同逃往魏国投奔信陵君。由于没有得到信陵君及时接纳，魏齐自刎而死。

⑪“信陵无忌”三句：魏安釐王二十年（前257），秦军围攻邯郸，赵求救于魏，魏王派晋鄙救赵，但又惧怕秦国，按兵不动。信陵君通过魏王宠妾如姬窃得兵符，杀晋鄙，与赵国合兵击败秦国。信陵无忌，指信陵君魏无忌。平原，指平原君赵胜。

⑫死党：为朋党效死尽力。

⑬毛公：赵国隐士。数：数落，责备。

⑭于赵则有功矣，于魏则未为得：据《史记·魏公子列传》载，这番话出于某位不知名的“客”之口，并非毛公所云。

⑮汉时欲定礼：以下至“故罢之”，出自《史记·礼书》。

⑯躬化：指以自身的德行感化别人。

⑰节苦难贞：语本《周易·节卦》：“节，亨。苦节，不可贞。”孔颖达疏：“节须得中，为节过苦，伤于刻薄，物所不堪，不可复正，故曰‘苦节，不可贞’也。”此处指礼节过分烦琐，便难以坚持。

⑱《乐书》：指《史记·乐书》。

⑲乱代之音：《史记·乐书》作“乱世之音”，赵蕤避唐太宗讳，改“世”为“代”。

⑳桑间、濮上之音：《礼记·乐记》郑玄注：“濮水之上，地有桑间者，亡国之音于此之水出也。昔殷纣使师延作靡靡之乐，已而自沉于濮水。后师涓过焉，夜闻而写之，为晋平公鼓之，是之谓也。”后因以“桑间濮上”指淫靡之音。

㉑严安：临淄（今山东淄博临淄区东北）人。汉武帝时期文学侍从之臣。

㉒夫佳丽珍怪：以下至“非所以范人之道”，出自《汉书·严安传》。

㉓养：财用，生活所需。失：指失去节制。泰：奢侈。

㉔淫：过度，无节制。指靡靡之音。

㉕彩：《汉书·严安传》作“采”，颜师古注：“采者，文过其实也。”

㉖古者名位不同，礼亦异数：出自《汉书·艺文志》。名位，指官职与地位。

㉗圣人明礼制以序尊卑，异车服以彰有德：出自《汉书·成帝纪》。车服，车与礼服。

㉘然汉高见秦皇威仪之盛：以下至“大丈夫当如此”，出自《史记·高祖本纪》。威仪，帝王或大臣的仪仗、扈从。

㉙《老经》：指《老子》。

㉚夫礼者：以下至“而乱之首”，出自今本《老子》第三十八章。

㉛薄：衰薄，不足。

㉜乱之首：祸乱的开端。

㉝乖分：非分，不合本分。

㉞法令滋彰，盗贼多有：出自今本《老子》第五十七章。

㉟法出而奸生，令下而诈起：出自《汉书·董仲舒传》所载董仲舒《举贤良对策》，并非贾谊语。

㊱鄙争：谓用不正当的手法争夺。

【译文】

我听说：夏、商、周三代之所以灭亡，并不是治国的法度消亡了，而是执行法度的人选不当。可知所谓法度，不过是先王的遗迹，如果没有适当的执行人选，他们的治国之道不可能凭空施行。所以尹文子说："仁、义、礼、乐、名、法、刑、赏，这八项，是五帝、三王治理天下的方法。所以仁，可以广泛地施予恩惠，但也会由此产生偏私袒护的弊端。这是仁的负面作用。评论道：在礼的规范中，大夫的施恩不能遍及国人，不得获取公共的利益。孔子说："天子仁爱天下的百姓，诸侯仁爱境内的百姓。"仁爱的对象不能超过界限，这是因为厌恶私自的恩惠。由此可知，这种私自施予的恩惠，是王者所厌恶的。义，可以使人树立美好的节操品行，但也会由此产生虚浮诈伪的弊端。这是义的负面作用。评论道：奋不顾身，以身殉国，面临安危存亡的紧要关头不动摇屈服，这是真正的义。如果像赵国相国虞卿，抛弃相位，舍弃君主，以救济魏齐的危难；信陵君魏无忌，窃取兵符，假托君命，以拯救平原君的危急。他们背弃国家，达成了为朋党效死尽力的小义，却废弃了忠于职守、为君主效命的大节。所以毛公批评信陵君说："你对赵国有功，但对于魏国却并非如此。"像这一类行为，都是虚浮诈伪的。礼，可以使人的行为谨慎诚敬，但也会由此产生懈怠不敬的弊端。这是礼的负面作用。评论道：汉朝的时候，有人建议制定礼仪，文帝说："繁琐的礼仪，过分修饰，对于治理国家没有帮助，只要能以自身的德行感化他人就可以了。"所以不再讨论制礼之事。郭嘉对曹操说："袁绍礼节繁琐，礼仪很多，您顺应自然，这是您在大道上胜过袁绍。"礼节过于繁琐便难于坚持，因此导致懈怠不敬的弊端。乐，可以调和性情与心志，但也会由此产生纵欲放荡的弊端。这是乐的负面作用。《史记·乐书》说："郑国、卫国的音乐，是乱世之音；桑间、濮上的音乐，是亡国之音。"所以严安说："美女与珍奇异宝，本来就愉悦耳目，所以衣食所需失去节制就会变为奢侈，音乐失去节制就会变为淫逸，礼仪失去节制就会文过其实，教化失去节制就会导致虚伪。虚伪、文过其实、淫逸、奢侈，不可用于规范民众的行为。"**名，可以端正尊卑贵贱的身份等级，但也会由此产生骄矜篡夺的弊端。**这是名的负面作用。评论道：古时候，官职与地位不同，礼仪待遇也因此不同，所以圣人确定礼制，使尊卑有序；规定不同的车马服饰，来表彰有德行的人。但汉高祖看见秦始皇的盛大仪仗，感慨地说："大丈夫就应当像这样。"这就是名会导致骄矜篡夺之心的原因。《老子》说："礼，标志着忠信的不足，是祸乱的开端。"确实是这样啊！**法，可以统一众多的分歧，但也会由此导致不合本分的行为。**这是法的负面作用。评论道：《道德经》说："法令越分明，盗贼就越多。"贾谊说："法令一颁布，奸邪便随之而生；政令一下达，伪诈便随之而起。"这就是所谓的"乖分"。**刑，可以威慑那些不肯顺服的人，但也会由此产生凶暴欺凌的弊端。**这是刑的负面作用。**赏，可以勉励忠贞贤能的人，但也会由此产生用卑鄙手段进行争夺的现象。**这是赏的负面作用。

文子曰："圣人其作书也[①]，以领理百事[②]。愚者以不忘，智者以记事。及其衰也，为奸伪以解有罪而杀不辜[③]。反书也。文子曰："察于刀笔之迹者[④]，即不知理乱之本[⑤]。习于行阵之事者，即不知庙胜之权[⑥]。"庄子曰："儒以《诗》《书》发冢[⑦]。大儒曰：'东方作矣，事之何若？'小儒曰：'未解裙襦[⑧]，口中有珠。''《诗》固有之曰[⑨]："青青之麦[⑩]，生于陵陂[⑪]。生不布施，死何含珠为？"'接其鬓[⑫]，压其顪[⑬]，儒以金椎控其颐[⑭]，徐徐列其颊[⑮]，无伤口中珠。"由此言之，《诗》《礼》乃盗资也。顪，音许秽反。控，音啌。其作囿也[⑯]，以奉宗庙之具[⑰]，简士卒以戒不虞[⑱]。及其衰也，驰骋弋猎[⑲]，以夺人时[⑳]。反囿也。齐宣王见文王囿大[㉑]，人以为小，问于孟子。孟子曰:“周文王之囿方七十里,刍荛者往焉[22],雉兔者往焉[23],与人同之,民以为小,不亦宜乎?臣闻郊关之内有囿方四十里[24],杀其麋者如杀人之罪,民以为大,不亦宜乎?”楚灵王为章华之台[25],伍举谏曰[26]:“夫先王之为台榭也[27],榭不过讲军实[28],台不过望氛祥[29]。其所不夺穑地[30],其为不匮财用,其事不烦官业,其日不妨时务。夫为台榭,将以教人利也,不闻其以匮乏也。”**其上贤也,以平教化,正狱讼,贤者在位,能者在职,泽施于下,万人怀德。至其衰也,朋党比周[31],各推其所与,废公趋私,外内相举,奸人在位,贤者隐处。”**反贤也。太公谓文王曰:“君好听世俗之所举者,或以非贤为贤,或以非智为智。君以世俗之所誉者为贤智,以世俗之所毁者为不肖,则多党者进,少党者退。是以群邪比周而蔽贤,是以世乱愈甚。”文王曰:“举贤奈何?”太公曰:“将相分职,而君以官举人,案名察实,选才考能,则得举贤之道。”古语曰:“重朋党则蔽主[32],争名利则害友,务欲速则失德也。”

【注释】

①圣人其作书也:以下至“贤者隐处”,出自《文子·上礼》。

②领理:治理,管理。百事:各种事务。

③奸伪:诡诈虚假。解有罪:为有罪之人解脱罪责。不辜:无罪之人。

④察于刀笔之迹者:以下至“即不知庙胜之权”,出自《文子·微明》。刀笔之迹,此处指法令条文。刀笔,古代书写工具。古时书写于竹简,有误则用刀削去重写。

⑤理乱:安定与动乱。

⑥庙胜:指朝廷预先制定的克敌制胜的谋略。权:谋略,计谋。

⑦儒以《诗》《书》发冢:以下至“无伤口中珠”,出自《庄子·外物》。

⑧裙襦（rú）：裙子与短衣。

⑨《诗》固有之曰：以下为"大儒"的答辞。

⑩青青之麦：以下至"死何含珠为"，不见于今本《诗经》，或为逸诗。

⑪陵陂（bēi）：山坡，地势较高的田地。

⑫接：揪。

⑬压：按。𩕄（huì）：颔下须。

⑭儒：当为"而"字之误。《庄子·外物》郭庆藩《集释》引王念孙曰："儒以金椎控其颐，《艺文类聚·宝玉部》引此，'儒'作'而'，是也。而，汝也。"金椎：铁椎。控：敲。颐：下巴。

⑮列：《庄子·外物》作"别"，分开。

⑯囿：古代帝王畜养禽兽以供观赏的园林。

⑰宗庙之具：指宗庙祭祀所需的祭品。

⑱简：简选。不虞：意料不到的事。

⑲弋（yì）猎：射猎。

⑳人时：《文子·上礼》作"民时"，即农时，适宜于从事耕种、收获的时节。

㉑齐宣王见文王囿大：以下至"不亦宜乎"，出自《孟子·梁惠王下》，有删节。

㉒刍荛（chú ráo）者：割草砍柴的人。

㉓雉（zhì）兔者：捕野鸡、抓兔子的人。雉，野鸡。

㉔郊关：四郊之门。古代城邑四郊起拱卫防御作用的关门。

㉕楚灵王为章华之台：以下至"不闻其以匮乏也"，出自《国语·楚语上》，有删节。章华台，楚台名。在今湖北监利西北。

㉖伍举：春秋时期楚国大臣，伍子胥祖父。因封邑在椒，又称"椒举"。

㉗台：高而上平的方形建筑物，供观察眺望用。榭：古代指无室的厅堂，多用作讲军习武或藏器之所。

㉘军实：兵戎之事。

㉙氛祥：显示凶兆或祥瑞的云气。

㉚穑（sè）地：农田。

㉛比周：结党，勾结。

㉜重朋党则蔽主：以下至“务欲速则失德也”，出自《三国志·吴书·步骘传》，有删节。

【译文】

文子说：“圣人制作文书，以此治理各种事务。这样，愚笨的人可以避免遗忘，聪明的人可以记录事情。但到了世道衰败之后，人们利用文书，以诡诈虚假的手段，为有罪之人解脱罪责，杀害无罪之人。这是文书的负面作用。文子说：“明察法令条文的人，不知道国家安定与动乱的根本。熟悉用兵作战的人，不知道如何预先制定克敌制胜的谋略。”庄子说：“儒者用《诗》《书》去盗墓。大儒说：‘太阳要出来了，事情进展得怎么样？’小儒说：‘下裳和短衣还没有解开，死者的口中还有宝珠。’大儒说：‘《诗经》中就有这样的诗句：“青色的麦苗，生长在山坡上。生前不施舍财物，死后含着宝珠干什么？”’揪着他的鬓发，按着他的胡须，用铁椎敲他的下巴，慢慢地分开他的两颊，不要损伤了口中的宝珠。”就此而言，《诗》《礼》不过是儒者盗墓的工具。颊，音许秽反。控，音睦。圣人修建苑囿，是为了畜养禽兽以供宗庙祭祀之用，并在此简选士卒以防备意外。但到了世道衰败之后，君主沉迷于骑马驰骋，射猎禽兽，为此耽误了百姓的农时。这是修建苑囿的负面作用。齐宣王听说周文王的苑囿很大，但老百姓却认为太小了，便问孟子是什么原因。孟子说：“周文王的苑囿纵横各七十里，割草砍柴的人去，捕野鸡、抓兔子的人也去，文王与百姓们一同使用，百姓认为文王的苑囿太小，不是很自然的吗？我听说，在齐国郊关之内有一处苑囿，纵横各四十里，谁要是捕杀了其中的麋鹿，就等于犯了杀人罪，民众认为您的苑囿太大，不是理所当然的吗？”楚灵王修建了章华台，伍举劝谏道：“先王建造台榭，榭不过是为了讲习军事，台不过是用来瞻望云气吉凶。建造的处所不侵占农田，建造的费用不使国家的财用匮乏，建造的工作不干扰正常的政务，建造所花费的时间不耽误农事。修建台榭，是为了让民众得到利益，没听过会让民众匮乏。”圣人尊崇贤人，是为了安定教化，公正地判决案件，让贤明的人居于官位，有能力的人拥有合适的职位，恩泽施加于百姓，万民感念君主的恩德。但到了世道衰败之后，群臣结党营私，各自推荐自己的党羽，废弃公事而追求私利，朝廷内外相互推举，奸邪之人占据高位，贤能之人隐居不出。”这是尊贤的负面作用。姜太公对周文王说：“如果君主喜欢听信世俗之人的推荐，那么往往会把不贤能的人当作贤人，把愚笨的人当作智者。如果君主把受到世俗赞誉的人当作贤明智慧的人，把受到世俗诋毁的人当作不成才的人，那么朋党多的人将会高升，朋党少的人将被黜退。于是奸佞之人结党营私，排斥埋没贤明之士，所以世道会越来越混乱。”周文王问：“那要如何举贤呢？”姜太公说：“武官与文官各司其职，君主依照官位来选举人才，按其名而求其实，选拔人才，考察其能力，这才是举贤的正确方法。”古话说：“重视朋党就会蒙蔽君主，争夺名利就会破坏友谊，急于速成就会丧失德行。”

《韩诗外传》曰[①]：“夫士有五反[②]：有势尊贵，不以爱人行义理，而反以暴傲。反贵也。古语曰：“富能富人者[③]，欲贫不可得；贵能贵人者，欲贱不可得；达能达人者，欲穷不可得。”梅福曰[④]：“存人所以自立也，壅人所以自塞也[⑤]。”家富厚，不以振穷救不足，而反以侈靡无度。反富也。资勇悍，不以卫上攻战，而反以侵凌私斗。反勇也。凡将帅轻去就者[⑥]，不可使镇边。使仁德守之，则安矣。心智惠，不以端计教[⑦]，而反以事奸饰诈。反智惠也。《说苑》曰[⑧]：“君子之权谋正，小人之权谋邪[⑨]。”貌美好，不以统朝莅人[⑩]，而反以蛊女从欲[⑪]。”反貌也。此五者，所谓士失其美质。

【注释】

①《韩诗外传》：书名。西汉初年韩婴所著。书中杂引孔子轶闻、诸子杂说和春秋故事，并引《诗》以证事。《四库全书总目提要》：

“其书杂引古事古语，证以《诗》词，与经义不相比附，故曰‘外传’。”

②夫士有五反：以下至“而反以蛊女从欲”，出自《韩诗外传》卷二，文字有所不同。反，指士人的品行与资质相反。

③富能富人者：以下至“欲穷不可得”，出自《孔子家语·六本》。富能富人者，指自己富有，又能让别人富有的人。

④梅福：字子真，九江寿春（今安徽寿县）人。西汉时人。曾屡次上书进谏。

⑤存人所以自立也，壅人所以自塞也：出自《汉书·梅福传》。

⑥去就：举止行动。

⑦端：使正当，使正直。计教：《韩诗外传》作“计数”，计算，谋略。译文从之。

⑧《说苑》：古代杂史小说集，西汉刘向编。书中分类纂辑先秦到汉代历史故事，杂以议论，以儒家思想为指归。

⑨君子之权谋正，小人之权谋邪：出自《说苑·权谋》。

⑩莅（lì）人：《韩诗外传》作“莅民”，管理百姓。

⑪蛊：诱惑。从（zòng）：“纵”的古字，放纵。

【译文】

《韩诗外传》说：“士人有五种品行与资质相反的情况：有的士人权势显赫，却不利用他的权位爱护百姓，不依照义理行事，反而对人残暴傲慢。这是地位尊贵的负面作用。古话说：“自己富有，又能使别人富有的人，想贫穷也办不到；自己尊贵，又能使别人尊贵的人，想卑贱也办不到；自己显达，又能使别人显达的人，想陷入困境也办不到。”梅福说：“保存他人，是为了自我成就；阻挡他人，最终也会阻塞自己的路。”有的士人家境富裕，却不利用他的财富救助穷困贫乏的人，反而生活奢侈无度。这是富裕的负面作用。有的士人天生勇猛强悍，却不利用他的勇猛保卫国君，攻城野战，反而欺凌弱小，私下争斗。这是勇猛的负面作用。凡是那些举动轻率的将帅，不能让他们镇守边疆。任用那些仁德宽厚的将领，边境就安宁了。有的士人内心智慧，却不利用他的智慧制定正当的谋略，反而从事奸邪之事，掩饰伪诈的行为。这是智慧的负面作用。《说苑》说："君子的权谋是正当的，小人的权谋是邪恶的。"有的士人容貌端庄美好，却不利用他的仪貌统率朝廷，管理百姓，反而去蛊惑女子，放纵情欲。"这是容貌的负面作用。以上五种情况，说的是士人浪费了美好的资质。

太公曰："明罚则人畏慑①，人畏慑则变故出。反明罚也。明察则人扰②，人扰则人徙，人徙则不安其处，易以成变。"反明察也。太公曰："明赏则不足③，不足则怨长。明王理人，不知所好而知所恶，不知所归而知所去。使人各安其所生，而天下静矣。"晋刘颂曰④："凡监司欲举大而略小⑤，何则？夫细过微阙，谬妄之失，此人情所必有，所固不许在不犯之地⑥，而悉纠以法，则朝野无立人⑦。此所谓以治而乱也。"

【注释】

①明罚则人畏慑：以下至"易以成变"，见于《群书治要》卷三十一所引《六韬·虎韬》。明罚，刑罚严明。

②明察：严明苛察。

③明赏则不足：以下至"而天下静矣"，见于《群书治要》卷三十一所引《六韬·虎韬》。其中"明王理人，不知所好而知所恶，不知所归而知所去"，《群书治要》作"故明王之民，不知所好，不知所恶，不知所从，不知所去"。《长短经·是非》篇作"故明王之理人，不知所好，不知所恶"。明赏，指赏赐太过慷慨。

④刘颂：字子雅，广陵（治今江苏淮安淮阴区）人。西晋时期官员。官至光禄大夫。

⑤凡监司欲举大而略小：以下至"此所谓以治而乱也"，出自《晋

书·刘颂传》。监司,负责监察的官员及官署的统称。

⑥所固不许在不犯之地:意谓不在不允许犯之列。《晋书·刘颂传》无此九字。

⑦立人:《晋书·刘颂传》作"全人",完美的人。中华书局版《晋书·刘颂传》校勘记:"'全人',各本作'立人',今从殿本。《群书治要》三十亦作'全人'。"译文从之。

【译文】

太公说:"刑罚太过严明,会令民众畏惧;民众畏惧,就会产生变故。这是刑罚严明的负面作用。太过苛察会使民众受到侵扰,民众受到侵扰就会迁徙到别处,民众被迫迁徙就无法安居乐业,容易发生变乱。"这是严明苛察的负面作用。太公说:"赏赐太过严明,民众反而会不满足;民众不满足,就会滋长怨恨。贤明的君主管理人民,可以不知道民众喜好什么,却一定知道民众厌恶什么;不知道民众为什么归顺,却一定知道民众为何离去。让民众各自安居乐业,天下就安宁了。"西晋的刘颂说:"负责监察的官员要检举大的罪恶而忽略小的过失,为什么呢?因为细小的过错,偶尔的谬误,这是人之常情,原本不在不允许犯之列;如果全部用法律加以惩治,那么朝野上下就没有一个完美的人了。这就是所谓的想要治理,却导致了混乱。"

晏子曰:"臣专其君谓之不忠[①],子专其父谓之不孝,妻专其夫谓之嫉妒。"反忠孝也。《吕氏春秋》曰:"夫阴阳之和不长一类[②],甘露时雨不私一物[③],万人之主不阿一人[④]。"申子曰:"一妇擅夫[⑤],众妇皆乱。一臣专君,群臣皆蔽[⑥]。故妒妻不难破家也,而乱臣不难破国也。是以明君使其臣并进辐凑[⑦],莫得专君焉。"

【注释】

①臣专其君谓之不忠:以下至"妻专其夫谓之嫉妒",出自《晏子春秋》内篇卷二《景公欲厚葬梁丘据晏子谏》。专,专宠,独占宠爱。

②夫阴阳之和不长一类：以下至"万人之主不阿一人"，出自《吕氏春秋·孟春纪·贵公》。

③时雨：应时的雨水。

④阿：徇私，偏袒。

⑤一妇擅夫：以下至"莫得专君焉"，见于《群书治要》卷三十六所引《申子·大体》。擅，占有。

⑥蔽：隐覆，埋没。

⑦辐（fú）凑：形容人或物聚集，像车辐集中于车毂一样。

【译文】

晏子说："臣子独占君主的宠爱叫作'不忠'，儿子独占父亲的宠爱叫作'不孝'，妻子独占丈夫的宠爱叫作'嫉妒'。"这是忠孝的负面作用。《吕氏春秋》说："阴阳相和，不只养育一种物类；甘露与应时的雨水，不偏私某一种生物；万民之主，不偏袒某一个人。"申子说："一位妇人独占丈夫的宠爱，其他的妻妾都会混乱不安。一位臣子独占君主的信任，其他的臣子都会被埋没。所以嫉妒的妻子容易使家庭破灭，作乱的臣子容易让国家灭亡。所以贤明的君主，让臣子们以自己为核心齐心效命，而不让某一位臣子专宠。"

韩子曰："儒者以文乱法，侠者以武犯禁[①]。"反文武也。曹公曰："恃武者灭[②]，恃文者亡，夫差、偃王是也[③]。"吴子曰[④]："昔承桑氏之君修德废武以灭其国[⑤]，有扈之君恃众好勇以丧社稷[⑥]，明王鉴兹，必内修文德，外治武备。故当敌而不进，无逮于义；僵尸而哀之，无及于仁矣。"《黔经》曰[⑦]："文中多武，可以辅主；武中多文，可以匡君。文武兼备，可任军事；文武兼阙，不可征伐。"

【注释】

①儒者以文乱法，侠者以武犯禁：出自《韩非子·五蠹》。文，文治。

②恃武者灭：以下至“夫差、偃王是也”，出自曹操《注孙子序》。

③偃王：即徐偃王，徐国君主。据说因好行仁义，最终国破身亡。《韩非子·五蠹》：“徐偃王处汉东，地方五百里，行仁义，割地而朝者三十有六国。荆文王恐其害己也，举兵伐徐，遂灭之。”

④吴子：指吴起，战国初期政治家、军事家。

⑤昔承桑氏之君修德废武以灭其国：以下至“无及于仁矣”，出自《吴子·图国》。承桑氏，传说中神农氏时代的部落名称。

⑥有扈（hù）：传说中夏禹时代的部落名称。

⑦《黔经》：周斌先生认为即《玉钤经》。本段文字又见于敦煌文书伯四〇四六《将军论》残卷，文字略有不同。

【译文】

韩非子说：“儒者利用文治扰乱法治，游侠依靠武力违反禁令。”这是文治与武力的负面作用。曹操说：“自恃武力的国家会破灭，自恃文德的国家会灭亡，吴王夫差、徐偃王就是这样的例子。”吴起说：“昔日承桑氏的君主，只修行文德而废弃武力，因此导致了他的国家灭亡；有扈氏的君主，自恃人多，崇尚勇力，因此丧失了他的国家；贤明的君主有鉴于此，一定要对内施行文德，对外加强武备。所以面对敌人而不敢向前，这称不上是义；民众尸体僵卧之后才来表达哀伤，这称不上是仁。”《黔经》说：“文臣多具备武略，可以辅佐君主；武将多具备文韬，可以匡扶君主。文武兼备的人才，可以担任军事要职；既无文韬也无武略的人，不可以让他带兵打仗。”

子路拯溺而受牛，谢孔子[①]。孔子曰：“鲁国必好救人于患也。”子贡赎人而不受金于府[②]。鲁国之法，赎人于他国者，受金于府也。孔子曰：“鲁国不复赎人矣。”子路受而劝德[③]，子贡让而止善，由此观之，廉有所在而不可公行。反廉也。匡衡云：“孔子曰[④]：‘能以礼让为国乎？何有[⑤]？’朝廷者，天下之桢干也[⑥]。公卿大夫相与修礼恭让则人不争[⑦]，好仁乐施则下不暴，上义高节则人兴行[8]，宽柔惠和则众相爱。此四者，明王之所以不严而化成也。何者？朝有变色之言则下有争斗之患[9]，上有自专之士则下有不让之人[10]，上有克胜之佐则下有伤害之心[11]，上有好利之臣则下有盗窃之人，此其本。"

【注释】

①子路拯溺而受牛，谢孔子：以下至"廉有所在而不可公行"，出自《淮南子·齐俗训》。本句《淮南子》"牛谢"二字连读，不重"孔子"。许慎注："拯出溺人，主谢以牛也。"译文从之。

②赎人：指赎回在他国沦为奴仆的鲁国人。《吕氏春秋·先识览·察微》："鲁国之法，鲁人为人臣妾于诸侯，有能赎之者，取其金于府。"

③劝：鼓励。

④孔子曰：以下至"此其本"，出自《汉书·匡衡传》。

⑤能以礼让为国乎？何有：出自《论语·里仁》。何有，有什么难处。

⑥桢（zhēn）干：筑墙时所用的木柱，竖在两端的叫"桢"，竖在两旁障土的叫"干"。比喻起决定作用的人或事物。

⑦相与：共同，一起。

⑧上：通"尚"，崇尚，看重。高：重视。兴行：因受感发起而实行。

⑨变色：改变脸色。此处指因为愤怒而脸色改变。

⑩自专：一任己意，独断独行。

⑪克胜：刻忌好胜。

【译文】

子路拯救了一位溺水的人，接受了一头牛的谢礼。孔子说："从此之后，鲁国人一定喜欢拯救他人于患难之中。"子贡赎回一位沦为奴仆的鲁国人，却不愿到官府接受奖金。按照鲁国的法律，在他国赎回沦为奴仆的鲁国人，可以从官府处领取奖金。孔子说："自此之后，鲁国人不会再赎人了。"子路接受了谢礼，而鼓励了大家行善；子贡谦让不接受奖金，而堵塞了行善之路；就此看来，廉洁的行为有一定的范围，而不可以到处推行。这是廉洁的负面作用。匡衡说："孔子说：'能够用礼让来治理国家吗？会有什么难处呢？'朝廷，是支撑天下的主干。公卿大夫共同遵循礼仪，恭敬谦让，民众就不会彼此争斗；爱好仁德，乐于施舍，民众就不会粗暴犯上；崇尚正义，重视节操，民众就会效仿这样的风气；宽厚温柔，慈惠和顺，民众就会互相亲爱。这四点，是英明的君主不用严刑峻法，而能成功教化民众的原因。为什么呢？朝廷有变脸发怒的言论，下面就会有互相争斗的祸患；上面有独断专横的官员，下面就会有不知礼让之人；上面有刻忌好胜的辅佐大臣，下面就会有怀着伤害他人之心的人；上面有贪财好利的大臣，下面就会有从事偷盗之人；所以朝廷是治理天下的根本。"

慎子曰："忠未足以救乱代[①]，而适足以重非[②]。何以识其然耶？曰：父有良子而舜放瞽叟[③]，桀有忠臣而过盈天下。然则孝子不生慈父之家，六亲不和有孝慈[④]。而忠臣不生圣君之下。国家昏乱有忠臣[⑤]。故明主之使其臣也，忠不得过职，而职不得过官。"反忠也。京房论议与石显有隙[⑥]，及京房被出为魏郡太守[⑦]，忧惧上书曰："臣弟子姚平谓臣曰[⑧]：'房可谓小忠，未可谓大忠。何者？昔秦时赵高用事，有正先者[⑨]，非刺高而死[⑩]，高威自此成。秦之乱，正先趣之[⑪]。'今臣得出守郡，唯陛下毋使臣当正先之死，为姚平所笑。"由此观之，夫正先之所谓忠，乃促秦祸，忠何益哉！

【注释】

①忠未足以救乱代：以下至"而职不得过官"，出自《慎子·知忠》。

②适：正好，恰好。重非：加重罪过。

③放：流放。瞽（gǔ）叟：舜的父亲。《韩非子·忠孝》："瞽瞍为舜父

而舜放之，象为舜弟而杀之。”

④六亲不和有孝慈：出自今本《老子》第十八章。六亲，指父、子、兄、弟、夫、妇。这里泛指亲人。

⑤国家昏乱有忠臣：出自今本《老子》第十八章。

⑥京房论议与石显有隙：以下至“为姚平所笑”，出自《汉书·京房传》，有删节。京房，字君平，本姓李，以推算律历，自定为京氏，东郡顿丘（今河南清丰西南）人。西汉时期易学家。长于灾变之学。石显，字君房，济南（治今山东章丘）人。西汉时期宦官。少坐法腐刑，官至中书令。

⑦魏郡：西汉高祖十二年（前195）置，治邺县（今河北临漳西南）。

⑧姚平：河东（治今山西夏县西北）人。京房弟子，西汉经学家。

⑨正先：姓正名先，秦时博士。

⑩非刺：非议讽刺。

⑪趣（cù）：促使。

【译文】

慎子说：“忠臣不足以拯救乱世，而恰好足以加重君主的罪过。如何认识这个道理呢？说到：父亲有优秀的儿子，而舜却放逐了父亲瞽叟；夏桀有忠诚的臣子，而自己的罪过却盈满天下。所以说孝子不产生于慈父的家庭中，亲人关系不和，才彰显孝敬慈爱。而忠臣不产生于圣君的朝廷中。国家昏乱，才会出现忠臣。所以贤明的君主任用臣子，使臣子尽忠而不越过自己的职权范围，尽职而不越过自己的官阶地位。”这是忠诚的负面作用。京房由于议论朝政得失，与中书令石显产生了嫌隙，等到京房被外放为魏郡太守，忧愁恐惧地上书说：“我的学生姚平对我说：‘京房可以算得上小忠，而不能称之为大忠。为什么这么说？从前秦朝时宦官赵高专权，有一位叫正先的博士，因为非议讽刺赵高而死，赵高的权威因此而成。秦朝的祸乱，可以说是正先促成的。’如今我出守魏郡，恳请陛下不要让我像正先那样死去，而被姚平讥笑。”由此看来，像正先这样的忠诚，恰恰促成了秦朝的祸乱，这样的忠有什么好处呢！

鬼谷子曰[①]:"将为胠箧、探囊、发匮之盗胠,音起居反。胠,发也,从傍开为胠。为之守备[②],则必摄缄縢、摄,结也。固扃鐍[③],音决,纽也。此代俗之所谓智也[④]。然而巨盗至则负匮、揭箧、揭,音其谒反。担囊而趋[⑤],唯恐缄縢、扃鐍之不固也。然则向之所谓智者,有不为盗积者乎?反智也。孙子曰:"小敌之坚,大敌之擒也[⑥]。"其所谓圣者,有不为大盗守者乎?何以知其然耶?昔者,齐国邻邑相望,鸡狗之音相闻,罔罟之所布[⑦],耒耨之所刺[⑧],方二千余里。阖四境之内[⑨],所以立宗庙社稷,治邑屋州闾乡里者[⑩],曷常不法圣人哉?然而田成子一朝杀齐君而盗其国[⑪],所盗者岂独其国耶?并与圣智之法而盗之。故田成子有乎盗贼之名,而身处尧、舜之安,小国不敢非,大国不敢诛,十二代而有齐国,则是不乃窃齐国,并与其圣智之法,以守其盗贼之身乎?反圣法也。昔叔向问齐晏子曰[⑫]:"齐其如何?"晏子曰:"此季世[⑬],吾弗知齐其为陈氏矣[⑭]。公弃其人,而归于陈氏。齐旧四量,豆、区、釜、钟[⑮]。四升为豆,各自其四,以登于釜。釜十则钟。陈氏三量皆登一焉,钟乃大矣[⑯]。以家量贷,而以公量收之。山木如市弗加于山[⑰],鱼盐蜃蛤弗加于海[⑱]。人参其力,二入于公,而衣食其一[⑲]。公聚朽蠹[⑳],而三老冻馁[㉑]。国之诸市,屦贱踊贵[㉒]。人多疾病,而或燠休之[㉓]。其爱之如父母,归之如流水,欲无获人,将焉避之?"跖之徒问于跖曰[㉔]:'盗亦有道乎?'跖曰:'何适其无有道耶?夫妄意室中之藏[㉕],圣也;入先,勇也;出后,义也;知可否,智也;分均,仁也。五者不备而能成大盗者,天下未之有也。'后汉末,董卓入朝,将篡位,乃引用名士。范晔论曰:"董卓以虓阚为情[㉖],遭崩剥之势[27]，故得蹈藉彝伦[28]，毁裂畿服[29]。夫以刳肝斫趾之性[30]，则群生不足以厌其快[31]，然犹折意搢绅[32]，迟疑凌夺[33]，尚有盗窃之道焉。"由是观之，善人不得圣人之道不立，盗跖不得圣人之道不行；天下之善人少而不善人多，则圣人之利天下也少而害天下也多矣。"反仁义也。议曰：昔仲由为郈宰[34]，季氏以五月起长沟。当此之时，子路以其私秩粟为浆饭[35]，以饷沟者。孔子闻之，使子贡往覆其饭，击毁其器。子路曰："夫子嫉由之为仁义乎？"孔子曰："夫礼，天子爱天下，诸侯爱境内，大夫爱官职，士爱其家。过其所爱，是曰侵官[36]。"汉武时[37]，河间献王来朝[38]，被服造次必于仁义[39]。武帝艴然难之[40]，谓曰："汤以七十里，文王以百里[41]，王其勉之。"王知其意，归即纵酒。由是言之，夫仁义兼济，必有分乃可。故尸子曰："君臣父子、上下长幼、贵贱亲疏皆得其分曰理[42]，爱得分曰仁，施得分曰义，虑得分曰智，动得分曰适[43]，言得分曰信。皆得其分而后为成人[44]。"由是言之，跖徒之仁义，非其分矣。

【注释】

①鬼谷子：姓名与生卒年不详，战国时期隐士。相传为张仪、苏秦之师。此处"鬼谷子"疑为"庄子"之误。

②将为胠箧（qū qiè）、探囊、发匮之盗：以下至"则圣人之利天下也少而害天下也多矣"，出自《庄子·胠箧》，有删节。胠箧，撬开箱子。胠，从旁撬开。箧，小箱子。探囊，到袋中摸取。喻偷窃。发匮：开柜。匮，同"柜"。

③摄：结，扎紧。缄縢（jiān téng）：绳索。扃（jiōng）：门闩。鐍（jué）：箱子上安锁的环状物。借指锁。

④代俗：《庄子·胠箧》作"世俗"。赵蕤避李世民讳改"世"为

"代"。

⑤揭:举起。

⑥小敌之坚,大敌之擒也:出自《孙子兵法·谋攻》。意谓实力弱小的军队如果固执硬拼,就会被强大的敌人擒获。

⑦罔罟(wǎng gǔ):指渔猎的网具。

⑧耒耨(lěi nòu):犁与锄。泛指农具。刺:扎入。指刨土、耕作。

⑨阖(hé):整个,全部。

⑩邑屋州闾乡里:古代大小不同的行政区域。成玄英疏:"司马法:六尺为步,步百为亩,亩百为夫,夫三为屋,屋三为井,井四为邑。又云:五家为比,五比为闾,五闾为族,五族为党,五党为州,五州为乡。郑玄云:二十五家为闾,二千五百家为州,万二千五百家为乡也。"

⑪田成子:即齐国大夫田常,又称"陈恒"。前481年,田常杀害国君齐简公,立简公弟为平公,而自专国政。到齐康公时,田常的曾孙田和终于逐君而自立为诸侯,国号仍为齐。

⑫昔叔向问齐晏子曰:以下至"将焉避之",出自《左传·昭公三年》。

⑬季世:末世,衰微之世。

⑭吾弗知齐其为陈氏矣:预言齐国将被陈氏篡夺。《左传·昭公三年》杨伯峻注:"此犹云我不保齐其为陈氏也。'弗知'古人成语,犹今人云'不保'。"

⑮豆、区(ōu)、釜、钟:四种古代容量单位。四升为一豆,四豆为一区,四区为一釜,十釜为一钟。

⑯陈氏三量皆登一焉,钟乃大矣:指陈氏的前三种量器都加大一份,即以五升为豆,五豆为区,五区为釜。这样一来,钟的容量也变大了。

⑰山木如市弗加于山:指山上的木材运到市场上,价格与在山上相同。

⑱蜃(shèn):大蛤。

⑲"人参其力"三句:《左传·昭公三年》杨伯峻注:"民三分其力,

以其二之所得入于齐公，自己及全家仅以其一用于衣食。”参，通“三”。

⑳朽蠹（dù）：腐朽，腐烂。

㉑三老：指年老致仕的老臣。《左传·昭公三年》杨伯峻注：“《礼记·乐记》云：‘食三老五更于大学。’《文王世子》云：‘遂设三老五更，群老之席位焉。’郑注：‘三老五更各一人，皆年老更事致仕者也。天子以父兄养之，示天下之孝悌也。’诸侯亦养三老，即此三老之义。”

㉒屦（jù）贱踊（yǒng）贵：指刑法严苛，受刖足之刑的人很多。屦，单底鞋，多以麻、葛、皮等制成。后亦泛指鞋。踊，受刖刑的人所穿的特制鞋子。

㉓燠（yù）休：优恤，抚慰。

㉔跖（zhí）：即盗跖，传说为古时的大盗。

㉕妄意：臆测，猜到。

㉖董卓以虓阚（xiāo hǎn）为情：以下至“尚有盗窃之道焉”，出自《后汉书·董卓传》。虓阚，虎暴怒哮吼的样子。引申为勇猛强悍。

㉗崩剥：纷乱，衰乱。

㉘蹈藉：践踏。彝（yí）伦：常理，伦常。

㉙畿（jī）服：指天下。《后汉书·董卓传》李贤注：“畿，谓王畿也。服，九服也。”

㉚刳（kū）肝斫（zhuó）趾：剖挖肝脏，砍断脚趾。指暴虐滥刑。

㉛厌：满足。快：放肆。

㉜折意：谓忍性屈情。搢（jìn）绅：插笏于绅带间，旧时官宦的装束。借指士大夫。《后汉书·董卓传》李贤注：“折，屈也。谓忍性屈情，擢用郑泰、蔡邕、何颙、荀爽等。”

㉝凌夺：侵夺。

㉞昔仲由为郈（hòu）宰：以下至“是曰侵官”，出自《韩非子·外储

说右上》，有删节。仲由，即子路，孔子弟子。郈，春秋时期鲁叔孙氏封邑，故地在今山东东平东南。

㉟私秩：指古代官吏个人所得的俸禄。浆饭：粥。

㊱侵官：超越权限而侵犯其他官员的职权。

㊲汉武时：以下至“归即纵酒”，出自《史记·五宗世家》裴骃《集解》引《汉名臣奏》。

㊳河间献王：即刘德，汉景帝第二子，西汉宗室。修学好古，爱好儒学，搜集了众多先秦旧书。

㊴被服造次必于仁义：指服饰、举止都合乎仁义之道。王先谦《汉书补注·景十三王传（河间献王德）》：“造当训行，次当训止。造次必于儒者，言其行止皆有矩度。《史记》作‘被服造次必于儒者’，则谓不服奇邪，不苟行止也。”

㊵艴（bó）然：恼怒貌。

㊶汤以七十里，文王以百里：指商汤与周文王在一开始时，仅有方圆七十里、百里的地盘，但由于施行仁义，最终都取得了天下。《孟子·公孙丑上》：“孟子曰：‘以力假仁者霸，霸必有大国；以德行仁者王，王不待大。汤以七十里，文王以百里。’”

㊷君臣父子、上下长幼、贵贱亲疏皆得其分曰理：以下至“皆得其分而后为成人”，出自《尸子·分》。理，《尸子·分》作“治”，赵蕤避唐高宗讳，改“治”为“理”，有规矩，严整。

㊸适：恰当，合适。

㊹成人：德才兼备的人，犹完人。

【译文】

鬼谷子说：“为了防备撬箱子、掏袋子、开柜子的小贼，胠，音起居反。胠，意思是打开，从旁撬开，就是胠。就一定要扎紧绳索，摄，是捆扎的意思。关紧锁钮，鐍，音决，指箱子上安锁的环状物。这就是世俗人所说的聪明。但是大盗一来，便背起柜子、举起箱子、揭，音其谒反。挑起袋子而迅速逃走，唯恐绳子、锁钥不够结实。那么之前所谓的聪明人，有不为大盗进行积蓄的吗？这是智力的负面作用。孙子说："实力弱小的军队如果固执硬拼，就会被强大的敌人擒获。"世人所谓的圣人，有不替大盗进行守备的吗？怎么知道是这样的呢？从前，齐国境内相邻的村庄能够互相看见，鸡鸣狗吠之声能够互相听见，渔猎的网具所撒到的地方，犁锄所耕作的土地，方圆有二千多里。在齐国的四境之内，其建立宗庙社稷，治理邑、屋、州、闾、乡、里等大小不同行政区域的办法，何尝不是效法圣人呢？然而田成子一天杀害了齐国国君而盗取了齐国，他所盗取的岂止是那个国家？连同齐国圣明智慧的治国法度也一起盗取了。所以田成子虽然有盗贼的名声，却如尧、舜一般安稳，小的国家不敢非议他，大的国家不敢诛伐他，连续十二代人享有齐国政权，这岂不正是窃取了齐国，而且一并窃取了圣明智慧的治国法度，以守护他的盗贼之身吗？这是圣人之法的负面作用。从前，叔向询问齐国的晏子："齐国的情况如何？"晏子回答道："已经到了末世了，我不知道齐国什么时候将属于陈氏了。国君抛弃人民，人民都归附于陈氏。齐国原有四种量器，分别是豆、区、釜、钟。四升为一豆，依四进位，直到一釜。十釜为一钟。陈氏的前三种量器都加大一份，钟的容量也随之加大了。陈氏用自家较大的量器放贷，而用公家较小的量器收回。山上的木材运到市场上，价格与在山上相同；鱼、盐、蜃、蛤等海产品运到市场上，价格与在海边相同。反观国家，人民的劳动所得分为三份，两份交给国家，只有一份供应自己的衣食。国家府库里聚集的财物朽烂长虫，而致仕的老臣却挨饿受冻。国内的市场上，鞋子便宜而踊昂贵。民众多有痛苦疾病，而陈氏抚恤他们。民众爱戴陈氏如同爱戴自己的父母，犹如流水一样归于陈氏，想不得到民心，又怎么可能呢？"盗跖的门徒问盗跖说：'做盗贼也有道吗？'盗跖说：'到哪里能没有道呢？能够猜到屋里藏着什么财物，就是圣；能够率先进入屋子，就是勇；能够最后撤离，就是义；能够判断计划是否可行，就是智；分赃平均，就是仁。不具备这五种品德而能成为大盗，这是天下从来没有的事。'东汉末年，董卓进入朝廷，将要篡夺皇位，于是引荐任用名士。范晔评论说："董卓以勇猛强悍的性情，趁着天下衰乱的形势，所以能够践踏伦常，分裂天下。

以董卓这样动辄剖人肝脏、砍人脚趾的暴虐性情,即便杀害一切生命仍不足以满足其放肆之心,然而仍然忍性屈情任用士大夫,侵夺凌虐时还有犹豫,尚存有盗贼之道。”由此看来,善人如果不懂得圣人之道就不能立身,盗跖如果不懂得圣人之道就不能行窃;天下的善人少而不善的人多,那么圣人使天下受利少,而使天下受害多。这是仁义的负面作用。评论道:从前,子路担任郈邑宰,季孙氏在五月发动民众开挖长沟。这个时候,子路用自己俸禄中的粮食做成粥,送给挖沟的民众吃。孔子听说了这件事,让子贡去倒掉他的饭,打碎盛饭的器皿。子路说:“老师您憎恶我施行仁义吗?”孔子说:“按照礼的规定,天子爱护全天下的人,诸侯爱护境内的人,大夫爱惜自己的官职,士人爱护自己的家人。所爱逾越了界限,就是侵犯了他人的职权。”汉武帝时,河间献王刘德进京朝见,服饰、举止都合乎仁义之道。武帝很不高兴,对刘德说:“商汤以方圆七十里,周文王以方圆百里,由于施行仁义,最终都取得了天下。你接着努力吧。”刘德知道了武帝的心意,归国后便纵情酒色。由此说来,要做到用仁义兼济天下,必须有相应的名分才行。所以尸子说:“君臣父子,上下长幼、贵贱亲疏等不同身份的人都合乎各自的名分,就叫作‘理’;关爱他人合乎名分,就叫作‘仁’;施予合乎名分,就叫作‘义’;考虑问题合乎名分,就叫作‘智’;举动合乎名分,就叫作‘适’;言谈合乎名分,就叫作‘信’。只有这些举动都合乎名分,才是德才兼备的完人。”就此而言,盗跖之徒所讲的仁义,并不合乎他们的名分。

由是言之,夫仁义礼乐、名法刑赏、忠孝贤智之道[①],文武明察之端,无隐于人,而常存于代,非自昭于尧、汤之时,非故逃于桀、纣之朝。用得其道则天下理,用失其道则天下乱。孙卿曰:“羿之法非亡也[②],而羿不世中;禹之法犹存也,而夏不代王。故法不能独立,得其人则存,失其人则亡矣。”庄子曰:“宋人有善为不龟手之药者[③],代以洴澼统为事[④]。客闻之,请买其方百金。客得之,以说吴王。越人有难[⑤],吴王使之将。冬,与越人水战,大败越人,裂地而封之。能不龟手,一也,或以封,或不免于洴澼统,则其所用之异。”故知制度者，代非无也，在用之而已。

【注释】

①夫仁义礼乐、名法刑赏、忠孝贤智之道：以下至“则天下乱”，出自《尹文子·大道下》，文字有所不同。

②羿之法非亡也：以下至“失其人则亡矣”，出自《荀子·君道》。

③宋人有善为不龟（jūn）手之药者：以下至“则其所用之异”，出自《庄子·逍遥游》，有删节。龟，通“皲”，皮肤冻裂。

④洴澼（píng pì）：漂洗。絖（kuàng）：同“纩”，棉絮。

⑤越人有难：指越国入侵。《庄子·逍遥游》成玄英疏：“越国兵难侵吴。”

【译文】

就此而言，仁、义、礼、乐、名、法、刑、赏这八种治国手段，以及忠、孝、贤、智的德行，文韬武略、明察秋毫的治国才能，这些治国之道对谁都无所隐瞒，始终存在于世间，并不会因为唐尧、商汤这样的明君在位而自动彰显，也不会因为夏桀、商纣这样的暴君在位而故意隐匿。能够恰当运用这些治国之道，天下就得到治理；不能恰当运用这些治国之道，天下就会混乱。荀子说：“羿的射箭之法并没有失传，但羿的后人并不能百发百中；禹的治国法度仍然存在，但夏朝并不能世世代代永远称王。所以法度无法独立存在，遇到合适的人就能存在，失去了合适的人就会消亡。”庄子说：“有位宋国人善于制造让手不皲裂的药物，他家世世代代都以漂洗棉絮为业。有一位客人听说此事，请求以百金的价格购买这一药方。客人得到这一药方后，以此游说吴王。越国起兵入侵，吴王派他率领军队。冬天，与越人水战，大败越军，吴王割地封赏他。同样一个让手不皲裂的药方，有人因此得到封赏，有人却只能用来漂洗棉絮，这是因为使用方法的不同。”由此可知，治国的制度每个时代都存在，关键在于如何运用。

是非第十四

【题解】

在本篇中，赵蕤从经史典籍中挑选了53对正反命题，让不同时代、不同学派的先贤们站在同一个辩论场上，以"是曰"为正方，"非曰"为反方，彼此间展开激烈的交锋。这些辩论的内容，涵盖了历史经验、治国之术、立身之道以及鉴识人才等各个方面。赵蕤借此表明，前人的这些论说，皆有其特定的思想语境与历史背景，"各引一端，崇其所善"，统治者应当根据具体情况加以考虑权衡，不可盲目信从。

夫损益殊涂，质文异政①。或尚权以经纬②，或敦道以镇俗③，是故前志垂教④，今皆可以理违。何以明之？

【注释】

①损益殊涂，质文异政：语本《论语·为政》："子曰：'殷因于夏礼，所损益，可知也；周因于殷礼，所损益，可知也。'"何晏《集解》引马融曰："所损益，谓文质三统。"损益殊涂，不同的治国之道，所增加与减损的地方不同。涂，同"途"。质文异政，不同的统治政策，有文饰与质朴的区别。

②权：权宜，变通。经纬：规划治理。

③敦道：崇尚道义。镇俗：抑制庸俗的世风。

④前志：前人的记述。

【译文】

不同的治国之道，所减损与增加的地方不同；不同的统治政策，有质朴与文饰的区别。或崇尚权变以治理国家，或崇尚道义以镇习俗，所以前人著作中的垂示教训，今日都可以找到相反的道理予以反驳。为什么这么说呢？

是曰[①]《大雅》云："既明且哲，以保其身[②]。"《易》曰："天地之大德曰生[③]。"非曰[④]《语》曰："士见危致命[⑤]。"又曰："君子有杀身以成仁，无求生以害仁[⑥]。"

【注释】

①是曰：指正面的意见。

②既明且哲，以保其身：出自《诗经·大雅·蒸民》。孔颖达疏："以此明哲，择安去危，而保全其身，不有祸败。"

③天地之大德曰生：出自《周易·系辞下》。

④非曰：指反面的意见。

⑤士见危致命：出自《论语·子张》。

⑥君子有杀身以成仁，无求生以害仁：出自《论语·卫灵公》。

【译文】

正方《大雅》说："既聪慧又明智，以保全自身。"《周易》说："天地的伟大德行在于生育万物。"反方《论语》说："士人遇见危急关头能献出生命。"又说："只会牺牲生命而成全仁，君子不会贪生怕死而损害仁。"

是曰管子曰："疑今者察之古，不知来者视之往[①]。"古语曰："与死人同病者[②]，不可生也；与亡国同行者，不可存也。"非曰《吕氏春秋》曰："夫人以食死者[③]，欲禁天下之食，悖矣。有以乘舟死者，欲禁天下之船，悖矣。有以用兵丧其国者，欲偃天下之兵，悖矣。"杜恕曰[④]："夫奸臣贼子[⑤]，自古及今未尝不有。百岁一人是为继踵，千里一人是为比肩，而举以为戒，是犹一噎而禁人食也。噎者虽少，饿者必多。"

【注释】

①疑今者察之古，不知来者视之往：出自《管子·形势》。

②与死人同病者：以下至"不可存也"，出自《韩非子·孤愤》。

③夫人以食死者：以下至"欲偃天下之兵，悖矣"，出自《吕氏春秋·孟秋纪·荡兵》。食死，《吕氏春秋》做"饐死"。饐，通"噎（yē）"。

④杜恕：字务伯，京兆杜陵（今陕西西安东南）人。尚书仆射杜畿之子，三国时期魏国官吏。《隋书·经籍志》录其《体论》四卷、《笃论》四卷，皆政论。

⑤夫奸臣贼子：以下至"饿者必多"，见于《群书治要》卷四十八所引杜恕《体论》。

【译文】

正方管子说："对当今之世有疑问的人，应当考察古人的经验；对未来不甚了然的人，应当借鉴以往的记录。"古话说："与病死的人患同样的病，不可能活命；与已亡的国家情形相同，不可能生存。"反方《吕氏春秋》说："人有因为吃饭噎死的，如果因此就要禁止天下的一切食物，这就荒谬了。人有因为乘船淹死的，如果因此就要禁止天下的一切船只，这就荒谬了。有因为进行战争而亡国的，如果因此就要禁止天下的一切战争，这就荒谬了。"杜恕说："奸臣贼子，从古至今从来都有。如百年出现一人，就以为是接踵而至；方圆千里出现一人，就认为是比肩而行，而引以为戒，这就好比一人噎着了，就禁止所有人吃饭。这样噎着的人虽然很少，但挨饿的人一定很多。”

是曰孔子曰：“恶讦以为直[①]。”非曰管子曰：“恶隐恶以为仁者[②]。”魏曹羲《至公论》曰[③]：“夫代人所谓掩恶扬善者[④]，君子之大义；保明同好者[⑤]，朋友之至交。斯言之作，盖闾阎之白谈[⑥]，所以收爱憎之相谤[⑦]，非笃正之至理、折中之公议也。世士不料其数而系其言[⑧]，故善恶不分，以覆过为弘也[⑨]；朋友忽义，以雷同为美也[⑩]。善恶不分，乱实由之；朋友雷同，败必从焉。谈论以当实为清[⑪]，不以过难为贵[⑫]；相知以等分为交[⑬]，不以雷同为固。是以达者存其义不察于文，识其心不求于言。”

【注释】

①恶讦（jié）以为直：出自《论语·阳货》。讦，揭发、攻击别人的阴私。

②恶隐恶以为仁者：出自《管子·法禁》，作“蔽恶为仁”。

③曹羲：字昭叔，沛国谯县（今安徽亳州）人。曹真次子，曹爽之弟，三国时魏宗室大臣。官至中领军。后为司马懿所杀。

④夫代人所谓掩恶扬善者：以下至“识其心不求于言”，见于《艺文类聚》卷二十二《人部六·公平》。代人，《艺文类聚·人部六·公平》作“世人”，赵蕤避唐太宗李世民讳，改“世”为“代”。

⑤保明：使安宁而尊贵。同好：指志趣相同的人。

⑥闾阎：泛指民间、世俗。闾，里门。阎，里中门。白谈：《艺文类聚》卷二十二《人部六·公平》作“日谈”，指老生常谈。译文从之。

⑦所以收爱憎之相谤：《艺文类聚》卷二十二《人部六·公平》作“所以救爱憎之相谤，崇居厚之大分耳”，译文从之。

⑧世士：世俗之士。系其言：意谓盲信这样的言论。

⑨覆过：遮掩过失。弘：宽容。

⑩雷同：随声附和。

⑪谈论以当实为清：意谓谈论时当以求实为宗旨。

⑫难：责难。

⑬相知：互相知心的朋友。等分为交：似指平等交往。

【译文】

正方孔子说："憎恶揭人阴私而自以为正直的人。"反方管子说："憎恶包庇罪恶而自以为仁慈的人。"曹魏时期的曹羲在《至公论》里说："世人认为，掩恶扬善，是君子的正道；让志趣相投的友人安宁尊贵，是朋友间至深的情谊。这样的言论，是世俗之人的老生常谈，不过为了消弭爱憎不同之人的互相诋毁，并不是笃厚正直的真理，不偏不倚的共识。世俗之士不探究其中的道理，而盲目信从这一言论，因此不分辨善恶，认为替他人遮掩过失是宽容的表现；朋友之间忽略道义，认为随声附和是美好友谊的表现。善恶不分，将带来祸乱；朋友之间随声附和，将带来失败。谈论道理时，应当以求实为宗旨，而不强调过分苛刻的责难；互相知心的朋友，彼此间平等交往，不依靠随声附和来巩固友谊。所以通达事理的人，鉴察言论的本义而不关注外在的文饰，识别人物的内心而不在乎一时的言谈。"

是曰《越绝书》曰[①]："炫女不贞，炫士不信[②]。"非曰《汉书》曰："大行不细谨，大礼不让辞[③]。"

【注释】

①《越绝书》：书名。记载古代吴、越两国的相关史事，而以越国为重点。《四库全书总目》认为作者是东汉时期会稽人袁康、吴平。

②炫（xuàn）女不贞，炫士不信：出自《越绝书·越绝外传记范伯第

八》。炫女，炫耀美色的女子。炫士，自夸才学的人。

③大行不细谨，大礼不让辞：《汉书》无此文。《史记·项羽本纪》："大行不顾细谨，大礼不辞小让。"细谨，小心谨慎的言行。

【译文】

正方《越绝书》说："炫耀美色的女子不贞洁，炫耀才学的士人不诚信。"反方《汉书》说："要干大事，就不必在意细微谨慎；要行大礼，就不必在意细小的礼让。"

是曰黄石公曰："务广地者荒[①]，务广德者强。有其有者安，贪人有者残。残灭之政[②]，虽成必败。"非曰司马错曰[③]："欲富国者务广其地[④]，欲强兵者务富其人，欲王者务博其德。三资者备而后王业随之。"

【注释】

①务广地者荒：以下至"虽成必败"，出自《黄石公三略·下略》。

②残灭：残杀毁灭。

③司马错：少梁（今陕西韩城南）人。战国时期秦国名将。曾与相国张仪争论，主张应首先伐蜀。后率兵攻灭蜀国。

④欲富国者务广其地：以下至"三资者备而后王业随之"，出自《史记·张仪列传》。

【译文】

正方黄石公说："致力于扩张领土的，内政必定荒废；致力于增广德行的，国家必定富强。安于自己所有的，国家必定平安；贪图他人所有的，施政必定残暴。施行残暴之政，即使一时成功，最终必然失败。"反方司马错说："想要国家富强，必须扩充他的领土；想要军队强大，必须使百姓富裕；想要称王天下，必须推行德政。这三个条件都具备了，帝王大业也就随之成功了。"

是曰《传》曰:“心苟无瑕,何恤乎无家[①]?”语曰:“礼义之不愆,何恤于人言[②]?”非曰语曰:“积毁销金[③],积谗磨骨[④],众羽溺舟,群轻折轴。”

【注释】

①心苟无瑕,何恤乎无家:出自《左传·闵公元年》。恤,忧虑。

②礼义之不愆(qiān),何恤于人言:出自《左传·昭公四年》引佚诗。愆,过失。

③积毁销金:以下至“群轻折轴”,出自《史记·张仪列传》,文字有所不同。积毁,众口不断毁谤。销金,使金属融化。

④磨骨:比喻残酷折磨,极言为害之烈。

【译文】

正方《左传》说:“内心如果没有瑕疵,何必担心没有归宿?”俗话说:“在礼义上没有过错,何必担心他人的批评?”反方俗话说:“众口不断毁谤,能让金属融化;众人不断进谗言,能置人于死地;羽毛堆积多了,能把船压沉;轻的东西载多了,能把车轴压断。”

是曰孔子曰:“君子不器[①]。”圣人智周万物[②]。非曰列子曰[③]:“天地无全功[④],圣人无全能,万物无全用。全,备也。故天职生覆[⑤],地职载形,圣职教化。”

【注释】

①君子不器:出自《论语·为政》。指君子不能像器皿一样,只有某一方面的用途。

②智周万物:语本《周易·系辞上》:“知周乎万物而道济天下。”谓于万物无所不知。

③列子：即列御寇，相传为先秦早期道家。

④天地无全功：以下至“圣职教化”，出自《列子·天瑞》。

⑤生覆：犹覆育。

【译文】

正方孔子说：“君子不能像器皿一样。”圣人的智慧，于万物无所不知。反方列子说：“天地没有完备的功业，圣人没有完备的才能，万物没有完备的功用。全，是完备的意思。所以天的职责是覆育万物，地的职责是承载万物，圣人的职责是施行教化。”

是曰孔子曰：“君子坦荡荡，小人长戚戚[①]。”非曰孔子曰：“晋重耳之有霸心也生于曹、卫[②]，越勾践之有霸心也生于会稽[③]。故居下而无忧者则思不远，覆身而常逸者则志不广[④]。”

【注释】

①君子坦荡荡，小人长戚戚：出自《论语·述而》。戚戚，忧惧貌。

②晋重耳之有霸心也生于曹、卫：以下至“覆身而常逸者则志不广”，出自《孔子家语·在厄》。曹、卫，指曹国、卫国。《孔子家语·在厄》王肃注：“重耳，晋文公也。为公子时出奔，困于曹、卫。”

③生于会稽：勾践曾被吴王夫差围困于会稽。《孔子家语·在厄》王肃注：“言越王之有霸心，乃生困于会稽之时也。”

④覆身：《孔子家语·在厄》作“处身”，译文从之。

【译文】

正方孔子说：“君子心胸坦荡，小人常怀忧惧。”反方孔子说：“晋公子重耳的称霸之心，产生在困于曹国、卫国的时候；越王勾践的称霸之心，产生在困于会稽的时候。所以居于下位而无所忧虑的人，其思虑短浅；安身处世贪图安逸的人，其志向不大。”

是曰韩子曰："古之人目短于自见[①]，故以镜观面；智短于自知，故以道正己。"非曰老子曰："反听之谓聪[②]，内视之谓明[③]，自胜之谓强[④]。"

【注释】

①古之人目短于自见：以下至"故以道正己"，出自《韩非子·观行》。

②反听之谓聪：以下至"自胜之谓强"，今本《老子》无此文。《史记·商君列传》赵良曰："反听之谓聪，内视之谓明，自胜之谓强。""老子曰"疑为"赵良曰"之误。反听，自我审查。

③内视：内心反省。

④自胜：克制自己。

【译文】

正方韩非子说："古人的眼睛看不见自己的脸部，所以要用镜子来观察面容；智慧缺乏自知之明，所以要用道术来端正自己。"反方老子说："能够自我审查的叫作'聪'，能够内心反省的叫作'明'，能够克制自己的叫作'强'。"

是曰唐且曰[①]："专诸怀锥刀而天下皆谓之勇，西施被短褐而天下称美[②]。"非曰慎子曰："毛嫱、西施[③]，天下之至姣也[④]。衣之以皮倛则见者皆走[⑤]，易之以玄緆则行者皆止[⑥]。由是观之，则玄緆色之助也。姣者辞之，则色厌矣。"

【注释】

①唐且：人名。战国时期谋士。《战国策》作"唐雎"。

②专诸怀锥刀而天下皆谓之勇，西施被短褐而天下称美：出自《战国策·楚策三·唐雎见春申君曰》。专诸，春秋时吴国勇士。为

吴公子光刺杀吴王僚。锥刀,小刀。短褐,粗布短衣。

③毛嫱、西施:以下至“则色厌矣”,出自《慎子·威德》。

④姣:容貌美丽。

⑤皮倛(qī):又叫“倛头”,古代驱除疫鬼时用的面具。《周礼正义·夏官·方相氏》孙诒让疏:“盖周时谓方相所蒙熊皮黄金四目为‘皮倛’。汉‘魌头’即周之皮倛。”

⑥玄緆(xī):黑色的细布。

【译文】

正方唐且说:“专诸即便怀藏小刀,天下人仍认为他是勇士;西施即便穿着粗布短衣,天下人仍认为她是美人。”反方慎子说:“毛嫱、西施,是天下最美丽的女子。如果她们戴上皮制的驱鬼面具,那么看见的人都会跑开;如果她们换上黑色细布所做的漂亮衣服,那么过路的人都会驻足观看。由此看来,黑色细布的漂亮衣服是美丽姿色的帮助。如果美女不肯穿上漂亮衣服,难免被人嫌弃。”

是曰项梁曰[①]:“先起者制服于人,后起者受制于人[②]。”《军志》曰:“先人有夺人之心[③]。”非曰史佚有言曰[④]:“无始祸[⑤]。”又曰:“始祸者死[⑥]。”语曰:“不为祸始,不为福先[⑦]。”

【注释】

①项梁:秦末下相(今江苏宿迁西南)人。项羽叔父,楚国名将项燕之子。

②先起者制服于人,后起者受制于人:出自《史记·项羽本纪》。据《史记》载,此为会稽郡守殷通游说项梁之辞,原文作“先即制人,后则为人所制”。

③先人有夺人之心:出自《左传·宣公十二年》引《军志》。先人,抢在敌人之先,取得主动。夺人之心,动摇对方军心。

④史佚：人名。西周初年太史，即《尚书·洛诰》之“作册逸”。

⑤无始祸：出自《左传·僖公十五年》。始祸，犹言“首祸”，指祸乱的倡导者。

⑥始祸者死：出自《左传·定公十三年》。指引发祸端的人必须处死。

⑦不为祸始，不为福先：出自《庄子·刻意》。福先，福的先导。

【译文】

正方项梁说：“先发者制人，后发者为人所制。”《军志》说：“抢在敌人之先，就能动摇敌方的军心。”反方史佚说：“不要成为祸乱的始发者。”又说：“引发祸端的人必须处死。”俗话说：“不成为祸乱的开端，不成为福气的先导。”

是曰慎子曰：“夫贤而屈于不肖者[①]，权轻也；不肖而服于贤者，位尊也。尧为匹夫，不能使其邻家；及至南面而王，则令行禁止[②]。由此观之，贤不足以服物[③]，而势位足以屈贤矣。”非曰贾子曰：“自古至今[④]，与民为仇者，有迟有速耳，而民必胜之矣。故纣自谓天王也，而桀自谓天父也，已灭之后，民以骂之也。以此观之，则位不足以为尊，而号不足以为荣矣。”

【注释】

①夫贤而屈于不肖者：以下至“而势位足以屈贤矣”，出自《慎子·威德》。不肖，不成材，不正派。

②令行禁止：有令即行，有禁即止。形容法令或纪律严明。

③服物：使人诚服。

④自古至今：以下至“而号不足以为荣矣”，出自贾谊《新书·大政上》。

【译文】

正方慎子说："贤人之所以屈服于不成材的人，是因为权力太轻；不成材的人能够服从贤人，这是因为贤人的地位尊贵。尧为普通百姓时，不能指使他的邻居；等到他南面称王，便能做到令行禁止。就此看来，贤能不足以使人服从，而权势地位却足以使贤人屈服。"反方贾谊说："从古到今，与民众为敌的君主，或快或慢，民众一定会战胜他。所以商纣自称天王，夏桀自称天父，灭亡之后，都遭到民众的痛骂。就此看来，地位不足以维持尊贵，名号不足以作为荣耀。"

是曰汉景帝时，辕固与黄生争论于上前①。黄生曰："汤、武非受命②，乃杀也。"固曰："不然。夫桀、纣荒乱，天下之心皆归汤、武。汤、武与天下之心而诛桀、纣③，桀、纣之人弗为使而归汤、武。汤、武不得已而立，非受命为何？"非曰黄生曰："冠虽弊必加于首，履虽新必贯于足。何者？上下之分也。今桀、纣虽失道，然君上也；汤、武虽圣，臣下也。夫主有失行，臣不正言匡过以尊天子，反因过而诛之，代立南面，非杀而何？"

【注释】

①辕固与黄生争论于上前：以下至"非杀而何"，出自《汉书·儒林传》。辕固，汉初齐（治今山东淄博东北）人。汉景帝时任博士。曾任清河王太傅。今文《诗》学"齐诗"学派的开创者。黄生，姓黄，史失其名，黄老学派的学者。

②受命：受天之命。古帝王自称受命于天，以巩固其统治。

③与：因，顺应。

【译文】

正方汉景帝时，辕固与黄生在皇上面前争论。黄生说："商汤与周武王并非承受天命，而是篡弑。"辕固说："不是这样。夏桀与商纣荒淫乱政，天下民心都归向商汤、周武王。商汤、周武王顺应天下民心诛杀夏桀、商纣，夏桀、商纣的人民不接受他们的驱遣而归向商汤、周武王。商汤、周武王不得已才登上王位，这不是承受天命又是什么呢？"反方黄生说："帽子虽然破，一定要戴在头上；鞋子虽然新，一定要穿在脚上。为什么呢？就因为有着上下之别。夏桀、商纣虽然违背道义，但毕竟是君主；商汤、周武王虽然圣明，毕竟是臣下。君主有错误行为，臣下不直言劝谏，匡正过失，以尊重天子，反而趁着君主有了过错诛杀他，取而代之自己称王，这不是篡弑又是什么呢？"

是曰太公曰："明罚则人畏慑[①]，人畏慑则变故出。明赏则不足，不足则怨长。故明王之理人，不知所好，不知所恶。"非曰文子曰："罚无度则戮而无威，赏无度则费而无恩[②]。"故诸葛亮曰："威之以法[③]，法行则知恩；限之以爵[④]，爵加则知荣。"

【注释】

①明罚则人畏慑：以下至"不知所恶"，见于《群书治要》卷三十一所引《六韬·虎韬》。

②罚无度则戮而无威，赏无度则费而无恩：今本《文子》无此文。《孙子兵法·计》"赏罚孰明"杜佑注引王子曰："赏无度，则费而无恩；罚无度，则戮而无威。""文子曰"疑为"王子曰"之误。

③威之以法：以下至"爵加则知荣"，出自《三国志·蜀书·诸葛亮传》裴松之注。诸葛亮曰："蜀土人士，专权自恣，君臣之道，渐以

陵替；宠之以位，位极则贱，顺之以恩，恩竭则慢。所以致弊，实由于此。”所以要“威之以法”“限之以爵”。

④限：指加官、晋爵。

【译文】

正方太公说：“刑罚太过严明，会令民众畏惧；民众畏惧，就会产生变故。赏赐太过严明，民众反而会不满足；民众不满足，就会滋长怨恨。贤明君主治下的人民，不知道自己喜欢什么，不知道自己厌恶什么。”反方文子说：“刑罚无度，则杀人也起不到威慑作用；赏赐无度，则花费再多人们也不会感恩。”所以诸葛亮说：“用法律来威慑蜀地人士，法律推行，他们就知道感恩了；给有功之人加官晋爵，获得官爵，他们就感到荣耀了。”

是曰文子曰：“人之化上①，不从其言，从其行也。故人君好勇而国家多难，人君好色而国家昏乱。”非曰秦王曰②：“吾闻楚之铁剑利而倡优拙③。夫铁剑利则士勇，倡优拙则思虑远。以远思虑御勇士，吾恐楚之图秦也。”

【注释】

①人之化上：以下至“人君好色而国家昏乱”，出自《文子·精诚》，有删节。

②秦王：指秦昭王，嬴姓，名则，一名稷，战国时期秦国君主，秦惠文王之子。

③吾闻楚之铁剑利而倡优拙：以下至“吾恐楚之图秦也”，出自《史记·范雎蔡泽列传》。倡优，古代称以音乐歌舞或杂技戏谑娱人的艺人。

【译文】

正方文子说：“民众顺从君主的教化，不是听他说什么，而是看他做什么。所以君主好逞武勇，国家就会多灾多难；君主贪爱女色，国家就会昏乱。”反方秦昭王说：“我听说，楚国的铁剑锋利而倡优的技艺拙劣。铁剑锋利，将士就勇猛；倡优技艺拙劣，君主的思虑就长远。以深谋远虑来驾驭勇猛的将士，我担心楚国会打秦国的主意。”

是曰墨子曰[①]：“虽有贤君[②]，不爱无功之臣；虽有慈父，不爱无益之子。”非曰曹子建曰：“舍罪责功者[③]，明君之举也；矜愚爱能者，慈父之恩也。”《三略》曰：“含气之类皆愿得其申志[④]，是以明君贤臣屈己申人[⑤]。”

【注释】

①墨子：名翟，战国初期思想家，墨家学派的创始人。

②虽有贤君：以下至“不爱无益之子”，出自《墨子·亲士》。

③舍罪责功者：以下至“慈父之恩也”，出自《三国志·魏书·陈思王植传》载曹植《上责躬诗表》。

④含气之类皆愿得其申志：出自《黄石公三略·上略》。含气，含有气息。形容有生命者。此处专指人类。

⑤是以明君贤臣屈己申人：今本《黄石公三略》无此文。

【译文】

正方墨子说：“即使是贤明的君主，也不会喜欢没有功劳的臣子；即使是慈爱的父亲，也不会喜欢没有作为的儿子。”反方曹植说：“赦免罪行而要求建立功业，这是明君的举措；怜悯愚人，爱惜有才能的人，这是慈父的恩情。”《三略》说：“人们都想实现自己的志向，所以明君贤臣能够委屈自己，让他人的抱负得以施展。”

是曰《传》曰：“人心不同，其犹面也[①]。”曹子建曰：“人各有好尚[②]。兰茝荪蕙之芳[③]，众人所好，而海畔有逐臭之夫[④];《咸池》《六英》之发[⑤],众人所乐,而墨子有非之之论[⑥]。岂可同哉?”非曰语曰:“以心度心,间不容针[⑦]。”孔子曰:“其恕乎[⑧]?己所不欲,勿施于人。”

【注释】

①人心不同,其犹面也:出自《左传·襄公三十一年》,原文作:“人心之不同,如其面焉。吾岂敢谓子面如吾面乎?”

②人各有好尚:以下至“岂可同哉”,出自《三国志·魏书·陈思王植传》裴松之注引曹植《与杨德祖书》。

③兰茝(chǎi)荪(sūn)蕙:皆香草名。

④逐臭之夫:典出《吕氏春秋·遇合》:“人有大臭者,其亲戚兄弟妻妾知识,无能与居者。自苦而居海上。海上人有说其臭者,昼夜随之而弗能去。”后以“逐臭之夫”喻嗜好怪僻的人。

⑤《咸池》:古乐名。相传为尧乐,一说为黄帝之乐,尧增修沿用。《六英》:古乐名。相传为帝喾或颛顼之乐。

⑥墨子有非之之论:《墨子》中有《非乐》篇。

⑦间不容针:形容距离极小。

⑧其恕乎:以下至“勿施于人”,出自《论语·卫灵公》。

【译文】

正方《左传》说:“人心各不相同,就好比每个人的容貌面目各不相同。”曹植说:“每个人的喜好不同。兰、茝、荪、蕙这样的香草,是众人所喜欢的,但海边却有追逐恶臭气味的人;《咸池》《六英》的乐曲演奏起来,是众人所欣赏的,而墨子却有‘非乐’的言论。难道可以一概而论吗?”反方俗话说:“用自己的心意揣度他人的心意,其间的差距容不下一根针。”孔子说:“可以终身遵循的大概就是恕道吧?自己不愿意的事情,不要施加于别人。”

是曰管子曰："仓廪实[①]，知礼节；衣食足，知荣辱。"非曰古语曰："贵不与骄期而骄自至[②]，富不与侈期而侈自来。"

【注释】

①仓廪实：以下至"知荣辱"，出自《管子·牧民》。仓廪，贮藏米谷的仓库。

②贵不与骄期：以下至"而侈自来"，出自《尚书·周官》伪孔注。

【译文】

正方管子说："粮仓充实了，人们就会知道讲究礼节；衣食丰足了，人们就会懂得珍惜荣耀，避免耻辱。"反方古话说："地位尊贵了，虽然不想骄傲，但骄傲却会不期而至；生活富裕了，虽然不想奢侈，但奢侈却会不请自来。"

是曰语曰："忠无不报[①]。"非曰《左传》曰："乱代则谗胜直[②]。"

【注释】

①忠无不报：出自《史记·鲁仲连邹阳列传》。

②乱代则谗胜直：出自《左传·昭公五年》，原文作"世乱谗胜"。

【译文】

正方俗话说："忠诚一定会得到相应的报答。"反方《左传》说："世道混乱，则进谗言的人胜过正直的人。"

是曰韩子曰："凡人之大体[①]，取舍同则相是，取舍异则相非也。"《易》曰："同声相应[②]，同气相求。水流湿，火就燥，云从龙，风从虎。"非曰《易》曰："二女同居，其志不同[③]。”语曰：“一栖不两雄，一泉无二蛟[④]。”又曰：“凡人情，以同相妒，故曰：‘同美相妒[⑤]，同贵相害[⑥]，同利相忌。’”

【注释】

①凡人之大体：以下至“取舍异则相非也”，出自《韩非子·奸劫弑臣》。

②同声相应：以下至“风从虎”，出自《周易·乾卦·文言》。

③二女同居，其志不同：出自《周易·睽卦·彖辞》。

④一栖不两雄，一泉无二蛟：出自《文子·上德》，原文作“一渊不两蛟，一雌不二雄”。

⑤同美相妒：以下至“同利相忌”，出自《素书·安礼》。

⑥害：妒忌。

【译文】

正方韩非子说：“凡是人的大致情况，取舍相同的则互相肯定，取舍不同的则互相反对。”《周易》：“相同的声音会互相呼应，同类的气息会相互吸引。水向湿处流，火向干处烧，云随着龙而涌动，风随着虎而呼啸。”反方《周易》说：“两个女子共居一室，其志向不同。”俗话说：“一处栖息地，容不下两只雄性动物；一处泉水，容不下两条蛟龙。”又说：“凡人之常情，两个人不相上下就会彼此嫉妒，所以说：‘同样美丽的人互相嫉妒，同样尊贵的人互相妒忌，利益相同的人互相忌惮。’”

是曰韩子曰：“释法术而以心理[①]，尧、舜不能正一国；去规矩而妄意度[②]，奚仲不能成一轮[③]。使中主守法术，拙匠执规矩，则万不失矣。”非曰《淮南子》曰：“夫矢之所以射远贯坚者[④]，弓弩力也。其所以中的剖微者[⑤]，人心也。赏善罚暴者，政令也。其所以行者，精诚也。故弩虽强，不能独中；令虽明，不能独行。”杜恕曰：“世有乱人[6]，而无乱法。若使法可专任，则唐、虞不须稷、契之佐，殷、周无贵伊、吕之辅矣。”

【注释】

①释法术而以心理：以下至“则万不失矣”，出自《韩非子·用人》，有删节。

②意度：揣测，猜想。

③奚仲：夏之车正，传说姓任，黄帝之后，为车的创造者。

④夫矢之所以射远贯坚者：以下至“不能独行”，出自《淮南子·泰族训》。贯坚，射穿坚固的铠甲。

⑤的（dì）：箭靶的中心。

⑥世有乱人：以下至“殷、周无贵伊、吕之辅矣”，出自《三国志·魏书·杜恕传》。

【译文】

正方韩非子说：“放弃法术而凭主观想法办事，尧、舜这样的圣君也不能平治一国；舍弃规矩而胡乱臆测，奚仲这样的巧匠连一个轮子也做不出。如果让中等才能的君主谨守法术，笨拙的匠人掌握规矩尺度，则能做到万无一失。”反方《淮南子》说：“箭之所以能射向远方，贯穿坚固的铠甲，这是弓弩的力量；但箭之所以能射中靶心，穿透细微的地方，这是人心的作用。奖励善良，惩罚残暴，这是政令的作用。但政令之所以能够推行，这是执政者精诚所至的结果。所以弩虽然强力，但无法独自射中目标；政令虽然明确，但无法独自施行。”杜恕说：“世上有作乱的人，而没有作乱的法。如果治理国家可以单独依靠法规的话，那么唐尧、虞舜不需要稷、契的帮助，殷、周的君主也不必看重伊尹、吕望的辅佐了。”

是曰虑不先定[1]，不可以应卒[2]；兵不先办，不可以应敌。《左传》曰：“豫备不虞，古之善政[3]。”非曰《左传》曰：“士芳谓晋侯曰[④]：‘臣闻之，无丧而戚，忧必雠之[⑤]；无戎而城，仇必保焉[⑥]。’”《春秋外传》曰[⑦]：“周景王将铸大钱[⑧]，单穆公曰[⑨]：‘不可。古者天灾降戾[⑩]，于是乎量资币[⑪]，权轻重[⑫]，以振救人。夫备预有未至而设之，修国备也[⑬]。预备不虞，安不忘危。有至而后救之，若救火疗疾，量资币之属。是不相入也。二者先后各有宜。不相入，不相为用也。可先而不备，谓之怠；怠，缓也[⑭]。可后而先之，谓之召灾。谓人未有患，轻而重之[⑮]，离人匮财，是以召灾也。周固羸国也[⑯]，天未厌祸焉[⑰]，而又离人以佐灾，无乃不可乎？’”

【注释】

①虑不先定：以下至“不可以应敌”，出自《史记·仲尼弟子列传》。

②应卒（cù）：应付突然事变。卒，同“猝”。

③豫备不虞，古之善政：出自《左传·文公六年》，原文作“备豫不虞，古之善教”。豫备，防备。不虞，意外。善政，妥善的法则。

④士蔿（wěi）谓晋侯曰：以下至“雠必保焉”，出自《左传·僖公五年》。士蔿，字子舆，又称“士舆”。晋国大夫。

⑤雠（chóu）：应。指忧与戚相应。

⑥无戎而城，仇必保焉：《左传·僖公五年》杨伯峻注：“无兵患而筑城，反足以资内部敌人为保守之用。”

⑦《春秋外传》：即《国语》，中国最早的一部国别体史书，相传为春秋末鲁人左丘明所作。

⑧周景王将铸大钱：以下至“无乃不可乎”，出自《国语·周语下》，有删节。周景王，姬姓，名贵，东周第十二位君主，周灵王之子。大钱，面值大的钱币。韦昭注引贾逵曰：“大钱者，大于旧，其价重也。”

⑨单穆公：周王室卿士，单靖公曾孙。

⑩降戾：犹降临。韦昭注："降，下也。戾，至也。"

⑪量：度。资币：资财与钱币。

⑫权轻重：指权衡钱币的轻重。

⑬修国备也：以下五条小字注文均出自《国语·周语下》韦昭注。

⑭缓：怠慢。

⑮人未有患，轻而重之：《国语·周语下》韦昭注作"民未患轻而重之"，指民众并未以较轻的钱币为患，而政府却铸造较重的钱币，将带来"离人匮财"的恶果。译文从之。

⑯羸（léi）国：弱国。

⑰天未厌（yā）祸：指上天不断降灾。厌，压。

【译文】

正方不事先制定谋略，就无法应付突发的事件；军队不事先训练，就无法迎击来敌。《左传》说："防备意外，这是古人妥善的法则。"反方《左传》说："士蒍对晋侯说：'我听说，没有丧事而悲伤，忧愁就跟着来了；没有兵患而筑城，反而成为内部的仇敌据守的依凭。'"《春秋外传》说："周景王将要铸造面值大的钱币，单穆公劝谏道：'不能这么做。古时候天灾降临，于是才度量资财与钱币，权衡钱币的轻重，以赈济人民。国家的储备，有的是灾难尚未发生而预先准备的，指修治国家的储备。预先储备是为了防备意外的情况，居安思危。有的是灾难发生后才加以拯救的，如救火、治病，根据灾难的大小度量资财与钱币。这两种措施不能相互取代。两种措施的先后各有适宜的次序。不相入，指不能相互取代。可以预先准备而不做安排，这叫作'怠慢'；怠，是缓的意思。可以事后拯救却提前做了，这叫作'召灾'。民众并未以较轻的钱币为患，政府却铸造较重的钱币，这将使民众离散，资财匮乏，由此招来灾祸。周王朝原本是弱国了，上天不断降下灾祸，而现在又要离散民众来助长灾难，这样做恐怕不行吧？"

是曰《左传》曰："古人有言[①]，一日纵敌，数代之患也。"

非曰晋、楚遇于鄢[②]，范文子不欲战，曰："吾先君之亟战也有故[③]，秦、狄、齐、楚皆强，不尽力，子孙将弱。今三强服矣，齐、秦、狄矣[④]。敌，楚而已。唯圣人能内外无患。自非圣人[⑤]，外宁必有内忧，骄而冗则忧患生[⑥]。盍释楚以为外惧乎？"

【注释】

①古人有言：以下至"数代之患也"，出自《左传·僖公三十三年》。

②晋、楚遇于鄢：以下至"盍释楚以为外惧乎"，出自《左传·成公十六年》。鄢，春秋时郑邑。今河南鄢陵。

③亟（qì）：屡次。

④齐、秦、狄矣：以下两条小字注文出自《左传·成公十六年》杜预注。

⑤自非：倘若不是。

⑥骄而冗则忧患生：杜预注作"骄亢则忧患生"。骄亢，指骄纵不逊。译文从之。

【译文】

正方《左传》说："古人曾说过，一天放走了敌人，会带来几代人的祸患。"反方晋军、楚军在鄢陵相遇，范文子不想交战，说："我们的先君之所以屡次征战是有原因的，秦、狄、齐、楚都是强国，如果不尽力征战，子孙将被削弱。现在三个强国已经归服了，指齐、秦、狄三国。敌手只剩一个楚国。唯有圣人才能做到国家既无内忧，也无外患。倘若不是圣人，国家外部安宁了，必然出现国内的忧患。骄纵不逊就会带来忧患。何不放过楚国，把它当作引起戒惧的外患呢？"

是曰《三略》曰："无使仁者主财，为其多恩施而附于下[①]。"非曰陶朱公中男杀人[②]，囚于楚。朱公欲使其少子装黄金千镒往视之[3]。其长男固请，乃使行。楚杀其弟。朱公曰："吾固知必杀其弟。是长与我俱见苦，为生之难，故重其财。如少弟，生见我富，乘坚驱良逐狡兔[4]，岂知财所从来？固轻弃之。今长者果杀其弟，事理然也，无足悲。"

【注释】

①无使仁者主财，为其多恩施而附于下：出自《黄石公三略·中略》。附于下，附和部下。

②陶朱公中男杀人：以下至"无足悲"，出自《史记·越王勾践世家》，有删节。陶朱公，即范蠡。中男：次子。

③镒（yì）：古代重量单位。合二十两，一说二十四两。往视之：指到楚国相机活动、打点。

④乘坚：乘好车。驱良：驱良马。

【译文】

正方《三略》说："不要让仁厚的人管理财务，因为他会过多地施舍钱财而附和部下。"反方陶朱公的次子杀人，被囚禁于楚国。陶朱公想让他的小儿子带着千镒黄金到楚国看看情况。他的长子坚决请求让自己去，于是便派他去了。楚国最终杀了陶朱公的次子。陶朱公说："我早就知道他必定断送自己弟弟的性命。他从小跟着我一起吃过苦，知道生计的艰难，所以舍不得钱财。如果是小儿子，一生下来就看见我的富贵，自己乘好车，驱良马，追逐狡兔，哪里知道钱是从哪儿来的呢？所以任意挥霍不知爱惜。如今老大果然害死了自己的弟弟，这是理所当然的，不必再难过了。"

是曰语曰："禄薄者不可与入乱，赏轻者不可与入难[1]。"慎子曰："先王见不受禄者不臣，禄不厚者不与入难[2]。"非曰田单将攻狄[3]，见鲁仲子[4]。仲子曰："将军攻狄，弗能下也。何者？昔将军之在即墨[5]，坐而织蒉[6]，立则杖插[7]，为士卒唱[8]，此所以破燕。今将军东有液邑之奉[9]，西有淄上之娱[10]，黄金横带而驰乎淄、渑之间[11]，有生之乐，无死之心，所以不胜也。"后果然。

【注释】

①禄薄者不可与入乱，赏轻者不可与入难：见于《群书治要》卷三十七引《尹文子·圣人》。

②先王见不受禄者不臣，禄不厚者不与入难：出自《慎子·因循》。

③田单将攻狄：以下至"后果然"，出自《战国策·齐策六·田单将攻狄》，有删节。狄，古代北方部族。

④鲁仲子：即鲁仲连。

⑤即墨：战国齐邑。今山东平度东南。齐国危亡之际，田单曾坚守即墨，并以火牛阵大破燕军。

⑥织蒉（kuì）：编织草筐。

⑦杖：握持。插：同"锸"，锹。

⑧唱：同"倡"，倡导，先导。

⑨液邑：《战国策·齐策六》作"夜邑"，田单封邑，今山东莱州。

⑩淄（zī）：水名。

⑪淄、渑（shéng）之间：淄水、渑水两河流域之间。泛指齐国都城周围一带。

【译文】

正方俗话说："俸禄微薄的人，不能和他一起经历动乱；赏赐不厚的人，不能和他共赴危难。"慎子说："先王对于不肯接受俸禄的人，不任用他们做臣子；对于俸禄微薄的人，不和他们共赴危难。"反方田单将要攻打狄国，前去见鲁仲连。鲁仲连说："将军这次攻打狄国，不能攻下。为什么这么说？当年，将军据守即墨城的时候，坐下时编织草筐，站起时拿着铁锹，做士卒的榜样，这是您之所以能打败燕军的原因。现在您东边有夜邑的封地，西边有淄水之上的娱乐，束着黄金腰带，驰骋于淄水、渑水之间，有人生的乐趣，而无拼死的决心，所以不能胜利。"后来果然如此。

是曰语曰："贫贱之交不可忘，糟糠之妻不下堂[①]。"非曰语曰："交接广而信衰于友，爵禄厚而忠衰于君[②]。"

【注释】

①贫贱之交不可忘，糟糠之妻不下堂：出自《后汉书·宋弘传》。下堂，谓妻子被丈夫遗弃或和丈夫离异。

②交接广而信衰于友，爵禄厚而忠衰于君：见于《意林》卷六引袁准《正书》。

【译文】

正方俗话说："贫贱时的知交好友不可忘记，贫困时共食糟糠的妻子不可遗弃。"反方俗话说："交游广泛，对朋友的诚信就减少了；爵禄丰厚，对君主的忠心就减少了。"

是曰《春秋后语》曰[①]："楚春申君使孙子为宰[②]，客有说春申君曰：'汤以亳[③]，武王以鄗[④]，皆不过百里，以有天下。今孙子，贤人也，而君籍之百里之势[⑤]，臣窃为君危之。'春申君曰：'善。'于是使人谢孙子。孙子去之赵，赵以为上卿。"非曰客又说春申君曰："昔伊尹去夏入殷，殷王而夏亡；管仲去鲁入齐，鲁弱而齐强。夫贤者之所在，其君未尝不尊，其国未尝不荣也。今孙子，贤人也，君何为辞之？"春申君又曰："善。"复使人请孙子。

【注释】

①《春秋后语》：东晋孔衍所撰国别体史书。《史通·六家》："至孔衍，又以《战国策》所书未为尽善，乃引太史公所记，参其异同，删彼二家，聚为一录，号为《春秋后语》。"

②楚春申君使孙子为宰：以下至"复使人请孙子"，又见于《战国策·楚策四·客说春申君曰》。孙子，即荀子。宰，指邑宰。据《史记·孟子荀卿列传》司马贞《索隐》，荀子曾"仕楚为兰陵令"。

③亳（bó）：商汤的都城。相传有三处：(1)在今河南商丘东南，传说汤曾居于此，又名"南亳"。(2)在今河南商丘北，传说诸侯拥戴汤为盟主于此，又名"北亳"。(3)在今河南偃师西，传说汤攻克夏时所居，又名"西亳"。

④鄗（hào）：同"镐"，周武王都城，在今陕西西安西。

⑤籍：通"藉（jiè）"，凭借。

【译文】

正方《春秋后语》说："楚国的春申君任命荀子为邑宰，有一位门客游说春申君说：'商汤以亳作为根据地，武王以鄗作为根据地，他们的地方都不超过方圆百里，结果却得到了天下。现在荀子是贤人，而您给他百里的地方作为依凭，我私下为您感到危险。'春申君说：'好。'于是派人谢绝了荀子。荀子离开楚国去了赵国，赵国任命荀子为上卿。"反方这位门客又对春申君说："以前伊尹离开夏到殷，因此殷称王于天下而夏朝灭亡；管仲离开鲁国到齐国，因此鲁国衰弱而齐国富强。贤人所在的国家，君主必定受人尊敬，国家必定繁荣兴盛。现在荀子是贤人，您为何谢绝他呢？"春申君又说："好。"又派人到赵国召请荀子。

是曰韩宣王谓摎留曰[①]："吾欲两用公仲、公叔[②]，其可乎?”对曰:“不可。晋用六卿而国分[3],简公两用田成、阚止而简公弑[4],魏两用犀首、张仪而西河之外亡[5]。今王两用之,其多力者内树其党,其寡力者又籍于外权[6]。群臣或内树其党以擅主命,或外为势交以裂其地,则王之国危矣。”又曰:“公孙衍为魏将[7],与其相田儒不善[8]。季文子为衍说魏王曰[9]:‘王独不见夫服牛骖骥乎[10]?不可百步。今王以衍为可使,将固用之也[11],而听相之计,是服牛骖骥之道。牛马俱死而不成其功,则王之国伤矣。愿王察之。’”非曰傅子曰:“天地至神[12],不能同道而生万物;圣人至明,不能一捡而治百姓[13]。故以异致同者,天地之道也;因物制宜者,圣人之治也。既得其道,虽有相害之物,不伤乎治体矣[14]。水火之性相灭也,善用之者陈鼎釜乎其间[15],爨之煮之而能两尽其用[16],不相害也。天下之物为水火者多矣,何忧乎相害[17]?何患乎不尽其用耶?”《易》曰:“天地睽而其事同也[18],男女睽而其志通也[19],万物睽而其事类也[20]。”

【注释】

①韩宣王谓摎(jiū)留曰:以下至“则王之国危矣”,出自《韩非子·说林上》,相同记载亦见于《战国策·韩策一·宣王谓摎留曰》。韩宣王,即韩宣惠王,韩昭侯子,战国时期韩国君主。摎留,人名。韩国臣子。

②公仲:即公仲朋。公叔:即公叔伯婴。二人均为韩国贵族。

③六卿:指春秋末期控制晋国政权的范氏、中行氏、智氏、韩氏、赵氏、魏氏六家贵族。在六家贵族之间的激烈斗争中,中行氏、范氏以及智氏先后被灭,晋国被韩、赵、魏三家瓜分,晋君反而成了附

庸。至前403年，周威烈王正式承认三家为诸侯。

④简公：指齐简公，姜姓，名任，齐悼公之子，春秋末期齐国君主。阚（kàn）止：字子我，齐简公宠臣。《左传·哀公十四年》："齐简公之在鲁也，阚止有宠焉。及即位，使为政。陈成子惮之，骤顾诸朝。诸御鞅言于公曰：'陈、阚不可并也，君其择焉。'弗听。"

⑤犀首：魏国的武职官名。这里指曾担任过这一官职的魏国人公孙衍。西河：战国魏地。指今山西、陕西间黄河南端以西地，即今陕西大荔、合阳、韩城等市县一带。

⑥外权：指其他诸侯国的权势、势力。

⑦公孙衍为魏将：以下至"愿王察之"，出自《战国策·魏策一·公孙衍为魏将》。

⑧田儒：《战国策·魏策一》作"田繻（rú）"，战国时期齐国人。曾担任魏相。

⑨季文子：《战国策·魏策一》作"季子"，魏国臣子。

⑩服牛骖（cān）骥（jì）：指牛与马同拉一辆车，两头牛居中，两匹骏马位于两旁。服，古代一车驾四马，居中的两匹称"服"。骖，驾车时位于两边的马。

⑪将固用之也：《战国策·魏策一》作"故用之也"。

⑫天地至神：以下至"何患乎不尽其用耶"，见于《群书治要》卷四十九引《傅子·假言》。

⑬捡：通"检"，法度。

⑭治体：治国的纲领、要旨。

⑮鼎釜：有足的煮器。

⑯爨（cuàn）：烧煮。

⑰何忧乎相害：《傅子》作"若施釜鼎乎其间，何忧乎相害"，译文从之。

⑱天地睽（kuí）而其事同也：以下至"万物睽而其事类也"，出自《周易·睽卦·彖辞》。睽，乖离，违背。《正义》："天高地卑，其体

悬隔，是天地睽也。而生成品物，其事则同也。”

⑲男女睽而其志通也：《正义》：“男外女内，分位有别，是男女睽也。而成家理事，其志则通也。”

⑳万物睽而其事类也：《正义》：“万物殊形，各自为象，是万物睽也。而均于生长，其事即类。”

【译文】

正方韩宣王对摎留说：“我想要同时重用公仲朋和公叔伯婴，可以吗？”摎留回答说：“不可以。晋国任用六卿而国家被瓜分，齐简公同时任用田成子和阚止而自己被杀，魏国同时任用公孙衍和张仪而丢失了西河之外的地区。现在您要同时任用公仲朋和公叔伯婴，他们中力量大的会在国内结党，力量小的会借助其他诸侯的势力。群臣中有的人树立私党以擅权，有的人交结诸侯以分裂国土，那么您的国家就危险了。”又说：“公孙衍担任魏国将军，与魏相田繻关系不好。季子为公孙衍游说魏王，说道：‘难道您没有见过牛和良马一同拉车的情形吗？连一百步也走不了。现在您认为公孙衍可堪大用，所以任用他，却又听信相国田繻的意见，这好比让牛与良马同时拉车。结果牛、马都倒毙而死，最终也不能成功，那么您的国家一定会受到伤害。希望您明察。”反方傅玄说：“天地最为神奇，不能用同一方法生出万物；圣人最为贤明，不能用同一法度治理百姓。所以用不同的办法达到相同的目的，是天地之道；根据事物的具体情况制定适宜的措施，是圣人治理天下的方法。掌握了这一方针，即便存在着相互妨害的事物，也不会损害治理天下的大体。如水与火，特性是彼此相灭，但善于运用水火的人，将鼎釜置于水火之间，用火烧煮食物，让火与水各尽其用，二者互不妨害。天下万物，如同水火一般互相妨害的很多，如果皆能安放‘鼎釜’于它们之间，妥善加以运用，又何必担忧它们彼此妨害呢？又何必担忧不能物尽其用呢？”《周易》说：“天地的高低尊卑不同，但是它们化育万物的功能是相同的；男女虽然有别，但是他们的情感意志却是相通的；天下万物虽然千差万别，但是它们的生长过程却是类似的。”

是曰陈登为吕布说曹公曰[1]：“养吕布譬如养虎，常须饱其肉，不饱则噬人[2]。”非曰曹公曰：“不似卿言。譬如养鹰，饥则为人用，饱则飏去[3]。”

【注释】

①陈登为吕布说曹公曰：以下至“饱则飏去”，出自《三国志·魏书·吕布传》。陈登，字元龙，下邳淮浦（今江苏涟水西）人。东汉末年将领、官员，沛相陈珪之子。

②噬（shì）：咬。

③飏（yáng）：飞扬。

【译文】

正方陈登为吕布游说曹操说：“对待吕布，好像饲养一只猛虎，应该让他吃饱肉，如果吃不饱，他将会咬人。”反方曹操说：“不像你说的那样。应该像是养鹰，只有饿着才会为人所用，喂饱了就会飞走。”

是曰刘备来奔曹公[1]，曹公以之为豫州牧[2]。或谓曹公曰：“备有雄志，今不早图，后必为患。”曹公以问郭嘉。嘉曰：“有是。然公提剑起义兵，为百姓除暴，推诚仗信，以招俊杰，犹惧其未来也。今备有英雄之名，以穷归己而害之，以害贤为名，则智士将自疑，回心择主[3]，公谁与定天下者？夫除一人之患，以沮四海之望，安危之机不可不察。”曹公曰：“善！”非曰傅子称：郭嘉言于太祖曰[4]：“备有雄志而甚得众心，关羽、张飞皆万人之敌也，为之死用。以嘉观之，其谋未可测也。古人有言曰：‘一日纵敌，数世之患。’宜早为之所。”曹公方招怀英雄，以明大信，未得从嘉谋。

【注释】

①刘备来奔曹公：以下至“曹公曰：‘善’”，出自《三国志·魏书·郭嘉传》裴松之注引王沈《魏书》。

②豫州：汉以来所设置的州名。初为汉武帝所置十三刺史部之一，辖境约当今淮河以北、伏牛山以东豫东、皖北地。

③回心：改变心意。

④郭嘉言于太祖曰：以下至“未得从嘉谋”，出自《三国志·魏书·郭嘉传》裴松之注引《傅子》。

【译文】

正方刘备来投奔曹操，曹操任命他为豫州牧。有人对曹操说：“刘备有远大的志向，现在不及早除掉他，日后必成大患。”曹操就此事询问郭嘉。郭嘉说：“确实如此。但您提剑兴起义兵，为百姓铲除残暴势力，以真诚与信用招揽天下俊杰，即便如此，还担心他们不来投奔。如今刘备有着英雄的名声，穷途末路前来投奔，如果杀害他，将有杀害贤能的名声，那么智谋之士都会暗自怀疑，改变心意另择明主，这样一来，您和谁一起平定天下呢？为了杜绝一人带来的后患，而阻碍天下人对您的期望，这关系到安危大局，不可不仔细考虑。”曹操说：“说得好！”反方傅玄说：郭嘉对曹操说：“刘备志向远大而深得人心，关羽、张飞都是可敌万人的猛将，为刘备拼死效命。在我看来，他的谋划难以估量。古人有句话：‘一天放走了敌人，会带来几代人的祸患。’应该早做打算。”那时，曹操正招揽英雄，以显明自己的诚信，所以没有听从郭嘉的意见。

是曰《家语》曰：“子路问孔子曰[①]：‘请释古之道而行由之意，可乎？’子曰：‘不可也。昔东夷慕诸夏之礼[②]，有女而寡，为内私婿[3]，终身不嫁。不嫁则不嫁矣，然非贞节之义也。仓吾娆音奴鸟反。取妻而美[4]，让与其兄。让则让矣，然非礼让之让也。今子欲舍古之道而行子之意，庸知子意以非为是乎？'"语曰："变古乱常，不死则亡[5]。"《书》云："事弗师古[6]，以克永代[7]，匪说攸闻[8]。"非曰赵武灵王欲胡服[9]，公子成不悦[10]。灵王曰："夫服者所以便用，礼者所以便事。圣人观乡而顺宜[11]，因事而制礼，所以利其人而厚其国。夫翦发文身[12]，错臂左衽[13]，瓯越之人也[14]。黑齿雕题[15]，鳀冠秫缝[16]，大吴之国也。故礼服莫同，而其便一也。乡异而用变，事异而礼易。是以圣人谋可以利其国，不一其用；谋可以便其礼[17]，不法其故。儒者一师而俗异[18]，中国同礼而离教[19]，况于山谷之便乎[20]？故去就之变[21]，智者不能一；远迩之服[22]，贤圣莫能同。穷乡多异俗，曲学多殊辩[23]。今叔父之言，俗也；吾之所言，以制俗也。叔父恶变服之名，以忘效事之实，非寡人之所望也。"公子成遂胡服。

【注释】

①子路问孔子曰：以下至"庸知子意以非为是乎"，出自《孔子家语·六本》。

②东夷：古代对我国中原以东各族的统称。诸夏：周代分封的中原各个诸侯国。泛指中原地区。

③内私婿：招纳非正式婚配的女婿。内，同"纳"。

④仓吾娆：《孔子家语·六本》作"苍梧娆"，人名。

⑤变古乱常，不死则亡：出自《史记·袁盎晁错列传》"太史公曰"。

⑥事弗师古：以下至"匪说攸闻"，出自《伪古文尚书·说命下》。

⑦永代:《尚书·说命下》作“永世”,世世代代,意谓长治久安。

⑧说(yuè):指傅说,殷商时期政治家。曾担任殷相,辅佐殷高宗武丁。攸(yōu):所。

⑨赵武灵王欲胡服:以下至“公子成遂胡服”,周斌先生认为出自《春秋后语》。相同记载又见于《战国策·赵策二·武灵王平昼闲居》与《史记·赵世家》。战国时,赵武灵王采用西方和北方民族的服饰,教人习骑射,史称“胡服骑射”。其制上褶下裤,有貂蝉为饰的冠,金钩为饰的具带,足穿靴,便于骑射。

⑩公子成:人名。赵国贵族。

⑪观乡而顺宜:指因地制宜。乡,区域,地方。

⑫翦发文身:古代荆楚、南越一带的习俗。截短头发,身刺花纹,以为可避水中蛟龙的伤害。

⑬错臂:以丹青画饰其臂。左衽:衣襟向左。指我国古代某些少数民族的服装。

⑭瓯(ōu)越:亦作“瓯粤”,百越的一支,分布在今浙江瓯江流域一带。

⑮黑齿:染黑牙齿。雕题:在额上刺花纹。题,额头。

⑯鳀(tí)冠:用鲶鱼皮制成的冠。秫(shù)缝:用长针缝纫,谓针线粗拙。

⑰便其礼:《战国策·赵策二》作“便其事”,译文从之。

⑱儒者一师而俗异:《战国策·赵策二》作“儒者一师而礼异”,指儒者虽然出自同一师门,但传下来的礼法却各不相同。译文从之。

⑲中国同礼而离教:《战国策·赵策二》作“中国同俗而教离”,指中原地区虽然有共同的习俗,但施行的教化却各不相同。译文从之。

⑳山谷之便:《战国策·赵策二》作“山谷之士”,译文从之。

㉑去就:取舍。

㉒远迩:远近。

㉓曲学:指学识浅陋的人。

【译文】

正方《孔子家语》说："子路问孔子说：'请放弃古人之道，随我自己的心意行事，这样可以吗？'孔子说：'不可以。从前，东夷人仰慕中原的礼仪，有女人死了丈夫，便为她招了一个非正式婚配的女婿，终生不再嫁。不嫁确实是不嫁了，但并非贞节的本义。仓吾娆娆，音奴鸟反。娶的妻子容貌美丽，便将她让给自己的哥哥。让确实是让了，但并不是符合礼义的让。现在你要放弃古人之道而照你的心意行事，怎么知道你不会把错误的当成正确的呢？'"俗话说："变更古制，混乱常法，只有死路一条。"《尚书》说："做事不效法古人，却想让国家长治久安，我傅说从来没有听说过。"反方赵武灵王想在赵国推行胡服，公子成很不高兴。赵武灵王说："服装，是为了穿着方便；礼节，是为了办事方便。所以圣人根据当地的情况因地制宜，根据实际的需要制定礼节，为的是利民富国。截短头发，身刺花纹，手臂上刻画文饰，穿着衣襟向左的衣服，这是瓯越百姓的习俗。染黑牙齿，在额上刺花纹，戴着鱼皮帽子，穿着针线粗拙的衣服，这是吴国百姓的风俗。虽然礼节与服饰各不相同，便于当地人行事却是一致的。所以地方不同，做事的方法就不一样；事情不同，礼节也要发生变化。因此圣人考虑的是如何有利于国家，而在做事方法上不强求一致；考虑的是如何让事情变得便利，而不一定恪守传统。儒者虽然出自同一师门，但传下来的礼法却各不相同，中原地区虽然有共同的习俗，但施行的教化却各不相同，何况那些居住在山谷之中的人呢？所以对于事物的选择取舍，即便智者也无法强求一致；远近不同地区的服饰打扮，即便圣贤也无法要求相同。穷乡僻壤，多奇怪的风俗；学识浅陋的人，经常争辩不休。您现在所说的，是传统的习俗；而我所说的，是如何改革习俗。您厌恶变服的名声，却忽略了它带来的实际好处，这不是我所希望的。"公子成于是穿上了胡服。

是曰移风易俗，莫善于乐[1]。非曰孟子曰："天道因则大[②],化则细[③]。因也者,因人之情也[④]。"

【注释】

①移风易俗,莫善于乐:出自《孝经·广要道章》。

②天道因则大:以下至"因人之情也",出自《慎子·因循》。"孟子"当为"慎子"之误。因,顺应。

③化:指人为改变。

④情:本性。

【译文】

正方改风气,变习俗,没有比音乐教化更好的手段。反方孟子说:"顺应天道,天道的作用便广大;人为改变天道,天道的作用便缩小。所谓因,指的是顺应人们的本性。"

是曰李寻曰[①]:"夫以喜怒赏诛而不顾时禁,虽有尧、舜之心,犹不能致和平。善言古者,必有效于今;善言天者,必有征于人[②]。设上农夫欲冬田[③],虽肉袒深耕[④],汗出种之,犹不生者,非人心不至,天时不得也。《易》曰:'时止则止[⑤],时行则行。动静不失于时,其道光明。'《书》曰:'敬授人时[⑥]。'故古之王者,尊天地,重阴阳,敬四时,严月令[⑦],顺之以善政,则和气可立致,犹枹鼓之相应也[⑧]。"非曰太公谓武王曰[⑨]:"天无益于兵胜,而众将所居者九[⑩]:曰法令不行而任侵诛,无德厚而用日月之数,不顺敌之强弱而幸于天,无智虑而候氛气[⑪],少勇力而望天福,不知地形而归过于时,敌人怯弱不敢击而信龟策[⑫],士卒不勇而法鬼神,设伏不巧而任背向之道[⑬]。凡天道鬼神,视之不见,听之不闻,不可以决胜败，故明将不法。”司马迁曰：“阴阳之家，使人拘而多忌[14]。”范晔曰：“阴阳之道，其弊也巫[15]。”

【注释】

①李寻曰：以下至“犹枹鼓之相应也”，出自《汉书·李寻传》。李寻，字子长，平陵（今陕西咸阳西北）人。西汉官员，阴阳家。

②征：证明，验证。

③上农夫：古代指种植条件较好、收益较多的农民。冬田：在冬天种田。

④肉袒：光着膀子。

⑤时止则止：以下至“其道光明”，出自《周易·艮卦·彖辞》。

⑥敬授人时：出自《尚书·尧典》。指将历法付予百姓，使知时令变化，不误农时。

⑦月令：《礼记》篇名。所记为农历十二个月的时令、行政及相关事物。后用以特指农历某个月的气候和物候。

⑧枹（fú）鼓：鼓槌和鼓。

⑨太公谓武王曰：以下至“故明将不法”，见于《群书治要》所引《六韬·龙韬》。

⑩居：《群书治要》作“拘”，译文从之。

⑪候：观察。氛气：古代迷信指预示吉凶的云气。常指凶气。

⑫龟策：龟甲和蓍草，古代占卜之具。

⑬设伏：布设伏兵。

⑭阴阳之家，使人拘而多忌：出自《史记·太史公自序》中司马谈《论六家要旨》。

⑮阴阳之道，其弊也巫：出自《后汉书·襄楷传》范晔“论曰”，文字有所不同。阴阳之道，指星相、占卜、相宅、相墓等方术。

【译文】

正方李寻说："如果凭个人的喜怒任意赏罚而不顾一年四时的禁忌，即使有尧、舜之心，依然无法让国家和谐安定。善于谈论古代的人，其言论一定在当今有所效验；善于谈论天道的人，其言论一定在人事上有所验证。假如一位出色的农夫想在冬天种田，即便他光着膀子，深耕细作，汗流浃背播下种子，也仍然长不出庄稼，并不是这位农夫所用的心力不够，而是因为冬天不是种田的时节。《周易》说：'应当静止就静止，应当行动就行动。行动与静止都不要丧失合适的时机，其道自然光明。'《尚书》说：'恭敬地将历法授予百姓。'所以古代的王者，尊重天地，重视阴阳，礼敬四时，严格遵守月令，用清明的政治顺应天时，则祥和之气可以立即得到，就好比用鼓槌敲鼓，鼓马上发出响声。"反方姜太公对周武王说："天道对于军事胜利没有什么帮助，而众将还会受到九种思想上的束缚：不能推行法令，反而任意欺凌杀戮；没有仁厚的德行，却迷信与日月运行相关的术数；不顺应敌人的强弱调整策略，却寄希望于上天保佑；没有智谋，却去观察云气的吉凶；没有勇气，却指望上天降福；不知道地形，却将失败归罪于天时；明知敌军胆怯却不敢进攻，反而相信龟甲和蓍草的占卜；士卒不勇敢，却去寻求鬼神的庇护；不能巧妙地布设伏兵，却迷信排兵布阵时背对或面向的吉凶变化。凡是天道与鬼神，看不见，听不着，不可以决定胜败，所以明智的将领不效法这些。"司马迁说："阴阳家的学说，让人拘束而多忌讳。"范晔说："阴阳之道，弊端在于迷信鬼神。"

是曰翼奉曰[①]："治道之要，在知下之邪正。人诚向正，虽愚为用；若其怀邪，智益为害。"非曰夫人主莫不爱己也，莫知爱己者不足爱也[②]。故桓子曰[③]："捕猛兽者不令美人举手[④]，钓巨鱼者不使稚子轻预。非不亲也，力不堪也。奈何万乘之主而不择人哉？"故曰："夫犬之为猛[⑤]，有非则鸣吠，而不遑于夙夜，此自效之至也。昔宋人有沽酒者[6]，酒酸而不售，何也？以有猛犬之故。夫犬知爱其主，而不能为其主虑酒酸之患者，智不足也。”

【注释】

①翼奉曰：以下至“智益为害”，出自《汉书·翼奉传》。翼奉，子少君，东海下邳（今江苏睢宁北）人。西汉经学家。治齐诗，好律历阴阳之占。

②夫人主莫不爱己也，莫知爱己者不足爱也：见于《群书治要》卷四十七引刘廙《政论·慎爱》。人主莫不爱己，《群书治要》作“人主莫不爱爱己”，译文从之。

③桓子：即桓谭，字君山，沛国相（今安徽淮北西北）人。两汉之际著名学者。著有《新论》。

④捕猛兽者不令美人举手：以下至“奈何万乘之主而不择人哉”，出自桓谭《新论·求辅》。

⑤夫犬之为猛：以下至“智不足也”，见于《群书治要》卷四十七引刘廙《政论·慎爱》，有删节。

⑥沽酒：卖酒。

【译文】

正方翼奉说：“治国之道的关键，在于了解臣下的邪正。一个人如果心向正道，即使愚笨一些也可以任用；如果他心怀邪恶，越聪明反而危害越大。”反方君主无不宠爱喜欢自己的人，却不知道喜欢自己的人并不值得宠爱。所以桓谭说：“追捕猛兽的人，不会让美女动手帮忙；钓大鱼的人，不会让小孩子轻易参与。这并不是不喜爱他们，而是因为他们的力量难以胜任。作为大国之君，对于人才怎么能不加以选择呢？”所以说：“一只狗被认为凶猛，是因为它见到不对的动静就吠叫不止，昼夜都没有停下来的时候，这是为主人效命到了极点。从前，宋国有个卖酒的人，酒直到放酸了还是卖不出去,为什么呢?就是因为养了一只很凶猛的狗。这只狗知道爱自己的主人,但却不能为主人考虑酒酸了还卖不出去的困难,这是因为它的智力不够。"

是曰语曰:"巧诈不如拙诚[①]。"非曰晋惠帝为太子,和峤谏武帝曰[②]:"季世多伪[③],而太子尚信,非四海之主,忧不了陛下家事。"武帝不从,后惠帝果败。

【注释】

①巧诈不如拙诚:出自《韩非子·说林上》。

②和峤(qiáo):字长舆,汝南西平(今河南西平)人。曹魏后期至西晋初年大臣。官至中书令、太子少傅。武帝:指晋武帝。

③季世多伪:以下至"忧不了陛下家事",出自《晋书·和峤传》。

【译文】

正方俗话说:"巧智伪诈,不如笨拙而诚实。"反方晋惠帝当年被立为太子,和峤劝谏晋武帝说:"末世人心伪诈,而太子却崇尚信义,不适合当天下之主,恐怕无法解决陛下的家事。"晋武帝不听,之后晋惠帝果然败亡。

是曰《左传》曰:"孔子叹子产曰:'言以足志[①],文以足言[②]。不言谁知其志?言之无文,行而不远。'晋为伯[③],郑入陈[④],非文辞而不为功,慎辞也哉!"《论语》曰:"诵《诗》三百[⑤],授之以政,不达;使于四方,不能专对[⑥]。虽多,亦奚以为?"非曰汉文帝登虎圈[⑦],美啬夫口辩[⑧],拜为上林令[⑨]。张释之前曰[⑩]:"陛下以绛侯周勃何如人也?"上曰:"长者。"又问曰:"东阳侯张相如何如人也[⑪]?"上复曰:"长者。"释之曰:“此两人言事,曾不能出口,岂效此啬夫喋喋利口捷给哉[12]! 且秦以任刀笔之吏[13],争以亟疾苛察相高[14],然其弊徒文具耳[15],亡恻隐之实,以故不闻其过,陵迟至于二世[16],天下土崩。今陛下以啬夫口辩而超迁之,臣恐天下随风而靡,争口辩,无其实。且下之化上,疾于影响[17],举错之间[18],不可不审。”帝乃止。

【注释】

①言以足志:以下至“慎辞也哉”,出自《左传·襄公二十五年》。言以足志,指言语用来表达心志。

②文以足言:文采用来修饰语言。

③伯:通“霸”。指春秋时的诸侯盟主。

④郑入陈:指鲁襄公二十五年(前548),郑国为了报复去年陈、楚二国侵袭郑国而讨伐陈国。子产到晋国献捷,遭到了晋国大臣士弱的诘责。子产以出色的辞令,化解了这一危机。

⑤诵《诗》三百:以下至“亦奚以为”,出自《论语·子路》。《诗》三百,指《诗经》。

⑥专对:谓任使节时独自随机应答。

⑦汉文帝登虎圈:以下至“帝乃止”,出自《史记·张释之冯唐列传》。虎圈,养虎之所。

⑧啬(sè)夫:汉时小吏的一种。此处指掌管虎圈的小吏。《史记·张释之冯唐列传》:“登虎圈,上问上林尉诸禽兽簿,十余问,尉左右视,尽不能对。虎圈啬夫从旁代尉对上所问禽兽簿甚悉,欲以观其能口对响应无穷者。文帝曰:‘吏不当若是邪? 尉亡赖!’”

⑨上林令:西汉置,初隶少府,汉武帝元鼎二年(前115)改隶水衡都尉,秩六百石,掌管上林苑中禽兽宫馆之事。

⑩张释之：字季，南阳堵阳（今河南方城）人。西汉大臣。官至廷尉，以执法公正闻名。

⑪张相如：汉高祖时为中大夫，后为河间守，击陈豨力战有功，封东阳侯。汉文帝前元十四年（前166）为大将军，出击匈奴。

⑫喋喋（dié）：形容话多。利口：能言善辩。捷给：应对敏捷。

⑬刀笔之吏：指掌文案的官吏。刀笔为古代书写工具，古时书写于竹简，有误则用刀削去重写。

⑭亟（jí）疾苛察：谓急剧猛烈，以苛刻烦琐为明察。

⑮文具：谓空有条文。《史记·张释之冯唐列传》司马贞《索隐》："谓空具其文而无其实也。"

⑯陵迟：败坏，衰败。

⑰影响：影子和回声。多用以形容感应迅捷。

⑱举错：措置，措施。

【译文】

正方《左传》说："孔子称赞子产道：'言语足够用来表达心志，文采足够用来修饰语言。不说话，谁能知道他的心志？言语没有文采，就不能传到远处。'晋国当时是霸主，而郑国攻入了陈国，不是子产善于辞令，这件事便不会成功，要慎重地使用言辞啊！"《论语》说："熟读《诗经》三百首，把政事委任给他，不能办好；让他出使外国，不能独立应对。虽然读了很多，又有什么用呢？"反方汉文帝到了养虎的地方，很欣赏虎圈啬夫的口才，想任命他为上林令。张释之走上前说："陛下认为绛侯周勃是个怎样的人？"文帝说："是位长者。"张释之又问："东阳侯张相如是个怎样的人？"文帝说："也是长者。"张释之说："这两人谈论事情时，往往说不成一句话，哪里像这个啬夫喋喋不休、伶牙俐齿、应对敏捷呢！况且，秦朝由于重用刀笔吏，使得臣子们争着以急剧猛烈、苛刻烦琐来比较高下，但这样做的弊端，是仅仅用官样文书来应付上级，而没有同情民生疾苦的实质，因此秦朝的皇帝听不到自己的过失，政治日渐衰败，到了秦二世时，秦朝的统治便土崩瓦解了。如今陛下您因为这个啬夫能说会道，就越级提拔他，我担心天下的人闻风而动，争着展现口辩之才，而没有内在的实质。况且在下位的人被在上位的人感化，比影子与回声的速度还快，所以您的举动措施，不可不慎重。”文帝于是取消了这一任命。

是曰太史公曰：“《春秋》推见至隐[①]，《易》隐之以显[②]，《大雅》言王公大人而德逮黎庶[③]，《小雅》讥己之得失，其流及上[④]。所言虽殊，其合德一也。相如虽虚辞滥说[⑤]，然其要归[⑥]，引之节俭。此与《诗》之讽谏何异？”非曰扬雄以为：“赋者[⑦]，将以讽也。必推类而言[⑧]，极丽靡之辞[⑨]，闳侈巨衍[⑩]，竞于使人不能加也。既乃归之于正，然览已过矣[⑪]。往时武帝好神仙，相如上《大人赋》欲以讽帝，帝反漂漂有凌云之志[⑫]。由是言之，赋劝而不止，明矣。又颇类俳优[⑬]，非法度所存，贤人君子诗赋之正也。”

【注释】

①《春秋》推见（xiàn）至隐：以下至“此与《诗》之讽谏何异”，出自《史记·司马相如列传》。推见至隐，指从具体的事实中推究抽象深奥的道理。见，“现”的古字，显露。

②《易》隐之以显：《史记·司马相如列传》作“本隐之以显”，指通过探讨精微深奥的道理来把握明显具体的事情。《司马相如列传》司马贞《索隐》引虞喜《志林》曰：“春秋以人事通天道，是推见以至隐也。易以天道接人事，是本隐以之明显也。”

③言王公大人而德逮黎庶：指先言王公大人之事，然后推及黎民百姓。《司马相如列传》裴骃《集解》引韦昭曰：“先言王公大人之德，乃后及众庶也。”德，通“得”。

④讥己之得失，其流及上：指从个人遭遇得失讲起，以达到对上讽谏的目的。《司马相如列传》裴骃《集解》引韦昭曰："《小雅》之人志狭小，先道己之忧苦，其流乃及上政之得失者。"

⑤虚辞滥说：浮夸不实之言。

⑥要归：要点所在，要旨。

⑦赋者：以下至"贤人君子诗赋之正也"，出自《汉书·扬雄传》。

⑧推类：犹类推，根据同类事物进行推究。

⑨丽靡：华丽。

⑩闳侈（hóng chǐ）：谓文章宏大恣肆。巨衍：谓文辞广博繁富。

⑪既乃归之于正，然览已过矣：指辞赋的结尾处归于正道，但读者已经被此前靡丽的文辞所迷惑，忽略了辞赋讽谏的宗旨。《汉书·扬雄传》颜师古注："言其末篇反从之正道，故观览之者但得浮华，而无益于讽谏也。"

⑫漂漂：飞扬貌，高飞貌。

⑬俳（pái）优：古代以乐舞谐戏为业的艺人。

【译文】

正方司马迁说："《春秋》从具体的事实中推究抽象深奥的道理，《周易》通过探讨精微的道理来把握具体明显之事，《大雅》先言王公大人之事然后能推及黎民百姓，《小雅》从个人的遭遇得失讲起，以达到对上讽谏的目的。它们所说的内容虽不相同，但宗旨都是一致的。司马相如的文章虽然浮夸不实，但其宗旨还在于引导君主节约简朴。这和《诗经》的讽喻劝谏有什么不同呢？"反方扬雄认为："辞赋，是用来进行讽谏的。一定要根据同类事物加以类推，穷尽华丽的辞藻，宏大恣肆、广博繁富，争取让人无法再增加什么。到结尾处归于正道，但读者已经被靡丽的文辞所迷惑，忽略了讽谏的宗旨。从前，汉武帝爱好神仙方术，司马相如献上《大人赋》，想要用它进行讽谏，但汉武帝读了之后，反而感到飘飘然，有凌云登天的念头。就此说来，用辞赋讽谏，起不到劝止的作用，已经很明显了。这样的辞赋，又与俳优艺人很相似，不合法度，不是贤人君子创作诗赋的正道。”

是曰《淮南子》曰：“东海之鱼名鲽[1]，音土盍反，与床榻字同。比目而行。北方有兽名曰娄[2]，更食更候[3]。南方有鸟名曰鹣[4]，音兼。比翼而飞。夫鸟兽鱼鲽犹知假力[5]，而况万乘之主乎[6]？独不知假天下之英雄俊士，与之为伍，岂不痛哉！”非曰狐卷子曰[7]：“父贤不过尧而丹朱放[8]，子贤不过舜而瞽瞍顽[9]，兄贤不过舜而象傲[10]，弟贤不过周公而管叔诛，臣贤不过汤、武而桀、纣伐。况君之欲治，亦须从身始，人何可恃乎？”

【注释】

①东海之鱼名鲽（dié）：以下至“岂不痛哉”，不见于今本《淮南子》，而见于《韩诗外传》卷五。鲽，亦作“鳎”，鱼名。比目鱼的一类，即鲽科比目鱼。体侧扁，像薄片，长椭圆形，有细鳞，两眼都在右侧。生活在浅海中，左侧向下卧在沙底。古人认为此鱼一目，须两两相并始能游行。

②娄（lóu）：传说中的兽名。

③候：伺望，侦察。

④鹣（jiān）：即鹣鹣，传说中的比翼鸟。《尔雅·释地》：“南方有比翼鸟焉，不比不飞，其名谓之鹣鹣。”郭璞注：“似凫，青赤色，一目一翼，相得乃飞。”

⑤假力：借助他人的力量。

⑥万乘之主：周制，天子地方千里，能出兵车万乘，因以“万乘”指天子。《孟子·梁惠王上》：“万乘之国，弑其君者，必千乘之家。”赵

岐注:“万乘,兵车万乘,谓天子也。”

⑦狐卷子曰:以下至“人何可恃乎”,出自《韩诗外传》卷八。狐卷子,战国时期魏人。

⑧丹朱:人名。尧的儿子。《史记·五帝本纪》:“尧知子丹朱之不肖,不足授天下,于是乃权授舜。”放:放纵,放荡。《尚书·皋陶谟》作“傲”:“无若丹朱傲,惟慢游是好,傲虐是作。”

⑨瞽瞍(gǔ sǒu):人名。舜的父亲。瞍,一作“叟”。顽:愚妄,愚顽。

⑩象:人名。舜的弟弟。傲:傲慢。《史记·五帝本纪》:“舜父瞽叟顽,母嚚,弟象傲,皆欲杀舜。舜顺适不失子道,兄弟孝慈。”

【译文】

正方《淮南子》说:“东海有一种鱼叫作‘鲽’,鲽,音土盍反,与“床榻”的“榻”字同音。两条鱼要并在一起才能游动。北方有一种野兽叫作‘娄’,它们轮流进食,交替放哨。南方有一种鸟叫作‘鹣’,鹣,音兼。两只鸟要合在一起才能飞行。这些鸟兽游鱼尚且知道借助彼此的力量,何况是天子呢?却偏偏不知道借助天下英雄豪杰的力量,与他们为伍,这怎能不让人感到痛惜呢!”反方狐卷子说:“没有比尧更贤明的父亲了,但他的儿子丹朱十分放荡;没有比舜更贤明的儿子了,而他的父亲瞽瞍却十分愚顽;没有比舜更贤明的兄长了,而他的弟弟象却十分傲慢;没有比周公旦更贤明的弟弟了,而他的哥哥管叔却因为叛乱被诛;没有比商汤、周武王更贤明的臣子了,而他们的君主夏桀、商纣却遭到讨伐。更何况君主如果想把国家治理好,也应当从自身做起,他人又如何可以依赖呢?”

是曰孔子曰:“不患无位,患己不立①。”非曰孔子厄于陈、蔡②,子路愠见③,曰:“昔闻诸夫子,积善者天报以福。今夫子积义怀仁久矣,奚居之穷也?”子曰:“由,未之识也,吾语汝。汝以仁者为必信耶?则伯夷、叔齐不饿死首阳④。

汝以智者为必用耶？则王子比干不见剖心[5]。汝以忠者为必报耶？则关龙逢不见刑[6]。汝以谏者为必听耶？则伍子胥不见杀。夫遇不遇者时也[7]，贤不肖者才也。君子博学深谋而不遇时者众矣，何独丘哉！"

【注释】

①不患无位，患己不立：出自《论语·里仁》。立，杨伯峻《论语译注》："'立'和'位'古通用，这'立'字便是'不患无位'的'位'字。《春秋》桓公二年'公即位'，石经作'公即立'可以为证。"

②孔子厄于陈、蔡：以下至"何独丘哉"，出自《孔子家语·在厄》，有删节。厄，被困、受苦。

③愠（yùn）：含怒，怨恨。

④伯夷、叔齐：是商朝孤竹国国君的两个儿子，二人互让，没有继承王位，先后逃到周国。周武王伐纣灭商，二人认为这是不仁不孝之举，耻食周粟，逃到首阳山，采薇而食，最终饿死。

⑤比干：商纣王的叔父，因屡次劝谏商纣王，被剖心而死。《史记·殷本纪》："纣愈淫乱不止，……比干曰：'为人臣者，不得不以死争。'乃强谏纣。纣怒曰：'吾闻圣人心有七窍。'剖比干，观其心。"

⑥关龙逢（páng）：夏桀的大臣。夏桀暴虐荒淫，他多次直谏，被桀囚禁杀死。

⑦遇：得志，被赏识。

【译文】

正方孔子说："不发愁没有职位，只发愁没有任职的本领。"反方孔子被困在陈国与蔡国，子路带着怒气来见孔子，说："我从前听老师您说过，积累善事的人上天会降福给他。如今您积累德行、心怀仁义已经很长时间了，为何处境如此穷困呢？"孔子说："仲由啊，你还不懂得其中的道理，我来告诉你。你以为仁义之人一定会被相信吗？那么伯夷、叔齐就不会饿死在首阳山上。你以为智慧之人一定会被任用吗？那么王子比干就不会惨遭剖心。你以为忠诚之人一定会有好报吗？那么关龙逢就不会遭刑。你以为忠言劝谏一定会被听取吗？那么伍子胥就不会被杀。能否被赏识，这是由时运决定的；贤能还是不肖，这是由自身的才能决定的。君子学识渊博，谋虑深远，却时运不济，这样的人太多了，何止我孔丘一人呢！”

是曰神农形悴①，唐尧瘦臞②，舜梨黑③，禹胼胝④，伊尹负鼎而干汤⑤，吕望鼓刀而入周⑥，墨翟无黔突⑦，孔子无暖席⑧，非以贪禄位，将欲起天下之利，除万人之害。非曰李斯以书对秦二世云⑨：“申子曰：‘有天下而不恣睢⑩，命之曰以天下桎⑪。’若尧、禹然，故谓之桎也。夫以人徇己则己贵而人贱⑫，以己徇人则己贱而人贵。故徇人者贱而所徇者贵，自古及今，未有不然。夫尧、禹以身徇天下，谓之桎者，不亦宜乎！”

【注释】

①神农形悴：以下至“除万人之害”，出自《文子·自然》。悴，憔悴。

②臞（qú）：消瘦。

③梨：通“黎”，黑色。

④胼胝（pián zhī）：手掌脚底因长期劳动摩擦而生的茧子。

⑤伊尹负鼎而干汤：相传伊尹曾是商汤妻子有莘氏陪嫁的奴隶，以烹饪之道游说商汤，得到任用。《史记·殷本纪》：“伊尹名阿衡。阿衡欲奸汤而无由，乃为有莘氏媵臣，负鼎俎，以滋味说汤，致于王道。”事迹又见于《吕氏春秋·孝行览·本味》。

⑥吕望鼓刀而入周：吕望，即姜太公。相传他曾为屠户，在朝歌操刀

宰牛，后被周文王任用。《楚辞·离骚》："吕望之鼓刀兮，遭周文而得举。"

⑦墨翟无黔突：形容墨子为了宣扬其主张四处奔走，不在家中吃饭，所以连烟囱都没有熏黑。墨翟，即墨子，春秋末期战国初期宋国人，墨家学派创始人。黔突，因炊爨而熏黑了的烟囱。

⑧暖席：把座位坐热。指安居。

⑨李斯以书对秦二世云：以下至"不亦宜乎"，出自《史记·李斯列传》。李斯，战国末楚国上蔡（今河南上蔡）人。秦朝著名政治家、文学家和书法家。曾任秦国丞相。始皇帝死后，与赵高矫诏迫扶苏自杀，立胡亥为帝，即秦二世。后为赵高所杀。

⑩恣睢（suī）：放任自得，为所欲为。

⑪桎（zhì）：拘系犯人两脚的刑具。

⑫徇（xùn）：《史记·李斯列传》作"徇（xùn）"，顺从。

【译文】

正方神农形容憔悴；尧清癯消瘦；舜面色黧黑；禹的手脚布满老茧；伊尹背负着鼎而求见商汤；吕望曾为屠夫而得到周文王重用；墨子四处奔走，家中的烟囱都不曾熏黑；孔子来去匆匆，连座位都来不及坐热；他们并不是贪恋俸禄与地位，而是想要替天下人求得利益，替万民除去祸害。反方李斯上书对秦二世说："申子说：'拥有天下的帝王，如果不能为所欲为，这就叫作把天下当成了镣铐。'像尧、禹如此辛苦地治理天下，所以说天下是他们的镣铐。让别人顺着自己，自己就尊贵，别人就低贱；让自己顺着别人，自己就低贱，别人就尊贵。所以顺从别人的人低贱，令别人顺从的人高贵，从古到今，都是如此。像尧、禹这样的君主以自身顺从天下，所以说天下成了他们的镣铐，这不很恰当吗！"

是曰《论语》曰："举逸民，天下之人归心焉[①]。"魏文侯受艺于子夏[②]，敬段干木[③]，过其庐未尝不式[④]。于是秦欲伐魏[5]，或曰："魏君贤，国人称仁，上下和洽，未可图也。"秦王乃止。由此得誉于诸侯。非曰韩子曰："夫马似鹿[6]，此马直千金。今有千金之马，而无一金之鹿者[7]，何也？马为人用，而鹿不为人用。"今处士不为人用[8]，鹿类也。所以太公至齐而斩华士[9]，孔子为司寇而诛少正卯[10]。赵主父使李疵视中山可攻否[11]，还报曰："可攻也。其君好见岩穴之士、布衣之人[12]。"主父曰："如子之言，是贤君也，安可攻？"李疵曰："不然。夫上显岩穴之士则战士殆[13]，上尊学者则农夫惰。农夫惰则国贫，战士怠则兵弱。兵弱于外，国贫于内，不亡何待？"主父曰："善。"遂灭中山。

【注释】

①举逸民，天下之人归心焉：出自《论语·尧曰》。逸民，指遁世隐居的人。

②魏文侯受艺于子夏：以下至"由此得誉于诸侯"，出自《史记·魏世家》。艺，指儒家经典。《史记》作"文侯受子夏经艺"。

③段干木：姓段干，名木，战国初魏国人。当时有名的高士。

④式：通"轼"。指以手抚轼，为古人表示敬意的一种礼节。

⑤是：通"时"。

⑥夫马似鹿：以下至"而鹿不为人用"，出自《韩非子·外储说右上》。

⑦一金之鹿：《韩非子·外储说右上》作"千金之鹿"。

⑧今处士不为人用：以下至"孔子为司寇而诛少正卯"，不见于《韩非子》，应出自赵蕤自己的发挥。

⑨华士：齐国隐士。《韩非子·外储说右上》："太公望东封于齐，齐东海上有居士曰狂矞、华士昆弟二人者，立议曰：'吾不臣天子，不友诸侯，耕作而食之，掘井而饮之，吾无求于人也。无上之名，

无君之禄，不事仕而事力。’太公望至于营丘，使吏执杀之，以为首诛。”

⑩少正卯：春秋时期鲁国大夫。据说其“心达而险、行辟而坚、言伪而辩、记丑而博、顺非而泽”，是“小人之桀雄也”，故被孔子所杀。《荀子·宥坐》：“孔子为鲁摄相，朝七日而诛少正卯。”

⑪赵主父使李疵视中山可攻否：以下至“遂灭中山”，出自《韩非子·外储说左上》，有删节。赵主父，即赵武灵王。赵武灵王二十七年（前299），赵武灵王将王位让给次子赵何，由其主持国政，自己则专注于军事，自号“主父”。李疵，赵国大臣。中山，古国名。春秋末年鲜虞人所建，在今河北定州、唐县一带，后为赵所灭。

⑫岩穴之士：指隐居山林的隐士。布衣之人：指无官位的士人。

⑬殆：通“怠”，懈怠。

【译文】

正方《论语》说：“推举隐逸之士，天下百姓就会诚心归附。”魏文侯曾向子夏学习儒家经典，礼敬段干木，每次经过他的住处，都要手扶车前横木表示敬意。此时秦国打算讨伐魏国，有人劝谏秦王说：“魏文侯贤明，国人都称赞他是仁德的君主，魏国上下和睦，不可图谋。”秦王于是打消了伐魏的计划。魏文侯因此在诸侯中享有很高的声誉。反方韩非子说：“长得像鹿一样的马，价值千金。如今有价值千金的马，却没有价值一金的鹿，这是为什么呢？马能够为人所用，而鹿却不能为人所用。”如今隐士不能为君主所用，与鹿的情况是类似的。所以姜太公刚到封地齐国，就诛杀了隐士华士；孔子刚就任鲁国的大司寇，就诛杀了少正卯。赵武灵王让李疵去察看是否可以攻打中山国，李疵回来报告说：“中山国可以攻打。中山国的君主喜欢会见隐居山林的隐士与无官位的士人。”赵武灵王说：“照你所说，这是一位贤明的君主，怎能去攻打他？”李疵说：“不对。君主尊崇隐居之士，战士就会懒于作战；君主尊崇学者，农夫就会懒于耕作。农夫懒于耕作，国家就会贫穷；战士懒于作战，军队就会衰弱。军队衰弱于外,国家贫穷于内,不亡国还等什么呢?”赵武灵王说:“好!”于是灭了中山国。

是曰《汉书》曰:“陈平云[①]:‘我多阴谋,道家所禁。吾世即废亡已矣[②],终不能复起,以吾多阴祸也[③]。’”其后玄孙坐酎金失侯[④]。非曰《后汉》范晔论耿弇曰[⑤]:“三代为将[⑥],道家所忌,而耿氏累叶以功名自终[⑦]。将其用兵[⑧],欲以杀止杀乎?何其独能崇也[⑨]?”

【注释】

①陈平云:以下至“以吾多阴祸也”,出自《汉书·陈平传》。

②世:后嗣,后人。即:连词,假若。

③阴祸:冥冥之中将要受到的惩罚。

④玄孙:自身以下的第五代,曾孙之子。酎(zhòu)金:汉代诸侯献给朝廷供祭祀之用的贡金。汉武帝曾以酎金不纯为借口,剥夺众多列侯的爵位。《汉书·武帝纪》:“九月,列侯坐献黄金酎祭宗庙不如法夺爵者百六人,丞相赵周下狱死。”颜师古注:“如淳曰:‘《汉仪注》诸侯王岁以户口酎黄金于汉庙,皇帝临受献金,金少不如斤两,色恶,王削县,侯免国。’臣瓒曰:‘《食货志》南越反时卜式上书愿死之。天子下诏褒扬,布告天下,天下莫应。列侯以百数,莫求从军。至酎饮酒,少府省金,而列侯坐酎金失侯者百余人。’”但据《汉书·陈平传》,陈平的曾孙陈何因强夺他人妻子被处死(“坐略人妻弃市”),并非因为酎金不纯失侯。

⑤耿弇(yǎn):字伯昭,扶风茂陵(今陕西兴平东北)人。东汉开国元勋、军事家。

⑥三代为将:以下至“何其独能崇也”,出自《后汉书·耿弇传》“论

曰”。古人认为,三代人担任将帅,其后果不祥,为道家所忌讳。《史记·白起王翦列传》:“夫为将三世者必败。必败者何也?必其所杀伐多矣,其后受其不祥。”

⑦累叶:犹累世。

⑧将:殆,大概。

⑨崇:兴盛。

【译文】

正方《汉书》记载:“陈平说:‘我一生多次使用阴谋诡计,这是道家所禁忌的。我的后代如果被废黜,那么也就完了,终究不能再次恢复爵位,因为我冥冥之中积下的灾祸太多了。’”之后,他的玄孙因为所献的贡金不纯失去了爵位。反方《后汉书》中范晔评论耿弇说:“连续三代担任将帅,是道家所忌讳的,而耿氏的历代后人却都带着功名尽享天年。大概是因为他们用兵,是想要以杀伐来制止杀伐吧?为何独独耿氏能够兴隆呢?”

是曰《易》曰:“崇高莫大于富贵[①]。”又曰:“圣人之大宝曰位[②]。”非曰孙子为书谢春申君曰[③]:“鄙谚曰:‘厉人怜王[④]。’此不恭之言也。虽然,古无虚谚,不可不审察也。此为劫杀死亡之主言也[⑤]。夫人主年少而矜材[⑥],无法术以知奸[⑦],则大臣主断图私以禁诛于己也[⑧],故杀贤长而立幼弱,废正嫡而立不义[⑨]。《春秋》戒之曰:楚王子围聘于郑[⑩],未出境,闻王病[⑪],反问病,遂以冠缨绞王杀之[⑫],因自立也。齐崔杼之妻美,庄公通之[⑬]。崔杼率其党而攻庄公。庄公走出,逾于外墙,射中其股,遂杀之,而立其弟。近代李兑用赵,饿主父于沙丘,百日而杀之。淖齿用齐[⑭],擢闵王之筋[⑮],悬于庙梁,宿昔而死[⑯]。夫厉虽肿胞之疾[⑰],上比前代,未至绞缨射股也。下比近代,未至擢筋饿死也。夫劫杀死亡之主,心之忧劳,刑之困苦[18],必甚于厉矣。由此观之,厉虽怜王,可也。"

【注释】

①崇高莫大于富贵:出自《周易·系辞上》。

②圣人之大宝曰位:出自《周易·系辞下》。

③孙子为书谢春申君曰:以下至"可也",出自《战国策·楚策四·客说春申君章》,类似文字又见于《韩非子·奸劫弑臣》与《韩诗外传》卷四。孙子,即荀子。

④厉:通"疠",癞疮。《战国策·楚策四》鲍彪注:"疠虽恶疾,犹愈于劫弑,故反怜王。"

⑤劫:胁迫。

⑥矜:自夸。

⑦法术:指国君治国、用人以及统御臣下的法度与手段。

⑧主断:专断。图私:谋私。禁诛于己:指将制定法令等国家权力归于己有。禁诛,禁令惩罚。

⑨正嫡:正室之子,嫡子。

⑩王子围:即楚灵王,楚共王次子,春秋时期楚国君主。《左传·昭公元年》:"冬,楚公子围将聘于郑,伍举为介。未出竟,闻王有疾而还。伍举遂聘。十一月己酉,公子围至,入问王疾,缢而弑之。"

⑪王:指楚王郏敖,名员(《左传》作麇),楚康王之子,楚灵王之侄。

⑫冠缨:帽带。结于颔下,使帽固定于头上。

⑬庄公:指齐庄公,姜姓,名光,春秋时期齐国君主。

⑭淖(zhuō)齿:战国时期楚国将军,曾任齐国国相。《史记·田敬仲完世家》:"楚使淖齿将兵救齐,因相齐湣王。淖齿遂杀湣王而与燕共分齐之侵地卤器。"

⑮闵王：即齐潛王，田氏，名地，一曰名遂，齐宣王之子，战国时期齐国君主。

⑯宿昔：犹旦夕，比喻短时间之内。

⑰肿胞之疾：《战国策·楚策四》作“痈肿胞疾”。痈，恶疮。胞疾，胞胎中带来的疾病。

⑱刑之困苦：《韩非子·奸劫弑臣》作“形之苦痛”，译文从之。

【译文】

正方《周易》说：“最崇高的莫过于富贵。”又说：“帝位是圣人的大宝。”反方荀子写信谢绝春申君，说：“俗话说：‘长癞疮的人可怜国王。’这是一句不恭敬的话。尽管如此，古来没有虚妄的谚语，不能不加以审查。这句话是针对那些被大臣胁迫、杀害的君主所说的。那些年少的君主，自以为有才能，却没有办法识别奸邪之人，则大臣就会独断专行，谋求私利，从而令禁令惩罚等国家大权归于自己，所以他们杀害年长而贤明的继承人，立年幼懦弱者为君，废黜嫡子，立不应当继承王位者为君。《春秋》告诫道：楚国的王子围奉命出访郑国，还未离开国境，听说楚王郏敖生病，便返回宫中探病，遂用帽带将楚王勒死，自立为国君。齐国大夫崔杼的夫人很美，齐庄公和她私通。崔杼就率领他的党羽围攻庄公。庄公逃跑，翻墙而出，崔杼用箭射中了庄公的大腿，把他杀死，另立庄公的弟弟为君。近代以来，李兑在赵国专权，困饿赵武灵王于沙丘宫，过了一百天，赵武灵王最终饿死。淖齿在齐国专权，抽掉齐潛王的筋，把他吊在宗庙的大梁上，不久就死了。恶疮虽然是先天性的恶疾，但与前代相比，还不至于像楚王郏敖被绞死，齐庄公被射死那样悲惨。与近代相比，也不至于像齐潛王被抽筋，赵武灵王被饿死那样悲惨。那些被胁迫、被杀害的君主，他们内心的恐惧，肉体的痛苦，一定超过了患恶疮的病人。由此看来，患恶疮的病人可怜那些君主，也是应该的。”

是曰《易》曰：“备物致用①，立成其器以为天下利者，莫大于圣人。"非曰庄子曰："圣人不死[2]，大盗不止。虽重圣人而治天下，则是重利盗跖也。为之㪷斛以量之[3]，则并与㪷斛而窃之；为之权衡以称之[4]，则并与权衡而窃之；为之符玺以信之[5]，则并与符玺而窃之；为之仁义以教之，则并与仁义而窃之。何以知其然耶？彼窃钩者诛[6]，窃国者为诸侯，诸侯之门而仁义存焉，则是非窃仁义圣智耶？故逐于大盗[7]，揭诸侯[8]，窃仁义并㪷斛、权衡、符玺之利者，虽有轩冕之赏弗能劝[9]，斧钺之威弗能禁[10]。此重利盗跖而使不可禁者，是乃圣人之过也。故曰：'国之利器不可以示人[11]。'彼圣人者，天下之利器也，非所以明天下也。"

【注释】

①备物致用：以下至"莫大于圣人"，出自《周易·系辞上》。备物，备办各种器物。致用，尽其所用。

②圣人不死：以下至"非所以明天下也"，出自《庄子·胠箧》。

③㪷斛（dǒu hú）：即斗斛，泛指量器。十斗曰"斛"。㪷，同"斗"。

④权衡：称量物体轻重的器具。权，秤锤。衡，秤杆。

⑤符玺（xǐ）：印信。

⑥钩：指束腰革带上的带钩。

⑦逐：追随。

⑧揭：举。王夫之《庄子解》："揭，举也。驰逐而为大盗者，举诸侯之窃以为口实。"又，陈鼓应《庄子今注今译》认为是"举帜立为诸侯"之意，译文从之。

⑨轩冕：古时大夫以上官员的车乘和冕服。借指官位爵禄。

⑩斧钺（yuè）：斧与钺。泛指兵器。亦泛指刑罚、杀戮。

⑪国之利器：指圣人所制定的治理天下的法则。

【译文】

正方《周易》说："备办器物以尽其所用，制造器具以便利天下，这方面没有比圣人的功绩更大的。"反方庄子说："圣人不死，大盗便不会停止。虽然尊重圣人以治理天下，盗跖这样的大盗却会得到更多的利益。圣人制造了斗斛来量谷物，大盗却连斗斛一起偷走；圣人制成了秤来称东西，大盗却连秤一起偷走；圣人制造印信来表示信用，大盗却连印信一起偷走；圣人提倡仁义来教导民众，大盗却连仁义一起偷走。怎么知道是这样的呢？那些偷窃带钩的小贼被杀，而盗窃国家的人却成为诸侯，诸侯的门里有了仁义，这岂不是盗窃了仁义和圣智吗？因此那些追随大盗，争立为诸侯的人，他们将仁义以及斗斛、秤、印信的利益一并窃取了，即便用高官厚禄也不能劝阻他们，用严刑峻法也不能禁止他们。这样让大盗获得了更多利益并且不可制止的，正是圣人的过错。所以说：'国家的利器，不可以展示给人看。'那些圣人的言行教导，正是天下的利器，不可以明示于天下。"

是曰《论语》曰："君子固穷，小人穷斯滥矣[①]。"非曰《易》曰："穷则变[②]，通则久，是以自天祐之，吉无不利。"太史公曰："鄙人有言[③]：'何知仁义？已飨其利者为有德[④]。'故伯夷丑周，饿死首阳山，而文、武不以其故贬王。跖、跻暴戾[⑤]，其徒诵义无穷。由此观之，'窃钩者诛，窃国者为诸侯，诸侯之门仁义存焉'，非虚言也。今拘学或抱咫尺之义[⑥]，久孤于代[⑦]，岂若卑论侪俗[⑧]，与代沉浮，而取荣名哉！"

【注释】

①君子固穷，小人穷斯滥矣：出自《论语·卫灵公》。固，固有。一说固守。滥，指没有操守，为所欲为。

②穷则变：以下至"吉无不利"，出自《周易·系辞下》。

③鄙人有言：以下至"而取荣名哉"，出自《史记·游侠列传》。鄙人，边鄙、草野之人。

④已飨（xiǎng）其利者为有德：意谓得到了谁的好处，就说谁是有德之人。《史记·游侠列传》司马贞《索隐》："言已受其利则为有德，何知必仁义也。"

⑤跖、跻（qiāo）：即盗跖、庄跻。庄跻，战国时人。据说曾为大盗，后归顺楚国，成为楚国的大将。事迹见《史记·西南夷列传》。王应麟认为大盗庄跻和将军庄跻是不同人，只是名字相同而已。

⑥拘学：拘泥偏执的学者。抱咫尺之义：谨守着狭隘的教条。

⑦孤：背离。代：《史记·游侠列传》作"世"，赵蕤避李世民讳改"世"为"代"。

⑧卑论：将言论变得浅近、低俗。侪（chái）俗：投合于世俗。

【译文】

正方《论语》说："君子固守穷困的时候，而小人在穷困之时就胡作非为了。"反方《周易》说："事物穷尽时就要变化，变通了才能长久，因而能够得到上天的庇佑，吉祥而无所不利。"太史公说："边鄙之人说：'哪里知道什么是仁义呢？谁给我好处，谁就是仁义之人。'所以伯夷不满周朝的行为，饿死在首阳山上，但周文王、周武王的声誉并没有因此受到贬损。盗跖、庄跻凶狠残暴，但他们的党徒却长久地传颂着他们的功德。由此看来，'偷窃带钩的小贼被杀，而盗窃国家的人却成为诸侯，诸侯的门中存有偷来的仁义'，这并不是一句假话。如今那些拘泥偏执的学者，谨守着狭隘的教条，长久地背离世俗，哪里比得上那些降低调门，迎合世俗，随波逐流，猎取功名富贵的人呢！"

是曰东平王苍曰："为善最乐。"[①] 非曰语曰："时不与善[②]，己独由之，故曰非妖则妄[③]。"

【注释】

①东平王苍曰："为善最乐"：出自《后汉书·光武十王列传》。东平王苍，即刘苍，汉光武帝刘秀与皇后阴丽华之子，汉明帝刘庄同母弟，被封为东平王。

②时不与善：以下至"故曰非妖则妄"，出自《孔子家语·贤君》。《孔子家语》作"时不兴善"。与，赞扬，奖赏。

③故曰非妖则妄：《孔子家语·贤君》作"则曰非妖即妄"，译文从之。妖，反常、怪异的事物。妄，不法。

【译文】

正方东平王刘苍说："做善事最快乐。"反方俗话说："所处的时代不提倡善事，而自己独独行善，就会有人说你行为怪异或不法。"

是曰庞统好人伦[①]，勤于长养[②]。每所称述，多过于才。时人怪而问之。统曰："当今天下大乱，正道凌迟[③]，善人少而恶人多。方欲兴风俗，长道业[④]，不美其谈即声名不足慕企[⑤]，不足慕企而为善者少矣。今拔十失五，犹得其半，而可以崇迈代教[⑥]，使有志者自励，不亦可乎？"非曰《人物志》曰："君子知损之为益[⑦]，故功一而美二。小人不知自益之为损[⑧]，故伐一而并失[⑨]。由此论之，则不伐者，伐之也；不争者，争之也；让敌者，胜之也。是故郤至上人而抑下滋甚[⑩]，王叔好争而终于出奔[⑪]，蔺相如以回车取胜于廉颇[⑫]，寇恂以不斗取贤于贾复[⑬]。物势之反[⑭]，乃君子所谓道也。"

【注释】

①庞统好人伦：以下至"不亦可乎"，出自《三国志·蜀书·庞统传》。好人伦，喜欢评论人物。

②长养:指扶持培养人才。

③凌迟:衰败,败坏。

④道业:谓善行、美德,因其可以化导他人,故称。

⑤谈:指对人物的评语。慕企:企慕,仰慕。

⑥崇迈:崇尚,推尊。代教:《三国志·蜀书·庞统传》作"世教",指当世的正统思想,正统礼教。

⑦君子知损之为益:以下至"乃君子所谓道也",出自《人物志·释争》,文字经过了调整编排。损,指自我谦损。

⑧自益:指自我夸耀。

⑨伐一而并失:《人物志·释争》作"一伐而并失",译文从之。伐,自我夸耀。

⑩郤(xì)至:春秋晋景公、厉公时大夫。据《国语·周语中》载,郤至好结交权贵,凌压同列,最终被杀。上人:上于人,欲出于人上。抑下:指受到打击,贬退。《国语·周语中》韦昭注:"求掩盖人以自高大,则其抑退而下益甚也。"

⑪王叔:指王叔陈生,春秋时期周灵王卿士,与周灵王另一卿士伯舆争政,经调解不能和好,终于逃奔晋国。事见《左传·襄公十年》。

⑫蔺相如以回车取胜于廉颇:蔺相如因功被拜为上卿,位在廉颇之上。廉颇不服,欲侮辱蔺相如,但蔺相如以国家利益为重,处处避让。《史记·廉颇蔺相如列传》:"相如每朝时,常称病,不欲与廉颇争列。已而相如出,望见廉颇,相如引车避匿。"

⑬寇恂:字子翼,上谷昌平(今北京昌平)人。东汉开国功臣。贾复:字君文,南阳冠军(今河南邓州西北)人。东汉名将,开国功臣。据《后汉书·寇恂传》载,贾复部将于颍川杀人,寇恂戮之于市。贾复引以为耻,伺机当面报复,寇恂忍让退却不与相见。后在汉光武帝调停下,双方和好。

⑭物势之反:指事物总是向相反的方向发展。

【译文】

正方庞统喜欢评论人物，勤于扶持培养人才。每当他称扬某人时，评语往往比此人的实际才能更好。当时人感到奇怪而询问原因。庞统说："当今天下大乱，正道衰败，善人少而恶人多。正要振兴风俗，弘扬美德，不美化人物的评语则他们的名声不足以引起人们的仰慕，名声不足以仰慕，则为善的人就少了。如今我奖拔十个人，即便其中有五个人出现偏差，尚能得到一半的人才，由此还能推崇正道，使有志之士自我勉励，这样的做法不也可以吗？"反方《人物志》说："君子懂得自我谦损会受益，所以不仅获得了功劳，还赢得了谦虚的美名。小人不知道自我夸耀会带来危害，所以一经自夸，功劳名誉一并丧失。由此说来，不自夸，本身就是一种夸耀；不争夺，本身就是一种争夺；忍让对手，是为了最终获胜。所以郤至老是想居于人上，受到的打击反而更严重；王叔陈生喜好争执，最终被迫逃亡；蔺相如因为回车避让，而胜出廉颇一筹；寇恂因为避免争斗，而显出比贾复更贤明。事物总是向相反的方向发展，这就是君子所谓的'道'"。

是曰《孝经》曰："居家理，治可移于官[①]。"非曰郦生落魄，无以为衣食业[②]。陈蕃云："大丈夫当扫天下，谁能扫一室[③]！"

【注释】

①居家理，治可移于官：出自《孝经·广扬名章》。

②郦生落魄，无以为衣食业：出自《史记·郦生陆贾列传》。郦生，指郦食其，陈留高阳（今河南杞县高阳镇）人。秦末楚汉时期儒生。六十多岁时投奔刘邦，成为刘邦手下重要的谋臣与说客。因游说齐王田广停战，而韩信却继续攻齐，被田广烹杀。

③大丈夫当扫天下，谁能扫一室：出自《后汉书·陈蕃传》。

【译文】

正方《孝经》说："能把家庭管理好，便能把治家的经验移于做官。"反方郦食其生活落魄，衣食无着。陈蕃说："大丈夫应当清扫天下，怎能干清扫屋子这种小事！"

是曰公孙弘曰："力行近乎仁[①]，好问近乎智，知耻近乎勇。知此三者，知所自理[②]。知所以自理，然后知所以理人[③]。天下未有不能自理而能理人者也，此百代不易之道。"非曰《淮南子》曰："夫审于毫氂之计者[④]，必遗天下之大数[⑤]；不失小物之选者[⑥]，或于大事之举[⑦]。今人才有欲平九州、存危国，而乃责之以闺阁之礼[⑧]，修乡曲之俗[⑨]，是犹以斧翦毛[⑩]，以刀伐木，皆失其宜矣。"

【注释】

①力行近乎仁：以下至"此百代不易之道"，出自《史记·平津侯主父列传》。力行，努力实践。

②自理：《史记·平津侯主父列传》作"自治"，指修养自身的德行。《礼记·中庸》："知斯三者，则知所以修身；知所以修身，则知所以治人。"

③理人：《史记·平津侯主父列传》作"治人"。

④夫审于毫氂（lí）之计者：以下至"皆失其宜矣"，出自《淮南子·主术训》，文字有删节与调整。毫氂，同"毫厘"。喻极细微。

⑤大数：大计，大略。

⑥选：杨树达《淮南子证闻》："'选'字义不可通，字假为'算'。'小物之算'与上'毫厘之计'为对文。算亦计也。古'选''算'二字音同，故多通用。"

⑦或：通“惑”，迷惑。

⑧闺閤（gé）之礼：指细枝末节的礼节。闺，宫中门小者曰“闺”。閤，指内室。

⑨乡曲：乡里。

⑩鬋（jiǎn）：同“剪”。

【译文】

正方公孙弘说：“努力实践就接近于仁，好学善问就接近于智，知道什么是耻辱就接近于勇。懂得了这三者，就知道如何修养自身。知道如何修养自身，然后才能知道如何去管理别人。天下从来没有不能修养自身却能治理他人的人，这是一百代都不会改变的道理。”反方《淮南子》说：“只注重审查毫厘之数的人，必然会忽略天下的大计；对于小事的计算分毫不差的人，对于干大事就会迷惑。如今，有人的才能可以平定九州，保存面临危机的国家，却要求他掌握细枝末节的礼节，随顺乡间的习俗，这就好比用斧头来割断毛发，用小刀来砍伐大树，都是不合适的。”

是曰商鞅谓赵良曰[①]：“子之观我理秦，孰与五羖大夫贤乎[②]？”赵良曰：“夫五羖大夫，荆之鄙人也[③]。闻缪公之贤而愿望见[④]。行而无资，自鬻于秦客，被褐饭牛[⑤]。缪公知之，举之牛口之下，而加之百姓之上，秦国莫敢望焉[⑥]。今君之见秦王也，因嬖人景监以为主[⑦]，非所以为名也[⑧]。”非曰《史记》曰：“蔺相如因宦者缪贤见赵王[⑨]。”又曰：“邹衍作《谈天论》[⑩]，其语闳大不经[⑪]，然王公大人尊礼之。适梁，梁惠王郊迎[⑫]，执宾主之礼。如燕，昭王拥篲先驱[⑬]。岂与仲尼菜色陈、蔡[⑭]，孟轲困于齐、梁同乎哉[⑮]？卫灵公问阵于孔子，孔子不答[⑯]。梁惠王谋攻赵，孟轲称大王去邠[⑰]。持方枘欲纳圜凿[⑱]，其能入乎？或曰：‘伊尹负鼎而辅汤以王，百里奚饭牛，缪公用霸，作先合[19]，然后引之大道。邹衍其言虽不轨[20]，亦将有牛鼎之意乎[21]！'"

【注释】

①商鞅谓赵良曰：以下至"非所以为名也"，出自《史记·商君列传》。赵良，秦孝公时人，曾劝商鞅急流勇退。

②五羖（gǔ）大夫：即百里奚。根据《史记·秦本纪》载，百里奚原为虞国大夫。晋献公灭亡虞国后，百里奚被晋国掠去，作为晋女的陪嫁奴隶送给秦国。百里奚耻之而逃，途中被楚人所获。秦穆公听说了百里奚的贤能，用五张黑羊皮的代价将其赎回，故被称为"五羖大夫"，后成为秦穆公重要的辅佐。但赵良所说的百里奚事迹与《秦本纪》的记载不同。羖，黑色的公羊。

③鄙人：指居住在郊野的人。

④缪（mù）公：即秦穆公。缪，通"穆"。

⑤被褐：穿着粗布短袄。饭牛：喂牛。

⑥望：怨恨，责怪。

⑦因嬖（bì）人景监以为主：指商鞅先投靠秦穆公的宠臣景监，让景监当介绍人。《史记·商君列传》："（商鞅）因孝公宠臣景监以求见孝公。"嬖人，身份卑下而受宠爱的人。

⑧非所以为名也：这不是取得名声的做法。意谓爱惜名声的人是不会这样做的。

⑨蔺相如因宦者缪贤见赵王：出自《史记·廉颇蔺相如列传》。

⑩邹衍作《谈天论》：以下至"亦将有牛鼎之意乎"，出自《史记·孟子荀卿列传》。《谈天论》，似指邹衍所宣扬的闳大不经的学说。《史记·孟子荀卿列传》："（邹衍）乃深观阴阳消息而作怪迂之变，终始、大圣之篇十余万言。其语闳大不经，必先验小物，推而大之，至于无垠。"《汉书·艺文志·诸子·阴阳家》著录《邹子》

四十九篇，《邹子终始》五十六篇。

⑪闳（hóng）大不经：谓不着边际，不合常理；近乎荒诞，没有根据。

⑫梁惠王：魏氏，名罃。魏武侯之子，战国时期魏国君主。郊迎：古代出郊迎宾，以示隆重、尊敬。

⑬拥篲（huì）：执帚。帚用以扫除清道，古人迎候宾客，常拥篲以示敬意。先驱：前行开路。

⑭仲尼菜色陈、蔡：指孔子在陈国、蔡国之间被围困，绝粮数日之事。事见《史记·孔子世家》。菜色，饥饿的面色。

⑮孟轲困于齐、梁：指孟子游齐国、梁国多年，其主张始终不被君主采纳。《史记·孟子荀卿列传》："（孟子）道既通，游事齐宣王，宣王不能用。适梁，梁惠王不果所言，则见以为迂远而阔于事情。"

⑯卫灵公问阵于孔子，孔子不答：《论语·卫灵公》："卫灵公问陈（阵）于孔子。孔子对曰：'俎豆之事，则尝闻之矣；军旅之事，未之学也。'明日遂行。"阵，指军伍行列，战斗队形。

⑰孟轲称大王去邠（bīn）：指孟子讲述周太王古公亶父为躲避狄人侵扰，率众离开邠地迁居岐山之事。事见《孟子·梁惠王下》。但这段对话是在孟子与滕文公之间展开的，与梁惠王无关。

⑱方枘（ruì）：方形的榫头。圜（yuán）凿：圆形的孔槽。

⑲作先合：指先创造君臣遇合的机会。

⑳不轨：越出常轨，不合法度。

㉑牛鼎：即饭牛负鼎，指伊尹负鼎勉汤称王和百里奚饭牛车下之事。后以"牛鼎"借指远大的抱负。

【译文】

正方商鞅对赵良说："您看我治理秦国，与五羖大夫百里奚相比谁更好？"赵良说："五羖大夫，原本是楚国的一个乡下人。他听说秦穆公很贤明，就想去秦国求见。由于出行没有路费，他就把自己卖给秦国的一位客人，每天穿着粗布短袄喂牛。秦穆公知道了，就把他从牛棚中提拔起来，放在了治理百姓的职位上，秦国没有一个人敢妄加非议。如今您见秦王，是通过秦王宠臣景监的推荐，爱惜名声的人是不会这样做的。”反方《史记》说：“蔺相如通过宦官缪贤的推荐，见到了赵王。”又说：“邹衍创作了《谈天论》，其中的话不着边际、近乎荒诞，然而王公大人们却很推崇尊敬他。邹衍到了梁国，梁惠王亲自到郊外迎接，与邹衍执宾主之礼。邹衍到了燕国，燕昭王抱着扫帚在前引路。这和孔子被围困于陈国、蔡国时饿得面有菜色，孟子在齐国、梁国始终受到冷遇，又如何能相提并论呢？卫灵公向孔子询问军伍行列之事，孔子不愿回答。梁惠王想要攻打赵国，孟子却向他讲述当年周太王离开邠地南迁的故事。这就像拿着方形的榫头，想要放进圆形的孔槽中，这如何能放得进去呢？有人说：‘伊尹曾经背着鼎去求见商汤，最终辅佐商汤统一了天下；百里奚曾通过喂牛接近秦穆公，最终辅佐穆公成就了霸业，他们先创造君臣遇合的机会，然后再引导君主走上正道。邹衍的言论虽然不合法度，但大概也有伊尹负鼎和百里奚饭牛那样的打算吧！’”

是曰陈仲举体气高烈①，有王臣之节；李元礼忠平正直②，有社稷之能。陈留蔡伯喈以仲举强于犯上③，元礼长于接下④，犯上为难，接下为易，宜先仲举而后元礼⑤。非曰姚信云：“夫皋陶戒舜，犯上之征也；舜理百揆⑥，接下之效也。故陈平谓王陵言：‘面折庭诤⑦，我不如公。至安刘氏，公不如我。’若犯上为优，是王陵当高于良、平⑧，朱云当胜于吴、邓乎⑨？”

【注释】

①陈仲举体气高烈：以下至“朱云当胜于吴、邓乎”，见于《太平御览》卷四百四十七所引姚信《士纬》。陈仲举，即陈蕃。体气，指

禀性、气质。

②李元礼：即李膺，字元礼，颍川襄城（今河南襄城）人。东汉时期名士、官员、党锢领袖，位列“八俊”之首。汉灵帝时期第二次党锢之祸时被害。

③蔡伯喈（jiē）：即蔡邕，字伯喈，陈留圉县（今河南杞县西南）人。东汉时期名臣，文学家、书法家。

④接下：指统驭属下。《世说新语·品藻》作“李元礼严于摄下”。

⑤先仲举而后元礼：指陈蕃的功德比李膺更高，地位应在李膺之上。《世说新语·品藻》：“汝南陈仲举，颍川李元礼二人，共论其功德，不能定先后。蔡伯喈评之曰：‘陈仲举强于犯上，李元礼严于摄下。犯上难，摄下易。’仲举遂在‘三君’之下，元礼居‘八俊’之上。”

⑥百揆（kuí）：指各种政务。

⑦面折庭诤：在朝廷上犯颜直谏，据理力争。

⑧良、平：指张良、陈平。

⑨吴、邓：指吴汉、邓禹。

【译文】

正方陈蕃禀性高傲刚烈，有着天子之臣的节操；李膺为人忠诚正直，有着治理国家的能力。陈留人蔡邕认为，陈蕃勇于冒犯君主，李膺长于统驭属下，冒犯君主难，而统驭属下容易，所以陈蕃的地位应在李膺之上。反方姚信说：“皋陶告诫虞舜，这是冒犯君主的表现；舜将各种政务处理得井井有条，这是善于统驭属下的表现。所以陈平对王陵说：‘在朝廷上犯颜直谏，据理力争，我不如您。至于安定刘氏的江山，您不如我。’如果认为敢于犯上就更优秀，那么难道说王陵高于张良、陈平，朱云胜于吴汉、邓禹吗？”

是曰《史记》曰：“韩子称[①]：‘儒者以文乱法[②]，而侠士以武犯禁。’二者皆讥，而学士多称于世。至如以术取宰相卿大夫，辅翼其世主[3]，固无可言者。及若季次、原宪[4]，季次，孔子弟子。未尝仕，孔子称之。读书怀独行[5]，议不苟合当世，当世亦笑之。今游侠，其行虽不轨于正义，然其言必信，其行必果，已诺必诚，不爱其躯，赴士之厄困，羞伐其德，盖亦有足多者[6]。且缓急[7]，人之所时有也。虞舜窘于井廪[8]，伊尹负鼎俎，傅说匿于傅险[9]，吕尚困于棘津[10]，夷吾桎梏[11]，百里奚饭牛，仲尼畏匡[12]，菜色陈、蔡，此皆学士所谓有道仁人也，犹遭此菑[13]，况以中材而涉乱代之末流乎[14]？其遇害何可胜道哉！而布衣之徒[15]，设所取予然诺[16]，千里诵义，故士穷窘而得委命[17]，此岂非人之所谓贤豪者耶？诚使乡曲之侠与季次、原宪比权量力[18]，效功于当代，不同日而论矣，曷足小哉！”非曰《汉书》曰：“天子建国，诸侯立家[19]，自卿大夫以至庶人各有等差，是以人服事其上而下无觊覦[20]。孔子曰：‘天下有道，政不在大夫。’百官有司奉法承令[21]，以修所职。越职有诛[22]，侵官有罚[23]。夫然，故上下相顺而庶事理焉[24]。周室既微，礼乐征伐出自诸侯。桓、文之后[25]，大夫世权[26]，陪臣执命[27]。陵夷至于战国[28]，合纵连横[29]，力政争强[30]。由是列国公子，魏有信陵，赵有平原，齐有孟尝，楚有春申，皆籍王公之势[31]，竞为游侠[32]，鸡鸣狗盗[33]，无不宾礼。而赵相虞卿，弃国捐君，以周穷交魏齐之厄[34]；信陵无忌，窃符矫命，杀将专师，以赴平原之急，皆以取重诸侯，彰名天下。扼腕而游谈者[35]，以四豪为称首[36]。于是背公党之议成[37]，守职奉上之义废矣。及至汉兴，禁网疏阔[38]，未之匡改也。魏其、武安之属竞逐于京师，郭解、剧孟之徒驰骛于闾阎[39]，权行州域，力折公侯。众庶荣其名迹，觊而慕之[40]，虽陷刑辟，自与杀身成名[41]，若季路、仇牧[42]，死而不悔也。曾子曰：'上失其道，民散久矣。'非明王在上，示之以好恶[43]，齐之以礼法，人曷由知禁而反正乎？古之正法[44]：五伯[45]，三王之罪人也；而六国[46]，五伯之罪人也。夫四豪者，六国之罪人也，况于郭解之伦，以匹夫之细微窃杀生之权，其罪也不容于诛矣[47]。"

【注释】

①韩子称：以下至"曷足小哉"，出自《史记·游侠列传》，有删节。

②文：文学。指诗、书、礼、乐等儒家学说。

③世主：指国君。

④季次：即公皙哀，字季次，孔子弟子。生平未尝出仕。《史记·仲尼弟子列传》："孔子曰：'天下无行，多为家臣，仕于都；唯季次未尝仕。'"原宪：字子思，孔子弟子。以安贫乐道著称。《史记·仲尼弟子列传》："孔子卒，原宪遂亡在草泽中。子贡相卫，而结驷连骑，排藜藿入穷阎，过谢原宪。宪摄敝衣冠见子贡。子贡耻之，曰：'夫子岂病乎？'原宪曰：'吾闻之，无财者谓之贫，学道而不能行者谓之病。若宪，贫也，非病也。'"

⑤独行：谓节操高尚，不随俗浮沉。《史记·游侠列传》作"读书怀独行君子之德"。

⑥多：称道，赞颂。

⑦缓急：偏义复词，指危急之事或发生变故之时。

⑧虞舜窘于井廪：据《史记·五帝本纪》载，舜曾被自己的父亲瞽叟与弟弟象多次谋害。舜维修粮仓，瞽叟从下纵火；舜挖井，瞽叟与象从上填土。所以说虞舜曾"窘于井廪"。窘，困。廪，粮仓。

⑨傅说匿于傅险：傅说，商代武丁时期的名臣。据《史记·殷本纪》载，傅说原本是一名刑徒，在傅险（今山西平陆东）服苦役。后被商王武丁发现，任以政事。

⑩吕尚困于棘津：吕尚，即姜尚。棘津，古代黄河津渡名。位于今河南延津东北。据说吕尚未遇时，曾卖食于此。《韩诗外传》卷七："吕望行年五十，卖食棘津。"

⑪夷吾桎梏（zhì gù）：夷吾，即管仲。管仲早年辅佐公子纠，与齐桓公（公子小白）争夺齐君之位，失败后逃到鲁国。齐桓公即位后，令鲁国杀死公子纠，而将管仲押解回齐国。管仲回齐后，在鲍叔牙的推荐下担任齐相。事见《史记·管晏列传》与《管子·大匡》。桎梏，刑具。脚镣手铐。此指管仲被囚之事。

⑫仲尼畏匡：据《史记·孔子世家》载，孔子由卫适陈，路经匡地（今河南长垣西南）时，被当地人误认作曾经侵暴过他们的鲁国阳虎，因此把孔子一行人围困起来。畏，通"围"，围困。

⑬菑（zāi）：同"灾"。

⑭中材：中等才能的人。乱代之末流：《史记·游侠列传》作"乱世之末流"，乱世中最昏乱的时期。

⑮布衣之徒：指平民出身的游侠。

⑯设所取予然诺：《史记·游侠列传》作"设取予然诺"。设，讲究，重视。取予，取得与给予。然诺，承诺。指游侠们重视取予之道，信守承诺。

⑰委命：谓以性命相托。

⑱比权量力：比较权势和力量的大小。

⑲天子建国，诸侯立家：以下至"其罪也不容于诛矣"，出自《汉书·游侠传》。天子建国，诸侯立家，语本《左传·桓公二年》。"天子建国"，杜预注"立诸侯也"，指天子分封诸侯，建立诸侯国。"诸侯立家"，杜预注"卿大夫称家臣"，指诸侯分采邑与卿大夫。

⑳服事：服从事奉。觊觎（jì yú）：非分地希望或企图。

㉑有司：官吏。古代设官分职，各有专司，故称。

㉒越职：超出职权范围。

㉓侵官：超越权限而侵犯其他官员的职权。

㉔庶事：众事。理：治理。

㉕桓、文：指齐桓公与晋文公。

㉖世权：世代掌权。

㉗陪臣：古代天子以诸侯为臣，诸侯以大夫为臣，大夫又自有家臣。因之大夫对于天子，大夫之家臣对于诸侯，都是隔了一层的臣，即所谓“重臣”，因之都称为“陪臣”。此处指大夫之家臣。《论语·季氏》：“孔子曰：‘天下无道，则礼乐征伐自诸侯出。自诸侯出，盖十世希不失矣；自大夫出，五世希不失矣；陪臣执国命，三世希不失矣。’”执命：掌握政权。

㉘陵夷：由盛到衰，衰落。

㉙合纵：指战国时东方六国诸侯联合拒秦。秦在西方，六国地处南北，故称“合纵”。连横：战国时张仪提出的一种外交策略，主张秦国联合某些诸侯进攻其他弱国。在位置上成东西向，所以称“连横”。《韩非子·五蠹》：“从（纵）者，合众弱以攻一强也；而衡者，事一强以攻众弱也。”

㉚力政：犹力征，以武力相征伐。《汉书·五行志中之下》：“《京房易传》曰：‘天子弱，诸侯力政。’”颜师古注：“‘政’亦‘征’也，言专以武力相征讨。”

㉛籍：通“藉”，凭借，借助。

㉜竞为游侠：指争相招揽游侠。

㉝鸡鸣狗盗：语本《史记·孟尝君列传》：“（秦昭王）囚孟尝君，谋欲杀之。孟尝君使人抵昭王幸姬求解。幸姬曰：‘妾愿得君狐白裘。’此时孟尝君有一狐白裘，直千金，天下无双，入秦献之昭王，

更无他裘。孟尝君患之,遍问客,莫能对。最下坐有能为狗盗者,曰:'臣能得狐白裘。'乃夜为狗,以入秦宫臧中,取所献狐白裘至,以献秦王幸姬。幸姬为言昭王,昭王释孟尝君。孟尝君得出,即驰去,更封传,变名姓以出关。夜半至函谷关。秦昭王后悔出孟尝君,求之已去,即使人驰传逐之。孟尝君至关,关法鸡鸣而出客,孟尝君恐追至,客之居下坐者有能为鸡鸣,而鸡齐鸣,遂发传出。"学雄鸡啼鸣,装狗进行盗窃。后用以称有卑微技能者。

㉞周:周济。穷交:患难之交。

㉟扼(è)腕:握住手腕。表示心情激动。

㊱称首:第一。

㊲背公党之议成:《汉书·游侠传》作"背公死党之议成"。死党,为朋党效死尽力。译文从之。

㊳禁网疏阔:指法令宽松。禁网,形容各种禁令布张如网。疏阔,稀疏。

㊴郭解:字翁伯,河内轵(今河南济源轵城)人。西汉时期游侠。名噪一时,豪杰争相与之交往。汉武帝时被处死。剧孟:洛阳(今属河南)人。西汉时期游侠。誉满诸侯。吴楚叛乱时,周亚夫由京城去河南,得剧孟,十分喜悦,认为剧孟的能力可顶一个侯国。闾阎:泛指民间。

㊵觊(jì)而慕之:指向往、仰慕这些游侠。

㊶自与:自许。

㊷季路:即子路,孔子弟子。性情直爽勇敢,在卫国内乱中被杀害。仇牧:春秋时宋国大夫。宋国大臣南宫万杀死宋闵公,仇牧与南宫万搏斗而死。子路与仇牧二人,被人们视作舍生赴难的义士。

㊸示之以好(hǎo)恶(è):向民众展示什么是好的,什么是坏的。《孝经·三才章》:"示之以好恶,而民知禁。"唐玄宗注:"示好以引之,示恶以止之,则人知有禁令不敢犯也。"邢昺疏:"故示有好

必赏之令,以引喻之,使其慕而归善也;示有恶必罚之禁,以惩止之,使其惧而不为也。"

㊹正法:政治法度。

㊺五伯:指春秋五霸。伯,通"霸"。

㊻六国:指战国时位于函谷关以东的齐、楚、燕、韩、赵、魏六国。

㊼其罪也不容于诛矣:谓罪大恶极,处死犹不足抵偿。

【译文】

正方《史记》说:"韩非子说:'儒生利用文学扰乱法治,游侠依靠武力违犯禁令。'这两种人都受到韩非子的批评,但儒生们却往往被世人称赞。至于那些凭借儒术获得宰相与卿大夫的高位,辅佐君主的儒者,固然不用多说。而像季次、原宪这样的儒生,季次,是孔子弟子。生平未尝出仕,孔子很赞赏他。潜心读书,怀着高尚的节操,言谈议论不愿苟合当世,当时人都讥笑他们。如今的游侠,其行为虽然不合乎正义,但是他们言必信,行必果,许下的诺言一定兑现,不吝惜自己的生命,去解救危难之中的人,且羞于夸耀自己的功劳,这也有值得赞叹的地方吧。何况危急的情况,是人们时常会遇见的。如虞舜在淘井修仓时曾遭到暗算,伊尹曾经沦落为厨师,傅说曾经藏匿于傅险,吕尚曾经困居于棘津,管仲曾经镣铐加身,百里奚曾经喂牛,孔子曾在匡地被围困,又曾在陈国、蔡国饿得面有菜色,这些都是儒生们所说的有道德的仁人,尚且遭遇这样的灾祸,更何况那些才能中等、却又身处乱世中最昏乱时期的人呢?他们所遇到的灾祸怎么说得完呢!而这些平民出身的游侠,他们重视取予之道,信守承诺,名声传到千里之外,所以当士人陷入困窘之时,常常能以性命相托,这难道不是人们所说的贤士豪杰吗?假如将这些出身乡里的游侠与季次、原宪等儒者放在一起,比较他们权势和力量的大小,以及对于社会的贡献,二者不可同日而语,又如何能轻视这些游侠呢?反方《汉书》说:"古时候,天子分封诸侯,诸侯分封卿大夫,从卿大夫一直到平民百姓,有着严格的等级差别,因此人们甘心服从事奉上级,下级也没有非分的图谋。孔子说:'天下太平,国家的最高政治权力就不会掌握在大夫之手。'各级官吏遵纪守法,各尽其职。超出自己的职权范围,会受到惩处;侵犯其他官员的职权,会受到惩罚。这样,就能做到上下和顺,而各种事务都能妥善处理。周王室衰微之后,制礼作乐、征讨杀伐的权力由诸侯所掌握。齐桓公、晋文公之后,诸侯的大夫世代掌权,大夫的家臣执掌国政。这种混乱衰落的局面一直延续到战国,诸侯或采取合纵的策略,或采取连横的策略,以武力互相征伐,彼此争强取胜。于是各国的贵公子,魏国有信陵君,赵国有平原君,齐国有孟尝君,楚国有春申君,都凭借王公的权势,争相招揽游侠,即便是只有卑微技能的鸡鸣狗盗之徒,也无不以礼相待。而赵国宰相虞卿,抛弃国家,舍弃君主,以解救处于困厄之中的好友魏齐;信陵君无忌,盗窃兵符,假称王命,杀死大将晋鄙,夺取兵权,以拯救平原君的危急;他们都因此得到诸侯的尊重,扬名天下。那些慷慨激昂、四处游说的人,都把这四位豪杰看作第一流的人物。于是背离国家利益,为朋党效死尽力的论调形成了,而忠于职守,为君主效命的原则被废弃了。到了汉朝兴起,法令宽松,没能把这种风气纠正过来。像魏其侯窦婴、武安侯田蚡这样的人物在京师互相竞争,郭解、剧孟这样的游侠在民间纵横奔走,权势畅行于州郡,威力能令公侯折服。众人推崇他们的名声事迹,向往、仰慕他们,这些人即便落入法网,仍然以杀身成名自诩,把自己比作子路、仇牧,死了也不后悔。曾子说:'在上位的人不按道行事,民心离散已经很久了。'如果没有圣明的帝王在上,向民众展示善恶的标准,用礼仪与法律治理他们,民众如何能知道禁令,从而改邪归正呢?按照古代的政治法度:五霸,是三王的罪人;而六国,是五霸的罪人。信陵君、平原君、孟尝君、春申君这四位豪杰,又是六国的罪人;更何况郭解这样的人物,以平民的低贱身份,却窃取了生杀予夺的大权,他们的罪恶即便死刑也无法抵偿。"

是曰尸子曰:"人臣者以进贤为功,人主者以用贤为功也[1]。"《史记》曰："鲍叔举管仲[2]，天下不多管仲之贤[3]，而多鲍叔能知人也。"非曰苏建尝责大将军青曰[4]："至尊重而天下之贤士大夫毋称焉[5]，愿观古今名将所招选择贤者。"大将军谢曰："自魏其、武安之厚宾客[6]，天子尝切齿[7]。彼亲附士大夫、招贤黜不肖者，人主之柄也。人臣奉法遵职而已，何与招士？"其为将如此。议曰：此一是一非，皆经史自相违者。

【注释】

①人臣者以进贤为功，人主者以用贤为功也：见于《群书治要》卷三十六所引《尸子·发蒙》。

②鲍叔举管仲：以下至"而多鲍叔能知人也"，出自《史记·管晏列传》。鲍叔，即鲍叔牙，春秋时期齐国大臣，管仲好友。齐桓公即位后，鲍叔力荐管仲担任齐国相。

③多：称道，赞颂。

④苏建尝责大将军青曰：以下至"其为将如此"，出自《史记·卫将军骠骑列传》"太史公曰"。苏建，杜陵（今陕西西安东南）人。西汉将领。以校尉身份跟随大将军卫青出征匈奴，因功封平陵侯，卒于代郡太守任上。大将军青，即卫青，字仲卿，河东平阳（今山西临汾西南）人。汉武帝卫皇后之弟，西汉时期军事家。屡次率军大败匈奴，官至大将军，封长平侯。

⑤天下之贤士大夫毋称焉：司马贞《索隐》："谓不为贤士大夫所称誉。"

⑥魏其：指魏其侯窦婴，字王孙，清河观津（今河北武邑）人。西汉外戚，汉文帝窦皇后之侄。吴、楚七国之乱时，被汉景帝任为大将军。汉武帝初，任丞相。后因得罪田蚡被杀。武安：指武安侯田蚡，长陵（今陕西咸阳东北）人。西汉外戚，汉景帝王皇后同母

弟。汉武帝时拜太尉,后迁丞相。

⑦尝:通"常"。切齿:咬牙,齿相磨切。比喻极端痛恨。

【译文】

正方尸子说:"臣子以推荐贤人为功劳,君主以任用贤人为功绩。"《史记》说:"鲍叔牙推荐了管仲,天下人不称赞管仲的贤能,而称赞鲍叔牙知人善荐。"反方苏建曾经责备大将军卫青说:"您的地位如此尊贵,天下贤士却不称颂您,希望您效仿古今名将的做法,努力招贤纳士。"大将军推辞说:"自从魏其侯窦婴、武安侯田蚡广招宾客以来,天子常对此咬牙切齿。亲近士大夫,招揽贤人,罢黜不肖之人,这是君主的权柄。作为臣子,只要奉公守法,履行职责就好了,何必去招贤纳士呢?"卫青就是这样做将军的。评论道:以上这些一正一反的观点,都是经史典籍中自相矛盾的例子。

班固云:"昔王道既微[①],诸侯力政,时君世主好恶殊方[②],是以诸家之术蜂起并作,各引一端,崇其所善,以此驰说,取合诸侯。其言虽殊,譬犹水火,相灭亦能相生也。仁之与义,敬之与和,事虽相反,而皆相成也。《易》曰:'天下同归而殊途,一致而百虑[③]。'"此之谓也。

【注释】

①昔王道既微:以下至"一致而百虑",出自《汉书·艺文志》。

②好恶殊方:喜好与憎恶各有不同的标准。

③天下同归而殊途,一致而百虑:出自《周易·系辞下》。

【译文】

班固说:"过去,王道衰败之后,诸侯以武力互相征伐,当时的君主好恶各不相同,因此各家学说纷然并起,各自坚持一种观点,推崇自己所喜好的，以此奔走游说，迎合诸侯的嗜好。他们的言论虽然各不相同，却犹如水与火一般，可以互相消灭，也可以互相生成。仁爱与正义，恭敬与和睦，虽然互相对立，而又都相辅相成。《周易》说：‘天下人的归宿相同，而可以通过不同的道路到达；天下人的目的一致，而可以通过不同的想法实现。’”说的就是这个道理。

适变第十五

【题解】

所谓“适变”，指的是君主治国理政，必须顺应时代的变化。赵蕤指出，治国的宗旨，有王道、霸道的不同；治国的理论，有黄、老之术，孔氏之术，墨翟之术，商鞅、申、韩之术的区别。君主必须根据时势的不同，“不法古，不修今”，“当时而立法度，临务而制事”，以确定适合的治国方略。赵蕤在篇末特地强调，王、霸之道不可偏废，不可“引长代之法诘救弊之言”，“引帝王之风讥霸者之政”，这体现了赵蕤对于霸道政治“救弊”功能的格外重视。

昔先王当时而立法度[①]，临务而制事[②]。法宜其时则理，事适其务故有功。今时移而法不变，务易而事以古[③]，是则法与时诡[④]，而事与务易[⑤]。是以法立而时益乱，务为而事益废。故圣人之理国也，不法古，不修今[⑥]，当时而立功，在难而能免。秦孝公用卫鞅[⑦]，鞅欲变法，孝公恐天下议己，疑之。卫鞅曰：“疑行无名，疑事无功[⑧]。夫有高人之行者，固必见非于世；有独智之虑者[⑨]，必见赘于人[⑩]。愚者暗于成事[⑪]，智者见于未萌[⑫]。人不可与虑始[⑬]，而可与乐成。论至德者不和于俗，成大功者不谋于众。是以圣人苟可以强国，不法其故；苟可以利人，不修其礼。"孝公曰："善。"甘龙曰[14]："不然。圣人不易人而教[15]，智者不变法而治。因人而教，不劳而功成；缘法而理，吏习而人安[16]。"卫鞅曰："龙之所言，世俗之言。常人安于习俗[17]，学者溺于所闻[18]。以此两者居官守法可也，非所与论于法之外也。三代不同礼而王，五伯不同法而霸。智者作法，愚者制焉[19]；贤者更礼，不肖者拘焉。"杜挚曰[20]："利不百，不变法；功不十，不易器。法古无过，修礼无邪[21]。"卫鞅又曰："治代不一道[22]，便国不必故[23]。故汤、武不修古而王，夏、殷不易礼而亡。反古者不可非，而修礼者不足多。"孝公曰："善！"遂变法也。**由是言之，故知若人者[24]，各因其时而建功立德焉。**孟子曰："虽有兹基[25]，不如逢时；虽有智惠，不如逢代[26]。"范蠡曰："时不至[27]，不可强生[28]；事不究[29]，不可强成。"语曰："圣人修备，以待时也。"**何以知其然耶？**

【注释】

①昔先王当时而立法度：以下至"在难而能免"，见于《群书治要》卷三十六所引《商子·六法》。当时，适时，顺应时势。

②临务：《群书治要》引《商子·六法》作"度务"。度，考虑。务，时务。制事：处理政治、军事等重大事件。

③易：改变。事以古：指遵循古代的陈规。

④诡：违背，相反。

⑤易：差异，不相同。

⑥修：遵循。

⑦秦孝公用卫鞅：以下至"遂变法也"，出自《史记·商君列传》。卫鞅，即商鞅。

⑧疑行无名，疑事无功：疑行、疑事，即“疑于行”“疑于事”，谓做事犹豫不决。

⑨独智：过人的智能，独特的智慧。

⑩赘（zhuì）：厌恶。《史记·商君列传》作“敖”，嘲笑。

⑪暗：不明了，不了解。成事：已成之事。

⑫未萌：指事情发生以前。

⑬人：《史记·商君列传》作“民”。

⑭甘龙：秦孝公时大臣。反对商鞅变法。

⑮易人：《史记·商君列传》作“易民”，指改变人们旧有的习俗。

⑯习：熟悉。

⑰习俗：《史记·商君列传》作“故俗”。

⑱溺：沉溺。此处指拘泥。

⑲制：控制。

⑳杜挚：秦孝公时大臣。反对商鞅变法。

㉑邪：同“斜”，偏斜。

㉒治代：《史记·商君列传》作“治世”。

㉓便国不必故：《史记·商君列传》作“便国不法古”。

㉔若：如，像。

㉕虽有兹基：以下至“不如逢代”，出自《孟子·公孙丑上》，文字有所不同。兹基，锄头。

㉖逢代：遇上好的时代。

㉗时不至：以下至“不可强成”，出自《国语·越语下》。

㉘不可强生：指时节未到，无法令万物强行生长.

㉙事不究：意谓事物尚未发展到相应的阶段。《国语·越语下》韦昭注：“究，穷也。穷则变，生可因而成之。”究，穷尽，终极。

【译文】

从前，先王顺应时势而制定法度，根据时务而处理政事。法度顺应时势，国家就能治理好；政事安排顺应时务，故而能有功绩。如今，时势已经转变而法度却不随之改变，时务已经变化而政事的安排却因循古代的陈规，如此一来，法度便与时势相违背，而政事的安排与时务不相符。因此制定了法令而时势却更加动荡，忙于政务而政事却更加荒废。所以圣人治国，不效法古代，不遵循今人，顺应时势而建立功业，身处困境而能免于祸患。秦孝公任用了商鞅，商鞅想在秦国推行变法，但秦孝公害怕天下人议论自己，心存迟疑。商鞅说："行动犹豫不决，就不可能成名；办事犹豫不决，就不可能成功。行事比常人高明的人，一定会被世俗非议；有独特智慧的人，一定会被世人厌恶。愚笨的人在事成之后仍懵懂无知，聪明的人却能在事情发生之前察觉迹象。对于百姓，不可以与他们讨论开创某项事业，而只能同他们一起庆祝事业的成功。追求最高道德的人不理会世俗的意见，成就大事业的人不与众人商量。所以圣人治国，如果能使国家富强，就不遵循旧有的法度；如果能够让百姓得到益处，就不遵循旧日的礼制。"秦孝公说："说得好！"甘龙说："不是这样。圣人不改变民众的旧习俗而施行教化，智者不改变旧的法度而治理国家。顺应民众的旧习俗施行教化，不费劲便能成功；遵照旧的法度治理国家，官吏驾轻就熟，民众也相安无事。"商鞅说："甘龙所说的，是世俗的见解。一般人总是安于旧的习俗，学者总是拘泥于自己的见闻。这两种人，让他们居于官位、奉职守法是可以的，却不能与他们讨论旧法以外的事情。三代礼制不同，却都称王于天下；五霸法度各异，却都称霸于诸侯。聪明的人制定法令，而愚笨的人只能受法度的控制；贤能的人变革礼制，而不成材的人只能受礼制的约束。"杜挚说："如果没有百倍的利益，不要改变法度；如果没有十倍的功效，不要更换器具。效法古代不会出错，遵循旧礼不会有偏差。"商鞅又说："治理天下的方法各有不同，效法古代未必对国家有利。所以商汤、周武王不遵循古代法度，却称王于天下；夏朝、殷朝并没有变革旧礼，却最终灭亡。可见，违反旧法度的人不能否定，而遵循旧礼的人也不值得赞扬。"秦孝公说："讲得好！"于是决定变法。就此而言，可以知道像商鞅这样的人，都各自顺应时势而建功立德。孟子说："虽然有锄头，不如遇上好的天时；虽然有智慧，不如赶上好的时代。"范蠡说："时节未到，无法令万物强行生长；事物尚未发展到相应的阶段，无法强行成事。"古语说："圣人做好准备，以等待时机。"怎么知道是这样的呢？

桓子曰："三皇以道治[①]，五帝用德化，三王由仁义，五霸用权智[②]。说曰："无制令、刑罚[③]，谓之皇；有制令，而无刑罚，谓之帝；赏善诛恶，诸侯朝事[④]，谓之王；兴兵众，立约盟，以信义矫代[⑤]，谓之伯。"文子曰："帝者[⑥]，贵其德也。王者，尚其义也。霸者，迫于理也[⑦]。道狭然后任智，德薄然后任刑，明浅然后任察[⑧]。"议曰：夫建国立功，其政不同也如此。五帝以上久远，经传无事[⑨]。唯王、霸二盛之美[⑩]，以定古今之理焉。秦、汉居帝王之位，所行者，霸事也，故以为德之次[⑪]。夫王道之治，先除人害，而足其衣食，论曰：五亩之宅[⑫]，树之以桑，匹妇蚕之，年五十者可以衣帛矣。百亩之田，数口之家耕稼修理，可以无饥矣。鸡豚狗彘之畜不失其时[⑬]，老者可以食肉矣。夫上无贪欲之求，下无奢淫之人，籍税省少而徭役不繁[⑭]，其仕者食禄而已[⑮]，不与人争利焉，是以产业均而贫富不得相悬[⑯]。然后教以礼仪，故明王审己正统[⑰]，慎乃在位[⑱]，宫室舆服不逾礼制，九女正序于内[⑲]，三公分职于外[⑳]，制井田以齐之[㉑]，设诸侯以牧之，使饶不溢侈[㉒]，少不匮乏，然后申以辟雍之化[㉓]，示以揖让之容[㉔]，是以和气四塞[㉕]，祸乱不生。此圣王之教也。而威以刑诛，使知好恶去就[㉖]。虞帝先命禹平水土[㉗]，后稷播植百谷[㉘]，契班五教[㉙]，皋陶修刑[㉚]，故天下太平也。是故大化四凑[㉛]，天下安乐。此王者之术。王者父天母地，调和阴阳，顺四时而理五行，养黎元而育群生[㉜]。故王之为言往也，盖言其惠泽优游[㉝]，善养润天下，天下归往之[㉞]，故曰王也。霸功之大者[㉟]，尊君卑臣，权统由一[㊱]，政不二门[㊲]，赏罚必信，法令著明，百官修理[㊳]，威令必行[39]。夫霸君亦为人除难兴利，以富国强兵。或承衰乱之后，或兴兵征伐，皆未得遵法度，申文理[40]，度代而制[41]，因时施宜[42]，以从便善之计[43]，而务在于立功也。此霸者之术。”王道纯而任德，霸道驳而任法，此优劣之差也。

【注释】

①三皇以道治：以下至“此霸者之术”，出自《新论·王霸》。

②权智：权变智略。

③无制令、刑罚：以下至“谓之伯”，出自《新论·王霸》。制令，制度法令。

④朝事：臣服。

⑤矫代：《新论·王霸》作“矫世”，矫正世俗。

⑥帝者：以下至“明浅然后任察”，出自《文子·自然》。

⑦迫于理：指被迫遵循义理。《文子·自然》作“通于理”，通达于理。

⑧明浅：指智慧变得浅薄。明，明智，明察。察：苛察。

⑨经传：儒家典籍“经”与“传”的统称，“传”是阐释经文的著作。无事：指没有记载。

⑩唯王、霸二盛之美：意谓考察王道、霸道各自的优点。唯，思，考虑。

⑪德之次：指与王者相比，德行更次一等。

⑫五亩之宅：以下至“老者可以食肉矣”，出自《孟子·梁惠王上》，文字有所不同。

⑬豚（tún）：小猪。彘（zhì）：猪。

⑭籍税：赋税。籍，《诗经·大雅·韩奕》：“实墉实壑，实亩实籍。”郑玄笺：“籍，税也。”

⑮食禄：享受俸禄。

⑯产业：指私人财产。

⑰审己:省察自己。正:使端正。统:王统,纲纪。

⑱慎乃在位:指谨慎对待天子之位。《尚书·益稷》:"禹曰:'都!帝,慎乃在位。'"《正义》:"禹……因叹而戒帝曰:'呜呼!帝当谨慎汝所在之位。'"

⑲九女:指天子的嫔妃。《后汉书·刘瑜传》:"古者天子一娶九女。"李贤注:"《公羊传》曰,诸侯一聘三女,天子一娶九女,夏、殷制也。"

⑳分职:各司其职。

㉑井田:相传古代的一种土地制度。以方九百亩为一里,划为九区,形如"井"字,故名。其中为公田,外八区为私田,八家均私百亩,同养公田。公事毕,然后治私事。从春秋时起,井田制日趋崩溃。

㉒饶:富裕。溢侈:奢侈过度。

㉓申:重申,强调。辟雍之化:指礼乐教化。辟雍,亦作"辟廱"。本为西周天子所设大学,校址圆形,围以水池,前门外有便桥。班固《白虎通·辟雍》:"天子立辟雍何?所以行礼乐宣德化也。"

㉔揖让之容:指行礼时的仪节容貌。揖让,宾主相见的礼仪。

㉕和气:指能导致吉利的祥瑞之气。

㉖好恶:善与恶。去就:犹取舍。

㉗平水土:指治理水患。

㉘播植:播种,种植。

㉙班:周遍。五教:五常之教。指父义、母慈、兄友、弟恭、子孝五种伦理道德的教育。

㉚修刑:制定刑律。

㉛大化:广远深入的教化。四凑:四方都来归顺。

㉜黎元:即黎民。

㉝惠泽:恩泽。优游:广大貌,宽广貌。

㉞归往:归附,向往。

㉟霸功:指与"王道"相对的"霸道"的功业。

㊱权统：权力集中统一。一：指君主一人。

㊲政不二门：指政令由君主统一颁布，而不会由多个部门发出。

㊳修理：端谨整饬。此处指百官忠于职守。

㊴威令：指政令、军令。

㊵文理：礼仪。

㊶度代而制：指衡量时势，制定相应的政策。度代，应为“度世”，赵蕤避唐太宗讳改“世”为“代”。度，丈量，计算。

㊷因时施宜：根据不同时间的具体情况，制定适宜的措施。

㊸便：有利。

【译文】

桓谭说：“三皇用道义治理，五帝用德行感化，三王施行仁义，五霸利用权变智略。”解释说：“治理天下，不依靠制度法令与刑罚，称为‘皇’；有制度法令而无刑罚，称为‘帝’；奖善惩恶，令诸侯臣服，称为‘王’；召集军队，订立盟约，依靠信义矫正世俗，称为‘霸’。”文子说：“帝，看重的是道德。王，崇尚的是仁义。霸，则被迫遵循义理。大道狭窄了，然后不得不任用智谋；德行衰败了，然后不得不任用刑罚；智慧浅薄了，然后不得不依赖苛察。”评论道：不同君主建立国家，树立功绩，采取的统治方式竟如此不同。**五帝之前的事相当久远，儒家经传中没有记载。如今便考察王道、霸道各自的优点，以评定古往今来的治国之道。**秦朝、汉朝的统治者虽然居帝王之位，但所行的却是霸道，因此与王者相比，德行更次一等。**王道的统治，首先为百姓去除祸害，让百姓丰衣足食，**评论道：五亩大小的宅院，在其中种上桑树，妇人养蚕缫丝，五十岁以上的人就能够穿上丝绵袄了。百亩的田地，由数口之家耕种收拾，一家人就可以免于饥饿了。鸡和猪、狗的饲养，不要耽误繁殖的时机，老年人就可以吃上肉了。居于上位者不贪婪求取，在下没有奢侈淫逸的人，赋税轻薄，徭役也不繁重，官员只拿自己的俸禄，不与民争利，所以人们拥有的财产较为平均，贫富差别也不会过于悬殊。**然后用礼仪教化他们，**所以贤明的君主省察自身，端正纲纪，谨慎地对待天子之位，宫室、车舆、冠服不逾越礼制，内宫的妃嫔遵守身份高低的次序，外朝的三公各司其职，设置井田以整齐天下的土地，设置诸侯以牧养百姓，使富裕者不至于奢侈，贫穷者不至于匮乏，然后设立辟雍，强调礼乐教化，向百姓展示行礼时的仪节容貌，所以四处洋溢着祥瑞之气，没有祸乱发生。这就是圣王的教化。**用刑罚威慑他们，让百姓能知道善恶、懂得取舍。**虞舜先命令大禹治理水患，后稷播种培育各种谷物，契施行五常之教，皋陶制定刑法，所以天下就太平了。**所以能做到广布教化，四方聚集，天下安乐。这是王者治国的方法。**王者以天为父，以地为母，调和阴、阳二气，顺应四时而掌握五行的变化，养育黎民而哺育各种生命。因此“王”的含义就是“往”，讲的是王者的恩泽广大，善于养育滋润天下，天下人都归附向往他，所以叫作“王”。**那些成就大业的霸主，能使君主尊荣，令群臣卑微服从，权力集中于君主一人，不会政出多门，赏罚言出必行，法令严明，百官忠于职守，发布的政令必定能够推行。**那些霸主也为百姓除害谋利，以此富国强兵。他们有的是处于朝代衰乱之后，有的是处于兴兵征伐之时，都没有机会遵循法度，推行礼仪，而是衡量时势制定相应的政策，因时施宜，采取有利的良策，目的在于建立功业。**这是霸者治国的方法。**”王道纯粹，运用道德治国；霸道驳杂，运用法令治国；这是二者的优劣差别所在。

《道德经》曰：“我无为而人自化[①]。”文子曰：“所谓无为者[②]，非谓引之不来，推之不往[③]，谓其修理而举事[④]，因资而立功[⑤]，推自然之势也。”故曰：智而好问者圣[⑥]，勇而好问者胜。乘众人之智即无不任也[⑦]，用众人之力即无不胜也。故圣人举事，未尝不因其资而用也。故曰：“汤、武，圣主也[⑧]，而不能与越人乘舲舟泛江湖[⑨]；伊尹，贤相也，而不能与胡人骑原马、服騊駼[⑩]；孔、墨，博通也，而不能与山居者入榛薄、出险阻[⑪]。由是观之，人智之于物浅矣，而欲以炤海内、存万方[⑫]，不因道理之数而专己之能，则其穷不远。故智不足以为理[⑬]，勇不足以为强，明矣。然而君人者在庙堂之上[⑭]，而知四海之外者，因物以识物，因人以知人也。《吕氏春秋》曰："昊天无形而万物以成[15]，大圣无事而千官尽能，此谓不教之教、无言之诏也。"夫冬日之阳，夏日之阴，万物归之而莫之使。至精之感[16]，弗召自来。待目而昭见，待言而使令，其于理难矣[17]。文子曰："三月婴儿未知利害[18]，而慈母爱之愈笃者[19]，情也。故曰：言之用者小，不言之用者大。"又曰："不言而信[20]，不施而仁，不怒而威，是以天心动化者也[21]。施而仁，言而信，怒而威，是以精诚为之者也[22]。施而不仁，言而不信，怒而不威，是以外貌为之也[23]。"皋陶瘖而为大理[24]，天下无虐刑[25]；师旷瞽而为太宰[26]，晋国无乱政。庄子曰："天地有大美而不言[27]，四时有明法而不议[28]，万物有成理而不说[29]。圣人无为[30]，大圣不作，观于天地之谓也[31]。"不言之令，不视之见，圣人所以为师。"此黄、老之术也[32]。文子曰："圣人所由曰道[33]，所为曰事。道由金石[34]，一调不可更[35]；事由琴瑟，每终而改调[36]。故法制礼乐者，理之具也，非所以为理也。"昔曹参相齐[37]，其治要用黄、老术[38]，齐国安集[39]。及代萧何为汉相，参去，属其后相曰[40]："以齐狱市为寄[41]，慎勿扰也。"后相曰："治无大于此者乎？"参曰："不然。夫狱市者，所以并容也。今君扰之，奸人安所容乎？吾是以先之。"由是观之，秦人极刑而天下叛[42]，孝武峻法而狱繁，此其弊也。《经》曰："我无为而人自化，我好静而人自正。"参欲以道化其本[43]，不欲扰其末也。太史公曰[44]："参为汉相国，清净寡欲，言合道意[45]。然百姓离秦之酷扰[46]，参与休息无为，故天下俱称其美矣。"议曰：黄、老之风，盖帝道也。

【注释】

①我无为而人自化：出自今本《老子》第五十七章。无为，道家主张清静虚无，顺应自然，称为“无为”。自化，自然化育。

②所谓无为者：以下至“推自然之势也”，出自《文子·自然》，有删节。

③引之不来，推之不往：招之不来，推之不去。形容漠然不动。《淮南子·修务训》：“或曰：‘无为者，寂然无声，漠然不动，引之不来，推之不往。如此者乃得道之像。’吾以为不然。”

④举事：行事。

⑤因资：指充分运用现有条件和各方力量，即下文所说“乘众人之智”，“用众人之力”。

⑥智而好问者圣：以下至“未尝不因其资而用也”，出自《文子·自然》。

⑦乘：利用。任：胜任。

⑧汤、武，圣主也：以下至“圣人所以为师”，出自《淮南子·主术训》，文字有删节与重新编排。

⑨舲（líng）舟：有窗户的小船。《淮南子·主术训》作“斡舟”，高诱注：“斡舟，小船也，危险，越人习水，自能乘之，故汤、武不能也。”王念孙云：“古无谓小船为‘斡’者，‘斡’当为‘舲’字之误也。‘舲’与‘舲’同字。”

⑩原马：骏马。騊駼（táo tú）：北方的野马。

⑪榛（zhēn）薄：丛杂的草木。

⑫炤（zhào）：同“照”。存：抚慰，顾恤。万方：万邦，各方诸侯。引申指天下各地。

⑬智不足以为理：《淮南子·主术训》作“智不足以为治”。

⑭君人：统治人民。

⑮昊（hào）天无形而万物以成：以下至“无言之诏也”，出自《吕氏春秋·审分览·君守》。昊天，苍天。昊，元气博大貌。

⑯至精:我国古代哲学家指一种极其精微神妙而不见形迹的存在。

⑰理:《淮南子·主术训》作“治”。

⑱三月婴儿未知利害:以下至“不言之用者大”,出自《文子·精诚》,文字有所不同。

⑲慈母爱之愈笃:当作“慈母之爱谕焉”,指婴儿能够明白母亲的爱。俞樾《诸子平议续录》卷四《文子》:“‘爱之’当为‘之爱’,浅人误倒其文也。‘愈’乃‘谕’之叚字。‘笃’乃‘焉’之误字,……言婴儿虽无所知,而慈母之爱已则谕之,由至情之相感也。《淮南子·缪称篇》作:‘三月婴儿,未知利害也,而慈母之爱谕焉者,情也。’可据以订正。”谕,明白。译文从之。

⑳不言而信:以下至“是以外貌为之也”,出自《文子·上仁》。

㉑天心动化:与天同心,感化万物。《文子·上仁》默希子注:“五帝自然无为,与天同心,物禀其生,感而化也。”俞樾认为“天心”乃“无心”之误。

㉒精诚:真诚。

㉓以外貌为之:指缺乏真诚,流于表面。《文子·上仁》默希子注:“五霸诚不由中,物无应者,故虽怒而不威。”

㉔瘖(yīn):同“喑”,哑。大理:掌管刑法之官。

㉕虐刑:残酷的刑罚。

㉖瞽(gǔ):眼盲。太宰:相传殷置太宰,周称“冢宰”,为天官之长,掌建邦之六典,以佐王治邦国。

㉗天地有大美而不言:以下至“观于天地之谓也”,出自《庄子·知北游》,有删节。

㉘明法:明显的规律。

㉙成理:固定的规律。

㉚圣人:《庄子·知北游》作“至人”,指超凡脱俗,达到无我境界的人。

㉛观:效法。

㉜黄、老：黄帝与老子。后世道家奉为始祖。

㉝圣人所由曰道：以下至“非所以为理也”，出自《文子·上义》。由，奉行，遵从。

㉞由：通“犹”，如同，好像。金石：指钟磬一类乐器。

㉟一调不可更：指钟磬一类的乐器，音调一旦调好，就再也不能更改了。

㊱每终而改调：指琴、瑟要根据每个乐章的曲调来更改音调。终，古乐章以奏诗一篇、乐一成为一终。

㊲昔曹参相齐：以下至“吾是以先之”，出自《史记·曹相国世家》。齐，刘邦之子刘肥的封国。

㊳要：主要，关键。

㊴安集：安定辑睦。

㊵属（zhǔ）：嘱托。

㊶狱市：指狱讼以及市集交易。朱翌《猗觉寮杂记》卷下：“狱也，市也，二事也。‘狱’如教唆词讼，资给盗贼；‘市’如用私斗秤欺谩变易之类，皆奸人图利之所，若穷治则事必枝蔓，此等无所容，必为乱，非省事之术也。”一说为齐国大市之名，“狱”为“岳”字省文，即齐国庄岳之市。参见陈直《汉书新证·萧何曹参传》。寄：委托，托付。

㊷秦人极刑而天下叛：以下至“不欲扰其末也”，出自《史记·曹相国世家》裴骃《集解》引《汉书音义》。

㊸化其本：指以清净无为之道，使民众渐渐“自化”“自正”。

㊹太史公曰：以下至“故天下俱称其美矣”，出自《史记·曹相国世家》“太史公曰”，文字有所不同。

㊺道意：指道家无为的主旨。

㊻离：遭受，遭遇。后多作“罹（lí）”。

【译文】

《道德经》说：“我无为，人们就会自然化育。”文子说：“所谓无为的人，并不是说招之不来，推之不去，而是说其遵循道理而行事，利用现有条件、各方力量而立功，并推求自然的形势。”所以说：智慧而又好问的人是圣人，勇敢而又好问的人会获得胜利。能够利用众人的智慧，便没有胜任不了的事；能够运用众人的力量，便能无往不胜。所以圣人行事，没有不充分利用各方力量的。所以说：“商汤、周武王是英明的君主，却不能和南方的越人一样乘坐小船泛游江湖；伊尹是贤明的宰相，却不能和胡人一样骑乘骏马，驯服野马；孔子、墨子是博学多识的人，却不能和山民一样出入丛杂的草木，穿越高山险阻。由此看来，人的智慧与万物相比是浅薄的，而想凭着浅薄的智慧遍照海内、存恤天下，不遵照大道的规律而专凭一己之能，那么离穷途末路也就不远了。所以单凭个人的智慧不足以治理天下，单凭个人的勇力不足以称为强大，也是很明显的。而作为统治人民的君主，身处庙堂之上，而能够知道天下的事情，是凭借外物而认识外物，依靠人而知道人。《吕氏春秋》说：“上天没有形象，却能生成万物；圣明的君主无为而治，却能让百官竭尽所能；这就叫作不进行教化的教化，不使用言语的诏告。”冬天的太阳，夏天的阴影，万物归向它，而没有人驱使万物这样做。在至精的感召下，不用招呼而万物自然归来。依靠眼睛来看清事物，依靠言辞来发号施令，这样来治理国家就困难了。文子说：“三个月的婴儿不知道什么是利害，却能够明白慈母的爱，这是因为真情的缘故。所以说：言语的作用很小，那些不依靠语言的作用很大。”又说：“不必说话就让人信服，不必施恩就显示出仁爱，不必发怒就有威严，这是与天同心感化万物的人。施恩后显示出仁爱，言谈后让人信服，发怒后显示威严，这是用精诚进行感化的人。施恩后仍显不出仁爱，言谈后仍不能让人信服，发怒了依然没有威严，这是缺乏真诚，流于表面的人。”皋陶不能说话而担任司法之官，天下没有残酷的刑罚；师旷是盲人而担任太宰之官，晋国没有混乱的政治。庄子说：“天地有大美却不言语，四时有分明的次序却不议论，万物有固定的规律却不说话。至人无所作为，圣人无所造作，只是效法天地之道。”不用说话就能发布政令，不用眼睛就能明察秋毫，是圣人之所以成为后世师表的原因。”这就是黄帝、老子的治国之术。文子说：“圣人所遵从的叫作

'道',所做的叫作'事'。'道'好比钟磬一类的乐器,音调一旦调好,就再也不能更改了;'事'好比琴瑟,每个乐章都要调整音调。所以法制、礼乐,是治国的工具,而不是治国的根本。"从前曹参担任齐国丞相,治理齐国主要运用黄、老之术,齐国安定辑睦。等到他接替萧何成为汉朝丞相,离开齐国前,嘱托继任的齐国丞相说:"我把齐国的狱市委托给你了,千万不要去扰动它。"继任者说:"治理齐国,难道没有比狱市更重要的问题吗?"曹参说:"不是的。狱市的存在,可以藏污纳垢,兼容并蓄。如果你去扰动它,那些作奸犯科的人去哪里容身呢?所以我首先提出这件事。"由此看来,秦人刑罚严苛而天下反叛,汉武帝法令严酷而狱讼繁多,这就是严刑峻法的弊端。《道德经》说:"我无为,人们就会自然化育;我好静,人们就会自然端正。"曹参想用清静之道使民众自化自正,而不愿扰动细枝末节。太史公说:"曹参当了汉朝的相国,清静寡欲,言谈合乎清静无为的宗旨。当时百姓刚刚遭受了秦朝的残酷统治,曹参让百姓休养生息,无为而治,因此天下人都称赞他的美德。"评论道:黄、老之术,是五帝的治国之道。

孔子闲居[①],谓曾参曰:"昔者,明王内修七教,外行三至。七教修而可以守,三至行而可以征。明王之守也,则必折冲千里之外[②];其征也,还师衽席之上[③]。"曾子曰:"敢问七教?"孔子曰:"上敬老则下益孝,上敬齿则下益悌[④],上乐施则下益亮[⑤],上亲贤则下择交[⑥],上好德则下无隐[⑦],上恶贪则下耻争,上廉让则下知节,此之谓七教也。七教者,治之本也。教定则本正矣。凡上者,人之表也[⑧]。表正则何物不正也?昔明王之治人也,必裂地而封之[⑨],分属而理之[⑩]。使有司月省而时考之[⑪],进贤良,退不肖,然则贤良者悦,不肖者惧矣。哀鳏寡,养孤独[⑫],恤贫穷,诱孝悌[⑬],选才能。此七者修,则四海之内无刑人矣。上之亲下也如手足之于腹心,则下之亲上也如幼子之于慈母矣。其于信也如四时[⑭],而人信之也如寒暑之必验。故视远若迩，非道迩也，见明德也[15]。是以兵革不动而威，用利不施而亲。此之谓明王之守，折冲千里之外者也。”议曰：昔管子谓齐桓公曰[16]：“君欲霸王，举大事，则必从其本矣。夫齐国百姓，公之本也。人甚忧饥而税敛重，人甚惧死而刑政险[17]，人甚伤劳而上举事不时[18]。公轻其税，缓其刑，举事以时，则人安矣。”此谓修本而霸王也。曾子曰：“何谓三至？”孔子曰：“至礼不让而天下理，至赏不费而天下之士悦，至乐无声而天下人和。何则？昔者，明王必尽知天下良士之名，既知其名，又知其实，既知其实，然后因天下之爵以尊之，此谓至礼不让而天下治。因天下之禄，以富天下之士，此之谓至赏不费而天下之士悦。如此，则天下之明誉兴焉[19]，此谓之至乐无声而天下之人和。故曰：所谓天下之至仁者，能合天下之至亲；所谓天下之至智者，能用天下之和；所谓天下之至明者，然能举天下之至贤也。故仁者莫大于爱人，智者莫大于知贤，政者莫大于官能[20]。有德之君修此三者，则四海之内供命而已矣[21]，此之谓折冲千里之外。夫明王之征，必以道之所废，诛其君，改其政，吊其人[22]，而不夺其财矣。故曰：明王之征犹时雨之降[23]，至则悦矣，此之谓还师衽席之上。”言安而无忧也。故扬雄曰：“‘六经’之理贵于未乱，兵家之胜贵于未战[24]。”此孔氏之术也。议曰：孔氏之训，务德行义，益王道。

【注释】

①孔子闲居：以下至“此之谓还师衽席之上”，出自《孔子家语·王言解》，有删节。《大戴礼记·主言》有类似内容。闲居，安闲居家。

②折冲：使敌人的战车后撤，即制敌取胜。冲，冲车，战车的一种。

③还师：回师。衽席：指坐席，卧席。借指太平安居的生活。《大戴礼记·主言》："是故明主之守也，必折冲乎千里之外；其征也，衽席之上还师。"王聘珍注："此言守则有战之备，战亦如守之安。"

④敬齿：尊重年长的人。悌：敬爱兄长。亦泛指敬重长上。

⑤上乐施则下益亮：《孔子家语·王言解》作"上乐施则下益宽"。亮，通"谅"，诚信。

⑥择交：选择朋友。

⑦无隐：没有隐瞒或掩饰。

⑧表：表率，准则。

⑨裂地而封之：划分土地进行分封。《大戴礼记·主言》作"别地以州之"。

⑩属：官属。

⑪省（xǐng）：视察。

⑫哀鳏（guān）寡，养孤独：《孟子·梁惠王上》："老而无妻曰鳏，老而无夫曰寡，老而无子曰独，幼而无父曰孤。此四者，天下之穷民而无告者。"

⑬诱：诱导，教导。

⑭其于信也如四时：指君主的诚信犹如四时交替，永远不变。

⑮视远若迩，非道迩也，见明德也：本句语义似不完整。《大戴礼记·主言》："若夫暑热冻寒，远若迩，非道迩也，及其明德也。"王聘珍注："暑热冻寒，喻教也。乐记曰：'教者，民之寒暑也。'远若迩，谓无有远迩，声教讫于四海也。"黄怀信注："下土之人归之如暑热之就寒冻，视远若迩。"译文从之。迩，近。

⑯昔管子谓齐桓公曰：以下至"则人安矣"，出自《管子·霸形》，有删节。

⑰刑政：刑法政令。险：凶险，严酷。

⑱不时：不分农闲、农忙之时。

⑲明誉：美誉，好名声。

⑳官能：任用有才能的人做官。

㉑供命：犹言执行命令，听从差遣。

㉒吊：安慰。

㉓时雨：应时的雨水。

㉔“六经”之理贵于未乱，兵家之胜贵于未战：出自《汉书·匈奴传》。

【译文】

孔子在家闲居，对曾参说：“从前，贤明的君主在内施行‘七教’，对外实行‘三至’。‘七教’修成，可以守卫国家；‘三至’实行，可以对外征伐。贤明的君主守卫国家，必能却敌于千里之外；对外征伐，必能得胜安定国家。”曾子问：“请问什么是‘七教’？”孔子说：“在上位者尊敬老人，那么百姓就会更加孝顺；在上位者尊敬比自己年长的人，百姓就会更加敬爱兄长；在上位者乐于施舍，百姓就会更加诚信；在上位者亲近贤人，百姓就会选择良友；在上位者推崇德行，百姓就不会隐藏自己的看法；在上位者憎恶贪婪，百姓就会以争夺为耻；在上位者清廉礼让，百姓就会讲究节操；这就是所说的‘七教’。这七种教化，是治国的根本。教化的原则确定了，治国的根本也就端正了。凡在上位者，是百姓的表率。表率端正了，还有谁会不端正呢？从前贤明的君主治理百姓，一定划分土地进行分封，委派官员管理他们。让相关官员经常进行视察考核，进用贤良的人，黜退不肖的人，这样一来，贤良的人高兴，不肖之人就会畏惧。哀怜鳏寡之人，抚养孤独之人，体恤贫穷的人，教导百姓孝敬父母尊敬兄长，选拔有才能的人。这七个方面做好了，则天下就没有犯罪的人了。君主亲爱百姓如同手足保护腹心，那么百姓爱戴君主也如同幼儿依恋慈母。君主的诚信犹如四季轮替永恒不变，而百姓信任君主就如同相信寒来暑往必定发生。所以百姓归附君主，即使路途遥远也觉得很近，并非真的路近，而是向往君主光明的德行。所以不动用武力，就有威严；不赏赐财物，百姓就亲附。这就是所说的贤明君主守卫国家，能够却敌于千里之外。”评论道：从前，管仲对齐桓公说：“您想要成为霸王，成就大事，就一定要从根本做起。齐国的百姓，就是您事业的根本。百姓很怕饥饿，但如今赋税繁重；百姓很怕死亡，但如今刑法政令很严酷；百姓很怕劳役，但如今朝廷行事不顾农时。如果您能减轻赋税，宽缓刑罚，兴举大事照顾农时，则百姓就安宁了。”这就是所说的从根本做起而成就霸业。曾子问：“什么叫作‘三至’？”孔子说：“最高的礼仪不需要谦让，而天下得到治理；最高的奖赏不耗费财物，而天下的士人都很高兴；最美妙的音乐没有声音，而天下人纷纷应和。为什么？从前，贤明的君主必定知道天下所有贤士的名字；不但知道他们的名字，还要了解他们的实际才能；不但了解他们的实际才能，还要用天下的爵位封赏尊崇他们；这就是所说的最高的礼仪不需要谦让，而天下得到治理。用天下的俸禄，让天下的士人生活富足，这就是所说的最高的奖赏不耗费财物，而天下的士人都很高兴。如此一来，君主的美好名声传遍天下，这就是所说的最美妙的音乐没有声音，而天下人纷纷应和。所以说，天下最仁德的人，能统合天下最亲近的人；天下最智慧的人，能任用天下最了解和谐之道的人；天下最明智的人，能任用天下最贤良的人。所以仁德最重要的方面在于爱护人民，智慧最重要的方面在于了解贤才，为政最重要的方面在于任用贤才。有德行的君主做到了这三点，那么四海之内都会听从差遣，这就是能够却敌于千里之外的原因。贤明的君主所征伐的，必定是废弃道义的国家，诛杀其君主，改变其政治，慰问其人民，而不掠夺他们的财产。所以说：贤明君主的征伐就像降下的及时雨，降下百姓就欢悦，这就是能够得胜安定国家的原因。”说的是胜券在握，不必忧虑。所以扬雄说：“‘六经’的治国之道，以尚未混乱时及时治理为贵；兵家的用兵之道，以尚未战斗时奠定胜利为贵。”这是儒家的治国之术。评论道：儒家的训诫，在于修养德性，躬行仁义，使王道发扬光大。

墨子曰：“古之人未知为宫室[①]，就陵阜而居[②]，穴而处，故圣王作为宫室[③]。为宫室之法，高足以避润湿[④]，边足以圉风寒[5]，宫墙之高足以别男女之礼。谨此则止[6]，不以为观乐也。故天下之人，财用可得而足也。当今之王为宫室，则与此异矣。必厚敛于百姓，以为宫室台榭曲直之望、青黄刻镂之饰[7]。为宫室若此，故左右皆法而象之，是以其财不足以待凶饥、振孤寡[8]，故国贫而民难理也。为宫室不可不节。议曰：此节宫室者。古之人未知为衣服时，衣皮带茭[9]，冬则不轻而暖，夏则不轻而清[10]。圣王以为不中人之情，故圣人作诲妇人[11]，以为人衣。为衣服之法，冬则练帛[12]，足以为轻暖；夏则绨绤[13]，足以为轻清。谨此则止，非以荣耳目观愚人也[14]。是以其人用俭约而易治，其君用财节而易赡也[15]。当今之王，其为衣服则与此异矣。必厚敛于百姓，以为文彩靡曼之衣[16]，铸金以为钩[17]，珠玉以为佩。由此观之，其为衣服非为身体，皆为观好也。是以其人淫僻而难治[18]，其君奢侈而难谏。夫以奢侈之君御淫僻之人[19]，欲国无乱，不可得也。为衣服不可不节。"议曰：此节衣服者也。此墨翟之术也。议曰：墨家之议，去奢节用，盖强本道。

【注释】

①古之人未知为宫室：以下至"为衣服不可不节"，出自《墨子·辞过》，有删节。宫室，房屋的通称。也指帝王的宫殿。

②就：依傍。陵阜：山丘。

③作为：创制。

④润湿：潮湿。

⑤圉（yǔ）：抵御。

⑥谨：通"廑"，仅。孙诒让《墨子间诂》引毕沅曰："谨，'廑'字假音。"

⑦望：景观。青黄：泛指色彩。刻镂（lòu）：雕刻。

⑧凶饥：灾荒。

⑨衣皮：穿着兽皮。茭（jiāo）：草绳。

⑩清：通“凊（qìng）”，凉爽。

⑪作诲：教诲，训导。

⑫练帛：即大帛，用粗丝织成的厚帛。

⑬絺（chī）：细葛布。绤（xì）：粗葛布。

⑭荣：这里指感觉华美。观：被观看。愚人：《墨子·辞过》作“愚民”，愚昧无知的民众。

⑮赡：供给，供养。

⑯靡曼：华美，华丽。

⑰钩：带钩。

⑱人：《墨子·辞过》作“民”。淫僻：邪恶不正。

⑲御：统治，治理。

【译文】

墨子说：“古人还不会建造房屋的时候，依傍着山丘居住，住在洞穴里，所以圣明的君主开始创制宫室。建造宫室的法则是，地基的高度足以避免潮湿，四面的墙壁足以抵御风寒，墙壁的高度足以符合男女有别的礼节。仅仅如此而已，不是为了观赏与享乐。所以天下的百姓，财物用度可以得到满足。如今的君主建造宫室，则与古代的做法不同。必定要向百姓横征暴敛，用来修建宫室台榭曲折回转的景观，以及用各种色彩与雕刻进行装饰。君主像这样修建宫殿，所以左右近臣都效法他，因此国家的财富不足以应付灾荒，拯济孤儿寡妇，所以国家贫困而百姓难以治理。所以建造宫室不可不节俭。评论道：这里讲的是建造宫室要节俭。古代的百姓还不会做衣服的时候，穿着兽皮，系着草绳，冬天既不轻便也不温暖，夏天既不轻便也不凉爽。圣人认为这不符合人情，所以教导妇人，制作衣服。制作衣服的法则是，冬天穿粗丝织成的厚帛，就可以既轻便又暖和；夏天穿葛布做的衣服，就可以既轻便又凉爽。仅仅如此而已，并不是为了让愚昧无知的民众看起来觉得华美。所以百姓的生活节俭而易于管理，君主的财用节制而易于供养。当今的君主制作衣服，则与古代的做法不同。必定要向百姓横征暴敛，制作色彩华美的衣服，用黄金做成衣服的带钩，用珍珠和美玉作为佩饰。由此看来，他们制作衣服并不是为了身体的舒适，而都是为了外观好看。所以其百姓邪恶不正难以治理，其君主生活奢侈而难以劝谏。以奢侈的君主来治理邪恶不正的百姓，想要国家不发生混乱，是做不到的。所以制作衣服不可不节俭。”评论道：这里讲的是制作衣服要节俭。这是墨子的治国之术。评论道：墨家的主张，在于消除奢侈，节约用度，是强固国家根本的治国之术。

商子曰：“法令者[①]，人之命也，为治之本。慎子曰：“君人者舍法而以身治[②]，则受赏者虽当，望多无穷；受罚者虽当，望轻无已。君舍法而以心裁轻重，怨之所由生也。是以分马者之用策，分田者之用钩[③]，非以钩、策为过人之智也，所以去私塞怨也。故曰：大君任法而不躬为[④]，则事断于法。法之所加，各以其分蒙赏罚，而无望于君，是以怨不生而上下和也。”一兔走，百人逐之，非以兔可分为百，由名分之未定也。卖兔满市，盗不敢取者，由名分之定也。故名分未定，虽尧、舜、禹、汤且皆加务而逐之[⑤]；名分已定，则贫盗不敢取[⑥]。故圣人之为法令也，置官也，置吏也，所以定分也。尸子曰：“夫使众者[⑦]，诏作则迟，分地则速[⑧]。是何也？无所逃其罪也。言亦有地[⑨]，不可不分。君臣同地[⑩]，则臣有所逃其罪矣。故陈绳则木之枉者有罪[⑪]，审名分则群臣之不审者有罪矣[⑫]。”名分定则大诈贞信[⑬]，巨盗愿悫[⑭]，而各自治也。”尹文子曰：“名定则物不竞[⑮]，分明则私不行。物不竞，非无心，由名定故无所措其心[16];私不行,非无欲,由分明故无所措其欲。然则心欲人人有之,而得同于无心无欲者,在制之有道故也。”申子曰:“君如身[17],臣如手。君设其本[18],臣操其末。为人君者,操契以责其名[19]。名者,天地之网,圣人之符[20]。张天地之网,用圣人之符,则万物无所逃矣。议曰:韩子曰:“人主者[21],非目若离娄乃为明也,非耳若师旷乃为聪也。不任其数[22],而待目以为明,所见者少矣,非不弊之术也。不因其势,而待耳以为聪,所闻者寡矣,非不欺之道也。明主者,使天下不得不为己视,使天下不得不为己听,身居深宫之中,明烛四海之内[23],而天下不能蔽、不能欺者,何也?匿罪之罚重,而告奸之赏厚也。”孙卿曰:“明职分[24],序事业,材伎官能[25],莫不治理。如是则厚德者进,廉节者起,兼听齐明[26],而百事无留。故天子不视而见,不听而闻,不虑而知,不动而功,块然独坐而天下从之[27]。”此操契以责名者也。尸子曰:“明君之立[28],其貌庄,其心虚,其视不躁,其听不淫[29],审分应辞[30],以立于朝,则隐匿疏远,虽有非焉,必不多矣。明君不长耳目[31],不行间谍,不强闻见,形至而观,声至而听,事至而应。近者不过则远者理矣[32],明者不失则微者敬矣[33]。”此万物无所逃也。动者摇,静者安,名自名也,事自定也[34]。议曰:尸子曰:“治水潦者[35],禹也;播五谷者,后稷也;听狱折衷者[36],皋陶也;舜无为也,而为天下父母。”此则名自名也。太公谓文王曰:“天有常刑[37],人有常生[38],与天人共其生者[39],而天下静矣。”此则事自定之矣。是以有道者因名而正之,随事而定之。尹文子曰:“因贤者之有用[40],使不得不用;因愚者之无用,使不得用。用与不用,各得其用,奚患物之乱也?”尸子曰:“听朝之道[41],使人有分[42]。有大善者必问其孰进之,有大过者必问其孰任之,而行赏罚焉，且以观贤不肖也。明分则不弊，正名则不虚[43]。贤则贵之，不肖则贱之。贤不肖，忠不忠，以道观之，由白黑也[44]。"昔者，尧之治天下也以名，其名正则天下治；桀之治天下也亦以名，其名倚而天下乱[45]。是以圣人贵名之正也。"议曰：夫暗主以非贤为贤，不忠为忠，非法为法，以名之不正也。李斯书曰："韩子称'慈母有败子，而严家无挌虏'者[46]，何也？则罚之加焉必也[47]。故商君之法，刑弃灰于道者[48]。夫弃灰，薄罪也，而被刑重罚也。夫轻罪且督深[49]，而况有重罪乎！故人弗敢犯矣。今不务所以不犯[50]，而事慈母之所以败子，则亦不察于圣人之论矣。"商君之法[51]，皆令为什伍而相司牧[52]，犯禁相连[53]。于不告奸者腰斩，明尊卑爵秩等级各以差次[54]，田宅妻妾衣服以家次[55]。有功者显荣，无功者虽富无芬华[56]。务于耕战[57]。此商君之法也。此商鞅、申、韩之术也。桓范曰："夫商鞅、申、韩之徒贵尚谲诈[58]，务行苛克，废礼义之教，任刑名之数[59]，不师古始[60]，败俗伤化，此则伊尹、周、邵之罪人也。然则尊君卑臣，富国强兵，守法持术，有可取焉。逮至汉兴，有宁成、郅都之辈[61]，放商、韩之治[62]，专以杀伐残暴为能，顺人主之意，希旨而行[63]，要时趋利[64]，敢行祸败，此又商、韩之罪人也。然其抑强友[65]，抚孤弱，清己禁奸[66]，背私立公，亦有取焉。至于晚代之所谓能者，乃犯公家之法，赴私门之势，废百姓之务，趋人间之事，决烦理务[67]，临时苟辩[68]，使官无谴负之累[69]，不省下人之冤，复是申、韩、宁、郅之罪人。"

【注释】

①法令者：以下至"而各自治也"，出自《商君书·定分》，有删节。

②君人者舍法而以身治：以下至“是以怨不生而上下和也”，出自《慎子·君人》。身治，指凭自身的主观意志来治理国家，与“法治”相对。

③分马者之用策，分田者之用钩：用抽签抓阄的方式分马、分田。《慎子·威德》：“夫投钩以分财，投策以分马。”许富宏《慎子集校集注》引徐汉昌曰：“投钩犹言拈阄也。洪武正韵：‘“钩”与“阄”同，“投钩”犹云“拈阄”。’《荀子·君道》：‘探筹投钩者，所以为公也。’投策，掷弃马箠也，与‘投钩’意同，皆所以为公也。”策，马鞭。钩，古代的一种博具。

④大君：天子。

⑤加务：努力。《商君书·定分》作“如骛”，蒋礼鸿《商君书锥指》：“‘如骛焉’三字《治要》作‘加务’二字。《指海》本亦据《长短经》改‘加务’。案‘如’当为‘加’，‘加骛’言加力驰骛也。‘骛’‘骛’同字。《治要》《长短经》作‘务’，乃以同音假借。”

⑥贫盗：《商君书·定分》作“贪盗”，译文从之。

⑦夫使众者：以下至“审名分则群臣之不审者有罪矣”，出自《尸子·发蒙》。

⑧诏作则迟，分地则速：指在田里劳作时，共同耕种就迟缓，分开耕作就迅速。诏，应作“公”。《尸子疏证》引陶鸿庆《读诸子札记》：“‘诏’乃‘讼’字之误。《淮南·兵略训》‘天下讼见之’，高注云：‘讼，公也。’‘讼作’与‘分作’对文。《吕氏春秋·审分览》正作‘公’。”《吕氏春秋·审分览》：“今以众地者，公作则迟，有所匿其力也。分地则速，无所匿迟也。”译文从之。

⑨言亦有地：指言论也像耕种土地一样。

⑩君臣同地：君主与大臣在同一块土地上干活。比喻君臣一起做事，没有分清彼此的责任。

⑪陈：摆出，拉上。绳：木工用以测定直线的墨线。枉：弯曲。

⑫不审者：不符合审查标准的人。

⑬大诈：大奸之人。贞信：正直诚实。

⑭愿悫（què）：朴实，诚实。

⑮名定则物不竞：以下至"在制之有道故也"，出自《尹文子·大道上》。不竞，不争逐。

⑯措：施行，运用。

⑰君如身：以下至"是以圣人贵名之正也"，见于《群书治要》所引《申子·大体》，有删节。

⑱设：谋划。

⑲契：符节、凭证、字据等信物。古代契分为左右两半，双方各执其一，用时将两半合对以做征信。责其名：指考察臣子是否名实相符。

⑳符：古代凭证符券、符节、符传等信物的总称。

㉑人主者：以下至"而告奸之赏厚也"，出自《韩非子·奸劫弑臣》。

㉒数：道数，方法。

㉓烛：明晰，洞察。

㉔明职分：以下至"块然独坐而天下从之"，出自《荀子·君道》，有删节。职分，职务上应尽的本分。

㉕材伎：使用有技术的人。

㉖齐明：敏捷明智。

㉗块然：孤独貌，独处貌。

㉘明君之立：以下至"明者不失则微者敬矣"，出自《尸子·发蒙》。

㉙淫：惑乱，迷惑。

㉚审分：审定名分、职分。应辞：指应对臣民的言论。

㉛长耳目：指加强耳目视听。长，增长，增加。

㉜近者：指君主身边的人。

㉝明者：指贤明的人。

㉞名自名也，事自定也：让事物自我命名，让事情自我规定。《韩非

子·主道》:"令名自命也,令事自定也。……有言者自为名,有事者自为形。"自名,即"自为名"。自定,即"自为形",指不加干扰,让事物自己展现出形态与性质。

㉟治水潦者:以下至"而为天下父母",出自《尸子·仁意》。水潦,大雨,雨水。这里指洪水。

㊱折衷:调节使适中。

㊲天有常刑:以下至"而天下静矣",出自《六韬·武韬·文启》。《六韬》作"天有常形",指天道有一定的规律。译文从之。

㊳常生:指一定的天性。

㊴与天人共其生:指顺应天、人的规律与本性。《六韬·武韬·文启》作"与天下共其生"。

㊵因贤者之有用:以下至"奚患物之乱也",出自《尹文子·大道上》。

㊶听朝之道:以下至"由白黑也",出自《尸子·发蒙》。

㊷分:职分,职责。

㊸明分则不弊,正名则不虚:《尸子·发蒙》:"是非不得尽见谓之蔽,见而弗能知谓之虚,知而弗能赏谓之纵。"弊,通"蔽",蒙蔽。虚,指徒劳无功。

㊹由:通"犹",如同,好像。

㊺倚:不正,偏侧。

㊻韩子称"慈母有败子,而严家无挌(gé)虏"者:以下至"则亦不察于圣人之论矣",出自《史记·李斯列传》,有删节。严家,家规严厉的人家。挌虏,《史记·李斯列传》作"格虏",强悍不驯的奴仆。译文从之。

㊼则罚之加焉必也:指一旦犯错,必然受到惩罚。

㊽弃灰:把灰烬弃在路上。

㊾督:责罚。

㊿不务所以不犯:不追求如何能让人不犯罪。

⑤1商君之法：以下至“务于耕战”，出自《史记·商君列传》。

⑤2什伍：古代户籍编制。五家为伍，十户为什，相连相保。司牧：《史记·商君列传》作“牧司”，指互相检举揭发。

⑤3相连：《史记·商君列传》作“连坐”，司马贞《索隐》：“一家有罪而九家连举发，若不纠举，则十家连坐。”

⑤4爵秩：犹爵禄。

⑤5田宅妻妾衣服以家次：指占有田宅的多少，妻妾所穿的衣服样式，都根据家族地位的高低而定。家次，家庭所受爵位秩禄的等次。

⑤6芬华：茂美。引申为荣耀显达。

⑤7耕战：农耕与战争。

⑤8夫商鞅、申、韩之徒贵尚谲（jué）诈：以下至“复是申、韩、宁、郅之罪人”，见于《群书治要》引《世要论·辨能》，文字有所不同。谲诈，狡诈，奸诈。

⑤9刑名：战国时以申不害为代表的学派。主张循名责实，慎赏明罚。后人称为“刑名之学”，韩非子亦尚“刑名”。

⑥0古始：远古。

⑥1宁（nìng）戚：为“宁成”之误。宁成，南阳穰（今河南邓州）人。郅（zhì）都：河东杨县（今山西洪洞东南）人。二人是西汉前期有名的酷吏。事迹见《史记·酷吏列传》。

⑥2放（fǎng）：仿效，模拟。

⑥3希旨：迎合在上者的意旨。

⑥4要（yāo）时：即“邀时”，谋求有利的时机。趋利：求利，逐利。

⑥5强友：即“强弗友”，本意指倔强不能亲近人的人，此处指豪强。《尚书·洪范》：“强弗友，刚克。”《群书治要》引《世要论·辨能》作“抑强抚弱”。

⑥6清己：谓以清廉之德要求自己。

⑥7决烦理务：指处理繁杂的政务。

⑱苟辩:指办事苟且敷衍。辩,治理。

⑲谴负:罪责。

【译文】

商鞅说:“法令,是人民的生命,是治国的根本。慎子说:“君主治理国家,如果舍弃法制而实行人治,则给予的赏赐虽然恰当,但受赏者想要更多奖赏的欲望却是无穷的;给予的惩罚虽然恰当,但受罚者想要减轻惩罚的欲望却是无穷的。君主舍弃法制而以内心的意愿裁定赏罚的轻重,怨恨便会由此滋生。所以用抽签的方式分马,用抓阄的方式分田,并不是说抓阄和抽签的方式超过了人的智慧,而是为了排除私心,杜绝怨恨的发生。所以说:天子任用法制而不事事躬亲,那么一切政事都依照法制来决断。按照法律的规定,每个人根据自己的所作所为受到相应的奖惩,而不会对君主报以非分的希望,所以怨恨不会产生而君臣上下和睦。”一只兔子奔逃,一百个人去追赶,这并不是因为一只兔子可以分成百份,而是因为兔子的所有权还没确定。市场上到处都有兔子售卖,而盗贼不敢随意去拿,这是因为兔子的所有权已经确定了。所以名分没有确定以前,即便是尧、舜、禹、汤也都会努力追逐;名分确定之后,贪婪的盗贼也不敢夺取。所以圣人制定法令,设置官员,设立胥吏,就是为了确定名分。尸子说:“君主差遣民众,如果是共同劳作就迟缓,分开劳作就迅速。这是为什么呢?因为分开劳作便无法推诿逃避罪责。言论也像耕种土地一样,不能不分清责任。君主与大臣如果在同一块土地上干活,则臣子就能推诿逃避罪责了。所以如果拉上墨线,那么木头的弯曲就暴露出来了;审查名分,那么不符合标准的大臣就暴露出来了。”名分确定了,则大奸也会变得正直诚实,大盗也会变得诚恳老实,而都能自我约束。”尹文子说:“名义确定了,人们对于事物就不会争夺;分属明确了,人们的私欲就不会盛行。对事物不争夺,不是因为没有私心,而是因为名义确定之后,无从施展私心;私欲不盛行,不是因为没有私欲,而是因为分属明确之后,无从实施私欲。然而私心与私欲人人皆有,人们却能表现得像没有私心、私欲一样,这是因为制止的方法得当。”申子说:“君主如同身体,臣子如同双手。君主谋划根本,臣子操持细节。作为君主,操持符契以考察臣子是否名实相符。

名，是涵盖天地的大网，是圣人所掌握的符契。张开涵盖天地的大网，使用圣人的符契，则天下万物就无所遁形了。评论道：韩非子说："作为君主，并非视力像离娄那样才叫作眼明，并非听力像师旷那样才叫作耳聪。不运用相应的道数，而要等亲眼看见才以为看清了，所看到的东西就很少了，这不是不受蒙蔽的方法。不借助有利的形势，而要等亲耳听见才以为听清了，所听到的东西就很少了，这不是不受欺骗的方法。贤明的君主，让天下人不得不帮自己看，让天下人不得不帮自己听，身处深宫之中，明察四海之内，而天下都无法蒙蔽，无法欺骗他，这是什么原因呢？这是由于藏匿罪人会受到重罚，告发奸人会得到重赏。"荀子说："明确职务上应尽的本分，使各项事业井井有条，使用有技术的人，任用有才能的人，使事情都得到治理。如此一来，则道德高尚的人被进用，清廉有节操的人被任命，君主广泛听取意见而敏捷明智，各项事业都不会停滞。所以天子不用眼睛就能看见，不用耳朵就能听见，不用思考就能知道，不用行动就能成功，一人孤立独坐而天下人都归顺他。"这就是操持符契，以考察臣子名实的人。尸子说："贤明的君主在位，他的容貌庄重，他的内心虚静，他观察外物时不急躁，他听取意见时不被迷惑，审定名分以应对臣民，以此立身于朝廷，那么即便在隐蔽以及疏远之处，存在一些过失，也一定不多。贤明的君主不用加强耳目视听，不派遣间谍，不用多闻多见，事物到了面前就观察，声音到了耳畔就聆听，事情发生了就应对。君主身边的人不犯错，则远方的人就能治理好；不错过贤明的人，则身份低微的人也会恭敬。"这就是所说的万物无所遁形。移动的容易摇晃，平静的容易安稳，让事物自我命名，让事情自我规定。评论道：尸子说："治理洪水的人，是禹；播种五谷的人，是后稷；判决案件，使刑罚宽严适当的人，是皋陶；舜无为而治，天下人却把他视为父母。"这就是"让事物自我命名"的道理。姜太公对周文王说："天有一定的规律，人有一定的天性，能够顺应天与人的本性，天下也就安然无事了。"这就是"让事物自我规定"的道理。所以有道之君，从根据名分来端正事物，随顺事情的具体情况来决定对策。尹文子说："顺应贤人对于治理国家有用的特质，使他们不得不被任用；顺应愚人对于治理国家无用的特质，使他们不得被任用。任用或不任用，令贤愚各得其所，又怎么会担心事物发生混乱呢？"尸子说："治理朝政的原则，在于让每位大臣都有各自的职分。出现了非常优秀的臣子，一定要问清是谁举荐的，出现了犯下大错的臣子，也一定要问清是谁保举的，从而对举荐者进行赏罚，并以此来考察谁贤能、谁不贤能。职责明确了，就不会受到蒙蔽；名分端正了，就不会徒劳无功。贤能的人就推崇他，不贤能的人就贬低他。贤能还是不贤能，忠诚还是不忠诚，以这样的方法进行观察，其差别就像白与黑一样分明。”从前，尧治理天下依靠名分，其名分端正，天下就安定；桀治理天下也依靠名分，其名分不正，天下就混乱。所以圣人重视名分的端正。”评论道：昏庸的君主，把不贤的人认作贤人，把不忠的人认作忠臣，把非法之事认作合法，这都是因为名分不正的缘故。李斯上书说：“韩非子说‘慈母会养出败家之子，而家规严厉的人家不会出现不服管教的奴仆’，为什么？就是因为有不可避免的严厉惩罚。从前商鞅制定的法律，把灰烬倒在路上的人要受刑。往路上倒灰是轻罪，而受刑却是重罚。即便是轻罪，也要受到很重的惩罚，更何况是重罪呢！所以人们就不敢犯罪了。如今不去追求让人不犯罪的办法，却去做与慈母养出败家子类似的事，这种人便没有理解圣人的言论。”商鞅所制定的法律，都让百姓以五家一“伍”，十家一“什”编制起来，让他们互相监督检举，一家犯罪，其他各家都要连坐。知道谁是奸人却不告发的腰斩，严格分清爵禄的高低等级，占有田宅的多少、妻妾所穿的衣服样式，都根据家族地位的高低而定。有军功的人才能显贵荣华，没有军功的人即使有钱也没有社会地位。重视农耕与战争。这就是商鞅所制定的法令。这就是商鞅、申不害、韩非子的治国之术。桓范说：“像商鞅、申不害、韩非子这样的人，他们崇尚狡诈的手段，推行苛刻的政令，废弃礼义教化，使用刑名之术，不效法古代，伤风败俗，是伊尹、周公、召公的罪人。但他们能使君主尊荣，群臣卑微服从，使国家富强，军队强大，并遵循法规，秉持治国之术，颇有可取之处。到了汉朝兴起之后，有宁成、郅都这样的酷吏，他们仿效商鞅、韩非子的治国之术，专门以杀戮残暴之事为能，顺从君主的心意，迎合上意行事，谋求时机追逐利益，行事肆无忌惮，最终导致祸败，他们又是商鞅、韩非子的罪人。但他们能够抑制豪强，抚助弱小，自身清廉，禁止奸恶，避开私利，树立公心，也有可取之处。至于后世所谓有才能的人，他们触犯国家的法律，迎合私人的权势，荒废百姓的事务，趋附人间的私利，到了处理繁杂的政务时，则苟且敷衍，使官员免于罪责，而毫不体察百姓的冤情，他们又是申不害、韩非子、宁成、郅都的罪人。”

由是观之，故知治天下者有王、霸焉，有黄、老焉，有孔、墨焉，有申、商焉，此其所以异也。虽经纬殊致[①]，救弊不同，然康济群生[②]，皆有以矣[③]。今议者或引长代之法诘救弊之言[④]，议曰：救弊为夏人尚忠、殷人尚敬、周人尚文者[⑤]。或引帝王之风讥霸者之政，不论时变而务以饰说[⑥]，故是非之论纷然作矣。言伪而辩，顺非而泽，此罪人也，故君子禁之。

【注释】

①经纬：织物的纵线和横线。比喻条理、秩序。殊致：异样，不一致。

②康济：安抚救助。

③有以：犹有为，有所作为。

④长代之法：应作“长世之法”，指长期通行的做法。赵蕤避唐太宗讳，改“世”为“代”。诘（jié）：责备，质问。

⑤救弊为夏人尚忠、殷人尚敬、周人尚文：汉儒将“忠”“敬”“文”称为“三教”，认为“三教”循环往复，从而承衰救弊。《白虎通·三教》：“王者设三教者何？承衰救弊，欲民反正道也。三正之有失，故立三教，以相指受。夏人之王教以忠，其失野，救野之失莫如敬。殷人之王教以敬，其失鬼，救鬼之失莫如文。周人之王教以文，其失薄，救薄之失莫如忠。继周尚黑，制与夏同。三者如顺连环，周而复始，穷则反本。”

⑥务以饰说：指一味说空话。饰说，虚饰其辞，托辞掩饰。

【译文】

就此看来，可以知道治理天下的方法有王道，有霸道，有黄、老之道，有孔子、墨子之道,有申不害、商鞅之道,主张各不相同。虽然他们的学说体系不一,纠正弊政的方法不同,但在安抚救助百姓方面,都有其各自的作用。如今有的评论者,或援引长期通行的做法来批评拯救时弊的主张,评论道:所谓拯救时弊,指的是夏人崇尚忠厚,殷人崇尚恭敬,周人崇尚文德。或援引五帝三王的风教,来讥讽霸主的施政,不顾时代的变化而一味说空话,所以种种是非争执纷然兴起。他们言论虚伪而善辩,顺从错误而加以润泽,这都是罪人,所以君子要制止他们。

正论第十六 议曰：《反经》《是非》《适变》三篇，虽博辨利害，然其弊流遁漫羡无所归，故作《正论》以质之。

【题解】

本篇是为《反经》《是非》《适变》三篇所做的一个总结。以上三篇，均强调治国之术多种多样，不同学说适用情景不同，是非不可一概而论。而本篇则是站在思想史的角度，以《礼记·经解》《汉书·艺文志》为纲，对百家学说进行了纲举目张的概括。其结论是"有法无法，因时为业"，仍然以"通变"为根本的宗旨。

赵蕤自注："《反经》《是非》《适变》三篇，虽然广泛地讨论了各家学说的利弊，但其弊端在于流荡散漫，缺乏统摄，所以作《正论》一篇，对诸家学说加以评断。"

孔子曰[①]："'六艺'于理一也[②]。《礼》以节人，《乐》以发和，《书》以导事[③]，《诗》以达意[④]，《易》以神化[⑤]，《春秋》以义[⑥]。"司马谈曰[⑦]："《易》著天地、阴阳、四时、五行[⑧]，故长于变。《礼》经纪人伦[⑨]，故长于行。《书》记先王之事，故长于政。《诗》记山川溪谷、禽兽草木、牝牡雌雄[⑩]，故长于风[⑪]。《乐》乐所以立[⑫]，故长于和。《春秋》辩是非[13]，故长于理人也[14]。”

【注释】

①孔子曰：以下至“《春秋》以义”，出自《史记·滑稽列传》。

②“六艺”于理一也：《史记·滑稽列传》作“‘六艺’于治一也”，指儒家“六艺”对于治理国家而言，有着殊途同归的效果。张守节《正义》：“言‘六艺’之文虽异，礼节乐和，导民立政，天下平定，其归一揆。”

③导事：《史记·滑稽列传》作“道事”，指讲述往古的历史事迹以供借鉴。

④达意：表达意志。

⑤神化：语出《周易·系辞下》：“神而化之，使民宜之。”意谓神妙地潜移默化。

⑥《春秋》以义：指《春秋》用来阐明大义。

⑦司马谈：夏阳（今陕西韩城南）人。汉武帝建元（前140—前135）、元封（前110—前105）之间任太史令，司马迁之父。

⑧《易》著天地、阴阳、四时、五行：以下至“故长于理人也”，出自《史记·太史公自序》。但这段话出自司马迁与壶遂的对话，并非司马谈所说。

⑨经纪人伦：指整顿人与人之间的伦常关系。

⑩牝（pìn）牡：鸟兽的雌性和雄性。也指男性与女性。

⑪风：通“讽”，讽谏。

⑫《乐》乐（lè）所以立：《乐》是让人快乐的。或曰指以所处的地域、境遇为乐。《汉书·礼乐志》：“凡乐，乐其所生，礼不忘本。”

⑬辩：通“辨”。

⑭理人：《史记·太史公自序》作“治人”，治理民众。

【译文】

孔子说："'六艺'对于治理国家，有着殊途同归的效果。《礼》用来节制人的言行，《乐》用来促进和睦，《尚书》用来讲述往事以供借鉴，《诗经》用来表达意志，《周易》用来神妙地潜移默化，《春秋》用来阐明道义。"司马谈说："《周易》记载天地、阴阳、四时、五行之事，因此以记载变化见长。《礼》整顿人与人之间的伦常关系，因此以规范行为见长。《尚书》记载先王的事迹，因此以指导政事见长。《诗经》记载山川溪谷、禽兽草木、公母雌雄，因此以讽谏见长。《乐》是让人快乐的，因此以让人和睦为长。《春秋》明辨是非，因此以治理民众见长。"

故曰："入其国[①]，其教可知也。其为人也，温柔敦厚，《诗》教也；疏通知远[②]，《书》教也；广博易良[③]，《乐》教也；洁静精微[④]，《易》教也；恭俭庄敬[⑤]，《礼》教也；属辞比事[⑥]，《春秋》教也。故《诗》之失[⑦]，愚；《书》之失，诬[⑧]；《乐》之失，奢；《易》之失，贼[⑨]；《礼》之失，烦；《春秋》之失，乱[⑩]。

【注释】

①入其国：以下至"则深于《春秋》也"，出自《礼记·经解》。

②疏通：通达。

③广博：宽广博大。易良：平易善良。

④洁静：清静。精微：精深微妙。

⑤恭俭：恭谨谦逊。庄敬：庄严恭敬。

⑥属（zhǔ）辞比事：连缀文辞，排比史事。

⑦失：指推行得过分。《礼记·经解》郑玄注："失，谓不能节其教者也。"

⑧诬：虚假，虚妄。《礼记·经解》孔颖达疏："《书》广知久远，若不节制，则失在于诬。"

⑨贼：伤害。《礼记·经解》孔颖达疏："《易》主洁静严正，远近相取，

爱恶相攻,若不节制,则失在于贼害。”

⑩乱:指好乱乐祸。《礼记·经解》孔颖达疏:“《春秋》习战争之事,若不能节制,失在于乱。”

【译文】

所以说:“进入一个国家,可以看出这个国家对于民众的教化方式。观察该国民众的为人,如果温柔厚道,是《诗经》教化的结果;如果知识通达、熟悉历史,是《尚书》教化的结果;如果宽广博大、平易善良,是《乐》教化的结果;如果清静而精深微妙,是《周易》教化的结果;如果恭谨谦逊、庄严恭敬,是《礼》教化的结果;如果善于连缀文辞,排比史事,是《春秋》教化的结果。所以《诗》的教化推行得过分,会使人愚鲁;《尚书》的教化推行得过分,会使人知识失实;《乐》的教化推行的过分,会使人过分奢侈;《周易》的教化推行得过分,会使人互相贼害;《礼》的教化推行得过分,会使人过于繁琐;《春秋》的教化推行得过分,会使人好乱乐祸。

“其为人也,温柔敦厚而不愚,则深于《诗》也;子夏曰:“声成文谓之音[①]。治世之音安以乐,其政和;乱世之音怨以怒,其政乖[②];亡国之音哀以思[③],其民困。故正得失,动天地,感鬼神,莫近于《诗》。”太史公曰:“《大雅》言王公大人而德逮黎庶[④],《小雅》讥小己之得失,其流及上[⑤]。所言虽殊,其合德一也[⑥]。”晋时王政陵迟,南阳鲁褒著《钱神论》[⑦],吴郡蔡洪作《孤愤》[⑧]。前史以为“乱世之音怨以怒,其政乖”,此之谓也。

【注释】

①声成文谓之音:以下至“莫近于诗”,出自《诗大序》。成文,指声音形成曲调。

②乖：反常，谬误。

③思：悲伤，哀愁。

④《大雅》言王公大人而德逮黎庶：以下至“其合德一也”，出自《史记·司马相如列传》“太史公曰”。指《诗经·大雅》赞颂王公大人，使他们的德行普及于黎民百姓。裴骃《集解》引韦昭曰：“先言王公大人之德，乃后及众庶也。”

⑤《小雅》讥小己之得失，其流及上：指《诗经·小雅》从个人得失讲起，以达到对上讽谏的目的。《史记·司马相如列传》裴骃《集解》引韦昭曰：“《小雅》之人志狭小，先道己之忧苦，其流乃及上政之得失者。”

⑥合德：犹同德，为同一目的而努力。

⑦鲁褒：字元道，南阳（今属河南）人。西晋文学家。著有《钱神论》。

⑧蔡洪：字叔开，吴郡（治今江苏苏州）人。西晋文学家。

【译文】

“如果一个国家的百姓，温柔忠厚而不愚鲁，这是正确推行《诗》教的结果；子夏说：“声音形成了曲调，就叫作‘音乐’。盛世的音乐平和而欢乐，其政治平和；乱世的音乐怨恨而愤怒，其政治反常；亡国的音乐哀愁而悲伤，其民众困苦。所以要矫正政治的得失，动天地，感鬼神，没有比诗更适合的。”司马迁说：“《大雅》赞颂王公大人，使其德行普及于黎民百姓；《小雅》讥刺个人的利害得失，以达到对上讽谏的目的。它们所说的虽然不一样，目的却是相同的。”西晋时朝政败坏，南阳人鲁褒创作了《钱神论》，吴郡人蔡洪创作了《孤愤》。前代史书认为“乱世的音乐怨恨而愤怒，其政治反常”，说的正是这样的情形。

“疏通知远而不诬，则深于《书》也；《书》著帝王之道，典、谟、训、诰、誓、命之文①，三千之徒并受其义也②。

【注释】

①典、谟(mó)、训、诰、誓、命:均为《尚书》中的不同文体。典,记载重要史事,如《尧典》。谟,记载臣下对君主的讲话,如《皋陶谟》。训、诰,记载训诫告令,如《大诰》《洛诰》。誓,记载君主的誓众之词,多是军事行动的誓词,如《甘誓》《牧誓》。命,记载君主任命官员或对于诸侯的册命,如《文侯之命》。

②三千之徒:指孔门弟子。《史记·孔子世家》:"孔子以诗书礼乐教,弟子盖三千焉。"

【译文】

"知识通达、熟悉历史而不失实,这是正确推行《书》教的结果;《尚书》记载着帝王的治国之道,收录了典、谟、训、诰、誓、命各类文章,孔门三千弟子都学习了其中的精义。

"广博易良而不奢,则深于《乐》也;《乐书》曰:"凡音者[①],生人心者也。情动其中故形于声,声成文谓之音。是故治世之音安以乐,其政和;乱世之音怨以怒,其政乖;亡国之音哀以思,其人困。"《乐书》曰:"声音之道与正相通[②]。宫为君,商为臣,角为人,徵为事,羽为物[③],五者不乱则无惉懘之音矣[④]。宫乱则荒[⑤],其君骄;商乱则搥[⑥],其臣坏;角乱则忧,其人怨;徵乱则哀,其事勤;羽乱则危,其财匮[⑦]。五者皆乱则诬[⑧],佚相陵谓之慢[⑨]。如此,国灭亡无日矣。夫上古明王举乐者[⑩],非以娱心快意,所以动荡血脉,流通精神,而和正心也[⑪]。故宫动脾而和正圣[⑫],商动肺而和正义,角动肝而和正仁,徵动心而和正智,羽动肾而和正礼。故闻宫音者使人温舒而广大[⑬],闻商音者使人方正而好义,闻角音者使人恻隐而爱人,闻徵音者使人乐善而好施,闻羽音者使人整齐而好礼。夫礼由外入,乐自内出,故圣王使人耳闻《雅》《颂》之音,目视威仪之礼,足行恭敬之容,口言仁义之道。故君子终日言而邪僻无由入也[14]。”班固曰：“乐者[15]，圣人之所乐也，而可以善人心。其感人也深，故先王著其教焉[16]。夫人有血气心知之性[17]，而无哀乐喜怒之常，应感而动，然后心术形焉[18]。故纤微憔悴之音作而民思忧[19]，阐谐慢易之音作而民康乐[20]，粗厉猛奋之音作而民刚毅[21]，廉直正诚之音作而民肃敬[22]，宽裕顺和之音作而民慈爱[23]，流僻邪散之音作而民淫乱[24]。先王耻其乱也，故制《雅》《颂》之声，本之情性，稽之度数[25]，制之礼义，合生气之和[26]，导五常之行，使之阳而不散，阴而不集[27]，刚气不怒，柔气不慑[28]。四畅交于中而发作于外[29]，足以感人之善心而不使邪气得接焉。是先王立乐之方也。”《吕氏春秋》曰：“亡国戮人非无乐也[30]，其乐不乐。溺者非不笑也，罪人非不歌也[31]，狂者非不舞也，乱世之乐有似于此。”范晔曰：“夫钟鼓非乐之本而器不可去[32]，三牲非孝之主而养不可废[33]。夫存器而亡本，乐之失也。调气以和声[34]，乐之盛也。崇养以伤行，孝之累也。行孝以致养[35]，孝之大也。”议曰：东方角，主仁；南方徵，主礼；中央宫，主信；西方商，主义；北方羽，主智。此常理也。今太史公以为，徵动心而和正智，羽动肾而和正礼，则以徵主智，羽主礼，与旧例乖殊，故非末学所能详也[36]。

【注释】

①凡音者：以下至“其人困”，出自《史记·乐书》。

②声音之道与正相通：以下至“国灭亡无日矣”，出自《史记·乐书》。正，通“政”，政事。

③“宫为君”五句：宫、商、角、徵、羽，是中国五声音阶中的五个音级，类似现在简谱中的1、2、3、5、6，被称为“五音”或“五声”。

④沾懘（zhān chì）：声音不和谐，烦乱不安。

⑤荒：迷乱。
⑥扰（duī）：《礼记·乐记》作“陂”，偏邪。译文从之。
⑦匮（kuì）：乏。
⑧则诬：《史记·乐书》与《礼记·乐记》均无“则诬”二字。
⑨佚：通“迭”，更迭，轮流。陵：凌驾，侵犯。
⑩夫上古明王举乐者：以下至“故君子终日言而邪僻无由入也”，出自《史记·乐书》“太史公曰”，有删节。
⑪和正：调和端正。
⑫圣：疑为“信”。古人将仁、义、礼、智、信视为“五常”。
⑬温舒：平和舒畅。广大：指胸襟开阔，气度宽宏。
⑭邪僻：乖谬不正。
⑮乐者：以下至“是先王立乐之方也”，出自《汉书·礼乐志》。
⑯著：明示。
⑰血气：血液和气息。心知：心智。
⑱心术：内心，心思。
⑲憔悴：忧戚，烦恼。
⑳阐谐：宽舒和谐。慢易：舒缓和平。
㉑粗厉：高亢激烈。猛奋：刚劲奋发。
㉒正诚：端正诚朴。
㉓顺和：顺从和谐。
㉔流僻：放荡邪僻。邪散：邪淫散漫。
㉕稽：考察。度数：标准，规则。
㉖生气：指阴、阳二气。《汉书·礼乐志》颜师古注：“生气，阴阳之气也。”
㉗集：凝滞。
㉘慑：恐惧。
㉙四畅：阴、阳、刚、柔四气协调通畅。

㉚亡国戮人非无乐也：以下至“乱世之乐有似于此”，出自《吕氏春秋·仲夏纪·大乐》。

㉛罪人：指即将被处死的犯人。《吕氏春秋·仲夏纪·大乐》高诱注：“当死强歌，虽歌不乐。”

㉜夫钟鼓非乐之本而器不可去：以下至“孝之大也”，出自《后汉书·刘赵淳于江刘周赵列传·序》。乐之本，指移风易俗。李贤注：“《论语》孔子曰：‘乐云乐云，钟鼓云乎哉？’言乐之所贵者，移风易俗也，非谓钟鼓而已，然而不可去钟鼓。”

㉝三牲：指牛、羊、猪。

㉞调气：《后汉书·刘赵淳于江刘周赵列传》作“调器”，译文从之。

㉟行孝以致养：《后汉书·刘赵淳于江刘周赵列传》作“修已以致禄”。

㊱末学：肤浅无本之学。多用作自谦之辞或自称的谦辞。

【译文】

“宽广博大、平易善良而不奢侈，这是正确推行《乐》教的结果；《乐书》说：“凡音乐，都产生于人心之中。感情激动于心中，所以表现为声音，声音形成了曲调，就叫作‘音乐’。所以盛世的音乐平和而欢乐，其政治平和；乱世的音乐怨恨而愤怒，其政治反常；亡国的音乐哀愁而悲伤，其民众困苦。”《乐书》说：“声音之道与政事相通。宫声为君，商声为臣，角声为民，徵声为事，羽声为物，这五者不发生混乱，就没有烦乱不安的音乐了。宫声乱了就显得迷乱，意味着国君的骄横；商声乱了就显得偏邪，意味着臣子的堕落；角声乱了就显得忧愁，意味着人民的怨恨；徵声乱了就显得哀苦，意味着劳役繁重；羽声乱了就显得危急，意味着财物匮乏。五声都发生混乱，互相凌驾侵犯，就叫作‘慢音’。如果这样，离亡国就不远了。上古时期的圣明君主之所以创造音乐，并不是为了是愉快心情，而是用来振动人的血脉，贯通人的精神，而调和端正人的内心。所以宫声振动脾脏，而调和端正‘信’的德行；商声振动肺脏，而调和端正‘义’的德行；角声振动肝脏，而调和端正‘仁’的德行；徵声振动心脏，而调和端正‘智’的德行；羽声振动肾脏，而调和端正‘礼’的德行。所以听到宫声，使人平和舒畅而胸襟开阔；听到商声，使人品行方正而喜好道义；听到角声，使人产生恻隐之心而关爱他人；听到徵声，使人乐于行善而喜好施舍；听到羽声，使人仪表端正而注重礼仪。礼由外部进行约束，乐从内部进行转化，所以圣王让人们耳听《雅》《颂》的声音，眼观庄重的礼仪，迈着仪态恭敬的步伐，谈论着仁义之道。所以君子言谈终日，而乖谬不正的念头始终不会侵入他的心灵。”班固说：“音乐，是圣人所喜欢的，而可以使人心向善。它能够深深地感动人，所以先王明示音乐的教化作用。每人都拥有血气和心智的本性，却没有哀、乐、喜、怒的常态，其感应外物而被触动，然后人的心思才显露出来。所以细微而忧愁的音乐一起，民众就心情忧郁；宽舒和谐、舒缓和平的音乐一起，民众就安康愉快；高亢激烈、刚劲奋发的音乐一起，民众就刚强坚毅；清廉正直、端正诚朴的音乐一起，民众就严肃恭敬；宽大而顺从和谐的音乐一起，民众就仁慈友爱；放荡邪僻、邪淫散漫的音乐一起，民众就会淫乱。先王以这种淫乱为耻，所以制作《雅》《颂》的音乐，以人们的性情为根据，以音乐的规则为考察标准，用礼义进行制约，并统合阴阳的和谐之气，导入五常的行为规范，让音乐的阳气不散乱，阴气不凝滞，刚气不暴怒，柔气不恐惧。音乐的阴、阳、刚、柔四气协调畅通于内，并显露于外，足以感动人们的善心，而使得邪恶之气无从接触人心。这就是先王创制音乐的方针。”《吕氏春秋》说：“被灭亡的国家、被屠戮的人民并非没有音乐，但他们的音乐不表达欢乐。即将溺死的人并不是不笑，即将处决的犯人并不是不歌唱，发狂的人并不是不舞蹈，乱世的音乐与之类似。”范晔说：“钟鼓不是音乐的根本，但乐器终究不可去掉；以三牲供养不是孝心的根本，但奉养终究不可废弃。保留乐器却失去了移风易俗的根本，就失去了音乐的本意。调整乐器使音乐和谐，这才是音乐的成功。推崇奉养却败坏德行，是对孝道的牵累。推行孝道以奉亲养老，才是真正的大孝。”评论道：东方对应角声，与仁对应；南方对应徵声，与礼对应；中央对应宫声，与信对应；西方对应商声，与义对应；北方对应羽声，与智对应。这是一般的规律。如今司马迁认为，徵声振动心脏而调和端正‘智’的德行，羽声振动肾脏而调和端正‘礼’的德行，则以徵声与智相应，羽声与礼相应，与旧有的说法很不相同，因此不是我所能了解的。

“洁净精微而不贼，则深于《易》也；《易》之精微，爱恶相攻,远近相取,则不能容人,近相害之[①]。

【注释】

①“《易》之精微”五句:出自《礼记·经解》“《易》之失,贼”郑玄注。“近相害之”,郑玄注作“近于伤害”。孔颖达《正义》:“‘《易》精微’者,《易》理微密,相责褊切,不能含容。云‘爱恶相攻’者,谓《易》卦六爻,或阴爻乘阳,或阳爻据阴,近而不得,是爱恶相攻也。云‘远近相取’者,谓彼此有应,是远近相取也。或远而无应,近而不相得,是远近不相取也。云‘则不能容人,近于伤害’者,若意合则虽远必相爱,若意离虽近必相恶,是不能容人不与己同,浪被伤害,是失于贼害也。”据孔颖达疏,“爱恶相攻”,指当阳爻与阴爻不融洽(“不得”,指不融洽)时,阴阳之间出于爱恶互相攻伐;“远近相取”,指当阳爻与阴爻融洽时,无论相邻或不相邻都会彼此呼应;“不能容人,近于伤害”,指不能容忍他人与自己意见不同,导致互相伤害。

【译文】

“清静、精深微妙而不互相伤害,这是正确推行《易》教的结果;《周易》精妙深微,阴阳之间有时互相攻伐,有时又彼此相应,如此一来,则不能容忍他人与自己意见不同,导致互相伤害。

“恭俭庄敬而不烦,则深于《礼》也;太史公曰:“余至大行礼官[①],观三代损益,乃知缘人情而制礼,依人性而作仪[②]。人道经纬万端[③],规矩无所不贯。诱进以仁义,缚束以刑罚,故德厚者位尊,禄重者宠荣,所以总一海内而整齐万人也。人体安驾乘,为之金舆错衡以繁其饰[④];目好五色[⑤],为之黼黻文章以表其能[⑥];耳乐钟磬[⑦],为之调谐八音以荡其心[⑧];口甘五味[⑨],为之庶羞酸咸以致其美[⑩];情好珍善[11]，为之琢磨珪璧以通其意[12]。故大路越席[13]，皮弁布裳[14]，朱弦洞越[15]，大羹玄酒[16]，所以防其淫佚[17]，救其弊也。是以君臣朝庭尊卑贵贱之序，下及黎庶车舆、衣服、宫室、饮食、嫁娶、丧祭之分，事有适宜，物有节文[18]。周衰，礼废乐坏，大小相逾，管仲之家遂备三归[19]，循法守正者见侮于世，奢溢僭差者谓之显荣[20]。自子夏[21]，门人之高弟也，犹云'出见纷华盛丽而悦，入闻夫子之道而乐，二者心战[22]，未能自决'，而况中庸以下[23]，渐渍于失教[24]，被服于成俗乎[25]！孔子必正名于卫[26]，所居不合[27]，岂不哀哉！"班固曰："人函天地阴阳之气[28]，有喜怒哀乐之情。天禀其性而不能节也[29]，圣人能为之节而不能绝也，故象天地而制礼乐，所以通神明、立人伦、正情性、节万事也。人性有男女之情，妒忌之别[30]，为制婚姻之礼；有交接长幼之序，为制乡饮之礼[31]；有哀死思远之情，为制丧祭之礼。有尊尊敬上下之心[32]，为制朝觐之礼[33]。哀其哭踊之节[34]，乐有歌舞之容，正人足以副其诚，邪人足以防其失。故婚姻之礼废，则夫妇之道苦，而淫僻之罪多。乡饮之礼废，则长幼之序乱，而争斗之狱烦。丧祭之礼废，则骨肉之恩薄，而背死忘先者众。朝聘之礼废，则君臣之位失，而侵凌之渐起。故孔子曰：'安上治人莫善于礼，移风易俗莫善于乐。'揖让而治天下者，礼乐之谓也。"

【注释】

①余至大行礼官：以下至"岂不哀哉"，出自《史记·礼书》。大行礼官，指大行令，掌管宾客、朝仪事务的高级官员，九卿之一。汉武帝太初元年（前104）更名为大鸿胪。

②仪：礼制，法规。

③人道：人伦之道。经纬万端：形容千头万绪。

④金舆：用黄金装饰，供帝王乘坐的车轿。锪（zǒng）衡：《史记·礼书》作“错衡”，指涂饰文采的车辕横木。

⑤五色：青、赤、白、黑、黄五种颜色。泛指各种颜色。

⑥黼黻（fǔ fú）文章：古代礼服上所绣的色彩绚丽的花纹。

⑦罄（qìng）：通“磬”，一种打击乐器，多用玉或石制作。

⑧八音：我国古代对乐器的统称，通常为金、石、丝、竹、匏、土、革、木八种不同材质所制。

⑨五味：指酸、甜、苦、辣、咸五种味道。

⑩庶羞：多种美味。

⑪珍善：珍美之物。

⑫珪（guī）璧：古代祭祀朝聘等所用的玉器。

⑬大路：即“大辂（lù）”，古时天子所乘之车。越（huó）席：用蒲草编织的席。越，一种蒲属植物，其茎可编席。

⑭皮弁（biàn）布裳：天子的朝服。皮弁，古冠名。用白鹿皮制成。布裳，白布作的下衣。《史记·礼书》裴骃《集解》：“《周礼》曰：‘王视朝则皮弁之服。’郑玄曰：‘皮弁之服，十五升白布衣，积素为裳也。’”

⑮朱弦：乐器上的红色丝弦。洞越：贯通瑟底部的孔。《礼记·乐记》作“疏越”：“《清庙》之瑟，朱弦而疏越，一倡而三叹，有遗音者矣。”郑玄注：“朱弦，练朱弦，练则声浊。越，瑟底孔也。画疏之，使声迟也。”指演奏《周颂·清庙》时所用的瑟，以煮过的红色熟丝为弦，底部有贯通的孔眼，发出的声音低沉迟缓，没有复杂的旋律。

⑯大羹：古代祭祀时不调味的肉汁。《礼记·乐记》：“大飨之礼，尚玄酒而俎腥鱼。大羹不和，有遗味者矣。”郑玄注：“大羹，肉湆，不调以盐菜。”肉湆（qì），即肉汁。玄酒：古代祭礼中当酒用的清水。《礼记·礼运》：“故玄酒在室，醴醆在户。”孔颖达疏：“玄酒，

谓水也。以其色黑谓之玄。大古无酒,此水当酒,故谓之玄酒。”在合祀先王的大飨之礼上,使用不调味的肉羹,并以清水当酒。

⑰淫佚:恣纵逸乐。

⑱节文:谓制定礼仪,使行之有度。

⑲三归:指按常例应缴纳给公家的市租,齐桓公将之赏赐给管仲。杨伯峻《论语译注·八佾》“管氏有三归”注:“郭嵩焘《养知书屋文集》卷一《释三归》云:‘此盖《管子》九府轻重之法,当就《管子》书求之。《山至数》篇曰:“则民之三有归于上矣。”“三归”之名,实本于此。是所谓三归者,市租之常例之归之公者也。桓公既霸,遂以赏管仲。’”

⑳僭(jiàn)差:僭越失度。

㉑自:虽,即使。

㉒心战:内心交战。喻指对事物得失的取舍。

㉓中庸:指中等、平庸的人。

㉔渐渍(zì)于失教:逐渐受到不良教化的影响。渍,沾染,濡染。

㉕被服:感化,蒙受。成俗:固有的习惯、风俗。

㉖孔子必正名于卫:指孔子在卫国感叹“必也正名乎”。《论语·子路》:“子路曰:‘卫君待子而为政,子将奚先?’子曰:‘必也正名乎!’”正名,端正名分。

㉗所居不合:指所居之处皆无法与统治者合作。

㉘人函天地阴阳之气:以下至“礼乐之谓也”,出自《汉书·礼乐志》。函,包含,容纳。

㉙禀:赋予。性:性情。指喜怒哀乐等情绪。

㉚男女之情,妒忌之别:王先谦《汉书补注》:“《礼记·经解》云:‘婚姻之礼,所以明男女之别也。’其上文言‘朝觐丧祭乡饮酒’,皆志所取裁,则此文当作‘男女之别’明矣。妒忌以情言,疑‘别’与‘情’误倒。”认为本句应作“男女之别,妒忌之情”,译文从之。

㉛乡饮之礼:指乡饮酒礼。周代乡学三年业成大比,考其德行道艺优异者,荐于诸侯。将行之时,由乡大夫设酒宴以宾礼相待,谓之"乡饮酒礼"。乡饮酒礼中,非常注重长幼的次序。《礼记·乡饮酒义》:"乡饮酒之礼,六十者坐,五十者立侍,以听政役,所以明尊长也。六十者三豆,七十者四豆,八十者五豆,九十者六豆,所以明养老也。"

㉜尊尊敬上下:《汉书·礼乐志》作"尊尊敬上","下"字衍。尊尊,尊敬尊长。

㉝朝觐(jìn):臣子朝见君主。

㉞其:《汉书·礼乐志》作"有",译文从之。哭踊:丧礼仪节,边哭边顿足。

【译文】

"恭谨谦逊、庄严恭敬而不繁琐,这是正确推行《礼》教的结果;司马迁说:"我到大鸿胪官署,阅读夏、商、周三代礼制增损变革的文献,才知道古人根据人情制定礼节,依照人性建立规矩。人伦之道千头万绪,而规矩礼法始终贯穿其中。用仁义来诱导人,用刑罚来约束人,所以道德高尚的人地位崇高,俸禄厚重的人获得尊荣,这是用来统一海内、治理万民的方法。人的身体以驾乘车舆为舒适,有人便制作了用黄金装饰,并在车辕横木上涂饰文采的车辆,以增添装饰的华美;人的眼睛喜好色彩,有人便在礼服上绣上色彩绚丽的花纹,以彰显衣服的华丽;人的耳朵喜欢听钟磬的声音,有人便协调八种乐器所演奏的乐音,以打动人心;人的口喜欢品尝各种滋味,有人便制作酸咸不同的各种佳肴,以极尽口味之美;人情喜好各种珍美之物,有人便雕琢珪璧等贵重玉器,以满足人们的心意。所以天子所乘坐的大辂,铺着用蒲草编织的席;天子上朝,头戴白鹿皮冠,下穿白色布裳;演奏《清庙》所用的瑟,用朱红色的弦,底部有着贯通的孔眼;在合祀先王的大飨之礼上,用不调味的肉羹,并以清水当酒,这都是为了防止人们恣纵逸乐,拯救风气的衰敝。所以上至朝廷中君臣尊卑贵贱的等级,下至黎民百姓车辆、衣服、宫室、饮食、嫁娶、丧祭的名分,每件事都有适宜的分寸,每件物品都有相应的规定。周朝衰微之后,礼崩乐坏,尊卑上下互相逾越，管仲之家于是享有国君才能拥有的市租收入，遵守法度、守正不阿的人受到世俗的欺侮，奢侈过分、僭越失度的人被认为显赫荣耀。即使是子夏，孔子学生中的佼佼者，尚且说‘出门看见繁华美丽的事物就喜欢，回来聆听夫子之道就快乐，两种情感在心中斗争，难以做出决断’，更何况中等以下的人，逐渐受到不良教化的影响，被社会上的固有风俗所笼罩呢！孔子在卫国感叹一定要端正名分，所居之处皆无法与统治者合作，岂不令人悲哀！”班固说：“人蕴含着天地间的阴、阳二气，有着喜怒哀乐的情感。上天赋予了人类这样的性情而无法节制它，圣人能够节制人的性情而不能完全断绝它，所以圣人效法天地制礼作乐，用来交通神明，树立人伦规范，端正人的性情，节制约束各种事物。人的天性有男女的分别，有妒忌的感情，圣人为此制定了婚姻的礼仪；有交际往来时长幼尊卑的次序，圣人为此制定了乡饮酒的礼仪；有哀悼逝者、思念先祖的感情，圣人为此制定了丧葬祭祀的礼仪；有尊敬尊长、敬重君上的心思，圣人为此制定了朝见君主的礼仪。如此一来，哀痛时的哭泣顿足有一定的节制，快乐时的歌唱舞蹈有一定的仪容，足以表达正直之人的诚意，足以防止邪僻之人的过失。所以婚姻之礼一旦废弃，则夫妇之道就会恶化，放荡淫乱的罪行就会增多。乡饮酒礼一旦废弃，则长幼的次序就会混乱，争斗所引发的罪案就会增多。丧葬祭祀之礼一旦废弃，则亲属之间的恩情就会淡薄，而背弃死者、忘掉祖先的人就会增多。朝见君主之礼一旦废弃，则君臣的地位就会错乱，犯上作乱的事情就会逐渐发生。所以孔子说：‘要安定朝廷、治理人民，最好的办法莫过于礼；要移风易俗，最好的办法莫过于乐。’作揖谦让便能治理天下，说的就是礼乐的作用。”

“属辞比事而不乱，则深于《春秋》也。”壶遂曰[①]：“昔孔子何谓作《春秋》哉[②]？”太史公曰：“余闻之董生曰[③]：‘由周道衰微，孔子为鲁司寇，诸侯害之[④]，大夫壅之[⑤]。孔子知言之不用、道之不行也，是非二百四十二年之中[⑥]，以为天下仪表[⑦]，贬天子，退诸侯，讨大夫，以达王事而已矣[⑧]。’子曰：‘我欲载之空言[⑨]，不如见之于行事之深切著明也[⑩]。’夫《春秋》上明三王之道，下辩人事之纪[⑪]，别嫌疑，明是非，定犹豫，善善恶恶，贤贤贱不肖，存亡国，继绝代⑫，补弊起废，王道之大者也。拨乱代⑬，反之正道，莫近于《春秋》。《春秋》之中，弑君三十六，亡国五十二，诸侯奔走不得保其社稷者不可胜数。察其所以，皆失其本也。”壶遂曰：“孔子之时，上无明君，下不得任用，故作《春秋》，垂空文以断礼义⑭，当一王之法⑮。今夫子上遇明天子，下得守职，夫子所论⑯，欲以何明？”太史公曰：“伏羲至纯厚⑰，作《易》八卦。尧、舜之盛，《尚书》载之，礼乐作焉。汤、武之隆，诗人歌之。《春秋》采善贬恶，推三代之德，褒周室，非独刺讥而已。汉兴已来，至明天子受命于穆清⑱，泽流罔极⑲。臣下百官力诵圣德，犹不能宣尽其意。且士贤能而不用，有国者之耻也。主上明圣而德不布闻⑳，有司之过也。且余掌其官㉑，废明圣，罪莫大焉。余所谓述㉒，非所谓作也㉓，而君比之《春秋》，谬矣。”

【注释】

①壶遂曰：以下至“谬矣”，出自《史记·太史公自序》，有删节。壶遂，梁县（治今河南汝州西）人。西汉儒生，天文学家。曾与司马迁一道参与制定“太初历”。

②何谓：为什么。

③董生：指董仲舒。生，“先生”的省称。

④害：忌恨。

⑤壅（yōng）：抑制，障蔽。

⑥是非：褒贬，评论。《史记·太史公自序》裴骃《集解》：“是非谓褒贬诸侯之得失也。”二百四十二年：指春秋时期。《春秋》的记事上起鲁隐公元年（前722），下至鲁哀公十四年（前481），前后共二百四十二年。

⑦仪表：准则，法式，楷模。

⑧达王事：表达儒家的王道理想。

⑨空言：谓只起褒贬作用而不见用于当世的言论主张。

⑩深切著明：深刻而显明。

⑪纪：纲领，法度。

⑫绝代：《史记·太史公自序》作“绝世”，指断绝禄位的世家。

⑬拨：治理。

⑭空文：谓不能用于当世的文章。

⑮一王之法：一代圣王的法典。《春秋》公羊家认为孔子虽然不是王者，但是他的《春秋》事实上为世人制订了一部如何治国平天下的大法，所以他们称孔子为“素王”。《史记·儒林列传》：“（孔子）因史记作《春秋》，以当王法。”

⑯夫子所论：指司马迁所创作的《史记》。

⑰纯厚：纯朴淳厚。

⑱穆清：指天。

⑲泽流罔极：指恩泽广布，没有穷尽。

⑳布闻：传布。

㉑掌其官：指担任太史令。

㉒述：指阐发前人已有的东西，与“作”相对。

㉓作：指创作，创立。《论语·述而》：“述而不作，信而好古。”朱熹《集注》：“述，传旧而已，作，则创始也。”

【译文】

“善于连缀文辞，排比史事而不好乱乐祸，这是正确推行《春秋》之教的结果。”壶遂问：“过去孔子为什么要作《春秋》呢？”司马迁说：“我听董仲舒先生说过：‘由于周朝王道衰微，孔子担任鲁国司寇时，别国诸侯忌恨他，鲁国大夫阻挠他。孔子知道自己的言论没人听，自己的主张无法推行，于是褒贬评论春秋二百四十二年的历史，来为天下树立一个准则，通过批评天子，贬退诸侯，声讨大夫，以此表达儒家的王道理想。’孔子说：‘我想空言说教，不如用具体的历史来表达主张更加深切显明。'《春秋》这部书,往上阐明三王之道,往下辨明人事的纲常,判别嫌疑,明确是非,判定犹豫不决之事,赞美善良,贬斥丑恶,推崇贤人,鄙弃不肖,使即将灭亡之国得以保存,已经断绝的世系得以延续,修补残缺,振兴衰废,这些都是王道理想中重大问题。治理乱世,使之回归正道,没有什么比《春秋》更切合的。在《春秋》的记载中,弑君事件有三十六起,被灭亡的国家有五十二个,诸侯出走逃亡,不能保全自己国家的事情数不胜数。考察其原因,都是由于失去了治国的根本。"壶遂说:"孔子所生活的时代,上面没有圣明的君主,下面的贤人得不到任用,所以孔子才创作《春秋》,留下不能用于当世的空文,以论断礼义的得失,以此当作一代圣王的法典。如今,您上面有圣明的天子,您自己又居官守职,您的论著,想要说明什么呢?"司马迁说:"伏羲最为纯朴淳厚,创制了《易经》中的八卦。尧、舜的美德,《尚书》中做了记载,礼乐由此兴起。商汤、周武王的伟大功业,受到诗人们的歌颂。《春秋》扬善贬恶,推崇夏、商、周三代的美好德行,褒扬周王朝,并不只是讥刺而已。汉朝建立以来,一直到当今的圣明天子,受命于天,恩泽广布没有穷尽。臣子百官尽力地歌颂功德,但依然不能充分地表达自己的心意。况且贤能的士人不被任用,这是君主的耻辱。如果君主圣明,而其功德无法广布天下,这是相关官员的过错。况且我担任太史令,如果废弃天子的圣明德行不予记载,这是莫大的罪过。我的论著只是'述',而不是'作',而您把我的作品与《春秋》相比,这就不对了。"

自仲尼没而微言绝①,七十子丧而大义乖②。战国纵横,真伪分争,诸子之言纷然殽乱矣③。

【注释】

①自仲尼没而微言绝:以下至"诸子之言纷然殽乱矣",出自《汉书·艺文志》,有删节。微言,精深微妙的言辞。

②七十子:指孔子门下才德出众的七十二个学生,言七十,举其成数。《孟子·公孙丑上》:"以德服人者,中心悦而诚服也,如七十子之服孔子也。"大义:指"六经"的要义。乖:差异,乖谬。

③殽（xiáo）乱：混乱。

【译文】

自从孔子去世之后，精深微妙的言辞就断绝了；他的七十弟子去世后，“六经”的要义也随之出现乖谬偏差。到了战国时期，形势纵横交错，文献真伪分争，诸子百家的言论纷然杂乱。

儒家者[①]，盖出于司徒之官[②]。助人君顺阴阳、明教化者也。游文于“六经”之中[③]，留意于仁义之际，祖述尧、舜[④]，宪章文、武[⑤]，宗师仲尼[⑥]，此其最高也[⑦]。然惑者既失精微[⑧]，而僻者又随时抑扬[⑨]，违离道本，苟以哗众取宠，此僻儒之患也[⑩]。司马谈曰：“儒者博而寡要[⑪]，劳而少功，是以其事难尽从。然其叙君臣父子之礼[⑫]，列夫妇长幼之别，不可易也。夫儒者以‘六艺’为法，经传以十数[⑬]，累世不能通其学，当年不能究其礼[⑭]，故曰博而寡要，劳而少功。若夫列君臣父子之礼，序夫妇长幼之别，虽百家弗能易也。”范晔曰：“夫游庠序[⑮]，服儒衣，所谈者仁义，所传者圣法也。故人识君臣父子之纲，家知违耶归正之路[⑯]。自桓、灵之间，朝纲日陵，国隙屡启[⑰]，中智以下靡不审其崩离[⑱]，而刚强之臣息其窥盗之谋[⑲]，豪俊之夫屈于鄙生之义者[⑳]，民诵先王之言也，下畏逆顺之势也[㉑]。至如张温、皇甫嵩之徒[㉒]，功定天下之半，声绝四海之表，俯仰顾眄则大业移矣[㉓]。犹鞠躬惛主之下[㉔]，狼狈折礼之命[㉕]，散成兵，就绳约[㉖]，而无悔心者，斯岂非学者之效乎[㉗]？故先师褒励学者之功笃矣。”

【注释】

①儒家者：以下至“此僻儒之患也”，出自《汉书·艺文志》，有删节。

②司徒:官名。周时为“六卿”之一,曰地官大司徒,掌管国家的土地和人民的教化。

③游文:潜心文字。

④祖述:效法,仿效。

⑤宪章:效法。文、武:指周文王、周武王。

⑥宗师:尊崇,效法,以之为师。

⑦此其最高也:这是儒家最高明的地方。《汉书·艺文志》作“于道最为高”,指在诸子百家之中,儒家之道最为高明。

⑧惑者:糊涂的人。

⑨僻者:邪僻、偏离正道的人。抑扬:浮沉,进退。

⑩患:弊病,疾病。

⑪儒者博而寡要:以下至“虽百家弗能易也”,出自《史记·太史公自序》中司马谈《论六家要旨》。

⑫叙:使有次序,排列次序。

⑬经传以十数:《史记·太史公自序》作“经传以千万数”,译文从之。

⑭当年:有生之年,一辈子。泷川资言《史记会注考证·太史公自序》:“当年,犹言当生,当身。”

⑮夫游庠(xiáng)序:以下至“故先师褒励学者之功笃矣”,出自《后汉书·儒林传》“论曰”,有删节。庠序,古代的地方学校,后亦泛称学校。

⑯耶(xié):同“邪”。

⑰国隙:指国家的危机。

⑱中智:中等才智。审:察知,知道。

⑲刚强:《后汉书·儒林传》作“权强”。权强之臣,指权势强大的臣子。译文从之。窥盗:伺机窃取。

⑳豪俊:指才智杰出的人。

㉑下畏逆顺之势:指臣下害怕陷于悖逆的境地。

㉒张温：字伯慎，南阳穰（今河南邓州）人。东汉末年官员、将领，官至司隶校尉、太尉。皇甫嵩：字义真，安定朝那（今宁夏彭阳）人。东汉末年名将。参与平定黄巾之乱，官至太尉。

㉓俯仰：低头与抬头。顾眄（miǎn）：《后汉书·儒林传》作“顾盼”，向左右或周围看来看去。俯仰顾盼，形容轻而易举。

㉔鞠躬：恭敬谨慎貌。惛（hūn）主：昏庸的君主。

㉕折礼之命：指草率发布的命令。折礼，《后汉书·儒林传》作“折札”，即折简。古人以竹简作书，折半之简，言其礼轻。《后汉书·儒林传》李贤注：“札，简也。折简而召，言不劳重命也。”

㉖绳约：绳索。此处指被拘禁束缚。《后汉书·儒林传》李贤注：“绳约，犹拘制也。谓温及嵩并被征而就拘制也。”

㉗学者之效：《后汉书·儒林传》作“学之效”，指推广儒学的功效。译文从之。

【译文】

儒家学派，源于掌管教化的司徒之官。是帮助君主理顺阴阳、宣明教化的学派。儒家潜心研究“六经”记载，注重仁义道德，仿效尧、舜之道，效法周文王、周武王的事迹，以孔子为宗师，这是儒家学说最高明的地方。然而糊涂的儒者遗失了儒家之道的精微之处，而偏离正道的儒者又随着时势与世浮沉，背离儒家之道的根本，只图一时哗众取宠，这是背离正道之儒的弊病。司马谈说：“儒者渊博却不得要领，费力却不见成效，所以儒家的主张难以事事听从。但儒者序列君臣父子之礼，区分夫妇长幼之别，是不可或缺的。儒者以‘六经’为准则，而‘六经’的经文与解说以千万计，接连几代人都不能精通其中的学问，一辈子都无法穷究其中的礼仪，所以说儒者渊博却不得要领，费力却不见成效。如果儒家序列君臣父子之礼，区分夫妇长幼之别，这是任何一家学说都无法取代的。”范晔说：“那些游学于学校，穿着儒服的儒生，所谈论的是仁义之道，所传习的是圣人之法。所以人人懂得君臣父子的纲常，家家知道摒弃邪恶回归正道之路。自汉桓、汉灵帝时期开始，朝廷纲纪日益败坏，国家的危机屡屡出现，中等才智以下的人，都察觉到东汉政权即将分崩离析；然而权势强大的臣子，止息了他们伺机窃取国家权力的阴谋；才智杰出的豪杰，屈服于乡野儒生的议论，是因为人人都记诵先王的言论，臣下都害怕身处悖逆的境地。至于像张温、皇甫嵩这样的人，有着平定半个天下的巨大功劳，名声传播到四海之外，前后俯仰，左右看看，就能让国家政权发生转移。但他们仍然恭敬谨慎地事奉昏庸的君主，狼狈地听从草率的命令，解散军队，接受拘禁，而没有反悔的心思，这难道不是推广儒学的功效吗？所以前辈老师褒扬勉励学者，功劳非常深厚。”

道家者①，盖出于史官。历纪成败②，秉要执本，清虚以自守，卑弱以自持③，此君人南面者之术也④。合于尧之克让⑤，《易》之谦谦⑥，此其所长也。及放者为之⑦，则欲绝去礼乐，兼弃仁义，曰独任清虚，可以为治，此道家之弊也。司马谈曰：“道家使人精神专一⑧，动合无形⑨，赡足万物⑩。其为术也，因阴阳之大顺⑪，采儒、墨之善，撮名、法之要，与时迁徙⑫，应物变化，立信施事⑬，无所不宜。指约而易操⑭，事少而功多。夫道家无为，又曰无不为⑮。其实易行，其辞难知。其术以虚无为本⑯，以因循为用⑰。无成势⑱，无常形⑲，故能究万物之情⑳。不为物先，不为物后，故能为万物主。有法无法㉑，因时为业㉒；有度无度，因物与合㉓。故曰圣人不朽㉔，时变是守㉕。虚者道之常，因者君之纲，群臣并至，使各自明也㉖。”

【注释】

①道家者：以下至“此道家之弊也”，出自《汉书·艺文志》，有删节。

②历：尽，遍。纪：通“记”，记载，记录。

③卑弱：卑微柔弱。自持：自守，自固。

④君人南面者之术:《汉书·艺文志》作“君人南面之术”。南面,古代以坐北朝南为尊位,故帝王见群臣面向南而坐,因用以指居帝王之位。

⑤克让:能谦让。《尚书·尧典》:“允恭克让。”孔颖达疏:“善能谦让。”

⑥《易》之谦谦:指《周易》谦卦所强调的谦虚之道。《汉书·艺文志》作:“易之嗛嗛,一谦而四益。”颜师古注:“四益,谓天道亏盈而益谦,地道变盈而流谦,鬼神害盈而福谦,人道恶盈而好谦也。此《谦卦·彖辞》。‘嗛’字与‘谦’同。”

⑦放:放纵,放荡。

⑧道家使人精神专一:以下至“使各自明也”,出自《史记·太史公自序》中司马谈《论六家要旨》。

⑨无形:不见形体。指大道。今本《老子》第四十一章:“大象无形,道隐无名。”

⑩赡(shàn)足万物:使万物丰足。

⑪因阴阳之大顺:指吸取阴阳家所讲的“序四时之大顺”的学说。《史记·太史公自序》:“阴阳之术,……序四时之大顺,不可失也。”因,顺,顺应。

⑫迁徙:犹变化。

⑬立信施事:《史记·太史公自序》作“立俗施事”。韩兆琦先生在《史记笺证》里认为“立俗”指顺应风俗,即《史记·管晏列传》所云“俗之所欲,因而予之;俗之所否,因而去之”。译文从之。

⑭指约:谓旨意简约。

⑮道家无为,又曰无不为:语本今本《老子》第三十七章:“道常无为而无不为。侯王若能守之,万物将自化。”指大道清静无为,却又成就了所有的事。《史记·太史公自序》张守节《正义》:“无为者,守清净也;无不为者,生育万物也。”

⑯虚无：道家用以指“道”的本体。谓道体虚无，故能包容万物；性合于道，故有而若无，实而若虚。

⑰因循：道家谓顺应自然。

⑱成势：一成不变之势。

⑲常形：固定的形态或形状。

⑳情：实情，情况。

㉑有法无法：指虽有法则，却不固守法则。下文“有度无度”意思相同。

㉒因时为业：指顺应时势的变化以成就事业。

㉓因物与合：指顺应万物的不同情况而与之契合。《史记·太史公自序》张守节《正义》：“因其万物之形成度与合也。”

㉔不朽：不磨灭，永存。《汉书·司马迁传》作“圣人不巧”，指圣人摒弃机巧。

㉕时变：指时世变化的规律。

㉖使各自明也：指让臣子各自表明自己，以便君主用循名责实的方式进行考察。《史记·太史公自序》：“群臣并至，使各自明也。其实中其声者谓之端，实不中其声者谓之窾。窾言不听，奸乃不生，贤不肖自分，白黑乃形。在所欲用耳，何事不成。”

【译文】

道家学派，源于史官。一一记载历史上的成败之事，懂得把握要领、抓住根本，以清静无为之道自守，以卑微柔弱之道自固，这是君主统治天下的办法。与尧的谦让，《周易》的谦卦之道相吻合，这是道家的长处。等到放荡的人推行道家之道，则想要断绝礼乐，抛弃仁义，认为单凭清静无为之道就可以治理国家，这是道家学派的弊端。司马谈说：“道家使人的精神专一，举动合乎大道，使万物丰足。道家之术，吸取了阴阳家四时更替变化的学说，采纳了儒家、墨家的优点，提取了名家、法家的精华，随着时代的推移而改变，顺应事物的发展而变化，顺应风俗行事，无论做什么都十分恰当。其旨意简约而容易操作，事情少而功效多。道家学说清静无为，却又成就万事万物。其主张很容易施行，其文辞却难以理解。道家之术，以清静虚无的大道为根本，以顺应自然为具体做法。没有一成不变的形势，没有固定不移的形态，所以能够探究万物的真实情况。不处于万物之先，也不处于万物之后，所以能够成为万物的主宰。虽有法度却不固守法度，顺应时势变化以成就事业；虽有准则却不固守准则，顺应万物的不同情形而与之契合。所以说圣人功业不朽，始终把握时世变化的规律。虚无是大道的常态，因循是君主治国的纲领，群臣一齐来到面前，让他们各自表明自己。”

阴阳家者[1]，盖出于羲和之官[2]。敬顺昊天[3]，历象日月星辰[4]，敬授人时[5]，此其所长也。及拘者为之[6]，则牵于禁忌，泥于小数[7]，舍人事而任鬼神，此阴阳之弊也。司马谈曰：“阴阳之术大详而众忌讳[8]，使人拘而多畏。然其叙四时之大顺[9]，不可失也。夫阴阳四时、八位、十二度、二十四节各有教令[10]，曰顺之者昌，逆之者亡，未必然也。故曰使人拘而多忌。夫春生夏长，秋收冬藏，此天之大经[11]，弗顺则无以为天下纪纲[12]，故曰叙四时之大顺，不可失也。”《汉书》曰：“天人之际[13]，精祲有以相荡[14]，善恶有以相推[15]，事作乎下者象动乎上[16]，阴阳之理，各应其感[17]。阴变则静者动[18]，阳蔽则明者晻[19]，水旱之灾随类而至。故曰日蚀地震皆阳微阴盛也[20]。臣者君之阴也，子者父之阴也，妻者夫之阴也，夷狄者中国之阴也。《春秋》日蚀三十六，地震五，或夷狄侵中国，或政权在臣下，或妇弃夫[21]，或臣子背君父，事虽不同，其类一也。是以明王即位[22]，正五事[23]。五事者，貌、言、视、聪、思也。建大中以承天心[24]，则庶征序于下[25]，日月理于上。如人君淫溺后宫[26]，般乐游田[27]，五事失于躬[28]，大中之道不立，则咎征降而六极至[29]。凡灾异之发，各象过失[30]，以类告人。《传》曰[31]：‘田猎不宿[32]，饮食不享[33]，出入不节[34]，夺人农时,及有奸谋,则木不曲直[35]。’又曰:‘弃法律,逐功臣,杀太子,以妾为妻,则火不炎上[36]。’又曰:‘好治宫室,饰台榭,内淫乱,犯亲戚,侮父兄,则稼穑不成[37]。’又曰:‘好攻战,轻百姓,饰城郭,侵边城[38],则金不从革[39]。’又曰:‘简宗庙[40],不祷祠[41],废祭祀,逆天时,则水不润下[42]。’”管辂曰:“贵人有事[43],其应在天。在天,则日月星辰也。兵动人忧,其应在物。在物,则山林鸟兽也。”又曰:“夫天虽有大象而不能言[44],故运星精于上[45],流神明于下,驱风云以表异,役鸟兽以通灵。表异者必有沉浮之候,通灵者必有宫商之应。是以宋襄失德[46],六鹢退飞[47];伯姬将焚,鸟鸣其灾[48];四国未火[49],融风以发[50];赤云夹日,殃在荆楚[51]。此乃上天之所使,自然之明符也。”后汉窦武上书曰:“间者有嘉禾、芝草、黄龙之瑞见[52]。夫瑞生必于嘉士[53],福至实由吉人[54]。在德为瑞,无德为灾。陛下所行不合天意,不宜称庆。”又襄楷曰[55]:“按春秋已来[56],及古帝王,未有河清者也[57]。臣以为,河者,诸侯位也。清者属阳,浊者属阴。河当浊而反清者,阴欲为阳,诸侯欲为帝也。京房《易传》曰:‘河水清,天下平。’今天垂异,地吐妖[58],民疠疫[59],三者并时,而有河清,犹《春秋》麟不当见而见,孔子书以为异也[60]。”魏青龙中[61],张掖郡玄川溢涌,宝石负图,状像灵龟,麟凤龙马,炳焕成形,时人以为魏瑞[62]。任令于绰赍以问张臶[63]。臶密谓绰曰:“夫神以知来,不追以往。以祯祥先见[64],然后废兴从之。汉已久亡,魏以得之,何所追废兴征祥乎[65]?此石,当今之变异,而将来之祯瑞。”后司马氏果代魏。汉武时[66],巫为上致神君[67]。神君但闻其声,不见其形。荀悦曰:“《易》称有天道焉,有地道焉,有人道焉,各当其理而不相乱,乱则有气变而然[68]。若夫大石自立,僵柳复生[69],此形之异也。男化为女,死而复生,此含气之异也[70]。鬼神仿佛在于人间，言语音声，此精神之异也[71]。夫形神之异，各以类感，善则生吉，恶则生凶，精气之际[72]，自然之符异也[73]。故逆天之理，则神失其节，而妖神妄兴。逆地之理，则形失其节，而妖妄生[74]。逆中和之理，则含气失其节，而妖物妄出。此其大旨也。若夫神君之类，精神之异也。《春秋传》曰[75]：'作事不时，怨讟动于人[76]，则有非言之物而言。'当汉武之时，赋敛繁众，人民凋弊，故有无形而言者至也。其于《洪范》，言僭则生时妖，此盖怨讟而生时妖之类也。故通于道者，正身以应万物，则精神形气各反其本也。"后汉陈蕃上书曰："昔春秋之末[77]，周德衰微，数十年间，无复灾眚者[78]，天所弃也。天之于汉，悢悢无已[79]，故殷勤示变[80]，以悟陛下。除妖去孽，实在修德。"故《周书》曰："天子见怪则修德[81]，诸侯见怪则修政，大夫见怪则修职，士庶见怪则修身。神不能伤道，妖不能害德。"《汉书》曰："夫动人以行不以言，应天以实不以文[82]。"此天人之大略矣。

【注释】

①阴阳家者：以下至"此阴阳之弊也"，出自《汉书·艺文志》。

②羲和：指掌管天文历法的官员。传说尧曾命羲仲、羲叔、和仲、和叔两对兄弟分驻四方，以观天象，并制历法。

③敬顺：敬重顺从。昊（hào）天：苍天。昊，元气博大貌。

④历象：推算观测天体的运行。

⑤敬授人时：谓将历法付予百姓，使知时令变化，不误农时。后以"敬授人时"指颁布历书。

⑥拘：拘泥，固执。

⑦小数：术数。泛指阴阳卜筮、鬼神仙道、祈禳压胜之类。

⑧阴阳之术大详而众忌讳：以下至"不可失也"，出自《史记·太史

公自序》中司马谈《论六家要旨》。大详，太过繁琐。众忌讳，忌讳众多。

⑨叙四时之大顺：指排列一年四季运行的顺序。叙，使有次序，排列次序。

⑩八位：指八卦的方位。十二度：我国古代为观测日、月、五星的位置和运动，把黄赤道带自西向东划分为十二个部分，称为“十二度”。也称“十二次”。二十四节：即二十四节气。我国古代历法根据太阳在黄道上的位置，将一年划分为二十四节气。其名称为：立春、雨水、惊蛰、春分、清明、谷雨、立夏、小满、芒种、夏至、小暑、大暑、立秋、处暑、白露、秋分、寒露、霜降、立冬、小雪、大雪、冬至、小寒、大寒，每段开始的一日为节名。二十四节气表明气候变化和农事季节，在农业生产上有重要的意义。

⑪天之大经：天道运行的规律。

⑫纪纲：法度。

⑬天人之际：以下至“水旱之灾随类而至”，出自《汉书·匡衡传》。天人之际，指天道与人事相互之间的关系。

⑭精祲（jìn）：阴阳灾害之气。精祲相荡，指阴、阳二气互相激荡从而导致灾异。《汉书·匡衡传》颜师古注：“祲，谓阴阳气相浸渐以成灾祥者也。”

⑮相推：互相推移转变。

⑯象：指天象，如日月星辰的运行等。

⑰各应其感：指同类的事物之间发生感应。

⑱静者动：指地震。

⑲明者晻（àn）：指日蚀。晻，同“暗”，昏暗。

⑳日蚀地震皆阳微阴盛也：以下至“其类一也”，出自《汉书·杜钦传》。

㉑妇弃夫：妻子抛弃丈夫。《汉书·杜钦传》作“妇乘夫”，指妻子的地位超过了丈夫。

㉒是以明王即位:以下至“以类告人”,出自《汉书·谷永传》。其中“五事者,貌、言、视、聪、思也”一句,出自《谷永传》颜师古注。

㉓五事:指古代统治者修身的五件事,谓容貌、言论、观察、听闻、思考。《尚书·洪范》:“五事:一曰貌,二曰言,三曰视,四曰听,五曰思。貌曰恭,言曰从,视曰明,听曰聪,思曰睿。”

㉔大中:即《尚书·洪范》所说的“皇极”,指帝王统治天下的准则,所谓大中至正之道。《尚书·洪范》:“皇极,皇建其有极。”孔颖达疏:“皇,大也;极,中也。施政教,治下民,当使大得其中,无有邪僻。”

㉕庶征序于下:指这些征候按照时令有序出现。庶征,各种征候。《尚书·洪范》:“庶征:曰雨,曰旸,曰燠,曰寒,曰风。曰时五者来备,各以其叙,庶草蕃庑。”

㉖淫溺:迷恋沉溺。多指酒色。

㉗般乐:大肆作乐。游田:亦作“游畋(tián)”,出游打猎。

㉘躬:自身,自己。

㉙咎征:各种过失的报应,灾祸应验。《尚书·洪范》:“曰咎征:曰狂,恒雨若;曰僭,恒旸若;曰豫,恒燠若;曰急,恒寒若;曰蒙,恒风若。”六极:谓六种极凶恶之事。《尚书·洪范》:“六极:一曰凶、短、折,二曰疾,三曰忧,四曰贫,五曰恶,六曰弱。”

㉚凡灾异之发,各象过失:指不同的过失,会引发与之相应的灾异。

㉛《传》曰:以下至“则水不润下”,出自《汉书·五行志上》。王鸣盛认为,此处之“传”指伏生《洪范·五行传》。王鸣盛《十七史商榷》卷十三《汉书七·五行志所引》:“《五行志》先‘经曰’一段是《尚书·洪范》文,次引‘传曰’一段是伏生《洪范·五行传》文,又次引‘说曰’一段是欧阳、大小夏侯等说,乃当时列于学官、博士所习者。”

㉜不宿:谓非其时,或谓过度而无节制。

㉝不享:不行享献之礼。

㉞不节：不遵法度，无节制。

㉟木不曲直：指无法对木材进行加工。《汉书·五行志上》："若乃田猎驰骋不反宫室，饮食沉湎不顾法度，妄兴繇役以夺民时，作为奸诈以伤民财，则木失其性矣。盖工匠之为轮矢者多伤败，及木为变怪，是为木不曲直。"颜师古注引如淳曰："揉轮不曲，矫矢不直也。"曲直，指揉曲矫直，对木材进行加工。

㊱火不炎上：指火失去了本性，带来火灾。《汉书·五行志上》："若乃信道不笃，或耀虚伪，谗夫昌，邪胜正，则火失其性矣。自上而降，及滥炎妄起，灾宗庙，烧宫馆，虽兴师众，弗能救也，是为火不炎上。"炎上，火向上燃烧。

㊲稼穑（sè）：指农作物，庄稼。

㊳边城：指靠近国界的城市。《汉书·五行志上》作"边境"。

㊴金不从革：指金属无法熔铸冶炼。《汉书·五行志上》："若乃贪欲恣睢，务立威胜，不重民命，则金失其性。盖工冶铸金铁，金铁冰滞涸坚，不成者众，及为变怪，是为金不从革。"从革，指依从人的意愿而改变。

㊵简：轻贱，怠慢。

㊶祷祠：谓向神求福。

㊷水不润下：指水失去了本性，带来水灾。《汉书·五行志上》："若乃不敬鬼神，政令逆时，则水失其性。雾水暴出，百川逆溢，坏乡邑，溺人民，及淫雨伤稼穑，是为水不润下。"润下，谓水性就下以滋润万物。

㊸贵人有事：以下至"则山林鸟兽也"，出自《三国志·魏书·管辂传》裴松之注引《辂别传》。

㊹夫天虽有大象而不能言：以下至"自然之明符也"，出自《三国志·魏书·管辂传》裴松之注引《辂别传》。大象，大道，常理。

㊺星精：犹言星之灵气。

㊻宋襄：指宋襄公，子姓，名兹甫，春秋时期宋国国君，在部分史料中被认定为春秋五霸之一。曾率领诸侯平定齐国内乱，拥立齐孝公。泓水之战中，由于坚持待楚兵渡河列阵后再战，结果兵败受伤，一年后伤病复发而死。

㊼六鹢（yì）退飞：事见《春秋经·僖公十六年》："六鹢退飞，过宋都。"鹢，水鸟名。形似鸬鹚，善高飞。退飞，倒退着飞。

㊽伯姬将焚，鸟鸣其灾：伯姬，指宋伯姬，又称"宋共姬"，鲁宣公之女，宋共公夫人。宋国宫室发生火灾，伯姬因为傅母未至，不肯出宫避火，最终被烧死。《公羊传·襄公三十年》："宋灾，伯姬存焉，有司复曰：'火至矣，请出！'伯姬曰：'不可！吾闻之也，妇人夜出，不见傅、母不下堂。傅至矣，母未至也。'逮乎火而死。"

㊾四国：指宋、卫、陈、郑四国。

㊿融风：东北风。《左传·昭公十八年》："丙子，风。梓慎曰：'是谓融风，火之始也。七日，其火作乎！'戊寅，风甚。壬午，大甚。宋、卫、陈、郑皆火。"

(51)赤云夹日，殃在荆楚：事见《左传·哀公六年》："是岁也，有云如众赤鸟，夹日以飞三日。楚子使问诸周大史。周大史曰：'其当王身乎！若禜之，可移于令尹、司马。'王曰：'除腹心之疾，而置诸股肱，何益？不穀不有大过，天其夭诸？有罪受罚，又焉移之？'遂弗禜。"

(52)间（jiān）者有嘉禾、芝草、黄龙之瑞见：以下至"不宜称庆"，出自《后汉书·窦武传》。间，近来。嘉禾，生长奇异的禾。芝草，灵芝。黄龙，古代传说中的动物名。嘉禾、灵芝、黄龙，被古人认为是吉祥的征兆。

(53)嘉士：德才兼优的人。《后汉书·窦武传》李贤注："嘉士犹善人也。"

(54)吉人：善良的人。

(55)襄楷：字公矩，平原隰阴（今山东齐河东北）人。东汉时期学者。

擅长天文、阴阳之术。

⑯按春秋已来：以下至“孔子书以为异也”，出自《后汉书·襄楷传》。

⑰河清：指黄河变清。《后汉书·桓帝纪》：“（延熹八年）济阴、东郡、济北河水清。”

⑱夭：通“妖”。

⑲疠疫：瘟疫。

⑳《春秋》麟不当见而见，孔子书以为异也：鲁哀公十四年（前481），鲁人猎获了一头麒麟，孔子认为是异事。《春秋公羊传·哀公十四年》：“（经）十有四年，春，西狩获麟。（传）何以书？记异也。何异尔？非中国之兽也。……麟者仁兽也，有王者则至，无王者则不至。有以告者曰：‘有麕而角者。’孔子曰：‘孰为来哉？孰为来哉？’反袂拭面，涕沾袍。颜渊死，子曰：‘噫！天丧予！’子路死，子曰：‘噫！天祝予！’西狩获麟，孔子曰：‘吾道穷矣！’”

㉑魏青龙中：以下至“而将来之祯瑞”，出自《三国志·魏书·张臶传》。青龙：魏明帝曹叡的第二个年号（233—237）。

㉒“张掖郡玄川溢涌”六句：《资治通鉴·魏纪五·青龙三年》：“张掖柳谷口水溢涌，宝石负图，状象灵龟，立于川西，有石马七及凤凰、麒麟、白虎、牺牛、璜玦、八卦、列宿、孛彗之象，又有文曰‘大讨曹’。诏书班天下，以为嘉瑞。”玄川，指黑河，古称“弱水”“合黎水”“羌谷水”“鲜水”等，又名“张掖河”，为河西走廊三大内陆河流之一。溢涌，洪水腾涌。龙马，古代传说中龙头马身的神兽。炳焕，鲜明华丽。

㉓任令于绰：任县县令于绰。任县，今河北邢台任泽区。赍（jī）以问张臶（jiàn）：《三国志·魏书·张臶》作“连赍以问张臶”。玄川涌现祥瑞之后，魏明帝颁下诏书，昭告天下。连赍以问，指于绰将皇帝颁布的诏书连同下发的石上图形文字一起带给张臶看，并询问他的看法。译文从之。赍，送。张臶，字子明，钜鹿（治今河

北平乡西南)人。汉末三国时期隐士。

⑭祯(zhēn)祥:吉祥的征兆。

⑮征祥:征兆。亦特指祥兆。

⑯汉武时:以下至“则精神形气各反其本也”,出自荀悦《汉纪·武帝纪·元鼎四年》。

⑰上:指汉武帝。神君:神灵,神仙。

⑱乱则有气变而然:《汉纪·武帝纪》作“过则有故,气变而然也”,指怪异的产生必有缘故,是由阴阳之气的变异造成的。译文从之。

⑲大石自立,僵柳复生:巨石自动竖立,僵死的柳树死而复生。《汉书·眭弘传》:“孝昭元凤三年正月,泰山莱芜山南匈匈有数千人声,民视之,有大石自立,高丈五尺,大四十八围,入地深八尺,三石为足。石立后有白乌数千下集其旁。是时昌邑有枯社木卧复生,又上林苑中大柳树断枯卧地,亦自立生,有虫食树叶成文字,曰‘公孙病已立’。”汉人认为这是汉宣帝兴于民间的征兆。

⑳含气:含有气息。形容有生命者,亦特指人。

㉑精神:指精灵神怪。

㉒精气:阴阳精灵之气。古谓天地间万物皆秉之以生。

㉓自然之符异也:《汉纪·武帝纪》作“自然之符也”。

㉔妖妄生:《汉纪·武帝纪》作“妖形妄生”。

㉕《春秋传》:指《左传》。《左传·昭公八年》:“八年春,石言于晋魏榆。晋侯问于师旷曰:‘石何故言?’对曰:‘石不能言,或冯焉。不然,民听滥也。抑臣又闻之曰:“作事不时,怨讟动于民,则有非言之物而言。”今宫室崇侈,民力凋尽,怨讟并作,莫保其性,石言,不亦宜乎?’”

㉖怨讟(dú):怨恨诽谤。

㉗昔春秋之末:以下至“实在修德”,出自《后汉书·陈蕃传》。

㉘灾眚(shěng):灾殃,祸患。

⑲悢悢（liàng）：眷念。

⑳殷勤：情意恳切。示变：显示灾变。

㉑天子见怪则修德：以下至“妖不能害德”，应为《逸周书》佚文。

㉒夫动人以行不以言，应天以实不以文：出自《汉书·息夫躬传》。

【译文】

阴阳家这一学派，大概出自掌管天文历法的羲和之官。敬重顺从上天，推算日月星辰的运行，恭敬地向民众颁布历法，这是阴阳家的长处。等到固执的人来推行阴阳之术，则被各种禁忌所牵累，拘泥于各种术数，舍弃人事而信任鬼神，这是阴阳家的弊端。司马谈说：“阴阳家的学说太过繁琐而忌讳众多，使人拘束而多所畏惧。但其排列一年四季运行的顺序，是不可或缺的。阴阳家给一年四季、八卦方位、十二星次和二十四节气都规定了各种禁忌，说遵守这些禁忌就会昌盛，触犯这些禁忌就会灭亡，其实未必如此。所以说阴阳家使人拘束而多所畏惧。至于春天萌芽，夏天生长，秋天收获，冬天贮藏，这是天道运行的规律，如果不遵循，就无法为天下制定法度，所以说阴阳家排列一年四季运行的顺序，是不可或缺的。”《汉书》说：“天道与人事之间，阴、阳二气互相激荡，善与恶互相推移，发生在人间之事，将引发天象的变动，按照阴阳运动的规律，同类的事物之间会发生感应。阴气变动，则原本安静的就会震动；阳气被蒙蔽，则原本光明的就会昏暗；洪水、旱灾等灾害，都随着相应的阴阳变动到来。所以说，日蚀与地震，都源于阳气微弱而阴气太盛。对于君主来说，臣子是阴；对于父亲来说，儿子是阴；对于丈夫来说，妻子是阴；对于中国来说，夷狄等少数民族是阴。《春秋》记载了三十六次日蚀，五次地震，或是因为夷狄入侵中国，或是因为政权被臣子所把持，或是因为妻子抛弃丈夫，或是因为臣、子背叛了君、父，事情虽不相同，但在阴盛阳衰这一点上都是同类。所以圣明的君主即位之后，要端正五事。所谓五事，指的是容貌、言论、观察、听闻、思考。建立帝王统治天下的准则，以顺承天意，那么各种征候就会有秩序地出现，日、月的运行就会符合规律。如果君主沉溺后宫，游玩打猎，自身不能端正五事，不能建立帝王统治天下的大中之道，那么各种灾祸就会降临，六种惩罚就要来到。但凡灾异的发生，与不同的过失同类相应，以此告诫世人。《传》中说：‘田猎不守其时，饮食时不行享献之礼，出入不尊法度，耽误农民耕种的季节，以及有奸邪的计谋，就会导致木不能揉曲矫直。’又说：‘如果抛弃法律，放逐功臣，杀害太子，以妾取代正妻，就会导致火灾。’又说：‘喜好经营宫室，修饰台榭，内宫淫乱，欺凌亲戚，侮辱父兄，就会导致庄稼没有收成。’又说：‘喜好发动战争，轻视百姓，修治城墙，侵犯别国边城，就会导致金属无法熔铸冶炼。’又说：‘怠慢宗庙，不进行祈祷，荒废祭祀，违背天时，就会导致水灾。’”管辂说：“显贵的人有事发生，会引起上天的感应。所谓天，指日月星辰。战争发生，人民忧愁，会引起物象的感应。所谓物，指山林鸟兽。”又说：“上天虽有大道却不能用言语表达，所以变动天象于上，显露神明于下，驱动风云以显示异象，役使鸟兽以宣告神异。显示异象者，天象必定有风云沉浮的征候；宣告神异者，鸟兽必定有各种声音的响应。所以宋襄公德行有失，六只鹢鸟倒退着飞过宋都；宋伯姬将被烧死，有鸟儿为她的灾祸鸣哀；宋、卫、陈、郑四国还没发生火灾，先刮起了东北风；赤云包围着太阳，预示着灾殃将降临楚国。这都是上天所驱使的，是天人相应的明显征兆。”东汉时期窦武上书说：“最近，有嘉禾、灵芝、黄龙等所谓祥瑞出现。祥瑞的出现，必定与善人有关；福应的到来，实在是由于好人的缘故。如果有德，这些现象就是祥瑞；如果无德，这些现象就是灾祸。如今您的所作所为不合天意，不应该道贺。”此外襄楷说：“自春秋以来，以及古代帝王统治时期，黄河从未变清。我以为，黄河，对应着诸侯的位置。清与阳相对应，浊与阴相对应。黄河本应浑浊却变清，象征着阴想要转化为阳，诸侯想要成为皇帝。京房的《易传》说：‘黄河变清，天下太平。’如今天降异象，地生妖孽，人民遭遇瘟疫，三者同时出现，而发生了黄河变清之事，这就好比春秋时麒麟不当出现却出现了，孔子把它记录下来，认为是怪异之事。”曹魏青龙年间，张掖郡黑河洪水腾涌，河水中浮现了带有图形文字的宝石，形状好似神龟，石上有麒麟、凤凰、龙马的图案，焕然成形，当时人都认为这是魏国的祥瑞。任县县令于绰，将颁布的诏书与石上的图形文字一起拿给张臶看，并询问他的看法。张臶秘密地对于绰说：“神明只预示将来，不追溯过往。吉祥的征兆事先出现，然后王朝的兴废更替随之而来。汉朝已经灭亡很久了，大魏早已得到了天下，哪里还用得着事后再来显示征兆呢？这块石头的出现，是发生在当今的变异，是预示未来之事的征兆。”此后，司马氏果然取代了曹魏。汉武帝时，有巫师为汉武帝招来神君。只听得到神君的声音,却看不见形体。荀悦说:"《周易》说有天道,有地道,有人道,三者有着各自的规律,彼此不相混杂;怪异的产生必有缘故,是由阴阳之气的变异造成的。像巨石自动竖立,僵死的柳树死而复生,这是有形之物的变异。男子变为女子,人死后复生,这是生物的变异。鬼神仿佛降临人间,发出言语声音,这是精灵神怪的变异。无论形体还是神怪的变异,都由与之同类相应的事物所引发,为善就会生出吉兆,为恶就会生出凶兆,这是精气的感应,自然的征兆。所以,如果违逆了天理,则神灵就会失去节制,导致妖邪的鬼神出现。如果违逆了地理,则万物的形体就会失去节制,导致妖邪的形体出现。如果违逆了中正平和之理,则各种生物就会失去节制,导致妖物出现。这是天、地、人三道的主要宗旨。如果像神君一类,是精灵神怪的变异。《春秋传》说:'做事不合时宜,激起民众的怨恨诽谤,便有不会说话的物体开口说话。'当汉武帝之时,赋税繁重,民生凋敝,所以没有形体却能说话的怪异就出现了。如《洪范》所说'臣下僭越就会导致妖异',而这大概是由于民众的怨恨所导致的妖异。所以通达大道的人,端正自身以应对万物,则精灵神怪、形体精气都会返回根本。"后汉时陈蕃上书说:"从前春秋末年时,周王朝的德行衰微,数十年中却没有发生灾异,这是因为周朝已经被上天所抛弃了。上天对于汉朝眷念不已,所以情意恳切地降下灾变,要让您觉悟。要消除灾异妖孽,关键在于修养德行。"所以《周书》说:"天子见到怪异之事就修养德行,诸侯见到怪异之事就修明政教,大夫见到怪异之事就恪尽职守,士人与普通百姓见到怪异之事就修养身心。如此一来,神怪就损伤不了道义,妖异就伤害不了德行。"《汉书》说:"打动百姓要用行动而不能用空话,回应上天要用实事而不能用文辞。"这就是天人关系的大概情况。

法家者[①],盖出于理官[②]。信赏必罚[③],以辅礼制,此其所长也。及刻者为之[④],则亡教化,去仁爱,专任刑法,而欲以致治,至于残贼至亲[⑤],伤恩薄厚[⑥],此法家之弊也。司马谈曰:"法家严而少恩[⑦],然其正君臣上下之分,不可改也。夫法家不别亲疏,不殊贵贱,一断于法,则亲亲尊尊之恩绝矣[⑧]。可使行一时之计，而不可长用也，故曰严而少恩。至于尊主卑臣，明职分，不相逾越，虽百家不能改也。”

【注释】

①法家者：以下至“此法家之弊也”，出自《汉书·艺文志》。

②理官：治狱之官。

③信赏必罚：有功必赏，有罪必罚，赏罚严明。

④刻者：苛刻严酷的人。

⑤残贼：残害。

⑥薄厚：变厚道为刻薄。

⑦法家严而少恩：以下至“虽百家不能改也”，出自《史记·太史公自序》中司马谈《论六家要旨》。

⑧亲亲：爱自己的亲属。

【译文】

法家学派，大概源于治狱之官。有功必赏，有罪必罚，以辅助礼制的实行，这是法家的长处。等到苛刻的人来推行法家学说，则不讲教化，抛弃仁爱，专门任用刑法，想以此让国家得到治理，甚至残害最亲密的人，伤害恩情，变厚道为刻薄，这是法家学派的弊端。司马谈说：“法家严酷而缺少恩情，但是它端正君臣上下的等级名分，这是不可更改的。法家不区分关系的亲疏，不分别地位的贵贱，一概依据法律进行决断，如此一来，爱护亲人、尊敬尊长的恩义就断绝了。可以作为暂时的办法，却不可长久推行，所以说法家严酷而缺少恩情。至于让君主尊荣，令群臣卑微服从，明确臣子各自的职务，不准相互逾越，这是任何一家学说都不能改变的。”

名家者[①]，盖出于礼官[②]。古者名位不同，礼亦异数。孔子曰：“必也正名乎！”此其所长也。及缴者为之[③]，缴音工钧反。**则苟钩鈲析乱而已**[④]**，此名家之弊也。**司马谈曰："名家使人捡而善失真[⑤]，然其正名实，不可不察。夫名家苛察缴绕[⑥]，使人不得反其意，专决于名而失人情，故曰使人捡而善失真。若夫控名责实，参伍不失[⑦]，此不可不察也。"鈲音普觅反。

【注释】

①名家者：以下至"此名家之弊也"，出自《汉书·艺文志》。

②礼官：掌管礼仪教化之官。

③缴（jiǎo）者：纠缠不清的人。《汉书·艺文志》作"警（jiào）者"，指喜欢攻击他人的人。颜师古注："警，讦也。"

④钩鈲（pī）析乱：指不识大体，将问题分析得支离破碎。鈲，裁截，劈裂。颜师古注："鈲，破也。"

⑤名家使人捡而善失真：以下至"此不可不察也"，出自《史记·太史公自序》中司马谈《论六家要旨》。捡，《史记》作"俭"，拘检，约束。善，容易。失真，失去本意或本来面目。

⑥苛察：指名家看待问题苛细繁琐。缴绕：纠缠不清。

⑦参伍：交互错杂。此处指错综比较，加以验证。

【译文】

名家学派，大概源于掌管礼仪教化之官。古时候人们身份地位不同，礼仪也有相应的区别。孔子说："一定要端正名分！"这是名家的长处。等到纠缠不清的人推行名家学说，缴，音工钧反。**则不顾大体，将问题分析得支离破碎，这是名家学派的弊端。**司马谈说："名家使人思维受到约束，容易丧失对事物的正确认识，但其辨正名实关系，不能不予以考虑。名家苛细繁琐，纠缠不清，使人难以探究其真意，专门取决于名词概念而忽视人情常理，所以说名家使人思维受到约束，容易丧失对事物的正确认识。但是名家掌握名号以考察实际，错综比较验证而无遗漏，这种主张不可不认真考虑。"鈲，音普觅反。

墨家者[1]，盖出于清庙之官[2]。茅屋采椽[3]，是以贵俭[4]；养三老五更[5]，是以兼爱[6]；选士大射[7]，是以上贤[8]；宗祀严父[9]，是以右鬼[10]；右，信也。顺四时而行，是以非命[11]；言无吉凶之命，但有贤不肖善恶也。以孝示天下，是以上同[12]；言皆同于治也。此其所长也。及弊者为之[13]，见俭之利，因以非礼，推兼爱之意而不知别亲疏，此墨家之弊也。司马谈曰："墨者俭而难遵[14]，是以其事不可偏循[15]，然其强本节用不可废也[16]。夫墨者亦上论尧、舜[17]，言其德行曰：堂高三尺，土阶三等，茅茨不翦，采椽不斫[18]，饭土簋[19]，饮土形[20]，粝粱之食[21]，藜藿之羹[22]。夏日葛衣[23]，冬日鹿裘。其送死，桐棺三寸，举音不尽其哀。教丧礼，必以此为万人率。使天下法若此，则尊卑无别。夫世异时移，事业不同，故曰俭而难遵也。要曰强本节用，则家给人足之道，此墨家之所长，虽百家不能废也。"汉武帝问董仲舒策曰[24]："盖俭者不造玄黄旌旗之饰[25]，及至周室设两观[26]，乘大辂[27]，八佾陈于庭而颂声兴[28]。夫帝王之道岂异旨哉？"对曰："制度文彩，玄黄之饰，所以明尊卑，异贵贱，而劝有德也。故《春秋》受命所先制者，改正朔[29]，易服色[30]，所以应天也。然则宫室旌旗之制，有法而然者也。孔子曰：'奢则不逊，俭则固。'俭非圣人之中制[31]。"故曰："奢不僭上，俭不逼下[32]。"此王道也。

【注释】

①墨家者：以下至"此墨家之弊也"，出自《汉书·艺文志》。

②清庙：即太庙，古代帝王的宗庙。

③采椽（chuán）：用柞木做椽子。言俭朴。《汉书·艺文志》颜师古注："采，柞木也。"

④贵俭：推崇节俭。《墨子》中有《节用》篇。

⑤三老五更：古代设三老、五更之位，天子以父兄之礼养之。《礼记·文王世子》：“适东序，释奠于先老，遂设三老、五更、群老之席位焉。”郑玄注：“三老、五更各一人也，皆年老更事致仕者也。天子以父兄养之，示天下之孝悌也。名以三五者，取象三辰五星，天所因以照明天下者。”

⑥兼爱：指爱无差别等级，不分厚薄亲疏。《墨子》中有《兼爱》篇。

⑦大射：为祭祀择士而举行的射礼。

⑧上贤：推崇有德才的人。上，通“尚”。《墨子》中有《尚贤》篇。

⑨宗祀：宗庙祭祀。严父：尊敬父亲。

⑩右鬼：推崇鬼神，古以右为尊。《墨子》中有《明鬼》篇。

⑪非命：否定命运。《墨子》中有《非命》篇。

⑫上同：指推崇同一。《墨子》中有《尚同》篇。

⑬弊者：指片面狭隘实行墨子主张的人。弊，通“蔽”。

⑭墨者俭而难遵：以下至“虽百家不能废也”，出自《史记·太史公自序》中司马谈《论六家要旨》。

⑮偏：通“遍”，全。

⑯强本节用：谓加强农业生产，节约支出。

⑰墨者亦上论尧、舜：《史记·太史公自序》无“论”字。上，通“尚”，崇尚。

⑱斫（zhuó）：砍，斫，削。

⑲土簠（fǔ）：可以理解为瓦盆。簠，古祭祀、宴享时用以盛黍稷稻粱的容器。长方形，口外侈，有四短足及二耳。盖与器形状相同，合上为一器，打开则成大小相同的两个器皿。《史记·太史公自序》作“簋（guǐ）”。

⑳形：通“铏（xíng）”，瓦制食器，用以盛羹。

㉑粝（lì）粱：糙米。王念孙认为“粱”当作“粢”，粝粢，指粗恶的饭食。

㉒藜藿（huò）：泛指粗劣的饭菜。藜，称“灰藋”“灰菜”，一年生草

本植物，嫩叶可食。藿，豆叶，嫩时可食。

㉓葛衣：用葛布制成的夏衣。

㉔汉武帝问董仲舒策曰：以下至“俭非圣人之中制”，出自《汉书·董仲舒传》，有删节。策，指策问。古代考试取士，以问题令应试者对答谓“策问”。

㉕玄黄：黑色与黄色。也泛指颜色。

㉖两观：宫门前两边的望楼。

㉗大辂（lù）：也作“大路”，指玉辂，古时天子所乘之车。《汉书·董仲舒传》颜师古注：“大路，玉路之车也。”

㉘八佾（yì）：古代天子用的一种乐舞。佾，舞列，纵横都是八人，共六十四人。

㉙正朔：谓帝王新颁的历法。古代帝王易姓受命，必改正朔。

㉚服色：车马和祭牲的颜色。

㉛中制：合乎中庸之道的制度。

㉜奢不僭（jiàn）上，俭不逼下：出自《后汉书·王畅传》。

【译文】

墨家学派，大概源于祭祀清庙之官。墨家住着用柞木做椽子的茅草屋，以此推崇节俭；供养三老、五更，以此主张兼爱；举行大射礼以选拔士人，以此推崇贤才；宗庙祭祀中敬重父辈，以此崇敬鬼神；右，是信的意思。按照四季的规律行事，以此否定命运；墨子认为并没有决定吉凶的命运，只有贤与不肖、善与恶的差别。以孝敬的行为昭示天下，以此崇尚行为统一；说的是统一于治道。这是墨家的长处。等到片面狭隘的人来推行墨家之道，看到了节俭的好处，于是就否定礼仪，推崇无差别的互相亲爱，而不知道区别亲近疏远的关系，这是墨家学派的弊端。司马谈说：“墨家过于俭朴而难以遵从，因此他们的主张难以完全照办，但墨家主张加强农业生产，节约支出，是不可废弃的。墨家也崇尚尧、舜之道，称述尧、舜的德行说：‘尧、舜所住的殿堂，地基只有三尺高，堂下用土垒成的台阶只有三级，茅草盖的屋顶不做修剪，柞木做的椽子不经刮削，吃饭用陶盆，喝水用陶碗，吃糙米，喝野菜汤。夏天穿葛布衣，冬天穿鹿皮袄。给死者办丧礼，棺材只用三寸厚的桐木制作，送葬者发声哭泣，还没有完全表达悲哀就停止。墨家制定丧礼，一定要以这种规定作为万民的表率。如果天下人都照此行事，那么尊卑之间就没有区别了。世道不同，时代变化，人们所做的事也不相同，所以说墨家之道过于俭朴而难以遵从。但墨家学说的要点在于加强农业生产，节约支出，这是家家富足、人人饱暖之道，这是墨家学派的长处，是任何一家学说都不能废弃的。”汉武帝策问董仲舒道：“上古俭朴的君主，连黑色、黄色的旌旗也不制作，但是到了周朝，在宫门前设置两座高大的望楼，乘坐以玉装饰的车辆，纵横八列的舞者陈设于庭中，而歌颂功德的乐章兴起。帝王们的治国之道难道旨趣不同吗？”董仲舒回答道：“制度、文采以及黑色、黄色的装饰，是用来分别尊卑，区别贵贱，而勉励有德之人的。所以《春秋》规定，王者接受天命后首先制定的法度，是改定历法，更改车马和祭牲的颜色，以此上应天命。然则宫室、旌旗的制度，是依照法则而制作的。所以孔子说：‘过分奢侈会显得傲慢，过分俭朴会显得固陋。’过分俭朴，不符合圣人的中庸之制。”所以说：“奢侈不要超过上级，俭朴不要迫近下属。”这才是王道。

纵横家者[①]，盖出于行人之官[②]。孔子曰：“使乎使乎[③]！”言当权事制宜[④]，受命而不受辞[⑤]，此其所长也。及邪人为之，则上诈谖[⑥]，许远反。而弃其信，此纵横之弊也。荀悦曰：“世有三游[⑦]，德之贼也：一曰游侠，二曰游说，三曰游行[⑧]。夫立气势、作威福、结私交以立强于世者[⑨]，谓之游侠。饰辩辞、设诈谋、驰逐于天下以要时势者，谓之游说。色取人、合时好、连党类、立虚誉以为权利者[⑩]，谓之游行。此之三者，乱之所由生，伤道害德，败法或世[⑪]，先王之所慎也。凡三游之作，生于季世[⑫]，周、秦之末尤甚焉。上不明，下无正，制度不立，纲纪弛废。以毁誉为荣辱，不核其真；以爱憎为利害，不论其实。言论者计厚薄而吐辞，选举者度亲疏而下笔。然则利不可以不义求[⑬]，害不可以道避，是以君子犯礼，小人犯法，饰华废实，竞趋时利，薄骨肉之恩，笃僚友之爱[14]，忘修身之道，而求众人誉，苞苴盈于门庭[15]，聘问交于道路。于是流俗成而正道坏矣[16]。游侠之本，生于武毅不挠[17]。久要不忘平生之言[18]，见危受命[19]，以救时难[20]，而济同类。以正行之者谓之武毅，其失之甚者，至于为盗贼矣。游说之本，生于是非。使于四方，不辱君命。出疆有可以安社稷、利国家则专对解结，之辞绎矣，民之莫矣[21]。以正行之者谓之辩智[22]，其失之甚者，至于诈矣。游行之本，生于道德仁义，泛爱容众，以文会友，和而不同[23]，进德及时，以立功业于世。以正行之者谓之君子，其失之甚者，至于因事害私，为奸宄矣[24]。甚相殊远，岂不哀哉！故大道之行，则三游废矣。”

【注释】

①纵横家者：以下至“此纵横之弊也”，出自《汉书·艺文志》。

②行人：掌管朝觐聘问之官。

③使乎使乎：出自《论语·宪问》。孔子感叹好的使者难得。

④权事制宜：权衡形势，制定适宜的对策。

⑤受命而不受辞：只接受出使的命令，而不接受具体外交辞令的规定。

⑥诈谖（xuān）：欺诈，弄虚作假。

⑦世有三游：以下至“则三游废矣”，出自荀悦《汉纪·武帝纪·建元二年》，有删节。

⑧游行：指周游四方的游士。

⑨气势：指声势。

⑩色取人：语本《论语·颜渊》：“色取仁而行违。”《汉纪·武帝纪》作“色取仁”，指貌似仁义。

⑪或：通“惑”。

⑫季世：末世，衰微之世。

⑬利不可以不义求:《汉纪·武帝纪》作“利不可以义求”,译文从之。

⑭僚友:同僚。

⑮苞苴:馈赠的礼物。也指贿赂。苞,通“包”。

⑯流俗:社会上流行的风俗习惯,多含贬义。

⑰武毅:勇武刚毅。不挠:不弯曲。形容刚正不屈。

⑱久要:旧约。《论语·宪问》:“久要不忘平生之言。”何晏《集解》引孔安国曰:“久要,旧约也。平生,犹少时。”邢昺疏:“言与人少时有旧约,虽年长贵达,不忘其言。”

⑲见危受命:谓在危难关头,勇于献身。

⑳时难:时世的厄难。

㉑“出疆有可以安社稷、利国家则专对解结”三句:《汉纪·武帝纪》作“出境有可以安社稷,利国家则专对解结,辞之绎矣,民之慕矣”,“之”与“辞”两字误倒。专对,谓任使节时独自随机应答。解结,指解开怨仇。辞之绎矣,民之莫矣,出自《诗经·大雅·板》:“辞之怿矣,民之莫矣。”毛传:“怿,说。莫,定也。”孔颖达疏:“其辞气之悦美矣,则下民之心皆得安定矣。”此处指出使之人的言辞妥当,使两国民众得到了安定。译文从之。

㉒辩智:口才敏捷,能说会道。

㉓和而不同:谓和衷相济,而又各有所见,不苟同于人。

㉔奸宄(guǐ):违法作乱之人。

【译文】

纵横家学派,大概出自掌管朝觐聘问之官。孔子感叹道:“使者啊!使者啊!”说的是使者应当权衡形势,制定适宜的对策,只接受出使的命令,而不接受有关具体外交辞令的命令,这是纵横家的长处。等到奸邪之人推行纵横之术,则崇尚欺诈,谖,音许远反。而抛弃诚信,这是纵横家的弊端。荀悦说:“世间有‘三游’,都是贼害道德的人:其一是游侠,其二是游说的人,其三是游行的人。竖立声势,作威作福,交结私党以横行于世的人,叫作‘游侠’。修饰辞令，制定诡计，奔走于天下以迎合时势的人，叫作‘游说’。貌似仁义，逢迎当世所好，连结党羽，树立虚名以谋求权利的人，叫作‘游行’。这三种人，都是祸乱产生的根源，他们伤害道德，败坏法度，迷惑民心，所以先王慎重对待他们。‘三游’的兴起，都出现于末世，周、秦两代的末世尤为严重。这一时期君主不贤明，臣子不正派，制度没有建立，朝廷纲纪废弛。人们将舆论的毁誉视为荣辱的标准，而不核实其真伪；根据个人的爱憎决定利害关系，而不考虑实际情况。所以发表意见时，先计算获利厚薄才开口说话；选举人才时，先考虑关系亲疏才下笔推荐。如此一来，遵循仁义就无法获得利益，遵守道义就无法避开祸患，所以君子违背礼义，小人触犯法律，追求浮华，抛弃实质，争着追求一时之利；淡薄骨肉之间的恩义，而看重同僚之间的交情，忽略了修身之道，而去追求众人的赞誉；馈赠礼物的人挤满了门庭，探访问候的人在道路上随处可见。于是，庸俗的风气形成，而正道却衰败了。游侠这一类人物的根本，在于勇武刚毅、刚正不屈。他们从不忘记与人的约定，在危难关头勇于献身，以拯救时世的危难，并接济自己的同道。如果遵循正道，他们可以称得上是勇武刚毅之人，而那些偏离正道最严重的游侠，则沦为盗贼。游说这一类人物的根本，在于辩论是非。他们出使四方，圆满完成君主的使命。当出境外交，可以安定社稷、有利国家之时，他们随机应答，解开怨仇，其言辞妥当，使两国民众都得到了安定。如果遵循正道，他们可以称得上是口才敏捷之人，而那些偏离正道最严重的游说之人，则沦为欺诈之人。游行这一类人物的根本，在于道德仁义。他们博爱众人，以文交友，与人和衷相济，又不苟同于人，及时增进道德，以求在世间建功立业。如果遵循正道，他们可以称得上是君子，而那些偏离正道最严重的游行之人，则为了自己的目的损害他人私利，沦为违法作乱之人。一正一反相差甚远，岂不是很可悲吗！因此，一旦正确的治国之道得到执行，则‘三游’之人也就没有容身之地了。”

杂家者[①]，盖出于议官[②]。兼儒、墨，合名、法，知国体之有此[③]，见王理之无不贯，此其所长也。及荡者为之，则漫羡而无所归心[④]，此杂家之弊也。

【注释】

①杂家者：以下至“此杂家之弊也”，出自《汉书·艺文志》。

②议官：言官，谏官。

③国体：国家的典章制度，治国之法。

④漫羡：散漫。

【译文】

杂家学派，大概源于谏官。杂家兼容儒家、墨家的思想，统合名家、法家的学说，懂得治国之法应当兼容并蓄，明白帝王之道无不贯通，这是杂家的长处。等到放纵的人来推行杂家学说，则散漫而无所归依，这是杂家学派的弊端。

农家者[①]，盖出于农稷之官[②]。播百谷，劝耕桑，以足衣食。孔子曰：“所重人食[③]。”此其所长也。及鄙者为之，则欲君臣之并耕，勃上下之序[④]，此农家之弊也。班固曰：马迁《史记》[⑤]，“其是非颇谬于圣人。论大道则先黄老而后‘六经’，序游侠则退处士而进奸雄[⑥]，述殖货则崇利势而羞贱贫[⑦]，此其所弊也。然其善序事理，辨而不华[⑧]，质而不俚[⑨]。其文直，其事核[⑩]，不虚美，不隐恶，故世谓之实录”。

【注释】

①农家者：以下至“此农家之弊也”，出自《汉书·艺文志》。

②农稷（jì）之官：掌管农业之官。

③所重人食：语出《论语·尧曰》：“所重：民，食，丧，祭。”何晏《集解》引孔安国曰：“重民，国之本也；重食，民之命也；重丧，所以尽哀；重祭，所以致敬。”重视人民与粮食。

④勃：通“悖”，乱。

⑤马迁《史记》：以下至“故世谓之实录”，出自《汉书·司马迁传》。

⑥处士：指有才德而隐居不仕的人。

⑦殖货：《汉书·司马迁传》作“货殖”。《史记》中有《货殖列传》，记载了历代工商业的发展状况，并为许多卓越的工商业者立了传。利势：《汉书·司马迁传》作“势利”，权势与财利。

⑧辨：明白，清楚。

⑨俚：鄙俗。

⑩核：真实。

【译文】

农家学派，大概源于农业之官。农家播种各种粮食作物，劝勉耕种与养蚕，以求丰衣足食。孔子说：“所重视的是人和粮食。”这是农家的长处。等到粗鄙的人来推行农家学说，则主张让君主与臣子同时从事农耕，扰乱上下等级秩序，这是农家学派的弊端。班固说：司马迁作《史记》，“是非观点与圣人颇不相同。他讨论大道，则推崇黄老学说，把儒家‘六经’搁置于后；记述游侠，则贬退隐士而推崇奸雄；记述经济活动，则推崇权势财利而以贫贱为羞，这是司马迁的短处。但是他擅长叙述事理，条理清晰而不虚华，行文质朴而不鄙俗。他的文章秉笔直书，记述的史事真实无误，不做虚假的赞美，不掩饰丑恶的东西，所以被世人称为‘实录’”。

文子曰：“圣人之从事也[①]，所由异路而同归。秦、楚、燕、魏之歌异转而皆乐[②]，九夷、八狄之哭异声而皆哀[③]。夫歌者乐之征也，哭者哀之效也，愔愔于中而应于外[④]，故在所以感之矣。”

【注释】

①圣人之从事也：以下至“故在所以感之矣”，出自《文子·精诚》，

有删节。

②转：通"啭"，婉转发声。亦指婉转的歌声。

③九夷：古代称东方的九种民族。八狄：古代对北方部族的泛称。

④愔愔（yīn）于中而应于外：指人的情感原本静默于内，受到外在事物的感动才显露于外，如人闻歌则乐，闻哭则悲。《文子·精诚》默希子注："声气相应，悲欢相召，故歌虽异国而皆乐，哭乃殊方而共悲也。"愔愔，幽深貌，悄寂貌。

【译文】

文子说："古今圣人所从事的事业，虽然道路不同却殊途同归。秦、楚、燕、魏等不同地区的歌谣，虽然唱法不同，却都能使人欢乐；九夷、八狄等不同民族的哭声，虽然声音不同，却都能让人悲哀。歌唱是欢乐的证明，哭泣是悲哀的表现，人的情感静默于内，受到外在事物的感动才显露于外，所以人的情感，取决于感发它的外在事物。"

论曰：范晔称："百家之言政者尚矣[1]，大略归乎宁固根柢、革易时弊也[2]。而遭运无恒[3]，意见偏杂，故是非之论纷然相乖[4]。尝试论之：夫世非胥、庭[5]，人乖鷇饮[6]，理迹万肇[7]，情故萌生，虽周物之智不能研其推变[8]，山川之奥未足况其纡险[9]，则应俗适事[10]，难以常条[11]。何以言之？若夫玄圣御代[12]，则大同极轨[13]，施舍之道[14]，宜无殊典[15]。而损益异运[16]，文朴递行[17]，用明居晦[18]，回泬于曩时[19]，兴戈陈俎[20]，参差于上世。及至戴黄屋[21]，服絺衣[22]，丰薄不齐，而致治则一[23]。亦有宥公族[24]，黥国储[25]，宽躁已隔[26]，而防非必同[27]。此其分波而共源，百虑而一致者也。若乃偏情矫用，则枉直必过[28]。故葛履屦霜[29]，弊由崇俭；楚楚衣服[30]，戒在穷奢。疏禁厚下[31]，以尾大陵弱[32]；敛威峻法[33]，以苛薄分崩。斯

《曹》《魏》之刺所以明乎国风，周、秦末轨所以彰于微灭[34]。故用舍之端，兴败资焉。是以繁简唯时，宽猛相济[35]。刑书镌鼎[36]，事有可详[37]；三章在令[38]，取贵能约。太叔致猛政之衰[39]，国子流遗爱之涕[40]，宣孟改冬日之和[41]，平阳循画一之法[42]。斯实弛张之弘致[43]，庶可以征其统乎[44]！数子之言当世失得[45]，皆悉究矣。然多谬通方之训[46]，好申一隅之说[47]。贵清净者以席上为腐议[48]，束名实者以柱下为诞辞[49]。或推前王之风可行于当年，有引救弊之规宜流于长世[50]。稽之笃论[51]，将为蔽矣。"

【注释】

①百家之言政者尚矣：以下至"将为蔽矣"，出自《后汉书·王充王符仲长统列传》"论曰"，有删节。尚，久，远。

②大略：大概，大要。根柢（dǐ）：事物的根基、基础。革易：革除改变。

③遭运：遭遇时运。无恒：无常。

④乖：背离。

⑤胥、庭：太古帝王赫胥氏和大庭氏的并称。

⑥彀（kòu）饮：指像幼鸟一样仰赖母鸟喂食。比喻淳朴。《庄子·天地》："夫圣人，鹑居而彀食。"郭象注："仰物而足。"成玄英疏："彀者，鸟之子，食必仰母而足。圣人寝处俭薄，譬彼鹌鹑；供膳裁充，方兹彀鸟。"彀，幼鸟。

⑦理迹万肇：《后汉书·仲长统传》作"化迹万肇"。化迹，变化之迹。肇，开始，创始。

⑧周物之智：周知万物的智慧。推变：推移变化。

⑨奥：深。况：比拟。纡（yū）险：盘曲险阻。此处比喻人心的曲折险恶。

⑩应俗：处理世俗之事。

⑪条：指法令、条文。

⑫玄圣：指有大德而无爵位的圣人。特指孔子。御代：《后汉书·仲长统传》作"御世"，治理天下。

⑬则大同极轨：《后汉书·仲长统传》作"则天同极"。极轨，最高的法式、楷模。

⑭施舍：犹兴废。《后汉书·仲长统传》李贤注："施舍，犹兴废也。"

⑮殊典：不同的规章。

⑯损益异运：指不同时代的礼制不同。《论语·为政》："子曰：'殷因于夏礼，所损益，可知也；周因于殷礼，所损益，可知也。其或继周者，虽百世，可知也。'"

⑰文朴递行：指不同时代的治国之道不同。《白虎通·三教》："王者设三教者何？承衰救弊，欲民反正道也。三正之有失，故立三教，以相指受。夏人之王教以忠，其失野，救野之失莫如敬。殷人之王教以敬，其失鬼，救鬼之失莫如文。周人之王教以文，其失薄，救薄之失莫如忠。继周尚黑，制与夏同。三者如顺连环，周而复始，穷则反本。"忠、敬、文三教循环，即是"文朴递行"。递，交替，轮流。

⑱用明居晦：语本《周易·明夷卦·象辞》："明入地中，明夷。君子以莅众，用晦而明。"王弼注："藏明于内，乃得明也；显明于外，巧所辟也。"孔颖达疏："君子能用此明夷之道，以临于众，冕旒垂目，黈纩塞耳，无为清静，民化不欺。若运其聪明，显其智慧，民即逃其密网，奸诈愈生，岂非藏明用晦，反得其明也？"原意指君子隐藏明智，反而更能明察万物。此处"用明"与"居晦"是一对相反的概念。用明，指运用明察。居晦，指隐藏明智。

⑲回泬（jué）：交错不齐。泬，通"遹"。曩（nǎng）时：往时，从前。本句指往昔之时，有的君主运用明察，有的隐藏明智，治国之道交

错不齐。

⑳陈俎（zǔ）：陈设俎豆。意谓会盟，止息干戈。

㉑戴黄屋：指乘坐黄屋之车。形容生活奢侈。黄屋，古代帝王专用的黄缯车盖。《史记·秦始皇本纪》："子婴度次得嗣，冠玉冠，佩华绂，车黄屋。"

㉒服絺（chī）衣：穿着葛布的衣服。形容生活俭朴。絺衣，葛布衣。《后汉书·仲长统传》李贤注："《韩子》曰：'尧之王天下也，冬日鹿裘，夏日葛衣。'絺，葛也。"

㉓致治：使国家在政治上安定清平。

㉔宥公族：宽宥公族的罪过。《后汉书·仲长统传》李贤注引《礼记》曰："公族有死罪，狱成，有司谳于公曰'某之罪在大辟'，公曰'宥之'。有司又曰'在大辟'，公又曰'宥之'。"公族，诸侯或君王的同族。

㉕黥（qíng）国储：指商鞅对秦孝公太子的老师施以墨刑。《史记·商君列传》："太子犯法。卫鞅曰：'法之不行，自上犯之。'将法太子。太子，君嗣也，不可施刑，刑其傅公子虔，黥其师公孙贾。"黥，墨刑。刺字于被刑者的面额上，染以黑色，作为处罚的标志。国储，太子。

㉖宽躁：指政令的宽松与严苛。《后汉书·仲长统传》作"宽惨"。

㉗防：禁令。

㉘若乃偏情矫用，则枉直必过：指如果对于治国之道进行过分的矫正，则必然会带来矫枉过正的后果。《后汉书·仲长统传》李贤注："孟子曰：'矫枉过直。'矫，正也。枉，曲也。言正曲者过于直，以喻为政者惩奢则太俭，患宽则伤猛，不能折衷也。"

㉙葛履（lǚ）屦（jù）霜：语出《诗经·魏风·葛屦》："纠纠葛屦，可以履霜。"小序："《葛屦》，刺褊也。魏地狭隘，其民机巧趋利，其君俭啬褊急，而无德以将之。"指代治国过于俭啬。

㉚楚楚衣服：语出《诗经·曹风·蜉蝣》："蜉蝣之羽，衣裳楚楚。"小序："《蜉蝣》，刺奢也。昭公国小而迫，无法以自守，好奢而任小人，将无所依焉。"指代治国过于奢侈。

㉛疏禁：防备与控制的措施太过宽松。厚下：指分封的领土太大。《后汉书·仲长统传》李贤注："疏禁谓防制太宽，厚下谓封建太广。"

㉜尾大：比喻臣下势力太大。《后汉书·仲长统传》李贤注："言周室微弱而诸侯强盛，如尾大然。"陵弱：欺凌弱者。

㉝敛威：集中威势。

㉞微灭：衰败灭亡。

㉟宽猛相济：宽大和严厉互为补充。

㊱刑书镌（juān）鼎：指将刑法条文铸造在鼎上。《左传·昭公六年》："郑人铸刑书。"杜预注："铸刑书于鼎，以为国之常法。"

㊲详：知悉。

㊳三章在令：指刘邦进入关中后，与秦民约法三章。《史记·高祖本纪》："（高祖）召诸县父老豪桀曰：'父老苦秦苛法久矣，诽谤者族，偶语者弃市。……与父老约，法三章耳：杀人者死，伤人及盗抵罪。余悉除去秦法。'"

㊴太叔致猛政之衰（bāo）：《左传·昭公二十年》："郑子产有疾，谓子大叔曰：'我死，子必为政。唯有德者能以宽服民，其次莫如猛。夫火烈，民望而畏之，故鲜死焉。水懦弱，民狎而玩之，则多死焉。故宽难。'疾数月而卒。大叔为政，不忍猛而宽。郑国多盗，取人于萑苻之泽。大叔悔之，曰：'吾早从夫子，不及此。'兴徒兵以攻萑苻之盗，尽杀之，盗少止。"太叔，指游吉，又称"子太叔"，春秋时期郑国大臣，接替子产执政。衰，同"褒"。

㊵国子流遗爱之涕：《左传·昭公二十年》："及子产卒，仲尼闻之，出涕曰：'古之遗爱也。'"国子，指子产。遗爱，指有古人高尚德行、被人敬爱的人。

㊶宣孟改冬日之和:《左传·文公七年》:“酆舒问于贾季曰:‘赵衰、赵盾孰贤?’对曰:‘赵衰,冬日之日也。赵盾,夏日之日也。’”杜预注:“冬日可爱,夏日可畏。”宣孟,指赵盾,春秋时期晋国执政大臣。改冬日之和,指赵盾改变了赵衰温和的施政方略。

㊷平阳循画一之法:《史记·曹相国世家》:“参为汉相国,出入三年。……百姓歌之曰:‘萧何为法,覯若画一;曹参代之,守而勿失。载其清净,民以宁一。’”平阳,指平阳侯曹参。画一之法,指萧何制定的法令。

㊸弛张:一松一紧。比喻处事的松紧、进退、宽严等。弘致:大义。

㊹征:验证。统:纲纪,准则。

㊺数子:指王充、王符、仲长统三位思想家。

㊻谬:违背。通方:共通的道理。

㊼一隅之说:片面的说法。

㊽贵清净者:指道家。席上:指儒学。腐议:迂腐的议论。

㊾束名实者:指名家。柱下:相传老子曾为周柱下史,后以“柱下”为老子的代称。诞辞:荒诞的言辞。

㊿救弊之规:指纠正衰世弊端的法度。

51笃论:犹确论,精当确切的言论。

【译文】

评论道:范晔说:“诸子百家谈论治国之道由来已久,其主张可以大致归纳为巩固根基,革除当世的弊病。但他们遭遇的时运无常,意见偏颇杂乱,因此种种是与非的论说纷多而彼此对立。我曾经试着评论道:当今已经不是赫胥氏、大庭氏的时代,人们不再像幼鸟一样心思单纯,过着仰赖他人哺育的生活,世上万事万物开始变化,人的各种情感欲念开始萌发,即使有周知万物的智慧,也无法穷究其推移变化,即使如山川之高深,也无法比拟人心的曲折险恶,那么要顺应时势,处理世俗事务,就难有固定的条例。为什么这么说?如果是由孔子来治理天下,那么就会达到天下大同的极高境界，兴废取舍之道，不会有什么特殊的法则。然而不同时代的礼制不同，治国之道也在文质之间交替循环，或运用明察，或隐藏智慧，往昔不同时代的治道交错不齐，或发动战争，或止息干戈，古时不同朝代的方略参差不同。有的君主乘坐黄屋之车，有的君主穿着葛布之衣，生活的丰足与俭朴并不相同，但他们都使天下安定清平。有的君主赦免同族，有的君主对太子动刑，法令的宽厚与严酷相差甚远，但不同时代的禁令未必一致。这些治国之道虽然做法不同，却有着共同的源头；虽然思考方式不同，却有着共同的目的。如果进行过分的矫正，则必然带来矫枉过正的后果。所以'纠纠葛屦，可以履霜'，批判的是治国太过俭啬的弊端；'蜉蝣之羽，衣裳楚楚'，告诫的是治国太过奢侈的毛病。防备太松，对于诸侯分封太厚，会造成尾大不掉，强国欺凌弱国的现象；集中威势，采用严刑峻法，又会因为严苛刻薄而导致国家分崩离析。所以，《曹风》《魏风》中的讽刺，表明了这两个国家的政治风气；周朝、秦朝末年的政治情形，彰显了这两个朝代即将衰败灭亡。所以一开始对于治国之道的取舍，决定了国家未来的兴盛与衰败。所以礼制的繁缛或简约，要依据时势而定；宽大与严厉的政策，要互为补充。将刑法条文铸在鼎上，法令就能使人普遍知晓；刘邦颁布约法三章，可贵之处在于简约易行。子太叔认同了治民当用猛政的方针；子产去世，孔子为之流涕，称赞他有古人仁爱的遗风；赵盾改变了赵衰温和的施政方略；曹参完全遵循萧何制定的法令。以上这些事例，蕴含着为政之道一张一弛的要义，大体可以从中验证治国之道的准则！王充、王符、仲长统等人讨论当世的政治得失，都非常详尽深刻。但他们的言论常常违背共通的道理，喜欢强调片面的说法。道家认为儒家的学说是迂腐之论，名家认为老子的言论是荒诞之辞。有的人推崇先王的风尚，认为可以用于当世；有的人援引纠正衰世弊端的法度，认为可以作为长久之计。将这些观点与确切精当的言论相比较，则都有片面之处。”

由此言之,故知有法无法,因时为业。时止则止[①],时行则行。动不失其时,其道光明。非至精者[②],孰能通于变哉!

【注释】

①时止则止:以下至“其道光明”,出自《周易·艮卦·彖辞》。

②至精:指精妙绝伦的人。

【译文】

就此而言,可知虽有法则却不能固守法则,应当顺应时势的变化以成就事业。时势需要停止时就停止,时势需要行动时就行动。行动不违背时势,前途一定光明。不是精妙绝伦之人,谁又能通晓变化的奥妙呢!

霸图第十七

【题解】

《长短经》的“霸纪”部分，包括《霸图》《七雄略》《三国权》三个篇幅颇长的章节。在这一部分中，赵蕤有针对性地从各类史籍中摘取史料，回顾了自战国以来直至隋唐之际的历史。而像战国七雄、楚汉相争、三国鼎立这样的群雄逐鹿时期，以及易代之际的风云变幻，又是赵蕤最为关注的历史时刻。从“霸纪”之名即可看出，赵蕤认为这些历史中的关键时期，正是“霸道”纵横捭阖、大展身手的舞台。

所谓“霸图”，指的是成就霸业的谋略。在本篇中，赵蕤概述了秦末以来的历史大事。其中，赵蕤浓墨重彩地讲述了创业君臣们的雄图伟业，以及随何、蒯通、郦生、娄敬、陆贾、荀攸、张宾等辩士谋臣的精彩韬略。赵蕤最后总结到，纵观古今，能否任用贤才、获取民心，始终是成败盛衰的关键所在。值得注意的是，本篇还保留了一些不见于他书的珍贵史料。如篇末关于隋唐之际相关史事的记载，涉及隋末农民起义、李渊起兵等重大历史事件，与《隋书》、新旧《唐书》以及《大唐创业起居注》等史书存在着不少出入，颇有助于考史。

臣闻，周有天下①，其理三百余年②。成、康之隆也，刑错四十余年而不用③。及其衰也，亦三百余年。太公说文王曰："虽屈于一人之下[④]，则申于万人之上[⑤]，唯贤人而后能为之。"于是文王所就而见者六人[⑥]，求而见者十人，所呼而友者千人。友之友谓之朋，朋之朋谓之党，党之党谓之群，以此友天下。贤人者二人而归之[⑦]。故曰："三分天下有其二，以服事殷[⑧]。"此之谓也。**故五伯**音霸。**更起。五伯者，常佐天子兴利除害，诛暴禁邪，匡正海内，以尊天子。五伯既没，贤圣莫续，天子孤弱，号令不行，诸侯恣行，强凌弱，众暴寡。**吴王问伍胥曰[⑨]："伐楚如何？"对曰："楚执政众而乖，莫適任患[⑩]。若为三师以肄之[⑪]，一师至，彼必皆出。彼出即归，彼归即出，楚必道弊[⑫]。亟肄以疲之，多方以误之[⑬]。既疲，而后以三军继之，必大克。"阖闾从之，楚于是乎始病[⑭]。越王勾践问于大夫种曰[⑮]："伐吴何如？"对曰："伐吴有七术，其略云：尊天事鬼以空其邦[⑯]，遗之好美以荣其志[⑰]，遗之巧工使起宫室以尽其财，遗之谀臣使之易伐[⑱]，强其谏臣使之自杀[⑲]，坚甲厉兵以承其弊。"越王于是饰美女西施，献之吴王，吴王悦之。子胥谏，不受，吴王诛子胥。越又为荣楣[⑳]，镂以黄金，献之吴王。吴王受之，而起姑苏之台，五年乃能成，百姓道死。越又蒸粟种遗吴王[㉑]。吴王付人种之，不生，吴大饥。齐桓公欲弱楚[㉒]，乃铸钱，市生鹿于楚。楚闻之喜，废耕而猎鹿。桓公藏粟五倍，楚足钱而乏粟。桓公乃闭关，楚降者十四五。及柯之盟[㉓]，桓公欲倍曹沫之约，管仲因而信之[㉔]，诸侯由是归齐。故其称曰："知与之为取[㉕]，政之宝也。"郑桓公欲袭郐[㉖]，先问郐之豪杰、良臣、辨士[㉗]，书其名姓，择郐之良田赂之，为官爵之名而书之，因为坛场郭门之外而埋之[㉘]，衅以鸡猳之血[㉙]。郐君以为内难也[㉚]，尽杀之。桓公因袭郐。此皆诸侯恣行，天子之令不行也。**田常篡齐，六卿分晋，并为战国，此人之始苦也。**齐侯与晏子坐于露寝[31]。公叹曰："美哉兹室！其谁有此乎？"晏子曰："如君之言，其陈氏乎？陈氏虽无大德，而有施于人。豆、区、釜、钟之数，其取之公也薄，其施之人也厚[32]。公厚敛焉，陈氏厚施焉，人归之矣。《诗》云：'虽无德与汝，式歌且舞[33]。'陈氏之施，人歌舞之矣。后世若少堕，陈氏而不亡，则国其国也已。"后果篡齐。智伯从韩、魏之君伐赵[34]，韩、魏阴谋叛。智果曰[35]："二主殆将有变，不如杀之。不杀则遂亲之。"智伯曰："亲之奈何？"智果曰："魏宣子之谋臣赵葭[36]，韩康子之谋臣段规[37]，是皆能移其君之计。君与二君约，破赵则封二子万家之县各一，如是则二主之心可以无变。"智伯不从，韩、魏果反，杀智伯。**于是强国务攻，弱国务守，合纵连衡，驰车毂击[38]。介胄生虮虱[39]，人无所告诉。**

【注释】

①臣闻周有天下：以下至"人无所告诉"，出自《史记·平津侯主父列传》。

②理：《史记·平津侯主父列传》作"治"，指政治清明，社会安定。

③刑错：置刑法而不用。

④虽屈于一人之下：以下至"所呼而友者千人"，见于《群书治要》卷三十一所引《六韬·武韬》。

⑤申于万人之上：指地位高居万民之上。申，伸展，伸张。

⑥就：指主动亲近。

⑦贤人者二人：梁运华先生认为指伯夷、叔齐。《史记·周本纪》："（文王）礼下贤者，日中不暇食以待士，士以此多归之。伯夷、叔齐在孤竹，闻西伯善养老，盍往归之。"

⑧三分天下有其二，以服事殷：出自《论语·泰伯》。

⑨吴王问伍胥曰：以下至"楚于是乎始病"，出自《左传·昭公三十

年》。吴王，指吴王阖闾。

⑩莫適（dí）任患：指谁也不肯承担责任。適，专主，做主。

⑪肄（sì）：突袭。这里指突然袭击而又退却，使楚军劳苦疲惫。《左传·昭公三十年》杨伯峻注："'肄'读为'肆'，即文十二年《传》'若使轻者肆焉'之'肆'。"

⑫道弊：因奔走于道路而疲惫。

⑬亟（jí）肄以疲之，多方以误之：多次出兵骚扰使楚军疲敝，用各种方法使楚军失误。亟，屡次。

⑭楚于是乎始病：楚国从此疲惫不堪。

⑮越王勾践问于大夫种曰：以下至"百姓道死"，出自《越绝书·越绝内经九术》，有删节，文字有所不同。类似内容又见于《吴越春秋·勾践阴谋外传》。大夫种，指文种，又作"文仲"，字子禽，楚国郢（今湖北荆州市荆州区西北）人。春秋末期著名谋略家，越王勾践的重要谋士。辅佐越国打败吴王夫差。后因功高震主，被勾践赐死。

⑯尊天事鬼以空其邦：《越绝书》与《吴越春秋》于"尊天事鬼"后，均无"以空其邦"四字。尊天事鬼，指文种向勾践建议，应当事奉神灵以避免灾祸。《吴越春秋·勾践阴谋外传》："（勾践）乃行第一术，立东郊以祭阳，名曰东皇公；立西郊以祭阴，名曰西王母。祭陵山于会稽，祀水泽于江州。事鬼神二年，国不被灾。"译文从之。

⑰好美：指美女。荣其志：指使吴王沉湎女色，玩物丧志。荣，通"营"，迷惑，惑乱。

⑱遗之谀臣：《越绝书·越绝内经九术》作"遗其谀臣"，指贿赂吴王身边的佞臣。易：轻易，轻率。伐：自矜，自我夸耀。

⑲强其谏臣使之自杀：指设法让吴王身边的谏臣犯颜直谏，从而激怒吴王处死他们。

⑳荣楣（méi）：华丽的门楣。

㉑越又蒸粟种遗吴王：以下至“吴大饥”，出自《吴越春秋·勾践阴谋外传》。

㉒齐桓公欲弱楚：以下至“楚降者十四五”，出自《管子·轻重戊》，文字经过了重新概括。

㉓及柯之盟：以下至“政之宝也”，出自《史记·管晏列传》。柯，又作“阿”，春秋、战国齐邑，在今山东阳谷东北阿城镇。鲁庄公十三年（前681），齐国与鲁国在柯地举行盟会。在盟会上，鲁将曹沫手持匕首劫持齐桓公，迫使齐桓公答应归还鲁国被齐国侵占的领土。事见《史记·齐太公世家》与《刺客列传》。

㉔信（shēn）：通“伸”。此处指承认、履行条约。

㉕与之为取：指给予是索取的前提。今本《老子》第三十六章：“将欲夺之，必固与之。”

㉖郑桓公欲袭郐（kuài）：以下至“桓公因袭郐”，出自《韩非子·内储说下六微》。郑桓公，姬姓，名友，西周时代郑国开国君主。郐，西周时诸侯国名。位于今河南新密东北。

㉗辨士：能言善辩之士。《韩非子·内储说下六微》作“辨智果敢之士”。辨，通“辩”。

㉘坛场：古代祭祀、会盟的场地。

㉙衅：血祭，谓杀生取血涂物以祭。猳（jiā）：同“豭”，猪。衅以鸡猳之血，是为了假装在坛场上举行过盟誓。

㉚内难：一般指国家内部的变乱。

㉛齐侯与晏子坐于露寝：以下至“后果篡齐”，出自《左传·昭公二十八年》。齐侯，指齐景公。露寝，即路寝，古代天子、诸侯的正厅。

㉜“豆、区、釜、钟之数”三句：指陈氏的量器大于公家的量器，以大的私量借出，以小的公量收回。陈氏以这种方式施舍、收买民众。事见《左传·昭公三年》。取之公，指在采邑中收取赋税。采邑为公所赐，故谦言取之公。

㉝虽无德与汝，式歌且舞：出自《诗经·小雅·车舝》。意思是虽无大德与人，也应当博得人们的歌颂。

㉞智伯从韩、魏之君伐赵：以下至“杀智伯”，出自《韩非子·十过》，有删节。智伯，即智瑶。

㉟智果：智瑶的族人，晋国大夫。

㊱魏宣子：又称“魏桓子”，魏氏家族的领袖，春秋时期晋国大夫。曾与韩康子、赵襄子一同消灭了晋国执政智伯。赵葭（jiā）：魏宣子的家臣。

㊲韩康子：韩氏家族的领袖，春秋时期晋国大夫。段规：韩康子的家臣。

㊳驰车毂（gǔ）击：指车子奔驰往来，其毂相击。形容游说之士奔走频繁。毂，车轮的中心部位，周围与车辐的一端相接，中有圆孔用以插轴。

㊴介胄（zhòu）：铠甲和头盔。

【译文】

我听说周朝统治天下，政治清明的时期有三百多年。成王、康王期间，是周朝最兴隆的时代，四十余年搁置刑法不用。等到周朝衰落，也有三百多年的时间。太公对周文王说：“虽然屈居一人之下，却能高居万人之上，只有贤人能做到这一点。”于是周文王主动亲近而见到的贤人有六位，经过求访而见到的贤人有十位，招唤前来成为好友的贤人有上千位。友人的友人叫“朋”，朋的朋叫作“党”，党的党叫作“群”，由此不断扩展，从而与天下的贤人交友。伯夷、叔齐两位大贤，也前来投奔周文王。所以说：“周文王占据了天下的三分之二，却仍然服事殷朝。”说的就是这一情况。所以春秋五霸伯，读作“霸”。相继而起。这五位霸主，常常辅佐天子兴利除害，诛灭凶暴，禁治邪恶，匡正天下，以尊崇周天子。五霸相继消亡之后，没有贤君圣主继承其事业，天子孤单微弱，号令无人听从，诸侯恣意妄为，以强凌弱，以众欺寡。吴王阖闾询问伍子胥：“如何讨伐楚国？”伍子胥回答说：“楚国执政的大臣众多而且彼此不合，谁也不肯承担责任。如果组织三支军队去骚扰他们，一支军队前去，楚军必定全部出动。他们出兵，我们就收兵；他们收兵，我们就再出兵，楚军必定疲于奔命。多次出兵骚扰使楚军疲敝，用各种方法使他们失误。等楚军疲敝之后，再派遣三军大举进攻，一定能大获全胜。”阖闾听从了伍子胥的意见，楚国从此开始陷于困顿。越王勾践询问大夫文种：“如何讨伐吴国？”文种回答说：“讨伐吴国有七种办法，其大致内容是：尊天侍奉鬼神以避免灾祸；向吴王赠送美女迷惑吴王，使其沉湎女色；向吴王赠送能工巧匠，使其大起宫室，耗尽吴国的财富；贿赂吴王身边的佞臣，使其在佞臣的奉承中变得轻率而自傲；设法让吴王身边的谏臣犯颜直谏，从而激怒吴王将其处死；修好铠甲，磨砺武器，等待吴国疲困的时候趁机讨伐。”越王于是打扮好美女西施，献给吴王，吴王非常喜欢。伍子胥进谏，吴王不听，并最终诛杀了伍子胥。越国又制作了华美的门楣，用黄金进行装饰，献给吴王。吴王接受了，并营建姑苏台，五年才最终建好，百姓死亡于道路。越国又把蒸过的小米种子送给吴王。吴王让百姓播种，导致绝收，吴国因此发生了大饥荒。齐桓公想要削弱楚国，便铸造钱币，到楚国购买活鹿。楚国人听说后很高兴，放弃耕种而去捕捉活鹿。齐桓公储藏了五倍的粮食，楚国货币充足却粮食匮乏。齐桓公于是关闭了齐、楚之间的关门，断绝贸易，由于缺乏粮食，十分之四的楚国人都投降了齐国。在柯地的盟会中，齐桓公想要背弃被曹沫所逼迫而订的条约，管仲却劝说齐桓公履行条约，诸侯因此归顺齐国。所以说：“要明白给予是索取的前提，这是治国的法宝。”郑桓公想要袭击郐国，先打听清楚郐国有哪些豪杰、良臣与能言善辩之士，把他们的名字记录下来，购买郐国的良田记在他们名下假装贿赂了他们，还在他们的名下写上官爵名称，在郐国国都的城门之外设立坛场，把这些名册埋在地下，再撒上鸡和猪的血，伪装出曾进行过盟誓的样子。郐国国君以为国内发生了叛乱，把这些良臣全杀了。郑桓公于是偷袭郐国。以上这些，都是诸侯恣意妄为，天子政令无法推行的例子。**田常篡夺了齐国，六卿瓜分了晋国，天下进入战国时代，从此百姓陷入痛苦之中。**齐景公与晏子坐在路寝中。齐景公感叹道：“多美的宫室啊！谁将会拥有它呢？”晏子回答说：“如果照您这么说，大概是陈氏吧？陈氏虽然没有大的功德，却能施舍百姓。豆、区、釜、钟四种量器，陈氏在采邑中收税时用公家的小量器，借贷民众时用私人的大量器。公家征税多，陈氏施舍多,人民都归向陈氏了。《诗经》说:‘虽然没有美德给予你,也应该唱歌又跳舞。’陈氏的施予,百姓已经为之载歌载舞了。您的后代如果稍有怠惰,陈氏又不灭亡,那么国家就变为他的国家了。”后来陈氏果然篡夺了齐国政权。智伯与韩、魏两家的君主一起讨伐赵国,韩、魏阴谋背叛。智果说:“韩、魏之君恐怕会叛变,不如杀了他们。如果您不能杀他们,那就亲近他们。”智伯说:“如何亲近他们?”智果说:“魏宣子的谋臣叫赵葭,韩康子的谋臣叫段规,这两个人都能改变他们君主的主意。您可以与两位君主约定,如果攻破赵氏,就分封给这两个人万户人口的县各一个,如果这样,两位君主的心意就不会有变化了。”智伯没有听从,韩、魏果然反叛,联合杀了智伯。于是,强国致力于扩张,弱国致力于防守,有人主张合纵,有人主张连横,游说之士往来奔走。战争连年不断,战士的铠甲头盔里长满了虱子,百姓的痛苦无处倾诉。

及至秦蚕食天下[①],并吞战国,一海内之政,坏诸侯之城,法严政峻,谄谀者众。使蒙恬将兵北攻胡[②],尉他将卒以戍越[③],宿兵无用之地[④],人不聊生。始皇崩,天下大叛。陈胜、吴广举于陈[⑤],陈涉、吴广戍渔阳[⑥],屯大泽,会天雨,道不通,度已失期[⑦],失期当斩。二人乃谋曰:“今已失期,当斩。今举大计[⑧],亦死。等死,死为国,可乎?”乃先已鬼神威众[⑨],因斩尉[⑩],召令徒属曰:“公等遇雨,皆已失期,失期当斩。藉令弟无斩[⑪],而戍死者固十六七。且壮士不死则已,死则举大名[⑫]。侯王将相宁有种乎?”徒属皆曰:“敬受命!”遂分将徇地[⑬],自立为陈王。武臣、张耳举于赵[⑭],武臣略定赵地[⑮],号武信君。蒯通说范阳令徐公曰[⑯]:“臣,范阳百姓蒯通也,窃悯公之将死,故吊。虽然,贺公得通而生也。”徐公再拜曰:“何以吊之?”通曰:“足下为令十年矣,杀人之父、孤人之子、断人之足、黥人之首甚众[⑰],然而慈父孝子所以不敢倳刃公之腹中者[⑱],畏秦法也。今天下大乱,秦政不施,然则慈父孝子将争接刃公之腹[19]，以复其怨而成其名。此通之所以吊也。"曰："何以贺得子而生也？"通曰："赵武信君不知通不肖，使人候通，问其死生。通见武信君而说之曰：'必将战胜而后略地，攻得而后取天下城[20]，臣窃以为殆矣。用臣之计，无战而略地，不攻而下城，传檄而千里可定矣[21]。'彼将曰：'何谓也？'臣因说曰：'范阳令宜整顿其士卒以守战者也，怯而畏死，贪而好富贵，故欲以其城先下君。先下君而不利，则边地之城皆将相告曰："范阳令先降而身死。"必将婴城固守[22]，皆为金城汤池，不可攻矣。为君计者，莫如以黄屋朱轮迎范阳令[23]，使驰骛于燕、赵之郊，则边城皆将相告曰："范阳令先下而身富贵矣。"必相率而降，由是如坂上走丸也。此臣所谓传檄而千里定者也。'"徐公再拜，具车马遣通，通遂以此说武臣。武臣以车百乘、骑二百、侯印迎徐公。燕、赵闻之，降者三十余城，如蒯通策也。**项梁举吴**[24]，梁令项羽杀假守通[25]，便举兵起吴。吴，今苏州也。**田儋举齐**[26]，儋从少年[27]，缚奴欲杀之，以见狄令，因杀令举兵也。**景驹举郢**[28]，**周市举魏**[29]，**韩广举燕**[30]。**穷山通谷，豪杰并起，而亡秦族矣。**

【注释】

①及至秦蚕食天下：以下至"而亡秦族矣"，出自《史记·平津侯主父列传》，有删节，文字有所不同。

②蒙恬：秦朝名将。祖居齐国，祖父蒙骜、父亲蒙武皆为秦名将。曾率军击退匈奴，收复河南地（今内蒙古河套及以南地区），修筑长城。匈奴慑于蒙恬兵威，不敢进犯。秦始皇死后，蒙恬因为支持太子扶苏，被赵高设计处决。胡：指匈奴。

③尉他（tuó）：即赵佗，真定（今河北石家庄东北）人。秦时任南海龙川（今广东龙川西南）令，后代行南海郡郡尉事，故被称为"尉

佗”,亦作“尉他”。秦末战乱中,赵佗起兵兼并桂林郡、象郡,建立南越国,自立为南越武王。越:指百越居住的广东、广西一带。

④宿:指军队的停留与驻扎。

⑤陈胜:字涉,阳城(今河南登封东南)人。吴广:字叔,陈郡阳夏(今河南太康)人。秦二世时,陈胜、吴广被征发戍守渔阳(治今北京密云西南),途中二人在沛郡蕲县大泽乡(今安徽宿州东南)发动同行戍卒九百人起义。攻下陈(今河南淮阳)后,陈胜立为王,国号张楚。事迹见《史记·陈涉世家》。

⑥陈涉、吴广戍渔阳:以下至“自立为陈王”,出自《史记·陈涉世家》,有删节。

⑦度(duó):推测,估计。失期:耽误规定的期限。

⑧举大计:指造反。

⑨乃先已鬼神威众:指陈胜、吴广假借鬼神,在众人中树立威信。《史记·陈涉世家》:“(陈胜、吴广)乃丹书帛曰‘陈胜王’,置人所罾鱼腹中。卒买鱼烹食,得鱼腹中书,固以怪之矣。又闲令吴广之次所旁丛祠中,夜篝火,狐鸣呼曰‘大楚兴,陈胜王’。卒皆夜惊恐。旦日,卒中往往语,皆指目陈胜。”

⑩尉:指统率戍卒的县尉。

⑪藉令弟:《史记·陈涉世家》作“藉弟令”,假使,即便。

⑫大名:谓尊崇的名号,指称王称侯。

⑬徇:掠取,招抚。

⑭武臣:陈郡(治今河南淮阳)人。陈胜部将,曾率军攻赵,占据邯郸,并自立为赵王。后因内讧被部将李良所杀。张耳:大梁(今河南开封)人。早年曾为信陵君门客。跟随武臣北定赵地,任赵右丞相。后被项羽封为常山王,投奔刘邦后改立为赵王。事迹见《史记·张耳陈馀列传》。赵:泛指战国时赵国旧地,今山西省中部、陕西省东北角、河北省西南部。

⑮武臣略定赵地：以下至“如蒯通策也”，出自《汉书·蒯通传》，相关记载又见于《史记·张耳陈馀列传》。《张耳陈馀列传》：“（武臣）下赵十城，余皆城守，莫肯下。乃引兵东北击范阳。”

⑯蒯（kuǎi）通：范阳（今河北定兴西南）人。一说为齐人，本名彻，因避汉武帝刘彻名讳而在《史记》《汉书》中被记录为“蒯通”，秦汉之际著名辩士。

⑰黥（qíng）：墨刑。

⑱倳（zì）刃：以刀刺入。

⑲接（chā）：插。王先谦《汉书补注》引王念孙曰：“接，读为‘插’。《说文》：‘插，刺内也。’‘内’与‘入’同，谓以刃刺入公腹。作‘接’者，借字耳。”

⑳攻得而后取天下城：《汉书·蒯通传》作“攻得而后下城”。

㉑传檄（xí）：传布檄文。

㉒婴城：谓环城而守。

㉓黄屋朱轮：古代帝王、大臣所乘的车。

㉔项梁：下相（今江苏宿迁西南）人。楚国名将项燕之子，项羽叔父。秦末响应陈胜起义，在吴地（今江苏苏州）起兵。

㉕假守通：指当时会稽守殷通。假守，古时称权宜派遣而非正式任命的地方官。

㉖田儋（dàn）：狄（今山东高青东南）人。原齐国贵族。秦末起兵，自立为齐王，占有齐地。事迹见《史记·田儋列传》。齐：泛指战国时齐国旧地，今山东泰山以北黄河流域及胶东半岛地区。

㉗从：让人跟着，带领。

㉘景驹：原楚国贵族。陈胜失败后，景驹被陈胜部下秦嘉立为楚王。郢（yǐng）：楚国旧都，今湖北荆州市荆州区西北。按，景驹为楚王时居于留县（今江苏沛县东南），与楚国旧都郢无关。

㉙周市（fú）：秦末魏国人。陈胜部将。奉命略定魏地后，拥立魏国

宗室魏咎为王。事迹见《史记·魏豹彭越列传》。魏:泛指战国时魏国旧地,今山西省东部和河北、河南两省之一部分。

㉚韩广:陈胜部将。随武臣略定赵地后,奉武臣命略定燕地。占领燕地后,自立为燕王。事迹见《史记·张耳陈馀列传》。燕:泛指战国时燕国旧地,今河北省北部,北京、天津以及辽宁省大部。

【译文】

等到秦国蚕食天下,吞并列国,统一海内的政令制度,折毁旧时诸侯的城池,刑法严酷,政令苛刻,阿谀奉承之人众多。派蒙恬率军北伐匈奴,派赵佗领兵戍守百越,将军队驻守于无用之地,导致民不聊生。秦始皇死后,天下爆发了大规模叛乱。陈胜、吴广在陈地起兵,陈涉、吴广被派遣到渔阳去守边,中途停驻在大泽乡,遇到大雨,道路不通,他们估计已无法按时到达渔阳,而按照秦法,误期会被斩首。二人就商量说:“如今已经误期,当被斩首。而如果造反失败,也无非一死。一样是死,死于国家大事,可以吗?”于是,二人先假借鬼神在众人中树立威信,因而斩杀统率戍卒的县尉,把戍卒们召集起来说:“各位遇上大雨,都已经误期,而误期依法是要斩首的。即使不被斩首,十分之六七的人也会戍边而死。况且大丈夫不死则已,如果要死,也要为自己称王称侯而死。那些王侯将相,难道都是天生的贵种吗?”戍卒们都说:“愿意听您的指挥!”于是派遣将领攻城略地,并自立为陈王。**武臣、张耳在赵地起兵,**武臣平定了赵地,别号武信君。蒯通对范阳县县令徐公说:“我,是范阳的百姓蒯通,私下怜悯您就要死去,所以前来吊丧。虽然如此,我还得祝贺您因为见到我而有了生路。”徐公拜了又拜,说:“为什么要来给我吊丧?”蒯通说:“您担任范阳县令已经十年了,杀死别人的父亲,使人家的孩子成为孤儿,砍断别人的脚,在别人的脸上刺字,您做了很多这样的事,然而那些慈父和孝子之所以不敢用利刃刺进您的腹中,不过是畏惧秦朝的法律罢了。如今天下大乱,秦朝的政策法令不再施行,那么那些慈父和孝子将争着将利刃刺进您的腹中,以此报仇雪恨,成就名声。这就是我来给您吊丧的原因。”徐公又问:“为什么祝贺我见到你就有了生路呢?”蒯通说:“武信君不知道我并不贤明,派人问候我,打听我是否活着。我将要去见武信君并劝说他:‘如果一定要战胜后才占有地盘,攻下后才占领城池，我私下里认为这就危险了。如果采用我的计谋，无须作战就能占有地盘，无须攻城就能占有城池，传布一道檄文就可以平定千里之地。'他将会问我：'这是什么意思呢？'我就趁机游说道：'范阳令本应整顿士兵守城备战，但是他胆小怕死，贪财而又喜欢富贵，因此打算以范阳首先投降您。如果首先投降您却被杀，那么边界上的城邑都会互相转告说："范阳令率先投降却被杀害。"守将必定环城坚守，这些城邑都会变得极其险固，不可攻打。如今为您打算，不如用帝王所乘坐的车辆迎接范阳令，让他驰骋于燕、赵各地的郊外，那么边界上的城邑都会互相转告说："范阳令率先投降而享受富贵。"守将必定相继投降，就像斜坡上滚动弹丸一样顺利。这就是我所说的，传布一道檄文就可以平定千里之地。'"徐公拜了又拜，准备好车马派遣蒯通，蒯通就以这些说辞说服了武臣。武臣用一百辆车、二百名骑兵迎接徐公。燕地、赵地听说这个消息，相继投降的城池有三十多座，正如蒯通所谋划的那样。**项梁在吴地起兵**，项梁命令项羽杀了会稽假守殷通，于是在吴地起兵。吴，即今天的苏州。**田儋在齐地起兵**，田儋带着一群年轻人，捆住自己的奴仆假装要杀他，来求见狄县县令请求批准，趁机杀了县令，起兵造反。**景驹在郢地起兵，周市在魏地起兵，韩广在燕地起兵。漫山遍谷，豪杰并起，从而灭亡了秦朝。**

汉高祖名邦[①]，字季，姓刘氏，沛国丰邑人[②]，为泗上之亭长[③]。秦二世元年[④]，陈胜等起，胜自立为楚王。张耳、陈馀谏曰[⑤]："将军出万死之计，为天下除害。今始至陈，而自立为王，是示天下之私也。不如立六国后[⑥]，自为树党。进师而西，则野无交兵，城无守墙。诛暴秦，据咸阳，以令诸侯，天下可图也。"胜不听。**沛人杀其令，立高祖为沛公。时项梁止薛[⑦]，沛公往从之，共立义帝[⑧]。**范曾说项梁曰[⑨]："秦灭六国，楚最无罪。自怀王入秦不反[⑩]，楚人怜之，故语曰：'楚虽三户，亡秦必楚。'今陈胜首事，不立楚后，其势不长。今君起江东，楚锋起之将皆争附君者[⑪]，以君代代楚将，为能复立楚后也。"梁自求怀王孙心立也。**约曰："先入咸阳**

者王之。"秦将章邯大败项梁于定陶[12],梁死,章邯以为楚不足忧[13],乃北伐赵。楚使项羽等救赵,遣沛公别将西入关[14]。沛公遂攻宛[15],降之。沛公攻宛[16],南阳太守吕锜保城不下[17]。沛公欲遂西。张良曰:"强秦在前,宛兵在后,此危道也。"乃围宛。宛急,锜欲自杀。其舍人陈恢逾城见沛公曰[18]:"宛吏人惧死坚守[19],足下尽日攻之[20],死殇者必众[21]。引兵而去,宛必随之。足下前失咸阳之约,后有强宛之患,不如约降,封其守,引其甲卒而西。诸城未下者,必开门而待足下。"沛公曰:"善。"封吕锜为殷侯。攻武关[22],大破秦军。赵高杀二世[23],立子婴,遣兵拒关。张良曰:"秦兵尚强,未可轻也。愿益张旗帜诸山上,为疑兵,令郦食其持重宝啖秦将。"秦将果欲连和俱西。沛公欲听之。良曰:"此独其将欲叛,恐士卒不从。士卒不从,必危。不如因其解而击之[24]。"乃击秦军,破之。入咸阳,与秦人约法三章。秦人献牛酒,沛公让,不受,于是人知德矣。遣兵拒关,欲王关中。是时项羽破秦军于河北,率诸侯兵四十万至鸿门[25],欲击沛公。沛公因项伯自解于羽[26]。羽遂杀子婴而东都彭城[27],立沛公为汉王,王巴汉[28]。汉王不肯就国[29],欲攻楚。萧何曰:"王虽王汉之恶,不犹愈于死乎?且语曰'天汉'[30],其称甚美。夫能屈于一人之下,则申于万人之上,汤、武是也。愿大王王汉中,抚其士人,以致贤人,收用巴蜀,还定三秦[31],天下可图。"

【注释】

①汉高祖名邦:以下至"王巴汉",抄撮自《史记·高祖本纪》。

②沛国丰邑:今江苏丰县。

③泗上之亭长：即泗水亭长。秦汉时在乡村每十里设一亭，置亭长，掌治安，捕盗贼，理民事，兼管停留旅客。

④秦二世元年：即前209年。

⑤张耳、陈馀谏曰：以下至"胜不听"，出自《史记·张耳陈馀列传》。陈馀，大梁（今河南开封）人。早年与张耳交好，结为刎颈之交。陈胜起义后，他与张耳共立武臣为赵王，自任大将军。武臣被杀后，他又与张耳立旧贵族赵歇为王。后与张耳交恶。项羽封张耳为常山王，改封赵歇为代王，他击走张耳，仍奉赵歇为赵王，并自为代王。在韩信破赵之战中兵败被杀。

⑥立六国后：立战国时六国王族的后裔为王。六国，指被秦消灭的齐、楚、燕、韩、赵、魏六国。

⑦薛：今山东滕州南。

⑧义帝：即项梁所拥立的楚怀王之孙，名心。

⑨范曾说项梁曰：以下至"梁自求怀王孙心立也"，出自《史记·项羽本纪》。范曾，《史记》作"范增"，居鄛（今安徽六安）人。项羽的主要谋士，被尊为"亚父"。后因陈平的离间计失去项羽信任，离开楚军，疽发于背而卒。

⑩怀王入秦不反：秦昭王邀请楚怀王赴秦盟会，却将他扣留，要求割地。楚怀王不肯，遂被幽禁，最终死在秦国。事见《史记·楚世家》。怀王，名槐，战国后期楚国君主。

⑪锋起：同"蜂起"，像群蜂飞舞，纷然并起。

⑫章邯（hán）：秦末名将。陈胜起义后，章邯率军陆续击灭周章、田儋、魏咎、邓说、伍徐、蔡赐、陈胜、项梁等人，屡战屡胜。被项羽击败后投降，随项羽入关，被封为雍王，定都废丘（今陕西兴平东南）。后为刘邦所围，兵败自杀。定陶：今山东菏泽定陶区西北。

⑬楚：指此时汇集在楚地的军队。《史记·高祖本纪》作"以为楚地兵不足忧"。

⑭别将:配合主力军作战的部队将领。

⑮宛:今河南南阳,当时为秦南阳郡郡治。

⑯沛公攻宛:以下至“封吕锜为殷侯”,出自《史记·高祖本纪》,有删节。

⑰锜(yǐ):《史记·高祖本纪》作“齮(yǐ)”。

⑱舍人:战国及汉初王公贵人私门之官。

⑲吏人:官吏与庶民。

⑳尽日:终日。

㉑殒(yǔn):死亡。

㉒武关:在今陕西商南西南,战国秦置,为关中地区通往豫西南和湖北的咽喉。

㉓赵高杀二世:以下至“乃击秦军,破之”,出自《史记·留侯世家》,有删节。

㉔解:通“懈”,松懈。

㉕鸿门:古地名。在今陕西西安临潼区东。楚汉相争,项羽驻军并会宴刘邦于此,故又称“项王营”。

㉖项伯:名缠,字伯,下相(今江苏宿迁西南)人。项羽叔父。曾在鸿门宴中解救刘邦。西汉建立后,赐姓刘氏,封射阳侯。自解:自我辩解,自作解说。

㉗子婴:秦二世胡亥的侄子。赵高杀二世,立他为秦王,在位四十六天。刘邦攻破咸阳,子婴投降。后为项羽所杀。彭城:今江苏徐州。

㉘巴汉:指刘邦的封地巴、蜀、汉中地区。

㉙汉王不肯就国:以下至“天下可图”,出自《汉书·萧何传》,有删节。

㉚天汉:指天河。颜师古注引臣瓒曰:“流俗语云‘天汉’,其言常以汉配天,此美名也。”

㉛三秦:秦亡以后,项羽三分关中,封秦降将章邯为雍王,司马欣为

塞王，董翳为翟王，合称“三秦”。

【译文】

汉高祖名邦，字季，刘姓，是沛国丰邑人，曾担任泗水亭长。秦二世元年，陈胜等人发动起义，陈胜自立为楚王。张耳、陈馀劝谏道：“将军不顾生死，为天下铲除暴秦。如今刚刚攻下陈郡，就自立为王，这是向天下显示起兵是出于私心。不如拥立六国的后人，为自己树立党羽。如此一来率军西进，则秦国既没有兵力与我们在野外交战，也没有兵力守城。推翻残暴的秦国，占据咸阳，并以此号令诸侯，则天下就可图谋了。”陈胜没有听从。**沛人杀了沛县县令，立刘邦为沛公。此时项梁在薛县，刘邦前往追随他，一起拥立了义帝。**范增对项梁说：“秦国灭亡六国，楚国最为无辜。自从楚怀王入秦后没能返回，楚人至今还同情他，所以有人说：‘楚国即使只剩下三户人家，灭亡秦国的也必定是楚国。’如今陈胜率先起义，却不拥立楚国的后代，势必不能长久。如今您从江东起兵，楚国那些纷然并起的将领都争相依附，是因为您家世世代代都是楚将，能够重新拥立楚王的后人。”项梁于是找到了楚怀王的孙子，名心，将其立为楚王。**义帝与众将约定：“先攻入咸阳的人，封为关中王。”秦国大将章邯在定陶大败项梁，项梁战死，章邯认为楚地的义军不足为虑，于是北攻赵地。义帝派遣项羽等人援救赵国，派遣刘邦作为别将向西进入关中。刘邦于是攻打宛城，宛城投降。**刘邦进攻宛城，南阳太守吕锜据城坚守。刘邦想绕开宛城向西进发。张良说：“前有强大的秦国，后有宛城的军队，这是危险的举措。”刘邦于是围攻宛城。宛城告急，吕锜想要自杀。他的舍人陈恢翻城而出，求见刘邦说：“宛城的官吏与百姓畏惧投降后被处死，故坚守城池，您终日攻城，死伤的将士必然众多。如果您率军离开，宛城的军队必然尾随您西进。您前进，会错失先入咸阳称王的约定；后退，宛城强大的军队将成为您的隐患；您不如约请宛城投降，封赏南阳郡守，带着宛城的军队一同西进。那么那些尚未攻下的城邑，一定会打开城门等待您的到来。”刘邦说：“好。”于是封南阳太守吕锜为殷侯。**攻打武关，大破秦军。**赵高杀害秦二世，拥立子婴为秦王，派遣军队据守武关。张良说：“秦军的战斗力还很强，不能轻敌。希望您在四周的山上多树旗帜，作为疑兵，再派郦食其带上贵重宝物去贿赂秦将。”秦将果然反叛，想与刘邦联合一起西进。刘邦想同意。张良说："这只是那个守将想叛秦，恐怕他的士卒不会追随他。士卒不追随，事情就危险了。不如趁他们放松戒备的时候袭击他们。"于是刘邦引兵突袭，大破秦军。**进入咸阳，与秦人约法三章。**秦人献上牛和酒犒劳军队，刘邦推让不肯接受，于是秦人都知道刘邦是有德之人。**刘邦派遣军队拒守函谷关，想要在关中称王。此时项羽已在河北大破秦军，率领各诸侯的军队一共四十万来到鸿门，准备攻打刘邦。刘邦通过项伯向项羽自我辩解。项羽于是杀了秦王子婴，而往东定都彭城，立刘邦为汉王，统治巴蜀与汉中地区。**刘邦不肯到封国去，想要攻打项羽。萧何说："您虽然在汉中这块不好的地方称王，难道不比死亡还好一些吗？况且人们说'天汉'，这个名称很美好。能够屈服于一人之下，最终高居万民之上的，是商汤、周武王这样的圣君。我希望您能在汉中称王，安抚这里的士人，招揽这里的贤人，收集巴蜀的财用，然后回师平定三秦，这样就可以图谋夺取天下。"

于是用韩信策，乃东伐，还定三秦。汉王之国也[1]，韩信亡楚，从入蜀[2]，无所知名。数与萧何语，何奇之，荐为大将军。信拜礼毕，王曰："丞相数言将军，将军何以教寡人计策？"信谢，因问王曰："今东向争权天下者[3]，岂非项王耶？"曰："然。"信曰："大王自料勇悍仁强孰与项王比[4]？"汉王默然良久，曰："不如也。"信再拜，贺曰："虽信亦以为大王不如。然臣尝事之，请言项王之为人也。项王喑噁叱咤[5]，千人皆废[6]，然不能任属贤将，此特匹夫之勇也[7]。项王见人，恭敬慈爱，言语呴呕[8]。人有疾病，涕泣分食饮。至使人有功当封爵者，印刓弊[9]，忍不能与，此所谓妇人之仁也。项王虽霸中国而臣诸侯，不居关中而都彭城，有倍义帝之约，而以亲爱王，诸侯不平。诸侯之见项王迁逐义帝置江南，亦皆归逐其主而自王善地。项王所过，无不残灭者，天下多怨，百姓不亲附，特劫于威强服耳[10]。名虽为霸，实失天下心，故曰其强亦弱[11]。今大王诚能反其道，任天下武勇，何所不诛？以天下城邑封功臣，何所不服？以义兵从思东归之士[12]，何所不散[13]？且三秦王为秦将，将秦子弟数岁矣，杀亡不可胜计。又欺其众降诸侯，至新安，项王诈坑秦降卒二十余万[14]，唯独邯、欣、翳得脱。秦人父兄怨此三人，痛入骨髓。今楚强以威而王此三人，秦人莫爱也。大王之入武关，秋毫无所害，除秦苛法，与民约法三章耳，秦人无不欲得大王王秦者。于诸侯之约，大王当王关中，关中人户咸知之。大王失职入汉中，秦人无不恨者[15]。今大王举而东，三秦可传檄而定也。”于是汉王大喜，遂听信计。初，汉王之国也[16]，张良送至褒中[17]，说汉王曰：“王何不烧绝所过栈道[18]，示天下无还心，以固项王意？”汉王乃使张良还，因烧之。楚以此无忧汉王之心也。

【注释】

①汉王之国也：以下至“遂听信计”，出自《史记·淮阴侯列传》。之，去，前往。

②入蜀：项羽封刘邦为汉王，王巴、蜀、汉中，都南郑（今陕西汉中东）。此处“入蜀”，指离开关中前往南郑。

③争权：争夺权力。

④勇悍：勇猛强悍。仁强：仁爱强毅。

⑤喑噁（yìn wù）叱咤（chì zhà）：怒吼。

⑥废：意为偃伏。

⑦特：但，仅，只是。

⑧呴呕（xǔ xū）：谓言语和悦。

⑨刓（wán）弊：摩挲致损。刓，通“玩”，摩挲。

⑩劫：威逼，强迫。

⑪亦：通“易”。

⑫以义兵从思东归之士：韩兆琦先生在《史记笺证》里认为，“义兵”指刘邦现有的全部士卒。“思东归之士”，指家在沛县周围，最早跟从刘邦起事反秦的，如今一心要打回老家去的那些老兵。

⑬何所不散：还有什么样的敌人无法击溃。散，指溃散。

⑭项王诈坑秦降卒二十余万：章邯等人投降项羽时，手下有秦兵二十万。投降后，诸侯军士兵虐待秦兵，秦兵有怨言。项羽担心他们不服，把他们全部坑杀于新安城南。事见《史记·项羽本纪》。

⑮恨：遗憾。

⑯初，汉王之国也：以下至“楚以此无忧汉王之心也”，出自《史记·留侯世家》。

⑰褒中：今陕西勉县褒城镇东。

⑱栈道：在险绝处傍山架木而成的一种道路。

【译文】

于是采用韩信的计策，向东进攻，回师平定三秦。刘邦前往汉中就任汉王，韩信从楚军中逃了出来，跟随刘邦一起来到汉中，一直默默无闻。韩信和萧何谈了几次话，萧何觉得他有奇才，推荐他就任大将军。拜韩信为大将的仪式结束后，刘邦说：“萧丞相多次推荐将军您，您有什么良策可以指教我呢？”韩信先是逊让，然后问刘邦说：“如今您东向争夺天下，对手岂不是项羽吗？”刘邦说：“是的。”韩信说：“大王您估计自己的勇猛、强悍、仁爱、强毅比得过项羽吗？”刘邦沉默良久，说：“比不过他。”韩信起身拜了又拜，赞同地说：“即便是我，也认为您比不过他。不过，我曾经侍奉过项羽，请让我谈谈项羽的为人。项羽厉声怒喝时，上千人都吓得偃伏在地，但他不能任用有才能的将领，这不过是匹夫之勇罢了。项羽待人恭敬慈爱，言语和悦。有人生了病，他流着泪把自己的饮食分给他们吃。但是，等到所任用的人立了功应当封爵时，他却摩挲着刻好的印信，直到磨损了还舍不得给人，这就是所谓的妇人之仁。项羽虽然称霸天下，使诸侯称臣，但不占据关中而定都彭城，又违背了与义帝的约定，把自己的亲信都封了王，因此诸侯们都心怀不满。诸侯看见项羽将义帝放逐到江南，也都回去驱逐自己的君主，占据好地方自立为王。项羽所到之处，没有不遭受摧残毁灭的,天下人都很怨恨,百姓不愿归附,只不过迫于项羽的威势,勉强服从罢了。项羽虽然名义上是霸主,实际上却失去了天下人心,所以说项羽的强大容易被削弱。如今大王您如果能反其道而行之,任用天下威武勇猛的人,还有什么敌人不能诛灭?把天下的城邑分封给有功之臣,还有什么人会不服从?以正义之师,跟随那些想要东归的将士,还有什么样的敌人不能击溃?而且分封在关中的三个诸侯王当初都是秦朝的将领,他们统率秦人子弟作战好几年了,被杀死和逃亡的士卒不可胜数。他们又欺骗了麾下的士卒,投降项羽,结果走到新安时,项羽凭诡计活埋了秦军已经投降的士兵二十多万人,只有章邯、司马欣、董翳三个人幸免。秦地的父老兄弟对这三人的怨恨痛入骨髓。如今项羽仗着威势,强行封这三人为王,秦地的百姓没有谁爱戴他们。大王您进入武关之后,秋毫无犯,废除了秦朝苛刻的法律,与秦地百姓约法三章,秦地的百姓没有不希望让您在秦地称王的。按照诸侯们的约定,您应当在关中称王,关中百姓人人都知道这件事。大王您失掉应得的王位,进入汉中,秦地的百姓没有不遗憾的。如今大王您如果兴兵东进,三秦地区只要发布一道檄文就可以平定。"于是刘邦大喜,听从了韩信的计策。当初,刘邦前往汉中,张良一直送行到褒中,劝刘邦说:"您为什么不把所经过的栈道烧毁,向天下人表示没有回关中的想法,从而让项羽放心?"刘邦于是让张良回去,烧掉经过的栈道。项羽因此不再担心刘邦。

田荣怨项王之不己立①,杀田市,自立为齐王②。羽北击灭齐,项羽以吴令郑昌为韩王③,拒汉。张良遗项羽书曰:"汉王失职之蜀,欲得王关中,如约即止,不敢反。"又以齐反书遗羽,曰:"齐欲灭楚。"羽以故不西行,而北击齐。而使九江王杀义帝于郴④。汉王为之缟素发丧⑤,临三日⑥,以告诸侯。董公说汉王曰⑦:"臣闻顺德者昌,失德者亡。兵出无名,事故不成。故曰:明其为贼,敌乃可服。项王为无道,放杀其主,天下之贼也。夫仁不以勇,义不以力。三军之众,为之素服,以告诸侯,为此东伐,四海之内莫不仰德。此三王之举也。”汉王曰:“善。”

【注释】

①田荣怨项王之不已立:以下至“以告诸侯”,抄撮自《汉书·高帝纪》。田荣,狄(今山东高青东南)人。原齐国贵族,田儋从弟。田儋死后,齐人立齐王建之弟田假为齐王,以田角为宰相,田间为将军。田荣引兵驱逐田假,田假逃亡到楚国,田间流亡到赵国。田荣要求楚、赵两国杀死二人,两国都不同意。田荣因此与楚国结怨,不肯出兵帮助项梁,也没有随项羽入关。所以项羽灭秦后分封诸侯,没有封田荣为王。

②杀田市(fú),自立为齐王:田市,田儋之子。田儋死后,田荣拥立田市为齐王,自任丞相。项羽分封诸侯时,田市被封为胶东王。田荣不服,不让田市离开临淄去胶东国。田市害怕项羽怪罪,悄悄到了胶东。田荣大怒,派人杀死了田市,自立为齐王。

③项羽以吴令郑昌为韩王:以下至“而北击齐”,出自《史记·项羽本纪》,有删节。郑昌,原为吴县(今江苏苏州)县令,项氏叔侄避居吴县时,与之有旧。

④九江王:指英布,九江六县(今安徽六安北)人。因受秦律被黥,又称“黥布”,秦末汉初名将。项羽封其为九江王,后叛楚归汉,被封为淮南王。韩信、彭越被杀后,英布起兵反汉,被刘邦击败,逃亡时被杀。郴(chēn):今湖南郴州。

⑤缟(gǎo)素:白色丧服。

⑥临(lìn):哭吊死者。

⑦董公说汉王曰:以下至“汉王曰‘善’”,出自《汉书·高帝纪》。据《汉书》载,董公为新城县(今河南尹川西南)三老。

【译文】

田荣怨恨项羽不立自己为王,杀害了田市,自立为齐王。项羽率兵北伐，灭亡了齐国，项羽任命原吴县县令郑昌为韩王，以抵挡汉军。张良给项羽写信说："汉王没有得到应得的职位而前往汉中，只想按照原来的约定成为关中王。约定实现后就会停止，不敢反叛。"又把田荣的谋反信件送给项羽，说："齐国想灭掉楚国。"项羽因此没有西行，向北去攻打齐国。**而让九江王英布在郴县杀害了义帝。刘邦穿着丧服，为义帝发丧，痛哭哀悼三天，并将此事遍告诸侯。**董公对刘邦说："我听说顺应仁德的就会昌盛，背弃仁德的就会灭亡。出兵没有正当的名义，事业就不会成功。所以说：让人们都知道对方是乱臣贼子，敌人才能被征服。项羽大逆不道，流放、谋杀他的君主，是天下的罪人。有仁德的人，不必依靠勇猛；占据正义的一方，不必依靠武力。如果三军将士都为义帝穿上丧服，将此事遍告诸侯，并为此东征项羽，那么天下没有人不仰慕您的德行。这正是大禹、商汤、周文王的行事之道。"刘邦说："好。"

汉王因项羽之击齐[①]，率诸侯之师五十六万东袭楚，破彭城。羽闻之，留其将击齐，自以精兵三万归击汉。汉王与羽大战彭城下。汉王不利，出梁地至虞[②]，谓左右曰："孰能为使淮南王黥布[③]，令发兵背楚，留项王于齐数月[④]，我之取天下可以万全。"随何乃使淮南[⑤]，说布背楚。随何说淮南王曰[⑥]："汉王使使臣敬进书于大王御者[⑦]。窃怪大王与楚何亲也？"淮南王曰："寡人北向而臣事之[⑧]。"随何曰："大王与项王俱列为诸侯，北面而臣事之，必以楚为强，可以托国也[⑨]。项王伐齐，身自负版筑以为士卒先[⑩]。大王宜悉淮南之众，身自将之，为楚军前锋。今乃发四千人以助楚，北面而臣事人者，固若是乎？夫汉王战于彭城，项王未出齐也，大王宜扫淮南之兵渡淮，日夜会战彭城下。大王抚万人之众，无渡淮者，垂拱而观孰胜[⑪]。夫托国于人者，固若是乎？大王提空名以向楚[⑫]，而欲厚自托[⑬]，臣窃为大王不取也。然大王不背楚者，以汉为弱也。夫楚兵虽强，天下负之以不义之名，以其背约而杀义帝也[14]。然而楚王将以战胜自强[15]，汉王收诸侯还守荥阳[16]，下蜀、汉之粟，深沟高垒，分卒守徼乘塞[17]。楚人还兵，间以梁地[18]，深入敌国八九百里[19]。欲战则不得，攻城即力不能，老弱转粮千里之外。楚兵至荥阳、成皋[20]，汉坚守而不动，进则不得攻，退则不得解。故曰：楚不足恃也。使楚胜，则诸侯自危惧而相救。夫楚之强，适足以致天下之兵耳。故楚不如汉，其势易见也。今大王不与万全之汉，而自托于危亡之楚，臣窃为大王惑之。臣非以淮南之兵足以亡楚也。大王发兵而倍楚，项王必留齐数月[21]，汉之取天下可以万全。臣请以大王提剑而归汉，汉王必裂地土而分天下大王[22]，又况淮南必大王有也。故使臣进愚计，愿大王留意也。"淮南王曰："请奉命。"阴许叛楚与汉[23]，未敢泄。楚使者在淮南，方急责英布发兵，舍传舍[24]。随何直入，坐楚使者上坐，曰："九江王以归汉，楚何得以令发兵？"布愕然。楚使者起。何因说布曰："事已搆矣[25]，独杀楚使者[26]，无使归，而疾走汉，并力。"乃如汉使者教，于是杀楚使者，因起兵攻楚也。

【注释】

①汉王因项羽之击齐：以下至"说布背楚"，出自《汉书·黥布传》。

②梁地：今河南东部一带。虞：秦县名。今河南虞城北。

③淮南王：此时黥布为九江王，归汉后才被封为淮南王。

④留项王于齐数月：梁玉绳《史记志疑》："项王去齐而后有彭城之战，汉败彭城而后有随何之说，安得言留齐，当是留项王于楚耳。盖英布叛楚，则项王必留身击布，而汉得以图取天下也，此误。"

⑤随何：西汉初年人。汉高祖军中的谒者（主管传达禀报的人），被派去说服九江王英布降汉。官至护军中尉。

⑥随何说淮南王曰：以下至“因起兵攻楚也”，出自《汉书·黥布传》。
⑦进书于大王御者：致信给大王的谦辞。御者，驾驭车马的人。
⑧北向：君主南面称王，故以“北向”表示臣服。
⑨托国：指让国家依靠楚国。
⑩版筑：筑墙用的工具。版，筑墙用的夹板。筑，捣土的杵。
⑪垂拱：犹袖手。形容置身事外。
⑫提空名以向楚：指只是在名义上亲近楚国。
⑬厚自托：意谓保存实力，拥兵自重。
⑭背约：指项羽违背了义帝与诸将之间“先入定关中者王之”的约定。
⑮楚王将以战胜自强：《汉书·黥布传》作“楚王特以战胜自强”。特，仅，不过。译文从之。
⑯荥（xíng）阳：今河南荥阳东北。
⑰徼（jiào）：指边境亭障。乘：登上。塞：险要之处。多指边界上可以据险固守的要地。
⑱楚人还兵，间以梁地：指楚军从彭城到荥阳、成皋，中间隔着战国时梁国的广阔地域。
⑲深入敌国八九百里：指经由彭越所活跃的地区。彭越此时在梁地反楚，所以将梁地称为“敌国”。《史记·魏豹彭越列传》：“汉王三年，彭越常往来为汉游兵，击楚，绝其后粮于梁地。”
⑳成皋：在今河南荥阳汜水镇西。
㉑项王必留齐数月：《汉书·黥布传》作“项王必留，留数月”，译文从之。
㉒汉王必裂地土而分天下大王：《汉书·黥布传》作“汉王必裂地而分大王”。
㉓阴：暗中。
㉔舍传舍：住在客舍中。《汉书·黥布传》无“舍传舍”三字。泷川资言《史记会注考证·黥布列传》引中井积德曰：“据下文，据

‘布愕然’句，是事在布之前也，不于传舍。《汉书》削‘舍传舍’三字，为是。”

㉕搆（gòu）：造成，结成。

㉖独：唯，只。

【译文】

刘邦趁着项羽攻打齐国，率领诸侯联军五十六万向东袭击楚国，攻破了彭城。项羽听到这个消息，让自己属下的将领留下攻打齐国，自己率领三万精兵回师迎击汉军。刘邦与项羽的军队在彭城下大战。刘邦不敌项羽，败退时路过梁地到达虞县，对身边的人说：“有谁能为我出使淮南王黥布，让他发兵背叛项羽，把项羽牵制住几个月，我夺取天下就有万全的把握了。”于是随何出使淮南，说服英布背叛项羽。随何对英布说：“汉王派我恭敬地给您送上书信。我私下感到奇怪，您和楚国为什么这么亲近？”英布说：“我以臣子的身份事奉他。”随何说：“您与项王同样位列诸侯，您却向他称臣，一定是觉得楚国强大，可以让国家有所依靠。项王讨伐齐国，亲自背着筑墙的工具，身先士卒。您理应出动淮南的全部军队，亲自率领他们，充当楚军的前锋。现在，您只派了四千人援助楚军，作为事奉人的臣子，本来应当这样吗？当汉王在彭城作战，项王还没有从齐地赶回来时，您应该出动淮南的所有部队渡过淮河，日夜兼程赶到彭城与汉王交战。但是您坐拥上万军队，却没有一个人渡过淮河，垂手旁观成败。以国家依靠他人的人，本来应当这样吗？您只是在名义上亲近楚国，却想要保存实力，拥兵自重，我私下认为您这样做是不可取的。然而您之所以没有背叛楚国，是因为您觉得汉国弱小。楚国的兵力虽然强大，但天下人认为它是不正义的，因为项羽违背了盟约而又杀害了义帝。然而楚国不过是因为打了胜仗，就自以为强大，而汉王已经率领诸侯退守荥阳，运来蜀郡、汉中的粮食，深挖战壕，高筑工事，分派士卒把守各处关隘。楚国调回军队，中间还隔着梁地，必须深入敌国领土八九百里。想要作战，无人与其硬拼；想要攻城，又没有足够的兵力，后方的老弱得从千里之外转运军粮。楚军到了荥阳、成皋城下，汉军坚守不出，那么楚军进则无法攻下城池，退则无法轻易脱身。所以说：楚国是不值得依靠的。假使楚国胜利，则诸侯们就会人人自危而互相救援。可见楚国的强大,恰好会招致天下的军队都来攻打它。所以楚国不如汉国,这种形势是显而易见的。如今您不联合万无一失的汉国,却托身于岌岌可危的楚国,我私下替大王感到迷惑不解。我并不是认为淮南的兵力足以灭亡楚国。您如果能起兵反叛楚国,项王必定要停留下来,停留数月,汉王夺取天下便万无一失。我请求与大王您一起提着宝剑归顺汉王,汉王必定分割土地分封大王,更何况淮南地区肯定是归您所有。所以我献上这一计策,希望您能留意。”英布说:“遵命。”暗中答应背叛楚国而归附汉国,但不敢泄露消息。当时,楚国的使者已经来到淮南,正急着催促英布发兵,住在客舍中。随何径直闯进去,坐到楚国使者的上座,说:“九江王已经归向汉国,楚国凭什么命令他发兵?”英布大吃一惊。楚国使者起身离开。随何趁机劝说英布:“事态已经如此,只有就此杀掉楚国使者,不让他回去,我们迅速投奔汉王,与汉军合力。”英布于是遵照随何的计策,杀死了楚国的使者,起兵攻打楚国。

汉王如荥阳①**,使韩信击魏王豹**②**,虏之。**汉王问郦生曰③:“魏大将谁也?”曰:“柏直。”王曰:“此其口尚乳臭,不能当韩信。”“骑将冯敬。”王曰:“不能当灌婴④。”“步将项他。”王曰:“不能当曹参。在吾无患矣。”王乃以信为左丞相击魏⑤。信进兵,为陈船⑥,欲渡临晋⑦。魏聚兵距之。信乃伏兵从夏阳以瓦罂渡军⑧,袭安邑⑨,虏魏王豹,便进兵伐赵也。**汉遂与楚相拒于荥阳。楚围汉王。用陈平计,间得出**⑩。汉王急问陈平⑪:“策安出?”陈平曰:“彼项王骨鲠之臣亚父、锺离末之属不过数人⑫,大王能出捐数万金行反间,间其君臣,以疑其心,项王为人,意忌信谗⑬,必内相诛。汉因举攻之,破楚必矣。”汉王乃以四万斤金与平,恣其所为,不问出入。平既多以金纵反间于楚军,宣言诸将锺离末等为项王将,功多矣,然终不能裂地而封,欲与汉为一,以灭项氏,分王其地。项王果疑,使使至汉。汉为大牢之具[14],举进,见楚使,即佯惊曰:“吾以为亚父使,乃项王使也。”复持去,以恶具进楚使[15]。使归,具报项王。项王大疑亚父。亚父欲急击汉王,项王不信亚父。亚父闻项王疑,乃曰:“天下事大定矣。君王自为之,愿赐骸骨[16]。”项王从之。

【注释】

①汉王如荥阳:以下至“间得出”,抄撮自《汉书·高帝纪》。

②魏王豹:即魏豹。

③汉王问郦生曰:以下至“在吾无患矣”,出自《汉书·高帝纪》,有删节。郦生,即郦食其。

④灌婴:睢阳(今河南商丘南)人。汉朝开国功臣。官至太尉、丞相。

⑤王乃以信为左丞相击魏:以下至“便进兵伐赵也”,出自《史记·淮阴侯列传》。

⑥陈船:摆开船只。

⑦临晋:指临晋关,战国魏置,在临晋(今陕西大荔东北)城东黄河西岸,黄河的重要渡口。

⑧伏兵:指暗中出兵。夏阳:战国秦邑。今陕西韩城南。瓦罂(yīng):《史记·淮阴侯列传》作“木罂缻(fǒu)”,指木盆、木桶之类。

⑨安邑:今山西夏县西北禹王城。

⑩间(jiàn):指空子,可乘的机会。

⑪汉王急问陈平:以下至“项王从之”,出自《史记·陈丞相世家》,有删节。

⑫骨鲠(gěng):比喻刚直。亚父:指范增,项羽敬称范增为“亚父”。锺离末:《史记·陈丞相世家》作“锺离眜(mò)”,东海朐县(今江苏连云港海州区西南)人。项羽部将。项羽败亡后,锺离眜一度投奔韩信,后因韩信逼迫而自杀。

⑬意忌:疑忌。

⑭大牢之具:《史记·陈丞相世家》作“太牢具”。古代宴请客人的最高规格礼节,牛、羊、豕三牲皆备。

⑮恶具:《史记·陈丞相世家》作“恶草具”,指粗劣的饮食。

⑯赐骸骨:古代大臣请求致仕的婉辞。

【译文】

刘邦到了荥阳,派遣韩王信攻打魏王豹,俘虏了他。刘邦问郦食其:“魏军的大将是谁?”郦食其回答:“是柏直。”刘邦说:“这个人乳臭未干,不能抵挡韩信。”郦食其说:“骑兵将领是冯敬。”刘邦说:“他不能抵挡灌婴。”郦食其说:“步兵将领是项他。”刘邦说:“他不能抵挡曹参。我无须忧虑了。”刘邦于是任命韩信为左丞相,攻打魏国。韩信进兵,故意陈列船只,做出要从临晋渡河的架势。于是魏国在临晋集结重兵,抵御汉军。韩信却暗中派出伏兵,利用木盆、木桶渡过了黄河,偷袭安邑,俘虏了魏豹,接下来,便进兵攻打赵国。**汉军于是与楚军在荥阳对峙。楚军包围了汉军。刘邦采用陈平的计策,趁机逃出。**刘邦着急地问陈平:“有什么计策吗?”陈平说:“项羽的忠直之臣,不过亚父范增、锺离眛等几个人。大王您如果能拿出几万斤金子行反间计,离间其君臣,让他们互生猜疑之心,项羽为人猜忌多疑、听信谗言,一定会引起内讧而自相诛杀。汉军再趁机大举进攻,一定可以攻破楚国。”刘邦于是拿了四万斤金子给陈平,任凭他使用,不过问具体情况。陈平用了很多金子在楚军中进行反间活动,宣称锺离眛等人作为项羽的部将,立下了很多功劳,却始终不能分地为王,因此想与汉王联合以消灭项羽,瓜分其领地,分别称王。项羽果然起了疑心,派遣使者到汉军中打探消息。汉王准备了三牲齐备的丰盛宴席,让人抬着进来,一见到楚国使者,便假装吃惊地说:“我们还以为是亚父的使者,原来是项王的使者。”又把宴席抬走了,用粗劣的饭食招待楚国使者。使者回去,把这些情况详细报告给了项羽。项羽因此非常怀疑范增。范增想要赶紧进攻刘邦,项羽却不信任他。范增听说项羽怀疑自己,于是说:“现在天下的事情大局已定。以后的事您自己干吧,我请求告老还乡。”项羽同意了。

入关收兵[①]，欲复东。辕生说汉王出军宛、叶[②]，引项王南渡，使韩信等得集河北[③]。羽果引兵南渡，如其策。辕生说曰[④]："汉与楚相拒于荥阳、成皋数岁，汉常困。愿王出武关，项王必引兵南走。王深壁[⑤]，令荥阳、成皋间且得休息，使韩信等得集于河北赵地，君王乃复走荥阳。如此，则楚备者多，力分，汉得休息，复与之战，破楚必矣。"汉王从此计，出军宛、叶间。项王闻汉王在宛，果引兵南渡，如辕生之策。

【注释】

①入关收兵：以下至"如其策"，出自《汉书·高祖纪》。

②辕生：史失其名，《史记·高祖本纪》作"袁生"。叶：今河南叶县西南。

③集：辑睦，安定。

④辕生说曰：以下至"如辕生之策"，出自《汉书·高祖纪》。

⑤深壁：筑高墙，谓构筑牢固的工事以自守。

【译文】

刘邦进入关中收拢军队，想要再次东进。辕生劝说刘邦进军宛县、叶县，引诱项羽率军南下，让韩信等人可以平定河北。项羽果然引兵南下，和辕生设想的一样。辕生劝说刘邦："汉军与楚军在荥阳、成皋对峙了好几年，汉军常常陷入困境。希望大王您兵出武关，项王必定引兵南下。而大王深沟高垒，坚守不出，这样可以让荥阳、成皋一带的汉军暂得喘息之机，再派韩信等人去安定河北赵地，到那时，您再出兵荥阳。这样一来，楚军就得多方防备，力量分散，而汉军得到了休整，再与楚军作战，就一定能打败他们。"刘邦听从了他的计策，于是从宛县、叶县之间出兵。项羽听说刘邦到了宛，果然引兵南下，正如辕生所预计的那样。

韩信与张耳以兵数万东下井陉[①]，击赵，破之。乃报

汉，因请立张耳为赵王，以镇抚其国。汉王从之。初，赵王与成安君陈馀闻汉且袭之[②]，聚兵井陉口。广武君李佐车说曰[③]："闻汉将韩信涉西河[④]，虏魏王，擒夏悦[⑤]，新喋血阏与[⑥]。今乃辅以张耳，议欲下赵。此乘胜而去国远斗，其锋不可当。臣闻千里馈粮[⑦]，士有饥色，樵苏后爨[⑧]，师不宿饱[⑨]。今井陉之道，车不得方轨[⑩]，骑不得成列，行数百里，其势粮食必在后。愿足下假臣奇兵三万人，从间道出[⑪]，绝其辎重[⑫]。足下深沟高垒，坚营勿与战。使前不得斗，退不得还。吾奇兵绝其后，野无所掠卤[⑬]，不至十日，而两将之首可致于戏下[⑭]。愿足下留意臣之计，不，必为二子所禽。"成安君不听广武君。广武君策不用，信闻知之，大喜，乃进军击赵，破之。赵之破也，韩信令军中无杀广武君，有能生得者，购千金。于是有缚广武君而致戏下者，信乃解其缚，师事之。问曰："仆欲北攻燕，南伐齐，何若而有功？"广武君辞谢曰[⑮]："臣闻败军之将不可与言勇，亡国之大夫不可与图存[⑯]。今臣败亡之虏，何足以权大事乎？"信曰："仆闻百里奚居虞而虞亡[⑰]，在秦而秦霸，非愚于虞而智于秦，用听与不用听也。诚令成安君听足下计，若信者，亦为禽矣。仆委心归计[⑱]，愿足下勿辞。"广武君曰："臣闻智者千虑必有一失，愚者千虑必有一得。故曰：狂夫之言，圣人择焉。顾恐臣计未必足用，愿效愚忠。夫成安君有百战百胜之计，一旦而失之，军破鄗下，身死泜上[⑲]。今将军涉西河，虏魏王，禽夏悦阏与，一举而下井陉，不终朝而破赵二十万众[⑳]，诛成安君，名闻海内，威震天下。农夫莫不辍耕释耒[㉑]，工女下机[㉒]，褕衣甘食[㉓]，倾耳以待命[㉔]。若此者，将军之所长也。然而众劳卒疲，其实难用。今将军欲举倦弊之兵，顿燕坚城之下，欲战恐不得，攻城不能拔，情见势屈[㉕]，旷日粮竭，而弱燕不服，齐必距境以自强也。

燕、齐相恃而不可下，刘、项之权未有所分也[26]。若此者，将军之短也。臣愚，窃以为过矣。故善用兵者不以短击长，而以长击短。"韩信曰："然则何用？"广武君曰："方今为将军计，莫如案甲休兵以镇赵，抚其孤弱，百里之内，牛酒日至，以飨士大夫醳兵[27]。北首燕路[28]，而后遣辩士奉咫尺之书[29]，暴所长于燕，燕必不敢不听。燕以从，使谊告者东告齐[30]，齐必从风而服。虽有智者，亦不知为齐计矣。如是，则天下事可图也。兵固有先声而后实者，此之谓也。"韩信曰："善。"从其策，发使燕，齐从风而靡也[31]。

【注释】

①韩信与张耳以兵数万东下井陉（xíng）：以下至"汉王从之"，抄撮自《史记·淮阴侯列传》。井陉，指井陉口，又称"土门关"，位于今河北井陉东北的井陉山上。

②初，赵王与成安君陈馀闻汉且袭之：以下至"齐从风而靡也"，出自《史记·淮阴侯列传》。赵王，指赵歇，战国时期赵国贵族，被张耳、陈馀立为赵王。陈馀被韩信击败后，赵歇逃到襄国（今河北邢台西南），最后被韩信杀死。成安君，陈馀的封号。

③广武君李佐车：李佐车，《史记·淮阴侯列传》作"李左车"，赵国谋士，广武君是他的封号。据《新唐书·宰相世系表》，李左车是战国时期赵国名将李牧之孙。

④西河：指山西南部与陕西交界处的黄河。

⑤夏悦：《史记·淮阴侯列传》作"夏说"，陈馀属下。陈馀被赵王歇立为代王，夏说担任代国相国。韩信击溃代国军队后，生擒了夏说。

⑥喋（dié）血：形容杀人流血很多。阏（yù）与：今山西和顺西北。

⑦馈粮：运送粮食。

⑧樵苏：打柴砍草。爨（cuàn）：烧火煮饭。

⑨宿饱：经常饱。宿，久，经常。

⑩方轨：两车并行。

⑪间道：小路。

⑫辎（zī）重：指军用物资。

⑬掠卤：掳掠，抢劫。

⑭戏（huī）下：主帅的旌麾之下。戏，通“麾”。

⑮辞谢：推辞。

⑯图存：谋划国家存亡大计。

⑰仆：我。

⑱委心归计：真心诚意地听从教导。

⑲军破鄗（hào）下，身死泜（chí）上：鄗县地处当时泜水北岸，韩信在井陉击败陈馀后，乘胜向南追击，破其残部于鄗县城下，斩陈馀于泜水上。鄗，秦县名。今河北邢台柏乡北。泜，古水名。即今槐河，源出河北赞皇西南，东流入滏阳河。

⑳终朝：从天明到早饭时间。

㉑辍（chuò）耕：中止耕作。释耒（lěi）：放下农具。耒，耕田用的农具。

㉒工女：古代指从事蚕桑、纺织、缝纫等工作的女子。下机：离开织机。

㉓褕（yú）衣：华美的衣服。甘食：美食。

㉔倾耳以待命：侧耳静听，等待命运的安排。裴骃《集解》引如淳曰：“恐灭亡不久故也。”

㉕情见势屈：指短处暴露，形势陷入被动。

㉖刘、项之权：指刘邦、项羽之间谁胜谁负的局势。权，势，形势。

㉗飨（xiǎng）士大夫醳（yì）兵：以酒食犒劳将士。醳，赏赐酒食。

㉘北首燕路：指让部队摆出即将北上攻燕的架势。

㉙咫尺之书：书信。古代书写用木简，信札之简长盈尺，故称。

㉚谊（xuān）告者：《史记·淮阴侯列传》作“谊言者”，指辩士。译文从之。

㉛齐从风而靡:《史记·淮阴侯列传》作“燕从风而靡”,译文从之。

【译文】

韩信与张耳率领着几万军队东出井陉口,攻打赵国,击败了赵国军队。于是韩信报告刘邦,请求立张耳为赵王,以安抚赵国。刘邦答应了。起初,赵王与成安君陈馀听说汉军要来袭击自己,就在井陉口集结军队。广武君李左车劝陈馀说:“我听说汉军大将韩信已经渡过黄河,俘虏了魏王豹,生擒了代相夏说,刚刚在阏与血战。如今又有张耳辅佐,打算要攻下赵国。这是乘着胜利而离国远征,其锋芒不可阻挡。但我听说,从千里之外馈送粮食,士兵就会面有饥色;打柴砍草之后才烧火煮饭,军队就不可能经常吃饱。如今井陉这条小路,战车不能并列前进,骑兵不能排成行列,行军队伍拉开数百里,其粮食辎重势必落在大部队后面。希望您能借我三万奇兵,抄小路,拦截他们的辎重粮草。您深挖战壕,高筑营垒,坚守阵营不与汉军交战。使他们向前则求战不得,退后则无法撤兵。我再率领奇兵截断他们的后路,他们在野外抢不到任何给养,不到十天,韩信、张耳的首级就能送到您的帐下。希望您考虑我的计策,否则,我们必定被韩信、张耳擒获。”陈馀没有听从李左车的计策。李左车的计策没有被采纳,韩信得知后大喜,于是进军攻打赵国,击溃了赵军。赵国被攻破后,韩信命令全军将士不得杀害李左车,能够生擒他的人,赏赐千金。于是有人活捉了李左车,将他捆起来送到韩信账下,韩信解开李左车身上的绳索,并拜他为师。韩信问道:“我想向北进攻燕国,向南讨伐齐国,怎样才能成功?”李左车推辞说:“我听说,败军之将,没有资格谈论勇敢;亡国之臣,没有资格谋划国家的存亡大计。我如今是兵败国亡的俘虏,哪有资格谋划大事呢?”韩信说:“我听说,百里奚在虞国为臣而虞国灭亡,在秦国为臣而秦国称霸,并不是百里奚在虞国时愚笨而在秦国时聪明,关键在于君主是否听从他的意见。如果成安君采纳了您的计策,恐怕我如今已经被活捉了。我真心诚意地向您求教,希望您不要推辞。”李左车说:“我听说,聪明的人在上千次思考中,总会有一次失误;愚蠢的人在上千次思考中,总会有一次正确。所以说,即使是狂妄的人说的话,圣人也会选择采纳。恐怕我的计策未必值得采用,但我愿意贡献我的愚忠。成安君本来有百战百胜的计策,然而一旦失策,军队在鄗城下战败,自己也在泜水上被杀。如今将军您渡过黄河,俘虏魏王,在阏与生擒夏说,一举攻下井陉关,不到一个早上就击溃了赵国二十万军队,诛杀成安君陈馀,名闻海内,威震天下。农夫们都放下农具停止耕作,女工们都离开织机,穿好的吃好的,侧耳静听,等待命运的安排。这样的兵威,是将军您的所长。但如今军队疲劳不堪,其实难以继续作战。现在您如果要率领疲惫不堪的士兵,驻扎于燕国坚固的城池之下,想要野战恐怕无法实现,想要攻城又无法攻下,短处暴露而陷入被动,旷日持久,粮食供应不上,而弱小的燕国不肯降服,那么齐国一定会据守边境而变得更为强硬。一旦和燕国、齐国相持不下,那么刘邦、项羽双方的胜负就难见分晓了。这样的情形,是您的劣势所在。我很愚笨,但我私下认为您不该这么做。所以善于用兵的人,不应该用自己的短处去攻击敌人的长处,而是用自己的长处去攻击敌人的短处。"韩信说:"那么应该怎么办?"李左车说:"如今为将军您打算,不如暂且休兵留守赵国,安抚战死者的遗孤,方圆百里之内,每天送去牛肉美酒,用来犒赏将士。让部队摆出即将北上攻燕的架势,然后派遣使者带着您的一封书信,向燕国人展示我们的优势,燕国一定不敢不服从。燕国归顺之后,再派遣辩士东行警告齐国,齐国也一定闻风归降。即使有聪明的人,也不知道该为齐国出什么计策了。这样一来,天下的大事就好办了。用兵之道,本来就有先虚而后实,说的就是这种情形。"韩信说:"好。"听从了李左车的计策,向燕国派遣使者,燕国望风而降。

十二月[①],汉王拒楚于成皋,享师[②],欲复战。郎中郑忠说曰[③]:"王高垒深壁,勿与战。使刘贾佐彭越入楚地[④],焚其积聚,破楚师必矣。"项羽乃东击彭越,留曹咎守成皋[⑤]。时汉数困荥阳、成皋[⑥],计欲捐成皋以东,屯巩、洛以距楚[⑦],用郦生计,复守成皋。郦生说曰:"臣闻知天之天者[⑧],王事可成;不知天之天者,王事不可成。王者以人为天,而人以食为天。夫敖仓[⑨],天下转输久矣,臣闻其下乃有藏粟甚多。楚人拔荥阳,不坚守敖仓,乃引而东,令適卒东守成皋[⑩],此乃天所以资汉也。方今楚易取而汉反却,自夺其便,臣以为过矣。且两雄不俱立,楚、汉久相持不决，百姓骚动，海内摇荡，农夫释耒，工女下机，天下之心未有所定。愿足下急复进兵收荥阳，据敖仓之粟，塞成皋之险，杜太行之路[11]，拒飞狐之口[12]，守白马之津[13]，以示诸侯效实刑制之势[14]，则天下知所归矣。今燕、赵已定，唯齐未下。今田广据千里之齐[15]，田间将二十万之众[16]，军于历城[17]。诸田宗强，负海阻河、济，南近楚，人多变诈，足下虽遣数十万师，未可以岁月破也。臣请得奉明诏说齐王，使为汉而称东藩。"上曰："善。"乃从其画，复守敖仓，而使郦生说齐王曰："王知天下之所归乎?"王曰："不知也。"曰："王知天下之所归，则齐国可得而有也；若王不知天下之归，即齐国未可得保也。"齐王曰："天下何归?"郦生曰："天下归汉。"王曰："先生何以知之?"郦生曰："汉王与项羽戮力西向击秦[18]，约先入咸阳者王之。汉王先入咸阳，项王负约不与，而王之汉中。项羽迁杀义帝，汉王闻之，起蜀汉之兵击三秦，出武关[19]，而责义帝之处，收天下之兵，立诸侯之后，降城即以侯其将，得赂即以分其士，与天下同其利，英豪贤才皆乐为之用。诸侯之兵四面而至，蜀汉之粟方船而下[20]。项王有背约之名，杀义帝之负，于人之功无所记，于人之罪心不忘，战胜而不得其赏，拔城而不得其封，非项氏莫能用事。为人刻印，刓而不能授，攻城得赂积财而不能赏。天下叛之，贤才怨之，而莫为用，故天下之士归于汉王，可坐而策也[21]。夫汉王发蜀汉，定三秦，涉西河之外，援上党之兵，下井陉之路，诛成安君之罪，北破魏，举三十二城。此蚩尤之兵[22]，非人力也，天之福也。今已据敖仓之粟，塞成皋之险，守白马之津，杜太行之坂，拒飞狐之口，天下后服者先亡矣。王疾先下汉王，齐国社稷可得而保也。不下汉王，危亡立可待也。"田广以为然，乃听郦生说，罢历下兵守。淮阴侯乃夜渡兵平原袭齐[23]，齐王烹郦生，引兵东走。初,郦生见沛公,沛公方倨床使两女子洗足㉔,而见郦生。郦生入,则长揖不拜㉕,曰:“足下欲助秦攻诸侯耶?且欲率诸侯破秦耶?”沛公骂曰:“竖儒㉖!天下同苦秦久矣,故诸侯相率而攻秦,何谓助秦攻诸侯乎?”郦生曰:“必欲聚徒合义兵诛无道之秦,不宜倨见长者。”于是沛公辍洗足,起而谢之。

【注释】

①十二月:以下至“留曹咎守成皋”,抄撮自《史记·高祖本纪》。

②享师:犒劳士卒。享:通“飨”,用酒食款待人。

③郎中:官名。帝王侍卫近臣,内充侍卫,外从作战。

④刘贾:沛县丰邑(今江苏丰县)人。刘邦同族,因屡立战功被封为荆王。黥布造反时,兵败被杀。

⑤曹咎:项羽麾下将领。官至大司马,被封为海春侯。奉项羽之命坚守成皋,却经不住汉军挑战,贸然出击,兵败自杀。

⑥时汉数困荥阳、成皋:以下至“复守成皋”,抄撮自《史记·郦生陆贾列传》。

⑦巩:指巩县,今河南巩义西南。洛:指洛阳,今属河南。

⑧臣闻知天之天者:以下至“起而谢之”,出自《史记·郦生陆贾列传》。天之天,下文谓“王者以人为天,而人以食为天”,则“天之天”指民之食。知天之天者,指知道粮食重要性的人。

⑨敖仓:秦代所建仓名。位于今河南荥阳东北敖山上。山上有城,秦于其中置谷仓,故曰“敖仓”。

⑩適(zhé)卒:指有罪而谪戍的兵卒。適,通“谪”。

⑪杜太行之路:指截断今山西晋城与河南沁阳之间的通道,即“太行八陉”之“太行陉”。

⑫飞狐之口:指飞狐口,今河北蔚县东南恒山峡谷口之北口,为河北

平原与北方边郡间交通要道飞狐道的咽喉。

⑬白马之津：指白马津，又称“围津”“垝津”“白马口”，是古黄河南岸的津渡，与北岸黎阳津相对。位于今河南滑县东北。

⑭效实：注重实效，控制要害。刑制：《史记·郦生陆贾列传》作“形制”，指以有利的地理形势来制驭天下。

⑮田广：田荣之子。田荣被杀后，田横拥立他为齐王。

⑯田间：原齐国贵族。田儋死后，齐人立齐王建之弟田假为齐王，以田角为宰相，田间为将军。此处“田间”应为“田解”之误。《汉书·郦食其传》王先谦补注引刘攽曰：“此时何缘更有田间，按《田横传》乃是田解。《横传》云：‘齐使华毋伤、田解军历下以距汉。”

⑰历城：即历下，今山东济南西。因南对历山，城在山下，故名“历下”。

⑱戮力：勉力，并力。

⑲出武关：《史记·郦生陆贾列传》作“出关”。按照刘邦用兵的轨迹，此处“出关”指出函谷关。

⑳方船：并船。泛指大船。

㉑坐而策：指毫不费力地驱使。

㉒蚩尤之兵：当时人认为蚩尤是善于用兵的典型。

㉓平原：指平原津，位于今山东平原西南古黄河上。

㉔倨：通“踞”，箕踞，一种轻慢、不拘礼节的坐姿。即随意张开两腿坐着，形似簸箕。

㉕长揖：拱手高举，自上而下行礼。

㉖竖儒：对儒生的鄙称。

【译文】

十二月，刘邦在成皋与楚军相持不下，于是犒劳军队，打算继续作战。郎中郑忠劝刘邦说：“我建议大王您高筑营垒深挖战壕，不要与楚军作战。让刘贾辅佐彭越进入楚地，焚烧其粮草，这样就一定能打败楚

军。"项羽于是回师向东攻击彭越的部队，留下曹咎防守成皋。这一时期，汉军在荥阳、成皋一带数次作战不利，打算放弃成皋以东地区，屯兵固守巩县、洛阳以抵挡楚军，听取了郦食其的计策后，重新固守成皋。郦食其说："我听说懂得什么是'天之天'的人，帝王之业可成；不懂得什么是'天之天'的人，帝王之业不可能成功。帝王以民为天，而人民以食为天。敖仓这个地方，作为天下物资转运的中枢已经很久了，我听说那里藏有许多粮食。楚军攻克了荥阳，不知道坚守敖仓，却率军向东，只派一些有罪被谪戍的兵卒驻守成皋，这是上天在帮助汉军。如今楚军容易击败，而汉军反而退却，自己放弃有利的时机，我认为这是不对的。况且两雄不能并立，楚、汉两军长期相持不下，百姓骚动不安，天下动荡，农夫不耕作，女子不纺织，天下人心不知归向。希望您赶紧出兵收复荥阳，占有敖仓的粮食，守住成皋的险阻，断绝太行的要道，控制飞狐口，守住黄河上的白马津，向诸侯们展示您已经占据了天下的要害之处，那么天下人就知道应该归向谁了。如今燕国、赵国已经平定，只有齐国还未攻下。如今田广占据着纵横千里的齐国，田解率领二十万军队，驻扎在历下。各支田氏宗族力量强大，他们背靠大海，以黄河、济水为屏障，南面靠近楚国，齐人又诡诈多端，您即便派遣数十万军队，一年半载也难以攻破齐国。我请求奉您的诏令去劝说齐王，让他归附汉国，成为我们东部的属国。"刘邦说："好。"于是依照郦食其的谋划，再次据守敖仓，并派遣郦食其游说齐王说："大王您知道天下人心的归向吗？"齐王说："不知道。"郦食其说："您如果知道天下人心的归向，齐国就能保住；如果您不知道天下人心的归向，则齐国就难以保住。"齐王问："天下人心归向谁？"郦食其说："天下人心归向汉王。"齐王问："您这么讲有什么根据吗？"郦食其说："汉王与项羽合力向西攻打秦朝，约定先攻入咸阳的人在那里称王。汉王率先进入咸阳，项羽却违背盟约，不把咸阳地区交给汉王，而让他去汉中称王。项羽放逐并杀死了义帝，汉王听到这个消息，便发动蜀汉的军队攻打三秦，出函谷关，责问义帝的下落，收集天下的军队，册立诸侯的后代，谁攻下城邑就封侯，得到财物就分给士卒，与天下人共享利益，英雄、贤才都乐意为汉王效力。诸侯的军队从四面八方会合，载着蜀汉粮食的船只并排顺江而下。而项羽有背弃盟约的名声，有杀死义帝的罪过，对于他人的功劳记不住，对于他人的罪过念念不忘，他的手下战胜了敌人得不到奖赏,攻占了城邑得不到封地,不是项氏家族的人就得不到重用。给他人刻印封侯,摩挲把玩印信而舍不得授予;攻占城邑得到的财物,堆积起来也舍不得赏赐。天下都反叛他,贤才都怨恨他,不肯为他效力,所以天下的士人都归向汉王,汉王可以毫不费力地驱使他们。汉王发动蜀汉之兵,平定三秦,渡过西河,征用上党的兵力,挥师攻下井陉关,诛杀成安君陈馀,向北攻破魏国,夺取三十二座城邑。这仿佛蚩尤的神兵,不是人力所能办到的,是上天赐福的结果。如今汉王已经占有敖仓的粮食,守住成皋的险阻,守住黄河上的白马津,断绝了太行的要道,控制了飞狐口,天下后归附的诸侯将首先灭亡。大王您迅速归顺汉王,齐国的江山社稷就可以保住。不归顺汉王,亡国就指日可待了。"田广认为对,就听从郦食其的意见,解除了历下城的驻军防守。韩信于是连夜率军渡过平原津偷袭齐国,齐王烹杀了郦食其,率部东逃。起初,郦食其来见刘邦时,刘邦正箕踞坐在床上,让两个女子给他洗脚,召见郦食其。郦食其进门后,只对刘邦作揖而不跪拜,说:"您是想帮着秦朝攻打诸侯呢?还是想率领诸侯消灭秦朝呢?"刘邦骂道:"贱儒!天下人痛恨秦朝很久了,所以诸侯们才相继起兵攻秦,你怎么能说我帮助秦朝攻打诸侯呢?"郦食其说:"如果您想要聚集义兵诛灭无道的秦朝,就不应该箕踞而坐接见长者。"于是刘邦停止洗脚,起身向郦食其道歉。

羽初东[①],嘱曹咎曰:"汉即挑战,慎勿与战,勿令汉得东而已。"咎乃出战,死,汉王遂进兵取成皋。汉挑曹咎战[②],楚军不出。使人辱之数日,咎怒,渡兵汜水上。士卒半渡,击破之,尽得楚国宝货。羽闻咎破,乃还军广武间[③],为高坛,置太公于其上[④]。汉王遣侯公说羽[⑤],求太公。羽乃与汉约,中分天下,割鸿沟以西为汉[⑥],以东为楚,归汉王父母及吕后。项王解而东。汉王欲西,张良曰:"今汉有天下太半,而诸侯皆附。楚兵疲,食尽,此天亡楚之时,不如因其东而取之。"汉王乃追羽,与齐王韩信、魏相彭越期会击楚[⑦],皆不会。用

张良计,信等皆引兵围羽垓下[8],遂灭项氏。汉王问张良曰[9]:“诸侯不从,奈何?”良曰:“楚兵且破,未有分地,其不至,固宜。君王能与共天下,可立致也。齐王信之立,非君王意[10],信亦不自坚[11]。彭越本定梁地,始君王以魏豹故,越得拜为相国[12]。今豹死,越亦望王,而君王不早定。今能取睢阳以北至穀城以王彭越[13],从陈以东傅海与齐王信[14],信家在楚,其意欲复得故邑[15]。能出捐此地以许两人,使各自为战,则楚易败。”于是汉王发使使韩信、彭越,刘贾等皆引兵围羽垓下。

【注释】

①羽初东:以下至“遂灭项氏”,抄撮自《史记·项羽本纪》。

②汉挑曹咎战:以下至“尽得楚国宝货”,出自《史记·项羽本纪》

③广武:古城名。故址在今河南荥阳东北广武山上。有东、西二城,相距二百余步,中隔深涧。相传西城刘邦所筑,东城项羽所筑。

④太公:刘邦父亲。

⑤侯公:姓侯,名字不详。

⑥鸿沟:古水名。战国魏惠王时凿,自今河南荥阳北引黄河水南流入圃田泽(今河南中牟西),东流经今中牟北,至开封南折而南流,经今通许东、太康西,至淮阳东南注入颍水。

⑦期会:约期聚集。

⑧垓(gāi)下:今安徽灵壁东南。

⑨汉王问张良曰:以下至“刘贾等皆引兵围羽垓下”,出自《汉书·高祖纪》。

⑩齐王信之立,非君王意:韩信平定齐国后,派人向刘邦请求暂封自己为齐王。刘邦开始大怒,后在张良、陈平的劝说下,遂立韩信为齐王。事见《史记·淮阴侯列传》。

⑪不自坚：心存疑虑。

⑫以魏豹故，越得拜为相国：当时魏豹为魏王，故不好封彭越为王，只好封其为魏国相国。

⑬睢阳：今河南商丘南。穀城：县名。今山东平阴西南。睢阳以北至穀城，包括了河南东部到山东西部的大片地区。

⑭陈以东傅海：包括河南东南部与安徽、江苏的北部地区。陈，指陈郡，郡治位于今河南淮阳。傅海：直到海边。傅，附。

⑮信家在楚，其意欲复得故邑：韩信是江苏淮阴人，正好位于"陈以东傅海"这片区域内。

【译文】

项羽回师向东之前，嘱咐曹咎说："汉军如果挑战，千万不要出战，只要不让汉军能东进就可以了。"曹咎没有听项羽的话，出战身死，刘邦于是进兵攻下成皋。汉军数次向曹咎挑战，楚军不出战。汉军派人连续数日辱骂曹咎，曹咎大怒，率军渡过汜水应战。楚军士卒刚渡过一半，汉军发动攻击，击溃了楚军，获得了楚国的全部物资。项羽听说曹咎被击溃，于是率领部队返回广武，搭起一座高台，把刘邦父亲太公放在上面以威胁刘邦。刘邦派侯公游说项羽，请求放回太公。项羽于是与刘邦约定，中分天下，割鸿沟以西地区属于汉国，以东地区属于楚国，归还了刘邦的父母与妻子吕雉。项羽便撤兵东归。刘邦想要撤军西归，张良说："如今汉已经占据了大半个天下，诸侯大都已经归附。楚军疲惫不堪，粮草耗尽，这是上天要灭亡楚国的时候到了，我们不如趁着楚军东撤的机会消灭它。"刘邦于是追击项羽，与齐王韩信、魏国相国彭越约定时间，合兵进攻楚军，韩信、彭越的军队都没有按期到来。刘邦采用了张良的计策，韩信等人才发兵，把项羽围困在垓下，最终消灭了项羽。刘邦问张良说："诸侯不听从命令，怎么办？"张良说："楚军即将被打败，而韩信、彭越还没有得到封地，他们不来是必然的。如果您能和他们共分天下，马上就可以把他们招来。韩信立为齐王，不是您的本意，韩信也因此心存疑虑。梁地本来就是彭越平定的，一开始您由于魏豹缘故，只封彭越为魏国相国。如今魏豹已死，彭越也希望能够称王，而您又没有及早做决定。如今，如果将睢阳以北直至穀城，都封给彭越；将陈以东直到海边，都封给齐王韩信，韩信的家乡在楚，他的心愿就是想得到故乡的土地。您如果能拿出这些地盘，答应封他们二人为王，让他们为了各自的利益作战，那么楚军就容易打败了。”于是刘邦派遣使者到韩信、彭越那里去，韩信、彭越与刘贾等人都率领军队到来，把项羽围困在垓下。

都洛阳[①]。用娄敬策，徙都长安。娄敬说上曰[②]：“陛下都洛，岂欲与周室并隆哉？”上曰：“然。”敬曰：“陛下取天下与周室异。周之先自后稷，尧封之于邰[③]，积德累善十有余世。公刘避桀居豳[④]，大王以戎狄故去豳，杖马棰居岐[⑤]，国人争归之。及至文王为西伯[⑥]，断虞、芮之讼[⑦]，始受命，吕望、伯夷自海滨来归之。武王伐纣，不期而会孟津之上者八百诸侯[⑧]，皆曰纣可伐矣，遂灭殷。成王即位，周公之属傅相焉，乃营成周洛邑[⑨]，以此为天下之中也，诸侯四方咸纳职贡[⑩]，道理均矣[⑪]。有德则易以王，无德则易以亡。凡居此者，欲令周务以德致人，不欲依阻险，令后世骄奢以虐人也。及周之盛时，天下和洽，四夷向风[⑫]，慕义怀德，附离而并事[⑬]。天下不屯一卒，不战一士，四夷大国之民莫不宾服，效其贡职。及其周之衰也，分而为两[⑭]，天下莫朝。周不能制，非其德薄，形势弱也。今陛下起丰击沛，收卒三千人，以之径往，而卷蜀、汉，定三秦，与项籍战于荥阳，争成皋之口，大战七十，小战四十，使天下之民肝脑涂地，父子暴骨于中野，不可胜数，哭泣之声未绝，伤夷者未起[⑮]。而欲比隆于成、康之时，臣切以为不侔矣[⑯]。且夫秦地被山带河[⑰]，四塞以为固[⑱]，卒然有急[⑲]，百万之众可具，此所谓天府也[⑳]。陛下入关而都之，山东虽乱[㉑]，秦之故地可全而有。夫与人斗，不扼其喉而拊其背[㉒]，未能全胜也。今陛下入关而都，案秦之故地，此亦扼天下之喉而拊其背。”高祖以问群臣[23]，群臣皆山东人，争曰周王七百年，秦二世即灭，不如都洛阳。洛阳东有成皋，西有崤、渑[24]，背河向伊、雒[25]，其固亦足恃也。留侯曰："洛阳虽有此固，其中小，不过数百里，田地薄，四面受敌，此非用武之国也。夫关中，左崤、函[26]，右陇、蜀[27]，沃野千里，南有巴、蜀之饶，北有胡苑之利[28]，阻三面而守，独一面东制诸侯。诸侯安定，河、渭漕挽天下[29]，足以西给京师。诸侯有变，顺流而下，足以委输。此所谓金城千里[30]，天府之国，娄敬说是也。"于是高帝即日驾，西都关中。

【注释】

①都洛阳：以下至"徙都长安"，出自《史记·高祖本纪》。

②娄敬说上曰：以下至"此亦扼天下之喉而拊其背"，出自《史记·刘敬叔孙通列传》。

③邰（tái）：古国名。周祖先后稷所封之地，在今陕西武功西南。

④公刘：周人祖先，大约生活于夏朝末年。邠（bīn）：同"豳"，古代诸侯国名。位于今陕西彬州东。

⑤大（tài）王以戎狄故去邠，杖马棰（chuí）居岐（qí）：由于戎狄的侵逼，太王由豳地迁徙到岐山之下的周原。《诗经·大雅·緜》："古公亶父，来朝走马。率西水浒，至于岐下。"大王，即古公亶父，周文王祖父。马棰，马鞭。

⑥西伯：西方诸侯之长。《孟子·离娄上》："吾闻西伯善养老者。"焦循《孟子正义》："西伯，即文王也。纣命为西方诸侯之长，得专征伐，故称'西伯'。"

⑦断虞、芮（ruì）之讼，始受命：《史记·周本纪》："虞、芮之人有狱不能决，乃如周。入界，耕者皆让畔，民俗皆让长。虞、芮之人未见西伯，皆惭，相谓曰：'吾所争，周人所耻，何往为，只取辱耳。'遂还，俱让而去。诸侯闻之，曰'西伯盖受命之君'。"虞、芮，殷周之

际的两个小国。虞国，位于今山西平陆北。芮国，位于今山西芮城西。

⑧孟津：古黄河津渡名。在今河南孟津东北、孟州西南。相传周武王在此盟会诸侯并渡河，故一名"盟津"。

⑨乃营成周洛邑：周公营建洛邑作为东都，分别建了成周城与王城。

⑩职贡：古代称藩属或外国向朝廷按时缴纳的贡品。

⑪道理：路途。

⑫向风：谓仰慕其人之品德或学问。

⑬附离：附着，依附。

⑭分而为两：战国后期，周朝的直属领地分裂为西周、东周两个小国。西周都于王城（今河南洛阳），东周都于巩（今河南巩义西南）。

⑮伤夷：创伤。

⑯切：同"窃"，私下里。侔（móu）：齐等，相当。

⑰秦地：指秦国故地关中地区。被山带河：指关中地区周围有山险，东边有黄河阻隔。形容地势险固。

⑱四塞以为固：四面都有关塞，防守牢固。

⑲卒（cù）然：突然。卒，同"猝"。

⑳天府：谓土地肥沃、物产富饶之域。

㉑山东：战国、秦、汉时称崤山或华山以东地区，又称"关东"。

㉒扼（è）其喉：扼住喉咙。拊（fǔ）其背：按住脊背。

㉓高祖以问群臣：以下至"西都关中"，出自《史记·留侯世家》。

㉔崤（xiáo）：指崤山，在河南洛宁北。山分东、西二崤，中有谷道，阪坡峻陡，为古代军事要地。渑：指渑池，今河南渑池西。

㉕伊：指伊河，古称"伊水""伊川"。雒：指洛河，又称"南洛河""洛水""洛浦"。

㉖函：指函谷关。

㉗陇：指陇山，古称"陇坻""陇首""陇坂"。在陕西陇县西南，延伸

至陕、甘边境。蜀:指岷山,古称“汶山”。自四川、甘肃两省边境绵延到四川境内,主体部分在四川省北部。《史记·留侯世家》张守节《正义》:“陇山南连蜀之岷山,故云右陇蜀也。”

㉘胡:指匈奴等北方少数民族。苑:牧场。《史记·留侯世家》张守节《正义》:“上郡、北地之北与胡接,可以牧养禽兽,又多致胡马,故谓胡苑之利也。”

㉙漕挽:指水运和陆运。水运曰“漕”,陆运曰“挽”。

㉚金城千里:形容辽阔的国土坚城环绕,险固可靠。

【译文】

刘邦打算定都洛阳。之后听从了娄敬的计策,迁都长安。娄敬劝刘邦说:“陛下您定都洛阳,难道是想建立一个能与周朝一样兴隆的王朝吗?”刘邦说:“是的。”娄敬说:“陛下您夺得天下的方式与周朝不同。周朝的祖先始自后稷,尧将他封在邰,十几代人积德累善。公刘为了躲避夏桀,迁居到豳地;太王因为戎狄的侵扰,离开豳地,策马迁居岐山,国人都争相跟随他。等到周文王做了西方诸侯之长,解决了虞、芮两国的争端,从此承受天命,吕望、伯夷从海边来归附他。周武王讨伐商纣王,没有事先约定而来到孟津会师的诸侯有八百个,大家都说可以讨伐商纣王了,于是周武王灭掉了殷商。周成王即位,周公等人辅佐他,营建了成周、洛邑,认为这个地方是天下的中心,四方诸侯都前来朝贡,路途的远近均等。在这个地方定都,有德行的君主容易统治天下,没有德行的君主容易灭亡。之所以在此建立都城,就是想让周王朝一定依靠德政感召人民,而不想依靠险要的地势,导致后代君主骄横奢侈虐待民众。在周王朝的鼎盛时期,天下和睦,四方异族都向往周王朝的风化,仰慕道义而感念恩德,一同依附、事奉周朝。天下不派一兵驻守,不遣一卒出战,四方异族以及大国的民众没有人不归顺臣服,都来进献贡物和税赋。等到周朝衰弱的时候,分裂成西周、东周两个小国,天下没有谁再来朝觐。周王室也无法控制这一局面,这不是因为周王朝的德行微薄,而是因为形势太弱了。如今陛下您从沛县丰邑起兵,召集三千士卒,率领他们长驱直入,席卷蜀郡、汉中,回师平定三秦,和项羽在荥阳交战,争夺成皋要塞,经过七十场大仗,四十场小仗,让天下的百姓肝脑涂地,父子露骨于荒野，不可胜数，哭声不绝于耳，受伤的将士至今没有康复。这样的情况，却想和周朝成、康时期媲美，我私下认为相差甚远。况且秦地周围有山险，东边有黄河，四面都有关塞，防守牢固，一旦有紧急情况，可以动员上百万的军队，这就是所谓的天府之地。如果陛下您进入函谷关，把都城建在那里，关东地区即使出现祸乱，秦国的旧地还是可以完整地占有。跟别人打架，如果不能掐住对方的咽喉，摁住他的脊背，就不可能获得胜利。如今您如果入关在关中建都，占据秦国的故地，那就等于掐住了天下的咽喉，摁住了天下各国的脊背。”刘邦询问群臣，群臣都是关东人，争先恐后地说周朝统治了七百年，秦朝两代人就灭亡了，不如定都周朝都城洛阳。洛阳东面有成皋之险，西面有崤山和渑池，背靠黄河，面向伊河、洛河，形势之险固也足以倚恃。张良说：“洛阳四周虽然有这些险阻，但中间的区域狭小，不过数百里，土地贫瘠，四面都受到敌人的威胁，并非用武之地。而关中，左边靠着崤山、函谷关，右边靠着陇山与岷山，其中沃野千里，南面有巴郡、蜀郡的富饶，北面的胡地盛产牛马，三面都有险阻可以固守，只留下一面可以向东控制诸侯。当诸侯安定的时候，黄河、渭河运输天下的粮食，足以向西供给京师。当诸侯叛乱，则顺流东下，足以供给前线军需。这就是所谓的‘金城千里，天府之国’，娄敬的意见是对的。”于是刘邦当天便启程，向西进发，定都关中。

有告楚王韩信反，用陈平计擒之，废为淮阴侯。高帝问诸将[①]，诸将曰：“亟发兵坑竖子耳[②]！”高帝默然。问陈平，平曰：“人上书言信反，人有闻知者乎？”曰：“未有。”曰：“信知之乎？”曰：“不知。”平曰：“陛下精兵孰与楚[③]？”上曰：“不能过。”平曰：“陛下将用兵，有能敌韩信乎？”上曰：“莫及也。”平曰：“今兵不如楚精，将又不及，而举兵击之，是趣战也[④]，切为陛下危之。”上曰：“为之奈何？”平曰：“古者天子巡狩会诸侯[⑤]，南方有云梦[⑥]，陛下弟出伪游云梦[⑦]，会诸侯于陈。陈，楚之西界，信闻天子以好出游[⑧]，其势必郊迎谒，而陛下因擒之，此特一力士之事。”高帝以为然，发使告诸侯，上因随行[⑨]。

信果迎道中。帝预具武士,见信即执缚之。田胥贺上曰[10]:"甚善。陛下得韩信,又治秦中。秦,形胜之国[11],带河阻山,悬隔千里[12],执戟百万,秦得百二焉[13]。地势便利,其以下兵于诸侯,譬犹居台之上建瓴水也[14]。夫齐东有琅琊、即墨之饶[15],南有太山之固[16],西有浊河之限[17],北有渤海之利,地方二千里,持戟百万,悬隔千里之外,齐得十二焉。此东西秦也,非亲子弟莫可使王齐者。"上曰:"善。"赐金五百斤。

【注释】

①高帝问诸将:以下至"见信即执缚之",出自《史记·陈丞相世家》。

②亟(jí):急,快。

③孰与:与……比如何,与……比怎么样。

④趣(cù):促使,逼使。

⑤巡狩:谓天子出行,视察邦国州郡。

⑥云梦:指云梦泽。据《汉书·地理志》等汉、魏人记载,云梦泽在今湖北临利、潜江一带,范围并不很大。晋以后的经学家将古之云梦泽的范围越说越大,一般都把洞庭湖包括在内,与汉以前的记载不符。

⑦弟:尽管,只管。

⑧好:无恶意。

⑨随行:指当天就出发。

⑩田胥贺上曰:以下至"赐金五百斤",出自《汉书·高祖纪》。田胥,生平不详,《史记·高祖本纪》作"田肯"。

⑪形胜:谓地理位置优越,地势险要。

⑫悬隔千里:指秦国形势险要,阻隔东方诸侯于千里之外,难以攻取。《汉书·高祖纪》颜师古注引应劭曰:"言河山之险,与诸侯相

县隔,绝千里也。”或曰指关中地域辽阔,疆土广大。《汉书·高祖纪》王先谦补注:“言河山之阻,千里而遥,非与诸侯县隔也。犹张良云‘关中沃野千里’耳。”

⑬秦得百二焉:《汉书·高祖纪》颜师古注引苏林曰:“百二,得百中之二,二万人也。秦地险固,二万人足当诸侯百万人也。”指秦国险要,二万的军队可以抵挡诸侯百万的军队。

⑭居台之上建瓴(líng)水:在高屋脊上倒瓶中的水。形容居高临下的形势。建,倾倒。

⑮琅琊(yá):县名。今山东胶南西南。即墨:县名。今山东平度东南。

⑯太山:即泰山。

⑰浊河:指黄河。

【译文】

有人报告楚王韩信谋反,刘邦采用陈平的计策捉拿了韩信,把他废为淮阴侯。刘邦询问各位将领,各位将领说:“马上发兵,活埋了这小子!”刘邦沉默不语。又问陈平,陈平说:“有人上书报告韩信造反,这件事有别人知道吗?”刘邦说:“没有。”陈平问:“韩信知道这件事吗?”刘邦说:“不知道。”陈平说:“陛下您的精锐部队与楚国相比,谁更强大?”刘邦说:“比不过楚国。”陈平又问:“您麾下的将领中,有谁用兵能和韩信匹敌吗?”刘邦说:“没有人比得过韩信。”陈平说:“如今您的军队没有楚军精良,您的将领又比不过韩信,这样还要发兵攻打他,这是在迫使韩信与我们决战,我私下为您感到危险。”刘邦问:“应该怎么办?”陈平说:“古时代,天子四方巡游以会见诸侯,南方有个云梦泽,陛下您尽管假装出游云梦泽,在陈县会见诸侯。陈县,是楚国的西部边界,韩信听说天子怀着善意出游,势必到边郊迎接拜见,陛下您趁机捉住他,这只是一个力士就能的事情罢了。”刘邦认为陈平说得很对,派使者告知诸侯在陈县相会,刘邦也随即出发。韩信果然在边郊的路上迎接。刘邦预先准备了武士,见到韩信就把他捆绑起来。田肯向刘邦道贺说:“好极了。陛下捉住了韩信,又决定建都关中。秦地,是位置优越的险要之地,四周有高山大河的险阻,遥距诸侯千里之外,秦地二万的军队,可以抵得上诸侯百万的军队。这里地势优越，一旦对诸侯用兵，好比高屋建瓴，势不可当。而齐地东方有物产富饶的琅琊、即墨，南面有险固的泰山，西面有黄河的阻隔，北面有渤海的鱼盐之利，土地方圆两千里，即便诸侯有百万的军队，遥距千里之外，也只抵得上齐地十二万的军队。这两个地方可以称得上是东秦与西秦，如果不是您嫡亲的子弟，不可以让他当齐王。”刘邦说：“好。”赏给他黄金五百斤。

陈豨为代相[①]**，与韩信、王黄等反**[②]**，豨自立为代王。上自往破之。**高祖赦赵、代吏人为豨所诖误者[③]。赵相奏斩常山守、尉[④]，曰：“常山北二十五城[⑤]，豨反，亡其二十城。”上问曰：“守、尉反乎？”对曰：“不反。”上曰：“是力不足也。”赦之，复以为守、尉。上既至邯郸[⑥]，喜曰：“豨不南据漳水[⑦]，北守邯郸，吾知其无能为也。”问周昌曰：“赵亦有壮士可令将者乎？”对曰：“见有四人。”四人谒，上慢骂曰：“竖子能为将乎？”各封之千户以为将。左右谏曰：“从入蜀、汉，伐楚，功未遍行[⑧]。今此何功而封？”上曰：“非尔所知也。陈豨反，邯郸以北皆豨有也。吾以羽檄征天下兵[⑨]，未有至者，今唯独邯郸中兵耳。吾胡爱四千户不封此四人，以慰赵子弟心？”皆曰：“善。”于是上曰：“陈豨将谁也？”曰：“王黄、曼丘臣[⑩]，皆故贾人。”上曰：“吾知之矣。”乃各以千金购黄、臣等。其黄、臣等麾下授购赏，皆生得，以故陈豨军遂败。初，韩信知汉王畏恶其能[⑪]，与陈豨谋反。高帝自将击豨，信称病不从行，欲从中起。信舍人得罪，信囚之，欲杀，舍人弟告信反状于吕后。吕后欲召，恐其党不就[⑫]，乃与萧相国谋，诈令人从上所来，言豨已死矣，列侯群臣皆贺。相国诈信曰：“虽病，强入贺。”信入，吕后使武士缚信，斩之长乐宫矣。

【注释】

①陈狶(xī)为代相:以下至"上自往破之",抄撮自《汉书·高祖纪》。陈狶,《史记》《汉书》作"陈豨",宛朐(今山东曹县西北)人。汉朝大臣。白登山之围后,被任命为代国相国,统率赵国、代国边境的驻军。后反叛,自立为代王,兵败而死。

②韩信:战国时期韩襄王庶孙,与淮阴侯韩信同名,故史书多称其为"韩王信"。随张良投奔刘邦。刘邦还定三秦,任命他为韩国太尉,率军攻取韩国故地,受封韩王。后投降匈奴,与汉军作战时被柴武所杀。王黄:白土(今陕西神木西北)人。韩王信部将。

③高祖赦赵、代吏人为狶所诖(guà)误者:以下至"以故陈狶军遂败",出自《史记·韩信卢绾列传》。诖误,贻误,连累。此处指被陈豨蛊惑蒙蔽而参与造反者。

④赵相:此时赵国相国为周昌,沛县(今江苏沛县)人。西汉初年大臣。官至御史大夫,以耿直敢言著称。常山:汉郡名。治真定(今河北石家庄东北),辖今河北省西北部。

⑤北:《史记·韩信卢绾列传》无"北"字。

⑥邯郸:今属河北。

⑦漳水:有清漳河、浊漳河两源,均出山西省东南部,合流后经邺县(今河北临漳西南)流向东北,汇入古黄河。

⑧功未遍行:立下功劳的人还没有全部受到封赏。

⑨羽檄(xí):古代军事文书。插鸟羽以示紧急,必须迅速传递。

⑩曼丘臣:白土(今陕西神木西北)人。韩王信部将。

⑪初,韩信知汉王畏恶其能:以下至"斩之长乐宫矣",抄撮自《史记·淮阴侯列传》。

⑫党:同"傥",倘若,万一。

【译文】

陈豨被任命为代国相国,与韩王信、王黄等人谋反,陈豨自立为代王。刘邦亲自率军,平定了叛乱。刘邦赦免了赵、代两地受陈豨蒙蔽连累的官吏百姓。赵国相国周昌奏请处死常山郡的太守、郡尉,说:"常山郡有二十五座城,陈豨反叛,丢失了二十座城。"刘邦问:"郡守、郡尉造反了吗?"周昌说:"没有造反。"刘邦说:"这是他们兵力不足的缘故。"赦免了他们,并重新任命他们为常山郡的太守、郡尉。刘邦抵达了邯郸,高兴地说:"陈豨不南下据守漳水,北边防守邯郸,我知道他不会有什么作为了。"问周昌说:"赵国有壮士可以让他们带兵吗?"周昌说:"有四个人。"这四人来拜见,刘邦谩骂道:"小子们能当将军吗?"各封给他们一千户,并任命为将军。左右大臣劝谏说:"那些跟随您进入蜀、汉,讨伐楚国的功臣们,还没有全部受到封赏。如今这四个人有何功劳,要封赏他们?"刘邦说:"你们不懂。陈豨造反,邯郸以北全部被他占据了。我用加急文书调集天下军队,还没有到达的,如今能用的只有邯郸城中的军队。我何必吝惜这四千户不封赏给他们,借以安慰赵地子弟之心呢?"左右都说:"您说得好。"于是刘邦问:"陈豨的将军是谁?"回答道:"王黄与曼丘臣,原来都是商人。"刘邦说:"我知道了。"于是各悬赏千金捉拿王黄、曼丘臣等人。王黄、曼丘臣等人的部下被赏金打动,二人都被生擒,因此陈豨的军队被击败。起初,韩信知道刘邦畏惧忌惮自己的才能,与陈豨谋反。刘邦亲自率兵攻打陈豨,韩信借口生病没有随同前去,想要在京城谋反。韩信的舍人犯罪,韩信把他囚禁起来,将要处死他,他的弟弟上书吕后,告发了韩信将要造反的事。吕后想召见韩信,又怕他万一不来,就和萧何商量好,派人假装从刘邦那儿来,报告陈豨已经被杀,让列侯百官都入宫庆贺。萧何骗韩信说:"你虽然生病,也要强撑着进宫庆贺。"韩信一进宫,吕后就让武士把韩信捆起来,在长乐宫处死了他。

尉他王南越[①],反。高祖使陆贾赐尉他印绶为南越王,令称臣,奉汉约。陆生至南越[②],尉他魋髻箕踞见陆生[③]。陆生因进说曰:"足下中国人,亲戚昆弟坟墓在真定[④]。今足下反天性,弃冠带[⑤],欲以区区之越与天子抗衡为敌国,祸且及身矣。且夫秦失其政,诸侯豪杰并起,唯汉王先入关,据咸阳。项王背约,自立为西楚霸王，诸侯皆属，可谓至强。然汉王起巴、蜀，鞭笞天下，制诸侯，遂诛项羽，灭之。五年间，海内平定，此非人力，天之所建也。天子闻君王南越，不助天下诛暴逆，将欲移兵而诛王[⑥]。天子怜百姓新劳苦，且休之，遣臣授君王印绶，剖符通使[⑦]。君王宜郊迎，北面称臣。乃欲以新造未集之越[⑧]，屈强于此[⑨]。汉诚闻之，掘王先人冢，夷王种宗族，使一偏将将十万众以临越，越则杀王以降，如反覆手耳。"于是尉他蹶然起谢[⑩]。陆生卒拜尉他而还。初，南海尉任嚣病且死[⑪]，召龙川令赵他，谓曰："闻陈胜作乱，豪杰叛秦相立。番禺负山险[⑫]，阻南海，东西数千里，颇有中国人相辅，此一州之主也，可以立国。"即以他行南海尉事。嚣死，他移檄告诸郡曰："盗兵即至，急绝新道[⑬]，聚兵自守。"因稍以法诛秦所置长吏[⑭]，以其党为假守，自立为南越武王。

【注释】

①尉他王南越：以下至"奉汉约"，抄撮自《史记·郦生陆贾列传》。

②陆生至南越：以下至"陆生卒拜尉他而还"，出自《史记·郦生陆贾列传》

③魋（chuí）髻：结成椎形的髻。魋，通"椎"。此谓尉他做蛮夷装扮。

④真定：汉县名。西汉高祖十一年（前196）改东垣县置，今河北石家庄东北。

⑤冠带：戴帽子束腰带。此处指中原地区的衣着习俗。

⑥将：《史记·郦生陆贾列传》作"将相"。

⑦剖符：犹剖竹。古代帝王分封诸侯、功臣时，以竹符为信证，剖分为二，君臣各执其一，后因以"剖符""剖竹"为分封、授官之称。

⑧集：安。

⑨屈（jué）强：倔强。《汉书·陆贾传》颜师古注："屈强，谓不柔服也。"屈，通"倔"。

⑩蹶（jué）然：疾起貌。

⑪初，南海尉任嚣病且死：以下至“自立为南越武王”，出自《史记·南越列传》，有删节。任嚣：《史记·南越列传》作“任嚣”，秦朝将领。率军统一岭南，担任南海郡尉。

⑫番禺：县名。秦始皇三十三年（前214）置，今广东广州。

⑬新道：指秦朝所开的中原与越地交通的道路。

⑭稍：逐渐。

【译文】

尉他在南越称王，反叛。刘邦派陆贾赐给尉他印绶，封为南越王，要求他向汉朝称臣，服从汉朝的约束。陆贾到了南越，尉他梳着椎髻、箕踞而坐接见陆贾。陆贾于是上前对尉他说：“您本是中国人，亲戚兄弟与先人的坟墓都在真定县。如今您违背天性，抛弃中原的衣冠，想凭小小的越国与天子相抗衡，互为敌国，那么您的灾祸就要降临了。秦朝政治秩序混乱，诸侯豪杰纷纷起兵，只有汉王率先进入关中，占据了咸阳。项羽违背约定，自立为西楚霸王，诸侯们都归顺他，可以说是最强大了。然而汉王从巴、蜀起兵，征讨天下，制服诸侯，于是讨伐项羽，消灭了他。五年之内，平定了天下，这不是人力能办到的，而是上天所树立的。天子听说您在南越称王，不帮助天下人讨伐暴逆，宰相将军们都想出兵讨伐您。但是天子怜惜百姓刚刚经过战争的劳苦，想让他们休养生息，所以派我授予您南越王的印绶，与您剖分符节，互派使节。您应该到郊外迎接，朝向北面称臣。您却想仗着刚刚建立、尚未安定的越国，在这里顽抗。汉朝如果知道了，将会挖出您先祖的坟墓，诛灭您的宗族，并派一名副将率领十万军队讨伐越国，那时越国人会杀了您投降汉朝，这不过是易如反掌的事。”于是尉他猛地起身，向陆贾道歉。最终，陆贾封尉他为南越王，完成使命后回到朝廷。起初，南海郡尉任嚣病重快死了，招来龙川令赵他，对他说：“听说陈胜等人造反，各路豪杰反叛秦朝自立为王。番禺这个地方背靠山险，以南海为屏障，东西长达数千里，又颇能得到中原人的帮助，这里可以成为一州之主，可以建立国家。”当即让赵他代行南海郡郡尉的职权。任嚣死后，赵他向南海诸郡传递檄文，说：“盗贼的军队就要到来，赶紧切断新道，积聚兵力加强防守。”接着逐渐依法处置了一些秦朝所设置的官吏,委派自己的亲信代理他们的职位,自立为南越武王。

高祖在位十二年崩,年六十二。惠帝立,吕后临政。吕后时[①],陈平燕居深念[②]。陆生曰:“何念之深也?”平曰:“生揣我何念?”陆生曰:“足下位为上相[③],食三万户侯,可谓极富贵无欲矣。然有忧念,不过患诸吕少主耳[④]。”平曰:“然。谓之奈何?”陆生曰:“天下安,注意于相[⑤];天下危,注意于将。将相和则士豫附[⑥];士豫附,天下虽有变则权不分;权不分,为社稷计,在两君掌握耳。何不交欢太尉[⑦],深相交结?”平用其计,竟诛诸吕。初,吕后之崩也[⑧],大臣诛诸吕[⑨],吕禄为将北军[⑩],太尉勃不得入北军。时郦商子寄与吕禄善[⑪],于是乃使人劫郦商,其子绐吕禄[⑫]。信之,故与出游,而太尉乃得入北军诛吕氏也。

【注释】

①吕后时:以下至“竟诛诸吕”,出自《汉书·陆贾传》,有删节。

②燕居:闲居。深念:深深思考。

③上相:当时设左、右二丞相,陈平为右丞相,审食其为左丞相。古代以右为尊,右丞相位在左丞相之上,所以称“上相”。

④少主:指少帝,汉惠帝子。前后一共有两位,前者姓名不详,为惠帝后宫美人之子,吕后四年(前184)被吕后幽禁杀害。后者名义,即位后改名为弘,吕后四年即位。吕后八年(前180),随诸吕一同被周勃等所杀。

⑤注意:重视,关注。

⑥豫附:谓乐意归附。

⑦太尉:指周勃。

⑧初,吕后之崩也:以下至“而太尉乃得入北军诛吕氏也”,出自《史

记·樊郦滕灌列传》。

⑨大臣诛诸吕:《史记·樊郦滕灌列传》作“大臣欲诛诸吕”,译文从之。

⑩吕禄:单父(今山东单县)人。吕后的侄子,被封为赵王。吕后病重时,吕禄被任命为上将军,控制北军。

⑪郦商:陈留高阳(今河南杞县西南)人。秦汉之际将领。屡立战功,被封为曲周侯。寄:郦商之子郦寄,字况。

⑫绐(dài):欺诳。

【译文】

刘邦在位十二年后去世,享年六十二岁。惠帝即位,吕后临朝听政。吕太后临朝执政时,陈平闲居家中常常陷入沉思。陆贾问:“为什么思考得这么入神?”陈平说:“您猜猜我在想什么?”陆贾说:“您位为右丞相,食邑有三万户,可以说富贵到了极点,没有什么欲望了。然而您忧虑重重,不过是担心吕氏家族与少主罢了。”陈平说:“您猜得对。该怎么办呢?”陆贾说:“天下太平时,人们重视宰相;国家危难时,人们重视大将。将相和睦,士人就会乐意归附;士人乐意归附,天下即使发生变乱,大权也不会分散;大权不分散,那么国家的安危大计,就在宰相与大将的掌握之中。您为何不与太尉交好,与他深交呢?”陈平采纳了陆贾的计策,最后诛灭了吕氏家族。起初,吕后去世后,大臣们想要诛杀吕氏家族,而吕禄统率北军,太尉周勃无法进入北军营门。此时郦商之子郦寄与吕禄关系很好,于是周勃派人劫持了郦商,让他的儿子郦寄去哄骗吕禄。吕禄相信郦寄,所以与他一起出游,周勃才得以进入军营控制北军,从而诛灭了吕氏。

景帝时,吴、楚反[①],征平之。帝使太尉周亚夫东击吴、楚[②]。亚夫问父客邓都尉曰[③]:“策将安出?”客曰:“吴兵锐甚,难争锋。楚兵轻,不能持久。方今为将军计,莫若引兵东壁昌邑[④],以梁喂吴[⑤],吴必尽锐攻之。将军深沟高垒,使轻兵绝淮、泗口[⑥],吴粮道绝，使吴、梁相弊而粮食竭，乃以全制其极[7]，破吴必矣。”条侯曰：“善。”因请上曰[8]：“楚兵剽轻[9]，难与争锋。愿以梁倭之[10]，绝其粮道，乃可制也。”上许之。亚夫至荥阳，吴方急攻梁，梁急，请救。亚夫引兵东北走昌邑，深壁而守。梁王使使请亚夫，亚夫守便宜[11]，不往。坚壁不出，而使弓高侯等屯吴、楚兵后[12]，绝其饷道[13]。吴、楚兵乏粮，饥，欲退，数挑战，终不出。吴、楚既饿，乃引兵而去。亚夫出精兵追击，大破吴也。**崩，太子彻立。**是为武帝。**崩，子勿立**[14]。是为昭帝。霍光辅政，上官桀害光宠，诈为帝兄燕王旦上书，称光行上林称跸[15]，又私调校尉。帝不信，而上官桀诈伪事果发，伏诛。**崩，立武帝孙昌邑王贺。**贺，昌邑哀王髆之子[16]。即位二十七日，事有千一百二十七条[17]，霍光废贺为海昏侯也。**废，立武帝曾孙询。**是为宣帝。帝，卫太子之孙[18]。**崩，立太子奭。**是为元帝。**崩，立太子骜**[19]。是为成帝。委政诸舅王凤等[20]。同日拜凤兄弟五人为侯[21]，号曰五侯。五侯皆专政也。**崩，立宣帝孙定陶恭王子欣**[22]。是为哀帝。即位六年，崩，无嗣。**崩，立帝弟中山孝王衎。**是为平帝。帝年幼，为王莽所鸩[23]，崩。立宣帝玄孙婴，是为孺子。莽废婴自立。

【注释】

①吴：西汉时期诸侯国。汉高祖十二年（前195），刘邦封同母兄刘仲之子刘濞为吴王，定都广陵（今江苏扬州）。楚：西汉时期诸侯国。汉高祖六年（前201），刘邦封异母弟刘交为楚王，定都彭城（今江苏徐州）。

②帝使太尉周亚夫东击吴、楚：以下至“条侯曰‘善’”，出自《史记·吴王濞列传》。周亚夫，沛县（今江苏沛县）人。周勃次子，西汉大将。汉文帝时，追念周勃之功，封其为条侯。汉景帝时，任太尉，

参与平定吴、楚七国之乱。后任丞相。因得罪汉景帝,被廷尉审讯,绝食吐血而死。

③父客:周亚夫之父周勃的门客。都尉:汉景帝时改秦郡尉为都尉,辅佐郡守并掌全郡的军事。

④壁:坚守营垒,驻守。昌邑:县名。位于今山东钜野南。

⑤梁:西汉时期诸侯国。汉文帝即位后,四子刘揖、次子刘武先后被封为梁王,都城位于睢阳(今河南商丘南)。

⑥淮、泗口:古泗水流入淮河的会合口,位于今江苏淮阴西南。

⑦极:困窘。

⑧因请上曰:以下至"大破吴也",出自《史记·绛侯周勃世家》,有删节。

⑨楚兵:指吴、楚两国的军队。剽(piào)轻:强悍轻捷。剽,轻疾。

⑩倭(něi):《史记·绛侯周勃世家》作"委"。以梁委之,意谓暂时不救援梁国。

⑪便宜:谓斟酌事宜,自行决断处理。

⑫弓高侯:即韩王信之子韩颓当。汉文帝前元十四年(前166),韩颓当自匈奴归汉,被封为弓高侯。

⑬饷道:运军粮的道路。

⑭勿:据《汉书·武帝纪》,汉昭帝名弗陵。

⑮跸(bì):古代帝王出行时的车驾。

⑯昌邑哀王髆(bó):即刘髆,汉武帝第五子,母为李夫人。天汉四年(前97)立为昌邑王,在位十一年薨,谥哀。

⑰即位二十七日,事有千一百二十七条:指刘贺在位二十七日,做的违反礼制的事有一千一百二十七件。《汉书·霍光传》:"(刘贺)受玺以来二十七日,使者旁午,持节诏诸官署征发,凡千一百二十七事。"

⑱卫太子:即刘据,汉武帝嫡长子,母为皇后卫子夫。在巫蛊之祸中

被江充等人迫害，被迫起兵反抗，兵败后逃亡，最终自杀。汉宣帝即位后，追谥曰“戾”。

⑲骜（ào）：据《汉书·成帝纪》颜师古注，汉成帝名“骜（ào）”。

⑳王凤：魏郡元城（今河北大名东）人。汉元帝皇后王政君同母兄，西汉外戚，权臣。汉成帝即位后，以王凤为大司马大将军领尚书事，把控朝政。

㉑同日拜凤兄弟五人为侯：指王凤的兄弟王谭、王商、王立、王根、王逢五人。《汉书·元后传》：“河平二年，上悉封舅谭为平阿侯，商成都侯，立红阳侯，根曲阳侯，逢时高平侯。五人同日封，故世谓之‘五侯’。”

㉒定陶恭王：指刘康，汉元帝刘奭次子。封定陶王，谥号恭。

㉓鸩（zhèn）：以毒酒杀人。

【译文】

汉景帝时，吴国、楚国等诸侯造反，汉景帝派兵平定了叛乱。景帝命令太尉周亚夫向东讨伐吴、楚。周亚夫问父亲周勃旧时的门客邓都尉说：“应该采取怎样的策略？”邓都尉说：“吴军锐气正盛，难以与其正面争锋。楚军浮躁，不能持久。如今为将军您打算，不如率军在东北的昌邑筑垒坚守，让梁国与吴国死拼，吴国必定倾尽精锐攻打梁国。您深挖壕沟，高筑壁垒，派遣轻装部队断绝淮河、泗水的交汇处，阻塞吴军的粮道，让吴军与梁军打得两败俱伤，而吴军的粮草耗尽，您再率领完整强大的军队制服疲惫不堪的吴军，一定能打败吴军。”周亚夫说：“好。”于是向景帝请求说：“楚国的军队强悍轻捷，难以与其正面争锋。希望能暂时不救援梁国，断绝叛军的粮道，才可以制服它。”景帝答应了。周亚夫达到荥阳时，吴军正加紧攻打梁国，梁国危急，请求救援。周亚夫却往东北方进军，来到昌邑，坚守营垒。梁王派使者向周亚夫求救，周亚夫坚持已经决定的有利战略，不发兵救援。坚守不出，而派韩颓当等人切断吴、楚军后方，断绝他们的粮道。吴、楚军缺乏粮草，挨饿，想要退兵，多次挑战，周亚夫始终不出战。吴、楚军绝粮后，于是率军撤退。周亚夫派出精兵追击，大败吴、楚军。**汉景帝去世后，太子刘彻即位。**即汉武帝。**汉武帝去**

世后，他的儿子刘弗陵即位。即汉昭帝。昭帝时霍光辅政，上官桀嫉妒霍光得到昭帝的宠信，于是以昭帝之兄燕王旦的名义上书，诬告霍光在上林苑检阅羽林郎时使用了天子仪仗，又私自调动校尉。昭帝不相信，后来上官桀谋害霍光的事情果然暴露，被处死。汉昭帝去世后，立汉武帝之孙昌邑王刘贺为帝。刘贺，是昌邑哀王刘髆之子。在位二十七日，做的违反礼制的事有一千一百二十七件，霍光废黜刘贺为海昏侯。刘贺被废后，立汉武帝曾孙刘询为帝。即汉宣帝。宣帝，是卫太子的孙子。汉宣帝去世后，立太子刘奭为帝。即汉元帝。汉元帝去世后，立太子刘骜为帝。即汉成帝。成帝把政事委托给舅舅王凤等人职掌。同一天内封王凤兄弟五人为侯，号称“五侯”。五侯都掌握大权。汉成帝去世后，立汉宣帝之孙定陶恭王的儿子刘欣为帝。即汉哀帝。即位六年后去世，没有子嗣。汉哀帝去世后，立汉哀帝之弟中山孝王刘衎为帝。即汉平帝。平帝年幼，被王莽毒死。平帝驾崩后，王莽立宣帝玄孙刘婴为帝，即孺子婴。后来王莽废掉刘婴，自立为皇帝。

伪新室王莽者[①]，成帝舅王曼之子，元帝王皇后之侄也[②]。元帝崩，成帝即位，以元舅凤为大司马[③]，兄弟五人皆为侯。元帝皇后，魏郡王禁之女，生成帝。时，凤秉政，同日封兄弟五人为五侯。曼早卒，凤将薨，以莽托太后，太后，莽之姑也。封为新都侯。五侯竞为僭，起治第舍[④]。莽幼孤贫，独折节恭谨[⑤]，当世名士多为莽言，上由是贤之，拜为侍中。莽交结将相，收赡名士[⑥]，赈施宾客[⑦]，故虚誉隆洽[⑧]，倾炽其诸父矣。时成帝废许后[⑨]，立赵飞燕[⑩]。飞燕女弟为昭仪[⑪]，昭仪害后宫皇子，帝无嗣，乃立定陶王忻为皇太子[⑫]。忻者，宣帝孙，成帝弟之子。初，王祖母傅太后阴为王求为汉嗣[⑬]，私事赵皇后、昭仪及帝舅王根[⑭]，故劝立之。莽以发定陵侯淳于长大奸[⑮]，拜为大司马，初，长与许皇后姊孅私通[16]。因孅赂遗长，长许欲白上为左皇后[17]。时王根辅政，久病，长尝代根[18]。莽心害长宠，白根曰："长与许贵人私交通[19]，见将军久病，私喜。"根怒，令莽白长，长下狱死。时年三十八。成帝崩，哀帝即位，立皇后傅后，后，即帝祖母定陶恭太后从女弟也[20]。封后父傅晏为孔乡侯，帝母丁后曰恭皇太后[21]，舅丁明为安阳侯[22]。莽乞骸骨[23]，避丁、傅也。哀帝崩，时莽以侯在弟[24]，太皇太后令莽备佐丧事，太皇太后，元帝皇后也。复为大司马，征立中山王为帝。即平帝。帝名衎，为中山王，即孝王子也[25]。太皇太后临朝，莽秉政，百官总己以听于莽[26]。附顺者拔擢[27]，忤恨者诛灭[28]。以王舜、王邑为腹心[29]，甄丰、甄邯主击断[30]，平晏典枢机[31]，刘歆典文章[32]，孙建为爪牙[33]，皆以才能并任显职。莽色厉而言方[34]，欲有所为，征见风采[35]，党与承旨而显奏之，莽因固让，示不得已，上以惑太后，下以取信于众庶。越常氏重译献白雉一、黑雉二[36]。莽令益州讽群臣奏言[37]："莽功德比周公，宜赐号安汉公。"平帝崩，莽征宣帝玄孙广戚侯子婴立之[38]。年三岁，遂谋居摄如周公故事[39]。时元帝统绝，宣帝曾孙五人。莽恶其长者，托以卜相宜吉[40]，乃立婴也。东都太守翟义反[41]，败死。义，丞相方进子也，立刘信为天子也[42]。莽自谓威德遂盛，获天人之助，用铜匮符命，遂即真[43]。梓潼人哀章上铜匮符命[44]。其九年[45]，赤眉贼起[46]。琅琊女子吕母为子报仇[47]，党众复浸多，号赤眉贼。十四年[48]，世祖起兵[49]，与王匡等共立刘圣公为更始皇帝[50]。更始即世祖族兄。世祖及兄伯昇[51]，与新市、平林兵士王匡等合军攻棘阳[52]。莽遣王寻、王邑击更始[53]，二公兵败于昆阳[54]。汉兵遂入城中[55]，人皆降。莽走渐台[56]，藏于室中北隅间[57]。

校尉公孙宾就斩莽，遂传首诣更始于宛。

【注释】

①伪新室王莽者：以下至“遂传首诣更始于宛”，抄撮自《汉书·王莽传》。新，朝代名。王莽初封新都侯，后篡汉称帝，建国号曰新。

②元帝王皇后：即王政君，魏郡元城（今河北大名东）人。汉元帝皇后，汉成帝生母，王莽的姑姑。其身居后位（包含皇后、皇太后、太皇太后）时间长达61年，深刻影响了西汉后期的历史进程。

③元舅：长舅。

④第舍：宅第，住宅。

⑤折节：屈己下人。

⑥收赡：接纳，供养。

⑦赈施：赈济布施。

⑧隆：盛。洽：周遍。

⑨许后：昌邑（今山东钜野南）人。汉宣帝皇后许平君堂弟许嘉之女，汉成帝第一任皇后。后被废，改居长定宫，世称“长定贵人”。许氏被废后，托淳于长说情试图重回宫中，事发后被汉成帝赐药自杀。

⑩赵飞燕：原为阳阿公主府中歌伎，受到汉成帝宠幸，成为汉成帝第二任皇后。

⑪昭仪：古女官名。言昭显女仪，以示隆重。汉元帝始置，为妃嫔中的第一级。

⑫忻（xīn）：据《汉书·哀帝纪》颜师古注，汉哀帝名“欣”。

⑬傅太后：河内温县（今河南温县西南）人。汉元帝妃子，汉哀帝祖母。

⑭王根：魏郡元城（今河北大名东）人。汉元帝皇后王政君之兄，西汉外戚，权臣。官至大司马骠骑将军，封曲阳侯。

⑮淳于长：字孺（rú），魏郡元城（今河北大名东）人。王政君姐姐

之子。

⑯初,长与许皇后姊孊私通:以下至“长下狱死”,抄撮自《汉书·淳于长传》。

⑰长许欲白上为左皇后:指淳于长许诺将禀告汉成帝,重新封许后为左皇后。《汉书·淳于长传》:“许后因孊赂遗长,欲求复为倢伃。长受许后金钱乘舆服御物前后千余万,诈许为白上,立以为左皇后。”

⑱长尝代根:《汉书·淳于长传》:“是时,帝舅曲阳侯王根为大司马票骑将军,辅政数岁,久病,数乞骸骨。长以外亲居九卿位,次第当代根。”据此,淳于长并不曾代理王根的职务。

⑲许贵人:《汉书·淳于长传》作“长定贵人”,指汉成帝的许皇后。

⑳从女弟:《汉书·外戚传下》作“从弟子”,即侄女。

㉑帝母丁后曰恭皇太后:据《汉书·哀帝纪》,汉哀帝的祖母傅太后被封为“恭皇太后”,汉哀帝母亲丁姬被封为“恭皇后”。

㉒安阳侯:《汉书·哀帝纪》作“阳安侯”。

㉓乞骸骨:古代官吏自请退职,意谓使骸骨得归葬故乡。

㉔弟:通“第”,宅第。

㉕孝王:指中山孝王刘兴,汉元帝第三子。

㉖总己:指主持统理自己的职事。《论语·宪问》:“君薨,百官总己以听于冢宰三年。”朱熹《集注》:“总己,谓总摄己职。”

㉗附顺者拔擢(zhuó):以下至“宜赐号安汉公”,出自《汉书·王莽传上》,有删节。

㉘忤(wǔ)恨:违逆,反对。

㉙王舜:魏郡元城(今河北大名东)人。王政君从弟王音之子。王莽称帝后,官至太师,封安新公。王邑:魏郡元城(今河北大名东)人。王商之子。王莽称帝后,官至大司空,封隆新公。后随王莽败死。

㉚甄(zhēn)丰:字长伯。王莽称帝后,官至更始将军,封广新公。后因其子甄寻妄作符命,被王莽捕杀,甄丰也随即自杀。甄邯:字子心,大司空孔光女婿。王莽称帝后,官至大司马,封承新公。击断:指掌管纠察、弹劾、审判等职权。

㉛平晏:扶风平陵(今陕西咸阳东北)人。丞相平当之子。王莽称帝后,官至太傅,封就新公。典:掌,主管。枢机:指中央政权的机要部门或职位。

㉜刘歆(xīn):字子骏,汉朝宗室,西汉后期重要学者。与其父刘向一同整理宫廷藏书,编成目录学重要著作《七略》。王莽称帝后,官至国师,封嘉新公。后与董忠等人准备发动政变,事泄自杀。文章:指礼乐制度。

㉝孙建:西汉末年将领,王莽党羽。王莽称帝后,官至立国将军,封成新公。爪牙:比喻武臣。

㉞色厉而言方:神色严厉而言辞正直。

㉟征见风采:指神色上略微示意。风采,指表情、神色。

㊱越常:亦作"越裳",古南海国名。重译:辗转翻译。雉:野鸡。

㊲莽令益州讽群臣奏言:《汉书·王莽传》作:"(王莽)风益州令塞外蛮夷献白雉,……群臣因奏言太后:'委任大司马莽定策安宗庙。故大司马霍光有安宗庙之功,益封三万户,畴其爵邑,比萧相国。莽宜如光故事。'"据此,王莽先暗示益州官吏让边境之外的少数民族进献白雉黑雉,群臣再因此上奏太后。

㊳广戚侯:即刘显,汉宣帝曾孙,楚孝王刘嚣之孙,广戚炀侯刘勋之子。

㊴居摄:因皇帝年幼不能亲政,由大臣代居其位处理政务,谓"居摄"。周公故事:周成王即位时年幼,周公曾经摄政当国。《史记·周本纪》:"成王少,周初定天下,周公恐诸侯畔周,公乃摄行政当国。"

㊵托以卜相宜吉:《汉书·元后传》作“托以卜相为最吉”,译文从之。

㊶东都太守:据《汉书·翟方进附翟义传》,翟义起兵时为东郡太守。翟义:字文仲,汝南上蔡(今河南上蔡)人。丞相翟方进之子。由于不满王莽统治,起兵造反,兵败而死。

㊷刘信:东平王刘云之子,汉宣帝玄孙,封严乡侯。与翟义等人一同起兵,被推举为天子。兵败后不知去向。

㊸即真:谓由摄政或监国而正式即皇帝位。

㊹梓潼人哀章上铜匮符命:《汉书·王莽传上》:“梓潼人哀章学问长安,素无行,好为大言。见莽居摄,即作铜匮,为两检,署其一曰‘天帝行玺金匮图’,其一署曰‘赤帝行玺某传予黄帝金策书’。某者,高皇帝名也。书言王莽为真天子,皇太后如天命。”梓潼,地名。今属四川。铜匮,铜制的柜。匮,同“柜”。符命,上天预示帝王受命的符兆。

㊺其九年:指王莽天凤五年(18)。

㊻赤眉:汉末以樊崇等为首的农民起义军。因以赤色涂眉为标志,故称“赤眉”。

㊼琅琊女子吕母为子报仇:《后汉书·刘盆子传》:“琅琊海曲有吕母者,子为县吏,犯小罪,宰论杀之。吕母怨宰,密聚客,规以报仇。……招合亡命,众至数千。吕母自称将军,引兵还攻破海曲,执县宰。……遂斩之,以其首祭子冢,复还海中。”琅琊海曲,位于今山东日照西。

㊽十四年:指王莽地皇四年(23)。

㊾世祖:指汉光武帝刘秀,庙号世祖。

㊿王匡:江夏新市(今湖北京山东北)人。新朝末年绿林军领袖,拥立刘玄为更始帝。更始帝即位后,被封为比阳王。后被更始帝猜忌,投靠赤眉军,又转投刘秀。投降后打算逃跑,被尚书宗广处死。刘圣公:即刘玄,字圣公,南阳蔡阳(今湖北枣阳西南)人。

汉朝宗室，光武帝刘秀的族兄。23年，在绿林军的拥戴下成为皇帝，年号更始。更始三年（25），赤眉军攻入长安，刘玄投降赤眉，最终被杀。

51伯昇：即刘𬙂（yǐn），字伯昇，南阳蔡阳（今湖北枣阳西南）人。汉朝宗室，光武帝刘秀之兄。22年，刘𬙂与刘秀在舂陵（今湖北枣阳南）起兵，在宛城（今河南南阳）一带大败王莽军。更始帝即位后，拜刘𬙂为大司徒，封汉信侯。后被更始帝杀害。

52新市、平林：指新莽末年绿林起义军中的两支。《后汉书·刘玄传》："三年，大疾疫，死者且半，乃各分散引去。……王匡、王凤、马武及其支党朱鲔、张卬等北入南阳，号新市兵；……平林人陈牧、廖湛复聚众千余人，号平林兵。"棘阳：县名。今河南南阳南。

53王寻：新朝时期大臣。官至大司徒。昆阳之战中战败而死。

54昆阳：县名。今河南叶县。

55城中：指长安城。

56渐台：台名。汉武帝作建章宫，太液池中有渐台，高二十余丈，台址在水中，故名"渐台"。

57隅（yú）：角落。《汉书·王莽传下》作"室中西北陬间"，译文从之。

【译文】

伪新朝皇帝王莽，是汉成帝舅舅王曼的儿子，汉元帝皇后王政君的侄儿。元帝去世后，成帝即位，拜长舅王凤为大司马，王凤的兄弟五人都被封侯。元帝皇后，是魏郡王禁的女儿，成帝的生母。成帝时，王凤执政，王凤的兄弟五人在同一天内封侯。王曼早死，王凤去世前，将王莽托付给太后，太后，是王莽的姑姑。王莽被封为新都侯。王氏五侯争着做超越身份的奢侈之事，为自己营建宅第。王莽年轻时孤苦贫寒，在王氏家族中，唯独他屈己下人、恭敬谨慎，当世的名士大都为他美言，于是成帝认为王莽很贤明，任命他为侍中。王莽结交将相，接纳供养名士，赈济施舍宾客，所以虚假的名声日渐隆盛，超过了他的伯父叔父们。当时，成帝废许皇后，立赵飞燕为皇后。赵飞燕的妹妹为昭仪，赵昭仪谋害后宫所生的皇子，成帝因此没有子嗣，立定陶王刘欣为皇太子。刘欣，是汉宣帝的孙子，汉成帝弟弟的儿子。起初，刘欣的祖母傅太后暗中为他谋求成为皇帝的继承人，私下事奉赵皇后、赵昭仪以及成帝的舅舅王根，因此他们一起劝成帝立刘欣为太子。王莽由于揭发了定陵侯淳于长的大逆不道之事，被拜为大司马，起初，淳于长与成帝许皇后的姐姐许孊私通。许皇后被废之后，通过许孊贿赂淳于长，淳于长许诺禀告成帝，重新封许后为左皇后。此时王根辅政，长期有病，淳于长曾经代理王根的职务。王莽内心嫉妒淳于长得到宠幸，禀告王根说："淳于长与许贵人私下勾结，看到将军长期生病，暗中欢喜。"王根发怒，让王莽举报淳于长，淳于长下狱而死。时年三十八岁。成帝去世后，哀帝即位，立傅后为皇后，傅皇后，是哀帝祖母定陶恭太后的侄女。封傅皇后之父傅晏为孔乡侯，封哀帝的母亲丁后为恭皇后，舅舅丁明为安阳侯。王莽请求告老还乡，以避让丁、傅两家的权势。哀帝去世时，王莽以新都侯的身份住在自己的宅第中，太皇太后命令王莽负责哀帝的丧事，太皇太后，就是元帝皇后王政君。重新担任大司马，征召中山王为帝。即汉平帝。平帝名衎，当时是中山王，是中山孝王刘兴的儿子。太皇太后临朝听政，王莽独揽大权，百官统理各自的职事而听命于王莽。依附顺从他的人被提拔，违逆反对他的人被诛灭。以王舜、王邑作为心腹，甄丰、甄邯掌管纠察弹劾，平晏掌管机要事务，刘歆主管礼乐制度，孙建作为武臣，他们都凭借各自的才能获得了显要的职位。王莽神色严厉而言辞方正，想要有所行动，只要神色上略微示意，这些党羽就会秉承他的意图，明白地奏报上去，王莽再坚决推辞，以显示自己迫不得已，对上迷惑王太后，对下取信于百姓。越裳国通过辗转翻译，向朝廷进献白雉一只、黑雉两只。王莽暗示群臣上奏太后："王莽的功德可以和周公媲美，应该赐予'安汉公'的封号。"平帝去世后，王莽求得汉宣帝玄孙、广戚侯之子刘婴，立为皇帝。刘婴年仅三岁，于是王莽图谋像周公那样摄政当国。此时元帝的后裔已经断绝，宣帝的曾孙一共有五人。王莽厌恶宣帝曾孙中的年长者，借口占卜的结果最吉利，立刘婴为天子。东郡太守翟义起兵造反，兵败身死。翟义，是丞相翟方进的儿子，造反后立刘信为天子。王莽认为自己的声威与德行已经非常兴盛,得到了天意人心的帮助,于是便接受了哀章所献上的装在铜柜中的符命,登上帝位。梓潼人哀章献上装在铜柜中的符命。王莽即位九年,赤眉军起义。琅琊郡女子吕母为儿子报仇,聚集的党羽日渐增多,号为赤眉军。王莽即位十四年,刘秀起兵,同王匡等人一起拥立刘圣公为更始皇帝。更始帝是刘秀的族兄。刘秀和兄长刘縯,与新市军、平林军的领袖王匡等人合兵攻打棘阳。王莽派王寻、王邑攻打更始帝的部队,二人在昆阳大败。汉兵遂进入长安城,城中的军队都投降了。王莽逃到渐台,躲藏于室内西北角的屋子中。校尉公孙宾走向前去砍下了王莽的脑袋,把他的首级送到宛城献给更始帝。

世祖光武皇帝讳秀[①],字文叔,南阳蔡阳人,高皇帝之九代孙也。王莽末,天下连岁灾蝗,寇盗连岁蜂起,莽末[②],南方饥馑,人民群入野泽,掘凫茈而食[③],更相侵夺。新市人王匡为平理争讼[④],遂推而为渠帅[⑤]。时刘玄避吏平林[⑥]。时世祖避吏新野[⑦],因卖谷宛。宛人李通以图谶说世祖[⑧],通父守[⑨],好谶记。通素闻守说,云:"刘氏复兴,李氏为辅。"私尝怀之。及下江、新市兵起,通弟轶乃共计议曰[⑩]:"今四方扰乱,新室且亡,汉当更兴。南阳宗室,独刘伯昇兄弟泛爱容众[⑪],可与谋大事。"通笑曰:"吾意也。"会世祖避事在宛,通闻之,即遣轶迎世祖,遂相约结[⑫]。未几,世祖与伯昇、邓晨俱之宛[⑬],与穰人蔡少公等谶语[⑭]。少公颇学图谶,言刘秀为天子。或曰:"是国师刘秀乎[⑮]?"世祖笑曰:"何用知非仆耶?"坐者皆大笑。晨心独喜。后因谓世祖曰:"王莽残暴,盛夏斩人[⑯],此天亡之时。往时之会宛语,独当应耶[⑰]?"世祖笑。及汉兵起,邓晨遂往从之。世祖于是与通弟李轶起于宛,兄伯昇起于舂陵,邓晨起新野,会众兵击长聚[⑱]。新市人王匡等立刘圣公为天子

而害伯昇，刘玄字圣公[19]，世祖族兄也。避吏于平林，王匡等立之。初，伯昇自王莽篡汉[20]，常愤愤怀匡复社稷之虑，不事家人之居业[21]，倾财破产交结天下雄俊。王莽末，盗贼群起，伯昇召诸豪杰计议，于是使亲客邓晨起新野，世祖、李轶起于宛。伯昇自发春陵子弟七八千人，部署宾客[22]，自称柱天都部[23]。使刘嘉诱新市、平林兵王匡、陈牧等合军而进屠长聚[24]。诸将议立刘氏，以从人望。豪杰咸欲归伯昇，而新市、平林将帅乐放纵，惮伯昇威明[25]，贪圣公懦弱，先定策立之[26]，然后召伯昇示其议。伯昇曰："诸将军欲尊立宗室，德甚厚焉。愚鄙之见，窃有未同。今赤眉起青、徐，众数十万。闻南阳立宗室，恐赤眉复有所立，如此将内自争。今王莽未灭，而宗室相攻，是疑天下而自损权[27]，非所以破莽也。且首兵唱号[28]，鲜有能遂，陈胜、项羽即其事也。春陵去宛三百里耳，未足为功，而遽自尊立[29]，为天下准的，使后人能承吾弊，非计善者也。今且称王以号令。若赤眉所立者贤，则相率而往从之。若无所立，破莽除赤眉，然后举尊号，亦未晚也。愿善详思之。"诸将不从，遂立圣公，由是豪杰失望。伯昇都部将刘稷勇冠三军，闻更始立，怒曰："本起兵图大事者，刘伯昇兄弟也，更始何者耶？"更始君臣闻而心忌之，乃陈兵数千收稷，将诛之。伯昇固争。李轶、朱鲔因劝更始并执伯昇[30]，即日害之。李轶与世祖既隙，后因冯公孙致密书[31]，求效诚节，咸劝秘之。世祖乃班露轶书曰："李文季多诈，不信人也。今移其书告守尉[32]。"书既宣露，朱鲔使人杀轶也。**号更始元年。更始使世祖为偏将军，徇昆阳。王莽闻汉帝立，大惧，遣大司徒王寻、大司空王邑将兵百万击世祖于昆阳，世祖破之。**初，伯昇拔宛已三日[33]，而世祖尚未知，乃伪使人持书报城中"宛下兵到"，而佯堕下其书。寻、邑得之，不喜。诸将既经累捷，胆气益壮，无不一当百。世祖乃与敢死者三千人，从城西出冲中坚。寻、邑阵乱，乘锐崩之，遂杀王寻。莽兵大溃，走者自相腾践，奔殪百余里间[34]。会大雷风，雨飞如注，滍水盛溢[35]，虎豹皆战栗[36]，溺死者以万数，水为之不流。三辅豪杰共诛王莽，传首诣宛。

【注释】

①世祖光武皇帝讳秀：以下至“传首诣宛”，抄撮自《后汉书·光武帝纪上》。

②莽末：以下至“时刘玄避吏平林”，出自《后汉书·刘玄传》。

③凫茈（fú cí）：即荸荠。多年生草本植物，种水田中。地下茎为扁圆形，表面呈深褐色或枣红色，肉白色，可食。

④新市：古邑名。今湖北京山东北。平理：评断。

⑤渠帅：首领。旧时统治阶级称武装反抗者的首领或部落酋长。

⑥平林：古邑名。今湖北随州东北。

⑦避吏：谓逃避狱吏的追捕。新野：县名。今属河南。

⑧李通：字次元，南阳宛（今河南南阳）人。东汉开国功臣，官至大司空。图谶（chèn）：古代方士或儒生编造的关于帝王受命征验一类的书，多为隐语、预言。始于秦，盛于东汉。

⑨通父守：以下至“遂相约结”，出自《后汉书·李通传》，有删节。

⑩通弟轶（yì）：即李轶，字季文，南阳宛（今河南南阳）人。随从刘縯、刘秀兄弟起兵于春陵，后投靠更始帝刘玄，协助更始帝杀害刘縯。更始政权面临崩溃时，暗中投降刘秀，后事情败露，被更始帝大司马朱鲔刺杀于洛阳。

⑪泛爱：博爱。容众：谓心怀宽广，能与各种人交往。

⑫约结：结盟，订约。

⑬世祖与伯昇、邓晨俱之宛：以下至“邓晨遂往从之”，出自《后汉

书·邓晨传》。邓晨，字伟卿，南阳新野（今河南新野）人。东汉开国功臣。

⑭穰（ráng）：县名。今河南邓州。谳（yàn）语：闲谈。

⑮国师刘秀：即刘歆。

⑯盛夏斩人：《后汉书·邓晨传》李贤注："王莽地皇元年，下书曰：'方出军行师，有趍讙犯法者，斩无须时。'于是春夏斩人都市，百姓震惧也。"

⑰独：岂，难道。

⑱长聚：村落名。地属新市（今湖北京山东北）。

⑲刘玄字圣公：以下至"王匡等立之"，出自《后汉书·刘玄传》。

⑳初，伯昇自王莽篡汉：以下至"即日害之"，出自《后汉书·齐武王縯传》，有删节。

㉑居业：家业，产业。

㉒宾客：东汉以后对依附世家豪族人口的一种称谓。

㉓柱天都部：《后汉书·齐武王縯传》李贤注："柱天者，若天之柱也。都部者，都统其众也。"

㉔刘嘉：字孝孙，南阳舂陵（今湖北枣阳南）人。刘秀族兄。更始帝定都长安后，封刘嘉为汉中王、扶威大将军，定都南郑（今陕西汉中东）。后归顺刘秀，封为顺阳侯。陈牧：平林（今湖北随州东北）人。新朝末年绿林军领袖。更始帝即位后，封为阴平王。后遭更始帝疑忌，被害。

㉕惮（dàn）：害怕。威明：威严明察。

㉖定策：亦作"定册"，古时尊立天子，书其事于简策，以告宗庙，因称大臣等谋立天子为"定策"。

㉗权：威势。

㉘唱号：首建尊号。

㉙遽（jù）：仓促，匆忙。

㉚朱鲔(wěi):淮阳(今属河南)人。新朝末年绿林军领袖。更始帝即位后,担任左大司马。后投降刘秀,官至少府。

㉛冯公孙:即冯异,字公孙,颍川父城(今河南宝丰东)人。东汉开国功臣,军事家。曾大破赤眉,平定关中,官至征西大将军,封阳夏侯。为人谦退,诸将并坐论功,他常避于大树下,被人称为"大树将军"。

㉜移:古文体之一。与牒相类,多用于不相统属的官署之间。此处指发移文。

㉝初,伯昇拔宛已三日:以下至"水为之不流",出自《后汉书·光武帝纪上》。

㉞殪(yì):仆倒,死亡。

㉟滍(zhì)水:古水名。又名"滍川""泜水",即今河南鲁山县、叶县等市县境内的沙河。

㊱虎豹:王寻、王邑的军队中带着虎、豹、犀牛、大象等野兽,以壮军威。《后汉书·光武帝纪上》:"又驱诸猛兽虎豹犀象之属,以助威武。"

【译文】

世祖光武皇帝名秀,字文叔,南阳郡蔡阳县人,是汉高祖的第九代孙。王莽末年,天下连年遭遇蝗灾,盗贼蜂起,王莽末年,南方饥荒,百姓成群地来到野外沼泽,挖掘荸荠充饥,互相抢夺。新市人王匡为众人评断是非曲直,于是被大家推举为首领。此时,刘玄为了躲避官吏的追捕正在平林。**当时刘秀到新野躲避官吏的追捕,正好到宛城卖谷子。宛人李通援引图谶劝说刘秀,**李通的父亲李守,喜欢阅读谶记。李通先前听李守谈论谶记说:"刘氏将要复兴,李氏做辅佐。"暗中记在心里。等到下江、新市兵兴起,李通的弟弟李轶便与李通商量说:"如今四方纷扰混乱,新朝即将灭亡,汉朝将要复兴。在南阳郡的汉朝宗室中,只有刘縯、刘秀兄弟博爱宽厚,能够包容众人,可以一起谋划大事。"李通笑着说:"正合我的心意。"此时,刘秀正因逃避官吏的追捕住在宛城,李通听说后,立即派李轶去迎接刘秀，于是三人盟誓结交。不久后，刘秀与刘縯、邓晨一起到宛城去，与穰人蔡少公闲谈。蔡少公曾经学过一些图谶，说刘秀将要做天子。有人问："是国师刘秀吗？"刘秀开玩笑地说："怎么知道不是我呢？"在座的人都大笑起来。唯独邓晨心中暗自高兴。之后，邓晨就对刘秀说："王莽残暴，在盛夏时节杀人，这是上天要灭亡他的时候了。以前在宛城聚会时所说的话，难道将应验在你身上吗？"刘秀笑而不语。等到汉军起兵，邓晨便前往追随。**刘秀于是与李通的弟弟李轶在宛城起兵，刘秀的哥哥刘縯在舂陵起兵，邓晨在新野起兵，各地义军合兵一处攻打长聚。新市人王匡等人拥立刘玄为天子，杀害了刘縯，**刘玄字圣公，是刘秀的族兄。为躲避官吏的追捕逃到平林，王匡等人拥立他为帝。起初，刘縯自王莽篡汉以来，常愤愤不平，心怀匡复汉室的志向，不经营家业，倾尽财产结交天下的英雄俊杰。王莽末年，盗贼蜂拥而起，刘縯召集众豪杰商议起兵，于是派出亲属与宾客邓晨在新野起兵，刘秀、李轶在宛城起兵。刘縯自己发动了舂陵的刘氏子弟共七八千人，并部署宾客，自称柱天都部。派遣刘嘉前去诱导新市军、平林军的王匡、陈牧等人联合进军，洗劫了长聚。各位将领商议拥立刘氏为帝，以顺从人民的愿望。豪杰们全都归心刘縯，但新市军、平林军的将帅喜欢放纵，害怕刘縯的威严明察，贪图刘玄懦弱便于控制，便抢先决定立刘玄为帝，然后招来刘縯，告知这一决定。刘縯说："各位将军想要拥立刘姓宗室，恩德非常深厚。但我的看法有所不同。如今赤眉军在青州、徐州起兵，有几十万人。如果听说南阳军队已经拥立宗室为帝，恐怕赤眉军也要另外拥立宗室，如此一来，将产生内部的争夺。如今王莽尚未消灭，而刘姓宗室之间互相攻击，这会让天下百姓疑惑而损害自己的威势，不是消灭王莽的办法。况且率先起兵称帝的人，很少有成功的，陈胜、项羽就是例证。从舂陵打到宛城不过三百里，算不上什么功绩，而匆忙拥立天子，成为天下的靶子，让后起兵的人能够乘虚而入，这不是好的计策。如今不如暂且称王以号令军队。如果赤眉军所立的天子贤明，我们便相率前去跟从。如果赤眉没有拥立天子，那么等我们消灭王莽、铲除赤眉，然后再立天子，为时未晚。希望各位仔细思考。"各位将领不听从刘縯的意见，于是立刘玄为帝，因此豪杰大失所望。刘縯部下将领刘稷勇冠三军，听说刘玄被立为天子，发怒说："原本起兵图谋大事的，是刘縯兄弟，现在这个更始帝是干什么的？"更始君臣听到刘稷的话，内心忌惮，于是派几千士兵捉拿了刘稷，将要杀掉他。刘縯极力与更始帝争辩。李轶、朱鲔因此劝更始帝一同逮捕刘縯，当天就杀害了他。李轶与刘秀因此有了仇隙，后来，李轶又通过冯异送密信给刘秀，请求投降效忠，众人都劝刘秀不要走漏消息。刘秀却故意公开泄露李轶的书信，说："李轶是个诡诈而没有诚信的人。现在将他的书信传达给郡守、都尉。"李轶的密信泄露后，朱鲔派人刺杀了李轶。**建年号更始元年。更始帝任命刘秀为偏将军，派他攻打昆阳。王莽听说汉帝已经即位，非常恐惧，派大司徒王寻、大司空王邑率领百万大军，去昆阳讨伐刘秀，被刘秀击溃。**起初，刘縯攻下宛城已经三天，刘秀还不知道，于是派人假装使者携带书信报知昆阳城守军，说"宛城的救兵已到"，又假装失落了这封书信。王寻、王邑得到这封书信，很不高兴。汉军将领已经连战连胜，胆量气势愈发壮大，无不以一当百。刘秀与三千名敢死之士，从城西冲出，直捣敌军的中坚。王寻、王邑军队的阵势开始混乱，刘秀乘着士兵的锐气彻底冲垮了敌军的军阵，就此杀了王寻。王莽的军队彻底崩溃，逃跑的士兵自相践踏，百余里内都是奔逃倒毙的人。刚好碰上打雷大风，大雨倾盆而下，滍水暴涨，王莽军队中的虎、豹都吓得四肢发抖，淹死的人数以万计，堵塞了河流。**三辅地区的豪杰共同诛杀了王莽，把他的首级送到宛城。**

更始以世祖行大司马事[①]，持节北渡河[②]，镇慰州郡。邓禹杖策北渡河追世祖[③]，世祖见禹甚欢，谓曰："我得专封拜[④]，先生远来，宁欲仕乎？"禹曰："不愿也。明公威德加于四海[⑤]，禹得效其尺寸，垂功名于竹帛耳。"世祖笑，因留宿。禹进说曰："更始虽都关西[⑥]，今山东未安，赤眉、青犊之属动以万数[⑦]，三辅假号[⑧]，往往群聚[⑨]。更始既未有挫，而不自听断[⑩]。诸将皆庸人屈起[⑪]，志在财帛，争用威力，朝夕自快而已，非有忠良明智、深虑远图、欲尊主安民者也。四方分崩离析，形势可见。明公虽建藩辅之功[⑫]，犹恐未可成立[⑬]。于今之计，莫如延览英雄，务悦人心，立高祖之业，救万人之命[⑭]。以公而虑之，天下不足定也。”世祖大悦。及从至广阿[15]，披舆地图，指示禹曰：“天下郡国如是，今始得其一。子前言以吾虑之天下不足定，何也？”禹曰：“今海内散乱，人思明君，犹赤子之慕慈母也。古之兴者，在德厚薄，不可以小大。”世祖笑悦。又冯异说世祖曰[16]：“人思汉久矣。今更始诸将纵横暴虐[17]，所至虏掠，百姓失望，无所依戴。今公专命方面[18]，施行恩德。夫有桀、纣之乱，乃见汤、武之功。人久饥渴，易为充饱，宜急分遣官属，巡行郡县，理冤结，布惠泽。”世祖纳之也。

【注释】

①更始以世祖行大司马事：以下至“镇慰州郡”，出自《后汉书·光武帝纪上》。行，指兼摄官职。

②节：符节，古代使臣所持以做凭证。

③邓禹杖策北渡河追世祖：以下至“世祖笑悦”，出自《后汉书·邓禹传》。杖策，执马鞭，谓策马而行。

④封拜：赐爵授官。

⑤明公：旧时对有名位者的尊称。

⑥关西：指函谷关以西的地区。

⑦青犊：新莽末年河北地区较为强大的一支农民起义军。

⑧假号：古时称起事者自立的名号。亦用以称起事者。

⑨往往：处处。

⑩听断：听取陈述而做出决定。

⑪虏人：《后汉书·邓禹传》作“庸人”，译文从之。屈（jué）起：崛起，兴起，崭露头角。屈，通“崛”。

⑫蕃辅：捍卫辅助。

⑬成立：成就。

⑭万人:《后汉书·邓禹传》作“万民”。

⑮广阿:县名。今河北隆尧东。

⑯又冯异说世祖曰:以下至“世祖纳之也”,出自《后汉书·冯异传》。

⑰纵横:肆意横行,无所顾忌。

⑱专命:不奉上命而自由行事。方面:一块区域。指河北地区。

【译文】

更始帝派刘秀代理大司马的职务,持朝廷符节北渡黄河,安抚州郡。邓禹驱马北上渡河,追上了刘秀,刘秀见到邓禹很高兴,对他说:“我有赐爵授官的特权,您远道而来,难道是想要当官吗?”邓禹说:“我不愿当官。您的威望德行传遍天下,我希望能效微薄之力,在史书中留下自己的功业与名声。”刘秀笑了,于是留邓禹住下。邓禹劝刘秀说:“更始帝虽然定都关西,但如今山东地区尚未安定,赤眉、青犊这样的义军人数动辄上万,三辅一带自立名号的势力,也处处成群聚集。更始帝既不能抑制这一局面,又不能亲自听取意见做出决断。部下的将领都是突然崛起的平庸之人,志在求取钱财,争相使用威势与权力,天天贪图痛快罢了,其中并没有忠良明智,深谋远虑,想要尊崇君主、安定百姓的人。如今天下分崩离析,形势已经很明显了。您虽然建立了捍卫辅助朝廷的大功,但恐怕难以取得更大的成就。当今之计,不如招揽英雄,努力取悦民心,创立汉高祖那样的功业,拯救天下百姓的性命。像您这样的人来谋划大事,很容易就能平定天下。”刘秀听了非常高兴。等到邓禹跟随刘秀到了广阿,刘秀打开地图,指着地图对邓禹说:“全国的郡县如此之多,如今才得到了一个郡。您之前说像我这样的人谋划大事,天下很容易就能平定,为什么呢?”邓禹说:“如今天下混乱,人们渴望英明的君主,好似婴儿思慕慈母。古时帝王兴起,关键在于德行的厚薄,而不在于地方的大小。”刘秀高兴地笑了。冯异又对刘秀说:“百姓思念汉室很久了。如今更始帝的将领们横行暴虐,到一个地方就抢劫,令百姓失望,找不到可以归附拥戴的人。如今您专权于河北地区,施恩布德。有夏桀、商纣的残暴,才显出商汤、周武王的功绩。人长久饥渴,就容易吃饱喝足,您应该赶紧分派官员,巡行各个郡县,处理冤屈,广施恩惠。”刘秀采纳了他的建议。

王郎诈为成帝子子舆[1]**，立为天子，都邯郸，遣使降下郡国，世祖灭之。**王昌一名王郎[2]，赵国邯郸人也。素为卜相，常以河北有天子气[3]。时赵缪王子林好奇数[4]，任侠赵、魏间，而郎与之善。初，王莽篡位，长安中或称成帝子子舆者，莽杀之。郎缘是称真子舆云。更始元年，平林等率车骑数百[5]，晨入邯郸城，立郎为天子。世祖进攻邯郸，郎少傅李立为反间[6]，开关门内汉军，遂拔邯郸，斩王郎[7]。收文书，得人吏与郎交关谤毁上者数十章[8]，世祖不省，会诸将烧之，曰："令反侧以自安也[9]。"

【注释】

①王郎诈为成帝子子舆：以下至"世祖灭之"，抄撮自《后汉书·光武帝纪上》。王郎，又名王昌，赵国邯郸（今河北邯郸）人。新朝末年群雄之一，割据于河北。

②王昌一名王郎：以下至"遂拔邯郸"，出自《后汉书·王昌传》。

③河北：泛指黄河以北的地区。

④奇数：指星相卜祝之术。

⑤平林等率车骑数百：《后汉书·王昌传》作"林等遂率车骑数百"，"平"字为衍文。林，指赵缪王之子刘林。

⑥反间：诱使敌方的间谍或其他人反为我用，制造其内讧而伺机取胜。

⑦斩王郎：以下至"令反侧以自安也"，出自《后汉书·光武帝纪上》。

⑧人吏：《后汉书·光武帝纪上》作"吏人"。交关：串通，勾结。数十章：《后汉书·光武帝纪上》作"数千章"，译文从之。

⑨反侧：指怀有二心的人。

【译文】

王郎谎称自己是汉成帝的儿子子舆，自立为天子，定都邯郸，派遣使者让各个郡国投降，刘秀消灭了他。王昌又名王郎，是赵国邯郸人。平时以占卜看相为业，常常认为黄河以北地区有天子气。当时，赵缪王的儿子刘林爱好数术，在赵、魏之间行侠仗义，而王郎与他关系很好。起初，王莽篡位的时候，长安城中有人自称是汉成帝的儿子子舆，王莽杀了他。王郎因此宣称自己是真的刘子舆。更始元年(23)，刘林等人率领数百车辆，清晨进入邯郸城，立王郎为天子。刘秀进攻邯郸城，王郎的少傅李立反叛，打开城门将汉军迎进城，于是攻占了邯郸，杀死了王郎。刘秀收缴王郎的文书，找到部下官吏与王郎勾结诽谤自己的书信数千件，刘秀没有检查，召集将领当众烧掉这些书信，说："让那些怀有二心的人放下心来。"

世祖威声日盛[①]，更始疑虑，乃遣使立世祖为萧王，令罢兵，与诸将有功者还长安。遣苗曾为幽州牧、韦顺为上谷守，并北之部。时世祖居邯郸宫[②]。耿弇请间[③]，说曰："今更始失政，君臣淫乱，诸将擅命于畿外[④]，贵戚纵横于都内，天子之命不出城门，所拜牧守辄自迁易[⑤]，百姓不知所从，士人莫敢自安。虏掠财物，劫掠妇女，怀金玉者至不生归。元元叩心[⑥]，更思王莽。又铜马、赤眉之属数十辈[⑦]，数及百万，圣公不能办也，其败不久。公首事南阳，破百万之军，今定河北，据天府之地，以义征伐，发音响应，天下可驰檄而定。天下至重，不可令他姓得之。闻使者从西方来[⑧]，欲罢兵，不可从也。今吏士死亡者多，弇愿北归幽州，益发精兵，以集大计。"世祖大悦。弇归上谷[⑨]，斩韦顺等。世祖辞，不就征，斩苗曾等，自是始贰于更始。

【注释】

①世祖威声日盛：以下至"并北之部"，出自《后汉书·耿弇传》。

②时世祖居邯郸宫：以下至"斩韦顺等"，出自《后汉书·耿弇传》。

③请间：谓请求在空隙之时白事，不欲对众言之。

④擅命：擅自发号施令。畿（jī）外：《后汉书·耿弇传》作“畿内”，指京城所管辖的地区。译文从之。

⑤辄（zhé）：擅自，专擅。自迁易：擅自改易。

⑥元元：指黎民百姓。叩心：捶胸，悔恨、悲痛的样子。

⑦铜马：新莽末年河北的农民起义军。

⑧间：《后汉书·耿弇传》作“闻”，译文从之。

⑨上谷：指上谷郡，治沮阳（今河北怀来东南）。辖境相当于今河北张家口、小五台山以东，赤城县、北京延庆以西及内长城和昌平区以北地区。

【译文】

刘秀的威望声誉越来越大，引起了更始帝的疑虑，于是派遣使者封刘秀为萧王，命令他停止用兵，与各位有功的将领一起返回长安。派遣苗曾担任幽州牧、韦顺担任上谷郡守，二人一同北上就任。当时刘秀住在邯郸宫。耿弇入宫请求单独交谈，劝刘秀说：“如今更始政治混乱，君臣淫乱，各位将领在京城地区擅自发号施令，皇亲贵戚在都城内横行无忌，天子的命令出不了城门，所任命的各地州牧、郡守，常常擅自变更职守，百姓不知道应该跟从谁，士人不敢安处。抢劫财物，劫掠妇女的事常常发生，带着贵重财物的人，甚至出了门就不能活着回来。百姓捶胸，反而怀念王莽时期。像铜马、赤眉这样的队伍有几十支，人数接近百万，刘玄无力平定，他的失败为时不远了。您首先在南阳起事，击溃了王莽上百万的军队，如今又平定了河北，占有这片天府之地，依凭大义进行征伐，发布号令便会云集响应，一纸檄文就可以平定天下。天下是非常重要的，不可让外姓之人得到。听说有使者从西方来，想要让您交出军权，绝不可听从。如今官吏士卒死亡逃跑的很多，我愿意回幽州，再征发精兵，助您完成大计。”刘秀非常高兴。耿弇回到上谷郡，杀死了韦顺等人。刘秀推辞，不接受更始的征召，杀死了苗曾等人，自此开始，刘秀对更始帝怀有二心。

是时长安政乱①，四方背叛，皆平之。梁王刘永擅命睢阳[②],公孙述称王巴、蜀[③],李宪自立为淮南王[④],秦丰自号为楚黎王[⑤],张步起琅琊[⑥],董宪起东海[⑦],延岑起汉中[⑧],田戎起夷陵[⑨],并置将帅,侵略郡县。又有赤眉、铜马之属,不可胜计。初,铜马降世祖,犹不自安。世祖知其意,敕令各归营勒兵马,乃自乘轻骑[⑩],按行部阵[⑪]。降者更相语曰:"萧王推赤心致人腹中,安得不投死乎[⑫]?"由是悉服。世祖使耿弇讨张步[⑬],步闻之,乃使其大将费邑军历下[⑭],又分兵屯祝阿[⑮],别于太山钟城列营数十[⑯],以待弇。弇乃度河,先击祝阿。自旦攻城,日未中而拔之,故开围一角,令其众得奔归钟城。钟城人闻祝阿溃,大惧,遂空壁亡去。费邑分遣其弟敢守巨里[⑰]。弇进兵胁巨里,使多伐树木,扬言以填塞坑堑[⑱]。数日,有降者言:"邑闻弇欲攻巨里,谋来救之。"弇乃令军中曰:"后三日,当悉力攻巨里城。"阴缓生口[⑲],令得亡归。归者以弇期告邑。邑至日,果自将救之。弇喜谓将曰:"吾所以修攻具者,欲诱致邑耳。今来,适所求也。"即分三千人守巨里,自引精兵上岗坂[⑳],乘高合战,临阵斩邑。既而收首级以示巨里城,城中凶惧,费敢悉众亡归张步。步时都剧[㉑],使其弟蓝守西安[㉒],诸郡太守守临淄[㉓],相去四十里。弇进军,居二城之间。弇视西安城虽小而坚,临淄虽大而实易攻,乃敕诸部:"后五日攻西安城。"蓝闻之,晨夜警守。至期夜半,弇敕诸将皆蓐食[㉔],会明至临淄城,出其不意,半日拔之,入据其城。张蓝惧,遂将其众士归剧。弇乃令军中无得妄掠剧下,须张步至乃取之,以激怒步。步闻之大笑,至临淄攻弇。弇先出临淄水上[㉕],突骑欲纵[㉖],弇恐挫其锋,令步不敢进,故示若弱以盛其气。乃引归小城,陈兵于内。步气盛,直攻弇营,与刘歆合战[㉗]。弇升王宫坏台望之[㉘],视歆锋交,乃自引精兵以横突步阵,大破之。步走,降世祖。陈俊逃,弇欲招其故众,令后追斩诸贼,悉平之[29]。**赤眉贼入函关,攻更始。世祖乃遣邓禹引兵而西,以乘更始、赤眉之乱。**赤眉贼樊崇立刘盆子为天子[30],入长安,杀更始,寇掠关中。**于是诸将上尊号[31],乃命有司设坛于鄗南千秋亭五城陌[32],即皇帝位。**诸将上奏曰[33]:"汉遭王莽,宗庙废绝,豪杰愤怒,兆人涂炭,王与伯昇首举义兵。更始因其资,以据帝位,不能奉承大统,而败乱纲纪,盗贼日多,群生危蹙[34]。大王初征昆阳,王莽自溃。后拔邯郸,北州弭定[35],三分天下有其二,跨州据土,带甲百万。言武力则莫之敢抗,论文德则无所与辞[36]。臣闻帝王不可以久旷,天命不可以谦拒,惟大王以社稷为计,万姓为心。"又彊华自关中奉《赤伏符》曰[37]:"刘秀发兵捕不道,四夷云集龙斗野,四七之际火为主[38]。"然后即皇帝位。

【注释】

①是时长安政乱:以下至"天下大定",抄撮自《后汉书·光武帝纪上》。

②梁王刘永擅命睢阳:以下至"由是悉服",出自《后汉书·光武帝纪上》。刘永,梁国睢阳(今河南商丘南)人。汉朝宗室,梁孝王刘武八世孙。更始政权建立后,被封为梁王,建都睢阳,后自立为天子。被盖延、吴汉击败,逃亡中被部下杀死。

③公孙述:字子阳,扶风茂陵(今陕西兴平东北)人。新朝末年群雄之一。曾割据蜀郡,自立为帝,国号"成家"。后被汉军将领吴汉击败,受伤而死。

④李宪:颍川许昌(今河南许昌)人。新朝末年担任偏将军、庐江连率(相当于太守)。王莽死后,李宪割据庐江郡,自称淮南王,后自立为天子。被汉军将领马成击败,逃亡时被杀。

⑤秦丰:南郡邔县(今湖北宜城西北)人。王莽末年聚众起兵,割据黎丘一带,自号为楚黎王。后被汉军击败,投降后被处死。

⑥张步:字文公,琅琊不其(今山东青岛城阳区)人。新朝末年群雄之一,割据于山东地区。

⑦董宪:徐州东海(治今山东郯城北)人。新朝末年群雄之一。起初为赤眉军别部校尉,率军数万人在梁国活动,击败廉丹、王匡所率领的王莽军队。后割据东海郡,依附于刘永。后被汉军击败,欲投降,但被吴汉部将韩湛斩杀。

⑧延岑:字叔牙,南阳筑阳(今湖北谷城东北)人。新朝末年群雄之一。王莽末年起兵,初期主要在汉中、关中、南阳一带活动,曾一度割据汉中,自称武安王。后归附公孙述。被吴汉击败,投降后被杀。

⑨田戎:汝南西平(今河南西平)人。新朝末年群雄之一。王莽末年起兵,割据南郡夷陵(今湖北宜昌、荆州一带),自称扫地大将军。后归附公孙述。被汉军击败,被俘后处死。

⑩轻骑:单骑。

⑪部阵:军伍行阵。

⑫投死:舍命报效。

⑬世祖使耿弇讨张步:以下至"大破之",出自《后汉书·耿弇传》。

⑭费邑:东汉初年豪强张步的部将。历下:古邑名。今山东济南西。因南对历山,城在山下,故名"历下"。

⑮祝阿:县名。今山东济南西南。

⑯太山钟城:指泰山郡钟城,位于今山东禹城东南。

⑰巨里:又称"巨合城",今山东章丘西龙山镇。

⑱坑堑(qiàn):沟壑。

⑲生口:指俘虏。

⑳岗坂:山坡。

㉑剧:县名。今山东寿光南。

㉒西安:县名。今山东桓台东。

㉓临淄:今山东淄博临淄区东北。

㉔蓐(rù)食:早晨未起身,在床席上进餐。谓早餐时间很早。

㉕临淄水:《后汉书·耿弇传》作"淄水",即今山东淄河。

㉖突骑:用于冲锋陷阵的精锐骑兵。

㉗刘歆(xīn):东汉初年将领。官至骁骑将军,封浮阳侯。

㉘王官坏台:《后汉书·耿弇传》李贤注:"临淄本齐国所都,即齐王宫,中有坏台也。《东观记》作'环台'。"

㉙"陈俊逃"四句:《后汉书·张步传》:"八年夏,步将妻子逃奔临淮,与弟弘、蓝欲招其故众,乘船入海,琅琊太守陈俊追击斩之。"故梁运华先生认为本句应作"步欲招其故众,令陈俊追斩诸贼,悉平之",译文从之。

㉚刘盆子:泰山式县(今山东宁阳)人。汉高祖刘邦之孙城阳景王刘章之后,汉朝宗室。被赤眉军领袖樊崇等人拥立为帝。赤眉兵败后,投降刘秀。

㉛上尊号:指请刘秀即帝位。

㉜鄗(hào):县名。今河北柏乡北。坛:指坛场,古代设坛举行祭祀、继位、盟会、拜将等大典的场所。

㉝诸将上奏曰:以下至"然后即皇帝位",出自《后汉书·光武帝纪上》,有删节。

㉞危蹙(cù):危迫。

㉟弭(mǐ)定:平定。

㊱无所与辞:意谓无可比拟。

㊲彊华:刘秀在长安求学时的同学。《后汉书·光武帝纪》:"光武先在长安时同舍生彊华,自关中奉《赤伏符》。"《赤伏符》:新莽末年谶纬家所造符箓,谓刘秀上应天命,当继汉统为帝。

㊳四七之际火为主:《后汉书·光武帝纪上》李贤注:"四七,二十八也。自高祖至光武初起,合二百二十八年,即四七之际也。汉火

德,故火为主也。”

【译文】

这一时期,长安政治昏乱,四方势力纷纷背叛,刘秀将其一一讨平。梁王刘永在睢阳专权擅命,公孙述在巴、蜀称王,李宪自立为淮南王,秦丰自号为楚黎王,张步在琅琊郡起兵,董宪在东海郡起兵,延岑在汉中郡起兵,田戎在夷陵郡起兵,都各自设置将帅,侵占郡县。又有赤眉、铜马等队伍,不可胜数。起初,铜马军的首领们投降了刘秀,但内心仍然不安。刘秀得知他们的心思,命令他们回到各自的营垒统领军队,而自己单骑,巡行各部军伍行阵。投降的人互相说到:“萧王待人推心置腹,我们哪能不舍命报效呢?”从此都心悦诚服。刘秀派耿弇讨伐张步,张步听到这一消息,便派他的大将费邑驻军历下,又分兵驻扎祝阿,另外在泰山郡钟城布置了几十座营垒,以抵抗耿弇。耿弇渡河后,先攻打祝阿。从早晨开始攻城,还不到中午就攻下了祝阿,并故意打开包围圈的一角,让城中的士兵得以逃归钟城。钟城人听说祝阿已经被击溃,非常恐惧,于是丢下营垒全部逃走了。费邑分派弟弟费敢去守卫巨里。耿弇进兵威胁巨里,派人大量砍伐树木,扬言要用这些木头来填平护城河。几天后,有投降过来的士兵说:“费邑听说耿弇要进攻巨里,打算前来救援。”耿弇于是命令全军:“三天之后,当全力攻打巨里城。”同时暗地里放松对俘虏的看管,让他们能逃跑回去。逃回去的俘虏将耿弇攻打巨里的日期告诉了费邑。到了那一天,费邑果然亲自率军前来救援。耿弇高兴地对各位将领说:“我之所以制造攻城器械,就是为了引诱费邑前来。现在他来了,正是我所希望的。”于是分兵三千人守在巨里城下,自己率领精兵登上山坡,居高临下交战,在战斗中杀死了费邑。接着,耿弇将费邑的首级向巨里城中的守军展示,城中人非常恐惧,费敢带领全部士兵逃回了张步那里。此时,张步定都于剧县,派他的弟弟张蓝据守西安县,各郡太守合兵据守临淄,两地相距四十里。耿弇进军,驻扎于两城之间。耿弇见西安城虽小却很坚固,临淄城虽大,但实际上容易攻下,于是命令各部:“五天后攻打西安城。”张蓝听到这个消息,日夜警戒防守。到了预定日期的半夜,耿弇命令各位将领在床席上吃早饭,天亮时到达临淄城,出其不意,半天就攻下临淄,进军占据了城池。张蓝很恐惧,就率领他的士兵逃回了剧县。耿弇于是下令,军中士兵不得到剧县城下掳掠,要等到张步来了才一并夺取，以激怒张步。张步听了大笑，率军来到临淄攻打耿弇。耿弇先出兵到淄水边，麾下的精锐骑兵想要突击，耿弇怕挫败了张步军队的锐气，令张步不敢进军，所以故意示弱，让张步军队的气势更胜。于是率军退回临淄小城，在小城内列兵布阵。张步士气正盛，直接攻打耿弇的营垒，与刘歆交战。耿弇登上临淄王宫废弃的高台瞭望，看到刘歆已经与敌人交锋，便亲自率领精兵，拦腰突击张步的军阵，大败张步。张步逃走，随后投降了刘秀。后来，张步逃跑，想要招揽旧部，琅琊太守陈俊追击并杀死了张步，平定了叛乱。**赤眉军进入函谷关，攻打更始。刘秀派邓禹率军西进，乘更始、赤眉混战时从中取利。**赤眉军首领樊崇立刘盆子为天子，攻入长安，杀死更始帝，劫掠关中地区。**于是各位将领请刘秀称帝，命令相关官员在鄗县南面千秋亭五城陌设置坛场，刘秀即皇帝位。**将领们上奏道："汉朝遭遇王莽篡权，宗庙废弃，祭祀断绝，天下豪杰愤怒不已，无数百姓陷于水深火热之中，大王您与兄长刘缜率先发动义兵。更始帝凭借其宗室的资格占据帝位，却不能继承汉室的大统，败坏法度纲常，盗贼日益增多，百姓生活危迫困苦。您起初征讨昆阳，王莽大军不战自溃。之后攻占邯郸，北方各州得以平定，占有了天下的三分之二，横跨州郡占据疆土，部队多达百万。论武力，无人能与您对抗；论文德，无人可以比拟。我们听说帝位不可以长久空缺，上天的命令不可以谦让拒绝，希望您以社稷为重，以百姓为念。"此外，彊华从关中前来献上了《赤伏符》，其中说："刘秀起兵捉拿违背正道之人；四方各族云集，宛如群龙在原野搏斗；汉高祖之后二百二十八年，火德将重新成为五德终始的运数之主。"然后刘秀即皇帝位。

十月，驾东幸洛阳[①]。赤眉降。大司徒邓禹、冯异、邓弘等征赤眉[②]。异曰："异前与战，拒华阴[③]，经数十日，虽屡获雄将，余众尚多。可稍以恩信倾诱[④]，难卒用兵破也。上令使诸将屯渑池，要其东[⑤]，异以击其西，一举而取之，此万成计也。"禹、弘不从，遂大战。赤眉佯败，弃辎重走。车皆载土，以豆覆其上。兵士饥，争取之。赤眉引还击弘等，弘等军乱溃。异与禹救之，赤眉小却[⑥]。异归壁，约期会战。异使壮士变服色与赤眉同,伏于道侧。旦日[⑦],赤眉使万人攻异前部,异裁出兵救之[⑧]。贼见势弱,遂悉众攻异,异乃纵兵大战。日昃[⑨],贼气衰。伏兵卒起,衣服相乱,赤眉不复识,遂惊溃。赤眉君臣面缚[⑩],奉皇帝玺绶降世祖[⑪]。**平隗嚣[⑫],灭公孙述,天下大定。崩于南宫,时年六十二。**世祖初起兵时年二十八。

【注释】

①驾:指帝王乘坐的车马轿舆。借指帝王。

②大司徒邓禹、冯异、邓弘等征赤眉:以下至"奉皇帝玺绶降世祖",出自《后汉书·冯异传》,有删节。邓弘,东汉初年将领。时任车骑将军。

③华阴:今属陕西。

④倾诱:谓诱使别人顺服。

⑤要(yāo):拦截,截击。

⑥小却:稍稍撤退。

⑦旦日:第二天。

⑧裁出兵救之:《后汉书·冯异传》李贤注:"裁小出兵,所以示弱也。"裁,通"才",仅仅。

⑨日昃(zè):太阳偏西。

⑩面缚:双手反绑于背而面向前,古代用以表示投降。

⑪玺绶(shòu):古代印玺上所系的彩色丝带。借指印玺。

⑫隗(wěi)嚣:字季孟,天水成纪(今甘肃静宁西南)人。新朝末年群雄之一。曾归顺更始,官至御史大夫。后与更始反目,逃归天水,割据陇西一带。后被汉军击败,愤懑而终。

【译文】

十月,刘秀驾临洛阳。赤眉军投降。大司徒邓禹与冯异、邓弘等人征讨赤眉军。冯异说:“我之前与赤眉军作战,在华阴对峙了几十天,虽然多次俘获敌军勇将,但是他们余下的兵力还很多。可以渐渐用恩信去诱使他们归顺,但难以猝然用武力击破。皇上命令众将驻扎渑池,以拦截赤眉军的东面,我率军攻击他们的西面,可以一举攻破,这是万无一失的计策。”邓禹、邓弘不听,便与赤眉展开大战。赤眉军佯装失败,丢弃辎重逃跑。辎重车里都装着土,表面上覆盖着豆子。士兵饥饿,争着去抢豆子。赤眉军回头攻击邓弘等人,邓弘等人的军队崩溃散乱。冯异与邓禹前去救援,赤眉军才稍稍退却。冯异回到营垒,与赤眉军约定日期会战。冯异让一些壮士换上与赤眉军相同的衣服,埋伏在路边。第二天,赤眉派兵一万进攻冯异的先头部队,冯异仅派遣少数兵力救援。赤眉以为冯异军力不强,于是全军出动攻打冯异,冯异才发兵大战。太阳偏西的时候,赤眉的气势衰竭。此时事先布置的伏兵突然冲出,由于衣服混淆,赤眉军无法分辨,于是在惊恐中溃散。赤眉君臣反绑双手,捧着皇帝的印玺,向刘秀投降。**刘秀平定隗嚣,消灭公孙述,平定了天下。刘秀在洛阳南宫去世,享年六十二岁。**刘秀起兵的时候,年仅二十八岁。

末孙灵帝用奄人曹节等①,矫制诛太傅陈蕃、李膺,其党人皆禁锢。中平九年②,黄巾贼起③。钜鹿张角自称大贤师④,奉事黄、老道,畜养子弟,连结郡国,期三月五日内外俱起。唐周告之⑤,角便起,皆着黄巾为摽帜也⑥。**灵帝崩,太子辩即位⑦。董卓入朝,因废帝为弘农王,而立献帝⑧。李傕逼帝东迁⑨。曹操迁帝都许⑩。操薨,帝逊位于曹丕。**

【注释】

①末孙灵帝用奄人曹节等:以下至“帝逊位于曹丕”,抄撮自《后汉书·灵帝纪》。灵帝,即刘宏,汉章帝玄孙,解渎亭侯刘苌子。汉桓帝去世后,窦太后与窦武立其为帝。在位时期宦官专政与党锢之祸愈演愈烈,朝政日益凋败,最终引发黄巾起义。奄人,宦官。

曹节，字汉丰，南阳新野（今河南新野）人。宦官。历任小黄门、中常侍等职，以迎立汉灵帝功封长安乡侯。参与诛杀朝臣窦武、陈蕃等，是东汉后期专权的主要宦官之一。

②中平九年：据《后汉书·灵帝纪》，黄巾起义于中平元年（184）爆发。“九”为“元”字之讹。

③黄巾：东汉末年张角所领导的农民起义军，因头包黄巾而得名。

④钜鹿张角自称大贤师：以下至“皆着黄巾为摽帜也”，出自《后汉书·皇甫嵩传》。张角，钜鹿（治今河北平乡西南）人。东汉末年太平道首领，黄巾起义领导人。大贤师，《后汉书·皇甫嵩传》作“大贤良师”，译文从之。

⑤唐周：济南（今山东章丘）人。张角弟子。上书告发张角，导致张角仓促发动黄巾起义。

⑥摽（biāo）帜：即标记。摽，通“标”。

⑦太子辩：即刘辩，汉灵帝嫡长子。汉灵帝去世后继位，史称“少帝”。后被董卓废为弘农王，一年后被迫自杀。

⑧献帝：即刘协，汉灵帝中子。中平六年（189），董卓废少帝刘辩，立刘协为帝。初平元年（190），被董卓胁迫迁都长安。建安元年（196），又被曹操挟持，都于许。在位期间，各地割据势力连年混战，汉王朝名存实亡。延康元年（220）逊位于曹丕，被封为山阳公。

⑨李傕（jué）：字稚然，北地郡（治今宁夏吴忠西南）人。董卓部将。董卓被杀后，他与郭汜等人率部攻陷长安，挟制汉献帝，专擅朝政。最后被曹操击败，夷灭三族。

⑩许：县名。今河南许昌东。曹魏黄初二年（221）改名许昌。

【译文】

刘秀的末代子孙汉灵帝重用宦官曹节等人，曹节等人假传圣旨杀害了太傅陈蕃、李膺，他们的同党都被禁锢。灵帝中平元年（184），黄巾起义爆发。钜鹿郡人张角自称大贤良师，信奉黄、老之道，畜养子弟，联络各个郡国的信徒,约定在中平元年三月五日一起起义。唐周向朝廷告发,张角只得提前起事,参与起义的人都头戴黄巾作为标志。灵帝去世后,太子刘辩即位。董卓入朝,废刘辩为弘农王,而拥立汉献帝。后李傕逼迫献帝东迁。曹操又挟持献帝定都于许。曹操去世后,献帝将帝位禅让给曹丕。

魏太祖武皇帝[①],沛国谯人也。姓曹,讳操,字孟德。灵帝时为典军校尉[②]。汉末,奄竖擅权[③],何进谋诛奄官[④],太后不听[⑤],进乃召四方猛将,使引兵向京师,欲以恐劫太后。陈琳进谏曰[⑥]:"《易》称'即鹿无虞'[⑦],谚有'掩目捕雀'。夫物微而尚不可欺以得志,况国之大事而可诈立乎!今将军总皇威,握兵要[⑧],龙骧虎视[⑨],高下在心[⑩]。以此行事,无异于鼓洪炉而燎毛发。但当速发雷霆,行权立断[⑪],违经合道,天人顺之。而反释其利器,更征于他,大兵一聚,强者为雄,所谓倒持干戈,授人以柄,必无成功,只为乱阶。"进不纳其言。董卓至,废帝为弘农王,而立献帝,京师大乱。太祖亡出关,至陈留[⑫],散家财合义兵于己吾[⑬],与后将军袁术、冀州牧韩馥、豫州刺史孔伷、兖州刺史刘岱、渤海太守袁绍同时俱起兵[⑭],众各数万,推绍为盟主。设坛场[⑮],共盟誓。臧洪操盘歃血而盟曰[⑯]:"汉室不幸,皇纲失统,贼臣董卓乘衅纵暴,害加至尊,毒流百姓。大惧沦丧社稷,翦覆四海[⑰]。兖州刺史刘岱、豫州刺史孔伷等,纠合义兵,并赴国难。凡我同盟,齐心戮力,以致臣节,殒首丧元[⑱],必无二志。有渝此盟[⑲],俾坠其命[⑳],无克遗育[㉑]。皇天后土,祖宗明灵,实皆鉴之!"洪慷慨,涕泗立下,闻者激扬。曹公行奋武将军。卓闻兵起,乃徙天子都长安,卓留兵屯洛阳。司徒王允与吕布杀卓[㉒]。杨奉、韩暹以天子还洛阳[㉓]。太祖至洛阳,卫京邑。暹遁走。太祖以洛阳烧焚残破,奉天子都许。

【注释】

①魏太祖武皇帝:以下至“奉天子都许”,抄撮自《三国志·魏书·武帝纪》。

②典军校尉:武官名。汉灵帝所设置的西园八校尉之一。《后汉书·何进传》:“是时置西园八校尉,以小黄门蹇硕为上军校尉,虎贲中郎将袁绍为中军校尉,屯骑都尉鲍鸿为下军校尉,议郎曹操为典军校尉,赵融为助军校尉,淳于琼为佐军校尉,又有左右校尉。”

③奄竖:宦官的鄙称。

④何进:字遂高,南阳宛(今河南南阳)人。东汉外戚,汉灵帝何皇后之兄。被拜为大将军。汉灵帝去世后,太后临朝,何进与袁绍等人密谋诛杀宦官。因密谋泄露,被宦官刺杀。

⑤太后:指汉灵帝何皇后,何进之妹。

⑥陈琳进谏曰:以下至“进不纳其言”,出自《三国志·魏书·陈琳传》。

⑦即鹿无虞:语出《周易·屯卦》六三卦辞:“即鹿无虞,惟入于林中。”孔颖达《正义》:“如人之田猎,欲从就于鹿,当有虞官助己,商度形势可否,乃始得鹿;若无虞官,即虚入于林木之中,必不得鹿。”指没有虞官引导就入山逐鹿,必定空手而归。即,追逐。虞,古代掌管山泽禽兽的官员。

⑧兵要:犹兵权。

⑨龙骧(xiāng)虎视:喻气势威武,眼光远大。

⑩高下在心:指随心所欲地处置事宜。

⑪行权:改变常规,权宜行事。

⑫陈留:指陈留郡,治陈留县(今河南开封东南)。

⑬己吾:县名。今河南宁陵西南。

⑭袁术:字公路,汝南汝阳(今河南商水西南)人。袁绍之弟,汉末群雄之一。一度割据淮南称帝,后兵败呕血而死。韩馥(fù):字文节,颍川(治今河南禹州)人。汉末群雄之一。曾任御史中丞、尚书,后被董卓任命为冀州牧,参与了反董卓联军。后被迫将冀州让与袁绍,最终自杀。孔伷(zhòu):字公绪,陈留(治今河南开封东南)人。东汉末年大臣、名士。董卓执政时,被任命为豫州刺史,参与了反董卓联军。《后汉书·郑泰传》传称其"清谈高论,嘘枯吹生。并无军旅之才,执锐之干"。刘岱:字公山,东莱牟平(今山东烟台福山区西北)人。东汉末年大臣,伯父刘宠曾担任太尉。董卓执政时,被任命为兖州刺史,参与了反董卓联军。初平三年(192),与青州黄巾作战,兵败身死。

⑮设坛场:以下至"闻者激扬",出自《三国志·魏书·臧洪传》。

⑯歃(shà)血:古代盟会中的一种仪式。盟约宣读后,参加者用口微吸所杀牲之血,以示诚意。

⑰翦覆:犹颠覆。

⑱殒首丧元:掉头颅。亦泛指献出生命。首、元,二词同义,皆指头。

⑲渝:违背。

⑳俾(bǐ):使。坠:丧失。

㉑无克遗育:指断子绝孙。遗育,后裔。

㉒王允:字子师,太原祁(今山西祁县)人。东汉末年大臣。官至尚书令、司徒。董卓专政时,联合吕布诛杀董卓。后董卓部将李傕、郭汜攻入长安,王允被杀。

㉓杨奉:东汉末年将领。原为白波起义军首领,后成为李傕部将。曾护送汉献帝东归洛阳,被拜为车骑将军。曹操奉迎献帝迁都许都后,杨奉转投袁术、吕布,后被刘备诱杀。韩暹(xiān):东汉末年将领。原为白波起义军首领,受杨奉招纳,与杨奉一同护送汉献帝东归洛阳,被拜为大将军。后与杨奉一道投奔袁术、吕布,兵

败被杀。

【译文】

魏太祖武皇帝，沛国谯县人。姓曹，名操，字孟德。汉灵帝时担任典军校尉。东汉末年，宦官专权，何进谋划诛杀宦官，太后不同意，于是何进召集四方猛将，让他们率军队向京师进军，想以此恐吓威胁太后。陈琳劝谏何进说："《周易》称'想捕鹿却无虞人相助'，谚语说'蒙着眼睛捉麻雀'。即便是微不足道的动物，尚且不能用欺骗的手段获得，何况是国家大事，难道可以靠欺诈的手段成功吗！如今将军您倚仗皇权的威严，掌握兵权，气势威武，随心所欲。凭借这样的威势行事，好比鼓动大火炉去焚烧毛发，易如反掌。只要迅速采取行动，权宜行事，当机立断，虽然违反常规却合乎道义，上天与百姓都会顺从。现在反而放弃权柄，征召外地兵马，等到大军在京城会合，则兵力强大者就会称雄，这正所谓倒持兵刃，授人以柄，事情一定不会成功，只会成为祸乱的根源。"何进不听陈琳的劝告。董卓抵达后，废少帝为弘农王，拥立汉献帝，京师大乱。曹操逃出函谷关来到陈留郡，散尽家财，在己吾召集义兵。与后将军袁术、冀州牧韩馥、豫州刺史孔伷、兖州刺史刘岱、渤海太守袁绍同时起兵，各有数万兵力，推举袁绍为盟主。众人设置坛场，共同盟誓。臧洪举起盘子，歃血后盟誓道："汉室不幸，朝廷纲纪混乱，贼臣董卓趁机肆意作乱，杀害天子，荼毒百姓。我们非常担心国家灭亡，天下颠覆。兖州刺史刘岱、豫州刺史孔伷等，集合义兵，共赴国难。凡是参与今日同盟之人，都应齐心协力，尽人臣的节操，即便要献出生命，也绝无二心。如果谁违背了盟约，将丧失性命，断子绝孙。皇天后土，祖宗神灵，都可以做我们的见证！"臧洪言辞慷慨，泪流满面，听到的人都激动不已。曹操为奋武将军。董卓听说关东牧守起兵，于是挟持天子迁都长安，留下军队驻守洛阳。司徒王允与吕布联合杀死董卓。杨奉、韩暹护送天子返回洛阳。曹操来到洛阳，派兵保卫都城。韩暹逃跑。曹操认为洛阳城被焚烧，残破不堪，奉迎天子迁都许县。

下诏责袁绍以地广兵强专自树党①，不闻勤王之师。绍时并公孙瓒[②]，兼四州之地[③]。**绍遂攻许。太祖破之官渡[④]，绍呕血死。**袁绍字本初[⑤]，汝南人也，为司隶校尉[⑥]。董卓议废立，绍不听。卓怒。绍悬节于上东门[⑦]，奔冀州。卓购求绍。伍琼为卓所信[⑧]，阴为绍说曰[⑨]："夫废立大事，非常人所及。袁绍不达大体，恐惧出奔，非有他志。今急购之，势必为变。袁氏树恩四世，门生故吏遍于天下[⑩]。若收豪杰，以聚徒众，英雄因之而起，即山东非公所有也。不如赦之，拜一郡守。绍喜于免罪，必无患矣。"卓以为然，乃遣授绍勃海太守。绍乃与孔伷等同起义，袭夺韩馥冀州，据河北，拣精卒十万，骑万匹，欲进攻曹操于许。沮授进说曰[⑪]："近讨公孙，师出历年，百姓疲弊，赋役方殷，此国之深忧也。宜先献捷天子，务农逸民。若不得通，乃表曹操隔我王路[⑫]，然后进屯黎阳[⑬]，渐营河南，益作舟船，缮治器械，分遣精骑，抄其边鄙，令彼不得安，我取其逸，如此可坐定也[⑭]。"郭图、审配曰[⑮]："兵书之法，十围五攻，敌则能战[⑯]。今以明公神武，连河朔之强众[⑰]，以伐曹操，其势譬如覆手。今不时取，后难图之。"授曰："盖闻救乱诛暴谓之义兵，恃众凭强谓之骄兵。兵义无敌，骄者先灭。曹操奉定天子，建宫许都，今举兵相向，于义则违。且庙胜之策[⑱]，不在强弱。曹操法令既行，士卒精练，非公孙瓒坐受围者也。今弃万安之术，而兴无名之师[⑲]，窃为公惧之。"图曰："武王伐纣，不为不义，况兵加曹操，而云无名？且公师徒精锐，将士思奋，而不及时早定大业，所谓天与不取，反受其咎，此越之所以霸，吴之所以亡也。监军之计在于持牢[⑳]，而非见时知机之变也[㉑]。"绍遂不用沮授之计。曹公军官渡，绍将悉众而南。田丰说绍曰[㉒]："曹公善用兵，变化无方，众虽少，未可轻也，不如以久持之。将军据山河之固，拥四州之众，外结英雄，内修农战，然后简其精锐，分为奇兵，乘虚迭出，以扰河南。救右则击其左，救左则击其右，使敌疲于奔命，人不得安业。我不劳而彼已困，不及三年，可坐克也。今释庙胜之策，而决成败于一战，若不如志，悔无及也。”绍不从，遂攻操于官渡。绍自引兵至黎阳。沮授临行，散其资财，会宗族以与之，曰：“势在威无不加，势亡则不保其身。哀哉！”其弟宗曰：“曹操士马不敌，君何惧焉？”授曰：“以曹兖州之明略[23]，又挟天子以为资，我虽克伯珪，众实疲弊，而主骄将汰[24]，军之破败在此举也。扬雄有言：‘六国嗤嗤[25]，为嬴弱姬。’殆今之谓耶？”及渡河，临舟叹曰：“上盈其志，下务其功，悠悠黄河，吾将济乎？”绍果为曹公所取。绍进保阳武[26]，与操相持。沮授又说曰：“北兵虽众，而果劲不及南[27]。南谷虚少，财货不及北。南利在于急战，北利于缓博[28]。宜修持以久，旷以日月。”绍不从，连营渐逼官渡。许攸进曰[29]：“曹操兵少，而悉师拒我，许下余守，势必虚弱。若分遣轻骑，星行掩袭，许拔则操为成擒。如其未溃，可令首尾奔命，破之必也。”绍又不能用。会攸家犯法，审配收系之。攸不得志，遂奔曹公，而说操使袭取淳于琼[30]。琼时督军屯在乌巢，去绍军四十里。操自将急击之。时张郃说绍曰[31]：“曹公兵精，往必破琼。琼破，则将军事去矣。宜引兵救之。”郭图曰：“郃计非也。不如攻其本营，势必还，此为不救而自解也。”郃曰：“曹公营固，攻之必不拔。若琼等见擒，吾属尽为虏矣。”绍但遣轻骑救琼，而以重兵攻操营，不能下。曹公破琼，焚其积聚。绍军溃散奔北，曹公遂破绍，乃威震天下也。

【注释】

①下诏责袁绍以地广兵强专自树党：以下至“绍呕血死”，出自《后

汉书·袁绍传》。

②公孙瓒:字伯珪,辽西令支(今河北迁安西)人。东汉末年将领,汉末群雄之一。曾割据幽州(今河北北部),与袁绍连年交战。后被袁绍击败,自焚而死。

③四州之地:指袁绍占据的冀州、青州、幽州、并州。

④官渡:今河南中牟东北。东汉建安五年(200),曹操与袁绍在此大战,曹操大破袁绍。

⑤袁绍字本初:以下至"操自将急击之",抄撮自《后汉书·袁绍传》与《三国志·魏书·袁绍传》。

⑥司隶校尉:西汉为监察京师百官及京畿七郡(京兆、左冯翊、右扶风、河东、河内、河南、弘农)的执法长官,秩二千石。汉成帝以后省。东汉复置,监察官廷内外、京师百官,领兵捕杀罪犯,兼司隶州行政长官(辖上述七郡),秩比二千石。职权威重,与御史中丞、尚书令并号"三独坐"。

⑦上东门:洛阳城东面靠北的城门,又名"建春门"。

⑧伍琼:字德瑜,汝南(治今河南平舆北)人。东汉末年名士。董卓当权时,任城门校尉,深受董卓信任,推荐韩馥、刘岱、孔伷等名士出任州郡。后被董卓杀害。

⑨阴:暗中,私下。

⑩门生故吏:指学生和旧日部属。

⑪沮授:广平(今河北鸡泽东南)人。袁绍重要谋士。官渡之战后被曹操俘虏,拒绝投降且密谋逃脱,最终被杀。

⑫王路:谓通往朝廷之路。

⑬黎阳:县名。今河南浚县东,位于当时黄河北岸。

⑭坐定:很容易平定。

⑮郭图:字公则,颍川(治今河南禹州)人。审配:字正南,魏郡阴安(今河南清丰西北)人。二人均为袁绍谋士。

⑯“兵书之法”三句:《孙子兵法·谋攻》:“故用兵之法,十则围之,五则攻之,倍则分之,敌则能战之,少则能逃之,不若则能避之。”十围五攻,指有十倍于敌人的兵力,就包围敌人;有五倍于敌人的兵力,就进攻敌人。敌则能战,兵力相等,能够与敌人一战。敌,指兵力相等。

⑰河朔:古代泛指黄河以北的地区。

⑱庙胜:指朝廷预先制定的克敌制胜的谋略。

⑲无名之师:没有正当理由出征的军队。

⑳监军:指沮授,时任袁绍监军。持牢:固守,把稳。

㉑见时知机:谓看到时运的推移而预知事情变化的先兆。

㉒田丰:字元皓,钜鹿(治今河北平乡西南)人,一说勃海(治今河北沧县东南)人。袁绍谋士。官渡之战后,被袁绍杀害。

㉓曹兖州:指曹操。汉献帝兴平二年(195),曹操被拜为兖州牧。明略:高明的智略。

㉔汰:通“泰”,骄泰,奢侈。

㉕嗤嗤:《后汉书·袁绍传》作“蚩蚩”,惑乱貌,纷扰貌。译文从之。

㉖阳武:县名。今河南原阳东南。

㉗果劲:果敢强劲。

㉘缓博:《三国志·魏书·袁绍传》作“缓搏”,指持久作战。

㉙许攸:字子远,南阳(治今属河南)人。袁绍谋士。后投降曹操,帮助曹操在官渡之战中获胜。后由于自恃有功,出言不逊,被曹操处死。

㉚淳于琼:字仲简,颍川(治今河南禹州)人。东汉末年,曾担任“西园八校尉”之一的佐军校尉(《三国志·魏书·张扬传》裴松之注引《灵帝纪》作“右校尉”),后成为袁绍手下将领。

㉛时张郃说绍曰:以下至“绍军溃散奔北”,出自《三国志·魏书·张郃传》。张郃,字儁乂,河间鄚(今河北任丘北)人。先后

追随韩馥、袁绍，后投降曹操，成为曹魏名将，“五子良将”之一。

【译文】

汉献帝下诏责备袁绍倚仗地广兵强，专门结党营私，不为天子效命。此时袁绍吞并公孙瓒，占据了冀、青、幽、并四州之地。**袁绍于是进攻许都。曹操在官渡击败袁绍，袁绍吐血而死。**袁绍字本初，汝南人，担任司隶校尉。董卓商议废立天子，袁绍不同意。董卓大怒。袁绍将司隶校尉的符节挂在洛阳上东门上，逃奔冀州。董卓悬赏捉拿袁绍。伍琼受到董卓信任，暗中替袁绍游说董卓：“废立天子这样的大事，不是一般人干得了的。袁绍不识大局，因恐惧而出逃，并没有别的图谋。如今紧急悬赏捉拿他，势必引发变故。袁氏四代人广施恩泽，学生和旧日部属遍布天下。如果他收罗豪杰，聚集人马，英雄之士随之起兵，则山东地区就脱离您的掌控了。不如赦免他，任命他做一个郡守。袁绍因为免罪而喜悦，这样就一定没有后患了。”董卓认为说得对，于是派人任命袁绍为渤海太守。袁绍于是与孔伷等人一同起义，之后偷袭夺取了韩馥的冀州，割据河北地区，挑选了十万精兵，一万骑兵，想要进攻曹操所在的许都。沮授进言道：“近来讨伐公孙瓒，军队在外征战多年，百姓困苦穷乏，赋税劳役繁重，这是国家的深重忧患。我们应该先派遣使者向天子献捷，同时发展农业，让百姓休养生息。如果不能与朝廷相通，再上奏说曹操阻隔了我们通往朝廷之路，然后率军进驻黎阳，逐渐经营黄河以南，多造船只，修理器械，分别派遣精锐骑兵，抄掠对方的边境地区，使其不得安宁，我方以逸待劳，这样就可以很容易地平定天下。”郭图、审配说：“按照兵法，有十倍于敌人的兵力，就包围敌人；有五倍于敌人的兵力，就进攻敌人；兵力势均力敌，则能够与敌人一战。如今以您的英明神武，联合河朔地区的强大军队，去讨伐曹操，形势易如反掌。如今不及时攻取，往后就不好对付了。”沮授说：“我听说，消除祸乱，诛灭强暴，这是所谓的义兵；自恃人多势众，这是所谓的骄兵。义兵所向无敌，骄兵最先灭亡。曹操奉迎天子，在许都修建宫室，如今我们举兵讨伐他，不符合道义。况且预先克敌制胜的关键，并不在于兵力的强弱。曹操推行了严明的法令，士卒精悍，不会像公孙瓒那样坐着等待被包围。如今抛弃万全之策，发动没有正当理由出征的军队，我私下为您感到恐惧。”郭图说：“周武王讨伐商纣，不能说是不义，何况讨伐曹操，怎么能说没有正当理由？况且您的士卒精练勇锐，将士摩拳擦掌，如果不及早创立大业，这正所谓上天赐予的不接受，反而会受到谴责，这就是越国之所以称霸，吴国之所以灭亡的原因。沮授的计谋目的在于求稳，而不能看到时运的推移而预知事情的变化。”袁绍于是不采纳沮授的计策。曹操屯兵于官渡，袁绍准备统率全军南下。田丰劝袁绍说：“曹操善于用兵，变化无穷，他的兵力虽然不多，但不可轻视，不如与他打持久战。您占据太行山与黄河之险，拥有冀、青、幽、并四州之众，对外结交天下英雄，对内发展农业、训练军队，然后挑选精兵，分为多支奇兵，针对曹操的空虚之处轮番出击，侵扰黄河以南地区。敌方救援右边则袭击左边，敌方救援左边则袭击右边，让敌人疲于奔命，百姓无法安居乐业。我方并不劳苦，而敌人已经疲惫不堪，不超过三年，就能轻易打败曹操。如今放弃能够预先克敌制胜的策略，而靠一场战役来决定胜负成败，万一不能取胜，后悔也来不及了。”袁绍不听，于是进军官渡攻打曹操。袁绍亲自率军来到黎阳。沮授临行前，将同族的人聚在一起，把家财分发给他们，说：“这一仗胜利了，威力就无可复加了，这一仗失败了，就连自身也无法保全。真是悲哀啊！”他的弟弟沮宗说：“曹操的兵马比不上我们，您为什么担忧呢？”沮授说：“以曹操高明的谋略，又挟持着天子作为资本，我们虽然战胜了公孙瓒，但将士们相当疲惫，而主帅骄横，将领奢侈，军队的毁灭失败就在这一次战役中了。扬雄曾经说过：‘六国纷扰，替秦朝削弱了周王朝。’大概就是形容如今的情形吧？”等到渡过黄河的时候，沮授上船时感叹道：“主上意志骄盈，臣下只求立功，悠悠黄河水啊，我还能渡河回来吗？”袁绍果然被曹操击败。袁绍进军占领阳武，与曹操对峙。沮授又劝袁绍说：“我们北军虽然人数众多，但果敢强劲不如曹操的南军。南军的粮食少，物资储备不如我方。南军希望速战，而打持久战有利于我方。我们应当与南军长久对峙，拖延时间。”袁绍没有听从，而是扎营相连，渐渐逼近官渡。许攸进言道：“曹操兵力少，且全军出动来抵挡我军，许都剩下的守军势必薄弱。如果分派一支轻装的骑兵部队，昼夜兼行突袭许都，许都一旦被攻克，则曹操一定束手就擒。即便曹军没有溃败，也能令他们首尾不能兼顾，疲于奔命，一定能就此击败曹操。”袁绍又没有采纳。正好许攸的家人犯法，审配逮捕了他们。许攸感到不得志，就投奔了曹操，并劝说曹操偷袭淳于琼。淳于琼此时率军屯驻乌巢，距离袁绍大军四十里。曹操亲自率军突袭了淳于琼的部队。此时，张郃劝袁绍说："曹操士兵精锐，去了一定会击溃淳于琼。淳于琼一旦被击败，则将军您的形势就危险了。应该赶紧派兵救援。"郭图说："张郃的计策不对。不如进攻曹操的大本营，他势必要回师救援，这样乌巢之围不必救援就可以解除了。"张郃说："曹操的营垒坚固，肯定无法攻破。如果淳于琼等人被曹操捉住，我们也全都要当俘虏了。"袁绍只派了少数轻装骑兵救援淳于琼，而以重兵进攻曹操营垒，无法攻下。曹操击败了淳于琼，焚烧了囤积于乌巢的粮草。袁绍军队溃散奔逃，曹操最终打败了袁绍，而威震天下。

太祖讨绍子谭、尚于黎阳[①]。尚与熙奔辽东[②]。太守公孙康斩尚、熙[③]，送其首，遂平河北。初，太祖讨谭、尚于黎阳[④]，连战数克，诸将欲乘胜攻之。郭嘉曰："袁绍爱此二子，莫適立也[⑤]。有郭图、逢纪为之谋臣[⑥]，定交斗其间，还相离也。急之则相持[⑦]，缓之而后争心生。不如南向荆州征刘表[⑧]，以待其变。变成，而后击之，可一举而定也。"太祖曰："善。"太祖方征刘表，谭果与弟尚争冀州。谭遣辛毗乞降请救[⑨]，太祖以问群臣。群臣多以为表强，宜先平之，谭不足忧也。荀攸曰[⑩]："天下方有事，而表坐保江、汉间，其无四方之志可知矣[⑪]。袁氏据四州之地，带甲十万，绍以宽得众。借使二子和穆，以守其成业，则天下之难未息。今兄弟遘恶[⑫]，其势不两全。若有所并则力专，力专则难图也。及其乱而取之，则天下不足定也。此时不可失也。"太祖曰："善。"乃许谭和，破袁尚。

【注释】

①太祖讨绍子谭、尚于黎阳：以下至"遂平河北"，抄撮自《三国志·魏书·武帝纪》。谭，即袁谭，字显思，汝南汝阳（今河南商水西南）人。袁绍长子。尚，即袁尚，字显甫，袁绍少子。袁绍去

世后，审配、逢纪拥戴袁尚成为袁绍的继承人，故袁谭、袁尚之间产生了嫌隙。建安八年（203），二人的矛盾彻底爆发，袁谭联合曹操，共同攻打袁尚。此后，袁谭反叛曹操，兵败被杀。曹操攻破邺城后，袁尚辗转逃亡至辽东，被公孙康杀害。

②熙：即袁熙，字显雍，袁绍中子。曾任幽州刺史。与袁尚一同逃亡辽东，被公孙康杀害。

③公孙康：辽东襄平（今辽宁辽阳）人。公孙度之子，东汉末年辽东地区的割据军阀。

④初，太祖讨谭、尚于黎阳：以下至“谭果与弟尚争冀州”，出自《三国志·魏书·郭嘉传》。

⑤莫適（dí）立：指不愿尽早在两人中确立继承者。適，同“嫡”。

⑥逢纪：字元图，南阳（治今属河南）人。袁绍谋臣。后为袁谭所杀。

⑦相持：互相扶持。

⑧刘表：字景升，山阳高平（今山东微山西北）人。汉末名士，汉末群雄之一。汉献帝时期，被任命为荆州牧，割据荆州地区。

⑨谭遣辛毗（pí）乞降请赦：以下至“破袁尚”，出自《三国志·魏书·荀攸传》。辛毗，字佐治，颍川阳翟（今河南禹州）人。初效力袁绍，后归顺曹操，成为曹魏重臣，官至卫尉。赦，《三国志·魏书·荀攸传》作“救”，译文从之。

⑩荀攸：字公达，颍川颍阴（今河南许昌）人。荀彧侄儿，曹操的重要谋臣。

⑪四方之志：经营天下或安邦定国的远大志向。

⑫遘（gòu）恶：结怨，交恶。

【译文】

曹操进军黎阳，讨伐袁绍的儿子袁谭、袁尚。袁尚与袁熙逃往辽东。辽东太守公孙康杀了袁尚与袁熙，把他们的首级送给曹操，曹操就此平定了河北地区。起初，曹操进军黎阳，讨伐袁绍的儿子袁谭、袁尚，连战连捷，将领们想要乘胜追击。郭嘉说:“袁绍宠爱这两个儿子,一直不愿意尽早在两人中确立继承者。有郭图、逢纪分别充当他们的谋臣,一定会在两人之间挑起争斗,使他们互相背离。如果进攻得太急,他们就会互相扶持;如果攻势放缓,他们互相争斗的心思就会产生。我们不如先向南攻打荆州的刘表,以等待他们发生变故。变故发生了,然后再讨伐他们,可以一举成功。”曹操说:“好!”曹操正征讨刘表,袁谭果然与弟弟袁尚互相争夺冀州。袁谭派遣辛毗前来投降并请求救援,曹操询问群臣的意见。群臣大多认为刘表强大,应该首先平定,袁谭不值得担心。荀攸说:“天下正处于多事之秋,而刘表坐守长江、汉水之间,可知他并没有经营天下的志向。袁氏占据冀、青、幽、并四州之地,率领十万军队,袁绍凭借宽厚赢得人心。假使他的两个儿子和睦相处,以守住父亲的基业,那么天下的干戈仍不会止息。如今袁氏兄弟交恶,势不两立。一旦某一方吞并了另一方,力量就会集中,力量集中,就难以对付了。如果趁他们内部混乱的时候讨伐他们,平定天下就很容易了。这个时机不可丧失。”曹操说:“好。”于是答应了袁谭的求和,打败了袁尚。

太祖征刘表①,会表卒,子琮降②。刘表字景升③,山阳高平人。初平元年④,诏以表为荆州刺史,南接五岭,北据汉川,地方数千里,带甲十余万。曹操与袁绍相持于官渡,绍遣人求助,表许之而不至,亦不援操,且欲观天下之变。刘先说表曰⑤:“今豪杰并争,两雄相持,天下之重在于将军。将军若有所为,起乘其弊可也。如其不然,固将择所宜从。岂可拥甲十万,坐观成败?求援而不能助,见贤士而不能归⑥,此两怨必集于将军,恐不得复中立矣。曹操善用兵,且贤俊多归之,其势必举袁绍,然后移兵徇江、汉⑦,恐将军不能御也。今之胜计,莫若以荆州附操,操必重德将军,长享福祚,垂之后嗣,此万全之策也。”表不从。十三年⑧,曹操自将征表,未至,表疽发背,卒。操军新野⑨,傅巽说琮归降⑩。琮曰:“今与诸君据全楚之地,守先君之业⑪,以观天下,何为不可?”巽曰:“逆顺有大体,强弱有定势。以人臣拒人主,逆道也。以新造之楚而御中国,必危也。以刘备而敌曹公,不当也。三者皆短,欲以抗王师之锋,必亡之道也。将军自料,何如刘备?”琮曰:“不若也。”巽曰:“诚以备不足御曹公,即虽保全,楚不能以存⑫。诚以刘备足敌曹公,则备不能为将军下也。愿将军勿疑。”琮遂举众降。时刘备奔在荆州,表不能用。闻荆州降,遂奔夏口也⑬。

【注释】

①太祖征刘表:以下至“子琮降”,出自《三国志·蜀书·先主传》。

②琮(cóng):即刘琮,刘表次子,刘表去世后继位。曹操大军南下时,在蔡瑁等人的劝说下投降曹操。

③刘表字景升:以下至“遂奔夏口也”,抄撮自《后汉书·刘表传》与《三国志·魏书·刘表传》。

④初平元年:即190年。初平,东汉献帝刘协的第一个年号(190—193)。

⑤刘先:字始宗,零陵(治今广西全州西南)人。初为刘表别驾,后归降曹操,官至尚书、魏国尚书令。

⑥见贤士而不能归:《后汉书·刘表传》作“见贤而不肯归”,译文从之。

⑦徇(xún):巡视,巡行。

⑧十三年:建安十三年(208)。

⑨新野:县名。今属河南。

⑩傅巽(xùn):字公悌,北地泥阳(今陕西铜川耀州区东南)人。曾为刘表的宾客。因劝说刘琮归降,被封为关内侯。曹丕称帝后,官至侍中、尚书。

⑪先君:已故的父亲。

⑫即虽保全,楚不能以存:《三国志·魏书·刘表传》作“则虽保楚之地,不足以自存也”,译文从之。

⑬夏口:汉水入江之口,又称“汉口”“沔口”“鲁口”,即今湖北武汉汉水入长江之口。

【译文】

曹操征讨刘表,正遇上刘表去世,刘表之子刘琮投降了曹操。刘表字景升,山阳高平人。初平元年(190),汉献帝下诏拜刘表为荆州刺史,控制的地域南至五岭,北到汉水,地方方圆数千里,披甲的将士有十多万。曹操与袁绍在官渡相持,袁绍派遣使者向刘表求助,刘表答应了袁绍的请求却不发兵,同时也不帮助曹操,想观察天下局势的变化。刘先劝刘表说:“如今豪杰相争,曹操与袁绍两雄对峙,您对于天下大局有着举足轻重的影响。如果您想要有所作为,可以乘他们力量疲惫的时候起兵争夺天下。如果不想这样做,就应该在袁、曹中挑选一方来依附。怎么可以拥有十万精兵,却坐观成败?向您求援却不去相助,见到贤者却不肯归附,双方的怨恨必然集中到您一人身上,恐怕无法继续保持中立了。曹操善于用兵,而且贤人俊杰大多归附他,看形势曹操必定会打败袁绍,然后出兵讨伐江汉地区,恐怕您不能抵挡。如今取胜的计策,莫过于以荆州之地归附曹操,曹操必定非常感谢您,您可以长享福祚,并流传给后代,这是万全之策。”刘表不听。建安十三年(208),曹操亲自率军讨伐刘表,大军还未到达,刘表背部长了毒疮,去世了。曹军抵达新野,傅巽劝刘琮投降。刘琮说:“如今,我与各位占据着全部的楚地,守着先君的基业,以此观望天下形势的变化,为什么不可以?”傅巽说:“谁是叛逆之人,谁是忠顺之臣,由重要的义理所决定;谁强谁弱,由一定的形势所决定。以人臣的身份抵抗君主,这是叛逆之道。以刚占据不久的荆州对抗中原,必定危险。依靠刘备抵挡曹操,必然抵挡不住。以上三方面我方都处于劣势,却想以此抵抗朝廷军队的锋芒,必定是灭亡之道。将军您自己估量,您与刘备相比如何?”刘琮说:“我不如刘备。”傅巽说:“如果认为刘备不足以抵挡曹操,那么即使拥有全部的楚地,也无法保全自己。如果认为刘备足以抵挡曹操,可是他势必不愿屈居您之下。希望您不要再迟疑了。”刘琮于是率众投降曹操。此时刘备逃亡到了荆州,刘表不能重用他。听说荆州投降,于是逃亡到了夏口。

关中诸将马超、韩遂、成宜等反[①]，曹公破之。曹公与马超等夹关为界[②]。曹公急持之，而潜遣徐晃等夜渡蒲坂津[③]，据河为营。公自潼关北渡，未济，超赴船急战。丁斐放牛马以饵贼[④]，贼乱，取牛马，公乃得渡，结营渭南。超遣信求割地任子以和[⑤]，公伪许之。韩遂请与公相见，至期，交马上语移时[⑥]，不及军事，但说京都故旧，拊手欢笑。既罢，超问遂何言，遂曰："无所言。"超疑之。他日，公又与遂书，多所杀灭黜逭[⑦]，如遂改定者。超愈疑遂。曹公乃与战，大破之，关中平。诸将问公曰："初，贼守潼关，渭北道缺[⑧]。不从河东击冯翊[⑨]，而反守潼关，引日而后北渡，何也？"公曰："贼守潼关，若吾入河东，贼必引守诸津，则西河未可渡也。吾故盛兵向潼关，贼悉众南守，西河之备虚，故二将得擅取西河[⑩]，然后引军北渡。贼不能与吾争西河者，以有二将之军。连车树栅为甬道而南者[⑪]，既为不可胜，且以示弱。渡渭为坚垒，虏至而不出，所以骄之也。故贼不为营垒，而求割地。吾顺言许之，所以从其意，使自安而不为备。因畜士卒之力，一旦击之，所谓疾雷不及掩耳，卒电不及瞑目[⑫]。兵之乘变，固非一道也。"天子策命公为魏王。孙权称吴王，据江东[⑬]；刘备袭益州牧刘璋[⑭]，据蜀，天下遂三分矣。二十五年[⑮]，薨于洛阳，子丕嗣，丕字子桓，武帝太子也，是为文帝。受汉禅。崩，子叡嗣。叡字元仲，文帝太子也，是为明帝。崩，子齐王芳立。十五年废。废，高贵乡公髦立。七年杀。废，常道乡公璜立[⑯]。璜禅晋。晋封为陈留王。

【注释】

①关中诸将马超、韩遂、成宜等反：以下至"璜禅晋"，抄撮自《三国

志》。马超，字孟起，扶风茂陵（今陕西兴平东北）人。马腾之子，汉末三国时期著名将领。与韩遂等人起兵反抗曹操，被击败后投奔张鲁，后归降刘备。刘备称帝后，官至骠骑将军，领凉州牧。韩遂，字文约，金城（治今甘肃兰州）人。汉末群雄之一。割据凉州地区。成宜，东汉末年凉州军阀之一。与韩遂、马超共同起兵反曹，兵败战死。

②曹公与马超等夹关为界：以下至"固非一道也"，出自《三国志·魏书·武帝纪》，有删节。关，指潼关，位于今陕西渭南潼关北，渭河入黄河处南岸。

③徐晃：字公明，河东杨县（今山西洪洞）人。曹魏名将，"五子良将"之一。蒲坂津：位于今山西永济西南蒲州镇黄河岸边，为古黄河津渡。

④丁斐：字文侯，沛国谯（今安徽亳州）人。曹魏大臣。

⑤任子：人质，指为取信对方而用作抵押的人。

⑥交马：骑马并行。移时：经历一段时间。

⑦杀灭黜逭（huàn）：涂抹改易。《三国志·魏书·武帝纪》作"点窜"。

⑧道缺：指防守空虚。

⑨河东：指山西西南部地区，因黄河经此作南北流向，本区域处于黄河以东，故名。冯翊（píng yì）：指左冯翊，汉"三辅"之一。辖区约当今陕西省渭河以北、泾河以东的洛河中、下游地区。东汉时期治高陵县（今陕西高陵西南）。

⑩二将：指徐晃、朱灵。

⑪甬道：两旁有墙或其他障蔽物的通道。

⑫卒（cù）电不及瞑目：像突然到来的闪电，让人来不及闭上眼睛。卒，突然。后多作"猝"。

⑬江东：长江在芜湖、南京间为西南南、东北北流向，习惯上称自此

以下的长江南岸地区为江东。

⑭刘璋:字季玉,江夏竟陵(今湖北潜江西北)人。汉朝宗室,益州牧刘焉之子。刘焉死后,继任益州牧。后被刘备击败,投降后迁居荆州。

⑮二十五年:建安二十五年(220)。

⑯常道乡公璜:即曹奂。曹奂本名曹璜,因"璜"字避讳不易,故改名"奂"。

【译文】

关中将领马超、韩遂、成宜等人谋反,曹操击败了他们。曹操与马超等人的军队隔着潼关驻扎。曹操把对方军队紧紧牵制住,而暗中派遣徐晃等人趁着黑夜渡过蒲坂津,在黄河西岸扎营。曹操自己从潼关向北渡河,还未渡过时,马超率军赶来进攻船队。丁斐放出牛马引诱敌人,马超军队大乱,争相强夺牛马,曹操才得以渡河,在渭水南岸建立营垒。马超送信给曹操,请求割让地盘、送儿子充当人质以求和,曹操假意答应。韩遂请求与曹操见面,到了相见之日,两人骑马并行交谈多时,不谈军事,只一起回忆京城中的老朋友,两人拍手欢笑。见面之后,马超问韩遂与曹操说了些什么,韩遂说:"没说什么。"马超便起了疑心。一天,曹操又给韩遂写信,信上涂抹改易了多处,就好像是韩遂涂改的一样。马超愈发怀疑韩遂。曹操于是与马超等人交战,把他们打得大败,平定了关中。将领们问曹操说:"起初,敌人据守潼关,渭河北岸防守空虚。您不从河东渡河攻击左冯翊,反而守在潼关,过了一段时间后才向北渡过黄河,这是什么原因?"曹操说:"敌人据守潼关,我如果进入河东地区,则敌人一定会分兵把守黄河上的各个渡口,这样一来黄河也就难以渡过了。因此我集结重兵作势进攻潼关,敌人的全部兵力都在南面防守,黄河上的守备就空虚了,所以徐晃、朱灵二将能够攻占黄河上的渡口,然后我才率军向北渡过黄河。敌人之所以不能阻止我军渡河,就是因为有徐晃、朱灵的军队作为掩护。联结车辆,树立栅栏,做成甬道向南推进,既令敌人无法战胜我们,又向敌人故意示弱。渡过渭河之后,建起坚固的堡垒,敌军来到也坚守不出,这是为了让敌人骄傲轻敌。所以敌人不修营垒,而请求割地讲和。我假装同意,是为了顺从他们的心意,让他们安心而不做防备。我借此机会，蓄积士兵的力量，在一天之内击溃他们，正所谓‘迅雷不及掩耳，猝电不及瞑目’。用兵的变化，本来就不仅有一种方法。”**汉献帝以策书拜曹操为魏王。**孙权称吴王，割据江东；刘备突袭益州牧刘璋，占据蜀地，天下于是一分为三。**建安二十五年（220），曹操在洛阳去世，其子曹丕继位，**曹丕字子桓，是魏武帝曹操的太子，是为魏文帝。**接受了献帝的禅让。曹丕去世后，其子曹叡继位。**曹叡字元仲，是魏文帝曹丕的太子，是为魏明帝。**曹叡去世后，其子齐王芳即位。**即位十五年后被废。**齐王芳被废黜，高贵乡公曹髦即位。**即位七年后被杀。**曹髦被废后，常道乡公曹璜即位。最后，曹璜将皇帝之位禅让给了司马炎。**晋封曹璜为陈留王。

晋高祖宣皇帝名懿[①]，字仲达，姓司马，河内温人也。仕于魏武之世，历文、明二帝，居将相之位。平孟达，达为新城太守，反。灭公孙度[②]，度，世称燕王，据辽东。擒王陵[③]。陵谋立楚王为帝[④]，兵败自杀。魏明帝崩，遗诏使帝为太尉，与大将军曹爽辅少主。少主，齐王芳也。帝诛曹爽。爽谋为不轨[⑤]，宣帝谢病避之。爽党李胜为荆州别驾[⑥]，帝诡为耄惛云[⑦]：“并州近胡，可为其备。”胜退谓爽曰：“司马公尸居残气[⑧]，神形以离，不足虞也[⑨]。”爽于是专恣。恶太后知政，迁于永宁宫[⑩]。嘉平元年[⑪]，天子谒高平陵[⑫]，爽兄弟权兵从出。宣帝乃起奏永宁宫，废爽，然后勒兵至洛水迎天子，奏爽与其党谋反，皆诛。

【注释】

①晋高祖宣皇帝名懿：以下至“帝诛曹爽”，抄撮自《晋书·宣帝纪》。

②公孙度：字升济，辽东襄平（今辽宁辽阳）人。东汉末年任辽东太守，辽东割据政权开创者。据《三国志·魏书·公孙度传》，被司马懿消灭的是公孙渊。公孙渊，字文懿，公孙度之孙，公孙康之

子,自立为燕王。后被司马懿击败斩杀。

③王陵:应作"王凌"。

④楚王:指楚王曹彪,字朱虎,曹操之子。太和六年(232)改封为楚王。王凌兵败后,被迫自杀。

⑤爽谋为不轨:以下至"皆诛",抄撮自《晋书·宣帝纪》。

⑥荆州别驾:据《三国志·魏书·曹爽传》,李胜当时出任荆州刺史。

⑦耄惛(mào hūn):年老昏聩。

⑧尸居残气:形容人即将死亡。

⑨虞:忧虑。

⑩太后知政,迁于永宁宫:太后,指明帝郭皇后,西平(治今青海西宁)人。魏明帝去世后,被尊为皇太后,称"永宁宫"。《资治通鉴·魏纪七·正始八年》胡三省注:"据陈寿《志》,太后称'永宁宫',非徙也。意者晋诸臣欲增曹爽之恶,以'迁'字加之耳。《晋书·五行志》曰:爽迁太后于永宁宫,太后与帝相泣而别。盖亦承晋诸臣所记也。"

⑪嘉平元年:249年。嘉平,为三国魏齐王曹芳的年号(249—254)。

⑫高平陵:魏明帝曹叡的陵墓,位于今河南汝阳内埠乡。

【译文】

晋高祖宣皇帝名懿,字仲达,姓司马,河内郡温县人。魏武帝时出仕,历经文帝、明帝两朝,高居将相之位。平定孟达的叛乱,孟达是新城郡太守,谋反。消灭公孙渊,公孙渊,自称燕王,割据辽东。擒获王凌。王凌谋划立楚王曹彪为帝,兵败后自杀。魏明帝去世前,下遗诏拜司马懿为太尉,与大将军曹爽一起辅佐少主。少主,即齐王曹芳。司马懿诛杀曹爽。曹爽图谋不轨,司马懿称病躲避他。曹爽党羽李胜出任荆州刺史,司马懿假装年老昏聩,对他说:"并州靠近胡人的地盘,要多加戒备。"李胜从司马懿处离开后,对曹爽说:"司马公即将死亡,神不附体,无须忧虑了。"曹爽于是愈发专横放肆。曹爽厌恶太后干预政事,把她迁徙到永宁宫。嘉平元年(249),天子前去拜谒高平陵,曹爽兄弟率军随行。司马懿于是上奏太后，解除了曹爽的职务，然后率领军队到洛水迎接天子，上奏曹爽及其同党谋反，把他们全部诛杀。

宣帝崩，子师代为相。师字子元，是为肃宗景皇帝。镇东大将军毌丘俭、扬州刺史文钦反，征平之。俭、钦初反也[①]，景帝问王肃曰[②]："安国宁主，其术安在？"肃答曰："昔关羽率荆州之众降于禁于汉滨，遂有北向争天下心。后孙权取其将士家属，羽士众一旦瓦解。今淮南将士父母皆在内州[③]，但急往御之，使不得前，必有关羽土崩之势。"景王从之，遂破俭等也。景帝崩，弟昭代为相，昭字子上，是为太祖文帝。辅政为司空[④]。诸葛诞据寿春反，奉诏征平之。伐蜀，擒刘禅。于时政出于权臣，人君主祭而已[⑤]。魏帝不能容[⑥]，自勒兵攻相府。太祖用长史贾充计，逆战，舍人成济执杀魏帝。高贵乡公也，名髦，字士彦。乃伪令皇太后下令废少帝，又委罪成济，诛其三族。太祖崩，子炎受魏禅。炎字安世，文帝太子，是为世祖武皇帝。既受魏禅，用羊祜、杜预计征吴[⑦]，平之。立二十五年，崩，太子衷立。字正度，是为惠帝，武帝太子。惠帝不惠[⑧]，妃贾充女为皇后[⑨]。后秉权，杀杨骏，废太后[⑩]，贾后淫妒，遇姑无礼[⑪]，乃诈诬太后父杨骏反，使帝诛之，废太后于金墉城[⑫]，饿杀之。诛太宰汝南王亮、太保卫瓘，亮、瓘并以名德执政，后意不得行，乃使帝弟楚王玮矫诏诛亮、瓘，因又诛玮。戮楚王玮，殒太子遹，贾后无子，乃诈有娠，养贾谧为子[⑬]。太子遹，宫人谢氏生也，少而聪惠。贾后恶之，谮太子，废之金墉城，又遣小黄门杀太子。用赵王伦为相国[⑭]。伦恶司空张华、仆射裴頠正直[⑮]，矫诏诛之。伦遂篡帝位。于是齐王攸之子冏与帝弟成都王颖等起义兵诛伦[16]，颖于是镇邺[17]。并州刺史东瀛公腾、安北将军王浚又起兵讨颖[18]。颖败，挟天子南奔洛阳。后惠帝复位，帝弟长沙王又谮冏诛之[19]。

【注释】

①俭、钦初反也：以下至"遂破俭等也"，出自《三国志·魏书·王肃传》。

②王肃：字子雍，东海郯（今山东郯城北）人。司徒王朗之子，三国时期魏国大臣、经学家。

③内州：内地州郡。《资治通鉴·魏纪八·正元二年》胡三省注："魏制，诸将出征及镇守方面，皆留质任。时淮南将士皆自内州出戍，故家属皆留内。"

④辅政为司空：据《晋书·文帝纪》，司马昭不曾担任司空。

⑤主祭：语本《左传·襄公二十六年》："政由宁氏，祭则寡人。"主持祭祀。形容大权旁落。

⑥魏帝：指高贵乡公曹髦。

⑦羊祜：字叔子，泰山南城（今山东平邑南）人。西晋时期大臣，军事家。晋武帝时坐镇襄阳，为西晋平定吴国奠定了基础。

⑧不惠：不聪明，愚笨。惠，通"慧"。

⑨妃（pèi）：匹配，婚配。贾充女：即贾南风，平阳襄陵（今山西襄汾北）人。晋惠帝皇后。

⑩太后：指晋武帝杨皇后，讳芷，字季兰，弘农华阴（今陕西华阴）人。杨骏之女。晋武帝去世后，被尊为皇太后。

⑪姑：婆婆。

⑫金墉城：三国魏明帝时筑，为当时洛阳城（今河南洛阳东）西北角

一个小城。

⑬贾谧（mì）：子长深，原名韩谧，贾充外孙，韩寿与贾午之子。过继给贾充之子贾黎民为嗣，故称“贾谧”。凭借外戚身份掌握大权，与贾后共同陷害愍怀太子司马遹。据《晋书·惠贾皇后传》载，贾后取妹夫韩寿之子韩慰祖为养子。《惠贾皇后传》：“初，后诈有身，内藁物为产具，遂取妹夫韩寿子慰祖养之，托谅闇所生，故弗显。遂谋废太子，以所养代立。”

⑭赵王伦：即司马伦，字子彝，河内温县（今河南温县西南）人。司马懿第九子。愍怀太子遇害后，司马伦发动政变，杀死贾后、贾谧等人，把持朝政。永康二年（301），司马伦篡位称帝，后兵败被杀。

⑮张华：字茂先，范阳方城（今河北固安西南）人。西晋时期大臣，文学家。官至司空。裴頠（wěi）：字逸民，河东闻喜（今山西闻喜）人。西晋时期大臣、玄学家。官至侍中、尚书左仆射。

⑯齐王攸（yōu）：指司马攸，字大猷，小字桃符，河内温县（今河南温县西南）人。晋文帝司马昭次子，晋武帝司马炎之弟。由于司马师无子，司马攸年幼时被过继给司马师。受到司马炎的忌惮，最终呕血而亡。冏（jiǒng）：指司马冏，字景治，司马攸之子。与司马颖、司马颙共同起兵，消灭了篡位的赵王司马伦。后被司马乂杀害。成都王颖：指司马颖，字章度，司马炎第十六子。与司马乂、司马越等宗室混战，后兵败被囚，最终被害。

⑰邺：今河北临漳西南。

⑱东瀛公腾：指司马腾，字元迈，西晋宗室，高密王司马泰次子，司马懿弟弟司马馗之孙。与王浚一同击败了司马颖。后被公师藩、汲桑、李丰等人击败，兵败身死。王浚：字彭祖，太原晋阳（今山西太原）人。骠骑将军王沈之子，西晋将领。曾图谋割据幽州称帝，后被石勒用计击败杀死。

⑲长沙王：指司马乂，字士度，晋武帝司马炎第六子，楚王司马玮同

母弟。起兵杀死司马冏,又屡次打败司马颖。后被东海王司马越杀害。

【译文】

司马懿去世后,其子司马师接替他担任丞相。司马师字子元,是为肃宗景皇帝。镇东大将军毌丘俭、扬州刺史文钦造反,司马师平定了叛乱。毌丘俭、文钦刚刚造反时,司马师问王肃:“如果要让国家稳定、君主安宁,应该用什么策略?”王肃回答说:“当年关羽率领荆州的大军,在汉水边上降服了于禁,遂有了向北争夺天下的心思。后来,孙权俘获了他麾下将士的家属,关羽的部队一下子就瓦解了。如今淮南叛军将士的父母都在内地州郡,只要急速赶往防御,使叛军无法前进,他们一定会像关羽当年那样土崩瓦解。”司马师采纳了他的计策,于是击败了毌丘俭等人。司马师去世后,他的弟弟司马昭接替他担任丞相,司马昭字子上,是为太祖文帝。辅佐朝政,担任司空。诸葛诞占据寿春造反,司马昭奉诏平定了叛乱。讨伐蜀国,俘虏了刘禅。此时,魏国的大权已经落到司马昭手中,君主仅仅主持祭祀而已。魏帝曹髦不能容忍,亲自率兵进攻丞相府。司马昭采用长史贾充的计策,派兵迎战,太子舍人成济抓住杀死了曹髦。魏帝指高贵乡公,名髦,字士彦。曹髦被杀后,司马昭让皇太后下令废黜曹髦的帝位,又把罪责推到成济身上,诛灭了他的三族。司马昭去世后,他的儿子司马炎接受了曹魏的禅让。司马炎字安世,是晋文帝司马昭的太子,是为世祖武皇帝。司马炎接受曹魏的禅让后,采纳了羊祜、杜预的计谋讨伐吴国,最终平定了吴国。司马炎在位二十五年后去世,他的儿子司马衷继位。司马衷字正度,是为晋惠帝,晋武帝司马炎的太子。惠帝愚笨,娶了贾充的女儿为皇后。贾后专权,杀害杨骏,废黜太后,贾后为人淫荡妒忌,对待婆婆没有礼貌,诬陷太后的父亲杨骏谋反,唆使惠帝诛杀了杨骏,并废黜太后,关押于金墉城,将其活活饿死。诛杀太宰汝南王司马亮、太保卫瓘,司马亮、卫瓘凭借名望与德行掌管国家政事,贾后的意志无法实现,于是贾后矫诏让惠帝的弟弟楚王司马玮杀了司马亮、卫瓘,之后,又以矫诏的罪名杀了司马玮。杀死楚王司马玮,杀害太子司马遹,贾后没有儿子,于是假装怀孕,取韩慰祖为养子。太子司马遹,是惠帝宫人谢氏所生，年幼时就很聪慧。贾后厌恶太子，于是诬陷他，将其废黜并关押于金墉城，又派遣小黄门杀害了太子。任用赵王司马伦为相国。司马伦厌恶司空张华、仆射裴頠的正直，假托皇帝的命令杀害了他们。司马伦遂篡夺了帝位。于是齐王司马攸之子司马冏，与惠帝之弟成都王司马颖等人兴起义兵诛杀司马伦，司马颖于是镇守邺城。并州刺史东瀛公马腾、安北将军王浚又起兵讨伐司马颖。司马颖战败，挟持天子向南逃到洛阳。之后晋惠帝复位，他的弟弟长沙王司马乂又诬陷齐王司马冏，杀害了他。

由是戎狄并兴[①]，四方阻乱[②]，遂分为三十六国[③]。刘元海为匈奴质子[④]，在洛阳。晋武帝与语，说之。谓王浑曰[⑤]："元海容仪机鉴[⑥]，由余、日磾无以加也[⑦]。"浑对曰："元海容仪实如圣旨，然其文武才干贤于二子远。陛下若任之以东南之事，吴会不足平也[⑧]。"帝称善。孔恂、杨珧曰[⑨]："臣观元海之才，当今无比。陛下若轻其众，不足以成事；若假之威权，平吴之后，恐其不复北渡也。非我族类，其心必异。任之本部[⑩]，臣窃为陛下寒心。若举天阻之固以资之[⑪]，无乃不可乎？"帝默然。后秦、凉覆没[⑫]，帝畴咨将帅[⑬]。李憙曰[⑭]："陛下诚能发匈奴五部之众[⑮]，假元海一将军之号，鼓行而西，指期可定也。"孔恂曰："李公之言，未尽殄患之理[⑯]。元海若能平凉州，斩树机能[⑰]，恐凉州方有难耳。蛟龙得云雨，非复池中物也。"帝乃止。惠帝失驭[⑱]，寇贼蜂起。成都王颖镇邺，表元海行宁朔将军，监五部军事。及王浚等讨颖，元海说颖曰："今二镇跋扈[⑲]，众十余万，恐非宿卫及近都士众所能御之。请为殿下还说五部众，以赴国难。"颖从之。元海至国，左贤王刘宣等上大单于之号[⑳]，二旬之间，众以五万，遂寇平阳[㉑]，陷之，入蒲[㉒]。于时五胡乱中原矣。石勒者[㉓]，上党羯胡也[㉔]，据于赵。幽州之牧王浚署置百官，勒有并吞之意，欲先发使以观之。议者佥曰[25]:“宜如羊祜、陆抗之事[26],亢书相闻[27]。”时张宾有疾[28],勒就而谋之。宾曰:“王浚假三部之力[29],图称南面,虽曰晋藩,实怀僭逆之志,必思协英雄,图济事业。将军威振海内,去就为存亡,所在为轻重。浚之欲将军,犹楚之招韩信也[30]。今权谲遣使[31],无诚款之形,脱生猜疑[32],图之兆露[33],后虽奇略,无所设也。夫立大事,必先为之卑,当称藩推奉,尚恐不信。羊、陆之事,臣未见其可也。”勒曰:“君侯之计是也。”乃遣其舍人王子春赍珍宝,奉表推崇浚[34]。浚谓子春曰:“石公一时英武,据有旧赵[35],成鼎峙之势,何为称藩于孤?其可信乎?”子春曰:“石将军英才俊拔,士马盛强,实如圣旨。仰唯明公州郡贵望[36],累叶重光[37]。出镇藩岳[38],威声播于八表,固以胡、越钦风[39],戎夷歌德,岂唯区区小府,而敢不敛衽神阙者乎[40]?昔陈婴岂其鄙王而不王[41],韩信薄帝而不帝哉?但以帝王不可以勇致力争故也。石将军之拟明公,犹阴精之比太阳,江河之比洪海耳。项籍、子阳覆车不远[42],是石将军之明鉴也。明公亦何怪乎?自古诚胡人而为名臣者实有之矣,帝王则未之有也。石将军非以恶帝王而让明公也,顾取之不为天下所许也[43]。愿公勿疑。”浚大悦,遣使报勒。勒复遣使奉表于浚,期亲诣幽州上尊号。亦修笺于枣嵩[44],乞并州牧、广平公,以见必信之诚。勒纂兵戒期袭浚,而惧刘琨及鲜卑为其后患[45],沉吟未发。张宾曰:“夫袭敌国当出其不意,军严[46],经日不行,岂顾有三方之虑乎[47]?”勒曰:“然。为之奈何?”宾曰:“王彭祖之据幽州,唯杖三部。今皆离叛,还为寇仇,此则外无声援以抗我也。幽州饥俭,人皆蔬食[48],众叛亲离,甲旅寡弱,此内无强兵以御我也。若大军在郊,必土崩瓦解。今三方未靖,将军便能悬军千里,以征幽州也。轻军往反,不出二旬。就使三方有动,势足旋趾。宜应机电发，勿后时也。且刘琨、王浚虽同名晋藩，其实仇敌。若修笺于琨，送质请和，琨必欣于得我，喜于浚灭，终不救浚而袭我也。”勒曰：“善。”于是轻骑袭幽州。勒晨至蓟北门，叱门者开门。疑有伏兵，先驱牛羊数千头，声言上礼，实欲填诸街巷，使兵不得发。勒入，浚乃惧。勒入其厅事，令甲士执浚，送于襄国市斩之。此三十六国之大略也。

【注释】

①戎狄：古民族名。西方曰“戎”，北方曰“狄”。后泛指西北少数民族。

②阻乱：谓武人拥兵或恃险作乱。

③三十六国：应为“十六国”之误。北魏崔鸿著有《十六国春秋》。

④刘元海为匈奴质子：以下至“入蒲”，出自《晋书·刘元海载记》，有删节。刘元海，即刘渊，字元海，匈奴族，十六国时期汉赵政权开国皇帝。

⑤王浑：字玄冲，太原晋阳（今山西太原）人。曹魏司空王昶之子，西晋官员、将领。参与了灭吴战争。官至司徒。

⑥机鉴：明察，鉴识。

⑦由余：原是西戎国的大臣，后归顺秦国，辅佐秦穆公称霸。事迹见《史记·秦本纪》。日磾（dī）：即金日磾，字翁叔，原为匈奴休屠王太子。休屠王被杀后，金日磾随昆邪王投降汉朝，沦为官奴。后受到汉武帝的重用，与霍光、上官桀、桑弘羊同受遗诏，辅佐年幼的昭帝。

⑧吴会：东汉分会稽郡为吴、会稽二郡，并称“吴会”。此处指孙吴政权。不足：不难。

⑨孔恂（xún）：字士信，鲁国（治今山东曲阜）人。西晋大臣。官至

平东将军、卫尉。杨珧(yáo):字文琚,弘农华阴(今陕西华阴)人。杨骏之弟,西晋大臣、外戚。后为贾后所杀。

⑩任之本部:指让刘渊掌管匈奴部众。

⑪举天阻之固以资之:指让刘渊占据有着长江天险的江东地区。天阻,天险。此处指长江。

⑫秦:指秦州。西晋泰始五年(269)分雍、凉、梁三州置,治冀县(今甘肃甘谷东),太康七年(286)移治上邽(今甘肃天水)。凉:指凉州,魏晋时期治姑臧(今甘肃武威东)。

⑬畴(chóu)咨:访问,访求。

⑭李憙(xǐ):字季和,上党铜鞮(今山西沁县南)人。曹魏及西晋时期大臣。官至太子太傅、尚书仆射。

⑮匈奴五部之众:东汉末年,曹操将南匈奴分为五部,并派汉人官吏予以监管。《晋书·北狄传》:"建安中,魏武帝始分其众为五部,部立其中贵者为帅,选汉人为司马以监督之。魏末,复改帅为都尉。其左部都尉所统可万余落,居于太原故兹氏县;右部都尉可六千余落,居祁县;南部都尉可三千余落,居蒲子县;北部都尉可四千余落,居新兴县;中部都尉可六千余落,居大陵县。"

⑯殄(tiǎn)患:消灭祸患。

⑰树机能:指秃发树机能,姓秃发,西晋时期秃发鲜卑首领。晋武帝泰始六年(270),秃发树机能起兵反晋,在万斛堆(今宁夏中卫西)大败晋军。后被西晋将领马隆击败,被杀。

⑱失驭:失去驾驭。指丧失统治能力。

⑲二镇:指司马腾与王浚。

⑳刘宣:字士则,匈奴族,刘渊的叔祖父与重要谋臣。汉赵建国后,担任丞相。

㉑平阳:县名。今山西临汾尧都区西南。

㉒蒲:指蒲子县,今山西隰县。刘渊曾定都于此,后迁都平阳。

㉓石勒者：以下至“送于襄国市斩之”，出自《晋书·石勒载记》，有删节。石勒，字世龙，初名訇，上党武乡（今山西榆社）人。羯族。十六国时期军事家，后赵政权开国皇帝。

㉔羯（jié）：古代民族名。曾附属匈奴。魏晋时，散居上党郡（今山西潞城附近各县）。

㉕佥：都，全。

㉖陆抗：字幼节，吴郡吴（今江苏苏州）人。陆逊之子，三国时期吴国名将。《晋书·羊祜传》：“祜与陆抗相对，使命交通，抗称祜之德量，虽乐毅、诸葛孔明不能过也。抗尝病，祜馈之药，抗服之无疑心。人多谏抗，抗曰：‘羊祜岂鸩人者！’时谈以为华元、子反复见于今日。”

㉗亢：匹敌。后多作“抗”。

㉘张宾：字孟孙，赵郡中丘（今河北内丘西）人。石勒的重要谋臣，被称为“右侯”。

㉙三部：指辽西鲜卑段就六眷、段末柸、段匹磾等部众。

㉚犹楚之招韩信也：指项羽派武涉游说招揽韩信。事见《史记·淮阴侯列传》。

㉛权谲（jué）：权谋、诡诈。

㉜脱：假使，万一。

㉝兆：征兆。

㉞奉表：上表。《晋书·石勒载记》本句作“奉表推崇浚为天子”，译文从之。

㉟据有旧赵：《晋书·石勒载记》作“据赵旧都”。石勒此时占据襄国（今河北邢台），是西汉初年诸侯国赵国的都城。

㊱仰：泛指对上。唯：思，考虑。

㊲累叶：累世。重光：比喻累世盛德，辉光相承。

㊳藩岳：指边防重镇。

㊴钦风:谓敬慕其风俗教化。

㊵敛衽:整饬衣襟,表示恭敬。神阙:指帝王的宫阙。

㊶陈婴:东海东阳(今江苏盱眙东南)人。秦末起兵投靠项梁。项羽死后归顺刘邦,被封为堂邑侯。《史记·项羽本纪》:"东阳少年杀其令,相聚数千人。……少年欲立婴便为王,异军苍头特起。陈婴母谓婴曰:'自我为汝家妇,未尝闻汝先古之有贵者。今暴得大名,不祥。不如有所属,事成犹得封侯,事败易以亡,非世所指名也。'婴乃不敢为王。"

㊷子阳:指公孙述,字子阳。

㊸天下:《晋书·石勒载记》作"天人",译文从之。

㊹枣嵩:字台产,颍川长社(今河南长葛)人。官至太子中庶子、散骑常侍。为石勒所杀。

㊺而惧刘琨及鲜卑为其后患:《晋书·石勒载记》作"而惧刘琨及鲜卑、乌丸为其后患"。刘琨,字越石,中山魏昌(今河北无极)人。西晋时期大臣、政治家、文学家。出任并州刺史,据守晋阳(今山西太原),长期与周围少数民族势力对抗。后兵败,投奔鲜卑贵族段匹磾,被杀。鲜卑,古代少数民族名。游牧部落东胡族的一支。乌丸,亦作"乌桓",古时北方少数民族名。原是东胡族的一支,西汉初被匈奴击败,迁移到乌桓山,因以为名。

㊻严:整饬,整备。

㊼三方:指刘琨、鲜卑与乌丸。

㊽蔬食:粗食,以草菜为食。

【译文】

于是西戎北狄纷纷兴起,四方割据混乱,天下先后出现了十六个割据政权。刘渊作为匈奴的人质,住在洛阳。晋武帝司马炎和他交谈后,非常欣赏他。司马炎对王浑说:"刘元海的容貌仪表与鉴识,由余、金日磾都比不过他。"王浑回答说:"刘元海的容貌仪表,确实像您说的那样,但是他的文韬武略,比由余、金日碑优秀得多。您如果委派他负责东南方面的事务，平定吴国不难。”司马炎认为很对。孔恂、杨珧说：“我观察刘元海的才干，当今之世没有谁比得上。陛下您如果不派给他足够的兵马，就不足以平定吴国；如果给予他威势权柄，那么刘元海平定吴国之后，恐怕就不会再渡江北归了。他与我们种族不同，必定怀有二心。如果让刘元海掌管匈奴部众，我私下为您感到害怕。如果拿有着长江天险的江东地区帮助他，这恐怕不可以吧？”晋武帝沉默不语。此后，秦州、凉州地区陷落，司马炎访求将帅。李憙说：“您如果能征发匈奴五部的兵力，给刘元海一个将军的名号，大张声势地向西进军，叛乱很快就能平定。”孔恂说：“李公的言论，没有讲明消灭祸患的道理。如果刘元海平定凉州，斩杀了秃发树机能，恐怕凉州真正的祸难才刚刚开始。蛟龙一旦得到了云雨，就不再是池中之物了。”司马炎于是没有任用刘渊。晋惠帝失去了对于朝政的控制，天下贼寇蜂起。成都王司马颖镇守邺城，上奏请求让刘渊兼摄宁朔将军，监督匈奴五部的军务。等到王浚等人讨伐司马颖时，刘渊劝司马颖说：“如今王浚、司马腾骄横跋扈，兵力十余万人，恐怕不是宿卫部队与邺城附近的士卒所能抵挡的。请让我回去为您游说匈奴五部的将士，带领他们共赴国难。”司马颖采纳了刘渊的计策。刘渊回到匈奴，左贤王刘宣等人向刘渊献上大单于的称号，二十天内，聚集了五万军队，于是攻打平阳，攻陷了平阳，进入了蒲子。此时，五胡开始祸乱中原。石勒，是上党地区的羯族人，占据赵地。幽州牧王浚模仿朝廷设置百官，石勒有意吞并他，想先派使者去观察情况。议事者都说：“应该像羊祜、陆抗当年那样，以平等的身份书信往来。”此时张宾生了病，石勒去探访他并商议此事。张宾说：“王浚凭借辽西鲜卑三部的势力，图谋称帝，虽然名义上是晋朝的藩屏之臣，实际上怀着僭越叛逆的志向，一定想要招揽英雄，图谋共济大业。将军您威震海内，您的离开或留下举足轻重，决定了一个国家的兴衰存亡。王浚想要结交您，好比项羽想要招揽韩信。如今假意派出使者，没有真诚的态度，万一对方产生了怀疑，我方的图谋暴露，之后纵然有神奇的谋略，也无从施展了。要成就大事，一定要先表现出谦卑的姿态，向对方称臣以表示推戴尊奉之意，即便这样，我还担心得不到王浚的信任。像羊祜、陆抗那样分庭抗礼，我认为目前不可行。”石勒说：“您的计策很对。”于是派遣舍人王子春送上珍宝，并上表劝说王浚称帝。王浚对王子春说：“石公是当今的英雄，占据旧日的赵地，已经形成了鼎立之势，为何要向我称臣？这可信吗？”王子春说：“石勒将军英才俊拔，兵马强盛，确实和您说的一样。但考虑到您是州郡的名门望族，累世盛德，辉光相承。镇守一方，威名传播到八方之外，连胡人和越人都敬慕您的名声，戎人和夷人都歌颂您的德行，何况是我们这样的区区小府，怎么敢不整理衣服拜于您的宫殿上呢？当年，陈婴难道是因为鄙视王位而不称王，韩信难道是因为轻视帝位而不称帝？只不过因为帝王之位，无法依靠勇猛与武力获得。石勒将军与您相比，好似月亮和太阳相比，江河与大海相比。项羽、公孙述失败的教训并不遥远，正是石勒将军的前车之鉴。您有什么可奇怪的呢？自古以来，胡人成为名臣的确实有不少，但成为帝王的却从未有过。石勒将军并不是厌恶帝王之位，故意将帝位让给您，而是顾虑即便取得天下，也得不到上天与百姓的认可。请您不要怀疑。”王浚非常高兴，派遣使者回报石勒。石勒再次派遣使者向王浚上表，表示希望能亲自来幽州，奉上帝王尊号。同时，还写信给枣嵩，请求赐封并州牧、广平公的官位和封号，以显示自己必定可信的忠诚。石勒聚集兵马，约定日期将袭击王浚，但又害怕刘琨、鲜卑会成为后患，一直犹豫不决没有发兵。张宾说：“袭击敌国，应当出其不意。军队已经整饬完毕，却停留数日而不出发，难道是因为怕刘琨、鲜卑、乌丸成为后患吗？”石勒说：“是的。该怎么办呢？”张宾说：“王浚占据幽州，仅仅依靠着辽西鲜卑三部的势力。如今三部都已经叛离，反而成为王浚的仇敌，这样一来，王浚便没有外部的援助来对抗我们。幽州饥荒严重，百姓都以草菜为食，众叛亲离，兵力寡少虚弱，这样一来，王浚的内部也没有强大的兵力来抵挡我们。如果我方大军来到幽州城下，王浚一方必然土崩瓦解。如今刘琨、鲜卑、乌桓三方的内部都尚未平定，将军您可以远征千里之外，以讨伐幽州。若轻装往返，所需时间不超过二十天。即便三方有所举动，也势必能够调转兵力。如今应当顺应时机，急速进发，不要贻误了时间。况且刘琨、王浚虽然名义上都是晋朝的臣子，实际上却互相仇视。如果写信给刘琨，送去人质请求和解，刘琨一定因为与我方交好而高兴，因为王浚灭亡而喜悦，一定不会去救援王浚而袭击我军。”石勒说：“好。”于是率领轻装骑兵突袭幽州。清晨，石勒抵达了蓟城北门，喊守门的人打开城门。石勒怀疑有伏兵，于是先将数千头牛羊赶进城，声称是送给王浚的礼物，实际上是为了填塞街巷，让王浚的士兵无法行动。石勒进城之后,王浚才感到害怕。石勒进入了王浚的官署,命令士兵逮捕王浚,押解到襄国集市当众处斩。以上,是十六国时期的大致情况。

惠帝立十四年,崩,弟豫章王炽立[①],字丰度,是为怀帝。**都长安,为胡贼所杀。**后魏拓跋氏以晋怀帝永嘉三年自云中入雁门[②],北有沙漠,南据阴山,众数十万。至孝文乃改拓跋为元氏[③],都洛阳。肃宗崩[④],大都督尔朱荣谋立庄帝[⑤],荣害灵太后及王公二千人[⑥],立庄帝。帝杀尔朱荣。左仆射尔朱世隆率荣部曲[⑦],自晋阳袭京城,执庄帝,杀之,而立恭帝[⑧],又废之。高欢乃立广平王子修[⑨],后为斛律斯椿所胁[⑩],走入关。周太祖宇文黑獭奉帝都长安[⑪],披草莱,立朝廷,是为西魏。诏授宇文黑泰为丞相。泰又害出帝[⑫],立南阳王宝炬[⑬],是为文帝。文帝崩,立王子钦为帝[⑭]。又废之,而立恭帝[⑮],泰为太师。泰薨,子觉嗣[⑯],封周公。魏帝禅位于觉。觉,黑泰第三子,受禅,国号周。至宣帝崩,禅于隋[⑰]。初,尔朱世隆之杀庄帝也,高欢为晋州刺史,起兵诛之,立魏出帝,欢为丞相。后魏既西入关,乃立清河王之子善见为帝[⑱],迁都邺,是为东魏。高欢薨,子齐王洋受东魏禅[⑲],国号齐。至温公纬为周所灭[⑳]。周又为隋所灭。隋文帝既受周禅,又南灭陈,天下一统矣。**怀帝崩,立吴王晏子邺,是为愍帝**[㉑]**,愍帝亦为胡贼所杀。**此时胡乱中原,晋元乃迁都江左也。

【注释】

①豫章王炽:指晋怀帝司马炽,字丰度,河内温县(今河南温县西南)人。司马炎第二十五子,西晋第三位皇帝。被刘聪俘虏杀害。

②后魏:北朝之一。鲜卑族拓跋珪自立为代王,国号魏,亦称"北魏""拓跋魏""元魏"。为区别于以前之三国魏,故史称"后魏"。

永嘉三年：即309年。永嘉，为西晋怀帝司马炽的年号（307—312）。云中：指云中郡，治云中（今内蒙古托克托东北）。雁门：指雁门郡，魏晋时期治广武（今山西代县西）。

③孝文：指北魏孝文帝拓跋宏，北魏第七位皇帝。在位期间迁都洛阳，推行汉化改革。

④肃宗：指北魏孝明帝元诩，北魏第九位皇帝，宣武帝元恪与皇后胡氏之子。在位期间，胡太后把持朝政，国家政治混乱，爆发了六镇起义。据《资治通鉴》记载，元诩被胡太后及其宠臣郑俨、徐纥毒死。

⑤尔朱荣：字天宝，北秀容（今山西朔州北）人。契胡族。北魏末年将领、权臣。魏孝明帝元诩死后，尔朱荣扶植魏孝庄帝元子攸即位，并发动“河阴之变”，杀死了胡太后以及众多北魏皇族与公卿。后被孝庄帝元子攸诱杀。庄帝：指北魏孝庄帝元子攸，北魏献文帝拓跋弘之孙，彭城王元勰第三子。

⑥灵太后：即胡太后，北魏孝明帝元诩生母，谥号为“灵”。

⑦尔朱世隆：字荣宗，北秀容（今山西朔州北）人。契胡族。尔朱荣堂弟。据《魏书·尔朱兆传》载，尔朱荣死后，从晋阳发兵，攻破洛阳杀害孝庄帝元子攸的，是尔朱荣之侄尔朱兆，而非尔朱世隆。部曲：指军队。

⑧恭帝：误。尔朱荣死后，尔朱兆、尔朱世隆起兵，拥立长广王元晔为帝。后又将其废黜，改立前废帝元恭为帝。《北齐书·神武帝纪》：“及（尔朱）兆入洛，执庄帝以北。……杀帝，而与尔朱世隆等立长广王晔，改元建明。”

⑨高欢：又名贺六浑，渤海蓨县（今河北景县南）人。南北朝时期北魏、东魏权臣，北齐王朝奠基人。广平王子修：指北魏孝武帝元修，字孝则，北魏末代皇帝，孝文帝拓跋宏之孙，广平王元怀之子。高欢废黜前废帝元恭，立元修为帝。后与高欢决裂，投奔占据关

中的宇文泰，北魏遂分裂为西魏、东魏。后被宇文泰毒死。

⑩斛律斯椿：即斛斯椿，字法寿，广牧富昌（今陕西府谷北）人。敕勒族。北魏末年大臣。

⑪宇文黑獭：即宇文泰，字黑獭（一作“黑泰”），代郡武川（今内蒙古武川）人。鲜卑族。南北朝时期西魏权臣，北周政权的奠基者。

⑫出帝：即元修。由于元修出奔关中，故东魏称其为“出帝”。

⑬南阳王宝炬：指西魏文帝元宝炬，字子明，北魏孝庄帝时被封为南阳王。随元修一起逃奔关中。宇文泰杀害元修后，拥立元宝炬为帝。

⑭钦：指西魏废帝元钦，文帝元宝炬长子，元宝炬去世后继位。密谋诛杀宇文泰，计划泄露，被宇文泰废黜，最终被毒杀。

⑮恭帝：指西魏恭帝元廓，元宝炬第四子，西魏末代皇帝。

⑯觉：指北周孝闵帝宇文觉，字陁罗尼，宇文泰第三子。接受西魏恭帝元廓的禅让，成为北周的开国君主。被权臣宇文护所杀。

⑰宣帝崩，禅于隋：宣帝，指北周宣帝宇文赟（yūn），字干伯，北周第四位皇帝，武帝宇文邕长子。在位期间暴虐荒淫、沉湎酒色。宣帝死后，其子静帝宇文阐即位，后将帝位禅让给了隋文帝杨坚。

⑱清河王之子善见：指东魏孝静帝元善见，北魏孝文帝元宏曾孙，清河王元亶之子。元修逃奔关中后，高欢拥立元善见为帝。后禅位于高欢之子高洋，并最终被高洋毒杀。

⑲齐王洋：指北齐文宣帝高洋，字子进，鲜卑名侯尼于，高欢之子，北齐开国君主。

⑳温公纬：指北齐后主高纬，字仁纲，北齐武成帝高湛之子。在位期间荒淫无道。北周武帝宇文邕率军大败齐军，攻破邺城，俘虏了高纬，封为温国公。后被杀。

㉑吴王晏子邺，是为愍（mǐn）帝：指晋愍帝司马邺，字彦旗，晋武帝之孙，吴王司马晏之子，西晋的最后一任皇帝。被刘聪俘虏杀害。

【译文】

晋惠帝即位十四年后去世，晋惠帝的弟弟豫章王司马炽即位，司马炽字丰度，是为晋怀帝。定都长安，被刘聪杀害。后魏拓跋氏，于晋怀帝永嘉三年(309)从云中进入雁门，北靠沙漠，南邻阴山，拥有数十万军队。到孝文帝拓跋弘时，将姓氏由拓跋氏改为元氏，迁都洛阳。肃宗元诩驾崩后，大都督尔朱荣谋划拥立元子攸，杀害了胡太后以及王公卿士二千人，拥立庄帝元子攸。元子攸诱杀了尔朱荣。尔朱兆率领尔朱荣的部曲，从晋阳发兵袭击京城，抓住并处死了庄帝元子攸，立元晔为帝，随后又废黜了他。高欢于是立广平王元怀之子元修为帝，元修后来被斛律斯椿所胁迫，逃奔关中。北周太祖宇文泰奉迎元修定都长安，披荆斩棘，建立朝廷，这就是西魏。元修下诏，拜宇文泰为丞相。宇文泰又杀害了元修，拥立南阳王元宝炬，是为西魏文帝。元宝炬去世后，宇文泰拥立元宝炬之子元钦为帝。随后又废黜了元钦，另立恭帝元廓，宇文泰被封为太师。宇文泰去世后，其子宇文觉继承了他的地位，被封为周公。之后，西魏恭帝元廓将帝位禅让给了宇文觉。宇文觉，是宇文泰的第三子，接受禅让后，定国号为周。到了北周宣帝宇文赟死后，静帝宇文阐将帝位禅让给了隋文帝杨坚。起初，尔朱兆杀害了孝庄帝元子攸，高欢当时是晋州刺史，起兵诛杀了尔朱兆，拥立魏出帝元修，高欢担任丞相。之后元修向西逃奔关中，高欢于是立清河王元亶之子元善见为帝，并迁都邺城，这就是东魏。高欢去世后，其子高洋接受了东魏的禅让，定国号为齐。到了北齐宣帝高纬时，北齐为北周所灭。北周又为隋所灭。隋文帝杨坚接受了北周的禅让，又向南进军灭掉了陈朝，统一了天下。晋怀帝被杀后，吴王司马晏之子司马邺被立为皇帝，这就是晋愍帝。晋愍帝也被刘聪杀害了。此时胡人祸乱中原，晋元帝司马睿迁都江南。

中宗元皇帝睿，乃兴于江东。睿字景文，宣帝曾孙也。元帝幼而聪敏，及中原丧乱，乃与王敦等渡江，绥抚江左，甚得众心。后王敦于武昌反，至石头[①]，帝攻之不克，乃委政于敦。敦还镇武昌。帝在位十六年，崩，太子绍立。绍字道畿，是为肃宗明皇帝。王敦威振内外，将谋为逆，肃宗征破之。用温峤等[②]，决计征之。初，敦之谋反也，温峤为其从事中郎[③]，夙夜综其府事，伪相亲善。京兆尹缺[④]，峤说敦曰："宜自树腹心，以间搆人主[⑤]，愚谓钱凤可用[⑥]。"敦曰："莫若君。"峤为辞让。临别之际，峤自起行酒[⑦]。峤伪醉，以手板击钱凤帻[⑧]，帻为之堕[⑨]，乃作色曰："钱世仪何人，温太真自行酒，而敢不饮！"凤不悦，以醉为解[⑩]。明日，峤将发，凤说敦留之。敦曰："峤常云钱世仪精神满腹[⑪]，昨小加声色[⑫]，岂得以此相谗耶？"峤至都，陈敦反逆状。三年，肃宗崩。至孝帝昌明立[⑬]，简文帝第三子。羝贼苻坚寇淮南[⑭]，晋冠军将军谢玄等大破坚于淝水[⑮]。苻坚以百万之众至淝水，谢玄乃选勇士八千人涉渡淝水。玄遣使谓坚曰："阻水为阵，旷日持久。请小却[⑯]，与君周旋。"秦诸将闻前军唱却，谓已失利。朱序之徒声云坚败[⑰]。大军退，自相填籍[⑱]，闻风声鹤唳[⑲]，皆曰南军至也，遂大败。坚还长安。苻坚因此卒亡灭也。二十一年，帝崩。自后遂干戈相继。至安帝为桓玄所篡，宋祖刘裕平玄。至恭帝[⑳]，遂禅于宋。

【注释】

①石头：指石头城，位于今江苏南京清凉山。城负山面江，南临秦淮河口，当水路交通要冲，形势险固。三国吴、东晋、南朝建都建康（吴名建业，今江苏南京），倚此为守卫都城的军事重镇。

②用温峤等：以下至"陈敦反逆状"，抄撮自《晋书·温峤传》。

③从事中郎：据《晋书·温峤传》，温峤时任王敦的左司马。

④京兆尹：指京都地区的行政长官。东晋定都建康（今江苏南京），属丹杨郡，故当时京都地区的行政长官为丹杨尹。《晋书·温峤传》："会丹杨尹缺，峤说敦曰：'京尹辇毂喉舌，宜得文武兼能，公

宜自选其才。若朝廷用人,或不尽理。'”

⑤间搆(gòu):离间。

⑥钱凤:字世仪,吴兴(治今浙江湖州)人。王敦的谋士。

⑦行酒:依次斟酒。

⑧手板:即笏,古时大臣朝见时,用以指画或记事的狭长板子。帻(zé):古代包扎发髻的巾。

⑨惰(duò):同“堕”,落后。

⑩以醉为解:《晋书·温峤传》作“敦以为醉,两释之”。

⑪精神满腹:谓满腹才学。

⑫声色:疾言厉色。

⑬孝帝昌明:指东晋孝武帝司马曜,字昌明,晋简文帝司马昱之子。

⑭羝(dī):即氐(dī)族,我国古代少数民族,居住在今西北一带。

⑮淝水:又称“肥水”。源出今安徽合肥西北将军岭,西北流入寿县境,折北流经寿县城东,又西北经八公山南入淮。东晋太元八年(383),晋军与前秦军战于淝水,即此。

⑯小却:稍稍撤退。

⑰朱序:字次伦,义阳(治今河南信阳南)人。东晋名将。曾镇守襄阳,抵御前秦进攻,城破后降于苻坚。在淝水之战中,暗中帮助晋军大败前秦。《晋书·朱序传》:“坚众小却,序时在其军后,唱云:‘坚败!’众遂大奔。”

⑱填籍:指践踏。

⑲风声鹤唳(lì):风吹鹤鸣。唳,鹤鸣。

⑳恭帝:指晋恭帝司马德文,字德文,晋孝武帝司马曜(yào)次子,东晋末代皇帝。将帝位禅让给刘裕,后被杀害。

【译文】

晋中宗元皇帝司马睿,在江东地区兴起。司马睿字景文,是晋宣帝司马懿的曾孙。司马睿年幼时就聪慧敏捷,在中原丧乱的时候,与王敦等人渡过长江,安定抚慰江东地区，很得民心。之后，王敦在武昌造反，进军至石头城，司马睿率军讨伐无法取胜，于是将朝政交由王敦执掌。王敦退兵镇守武昌。**司马睿在位十六年后去世，太子司马绍即位。**司马绍字道畿，是为肃宗明皇帝。**王敦威震朝野内外，将要图谋篡位，司马绍率军击败了他。**司马绍采用温峤等人的计策，下决心征讨王敦。起初，王敦将要谋反时，温峤担任王敦的从事中郎，日夜总揽府中事务，假装与王敦非常亲善。丹杨尹空缺，温峤劝王敦说："应当派遣心腹出任丹杨尹，以离间君主与大臣的关系，我认为钱凤是合适的人选。"王敦说："没有谁比您更合适。"温峤假意推辞。临行之际，在送别的宴会上，温峤起身亲自为宾客斟酒。温峤假装喝醉，用手板击钱凤的头巾，头巾掉落地上，温峤发怒说："钱凤是什么人，我温峤亲自斟酒，竟然敢不喝！"钱凤很不高兴，王敦以为温峤喝醉了，将双方劝解开。第二天，温峤将要出发上任，钱凤劝王敦不要放温峤走。王敦说："温峤常常称赞你满腹才学，昨天稍微对你变了脸色，你怎么能因此便诋毁他呢？"温峤到了京都，将王敦谋反的情形上报朝廷。**即位三年后，司马绍去世。到了晋孝武帝司马曜即位后，**司马曜是晋简文帝司马昱第三子。**氐族领袖苻坚侵略淮南，东晋冠军将军谢玄等人在淝水大败苻坚。**苻坚率领百万大军抵达淝水，谢玄于是挑选了八千名勇士渡过淝水。谢玄派使者对苻坚说："两军隔河设阵，势必旷日持久。请您的军队稍微后退，让我军渡河之后进行交战。"前秦的各将领不明情况，听说前军撤退，以为已经被击败了。朱序等人又故意大喊苻坚被打败了。于是前秦大军溃退，自相践踏，听到风声和鹤的鸣叫声，都以为是东晋的军队追来了，于是苻坚的军队大败。**苻坚逃回了长安。**由于淝水之战的失败，苻坚很快就灭亡了。**在位二十一年后，司马曜去世。自此之后，东晋战乱频仍。到了晋安帝司马德宗时，桓玄篡夺了帝位，宋太祖刘裕平定了桓玄的叛乱。到晋恭帝司马德文时，将帝位禅让给了宋。**

高祖武皇帝，姓刘，名裕，字德舆，彭城人。桓玄篡晋，伪楚桓玄[①]，字敬德[②]，谯国龙亢人也。形貌瑰特[③]。为江州刺史，袭杀荆州刺史殷仲堪[④]。会稽王世子元显专政[⑤]，以玄跋扈，遣军征之。

玄闻见讨，即率众下至京师，杀元显。诏以玄为丞相，封楚王，遂禅位。**高祖与刘毅、何无忌等潜谋匡复**[6]**，起兵平玄**，时桓玄使桓弘镇广陵[7]，刘道规为弘中兵参军[8]，令道规袭弘。桓修镇丹徒[9]，高祖为修中兵参军，自袭修。克期同发。刘毅、道规等既袭广陵，斩桓弘，以其众南渡。高祖、何无忌袭京师[10]，斩桓修。率二州之众千二百人[11]，进舍竹里[12]，移檄京师曰："夫成败相因[13]，理不常泰；狡焉纵虐[14]，或值圣明。自我大晋，屡遘阳九之厄，隆安已来[15]，皇家多故，贞良毙于豺狼，忠臣碎于虎口。逆臣桓玄敢肆凌慢，阻兵荆郢[16]，亟暴都邑。天未亡难[17]，凶力寔繁[18]，逾年之间，遂倾皇祚[19]。主上播越[20]，流幸非所[21]，神器沉辱[22]，七庙隳坠[23]。虽夏后之罗浞、豷[24]，有汉之遭莽、卓，方之于玄，未足为喻。自玄篡逆，于今历载，弥年亢旱，民不聊生。士庶病于转输，文武困于版筑[25]，室家分析，父子乖离，岂惟《大东》有杼轴之悲[26]，《摽梅》有倾筐之怨而已哉[27]。仰观天文，俯察人事，此而可存，孰有可亡[28]？凡在有心，谁不扼腕？裕等所以扣心泣血，不遑启处，夕寐宵兴[29]，思奖忠烈[30]，潜搆崎岖[31]，过于履虎[32]，乘机奋发，义不图全。辅国将军刘毅、广武将军何无忌等，忠烈断金[33]，精诚贯日[34]，投袂荷戈[35]，志在毕命[36]。义众既集，文武争先，咸谓不有一统，事无以辑[37]。辞不获已，遂总军要，庶上凭祖宗之灵[38]，下罄义夫之力，翦馘逋逆[39]，荡清华夏。公侯诸君，或世树忠贞，或身宠爵禄，而并俯眉猾竖[40]，无由自效。顾瞻周道[41]，宁不吊乎[42]？今日之事，良其会也。裕以虚薄，才非古人，受任于既倾之运，势接于已践之机[43]，丹诚未宣，感慨愤激。望霄汉以永怀[44]，顾山川而增伫[45]。投檄之日，神驰贼廷。"何无忌之辞也。桓玄使桓谦屯东陵[46]，卞范之屯覆舟山[47]。义军朝食，并其余[48]，进造覆舟山东，令羸兵登山[49]，多张旗帜，布满山谷。高祖率众奔之，士皆殊死战。谦军一时溃走。玄挟天子单舸走江陵[50]。玄将入蜀，奔至枚回洲[51]，逢益州参军费恬之党，射杀之。奉天子反正[52]，因居将相之任，封豫章郡公。

【注释】

①伪楚桓玄：以下至"遂禅位"，抄撮自《晋书·桓玄传》。

②字敬德：《晋书·桓玄传》作"字敬道"，译文从之。

③瑰特：奇特。

④殷仲堪：陈郡长平（今河南西华东北）人。东晋末年大臣。官至荆州刺史。曾两度响应王恭讨伐权臣的起事。王恭死后，与桓玄及杨佺期结盟对抗朝廷。后被桓玄击败，被迫自杀。

⑤会稽王：指司马道子，河内温县（今河南温县西南）人。东晋简文帝司马昱之子，孝武帝司马曜同母弟，东晋末年权臣。被封为会稽王，官至司徒、扬州刺史。元显：指司马元显，字朗君，司马道子之子，东晋末年权臣。官至中书令、骠骑大将军。起兵征讨桓玄，兵败被杀。

⑥刘毅：字希乐，小字盘龙，沛国沛县（今江苏沛县）人。北府军将领。与刘裕、何无忌等人一同起兵消灭桓玄，官至卫将军、荆州刺史。后与刘裕交恶，被刘裕击败后自杀。何无忌：东海郯（今山东郯城北）人。东晋末年名将刘牢之之甥。与刘裕等人起兵消灭桓玄，官至江州刺史。讨伐卢循时，兵败战死。

⑦时桓玄使桓弘镇广陵：以下至"神驰贼廷"，抄撮自《南史·宋本纪上·武帝》与《宋书·武帝纪》。桓弘，谯国龙亢（今安徽怀远西北）人。桓冲第五子。桓玄执政后，官至征虏将军、青州刺史，镇广陵，被刘毅、刘道规等人袭杀。广陵，今江苏扬州。

⑧刘道规：字道则，彭城绥舆里（今江苏徐州铜山区）人。刘裕异母弟，东晋末年名将。官至征西大将军、荆州刺史。去世后追封为临川武烈王。中兵参军：两晋、南北朝诸公、军府僚属。掌管本府中兵曹，备府主咨询。

⑨桓修：字承祖，谯国龙亢（今安徽怀远西北）人。桓冲第三子。桓玄执政后，官至抚军大将军，徐、兖二州刺史，为刘裕所杀。丹徒：县名。今江苏镇江东。

⑩高祖、何无忌袭京师：《宋书·武帝纪》作"义军初克京城"。京师，应作"京城"，指京口，今江苏镇江。

⑪二州：指东晋时期的徐州（治京口，今江苏镇江）与青州（治广陵，今江苏扬州）。

⑫竹里：今江苏句容北，长江南岸。

⑬成败相因：《宋书·武帝纪》作"治乱相因"，译文从之。

⑭狡焉：语出《左传·成公八年》："夫狡焉思启封疆以利社稷者，何国蔑有？"指狡诈之人。

⑮隆安：晋安帝司马德宗的第一个年号（397—401）。

⑯阻兵：仗恃军队。荆郢（yǐng）：指荆州地区，东晋时期尚未设置郢州。郢，指楚国旧都纪郢，位于今湖北荆州江陵西北。

⑰天未亡难：犹言"天未悔祸"，指上天尚未撤去所加的祸难。

⑱凶力：恶势力。寔：同"实"。

⑲皇祚：帝统，皇位。

⑳播越：逃亡，流离失所。

㉑流幸：谓帝王被流放。桓玄篡位后，晋安帝被迁徙到寻阳（今江西九江）。非所：不是人能够正常生活的地方。指监狱、边荒之地等。

㉒神器：代表国家政权的实物，如玉玺、宝鼎之类。借指帝位、政权。

㉓七庙：《礼记·王制》："天子七庙，三昭三穆，与太祖之庙而七。"后以"七庙"泛指帝王供奉祖先的宗庙。隳（huī）坠：毁坏坍塌。

隳，毁坏。

㉔夏后：指禹受舜禅而建立的夏王朝，称“夏后氏”。罗：通“罹”，遭遇。浞（zhuó）：指寒浞，传说为夏时有穷氏后羿之相。羿不理政事，浞遂杀羿自立。犹（yì）：一作“豷”，寒浞之子。《左传·襄公四年》：“浞因羿室，生浇及豷，恃其谗慝诈伪，而不德于民。”

㉕版筑：泛指土木营造之事。

㉖《大东》有杼轴之悲：《诗经·小雅·大东》：“小东大东，杼柚（轴）其空。”大东，指东方较远之国。杼轴，织布机上的两个部件，即用来持纬（横线）的梭子和用来承经（直线）的筘。亦代指织机。杼轴其空，是说丝织布匹全部被征调走了，亦即财富困乏的意思。诗人感叹王室横征暴敛，使东方邦国贫困不堪。

㉗《摽（biào）梅》有倾筐之怨：《诗经·召南·摽有梅》：“摽有梅，顷筐塈之。求我庶士，迨其谓之。”倾筐，斜筐。塈（jì），给予。顷筐塈之，指连筐一起送出。求我庶士，迨其谓之，追求我的人，告诉我一声就可以定下亲事。本诗表达了大龄女子急于求嫁的心情。孔颖达《正义》：“纣时俗衰政乱，男女丧其配耦，嫁娶多不以时。”

㉘此而可存，孰有可亡：如果这样的政权能够存在，那么天下就没有会灭亡的国家了。意谓依照天理，桓玄政权势必灭亡。

㉙夕寐宵兴：晚睡早起。形容勤奋不息。

㉚思奖忠烈：《南史·宋本纪上·武帝》作“搜奖忠烈”，译文从之。

㉛潜搆崎岖：指在艰险的形势下暗中结交。搆，交结。

㉜履虎：语出《周易·履卦》：“履虎尾，不咥人，亨。”王弼注：“履虎尾者，言其危也。”比喻身蹈危境。

㉝断金：语出《周易·系辞上》：“二人同心，其利断金。”孔颖达疏：“金是坚固之物，能断而截之，盛言利之甚也。”后谓同心协力或情深义厚。

㉞贯日：遮蔽太阳。古人认为是精诚感天的天象。

㉟投袂（mèi）：甩袖。形容激动奋发。《左传·宣公十四年》："楚子闻之，投袂而起。"

㊱毕命：尽忠效命。

㊲辑：成。

㊳庶：希望，但愿。

㊴翦馘（guó）：指诛戮。馘，古代战争中割取所杀敌人或俘虏的左耳以计数献功。逋（bū）逆：指逃窜的叛乱者。逋，逃。

㊵俯眉：谓向……低头屈服。

㊶顾瞻周道：语出《桧风·匪风》："顾瞻周道，中心怛兮。"朱熹《诗集传》："顾瞻周道，而思王室之陵迟，故中心为之怛然。"诗人对于王室的衰败深感悲伤。

㊷吊：伤痛，悲伤。

㊸已践之机：指机栝已被触发。形容极为紧急危险的境地。机，古代弩上发箭的装置。

㊹永怀：长久思念。

㊺伫：企盼，期待。

㊻桓玄使桓谦屯东陵：以下至"射杀之"，抄撮自《宋书·武帝纪》与《晋书·桓玄传》。东陵，《宋书·武帝纪》作"东陵口"。《资治通鉴·晋纪三十五·元兴三年》胡三省注："建康之西有西陵，其东有东陵，东陵在覆舟山东北。"

㊼卞范之：字敬祖，济阴宛句（今山东曹县西北）人。东晋末年大臣。后追随桓玄，官至侍中、后将军，封为临汝县公。桓玄兵败后，被杀。覆舟山：今江苏南京太平门西侧九华山。

㊽并其余：《宋书·武帝纪》作"弃其余粮"，译文从之。

㊾羸（léi）兵：疲弱的士兵。

㊿单舸（gě）：谓乘驾一条船。江陵：今湖北荆州。

51枚回洲：在今湖北江陵西北长江中。

㊾反正：指帝王复位。

【译文】

宋高祖武皇帝，姓刘名裕，字德舆，彭城人。桓玄篡夺了东晋政权，伪楚王朝的君主桓玄，字敬道，谯国龙亢人。身形外貌很奇特。担任江州刺史时，袭杀了荆州刺史殷仲堪。会稽王司马道子的嫡长子司马元显执政，认为桓玄太过跋扈，派兵讨伐他。桓玄听说自己被讨伐，立即率兵来到京师，杀死了司马元显。晋安帝下诏任命桓玄为丞相，封为楚王，随后把帝位禅让给了桓玄。**刘裕与刘毅、何无忌等人暗中谋划匡复晋室，起兵讨平了桓玄，**当时，桓玄派桓弘镇守广陵，刘道规是桓弘的中兵参军，刘裕命令他袭击桓弘。桓修镇守丹徒，刘裕是桓修的中兵参军，计划亲自袭击桓修。到了约定的日期，两边同时起事。刘毅、刘道规等人袭击广陵，斩杀桓弘之后，率领桓弘的旧部渡过长江。刘裕、何无忌袭击京口，斩杀了桓修。刘裕率领青、徐二州的军队一千二百人，进军驻扎于竹里，向京师发布檄文说："治乱交替出现，没有永久的太平；狡诈之人肆意施暴，也会遇见圣明之人拨乱反正。我们晋朝屡次遭遇厄运，自隆安年间以来，皇室多有变故，忠良毙于豺狼之手，忠臣死于虎口之中。叛逆之臣桓玄竟敢放肆其傲慢，拥兵于荆州地区，在京师肆意施暴。上天尚未撤去所加的祸难，凶恶势力确实强大，一年之后，皇位就被倾覆。皇上流离失所，被迁徙到边荒之地，国家的重器沉沦，宗庙毁坏。即使是夏朝遭遇的寒浞、豷之难，汉朝遭遇的王莽、董卓之难，都不足以与桓玄之难相提并论。自从桓玄篡逆以来，到现在已经过了多年，上天连年干旱，民不聊生。士人与百姓因为运输物资而疲劳，文武官员因为大兴土木而受困，家庭分崩离析，父子被迫分离，岂止《小雅·大东》有'杼轴其空'的悲叹，《召南·摽有梅》有'顷筐塈之'的怨恨。仰观天象，俯察人事，这样的政权如果能够存在，那么天下还有会灭亡的国家吗？凡是有良心的人，谁不扼腕愤慨？我等捶胸泣血，无暇安居，勤奋不息，搜罗奖励忠烈之士，在艰险的形势下暗中结交，危险超过了踩踏虎尾，等待时机奋然起事，为了道义不图保全自身。辅国将军刘毅、广武将军何无忌等人，忠烈之心可以斩断金属，精诚之志可以干犯太阳，手执兵器奋起，决心为国尽忠效命。义军汇集之后，文武官员奋勇争先，都认为没有统一的指挥，事情就无法成功。我迫不得已，总领军中要务，希望上凭祖宗的威灵,下尽义士的力量,剪除叛逆,肃清华夏。朝廷里的诸位公侯,有的世代忠贞,有的高官厚禄,却都向奸猾小人俯首称臣,不能报效国家。你们看到王室的衰败,难道不悲伤吗?今日的举动,正是报效国家的机会。我德行薄弱,才能比不上古人,却受任于国运倾颓之际,形势危急之时,我的赤诚尚未宣露,内心感慨激愤不已。望着云霄而长久思念,回看山川而久久企盼。发布檄文的时候,心思已经奔向被贼寇占据的朝廷。"这篇檄文是何无忌写的。桓玄派桓谦屯守东陵,卞范之屯守覆舟山。义军吃完早饭后,抛弃了剩余的粮食,进兵至覆舟山东面,命令老弱士兵登山,多打旗帜,布满山谷。刘裕率领士卒奔袭敌军,士兵都殊死作战。桓谦的军队一时间溃散奔逃。桓玄挟持天子,乘坐一条孤舟逃到江陵。桓玄想要逃入蜀地,在逃奔至枚回洲时,碰到了益州参军费恬的部队,被他们射杀。**奉迎晋安帝复位,因此被委以将相的重任,被封为豫章郡公。**

蜀贼谯纵称王,高祖遣将征平之。高祖使朱龄石率众二万[①],自江陵伐蜀。高祖诫曰:"刘敬宣往年至黄武[②],无功而退。今者师出应道青衣[③]。贼料我当出其不意,复从内水[④],如此,则涪城之戍必有重兵[⑤]。若逼黄武,正堕其计。今军自外水出取成都,疑兵向黄武,此制敌之上策。"为书于函,署曰:"至白帝发[⑥]。"诸将虽行,未知所趋。及次白帝,乃发书,书言"众军悉由外水,臧熹自中水出广汉[⑦],使羸弱乘高舰十余向黄武"。谯纵果使谯道福重兵守涪城[⑧]。朱龄石次彭模[⑨],拒成都二百里。谯纵大将侯晖等屯彭模[⑩]。朱龄石谓刘钟曰[⑪]:"天方暑热,贼今固险,攻之难拔,只困吾师。欲畜锐息甲,伺隙而进,卿以为何如?"钟曰:"不然。前扬声言大众由内水,故谯道福不敢舍涪。今重兵卒至,出其不意,侯晖之徒已破胆矣。晖之阻兵,非坚壁也。因其惧而攻之,其势易克。克彭模,鼓行而前,成都不能守矣。缓兵相持,虚实将见,涪军复来,难为敌也。若进不能战，退无所资，二万余人同为蜀子虏矣。”从之。明日遂攻，皆克，斩侯晖。于是遂进克诸城，诸城守相次瓦解，纵自缢而死。

【注释】

①高祖使朱龄石率众二万：以下至“纵自缢而死”，出自《建康实录·高祖武皇帝》。

②刘敬宣：字万寿，彭城（今江苏徐州）人。东晋末年将领。黄武：《宋书·朱龄石传》作“黄虎”，即黄虎城，位于今四川射洪南。译文从之。

③青衣：指青衣江，但朱龄石进军路线并不会经过青衣江，当从《宋书·朱龄石传》作“外水”，即外江，指四川眉山彭山区以下之岷江与宜宾至重庆间之长江。

④内水：即涪江，又称“绵江”，源出九寨沟南，东南流经平武、江油、绵阳、三台、射洪、遂宁等县市后，在重庆合川区汇入嘉陵江。

⑤涪城：县名。今四川绵阳东。

⑥白帝：指白帝城，位于今重庆奉节东。

⑦臧熹：字义和，东莞莒县（今山东莒县）人。东晋末年大臣。中水：指长江支流沱江下游。广汉：指广汉郡，治雒县（今四川广汉北）。

⑧谯道福：谯纵手下将领。

⑨彭模：古城名。又称“彭亡聚”。在今四川眉山彭山区东南、岷江东岸。

⑩侯晖：谯纵手下将领，曾率众拥立谯纵为主，官至谯蜀政权大将军。

⑪刘钟：字世之，彭城（今江苏徐州）人。东晋末年将领。

【译文】

蜀人谯纵反叛称王，刘裕派遣将领平定了叛乱。刘裕派朱龄石率领两万军队，从江陵出发讨伐谯纵。刘裕告诫朱龄石说：“刘敬宣往年讨伐谯纵，兵至黄虎城，无功而还。如今出师，应当沿外水进军。贼寇料想我方将出其不意，仍然从内水进军,这样一来,涪城一定有重兵守卫。如果我们进军黄虎城,正中了敌人之计。如今,大部队应沿外水前进,直取成都,以疑兵进逼黄虎城,这是克敌制胜的上策。"刘裕写了一封书信,放在封套中,在封套上写到:"到了白帝城才能拆开。"各位将领虽然已经出发,但都不知道进军路线如何安排。等到驻扎白帝城,拆开书信,信中说"众军都沿外水进军,臧熹沿中水进军攻取广汉,派老弱士兵乘十几艘大船逼近黄虎城"。谯纵果然派遣谯道福以重兵把守涪城。朱龄石进军至彭模,距成都只有二百里。谯纵大将侯晖等人屯守彭模。朱龄石对刘钟说:"如今天气暑热,贼人据险固守,难以攻取,只会让我军徒然困顿。我想养精蓄锐,暂时休战,等待进攻的机会,您看怎么样?"刘钟说:"不对。此前,我军扬言主力将从内水进军,所以谯道福不敢舍弃涪城。如今大军突然到来,出其不意,侯晖等人已经吓破了胆。侯晖军队的营垒,并非坚不可破。趁他们恐惧的时候攻打他们,势必容易攻克。攻下彭模之后,我军再大张旗鼓地前进,成都就守不住了。如果延缓进军与敌人相持,我军的虚实将被敌人发现,涪城的守军再赶来增援,我们就不好对付了。如果向前无法作战,退兵又缺乏粮草,我军二万多人都要成为蜀人的俘虏了。"朱龄石听从了他的意见。第二天遂发起了进攻,攻克彭模,斩杀了侯晖。于是继续攻打各座城池,各城的守军相继瓦解,谯纵自缢而死。

姚泓僭号于西京[①],高祖征平之,擒泓。高祖既灭秦[②],入长安,留子义真镇长安[③],而还江南。时赫连都统万人[④],闻之大悦,谓王买德曰[⑤]:"朕将进图长安,卿试言进取之方略。"买德曰:"刘裕灭秦,所谓以乱平乱,未有德政,以济苍生。关中形胜之地,而以弱才小智守之,非经远之规。狼狈而反者,欲速成篡事,无暇有意于京师。陛下以顺伐逆,义贯幽显[⑥],百姓悬命望陛下旗鼓,以日为岁。清泥、上洛[⑦],南师之要冲[⑧],宜致游军断其去来之路,然后度潼关[⑨],塞崤、陕[⑩],绝其水陆之道。声檄长安,申布恩泽,三辅之人皆壶浆以迎王师矣[⑪]。义真独坐空城,逃窜无所,一旬之间,必见缚于麾下[⑫],

所谓兵不血刃，不战而自定也。"勃勃善之，南伐长安。高祖惧，召义真东镇洛阳，以朱龄石守长安。长安人逐龄石，而迎勃勃，遂失关中也。

【注释】

①僭号：冒用帝王的称号。

②高祖既灭秦：以下至"遂失关中也"，出自《晋书·赫连勃勃载记》。

③义真：指刘义真，小字车士，刘裕次子，被封为庐陵王。后被徐羡之等人杀害。

④赫连都统万人：此处"人"字衍。赫连，指赫连勃勃，字屈孑，匈奴铁弗部人，十六国时期大夏政权开国君主。统万，指统万城，大夏都城，故址在今陕西与内蒙古交界处无定河北岸。

⑤王买德：赫连勃勃的重要谋臣。官至大夏政权都官尚书、冠军将军，封河阳侯。

⑥义贯幽显：意谓大义贯通天地。幽显，犹阴阳。亦指阴间与阳间。

⑦清泥：指青泥城，位于今陕西蓝田南。上洛：县名。今陕西商洛。

⑧南师：指刘裕的部队。要冲：处在交通要道的形胜之地。

⑨度：《晋书·赫连勃勃载记》作"杜"，堵塞，封闭。译文从之。

⑩崤（xiáo）：指崤山，位于今河南洛宁北。陕：指陕县，今河南三门峡陕州区。关中通往东方的崤函道从这里经过。

⑪壶浆以迎王师：语出《孟子·梁惠王下》："箪食壶浆，以迎王师。"指百姓欢迎、慰劳自己所拥护的军队。

⑫见缚：被捆绑。《晋书·赫连勃勃载记》作"面缚"，指双手反绑于背而面向前，古代用以表示投降。

【译文】

姚泓在长安僭号称帝，刘裕讨伐平定了他，俘虏了姚泓。刘裕消灭了后秦之后，进入长安，留下儿子刘义真镇守长安，自己返回江南。此时，赫连勃勃定都统万城,听到这个消息非常高兴,对王买德说:“我想要攻打长安,请你谈谈攻取长安的方略。”王买德说:“刘裕灭亡了后秦,这是所谓的用混乱平定混乱,并没有施行什么德政,来拯救百姓。关中是地理位置优越的地方,刘裕却让弱才小智的人来镇守,这不是长久之计。刘裕仓促赶回江南,是为了抓紧篡夺帝位,没时间花心思经营长安。您以正义讨伐叛逆,大义贯通天地,百姓们急切盼望您的大军到来,度日如年。青泥、上洛两地,是南军的交通要道,应该先派遣机动部队截断他们往来的路线,然后封闭潼关,堵塞崤山、陕县的要道,断绝敌军的水陆交通。然后向长安发布檄文,宣扬恩泽,长安附近的人就都会热烈欢迎您大军的到来。刘义真独守空城,无处逃窜,十天之内,一定被捆绑在您的麾下。这就是所说的兵不血刃,不用战斗就自然平定。”赫连勃勃认为说得很好,于是南攻长安。刘裕害怕,召回刘义真,派他东守洛阳,让朱龄石镇守长安。长安民众驱逐了朱龄石,迎接赫连勃勃,刘裕于是丢掉了关中。

鲜卑慕容超据守青州,称燕王。高祖征,擒超。初,超叔父德盗有三齐[①]。德死,超袭其位,遂寇淮北。高祖将有事中华,因其侵也,乃北伐超。大将军公孙五楼说超曰[②]:“吴兵轻锐,难与争锋。截断大岘[③],使不得入,上策也;坚壁清野,芟除粟麦,中策也;据城待战,下策也。”超曰:“引使过岘,我以铁骑蹦之[④],成擒矣。何据清野,自取蹙弱乎[⑤]?”初,谋是役也,谏者曰:“贼若不严守大岘,则坚壁广固[⑥],守而不出。军无所资,何能自支?”高祖曰:“不然。鲜卑性贪,略不及远,既幸其胜,且爱其谷。谓我孤军,将不及久,必将引我,且亦轻战。师一入岘,吾何患焉!”既逾岘,虏军未出,高祖喜曰:“天赞我也[⑦]。”众曰:“军未克,公何悦焉?”高祖曰:“师既过险,士有必死之志。余粮栖亩,军无匮乏之忧。虏堕吾计,胜可必也。”六月,慕容超使五楼据临朐[⑧],赢老守广固[⑨]。闻军近,超亦会焉。拒临朐四十里有巨蔑水[10]，超使五楼往据之，曰："晋军得水，则难败也。"五楼驰进。前锋孟龙符奔就[11]，争先得据之，五楼退。大军有车四千两，分为两翼，方轨徐进。未及临朐，贼骑交至，刘藩等拒之[12]。日向昃，战犹酣。高祖谓檀韶等曰[13]："虏之精兵悉于是矣，临朐留守必将寡弱。子以潜军逾其后，往必克城，多易旗帜，此韩信所以克赵也[14]。且吾前言，兵自海道往，必声之。"韶等鼓行而进，贼望曰："海军至。"超弃城走，遂克之。军闻城陷，惧而不敢动。高祖亲鼓，士卒咸奋，大奔崩之。超奔广固，进军围之。城陷，获超，归于京师，斩于建康市。

【注释】

①德：指慕容德，字玄明，鲜卑族，十六国时期南燕政权开国君主。

②大将军公孙五楼说超曰：以下至"斩于建康市"，出自《建康实录·高祖武皇帝》。公孙五楼，慕容超的亲信，南燕政权权臣，官至侍中、尚书、左卫将军。

③大岘（xiàn）：山名。在山东临朐东南。山势陡峭，路极难行，上有穆陵关。

④蹦（lán）：践踏。

⑤蹙（cù）弱：犹削弱。

⑥广固：南燕政权国都。今山东青州西北。

⑦赞：帮助。

⑧临朐（qú）：县名。今山东临朐。

⑨羸（léi）老：指老弱残兵。

⑩巨蔑水：又称"巨昧水""巨洋水"，即今山东临朐、青州、寿光等市县以东的弥河。

⑪孟龙符：平昌安丘（今山东安丘）人。世居京口（今江苏镇江），东晋末年名将，讨伐南燕时战死。

⑫刘藩:沛国沛县(今江苏沛县)人。北府军将领,刘毅之弟。

⑬檀韶:字令孙,高平金乡(今山东金乡北)人,世居京口(今江苏镇江),南朝宋开国名将。

⑭此韩信所以克赵也:《史记·淮阴侯列传》:"信所出奇兵二千骑,共候赵空壁逐利,则驰入赵壁,皆拔赵旗,立汉赤帜二千。赵军……大惊,以为汉皆已得赵王将矣,兵遂乱,遁走,赵将虽斩之,不能禁也。"

【译文】

鲜卑人慕容超占据青州,自称燕王。刘裕出兵征讨,擒获了慕容超。起初,慕容超的叔父慕容德占据了山东东部。慕容德死后,慕容超继位,开始骚扰淮北地区。刘裕想要平定中原,趁慕容超入侵的机会,于是北伐慕容超。大将军公孙五楼劝慕容超说:"刘裕的军队轻捷精锐,难以与之争锋。截断大岘山,使刘裕军队无法进入,这是上策;坚壁清野,把田野中的粮食收割干净,这是中策;固守城池,等待决战,这是下策。"慕容超说:"引诱刘裕军队翻越大岘山,我再以精锐的骑兵践踏他们,刘裕一定被擒。何必坚壁清野,自我削弱呢?"当初,谋划这场战役时,有人劝谏说:"慕容超如果不严守大岘山,就一定会加固广固城的防守,坚守不出。到时军队没有给养,如何坚持下去?"刘裕说:"不会这样。鲜卑人生性贪婪,没有长远的策略,既希望能侥幸取胜,又舍不得他们的谷物。他们认为我军孤立无援,不会持久,一定会引诱我们深入,并轻率地与我们决战。只要我军翻越大岘山,我就没什么担心的呢!"等到翻越了大岘山,慕容超的军队还未出动,刘裕高兴地说:"这是老天在帮助我。"众人问:"尚未击败敌人,您为什么这么高兴?"刘裕说:"军队已经翻越了险阻,士卒抱着必死之心。田野里到处都是粮食,军队没有粮草匮乏的忧虑。敌人中了我们的计策,打败他们是必然的。"晋安帝义熙五年(409)六月,慕容超派公孙五楼据守临朐,老弱士兵防守广固。听说刘裕的军队逼近,慕容超也前来会战。距临朐四十里有巨蔑水,慕容超派公孙五楼前往占据,说:"如果让晋军占据河流,就难以击败了。"公孙五楼率军疾进。刘裕前锋孟龙符率军奔驰前往,抢先占据了巨蔑水,公孙五楼于是退走。刘裕军中有大车四千辆,分为两行,并排推进。还未到临朐时,慕容超的骑兵到来,刘藩等人抵挡敌人的进攻。一直到日头西斜,战斗仍非常激烈。刘裕对檀韶等人说:“敌人的精兵已经都在这里了,临朐城的守兵一定很寡弱。你带兵悄悄绕到敌军后边,前往攻城,必定能够攻克,攻克临朐城后,大量更换树立我军旗帜,这是韩信打败赵军的办法。况且我之前曾声称要从海路进军,你们要大力宣扬这一消息。”檀韶等人大张旗鼓地进军,守军望见后喊道:“从海路进军的敌军来了。”慕容超弃城逃走,于是攻克了临朐。敌军听说临朐已经陷落,都惊恐得不敢动弹。刘裕亲自擂鼓助威,士兵都奋勇作战,于是大败敌军。慕容超逃到广固,刘裕进军包围了广固。攻克广固城后,俘获了慕容超,将他押回京师,在建康市集上处决了他。

贼卢循据南海①,因高祖北伐燕,乘虚下袭建业②。高祖还,乃平之。刘毅据荆州,贰于高祖。高祖遣将征,诛毅。裴子野曰:“义旗同盟③,莫有能全其功名者。何也?相与见畴日之逌捷④,不知王业之艰难。彼则褰裳濡足⑤,唯利是视;我则芟夷群丑⑥,宁或负人⑦。刘希乐、诸葛长民皆人杰也⑧,岂其暗于天命?亦势使然欤?假如何孟龄、魏长道,庸讵其有血食⑨?善哉!武王之作周也!八百诸侯皆同会⑩,曰:‘纣可伐矣。’尚还师于盟津⑪。岂不知顺人行戮?恶欲速多祸也。高祖东方之师,疾则疾矣,而侥幸之衅于是乎繁。呜呼!仁义之弊,至于偷薄⑫,而况奇功哉!”**荆州刺史司马休之反⑬,征之。**裴子野曰:“《书》称‘虑善以动,动惟厥时’⑭。若司马休之之动,非其时。天方厌晋,罔敢知吉⑮。己虽得众⑯,能违天乎!五运推移⑰,无不亡之国。为废姓⑱,处乱朝,贤若三仁⑲,且犹颠沛,而况豪侠者哉!昔中原殄灭,衣冠道尽⑳,于时四海争奉中宗㉑,岂徒系于晋德㉒?实大有礼义,故能遂兼南国,其兴也勃焉。至乎义熙㉓,不欲异于是矣。而宗室交流㉔,未忘前事,波迸越逸[25]，祸败相寻，岂黿黎之伐弘多[26]？将咎周之徒孔炽[27]。不达兴废，何其黝欤[28]？”

【注释】

①南海：指南海郡，治番禺（今广东广州）。

②建业：即建康，今江苏南京。

③义旗同盟：以下至“而况奇功哉”，不见他书记载，应出自裴子野《宋略》。义旗同盟，指与刘裕一同起兵讨伐桓玄的同盟之人。

④畴（chóu）日：昔日，从前。遄（chuán）捷：疾速。

⑤褰（qiān）裳濡足：撩起下衣，沾湿双足。指参与其事。《后汉书·崔骃传》：“与其有事，则褰裳濡足，冠挂不顾。”

⑥芟（shān）夷：铲除，削平。

⑦宁或负人：《三国志·魏书·武帝纪》裴松之注引孙盛《杂记》：“（曹操）曰：‘宁我负人，毋人负我！’”

⑧刘希乐：即刘毅，字希乐。诸葛长民：琅琊阳都（今山东沂南）人。东晋末年将领。与刘裕一同起兵讨伐桓玄。后图谋造反，被刘裕处死。

⑨假如何孟龄、魏长道，庸讵（jù）其有血食：本句的意思是，假如何无忌、魏咏之活得更长一些，怎么知道他们一定能避免灭门之祸，从而享有祭祀呢？何孟龄，应指何无忌，“孟龄”疑为何无忌之字。魏长道，指魏咏之，字长道，任城（今山东济宁南）人。与刘裕一同起兵讨伐桓玄。庸讵，何以，怎么。血食，谓受享祭品。何无忌、魏咏之均在刘裕创业之初去世。

⑩八百诸侯皆同会：《史记·周本纪》：“诸侯不期而会盟津者八百诸侯。诸侯皆曰：‘纣可伐矣。’武王曰：‘女未知天命，未可也。’乃还师归。”

⑪盟津：即孟津，古黄河津渡名。在今河南孟津东北、孟州西南。

⑫仁义之弊，至于偷薄：指推行仁义，尚且有沦于浮薄的弊端。偷薄，浇薄，不敦厚。《史记·高祖本纪》"太史公曰"："夏之政忠。忠之敝，小人以野，故殷人承之以敬。敬之敝，小人以鬼，故周人承之以文。文之敝，小人以僿，故救僿莫若以忠。"

⑬司马休之：字季预（《魏书》《北史》作"季豫"），河内温县（今河南温县西南）人。东晋宗室。官至荆州刺史。后起兵讨伐刘裕，被刘裕击败，逃奔后秦。后秦被灭后，又逃奔北魏，死于路上。

⑭《书》称"虑善以动，动惟厥时"：以下至"何其黝欤"，应出自裴子野《宋略》，又见于《建康实录·高祖武皇帝》。虑善以动，动惟厥时，出自《伪古文尚书·说命》，伪孔注："非善非时不可动。"

⑮罔敢知吉：语本《尚书·西伯戡黎》："格人元龟，罔敢知吉。"指察觉不出一点吉兆。罔敢，不能。知，察觉。

⑯已虽得众：《魏书·司马休之传》："休之颇得江汉人心。"

⑰五运：古代据五行生克说推算出的王朝兴替的气运。

⑱废姓：已经衰落的姓氏，指司马氏。

⑲三仁：三位仁人。指殷末的微子、箕子、比干。《论语·微子》："微子去之，箕子为之奴，比干谏而死。孔子曰：'殷有三仁焉。'"

⑳衣冠：指文明礼教。

㉑中宗：指晋元帝司马睿，庙号中宗。

㉒德：古代五行之说，指一种相生相克循环不息，当运时能主宰天道人事的天然势力。相传为帝王受命之符，帝王或朝代代表一"德"。

㉓义熙：晋安帝司马德宗的第三个年号（405—418）。

㉔交流：《建康实录·高祖武皇帝》作"支离"，译文从之。

㉕波迸：奔走，奔逃。越逸：逃跑，逃窜。

㉖龛：通"戡（kān）"，平定。戡黎之伐，典出《尚书·西伯戡黎》。指周文王讨伐平定殷商属国黎国，此处用以比喻刘裕平定那些同情晋朝的势力。弘多：甚多。

㉗将:副词。殆,大概。咎周:典出《尚书·西伯戡黎》书序:"殷始咎周。"怨恨周朝。用以比喻怨恨刘裕的人。孔炽:很猖獗,很嚣张。

㉘黝:疑为"拗"字之误,固执。

【译文】

贼人卢循盘踞南海郡,趁着刘裕北伐南燕的机会,乘虚袭击建康。刘裕返回后,平定了卢循之乱。刘毅占据荆州,背叛了刘裕。刘裕派将领征讨,诛杀了刘毅。裴子野说:"当初一同兴起义兵,讨伐桓玄的同盟之人,没有谁能够最终保全自己的功名。为什么呢?他们一起看到当时起义很快就取得了胜利,却不知道成就帝王事业的艰难。认为别人参与其事,不过唯利是图;而自己剿灭群凶,劳苦功高,宁可自己对不起他人,不能让他人对不起自己。刘毅、诸葛长民都是人杰,难道是他们不知天命?还是时势逼迫他们这样做呢?假如何无忌、魏咏之活得更长一些,怎么知道他们一定能避免灭门之祸,从而享有祭祀呢?伟大啊!周武王缔造周朝。八百诸侯前来会合,都说:'是时候讨伐纣王了。'周武王仍然不同意,从盟津还师。难道周武王不知道顺应人心,讨伐纣王吗?实在是担心性急求快,反而会招致更多祸患。刘裕在东方起兵讨伐桓玄,取胜确实非常迅速,但由侥幸之心带来的祸患也因此很多。哎!推行仁义,尚且有沦于浮薄的弊端,何况是建立这样的奇功呢!"荆州刺史司马休之谋反,刘裕讨伐他。裴子野说:"《尚书》说'确定是善行才行动,行动还要选择时机'。像司马休之起兵讨伐刘裕,并不是合适的时机。上天正厌恶晋朝,谁也察觉不到一点吉兆。司马休之虽然颇得民心,又岂能违抗天意!王朝的气运不停推移,没有不灭亡的国家。拥有已经衰落的姓氏,处在混乱的朝代,即便像殷末的微子、箕子、比干那样贤明,仍避免不了颠沛坎坷的命运,何况是像司马休之这样的豪侠呢!往日中原沦丧,文明礼教消亡殆尽,那个时候,天下争着拥戴晋元帝司马睿,难道仅仅是因为怀念晋朝的德运?实在是因为晋元帝代表着文明礼教,故而能统一南方,非常迅速地兴起。到晋安帝时,仍然想维持这样的局面。但此时晋朝宗室支离分散,却一直没有忘记往昔的辉煌,故纷纷奔走逃窜,遭受的灾祸与失败接连不断,难道是平定反叛的征伐太多了吗?大概是因为心怀怨恨的人气焰太嚣张吧。这些人不明白王朝气运的兴废,是多么固执啊!"

晋帝加高祖位相国，总百揆[1]；扬州牧，封十郡，为宋公。晋安帝崩，大司马琅琊王即位[2]，征帝入辅，禅位于宋。帝奉表陈让[3]，表不获通。宋台臣劝进[4]，犹不许。太史令骆达陈天文符应曰[5]："案晋义熙元年至元熙元年[6]，太白昼见经天[7]，凡七。占曰：'太白昼经天，人更主，异姓兴。'义熙七年，五虹见于东方。占曰：'五虹见，天子黜，圣人出[8]。'十年，镇星、岁星、太白、荧惑聚于东井[9]。十三年，镇星入太微[10]。占曰：'镇星守太微[11]，有立王，有徙王。'元熙元年，黑龙四登于天。《易传》曰：'冬，龙见，天子亡社稷，大人受命。'汉建武至建安末一百九十六年而禅魏[12]，魏自黄初至咸熙末四十六年而禅晋[13]，晋自太始至今百五十六年[14]。三代揖让，咸穷于六。六，亢位也[15]。"帝乃从之。

【注释】

①百揆（kuí）：指各种政务。

②大司马琅琊王：指晋恭帝司马德文，字德文，晋孝武帝次子，晋安帝之弟，东晋末代君主。

③帝奉表陈让：以下至"帝乃从之"，出自《南史·宋本纪上·武帝》。帝，《南史》作"王"。此时刘裕被封为宋王，尚未接受禅让称帝。

④宋台臣：《南史·宋本纪上·武帝》作"宋台群臣"，指刘裕封国宋国的臣子。

⑤符应：上天显示的与人事相应的征兆。

⑥元熙：东晋恭帝司马德文的年号（419—420）。

⑦太白：星名。即金星。昼见经天：指金星在白昼出现，并且运行经过了中天正南方（午位）。《史记·天官书》司马贞《索隐》引孟康曰："太白阴星，出东当伏东，出西当伏西，过午为经天。"又引

晋灼曰："日，阳也，日出则星没。太白昼见午上为经天。"

⑧圣人：对帝王的尊称。

⑨镇星：即土星。我国古代以为土星每二十八年运行一周天，好像每年坐镇二十八宿中的一宿，故名。岁星：即木星。古人认识到木星约十二年运行一周天，其轨道与黄道相近，因将周天分为十二分，称"十二次"。木星每年行经一次，即以其所在星次来纪年，故称"岁星"。荧惑：古指火星。因隐现不定，令人迷惑，故名。东井：星宿名。即井宿，二十八宿之一。因在玉井之东，故称。

⑩太微：古代星官名。"三垣"之一。位于北斗之南，轸、翼之北，大角之西，轩辕之东。诸星以五帝座为中心，做屏藩状。

⑪守：停留。古代指某一星辰进入别的星辰的天区。

⑫建武：东汉光武帝刘秀的第一个年号（25—56）。建安：东汉献帝刘协的第三个年号（196—219）。

⑬黄初：三国魏文帝曹丕的年号（220—226）。咸熙：三国魏元帝曹奂的第二个年号（264—265）。

⑭太始：泰始，晋武帝司马炎的第一个年号（265—274）。

⑮亢位：指《周易·乾卦》第六爻的爻位。《乾》卦"上九"（即第六爻）的爻辞为"亢龙有悔"，故称其爻位为亢位。《乾文言》："上九曰'亢龙有悔'，何谓也？子曰：'贵而无位，高而无民，贤人在下位而无辅，是以动而有悔也。'"后因以"亢位"为前朝失位、后代受禅之兆。

【译文】

晋安帝加封刘裕为相国，总揽各种政务；并任命为扬州牧，以十个郡的封地，封刘裕为宋公。晋安帝死后，大司马、琅琊王司马德文即位，征召刘裕入朝辅政，并最终将帝位禅让给了刘裕。刘裕上表推辞，奏表未获通过。宋国群臣上表劝进，刘裕仍然不同意。太史令骆达陈述天象所显示的征兆说："考察自晋义熙元年（405）至元熙元年（419），太白昼见经天的天象出现了七次。

占卜书说：'太白昼见经天，预示着统治者更换，异姓兴起。'义熙七年（411），五道彩虹出现于东方。占卜书说：'五道彩虹出现，预示着天子被废黜，新的帝王出现。'义熙十年（414），土星、木星、金星、火星汇聚于井宿。义熙十三年（417），土星进入太微垣所在星区。占卜书说：'土星停留太微垣，预示着有王者将被立，有王者将流亡。'元熙元年（419），有黑龙四次登上天空。《易传》说：'冬天有龙出现，天子将会失去社稷，有新的大人受天之命。'东汉建武元年（25）到建安末年（220），一共一百九十六年，汉禅位于魏；曹魏黄初元年（220）至咸熙末年（265），一共四十六年，魏禅位于晋；晋太始元年（265）至今元熙二年（420）已有一百五十六年。三个王朝禅让帝位，都发生在逢六的年数上。六，是《乾》卦上九'亢龙有悔'的爻位。"刘裕于是接受了禅让。

永初元年六月丁卯[1]，即帝位于南郊[2]，设坛柴燎告天[3]。礼毕，备法驾幸建康宫[4]，临太极前殿[5]，大赦改元。在位三年崩，初大渐，召太子诫之曰："檀道济虽有干略，而无远志。徐羡之与傅亮当无异图。谢晦常从征伐，颇识机变，若有同异，必此人也。可以会稽处之。"后皆如言也。立太子义符[6]。是为营阳王。即位，昏乱。司空徐羡之辅政，废为营阳王。废，立宜都王义隆[7]。是为文帝。帝，高祖第三子，为太子劭所煞[8]。初，劭及弟濬并多乖礼度[9]，惧上知，乃为巫蛊咒咀[10]。帝闻之，大怒，将废劭而煞濬，更议所立。持疑未定，以事语濬母潘淑妃，潘淑妃以告劭。劭勃凶[11]，乃煞帝于合殿[12]。劭即位也。弑，立武陵王骏[13]。是为孝武皇帝，文帝第三子也。劭杀帝，骏建义兵，至京诛劭。崩，立太子子业[14]。是为前废帝。帝凶勃[15]，左右寿寂之杀之[16]。崩，立湘东王彧[17]。是为明帝，文帝第十八子也[18]。孝武诸子，江州刺史晋安王勋、寻阳王子房等并举兵反[19]，皆征平。崩，立太子昱[20]。是为后废帝。在位凶勃，常欲杀杨玉夫[21]，玉夫惧。是夜七夕[22]，令玉夫伺织女渡报己[23]。王敬则先与玉夫通谋[24]，玉夫候帝眠熟，遂斩之，送首与齐王萧道成也。崩，立顺帝准[25]。是为顺皇帝，明帝第三子也。逊位于齐萧道成。凡八代六十年。

【注释】

①永初元年：420年。永初，南朝宋武帝刘裕的年号（420—422）。

②南郊：古代天子在京都南面的郊外筑圜丘以祭天的地方。

③柴燎：古代祭祀之一。烧柴祭天。

④法驾：天子车驾的一种。天子的卤簿分大驾、法驾、小驾三种，其仪卫之繁简各有不同。

⑤太极前殿：太极殿的正殿。

⑥义符：指宋少帝刘义符，小字车兵，刘裕长子，南朝宋第二位皇帝。被权臣徐羡之、谢晦等人所废，降为营阳王，不久被杀。

⑦义隆：指宋文帝刘义隆，小字车儿，刘裕第三子，南朝宋第三位皇帝。

⑧太子劭：指刘劭，字休远，宋文帝刘义隆嫡长子。宋文帝晚年，欲废黜刘劭的太子之位，刘劭率兵入宫弑杀宋文帝，自立为帝。煞：杀死。

⑨濬：指刘濬，字休明，小字虎头，宋文帝刘义隆次子。

⑩巫蛊：古代称巫师使用邪术加害于人为巫蛊。咒咀：诅咒。

⑪勃：通“悖”，悖逆。

⑫合殿：即建康宫西殿。《资治通鉴·宋纪二·元嘉三年》胡三省注：“合殿在斋阁之后。李延寿曰：‘晋世诸帝，多处内房，朝宴所临，东、西二堂而已。孝武末年，清暑方构。永初受命，无所改作，所居惟称西殿，不制嘉名；文帝因之，亦有合殿之称。’”

⑬骏：指宋孝武帝刘骏，字休龙，小字道民，宋文帝刘义隆第三子。

刘劭弑杀文帝后，刘骏起兵攻杀刘劭，夺得帝位。

⑭子业：指前废帝刘子业，小字法师，宋孝武帝刘骏长子，在位时荒淫无道。

⑮凶勃：凶狠乖戾。

⑯寿寂之：吴兴（治今浙江湖州）人。前废帝刘子业时担任主衣，掌管衣服器玩。联合阮佃夫杀死前废帝，拥戴湘东王刘彧为帝。

⑰湘东王彧（yù）：宋明帝刘彧，字休炳，小字荣期，宋文帝刘义隆第十一子。宋文帝时曾任湘东王。

⑱第十八子：《宋书·明帝纪》作"第十一子"，译文从之。

⑲晋安王勋：指刘子勋，字孝德，宋孝武帝刘骏第三子。寻阳王子房：指刘子房，字孝良，宋孝武帝刘骏第六子。

⑳昱（yù）：指后废帝刘昱，字德融，小字慧震，宋明帝刘彧长子。

㉑杨玉夫：刘昱侍从。

㉒七夕：农历七月初七之夕，民间传说牛郎织女每年此夜在天河相会。

㉓织女：指织女星。渡：指渡过银河。《资治通鉴·宋纪三十六·升明元年》："杨玉夫常得帝意，至是忽憎之，见辄切齿曰：'明日当杀小子取肝肺！'是夜，令玉夫伺织女渡河，曰：'见当报我；不见，将杀汝！'"

㉔王敬则：临淮射阳（今江苏宝应东北）人，侨居晋陵南沙（今江苏常熟西北）。南朝齐开国元勋。后被齐明帝萧鸾猜忌，被逼仓促起兵，失败被杀。

㉕准：指宋顺帝刘准，字仲谋，小字智观，宋明帝刘彧第三子，南朝宋末代皇帝。

【译文】

永初元年（420）六月丁卯，刘裕在南郊登上帝位，修筑祭坛，柴燎祭天。礼仪结束后，备齐车驾前往建康宫，登上太极殿正殿，大赦天下，改用新的年号。在位三年后，刘裕去世，刘裕病危时召见太子，告诫说："檀道济虽然有才干谋略，但没有远大志向。徐羡之与傅亮应当都没有外心。谢晦常跟着我征战，颇有机智权变，将来如果有什么变故，必然由于此人。可以任命他为会稽太守。”此后发生的事，果然如刘裕所言。**立太子刘义符为帝。**即营阳王。刘义符即位后，行事昏庸无道。司空徐羡之辅政，将他废为营阳王。**刘义符被废，改立宜都王刘义隆为帝。**即宋文帝。宋文帝，是刘裕第三子，被自己的太子刘劭所杀。起初，刘劭和弟弟刘濬都多有违背礼仪法度的举动，害怕宋文帝知道，于是行巫蛊诅咒之术。宋文帝听说后非常愤怒，准备废黜刘劭并杀掉刘濬，重新考虑太子的人选。宋文帝犹豫未定，将此事告诉了刘濬之母潘淑妃，潘淑妃又告诉了刘劭。刘劭悖逆凶恶，在合殿弑杀了宋文帝。刘劭即位称帝。**刘义隆被弑杀，立武陵王刘骏为帝。**即宋孝武皇帝，宋文帝刘义隆第三子。刘劭杀害了宋文帝，刘骏兴起义兵，到京师杀死了刘劭。**刘骏去世后，立太子刘子业为帝。**即宋前废帝。刘子业为人凶狠乖戾，他的侍从寿寂之杀死了他。**刘子业死后，立湘东王刘彧为帝。**即宋明帝，宋文帝刘义隆第十一子。宋孝武帝刘骏的几个儿子，江州刺史晋安王刘子勋、寻阳王刘子房等皆起兵造反，都被刘彧讨平。**刘彧去世后，立太子刘昱为帝。**即宋后废帝。在位时凶狠乖戾，常打算杀死侍从杨玉夫，杨玉夫害怕。七夕的晚上，刘昱命令杨玉夫等到织女星渡过银河时告诉他，不然就处死杨玉夫。王敬则之前已与杨玉夫等人通谋，杨玉夫等刘昱睡熟后杀死了他，把他的首级送给齐王萧道成。**刘昱死后，立顺帝刘准为帝。**即宋顺帝，宋明帝刘彧第三子。**刘准将帝位禅让给齐王萧道成。刘宋一共八代皇帝，历时六十年。**

齐太祖高皇帝讳道成[①]，姓萧氏，东海兰陵人也。为辅国将军。宋明帝初，会稽太守寻阳王子房反在东诸郡起兵[②]；徐州刺史薛安都据彭城[③]，归魏，遣从子索儿攻淮阴[④]；晋安王勋遣临川内史张淹自鄱阳道入三吴[⑤]。帝并讨平之。使镇淮阴，七年[⑥]，征还都，宋明帝嫌帝非人臣相[⑦]，而人间流言帝为天子，愈以为疑。帝初见征，部下劝勿就征。帝曰：“主上自诛诸弟[8]，为太子幼弱，作万岁后计，何关他族？唯应速发，缓当见疑。骨肉相残，自非灵长之运[9]；祸难方兴，与卿等戮力也。”至，拜常侍[10]。明帝崩，遗诏使与袁粲共掌机事[11]。江州刺史桂阳王休范举兵反[12]，帝讨平之。初，范举兵[13]，朝庭惶骇。帝与褚彦回集中书省计议[14]，莫有言者。帝曰：“昔上流谋逆，皆因淹缓以败。休范必远惩前失，轻兵急下，乘我无备[15]。请顿新亭[16]，以当其锋。”因索笔下议，余并注同，乃单车白服出新亭。筑垒未毕，贼骑交至，乃解衣高卧以安众心[17]，竟破之也。迁中领军，苍梧王深相猜忌[18]。帝昼卧裸袒[19]，苍梧王率数十人直入领军府，立帝于宫内[20]，画腹为射的[21]，自引满射之[22]。左右玉夫因谏曰[23]：“领军腹大，是佳射堋[24]。而一箭便死，后无复射。不如以骲箭射之[25]。”一箭中脐，苍梧投弓于地也[26]。常语左右杨玉夫[27]：“伺织女度，报我。”是夜七夕，玉夫惧，取千牛刀杀之[28]。玉夫与王敬则通谋杀苍梧，赍首送领军府报帝。帝乃戎服，夜入殿中。明旦，召袁粲等计议。粲欲有言，帝鬓须尽张，眼光如电。敬则拔刀跳跃，麾众曰：“天下之事皆应决萧公，敢有开一言者，染敬则刀！”乃自取白纱帽加帝首[29]，令即位，曰：“事须及热。”帝正色曰：“卿都不自解也。”帝乃迎立顺帝。荆州刺史沈攸之反[30]，帝讨之。初，攸之称，太后召己下都。袁粲、刘秉等见帝威名日盛[31]，不自安，与攸之通谋举事殿内。帝命王敬则于殿内诛之。

【注释】

①齐太祖高皇帝讳道成：以下至“帝讨之”，抄撮自《南史·齐本纪上·高帝》。

②反:《南史·齐本纪上·高帝》作“及”,译文从之。

③薛安都:字休达,河东汾阴(今山西万荣西南)人。南朝宋将领。宋明帝即位之初,薛安都起兵反叛,失败后投降北魏。

④索儿:指薛索儿,薛安都之侄,南朝宋将领。与薛安都一同造反,兵败被杀。

⑤晋安王勋:即宋孝武帝第三子刘子勋。张淹:吴郡吴(今江苏苏州)人。名臣张畅之子,南朝宋大臣。鄱阳道:《南史·齐本纪上·高帝》《南齐书·高帝纪》作“鄱阳峤道”。鄱阳,县名。今属江西。峤道,山路。译文从之。三吴:古地区名。东晋、南朝时所指不一,《水经注·渐江水》以吴郡、吴兴、会稽为“三吴”。

⑥七年:泰始七年,即471年。

⑦宋明帝嫌帝非人臣相:以下至“与卿等戮力也”,出自《南史·齐本纪上·高帝》。嫌,怀疑,猜疑。

⑧主上自诛诸弟:宋明帝刘彧先后杀害了自己的兄弟刘休仁、刘休祐、刘休若等人。

⑨灵长:广远绵长。

⑩常侍:指散骑常侍。

⑪袁粲(càn):原名愍孙,字景倩,陈郡阳夏(今河南太康)人。南朝宋大臣、文学家。官至尚书令、中书监、司徒。宋明帝去世后受遗诏辅政。因不满萧道成专权,密谋诛杀萧道成,事泄被杀。机事:指国家枢机大事。

⑫桂阳王休范:指刘休范,宋文帝刘义隆第十八子。九岁时封顺阳王,次年改封桂阳王。

⑬初,范举兵:以下至“竟破之也”,出自《南史·齐本纪上·高帝》,有删节。

⑭褚彦回:即褚渊,字彦回,河南阳翟(今河南禹州)人。南朝宋、齐大臣,南齐开国元勋。

⑮乘：掩袭。

⑯新亭：三国吴筑，在今江苏南京西南。东晋时为朝士游宴之所。地近江滨，依山为城垒，六朝为军事及交通重地。

⑰高卧：安卧，悠闲地躺着。

⑱苍梧王：指后废帝刘昱，死后被贬为苍梧王。

⑲帝昼卧裸袒：以下至“苍梧投弓于地也”，出自《南史·齐本纪上·高帝》。

⑳宫内：《南史·齐本纪上·高帝》作“室内”。

㉑射的：箭靶。

㉒引满：拉弓至满。

㉓玉夫：《南史·齐本纪上·高帝》作“王天恩”。

㉔射堋（péng）：箭靶。

㉕骲（bào）箭：用骨或木做箭头的箭。箭头有孔，发射时能发出响声，故又称“响箭”。

㉖苍梧投弓于地：《南史·齐本纪上·高帝》：“苍梧投弓于地，大笑曰：‘此手何如？’”

㉗常：通“尝”，曾经。

㉘千牛刀：语本《庄子·养生主》：“（庖丁）所解数千牛矣，而刀刃若新发于硎。”后因以“千牛刀”称锋利的刀，亦代称御刀。

㉙白纱帽：白纱制的高顶帽。自晋至南朝梁皇帝平时所戴。

㉚沈攸之：字仲达，吴兴武康（今浙江德清）人。南朝宋名将。后废帝刘昱被杀后，起兵反抗萧道成，兵败自杀。

㉛刘秉：字彦节，彭城（今江苏徐州）人。南朝宋宗室、大臣。官至中书令。与袁粲一道密谋诛杀萧道成，事泄被杀。

【译文】

齐太祖高皇帝名道成，姓萧，东海兰陵人。担任辅国将军。宋明帝初年，会稽太守寻阳王刘子房以及东方各郡都起兵造反；徐州刺史薛安都占据彭城，投降北魏，并派侄儿薛索儿攻打淮阴；晋安王刘子勋派临川内史张淹从鄱阳县山路进入三吴地区。萧道成平定了这些叛乱。宋明帝刘彧派萧道成镇守淮阴，泰始七年（471），把他召回京师，宋明帝刘彧猜疑萧道成的相貌不似人臣，而民间也有流言，说萧道成将来会成为天子，宋明帝愈发怀疑他。萧道成起初被征召时，部下劝他不要接受命令。萧道成说："皇上诛杀自己的弟弟，是因为太子年幼弱小，要做身后之事的打算，和其他家族的人有什么关系？只应该立即出发，如果行动迟缓就会被怀疑。骨肉之间自相残杀，自然不会享有绵长的国祚；祸难即将兴起，正要与你们共同努力。"到京师后，被拜为散骑常侍。宋明帝去世，遗诏让萧道成与袁粲共同执掌国家枢机大事。江州刺史桂阳王刘休范起兵造反，萧道成平定了叛乱。起初，刘休范起兵造反，朝廷震恐。萧道成与褚渊等人在中书省商议，没有人说话。萧道成说："从前在上游谋反的，都因为行动迟缓而失败。刘休范一定会以前人的过失为戒，派行动迅疾的部队极速进军，趁我方没有防备时突然袭击。我请求驻守新亭，以抵御敌军的前锋。"于是要来笔墨记下这次讨论的结果，并注明其他人全部同意，就乘单车、穿白衣出守新亭去了。营垒尚未修筑完毕，敌人的骑兵已到，萧道成于是脱下衣服，悠闲地躺着，以此稳定军心，最终打败了敌军。升任中领军，刘昱对他非常猜忌。萧道成白天脱了衣服躺着，刘昱率领数十人径直闯进领军府，让萧道成站在室内，在他的肚子上画上箭靶，自己拉满了弓准备射他。侍从杨玉夫劝谏道："领军大人的肚子很大，是个好箭靶。如果一箭射死了，以后就没法再射了。不如用骨箭射他。"刘昱一箭射中了萧道成的肚脐，于是便把弓扔到地上。刘昱曾经对侍从杨玉夫说："等织女星渡过了银河，告诉我。"当天晚上是七夕，杨玉夫很害怕，便拿千牛刀杀死了刘昱。杨玉夫与王敬则串通杀死了刘昱，拿着他的首级送到领军府报告萧道成。萧道成于是穿上军服，连夜入宫。到第二天早上，召集袁粲等人商议。袁粲想要说话，萧道成的鬓发与胡须都竖起来了，目光像闪电一样犀利。王敬则拔刀跃起，指着众人说："天下之事，都应该交给萧公，有谁敢说一句话，就让他血染我的刀！"于是亲手拿来白纱帽戴在萧道成头上，让他即位，说："做事要趁热打铁。"萧道成神态庄重地说："你完全不通晓事理。"萧道成于是迎立宋顺帝刘准。荆州刺史沈攸之造反，萧道成率兵征讨他。起初，沈攸之声称太后召自己入京，袁粲、刘秉等人看到萧道成威望名声日益兴盛，内心不安，便与沈攸之串通，打算在宫内起事。萧道成命令王敬则在宫内杀死了袁粲、刘秉。

进位相国，封齐公，备九锡。策曰[①]："朕以不造[②]，夙罹旻凶[③]。嗣君失德[④]，书契未纪。威侮五行[⑤]，虔刘九族[⑥]。神歇灵绎，海水群飞[⑦]。缀旒之殆[⑧]，未足为譬。岂直《小宛》兴刺、《黍离》作歌而已哉[⑨]！天赞皇宋，实启明宰。爰登寡昧[⑩]，纂承大业。高勋至德，振古绝伦。虽保衡翼殷[⑪]，博陆匡汉[⑫]，方斯蔑如也[⑬]。今将授公典礼[⑭]，其敬听朕命：乃者袁、邓搆祸[⑮]，寔繁有徒。子房不臣，称兵协乱。顾瞻宫掖[⑯]，将成茂草。言念邦国[⑰]，翦为仇雠[⑱]。当此之时，人无固志[⑲]。公投袂徇难[⑳]，超然奋发[㉑]。登戎车而戒路[㉒]，执金版而先驱[㉓]。麾钺一临[㉔]，凶党冰泮[㉕]。此则霸业之基，勤王之始也[㉖]。安都背叛，窃据徐方。敢率犬羊[㉗]，凌虐淮浦[㉘]。索儿愚悖，同恶相济。天祚无象[㉙]，背顺归逆。北鄙黔黎[㉚]，奄坠涂炭[㉛]。公受命宗社，精贯朝日。拥节军门，气逾霄汉。破釜之捷[㉜]，斩馘蔽野[㉝]；石梁之战[㉞]，枭其渠帅[㉟]。保境全人，江阳即序[㊱]。此又公之功也。张淹迷昧，不顾本朝。爰自南区，志图东夏[㊲]。潜军间入，窃觇不虞[㊳]。于时江服未夷[㊴]，皇途荐阻[㊵]。公忠义奋发，在险弥亮[㊶]。以寡制众，所向风偃。朝廷无东顾之忧，闽、越有来苏之望[㊷]。此又公之功也。匈奴野心，侵掠疆埸[㊸]。丑羯伖张[㊹]，势振彭、泗。公奉辞伐罪[㊺]，戒旦晨征[㊻]。兵车始交，氛祲时荡[㊼]。吊死扶伤，弘宣皇泽。俾我淮、淝，复沾盛化。此又公之功也。自兹厥后，猃狁孔炽[㊽]。封豕长蛇[㊾]，重窥上国。而世故相仍[㊿]，师出已老[51]。角城高垒[52]，指日沦陷。公眷言王事[53]，发愤忘食。躬擐甲胄[54]，视险若夷[55]。分疆画界，开创青、兖。此又公之功也。桂阳负众，轻问九鼎。裂冠毁冕，拔本塞源[56]。烈火焚于王城，飞矢集乎君屋。群后忧惶[57]，元戎无主[58]。公挺剑凝神则奇谋不世[59]，把旄指麾则懦夫成勇[60]。信宿之间[61]，宣阳底定[62]。此又公之功也。苍梧肆虐，诸夏糜沸[63]。淫刑已逞[64]，谁则无辜？黔首相悲，朝不谋夕。高祖之业已沦[65]，文、明之轨谁嗣[66]？公远稽殷、汉之义[67]，近遵魏、晋之典。猥以眇身[68]，入奉宗社[69]。七庙清谧，九区反政[70]。此又公之功也。袁、刘携贰[71]，成此乱阶[72]。丑图潜构，危机密发。据有石头[73]，志犯应、路[74]。公神谟内运[75]，霜锋外举[76]。祆沴载澄[77]，国途悦穆。此又公之功也。沈攸之包祸，岁月滋彰。蜂目豺声[78]，阻兵安忍[79]。乃眷西顾[80]，缅同异域[81]。而经纶惟始[82]，九伐未申[83]。长恶不悛[84]，遂逞凶逆。公杖钺出关[85]，疑威江甸[86]。正情与皎日同亮，明略与秋云竞爽。至义所感，人百其心。积年逋诛[87]，一朝显戮[88]。沮浦安流[89]，章台顺轨[90]。此又公之功也。公有济天下之勋，加之以明悊[91]，道庇生灵，志匡宇宙。戮力肆心，劬劳王室[92]。险阻艰难，备尝之矣。若乃缔构宗社之勤[93]，造物资始之泽[94]，云布雾散，光被六幽[95]。弼余一人[96]，永清四海。遐方款关而慕义[97]，荒服重译而来庭[98]。汪哉邈乎[99]！无得而名之。”

【注释】

①策曰：以下至“无得而名之”，出自《南史·齐本纪上·高帝》，有删节。策，古代君主对臣下封土、授爵、免官或发布其他教令的文件。

②不造：不幸。

③夙（sù）：早，早年。罹（lí）：遭遇。旻（mín）凶：忧患凶丧之事。旻，通“闵”。

④嗣君：继位的国君。

⑤威侮五行：语出《尚书·甘誓》："有扈氏威侮五行，怠弃三正。"伪孔注："五行之德，王者相承所取法，有扈与夏同姓，恃亲而不恭，是则威虐侮慢五行，怠惰弃废天地人之正道，言乱常。"意谓背弃天道。

⑥虔刘：杀戮。九族：以自己为本位，上推至四世之高祖，下推至四世之玄孙，为九族。《南史·齐本纪上·高帝》作"九县"，指九州。

⑦神歇灵绎，海水群飞：语出扬雄《剧秦美新》。神歇灵绎，李善注："绎，犹绪也。言神灵歇其旧绪，不福祐之。"指国运中断。海水群飞，李善注："海水喻万民，群飞言乱。"指万民不宁。

⑧缀旒（liú）：冕冠前后悬垂的玉串。以悬垂的玉串，比喻国势垂危。《文选·潘勖〈册魏公九锡文〉》："当此之时，若缀旒然。"张铣注："旒，冠上垂珠，而缀于冠者，言帝室之危如旒之悬。"殆：危险。

⑨《小宛》：《诗经·小雅》篇目。小序："大夫刺宣王也。"《黍离》：《诗经·王风》篇目。小序："闵宗周也。周大夫行役至于宗周，过故宗庙宫室，尽为禾黍。闵周室之颠覆，彷徨不忍去，而作是诗也。"

⑩寡昧：知识浅陋，不明事理的人。宋顺帝刘准的自谦之辞。

⑪保衡：商代伊尹的尊号。

⑫博陆：指霍光，被封为博陆侯。

⑬蔑如：犹不如、不及。

⑭授公典礼：谓将以盛大的典礼，封萧道成为相国、齐公。

⑮袁、邓：指袁觊、邓琬。袁觊，字景章，陈郡阳夏（今河南太康）人。南朝宋大臣。官至吏部尚书、雍州刺史。邓琬：字元琬，豫章南昌（今江西南昌）人。南朝宋大臣。官至寻阳太守。宋明帝刘彧即位后，袁觊、邓琬起兵拥戴晋安王刘子勋为帝，后兵败身死。搆祸：制造祸乱。

⑯顾瞻：回视，环视。宫掖：指皇宫。掖，掖庭，宫中的旁舍，嫔妃居

住的地方。

⑰言念:想念。言,助词。邦国:指诸侯。

⑱翦为仇雠(chóu):语出《左传·襄公二十二年》:"若不恤其患,而以为口实,其无乃不堪任命,而翦为仇雠?"翦,翦除抛弃。杨伯峻注:"翦,亦弃义。"翦为仇雠,指像刘子勋、刘子房这样的诸侯,被朝廷抛弃,成为朝廷的仇敌。

⑲人无固志:指人人心慌意乱。固志,指稳定的情绪,坚定的主张。

⑳投袂:挥袖。形容激动奋发。徇(xùn)难:赴难。徇,通"殉",指有所求而不惜身。

㉑超然:豁然,迅速貌。

㉒戒路:登程,出发上路。

㉓金版:天子祭告上帝镂刻告辞的金属版,亦用以铭记大事,使不磨灭。此处似指皇帝的诏命。

㉔麾(huī)钺(yuè):麾旗和钺,古代将帅的旗仗。借指军旅。

㉕冰泮(pàn):冰冻融解。比喻涣散、消失。

㉖勤王:多指君主的统治受到威胁而动摇时,臣子起兵救援王朝。

㉗犬羊:对外敌的蔑称。

㉘淮浦:指淮水沿岸地区。浦,水边,河岸。

㉙天祚:指程天祚,广平(今河北鸡泽东南)人。南朝宋大臣。随刘子勋起兵反叛。

㉚北鄙:北方边境地区。黔黎:百姓。

㉛奄:尽。涂炭:比喻极困苦的境遇。

㉜破釜:指破釜塘,即今江苏西部洪泽湖。

㉝斩馘(guó):斩敌首割下左耳计功。泛指战场杀敌。

㉞石梁:指石梁涧,即今安徽天长境内白塔河。萧道成率军在破釜、石梁击败了薛索儿叛军。

㉟枭(xiāo)其渠帅:《南史·齐本纪上·高帝》作"禽其渠帅"。

㊱江阳:指长江北面。即序:就序,归顺。

㊲东夏:泛指中国东部。

㊳觊(jì):希望,企图。不虞:指意料不到的事。

㊴江服:古代指长江流域。服,古代王畿以外的地方。夷:讨平。

㊵皇途:大路。荐阻:接连不断的阻碍。荐,再,又,接连。

㊶弥:益,更加。亮:坚贞。

㊷来苏:语出《尚书·仲虺之诰》:"攸徂之民,室室相庆曰:'徯予后,后来其苏!'"伪孔注:"汤所往之民皆喜曰:'待我君来,其可苏息。'"谓因其来而于困苦中获得苏息。

㊸疆埸(yì):边境,疆界。

㊹侜(zhōu)张:嚣张,强横。

㊺奉辞伐罪:谓奉严正之辞而讨有罪。

㊻戒旦:黎明。

㊼氛祲(jìn):预示灾祸的云气。比喻战乱、叛乱。时:及时。

㊽猃狁(xiǎn yǔn):古代北方少数民族名。此处用以代指北魏。孔炽:很猖獗,很嚣张。

㊾封豕长蛇:大猪与长蛇。喻贪暴者。

㊿世故:世事变故,变乱。相仍:相继,连续不断。

51老:疲惫,困乏。

52角城:在今江苏淮安西古淮水与泗水交汇处。《水经注·淮水》:"淮、泗之会,即角城也。"

53眷言:回顾貌。言,词尾。

54躬擐(huàn)甲胄:谓亲自穿上铠甲和头盔,言长官坐镇军中亲自指挥。

55视险若夷:把危险看作平安。形容勇敢,不畏艰险。

56裂冠毁冕,拔本塞源:语出《左传·昭公九年》:"王使詹桓伯辞于晋,曰:'……我在伯父,犹衣服之有冠冕,木水之有本原,民人之有谋主也。伯父若裂冠毁冕,拔本塞原,专弃谋主,虽戎狄,其何有余一人?'"比喻背离王室、背弃根本。

(57)群后:泛指公卿。

(58)元戎:大军。无主:没有统帅。

(59)挺剑:拔出宝剑。《南史·齐本纪上·高帝》作"按剑"。

(60)旄(máo):古代用犛牛尾做竿饰的旗子。

(61)信宿:谓两三日。

(62)宣阳:指宣阳门,三国吴筑,为六朝时都城建康(今江苏南京)的南面正门,前临御道。东晋起称"宣阳门",又称"白门"。厎(dǐ)定:平定,安定。

(63)诸夏:泛指中原地区。糜沸:比喻世事混乱之甚,如糜粥之沸于釜中。

(64)淫刑已逞:出自《左传·僖公二十三年》。指滥用刑法以图快意。

(65)高祖:指宋武帝刘裕,庙号高祖。

(66)文、明:指宋文帝刘义隆、宋明帝刘彧。

(67)稽:考察。

(68)猥:谬,错误地。眇(miǎo)身:犹言微末之身,封建帝后自谦之词。

(69)入奉宗社:指继承皇位。

(70)九区:九州。指天下。

(71)袁、刘:指袁粲、刘秉。

(72)乱阶:祸端,祸根。

(73)石头:指石头城。

(74)应、路:指应门、路寝。应门,古代王宫的正门。路寝,古代天子的正厅。泛指皇宫。

(75)神谟(mó):神谋。

(76)霜锋:指明亮锐利的刀剑。

(77)祆沴(yāo lì):《南史·齐本纪上·高帝》作"妖沴",犹妖氛,喻寇乱。

⑱蜂目犲声：眼如胡蜂，声似豺狼。形容凶恶的面貌和声音。犲，同“豺”。

⑲阻兵：仗恃军队。安忍：安于做残忍的事，残忍。

⑳西顾：指回望荆、汉地区。《南齐书·高帝纪》：“哀彼荆、汉，独为匪民，乃眷西顾，缅同异域。”沈攸之当时为荆州刺史。

㉑缅：遥远。

㉒经纶惟始：国家大事的治理刚刚起步。此处指宋顺帝刘准刚即位。

㉓九伐：古代指对九种罪恶的讨伐。泛指征伐。

㉔长恶不悛（quān）：长期作恶，不肯悔改。

㉕杖钺：手执斧钺。借指掌握兵权。

㉖疑威：《南史·齐本纪上·高帝》作“凝威”。江甸：指江南。

㉗逋诛：逃避诛伐。

㉘显戮：明正典刑，陈尸示众。

㉙沮浦：疑指沔水沿岸地区。沔水，即汉水，长江重要支流。《水经注·沔水》：“沔水，一名‘沮水’。”

㉚章台：即章华台，春秋时楚国离宫。此处借指楚地。顺轨：遵从礼制法度，归顺正道。

㉛明悊（zhé）：同“明哲”，明智睿哲。

㉜劬（qú）劳：劳苦。

㉝缔搆：缔造。

㉞资始：借以发生、开始。

㉟六幽：指天地四方。

㊱余一人：古代天子自称。也写作“予一人”。

㊲遐方：远方。款关：犹款塞，谓外族前来通好。

㊳荒服：古“五服”之一，称离京师二千到二千五百里的边远地方。亦泛指边远地区。重译：辗转翻译。

㊴汪：广大，深广。邈：高远，超卓。

【译文】

萧道成升任相国,被封为齐公,接受了九锡的赏赐。策文说:"我因为不幸,早早遭遇忧患凶丧之事。继位的国君失德,史书上没有记载。背弃天道,杀戮同族。神灵不再庇佑,万民不得安宁。冕冠前后悬垂的玉串摇晃,不足以比喻国家面临的危险。岂止是《小雅·小宛》所讽刺、《王风·黍离》所歌唱的那样呢!上天保佑宋朝,赐予了贤明的宰辅。辅佐我这样的浅陋之人,继承帝业。您崇高的功勋与德行,自古以来无与伦比。即便是伊尹辅佐殷商,霍光匡扶汉室,都无法与您的功劳相比。今天以盛大的典礼封您为相国、齐公,请恭敬地聆听我的命令:之前袁顗、邓琬制造祸乱,党徒众多。刘子房不守臣道,举兵协助叛乱。回看皇宫,即将长满野草。想起这些诸侯,反而成了朝廷的仇敌。在这个时候,人人心慌意乱。您毅然投身国难,迅速奋起。登上战车出发上路,手执诏命率先奔驰。大军一到,敌人像冰释一样崩溃。这是您霸业的根基,救援王室的开始。薛安都背叛,占据徐州。竟敢率领犬羊之辈,肆意侵凌淮水地区。薛索儿愚蠢悖逆,与薛安都共同作恶。程天祚不明天道,背弃正义投靠叛逆。北方边境地区的百姓,全都沦于生灵涂炭的境地。您受命于宗庙,精诚之心足以遮蔽朝阳。在营垒门口执持符节,气势直冲霄汉。破釜塘大捷,杀敌无数;石梁涧之战,杀死了叛军的首领。保护境内,安定人民,平定了长江以北地区。这又是您的功劳。张淹迷惑暗昧,不顾朝廷。从南方起兵,企图占据东部地区。他派军队偷偷潜入,暗中等待朝廷发生变乱。此时长江流域尚未平定,道路屡屡受阻。您的忠义之心勃然奋发,在危难之际愈发坚贞。以少胜多,所向披靡。朝廷解除了东方的祸患,闽、越的百姓因为您的到来有了苏息的希望。这又是您的功劳。匈奴野心勃勃,侵犯掠夺边疆。羯人嚣张强横,威势震动彭城、泗水地区。您奉严正之辞讨伐罪人,黎明时踏上征程。战车刚一交锋,便及时荡平了战乱。吊祭死者,扶救伤者,宣扬皇上的恩泽。使我们的淮水、淝水地区,再次享有昌明的教化。这又是您的功劳。自此之后,猃狁愈发猖獗。他们如同大猪与长蛇,屡屡窥探我朝。而世事变乱相继,军队刚出征就已疲惫不堪。角城高大的堡垒,不久就要沦陷。您眷念王室之事,发愤忘食。亲自穿上铠甲,不畏艰险。划分疆界,开创青州、兖州。这又是您的功劳。桂阳王刘休范凭恃人多势众,轻率地图谋帝位。背离王室,抛弃根本。烈火在王城中燃烧,飞射的箭矢落到国君的房屋上。公卿忧愁惶恐,大军没有统帅。您拔出宝剑,凝神静思,就会有世所罕有的奇谋;举旗指挥,就会让懦夫变成勇士。两三日间,在宣阳门击溃了叛军。这又是您的功劳。后废帝刘昱肆行暴虐,中原地区混乱不堪。滥用刑罚以逞快意,谁又能无罪呢?百姓悲哀,朝不谋夕。高祖开创的基业已经沦丧,文帝、明帝的制度谁来继承?您远察殷商、汉朝的道义,近遵曹魏、晋朝的典章。使我这个微末之人,得以继承皇位。宗庙得以安宁,天下拨乱反正。这又是您的功劳。袁粲、刘秉怀有二心,成为祸乱的根源。暗中策划丑恶的阴谋,秘密引发危机。他们占据石头城,准备侵犯皇宫。您内心运筹神奇的谋略,向外举起明亮锐利的刀剑。平定了寇乱,使国家走上了愉悦和乐之路。这又是您的功劳。沈攸之包藏的祸心,随着时间的推移日益显露。他眼如胡蜂,声似豺狼,仗恃军队,内心残忍。回首西望荆州、汉水地区,已经遥远得如同异域。而国家大事的治理刚刚起步,一时来不及对其进行征伐。而他长期作恶,不肯悔改,最终凶恶叛逆。您率军出关,威风凝聚于江南。正义的情操和太阳一样光明,英明的胆略和秋云一样清朗。被至高的道义所感召,人人归心。多年逃避诛伐之人,一朝明正典刑。汉水安流,楚地归顺正道。这又是您的功劳。您有拯救天下的功勋,加之以明智睿哲,道义庇护百姓,立志匡救天下。尽心尽力,为王室辛勤效命。各种艰难险阻,您都已经经历了。至于缔造宗庙社稷的辛劳,创始万物的恩泽,如同云雾散布,光明照耀天地四方。辅佐君主,四海永远清平。远方之人由于仰慕仁义前来通好,边远地区的人通过辗转翻译前来朝觐。真是广大高远啊!您的功劳无法用语言来表达。”

四月,宋帝禅位于齐。甲午即皇帝位,于南郊柴燎告天。曰:“皇帝臣道成[①],敢用玄牡昭告于皇皇后帝[②]。夫肇自生灵[③],树以司牧[④],所以阐极则天[⑤],开元创物[⑥],肆兹大道[⑦]。惟命不于常[⑧]。昔在虞、夏,受终上代[⑨]。粤自汉、魏[⑩],揖让中叶[⑪]。咸焕诸方册[⑫],载在典谟[⑬]。水德既微[⑭],仍世多故[⑮]。实赖道成匡救之功,以弘济于厥难。大造颠坠[16]，再搆区宇[17]。诞惟天人[18]，罔弗和会[19]。乃仰协归运[20]，景属与能[21]，用集大命于兹[22]。辞德匪嗣[23]，至于累仍[24]，而群公卿士，庶尹御事[25]，爰及黎献[26]，暨于百戎[27]，佥曰[28]：'皇天眷命[29]，不可以固违；人神无统，不可以旷主。'畏天之威，敢不祗顺鸿历[30]。敬简元辰[31]，虔奉皇符。登坛受禅，告类上帝[32]，以答人衷，式敷万国[33]。惟明灵是飨[34]！"**礼毕，备法驾，幸建康宫，临太极前殿，大赦改元。建元四年崩**[35]**，立太子赜**。是为世祖武皇帝也。**崩，立大孙昭业**[36]。是为郁林王[37]。即位无道，武帝梓宫下渚[38]，帝于端门内奉辞[39]，辒辌车裁入閤[40]，即奏胡伎[41]。高宗煞之[42]。**崩，立弟昭文**[43]。废为海陵王也。**废，立西昌侯鸾**。是为高宗明皇帝，始安贞王道生子也[44]。即位亟行诛戮，且寝疾经年，预为梓宫之故地[45]，高、武诸子扫地无遗也。**崩，立太子宝卷**[46]。是为东昏侯[47]。即位凶暴，以金花帖地，令潘妃行其上[48]，曰："此步步生莲花也。"又于苑中为市[49]，自为市吏，以潘妃为市令。义师至，为左右所杀也。**崩，立和帝宝融**[50]。明帝第八子也。**以位禅梁**。先是[51]，文惠太子与才人共赋七言诗[52]，句后辄云"愁和帝"，是验矣。东昏侯宫里作散叛髻[53]，反根向后[54]，东昏时，天下散叛矣。又立帽，褰其口而舒两翅[55]，名曰"凤渡三桥"。裂裙向后[56]，总而结之，名曰"反缚黄鹂"。梁武宅在三桥，而"凤渡"之名，凤翔之验也。"黄鹂"者，皇离也，而反缚之[57]，东昏戮死之应也。先是，百姓及朝士以帛填胸，名曰"假两"。假者，非正名也。储两而假之[58]，明不得真也。东昏诛，子废为庶人，储两之意也[59]。

【注释】

①皇帝臣道成：以下至“惟明灵是飨”，出自《南史·齐本纪上·高帝》。

②敢：谦辞，犹冒昧。玄牡：指古代祭天地用的黑色公牛。皇皇后帝：天，天帝。《诗经·鲁颂·閟宫》：“皇皇后帝，皇祖后稷。”郑玄笺：“皇皇后帝，谓天也。”

③生灵：《南齐书·高帝纪》作“生民”，指人类诞生。

④司牧：指君主。

⑤极：中，中正的准则。则天：谓以天为法，治理天下。

⑥开元：开始新的纪元。

⑦肆：伸张，扩展。

⑧命：指天命。

⑨受终：承受帝位。指禅让。上代：指夏、商、周及其以前的时代。

⑩粤：助词，用于句首，表示审慎的语气。

⑪揖让：禅让，让位于贤。中叶：中世。

⑫方册：典籍。

⑬典谟（mó）：指经典。

⑭水德：指刘宋。按照五德推移的次序，刘宋为水德。

⑮仍世：累世，历代。

⑯大造：大功劳，大恩德。颠坠：比喻覆灭，衰亡。

⑰再搆区宇：指重新构造了天下。区宇，境域，天下。

⑱诞：句首语气助词。

⑲罔弗和会：没有不和谐安定的。

⑳仰协：顺承。归运：指顺时而至的天运。

㉑景属与能：指受光明的天命眷顾，被百姓推举。景属，颜延之《三月三日曲水诗序》“睿文承历，景属宸居”，李善注：“光景连属也。”与能，《周易·系辞下》：“人谋鬼谋，百姓与能。”孔颖达疏：“天下百姓亲与能人，乐推为王也。”

㉒集大命于兹：天命降临在身上。集，降临。大命，天命。《伪古文尚书·太甲上》："天监厥德，用集大命。"

㉓匪嗣：谦辞，谓不敢继承皇位。

㉔累仍：屡次。

㉕庶尹：指百官。御事：治事者。

㉖黎献：黎民中的贤者。

㉗百戎：古代对西方各少数民族的总称。此处泛指少数民族。

㉘佥：都，皆。

㉙眷命：垂爱并赋予重任。

㉚祇（zhī）顺：敬顺。鸿历：指改朝换代的气运历数。

㉛简：挑选。元辰：良辰，吉辰。

㉜告类：祭告上天之礼。特指为皇帝即位等特殊重大事件而举行的非常之祭。

㉝敷：传布，散布。

㉞明灵：圣明的神灵。

㉟建元四年：482年。建元，为南齐高帝萧道成的年号（479—482）。

㊱大孙：长孙。昭业：即萧昭业，字元尚，小字法身，齐武帝萧赜之孙，文惠太子萧长懋长子。在位时生活奢靡，肆意挥霍。后被萧鸾所杀，废为郁林王。

㊲是为郁林王：以下至"高宗煞之"，出自《南史·齐本纪下·废帝郁林王》。

㊳梓（zǐ）宫：皇帝、皇后的棺材。渚：小洲，水中的小块陆地。《资治通鉴·齐纪四·永明十一年》："世祖梓宫下渚。"胡三省注："渚，在东府前，秦淮之渚也。"

㊴端门：宫殿的正南门。奉辞：行告别之礼。

㊵辒辌（wēn liáng）车裁入閤（gé）：此处有脱误，《南史·齐本纪下·废帝郁林王》作"辒辌车未出端门，便称疾还内。裁入閤，即

于内奏胡伎,鞞铎之声,震响内外",译文从之。辒辌车,古代的卧车,亦用作丧车。閤,宫中便殿,即正殿之外的别殿。

㊶胡伎:胡人的音乐。

㊷高宗:指齐明帝萧鸾,字景栖,小字玄度,齐高帝萧道成之侄。齐武帝去世,萧鸾受遗诏辅政。后连续废杀郁林王萧昭业、海陵王萧昭文,自立为帝。

㊸昭文:即萧昭文,字季尚,齐武帝萧赜之孙,文惠太子萧长懋次子。萧昭业被废后,被萧鸾立为帝。后被废为海陵王,最终遇害。

㊹道生:即萧道生,字孝伯,齐高帝萧道成次兄。

㊺预为梓宫之故地:指为自己死后做打算。

㊻宝卷:即萧宝卷,字智藏,本名明贤,齐明帝萧鸾次子。即位后残酷暴虐,荒淫奢侈。在萧衍发兵进攻建康的动乱中,被将军王珍国所杀。死后被废为东昏侯。

㊼是为东昏侯:以下至"为左右所杀也",抄撮自《南史·齐本纪下·废帝东昏侯纪》。

㊽潘妃:本姓俞,名尼子,后改姓潘。原是王敬则的乐伎,后受到萧宝卷的宠爱,被封为贵妃。

㊾苑:帝王的园林。

㊿宝融:即齐和帝萧宝融,字智昭,齐明帝萧鸾第八子,南齐末代皇帝。将帝位禅让给萧衍,后被杀害。

(51)先是:以下至"储两之意也",出自《南史·齐本纪下·和帝》,有删节。

(52)文惠太子:指萧长懋,字云乔,小字白泽,齐武帝萧赜长子。

(53)散叛髻:《南史·齐本纪下·和帝》作"散叛发"。

(54)反根向后:《南史·齐本纪下·和帝》作"反髻根向后",把发髻的根部反着向后梳。

(55)骞(qiān):仰首貌。

⑯裙：指帽缘周围下垂的薄纱细网。

⑰“黄鹂”者，皇离也，而反缚之：《南史·齐本纪下·和帝》作“‘黄丽’者‘皇离’，为日而反缚之”。皇，大。离，指《离》卦，象征太阳。所以说“皇离”为日。

⑱储两而假之：“假两”，可以理解为“假的储两”，所以说“储两而假之”。储两，即储贰，太子。

⑲储两：《南史·齐本纪下·和帝》作“假两”，译文从之。

【译文】

四月，宋顺帝将帝位禅让给齐王萧道成。四月甲午，萧道成即皇帝位，在南郊柴燎祭天。祭文说：“上天的臣子皇帝萧道成，冒昧地用黑色公牛作为祭品昭告上天。自人类诞生，上天就为百姓树立君主，目的是为了阐明中正的准则，效法上天，开启新的纪元，创造万物，从而伸张扩展天道。天命从来不是固定不变的。在上古时期，有虞氏与夏朝都从前代承受帝位。到了中世，汉朝与曹魏也施行禅让。这些都明白地见诸典籍，载于史册。刘宋的气运已经衰微，累代多有变故。实在有赖于我匡扶补救的功劳，才渡过了这些艰难。我为即将覆灭的王朝立下了大功，重新构造了天下。无论上天与人民，无不和谐安定。于是顺承天运，受上天眷顾，被百姓推举，美好的天命降临在我身上。我推辞自己的德行不足以继承皇位，至于再三，而公卿大臣，长官执事，以及百姓中的贤者，乃至各地少数民族，都说：‘上天垂爱并赋予重任，不可以坚持推辞；人与神没有统领，不可以让帝位空缺。’我畏惧上天的威严，怎敢不敬顺天数。敬选良辰，恭敬地承受帝王的符命。登上祭坛接受禅让，祭告天帝，以报答人民的衷心，将这一消息传布万国。希望圣明的神灵享用我的祭祀！”**礼仪结束后，萧道成备齐车驾前往建康宫，登上太极殿正殿，大赦天下，改用新的年号。建元四年（482）萧道成去世，立太子萧赜为帝。**即齐世祖武皇帝。**萧赜去世，立长孙萧昭业为帝。**即郁林王。即位后昏庸无道。齐武帝萧赜的灵柩移送到秦淮河边的沙洲，萧昭业在端门内行告别之礼，齐武帝的丧车还没出端门，萧昭业就称自己有病，回到宫廷内。才进入殿阁，就在里面演奏胡人的音乐。高宗萧鸾杀死了他。**萧昭业死后，立他的弟弟萧昭文**

为帝。被萧鸾废为海陵王。**萧昭文被废黜，立西昌侯萧鸾为帝**。即高宗明皇帝，始安贞王萧道生之子。萧鸾即位后大肆屠杀，而且常年卧病，所以预先为自己死后做打算，把齐高帝萧道成、齐武帝萧赜的子孙全部杀死。**萧鸾死后，立太子萧宝卷为帝**。即东昏侯。即位后凶狠残暴，把黄金做的莲花贴在地上，让潘贵妃在上面行走，说："这就是步步生莲花。"又在皇家园林中设立市场，自己做管理市场的小吏，让潘贵妃做管理市场的官员。萧衍率领的义军来到，萧宝卷被自己的左右侍从杀死。**萧宝卷死后，立萧宝融为帝**。萧宝融是齐明帝萧鸾的第八子。**将帝位禅让给了梁**。此前，文惠太子萧长懋与文人才子们一起作七言诗，每句诗结尾后就说"愁和帝"，至此应验了。东昏侯的后宫流行"散叛发"，把发髻的根部反着向后梳，东昏侯时，天下果然离散背叛。又制作一种帽子，帽口高仰，帽翅舒展，名叫"凤渡三桥"。帽裙向后，汇集后扎在一起，叫作"反缚黄鹂"。梁武帝萧衍的住宅在三桥，而"凤渡"的名称，正是凤鸟将要飞翔的应验。"黄鹂"就是"皇离"，象征着太阳而被反绑，这是东昏侯将被杀死的征兆。此前，百姓以及朝臣将帛填在胸口，名叫"假两"。假，意味着不是正当的名号。虽为太子却是假的，这表明东昏侯的太子无法继位。东昏侯被杀，他的儿子被废为平民，这就是"假两"的意思。

梁高祖武皇帝名衍[①]，姓萧氏，为巴陵王法曹[②]，后为竟陵王子良八友[③]。初，皇考之薨[④]，不得志。及至郁林失德，齐明帝作辅，将为废立计。帝欲助齐明倾齐武之嗣，以雪心耻[⑤]。齐明亦知之，每与帝谋。时齐明将追随王[⑥]，恐不从。又以王敬则在会稽，恐为变，以问帝。帝曰："随王虽有美名，其实庸劣，既无智谋之士，爪牙唯仗司马垣历生、武陵太守卞白龙耳。此并唯利是为，若啖以显职[⑦]，无不载驰。齐王正须折简耳[⑧]。敬则志安江东，穷其富贵，宜选美女以娱其心。"齐明曰："吾意也。"果如其策。魏将王肃攻司州[⑨]，帝破之，以功封建康郡男[⑩]。齐明帝崩，东昏即位，遗诏以帝为都督、雍州刺史[⑪]。东昏时[⑫]，刘暄等六人更直内省[⑬]，分日帖敕[14],世谓六贵。又有御刀等八人[15],号曰八要。皆口擅王言[16],权行国宪[17]。帝谓张弘策曰[18]:"政出多门,乱其阶矣[19]。当今避祸,唯有此地。勤行仁义,可坐作西伯[20]。但诸弟在都,恐罹时患也,须与益州图之耳[21]。"时上长兄懿罢益州还,仍行郢州州事[22]。帝与谋不从,懿寻被害也。

【注释】

①梁高祖武皇帝名衍:以下至"遗诏以帝为都督、雍州刺史",抄撮自《梁书·武帝纪》。

②巴陵王:指萧子伦,字云宗,齐武帝萧赜第十三子。法曹:《梁书·武帝纪》作"法曹行参军",为法曹长官。法曹,王府、公府、将军府僚属诸曹之一,掌管司法。译文从之。

③竟陵王子良:指萧子良,字云英,齐武帝萧赜次子,封竟陵王,官至司徒。八友:永明年间,不少文士集合于萧子良左右,其中著名的有萧衍、沈约、谢朓、王融、萧琛、范云、任昉、陆倕八人,被称为"竟陵八友"。

④初,皇考之薨:以下至"果如其策",出自《南史·梁本纪上·武帝》。皇考,指萧衍父亲萧顺之,字文纬,南兰陵中都里(今江苏常州西北)人。据《南史》记载,萧顺之奉命平定了齐武帝萧赜之子萧子响的叛乱,将其杀死,却因此受到了萧赜的怨恨,最终忧惧而死。《南史·鱼复侯子响传》:"及顺之还,上心甚怪恨,……顺之惭惧,感病,遂以忧卒。"

⑤心耻:中华书局《南史·梁本纪上·武帝》校勘记:"'心耻'《册府元龟》一八五作'先耻'。"

⑥随王:指萧子隆,字云兴,齐武帝萧赜第八子,时任荆州刺史。

⑦啖(dàn):利诱。

⑧齐王:《南史·梁本纪上·武帝》作"随王",译文从之。折简:指书札或信笺。古人以竹简作书,折半之简,言其礼轻。

⑨王肃:字恭懿,琅琊临沂(今山东临沂)人。东晋丞相王导后代、南齐尚书左仆射王奂之子。初仕齐为秘书丞,由于父亲王奂被杀害,逃奔北魏,深受孝文帝器重。司州:南朝宋泰始中置,治平阳(今河南信阳)。

⑩男:古代爵位名。五等爵的第五等。

⑪雍州:东晋太元中侨置,治襄阳(今湖北襄阳襄城区)。

⑫东昏时:以下至"懿寻被害也",出自《南史·梁本纪上·武帝》,有删节。

⑬刘暄:字士穆,彭城(今江苏徐州)人。东昏侯萧宝卷时,官至领军将军,封平都县侯。后被萧宝卷杀害。《南史·梁本纪上·武帝》:"时扬州刺史始安王遥光、尚书令徐孝嗣、右仆射江祏、右将军萧坦之、侍中江祀、卫尉刘暄更直内省,分日帖敕,世所谓'六贵'。"内省:指宫中。

⑭帖敕:由主政大臣在奏章上签署意见,作为敕命批发。

⑮御刀:指手持御刀的左右随从。《南史·梁本纪上·武帝》:"又有御刀茹法珍、梅虫儿、丰勇之等八人,号为'八要'。"《资治通鉴·齐纪八·永元元年》胡三省注:"御刀,捉御刀在左右者。"

⑯擅:独揽,专。王言:皇帝的诏令。

⑰国宪:国家的法治。

⑱张弘策:字真简,范阳方城(今河北固安西南)人。萧衍从舅,南朝梁开国功臣。

⑲阶:导致,招致。

⑳西伯:指周文王。

㉑益州:指时任益州刺史的萧懿。萧懿,字元达,萧顺之长子,梁武帝萧衍长兄。因功高震主,被萧宝卷杀害。

㉒郢州：南朝宋孝武帝孝建元年（454）分荆、湘、江、豫四州置，治汝南（今湖北武昌）。

【译文】

梁高祖武皇帝名衍，姓萧，曾经担任巴陵王萧子伦法曹行参军，后来成为竟陵王萧子良八友之一。起初，萧衍的父亲萧顺之去世时，郁郁不得志。等到郁林王萧昭业失德，齐明帝萧鸾担任辅佐，将要谋划废立之事。萧衍想帮助齐明帝消灭齐武帝萧赜的后嗣，以洗雪先人的耻辱。齐明帝也知道萧衍的心思，常常同萧衍一起谋划。当时，齐明帝想要征召随王萧子隆，怕他不听从。又因为王敬则担任会稽太守，担心发生变故，来询问萧衍。萧衍说："随王虽然有美好的名声，其实平庸愚劣，身边没有足智多谋的士人，只不过倚仗司马垣历生、武陵太守卞白龙为爪牙。这二人唯利是图，如果拿显要的职位引诱他们，都会疾驰而来。至于随王，只需一封书信就能招来。王敬则的志向是在江东安身，终身享有富贵，应该挑选美女赏赐他，以娱乐他的心志。"齐明帝说："这也是我的意思。"后来的发展果然如萧衍所谋划的那样。北魏将领王肃攻打司州，萧衍击败了他，以军功被封为建康郡男。齐明帝萧鸾去世，东昏侯即位，齐明帝遗诏任命萧衍为都督、雍州刺史。东昏侯时，刘暄等六人在宫中轮流值班，分别在当值日时在奏章上签署意见，世人称呼他们为"六贵"。又有手持御刀的左右随从八人，号称"八要"。他们都独揽发布诏令的大权，权力可以左右国家的法治。萧衍对张弘策说："政出多门，即将招致祸乱。如今要躲避灾祸，只有雍州这个地方最合适。多行仁义，可以安然成就周文王的事业。但我的许多兄弟都在都城，恐怕会遭受祸患，必须和萧懿商议此事。"此时，萧衍的长兄萧懿被罢免了益州刺史的职务，仍旧管理郢州的事务。萧衍与萧懿商议，萧懿没有听从萧衍的意见。不久后，萧懿被东昏侯杀害。

长兄懿被害，帝起义。召僚佐集于厅事[①]，告以举兵，是日建牙[②]。先是，东昏以刘山阳为巴西太守[③]，使过荆州，就行事萧颖胄以袭襄阳[④]。帝知其谋，乃遣王天武诣江陵[⑤]，遍与州府人书论军事[⑥]。天武既发，帝谓弘策曰："今日坐收天下矣。荆州得天武至，必恒惶无计。若不见同，取之如拾芥耳[⑦]。断三峡，据巴、蜀，分兵定湘中[⑧]，便全有上流。以此威声，临九派[⑨]，断彭蠡[⑩]，传檄江南，风之靡草[⑪]，不足比也，政小延引日月耳[⑫]。江陵本惮襄阳人[⑬]，加唇亡齿寒，必不孤立，宁得不见同耶？以荆、雍之兵，扫定东夏，韩、白重出[⑭]，不能为计，况以无算昏主[⑮]，役御刀、应敕之徒哉[⑯]！”及山阳至巴陵[⑰]，帝复令天武赍书与颖胄兄弟[⑱]。去后，帝谓张弘策曰：“用兵之道，攻心为上，攻城次之；心战为上，兵战次之。今日是也。近遣天武往州府，人皆有书。今段只有两封与行事兄弟[⑲]，云：‘一一具天武口[⑳]。’及问天武，口无所说。天武是行事心膂[㉑]，彼闻必谓行事兄弟共隐其事，则人人生疑。山阳惑于众口，判相嫌贰[㉒]，则行事进退无以自明，是驰两空函定一州也。”山阳至江安[㉓]，果疑不上。颖胄乃斩天武，送山阳，信之。至荆州驰入城。将逾阈[㉔]，悬门奋发[㉕]，折其轸[㉖]。投车而走[㉗]，陈秀拔戟逐之[㉘]，斩于门外。颖胄即遣驿使传首于帝，仍以南康王尊号之议来告[㉙]，曰：“时不利，当须待来年二月。”帝答曰：“今坐甲十万，粮用日竭，若顿兵十旬，必生悔吝。且太白出西方，仗义而动，天时人谋，有何不利？昔武王伐纣，行逆太岁[㉚]，复须待来年耶？”帝不从，乃赫然大号也[㉛]。

【注释】

①召僚佐集于厅事：以下至“乃赫然大号也”，出自《南史·梁本纪上·武帝》。厅事，官署视事问案的厅堂。

②建牙：古谓出师前树立军旗。

③刘山阳：南朝齐将领，官至辅国将军，巴西、梓潼二郡太守。

④行事：代行州军府长官职权者的称谓。南朝之制，多以皇子出镇方州，有年仅数岁或十余岁者，未能亲政，势必另命他人代行政

务，代行职务者，称为“行事”。《南齐书·萧颖胄传》：“和帝（萧宝融）为荆州，以颖胄为冠军将军、西中郎长史、南郡太守、行荆州府州事。”萧颖胄：字云长，南兰陵（今江苏常州西北）人。南齐宗室大臣，齐高帝萧道成之侄。联合萧衍拥立齐和帝萧宝融，出任侍中、尚书令。

⑤王天武：《梁书·武帝纪》作“王天虎”，萧衍属下参军，萧颖胄心腹。

⑥州府：《资治通鉴·齐纪九·永元二年》胡三省注：“州，谓荆州官属；府，谓西中郎府官属。”

⑦拾芥：捡起地上的杂草。比喻做事容易。

⑧湘中：地区名。湖南省中部偏东地区的通称。

⑨九派：浔阳的别称，即今江西九江。

⑩断彭蠡（lí）：指截断鄱阳湖入长江之口，位于今江西九江湖口。彭蠡，即彭蠡泽，今江西鄱阳湖。

⑪风之靡草：大风吹过，草为之倒伏。

⑫政：通“正”，只，就。延引：拖延。日月：时光。

⑬江陵本惮襄阳人：《资治通鉴·齐纪九·永元二年》胡三省注：“襄阳被边，人皆习兵，故荆州人畏之。”

⑭韩、白：指韩信、白起。

⑮筭（suàn）：计谋，谋划。

⑯应敕：在帝王左右侍候传达旨意的人。

⑰巴陵：县名。今湖南岳阳。

⑱颖胄兄弟：指萧颖胄与其弟萧颖达。

⑲今段：这次，此时。

⑳一一：旧时书信常用语。谓详细叙述。

㉑心膂（lǚ）：亲信得力之人。

㉒嫌贰：猜疑，猜忌。

㉓江安：县名。今湖北公安。

㉔阈（yù）：门户，门口。

㉕悬门奋发：《南史·梁本纪上·武帝》作“悬门发”，指悬门突然落下。译文从之。悬门，古时城门所设的门闸，平时挂起，有警时放下，以便加固防守。

㉖轸（zhěn）：指车子。

㉗投：向下跳。

㉘陈秀：萧颖胄手下将领，任中兵参军。

㉙南康王尊号之议：指拥立南康王萧宝融为帝。

㉚逆太岁：古人认为太岁亦有岁神，凡太岁神所在之方位及与之相反的方位，均不可兴造、移徙和嫁娶、远行，犯者必凶。《荀子·儒效》：“武王之诛纣也，行之日以兵忌，东面而迎太岁。”杨倞注：“迎，谓逆太岁。尸子曰：‘武王伐纣，鱼辛谏曰：“岁在北方，不北征。”武王不从。’”太岁，古代天文学中假设的岁星，又称“岁阴”或“太阴”。古代认为岁星（即木星）十二年一周天（实为11.86年），因将黄道分为十二等分，以岁星所在部分作为岁名。但岁星运行方向自西向东，与将黄道分为十二支的方向正相反，故假设有一太岁星作与岁星运行相反的方向运动，以每年太岁所在的部分来纪年。

㉛赫然：显赫貌。大号：指帝王大发号令。

【译文】

萧衍长兄萧懿被害，萧衍起兵。萧衍在厅堂召集属吏，告诉他们起兵的决定，当天便树立军旗准备出征。在此之前，东昏侯萧宝卷任命刘山阳为巴西太守，让他经过荆州时，与荆州行事萧颖胄一同袭击襄阳。萧衍知道了这一计谋，于是派遣王天武来到江陵，给荆州府与西中郎府的每一位官属送信，谈论军事情形。王天武出发后，萧衍对张弘策说：“如今毫不费力就可以取得天下了。荆州人等到王天武到达，一定惊惶无策。如果他们不与我们齐心协力，攻取荆州就好比捡起地上的杂草一样容易。再截断三峡，占据巴、蜀，分兵平定湘中地区，便能全部占据长江上流地区。凭借这样的威名，兵临浔阳，截断彭蠡湖口，向江南发布檄文，即便是风吹草伏，也没有这么容易，只不过要稍稍花费一段时间罢了。江陵人本来就畏惧襄阳人，加上荆、雍二州唇亡齿寒，必然无法孤立存在，能不与我们同心协力吗？以荆州、雍州的兵力，扫平东部，即便是韩信、白起复生，也无计可施了，何况是以昏庸无能的君主，统御着一些侍卫、随从！”等刘山阳到了巴陵，萧衍又命令王天武带信给萧颖胄兄弟。王天武离开后，萧衍对张弘策说：“用兵之道，以攻心为上策，攻打城池是次一等的选择；以心战为上策，派军队交战是次一等的选择。现在的情况正是这样。最近派遣王天武前往荆州府与西中郎府，二府官属人人都收到书信。这次只有两封书信送给萧颖胄兄弟，信中说：‘详细情况由王天武口头禀报。’等他们询问王天武，王天武却说不出什么来。王天武是萧颖胄的心腹，荆州与西中郎府官属们听说此事，一定认为萧颖胄兄弟一起隐瞒消息，如此则人人心生疑虑。刘山阳被众人议论所迷惑，一定与萧颖胄互相猜疑，则萧颖胄进退两难，无论如何都难以洗脱自己的嫌疑，这就是用两个空信封平定了一州。”刘山阳到了江安，果然出于猜疑不肯前行。萧颖胄于是杀了王天武，把他的首级送给刘山阳，刘山阳才相信了他。刘山阳到荆州后，疾驰入城。将要经过荆州城门时，悬门突然落下，压折了刘山阳的车子。刘山阳跳车逃跑，陈秀拔出戟追逐他，在城门外杀死了他。萧颖胄立即派遣使者，把刘山阳的首级送给了萧衍，并前来禀报拥立南康王萧宝融为帝的相关事宜，说：“现在天时不利，应当等明年二月再起兵。”萧衍回答道：“如今坐拥十万军队，粮草日渐枯竭，如果按兵不动一百天，一定会产生后悔的心理。况且如今金星出现于西方，我们倚仗正义而行动，无论是天时还是人谋，有何不利之处？从前周武王讨伐商纣，行动和太岁相逆依然获胜，还须等待明年的吉日吗？”萧衍没有听从萧颖胄的意见，于是赫然发布起兵的号令。

戊申[1]**，帝发自襄阳**，帝留弟守襄阳城[2]，谓曰：“当置心襄阳人腹中，推诚信之勿疑也。天下一家，乃当相见也。”**郢、鲁诸城及诸将并降**[3]。初，东昏遣吴子阳等十三军救郢州[4]，进据巴口[5]。帝命王茂潜师袭加湖[6]，子阳窜走，众尽溺于江，郢、鲁二城相视夺气。

先是，东昏使陈伯之镇江州[⑦]，为子阳声援。帝谓诸将曰："夫征讨未必须实力，听威声耳。今加湖之败，谁不詟服[⑧]？陈武牙即伯之之子[⑨]，狼狈奔归，彼人之情当凶惧。我谓九江可传檄而定也。"因命搜所获俘囚，得伯之幢主苏隆之[⑩]，厚加赏赐，使致命焉[⑪]。鲁山、郢城并降。伯之及子武牙见帝至，并束甲请罪[⑫]。**壬午，帝镇石头，命众军围六门。卫尉张稷斩东昏[⑬]，以黄油裹首送军[⑭]。**帝命吕僧珍勒兵封府库及图籍[⑮]，收潘妃，诛之，以宫女二千人分赉将士也。**平京邑，齐和帝以位禅梁，帝即位。**

【注释】

①戊申：指南齐中兴元年（501）正月戊申日。

②帝留弟守襄阳城：以下至"乃当相见也"，出自《南史·梁本纪上·武帝》。

③郢：指郢城，即三国吴夏口城，南朝宋置郢州于此，位于今湖北武昌城区蛇山。鲁：指鲁山，位于今湖北武汉东北隅。

④初，东昏遣吴子阳等十三军救郢州：以下至"并束甲请罪"，抄撮自《南史·梁本纪上·武帝》。吴子阳，南朝齐将领。官至宁朔将军。

⑤巴口：巴水流入长江的河口，位于今湖北黄冈东。《水经·江水注》：巴水"南流注于江，谓之巴口"。

⑥王茂：字休远，或作"休连"，一字茂先，太原祁（今山西祁县）人。南朝将领，南朝梁开国功臣。加湖：古湖名。又作"茄湖"，位于今湖北武汉黄陂区东南。

⑦陈伯之：济阴睢陵（今安徽明光）人。南朝将领。降于萧衍后，任江州刺史，封丰城县公。后与萧衍有隙，起兵反叛，失败后逃奔北魏。天监四年（505），临川王萧宏率军北伐，萧宏命记室丘迟写

信招降陈伯之，即著名的《与陈伯之书》。陈伯之归降后，封永新县侯，官至通直散骑常侍、骁骑将军，太中大夫。

⑧詟（zhé）服：畏惧服从。

⑨陈武牙：陈伯之之子。《梁书·武帝纪》作“陈虎牙”。

⑩幢（chuáng）主：南北朝及隋的武官，负责宿卫或统兵。

⑪致命：传达言辞、使命。

⑫束甲：收起甲衣。表示归顺。

⑬张稷（jì）：字公乔，吴郡吴县（今江苏苏州）人。南朝梁开国功臣。

⑭黄油：涂油的黄绢。

⑮吕僧珍：字元瑜，东平范县（今河南范县东南）人。南朝梁开国功臣。

【译文】

中兴元年（501）正月戊申日，萧衍由襄阳出发，萧衍留下弟弟防守襄阳城，对他说：“应当与襄阳人推心置腹，诚挚地信任他们，不要有疑心。当天下重归一统，我们就会相见。”**郢、鲁山等城以及各军将领纷纷投降。**起初，东昏侯派吴子阳等十三支部队救援郢州，占据了巴口。萧衍命令王茂秘密率军袭击加湖，吴子阳逃走，他的部下全都淹死在长江中。郢、鲁山二城彼此相看，都丧失了勇气。此前，东昏侯命令陈伯之镇守江州，作为吴子阳的声援。萧衍对众将说：“征讨不一定靠实际力量，也要靠军队的声威。如今我们在加湖大败敌军，谁不畏惧服从？陈武牙是陈伯之的儿子，他狼狈逃回江州，江州守军的情绪肯定非常恐惧。我认为，只要发布檄文就可以平定九江。”因此命令搜查所擒获的战俘，找到了陈伯之的幢主苏隆之，给予丰厚的赏赐，让他回去传达萧衍的命令。鲁山、郢城都投降了。陈伯之与其子陈武牙看到萧衍大军到来，都脱下铠甲请罪。**十月壬午日，萧衍镇守石头城，命令各军围攻建康的六座城门。卫尉张稷杀死了东昏侯萧宝卷，以涂油的黄绢包裹萧宝卷的首级，送给萧衍。**萧衍命令吕僧珍率兵查封了建康的府库以及存放文籍图书的地方，拘捕了潘贵妃，把她杀了，把两千名宫女分赏给手下的将士。**平定了都城，齐和帝萧宝融把帝位禅让给萧衍，萧衍即位。**

太清元年[1]，齐司徒侯景以十三州内属[2]。侯景反，至京师，幽帝而崩。天监中[3]，释宝志为诗曰[4]："昔年三十八，今年八十三。四中复有四，城北火酣酣[5]。"帝封记之。帝三十八克建业[6]，八十三遇火灾，元年四月十四日，同泰寺火灾[7]。皆如其言。此之谓也。侯景立武帝太子纲为帝[8]，又为景所杀。追尊为太宗简文皇帝也。湘东王绎于荆州[9]，使王僧辩等平侯景[10]，传首江陵。僧辩等劝进曰[11]："众军以今月戊子总集建康，分勒武旅，百道同趋，轰然大溃，群凶四灭。伏惟陛下咀痛茹哀[12]，婴忍愤酷[13]。自紫庭绛阙[14]，胡尘四起[15]。掖垣好畤，冀马云屯[16]。豺狼当路，非止一人，鲸鲵不枭[17]，经载矣。天威既振，冤耻并雪。百司岳牧[18]，仰祈宸鉴[19]。咸以锡珪之功[20]，既归有道[21]，当辟之礼[22]，允属圣明。而优诏谦冲，杳然凝邈[23]。飞龙可跻，而《乾》爻在四[24]。帝阍云叫，而阊阖未开[25]。讴歌再驰，是用翘首。岂可久稽群议[26]，有旷彝则也[27]？"景平，湘东王即位于江陵。是谓孝元皇帝，武帝第七子也。魏使万纽于谨来攻[28]，梁王萧詧率众会之[29]。帝见执，魏人戕帝[30]。初，武陵之平[31]，议者欲因其舟舰迁都建邺。宗懔、黄罗汉皆楚人[32]，不愿移，曰："建邺王气已尽，渚宫洲已满百[33]。"于是乃留。寻而岁星在井[34]，荧惑守心[35]，帝观之，慨然谓朝臣曰："吾观玄象[36]，将恐有贼。但吉凶在我[37]，运数由天，避之何益？"寻为魏军所逼[38]，城陷见执，进土囊而殒之[39]。江陵先有九十九洲，古老相传云："洲满百，荆州出天子。"桓玄为荆州刺史，内怀逆意，乃遣凿破一洲，以应百数。随而崩破，竟无所成。宋文帝为宜都王，在藩[40]，一洲自立。俄而文帝纂统[41]。太清末，枝江杨之阁浦复生一洲[42]。明年而梁元帝立。承圣末[43]，其洲与大岸通也。江陵既陷，王僧辩、陈霸先等议立帝子方智[44],是为敬皇帝,元帝第九子。于江州奉迎至建邺即位。太平二年[45],禅位于陈。

【注释】

①太清元年:以下至“禅位于陈”,抄撮自《南史·梁本纪》。太清元年,即547年。太清,南朝梁武帝萧衍的第七个年号(547—549)。

②齐司徒:太清元年(547),为东魏孝静帝武定五年。侯景为东魏司徒,非北齐司徒。内属:谓归附朝廷为属国或属地。

③天监中:以下至“此之谓也”,出自《南史·梁本纪中·武帝》

④释宝志:南朝时期高僧。《南史·释宝志传》:“好为谶记,所谓‘志公符’是也。”

⑤酣酣:旺盛,炽盛。

⑥建业:即建康,今江苏南京。

⑦同泰寺:寺名。在今江苏南京。为南朝梁武帝所建,梁武帝曾数度舍身于此。

⑧纲:即梁简文帝萧纲,字世缵,小字六通,梁武帝萧衍第三子。梁武帝去世后继位,后被侯景杀害。

⑨湘东王绎:即梁元帝萧绎。即帝位前为湘东王。

⑩王僧辩:字君才,太原祁(今山西祁县)人。南朝名将。

⑪僧辩等劝进曰:以下至“有旷彝则也”,出自《南史·梁本纪下·元帝》,有删节。

⑫伏惟:下对上的敬辞,多用于奏疏或信函。谓念及、想到。

⑬婴:遭受。

⑭紫庭绛阙:指帝王宫殿。

⑮胡尘:胡人兵马扬起的沙尘。喻胡兵的凶焰。

⑯掖垣好畤(zhì),冀马云屯:本句指无论皇宫还是田园,都聚集了众多来自北方的兵马。掖垣,皇宫的旁垣。好畤,《汉书·陆贾传》:

“孝惠时，吕太后用事，欲王诸吕，畏大臣及有口者。贾自度不能争之，乃病免。以好畤田地善，往家焉。”颜师古注：“好畤即今雍州好畤县。”后以“好畤田”喻隐居耕种的田园。冀马，古冀州之北所产的马。此处泛指来自北方的兵马。云屯，如云之聚集。形容盛多。

⑰鲸鲵：比喻凶恶的敌人。枭：斩首悬以示众。泛指斩杀。

⑱百司：百官。岳牧：指封疆大吏。

⑲宸（chén）鉴：谓皇帝审阅，鉴察。

⑳锡珪（guī）：帝王封爵授土时，赐珪以为信物。后泛指授以高官重爵。锡，赐予。珪，古代诸侯朝聘时所执的玉制礼器。

㉑有道：指有才德的功臣。

㉒当辟：《南史·梁本纪下·元帝》作“当璧”。《左传·昭公十三年》：“初，共王无冢適，有宠子五人，无適立焉。乃大有事于群望，而祈曰：‘请神择于五人者，使主社稷。’乃遍以璧见于群望，曰：‘当璧而拜者，神所立也，谁敢违之？’既，乃与巴姬密埋璧于大室之庭，使五人齐，而长入拜。康王跨之，灵王肘加焉，子干、子皙皆远之。平王弱，抱而入，再拜，皆厌纽。”杨伯峻注：“‘厌’同‘压’。压纽即当璧。”后以“当璧”喻立为国君之兆。当璧之礼，指登基称帝之礼。译文从之。

㉓杳（yǎo）然：邈远貌。凝邈（miǎo）：深远。

㉔飞龙可跻（jī），而《乾》爻在四：本句意谓飞龙本可以腾跃在天，目前却退处于渊，指代萧绎推辞不肯即帝位。《乾》爻在四，指《乾》卦九四爻辞：“或跃在渊，无咎。”

㉕帝阍（hūn）云叫，而阊阖（chāng hé）未开：语出《离骚》：“吾令帝阍开关兮，倚阊阖而望予。”帝阍，指掌管天门的人。阊阖，传说中的天门。本句比喻萧绎不肯答应群臣劝进的请求。

㉖稽：延迟。

㉗彝则:经常的制度,准则。

㉘万纽于谨:即于谨,本姓万纽于氏,字思敬,小名巨弥,洛阳(今属河南)人。鲜卑族。北朝名将,八柱国之一。

㉙萧詧(chá):字理孙,梁武帝萧衍之孙,昭明太子萧统第三子。与梁元帝萧绎有隙,遂依附西魏,与西魏大将于谨一道攻破江陵,杀死萧绎。随后在江陵称帝,建立西梁,成为北朝的附庸。

㉚戕(qiāng):杀害。

㉛初,武陵之平:以下至"其洲与大岸通也",出自《南史·梁本纪下·元帝》。武陵,指武陵王萧纪,字世询,别字大智,梁武帝萧衍第八子,被任命为益州刺史。与萧绎争夺帝位,于成都称帝。后兵败身死。

㉜宗懔(lǐn):字元懔,南阳涅阳(今河南邓州东北)人。南北朝时期大臣,著名学者。著有《荆楚岁时记》。黄罗汉:南朝梁大臣,官至廷尉卿、太府卿。

㉝渚宫洲:指江陵附近长江中的江心洲。渚宫,春秋楚国的宫名。故址在今湖北江陵。此处代指江陵。

㉞岁星:木星。井:指井宿。

㉟荧惑:火星。心:指心宿。

㊱玄象:天象。

㊲吉凶在我:是吉是凶,由我的行为所决定。《左传·僖公十六年》:"是阴阳之事,非吉凶所生也。吉凶由人。"

㊳寻:不久。

㊴土囊:一种杀人刑具,用装满沙土的袋子压死或闷死人。

㊵在藩:指在荆州。刘义隆时任荆州刺史。

㊶纂统:谓帝王继承统绪。

㊷枝江:县名。今湖北枝江北。杨之阁浦:《太平寰宇记》作"阳阁浦"。

㊸承圣:南朝梁元帝萧绎的年号(552—554)。

㊹方智：即萧方智，字慧相，小字法真，梁元帝萧绎第九子，南朝梁末代皇帝。

㊺太平二年：即557年。太平，为南朝梁敬帝萧方智的第二个年号（556—557）。

【译文】

梁武帝太清元年（547），东魏司徒侯景以河南十三州前来归附。后来，侯景造反，攻下京师，萧衍被幽禁而去世。梁武帝天监年间，释宝志作诗说："昔年三十八，今年八十三。四中复有四，城北火酣酣。"萧衍记下这首诗并密封了起来。萧衍三十八岁攻克建康，八十三岁时遭遇火灾，中大同元年（546）四月十四日，同泰寺火灾。都和释宝志所预言的一致。说的是这事。**侯景立梁武帝太子萧纲为帝，之后又杀害了他。**萧纲被追尊为太宗简文皇帝。**湘东王萧绎时任荆州刺史，派王僧辩等平定侯景之乱，把侯景的首级送到江陵。**王僧辩等人劝萧绎登帝位："各路军马在本月戊子日会集建康，将领们分别统率军队，从不同的道路一齐进击，敌人轰然崩溃，四处的群凶都被消灭。想到陛下您咀嚼苦痛吞咽悲哀，遭受并强忍着愤怒与痛苦。自从帝王的宫殿，四周被胡尘所笼罩，皇宫田园，聚集了众多来自北方的兵马。当道的豺狼，不止一人，凶恶的敌人尚未诛杀，时间已经过去了数年。如今，朝廷的声威已经重振，往日的冤仇耻辱已经洗雪。百官与封疆大吏，都祈求陛下鉴察。大家都认为封爵授土的功劳，已经归于有才德的臣子；登基称帝之礼，应该属于圣明之人。而您颁下的诏书非常谦虚，言辞渺然深远。飞龙本可以腾跃在天，目前却退处于渊。众人呼喊让天庭守门人开门，天门却始终不曾打开。对于您的讴歌一再传扬，人民因此翘首期盼。怎么可以长久拖延众人的议论，荒废常则呢？"**平定侯景后，湘东王萧绎在江陵即位。**即孝元皇帝，梁武帝萧衍第七子。**西魏派万纽于谨前来攻打江陵，西梁王萧詧率军与西魏军队会合。梁元帝萧绎被俘，西魏人杀死了他。**起初，平定了武陵王萧纪之后，有人建议利用萧纪的船只迁都建康。宗懔、黄罗汉都是楚地人，不愿迁都，说："建康的王气已经耗尽，江陵附近长江中的江心洲已经满百个。"于是萧绎仍然留在江陵。不久之后，岁星位于井宿，荧惑停留于心宿，萧绎观察天象，感慨地对群臣说：

“我夜观天象，恐怕将有贼寇出现。但是吉是凶，由我的行为所决定；命运气数如何，由上天所决定；躲避又有什么用呢？”不久，被西魏的军队围攻，江陵陷落，萧绎被俘，最终被土囊压死。江陵附近的长江，原先有九十九个江心洲，古老相传：“江心洲的数量满了一百个，荆州就要出天子。”桓玄做荆州刺史时，怀着篡逆之心，于是派人凿开一个江心洲，以凑成一百个。但凿开的江心洲不久就被江水冲毁，桓玄的叛乱最终也没有成功。宋文帝刘义隆为宜都王，在荆州时，长江上出现了一个新的江心洲。不久后，宋文帝就登上了帝位。梁武帝太清末年，枝江县的杨之阁浦又出现了一个新的江心洲。第二年，梁元帝即位。梁元帝承圣末年，这个江心洲又与江岸连在了一起。江陵陷落后，王僧辩、陈霸先等人商议立梁元帝萧绎之子萧方智为帝，即梁敬帝，是梁元帝的第九子。众人把萧方智从江州迎接到建康即位。太平二年（557），梁敬帝萧方智把帝位禅让给了陈。

高祖武皇帝[①]，姓陈氏，名霸先，吴兴长城人也。梁武帝时为直阁将军[②]。侯景反，高祖率所领与侯景大战，侯景败死。湘东王即位，授南徐州刺史[③]，还镇京口。承圣三年[④]，西魏攻陷西台[⑤]，高祖与王僧辩立晋安王，进帝位。司空僧辩又与齐氏和亲，纳贞阳侯[⑥]。高祖叹曰：“嗣主高皇之孙[⑦]，元皇之子，竟有何辜，坐见废黜？假立非次[⑧]，此情可知也。”高祖以为不义，潜师袭王僧辩于石头，克之。是夜，缢僧辩，贞阳侯逊位，晋安王复立。徐嗣徽北引齐师[⑨]，遣萧轨等四十六将济江至莫府山[⑩]，高祖并破之。进帝位丞相，进爵为陈王。永定三年[⑪]，梁帝禅位于陈。三年，荧惑在天尊也[⑫]。上崩，时上长子衡阳王昌为质于周[⑬]，乃立高祖弟始兴列王长子蒨也[⑭]。立弟子蒨[⑮]。是为世祖文皇帝也。崩，立太子伯宗[⑯]。是为废帝。废，立顼[⑰]。是为高宗宣皇帝，始兴列王第二子也。崩，立太子叔宝[18],是为长城公也。

【注释】

①高祖武皇帝:以下至“梁帝禅位于陈”,抄撮自《南史·陈本纪·武帝》。

②直阁将军:《南史·陈本纪·武帝》作“直閤(gé)将军”,南朝及北魏、北齐置。为皇帝左右侍卫之官,地位显要。

③南徐州:南朝宋永初二年(421)改徐州置,治京口(今江苏镇江)。

④承圣三年:即554年。

⑤西台:指江陵。《资治通鉴·齐纪十·中兴元年》胡三省注:“江陵在西,故曰‘西台’。”古称禁城为台城,故称萧绎都城江陵为“西台”。

⑥贞阳侯:指萧渊明,字靖通,梁武帝萧衍之侄。初封贞阳侯,任豫州刺史。侯景背叛东魏投降南梁时,萧衍命萧渊明与侯景北伐攻打东魏,结果萧渊明兵败被俘。萧绎死后,萧渊明在北齐文宣帝高洋的支持下南下建康,被王僧辩拥立为帝。在位四个月,被陈霸先废黜。

⑦嗣主:指萧方智。高皇:指萧衍。

⑧非次:不按照次序。

⑨徐嗣徽:高平(今山东邹城)人。南朝梁将领。官至太子右卫率、秦州刺史。王僧辩被杀后,徐嗣徽等乞师北齐,攻打陈霸先,战败被杀。

⑩萧轨:北齐将领。被北齐文宣帝高洋任命为大都督,率兵攻打陈霸先,兵败被杀。莫府山:即幕府山,又称“石灰山”,位于江苏南京北郊、长江南岸,东晋时王导建幕府于此。形势险要,为南京北侧天然屏障。

⑪永定三年:为559年,误,应为梁敬帝太平二年、永定元年(557),

此年萧方智禅位于陈。永定，为南朝陈武帝陈霸先的年号（557—559）。

⑫荧惑在天尊：即“荧惑守心”。《汉书·天文志》：“荧惑守心。”颜师古注：“李奇曰：‘心为天王也。’”

⑬昌：指陈昌，字敬业，陈霸先第六子。江陵陷落时，被俘虏至关右。陈霸先去世后，北周将陈昌放还。在回建康的路上，被推入江中溺死。

⑭始兴列王：指陈道谭，陈霸先之兄。列，应作“烈”。陈道谭被追赠为始兴郡王，谥号昭烈。蒨（qiàn）：即陈文帝陈蒨，字子华，陈道谭长子，陈霸先之侄，南朝陈第二位君主。

⑮弟子：应作“兄子”。

⑯伯宗：即陈废帝陈伯宗，字奉业，小字药王，陈文帝陈蒨嫡长子。即位时年幼，朝政大权被叔父陈顼掌握。后被陈顼废为临海王。

⑰顼：即陈宣帝陈顼，字绍世，小字师利，陈道谭次子，陈文帝陈蒨之弟。后废黜侄儿陈伯宗，自立为帝。

⑱叔宝：即陈后主陈叔宝，字元秀，小字黄奴，陈宣帝陈顼嫡长子，南朝陈末代皇帝。

【译文】

陈高祖武皇帝，姓陈，名霸先，吴兴长城人。梁武帝时任直阁将军。侯景造反，陈霸先率领部下与侯景大战，侯景战败而死。湘东王萧绎即位，任命陈霸先为南徐州刺史，回军镇守京口。梁元帝承圣三年（554），西魏军队攻陷江陵，陈霸先与王僧辩拥立晋安王萧方智为帝。司空王僧辩又与北齐和亲，拥立贞阳侯萧渊明。陈霸先感叹道：“继位的君主萧方智是高祖萧衍的孙子，元帝萧绎的儿子，他有什么过错，无故遭到废黜？拥立君主不按照次序，王僧辩的用心不问可知。”陈霸先认为这样做不合道义，秘密率军偷袭王僧辩于石头城，攻克了石头城。当天晚上，缢死了王僧辩，贞阳侯萧渊明退位，晋安王萧方智再次即位。徐嗣徽从北面引来北齐的军队，北齐派萧轨等四十六名将领，率军渡江至幕府山，陈霸先击溃了他们。陈霸先进位为丞相，晋爵为陈王。太平二年(557)，梁敬帝萧方智将帝位禅让给了陈。永定三年(559)，荧惑停留于心宿。陈霸先去世，此时，陈霸先之子衡阳王陈昌在北周当人质，于是立陈霸先之兄始兴烈王陈道谭之子陈蒨为帝。立哥哥的儿子陈蒨为帝。即陈世祖文皇帝。陈蒨去世后，立太子陈伯宗为帝。即陈废帝。被废黜后，立陈顼为帝。即陈高宗宣皇帝，始兴烈王陈道谭第二子。陈顼去世后，立太子陈叔宝为帝，就是长城公。

叔宝在东宫[①]，好学有文艺[②]。及即位，耽酒色。左右佞嬖珥貂者五十人[③]，妇人美貌丽服者千余人。常使孔贵妃等八人夹坐，江总、孔范等十人预宴[④]，号曰狎客[⑤]。先令八妇人襞彩笺[⑥]，制五言诗，十客一时继和[⑦]，迟则罚酒。君臣酣饮，从昏达旦，以此为常也。隋文帝初受周禅，甚敦邻好。宣帝崩，遣使赴吊，修敌国之礼[⑧]，书称名顿首[⑨]。而后主骄奢，书末云："想彼统内如宜，此宇宙清泰。"隋文帝不悦，以示朝臣。贺若弼、杨素等以为主辱，再拜请罪[⑩]，并求致讨。文帝曰："我为人父母，岂可限一衣带水而不拯之乎[⑪]？"命作战船，人请密之[⑫]。文帝曰："吾将显行天诛，何密之有！使投柹于江[⑬]，若彼能改，吾又何求也？"以晋王广为元帅，督八十总管以致讨[⑭]。初，隋师送玺书暴后主二十恶[⑮]，又散写诏书书三十万纸遍谕江东。诸军既下，江滨镇戍相继奏闻[⑯]。沈客卿掌机密[⑰]，抑而不言。隋军临江，后主曰："王气在此。齐兵三度来，周兵再度至，无不摧没。虏今来，必自败。"纵酒作诗不辍。隋军或进拔姑孰[⑱]，或断曲阿之冲[⑲]，乃下诏曰："犬羊凌纵，侵窃郊畿[⑳]。蜂虿有毒[㉑]，宜时扫定。"以萧摩诃为皇畿大都督[㉒]，分兵守要害，僧尼道士执役。隋军南北道并进，众军败绩。韩擒虎入自南掖门[23]，文武百官皆遁出，擒后主。隋师之入也[24]，仆射袁宪劝端坐殿上[25]，正色待之。后主曰："锋刃之下，未可及当，吾自有计。"乃逃于井。隋军人以绳引之，惊其太重，乃与张贵妃、孔贵人同束而上。隋文帝闻之，大惊。鲍宏对曰[26]："东井于天文为秦分[27]，今王都所在。投井，其天意也。"先是，江东多唱王献之《桃叶辞》云[28]："桃叶复桃叶，渡江不用楫。但渡无所苦，我自迎接汝。"及晋王广军于六合镇[29]，其山名桃叶[30]，果乘陈船而渡之也。晋王广入据台城[31]，送后主于东宫。己巳，后主与王公百司发自建邺，之长安。及至京师，列陈舆服[32]，引后主及王公，使宣诏让后主。后主雀息不能对[33]。封长城公。隋文帝东巡[34]，登芒山[35]。后主侍饮，赋诗曰："日月光天德，山河壮帝居。太平无以报，愿上东封书。"及出，隋文帝目送之，曰："此败岂不由诗酒？将作诗功夫，何如思安时事也？"至仁寿四年，终于洛阳。先是[36]，蒋山众鸟鼓翼拊膺曰[37]："奈何帝，奈何帝！"后主在东宫时，有鸟一足，集其殿庭[38]，以觜画地成文[39]，曰："独足上高台，盛草化为灰。欲知我家处，朱门当水开。"解者以为，"独足"言后主独行无众，"盛草"言荒秽，隋承火运[40]，草得火而灰。及至京师，家于都水台，所谓"高台""当水"也。有会稽人史溥，曾梦着朱衣人武冠自天而下[41]，以手执金板。溥往看，上文曰："陈氏五主三十四年[42]。"陈亡，果如梦。梁末，童谣云："可怜巴马子，一日行千里。不见马上郎，但见黄尘起。黄尘污人衣，皂荚相料理[43]。"及僧辩灭，群臣以谣言奏[44]，言僧辩本乘巴马击侯景。马上郎，王字也。尘，谓陈也。而不解"皂荚"之谓。既而陈灭于隋，说者以为江东谓羖羊角为皂荚[45]，隋氏姓杨，杨，羊也，言终灭于隋。北齐末，诸省官多称"省主"[46]，主将见省也。则知兴亡之兆，尽有征云。

【注释】

①叔宝在东宫：以下至“终于洛阳”，抄撮自《南史·陈本纪下·后主》。

②文艺：指撰述和写作方面的学问。

③左右佞嬖（nìng bì）珥（ěr）貂者五十人：以下至“以此为常也”，出自《南史·陈本纪下·后主》。佞嬖，《南史·陈本纪下·后主》作“嬖佞”，得宠的奸伪小人。珥貂，插戴貂尾。汉代侍中、中常侍于冠上插貂尾为饰。后借指皇帝之近臣。

④江总：字总持，济阳考城（今河南民权东北）人。南朝陈大臣、文学家、诗人。孔范：字法言，会稽山阴（今浙江绍兴）人。南朝陈大臣。

⑤狎（xiá）客：陪伴权贵游乐的人。

⑥襞（bì）：折叠。彩笺：小幅彩色纸张，常供题咏或书信之用。

⑦一时：即时，立刻。

⑧修敌国之礼：指采用地位对等的礼仪。敌国，地位或势力相等的国家。

⑨称名顿首：指书信以“杨坚顿首”结尾，表示致敬之意。称名，自称姓名。顿首，书简表奏用语，表示致敬，常用于结尾。

⑩贺若弼、杨素等以为主辱，再拜请罪：《国语·越语下》：“为人臣者，君忧臣劳，君辱臣死。”君主蒙受耻辱，臣子应当以死报之，故贺若弼、杨素请罪。

⑪一衣带水：像一条衣带那么宽的河流。形容其狭窄或逼近。后亦泛指江河湖海不足为阻。

⑫人请密之：以下至“吾又何求也”，出自《南史·陈本纪下·后主》。

⑬柿（fèi）：指造船削下的木片、木皮。

⑭总管：官名。地方高级军政长官。

⑮初,隋师送玺书暴后主二十恶:以下至“众军败绩”,出自《南史·陈本纪下·后主》,有删节。玺书,皇帝的诏书。

⑯镇戍:指驻防军的营垒、城堡。

⑰沈客卿:吴兴武康(今浙江德清)人。南朝陈大臣。官至中书舍人。机密:掌管机要大事的部门、职务。

⑱姑孰:又作“姑熟”“南洲(南州)”,即今安徽当涂,因临姑孰溪得名。东晋时筑城,地当长江津要,东晋南朝为京师建康(今江苏南京)西南藩篱。

⑲曲阿之冲:曲阿的交通要道。曲阿,古县名。今江苏丹阳。《资治通鉴·隋纪一·开皇九年》胡三省注:“(曲阿)其地在武进、丹徒二县之间。弼分兵断其冲,恐三吴之兵入救建康,掎其后也。”

⑳郊畿:京城郊外王畿之地。

㉑蜂虿(chài):蜂和虿,都是有毒刺的螫虫。虿,蝎子一类的毒虫。

㉒萧摩诃:字元胤,兰陵(治今山东枣庄南)人。南朝陈名将。

㉓掖门:宫殿正门两旁的边门。

㉔隋师之入也:以下至“果乘陈船而渡之也”,出自《南史·陈本纪下·后主》。

㉕袁宪:字德章,陈郡阳夏(今河南太康)人。南朝陈与隋朝大臣。

㉖鲍宏:字润身,东海郯(今山东郯城北)人。北周、隋朝大臣。

㉗分:指分星。古以十二星次的位置划分地面上州、国的位置与之相对应。就天文说,称作“分星”;就地面说,称作“分野”。东井(井宿)是秦地的分星。《汉书·地理志下》:“自井十度至柳三度,谓之鹑首之次,秦之分也。”

㉘王献之:字子敬,小字官奴,琅琊临沂(今山东临沂)人。王羲之第七子。东晋官员、诗人、书法家。

㉙六合镇:今江苏南京六合区,位于长江北岸。

㉚桃叶:桃叶山,位于江苏南京六合区南。

㉛台城：六朝时期的禁城。

㉜舆服：车舆冠服与各种仪仗。

㉝雀息：犹屏息，形容恐惧不敢作声。

㉞隋文帝东巡：以下至“何如思安时事也”，出自《南史·陈本纪下·后主》。

㉟芒山：即邙山，位于今河南洛阳北，东汉及北魏之王侯公卿多葬于此。

㊱先是：以下至“尽有征云”，抄撮自《南史·陈本纪下·后主》。

㊲蒋山：即锺山，又名“紫金山”，位于江苏南京东北。

㊳殿庭：宫殿阶前平地。

㊴觜（zuǐ）：鸟嘴。

㊵火运：指应火德而昌的帝运。

㊶武冠：古代武官戴的一种帽子的名称，相传战国赵武灵王效胡服始用。

㊷陈氏五主三十四年：《南史·陈本纪下·后主》作“陈氏五帝三十二年”。

㊸皂荚：落叶乔木，枝干上有刺，开淡黄色花，结荚果。

㊹谣言：民间流传的歌谣或谚语。

㊺羖（gǔ）羊：公羊。

㊻省：中央官署名。

【译文】

陈叔宝在东宫做太子时，喜欢学习，有撰述和写作方面的才能。等到即位之后，沉迷于酒色。陈叔宝身边，受到宠爱、插戴貂尾的奸伪小人有五十人，容貌美丽、身着华服的女子有一千多人。陈叔宝经常让孔贵妃等八位妃嫔夹杂而坐，江总、孔范等十人参加宴会，号称“狎客”。先让八位妃子折叠彩纸，作五言诗，十位狎客即时唱和，后完成者罚酒。君臣一起酣饮，从黄昏直到次日天明，以此为常事。**隋文帝杨坚接受北周禅让之初，很注重与邻国保持友好关系。陈宣帝陈顼去世，杨坚派遣使者前往吊丧，采用地位对等的礼仪，书信**

以“杨坚顿首”结尾。而陈叔宝态度骄横,在回信的末尾写到:“想必你统治的境内井井有条,我统治的境内清静平安。”隋文帝很不高兴,把陈叔宝的回信展示给朝臣看。贺若弼、杨素等人认为这是对君主的侮辱,再次下拜向杨坚请罪,并请求讨伐陈朝。杨坚说:“我作为天下百姓的父母,怎么能因为像一条衣带那么宽的长江的阻隔,就不去拯救江南的百姓呢?”下令制造战船,有人建议应该秘密进行。杨坚说:“我将奉行天命,公开进行讨伐,有什么可以保密的!把造船削下的木片投入江中,如果他们能够悔改,我还要求什么呢?”任命晋王杨广为元帅,指挥八十位总管讨伐陈朝。起初,隋军向陈朝传达杨坚的诏书,揭露陈叔宝二十条罪状,又将这一诏书传抄了三十万份广泛散布,让江南地区人人知晓。隋朝的各支军队东下,长江沿岸的各个要塞相继向朝廷报告。沈客卿掌管机要,压下报告,不向陈叔宝禀报。隋军到达江边,陈叔宝说:“帝王之气在此地。北齐的军队三次来犯,北周的军队两次入侵,无不被击溃。隋军今日来犯,一定会自取灭亡。”于是依旧不停地饮酒作诗。隋军有的部队攻克了姑孰,有的部队截断了曲阿的要道,于是陈叔宝下诏说:“敌军欺凌放纵,攻占了京城郊外王畿之地。就像有毒的蜂和虿,应该及时消灭。”任命萧摩诃为皇畿大都督,分兵把守要害,令和尚、尼姑、道士都担任劳役。隋军从南北同时进攻,陈朝的各支军队都被击败。韩擒虎从南侧的宫门入宫,文武百官都逃跑了,遂俘虏了陈叔宝。隋军进入宫城时,尚书仆射袁宪劝陈叔宝端坐殿中,神色庄重地等待隋军到来。陈叔宝说:“兵刃之下,不可以抵挡,我自有计策。”于是逃入井中。隋军士兵用绳子拉陈叔宝上来,奇怪分量太重,等拉出井口,才发现陈叔宝是与张贵妃、孔贵人一起上来的。杨坚听说此事,非常吃惊。鲍宏对杨坚说:“在天象上,井宿是秦地的分星,而秦地是当今王都所在。陈叔宝投井,正是上天的旨意。”此前,江南地区传唱王献之的《桃叶辞》:“桃叶复桃叶,渡江不用楫。但渡无所苦,我自迎接汝。”等到晋王杨广率军驻扎六合镇,当地有山名桃叶,隋军果然乘着陈朝的船只渡过了长江。晋王杨广占据了台城,把陈叔宝送到东宫。开皇九年(589)三月己巳日,陈叔宝和陈朝王公大臣们一同从建康出发,前往长安。到达长安后,在庭中陈列陈朝的车舆冠服与各种仪仗,引导陈叔宝及陈朝王公们进入朝堂,令人宣读诏书责备陈叔宝。陈叔宝屏息不能应对。陈叔宝被封为长城公。隋文帝杨坚东巡,登上洛阳邙山。陈叔宝陪侍杨坚饮酒,作诗曰:"日月光天德,山河壮帝居。太平无以报,愿上东封书。"等陈叔宝出去,杨坚目送他,说:"这个人失败亡国,难道不是因为作诗饮酒吗?何不把作诗的功夫,用在思考国事上?"到隋文帝仁寿四年(604),陈叔宝在洛阳去世。起先,蒋山中的群鸟扇动翅膀拍打胸口叫道:"奈何帝,奈何帝!"陈叔宝在东宫做太子时,有一只一条腿的鸟,飞到东宫阶前平地上,用嘴在地上写字,内容是:"独足上高台,盛草化为灰。欲知我家处,朱门当水开。"解释者认为,"独足"指的是陈叔宝独断专行不得民心,"盛草"指的是陈叔宝荒淫污秽,隋朝应火德而王,盛草遇到火,便被烧成灰烬。等陈叔宝被俘虏到了长安,家住都水台,这就是所谓的"高台""当水"。有一位会稽人史溥,曾梦见一位穿着红色衣服、戴着武冠的人从天而降,手中拿着一块金板。史溥上前察看,上面写着:"陈氏五主三十四年。"陈朝灭亡,果然如史溥梦中预言的那样。梁朝末年,有一首童谣说:"可怜巴马子,一日行千里。不见马上郎,但见黄尘起。黄尘污人衣,皂荚相料理。"王僧辩被消灭后,大臣将这首童谣上奏,认为王僧辩原本骑着巴郡的马匹攻打侯景。马上郎,是王僧辩的字。尘,指的是陈朝。而不理解童谣中"皂荚相料理"指的是什么。不久后陈朝被隋朝灭亡,解说者认为江南地区把羖羊角叫作"皂荚",隋朝统治者姓杨,杨,音同"羊",这句诗说的是陈朝最终会被隋朝灭亡。北齐末年,各个中央官署的主管官员被称为"省主",预示着皇帝将要被除去。这样看来,国家的兴亡,全都有相应的征兆。

隋高祖,姓杨氏,名坚。周武帝初,为隋州刺史,女为太子妃[①]。周宣帝立,拜为大司马。宣帝崩,立靖帝[②],进爵为隋王,遂禅位焉,改号开皇元年[③]。九年,平陈,废太子勇为庶人,立晋王广为皇太子。高祖崩,太子即位。是为炀帝。炀帝无道,盗贼蜂起。十三年[④],幸江都[⑤]。李密设坛于巩[⑥],自署为魏公。密,辽东人,蒲山公宽之子也[⑦]。少倜傥[⑧],有大志，常有思乱之心。与杨玄感为刎颈交[9]。玄感以势凌之，密怒曰："决机两阵之间[10]，喑哑咄嗟[11]，三军披靡，邀功一时，密不如公。若涉彼长途，驱策贤俊，使各申其用，公不如密。岂可以一阶一级而轻天下士大夫耶？"及玄感反，密归之，为其谋主。后玄感败，密变姓名，奔翟让[12]。让立密为魏公，开幕府，置僚属，凡十余万人。**梁师都据夏州[13]。刘武周杀太原留守王仁恭[14]，举兵反。窦建德自号夏王[15]，朱粲自号楚王[16]，刘元进据吴都[17]。炀帝闻群贼起，大惧，使冯慈明征兵东都[18]**，炀帝闻盗贼蜂起，召群臣问之。皆曰："此鼠窃狗盗[19]，何足以忧？"侍御史韦德裕曰[20]："今海内土崩，纲纪大坏，而内史侍郎虞世基、御史大夫裴蕴等阿媚陛下[21]，隐秘不言，所谓积薪已燃，宗庙必不血食矣[22]。《周书》曰：'绵绵不绝，将成江河[23]。'陛下勿以谀言不以介意。"乃诏冯慈明诣东都征兵，将以讨密。为徼逻所获[24]，归之李密。密闻慈明至，大悦，谓慈明曰："皇天无亲，惟德是辅。主上毒流四海，天下咸知。密纠合苍生，思平宇内，熊罴之士百万有余[25]，据敖仓之粟[26]，带成皋之险[27]，干戈精练，甲胄坚实，决东海可西流，蹴太山可东倒[28]。以此御敌，何敌不摧！以此攻城，何城不陷！东都危急，不日将降，幸少留意，同建功名。"慈明曰："蒲山公策名先帝[29]，位极朝端。明公不思造我之恩，翻怀反噬之志[30]，弃皇隋之大德，即枭感之顽嚚[31]，恶积祸盈，败不旋踵。网漏吞舟[32]，至于今日。昔巨君以天下之众弊于光武[33]，处仲以江左之师穷乎明帝[34]。明公以乌合之卒不越数千，狼顾鸱张[35]，强梁村坞[36]。唯德是辅，公何预焉？"密乃幽之于司徒府。慈明密令人诣东都。事泄，翟让杀之。**诏唐国公渊镇太原[37]。**

【注释】

①太子：指周宣帝宇文赟，字乾伯，鲜卑族，周武帝宇文邕长子。在位时沉湎酒色，荒淫暴虐。

②靖帝：《周书》作“静帝”，即宇文阐，原名宇文衍，鲜卑族，周宣帝宇文赟长子，北周末代皇帝。

③开皇元年：即581年。下文“九年”为589年。开皇，为隋文帝杨坚的第一个年号（581—600）。

④十三年：大业十三年，即613年。大业，隋炀帝杨广的年号（605—617）。

⑤江都：今江苏扬州。

⑥李密：字玄邃，一字法主，京兆长安（今陕西西安）人。祖籍辽东襄平（今辽宁辽阳），隋末群雄之一。早年为杨玄感的幕僚与好友，玄感败死，加入瓦岗军继续起义。后因被王世充偷袭，归降李渊。因怀疑李渊即将加害自己而逃遁，被唐将盛彦师所杀。巩：县名。今河南巩义西南。

⑦宽：即李宽，京兆长安（今陕西西安）人。北周、隋朝将领。拜上柱国，封蒲山郡公。

⑧倜傥（tì tǎng）：卓异，不同寻常。

⑨杨玄感：弘农华阴（今陕西华阴）人。司徒杨素之子。官至礼部尚书，袭封楚国公，隋末群雄之一。因受到隋炀帝杨广猜忌，内心不安，趁杨广出征高句丽时起兵反叛，后兵败自杀。刎（wěn）颈交：谓友谊深挚，可以共生死的朋友。

⑩决机：依据时机采取适宜决策。决，通“抉”，选择。

⑪喑哑（yìn wù）咄嗟：怒吼。喑哑，同“喑噁”。

⑫翟让：东郡韦城（今河南滑县东南）人。隋末瓦岗起义军首领。大业七年（611），与同郡人徐世勣（即李勣）、单雄信于瓦岗（今河南滑县东南）起兵反隋。李密加入后，推李密为瓦岗军首领，号

“魏公”。后被李密用计杀害。

⑬梁师都：夏州朔方（今陕西靖边）人。隋末群雄之一，割据雕阴（治今陕西绥德）、弘化（治今甘肃庆城）、延安（治今陕西延安东北）等郡称帝，国号梁，建元“永隆”。后为唐军所败，被堂弟梁洛仁所杀，献朔方城投降。夏州：北魏太和十一年（487）改统万镇置，治岩绿县（唐改名朔方，今陕西靖边北白城子）。

⑭刘武周：祖籍河间景城（今河北沧州西），迁居马邑（今山西朔州），隋朝末年群雄之一。与同郡张万岁等杀太守王仁恭，聚兵万余人，自称太守。依附突厥，攻占雁门（治今山西代县西）、楼烦（治今山西静乐）、定襄（治今内蒙古和林格尔西北）等郡，受封为“定杨可汗”，自称帝，年号“天兴”。后被李世民击败，出奔突厥。后拟从突厥逃归马邑，事泄被杀。王仁恭：字元实，天水上邽（今甘肃天水）人。隋朝官员。王仁恭被杀时为马邑太守，而非太原留守。

⑮窦建德：贝州漳南（今山东武城）人。隋末农民起义首领。曾占据河北，自称夏王，年号“五凤”。唐武德四年（621），率军驰援被唐军围困于洛阳的王世充，最终兵败被俘，被杀于长安。

⑯朱粲：亳州城父（今安徽亳州东南）人。隋朝末年群雄之一。拥众十余万，转战江汉之间，自称楚帝，年号“昌达”。性格残暴，无粮甚至以人肉供军。后兵败降唐，既而转投王世充。王世充败，被唐军擒杀。

⑰刘元进：余杭（今浙江杭州）人。隋末江南农民起义领袖。曾占据吴郡，自称天子。后为王世充所败，被杀。吴都：指春秋吴国的都城，即今江苏苏州。

⑱冯慈明：字无佚，信都长乐（今河北衡水冀州区）人。北齐、隋朝大臣。奉命募兵击李密军，被密军俘获，受到李密优待。冯慈明使人向江都密告军情，被翟让等杀死。

⑲鼠窃狗盗：比喻小偷小盗或小规模的抢掠骚扰。

⑳韦德裕：隋朝人。隋炀帝朝任御史。

㉑虞世基：字懋世（《隋书》作“茂世”），小字播郎，会稽余姚（今浙江余姚）人。虞世南之兄，隋朝大臣。裴蕴：河东闻喜（今山西闻喜）人。隋朝大臣。二人均于宇文化及兵变时被杀。

㉒不血食：指因为无后嗣或国家灭亡而绝祀。古代祭祀用牲，谓“血食”。

㉓绵绵不绝，将成江河：见于《孔子家语·观周》引《金人铭》，原文作：“涓涓不壅，将成江河。绵绵不绝，将成网罗。”指小的水流不去堵塞，终将汇为江河。长长的线不弄断，终将织成罗网。

㉔徼（jiào）逻：巡逻。

㉕熊罴（pí）之士：喻勇士或雄师劲旅。

㉖敖仓：泛指粮仓。当时李密占据了兴洛仓，位于今河南巩义西北。

㉗带：毗连。成皋：古邑名。春秋郑邑，原名虎牢。位于今河南荥阳汜水镇西，形势险要。

㉘蹴（cù）：踏。

㉙策名：语出《左传·僖公二十三年》：“策名委质，贰乃辟也。”杜预注：“名书于所臣之策。”孔颖达疏：“古之仕者于所臣之人书已名于策，以明系属之也。”后用以指因仕宦而献身于朝廷之事。

㉚反噬（shì）：比喻背叛。

㉛枭感：指杨玄感。杨玄感兵败身死后，隋炀帝下令将其姓氏改为枭氏。顽嚚（yín）：愚妄奸诈。

㉜网漏吞舟：网漏，谓法网疏宽。吞舟，指大鱼，比喻大奸。后因以“网漏吞舟”喻法网疏宽，大奸得脱。

㉝巨君：即王莽，字巨君。

㉞处仲：即王敦，字处仲。

㉟狼顾鸱（chī）张：如狼凶视，如鸱张翼。形容凶暴，嚣张。

㊱强梁:强横凶暴。村坞(wù):村庄。多指山村。

㊲渊:指唐高祖李渊,字叔德,祖籍陇西狄道(今甘肃临洮),唐朝开国皇帝。

【译文】

隋高祖,姓杨,名坚。周武帝宇文邕初年,担任隋州刺史,女儿是太子宇文赟的妃子。周宣帝宇文赟即位,拜杨坚为大司马。宣帝去世后,周静帝宇文阐即位,杨坚晋爵为隋王,遂接受了宇文阐的禅让,将年号改为开皇元年(581)。开皇九年(589),平定陈朝,之后废太子杨勇为庶人,立晋王杨广为皇太子。杨坚去世后,太子杨广即位。即隋炀帝。隋炀帝杨广昏庸无道,各地盗贼蜂拥而起。大业十三年(613),杨广来到江都。李密在巩县设坛,自封为魏公。李密,辽东人,蒲山公李宽之子。年少时便不同寻常,志向远大,常有造反的念头。与杨玄感是生死之交。杨玄感曾倚仗权势欺凌李密,李密发怒地说:“在两军交锋的战场上寻找胜机,怒吼呐喊,所向披靡,建立一时的功勋,我不如您。如果从长计议,招揽驱使贤士俊杰,让他们各自发挥才能,您不如我。怎么可以因为您地位稍高,就看轻天下的士大夫呢?”等到杨玄感造反,李密前去投奔,成为杨玄感最主要的谋士。之后杨玄感兵败,李密变更姓名,投奔翟让。翟让立李密为魏公,建立幕府,设置幕僚,拥有十余万兵力。梁师都占据夏州。刘武周杀死马邑太守王仁恭,起兵造反。窦建德自封为夏王,朱粲自封为楚王,刘元进占据苏州。杨广听说这么多人造反,非常恐惧,派冯慈明到洛阳招募军队,杨广听说各地盗贼蜂拥而起,召集大臣询问如何应对。大臣们都说:“这不过是一些小偷小摸,有什么可担心的?”侍御史韦德裕说:“如今天下土崩瓦解,朝廷纲纪严重败坏,而内史侍郎虞世基、御史大夫裴蕴等人对陛下您阿谀奉承,隐瞒实情不报,现在的情况,好比积聚的木柴已被点燃,宗庙即将无人祭祀。《周书》说:‘小的水流不堵塞,终将汇集为江河。’陛下千万不要因为谄媚的话,就不把这件事放在心上。”于是下诏派冯慈明到洛阳招募军队,用以讨伐李密。冯慈明被瓦岗军巡逻的士兵抓住,押送给李密。李密听说抓住了冯慈明,非常高兴,对冯慈明说:“上天不亲近谁,只辅助有德行的人。当今皇上祸害天下百姓,天下人都看在眼里。我纠集百姓，想要安定天下，麾下有一百多万勇士，占有着敖仓的粮食，毗连着成皋的险阻，武器精良，甲胄坚实，挖开东海可以使其西流，脚踢泰山可以使其东倾。凭借这样的实力抵御敌人，什么样的敌人不能击溃！凭借这样的实力攻打城池，什么样的城池不能攻陷！洛阳形势危急，很快就将投降，希望您稍认清下形势，与我们一同建功立业。”冯慈明说：“你的父亲蒲山公李宽曾是先帝的臣子，在朝廷是位极人臣。你不怀念朝廷造就自己的恩情，反而怀着背叛之心，背弃朝廷的恩德，与杨玄感一样愚妄奸诈，杨玄感恶贯满盈，很快就失败了。而朝廷法网疏宽，导致像你这样的大奸逃脱，以至于有今日的局面。从前，王莽拥有全天下的军队，却被光武帝刘秀击败；王敦拥有江东的军队，却被晋明帝司马绍击败。你凭借不超过数千人的乌合之众，如狼凶视，如鸱张翼，在山村之间强横凶暴。所谓上天只辅助有德行的人，和你有什么关系？”李密于是把冯慈明软禁在司徒府中。冯慈明暗中派人去洛阳报信。消息泄露，翟让杀死了冯慈明。**下诏让唐国公李渊镇守太原。**

五月甲子，唐公举义兵，遥尊炀帝为太上皇，立代王侑为天子[①]，行伊、霍故事[②]。传檄天下，闻之响应。此裴寂、殷开山计也[③]。代王侑时在西京。秋七月，唐公将西图长安，仗白旗[④]，誓众于太原之野，被甲三万。留公子元吉守太原[⑤]。义师次霍邑[⑥]，隋武牙郎将宋老生拒义师[⑦]。时连雨不霁[⑧]，粮运不给，又讹言突厥将袭太原。唐公惧，命旋师，用秦王谏乃止[⑨]。秦王谏曰：“独夫肆虐[⑩]，天下崩离。狼顾蜂飞，跨州连县，丈夫不得耕耘，女子不得纺绩[⑪]。故仗剑汾晋[⑫]，举旆参墟[⑬]，将斩封豕以安万人[⑭]，戮鲸鲵而清四海。据崤函之固[⑮]，挟天子之威，令诸侯，定天下，是以闻之响应，投赴如归。今遇小敌便将返旆，恐义师一朝解体，大事去矣，势不可全。还守太原则一城贼耳，恐不及旋踵，祸变仍生。”乃止也。老生背城而阵，一战斩之，平霍邑。

诸城皆降,唯屈突通镇河东坚守不下也[16]。冬十月,义师次长乐宫[17],卫文昇挟代王乘城拒守[18]。十一月,平京师,尊代王为天子,改元义宁。遣使四出徇郡县[19]。隋行宫[20],唐公悉罢之,后宫还其亲属。初,隋将多侵百姓,百姓患之。及义师至,秋毫无犯,皆曰:"真吾君矣。"时炀帝将之丹阳[21],而大臣将卒皆北人,不愿南迁,咸思归[22]。宇文化及因百姓之不堪命[23],杀炀帝于江都,隋室王侯无少长皆斩之,立嗣王浩为天子[24],化及为丞相。上曾梦见青衣儿谓曰:"去亦死,住亦死,不若乘舡渡江水[25]。"裴蕴、虞世基皆南人,赞成其事。将卒不愿南迁,将因会鸩之。南阳公主惧杀其婿[26],以谋告宇文士及[27]。士及告其兄化及[28],遂反执帝。帝曰:"吾何负于天地,而致此乎?"马文举对曰[29]:"臣闻万姓不可无主,故立君以抚之。是知一人养万姓,非万姓养一人。高祖文皇帝粤有下国[30],丕隆大宝[31],除苛政,布恩德,南灭强陈,北威狁虏[32],二十余年,河清海晏[33]。既而弃世升遐[34],陛下即位,违远社稷[35],委弃京都,巡游行幸,略无宁岁。漕通河、洛,控引江、淮[36],丁壮倦劳苦,老弱疲转饷[37]。高颎、贺若弼先朝重臣[38],勋德俱茂;薛道衡英华冠世[39],经纶之才。咸被非辜,卒遭夷戮。贤哲之士退,谄佞之子升。又频年讨辽,征役不息,行者不反,国用空虚,白骨被于原野,肝胆涂于草泽。悠悠冤魂,有请上帝,将假手于人矣。及在雁门,取辱戎虏[40],重围既解,理须宁息。方更巡游吴、越,翱翔江上,头会箕敛[41],以供行乐。士卒无短褐[42],后宫厌罗绮。士卒无糟糠,犬马贱粟肉。甲胄生虮虱,戎马不解鞍。拒谏饰非,无心反驾,遂使九县瓜分[43],八纮幅裂[44]。以天下之富,四海之贵,一旦弃之,犹曰无罪。臣窃为陛下羞之。”乃默然，缢杀之。

【注释】

①侑(yòu)：指隋恭帝杨侑，弘农华阴(今陕西华阴)人。隋炀帝杨广之孙，元德太子杨昭之子，隋朝末代皇帝。

②伊、霍：指伊尹、霍光。二人都曾废立君主。

③裴寂：字玄真，蒲州桑泉(今山西临猗)人。唐朝开国功臣。官至尚书仆射、司空。殷开山：即殷峤，字开山，雍州鄠县(今陕西西安鄠邑区)人。唐朝开国功臣。官至吏部尚书。

④仗白旗：《大唐创业起居注》：“军司以兵起甲子之日，又符谶尚白，请建武王所执白旗，以示突厥。帝曰：‘诛纣之旗，牧野临时所仗，未入西郊，无容预执，宜兼以绛，杂半续之。’诸军矟幡皆放此。营壁城垒，幡旗四合，赤白相映若花园。”据此，李渊起兵时仗赤白相间之旗。

⑤元吉：即李元吉，小字三胡，唐高祖李渊第四子，封齐王，官至司空。玄武门之变中，被李世民杀死。

⑥霍邑：县名。今山西霍州。

⑦武牙郎将：即虎牙郎将，隋朝十二卫虎贲郎将副贰，从四品。宋老生：隋朝将领。

⑧霁(jì)：雨止天晴。

⑨秦王：即唐太宗李世民，李渊次子。隋末辅佐李渊起兵，平定四方，受封为秦王。唐高祖武德九年(626)，李世民发动“玄武门之变”，杀死太子李建成和齐王李元吉，被册立为皇太子。继位后，锐意图治，轻刑薄赋，海内升平，世称为“贞观之治”。

⑩独夫：残暴无道、众叛亲离的统治者。指隋炀帝杨广。

⑪纺绩：纺线缉麻。

⑫汾晋：指汾水流域。亦特指山西太原地区。

⑬旆(pèi):旌旗。参墟:参星的分野,当今山西、河南一带。

⑭封豕:大猪。比喻贪暴者。

⑮崤(xiáo)函:崤山和函谷关。自古为险要的关隘。

⑯屈突通:复姓屈突,字坦豆拔,雍州长安(今陕西西安)人。隋末唐初将领,唐朝开国功臣。河东:县名。今山西永济西南。

⑰长乐宫:西汉高祖五年(前202)以秦兴乐宫改建,遗址在今陕西西安西北郊汉长安故城东南隅。

⑱卫文昇:即卫玄,字文昇,洛阳(今属河南)人。隋朝大臣。《资治通鉴·隋纪八·义宁元年》:"刑部尚书领京兆内史卫文昇年老,闻渊兵向长安,忧惧成疾,不复预事,独左翊卫将军阴世师、京兆郡丞骨仪奉代王侑乘城拒守。"与此处记载不同。

⑲徇(xùn):招抚。

⑳行宫:古代京城以外供帝王出行时居住的宫室。

㉑丹阳:指丹阳郡,治石头城(今江苏南京清凉山)。

㉒咸:全,都。

㉓宇文化及:代郡武川(今内蒙古武川西)人。隋大将宇文述之子。大业十四年(618)三月,宇文化及与其弟宇文智及煽动兵变,弑隋炀帝,拥立秦王杨浩为帝。之后废黜杨浩,自立为帝,国号"许"。最终为窦建德所杀。

㉔浩:指杨浩,弘农华阴(今陕西华阴)人。隋文帝杨坚之孙,秦孝王杨俊长子。隋炀帝死后,被宇文化及拥立为帝,后被废黜并杀害。

㉕舡(chuán):同"船"。

㉖南阳公主:隋炀帝杨广长女,宇文士及之妻。婿:丈夫,夫婿。

㉗宇文士及:宇文述第三子,宇文化及之弟。宇文化及兵败后降唐,跟随李世民征战四方,颇有功劳,官至中书令,封郢国公。

㉘士及告其兄化及:《旧唐书·宇文士及传》:"化及之潜谋逆乱也,以其主婿,深忌之而不告。"与此处记载不同。

㉙马文举：隋朝将领。参与了江都兵变。

㉚粤：助词，用于句首，表示审慎的语气。下国：天下，下界。

㉛丕：助词，置句首或句中。大宝：帝位。

㉜虏：古时对北方外族的蔑称。此处指突厥。

㉝河清海晏：黄河水清，沧海波平。形容天下安定太平。

㉞升遐：帝王去世的婉辞。

㉟社稷：古代帝王、诸侯所祭的土神和谷神。

㊱控引：贯通。

㊲转饷：输送军粮。

㊳高颎（jiǒng）：一名敏，字昭玄，自云渤海蓨县（今河北景县南）人。隋文帝时官至尚书左仆射，兼纳言，封渤海郡公。后因反对废太子杨勇并得罪独孤皇后，遭隋文帝猜忌，被免官为民。隋炀帝时，被起用为太常卿。后见隋炀帝奢靡，甚为忧虑，有所议论，为人告发，与贺若弼同时被杀害。

㊴薛道衡：字玄卿，河东汾阴（今山西万荣西南）人。隋朝大臣、诗人。因得罪隋炀帝被处死。

㊵及在雁门，取辱戎虏：大业十一年（615），突厥始毕可汗将隋炀帝围困于雁门郡（治今山西代县西）。后各路援军抵达，突厥才撤军出塞。

㊶头会箕敛：按人数征税，用畚箕装取所征的谷物，谓赋税苛刻繁重。《史记·张耳陈馀列传》：“外内骚动，百姓罢敝，头会箕敛，以供军费。”裴骃《集解》引《汉书音义》：“家家人头数出谷，以箕敛之。”

㊷短褐：粗布短衣。

㊸九县：九州。

㊹八纮（hóng）：泛指天下。

【译文】

大业十三年（617）五月甲子日，唐国公李渊起兵，遥尊隋炀帝杨广为太上皇，立代王杨侑为天子，效仿当年伊尹、霍光的做法。向天下发布檄文，听到消息的人纷纷响应。这是裴寂、殷开山的计策。代王杨侑当时留守长安。秋七月，李渊将要向西夺取长安，便高举白旗，在太原郊外誓师，披甲的将士有三万人。留下公子李元吉驻守太原。义军抵达霍邑，隋武牙郎将宋老生率军抵抗。当时连日阴雨，军队的粮草供给不上，又有谣言说突厥军队即将袭击太原。李渊很害怕，打算下令回师，后来听了秦王李世民的劝说，才没有这样做。秦王李世民劝谏道："隋炀帝肆意施暴，天下分崩离析。各地盗贼如狼一般左顾右盼，如蜂一般纷然并起，跨越州县，遍布天下，使男子无法耕种，女子无法纺织。所以您在太原持剑而起，高举义旗，将要斩杀贪暴之人以安定百姓，处死凶恶之人以澄清四海。我们将依靠崤山和函谷关的险要地形，借助天子的威严，以此号令诸侯，平定天下，所以听到消息的人纷纷响应，投奔我们就像回家一样。如今我们遇到一小股敌人就回师太原，恐怕义军一时间就会瓦解，大势一去，则难以保全。若我们回师防守太原，则沦为困守一城的小贼，恐怕过不了多久，就会发生灾祸变故。"李渊于是放弃了这一决定。宋老生背城布阵，被义军一战斩杀，义军平定了霍邑。各个城池都投降了，唯有屈突通镇守河东，坚守不下。冬十月，义军抵达汉长乐宫故址，卫文昇挟持代王杨侑登城固守。十一月，义军平定长安，拥立代王杨侑为天子，改元义宁。派遣使者到各处招抚郡县。隋朝营建的行宫，李渊将其全部废除，让后宫的女子们回到家人那里去。起初，隋朝的将领多侵扰百姓，百姓非常厌恶他们。等义军到来，秋毫无犯，百姓们都说："这是我们真正的君主。"此时，隋炀帝杨广打算前往丹阳郡，但他的大臣将士都是北方人，不愿南迁，都渴望回到北方。宇文化及趁着百姓不堪忍受暴政，在江都杀死了杨广，隋王室的王侯，不论年龄老少都被杀死，立杨浩为天子，宇文化及为丞相。隋炀帝杨广曾梦见一个穿青色衣服的小儿对他说："离开也是死，留在这儿也是死，不如乘船渡过长江。"裴蕴、虞世基都是南方人，赞成杨广南迁的主张。将士们不愿南迁，杨广与裴、虞二人打算在宴会中毒死他们。南阳公主害怕自己的丈夫宇文士及被害，把杨广的计划告诉了宇文士及。宇文士及把这件事告诉了哥哥宇文化及，于是宇文化及谋反，抓住了杨广。杨广说：

"我做了什么对不起天地的事情,导致这样的下场?"马文举对杨广说:"我听说,天下百姓不可以没有主宰,所以设立君主来抚育他们。由此可知,君主应当养育百姓,而不是众多百姓应当奉养某一人。隋高祖文皇帝拥有天下,高居帝位,废除苛刻的政令,广施恩德,南面消灭了强大的陈朝,北面震慑了狡猾的突厥,二十多年间,天下太平。先帝去世后,陛下即位,远离社稷所在,离开都城,到处巡游,从来没有安宁的时候。您下令开挖运河,沟通黄河与洛河,贯通长江与淮河,使少壮的人因为劳役而受苦,老弱的人因为输送军粮而疲惫。高颎、贺若弼都是先帝重臣,勋劳和品德都很卓越;薛道衡才华出众,是筹划治理国事的良才。他们都以无罪之身,最终惨遭杀害。于是,贤明睿智的人离开朝廷,阿谀奉承之辈得到提拔。又连年讨伐辽东,赋税徭役从不停息,前往讨辽的将士客死他乡,国家财政空虚,原野中白骨遍地,草泽中肝胆涂地。众多冤魂,已经向天帝告状,故上天将借他人之手来讨伐您。您当年在雁门郡,被突厥围困羞辱,解围之后,理应让天下安宁休息。您却又到吴、越地区巡游,遨游于长江之上,横征暴敛,以供享乐的费用。士卒连粗布短衣都没得穿,后宫的妃嫔却穿厌了绫罗绸缎。士卒连糟糠都没得吃,您饲养的犬、马却连粟与肉都吃腻了。将士的铠甲长满了虱子,战马从来没有机会卸下马鞍。您拒绝规劝,掩饰错误,不愿意返回长安,于是使九州被瓜分,天下被分裂。拥有天下的富裕,统治四海的尊贵,被您一下子抛弃了,您却说自己无罪。我私下替您感到羞耻。"杨广听后沉默不语,最终被勒死了。

五月戊午,天子侑逊位于别宫[①],禅位于唐,都长安。大业末,谣曰:"桃李子,洪水绕杨山,宛在花园里。"李,唐姓也。洪水者,唐王讳也。杨,隋姓也。花者,华不实也。园,囿也。代王名侑,"侑"与"囿"音同。言杨侑虽为帝,终于历数有归,唐王当践其位也。己巳,王世充、段达等立越王侗为皇帝于洛阳[②]。六月,宇文化及自江都至彭城,据黎阳[③],称"许"。李密率大军壁清淇[④]。敦煌张守一闻密之拒化及也[⑤],说越王以讨。越王不用其策，用孟琮计与密连和[6]。张守一说曰：“臣闻，鸿鹄之翮未就[7]，冲天之情以萌；武豹之文未备[8]，食牛之心已成。今陛下据全周之地[9]，背河面洛，带甲十万，粟支数十年，此霸王之资，非待翮成、文备之势也。固城自守，不以济世为心，何异夫群蚁之婴一穴乎[10]？窃为陛下不取。”越王曰：“若之何？”对曰：“三王之兴，五伯之举[11]，莫不由兵以成大业。故夏启有甘野之师[12]，齐桓起邵陵之众[13]，皆以征讨不庭[14]，伐叛威慝者也[15]。今天下土崩，英雄竞起，为陛下腹心之患者莫过夏、魏[16]。夏遣师涉河，则东都非陛下之地；魏遣师逾洛，洛口之粟非陛下所有[17]。累卵之危，无以加也。臣闻，兵以正合，而以奇胜[18]。韩信所以斩成安[19]，子房所以降秦也[20]。请选精锐之士二万人守洛阳，三万人循河而守，以备夏寇。陛下亲率大军，出洛口，掩魏之师。魏之君臣谓陛下从天而至，苍卒之间[21]，智者不为计矣。李密既灭，则建德慑气[22]。备守边疆，相时而动，则文皇之业可修[23]，世祖之基不坠[24]。”越王曰：“朕新受命，人神未附，兵革屡兴，恐士大夫解体于我[25]。”守一曰：“陛下以累圣之资[26]，继二祖之业，虽夏人之思禹德，复戴少康；汉室之恋刘宗，重尊光武；以今况古，彼有惭德[27]。况密有可伐之势者三。何则？始密与翟让同起乌合之众，大业已就，密乃杀让而夺其位。士卒初丧其主，鬼神新失其祀，人神未附，一也。地广兵众，法令不明，赏罚不信，二也。精锐之卒并拒秦王，巩、洛所留悉皆老病[28]，乘其虚而袭之，必得志矣，三也。志曰：‘夺人之先[29]。’又曰：‘天时不如地利，地利不如人和[30]。’陛下兼此三事，又居之以先，无不克矣。”王将从之。孟琮曰：“化及率思归之众，其锋不可当。李密英雄，勇略不世。非密无以灭化及。且袭之不得，复生一化及。臣请说以利害，示以大节，使为元戎[31]，以除凶祲[32]。徐议其后，未为晚焉。”王曰：“善。”孟琮东说密曰：“明公以乌合之卒密迩王城[33]，罕慕德之人[34]，无山泽之固，兵法所谓四分五裂，特所忌焉。今东有化及之师，西有东都之众。东拒化及则王师袭其后，备东都而不行，则化及之师日至。于是六军出洛口[35]，化及下武牢[36]，诚恐不暇转旋[37]，败亡已及。今皇帝，世宗成帝之子[38]，世祖明帝之孙也。以累世之资，当乐推之运[39]，士马百万，据有旧都。宇文化及怀音蔑闻[40]，亲行枭镜[41]。主上枕戈待旦[42]，将卒蓄力待明。将军诚能率先启行[43]，诛锄凶暴，则有盘石之安，无累卵之危也。晋文舍斩袪[44]，齐桓置射钩[45]，况主上圣哲自天，宽和容众[46]，将军勿以畴昔之失过望于皇帝也。狐裘羔袖[47]，将军择焉。”密初闻张守一之谋，大惧。及琮至，大悦，使记室李俭朝。越王大悦，拜密为太尉、魏国公。

【注释】

①别宫：正式寝宫以外的宫室。

②王世充：字行满，本姓支，西域胡人，寓居新丰（今陕西西安临潼区东北），隋末群雄之一。隋炀帝时因镇压起义有功，任江都通守。大业十三年（617），率军营救洛阳，与瓦岗军长期作战。隋炀帝死后，拥立杨侗为帝，封郑国公。次年废杨侗，自称皇帝，国号郑。武德四年（621），兵败降唐，最终为仇人所杀。段达：武威姑臧（今甘肃武威东）人。隋朝将领。与元文都等人拥立越王杨侗，拜纳言、司空，封陈国公。后联合王世充发动政变，拜司徒。王世充兵败后，被杀。越王侗：即杨侗，字仁谨，隋炀帝杨广之孙，元德太子杨昭之子。大业十三年（617），隋炀帝出游江都，命杨侗留守洛阳。隋炀帝的死讯传来，东都留守官段达、元文都、王世充等人拥奉杨侗为帝，改元“皇泰”。后禅位于王世充，不久被王世充杀害。

③黎阳:县名。今河南浚县东。

④清淇:县名。今河南浚县西。

⑤张守一:史籍中不见记载。

⑥孟琮:史籍中不见记载。

⑦鸿鹄(hú):天鹅。翮(hé):指鸟的翅膀。

⑧武豹:即虎豹。唐人避唐高祖之祖李虎讳,改"虎"为"武"。

⑨全周之地:指洛阳以及附近地区。

⑩婴:绕,围绕。

⑪五伯:即"五霸"。

⑫夏启:禹之子,夏代第二位君主。禹死后,启继承父位,确立王位世袭制。有扈氏不服,启率兵讨伐,大战于甘,将其攻灭。甘野之师:《尚书·甘誓》书序:"启与有扈战于甘之野。"

⑬齐桓起邵陵之众:鲁僖公四年(前656),齐桓公率鲁、宋、陈、卫、郑、许、曹等国军队伐楚,最终与楚国在召陵(今河南漯河召陵区)签订盟约。邵陵,即召陵,西晋改召陵县为邵陵县。

⑭不庭:不朝于王庭者。

⑮慝(tè):恶人。

⑯夏:指窦建德。魏:指李密。

⑰洛口:指洛口仓,又名"兴洛仓",位于河南巩义东南,因地处旧洛水入黄河处而得名。

⑱兵以正合,而以奇胜:语出《孙子兵法·势》:"凡战者,以正合,以奇胜。"曹操注:"正者当敌,奇兵从傍击不备也。"正,指摆开阵势正面作战的军队。奇,指出乎敌人意料而突然袭击的军队。

⑲成安:指成安君陈馀。

⑳子房:即张良,字子房。

㉑苍卒(cù):即"仓猝",匆忙,慌张。

㉒慑气:丧气。

㉓文皇：指隋文帝杨坚。

㉔世祖：指隋炀帝杨广。杨侗追谥杨广为明皇帝，庙号世祖。

㉕解体：比喻人心离散。

㉖累圣：称历代君主。

㉗惭德：因言行有缺失而内愧于心。

㉘巩、洛：二古地名。并称指今河南洛阳一带。

㉙夺人之先：语本《左传·文公七年》："先人有夺人之心，军之善谋也。"杨伯峻注："先人者，争取主动之谓。争取主动，可以夺敌之战心。"

㉚天时不如地利，地利不如人和：语出《孟子·公孙丑下》。

㉛元戎：主将，统帅。

㉜凶祲（jìn）：灾害。

㉝密迩（ěr）：贴近，靠近。

㉞慕德：向慕德化。

㉟六军：天子所统领的军队。

㊱武牢：虎牢关之简称。唐人避李虎之讳，改"虎"为"武"。

㊲转旋：指须臾之间。

㊳世宗成帝：指杨昭，字世明，隋炀帝杨广嫡长子，大业二年（606）去世。杨侗即位后，追谥杨昭为孝成皇帝，庙号世宗。

㊴乐推：乐意拥戴。

㊵怀音蔑闻：指从无感恩之心。怀音，语本《诗经·鲁颂·泮水》："翩彼飞鸮，集于泮林。食我桑黮，怀我好音。"郑玄笺："言鸮恒恶鸣，今来止于泮水之木上，食其桑黮。为此之故，故改其鸣，归就我以善音。喻人感于恩则化也。"蔑，没有。

㊶亲行枭镜：指宇文化及弑杀隋炀帝。枭镜，亦作"枭獍"。旧说枭为恶鸟，生而食母；獍为恶兽，生而食父。比喻忘恩负义之徒或狠毒的人。

㊷枕戈待旦：枕着兵器，等待天亮。形容杀敌心切。

㊸率先启行：语本《诗经·小雅·六月》："元戎十乘，以先启行。"指充当先锋。

㊹晋文舍斩袪（qū）：《左传·僖公五年》："（晋献）公使寺人披伐蒲，……（重耳）逾垣而走，披斩其袪。"晋献公命令寺人披攻打重耳的驻地蒲城，重耳不愿抵抗，逾墙逃走，寺人披斩下了他的衣袖。重耳（晋文公）即位后，饶恕了寺人披。袪，衣袖。

㊺齐桓置射钩：语出《左传·僖公二十四年》："齐桓公置射钩，而使管仲相。"杜预注："乾时之役，管仲射桓公，中带钩。"管仲曾企图射杀桓公，误中带钩。桓公即位后不计前嫌，拜管仲为相。钩，即带钩，束腰革带上的钩。

㊻容众：谓心怀宽广，能与各种人交往。

㊼狐裘羔袖：以狐皮为衣身而以羔皮为衣袖。狐贵羔贱，犹大醇小疵。《左传·襄公十四年》："余不说初矣，余狐裘而羔袖。"杜预注："言一身尽善，唯少有恶。"

【译文】

隋恭帝义宁二年（618）五月戊午，杨侑退位于别宫，将帝位禅让给了唐，大唐建立，定都长安。大业末年，有歌谣唱到："桃李子，洪水绕杨山，宛在花园里。"李，是唐朝皇帝的姓。洪水，指的是"渊"字。杨，是隋朝皇帝的姓。花，指的是只开花不结果。园，就是囿。代王名侑，"侑"与"囿"同音。说的是杨侑虽然登基为帝，但终究天命有归，唐王李渊将接替他登上帝位。三月己巳，王世充、段达等人在洛阳拥立越王杨侗为帝。六月，宇文化及率军从江都来到了彭城，占据黎阳，称帝，国号"许"。李密率大军在清淇坚守营垒。敦煌人张守一听说李密正在抵御宇文化及，劝杨侗讨伐李密。杨侗没有采纳他的计策，采用孟琮的计策，与李密联合。张守一劝杨侗说："我听说，幼年的天鹅翅膀尚未长成，就已经萌发了一飞冲天的志向；幼年的虎豹花纹尚未长好，就已经有了捕食牛的雄心。如今陛下您占据着洛阳地区，背靠黄河，面向洛水，拥有十万精兵，粮草足以支撑数十年，这是成就霸业的资本，并非像幼年的天鹅、虎豹那样，要等待羽毛长成、花纹长好。如果固守洛阳，不把济世作为目标，这与绕着蚁巢打转的一群蚂蚁有何区别？我私下认为陛下您不应该这么做。”杨侗说：“那应该怎么办？”张守一回答说：“无论是夏、商、周三代的兴起，还是春秋五霸的形成，无不凭借征战以成就大业。所以夏启在甘的郊外攻灭了有扈氏，齐桓公在邵陵召集诸侯，都是为了征讨不服从王朝统治的人，讨伐叛逆，威慑恶人。如今天下土崩瓦解，英雄竞相起兵，足以成为您心腹大患的，莫过于窦建德与李密。窦建德一旦派兵渡过黄河，则洛阳就不是您的土地了；李密一旦派兵渡过洛水，则洛口仓的粮草就不再为您所有。累卵之危，不足以形容目前局势的危险。我听说，凡是作战，以正兵抵挡敌人，以奇兵取胜。这是韩信之所以能够斩杀成安君陈馀，张良之所以能够使秦朝投降的原因。请挑选两万精锐士兵防守洛阳，另外派三万士兵防守黄河沿岸，以防备窦建德。陛下则亲率大军，从洛口出发，突袭李密的军队。李密君臣以为陛下从天而降，仓促之间，即便是智者也无计可施了。李密被消灭后，则窦建德自然丧失锐气。我们再守备边疆，观察时机而采取行动，则文帝的功业可以恢复，世祖的基业可以保全。”杨侗说：“我刚刚接受天命，百姓与神祇尚未归附，如果屡屡兴起兵革，我担心士大夫人心离散。”张守一说：“陛下您是隋朝历代君主的后裔，继承二位先祖的基业，即便是夏人思念大禹的恩德，重新拥戴少康；汉人留恋刘姓王朝，重新尊奉光武帝；古今相较，他们都还比不上隋朝先君的功德。何况，李密可以被讨伐，有三个有利的形势。是什么呢？起初，李密与翟让一同纠集乌合之众起兵，如今大业已成，李密却杀害翟让，夺取了他的位置。士兵刚刚失去他们的主帅，鬼神刚刚失去祭祀，百姓与鬼神尚未亲附，此其一。李密地盘广阔，士卒众多，却法令不明，赏罚不守信用，此其二。他的精锐部队都在抵御秦王李世民，留守巩、洛的都是老弱残兵，如果我们乘虚攻击，一定会成功，此其三。《志》说：‘要争取主动。’又说：‘天时不如地利，地利不如人和。’陛下您拥有这三方面的优势，又先声夺人，一定无往不克。”杨侗准备采纳张守一的计策。孟琮说：“宇文化及率领归心似箭的士兵，其锋芒不可阻挡。李密是当今英雄，其勇气与谋略世所罕有。除了李密，没有人可以消灭宇文化及。况且，如果袭击李密不成功，那么又将产生一个新的宇文化及。请让我去劝说李密，剖析利害关系，展示大节所在，让他成为国家的大将，以平定叛乱。之后再从长计议，为时未晚。”杨侗说：“说得好。”孟琮往东游说李密说：“您统率一群乌合之众，盘踞在洛阳周围，手下罕有向慕德化之人，又没有山泽之险可以固守，这是兵法中所说的四分五裂的情形，为人们所特别忌惮。如今，您东面有宇文化及的军队，西面有东都洛阳的部队。如果往东抵御宇文化及，则国家的军队就会袭击您的后方；如果防备洛阳方面而不敢东征，则宇文化及的军队就会日益逼近。于是，天子的军队出自洛口，宇文化及的军队攻克虎牢关，我实在担心须臾之间，失败就会降临到您头上。当今皇帝，是世宗明帝杨昭的儿子，世祖明帝杨广的孙子。凭借帝王后裔的尊贵身份，天下百姓乐意拥戴的气运，拥有百万大军，占据旧都洛阳。宇文化及毫无感恩之心，亲行弑逆之事。皇上枕着兵器等待天亮，将士积蓄力量等待天明。您如果能充当先锋，诛灭凶暴之徒，则您将如盘石一般安稳，不会再如累卵一般危险。晋文帝不计较寺人披斩断衣袖的旧怨，齐桓公不计较管仲射中带钩的前仇，何况皇上有着上天赐予的聪明贤哲，宽厚谦和，心怀宽广，请您不要因为自己往日的过失，对皇帝心存芥蒂。您的品行大醇而小疵，何去何从，请您做出决断。”起初，李密听说了张守一的计策，十分恐惧。等到孟琮一来，李密非常高兴，派记室李俭前去朝见杨侗。杨侗非常高兴，拜李密为太尉，封魏国公。

李密无东都之虑，尽锐攻化及，破之。密自败化及，益以骄傲。越王命王世充击密。密不用祖君彦计[①]，密师败绩，遂西奔京师。寻谋叛，杀之。王世充之击密也，密会群寮议之。裴仁基曰[②]：“世充今悉锐而至，洛下必空。但坚守其要路，无令得东而已。以锐卒三万循河曲西上，示逼东都，东都必急，世充必救。待其至洛，然后还军。如此，我有余力，彼劳奔命。兵法所谓‘彼出则归，彼归则出，数战以疲之，多方以误之’也[③]。”密曰：“公知其一，不知其二。今世充之兵不可当者三：兵仗精锐[④]，一也；决计深入，二也；食尽求战，三也。我但乘城固守，蓄力待时，彼欲战不得，求走无路，不盈十日，世充之首可致麾下。诸君以为何如？”单雄信曰[5]：“以乐战之兵，当思归之卒，饥饱不敌，战必克矣。”祖君彦曰：“不可。夫师曲为老，师正为直[6]。曲则为饥，直则为饱。世充挟隋室之威，不可为曲。主公以逆为名，不可谓直。裴光禄之谋，一时之上也。主公之策，久之上也。单将军之言，灭亡之下也。夫物不两大[7]，胜无常资，故庆者在闾，吊者在门[8]。诚恐乘于化及[9]，必殆于世充。请案甲息兵，俟时观衅[10]。世充志大而体强，心勇而多悍，忸于自伐[11]，必有异图，不盈数年，祸将作矣。然后仗顺而举[12]，应天顺人。嵩岳为城，洛水为池，武臣劲兵经略于外，文吏儒士守之于内，孰与邀一时之功，坠万全之业？欲取之，先与之；将弱之，必强之[13]。欲取而不与，必受天咎；将弱而不强，必受天殃。愿主公姑与之而强之，我承其弊，以全制其后，无不捷矣。”密曰：“智哉！”欲不战。王伯当、单雄信曰[14]：“天下安乐，百姓无事，耨文耒墨[15]，从容于庙堂，武不如文。四海沸腾，英雄竞起，角帝图王，荡清氛祲，文不如武。各有其时，不可戾也。越王淫虐之余[16]，天厌之久矣。且天命不常，能者代之，何曲直之有？请以定乱属武臣，制治属文吏。今日不战，则大事去矣。”密遂用单雄信策，合战，密师败绩。世充乘胜趋洛口，密左长史邴元真以仓城降[17]。密奔武牢，不敢入。北渡河，遂奔唐。初，王伯当与单雄信、徐世勣俱为密将[18]，军中号为三杰，故密信之而战。**大唐武德二年，王世充杀越王侗于洛阳，僭称尊号，隋氏灭矣**。梁时，沙门宝志为书曰：“牵三来就九，索虏下殿走。意欲东南游，厄在彭城口。”今兹三月[19]，江都童谣曰：“江水何泠泠，杨柳何青青。人今正好乐，已复戍彭城。”牵三就九，十二年也。戍言输也。吴人谓北人为虏。江都西有彭城村，村有彭城水。上引其水入西阁之下,果于此被执。初,上在江都,闻英雄竞起,皆曰:"此乃狂贼,终无所成。"及闻义师起,上方卧,惊起曰:"此得之矣。"杨广博览多闻,而不知李渊为天子,安用圣为?抚心而叹,久之复卧,曰:"王者不死,天自成人也。"

【注释】

①祖君彦:范阳遒(今河北涞水北)人。北齐尚书仆射祖珽之子。隋末任东平郡书佐。后为李密所得,甚受礼遇,军书羽檄,皆出其手。密败,被王世充杀害。

②裴仁基:河东(治今山西永济西南)人。隋朝将领。屡立战功,授光禄大夫。后投降李密,被封为河东郡公。曾劝阻李密不要与王世充决战,李密不听,致使瓦岗军大败,裴仁基也被王世充俘虏,被任命为礼部尚书。后与宇文儒童等人谋刺王世充,事泄被杀。

③彼出则归,彼归则出,数战以疲之,多方以误之:出自《左传·昭公三十年》:"彼出则归,彼归则出,楚必道敝。亟肄以罢之,多方以误之。既罢而后,以三军继之,必大克之。"

④兵仗:兵器。

⑤单雄信:曹州济阴(今山东曹县西北)人。隋末瓦岗起义军将领。骁勇善战,号称"飞将"。李密被王世充击败后,归降王世充,授大将军。后随王世充投降唐军,被处死。

⑥师曲为老,师正为直:语出《左传·僖公二十八年》:"子犯曰:'师直为壮,曲为老。'"

⑦两大:两者并大。《左传·庄公二十二年》:"物莫能两大,陈衰,此其昌乎!"此处指两雄难以长久并立。

⑧庆者在闾,吊者在门:语本《荀子·大略》:"庆者在堂,吊者在闾。祸与福邻,莫知其门。"杨倞注:"庆者虽在堂,吊者已在门,言相袭之速。"闾,指里巷的大门。

⑨乘：战胜。

⑩俟（sì）时：等待时机。衅（xìn）：间隙，空子。

⑪忸：通“狃（niǔ）”，惯习。

⑫仗顺：凭借顺乎天命的力量。多谓依靠朝廷。

⑬欲取之，先与之；将弱之，必强之：语本今本《老子》第三十六章：“将欲弱之，必固强之；……将欲取之，必固与之。”

⑭王伯当：荥阳浚仪（今河南开封）人。隋末瓦岗起义军将领。向翟让推荐李密，之后与徐世勣一同劝说翟让奉李密为主。李密兵败后，随李密降唐，后与李密一同被杀。

⑮耨（nòu）文耒（lěi）墨：指舞文弄墨。

⑯余：指后裔。

⑰邴元真：隋末瓦岗起义军将领。奉命镇守洛口仓城。与李密有隙，以仓城投降王世充，导致李密被王世充彻底击败。后为李密故将杜才干所杀，取其首级祭李密冢。仓城：指洛口仓城，李密攻占洛口仓之后，在周围筑城。《旧唐书·李密传》：“于是城洛口周回四十里以居之。”

⑱徐世勣（jī）：字懋功，后赐姓李，又为避李世民讳，去“世”字，单名勣，曹州离狐（今山东菏泽西北）人。隋末至唐朝初年名将。隋末参加翟让义军，李密兵败后，随李密降唐。后屡立战功，参与平定东突厥、薛延陀、高句丽的战役，官至尚书左仆射、司空，封英国公。

⑲今兹：今年。

【译文】

李密不必担心来自洛阳的袭击，于是出动全部精锐攻打宇文化及，将其击溃。李密自从击败宇文化及后，日益骄傲。越王杨侗命令王世充攻打李密。李密没有采纳祖君彦的计策，结果被王世充击败，遂向西逃往长安。不久图谋造反，被杀。王世充攻打李密，李密召集下属商议对策。裴仁基说:“王世充如今率领全部精锐来攻打我们,洛阳的防守必定空虚。我们只要把守要道,让王世充的部队无法东进。再派三万精兵沿黄河西上,摆出进逼洛阳的态势,洛阳守军必然感到危急,王世充必定回师救援。等王世充返回洛阳后,我们再撤军。如此一来,我方尚有余力,王世充则疲于奔命。这就是兵法中所说的‘他们出兵,我们就收兵;他们收兵,我们就再出兵;多次出兵使敌方疲敝,用各种方法使敌方失误’。”李密说:“您只知其一,不知其二。如今,王世充的军队锐不可当,有三个原因:武器精锐,此其一;下定决心深入进攻,此其二;粮草即将耗尽,着急寻求决战,此其三。我方只要登城固守,积蓄力量等待时机,对方欲战不得,欲退无路,不过十日,王世充的首级就能送到帐下。诸位认为怎么样?”单雄信说:“我方士兵乐于作战,对方士兵归心似箭,况且我方粮草充足,对方食不果腹,我们一定能击败敌人。”祖君彦曰:“这样不行。出兵打仗,理亏者气衰,理直者气壮。理亏好比饥饿,理直好比粮草充足。王世充打着隋朝的旗号,不能说是理曲。主公您名义上是造反,不能说是理直。裴仁基的计策,是速战速决的上策。主公的计策,是长久相持的上策。单将军的计策,是将会导致灭亡的下策。两雄不可并存,胜利难以长保,所以说庆贺的人刚到里巷大门,哀悼的人就已经到了家门口。我很担心我们即便战胜了宇文化及,最终却被王世充击败。请暂且按兵不动,等待时机。王世充志向远大而身体强健,内心勇悍,习惯于自我夸耀,必定有谋叛的意图,不出数年,隋朝内部的祸乱就要发生。然后我们以朝廷的名义起兵,应天命,顺人心。以嵩山为城,以洛水为池,武将强兵征战于外,文吏儒士坚守于内,这与求取一时的功劳,毁坏万全的事业相比,哪一个更好?想要夺取对手的东西,必须先赠予一些东西给对手;想要削弱对手,必须暂时先让对手强大起来。想夺取却不给予,必然遭受上天的惩罚;想削弱对手,却不让对手暂时强大,必然遭受上天降下的灾祸。我希望您姑且给王世充一些好处,让他暂时强大,等到物极必反,我们再乘虚而入,以完整无损的兵力攻打其后方,则一定能取得胜利。”李密说:“聪明啊!”打算休战。王伯当、单雄信说:“天下太平,百姓安居乐业的时候,若要比较舞文弄墨,悠闲雍容处理政事的能力,武将比不过文臣。而天下沸腾,英雄竞相兴起的时候,若要比较角逐帝王之位,扫平叛乱的能力,文臣比不过武将。武将、文臣有各自的用场,不可错乱。越王杨侗是荒淫暴虐的杨广的后裔,上天厌弃他已经很久了。况且天命常常变动,有能力的人取而代之,有什么是非曲直可言?请您将平定战乱的任务交给武将,处理政务的任务交给文臣。今日如果不出战,那么大事就无可挽回了。"李密于是采用了单雄信的计策,与王世充的军队决战,结果被击败。王世充乘胜进兵洛口仓,李密的左长史邴元真以洛口仓城投降。李密逃奔虎牢关,不敢进入。于是北渡黄河,投奔唐军。起初,王伯当与单雄信、徐世勣都是李密麾下将领,军中号称"三杰",所以李密听信了他们的计策与王世充决战。**大唐武德二年(619),王世充在洛阳杀死了越王杨侗,自立为皇帝,隋朝灭亡。**南朝萧梁时期,和尚释宝志在书中写到:"牵三来就九,索虏下殿走。意欲东南游,厄在彭城口。"今年三月,江都有一首童谣唱到:"江水何泠泠,杨柳何青青。人今正好乐,已复戍彭城。""牵三就九",加起来是十二年。"戍",讲的是"输"。吴人称北方人为"虏"。江都的西面有彭城村,村中有一条彭城河。杨广把彭城河的水引入江都宫西阁之下,后来他果然在此处被叛军捉住。起初,杨广在江都,听说各地英雄竞相起兵,每次都说:"这些人不过是猖狂的寇贼,成不了什么气候。"等到李渊起兵的消息传来,杨广刚刚睡下,猛然惊醒起身说:"此人得了天命。"杨广博览多闻,却不知道李渊将成为天子,哪里称得上圣明?杨广抚胸长叹,过了很久,又重新躺下,说:"王者不会轻易死去,上天自然会选择受命的帝王。"

论曰:干宝称:"帝王之兴[①],必俟天命。苟有代谢[②],非人事也。尧、舜内禅[③],体文德也[④];汉、魏外禅[⑤],顺大名也;汤、武革命[⑥],应天人也;高、光争伐[⑦],定功业也。各因其运而得天下,随时之义大矣哉[⑧]!"范晔曰:"自古丧大业、绝宗禋[⑨],其所以致削弱祸败者,盖渐有由矣[⑩]。三代以嬖色取祸[⑪],嬴氏以奢虐致灾[⑫],西京自外戚失祚[⑬],东都缘阉尹倾国[⑭]。成败之来,先史商之久矣。"自秦、汉迄于周、隋,观其兴亡,虽亦有数[⑮],然大抵得之者皆因得贤豪,为人兴利除害;其失之也,莫不因任用群小,奢汰无度。孔子曰:"以约失之者，鲜矣[16]。”又曰：“远佞人，去僻恶[17]。”有旨哉！昔秦王见周之失统[18]，丧权于诸侯，遂自恃任人[19]，不封立诸侯。及陈胜、楚、汉，咸由布衣，非封君有土[20]，而并灭秦。高祖既定天下，念项王从函谷入，而已由武关到，惟修关梁[21]，强守御，内充实三军，外多发屯戍[22]。及王翁之夺取[23]，乃不犯关梁而坐得其处。王翁见以专国秉政得之，即抑重臣，收下权。及其失之，又不从大臣生焉。更始见王翁以失百姓心亡天下，既西到京师，恃人悦声，则自安乐，不纳谏臣。赤眉围其外，近臣反于城，遂以破败。由是观之，夫患害非一，何可胜为防备哉。贾谊曰：“夫事有招祸，法有起奸[24]。”唯置贤良，然后无患耳。

【注释】

①帝王之兴：以下至“随时之义大矣哉”，出自干宝《晋纪·论晋武帝革命》，有删节。

②代谢：新旧更迭，交替。此处指改朝换代。

③内禅：古代，帝王传位给内定的继承人称“内禅”。

④体：取法，效法。

⑤外禅：谓天子禅位于外姓。

⑥革命：谓实施变革以应天命。古代认为王者受命于天，改朝换代是天命变更，因称“革命”。

⑦高、光：指汉高祖刘邦、汉光武帝刘秀。

⑧随时之义大矣哉：语出《周易·随卦》彖辞。随时，指顺应时势。

⑨自古丧大业、绝宗禋（yīn）：以下至“先史商之久矣”，出自《后汉书·宦者列传》“论曰”。宗禋，对先祖的祭祀。

⑩渐：缓进，逐步。

⑪嬖色：喜爱女色。

⑫嬴（yíng）氏：指秦朝。秦，嬴姓。

⑬西京：指西汉。

⑭东都：指东汉。阉（yān）尹：管领太监的官。

⑮数：天命，命运。

⑯以约失之者，鲜矣：出自《论语·里仁》。

⑰远佞人，去僻恶：出自《论语·卫灵公》，无“去僻恶”三字。佞人，花言巧语阿谀奉承的小人。僻恶，邪恶。

⑱昔秦王见周之失统：以下至“何可胜为防备哉”，见于《群书治要》卷四十四引桓谭《新论》。秦王，指秦始皇。失统，丧失纲纪、准则。

⑲自恃任人：《群书治要》卷四十四引桓谭《新论》作“自恃不任人”，译文从之。自恃，依靠自己。

⑳封君：受有封邑的贵族。

㉑惟：思考。关梁：关口和桥梁。泛指水陆交通必经之处。这些地方往往设防戍守。

㉒屯戍：指戍卒。

㉓王翁：指王莽。

㉔夫事有招祸，法有起奸：出自《汉书·食货志》。起奸，谓招致奸邪之事产生。

【译文】

评论道：干宝说：“帝王的兴起，一定要等待天命。即便有改朝换代，也不是人力所能决定的。尧、舜禅让给内定的继承人，取法文明之德；汉、魏禅让给外姓，顺应大义名分；商汤、周武王推翻前朝，顺天意应民心；汉高祖、光武帝征战讨伐，以建立帝王功业。他们凭借各自的运数得到天下，顺应时势的意义多么重大啊！”范晔说：“自古以来葬送大业，断绝宗庙祭祀的帝王，他们导致国家削弱灭亡，这一局面的逐渐形成是有缘由的。夏、商、周三代因为君主喜爱女色而招来祸患，秦朝因为君主奢侈暴虐而导致灾难，西汉因为外戚专权而灭亡，东汉因为宦官作乱而亡国。对于成败的由来，前代史书早就探究过了。”从秦、汉到北周、隋朝，观察每个朝代的兴亡，虽然也有天命运数的原因，但就大体而言，得到天下的君主，都是因为得到了贤士豪杰的辅佐，为百姓兴利除害；失去天下的君主，都是因为大量任用小人，奢侈无度。孔子说：“对自己加以约束而犯过失，这种情况是很少的。”又说：“要远斥谄佞小人，除去邪恶之人。”这话说得真好啊！从前，秦始皇看到周王室失去纲纪，权力被诸侯夺去，于是只依靠自己，不任用贤人，不分封诸侯。等到陈胜、项羽、刘邦起义，他们都是平民出身，并非拥有封邑的贵族，却最终灭亡了秦朝。汉高祖刘邦平定天下之后，有鉴于项羽从函谷关进入秦地，而自己从武关攻入秦地，所以认为必须修建关塞桥梁，加强守备，对内充实军队的实力，对外多派戍卒驻守边疆。等到王莽篡夺汉朝政权，不用攻打关梁要塞，便轻松登上了帝位。王莽有鉴于自己通过专揽朝政夺取了天下，于是抑制重臣的势力，削弱下属的权力。待到王莽失去天下时，却又和大臣专权毫无关系。更始帝刘玄看到王莽因为失去民心而丧失天下，在占领长安之后，趁着人民喜悦，便图谋享乐，不听取大臣的劝谏。赤眉军从外包围，亲近的大臣在城内反叛，最终导致灭亡。由此看来，国家的祸患各种各样，如何能一一提前防备呢？贾谊说：“做事不妥，会招来灾祸；法律有缺陷，会招致奸邪之事产生。”唯有任用贤良，才能避免祸患。

中华经典名著

全本全注全译丛书

刘子立◎译注

长短经 下

中華書局

七雄略第十八

【题解】

本篇名为"七雄略",但事实上以苏秦、张仪二人的游说活动为中心。在战国时代七雄纷争的历史背景下,纵横家们逞其口舌之利,周旋于诸侯之间,诚可谓"一怒而诸侯惧,安居而天下熄"。本篇中,赵蕤主要抄撮了《史记·苏秦列传》与《张仪列传》中的文字,并在自注中引用了《战国策》等文献中的大量相关记载,向读者展示了战国时期波谲云诡的历史局势,以及苏、张等纵横家高妙的论辩艺术。

值得注意的是,在本篇末尾,赵蕤转而讨论"周、秦、汉、魏立国之势",对分封制与郡县制的优劣进行了比较。赵蕤赞同曹冏、陆机等人的观点,指出分封制虽然存在着不少弊端,然而"五等,深根者也;郡县,枯朽者也",要使王朝根深蒂固、长治久安,分封制有着不可替代的优势。

臣闻:天下,大器也;群生,重蓄也[①]。器大不可以独理,蓄重不可以自守。故划野分疆,所以利建侯也[②];亲疏相镇[③],所以关盛衰也。

【注释】

①"天下"四句:出自干宝《晋纪总论》。大器,宝器。比喻国家、帝

位。群生,指百姓。重蓄,珍贵的积蓄。

②利建侯:指封土建侯。《周易·屯卦》:"元亨利贞。勿用有攸往,利建侯。"

③亲:指同姓诸侯。疏:指异姓诸侯。相镇:相互制约。

【译文】

我听说:天下,是重要的宝器;百姓,是珍贵的积蓄。宝器重要,所以不能一人治理;积蓄珍贵,所以不能一人镇守。所以划分疆域,用来封土建侯;同姓与异姓诸侯相互制约,关系到天下的盛衰。

昔周监二代[①],立爵五等[②],封国八百,同姓五十五,深根固本,为不可拔者也。故盛则周、邵相其治[③],衰则五霸扶其弱,所以夹辅王室[④],左右厥世[⑤],此三圣制法之意。文、武、周公为三圣。然厚下之典[⑥],弊于尾大[⑦]。自幽、平之后[⑧],日以陵夷[⑨],爵禄多出于陪臣[⑩],征伐不由于天子。吴并于越,越王勾践败吴[⑪],欲迁吴王于甬东[⑫],与百家君之。吴王曰:"孤老矣,不能事君王。"遂自刭死[⑬]。越王灭吴。晋分为三,晋昭公六年卒[⑭],六卿欲弱公室[⑮],遂以法尽灭羊舌氏之族[⑯],而分其邑为十县,六卿各以其子为大夫。晋益弱,六卿皆大。哀公四年[⑰],赵襄子、韩康子、魏桓子共杀智伯[⑱],尽分其地。至烈公十九年[⑲],周威烈王赐赵、韩、魏皆命为诸侯[⑳],晋遂灭。郑兼于韩,郑桓公者[㉑],周厉王少子也,幽王以为司徒。问太史伯曰[㉒]:"王室多故,子安逃死乎[㉓]?"太史伯曰:"独有雒之东土,河、济之南可居。"公曰:"何如?"对曰:"地近虢、郐[㉔]。虢、郐之君贪而好利,百姓不附。今公为司徒,民皆爱公,请试居之,民皆公之民也。"桓公曰:"善。"竟国之。至后世君乙为韩哀侯所灭[㉕],并其国,郑遂亡。鲁灭于楚,鲁顷公二十四年[㉖],

楚考烈王灭鲁[27],鲁顷公亡,迁于卞邑[28],为家人[29],鲁遂绝。**海内无主四十余年,而为战国矣。秦据势胜之地[30],骋狙诈之兵[31],蚕食山东[32],山东患之。**

【注释】

①昔周监二代:以下至“山东患之”,抄撮自《汉书·诸侯王表》与曹冏《六代论》。监,通“鉴”,借鉴,参考。

②立爵五等:即公、侯、伯、子、男五等爵位。

③相(xiàng):辅助,佑助。

④夹辅:辅佐。

⑤左右:帮助,辅佐。厥世:其时。

⑥厚下:使下面丰厚强大。《周易·剥卦·象辞》:“山附于地,剥。上以厚下安宅。”孔颖达疏:“故在上之人当须丰厚于下。”后多指分封过广,诸侯强盛,超过王室。

⑦尾大:即“尾大不掉”,指兽类尾巴过长,摇动起来很困难。比喻属下势强,不听从调度指挥。《左传·昭公十一年》:“末大必折,尾大不掉。”

⑧幽、平:指周幽王、周平王。周幽王:姬姓,名宫湦,一说“涅”,周宣王之子,西周最后一个国君。周平王:姬姓,名宜臼,或作“宜咎”,周幽王之子。前770年,即位迁都雒邑,东周始此。

⑨陵夷:由盛及衰,衰颓,衰落。

⑩爵禄:指授予爵位、俸禄的权柄。陪臣:此处指诸侯的卿大夫,对于天子自称陪臣。

⑪越王勾践败吴:以下至“越王灭吴”,出自《史记·吴太伯世家》。

⑫甬东:今浙江舟山群岛,当时属越。

⑬自刭(jǐng):自杀。刭,以刀割颈。

⑭晋昭公六年卒:以下至“晋遂灭”,出自《史记·晋世家》,有删节。

晋昭公,名夷,晋平公之子,春秋时晋国国君。晋昭公六年,即前526年。

⑮六卿:指春秋末期控制晋国政权的六家贵族范氏、中行氏、智氏、韩氏、赵氏、魏氏。

⑯遂以法尽灭羊舌氏之族:据《左传·昭公二十八年》,此次祁氏与羊舌氏一同被灭族。祁氏之田被分为七县,羊舌氏之田被分为三县。

⑰哀公四年:即前448年。哀公,指晋哀公,名骄,晋昭公曾孙,春秋时晋国国君。晋出公被驱逐后,智伯立哀公为晋君。

⑱赵襄子:春秋时期晋国大夫,名无恤,赵氏家族的领袖。

⑲烈公十九年:即前403年。烈公,指晋烈公,战国时期晋国君主,名止,晋幽公之子。

⑳周威烈王:战国时期周王,名午,周考王之子。

㉑郑桓公者:以下至"郑遂亡",出自《史记·郑世家》,有删节。郑桓公,姬姓,名友,周厉王少子,周宣王庶弟,西周郑国的建立者。

㉒太史伯:周王室太史。《史记·周本纪》作"太史伯阳"。

㉓子:《史记·郑世家》作"予",译文从之。

㉔虢(guó):指东虢,姬姓国,始封君为周文王之弟虢叔,位于今河南荥阳东北。郐(kuài):古国名。妘姓,相传为祝融的后裔,位于今河南新密东北。

㉕后世君乙:指郑国末代国君,名乙。韩哀侯:韩文侯之子,战国时期韩国国君。在位期间灭亡郑国,迁都新郑。

㉖鲁顷公二十四年:以下至"鲁遂绝",出自《史记·鲁周公世家》。鲁顷公二十四年,即前249年。鲁顷公,名雠,鲁文公之子,战国时期鲁国君主。

㉗楚考烈王:战国时期楚国国君,名元,一作"完",楚顷襄王之子。

㉘卞邑:古邑名。位于今山东泗水东南。《史记·鲁周公世家》作"下邑"。

㉙家人：平民。

㉚势胜：形势优越。

㉛狙（jū）诈：狡猾奸诈。

㉜山东：战国、秦、汉时称崤山或华山以东地区，又称“关东”。亦指战国时秦以外的六国。

【译文】

过去，周朝借鉴夏代、商代，设置了五等爵位，分封了八百个诸侯国，其中同姓诸侯有五十五个，使国家的根基深固，不可动摇。所以当周代兴盛时，有周公、召公辅佐天子治国，当周代衰弱时，有春秋五霸扶助弱小的王室，以此辅佐王室，帮助朝廷，这是周文王、周武王、周公制定这一法度的用意。周文王、周武王、周公被称为“三圣”。然而，这一制度分封过广，弊端在于令诸侯们过于强盛，不服从王室的调度指挥。自周幽王、周平王之后，周王室日渐衰弱，授予爵位、俸禄的权柄多操持于诸侯的卿大夫手中，征战讨伐之事也不由天子决定。吴国被越国吞并，越王勾践打败了吴国，想把吴王夫差迁徙到甬东，给他一百户人家让他统治。吴王说：“我老了，没法侍奉您。”于是自刎而死。越王灭了吴国。晋国被一分为三，晋昭公即位六年后去世，六卿打算削弱公室的势力，于是依据法令诛灭了羊舌氏一族，将羊舌氏的封地分为十个县，六卿各令自己的儿子去做这十个县的大夫。晋公室更加衰弱，六卿都强大起来。晋哀公四年（前448），赵襄子、韩康子、魏桓子一起杀了智伯，瓜分了他的土地。到了晋烈公十九年（前403），周威烈王册命赵、韩、魏三家为诸侯，晋国就此灭亡。郑国被韩国兼并，郑桓公，是周厉王的小儿子，周幽王任命他做了司徒。他问太史伯说：“王室多灾多难，我怎样才能逃避灾难呢？”太史伯说：“只有洛邑东面，黄河、济水以南地区可以安居。”郑桓公问：“为什么？”太史伯回答说：“那个地方靠近虢国、郐国。虢国、郐国的君主贪婪而喜好财利，百姓不亲附他们。如今您做了司徒，民众都爱戴您，您若是请求居住在那里，虢国、郐国的百姓就都是您的子民了。”郑桓公说：“好。”最后在那里建了国。到了后世国君郑君乙时，郑国为韩哀侯所灭，韩国吞并了郑国，郑国灭亡。鲁国被楚国灭亡，鲁顷公二十四年（前249），楚考烈王灭亡了鲁国。鲁顷公逃亡到了卞邑,成了平民百姓,鲁国就此灭亡。四十多年之内,天下没有一个共主,这就是战国时代。秦国占据了形势优越之地,施展狡猾奸诈的军事手段,蚕食山东六国之地,山东六国深感忧虑。

苏秦,洛阳人也,合诸侯之纵以宾秦[①];张仪,魏人也,破诸侯之纵以连横,此纵横之所起也。议曰:《易》称:"先王建万国而亲诸侯[②]。"孔子作《春秋》为后世法,讥世卿不改制世侯[③]。由是观之,诸侯之制,所从来上矣[④]。荀悦曰:"封建诸侯,各世其位,欲使视人如子,爱国如家。置贤卿大夫[⑤],考绩黜陟[⑥],使有分土而无分人。而王者总其一统,以御其政。故有暴于其国者,则人叛。人叛于下,诛加于上,是以计利思害,劝赏畏威,各竞其力而无乱心。天子失道则侯伯正之[⑦],王室微弱则大国辅之,虽无道,不虐于天下,此所以辅相天地之宜,以左右人者也[⑧]。"曹元首曰[⑨]:"先王知独理之不能久[⑩],故与人共理之;知独守之不能固,故与人共守之。兼亲疏而两用,参同异而并进[⑪],轻重足以相镇[⑫],亲疏足以相卫。兼并路塞,逆节不生也。"陆士衡曰[⑬]:"夫为人不如厚己,利物不如图身[⑭]。安上在乎悦下,为己存乎利人。夫然,则南面之君各矜其治[⑮],九服之人知有定主[⑯]。上之子爱于是乎生,下之体信于是乎结[⑰]。世治足以敦风,道衰足以御暴。强毅之国不能擅一时之势,雄俊之人无以寄霸王之志。盖三代所以直道,四王所以垂业[⑱]。夫兴衰隆弊,理所固有;教之废兴,存乎其人。愿法期于必凉[⑲],明道有时而暗。故世及之制弊于强御[⑳],厚下之典漏于末折[㉑]。浸弱之衅遘自三季[㉒],陵夷之祸终于七雄[㉓]。"所谓"末大必折,尾大难掉",此建侯之弊也。

【注释】

①宾（bìn）：通“摈”，摈弃，抵抗。

②《易》称：“先王建万国而亲诸侯”：以下至“以左右人者也”，出自荀悦《汉纪·孝惠皇帝纪》。先王建万国而亲诸侯，语出《周易·比卦·象辞》：“地上有水，比。先王以建万国，亲诸侯。”

③世卿：世代承袭为卿大夫。《公羊传·隐公三年》：“尹氏者何？天子之大夫也。其称尹氏何？贬。曷为贬？讥世卿。世卿，非礼也。”何休注：“世卿者，父死子继也。”改制：改变制度。世侯：指爵位世代相承。

④上：远，久远。

⑤置贤卿大夫：《汉纪·孝惠皇帝纪》作“于是为置贤卿大夫”，指天子为诸侯选用贤明的卿大夫。译文从之。

⑥考绩：按一定标准考核官吏的成绩。黜陟（chù zhì）：指人才的进退，官吏的升降。《尚书·舜典》：“三载考绩。三考，黜陟幽明。”

⑦侯伯：侯爵与伯爵。泛指诸侯。

⑧辅相天地之宜，以左右人者也：语出《周易·泰卦·象辞》：“天地交，泰。后以财成天地之道，辅相天地之宜，以左右民。”孔颖达疏：“‘辅相天地之宜’者，相，助也。当辅助天地所生之宜。‘以左右民’者，左右，助也，以助养其人也。”意谓君主辅助天地化育万物，从而帮助民众生存发展。

⑨曹元首：即曹冏，字元首，沛国谯（今安徽亳州）人。曹植族兄弟，三国魏政论家。

⑩先王知独理之不能久：以下至“逆节不生也”，出自曹冏《六代论》。

⑪兼亲疏而两用，参同异而并进：《文选·曹冏〈六代论〉》吕向注：“亲疏者，谓天子之宗属亲疏者，异谓异姓也，言并封为诸侯，兼而用之，合而进之，共治天下也。参，合也。”亲疏，指天子宗族之近支与远支。同异，指天子同姓诸侯与异姓诸侯。

⑫轻重：指大小不同的诸侯国。《文选·曹冏〈六代论〉》李周翰注："轻重，谓大小之国也。"

⑬陆士衡：即陆机，字士衡。

⑭夫为人不如厚己，利物不如图身：以下至"陵夷之祸终于七雄"，出自陆机《五等论》，有删节。为人不如厚己，利物不如图身，指一般人认为，为他人着想不如厚待自己，益于万物不如替自己打算。《文选·陆机〈五等论〉》吕延济注："是人之情皆欲如此，其为人君即不然也。"利物，益于万物。《周易·乾卦·文言》："利物足以和义。"孔颖达疏："言君子利益万物，使物各得其宜。"

⑮南面之君：指诸侯。矜：《文选·陆机〈五等论〉》作"务"，译文从之。

⑯九服：王畿以外的九等地区。泛指天下。

⑰体信：亲近信赖。

⑱四王：指古代四位帝王夏禹、商汤、周文王、周武王。

⑲愿：质朴，恭谨。凉：凉薄。

⑳世及：世袭，世代相传。强御：强横。《文选·陆机〈五等论〉》李善注："言诸侯世及而盛强，其弊在于强御而难制也。"

㉑末折：谓树木枝端粗大，必折其干。喻下属权重，危及上级。《左传·昭公十一年》："若由是观之，则害于国，末大必折，尾大不掉，君所知也。"

㉒浸：逐渐。衅（xìn）：间隙，空子。遘（gòu）：构成。三季：指夏、商、周三代的末期。

㉓七雄：指战国七雄。

【译文】

苏秦，洛阳人，主张联合东方诸侯以抵抗秦国；张仪，魏国人，用连横的策略破坏东方诸侯的合纵，这是合纵连横的缘起。评论道：《周易》说："先王封建万国而亲近诸侯。"孔子作《春秋》为后世创立法则，讥讽世代承袭为卿大夫的现象，却不改变爵位世代相承的制度。由此看来，分封诸侯的制度，由来已久了。荀悦说："天子封建诸侯，令他们世代相承各自的爵位，是想让他们对待人民有如自己的子女，爱护邦国有如自己的家庭。为诸侯选用贤明的卿大夫，按照考核的优劣决定他们的升降进退，使分封给诸侯的只有土地而没有人民。而由王者一统天下，以统御天下的政事。所以诸侯以残暴的手段施政，国内的民众就会反叛。民众反叛于下，天子诛伐于上，所以诸侯们都考虑利害得失，希望得到天子的奖赏，畏惧天子的声威，各自努力治国而不敢有作乱之心。天子违背道义，则由侯、伯来纠正他；王室衰微，则由强大的诸侯来辅佐他，这样，即便天子无道，天下百姓也不会受到虐待，这就是辅助天地化育万物，从而帮助民众生存发展的办法。"曹冏说："先王知道独自治理天下不能长久，所以与他人共同治理天下；知道独自守卫国家不能坚固，所以与他人共同守卫国家。兼用亲近与疏远的宗族，同姓与异姓诸侯都加以进用，因此大小诸侯国足以互相镇守，宗族远近足以互相保卫。侵夺兼并之路从此堵塞，违抗王命之事不会发生。"陆机说："一般人认为，为他人着想不如厚待自己，益于万物不如替自己打算。因此君主要安居上位，就要让民众高兴；要为自己打算，就要先替民众谋利。这样，诸侯们就会致力于各自国家的治理，天下的民众就知道有固定的君主。君主爱民如子的感情就此产生，民众与君主之间亲近信赖的关系就此缔结。天下太平时，足以使民风敦厚；世道衰微时，足以抵御暴乱。强横的诸侯国，无法专擅一时的威势；才智杰出之人，无从寄托自己的霸王之志。这就是夏、商、周三代之所以能行正直之道，夏禹、商汤、周文王、周武王之所以能传下基业的原因。兴隆与衰微轮替，是固有的历史规律；教化的废弃与兴盛，是由执政者所决定的。质朴的法律最终会变得凉薄，光明的道理有时会变得昏暗。所以爵位世代承袭的制度，弊端在于诸侯过于强横无法控制；对臣下过分厚待的规定，弊端在于下属权重，危及君主。天子逐渐衰弱的瑕隙，开始于夏、商、周三代的末期；天子威势的彻底衰颓，最终在战国时期发生。"这就是所说的"树木枝端粗大，必折其干；兽类尾巴太大，难以摆动"，这正是封建诸侯的弊端。

苏秦初合纵[①]，至燕，周武定殷，封邵公于燕，与六国并称王。说燕文侯曰[②]："燕东有朝鲜、辽东[③]，北有林胡、楼烦[④]，西有云中、九原[5]，南有呼沲、易水[6]，地方二千余里，带甲数十万，车六百乘，骑六千匹，粟支数年。南有碣石、雁门之饶[7]，北有枣栗之利，民虽不田作而足于枣栗矣。此所谓天府者也。夫安乐无事，不见覆军杀将，无过燕者。大王知其所以然乎？夫燕所以不犯寇、被甲兵者，以赵之为蔽其南也。秦、赵相毙[8]，而王以全燕制其后，此燕之所以不犯寇也。且夫秦之攻燕也，逾云中、九原，过代、上谷[9]，今易州也。弥地数千里[10]。虽得燕城，秦计固不能守也。秦之不能害燕亦明矣。今赵之攻燕也，发号出令不至十日，而数十万之军军于东垣矣[11]。渡呼沲，涉易水，不至四五日而距国都矣[12]。故曰：秦之攻燕也战于千里之外，赵之攻燕也战于百里之内。夫不忧百里之患，而重于千里之外，计无过于此者[13]。是故愿大王与赵从亲[14]，天下为一，则燕国必无事矣。"燕文侯许之。乐毅献书燕王曰[15]："比目之鱼[16]，不相得则不能行，故古者称之，以其合两而如一也。今山东不能合弱而如一，是山东之智不如鱼也。又譬如军士之引车也，三人不能行，索二人五人而车因行矣。今山东三国弱而不能敌秦[17]，索二国因能胜秦矣。然而山东不知相索，则智固不如军士矣。胡与越人言语不相知，志意不相通，同舟而渡波，至其相救助如一。今山东之相与也，如同舟而济，秦之兵至，不能相救助如一，智又不如胡、越之人矣。三物者，人之所能为也，山东主遂不悟，此臣之所为山东苦也，愿大王熟虑之。今韩、梁、赵三国已合矣[18]，秦见三晋之坚也[19]，必南伐楚。赵见秦之伐楚，必北攻燕。物固有势异而患同者。秦久伐韩，故中山亡。今秦之伐楚，燕必亡。臣窃为大王计，不如以兵南合三晋，约戍韩、梁之西边。

山东不能为此，此必皆亡矣。”燕果以兵南合三晋。赵将伐燕[20]，苏代为燕说赵王曰[21]：“今者臣从外来，过易水，见蚌方出曝，而鹬啄其肉[22]，蚌合而挟其喙。鹬曰：‘今日不雨，明日不雨，必见蚌脯。’蚌亦谓鹬曰：‘今日不出，明日不出，必见死鹬。’两者不肯相舍，渔父得而并擒之。今赵且伐燕，燕、赵久相支，以弊其众，臣恐强秦之为渔父也。愿大王熟计之。”赵王乃止。齐宣王因燕丧伐燕[23]，取十城。燕易王谓苏秦曰[24]：“先生能为燕得侵地乎？”秦曰：“请为王取之。”遂如齐见齐王，俯而庆，仰而吊。齐王曰：“是何庆吊相随之速也？”苏秦曰：“臣闻，饥人之所以饥而不食乌喙者[25]，为其偷充腹而与死人同患也[26]。今燕虽小弱，即秦王之女婿也[27]。大王利其十城，而长与强秦为仇。今使弱燕为雁行[28]，而强秦推其后[29]，是食乌喙之类也。”齐王曰：“然则奈何？”苏秦曰：“臣闻，古之善制事者[30]，转祸而为福，因败而为功。大王诚能听臣，归燕十城，燕必大喜；秦王知以己之故而归燕之十城，亦必喜，此所谓弃仇雠而结硕友也[31]。”齐王曰：“善。”于是归燕十城。

【注释】

①苏秦初合纵：以下至“燕文侯许之”，出自《史记·苏秦列传》。

②燕文侯：战国时期燕国君主，在位二十九年。《史记·燕召公世家》作“燕文公”。

③朝鲜：地名。在今朝鲜半岛。辽东：地区名。今辽东半岛。

④林胡：古族名。战国时分布在今山西朔州北至内蒙古自治区内，从事畜牧，精骑射。楼烦：古代北方部族名。精于骑射。

⑤云中：指云中郡，战国赵武灵王置，秦治云中县（今内蒙古托克托东北古城）。辖境相当于今内蒙古自治区土默特右旗以东，大青

山以南，卓资县以西，黄河南岸及长城以北。九原：地名。赵邑，在今内蒙古包头西。

⑥呼沲（tuó）：即滹（hū）沱河，在今河北西北部，源出山西繁峙东之泰戏山，穿割太行山，东流入河北平原，在献县与滏阳河汇合为子牙河。易水：在今河北西部，源出河北易县境，入南拒马河。

⑦碣石：指碣石山，在河北昌黎北。雁门：指雁门山，在今山西代县西北。泷川资言《史记会注考证·苏秦列传》引姚鼐曰："碣石在燕东，海中之货自此入河。雁门在西北，沙漠之货自此入路。皆达燕南，故有其饶也。"

⑧相毙：相继疲敝。

⑨代：指代郡，战国赵武灵王置。秦、西汉治所在代县（今河北蔚县东北代王城）。上谷：指上谷郡，战国燕置，秦治沮阳（今河北怀来东南）。辖境相当于今河北张家口、小五台山以东，赤城、北京延庆以西及内长城和昌平以北地区。

⑩弥地：占地，延伸。

⑪东垣：古邑名。战国中山国邑，后属赵。在今河北石家庄东。

⑫距：至，抵达。

⑬过：谬误。

⑭从亲：合纵相亲。指六国合纵结为联盟。

⑮乐毅献书燕王曰：以下至"燕果以兵南合三晋"，出自《战国策·燕策二·或献书燕王章》。《战国策·燕策二》作"或献书燕王"，并非乐毅献书。

⑯比目之鱼：旧说此鱼一目，须两两相并始能游行。

⑰山东三国：指赵、韩、魏三国。

⑱梁：指魏国。魏惠王时迁都大梁，因称"梁"。

⑲三晋：战国时赵、韩、魏三国的合称。赵氏、韩氏、魏氏原为晋国大夫，战国初，分晋各立为国，故称。

⑳赵将伐燕:以下至“赵王乃止”,出自《战国策·燕策二·赵且伐燕》。

㉑苏代:洛阳(今河南洛阳东)人。战国时期纵横家,苏秦之弟,或曰苏秦之兄。赵王:指赵惠文王,赵武灵王之子,战国时期赵国君主。

㉒鹬(yù):水鸟名。体色暗淡,喙细长,腿亦长,趾间没有蹼。常栖田泽,捕食小鱼及昆虫。

㉓齐宣王因燕丧伐燕:以下至“于是归燕十城”,出自《史记·苏秦列传》。燕丧,指燕国君主燕文公去世。

㉔燕易王:燕文公之子,战国时期燕国国君。

㉕乌喙(huì):中药附子的别称,又称“乌头”。叶茎有毒,根尤剧,含乌头碱,性大热,味辛,可入药。

㉖偷:苟且。

㉗今燕虽小弱,即秦王之女婿也:《史记·苏秦列传》:“秦惠王以其女为燕太子妇。”燕太子,指燕易王。

㉘雁行:居前的行列。雁,通“颜”。《通雅·释诂》:“雁行,犹颜行。……前行曰颜,通作‘雁’。”

㉙而强秦推其后:《史记·苏秦列传》其后有“以招天下之精兵”一句。

㉚制事:谓处理政治、军事等重大事件。

㉛硕友:《史记·苏秦列传》作“石交”,指交谊坚固的朋友。译文从之。

【译文】

苏秦开始推行合纵的主张,到了燕国,周武王平定殷商后,封召公于燕地,战国时与六国都称王。游说燕文侯说:“燕国东有朝鲜、辽东,北有林胡、楼烦,西有云中、九原,南有滹沱河、易水,国土纵横二千多里,披甲的将士数十万,战车六百乘,战马六千匹,储存的粮食足够吃好几年。南面有碣石、雁门的丰饶,北有红枣和栗子的收益,百姓即使不耕作,依靠红枣与栗子的收获也足以富足。这就是所谓的天府之国。国家安乐无事,看不到军队覆灭、将领战死的情景，没有哪个国家比得上燕国。大王您知道这是什么原因吗？燕国之所以没有被侵略，不受战争摧残，是因为赵国作为屏障挡在了燕国的南面。秦国、赵国争战而相继疲敝，而大王以完好的燕国在后方牵制他们，这是燕国之所以不被侵略的原因。况且，秦国如果要攻打燕国，必须越过云中、九原、穿过代郡、上谷，上谷即如今的易州。路途绵延数千里。即使攻克了燕国的城池，料想秦国也无法守住。秦国不能侵害燕国，道理很明显。如今，赵国若要攻打燕国，号令一出，不过十日，数十万军队就能驻扎于东垣。渡过滹沱河，涉过易水，四五天之内，就能到达燕国国都。所以说：秦国攻打燕国，是在千里之外作战；赵国攻打燕国，是在百里之内作战。不担心百里之内的忧患，却看重千里之外的战事，没有比这更错误的策略了。因此我希望大王您能与赵国合纵相亲，东方诸侯结为一体，那么燕国必定平安无事。”燕文侯同意了苏秦的主张。乐毅上书给燕王说：“比目鱼，不互相配合就不能游动，古人之所以这样称呼它，是因为它们能合二如一。如今山东诸侯都很弱小，如果不能团结如一，说明山东诸侯的智慧还比不上比目鱼。又譬如士兵拉车，三个人拉不动，再找来两人帮忙，五个人一起努力，车就可以前进了。现在山东韩、魏、赵三国弱小，无法对抗秦国，再找来两个国家联合，就能战胜秦国了。而山东各国却不知道互相联合，说明智慧还不如拉车的士兵。胡人和越人言语不相同，思想无法互相沟通，但他们同船渡河时，却能够相互救助，宛如一家人。如今山东各国的关系，就好比同舟共济，当秦国军队到来时，却不能互相救助如同一家，说明智慧又比不上胡、越之人。以上三件事，都是常人所能做到的，但山东各国的国君却不领悟，这是我为山东各国感到担心的原因，请大王您周密地考虑这件事。如今，韩、魏、赵三国已经联合了，秦国看到三晋团结一致，必然往南攻打楚国。赵国看到秦军攻打楚国，必定发兵往北攻打燕国。事情本来就有形势不同而祸患相同的情况。秦国一直攻打韩国，导致中山国灭亡。如今秦国攻打楚国，必然导致燕国的灭亡。我私下为大王您考虑，不如向南与韩、魏、赵三国结成军事同盟，约定共同防守韩、魏的西部边境。山东各国如果无法这样做，必定都会灭亡。”燕国果然向南派出军队，与韩、魏、赵三国结盟。赵国将要讨伐燕国,苏代替燕国劝赵王说:“今天我从外地来的时候,经过易水,看到一个河蚌出来晒太阳,而一只鹬鸟啄住蚌肉,蚌壳合拢,紧紧夹住了鹬的嘴。鹬鸟说:‘今天不下雨,明天不下雨,必然会有一个死蚌。’河蚌也对鹬鸟说:‘你今天不抽嘴出来,明天不抽嘴出来,必定会有一只死鹬。’鹬蚌互不相让,渔翁就可以一起捉住它们。如今赵国将攻打燕国,燕、赵长期对抗,使得民力疲惫,我担心强大的秦国会像渔翁一样从中得利。希望大王您认真考虑这件事。”赵王于是停止了攻燕的计划。齐宣王趁着燕国丧事讨伐燕国,攻克了十座城池。燕易王对苏秦说:“您能替燕国要回被侵占的土地吗?”苏秦说:“请让我替您把失地收回来。”于是苏秦前往齐国见到齐王,俯下身去向齐王表示庆贺,又仰起头来表示哀悼。齐王问:“为什么庆贺与哀悼相继得如此之快呢?”苏秦说:“我听说,饥饿的人宁愿挨饿也不吃乌喙,是因为乌喙虽暂时能填饱肚子,却最终会把人毒死。眼下燕国虽然弱小,燕王却是秦王的女婿。大王您贪图燕国的十座城池,却因此与强大的秦国长期结仇。如今,弱小的燕国将作为前锋进攻齐国,而强大的秦国在后面推动,所以贪图燕国城池是与饥饿的人吃乌喙类似的事。”齐王说:“那该怎么办呢?”苏秦说:“我听说,古代善于处理重大事件的人,能够转祸为福,利用失败取得成功。大王您如果能听取我的意见,将十座城池归还燕国,燕国必定非常高兴;秦王知道齐国因为自己的缘故,归还了燕国十座城池,也一定非常高兴,这就是所说的放下仇怨,获得交谊坚固的朋友。”齐王说:“好。”于是归还了燕国的十座城池。

苏秦如赵[①],赵之先与秦同祖[②]。周缪王使造父御[③],破徐偃王,乃赐造父以赵城[④],赵氏世为晋卿也。说赵肃侯曰[⑤]:“臣窃为君计,莫若安民无事,且无庸有事于民也[⑥]。安民之本,在于择交[⑦]。择交而得则民安,择交而不得则民终身不安。请言外患。齐、秦为两敌而民不得安,倚秦攻齐而民不得安,倚齐攻秦而民不得安。君诚能听臣,燕必致毡裘狗马之地[⑧],齐必致鱼盐之海,楚必致橘柚之园,韩、魏、中山皆可使致汤沐之俸[9]，而贵戚父兄皆可受封侯。夫割地利邑，五伯之所以覆军擒将而求也。封侯贵戚，汤、武所以放弑而争也[10]。今君高拱而两有之[11]，此臣之所为君愿也。夫秦下轵道则南阳危[12]，劫韩苞周则赵自操兵[13]，据卫取淇、卷则齐必入朝秦[14]。秦欲已得乎山东，则必举兵而向赵矣。秦甲渡河逾漳，据蕃吾[15]，则兵必战于邯郸之下矣。此臣之所为君危也。当今之时，山东之建国莫强于赵。赵地方二千余里，带甲数十万，车千乘，骑万匹，粟支数年。西有常山[16]，南有河、漳，东有清河[17]，北有燕。燕固弱国，不足畏也。秦之所害于天下莫如赵，然而秦不敢举兵而伐赵者，何也？畏韩、魏之议其后也[18]。然则韩、魏，赵之南蔽也。秦之攻韩、魏也，无名山大川之险，稍稍蚕食之，傅国都而止。韩、魏不能支秦，必入臣于秦。秦无韩、魏之规[19]，则祸必中于赵矣。此臣之所谓君患也。臣闻，尧无三夫之分[20]，舜无咫尺之地，以有天下；禹无百人之聚，以王诸侯；汤、武之士不过三千，车不过三百乘，卒不过三万[21]，立为天子，诚得其道也。是故明主外料其敌之强弱，内度其士卒贤不肖，不待两军相当，而胜败存亡之机固已形于胸中矣。岂掩于众人之言，而以冥冥决事哉[22]！臣窃以天下之地图按之，诸侯之地五倍于秦，料度诸侯之卒十倍于秦，六国并力西面而攻秦，秦必破矣。今西面而事之，见臣于秦。夫破人之与见破于人，臣之与见臣于人也，岂可同日而论哉！夫衡人者[23]，皆欲割诸侯之地以与秦。秦成[24]，则高台榭，美宫室，听竽笙之音，国被秦患而不与其忧。是故衡人日夜务以秦权恐愒诸侯[25]，以求割地，愿大王熟计之。臣闻,明主绝疑去谗,屏流言之迹[26],塞朋党之门,故尊主强兵之臣得陈忠于前矣。故窃为大王计,莫若一韩、魏、齐、楚、燕、赵从亲以叛秦。合天下之将相,会于洹水之上[27],通质[28],刑白马而盟[29],约曰:'秦攻楚,齐、魏各出锐师以佐之,韩绝其粮道,赵涉河、漳,燕守常山之北。秦攻韩、魏,则楚绝其后,齐出锐师以佐之,赵涉河、漳,燕守云中。秦攻齐,则楚绝其后,韩守成皋[30],魏塞其粮道[31],赵涉河、漳,指博关[32],燕出锐师以佐之。秦攻燕,则赵守常山,楚军武关[33],齐涉渤海[34],今沧州也[35]。韩、魏皆出锐师以佐之。秦攻赵,则韩军宜阳[36],楚军武关,魏军河外[37],齐涉清河,今贝州也[38]。燕出锐师以佐之。诸侯有不如约者,以五国之兵共伐之。'六国从亲以宾秦,则秦甲必不敢出于函谷以害山东矣。如此,则霸王之业成矣。"赵王曰:"善。"秦既破赵长平军,遂围邯郸[39]。赵人震恐东徙,乃使苏代厚币说秦相应侯曰[40]:"武安君擒马服子乎[41]?"曰:"然。""又欲围邯郸乎?"曰:"然。"代曰:"赵亡则秦王矣。夫武安君所谓秦战胜攻取者七十余城[42],南取鄢、郢、汉中[43],北擒马服之军[44],虽周、召、吕望之功不益于此。赵亡即秦王矣,以武安君为三公,君能为之下乎?欲无为之下,固不得矣。秦攻韩,围邢丘[45],困上党[46],上党之人皆归赵,不乐为秦人之日久矣[47]。今赵北地入燕,东地入齐,南地入韩、魏,君之所得,无虑几何。故不如因而割之,无以为武安君之功也。"于是应侯言于秦王曰[48]:"秦兵疲劳,请许韩、赵之君,割地以和。"秦既罢军[49],赵王使赵赦约事秦[50],欲割六城而与之。虞卿谓王曰:"秦之攻赵也,倦而归乎?其力尚能进,爱王而弗攻乎?"王曰:"秦之攻我,无余力矣。必以倦归耳。”虞卿曰:“秦以其力攻其所不能取,倦而归。王又割其力之所不能取以送之,是助秦自攻耳。来年,秦复求割地,王将与之乎?弗与则弃前功而兆后祸也[51],与之则无地以给之。语曰:‘强者善攻,弱者善守[52]。’今听秦,秦兵不弊而多得地,是强秦而弱赵也。以益秦之强而割逾弱[53],其计固不止矣。且王之地有尽,而秦之求无已,以有尽之地而给无已之求,其势必无赵矣。”王计未定,楼缓从秦来[54],王以问之。缓曰:“不如与之。”虞卿曰:“臣言勿与,非固勿与而已也。秦索六城于王,王以六城赂齐。齐,秦之深仇也,得王之六城,并力而西击秦。齐之德王[55],不待辞之毕也。则王失之于齐,取偿于秦。而齐、赵之深仇可以报矣,且示天下有能为也。王以此发声,兵未窥于境,秦之重赂必至于赵,而反请和于王。秦既请和,韩、魏闻之必尽重王,重王必出重宝以一于王,则是王一举而得三国之亲,而秦益危矣。”赵王曰:“善。”即遣虞卿东见齐王,与之谋秦。虞卿未及发,而秦使者已在赵矣。楼缓闻之,亡去。秦围赵[56],王使平原君入楚从亲而请其救。平原君之楚,见楚王[57],说以利害。日出而言,日中不决。毛遂乃按剑历阶而上[58],谓平原君曰:“纵之利害,两言而决耳。今日出而言,日中不决,何也?”楚王叱曰:“胡不下[59]!吾与汝君言,汝何为者!”毛遂按剑而前曰:“王之所以遇遂者,以楚国之众也。今十步之内,王不得恃楚国之众,王之命悬于遂之手矣。吾君在前,叱者何也?且遂闻,汤以七十里之地立为天子,文王以百里之壤而臣诸侯。今楚地方五千里,持戟百万,此霸王之资也。以楚之强,天下莫能比而不能当也。白起,小竖子耳,率数万之众,兴师以与楚战,一战而举鄢、郢,再战而烧夷陵[60],三战而辱王之先人。此百代之怨,赵之所羞,而王不知耻焉。今合纵者,为楚不为赵也。”楚王曰:“苟如先生之言,谨奉社稷以从。”楚于是遂出兵救赵。赵孝成王时[61]，秦围邯郸，诸侯之救兵莫敢击秦。魏王使晋鄙救赵[62]，畏秦，止于汤阴不进[63]。魏使客将军新垣衍间入邯郸[64]，令赵帝秦[65]。此时，鲁连适游赵[66]，会秦围邯郸，闻魏欲令赵尊秦为帝，乃见平原君曰：“梁客新垣衍安在？吾请为君责而归之。”平原君曰：“胜请为绍介[67]。”鲁连见新垣衍而无言。新垣衍曰：“吾视居此围城之中，皆有求于平原君也。今观先生之玉貌[68]，非有求于平原君也，曷为久居围城之中而不去乎？”鲁连曰：“世以鲍焦为无从容而死者[69]，皆非也。众人不知，则为一身[70]。彼秦者，弃礼义而上首功之国[71]，权使其士[72]，虏使其人[73]。彼即肆然而为帝[74]，过而为政于天下[75]，则连有蹈东海而死耳，吾不忍为之人也。所以见将军者，欲以助赵。”衍曰：“先生助之，将奈何？”鲁连曰：“吾将使梁及燕助之，齐、楚则固助之矣。”衍曰：“燕则为请以从矣[76]。若乃梁者，即吾乃梁人也，先生恶能使梁助之？”鲁连曰：“梁未睹秦称帝之害故耳。使梁睹秦称帝之害，则必助赵矣。”衍曰：“秦称帝之害何如？”连曰：“昔者，齐威王尝为仁义矣，率天下诸侯而朝周。周贫且微，诸侯莫朝，而齐独朝之。居岁余，周烈王崩[77]，齐后往。周怒，赴于齐曰[78]：‘天崩地坼[79]，天子下席[80]。东蕃之臣田婴后至[81]，则斫[82]。’齐威王勃然怒曰：‘叱嗟[83]！而母婢也[84]。’卒为天下笑。故生则朝周，死则叱之，诚不忍其求也。彼天子固然，其无足怪。”衍曰：“先生独不见夫仆乎？十人而从一人者，宁力不足而智不若耶？畏之也。”鲁连曰：“呜呼！梁之比秦若仆耶？”衍曰：“然。”鲁连曰：“吾将使秦王烹醢梁王[85]。”衍愕然曰：“亦太甚矣！先生之言也。先生又恶能使秦王烹醢梁王？”连曰：“固也，待吾将言之。昔者九侯、鄂侯、文王[86]，纣之三公也。九侯有子而好[87]，故献之纣。纣以为丑，醢九侯。鄂侯争之强[88]，办之疾[89]，故脯鄂侯[90]。文王闻之，喟然而叹[91]，故拘之牖里之库百日[92]，欲令之死。曷为人俱称王，卒就脯醢之地[93]？齐愍王将之鲁[94]，夷维子为御[95]，执策而从，谓鲁人曰：'子将何以待吾君？'鲁人曰：'吾将以十大牢待子君[96]。'夷维子曰：'安以取礼而来？彼吾君者，天子也。天子巡狩[97]，诸侯避舍[98]，纳管籥[99]，摄衽抱机[100]，视膳于堂下[101]。天子已食，若退而听朝也。'鲁人投其籥[102]，不果内[103]。不得入于鲁，将之薛，假涂于邹[104]。当是时，邹君死，愍王欲入吊。夷维子谓邹之孤曰[105]：'天子吊，主人必将倍殡[106]，设几北面于南方[107]，然后天子南面吊。'邹之群臣曰：'必若此，将伏剑而死。'故不敢入于邹。邹、鲁之大夫，生则不得事养，死则不得赙襚[108]，然且欲行天子之礼于邹、鲁，邹、鲁之臣不果内。今秦，万乘之国也，梁亦万乘之国也，俱据万乘之国，交有称王之名。睹其一战而胜，遂欲从而帝之，则且变易诸侯之大臣[109]。彼将夺其所不肖而与其所贤，夺其所憎而与其所爱，又将使其子女谗妾为诸侯妃姬[110]，处梁之宫，梁王安得晏然？而将军又何得故宠乎？"于是新垣衍起，再拜，谢曰："吾请出，不敢复言帝秦。"秦将闻之，为退军五十里。

【注释】

①苏秦如赵：以下至"赵王曰'善'"，出自《史记·苏秦列传》，有删节。

②赵之先与秦同祖：以下至"赵氏世为晋卿也"，抄撮自《史记·赵世家》。

③周缪王：即周穆王，名满，周昭王之子。造父：古之善御者，赵之先祖。曾得骅骝、騄耳等八骏献于周穆王。周穆王使为御者，西巡狩，乐而忘归。徐偃王反叛，为周穆王驾车东归，日驰千里，回攻徐偃王，取得大胜，王乃赐造父以赵城，由此以赵为氏，成为赵氏

先祖。

④赵城:古邑名。在今山西洪洞赵城镇东北。

⑤赵肃侯:名语,赵成侯之子,战国时期赵国国君。

⑥无庸:无须,不必。

⑦择交:选择邦交。

⑧毡裘(zhān qiú):指古代北方游牧民族以皮毛制成的衣服。

⑨汤沐:指汤沐邑,收取赋税的私邑。

⑩放弑:放逐、诛杀君主。商汤放逐了夏桀,周武王诛杀了商纣。

⑪高拱:两手相抱,高抬于胸前,安坐时的姿势。比喻不花什么力气。

⑫轵(zhǐ)道:又作"枳道",古道路名。在今河南济源境内,为豫北平原进入山西高原的孔道,自古为兵家争夺要地。南阳:古地区名。即今河南济源至获嘉一带,因在太行山南、黄河之北而得名。春秋属晋,战国属魏。

⑬劫:威逼,胁迫。周:指周都洛阳。赵自操兵:"赵"疑当作"魏"。张琦《战国策释地》:"赵都邯郸去韩殊远,'赵'疑当作'魏','劫韩'则逼魏。……下云'秦欲已得行乎山东,则必举甲而向赵',明此主韩、魏言,不主赵矣。秦兵自韩及齐,亦不容遗魏不数也。"

⑭淇:淇水。此处指黎阳。张琦《战国策释地》:"《汉志》:'淇水至黎阳入河',此云取淇,盖指黎阳也。黎阳故城在今浚县西二里。"黎阳位于今河南浚县东。卷:指卷邑,在今河南原阳原武故城西北。

⑮蕃吾:《史记·苏秦列传》作"番吾",战国赵邑。在今河北磁县境。

⑯常山:即恒山,汉人避汉文帝讳改称"常山",在今河北曲阳西北,即今大茂山。

⑰清河:古水名。战国时流经齐、赵两国之间。

⑱议:谋。

⑲秦无韩、魏之规:《战国策·赵策二》作"秦无韩、魏之隔"。

⑳三夫之分:指三百亩田。古代井田制,一夫受田百亩,故以百亩

为夫。《周礼·地官·小司徒》:"九夫为井。"郑玄注:"《司马法》曰:'六尺为步,步百为亩,亩百为夫。'"

㉑"汤、武之士不过三千"三句:王念孙《读书杂志·史记》:"《赵策》作'汤、武之卒不过三千人,车不过三百乘',无'卒不过三万'句。念孙案,卒即士也,既云'士不过三千',不当又云'卒不过三万'。"译文从之。

㉒冥冥:懵懂无知貌。

㉓衡人:指战国时倡导连横之说的人。

㉔秦成:指与秦国讲和。成,讲和。

㉕恐愒(hè):恫吓威胁。

㉖屏(bǐng):放逐,摒弃。

㉗洹(huán)水:水名。又名"安阳河",在河南北部。源出林县,流经安阳至内黄,入卫河。

㉘通质:犹交质。古代列国互派人质,作为守信的保证。

㉙刑:杀。

㉚成皋:古邑名。在今河南荥阳汜水镇西,形势险要。

㉛魏塞其粮道:《史记·苏秦列传》作"魏塞其道",司马贞《索隐》:"其道即河内之道。战国策'其'作'午'。"译文从之。

㉜博关:一名"博陵",春秋时齐邑。在今山东茌平西北。

㉝武关:今陕西丹凤东南,战国秦置,为关中地区通往豫西南和湖北的咽喉。

㉞齐涉渤海:张守节《正义》:"齐从沧州渡河至瀛州。"

㉟沧州:北魏熙平二年(517)置,隋大业初废,唐武德元年(618)复置,治清池(今河北沧州东南四十里旧州镇)。

㊱宜阳:古邑名。在今河南宜阳西。

㊲河外:此处指今陕西、山西黄河南段以西地区。张守节《正义》:"河外,同、华等地也。"春秋战国时因各国所在地不同,"河外"所

指地区亦不同。春秋晋人称黄河以北为“河内”,黄河以南为“河外”。《左传·僖公十五年》:“(晋)赂秦伯以河外列城五。”杜预注:“河外,河南也。”战国魏人以河南、河西为河外。《史记·魏世家》:“所亡于秦者,山南、山北、河外、河内。”指今陕西华阴至河南三门峡西一带。赵亦以河南为河外。《史记·张仪列传》:“驱韩、梁军于河外。”张守节《正义》:“河外,谓郑、滑州(今河南郑州、滑县一带),北临河。”秦人以河东为河外。《资治通鉴·周赧王四年》:“梁效河外。”胡三省注:“秦盖以河东为河外,梁则以河西为河外。”

㊳贝州:北周宣政元年(578)分相州置,治武城,隋改为治清河(今河北清河城关乡西北)。

㊴遂围邯郸:长平之战后,秦军并未立即包围邯郸。

㊵乃使苏代厚币说秦相应侯曰:以下至“割地以和”,出自《史记·白起王翦列传》。厚币,丰厚的礼品。应侯,指范雎,战国时期魏国人,著名纵横家、谋略家。秦昭王时任秦国国相,封应侯。

㊶武安君:指白起,因战功被封为武安君。马服子:指马服君赵奢之子赵括。

㊷所谓:所以。谓,通“为”。

㊸鄢(yān):古邑名。楚国的别都,在今湖北宜城东南。郢:古邑名。春秋战国时楚国都城,在今湖北江陵纪南城。

㊹马服:《史记·白起王翦列传》作“赵括”。

㊺邢丘:古邑名。春秋晋邑,战国属魏,在今河南温县东。

㊻上党:指韩国上党郡,位于今山西东南部沁河以东一带。

㊼不乐为秦人之日久矣:《史记·白起王翦列传》作“天下不乐为秦民之日久矣”,译文从之。

㊽秦王:指秦昭王。

㊾秦既罢军:以下至“楼缓闻之亡去”,出自《史记·平原君虞卿列

传》，有删节。

⑩赵王：指赵孝成王，名丹，战国时期赵国君主，赵惠文王之子。赵赦：《史记·平原君虞卿列传》作"赵郝"，赵国贵族。

⑪兆：《史记·平原君虞卿列传》作"挑"，译文从之。

⑫弱者善守：《史记·平原君虞卿列传》作"弱者不能守"，译文从之。

⑬益秦之强：《史记·平原君虞卿列传》作"益强之秦"，指愈发强大的秦国。

⑭楼缓：原赵国大臣，支持赵武灵王推行胡服，后入秦任秦国国相。

⑮齐之德王：《史记·平原君虞卿列传》作"齐之听王"，译文从之。

⑯秦围赵：以下至"楚于是遂出兵救赵"，出自《史记·平原君虞卿列传》，有删节。

⑰楚王：指楚考烈王。

⑱毛遂：战国时赵国人，平原君门下食客。赵孝成王九年（前257），秦围赵都邯郸，平原君求救于楚，于门客中选文武具备之二十人为从。得十九人，毛遂乃自荐同往。平原君与楚王谈判，半天不决。他按剑历阶而上，陈说利害，使楚王同意出兵救赵。按剑：以手抚剑。历阶：越阶而上，即一步一级台阶。《礼记·檀弓下》："杜蒉入寝，历阶而升。"孙希旦《集解》："历阶，……谓升阶不聚足也。"

⑲胡：何，为什么。

⑳夷陵：战国楚邑。在今湖北宜昌东南。楚国先王葬地。

㉑赵孝成王时：以下至"为退军五十里"，出自《史记·鲁仲连邹阳列传》，有删节。

㉒魏王：指魏安釐王。晋鄙：战国时魏国人，安釐王时将军。秦围邯郸，赵求救于魏，魏王使晋鄙将兵救赵，屯兵观望。信陵君用侯生谋，通过如姬窃得虎符，使力士朱亥椎杀晋鄙，夺其兵权而救赵解围。

㉓汤阴：古邑名。今属河南。

64客将军：犹所谓“客卿”，别国人在魏为将军者。间（jiàn）入：秘密进入。

65帝秦：尊奉秦王为帝。

66鲁连：即鲁仲连，战国时齐国人。善于出谋划策，而不肯仕宦。常周游各国，为人济危解难。赵孝成王时，秦军围赵都邯郸，他向赵、魏大臣辨析利害，劝其毋尊秦昭王为帝，坚守待援，终退秦军。

67绍介：介绍。古代宾主之间传话的人称“介”。古礼，宾至，须介传话，介不止一人，相继传辞，故称“绍介”。

68玉貌：对人容颜的敬称。

69鲍焦：周代隐士，因不满当时社会，抱树绝食而死。《史记·鲁仲连邹阳列传》张守节《正义》引《韩诗外传》曰：“姓鲍，名焦，周时隐者也。饰行非世，廉洁而守，荷担采樵，拾橡充食，故无子胤，不臣天子，不友诸侯。子贡遇之，谓之曰：‘吾闻非其政者不履其地，污其君者不受其利。今子履其地，食其利，其可乎？’鲍焦曰：‘吾闻廉士重进而轻退，贤人易愧而轻死。’遂抱木立枯焉。”无从容而死：指世人认为鲍焦因心胸狭隘而自杀。司马贞《索隐》：“世人见鲍焦之死，皆以为不能自宽容而取死。”

70众人不知，则为一身：《史记·鲁仲连邹阳列传》司马贞《索隐》：“言众人不识鲍焦之意，焦以耻居浊世而避之，非是自为一身而忧死。”

71上首功：谓崇尚战功。上，通“尚”。《史记·鲁仲连邹阳列传》司马贞《索隐》：“秦法，斩首多为上功。谓斩一人首赐爵一级，故谓秦为‘首功之国’也。”

72权使其士：用权术役使士人。

73虏使其人：把百姓当作奴隶来差使。

74即：假若。肆然：无所顾忌。

75过：甚至。王念孙《读书杂志·史记》：“高诱注《吕氏春秋·知士篇》曰‘过犹甚也’,言秦若肆然而为帝,甚而遂为政于天下,则吾有死而已,不忍为之民也。”

⑯燕则为请以从矣:意谓关于燕国,我姑且相信您所说的。徐仁甫《史记注解辨正》:“‘请’犹‘且’也,姑且,时间副词。……此谓燕则吾姑且以从矣。”从,听从,相信。

⑰周烈王:战国时期周天子,名喜,周安王之子。

⑱赴:后多作“讣”,讣告,报丧。

⑲天崩地坼(chè):指天子驾崩是天崩地裂的大事。

⑳下席:谓离开原来的居处,睡在守孝的草席上。

㉑东蕃:指齐国。蕃,通“藩”,藩国。田婴:《史记·鲁仲连邹阳列传》作“因齐”,齐威王名。译文从之。

㉒斫(zhuó):砍,斩。

㉓叱嗟:怒斥声。

㉔而母婢也:你母亲是个婢女,是骂人的话。而,你,你的。

㉕烹醢(hǎi):古时的两种酷刑。“烹”是将人煮死,“醢”是把人剁成肉酱。

㉖九侯、鄂侯:商纣王时的诸侯。

㉗子:指女儿。

㉘争之强:强烈劝谏。争,通“诤”,诤谏,规劝。

㉙办:《史记·鲁仲连邹阳列传》作“辩”。辩之疾,指极力为九侯辩护。译文从之。

㉚脯(fǔ):将其做成肉干。

㉛喟(kuì)然:感叹,叹惜貌。

㉜牖(yǒu)里:古地名。亦作“羑(yǒu)里”,在今河南汤阴北。库:监狱。

㉝曷(hé)为人俱称王,卒就脯醢之地:意谓魏国、秦国的君主都称“王”,为何魏国甘心居于被人宰割的地位。

⑭齐愍(mǐn)王将之鲁:指乐毅率军攻占齐都临淄后,齐愍王一度逃亡到鲁国。

⑮夷维子:齐愍王近臣,史失其名。夷维,齐邑名。今山东高密。

⑯十大牢:牛、羊、猪各十只。大牢,即"太牢",古时祭祀或宴会,牛、羊、猪三样齐全称"太牢"。

⑰巡狩:谓天子出行,视察邦国州郡。

⑱避舍:犹退避,指诸侯让出自己居住的宫室。《史记·鲁仲连邹阳列传》司马贞《索隐》:"避正寝。"

⑲管籥(yuè):钥匙。

⑳摄:提起。衽:衣襟。抱机:捧着托盘。机,通"几",几案。

㉑视膳于堂下:语本《礼记·文王世子》:"食上,必在视寒暖之节;食下,问所膳。"指伺候天子用餐。视膳,古代臣下侍奉君主或子女侍奉双亲进餐的一种礼节。

㉒投其籥:《史记·鲁仲连邹阳列传》张守节《正义》:"投钥匙于地。"

㉓内:同"纳",接受。

㉔假涂:借路。涂,同"途"。

㉕孤:父死则子称为"孤"。此指去世邹君之子。

㉖主人必将倍殡:古代以坐北向南为正位,所以诸侯的灵柩停放在灵堂北面。但天子吊唁诸侯之丧,应当坐北朝南,所以夷维子要求邹人将灵柩移到南面,好让齐愍王吊唁时面向南方。倍,通"背",倒过来。殡,灵柩。

㉗设几北面于南方:《史记·鲁仲连邹阳列传》作"设北面于南方",指把灵柩放在南面朝向北方,以接受齐愍王坐北朝南的吊唁。设,置,放。北面,向北。

㉘"邹、鲁之大夫"三句:意谓邹、鲁两国的大夫,国君活着的时候没法侍奉,国君死后没钱送礼,形容邹、鲁两国的贫困。赙襚(fù suì),送给丧家的钱财衣物。《战国策·赵策三》作“生则不得事养,死则不得饭含”。

⑩则且变易诸侯之大臣:《史记·鲁仲连邹阳列传》以上有“且秦无已则帝”一句,指秦国的野心不会因为称帝而罢休,接下来必将撤换各诸侯国的执政大臣。

⑪子女:年轻女子。谗妾:好谗害人的姬妾。

【译文】

苏秦到了赵国,赵国与秦国有共同的祖先。周穆王让造父驾车,攻破徐偃王,于是周穆王将赵城赐给造父,赵氏世代都担任晋国的卿。游说赵肃侯说:“我私下为您考虑,没有比让百姓安居乐业更重要的了,而且不要多生事端烦扰他们。安定百姓的根本,在于选择邦交。邦交选择得当,则百姓安宁;邦交选择不当,则百姓终身不得安宁。请允许我分析一下赵国的外患。如果赵国与齐国、秦国为敌,则百姓不得安宁;依靠秦国攻打齐国,则百姓不得安宁;依靠齐国攻打秦国,则百姓不得安宁。如果您能听从我的意见,燕国必定献上出产毡裘与犬、马的土地,齐国必定献上出产鱼、盐的海域,楚国必定献上出产橘子、柚子的园林,也能够让韩国、魏国、中山国献上可以收取赋税的汤沐邑,而您的亲戚、父兄也都可以因此封侯。从别国分割土地获得财利,这是五霸不惜损兵折将也要追求的。让自己的亲戚获得封侯,这是商汤、周武王不惜放逐、诛杀君主也要争取的。如今您拱着手就能兼而有之,这就是我替您做的打算。秦国如果攻下轵道,则南阳就处于危险之中;如果威逼韩国,包围洛阳,那么赵国就要起兵自卫;如果占据卫地,取得黎阳、卷城,则齐国必定臣服于秦国。秦国的欲望在山东地区得到满足后,则必定举兵进攻赵国。秦国军队渡过黄河、漳水之后,占据蕃吾,则必然兵临邯郸城下。这正是我替您感到担忧的。如今,山东各国没有比赵国更强大的。赵国土地方圆二千余里,披甲的将士数十万,战车千乘,战马万匹,储存的粮食足够吃好几年。西面有常山,南面有黄河、漳水,东面有清河,北面有燕国。燕国本来就是一个弱国，无须畏惧。秦国在天下最害怕的就是赵国，但秦国却不敢举兵进攻赵国，这是什么原因？是因为害怕韩国、魏国谋划在背后乘虚而入。因此韩国、魏国，可以说是赵国南方的屏障。秦国进攻韩国、魏国，没有高山大河的阻隔，可以逐渐蚕食他们的土地，直到迫近两国的国都。韩国、魏国抵挡不住秦国，则必然向秦国称臣。秦国没有了韩国、魏国的阻隔，那么战祸必定降临赵国。这正是我替您感到忧虑的。我听说，尧连三百亩田地都没有，舜也没有咫尺的封地，却最终拥有了天下；大禹连一百人的村落都没有，却最终统治了诸侯；商汤、周武王的士兵不过三千人，战车不过三百乘，却最终成为天子，这是因为他们的确掌握了取得天下之道。所以贤明的君主对外能估计敌人的强弱，对内能衡量士兵素质的优劣，不必等到两军交锋，胜败存亡的关键早已经成竹在胸了。又怎么会被众人的言论所蒙蔽，而懵懂地去决定国家大事呢！我私下考察天下的地图，各诸侯国的土地面积五倍于秦国，料想各诸侯国的士兵数量十倍于秦国，山东六国如果齐心协力，向西攻打秦国，则秦国一定被击败。如今反而向西事奉秦国，向秦国称臣。打败别人与被别人打败，使别人臣服与臣服于别人，岂可同日而语！那些主张连横的人，都想割让各诸侯国的土地给秦国。与秦国讲和后，他们就可以高筑台榭，装饰宫室，欣赏笙竽所演奏的音乐，至于各国遭受秦国的侵害，他们却并不分担忧愁。所以这些主张连横的人日夜不停地以秦国的威势恐吓诸侯，以谋求割取诸侯的土地，希望大王好好考虑这个问题。我听说，贤明的君主断绝疑虑，排除谗言，摒弃流言蜚语的途径，堵塞结党营私的门路，所以那些主张尊奉君主、富国强兵的臣子，能够在君主面前陈述他们的忠心。我私下为大王您考虑，最好让韩、魏、齐、楚、燕、赵六国合纵亲善，一起反抗秦国。会合天下各国的将相，在洹水边上盟会，互相交换人质，杀白马歃血为盟，彼此约定：‘假如秦军进攻楚国，则齐国、魏国分别派遣精锐部队援助楚国，韩国切断秦军的粮道，赵军渡过黄河、漳水，燕国固守常山以北地区。假如秦军进攻韩国、魏国，则楚军截断秦军的后路，齐国派遣精锐部队援助韩、魏,赵军渡过黄河、漳水,燕国固守云中。假如秦军进攻齐国,则楚军截断秦军的后路,韩国固守成皋,魏军切断秦军的粮道,赵军渡过黄河、漳水,挺进博关,燕国派遣精锐部队援助齐国。假如秦军进攻燕国,则赵国固守常山,楚军驻扎武关,齐军渡过渤海,指今沧州。韩国、魏国都派遣精锐部队援助燕国。假如秦军进攻赵国,则韩军驻扎宜阳,楚军驻扎武关,魏军驻扎河外,齐军渡过清河,指今贝州。燕国派遣精锐部队援助赵国。诸侯中有不守盟约的,其余五国便共同讨伐它。'六国合纵相亲共同抵抗秦国,则秦军一定不敢出函谷关危害山东各国了。这样一来,您的霸业就成功了。"赵王说:"好。"秦军在长平大败赵军之后,遂包围了邯郸城。赵国人震惊恐惧,纷纷向东迁徙,于是派遣苏代带着丰厚的礼物游说秦国相国应侯范雎,说:"武安君白起是不是击败了马服君之子赵括?"范雎说:"是的。"苏代问:"秦军是不是又将围攻邯郸?"范雎说:"是的。"苏代说:"赵国一旦灭亡,秦王就可以称王天下了。武安君为秦国战胜攻取的城池有七十多座,向南攻取了鄢、郢、汉中,向北击败了赵括的军队,即使是周公、召公、吕望的功绩,也不会比武安君的更大。一旦赵国灭亡,秦王称王于天下,势必以武安君为三公,您甘心位居他之下吗?到那个时候,就是您不想屈居武安君之下,也肯定做不到了。秦国攻打韩国,包围邢丘,围困上党,上党的百姓全部投靠赵国,天下的百姓不愿成为秦国子民已经很久了。如今赵国灭亡后,北方的土地会归于燕国,东面的土地会归于齐国,南面的土地会归于韩国、魏国,秦国能得到的土地并没有多少。因此不如让赵国割地求和,不要让武安君再立功劳。"于是范雎向秦昭王进言说:"秦国的士兵很疲惫了,请您答应韩国、赵国君主的请求,割地求和。"秦国撤军之后,赵王派赵赦前往秦国订立臣服秦国的和约,打算割让六座城邑给秦国。虞卿对赵王说:"秦国这次进攻赵国,是因为疲惫而退兵呢?还是仍有进攻的余力,因为爱惜大王您才停止进攻呢?"赵王说:"秦国攻打我们,当然不遗余力。必然是因为疲惫才退兵。"虞卿说:"秦国用尽全力进攻,来强夺他们所得不到的地盘,疲惫不堪地退兵了。而大王您又把秦国用尽力气还夺不到的地盘割让给他们,这是帮助秦国攻打自己啊。明年,秦国如果又要求割地,大王您会给他吗?如果不给,则前功尽弃并导致将来的祸患;如果给，则没有那么多土地可以割让。俗话说：'强者善于进攻，弱者不能防守。'如今，如果听任秦国的摆布，则秦军没有疲敝就可以多得土地，使秦国愈发强大而赵国愈发弱小。让愈发强大的秦国分割愈发弱小的赵国，秦国的算计就会没完没了。况且大王您的土地有限，而秦国的索取却是无止境的，用有限的土地去满足无止境的索取，这样赵国势必会灭亡。"赵王犹豫不决的时候，楼缓从秦国来了，赵王询问他的意见。楼缓说："不如把六座城邑割让给秦国。"虞卿说："我说不要割地于秦，并不是坚持不给就算完事。秦国向大王您索要六座城邑，您可以把这六座城邑送给齐国。齐国，与秦国积怨甚深，得到您的六座城邑后，将与赵国同心协力向西攻打秦国。齐国听从您的话，不等您把话说完就会应允。那么您虽然失地于齐，却能在秦国那边得到补偿。而齐国、赵国也可以报仇雪耻，并且向天下展示赵国是能够有所作为的。大王您只要将这一决定昭告天下，不等齐、赵军队接近秦国的边境，秦国使者必定带着重礼来到赵国，反而向大王求和。秦国请和之后，韩国、魏国听到这个消息，必定都敬重大王；敬重大王，必然献上贵重的宝物，请求与您结盟，那么大王您一举就能与三个国家结好，而使秦国的形势愈发危险。"赵王说："好。"于是派虞卿向东去见齐王，与齐王谋划共同对抗秦国。虞卿还没有出发，秦国的使者就已经来到赵国了。楼缓听说后，便逃跑了。秦国围攻赵都邯郸，赵王派平原君去楚国缔结合纵的盟约，请求楚国的救援。平原君到了楚国，见到楚王，向他陈说利害关系。从太阳初升一直谈到正午时分，还是定不下来。于是毛遂手按剑柄一步一级登上大殿，对平原君说："合纵是利是害，两句话就可以说清楚。如今从日出时开始说，直到中午还决定不了，这是为什么？"楚王呵斥到："还不退下！我和你的主人谈话，你来做什么！"毛遂手按剑柄上前说："大王之所以敢这样对待我，是仗着楚国人多势众。但如今在这十步之内，您无法倚仗楚国人多，您的性命掌握在我手中。我的主人就在面前，您凭什么呵斥我？况且我听说，商汤凭着方圆七十里的地盘成为天子，周文王凭着方圆百里的地盘使天下诸侯臣服。如今楚地方圆五千里，军队上百万，这是可以成为霸王的资本。以楚国的强大，天下没有哪个诸侯比得上，没有哪个诸侯是楚国的对手。白起，就那么个小子，率领数万军队与楚国作战，第一战就攻克了鄢、郢，第二战又焚烧了夷陵，第三战侮辱了楚国的先王。这是百世不解的深仇大恨，赵国都替你们感到羞耻,而大王您却不以为耻。如今合纵抗秦,主要是为了楚国,而不是为了赵国。”楚王说:“确实如您所言,我愿意竭诚以整个国家追随您。”于是楚国出兵救赵。赵孝成王时,秦军围困邯郸,各诸侯国的救兵都不敢进攻秦军。魏王派晋鄙率军救赵,由于畏惧秦国,停留于汤阴不敢进军。魏王派客将军新垣衍秘密进入邯郸,劝赵王尊奉秦王为帝。此时,鲁仲连刚好在赵国游历,碰到秦军围困邯郸,听说魏王想让赵国尊奉秦王为帝,于是去拜见平原君说:“魏国来客新垣衍在哪里?请让我替您谴责他,赶他回国。”平原君说:“请让我做介绍。”鲁仲连见到新垣衍后,却不同他说话。新垣衍说:“我观察还留在这座围城中的,都是有求于平原君的人。今天我观察先生您的容貌,并非有求于平原君,为什么久留在这座围城中而不离开呢?”鲁仲连说:“世人都认为鲍焦因为心胸狭隘而自杀,他们都搞错了。众人不理解他的内心,以为他是为了个人私事而死的。那个秦国,是个废弃礼义而崇尚战功的国家,用权术役使士人,把百姓当作奴隶来差使。秦国假若无所顾忌地称帝,甚至进而统治天下,那么我宁可跳东海去死,也不甘心做秦国的子民。我之所以来见将军您,是想要帮助赵国。”新垣衍说:“您打算怎么帮助赵国?”鲁仲连说:“我将要让魏国与燕国帮助赵国,齐国、楚国本来已经在帮助赵国了。”新垣衍说:“关于燕国,我姑且相信您所说的。至于魏国,我就是魏国人,您有什么办法让魏国帮助赵国呢?”鲁仲连说:“魏国还没有看到秦国称帝的危害。如果让魏国看到秦国称帝的坏处,就一定会帮助赵国了。”新垣衍说:“秦国称帝有什么坏处?”鲁仲连说:“从前,齐威王曾经施行仁义,想率领天下诸侯朝见周天子。那时周王室贫穷而微弱,诸侯都不来朝拜,只有齐国独自朝见周天子。过了一年多,周烈王驾崩,齐国没能及时前往吊丧。周王室大怒,在发给齐国的讣告中说:‘天子驾崩,新即位的天子离开了原来的居处。东方藩国之臣因齐竟然不按时前来吊丧,应该斩首。’齐威王勃然大怒说:‘呸!你妈是个婢女!’最终被天下人嘲笑。周天子活着的时候去朝见,死后又大骂他,这是因为实在忍受不了周王室的苛求。做天子的本来就是这样,用不着奇怪。”新垣衍说:“先生难道没见过那些奴仆吗?十个奴仆服侍一个主人,难道是力气比不过,才智比不上吗?是因为惧怕他们的主人。”鲁仲连说:“啊!魏国和秦国相比,就像奴仆和主人一样吗?”新垣衍说:“是的。”鲁仲连说:“那么我将让秦王将魏王烹杀并剁成肉酱。”新垣衍吃惊地说："您的话也太过分了！您又怎么能让秦王把魏王烹杀并剁成肉酱呢？"鲁仲连说："当然可以，请听我说。从前，九侯、鄂侯、周文王，是商纣王的三公。九侯有位女儿长得很漂亮，所以九侯把她献给纣王。可是纣王却嫌她丑，把九侯剁成了肉酱。鄂侯强烈劝谏，极力为九侯辩护，所以纣王把他杀了做成肉干。周文王听说了这件事，不由得叹气，所以纣王把他囚禁在牖里的监狱，关了一百天，想要杀死他。为什么有些人与别人同样称王，却甘心居于被人宰割的地位呢？齐愍王将逃亡到鲁国，夷维子负责驾车，手持马鞭跟随齐愍王，对鲁国人说：'你们准备怎样接待我们的国君？'鲁国人说：'我们准备用牛、羊、猪各十头的礼节来款待您的国君。'夷维子说：'这是从哪儿找来的礼节？我们的国君，是天子。天子出来巡视邦国，诸侯应该让出自己居住的宫室，交出钥匙，提起衣襟，捧着托盘，伺候天子用餐。等天子用餐完毕，诸侯才能退下处理朝政。'鲁国人气得把钥匙扔在地上，拒绝齐愍王进入鲁国。齐愍王没能进入鲁国，便想到薛国去，中途从邹国借路。当时，邹国的国君刚刚去世，齐愍王想去吊唁。夷维子对邹国太子说：'天子前来吊唁，主人应当调转灵柩的方向，使之朝北，然后接受天子坐北朝南的吊唁。'邹国的群臣说：'如果非要这样做不可，我们宁可伏剑自杀。'所以齐愍王也不敢进入邹国。邹、鲁两国的臣子，国君活着的时候没法侍奉，国君死后没钱送礼，然而齐愍王想要在邹、鲁行天子之礼，邹、鲁两国的臣子都不肯接受。如今秦国是万乘之国，魏国也是万乘之国，都是万乘之国，都有'王'的名号。而魏国看到秦国打了一场胜仗，就想尊秦为帝，秦国的野心不会因为称帝而罢休，接下来必将撤换各诸侯国的执政大臣。秦国会撤掉他们认为不好的人，任用他们认为能干的人；免掉他们所厌恶的人，任用他们所喜欢的人；还会把秦国的年轻女子与喜欢谗害人的女人，嫁给诸侯们做姬妾，住进魏王的宫中，魏王怎么可能安稳的生活？而将军您又怎么可能保住原有的恩宠呢？"于是新垣衍起身，拜了两拜，谢罪道："请让我告辞，再也不敢提尊秦为帝了。"秦军将领听说此事，为此退兵五十里。

苏秦如韩[①]，韩之先与周同姓[②]，事晋，得封于韩[③]，为韩氏。后周烈王赐韩侯，得列为诸侯也。说韩宣王曰[④]："韩北有巩、成皋之固[5]，西有宜阳、商阪之塞[6]，东有宛、穰、洧水[7]，南有陉山[8]，地方九百余里，带甲数十万，天下之强弓劲弩皆从韩出。韩卒超足而射[9]，百发不暇止，远者栝洞胸[10]，近者镝掩心[11]。韩之剑戟则龙泉、太阿[12]，皆陆断牛马，水截鹄雁。夫以韩卒之劲与大王之贤，乃西面而事秦，交臂而服焉[13]，羞社稷而为天下笑，无大于此者也。是故，愿大王熟计之。大王无事秦！事秦必求宜阳、成皋。今兹效之[14]，明年又复求割地。与之则无地以给之，不与则弃前功而受后祸。且夫大王之地有尽，而秦之求无已。以有尽之地而逆无已之求[15]，此所谓市怨结祸者，不战而地已削矣。臣闻鄙谚曰：'宁为鸡口，无为牛后[16]。'今王西面交臂而臣事秦，何异于牛后乎？夫以大王之贤，挟强韩之兵，而有牛后之名，窃为大王羞之。"韩王勃然作色[17]，按剑太息曰："寡人虽不肖，不能事秦。"从之。韩攻宋[18]，秦大怒曰："吾爱宋。韩氏与我交而攻我所甚爱，何也？"苏秦为韩说秦王曰[19]："韩氏之攻宋，所以为王也。以韩之强[20]，辅之以宋，楚、魏必恐，恐必西面而事秦。王不折一兵，不杀一人，无事而割安邑[21]，此韩氏之所以祷于秦也。"韩惠王闻秦好事[22]，欲罢其人[23]，无令东伐，乃使水工郑国来间秦[24]，说秦王令凿泾水以溉田[25]。中作而觉，欲诛郑国。郑国曰："始，臣为间。然渠成，亦秦之利。臣为韩延数年命，为秦开万代之利也。"王从之。

【注释】

①苏秦如韩：以下至"从之"，出自《史记·苏秦列传》，有删节。

②韩之先与周同姓：以下至"得列为诸侯也"，抄撮自《史记·韩世

家》。

③韩：指韩原，在今陕西韩城南。

④韩宣王：即韩宣惠王，战国时期韩国国君，韩昭侯之子。

⑤巩：古邑名。在今河南巩义西南。

⑥商阪：《史记·苏秦列传》张守节《正义》："商阪即商山也，在商洛县南一里，亦曰楚山，武关在焉。"在今陕西商洛商州区东南。

⑦宛：今河南南阳。穰：今河南邓州。洧（wěi）水：古水名。即今河南双洎河。汉、唐故道，源出今河南登封东阳城山，东流至西华县西入颍水。

⑧陉（xíng）山：在今河南新郑西南。

⑨超足：指以脚踏强弩，手拉弩弦，使之张开。《史记·苏秦列传》张守节《正义》："超足，齐足也。夫欲放弩，皆坐，举足踏弩，两手引揍机，然始发之。"

⑩远者栝（kuò）洞胸：《史记·苏秦列传》作"远者括蔽洞胸"。泷川资言《史记会注考证·苏秦列传》："'括'当作'铦'，镞之似铍者。"洞胸，射穿胸口。

⑪镝（dí）：箭头，箭。掩心：穿透心胸。

⑫龙泉、太阿：宝剑名。

⑬交臂：叉手，拱手。表示降服，恭敬。

⑭今兹：今年。效：贡献，进献。

⑮逆：迎受，接受。

⑯宁为鸡口，无为牛后：《史记·苏秦列传》张守节《正义》："鸡口虽小，犹进食；牛后虽大，乃出粪也。"谓宁居小者之首，不为大者之后。

⑰勃然：因愤怒或心情紧张而变色之貌。

⑱韩攻宋：以下至"此韩氏之所以祷于秦也"，出自《战国策·韩策三·韩人攻宋》，相关记载又见于《史记·田敬仲完世家》。韩，

《战国策·韩策三》作“韩人”,疑为“韩珉”之讹。吴师道《战国策校注》:“《韩策》云‘韩珉相齐’,盖韩珉为齐伐宋也。首句不云‘韩攻宋’,而云‘韩人’,疑‘人’即‘珉’之讹。”韩珉,战国时期韩国将领,曾任齐国国相。《史记·田敬仲完世家》作“韩聂”。

⑲韩:应为“齐”之误。金正炜《战国策补释》:“篇中‘韩’字皆当为‘齐’,此由不辨‘韩人攻宋’之讹。”

⑳韩:应为“齐”之误。

㉑安邑:都邑名。战国初为魏都,在今山西夏县西北禹王城。

㉒韩惠王闻秦好事:以下至“王从之”,出自《史记·河渠书》。韩惠王,即韩桓惠王,战国时期韩国国君,韩釐王之子。好事,《史记·河渠书》作“好兴事”,指喜好兴建工程。译文从之。

㉓罢(pí):使疲劳。

㉔水工:治水工程人员。郑国:战国末水利家,韩国人。

㉕凿泾水以溉田:指郑国渠,秦王政十年(前237)采纳韩国水工郑国建议开凿。自中山西瓠口(谷口,今陕西泾阳西北)引泾水东流,至今三原县北合浊水、石川河,东流经今富平、蒲城南,注入洛水。渠长三百多里,溉田四万多顷。

【译文】

苏秦到了韩国,韩国的先祖与周同姓,曾奉事晋国,被封在韩原,以韩为姓。后来周烈王册封韩侯,韩国得以成为诸侯国之一。游说韩宣王说:“韩国北面有坚固的巩邑、成皋,西面有宜阳、商阪这样的要塞,东面有宛、穰、洧水,南面有陉山,土地方圆九百多里,披甲的将士数十万,天下的强弓劲弩都是韩国制造的。韩国的士兵脚踏强弩、手引弩弦而射,可以连射一百多次不需休息,远处的敌人可以射穿他的胸膛,近处的敌人可以射穿他的心脏。韩国的剑戟都是龙泉、太阿这样的宝剑,在陆地上可以斩断牛、马,在水上可以截击天鹅、大雁。凭着韩国士兵的勇敢与大王您的贤明,却向西事奉秦国,拱手而臣服,使国家蒙羞而被天下人耻笑,没有比这更严重的了。所以，希望您仔细考虑。请大王不要事奉秦国！如果事奉秦国，秦国必定向您索取宜阳、成皋。今年把土地献出去，明年秦国又会要求割地。如果答应，则已经无地可给；如果不答应，则前功尽弃而遭受后患。况且大王您的土地是有限的，而秦国的索取是没有止境的。用有限的土地去迎对无止境的索取，这就叫作购买怨恨而招来祸患，没有打战，土地就被割去了。我听说有这样的俗话：'宁愿做鸡口，不要做牛的肛门。'如今大王您向西拱手事奉秦国，与牛的肛门有什么区别？凭借大王您的贤明，拥有韩国强劲的大军，却蒙受牛肛门的名声，我私下为大王感到羞愧。"于是韩王一下变了脸色，手握剑柄叹息道："我虽然没有出息，却决不事奉秦国。"听从了苏秦的主张。韩珉攻打宋国，秦王大怒说："我喜爱宋国。韩珉与我交好，却进攻我所爱的国家，这是为什么？"苏秦为齐国游说秦王说："韩珉之所以进攻宋国，正是为了大王您。凭借齐国的强大，再得到宋国，楚、魏两国必然恐惧，楚、魏两国一恐惧，必然向西侍奉秦国。大王不损一兵一卒，不杀一人，不经过战争就可以割取安邑，这就是韩珉为秦国祈求的事。"韩惠王听说秦国喜好兴建工程，想借此使秦国民力疲劳，不再向东方侵略，于是派水利家郑国来秦国做间谍，游说秦王凿渠引泾水灌溉农田。工程还在进行中，韩国的阴谋被察觉，秦王想杀掉郑国。郑国说："开始，我是作为间谍来到秦国的。但渠道修成后，对秦国也是有利的。我为韩国延长了几年的寿命，却为秦国开辟千秋万代之利。"秦王听从了郑国的话。

苏秦如魏[①]，魏之先[②]，毕公高之后[③]，与周同姓。武王伐纣，封高公于毕[④]，以为姓。毕万事晋献公[⑤]，献公封万于魏[⑥]，以为大夫。后周烈王赐魏俱得为诸侯。说魏襄王曰[⑦]："大王之地，南有鸿沟、陈、汝南[⑧]，东有淮、颍、煮枣[⑨]，西有长城之界[⑩]，北有河水、卷、衍[⑪]，地方千里。地名虽小，然而田舍庐庑曾无刍牧之地[⑫]。人民之众，车马之多，日夜行不绝，輷輷殷殷[⑬]，若有三军之众。魏，天下之强国也。王，天下之贤主也。今乃有意西面而事秦，称东藩，筑帝宫[14]，受冠带[15]，祠春秋[16]，臣窃为大王耻之。臣闻，越王勾践战，弊卒三千，擒夫差于干遂[17]；武王卒三千，革车三百乘，制纣于牧野。岂其卒众哉？诚能奋其威也[18]。今窃闻大王之卒，武士二十万，仓头二十万[19]，奋击二十万[20]，厮徒十万[21]，车六百乘，骑六千匹，此过越王勾践、武王远矣。今乃听于群臣之说而欲臣事秦。夫事秦必割地以效实[22]，故兵未用而国已亏矣。夫为人臣，割其主之地以外交[23]，偷取一旦之功而不顾其后[24]，破公家而成私门[25]，外挟强秦之势以内劫其主[26]，以求割地，愿大王熟察之。《周书》曰：'绵绵不绝，蔓蔓奈何？毫氂不伐，将用斧柯[27]。'前虑未定[28]，后有大患，将奈之何！大王诚能听臣，六国从亲，专心并力，则必无强秦之患。故弊邑赵王使臣效愚计[29]，奉明约[30]，在大王诏之[31]。"魏王曰："谨奉教。"虞卿说春申君伐燕[32]，以定身封[33]。春申君曰："所道攻燕[34]，非齐即魏。魏、齐新恶楚，楚虽欲攻燕，将何道哉？"对曰："请令魏王可君[35]。"虞卿遂如魏，谓王曰："夫楚亦强大矣，天下无敌，乃且攻燕。"魏王曰："向也子云天下无敌，今也子云乃且攻燕者，何也？"对曰："今谓马力多则有矣，若曰胜千钧则不然者，何也？夫千钧非马之任也。今谓楚强大则有矣，若夫越赵、魏而斗兵于燕，则岂楚之任哉？非楚之任而楚为之，是弊楚也。弊楚即强魏，其于王孰便？"魏王曰："善。"从之。

【注释】

①苏秦如魏：以下至"谨奉教"，出自《史记·苏秦列传》，有删节。

②魏之先：以下至"后周烈王赐魏俱得为诸侯"，抄撮自《史记·魏

世家》。

③毕公高：毕公，名高，周文王之子。

④毕：今陕西咸阳东北。

⑤毕万：春秋时晋国大夫。

⑥魏：西周封国。姬姓，在今山西芮城北。前661年，为晋献公所灭，成为毕万封邑。

⑦魏襄王：名嗣，魏惠王之子，战国时期魏国国君。

⑧鸿沟：古运河名。魏惠王十年（前360）开凿。故道自今河南荥阳北引黄河水东流，经中牟北、开封东南，南流经通许东、太康西，至淮阳东南入颍水。联结濮、济、丹、睢、颍、菏、泗等水，形成了黄、淮平原上庞大的水道交通网。陈：在今河南淮阳及安徽亳州一带。汝南：地区名。在汝水之南，楚方城之北。今河南鲁山以东、宝丰以南、叶县西北一带地区。

⑨淮：指淮河。颍：指颍水，淮河最大支流。跨河南、安徽两省，源出河南登封嵩山南麓，东南流到周口，纳沙河、贾鲁河，至安徽颍上沫河口注入淮河。煮枣：古邑名。战国魏邑，在今山东东明南。

⑩长城之界：指魏国西面的长城，主要为防御秦国而筑。《史记·魏世家》："（魏惠王）十九年……筑长城，塞固阳。"张守节《正义》："魏筑长城，自郑滨洛，北达银州，至胜州固阳县为塞也。"仓修良先生认为"固阳"（今内蒙古包头东）应作"合阳"（今陕西合阳东南）。该段长城起于今陕西华阴华山北，跨过渭河，沿洛河东岸北上，经大荔西，折向东北，入合阳县境，东行经韩城南，止于黄河西岸。

⑪衍：又称"衍氏"，战国魏邑。在今河南郑州北。

⑫田舍：田地和房屋。庐庑：房屋。刍牧：割草放牧。

⑬輷輷（hōng）殷殷：《史记·苏秦列传》作"輷輷（hōng）殷殷"，群车并行的响声。译文从之。

⑭帝宫：指秦王的行宫。《史记·苏秦列传》司马贞《索隐》："谓为秦筑宫，备其巡狩而舍之，故谓之'帝宫'。"

⑮受冠带：接受秦国的冠带服饰制度。《史记·苏秦列传》司马贞《索隐》："谓冠带制度皆受秦法。"

⑯祠春秋：《史记·苏秦列传》司马贞《索隐》："言春秋贡奉，以助秦祭祀。"

⑰干遂：古邑名。在今江苏苏州西北阳山下。

⑱诚能：确实能够。

⑲仓头：《史记·苏秦列传》作"苍头"，以青巾裹头的军队。司马贞《索隐》："谓以青巾裹头，以异于众。"

⑳奋击：能奋力击敌的士卒。指精兵。

㉑厮徒：厮役，奴仆。

㉒效实：表示诚意。

㉓外交：指与外国私相交往、勾结。

㉔偷：苟且，只顾眼前。

㉕破公家：损害国家。

㉖劫：威逼，胁迫。

㉗"绵绵不绝"四句：见于《逸周书·和寤》。绵绵，细小微弱的样子。蔓蔓，蔓延长大的样子。毫氂（lí），同"毫厘"，喻极细微。斧柯，斧柄。

㉘前虑：事前的谋虑。

㉙弊邑：对自己国家的谦称。愚计：愚拙之计。自谦之辞。

㉚明约：盟约。明，通"盟"。

㉛在大王诏之：意谓一切听您的吩咐。

㉜虞卿说春申君伐燕：以下至"从之"，出自《战国策·楚策四·虞卿谓春申君》，有删节。

㉝以定身封：虞卿劝春申君帮助赵国伐燕，从而在赵国获得封地。

定身封，确定自己的封地。

㉞所道攻燕：攻燕所经道路。

㉟魏王：指魏安釐（xī）王。可：同意，许可。

【译文】

苏秦到了魏国，魏国的祖先，是毕公高的后人，与周同姓。周武王讨伐商纣王，把高公封在毕邑，于是以毕为姓。毕万事奉晋献公，晋献公封毕万于魏地，任命他为大夫。后来周烈王册封魏侯，魏国得以成为诸侯国之一。游说魏襄王说："大王您的国土，南面有鸿沟、陈、汝南，东面有淮水、颍水、煮枣，西面有长城作为国界，北面有黄河、卷、衍，土地方圆千里。魏国的国土虽然不大，但田地房屋密集，连割草放牧的地方都没有。人口稠密，车马众多，日夜往来不绝，轰轰隆隆的声响，好似三军人马的声势。魏国，是天下的强国。大王您，是天下的明君。如今却打算向西事奉秦国，自称是秦国的东方属国，为秦王修筑行宫，接受秦国的冠带服饰制度，春秋两季到秦国贡奉助祭，我私下替大王您感到羞愧。我听说，越王勾践作战，以三千疲惫的士兵，在干遂活捉了吴王夫差；周武王以三千士兵，三百辆战车的兵力，在牧野之战中制服了商纣王。难道是他们兵力众多吗？只是因为他们确实能振奋自己的军威。如今我私下听说大王您的兵力，有武士二十万，青巾裹头的部队二十万，精锐部队二十万，厮役二十万，战车六百乘，战马六千匹，这远远超过了越王勾践、周武王的兵力。如今您却听信群臣的意见，打算以臣子的身份事奉秦国。事奉秦国，必然要割让土地以表示诚意，如此一来，军队尚未动用，国家就已经遭受了损失。作为臣子，割让自己国君的土地以交好他国，苟且取得一时的功绩而不顾后患，损害国家而获取私人利益，对外倚仗强秦的势力来胁迫自己的君主，以求把土地割让给秦国，希望大王您仔细地审查这种情况。《周书》说：'草木细小微弱的时候不根除，蔓延长大之后怎么办？草木细微的时候不及时砍掉，等到长得粗壮了，就得动用斧头了。'事前的谋虑不成熟，之后就会大祸临头，到那时该怎么办！大王您如果能听从我的意见，山东六国合纵相亲，齐心协力，就一定不会有强秦侵犯的忧患。所以赵王派我前来进献愚拙之计，奉上盟约，一切听从您的吩咐。”魏王说：“恭敬地听从您的教诲。”虞卿劝说春申君帮助赵国讨伐燕国，从而在赵国获得封地。春申君说：“进攻燕国所要经过的道路，不是齐国就是魏国。魏国、齐国最近与楚国结怨，楚军即便想进攻燕国，又能走哪条路线呢？”虞卿回答说：“请让我游说魏王，令他同意您的借道请求。”于是虞卿到了魏国，对魏王说：“楚国也算是强大了，天下无敌，却要去攻打燕国。”魏王说：“先前您说楚国天下无敌，如今您又说楚国却要去攻打燕国，这是为什么呢？”虞卿回答说：“如今，人们都说马的力气很大，这是事实，但如果说马能负重千钧，却是不可能的。为什么？因为负重千钧，不是马所能胜任的。如今人们都说楚国很强大，这是事实，但如果说楚国可以越过赵国、魏国而对燕国用兵，则哪里是楚国所能胜任的呢？不能胜任却要去做，这将导致楚国的疲敝。楚国的疲敝，意味着魏国的强大，对大王您来说岂不是很有利吗？”魏王说：“好。”听从了虞卿的意见。

苏秦如齐[①]，齐太公望吕尚者[②]，事周为文、武师，谋伐纣。武王已平商，封尚父于齐营丘也[③]。说齐宣王曰：“齐南有泰山，东有琅琊[④]，西有清河，北有勃海，此四塞之国也[⑤]。临淄甚富而实，其民无不吹竽鼓瑟、弹琴击筑、斗鸡走狗、六博蹴踘者也[⑥]。临淄之途，车毂击[⑦]，人摩肩，连衽成帷[⑧]，举袂成幕[⑨]，挥汗成雨，家殷人足，志高气阳[⑩]。夫以大王之贤与齐之强，天下莫能当也。今乃西面事秦，窃为大王羞之。且夫韩、魏之所以畏秦者，为与秦接境壤界也[⑪]。兵出相当[⑫]，不出十日，而战胜存亡之机决定矣。韩、魏战而胜秦，则兵半折，四境不守；战而不胜，则国已危，亡随其后也；是故韩、魏之所以重与秦战，而轻为之臣也。今秦之攻齐则不然。陪韩、魏之地[13]，过卫晋阳之道[14]，经于亢父之险[15]，车不得方轨[16]，骑不得比行[17]，百人守险，千人不敢过也。秦虽欲深入则狼顾[18]，恐韩、魏之议其后。是故洞疑虚喝[19]，骄矜而不敢进[20]。夫不深料秦之无奈齐何也，而欲西面事之，是群臣之计过也。今无事秦之名，而有强国之实，故愿大王少留意计之[21]。”齐王曰：“善。”苏秦说闵王曰[22]：“臣闻，用兵而喜先天下者忧，约结而喜生怨者孤[23]。夫后起者藉也[24]，而远怨者时也，故语曰：‘骐骥之衰也，驽马先之；孟贲之倦也[25]，女子胜之。’夫驽马、女子之筋骨力劲非贤于骐骥、孟贲也，何则？后起之籍也[26]。臣闻，战攻之道非师者，虽有百万之军，北之堂上[27]；虽有阖闾、吴起之将，擒之户内；千丈之城，拔之樽俎之间[28]；百尺之冲[29]，折之于席上。故钟鼓竽瑟之音不绝，地可广而欲可成；和乐倡优之笑不乏[30]，诸侯可同日而致也。故夫善为王业者，在劳天下而自佚[31]，乱天下而自安。诸侯无成谋[32]，则国无宿忧也[33]。何以知其然耶？昔魏王拥土千里[34]，带甲三十万，从十二诸侯朝天子以西谋秦。秦恐，寝不安席，食不甘味。卫鞅谋于秦王曰[35]：‘王何不使臣见魏王？则臣必请北魏矣[36]。’秦王许诺。卫鞅见魏王曰：‘大王之功大矣，令行于天下矣。所从十二诸侯，非宋、卫则邹、鲁、陈、蔡，此固大王之所以鞭棰使也[37]，不足以王天下。不若北取燕，东伐齐，则赵必从矣；西取秦，南伐楚，则韩必从矣。大王有伐齐、楚之心，而从天下之志[38]，则王业见矣。大王不如先行王服[39]，然后图齐、楚。’魏王善之。故身广公宫[40]，制丹衣[41]，柱建九游[42]，从七星之旗[43]。此天子之位也，而魏王处之。于是齐、楚怒，诸侯奔齐，齐人伐魏，杀太子，覆其十万之军。是时秦王拱手受河西之外[44]。故卫鞅始与秦王计也，谋约不下席而魏将已擒于齐矣[45];冲橹未施而西河之外已入于秦矣[46]。此臣之所谓北之堂上,擒将户内,拔城于樽俎之间,折冲于席上者也。”楚怀王使柱国昭阳将兵伐魏[47],得八城。又移兵而攻齐,齐愍王患之。陈轸曰[48]:“王勿忧也,请令罢之。”即往见昭阳于军,再拜贺战胜之功。起而请曰:“敢问楚之法,覆军杀将,其官爵何也?”昭阳曰:“官为上柱国,爵为上执珪[49]。”陈轸曰:“贵于此者何等也?”曰:“唯有令尹耳[50]。”轸曰:“令尹贵耳,王非置两令尹也。臣窃为君譬之,可乎?楚有祠者,赐其同舍人酒一卮[51]。舍人相谓曰:‘数人饮之不足,一人饮之有余。请画地为蛇,先成者饮酒。’一人蛇先成,引酒且饮之,乃左手持卮,右手画地,曰:‘吾能为之足。’足未成,一人蛇复成,夺其卮曰:‘蛇固无足,子安能为之足乎?’遂饮其酒。为蛇足者终亡其酒。今公攻魏,破军杀将,得八城,而又移兵攻齐,齐畏公甚,以此名君足矣。冠之上非可重也[52]。战无不胜而不知止,身且死,爵且归,犹为蛇足者也。”昭阳以为然,引军而去。

【注释】

①苏秦如齐:以下至“齐王曰‘善’”,出自《史记·苏秦列传》,有删节。

②齐太公望吕尚者:以下至“封尚父于齐营丘也”,抄撮自《史记·齐太公世家》。

③尚父:对于吕尚的尊称。营丘:亦名“营城”,在今山东淄博临淄区东北临淄故城。周武王封吕尚于齐,建都于此,后改名临淄。

④琅琊(yá):山名。在今山东胶南琅琊东南。

⑤四塞之国:指四境皆有天险,可做屏障。

⑥筑:古弦乐器名。有五弦、十三弦、二十一弦三种说法。其形似筝,颈细而肩圆,弦下设柱。演奏时,左手按弦的一端,右手执竹

尺击弦发音。战国时已流行。走狗：谓纵狗行猎。六博：即“六簙”，古代一种掷采下棋的比赛游戏。《楚辞·招魂》：“菎蔽象棋，有六簙些。”王逸注：“投六箸，行六棋，故为六簙也。”蹴踘（cù jū）：我国古代的一种足球运动。

⑦毂（gǔ）：车轮的中心部位，周围与车辐的一端相接，中有圆孔，用以插轴。

⑧衽（rèn）：衣襟。帷：以布帛制作的环绕四周的遮蔽物。

⑨袂（mèi）：衣袖。幕：悬空平遮在上面的帷幔。《周礼·天官·幕人》：“掌帷、幕、幄、帟、绶之事。”郑玄注：“在旁曰帷，在上曰幕。”

⑩阳：通“扬”。

⑪壤界：犹交界。

⑫相当：相抵挡。

⑬陪：通“背”。

⑭晋阳：《史记·苏秦列传》作“阳晋”，战国卫邑。在今山东郓城西。译文从之。

⑮亢父：战国齐邑。在今山东济宁西南喻屯乡南张村北遗址。

⑯方轨：车辆并行。

⑰比行：并排行进。

⑱狼顾：狼行走时，常转过头看，以防袭击。比喻人有所畏惧。

⑲洞疑：恐惧。虚喝：虚张声势。

⑳骄矜而不敢进：指表面做出不可一世的姿态，其实却不敢对齐国用兵。骄矜，骄傲自负。

㉑少（shāo）：稍稍。

㉒苏秦说闵王曰：以下至“折冲于席上者也”，出自《战国策·齐策五·苏秦说齐闵王》，有删节。

㉓约结而喜生怨者孤：约结，结盟，订约。生怨，《战国策·齐策五》作“主怨”，指众怨所归。郭人民《战国策校注系年补正》：“为约

以结与国而伐人,人必怨之,又为之主,故为主怨者。”指组织联盟,导致众怨所归的,就会使自己孤立。译文从之。

㉔后起:指后发制人。藉:同“借”,凭借。

㉕孟贲:战国时勇士。

㉖籍:通“藉”,借。

㉗虽有百万之军,北之堂上:指对方虽有百万大军,但谋划于庙堂之上,便可击败他们,即《孙子兵法·计》所说的“庙算”。北,败,败逃。郭人民《战国策校注系年补正》:“与下文‘禽之户内’‘拔之尊俎之间’‘折之衽席之上’义同,皆战胜于庙堂之义。”

㉘樽俎(zǔ):指宴席。

㉙冲:古战车名。用以攻城。

㉚和乐:和谐的音乐。

㉛天下:指诸侯。

㉜诸侯无成谋:使诸侯之谋不能实现。

㉝宿忧:积久难除的忧患。

㉞魏王:指魏惠王。

㉟卫鞅:即商鞅。商鞅为卫国国君的后裔,故称“卫鞅”。

㊱北魏:让魏国失败。北,败。

㊲鞭棰(chuí):鞭子。

㊳从:使跟从,使跟随。谓带领。

㊴王服:王者的服饰。

㊵广公宫:指按照王者之制,扩建宫室。

㊶丹衣:于鬯《战国策注》:“丹衣,王者之衣。”

㊷柱建九游(liú):王念孙《读书杂志·战国策》:“‘柱’当为‘旌’字之误也,‘旌’字当在‘建’字下,‘制丹衣’为句,‘建旌九斿’为句。……旌、旗对文则异,散文则通。”金正炜《战国策补释》:“‘柱’为‘旌’之讹是也;原文当作‘建九斿之旌’,与‘从七星之

斿’为对文。”译文从之。九游，亦作“九斿”“九旒”，古代旌旗上的九条丝织垂饰。《礼记·乐记》：“龙旂九旒，天子之旌也。”

㊸从七星之旗：使用描绘着七星的旗帜。从，《广雅·释诂一》：“行也。”

㊹河西之外：指黄河以西、北洛水东和以北地区，在今陕西东北部。

㊺谋约不下席：指在坐席之上定好计谋。已：同“以”，因，因为。《战国策·齐策五》作“以”。

㊻冲橹：冲车和巢车。亦泛指战车。

㊼楚怀王使柱国昭阳将兵伐魏：以下至“引军而去”，出自《战国策·齐策二·昭阳为楚伐魏》，有删节。柱国，官名。战国时楚国设置，原为保卫国都之官，后为楚的最高武官。昭阳，楚怀王将领。

㊽陈轸（zhěn）：战国时期纵横家，与张仪同时。

㊾执珪（guī）：楚国的爵位名。为最高爵位。

㊿令尹：楚国最高官职。是军政首脑，地位相当于别国的相。

(51)舍人：战国及汉初王公贵人私门之官。卮（zhī）：古代的一种酒器。

(52)冠：《战国策·齐策二》作“官”。官之上非可重也，指在令尹之上，没有可供升迁的官职了。译文从之。

【译文】

苏秦到了齐国，齐太公望吕尚，辅佐周朝，是周文王、周武王的老师，为他们谋划讨伐商纣王。周武王讨平商朝之后，将吕尚封在齐地的营丘。游说齐宣王说：“齐国南面有泰山，东面有琅琊山，西面有清河，北面有渤海，这是四面都有天险可做屏障的国家。临淄相当富有而殷实，临淄百姓无不吹竽鼓瑟、弹琴击筑、斗鸡走狗、下棋踢球。临淄城的街道上，车辆的轮毂互相碰撞，人们摩肩接踵，张开衣襟可以形成帷，举起衣袖可以形成幕，挥洒汗水就如同下雨，家家殷实人人富足，人们志气昂扬。凭着大王的贤明与齐国的强大，天下没有谁可以抵挡。如今却向西事奉秦国，我私下替您感到羞愧。况且韩国、魏国之所以畏惧秦国，是因为与秦国接壤。

双方派出军队交战,不出十天,胜败存亡的局势就已确定了。如果韩国、魏国战胜了秦国,则自己的兵力将折损一半,四面的边境无法守卫;如果作战不能取胜,则国家处于危险之中,亡国的命运随即到来;所以韩国、魏国对于与秦国作战非常慎重,而臣服秦国却非常轻易。至于秦国进攻齐国,情况就不一样了。秦军必须背对韩国、魏国的土地,经过卫国阳晋的通道,穿过亢父之险,此处车辆无法并驶,骑兵无法并行,一百人守住险关,一千人都无法通过。秦军虽然想要深入,却不免像狼一样左顾右盼,唯恐韩、魏两国谋划从后方袭击它。所以秦国恐惧疑虑,却又虚张声势,表面做出不可一世的姿态,其实却不敢对齐国用兵。不能充分认识到秦国对于齐国无可奈何,而打算向西事奉秦国,这是齐国群臣在策略上的失误。如今齐国没有事奉秦国的丑名,而有着强大的实力,所以我希望大王您稍加留意,仔细考虑对策。"齐王说:"好。"苏秦劝齐闵王说:"我听说,用兵作战而喜欢首先发难的,会招来忧患;组织联盟而导致众怨所归的,会使自己孤立。有所凭借,就可以后发制人;掌握时机,就可以远离怨恨。所以俗话说:'千里马衰弱了,劣马也可以超过它;大力士孟贲疲倦了,女子也可以胜过它。'劣马、女子的筋骨、力量并非强于千里马、孟贲,为何能胜出呢?这是因为凭借了后发制人的优势。我听说,攻战之道不在于用兵,虽然对方有百万大军,可以在庙堂之上击败它;虽然对方有阖闾、吴起这样的名将,可以在户内擒拿他们;千丈高的大城,可以在宴席之上攻下;百尺高的冲车,可以在坐席之上摧毁。所以钟鼓竽瑟的音乐不绝于耳,而土地可以扩充,欲望可以达成;音乐、倡优的表演从不停歇,而在一天之内,可以让诸侯们前来归顺。所以说善于建立王业的人,让天下诸侯劳顿而自身安闲,让天下诸侯混乱而自身安定。诸侯的图谋无法实现,则国家也就没有积久难除的忧患了。怎么知道是这样呢?从前,魏王拥有方圆千里的国土,三十万披甲的将士,率领十二诸侯朝拜周天子,谋划向西对付秦国。秦王很恐惧,睡不好,吃不香。商鞅向秦王献计说:'大王您何不派我去见魏王?我一定能让魏国失败。'秦王答应了。商鞅见到魏王说:"大王您的功劳很大,足以号令天下了。现在追随您的十二诸侯,不是宋国、卫国,就是邹国、鲁国、陈国、蔡国这样的小国,这些国家本来就受大王您的驱遗，不足以让您成就王业。您不如向北攻打燕国，向东攻打齐国，则赵国必然归附；向西攻打秦国，向南攻打楚国，则韩国必然归附。大王您有讨伐齐国、楚国的决心，并有带领天下的大志向，则魏国的王业就可以实现了。大王您不如先穿上王者的服饰，然后讨伐齐国、楚国。'魏王认为商鞅的主意很好。因而扩建宫室，缝制丹衣，竖起九旒之旌，使用七星之旗。这些是天子才能享受的待遇，而魏王都用上了。于是齐国、楚国大怒，诸侯都归附齐国，齐国出兵讨伐魏国，杀死了魏国太子，击溃了魏国十万大军。这个时候，秦王不费吹灰之力就得到了魏国西河之外的土地。所以这是商鞅一开始就与秦王定好的计策，在坐席之上定好计谋，就让魏国将领被齐军俘虏；攻城的战车不曾动用，西河之外的土地就归了秦国。这就是我所谓的在庙堂之上击败敌国，在户内擒拿敌将，在宴席之上攻陷城池，在坐席之上摧毁冲车。"楚怀王派柱国昭阳率军讨伐魏国，夺取了八座城池。接着又调转兵锋进攻齐国，齐愍王很担心。陈轸对齐王说："大王您不必忧虑，请让我说服他罢兵。"于是陈轸立即前往楚军营地去见昭阳，拜了两拜，祝贺他打了胜仗。起身之后，陈轸问道："请问根据楚国的法令，击溃敌军，杀死敌将，会得到什么官爵？"昭阳说："可以得到上柱国的官职，上执珪的爵位。"陈轸说："比这更尊贵的官爵是什么？"昭阳说："只有令尹了。"陈轸说："令尹是最尊贵的了，楚王不会设置两个令尹。请让我给您打个比方，可以吗？楚国有个人举行祭祀，赐给他的侍从们一卮酒。侍从们互相商量说：'这点酒，几个人一起喝不够，一个人喝还有富余。不如我们在地面上化蛇，先画好的人喝酒。'有一个人先画好了，拿起酒准备喝，于是左手拿着酒卮，右手仍在地上作画，说：'我还能为蛇添上脚。'蛇脚还没画好，另一个人也把蛇画好了，抢过酒卮说：'蛇本来没有脚，你怎么能给它添上脚呢？'于是就把酒喝掉了。那位给蛇添上脚的人，最终没有喝到酒。如今您进攻魏国，击溃魏军，杀死敌将，得到了八座城池，而如今又调转兵锋进攻齐国，齐国非常害怕您，您因此威震天下，已经足够了。令尹之上，已经没有可供升迁的官职了。战无不胜却不知适可而止的人，将会丢掉性命，丧失官爵，这就像给蛇添上脚一样。"昭阳认为陈轸说得对，于是领兵回国。

苏秦如楚[①]，楚之先出自帝颛顼[②]。帝喾高辛时为火正[③]，命曰祝融[4]。其后苗裔事周文王[5]。当周成王时，举文、武勤劳之后嗣，而封熊绎于楚蛮以子男之田[6]，姓芈氏，甚得江、汉间人和。至熊通[7]，使使随人之周[8]，请尊其号。周不听，熊通怒，乃自立为武王。说威王曰[9]："楚，天下之强国也。王，天下之贤主也。西有黔中、巫郡[10]，东有夏州、海阳[11]，南有洞庭、苍梧[12]，北有陉塞、郇阳[13]。地方五千余里，带甲百万，车千乘，骑万匹，粟支十年。此霸王之资也。夫以楚之强、大王之贤，天下莫能当也。今乃西面而事秦，则诸侯莫不西面而朝章台之下矣[14]。秦之所害莫如楚，楚强则秦弱，秦强则楚弱，其势不两立，故为大王计，莫如从亲以孤秦。大王不从亲，秦必起两军，一军出武关，一军下黔中，则鄢、郢动矣。臣闻，治之其未乱也，为之其未有也[15]。患至而后忧之，则无及也。故愿大王早熟计之。大王诚能听臣，臣请令山东之国奉四时之献，以承大王之明诏，委社稷，奉宗庙，陈士励兵[16]，在大王所用之。故纵合则楚王，衡成则秦帝。今释霸王之业，而有事人之名，窃为大王不取也。夫秦，虎狼之国也，有吞天下之心。秦，天下之仇雠也。衡人皆欲割诸侯之地以事秦，此所谓养仇而奉仇。大逆不忠，无过此者。故从亲则诸侯割地以事楚，衡合则楚割地以事秦。此两策者，相去远矣。二者，大王何居焉？故敝邑赵王使臣效愚计，奉明约，在大王之诏诏之。"楚王曰："善。谨奉社稷以从。"楚襄王既与秦和[17]，虑无秦患，乃与四子专为淫侈[18]。庄辛谏[19]，不听，辛去之赵。后秦果举鄢、郢。襄王乃征辛而谢之。庄辛曰："臣闻鄙谚曰：'见兔而顾犬，未为晚也；亡羊而补牢，未为迟也。'臣闻汤、武以百里王，桀、纣以天下亡。今楚国虽小，绝长补短犹以千里，岂特百里哉[20]！王独不见夫蜻蛉乎[21]？六足四翼，飞翔乎天地之间，俯啄蚉虻而食之[22]，仰承白露而饮之，自以为无患，与人无事也[23]，不知夫五尺童子方将调饴胶丝[24]，加己乎四仞之上[25]，而下为蝼蚁之食[26]。蜻蛉其小者也，黄雀因是以[27]，俯啄白粒，仰栖茂树，鼓翅奋翼，自以为无患，与人无事，不知夫公子王孙左挟弹[28]，右摄丸，以其颈为镝[29]。昼栖乎茂树，夕调乎酸醎[30]。黄雀其小者也，蔡圣侯因是以[31]，南游乎高陂[32]，北陵乎巫山[33]，饮茹溪之流[34]，食湘波之鱼，左枕幼妾，右拥嬖女，与之驰骋乎高蔡之中[35]，而不以国家为事，不知夫子发方受令乎宣王[36]，系己以朱丝而见之也。蔡圣侯事其小者也，君王因是以，左州侯[37]，右夏侯[38]，饭封禄之粟[39]，而载方府之金[40]，与之驰骋乎云梦之中，而不以天下国家为事，不知夫穰侯方受命乎秦王[41]，填渑塞之内[42]，而投己于渑塞之外[43]。”襄王闻之，身体战栗，乃执珪而授庄辛，与之谋秦，复取淮北之地。楚人有以弱弓微缴加归雁之上[44]，楚襄王召问之，乃对以秦、燕、赵、魏为鸟以激怒王，曰：“夫先王为秦所欺而客死于外[45]，怨莫大焉。今以匹夫尚有报万乘，子胥、白公是也[46]。今以楚之地方五千里，带甲百万，犹足以踊跃于中野[47]，而坐受伏焉[48]，臣窃为大王弗取。”襄王遂复为纵约伐秦。

【注释】

①苏秦如楚：以下至“谨奉社稷以从”，出自《史记·苏秦列传》，有删节。

②楚之先出自帝颛顼（zhuān xū）：以下至“乃自立为武王”，抄撮自《史记·楚世家》。

③帝喾（kù）高辛时为火正：据《史记·楚世家》，帝喾高辛氏时，楚

人先祖重黎担任火正之官。帝喾高辛，“五帝”之一，名喾，号高辛氏。火正，古代掌火之官。庞朴先生认为，“火正”之官负责大火（心宿二）的观测，以制定历法。

④祝融：火官的封号。《国语·郑语》：“夫黎为高辛氏火正，以淳耀敦大，天明地德，光照四海，故命之曰‘祝融’，其功大矣。”

⑤其后苗裔事周文王：指楚人先祖鬻熊。《史记·楚世家》：“周文王之时，季连之苗裔曰鬻熊，鬻熊子事文王。”苗裔，子孙后代。

⑥熊绎（yì）：楚人先祖，鬻熊曾孙。楚蛮：泛指南方蛮荒之地。子男：子爵和男爵，古代诸侯五等爵位的第四等和第五等。

⑦熊通：即楚武王，名通，春秋时楚国国君。曾讨伐随国，让随国替楚国向周王室请求尊号。周天子不许，熊通怒而自立为武王。

⑧随：古国名。西周初分封，姬姓，在今湖北随州。

⑨威王：名商，楚宣王之子，楚怀王之父，战国时期楚国国君。

⑩黔中：楚郡名。辖境约当今湖南西部和贵州东部。巫郡：战国楚置，因巫山得名。辖有今湖北清江中、上游及重庆地区。

⑪夏州：春秋楚地，在今湖北武汉汉阳城区北。《史记·苏秦列传》裴骃《集解》：“车胤撰《桓温集》云：‘夏口城上数里有洲，名夏州。’”韩兆琦《史记笺证》：“此亦谓其在楚国郢都之东而已，非必谓东境。”海阳：今江苏扬州以东直至海滨的长江北岸一带地区，古称“海阳”。

⑫洞庭：即今洞庭湖。苍梧：古地区名。其地约当今湖南九嶷山以南至广西贺江、桂江、郁江区域。

⑬陉（jìng）塞：其地一说在今河南郾城东，一说在今河南新郑西南。郇（xún）阳：古邑名。战国楚邑，后属秦。在今陕西旬阳北洵河北岸。

⑭章台：战国时秦宫中台名。此处代指秦国。

⑮治之其未乱也，为之其未有也：语本今本《老子》第六十四章：“为之于未有，治之于未乱。”

⑯陈士励兵:《史记·苏秦列传》作“练士厉兵”,训练士卒,磨砺兵器。译文从之。

⑰楚襄王既与秦和:以下至“复取淮北之地”,出自《战国策·楚策四·庄辛谏楚襄王》,有删节,文字有所不同。

⑱四子:据《战国策·楚策四》,指楚襄王的四位宠臣州侯、夏侯、鄢陵君与寿陵君。

⑲庄辛:战国时期楚国大臣。

⑳特:但,仅,只是。

㉑独:岂,难道。蜻蛉:蜻蜓的别称。

㉒蟁:同“蚊”。寍(méng):同“虻”。蚊虻,一种危害牲畜的虫类,以口尖利器刺入牛马等皮肤,使之流血,并产卵其中。亦指蚊子。

㉓与人无事:《战国策·楚策四》作“与人无争”,译文从之。

㉔调饴(yí)胶丝:将糖浆涂在丝网上。饴,糖浆。

㉕仞(rèn):古代长度单位。七尺为一仞。一说八尺为一仞。

㉖蝼蚁:蝼蛄和蚂蚁。

㉗因是以:也是这样。

㉘弹:弹弓。

㉙以其颊为镝:《战国策·楚策四》作“以其颈为招”,译文从之。招,靶子。

㉚调乎酸醎(xián):用酸咸调味。指被做成菜肴。醎,同“咸”。

㉛蔡圣侯:即蔡灵侯,春秋时期蔡国国君。在位时,蔡国为楚国所灭。

㉜陂(bēi):山坡。

㉝巫山:山名。在四川、湖北两省边境,北与大巴山相连,形如“巫”字,故名。长江穿流其中,形成三峡。

㉞茹溪:古水名。战国楚水。在今湖南慈利西南,东北流注入澧水。

㉟高蔡:古邑名。在今湖南常德一带。战国时为蔡国都城。

㊱子发:楚宣王之将。宣王:名良夫,楚悼王之子,楚肃王之弟,战国

时期楚国国君。

㊲州侯：楚国封君，封邑在州。州，楚邑。在今湖北监利。

㊳夏侯：楚国封君，封邑在夏。夏，楚邑。在今湖北汉口。

㊴封禄之粟：指从采邑取得的粮食。

㊵方府：国库，因纳四方所贡，故称。

㊶穰侯：指魏冉，秦昭王母宣太后异父弟。原为楚人，姓芈。秦武王死，诸公子争位，他拥立昭王，被任为将军，平定内乱。此后四任秦相，封于穰，号穰侯。在执政期间，举白起为将，攻伐韩、魏、赵、楚等国，夺取大片土地。加封陶邑，富于王室。

㊷填：通"镇"，镇守，驻守。渑（miǎn）塞：《战国策·楚策四》作"黾（méng）塞"，今河南信阳西南平靖关。译文从之。

㊸己：指楚襄王。

㊹楚人有以弱弓微缴（zhuó）加归雁之上：以下至"襄王遂复为纵约伐秦"，出自《史记·楚世家》，有删节。弱弓，软弓，弹射力差的弓。微缴，系在箭上的细生丝绳。归雁，大雁春天北飞，秋天南飞，候时去来，故称"归雁"。

㊺先王为秦所欺而客死于外：指楚怀王被秦国欺骗扣留，最终客死于秦。

㊻白公：名胜，楚平王孙。其父太子建被陷害，出走郑国被杀，胜随伍子胥逃吴。楚惠王二年（前487）召胜归楚为大夫，号白公。白公欲伐郑报仇而未能，遂怨恨楚之君臣，发动叛乱，杀死令尹子西、劫持楚惠王。后为叶公子高打败，自缢死。

㊼踊跃：跳跃。此处指争雄。中野：指中原。

㊽伏：《史记·楚世家》作"困"，译文从之。

【译文】

苏秦到了楚国，楚国的先祖出自五帝中的颛顼。在帝喾高辛氏时担任火正，被封为祝融。此后，其后代曾事奉周文王。到了周成王时，举用文王、武王时期功臣的后代，将熊绎分封于楚蛮，分封给他子、男爵位的土地，姓芈氏，熊绎很得长江、汉水之间百姓的拥戴。到了熊通时，让随人前往周都，向周王室请求赐予尊号。周天子不听，熊通大怒，于是自立为楚武王。游说楚威王说："楚国，是天下的强国。大王您，是天下贤明的君主。楚国西面有黔中、巫郡，东面有夏州、海阳，南面有洞庭、苍梧，北面有陉塞、郇阳。土地方圆五千多里，披甲的将士上百万，战车千乘，战马万匹，储存的粮食足够吃十年。这是称霸天下的资本。凭着楚国的强大与大王的贤明，天下没有谁能抵挡。如今楚国却向西事奉秦国，那么天下诸侯都将西向臣服而朝拜于秦国的章台之下了。秦国最害怕的莫过于楚国，楚国强大秦国就会衰弱，秦国强大楚国就会衰弱，秦、楚两国势不两立，所以我为大王您考虑，不如与东方诸侯合纵相亲以孤立秦国。大王您如果不合纵，秦国必将出动两支军队，一支从武关出击，一支进攻黔中，那么楚国鄢、郢地区的局势就动摇了。我听说，要在祸乱没有产生以前就处理妥当，要在事情没有发生以前就早做准备。等到祸患临头才去忧虑，那就来不及了。所以我希望大王您及早考虑。大王您如果能听从我的建议，我可以让山东诸侯一年四季向您进贡，接受您明确的诏令，把社稷托付给您，尊奉宗庙，训练士卒，磨砺兵器，听从您的指挥。所以说，如果合纵成功，楚国就能称王；如果连横成功，秦国就能称帝。如今您放弃霸王的事业，而有侍奉他人的屈辱名声，我私下认为您的做法不可取。秦国，是一个如虎狼一般凶恶的国家，有着吞并天下的野心。秦国，是天下共同的仇敌。主张连横的人，都打算割让诸侯的土地去事奉秦国，这就是所谓的供养仇人而事奉仇敌。大逆不忠的罪过，没有比这个更严重的了。如果合纵相亲，那么诸侯就会割让土地以事奉楚国；如果连横成功，那么楚国就要割让土地以事奉秦国。这两种策略，相差实在太远了。两种策略，大王您选择哪一种？所以赵王派我前来进献愚拙之计，奉上盟约，一切听从您的吩咐。"楚王说："好。我愿把国家社稷托付给您，听从您的安排。"楚襄王与秦国议和后，认为来自秦国的忧患已经解决，于是与四个宠臣一起沉溺于奢侈享乐。庄辛劝谏，楚襄王不听，庄辛便离开楚国前往赵国。之后，秦军果然攻下了鄢、郢。于是楚襄王召庄辛回国，并向他道歉。庄辛说："我听俗话说：'见到兔子再召唤猎犬，不算太晚；走失了羊再修补羊圈，不算太迟。'我听说商汤、周武王凭借方圆百里的地盘，最终称王于天下；夏桀、商纣虽拥有天下，却最终灭亡。如今楚国虽小，国土截长补短，方圆也有上千里，岂止是百里呢！大王您难道没见过蜻蜓吗？有六个脚，四个翅膀，在天地之间飞翔，俯身捕食蚊虻，抬头吸吮甘露，自以为不会有祸患，与人没有争端，却不知五尺高的小孩子，正将糖浆涂在丝网上，要把自己从四仞高的地方粘下来，丢给蝼蛄和蚂蚁吃。蜻蜓还算是小的，黄雀也是如此啊，它俯身啄食米粒，仰头飞到茂密的树间栖息，扑打翅膀飞翔，自以为不会有祸患，与他人没有争端，却不知那些公子王孙，左手拿着弹弓，右手拿着弹丸，正瞄准它的颈脖。它白天还在茂密的树间栖息，晚上就被做成了菜肴。黄雀还算是小的，蔡圣侯也是如此啊，他南游高坡，北登巫山，饮茹溪之水，品湘江之鱼，左手枕着年轻的妃子，右手抱着宠爱的美人，同她们驱车在高蔡一带驰骋游乐，不把国事放在心上，却不知将军子发正接受楚宣王的命令，要用红色的绳子绑自己去见楚宣王了。蔡圣侯还算是小的，君王您也是如此啊，您左边是州侯，右边是夏侯，吃着封地的粮食，车上载着国库的钱财，与他们驰骋游乐于云梦泽中，不把天下与国家之事放在心上，却不知道穰侯正接受秦王的命令，将要攻进楚国黾塞以南，而把大王赶到黾塞以北去。"楚襄王听了这番话，浑身发抖，于是授予庄辛执珪的爵位，与他谋划对付秦国，夺回了淮北的失地。楚国有个人，能够以软弓与细丝绳射下南归的大雁，楚襄王把他招来询问。他就将秦、燕、赵、魏各国比喻为鸟，以激怒楚王，说道："先王被秦国欺骗客死于外，没有比这更大的仇怨。平民百姓有仇怨，尚且要向万乘之君报仇，伍子胥、白公就是这样。如今楚国的土地方圆五千里，披甲的将士上百万，足以争雄于中原，如今却坐而受困，我私下认为大王您的做法不可取。"于是楚襄王再次与诸侯合纵，共同讨伐秦国。

六国既合纵[①]，苏秦为纵约长。北报赵，赵肃侯封秦为武安君，乃投纵约书于秦，秦不敢窥兵函谷十五余年[②]。

【注释】

①六国既合纵：以下至“秦不敢窥兵函谷十五余年”，出自《史记·苏秦列传》。

②窥兵：用兵进犯。

【译文】

六国结成了合纵同盟，苏秦担任合纵同盟的盟长。他北上回到赵国报告，赵肃侯封他为武安君，于是把合纵盟约书送交秦国，秦国不敢对函谷关外用兵长达十五年。

张仪为秦连衡[①]，秦欲攻魏[②]，先败韩申差军[③]，斩首八万。诸侯震恐，而仪乃来说魏王[④]。说魏王曰：秦孝公时[⑤]，公孙鞅请伐魏[⑥]，曰：“魏居岭厄之间[⑦]，西都安邑，与秦界河，而独擅山东之利[⑧]。利则西侵秦，病即东收地[⑨]。今以君贤圣，国赖以盛，宜及此时伐魏。魏不支秦，必东徙。东徙则据山河之固[⑩]，东向以制诸侯，此帝业也。”自是之后，魏果去安邑，徙都大梁[⑪]。“魏地方不至千里，卒不过三十万。地四平，诸侯四通，条达辐凑[⑫]，无名山大川之限。从郑至梁二百余里[⑬]，车驰人走，不待倦而至。梁南与楚境[⑭]，西与韩境，北与赵境，东与齐境。卒戍四方，守亭障者不下十万[⑮]。梁之地势，固战场也。大梁，今汴州是也[⑯]。梁南与楚不与齐，齐攻其东；东与齐不与赵，赵攻其北；不合于韩则韩攻其西，不亲于楚则楚攻其南。此所谓四分五裂之道也。且诸侯之为纵者，将以安社稷、尊主、强兵、显名也。今为纵者，一天下[⑰]，约为昆弟，刑白马以盟洹水之上，以相坚也。而亲昆弟、同父母尚有争钱财，而欲恃诈伪反覆苏秦之谋，其不可成亦以明矣。大王不事秦，秦下兵攻河外[18]，据卷、衍、酸枣[19]，劫卫取晋阳则赵不南[20]，赵不南则梁不北，梁不北则纵道绝，纵道绝则大王之国欲无危不可得也。秦折韩而攻梁[21]，韩怵于秦[22]，秦、韩为一，梁之亡立可须也。此臣之所为大王患也。为大王计，莫如事秦。事秦则楚、韩必不敢动。无楚、韩之患，则大王高枕而卧，国必无忧矣。大王不听秦，秦下甲士而东伐，虽欲事秦，不可得也。且夫从人多奋辞而少可信[23]，说一诸侯而成封侯之业，是故天下之游谈士莫不日夜扼腕瞋目切齿以言纵之便[24]，以说人主。人主贤其辩而牵其说[25]，岂得无眩哉！臣闻之，积羽沉舟，群轻折轴，众口铄金，故愿大王审计定议。”魏王于是倍纵约而请成于秦[26]。范雎说秦昭王曰[27]：“夫穰侯越韩、魏而攻齐刚、寿[28]，非计也[29]。少出师不足以伤齐，多出师则害于秦也，其于计疏矣[30]。且齐愍王南攻楚[31]，破军杀将，再辟地千里[32]，而齐尺寸之地无得者，岂齐不欲得地哉？形所不能有也[33]。诸侯见齐之罢落[34]，兴师伐之，士辱兵顿[35]。故齐所以大破者，以其破楚肥韩、魏也。此所谓借贼兵而资盗粮也[36]。王不若远交而近攻[37]，得寸则王之寸，得尺则王之尺。今释近而攻远，不亦谬乎！昔者，中山之国五百里，赵独吞之，功成名立而利附焉，天下莫之能争[38]。今夫韩、魏，中国之处而天下之枢[39]。王若欲霸，必亲中国而为天下枢[40]，以威楚、赵。楚强则附赵，赵强则附楚。楚、赵皆附，齐亦惧矣。齐惧，必卑辞重币以事秦[41]。齐已附，则韩、魏因可虏也[42]。”王曰：“善。”乃拜雎为客卿[43]，谋兵事。伐魏，拔怀及邢丘[44]。齐、楚来伐魏[45]，魏王使人求救于秦，冠盖相望而秦救不至[46]。魏人有唐雎者[47]，年九十余矣，谓王曰：“老臣请西说秦王，令兵先臣出[48]。”王再拜，遣之。唐雎到秦，入见秦王。

秦王曰:“丈人芒然而远至此[49],甚苦矣!夫魏之来求救数矣,寡人知魏之急也。”唐雎曰:“大王知魏之急而救兵不发,臣窃以为用策之臣无任矣[50]。夫魏,万乘之国也。然所以西面而事秦,称东藩、筑帝宫、受冠带、祠春秋者,以为秦之强足以与也[51]。今齐、楚之兵已合于魏郊,而秦救不发,亦将赖其未急也。使之而急[52],彼且割地而约纵,王当奚救焉?必待其急而救之,是失一东藩之魏,而强二敌之齐、楚,则王何利焉?”于是秦王遽发兵救魏[53]。

【注释】

①张仪为秦连衡:以下至“魏王于是倍纵约而请成于秦”,出自《史记·张仪列传》,有删节。

②秦欲攻魏:以下至“而仪乃来说魏王”,出自《史记·张仪列传》。

③申差:战国时期韩国将领。

④魏王:《史记·张仪列传》作“魏哀王”,误,应为魏襄王。

⑤秦孝公时:以下至“徙都大梁”,出自《史记·商君列传》,有删节。

⑥公孙鞅:即商鞅。商鞅姓公孙氏。

⑦岭厄:山岭险要之地。指今山西南部之中条山。《史记·商君列传》作“领厄之西”,司马贞《索隐》:“盖即安邑之东,山领险厄之地,即今蒲州之中条已东,连汾、晋之崄嶝也。”

⑧山东:指崤山以东。

⑨病:不利。此指攻秦不利。东收地:向东攻取地盘。

⑩山河之固:指黄河与崤山。

⑪大梁:战国魏都城,在今河南开封西北。

⑫条达:通达,畅通。辐(fú)凑:车轮辐条集中于车毂上。比喻人或物集中于一处。

⑬从郑至梁二百余里:《战国策·魏策一》作“从郑至梁,不过百里;

从陈至梁,二百余里”。郑,战国时期韩国都城,今河南新郑。梁,即大梁。

⑭境:接壤。

⑮亭障:古代边塞要地设置的堡垒。

⑯汴州:北周宣帝改梁州置,治浚仪(今河南开封),因州城临汴水而得名。辖境相当于今河南开封、封丘、尉氏、杞县、兰考等市县地。

⑰一:齐一,联合。

⑱河外:此处指当时黄河以南的今郑州、延津、濮阳等一带沿河地区。

⑲酸枣:古邑名。春秋郑邑,战国时属魏,在今河南延津西南。

⑳晋阳:《史记·张仪列传》作“阳晋”,译文从之。

㉑折:《战国策·魏策一》作“挟”,挟持。

㉒恃:《史记·张仪列传》作“怯”,译文从之。

㉓奋辞:大话,夸大不实之辞。

㉔扼(è)腕:握住手腕。瞋(chēn)目:瞪着眼睛。切齿:牙齿相磨。都是形容激愤的神情。

㉕牵其说:被其言辞所牵制、所诱惑。

㉖倍:通“背”。请成:请和,求和。

㉗范睢说秦昭王曰:以下至“拔怀及邢丘”,出自《史记·范睢蔡泽列传》,有删节。

㉘刚:又作“纲”,战国齐邑。在今山东宁阳东北。寿:战国齐邑。在今山东东平西南。

㉙非计:非良策,失策。

㉚疏:疏漏。

㉛齐愍王南攻楚:前286年,齐灭宋,接着攻占了楚的淮北地区。

㉜再:两次,两度。

㉝形所不能有也:韩兆琦《史记笺证》:“客观形势决定了它不可能占有楚国的领土,因为相隔悬远。”

㉞罢(pí)落:《史记·范雎蔡泽列传》作“罢弊”,疲劳困敝。

㉟兵:兵器。顿:毁坏。

㊱兵:兵器。

㊲远交而近攻:结交远邦,进攻近国。

㊳天下莫之能争:《史记·范雎蔡泽列传》作“天下莫之能害”。

㊴中国之处:位于华夏的中心。

㊵亲中国:与地处中心的韩国、魏国保持友好关系。为天下枢:掌握天下的中心。

㊶卑辞重币:谓言辞谦恭,礼物丰厚。

㊷虏:谓虏其王而灭其国。

㊸客卿:秦有客卿之官。请其他诸侯国的人来秦国做官,其位为卿,而以客礼待之,故称。

㊹怀:古邑名。春秋郑邑,战国属魏,在今河南武陟西南。

㊺齐、楚来伐魏:以下至“于是秦王遽发兵救魏”,出自《史记·魏世家》。

㊻冠盖相望:指使者一路上往来不绝。

㊼唐雎:战国时期魏国人,纵横游说之士。

㊽令兵先臣出:让秦国的救兵在我离开秦国之前就出发。极言其把握之大。

㊾丈人:古时对老人的尊称。芒然:疲惫的样子。

㊿无任:不能胜任,无能。

51秦之强足以与:《史记·魏世家》作“秦之强足以为与”,指强大的秦国,足以作为可依赖的盟国。与,同盟国,党与。

52使之而急:《史记·魏世家》作“使之大急”。

53遽(jù):赶快,疾速。

【译文】

张仪为秦国推行连横的主张,秦国想要攻打魏国,先击败了韩国将领申差的部队，斩杀八万人。诸侯震恐，于是张仪前来游说魏王。游说魏王说：秦孝公时，商鞅请求讨伐魏国，说："魏国处于地势险要之地，定都于中条山之西的安邑，与秦国以黄河为界，而独占崤山以东地区的有利地势。如果形势有利，就向西侵略秦国；形势不利，就向东攻取地盘。如今，由于您的贤明，秦国强盛起来了，应该趁着这个时候讨伐魏国。魏国不能抵挡秦国，就必定向东迁徙。魏国迁往东方，秦国就可以依靠黄河与崤山的险要地势，东向控制诸侯，这是帝王之业。"从此之后，魏国果然离开安邑，迁都大梁。"魏国的国土方圆不到一千里，士兵不超过三十万。四面地势平坦，与各国四通八达，就像车轮辐条集中于车毂上，没有高山大河作为阻隔。从新郑到大梁二百多里，不论是战车还是步兵，不费多大力气就能到达。魏国南面与楚国接壤，西面与韩国接壤，北面与赵国接壤，东面与齐国接壤。士兵戍守四方边境，光是守备堡垒的人就不下十万。魏国的地势，本来就是战场。大梁，就是今天的汴州。魏国如果南面与楚国交好而不与齐国交好，则齐国就会进攻魏国的东面；如果东面与齐国交好而不与赵国交好，则赵国就会进攻魏国的北面；与韩国不和，韩国就会进攻魏国的西面；不亲近楚国，楚国就会进攻魏国的南面。这就是所谓的四分五裂的地理形势。况且诸侯之所以合纵结盟，是为了安定社稷、尊崇君主、增强军队实力、使国家声名显赫。如今参加合纵的诸侯，联合天下，结为兄弟，在洹水岸边杀白马盟誓，以坚定彼此联盟的意志。然而，同一父母所生的亲兄弟尚且会争夺钱财，而诸侯们想依靠巧诈虚伪、反复无常的苏秦的谋略来结成联盟，不可能成功是很明显的。大王您如果不事奉秦国，秦国就会出兵攻打河外，占据卷、衍、酸枣，胁迫卫国夺取阳晋，则赵国的军队无法南下救援；赵国的军队无法南下，魏国的军队也就无法北上；魏国的军队无法北上，则合纵联盟的交通就会断绝；合纵联盟的交通断绝，则您的国家想要没有危险，是不可能的。秦国挟持韩国而进攻魏国，韩国畏惧秦国，秦国、韩国连为一体，魏国就立刻灭亡了。这就是我为大王您担心的事。为您考虑，不如奉事秦国。魏国奉事秦国，则楚国、韩国必然不敢轻举妄动。没有了楚国、韩国的外患，则大王您可以高枕而卧，国家肯定没有什么忧患了。大王您如果不臣服秦国，秦国将出兵东伐，到那时即便想奉事秦国，也不可能了。况且那些主张合纵的人大多只会说大话，很少有靠得住的，只要说动了某位诸侯，就能成就封侯的事业，所以天下的游说之士无不整日攥着手腕、瞪着眼睛、咬牙切齿地宣扬合纵的好处，以此劝说君主。君主欣赏他们的说辞，被他们牵着走，怎么可能不迷惑呢！我听说，羽毛堆积多了能把船压沉，轻的东西堆积多了能把车轴压断，众人的言论能够熔化金属，所以我希望大王您能仔细考虑何去何从。”魏王于是背弃了合纵盟约，向秦国求和。范雎劝秦昭王说：“穰侯越过韩国、魏国而去攻打齐国的刚、寿，不是好主意。如果出兵数量少，不能打败齐国；如果出兵数量多，又会伤害到秦国，这样的考虑是不周密的。况且齐愍王南攻楚国，击溃楚军，杀死楚将，再次开拓了上千里的土地，但齐国最终连尺寸之地都没有得到，难道是齐国不想得到这些土地吗？是因为形势不允许。诸侯见到齐国疲劳困敝，便起兵讨伐它，使齐国将士受辱、军备毁坏。所以齐国之所以大败，是因为它攻破楚国，却让韩国、魏国获得了好处。这就是所谓的把兵器借给强盗，把粮食送给贼寇。大王您不如结交远邦，进攻近国，这样攻取一寸土地就成为您的一寸土地，攻取一尺土地就成为您的一尺土地。如今放弃近国而攻击远邦，不也太荒谬了吗！从前，中山国方圆五百里，赵国独自吞并了它，成就了功业与名声，并获得了实利，天下没有谁能与赵国争夺。如今的韩国、魏国，处于华夏的中心，是天下的枢纽。大王您如果想成就霸业，必须与地处中心的韩国、魏国保持友好，从而掌握天下的枢纽，以此威胁楚国、赵国。楚国强大，就让赵国前来依附；赵国强大，就让楚国前来依附。楚国、赵国都依附秦国，则齐国也就恐惧了。齐国恐惧，必然以谦恭的言辞、丰厚的礼物来事奉秦国。齐国一旦归附，就可以借此吞并韩国、魏国了。”秦王说：“好！”于是拜范雎为客卿，与他谋划出兵之事。之后讨伐魏国，攻下了怀与邢丘。齐国、楚国一起攻打魏国，魏王派人向秦国求救，派出的使者络绎不绝而秦国的救兵不到。魏国有位名叫唐雎的人，已经九十多岁了，对魏王说：“老臣请求西行劝说秦王，让秦国的救兵在我离开秦国之前就出发。”魏王拜了两拜，派他出使秦国。唐雎到了秦国，入宫拜见秦王。秦王说：“老人家您远道而来，太辛苦啦！魏国已经多次派人前来求救了，我知道魏国的形势危急。”唐雎说：“大王您知道魏国形势危急却不派救兵，我私下认为这是为您出谋划策的大臣的失职。魏国，是万乘之国。之所以向西事奉秦国，自称是秦国东方的藩属，为秦王修筑离宫，接受秦国的冠带服饰制度，春秋两季到秦国贡奉助祭，是认为强大的秦国足以作为可依赖的盟国。如今，齐国、楚国的军队已经在魏都郊外会师，而秦国的救兵却还不出发，这是指望魏国的形势还不太危急吧。如果魏国的形势真的到了特别危急的时候，它将向齐、楚两国割地求和并加入合纵同盟，那时大王您还去救什么呢？若一定要等到魏国十万火急了才去救援，就会失去一个作为东方藩属的魏国，而使齐、楚两个敌国更加强大，这对大王您有什么好处呢？”于是秦王马上发兵援救魏国。

张仪说楚怀王曰：“秦地半天下，兵敌四国[2]，被山带河，四塞以为固。范雎说秦昭王曰[3]：“大王之国，四塞以为固，北有甘泉、谷口[4]，南有泾、渭，右陇、蜀[5]，左关、阪[6]，奋击百万，战车千乘，利则出攻，不利则入守，此王者之地。民怯于私斗，勇于公战[7]，此王者之人。王并此二者而有之，以当诸侯，譬如放韩卢而捕蹇兔也[8]。”虎贲之士百有余万[9]，车千乘，骑万匹，粟如丘山。法令既明，士卒安乐[10]，主明以严，将智以武。虽无出甲[11]，席卷常山之险[12]，必折天下之脊[13]，天下后服者先亡矣。且夫为纵者，无以异驱群羊而攻猛虎，虎之与羊不格明矣[14]。今王不与虎而与群羊，臣窃以为大王之计过也。凡天下强国[15]，非秦而楚，非楚而秦。两国交争，其势不两立。大王不与秦，秦下甲据宜阳，韩之上地不通[16]。下兵河东、成皋[17]，韩必入臣，则梁亦从风而动。秦攻楚之西，韩攻其北，社稷安得无危？臣闻，兵不如者勿与挑战，粟不如者勿与持久。秦西有巴、蜀，大船积粟起于汶山[18]，浮江而下，至楚三千余里。舫舟载卒[19]，一载五千人[20]，日行三百里。里数虽多，然不费牛马之力，不至十日而拒扞关矣[21]。扞关惊，则从境以东尽城守矣[22]，黔中、巫郡非王之有也[23]。秦举甲出武关，南面而伐，则北地绝[24]。秦兵之攻楚也，危虽在三月之内，而楚待诸侯之救在半岁之外，此其势不相及也。夫待弱国之救，忘强秦之祸，此臣为大王患也。大王尝与吴人战，五战而三胜，阵卒尽矣[25]。偏守新城[26]，存民苦矣[27]。臣闻，功大者易危，而人弊者怨上[28]。夫守易危之功，而逆强秦之心，臣窃为大王危之。凡天下而信约纵亲者苏秦，封为武安君也。苏秦相燕，即阴与燕王谋伐齐，破齐而分其地。乃佯为有罪，出走入齐，齐王因受而相之。居二年而觉，齐王大怒，车裂苏秦于市。夫以一诈伪之苏秦，而欲经营天下，混一诸侯，其不可成亦明矣。今秦与楚接壤界，固形亲之国也[29]。大王诚能听臣，臣请使秦太子入质于楚，楚太子入质于秦，请以秦女为大王箕帚之妾[30]，效万室之都以为汤沐之邑。长为昆弟之国，终身无相攻。臣以为，计无便于此者。"楚王乃与秦从亲。白起将兵来伐楚[31]，楚襄王使黄歇说秦昭王曰[32]："天下莫强于秦、楚，今则闻大王欲伐楚，此犹两虎相与斗而驽犬受其弊[33]，不如善楚。臣请言其说。臣闻之，物至则反[34]，冬夏是也。致至则危，累碁是也[35]。今大国之地半天下，有三垂[36]，此从生人已来万乘之地未尝有也[37]。王若能持功守威[38]，黜攻伐之心[39]，肥仁义之德[40]，则三王不足四[41]，五霸不足六也。王若负人徒之众，挟兵革之强，欲以力臣天下之主，臣恐其有患也。《诗》云：'靡不有初，鲜克有终[42]。'《易》曰：'狐涉水，濡其尾[43]。'此言始之易而终之难也。何以知其然耶？智伯见伐赵之利，而不知榆次之祸[44]；吴王见伐齐之便，而不知干遂之败[45]。此二国者，非无大功也，没利于前而易患于后也[46]。今王妒楚之不毁也，而忘毁楚之强韩、魏也，臣为王虑而不取也。王无重世之德于韩、魏，而有累世之怨焉。夫韩、魏父兄子弟接踵而死于秦者，将十世矣。身首分离、暴骸草泽者相望于境，系颈束手为群虏者相望于路[47]。故韩、魏之不亡，秦社稷之忧也。今王信之，与兵攻楚，不亦过乎？臣为王虑，莫若善楚。楚、秦合为一以临韩，韩必敛手[48]。王施以山东之险[49]，带以河曲之利[50]，韩必为关内侯[51]。若是而王以十万戍郑，梁之人寒心[52]，许、鄢、夷陵婴城[53]，而上蔡、召陵不往来也[54]。如是，魏亦为关内侯矣。王善楚，而关内侯两万乘之主[55]，注地于齐[56]，齐右壤可拱手而取也。然后危动燕、赵[57]，摇荡齐、楚，此四国者不待痛而服也[58]。"秦王曰："善。"止不伐楚。楚顷襄王谋与齐、韩连和[59]，因欲图周，周赧王使臣武公说楚相昭子[60]。昭子曰："乃图周则无之。虽然，周何故不可图？"对曰："夫西周之地[61]，绝长补短不过百里，名为天下共主。裂其地不足以肥国，得其众不足以劲兵，虽攻之不足以尊名，然而好事之君、喜攻之臣，发号用兵，未尝不以周为终始[62]。是何也？则祭器在焉[63]，欲器之至而忘杀君之乱。今韩以器之在楚[64]，臣恐天下以器仇楚。"于是楚计辍不行。秦武王使樗里疾以车百乘入周[65]，周君迎之甚敬[66]。楚王让周，以其重秦客也。游胜为周谓楚王曰[67]："昔者，智伯欲伐仇犹[68]，遗大钟，载以广车[69]，因随之以兵。仇犹卒亡，无备故也。齐桓公之伐蔡也，号曰诛楚，其实袭蔡。今秦者，虎狼之国，有独吞天下之心。使樗里子疾以车百乘入周，周君惧焉，以蔡、仇犹为戒，故使长兵居前[70]，强弩居后，名曰卫疾，而实囚之。周君岂能无爱国哉？恐一旦国亡，而忧大王也。"楚王乃悦。楚襄王有疾[71]，太子质于秦[72]，不得归。黄歇说秦相应侯曰："今楚王疾，恐不起[73]，秦不如归太子。太子即位，其事秦必谨。若不归，则咸阳一布衣耳。楚更立太子，必不事秦。夫失与国而绝万乘之和，非计也。愿相国虑之。"应侯为言于秦王，王不肯，乃遁也。

【注释】

①张仪说楚怀王曰：以下至"楚王乃与秦从亲"，出自《史记·张仪列传》，有删节。

②四国：四方诸国。泛指众诸侯国。

③范雎说秦昭王曰：以下至"譬如放韩卢而捕蹇兔也"，出自《史记·范雎蔡泽列传》。

④甘泉：山名。在今陕西淳化西北。《史记·范雎蔡泽列传》张守节《正义》："甘泉山，一名'鼓原'，俗名'磨石岭'，在雍州云阳县西北九十里。"谷口：即瓠口，战国秦邑，在今陕西礼泉东北。其地当泾水出山谷之口，故名。

⑤陇：指陇山，即今六盘山脉南段。蜀：指蜀山，今陕西南部与四川邻界的大山。

⑥关：指函谷关。阪：指商阪，即商山，在今陕西商洛商州区东南。

⑦公战：为国家作战。

⑧韩卢：战国时韩国良犬。蹇（jiǎn）兔：跛足之兔。蹇，瘸腿。

⑨虎贲之士：勇士。

⑩安乐：《史记·张仪列传》作"安难乐死"，指不畏艰难，勇于牺牲。译文从之。

⑪虽无出甲：王念孙《读书杂志·史记》："'虽'读曰'唯'，'唯'与'虽'古字通。此承上文言秦兵之强如是，是唯无出甲，出甲则席卷常山而折天下之脊也。不更言出甲者，蒙上而省也。"出甲，出兵。

⑫席卷常山之险:指翻越常山,击溃赵国。

⑬折天下之脊:《史记·张仪列传》司马贞《索隐》:"常山于天下在北,有若人之背脊也。"韩兆琦《史记笺证》:"赵国是当时东方合纵诸国的首领,其北还有燕国,秦如出兵袭赵,一是打击其首领,同时也斩断了合纵诸国的南北联络,故云'折天下之脊'。"

⑭不格:不敌。

⑮凡:最括之辞,举其凡。

⑯上地:指韩国上党地区。不通:指秦军占据宜阳后,将隔断韩国上党地区与韩都新郑之间的交通。

⑰河东:古地区名。战国、秦、汉时指今山西西南部,因黄河经此作南北流向,本区域处于黄河以东,故名。

⑱汶山:即岷山,在今四川北部,绵延四川、甘肃两省边境。

⑲舫舟:即方舟,两船相并之称。泛指船。

⑳一载五千人:《史记·张仪列传》作"一舫载五十人",译文从之。

㉑扞(hàn)关:即瞿塘关,又作"江关",春秋楚筑。在今重庆奉节东长江北岸赤甲山上。

㉒从境以东尽城守矣:《战国策·楚策一》作"从竟陵已东尽城守矣",译文从之。竟陵,战国楚邑。在今湖北潜江西北。

㉓黔中、巫郡非王之有也:韩兆琦《史记笺证》:"秦兵若抵扞关,则巫郡已被其越过,黔中已落其右后方,故曰两地'非王之有'。"

㉔北地:指楚国与韩、魏接壤的北部地区。《资治通鉴·周纪三·赧王四年》胡三省注:"北地,楚北境之地,陈、蔡、汝、颍是也。"

㉕阵卒:战士。

㉖偏守:犹言"远守",远离楚国腹地之防守。新城:新攻下的城池。

㉗存民:残存之民。

㉘人:《史记·张仪列传》作"民"。弊:疲困。

㉙固形亲之国:指按照地理形势,秦、楚两国接壤,本来就应当亲近。

㉚箕帚之妾：持箕帚的奴婢。借作妻妾之谦称。

㉛白起将兵来伐楚：以下至“止不伐楚”，出自《史记·春申君列传》，有删节。

㉜黄歇：即春申君。

㉝两虎相与斗而驽犬受其弊：《史记·春申君列传》司马贞《索隐》：“谓两虎斗乃受弊于驽犬也。刘氏云：‘受’犹‘承’也。”驽犬，劣犬。

㉞至：达到极点。《史记·春申君列传》张守节《正义》：“至，极也，极则反也。冬至，阴之极；夏至，阳之极。”

㉟致至则危，累棊（qí）是也：指堆叠棋子，堆得越高越危险。致，重叠。累棊，堆叠棋子。棊，棋子。

㊱有三垂：《史记·春申君列传》作“有其二垂”，《资治通鉴·周纪四·赧王四十二年》胡三省注：“秦国之地，有天下西、北之二垂也。”译文从之。垂，通“陲”，边疆，边地。

㊲生人：《史记·春申君列传》作“生民”，犹言人类诞生。万乘：指能出兵车万乘的大国。

㊳持功守威：保持现有的功业与威势。

㊴黜（chù）：摒弃。

㊵肥：使丰富，充足。

㊶不足：不难。

㊷靡不有初，鲜（xiǎn）克有终：出自《诗经·大雅·荡》。指事情无不有好的开端，但很少能善始善终。

㊸狐涉水，濡其尾：出自《周易·未济卦》卦辞。原文作：“小狐汔济，濡其尾，无攸利。”张守节《正义》：“言狐惜其尾，每涉水，举尾不令湿，比至极困，则濡之。譬不可力臣之。”

㊹智伯见伐赵之利，而不知榆次之祸：春秋末期，晋国大夫智伯瑶势力最大，率领韩、魏两家围攻赵氏于晋阳（今山西太原）。结果韩、魏二家为了自保，反而与赵氏合谋灭了智氏，功分其地。事见

《史记·赵世家》。榆次,古邑名。在今山西晋中北郊。智伯瑶在此处兵败被杀。

㊺吴王见伐齐之便,而不知干遂之败:春秋末期,吴王夫差多次出兵伐齐,与中原诸侯争霸,最终却被越国偷袭,兵败身死。事见《史记·吴太伯世家》《越王勾践世家》。干遂,今江苏苏州西北阳山下,相传吴王夫差自杀于此。

㊻没利:贪利。易:轻视。

㊼系颈:把绳套在颈上。表示伏罪投降。束手:捆绑双手。

㊽敛手:缩手。表示不敢妄为。

㊾山东之险:《史记·春申君列传》作"东山之险",指秦国东境的华山、崤山等山。

㊿河曲:指今山西芮城西风陵渡一带。因黄河自北向南流,至此折而向东流成一曲,故名。

51韩必为关内侯:指韩国将成为秦国国内的小封君,不再是独立的国家。关内侯,秦爵二十级的第十九级,其封君只有封号而无封地。

52寒心:战栗,恐惧。

53许、鄢、夷陵:《史记·春申君列传》作"许、鄢陵"。许,魏邑名。在今河南许昌东。鄢陵,又作"安陵",在今河南鄢陵西北。婴城:环城而守。

54上蔡、召陵不往来:指楚国北境与魏都大梁之间的交通被切断。上蔡,在今河南上蔡西南。召陵,在今河南漯河召陵区。

55关内侯两万乘之主:《史记·春申君列传》作"关内两万乘之主",指韩、魏两国。译文从之。

56注地于齐:指与齐国接壤。

57危动:谓使之危殆动摇。

58不待痛而服:不等痛击而自然臣服。

59楚顷襄王谋与齐、韩连和:以下至"于是楚计辍不行",出自《史记·楚世家》，有删节。

⑥0周赧（nǎn）王：战国时期周王，名延，周慎靓王之子。在位时周王室微弱，已分裂为西周、东周两个小国。武公：指西周武公，周定王曾孙，西周惠公之子。昭子：指昭雎，楚国大臣，当时为令尹。

⑥1西周：国名。战国初，周考王都成周（今河南洛阳东北），封其弟于河南（今河南洛阳市西、涧水东），因在成周之西，故称为“西周桓公”。后又封桓公曾孙于巩（今河南巩义西南），称“东周惠公”。此东、西二周乃周畿内国。周赧王时，东、西二周分治周王畿，赧王徙都西周，依附西周公。

⑥2未尝：用于否定词前，构成双重否定，使语气委婉，犹没有。

⑥3祭器：《资治通鉴·周纪四·赧王三十四年》胡三省注：“谓三代所传之祭器，如九鼎之类是也。”

⑥4今韩以器之在楚：泷川资言《史记会注考证·楚世家》：“中井积德曰：句有错误。”大意似为，韩国打算与楚国联合攻占西周后，将这些祭器送给楚国。

⑥5秦武王使樗（chū）里疾以车百乘入周：以下至“楚王乃悦”，出自《史记·樗里子甘茂列传》。秦武王，战国时期秦国国君，名荡，秦惠王之子。樗里疾，战国时秦国大臣，秦惠王异母弟，因居于渭南樗里，故称“樗里子”。为人滑稽多智，秦人称为“智囊”。秦武王时，担任右丞相。

⑥6周君：指西周君。

⑥7游胜：《史记·樗里子甘茂列传》作“游腾”，游说之士。

⑥8仇犹：即仇由，春秋时国名。故地在今山西盂县东北。智伯：指智伯瑶，春秋末期晋国执政的六卿之一。智伯要讨伐仇由，苦于道路崎岖，于是铸了一口大钟送给仇由之君。仇由之君不听赤章曼枝的劝谏，修通道路接受大钟，智伯随之灭亡仇由。事见《韩非子·说林下》。

⑲广车:大车。

⑳长兵:长兵器,戈矛之类。

㉑楚襄王有疾:以下至“乃遁也”,出自《史记·春申君列传》。

㉒太子:即楚考烈王。

㉓不起:病不能愈。

【译文】

张仪劝楚怀王说:“秦国的土地占了天下一半,兵力足以抗衡四方诸国,周围有山险,东边有黄河,四面险要,防守牢固。范雎劝秦昭王说:“大王您的国家,四面险要,防守牢固,北面有甘泉山、谷口,南面有泾水、渭水,西面有陇山、蜀山,东面有函谷关、商山,精锐部队上百万,战车千乘,形势有利就进攻,不利就退守,这是可以成就王业的土地。秦国的民众不敢因私事争斗,却勇于为国家作战,这是可以成就王业的百姓。您同时拥有这两者,以此对付诸侯,就好比放出韩国的良犬去追逐跛脚的兔子。”勇猛的士兵一百多万,战车千乘,战马万匹,储备的粮食堆积如山。法令严明,士卒不畏艰难,勇于牺牲,国君贤明而威严,将领智慧而勇武。秦国虽未出兵,只要秦国出兵,就能轻易夺取常山天险,折断天下的脊梁,天下后归附的诸侯将首先灭亡。况且那些主张合纵的人,无异于驱赶群羊进攻猛虎,群羊敌不过猛虎是十分明显的。如今大王您不与猛虎结交,却与群羊结盟,我私下认为您的谋略是错误的。总计天下的强国,不是秦国就是楚国,不是楚国就是秦国。两国互相争战,势不两立。大王您如果不结交秦国,秦国将出兵攻占宜阳,断绝上党地区与韩国都城的交通。接着出兵河东、成皋,则韩国必定向秦国称臣,而魏国也将随之投靠秦国。秦国攻打楚国的西面,韩国攻打楚国的北面,国家怎么可能不危险?我听说,兵力不如对方,就不要向对方发起挑战;粮食储备不如对方,就不要同对方打持久战。秦国西面有巴、蜀之地,用大船装运粮食,从岷山启程,沿着长江顺流而下,到楚国共三千多里。用方舟装载士兵,一艘船可以载五十人,每天可行三百里。行的路程虽多,但并不耗费牛马牵引的劳力,不到十天就可以抵达扞关。扞关形势紧张，则楚国竟陵以东的城邑都要据城防守，黔中、巫郡也不再为大王所有了。秦国出兵武关，向南进攻，则楚国的北部地区就会被切断。秦军进攻楚国，不出三个月，楚国将岌岌可危，而楚国等待其他诸侯的救援，需要半年以上的时间，就形势而言，肯定赶不上。等待弱国的救援，忽略强秦的威胁，这正是我替大王您担心的。大王您曾与吴人作战，五战三胜，战士死伤殆尽。为了防守新攻占的偏远城邑，残存的百姓苦不堪言。我听说，功业大的君主容易招致危险，疲困的百姓将会怨恨君主。守着岌岌可危的功业，而违逆强秦的意志，我私下替大王您感到危险。组织天下诸侯合纵相亲的人是苏秦，被封为武安君。苏秦担任燕国国相，随即暗中与燕王谋划讨伐齐国，攻破齐国后瓜分其领土。于是苏秦假装获罪，逃亡到齐国，齐王因而收留苏秦并任命他为相国。两年之后事情被发觉，齐王大怒，将苏秦在市集上车裂了。凭着这样一个狡诈虚伪的苏秦，却想要经营天下，联合诸侯，不可能成功是很明显的。如今秦国与楚国接壤，形势上本来就是亲近的国家。大王您如果能听我的意见，我请求秦王派太子来楚国做人质，您也派楚太子到秦国做人质，我请求秦王把女儿嫁给大王做妻子，再献上有着万户人家的大城，作为大王的汤沐邑。秦、楚长为兄弟之国，永远不互相攻打。我认为，没有比这更合适的策略了。”楚王于是与秦国结成了同盟。白起率军讨伐楚国，楚襄王派黄歇劝秦昭王说：“天下诸侯，没有谁比秦国、楚国更强大，如今听说大王您打算讨伐楚国，这好比两虎相斗，而让旁观的劣狗趁着双方疲敝之时得到了好处，所以不如与楚国亲善。请让我说说我的意见。我听说，物极必反，冬季与夏季的变化就是这样。垒得越高越危险，堆叠棋子的游戏就是这样。如今大王您的国土占了天下一半，又占据着西、北两面的边陲，自从有人类以来，没有哪个国家的土地如此宽广。大王您如果能保持现有的功业与威势，摒弃攻伐他国的心思，扩充仁义的德行，则不难与三王、五霸比肩。大王您如果自恃人口众多，倚仗兵力强大，想要用武力让天下诸侯臣服，我担心会带来后患。《诗经》说：‘事情无不有个好的开端，但很少能善始善终。’《周易》说：‘狐狸涉水过河，沾湿了它的尾巴。’说的都是事情开头容易，要善始善终就困难了。怎么知道是这样的呢？从前，智伯看到了讨伐赵襄子的好处，却没有预料到在榆次的灾祸；吴王夫差看到了讨伐齐国的好处，却没有预料到在干遂的失败。这两个国家，并不是没有大的功绩，但都贪图眼前的利益，而轻视了之后的祸患。如今，大王您忌恨楚国尚未毁灭，却忘了毁灭楚国，将让韩国、魏国变得强大，我替大王您考虑，不应该这样做。大王您对于韩国、魏国没有多年的恩德，却有着几代的仇怨。韩、魏两国的父子兄弟接连被秦国杀死，已经将近十代人了。身首分离，曝尸荒野的人，境内到处都能看得到；绳索系颈，捆绑双手的俘虏，路上到处都是。所以韩国、魏国不灭亡，是秦国最大的忧患。现在大王您信任韩国、魏国，与它们一起攻打楚国，岂不大错特错？我为大王您考虑，不如与楚国亲善。楚国、秦国联合起来对付韩国，韩国必定不敢轻举妄动。大王您再凭借东山的险阻，依靠河曲一带的有利地形，则韩国必然成为秦国的关内侯。如果这样，大王您再派十万军队戍守新郑，那么魏国人就会胆寒，许、鄢陵将环城而守，而上蔡、召陵与魏都大梁之间的交通将被切断。如此一来，魏国也将成为秦国的关内侯。您如果与楚国亲善，两个万乘之君将成为秦国的关内侯，国土将与齐国接壤，齐国西部的土地便可以轻易得到。然后威胁燕国、赵国，动摇齐国、楚国，这四个国家不等痛击就会臣服。”秦王说：“好。”停止了伐楚。楚顷襄王谋划与齐国、韩国联合，趁机谋取周王室，周赧王派大臣武公劝说楚相昭子。昭子说：“没有谋取周王室这件事。不过，周王室为什么不能谋取？”武公回答说：“西周的地盘，截长补短，方圆不过百里，名义上却是天下人的共主。分割它的土地不足以使国家富足，得到它的民众不足以使兵力强劲，攻占它不足以使名声尊崇，然而那些好生事端的君主，喜欢攻伐他国的大臣，发号施令出动军队，没有不把周王室作为目标的。这是为什么？是因为九鼎等祭器在那里，他们只想夺取珍贵的祭器，却忘了弑君的祸患。如今韩国想将这些祭器送给楚国，我担心天下都因此而仇视楚国。”于是楚王中止了这一计划。秦武王派樗里疾率领一百辆战车进入西周，西周君很恭敬地迎接他。楚王因此责备西周君，认为他对秦国的使臣太过尊崇。游胜替西周君向楚王解释说：“从前，智伯想要讨伐仇由国，便送给仇由国君一口大钟，用大车载着向仇由国进发，而智伯的军队便跟随在大车后面。仇由国很快就灭亡了，这是因为他们毫无防备。齐桓公讨伐蔡国，号称要攻打楚国，其实是偷袭蔡国。如今的秦国,是虎狼一般凶恶的国家,有独吞天下的野心。秦王派樗里疾率领一百辆战车进入西周,西周君很害怕,吸取了蔡国与仇由国的前车之鉴,所以安排手持长兵器的士兵排列在前,手持强弩的士兵在后压阵,名义上是护卫樗里疾,而实际上是监视他。西周君哪能不爱自己的国家呢?他担心一旦亡国,会让大王您担忧。"楚王才高兴起来。楚襄王生了病,楚太子在秦国做人质,无法回国。黄歇劝秦国相国范雎说:"如今楚王生病,恐怕没法痊愈,秦国不如让楚太子归国。太子即位后,一定会恭敬地事奉秦国。如果不让他回去,则不过是生活在咸阳的一介平民。楚国如果另立太子,一定不会事奉秦国。失去盟国,又断绝了与大国国君的友好关系,不是好主意。请相国您慎重考虑。"范雎以此劝说秦王,秦王不答应,于是楚太子悄悄逃回了楚国。

张仪如韩说韩宣王曰[①]:"韩地险恶山居,五谷所生非菽而麦,地方不过九百里,无二年之食。料大王之卒悉举不过三十万,而厮徒负养在其中矣[②]。今秦带甲百万,车千乘,骑万匹,虎贲之士号询科头、贯颐奋戟者不可胜数[③]。山东被甲蒙胄以会战[④],秦人捐甲徒裼以趋敌[⑤],左挈人头[⑥],右挟生虏。秦逐山东之卒[⑦],犹孟贲之与怯夫[⑧];以轻重相压[⑨],犹乌获之与婴儿[⑩]。诸侯不料地之弱、食之寡,而听纵人之甘言好辞。比周以相饰[⑪],诖误其主[⑫],无过此者。大王不事秦,秦下甲据宜阳,断韩之上地,东取成皋、荥阳,则鸿台之宫、桑林之苑非王有也[⑬]。夫塞成皋,绝上地,则王之国分矣。故为大王计,莫如为秦。秦之所欲弱莫如弱楚,而能弱楚者莫如韩。非以韩能强于楚也,其地势然也。今西面而事秦以攻楚,秦王必喜。夫攻楚而私其地,转祸而悦秦,计无便于此者。"宣王听之。范雎说秦王曰[⑭]:"秦、韩之地形相错如绣[15]，秦之有韩，譬如木之有蠹，人之有腹心病也。天下无变则已，有变，其为秦患者孰大于韩乎？王何不收韩？”王曰：“吾固欲收韩，韩不听，为之奈何？”对曰：“韩安得不听？王若下兵攻荥阳则成皋之道不通[16]，北断太行之道则上党之师不下[17]。王一兴兵而攻荥阳，则其国断而为三，韩必见危亡矣，安得不听？若听，则霸事因可虑矣。”王曰：“善。”乃从之。

【注释】

①张仪如韩说韩宣王曰：以下至“宣王听之”，出自《史记·张仪列传》，有删节。

②负养：从事运输和饲养等役的人。

③号诇（gòu）：《史记·张仪列传》作“跿跔（tú jū）”，指赤足。泷川资言《史记会注考证·张仪列传》：“中井积德曰：跿跔，犹徒跣也。”陈直《史记新证》：“疑为‘徒绚’二字之假借，谓赤足不履，与‘科头’义相对举。下文秦人捐甲徒裼以趋敌，亦可参考。”科头：谓不戴头盔，裸露头髻。裴骃《集解》：“科头，谓不着兜鍪入敌。”贯颐：弯弓。王念孙《读书杂志·战国策》：“‘贯’读为‘弯弓’之‘弯’。……《陈涉世家》赞‘士不敢贯弓而报怨’，《汉书》作‘弯’，是‘贯’即‘弯’也。颐，弓名也。《广韵》作‘弧’，云弓名。……古无‘弧’字，借‘颐’为之耳。弯弓、奋戟，事同一类。”奋戟：挥动长戟。

④山东：指崤山以东诸侯的士兵。被甲蒙胄：穿着铠甲、戴着头盔。形容全副武装。

⑤捐甲：脱去铠甲。徒裼（xī）：赤脚露体，犹言赤膊上阵。形容秦军的勇敢。

⑥挈（qiè）：提，执。

⑦秦逐山东之卒:《史记·张仪列传》作"秦卒与山东之卒",译文从之。

⑧孟贲:战国时勇士。怯夫:懦夫。

⑨以轻重相压:《史记·张仪列传》作"以重力相压",译文从之。

⑩乌获:战国时秦国著名的大力士。

⑪比周:结党,联合。

⑫诖误:欺骗迷惑。

⑬鸿台之宫、桑林之苑:《史记·张仪列传》司马贞《索隐》:"此皆韩之宫苑。"

⑭范雎说秦王曰:以下至"乃从之",出自《史记·范雎蔡泽列传》。

⑮相错如绣:形容领土如同锦绣上的花纹相互交错。

⑯成皋之道不通:指韩国都城新郑与成皋地区(今河南荥阳汜水镇西)的交通被切断。

⑰太行之道:即今山西晋城南部的羊肠坂,为山西东南通往韩都新郑的太行山通道。

【译文】

张仪来到韩国,劝韩宣王说:"韩国地势险恶,民众居住于山中,生产的粮食不是豆就是麦,土地方圆不过九百里,储存的粮食不够两年食用。我估计大王您的士兵,总计不超过三十万人,而且还包括了各种杂役人员。如今秦国拥兵百万,战车千乘,战马万匹,光着脚、不戴头盔、弯弓挥戟的勇猛士兵不可胜数。山东诸侯的士兵穿着铠甲、戴着头盔会战,而秦国的士兵却脱去铠甲、赤着脚、光着膀子迎击敌人,左手提着人头,右手挟着俘虏。秦军士兵与山东士兵相比,就好比孟贲与懦夫的区别;秦国的重兵压向山东诸侯,就好比乌获对付婴儿一般。诸侯们不考虑自己土地狭小,粮食不足,而听信主张合纵之人的甜言蜜语。这些人联合起来相互吹嘘,对于君主的欺骗迷惑,没有比这更严重的了。大王您如果不事奉秦国,秦国将出兵占据宜阳,截断通往上党地区的道路,向东夺取成皋、荥阳，那么鸿台的宫殿、桑林的苑囿就不再为您所有了。阻塞了成皋，截断了前往上党的道路，那么您的国土就被分割开了。所以为大王您考虑，不如事奉秦国。秦国最大的愿望就是削弱楚国，而最能削弱楚国的莫若韩国。并不是因为韩国比楚国强大，而是由地理形势所决定的。如今，如果您向西事奉秦国并进攻楚国，秦王必定大喜。攻打楚国，占领楚国的土地，从而转移祸患，取悦秦国，没有比这更好的计策了。"韩宣王听从了张仪的计策。范雎劝秦昭王说："秦、韩两国的地形如同锦绣上的花纹，相互交错，韩国对于秦国，好比木头有了蛀虫，人有了腹心之疾。天下的形势没有变化也就算了，如果形势有变，对秦国的危害谁会大过韩国？大王为何不收服韩国？"秦王说："我本来就打算收服韩国，但韩国不听从，有什么办法？"范雎说："韩国怎么敢不听从？大王您如果出兵进攻荥阳，则韩都前往成皋的道路就不通了；向北切断太行山的道路，则上党的军队就无法南下了。大王您一旦起兵进攻荥阳，韩国就会被截成三段，韩国见到必将灭亡的局势，怎么敢不听从呢？韩国如果听从，则您的霸业可图。"秦王说："好。"于是听从了范雎的计策。

张仪说齐愍王曰[①]："天下强国无过齐者，大臣父兄殷众富乐[②]。然为大王计者，皆为一时之说[③]，不顾百代之利。纵人说大王者，必曰：'齐西有强赵，南有韩、梁。齐，负海之国也，地广民众，兵强士勇，虽有百秦，将无奈齐何也。'大王贤其说而不计其实。臣闻，齐与鲁三战而鲁三胜，国以危，亡随其后。虽有战胜之名，而有破亡之实。是何也？齐大而鲁小也。今秦之与齐也，犹齐之与鲁也。今秦、楚嫁女娶妇为昆弟之国，韩献宜阳，魏效河外，赵入朝渑池[④]，割河间以事秦[⑤]。大王不事秦，秦躯韩、梁攻齐之南地[⑥]，悉赵兵渡清河，指博关，临淄、即墨非王有也。国一旦见攻，虽欲事秦，不可得也。是故愿大王熟计之。”齐王许之。燕攻齐，取七十余城，唯莒、即墨不下[7]。齐田单以即墨破燕，杀骑劫[8]。燕将惧诛而保聊城[9]，不敢归。田单攻之岁余，聊城不下。鲁连乃为书，约之以矢射城中[10]，遗燕将军曰："吾闻之，智者不倍时而弃利[11]，勇士不怯死而灭名，忠臣不先身而后君。今君行一朝之忿，不顾燕王之无臣[12]，非忠也；杀身亡聊城而威不信于齐，非勇也；功废名灭，后世无称，非智也。故智者不再计，勇者不再却。今死生荣辱，尊卑贵贱，此其时也，愿公详计而无与俗同。且楚攻齐之南阳[13]，魏攻平陆[14]，而齐无南面之心，以为亡南阳之害小，不若得济北之利大[15]，故定计而坚守之。今秦人下兵，魏不敢东面；横秦之势成[16]，则楚国之形危。且前弃南阳，断右壤[17]，存济北，计犹且为之也[18]。今楚、魏交退于齐，而燕救不至。以全齐之兵，无天下之规[19]，与聊城共据期年之弊[20]，即臣见公之不能得也。齐之必决于聊，公无再计。彼燕国大乱，上下迷惑，栗腹以百万之众五折于外[21]。万乘之国被围于赵，壤削主困，为天下笑。国弊祸多，人无所归[22]。今又以弊聊之人距全齐之兵，期年不解，是墨翟之守也[23]；食人炊骨，士无反外之心，是孙膑、吴起之功也。能见于天下矣。故为公计者，不如罢兵休士，全军归报燕王，燕王必喜。士民见公如见父母，攘臂而议于世[24]，公业可明也。意者[25]，怼燕弃世[26]，东游于齐乎？请裂地定封，富比乎陶、卫[27]，世世称孤[28]，此亦一计也。二者显名厚实[29]，愿公察之，熟计而审处一焉[30]。且吾闻之，效小节者不能行大威[31]，恶小耻者不能成荣名。昔管仲射桓公，中其钩，基也[32]；遗公子纠不能死，怯也；束缚桎梏，辱也。此三行者，乡里不通，世主不臣。使管仲终穷有抑而不出[33]，不免为辱人贱行[34]。然而管子弃三行之过[35]，据齐国之政，一匡天下，九合诸侯，名高天下，光照邻国。曹沫为鲁君将，三战而丧地千里。使曹子计不顾后，死而不生，则不免为败军擒将。曹子以一剑之任，劫桓公于坛位之上，颜色不变，辞气不悖。三战之所丧，一朝而反之，天下震动，名传后世。若此二公，非不能行小节，死小耻也，以为杀身绝世[36]，功名不立，非智也。故去忿恚之心，而成终身之名。故业与三王争流，名与天壤相弊也。公其图之。"燕将得书，曰："敬闻命矣。"遂自刎。昔雍门周以琴见齐孟尝君[37]。孟尝君曰："先生鼓琴亦能令人悲乎？"对曰："臣之所能令悲者：先贵而后贱，古富而今贫，摈压穷巷[38]，不及四邻[39]。不若身材高妙[40]，怀质抱真[41]，逢谗离谤，怨结而不得伸[42]。不若交欢而结爱，无怨而生离，远赴他国，无相见期。不若幼无父母，壮无妻儿，出以野泽为都[43]，入用窟穴为家[44]，困于朝夕，无所假贷。若此人者，但闻鸰鸟之号[45]，秋风鸣条[46]，则伤心矣。臣一为之援琴而长太息，未有不凄恻而涕泣者也。今足下居则广厦高堂，连闼洞房[47]，下罗帷[48]，来清风，倡优在前，谄谀在侧，扬激楚[49]，舞郑妾，流声以娱耳[50]，彩色以淫目。水嬉则舫龙舟[51]，建羽旗[52]，鼓钓乎不测之渊也[53]。野游则登乎平原，驰广囿，强弩下高鸟，勇士格猛兽，置酒设乐，沉醉忘归。方此之时，视天地曾不若一指，虽有善鼓琴，不能动足下也。"孟尝君曰："固然。"雍门周曰："臣窃为足下有所常悲。夫角帝而困秦者[54]，君也；连五国而伐楚者，又君也。天下未尝无事，不纵即衡。纵成则楚王，衡成则秦帝。夫以秦、楚之强而报弱薛[55]，犹磨萧斧而伐朝菌也[56]，有识之士莫不为足下寒心[57]。天道不常盛，寒暑更进退，千秋万岁之后，宗庙必不血食，高台既已倾，曲池又已平，坟墓生荆棘，狐狸穴其中，游儿牧竖蹢躅其足而歌其上[58]，曰：'夫以孟尝君之尊贵，亦犹若是乎？'"于是孟尝君喟然太息，涕泪垂睫而交下。雍门周引琴而弹之，孟尝君遂歔欷而就之[59]，曰："先生鼓琴，令文若亡国之人也[60]。"

【注释】

①张仪说齐愍王曰：以下至"齐王许之"，出自《史记·张仪列传》，有删节。

②父兄：古代国君对同姓臣属的称呼。殷众：众多。富乐：富裕而安乐。

③一时之说：只看到眼前利益的说辞。一时，暂时。

④渑池：古邑名。在今河南渑池西。

⑤河间：古地区名。战国赵地，后属秦。以在两河之间，故名。相当于今河北献县、河间、青县及泊头一带。

⑥躯：通"驱"。

⑦莒：齐邑。即今山东莒县。

⑧骑劫：战国时人，燕国将领。齐将田单纵反间于燕，燕惠王乃以骑劫代乐毅为将。田单设计懈怠燕军斗志，大败燕军，杀骑劫。

⑨燕将惧诛而保聊城：以下至"遂自刎"，出自《史记·鲁仲连邹阳列传》，有删节。据《鲁仲连邹阳列传》，燕将惧诛的原因是"聊城人或谗之燕"。聊城，战国齐地。今山东聊城西北。

⑩约：缠束，环束。

⑪倍时：违时，错过时机。倍，通"背"。

⑫不顾燕王之无臣：指不奉行燕王的命令。

⑬南阳：古地区名。在今山东泰山以南、汶河以北地区。以在泰山之阳，故名。

⑭平陆：战国齐邑。在今山东汶上西北。

⑮"而齐无南面之心"三句：《史记·鲁仲连邹阳列传》张守节《正义》："言齐无南面攻楚、魏之心，以为南阳、平陆之害小，不如聊城之利大，言必攻之也。"济北，指济水以北的聊城。

⑯横秦之势成：指齐、秦连横。《史记·鲁仲连邹阳列传》司马贞《索隐》："此时秦与齐和，故云'衡秦之势成'也。"

⑰断右壤：指放弃平陆。平陆位于齐国西部，故曰"断右壤"。

⑱犹且：尚且。

⑲无天下之规：指没有别国的武力威胁，齐国可以全力进攻聊城。规，打算，算计。

⑳与聊城共据期（jī）年之弊：泷川资言《史记会注考证·鲁仲连邹阳列传》："'与'上添'而公'二字看。"大义为，您想凭借这座已被困一年的疲敝的聊城，来和整个齐国对抗。据，依靠，据守。期年之弊，指已经被围困一年的疲惫不堪的聊城。期年，一年。

㉑栗腹：战国时燕国大臣，燕王喜时任相国。燕王喜四年（前251），奉命出使赵国，见赵壮者皆死于长平，其孤未壮，归国力劝燕王喜伐赵。燕王遂派其率军攻赵，为赵将廉颇所败，被杀。百万之众：《史记·鲁仲连邹阳列传》作"十万之众"，译文从之。五折：五次败北。

㉒人无所归：《史记·鲁仲连邹阳列传》作"民无所归心"，译文从之。

㉓墨翟之守：称赞燕将的防守像墨翟一样难以攻破。墨家善于守城，《墨子》中有《备城门》《备高临》等十一篇讨论守城技术的篇章；《公输》篇中，记载了墨子以守城器械模型挫败公输班进攻之事。故后人称牢固的防守为"墨守"。

㉔攘臂：捋起衣袖，伸出胳膊。形容激奋貌。

㉕意者：表示选择，是……还是……。

㉖怼（duì）燕弃世：《史记·鲁仲连邹阳列传》作"捐燕弃世"。司马贞《索隐》："言若必无还燕意，则捐燕而东游于齐乎。"

㉗陶：指分封于陶的魏冉。卫：指商鞅。司马贞《索隐》："王劭云'魏冉封陶，商君姓卫'。富比陶、卫，谓此也。"或曰"陶"指陶朱公范蠡，"卫"指子贡（子贡为卫人）。

㉘称孤：春秋、战国时有封地的封君都可以自称“孤”或“寡人”。
㉙厚实：富裕，富足。
㉚审处：审慎处理。
㉛效：计较，专注于。小节：琐细微末的操守。
㉜基：同“篡”，篡逆。
㉝终穷有抑而不出：“有”字衍，《战国策·齐策六》作“终穷抑幽囚而不出”。穷抑，穷困受压抑。
㉞辱人：指可耻的人。贱行：卑贱的行为。
㉟三行之过：指“篡”“怯”“辱”三种行为。
㊱绝世：犹弃世，死亡。
㊲昔雍门周以琴见齐孟尝君：以下至“令文若亡国之人也”，出自桓谭《新论·琴道》，亦见于《说苑·善说》。雍门周，战国时人，姓雍门，名周。
㊳摈压：摈弃压抑。穷巷：冷僻简陋的小巷。
㊴不及四邻：《新论·琴道》作“不交四邻”，译文从之。
㊵不若：或者、否则，并列连词。向宗鲁《说苑校正·善说》：“‘不若’犹言‘否则’。”身材：指才能。
㊶怀质抱真：指人格与品德纯洁高尚。
㊷伸：申述，陈述，表白。
㊸出以野泽为都：《新论·琴道》作“出以野泽为邻”。
㊹窟穴：土室。
㊺鸲(chú)：同“雏”。
㊻鸣条：风吹树枝发声。
㊼连闼(tà)洞房：重门深邃的房屋。
㊽罗帷：丝制帷幔。
㊾激楚：高亢凄清。
㊿流声：指流畅的乐曲声。

㉛舫：划船。

㉜羽旗：翠羽装饰的旌旗。

㉝鼓钓：鼓枻垂钓，谓划船钓鱼。

㉞角帝：与帝王角逐。《说苑·善说》作“声敌帝”。困秦：使秦国疲困。

㉟薛：孟尝君的封邑。在今山东滕州南。

㊱萧斧：古代兵器斧钺。萧，通“肃”。《说文·艸部》：“萧，艾蒿也。从艸，肃声。”段玉裁注：“与‘肃’同音通用。……萧墙、萧斧皆训‘肃’。”按，因斧钺用于刑罚，故取严肃之义。朝菌：某些朝生暮死的菌类植物。

㊲寒心：战栗，恐惧。

㊳蹢躅（zhí zhú）：徘徊不进貌。

㊴歔欷（xū xī）：哽咽，抽泣。

㊵文：孟尝君名田文。

【译文】

张仪劝齐愍王说：“天下的强国没有胜过齐国的，朝中大臣、宗室众多，都过得富足而安乐。但为您出谋划策的人，都只顾及眼前的说辞，而不顾国家的长远利益。主张合纵的人游说大王，必然会说：‘齐国西面有强大的赵国，南面有韩国、魏国。齐国，是背靠大海的国家，国土广阔，人口众多，军队强大，士卒勇敢，即使有一百个秦国，也拿齐国无可奈何。’大王您欣赏他们的说辞，却不考虑实际的情况。我听说，齐国与鲁国三次交战，鲁国三战三胜，但国家因此陷入危机，亡国之祸接踵而至。鲁国虽然有战胜的名声，却有着亡国的实质。这是为什么呢？这是因为齐国大而鲁国小。如今秦国与齐国相比，就像齐国与鲁国相比一样。眼下，秦国、楚国联姻，成为兄弟之国，韩国献出了宜阳，魏国献出了河外，赵王到渑池朝见秦王，割让河间地区以事奉秦国。大王您如果不事奉秦国，秦国将驱遣韩国、魏国攻打齐国南部，发动赵国全部的军队渡过清河，直指博关，则临淄、即墨两城就不归您所有了。国家一旦被进攻，到时即便

想事奉秦国，也不可能了。所以我希望大王您能慎重考虑。”齐王同意了张仪的主张。燕国进攻齐国，攻占了七十多座城池，只剩下莒、即墨还未攻下。齐将田单依靠即墨打败了燕军，杀死了燕将骑劫。燕将害怕被杀，据守聊城，不敢返回燕国。田单进攻聊城，攻了一年多，始终无法攻克。于是鲁仲连写了一封信，把信绑在箭上射进城中，在信中对燕将说：“我听说，智者不会违背时势而放弃利益，勇士不会畏惧死亡而败坏名声，忠臣不会先考虑自己而不顾君主。如今您为了一时的愤怒，不奉行燕王的命令，这是不忠；您丧失生命，丢失聊城，威名无法在齐国传扬，这是无勇；功业毁坏，名声堙灭，不被后世所传颂，这是不智。所以智者不会犹豫不决，勇者不会临阵退缩。如今死生荣辱，尊卑贵贱，在此一举，我希望您能仔细考虑，不要与俗人一般见识。况且楚国进攻齐国的南阳，魏国进攻齐国的平陆，但齐国并没有向南反击楚军、魏军的心思，认为丢失南阳、平陆的危害较小，不如得到聊城的好处大，所以打定主意，坚定地围攻聊城。如今秦国已经出兵，魏国不敢再向东攻击齐国；齐、秦结盟的态势已成，则楚国的形势就危险了。况且齐国此前放弃南阳，丢掉平陆，全力收回聊城，这个计策尚且行得通。何况如今楚、魏两国都从齐国退兵，而燕国的救兵还没到。以齐国全国的兵力，没有其他国家的干预，而您却想凭借这座已被困一年的疲敝的聊城，来和整个齐国对抗，我断定您守不住。齐国是必定要得到聊城的，您就不用心怀侥幸了。如今燕国大乱，君臣上下迷惑混乱，栗腹率领百万大军，在外接连打了五次败仗。燕国作为万乘之国被赵军围困，割让国土，君主困窘，为天下人所耻笑。燕国国家疲敝，祸患众多，民心涣散。如今您凭借残破的聊城的兵力，抗拒整个齐国的大军，一整年都不松懈，善于守城可以与墨翟媲美；城中粮食断绝，以人为食，烧人骨做饭，而士兵没有反叛之心，您善于带兵可以与孙膑、吴起媲美。您的才能已经显扬于天下了。所以为您考虑，不如停战休兵，带着完整的军队回国向燕王报告，燕王必定大喜。燕国百姓见到您如同见到了父母，将兴奋地宣扬您的事迹，您的功业可以为天下所知。或者，您可以离开燕国，归顺齐国？我请齐王给您分封土地、赐予爵位，让您如魏冉、商鞅一般富裕，世世代代承袭封君的爵位，这也是一种出路。这两条出路，或能带来显赫的名声，或能带来丰厚的财富，希望您详加考虑，审慎地选择其中一种。况且我听说，专注于细小操守的人，没法成就威名赫赫的大事;不能忍受小耻辱的人,没法获得美好的名声。从前,管仲企图射死齐桓公,误中了齐桓公的带钩,这是篡逆;抛弃公子纠,不能与之同死,这是怯懦;被带上脚镣手铐,这是受辱。有这三种行径的人,乡里人不会同他往来,君主也不会任用他为臣。如果管仲终身穷困抑郁而不出仕,则不免留下卑贱可耻的名声。然而管仲摒弃三样骂名,掌握齐国的政事,辅佐齐桓公匡正天下,九次会和诸侯,名扬天下,光照邻国。曹沫是鲁国的将军,三战三败,丢失了上千里的土地。如果曹沫不考虑将来之事,战死沙场,则不免留下败军之将的名声。然而曹沫只凭一把宝剑,在会盟的高坛上劫持齐桓公,神色不变,言辞气势不乱。三次战败所丢失的土地,一天之内就收复了,天下震动,名声流传于后世。像管仲、曹沫二人,并不是不能遵行小的操守,为小的耻辱而死,而是认为轻易去死,无法建立功业名声,不是明智之举。所以抛开愤怒怨恨之心,而成就终身的名声。所以他们的功业可以与三王媲美,名声可以与天地并存。希望您加以考虑。"燕将收到信后,说:"恭敬地接受您的命令。"于是自杀了。从前,雍门周以弹琴的技艺求见齐国的孟尝君。孟尝君说:"先生您弹琴,能够令人感到悲伤吗?"雍门周说:"我的琴声只能让这些人感到悲恸:先前尊贵后来变得卑贱,先前富有如今变得贫穷,被摈弃压抑于穷巷之中,与周围邻居都没有来往。或者才能高妙,品质纯洁,却遭逢谗言,蒙受诽谤,怨气郁结而无从申诉。或者男女热恋相爱,毫无怨隙却被迫分离,远赴异国,再无相见之日。或者从小失去父母,长大后没有妻儿,出门与山野草泽为邻,入门以窟穴土室为家,终日困窘,无处可以借贷。像这样的人,只要听到雏鸟的鸣叫,秋风吹动树枝的声响,都会因之伤心。我一为他们弹琴,他们就深长地叹息,无不感触悲伤、泪下沾襟。如今您住在高大的殿堂之中,房屋深邃,布置着丝制的帷幔,吹来缕缕清风,歌舞艺人在前表演,谄谀小人在旁奉承,艺人唱起高亢凄清的曲调,来自郑国的美女翩翩起舞,用婉转的曲调愉悦耳朵,用艳丽的色彩满足眼睛。在水上嬉戏则划着龙舟,竖起用翠羽装饰的旌旗,在深不可测的深渊上鼓枻垂钓。在野外游玩则登临平原,驰骋于广阔的苑囿,用强弩射下高飞之鸟,让勇士与猛兽格斗,备下酒宴,奏起音乐,令人沉醉而流连忘返。在这个时候,您看天地,还比不上自己的一根手指,即使有善于弹琴的人,也没法打动您。"孟尝君说:"确实如此。"雍门周说:"但我私下也常常为您感到悲伤。与帝王角逐，使秦国疲困的人，是您；联合五国，讨伐楚国的人，也是您。天下何尝太平无事，不是合纵就是连横。如果合纵成功，楚国就能称王；如果连横成功，秦国就能称帝。以秦国、楚国的强大，报复弱小的薛邑，就好比用斧钺砍伐朝菌，天下的有识之士，无不替您感到恐惧。依照天道，没有永恒的兴盛，寒暑更迭不休，千秋万代之后，您宗庙的祭祀必然已经废弃，高台已经坍塌，曲折环绕的水池已被填平，坟墓上长满了荆棘，狐狸在其中挖洞做窝，那些玩耍、放牧的儿童在上面徘徊、歌唱，唱到：'像孟尝君这么尊贵的人，也会落到如此地步吗？'"于是孟尝君长声叹息，涕泪交流。雍门周抚琴弹奏，于是孟尝君悲泣着靠近他，说："先生您弹起琴来，令我感到自己像一个亡国之人。"

张仪说赵王曰[①]："弊邑秦王使臣效愚计于大王[②]。大王收率天下以宾秦[③]，秦兵不敢出函谷关，是大王之威行于山东。弊邑恐惧慑伏[④]，缮甲励兵[⑤]，唯大王有意督过之也[⑥]。今以大王之力[⑦]，举巴、蜀，并汉中，包两周，迁九鼎，守白马之津。秦虽僻远，然而心忿含怒之日久矣。今有弊甲雕兵军于渑池[⑧]，愿渡河据番吾，会战邯郸之下，以甲子合战，以征殷纣之事[⑨]，故使臣先以闻于左右[⑩]。凡大王之所信为纵者，恃苏秦。苏秦荧惑诸侯，以是为非，以非为是，欲反覆齐国，而自令车裂于市。夫天下之不可一混齐亦明矣[⑪]。今楚与秦为昆弟之国，而韩、梁称为东藩之臣，齐献鱼盐之地，此断赵之右臂也。夫断右臂而与人斗，失其党而孤居，求欲无危，岂可得乎？今秦发三军，其一军塞午道[⑫]，告齐使兴师渡清河，军于邯郸之东；一军军于成皋，驱韩、梁军于河外；一军军渑池。约四国而攻赵，破赵必四分其地，是故不敢匿意隐情，先以闻于左右。臣窃为大王计，莫如与秦王遇于渑池,面相见而口相约,请案兵无攻[13]。愿大王之定计。”赵肃侯许之[14]。武安君破赵长平军,降其卒四十余万,皆坑之。进围邯郸,而军粮不属,乃遣卫先生言于秦昭王曰:“赵国右倍常山之险,而左带河、漳之阻,有代马车骑之利[15]。民人气勇,好习兵战。常会诸侯而一约为之纵长[16]。明秦不弱,则六国必灭。秦所以未得志于天下者,赵为之患也。今赖大王之灵,赵军破于长平,其信臣锐卒莫不毕死。邯郸空虚,百郡震怖,士民咸怨其主。诚以此时遣转输,给足军粮,灭赵必矣。灭赵以威诸侯,天下可定,而王业成矣。”秦王欲许之。应侯妒其功,不欲使成,言于秦王曰:“秦虽破赵军,士卒死伤亦众,百姓疲于远输,国内空虚,楚、魏乘虚为变,将无以自守。宜且罢兵。”王从之。后三年[17],复欲将白起伐赵。起不肯,王乃使应侯责之曰:“楚地方五千里,持戟百万。君前率数万之众入楚,拔鄢、郢,焚其郊庙,楚人震恐,东徙而不敢西向。韩、魏相率兴兵甚众,君所将不能半,而破之伊阙[18],流血漂橹[19]。韩、魏已服,至今称东蕃。此君之功,天下莫不闻。今赵卒之死于长平者已十七八,是以寡人愿使君将,必欲灭之。君常以寡击众,取胜如神,况以强击弱,以众击寡乎?”武安君曰:“是时楚王恃其国大,不恤其政,而群臣相妒以功,谄谀用事,良臣疏斥,百姓离心,城池不修。既无良将,又无守备[20],故臣得引兵深入,兵多倍城邑[21],发梁焚舟[22],以专人心,掠于郊野[23],以足军食。当此之时,秦之士卒以军中为家,以将为父母,不约而亲,不谋而信,一心同力,死不旋踵[24]。楚人自战其地,咸顾其家,各有散心[25],莫有斗意,是以能有功也。伊阙之战,韩顾魏[26],不欲先用其众。魏恃韩之锐,欲推以为锋。二军争便[27],其力不同,是以臣得设疑兵以待韩阵,专军并锐,触魏之不意。魏军既败,韩军自溃,以是之故能有功。皆计利形势[28]，自然之理，何神之有！今秦军破赵军于长平，不遂以时乘其振惧而灭之[29]，畏而释之[30]，使得耕稼以益蓄积，养孤长幼以益其众，缮理兵甲以益其强，增浚城池以益其固。主折节以下其臣[31]，臣推体以下死士[32]，至平原之属，皆令妻妾补缝于行伍之间。臣民一心，上下同力，犹勾践困于会稽之时也[33]。以今伐之，赵必固守。挑其军战，必不肯出。围其国都，必不可克。攻其列城，必不可拔。掠于郊野，必无所得。兵久无功，诸侯生心，外救必至。臣见其害，未睹其利。又病不能行。"应侯惭而退。秦乃使王龁将[34]，伐赵，楚、魏果救之也。

【注释】

①张仪说赵王曰：以下至"赵肃侯许之"，出自《史记·张仪列传》，有删节。赵王，指赵武灵王。

②弊邑：谦称。指秦国。

③宾（bìn）：通"摈"，摈弃，抵抗。

④慑伏：因畏惧而屈服。

⑤缮甲：整治军备。励兵：磨砺武器。

⑥唯大王有意督过之也：想着大王有意责备秦国的过错。唯，思，考虑。督过，责备。

⑦今以大王之力：韩兆琦《史记笺证》："此句调侃，主语为'秦'，意即'我们托您的福'，并一直下贯'举巴蜀，并汉中'云云。"

⑧弊甲雕兵：残破的军备，疲惫的军队。雕，"凋"的古字。

⑨以甲子合战，以征殷纣之事：指秦军将在甲子日征讨赵国，就像周武王征讨商纣王一样。《史记·周本纪》："二月甲子昧爽，武王朝至于商郊牧野。"

⑩左右：不直称对方，而称其执事者，表示尊敬。

⑪混齐:混同,统一。

⑫午道:纵横交贯的要道。

⑬案:通“按”。

⑭赵肃侯:应作“赵武灵王”。《史记·张仪列传》:“赵王曰:‘先王弃群臣,寡人年幼,奉祀之日新。’”“先王”指赵肃侯,赵武灵王为赵肃侯之子。

⑮代马:代郡所产良马。

⑯纵长:合纵联盟的首领。

⑰后三年:以下至“楚、魏果救之也”,出自《战国策·中山策·昭王既息民缮兵》。

⑱伊阙:山名。在今河南洛阳南。伊阙之战发生于前293年。

⑲樐(lǔ):同“橹”,大盾牌。

⑳守备:用于防御的设施、器物。

㉑多倍城邑:指秦军深入楚国境内,背对着众多楚国城邑。《战国策·中山策》鲍彪注:“兵深入,城邑在后,故言‘倍’;‘倍’‘背’同。”

㉒发梁:拆毁桥梁。

㉓郊野:周代距王城百里谓之“郊”,三百里谓之“野”,统称“郊野”。泛指城邑之外的地方。

㉔旋踵(zhǒng):转身。指畏避退缩。

㉕散心:离散之心。

㉖顾:等待。

㉗便:利益,好处。

㉘计利:计算利害。

㉙振:通“震”,震惊,震动。

㉚畏而释之:指赵国畏服之后,秦国就撤军了。

㉛折节:屈己下人。

㉜推体:屈身。死士:敢死的勇士。

㉝勾践困于会稽之时：越王勾践被吴军打败后退保会稽，之后发愤图强，生聚教训，最终灭掉了吴国。事见《史记·越王勾践世家》。

㉞王龁（hé）：战国时秦将，秦昭王时任左庶长。

【译文】

张仪劝赵王说："敝国秦王，派我向大王您进献计策。大王您统率天下诸侯以抵抗秦国，秦军因此不敢出函谷关，您的声威传遍山东各国。我们秦国因恐惧而屈服，故整治军备、磨砺武器，只怕大王您有意责备我们的过错。如今秦国托您的福，攻占了巴、蜀，吞并了汉中，取得了东周、西周，搬走了九鼎，把守着黄河上的白马渡口。秦国虽然偏僻边远，然而心怀愤怒已经很久了。如今秦国有一支军容不整的部队驻扎于渑池，准备渡过黄河占据番吾，来到邯郸城下，在甲子日与赵军会战，以效仿当年武王伐纣之事，所以派我事先来到赵国，向您通报这个消息。大王您之所以相信合纵可成，是由于信赖苏秦。苏秦迷惑诸侯，将对的说成错的，将错的说成对的，打算颠覆齐国，反而使自己在齐国市集上被车裂。天下诸侯不可能结成同盟，已经很明显了。如今楚国与秦国结为了兄弟之国，而韩国、魏国成为秦国东面的属国，齐国献出了盛产鱼、盐的地方，这如同斩断了赵国的右臂。断了右臂而与人格斗，失去了同盟而孤立无援，想要国家不危险，怎么可能办得到呢？如今秦国派出三支军队，其中一军阻断交通要道，通告齐国，让它发兵渡过清河，驻扎于邯郸的东面；一军驻扎于成皋，驱使韩国、魏国的军队驻扎于河外；一军驻扎于渑池。约集秦、齐、韩、魏四国共同进攻赵国，赵国灭亡后，领土必然被四国瓜分，所以我不敢隐瞒实情，特将这一情况事先向您禀报。我私下为大王您考虑，不如与秦王在渑池会见，面对面进行会谈，请求秦国停止用兵。希望大王您拿定主意。"赵王听从了张仪的建议。武安君白起在长平大破赵军，迫使四十余万赵国士兵投降，并把他们都坑杀了。于是进而围攻邯郸，然而军粮供应不上，于是白起派卫先生对秦昭王说："赵国右面依靠着常山的险阻，而左面有黄河、漳水的阻隔，拥有来自代郡的战马、战车资源。民众勇敢，乐于参加军事训练。赵国常会盟诸侯，是合纵联盟的首领。明言如果不削弱秦国，则山东六国必然灭亡。秦国之所以还没能统一天下，就是因为有赵国这个祸患。如今仰赖您的威灵，赵军在长平被击溃，其忠臣、精兵无不战死。邯郸空虚，地方郡县震惊恐惧，士大夫和百姓都怨恨他们的君主。如果能在这个时候调遣军需，给足军粮，必定能灭亡赵国。灭掉赵国以威慑诸侯，则天下可定，您的王业可成。"秦王想要答应白起的请求。而应侯范雎嫉妒白起的功劳，不想让这件事成功，就对秦王说："秦军虽然大败赵军，但秦军士兵的死伤也很惨重，秦国百姓因长途运送军需而疲惫不堪，国内空虚，如果此时楚国、魏国乘秦国空虚发动变乱，我们将无法防守。最好暂且罢兵。"秦王听从了范雎的建议。三年之后，秦王打算再次任命白起为将讨伐赵国。白起不肯，秦王于是派应侯范雎责备他说："楚国土地方圆五千里，士兵上百万。您之前率领数万军队攻入楚国境内，攻克鄢、郢，焚烧楚国的宗庙，楚人震惊恐惧，纷纷向东迁徙而不敢向西抵抗。韩、魏两国相继起兵，出动的军队很多，您所率领的军队还不到韩、魏联军人数的一半，然而您在伊阙大败两国联军，死者的血能够让盾牌漂浮起来。韩、魏两国因此屈服，至今自称是秦国的东方属国。这些都是您的功劳，天下人没有不知道的。如今赵国的士兵已经在长平之战中死了十之七八，所以我希望您能率军出征，必然可以一举灭亡赵国。您常常以少击众，用兵取胜有如神助，何况现在是以强击弱，以多击少呢?"武安君说："那个时候，楚王自恃国家强大，不理朝政，而楚国群臣因争功而互相嫉妒，长于阿谀奉承的人得到重用，贤臣遭到排斥疏远，百姓离心离德，城池不加修缮。军中既无良将，又无守备，所以我能够率军深入楚国国境，背对着许多楚国城邑，拆毁桥梁，焚毁船只，以此坚定军心，在楚国的郊野掳掠，以补足军粮。在那个时候，秦国的士兵以军队为家，把将帅当作父母，不需要约定就相互亲近，不需要商量就相互信任，同心协力，至死也不退缩。而楚人在自己的国土上作战，每个人都顾念自己家，各怀离散之心，毫无斗志，所以我能取得成功。在伊阙之战中，韩军等待魏军，不愿先投入自己的部队。魏军依赖韩军的精锐，想让韩军打先锋。韩、魏二军争夺利益，不能齐心协力，因此我得以设下疑兵与韩军对阵，而聚集精锐兵力，出其不意地进攻魏军。魏军被击败后，韩军不战自溃，因为这个缘故我才能立下战功。

这是计算了利害、形势之后的自然结果,有什么神奇可言!如今,秦军在长平大败赵军,不趁着赵国震惊恐惧的时候灭掉它,而在其畏服之后就撤兵了,使赵国得以抓紧耕种以增加积蓄,抚养孤儿幼童以增加人口,修缮兵器铠甲以增强军力,增高城墙、疏浚护城河,使城池更为坚固。赵国的君主屈己下人以亲近大臣,赵国的大臣放下身份以亲近死士,以至于像平原君这样身份的人,都让自己的妻妾到军队中为士兵缝补衣服。臣民一心,上下同力,就好像越王勾践被困会稽后奋发图强时那样。如今讨伐赵国,赵军必定固守城池。诱使守军出战,守军必定不肯出战。围攻赵国都城,必定无法攻克。攻打其他城池,也必定不能成功。在赵国的郊野劫掠,必定没有什么收获。出兵日久而毫无战功,天下诸侯将生出异心,救兵必然到来。此时进攻赵国,我只看到害处,没有看到好处。况且我现在有病,无法出征。”应侯范雎惭愧地退了出去。秦王于是让王龁率军讨伐赵国,楚、魏两国果然发兵援救。

张仪说燕昭王曰[①]:“大王之所亲信莫如赵。昔赵襄子尝以其姊为代王妻,欲并代,约与代王遇于句注之塞[②]。乃令工人作为金斗[③],长其尾,令可以击人。与代王饮,阴告厨人曰:‘即酒酣乐,进热啜[④],反斗以击之。’于是酒酣乐,取热啜,厨人进斟[⑤],因反斗击代王,杀之,肝胁涂地[⑥]。其姊闻之,因磨笄以自杀[⑦]。故至今有磨笄之山[⑧],天下莫不闻。至汉高祖时[⑨],陈豨以赵相国监赵、代边兵,举兵反。上自行至邯郸,喜曰:“豨不南据漳水,北守邯郸,吾知其无能为也。”及豨败,上曰:“代居常山北,赵乃从山南有之,远。”乃立二子为代王也[⑩]。夫赵王之狼戾无亲[⑪],大王之所明见,且以赵为可亲乎?赵兴兵攻燕,再围燕都,而劫大王,大王割十城以谢。今赵王已入朝渑池,效河间以事秦。今大王不事秦,秦下甲云中、九原,驱赵而攻燕,则易水、长城非王有也[⑫]。今王事秦,秦王必喜，赵不敢妄动。是西有强秦之援，南无齐、赵之患。是故，愿大王熟计之。”燕王听张仪，仪归报秦。燕王使太子丹入质于秦[13]，秦欲使张唐相燕[14]，与共伐赵，以广河间地。张唐谓吕不韦曰[15]：“臣尝为昭王伐赵，赵怨臣。今之燕，必经赵，臣不可行。”不韦不快，未有以强之。其舍人甘罗年十二[16]，谓不韦曰：“臣请为君行之。”遂见张唐，曰：“君之功孰与武安君？”唐曰：“武安君南挫强楚，北灭燕、赵[17]，战胜攻取，破城隳邑，不可胜数。臣之功不如也。”甘罗曰：“应侯之用于秦，孰与文信侯专？”唐曰：“应侯不如文信侯专。”甘罗曰：“昔应侯欲伐赵，武安君难之，去咸阳十里，赐死于杜邮[18]。今文信侯自请君相燕而不肯行，臣不知君所死处也。”张唐惧曰：“请因孺子行。”行有日矣[19]，甘罗又谓文信侯曰：“借臣车五乘，请为张唐先报赵。”文信侯遣之。甘罗如赵，说王曰：“王闻燕太子丹入秦乎？”曰：“闻之。”“闻张唐之相燕乎？”曰：“闻之。”甘罗曰：“燕太子丹入秦者，燕不欺秦也；张唐相燕者，秦不欺燕也。燕、秦不相欺，无异故，欲攻赵而广河间地。王不如赍臣五城以广河间[20]，臣请归燕太子，与强赵攻弱燕。”赵王曰：“善。”立割五城与秦。燕太子闻而归。赵乃攻燕，得二十城，令秦有其十也。

【注释】

①张仪说燕昭王曰：以下至“仪归报秦”，出自《史记·张仪列传》，有删节。

②句注：古山名。又名“陉岭”“西陉山”，在今山西代县西北，因山形勾转、水势流注得名。又因与雁门山相接，故也有雁门山之称。《吕氏春秋》《淮南子》称为九塞之一。古为北方军事要地。

③斗：一种有柄的斟酒器。

④热啜：热饮料。

⑤斟：用勺、瓢等舀取。

⑥肝胁涂地：《史记·张仪列传》作"王脑涂地"。

⑦笄（jī）：簪子。

⑧磨笄之山：即今河北张家口东南鸡鸣山。

⑨至汉高祖时：以下至"乃立二子为代王也"，抄撮自《史记·韩信卢绾列传》。

⑩立二子为代王：《史记·韩信卢绾列传》作"立子恒为代王"，译文从之。恒，即刘恒，后来的汉文帝。

⑪狼戾：凶狠，暴戾。

⑫长城：指燕长城，战国时期燕昭王以前所筑。起自今河北易县西太行山东麓，东经易县、徐水、雄县，至文安境内。

⑬燕王使太子丹入质于秦：以下至"令秦有其十也"，出自《史记·樗里子甘茂列传》，有删节。燕王，指燕王喜，燕孝王之子，战国时期燕国末代国君。太子丹，燕王喜之子，名丹，曾派遣刺客荆轲刺杀秦王。事迹见《史记·燕召公世家》《刺客列传》。

⑭张唐：秦国将领。

⑮吕不韦：战国末卫国濮阳（今属河南）人。原为阳翟（今河南禹州）大商人，偶遇在赵国做人质的秦公子异人（后名子楚），视为奇货，设策使归国嗣位，为秦庄襄王。任秦相，封文信侯。秦王政立，继任相国，被尊为仲父。秦王政十年亲政后，被免职徙蜀，忧惧自杀。曾令宾客编撰《吕氏春秋》。

⑯甘罗：战国时楚国下蔡（今安徽凤台）人。秦国左丞相甘茂之孙。事迹见《史记·樗里子甘茂列传》。

⑰北灭燕、赵：《史记·樗里子甘茂列传》作"北威燕、赵"，译文从之。

⑱赐死于杜邮：白起与范雎有隙，不肯率军攻赵，激怒了秦昭王，被迫自杀。事见《史记·白起王翦列传》。杜邮：邮亭名。在今陕

西咸阳东北。

⑲行有日：指张唐的行期已经确定了。

⑳赍（jī）：送。

【译文】

张仪劝燕昭王说："大王您最亲近信任的国家莫过于赵国。从前，赵襄子曾把自己的姐姐嫁给代王做妻子，想吞并代国，与代王约定在句注塞会面。于是令工人做了一个金斗，加长了斗柄，使其可以作为武器击杀人。赵襄子与代王饮酒，暗中告诉厨子说：'等酒筵酣畅欢乐时，送上热的饮料，趁机把金斗反转过来击杀他。'于是当酒宴酣畅欢乐之时，送上热的饮料，厨子上前用金斗舀取饮料，趁机反转金斗猛击代王，杀死了他，代王的脑浆流了一地。赵襄子的姐姐听说了，就用磨尖的簪子自杀了。所以直到今日，代地还有一座磨笄山，天下人无不知晓。到了汉高祖时，陈豨以赵国相国的身份监管赵、代两地的边防军队，后起兵造反。刘邦亲自领兵来到邯郸，欣喜地说："陈豨不南下据守漳水，北边防守邯郸，我知道他不会有什么作为了。"等到陈豨兵败，刘邦说："代地在常山之北，赵国从常山之南统御代地，太远了。"于是立儿子刘恒为代王。赵王的凶狠暴戾、六亲不认，大王您看得很清楚，难道还认为赵国可以亲近吗？赵国曾起兵攻打燕国，两次围攻燕国的都城，劫持大王您，迫使大王您割让十座城池向赵国谢罪。如今赵王已经到渑池朝见秦王，献出了河间地区以事奉秦国。您如果不事奉秦国，秦国将出兵云中、九原，驱使赵国攻打燕国，那么易水、长城一带就不再归您所有了。如今您如果事奉秦国，秦王必定大喜，赵国便不敢轻举妄动。这样一来，您西边拥有强秦的支援，南面解除了齐国、赵国的侵害。所以，希望大王您仔细考虑这件事。"燕王听从了张仪的意见，张仪回国向秦王报告。燕王让太子丹到秦国做人质，秦国打算派张唐去燕国当相国，与燕国一同讨伐赵国，以扩张秦国在河间一带的地盘。张唐对吕不韦说："我曾经为昭王讨伐赵国，赵国非常怨恨我。如今到燕国去，一定得经过赵国，我没法前往。"吕不韦很不高兴，但又找不到理由强迫他去。吕不韦的舍人甘罗当时年仅十二岁，对吕不韦说："请让我说服他去燕国。"于是去见张唐，说："您的功劳与武安君白起相比，谁大？"张唐说："武安君在南面挫败了强大的楚国，在北面震慑了燕国、赵国，战必胜，攻必克，攻破夺取的城邑不可胜数。我的功劳比不上他。"甘罗说："应侯范雎在秦国当政，与文信侯吕不韦相比，谁的权力更大？"张唐说："应侯的权力没有文信侯大。"甘罗说："当年，应侯打算讨伐赵国，武安君表示反对，结果刚离开咸阳十里，就在杜邮被赐死了。如今文信侯亲自请您去燕国当相国，而您不肯去，我不知道您将死在什么地方。"张唐害怕地说："那就依着你这个小孩的意见，前往燕国。"张唐的行期已经定下了，甘罗又对吕不韦说："请您借给我五辆车，为张唐到赵国提前通报一声。"于是吕不韦派他出使赵国。甘罗到了赵国，对赵王说："大王您听说燕太子丹到秦国做人质了吗？"赵王说："听说了。"甘罗又问："您听说张唐要去燕国做国相了吗？"赵王说："听说了。"甘罗说："燕太子丹到秦国做人质，表明燕国不会欺骗秦国；张唐到燕国做国相，表明秦国不会欺骗燕国。燕国、秦国不互相欺骗，没有别的原因，就是为了攻打赵国，以扩大秦国在河间一带的地盘。大王您不如通过我送给秦国五座城邑，以扩大河间的地盘，我请秦王遣返燕太子，然后和强大的赵国一同攻打弱小的燕国。"赵王说："好。"立即割让了五座城邑给秦国。燕太子丹听到这个消息，逃回了燕国。赵国于是进攻燕国，夺取了二十座城邑，将其中的十座送给了秦国。

于是楚人李斯、梁人尉缭说于秦王曰[①]："秦自孝公已来，周室卑微，诸侯相兼，关东为六国，秦之乘胜侵诸侯，盖六代矣。今诸侯服秦，譬若郡县，其君臣俱恐。若或合纵而出不意，此乃智伯、夫差、愍王所以亡也。愿王无爱财，赂其豪臣，以乱其谋。秦不过亡三十万金，则诸侯可尽。"秦王从其计，阴遣谋士赍金玉以游诸侯。诸侯名士可与财者[②]，厚遗给之；不肯者，利剑刺之。离其君臣之计，乃使良将随其后，遂并诸侯。天下之士合纵相聚于赵[③]，而欲攻秦。应侯曰：

“王勿忧也，请令废之[4]。秦于天下之士非有怨也，相聚而攻秦者，以欲富贵耳。王见王之狗乎？数千百狗为群，卧者卧，起者起，行者行，止者止，无相与斗者。投之一骨，则轻起相牙[5]。何者？有争意也。今令载五千金随唐雎[6]，并载奇乐，居武安[7]，高会相饮，散不能三千金，天下之士相与斗也。”

【注释】

①于是楚人李斯、梁人尉缭说于秦王曰：以下至“遂并诸侯”，抄撮自《史记·李斯列传》与《秦始皇本纪》。秦王，指秦王嬴政。

②可与财者：《史记·李斯列传》作“可下以财者”，指可以用财货收买。译文从之。

③天下之士合纵相聚于赵：以下至“天下之士相与斗也”，出自《战国策·秦策三·天下之士合从相聚于赵》。

④请令废之：王念孙《读书杂志·战国策》：“‘令’当为‘今’字之误也。今，犹‘即’也，言请即废之也。又《齐策》‘齐举兵伐梁，梁王大恐，张仪曰：王勿患，请令罢齐兵’，‘令’亦当作‘今’，言请即罢齐兵也。……凡言‘请今’者，皆谓‘请即’也。”

⑤牙：咬。

⑥唐雎：人名。与上文所载为魏王游说秦王的唐雎并非一人。

⑦武安：战国赵邑。位于赵都邯郸西面，今河北武安西南。

【译文】

于是楚国人李斯、魏国人尉缭劝秦王说：“自秦孝公以来，周王室卑微衰弱，诸侯互相兼并，关东地区分为了六个大国，秦国乘胜侵扰关东诸侯，至今已经六代了。如今诸侯服从秦国，就好比秦国国内的郡县，各国的君臣都非常畏惧秦国。但我担心诸侯可能合纵结盟，出其不意地进攻秦国，这是智伯、吴王夫差、齐愍王之所以灭亡的原因。希望大王您不要吝惜钱财，用重金贿赂各国的重臣，以破坏他们的谋略。秦国不过花费三十万金，就能消灭各国诸侯。”秦王听从了他们的计策，暗中派遣谋士带着金银珠宝游说诸侯。诸侯各国的知名人士，可以用财货收买的，就赠送厚礼加以贿赂；无法收买的，就派刺客进行暗杀。离间各国君臣之间的关系，并随即派遣良将率军讨伐，于是兼并了各个诸侯。天下主张合纵的谋士都聚集在赵国，策划攻打秦国。应侯范雎对秦王说：“大王不必忧虑，请让我破坏他们的计划。秦国与那些谋士之间并没有什么积怨，他们聚集在一起策划进攻秦国，不过是为了追求富贵罢了。大王您见过您豢养的狗吗？成千上百条狗聚集成群，有的躺着，有的站着，有的行走，有的静止，彼此之间并不争斗。但如果扔给它们一根骨头，这些狗就会很轻易地相互撕咬起来。为什么呢？就是因为有了争夺的念头。如今请派唐雎带着五千金，并带上乐队前往武安，设宴酣饮，花费还不到三千金的时候，这些谋士们就会互相争斗起来了。”

秦既吞天下[①]，患周之败，以为弱见夺。于是姗笑三代[②]，荡灭古法，孔融曰：“古者，王畿之制千里[③]，寰内不以封诸侯[④]。”祭公曰[⑤]：“夫先王之制，邦内甸服[⑥]，邦外侯服[⑦]，侯、卫宾服[⑧]，夷蛮要服[⑨]，戎狄荒服[⑩]。甸服者祭[⑪]，侯服者祀[⑫]，宾服者享[⑬]，要服者贡[⑭]，荒服者王[⑮]。日祭、月祀、时享、岁贡、终王[⑯]，先王之训也。有不祭则修意[⑰]，有不祀则修言[⑱]，有不享则修文[⑲]，有不贡则修名[⑳]，有不王则修德[㉑]，序成而又不至则修刑[㉒]。于是有刑不祭，伐不祀，征不享，让不贡[㉓]，告不王[㉔]。于是有刑罚之辟[㉕]，有攻伐之兵，有征讨之备，有威让之命[㉖]，有文告之辞。而又不至[㉗]，则增修其德，无勤人于远。”此古制也。削去五等，改为郡县，自号为皇帝，而子弟为匹夫。内无骨肉本根之辅，外无尺土蕃翼之卫。吴、陈奋其白梃，白梃，木杖。刘、项随而毙之。故曰：“周过其历，秦不及其数[28]。”国势然也。荀悦曰：“古之建国[29]，或小或大者，监前之弊[30]，变而通之也。夏、殷之时，盖不过百里，故诸侯微而天子强，桀、纣得肆其虐害。纣脯邢侯而醢鬼侯，以文王之盛德不免于牖里。周承其弊，故建大国方五百里，所以崇宠诸侯而自损也。至其末流，诸侯强大，更相侵伐，而周室卑微，祸难用作[31]。秦承其弊，不能正其制以求其中，而遂废诸侯，改为郡县，以壹威权，以专天下。其意主以自为，非以为人也。故秦得擅海内之势，无所拘忌，肆行奢淫，暴虐于天下，然十四年而灭矣。故人主失道则天下遍破其害[32]，百姓一乱则鱼烂土崩[33]，莫之匡救。汉兴，承周、秦之弊，故杂而用之。然六王七国之难者[34]，诚失之于强大，非诸侯治国之咎。”

【注释】

①秦既吞天下：以下至“以为弱见夺”，出自《汉书·异姓诸侯王表》。

②于是姗笑三代：以下至“国势然也”，出自《汉书·诸侯王表》，有删节。姗笑，嘲笑，讥笑。

③王畿（jī）：古指王城周围千里的地域，是天子的直属领地。

④寰内：古谓帝京周围千里之内。

⑤祭（zhài）公曰：以下至“无勤人于远”，出自《国语·周语上》。祭公，名谋父，周公后代，当时在朝廷中担任卿士。因封于祭（今河南郑州东北），故称“祭公”。

⑥邦内：天子王畿千里之内。甸服：按照古制，指王畿之内距离王城五百里的区域。在周代“九服”制度中，指王畿之外方五百里至千里之间的地区。《国语·周语上》韦昭注：“甸，王田也。服，服其职业也。自商以前，并畿内为五服。武王克殷，周公致太平，因禹所弼除畿内，更制天下为九服。千里之内谓之王畿，王畿之外曰侯服，侯服之外曰甸服。今谋父谏穆王，称先王之制，犹以王畿

为甸服者,甸,古名。世俗所习也。”

⑦邦外:王畿千里之外。侯服:王畿之外五百里的地区。

⑧侯、卫:依照周代“九服”制度,在侯服与卫服之间,有侯、甸、男、采、卫五服,此处举侯、卫以包括五服。《周礼·夏官·职方氏》:“乃辨九服之邦国,方千里曰王畿,其外方五百里曰侯服,又其外方五百里曰甸服,又其外方五百里曰男服,又其外方五百里曰采服,又其外方五百里曰卫服,又其外方五百里曰蛮服,又其外方五百里曰夷服,又其外方五百里曰镇服,又其外方五百里曰藩服。”宾服:以宾客的身份服事天子。

⑨夷蛮要服:距离王城三千五百里为蛮服,四千里为夷服。要服,通过缔结友好关系而服事天子。《国语·周语上》韦昭注:“卫圻之外曰蛮圻,去王城三千五百里,九州之界也。夷圻去王城四千里。……要者,要结好信而服从也。”

⑩戎狄荒服:戎,指距离王城四千五百里的镇服。狄,指距离王城五千里的藩服。荒服,居于荒忽之地以服事天子。《国语·周语上》韦昭注:“戎、狄,去王城四千五百里至五千里也。四千五百里为镇圻,五千里为蕃圻。……与戎、狄同俗,故谓之荒,荒忽无常之言也。”

⑪甸服者祭:甸服者助天子日祭。

⑫侯服者祀:侯服者助天子月祀。

⑬宾服者享:宾服者每个季节到王城奉献祭品。

⑭要服者贡:要服者每年到京师进贡祭品。

⑮荒服者王:地处荒服的戎狄君主,在新君嗣位之初要入朝觐见天子,并以当地宝物作为进见礼。《国语·周语上》韦昭注:“王,王事天子也。周礼,九州之外谓之蕃国,世一见,各以其所贵宝为贽。”

⑯日祭:天子祭祀祖、考。月祀:天子每月祭祀曾祖和高祖。时享:天子每季祭祀远祖宗庙。《国语·周语上》韦昭注:“时享于二祧也。”祧,远祖庙。岁贡:天子每年在祭坛贡献祭品。《国语·周语

上》韦昭注:“岁贡于坛、墠也。”坛、墠,古代祭祀的场所,筑土曰坛,除地曰墠。终王:戎狄旧君死后,新君入朝觐见天子。

⑰修意:修正心志意念。谓内省自责。

⑱修言:统一号令。

⑲修文:采取措施加强文治,主要指修治典章制度,提倡礼乐教化等。

⑳修名:匡正名分。

㉑修德:修治文德。

㉒序成:上述五者已经按次序完成。修刑:执行刑罚。

㉓让:谴责,责备。

㉔告:以文辞告谕之。

㉕辟(pì):法,法度。

㉖威让:严厉谴责。

㉗而又不至:《国语·周语上》作“布令陈辞而又不至”,指“威让之令”与“文告之辞”发布后,要服与荒服的邦国仍然不履行义务。

㉘周过其历,秦不及其数:《汉书·诸侯王表》作“周过其历,秦不及期”,颜师古注:“应劭曰:‘武王克商,卜世三十,卜年七百,今乃三十六世,八百六十七岁,此谓过其历者也。秦以谥法少,恐后世相袭,自称“始皇”,子曰二世,欲以一迄万,今至子而亡,此之为不及期也。’”

㉙古之建国:以下至“非诸侯治国之咎”,出自荀悦《汉纪·孝惠皇帝纪》。建国,指天子封立诸侯王国。

㉚监:通“鉴”,借鉴。

㉛用:因而,因此。

㉜破:《汉纪·孝惠皇帝纪》作“被”,译文从之。

㉝鱼烂土崩:鱼内腐而烂,土不实而崩。比喻内部腐败,迅速崩溃,无可挽回。

㉞六王:指西汉初年谋反的六位异姓诸侯王。《文选·陆机〈五等

论〉》："六臣犯其弱纲，七子衢其漏网。"吕向注："六臣，谓燕王臧荼、韩王信、淮阴侯韩信、梁王彭越、淮南王黥布、燕王卢绾等，皆反。"七国：指汉景帝时吴、楚、赵、胶西、济南、淄川、胶东七个诸侯国。因于前145年同时发动武装叛乱，史称"七国之乱"。

【译文】

秦国吞并天下之后，担心自己会像周朝那样衰败，认为周朝是由于天子力量薄弱，所以遭到了诸侯的侵夺。于是嘲笑夏、商、周三代的做法，废除古代的法规，孔融说："古时候，直属于天子的王畿之地方圆千里，这一区域不分封诸侯。"祭公说："依照先王的制度，王畿之内的邦国为甸服，王畿之外的邦国为侯服，从侯服到卫服的邦国为宾服，蛮、夷邦国为要服，戎、狄邦国为荒服。甸服的邦国助天子日祭，侯服的邦国助天子月祀，宾服的邦国每季奉献祭品，要服的邦国每年入朝进贡，荒服的邦国新君继位时觐见天子。天子每日祭祀祖考，每月祭祀曾祖与高祖，每季祭祀远祖宗庙，每年在祭神的祭坛前贡献祭品，戎狄新君嗣位时应入朝觐见，这都是先王留下的训示。甸服的邦国如果不助日祭，天子就要内省自责；侯服的邦国如果不助月祀，天子就要统一号令；宾服的邦国如果不每季献享，天子就要加强文治；要服的邦国如果不每年进贡，天子就要匡正名分；荒服邦国的新君如果不入朝觐见，天子就要修治文德；如果以上事项都依次做到了，还有邦国不履行自己的义务，那么就要执行刑罚。于是要惩罚不助日祭者，攻伐不助月祀者，征讨不按时献享者，谴责不按时进贡者，告谕不入朝觐见的戎狄君主。于是有惩罚的刑法，有攻伐的军队，有征讨的武备，有谴责的教令，有告谕的文辞。教令与文辞发布之后，如果要服与荒服的邦国仍然不至，天子就要加倍修养德行，而不轻易劳民远征。"这是古代的制度。废除五等爵位之制，改立郡县之制，自己号称皇帝，而子弟却成为平民。在内没有骨肉亲族作为辅佐，在外没有诸侯藩国作为护卫。吴广、陈胜手持木棍起兵，白梃，指木棍。刘邦、项羽随即推翻了秦朝。所以说："周朝的寿命超过了它的历数，而秦朝的寿命没有达到预期的时长。"这是由国家的形势造成的。荀悦说："古时候封建诸侯，封地或小或大，这是吸取了前朝的教训，变通之后的结果。夏朝、商朝时，诸侯的封地方圆不超过百里，所以诸侯势力微弱而天子强大，夏桀、商纣得以肆无忌惮地残害天下。商纣王把邢侯做成肉干，把鬼侯剁成肉酱，就连以美德著称的周文王也不能幸免，被囚禁在牖里的监狱中。周朝承接衰世，借鉴了前朝的教训，所以分封大的诸侯国，土地方圆五百里，以此尊崇宠信诸侯而抑制天子的势力。到了周朝末年，诸侯强大，互相征伐，而周王室卑微，祸难因此不断发生。秦朝承接衰世，借鉴了前朝的教训，却不能修正这一制度以符合中正之道，而是彻底废除了分封制，改为郡县制，以此集中权威，专制天下。这一制度的用意，是为了让君主独掌大权，而没有为民众考虑。所以秦王得以独揽天下的大权，无所拘束顾忌，肆意过着奢侈淫逸的生活，肆虐于天下，然而仅仅过了十四年，秦朝就灭亡了。所以君主无道，其危害将遍及天下；百姓一乱，国家将迅速崩溃，无法挽回。汉朝兴起之后，总结了周、秦两代的教训，所以混杂施行了分封制与郡县制。然而汉代的六王反叛、七国之乱，是由于诸侯国力量过大造成的，并不是分封制本身的过失。”

汉兴之初[①]，海内新定，同姓寡少。惩亡秦孤立之败，于是割裂疆土，立爵二等，大者王，小者侯。功臣侯者百有余邑，尊王子弟大启九国[②]。国大者跨州兼郡，连城数十，可谓矫枉过正矣。然高祖创业，日不暇给。孝惠向国之日浅[③]。高后女主摄位，而海内晏然，无狂狡之忧[④]。卒折诸吕之难，成太宗之基者，亦赖之于诸侯也。夫原本以末大[⑤]，流滥以致溢。小者淫荒越法，大者睽孤横逆[⑥]，以害身丧国。故文帝采贾生之议，分齐、赵；贾谊曰：“欲天下之理安[⑦]，莫若众建诸侯而少其力。力少则易使义，国小则无邪心。令天下之制，若身之使臂，臂之使指。陛下割地定制，令齐、赵、楚各为若干国，使其子孙各受祖之分地，地尽而止。天子无所利焉。”又上疏曰：“陛下即不定制[⑧]，如今之势，不过一传再传，诸侯犹且人恣而不制[⑨]，豪植而大强[⑩]，汉法不得行矣。陛下所以为藩扞及皇太子之所恃者[⑪]，唯淮阳、代二国耳[12]。代北边匈奴，与强敌为邻，能自完则足矣。而淮阳之比大诸侯，廑如黑子之着面[13]，适足以饵大国[14]，不足以有所禁御。方今之制在陛下，而令子适足以为饵，岂可谓万代利哉？臣之愚计，愿举淮南地以益淮阳，而为梁王立后[15]，割淮阳北边二三列城与东郡以益梁[16]；不可者，可徙代王而都睢阳[17]。梁起于新郪以北着之河[18]，淮阳包陈以南揵之江[19]，则大诸侯之有异心者破胆而不敢谋。梁足以扞齐、赵，淮阳足以禁吴、楚，陛下高枕，终无山东之忧，此万世之利也[20]。臣闻圣王言问其臣，而不自造事，故使人臣得毕其愚忠。唯陛下财幸[21]。”文帝于是从谊计，乃徙淮阳王武为梁王，界北泰山，西至高阳[22]，德大县四十余城[23]。徙城阳王喜为淮南王[24]，抚其人。后七国反，不得过梁地，贾生之计也。**景帝用晁错之计，削吴、楚；**晁错说上曰[25]：“昔高帝初定天下，昆弟少，诸子弱，大封同姓，故孽子悼惠王王齐七十二城[26]，庶弟元王王楚四十城[27]，兄子王吴五十余城[28]。封三庶孽分天下半[29]。今吴王前有太子之隙[30]，虽称病不朝[31]，于古法当诛。文帝不忍，因赐机杖[32]，德至厚也。不改过自新，乃益骄恣，公即山铸钱，煮海为盐[33]，诱天下亡人，谋作乱逆。今削之亦反，不削亦反。削之反亟，祸小；不削反迟，祸大。”于是汉臣庭议削吴[34]，吴乃削矣。**武帝施主父之策，推恩之令。**主父偃说上曰[35]：“古者诸侯地不过百里，强弱之形易制[36]。今诸侯或连城数十，地方千里，缓则骄奢，易为淫乱，急则阻其强而合纵以逆京师[37]。今以法割削，则逆节萌起，前日晁错是也[38]。今诸侯子弟或十数，而嫡嗣代立[39]，余虽骨肉，毋尺地封，则人孝之道不宣[40]。愿陛下令诸侯得推恩分子弟，以地侯之。彼人人喜得所愿，上以得施[41]，实分其国，必消自弱矣[42]。”上从其计也。**景遭七国之难，抑诸侯，减黜其官。武有**

淮南、衡山之谋[43]，作左官之律[44]，仕于诸侯王为左官。设附益之法[45]，封诸侯过限曰附益。诸侯唯得衣食租税[46]，不与政事。至于哀、平之际，皆继体苗裔，亲属疏远。生于帷墙之中[47]，不为士民所尊，割削宗子[48]，有名无实，天下旷然[49]，复袭亡秦之轨矣。故王莽知汉中外殚微[50]，本末俱弱，无所忌惮，生其奸心。因母后之权，假伊、周之称，专作威福庙堂之上，不降阶序而运天下[51]。诈谋既成，遂据南面之尊，分遣五威之吏驰传天下，班行符命[52]。汉诸侯王蹶角稽首[53]，奉上玺绂，唯恐居后。岂不哀哉！

【注释】

①汉兴之初：以下至"岂不哀哉"，出自《汉书·诸侯王表》，有删节。

②九国：指汉初分封的九个同姓诸侯国，即燕、代、齐、赵、梁、楚、荆、吴、淮南。

③向：通"享"。

④狂狡：指叛乱者。

⑤原本以末大：《汉书·诸侯王表》作"诸侯原本以大末"。本句文义不明，似指汉初诸侯的情况，好比树干上长出了过大的枝条，犹言"末大必折"。

⑥睽（kuí）孤：乖戾。横逆：横暴无理。

⑦欲天下之理安：以下至"抚其人"，出自《汉书·贾谊传》，有删节，文字有所不同。理安，政治修明安定。

⑧即：连词，假若。

⑨犹且：均将。

⑩豪植：谓豪门私自培植势力。

⑪藩扞：守御，保卫。

⑫淮阳、代二国:淮阳王刘武与代王刘参,均为汉文帝之子。《汉书·贾谊传》:"初,文帝以代王入即位,后分代为两国,立皇子武为代王,参为太原王,小子胜则梁王矣。后又徙代王武为淮阳王,而太原王参为代王,尽得故地。"

⑬廑(jǐn):通"仅"。黑子:黑痣。

⑭饵:谓给人吃。

⑮为梁王立后:汉文帝幼子刘胜被封为梁王,坠马而死,没有留下子嗣。

⑯东郡:郡名。秦王政五年(前242)置,西汉辖境包括今河南东北部和山东西部部分地区,治濮阳(今属河南)。当时属于梁国。

⑰睢阳:县名。今河南商丘南。西汉时期梁国的都城。

⑱新郪(qī):古县名。西汉置,在今安徽太和北。着:接触,相连。

⑲陈:县名。今河南淮阳。捷:接续,相连。

⑳万世之利:《汉书·贾谊传》作"二世之利"。

㉑财幸:旧时对尊长的敬辞,谓以裁取为幸。财,通"裁"。

㉒高阳:乡邑名。在今河南杞县西南。

㉓德:通"得",得到。

㉔城阳王喜:刘喜,西汉宗室,齐悼惠王刘肥之孙。

㉕晁错说上曰:以下至"吴乃削矣",出自《史记·吴王濞列传》。上,指汉景帝。

㉖孽子:庶子。悼惠王:指刘肥,刘邦庶长子。高祖六年(前201),被封为齐王。

㉗庶弟:庶出之弟。元王:指刘交,刘邦异母弟。高祖六年(前201)楚王韩信被废后,刘交被封为楚王。

㉘兄子:指刘濞,刘邦兄长刘喜之子,高祖十一年(前196),被封为吴王。

㉙三庶孽:指刘肥、刘交、刘濞,三人皆非天子嫡子或同胞兄弟。

㉚吴王前有太子之隙:汉文帝时吴世子入朝,被时为太子的景帝所

杀。《史记·吴王濞列传》:"孝文时,吴太子入见,得侍皇太子饮博。吴太子师傅皆楚人,轻悍,又素骄,博,争道,不恭,皇太子引博局提吴太子,杀之。于是遣其丧归葬。至吴,吴王愠曰:'天下同宗,死长安即葬长安,何必来葬为!'复遣丧之长安葬。吴王由此稍失藩臣之礼,称病不朝。"

㉛虽称病不朝:《史记·吴王濞列传》作"诈称病不朝",译文从之。

㉜机杖:几案与手杖。老年人平时以几靠身,以杖扶持。机,通"几"。

㉝即山铸钱,煮海为盐:《史记·吴王濞列传》:"吴有豫章郡铜山,濞则招致天下亡命者盗铸钱,煮海水为盐,以故无赋,国用富饶。"

㉞庭议:议事于朝廷。

㉟主父偃说上曰:以下至"上从其计也",出自《史记·平津侯主父列传》。主父偃,齐国临淄(今山东淄博临淄区东北)人。初学纵横术,后学《易》《春秋》百家之言。汉武帝元光时,至长安上书言事。主张削弱诸侯王势力,又建议置朔方郡以抗击匈奴,均为武帝采纳,拜郎中,一岁四迁为中大夫。元朔二年(前127)出任齐王相。后因事被族诛。上,指汉武帝。

㊱强弱:指力量大小的程度。

㊲阻:倚仗,凭借。

㊳晁错:颍川(治今河南禹州)人。因力主削弱诸侯的势力,引发七国之乱。汉景帝迫于压力将晁错腰斩。事迹见《史记·袁盎晁错列传》。

㊴嫡嗣:嫡子。代立:亦作"代位",继立为君。立,通"位"。

㊵人孝:《史记·平津侯主父列传》作"仁孝"。

㊶得施:《史记·平津侯主父列传》作"德施",广施恩德。

㊷必消自弱:《史记·平津侯主父列传》作"不削而稍弱",译文从之。

㊸淮南、衡山之谋:指元狩元年(前122)淮南王刘安、衡山王刘赐

的谋反事件。事见《史记·淮南衡山列传》。

㊹左官:诸侯之官。汉武帝规定,仕于诸侯王的官员,地位卑于朝廷官员。《汉书·诸侯王表》颜师古注:"左官犹言左道也。皆僻左不正,应说是也。……汉时依上古法,朝廷之列以右为尊,故谓降秩为左迁,仕诸侯为左官也。"

㊺附益:指阿附诸侯王。《汉书·诸侯王表》颜师古注:"张晏曰:'律郑氏说,封诸侯过限曰附益。或曰阿媚王侯,有重法也。'师古曰:'附益者,盖取孔子云"求也为之聚敛而附益之"之义也,皆背正法而厚于私家也。'"

㊻衣食:穿衣与饮食。谓赖以为生。

㊼帷墙:障隔内外的帷幔,如墙,故称。借指深宫内院。

㊽割削宗子:以下至"复袭亡秦之轨矣",出自陆机《六代论》。

㊾旷然:虚空貌。指没有可拱卫天子的诸侯存在。

㊿殚(dān)微:衰竭孱弱。

51不降阶序:犹言足不出户。阶序,台阶与中堂两侧的厢屋。借指殿堂。

52分遣五威之吏驰传天下,班行符命:王莽始建国元年(9),派遣五威将王奇等十二人颁《符命》四十二篇于天下。驰传,驾驭驿站车马疾行。符命,上天预示帝王受命的符兆。

53蹶角:额角叩地。稽(qǐ)首:古时一种跪拜礼,叩头至地,是九拜中最恭敬者。

【译文】

汉朝建立初期,天下刚刚安定,同姓亲族很少。汉朝吸取了秦朝由于孤立无援导致失败的教训,于是割裂疆土,设立了二等爵位,大者为王,小者为侯。受封为侯、获得食邑的功臣有一百多位,分封同姓子弟为王,建立了九个诸侯国。其中大的诸侯国跨州连郡,拥有数十座相连的城邑,可以说是矫枉过正了。但汉高祖创立基业,日理万机没有空闲。汉惠帝在位时间很短。吕后以太后的身份临朝摄政，而天下安然无事，没有叛乱的忧患。最终平定诸吕之乱，成就汉文帝基业的，依然有赖于诸侯的力量。汉初诸侯的状况，好比树干长出了过大的末梢，支流泛滥以致河水满溢。诸侯们轻则荒淫无耻不遵法度，重则乖戾而横暴无理，以至于危害自身，丧失封国。所以汉文帝采纳了贾谊的建议，拆分齐国、赵国；贾谊说："想要天下太平安宁，最好的办法是多分封诸侯，而削弱单个诸侯的势力。势力小，就容易让他们遵守道义；封地小，就不会产生野心。让天下的形势，如同身体指挥胳膊，胳膊指挥手指。请陛下您分割诸侯的封地，确定制度，将齐国、赵国、楚国各分割为若干小国，让他们的子孙都能继承祖先的一份封地，直到分完为止。天子不拿走诸侯的一寸领地。"又上疏说："陛下您如果不定立制度，就目前的形势来看，不过一代两代之后，诸侯均将放纵而不受节制，私自培植势力，过于强大，从而使汉朝的法令无法推行。陛下作为藩屏，以及皇太子所倚仗的，只有淮阳、代两个诸侯国。代国北邻匈奴，与强敌为邻，能够保全自己就不错了。而淮阳国与大诸侯国相比，仅如一粒黑痣附在脸颊上，只够成为大诸侯国口中的食物，不足以禁止防御其他诸侯的逆谋。如今定立制度的大权掌握在您手中，而让自己儿子的封国成为他人的口中之物，怎么能说是长久之计呢？我的主意是，将淮南的部分辖地划归淮阳国，并为梁王选立继承人，将淮阳国北面的两三个县划归东郡，以增加梁国的地盘；如果不行，可以让代王迁都睢阳。梁国南起新郪，北至黄河；淮阳国包括陈县，南接长江；这样一来，那些怀有野心的大诸侯国，必然丧胆而不敢有所图谋。梁国足以抵御齐国、赵国，淮阳国足以抵御吴国、楚国，陛下可以高枕而卧，永远无须为山东诸侯担忧了，这是千秋万代之利。我听说圣明的君主遇事咨询臣下，而不自作主张，所以使臣下能够尽献愚忠。希望陛下加以采纳。"于是汉文帝采纳了贾谊的计策，迁淮阳王刘武为梁王，封地北接泰山，西到高阳，拥有四十多个大县。迁城阳王刘喜为淮南王，镇抚那里的百姓。之后七国之乱爆发，叛军无法通过梁国，这正是由于贾谊的计策。汉景帝采纳了晁错的计策，削夺吴、楚两国的封地；晁错劝汉景帝说："从前，高祖刚刚平定天下的时候，兄弟少，诸子年幼，因此大封同姓之人，所以高祖的庶子悼惠王刘肥被封为齐王，统辖七十二座城邑；庶出的弟弟刘交被封为楚王，统辖四十座城邑；侄子刘濞被封为吴王，统辖五十多座城邑。分封这三个人，就分去了天下的一半。如今，吴王由于前有世子被杀之事与朝廷有了嫌隙，假托生病不来朝见，按照古代的律法应该处死。汉文帝不忍心惩治他，反而赐给他几案与手杖，这是多么深厚的恩德。吴王不改过自新，反而更加骄横放肆，公然开采铜矿铸钱，煮海水制盐，引诱招纳天下的亡命之徒，谋划造反。如今削减他的封地，他会造反；不削减他的封地，他也会造反。削减封地，反得快，灾祸小；不削减封地，反得晚，灾祸反而更大。"于是大臣们在朝廷上商议削减吴国的封地，吴国的封地因此被削减。**汉武帝施行了主父偃的策略，颁布了推恩令。**主父偃劝汉武帝说："古时候，诸侯的土地方圆不超过百里，就强弱形势而言，易于被朝廷控制。如今有的诸侯拥有数十座相连的城邑，土地方圆上千里，天下形势宽缓时，容易骄奢淫逸，天下形势紧迫时，则倚仗其强大，联合起来反叛朝廷。现在如果依照法令削减他们的领土，他们就会萌生反叛之心，此前晁错之事就是前车之鉴。如今诸侯们往往有十几个子弟，而只有嫡子可以继位为君，其余的子弟虽然同样是骨肉至亲，却得不到任何封地，这样一来，仁义孝悌之道就不能发扬光大了。希望陛下下令，让诸侯可以推广恩德，把自己的封地分给众多子弟，封他们为侯。如此一来，这些诸侯子弟人人喜得所愿，陛下不仅广施恩德，而且在实际上分割了诸侯的国土，不必削地，诸侯的势力自然日渐减弱。"汉武帝听从了主父偃的建议。**汉景帝遭遇了七国之乱，于是进一步抑制诸侯，削减诸侯国官员的规模。汉武帝时，淮南王、衡山王图谋造反，于是朝廷制定了左官之律，**在诸侯国出仕的官员，被称为"左官"。**设立了附益之法，**分封诸侯超过限度，叫作"附益"。**诸侯只能收取封地的租税以供衣食，不能参与政事。到了汉哀帝、汉平帝时期，诸侯王都是始封国君的后裔，与天子的亲属关系非常疏远。他们生于深宫内院之中，不被封国内的士人与百姓所尊重，**削夺诸侯的权力，使其有名无实，天下空虚，重蹈了亡秦的覆辙。**因此王莽知道汉室的朝廷内外都已衰微，中央与诸侯都很孱弱，于是便无所顾忌，萌生了作恶之心。他凭借着太后的权威，假托伊尹、周公的名号，在庙堂之上作威作福，足不出户就运转天下。等到奸诈的谋划成功之后，王莽遂窃据了天子的尊位，分道派遣五威将帅，乘着传车驰行**

天下，颁布符命。汉朝的诸侯王们向他叩头跪拜，献上印绶，唯恐落在后面。这岂不是很哀痛！

及莽败，天下云扰[①]。隗嚣拥众天水[②]，班彪避难从之[③]。嚣问彪曰："往者周失其驭，战国并争，天下分裂，数世乃定。意者[④]，纵横之事复起于今乎？将承运迭兴在于一人也[⑤]？愿先生试论之。"对曰："周之废兴，与汉异矣。昔周爵五等，诸侯从政，根本既微，枝叶强大，故其末流有纵横之事，势数然也。汉承秦制，改立郡县，主有专己之威[⑥]，臣无百年之柄。至于成帝，假借外家[⑦]，哀、平祚短，国嗣三绝，故王氏擅朝，因窃号位。危自上起，伤不及下，是以即真之后[⑧]，天下莫不引领而叹[⑨]。十余年间，中外骚动，远近俱发。假号云合，咸称刘氏，不谋同辞。方今雄桀带州跨城者，皆无七国世业之资，而百姓讴吟，思仰汉德，可以知之。"光武中兴[⑩]，纂隆皇统[⑪]，而犹遵覆车之遗辙，养丧家之宿疾，仅及数世，奸宄充斥[⑫]，卒有强臣专朝则天下风靡[⑬]，一夫纵横则城池自夷[⑭]，岂不危哉！

【注释】

①云扰：像云一样的纷乱。比喻动荡不安。

②隗（wěi）嚣拥众天水：以下至"可以知之"，出自《汉书·叙传》。

③班彪：字叔皮，扶风安陵（今陕西咸阳东北）人。班固之父，东汉著名史学家、文学家。

④意者：表示测度，大概，或许，恐怕。

⑤承运：承受天命。迭兴：交替兴起，相继兴起。

⑥专己：独断专行。

⑦假借：宽假，宽容。外家：外戚。

⑧即真：谓由摄政或监国而正式即皇帝位。

⑨引领：伸颈远望。

⑩光武中兴：以下至“岂不危哉”，出自陆机《五等论》。

⑪纂隆：犹言继承大业。皇统：世代相传的帝系。

⑫奸宄（guǐ）：指犯法作乱的人。

⑬强臣：《文选·陆机〈五等论〉》李善注：“强臣，谓梁冀之属也。”

⑭一夫：《文选·陆机〈五等论〉》李善注：“谓董卓也。”

【译文】

到了王莽败亡后，天下动荡不安。隗嚣占据天水拥兵自重，班彪为了躲避战乱，前去追随他。隗嚣问班彪说：“从前，周朝失去了驾驭天下的能力，战国纷争，天下分裂，经过数代人才安定下来。或许，战国时期合纵连横的纷争局面，如今又要重演了吗？还是将出现承受天命、建立新朝的人呢？希望您谈谈这件事。”班彪回答说：“周朝的兴起与灭亡，与汉朝的情况不同。从前，周朝设立了五等爵位，诸侯各自为政，譬如树木，根干衰微，而枝叶过于茂盛，所以到了周朝末年，出现了诸侯合纵连横的局面，这是由形势所决定的。汉代继承了秦朝的制度，将分封制改为郡县制，君主有独断专行的权威，臣下没有终身的权柄。到了汉成帝时，对于外戚过于宽容，汉哀帝、汉平帝在位时间很短，皇位三次没有继承人，所以王氏得以专擅朝政，于是窃取帝位。危机自上而起，没有伤害到地方，所以王莽正式称帝之后，天下人莫不延颈叹息。十余年间，朝野骚动，各地义军纷纷起兵。他们自立名号，云集响应，不约而同地打着刘氏的名号。如今那些割据一方的英雄豪杰，都没有战国七雄那样世代相传的基业，而百姓们歌咏吟唱，都在怀念汉朝的德政，由此可知天下的形势。”光武帝中兴汉朝，继承大业和世代相传的帝系，却仍然重蹈了西汉的覆辙，蓄养了足以覆灭邦家的旧病，仅仅数代之后，朝廷中奸人充斥，最终出现专擅朝政的权臣，则天下纷纷顺从；出现恣意横行的作乱之人，则城池纷纷陷落，难道不是很危险吗！

在周之衰①，难兴王室也，放命者七臣②，干位者三子③。

嗣王委其九鼎[4]，凶族据其天邑[5]。钲鼙震于阃宇[6]，锋镝流于绛阙[7]。然祸止畿甸[8]，害不覃及[9]。天下晏然，以治待乱，是以宣王兴于共和[10]，襄、惠振于晋、郑[11]。岂若二汉，阶闼暂扰而四海已沸[12]，孽臣朝入而九服夕乱哉[13]！远惟王莽篡逆之事，近览董卓擅权之际，亿兆悼心[14]，愚智同痛，岂世乏曩时之臣[15]，士无匡合之志欤？盖远绩屈于时异[16]，雄心挫于卑势耳。陆机曰："或以诸侯世位[17]，不必常全，昏主暴君，有时比迹[18]，故五等所以多乱也。今之牧守[19]，皆官方庸能[20]，虽或失之，其得固多，故郡县易以为治也。夫德之休明，黜陟日用[21]，长率连属[22]，咸述其职[23]，而淫昏之君无所容过，何则其不治哉！故先代有以之兴矣。苟或衰陵[24]，百度自悖[25]，鬻官之吏[26]，以货准才[27]，则贪残之萌，皆群后也[28]，安在其不乱哉！故后王有以之废矣。且要而言之，五等之君为己思治[29]，郡县之长为利图物[30]。何以征之[31]？盖企及进取[32]，仕子之常志；修己安民，良士所希及。夫进取之情锐，而安民之誉迟，是故侵百姓以利己者，在位所不惮；损实事以养名者，官长所夙夜也[33]。君无卒岁之图[34]，臣挟一时之志。五等则不然，知国为己土，众皆我民，民安己受其利，国伤家婴其病[35]。故上制人欲以垂后[36]，后嗣思其堂构[37]。为上无苟且之心，群下思胶固之义[38]。使其并贤居治，则功有厚薄[39]；两愚处乱，则过有深浅[40]。然则探八代之制[41]，几可以一理贯[42]；秦、汉之典，殆可以一言弊也[43]。"

【注释】

①在周之衰：以下至"雄心挫于卑势耳"，出自陆机《五等论》。

②放命：逆命，违命。七臣：《文选·陆机〈五等论〉》李善注："芳

国、边伯、詹父、子禽祝跪及颓叔、桃子、宾起也。”七人皆周大夫。苏国、边伯、詹父、子禽祝跪参与了周惠王时的王子颓之乱。《左传·庄公十九年》:“初,王姚嬖于庄王,生子颓,子颓有宠,苏国为之师。及惠王即位,取苏国之圃以为囿。边伯之宫近于王宫,王取之。王夺子禽祝跪与詹父田,而收膳夫之秩。故苏国、边伯、石速、詹父、子禽祝跪作乱,因苏氏。秋,五大夫奉子颓以伐王,不克,出奔温。苏子奉子颓以奔卫,卫师、燕师伐周。冬,立子颓。”颓叔、桃子参与了周襄王时的王子带之乱。《左传·僖公二十四年》:“秋,颓叔、桃子奉大叔以狄师伐周,大败周师,获周公忌父、原伯、毛伯、富辰。王出适郑,处于氾。”大叔,即王子带。宾起参与了周景王时的王子朝之乱。《春秋左传·昭公二十二年》:“王子朝、宾起有宠于景王。……丁巳,葬景王。王子朝因旧官百工之丧职秩者,与灵、景之族以作乱。”

③干位:僭位。三子:《文选·陆机〈五等论〉》李善注:“子颓、叔带、子朝。”子颓,周庄王庶子,周惠王叔父。周惠王二年(前675),王子颓联合苏国等五位大夫发动叛乱,驱逐周惠王,自立为天子。后郑、虢二国联军攻进周朝都城,杀死王子颓和五大夫,周惠王复位。叔带,即王子带,周惠王之子,周襄王异母弟。因食邑于甘,又称“甘昭公”。周襄王三年(前649),他招引戎人侵犯京师,为秦、晋之师所败,惧诛奔齐。十四年(前638),被周襄王召回。但不久后,他又与周襄王的狄后隗氏私通,周襄王废狄后。叔带借机引导狄人伐周,驱逐了周襄王。后晋文公出兵帮助周襄王重返周都,杀死王子带。子朝,周景王庶子,周悼王之兄。周景王死后,周贵族单氏、刘氏拥立嫡出的王子猛即位,是为悼王。王子朝依靠旧官、百工与灵王、景王之族发动叛乱,驱逐了周悼王。

④嗣王:继位的君主。此处指周惠王、襄王、悼王。九鼎:象征国家政权。

⑤凶族：指“三子”，即子颓、叔带、子朝。天邑：谓帝王之都。指京都。

⑥钲（zhēng）鼙（pí）：指钲和鼓。古代行军或歌舞时用以指挥进退、动静的两种乐器。阃（kǔn）宇：指京城之内。

⑦锋镝（dí）：刀刃和箭镞。借指兵器。绛阙（què）：宫殿寺观前的朱色门阙。借指朝廷。

⑧畿甸：京都地区。

⑨覃（tán）及：蔓延。

⑩宣王：名静，周厉王之子，西周天子。在位期间，国势一度强盛，号称“中兴”。共和：西周从厉王失政，至宣王执政，中间十四年，号共和。《史记·周本纪》：“三年，乃相与畔，袭厉王。厉王出奔于彘。……召公、周公二相行政，号曰‘共和’。共和十四年，厉王死于彘。太子静长于召公家，二相乃共立之为王，是为宣王。宣王即位，二相辅之，修政，法文、武、成、康之遗风，诸侯复宗周。”

⑪襄、惠振于晋、郑：指郑、虢二国扶持周惠王复位，晋文公扶持周襄王复位。

⑫阶闼（tà）：陛阶和宫门。借指宫闱。

⑬孽臣：叛臣。九服：指全国各地区。

⑭亿兆：指庶民百姓，犹言众庶万民。

⑮曩（nǎng）时：昔时。

⑯远绩：远大的功绩。

⑰或以诸侯世位：以下至“殆可以一言弊也”，出自陆机《五等论》。世位，谓爵位世代相传。

⑱比迹：齐步，一个接着一个。

⑲牧守：州郡的长官。州官称“牧”，郡官称“守”。

⑳官方：设官府，立常官。庸能：任用有才干的人。《文选·陆机〈五等论〉》刘良注：“庸，用也。”

㉑德之休明，黜陟日用：《文选·陆机〈五等论〉》刘良注：“言天子有

休明之德,能申黜陟之理,日用于时也。”休明,美善光明。黜陟,指人才的进退,官吏的升降。

㉒长率连属:指古代一方诸侯之长。《文选·陆机〈五等论〉》李善注:“《礼记》曰:千里之外,设方伯五国以为属。属有长,十国以为连,连有帅。”

㉓咸述其职:指诸侯向天子述职。《文选·陆机〈五等论〉》李善注:“《尚书大传》曰:古者诸侯之于天子,五年一朝,谓之述职。述其职者,述其所职也。”

㉔苟或:假如,如果。衰陵:衰败陵夷。

㉕百度:百事,各种制度。

㉖鬻(yù):卖。

㉗准:衡量。

㉘贪残之萌,皆群后也:指那些贪残富裕的百姓,势力宛如从前的诸侯。《文选·陆机〈五等论〉》张铣注:“氓谓百姓,言百姓贪残富盛,皆如群后诸侯也。后,君也。”萌,通“氓”,百姓。群后,诸侯。

㉙为己思治:《文选·陆机〈五等论〉》李善注:“民安己受其利,故曰为己。”

㉚为利图物:《文选·陆机〈五等论〉》李周翰注:“谓其知不久居官,故为利而图于百姓之财。”

㉛征:证明。

㉜企及进取:指羡慕高官厚禄并进而取之。《文选·陆机〈五等论〉》吕向注:“企,羡也。言羡及厚禄,进而取之,乃常志也。”

㉝夙夜:谓日夜从事。

㉞卒岁:终年,整年。

㉟婴:遭受。

㊱上制人欲以垂后:陆机《五等论》作“前人欲以垂后”,译文从之。

㊲堂构:语出《尚书·大诰》:“若考作室,既底法,厥子乃弗肯堂,矧

肯构。”伪孔传：“以作室喻治政也。父已致法，子乃不肯为堂基，况肯构立屋乎？”意谓父亲要盖房子，并已确定房子的盖法，而儿子却不肯去筑堂基，盖房子。后以“堂构”比喻继承祖先的遗业。

㊳胶固：巩固团结。

㊴使其并贤居治，则功有厚薄：《文选·陆机〈五等论〉》李善注：“言八代同建五等，而废兴殊迹者，譬并贤居治，而功有优劣也。”

㊵两愚处乱，则过有深浅：《文选·陆机〈五等论〉》李善注：“言秦汉同立郡县而修短异期者，譬两愚居乱，而过有轻重也。”

㊶八代：《文选·陆机〈五等论〉》李善注：“谓五帝、三王也。”

㊷一理：《文选·陆机〈五等论〉》刘良注：“谓合典则也。”贯：贯穿，统贯。《论语·里仁》：“子曰：‘参乎！吾道一以贯之。’”

㊸弊：通“蔽”，概括。《论语·为政》：“子曰：‘《诗》三百，一言以蔽之，曰：思无邪。’”

【译文】

周代衰微时，祸难兴起于王室内部，违抗王命的有七个大臣，谋取天子之位的有三个王子。继位的君主丧失了国家政权，叛逆之徒占据了京城。钲鼓之声在京城内震响，锋刃箭矢在绛色的宫阙前横飞。然而战祸只发生于京城地区，并没到处蔓延。天下安宁无事，用治理来对付混乱，所以周宣王在共和后开启中兴，周襄王、周惠王在晋国、郑国的帮助下复位。哪里像西汉、东汉那样，宫廷内暂时发生变故，天下便已乱如鼎沸；叛逆之臣早晨进入宫内，各地在傍晚就陷于混乱！远思王莽篡逆之事，近观董卓专权之时，众庶万民无不伤心，愚者智者同感悲痛，难道是世上缺少昔时的忠臣，士人们都没有匡正天下的志向吗？乃是由于建立功绩的远大志向限于时势不同而无法施展，匡正天下的雄心壮志由于地位卑弱而遭受挫折。陆机说：“有人认为，诸侯的爵位世代相传，未必能长久保全；昏庸暴虐的君主，有时接连出现；所以分封制常常导致混乱。而现在的州牧郡守，都是遵循制度选拔的有才能的人，即使有的时候选用不当，但称职的毕竟占据多数，所以郡县制容易使天下得到治理。如果天子有着光明的德行，能够及时地进贤退愚；诸侯之长，都按时地向天子述职，那么淫乱昏庸的诸侯便无法隐藏其过失，天下怎么会治理不好呢！所以有些前代帝王，凭着分封制而兴盛起来。如果到了后代衰败之时，百事悖乱，那些卖官鬻爵的官吏，以钱财的多寡作为衡量才能的标准，那些贪婪凶残的百姓，势力宛如从前的诸侯，天下怎么能不发生变乱呢！所以有些后代帝王，采用了郡县制却最终败亡。况且，扼要而言，各级诸侯的君主，为了自己考虑希望把国家治理好；郡县的长官，为了私利而图谋百姓的财物。怎么证明这一点？羡慕高官厚禄并进而取之，是仕宦之人常有的志向；修养自己以安定人民，是贤明之士都很少做到的。取得高官厚禄的心情十分迫切，而安定民众的名誉来得迟缓，所以掠夺百姓使自己获利，官员们毫无顾忌；损害实事而取得虚名，官员们夙夜追求。君主没有长久一些的安排，臣子怀着暂时的打算。分封制则不然，诸侯们知道国家是自己的领土，百姓都是自己的臣民，民众安定则自己获利，国家受到伤害，自己的家族也要遭受祸患。所以前人想把基业传给后代，后人想着继承祖先的遗业。居上位的诸侯没有得过且过的想法，居下位的臣子明白团结一致的道理。实施分封制，好比让贤明之人治理天下，功绩有大小的不同；实施郡县制，好比让愚蠢之人处于乱世，过失有深浅的差异。那么五帝三王所施行的分封制，符合同样的典则；秦、汉所施行的封建制，大概可以用一句话进行概括。”

魏太祖武皇帝躬圣明之姿[①]，兼神武之略，龙飞谯沛，凤翔兖豫[②]。观五代之存亡[③]，而不用其长策；睹前车之倾覆，而不改其辙迹。子弟王空虚之地，君有不使之人[④]，权均匹夫，势齐凡庶。内无深根不拔之固，外无磐石宗盟之助[⑤]，非所以安社稷、为万世之业也。且今之州牧郡守，古之方伯诸侯[⑥]，皆跨有千里之土，兼军武之任。或比国数人，或兄弟并据，而宗室子弟曾无一人间厕其间[⑦]，与相维持，非所以强干弱枝[⑧]，备万一之虑也。时不用其计，后遂凌夷[⑨]。

【注释】

①魏太祖武皇帝躬圣明之姿:以下至“备万一之虑也”,出自曹冏《六代论》,有删节。魏太祖武皇帝,即曹操。躬,本身具有。

②龙飞谯沛,凤翔兖豫:《文选·曹冏〈六代论〉》李善注:“《魏志》曰:太祖武皇帝,沛国谯人,为兖州牧,后太祖迁都于许,许属豫州。”

③五代:指夏、商、周、秦、汉。

④子弟王空虚之地,君有不使之人:《文选·曹冏〈六代论〉》刘良注:“空虚,谓有其封名,实无其地也。不使之民,谓不使其理人也。”

⑤宗盟:同宗,同姓。

⑥方伯:殷周时一方诸侯之长。

⑦间厕:参与,并列。

⑧强干弱枝:加强本干,削弱枝叶。喻加强中央的力量,削弱地方的势力。

⑨凌夷:衰弱,衰败。

【译文】

魏太祖武皇帝,本身具有圣明的天资,兼备神武的韬略,诞生于沛国谯县,发迹于兖州、豫州。他纵观夏、商、周、秦、汉五代的存亡,却没有汲取其成功的良策;看到了前车的倾覆,却不改其失败的覆辙。子弟封王,却没有实际的封地,没有可统御的民众,权力与平民相同,势力与百姓相等。朝廷之内,没有根深蒂固、不可动摇的稳固力量;朝廷之外,没有坚如磐石的同姓诸侯的辅助,这不是安定社稷、千秋万代传承基业的办法。况且今日的州牧郡守,好比古代的大小诸侯,都管理着方圆千里的土地,并兼有军事职务。有些相邻的郡国,出了好几位州郡长官;有些兄弟,都成为州牧郡守,而宗室子弟,竟然没有一个人厕身其间,与其相互维持牵制,这不是加强本干,削弱枝叶,以备万一的恰当方法。当时没有采纳这一方略,遂导致了曹魏的衰亡。

此周、秦、汉、魏立国之势，是以究其始终强弱之势，明鉴戒焉。荀悦曰："其后遂皆郡县治人[①]，而绝诸侯[②]。当时之制[③]，亦未必百王之治也。"

【注释】

①其后遂皆郡县治人：以下至"亦未必百王之治也"，出自荀悦《汉纪·孝惠皇帝纪》。其后，指西汉初年之后。

②绝诸侯：《汉纪·孝惠皇帝纪》作"绝诸侯之权"，译文从之。

③当时：适时。

【译文】

这是周、秦、汉、魏立国时的不同形势，因此考察其发展变化、强弱得失的形势，以提供历史借鉴。荀悦说："自此之后，都以郡县制治理百姓，废除了诸侯治民的权力。这是适应于一时的制度，未必符合历代帝王治理天下的方法。"

论曰：周有天下八百余年，后代衰微，而诸侯纵横矣。至末孙王赧降为庶人，犹能枝叶相持[①]，名为天下共主。当是时也，楚人问鼎[②]，晋侯请隧[③]，虽欲阚周室[④]，而见厄诸姬[⑤]。夫岂无奸雄？赖诸侯以维持之也。故语曰："百足之虫，至死不僵，扶之者众。"此之谓乎！及嬴氏擅场[⑥]，惩周之失，废五等，立郡县。君有海内而子弟为匹夫，功臣效勤而干城无茅土[⑦]。孤制天下，独擅其利，身死之日，海内分崩。陈胜偏袒唱于前[⑧]，刘季提剑兴于后，虎啸龙睇，遂亡秦族。夫刘、陈诸杰，布衣也。无吴、楚之势，立锥之地，然而驱白徒之众[⑨]，得与天子争衡者[⑩]，百姓思乱，无诸侯勤王之可惮也[⑪]。故语曰："夫乱政虐刑，所以资英雄而自速祸也。”此之谓矣。夫伐深根者难为功，摧枯朽者易为力。今五等，深根者也；郡县，枯朽者也。故自秦以下，迄于周、隋，失神器者非侵弱[12]，得天下者非持久，国势然也。呜呼！郡县而理则生布衣之心，五等御代则有纵横之祸，故知法也者皆有弊焉，非谓侯伯无可乱之符，郡县非致理之具。但经始图其多福，虑终取其少祸，故贵于五等耳。圣人知其如此，是以兢兢业业，日慎一日，修德以镇之，择贤而使之。德修贤择，黎元乐业，虽有汤、武之圣不能兴矣，况于布衣之细而敢偏袒大呼哉！不可不察。

【注释】

①枝叶相持：比喻相互扶助。

②楚人问鼎：《左传·宣公三年》："楚子伐陆浑之戎，遂至于雒，观兵于周疆。定王使王孙满劳楚子，楚子问鼎之大小轻重焉。"禹铸九鼎，三代视之为国宝。楚王问鼎，有取而代周之意。后遂称图谋王位为"问鼎"。

③晋侯请隧：《左传·僖公二十五年》："晋侯朝王。王享醴，命之宥。请隧，弗许。"杜预注："阙地通路曰隧，王之葬礼也，诸侯皆县柩而下。"杨伯峻注："请隧者，晋文请天子允许于其死后得以天子礼葬己耳。"后以指图谋统治天下。

④阚（kàn）：望。

⑤见厄诸姬：指各姬姓诸侯阻止。

⑥擅场：《文选·张衡〈东京赋〉》："秦政利觜长距，终得擅场。"薛综注："言秦以天下为大场，喻七雄为斗鸡，利喙长距者终擅一场也。"谓强者胜过弱者，专据一场。

⑦干城：比喻捍卫或捍卫者。《诗经·周南·兔罝》："赳赳武夫，公

侯干城。”茅土：指王、侯的封爵。古天子分封王、侯时，用代表方位的五色土筑坛，按封地所在方向取一色土，包以白茅而授之，作为受封者得以有国建社的表征。

⑧偏袒：脱去右袖，露出右臂，古时表示参加起事的标志。《汉书·陈胜传》：“乃诈称公子扶苏、项燕，从民望也。袒右，称大楚。”颜师古注：“袒右者，脱右肩之衣。当时取异于凡众也。”

⑨白徒：未经训练的兵卒，临时征集的壮丁。

⑩争衡：较量轻重，比试高低。

⑪勤王：多指君主的统治受到威胁而动摇时，臣子起兵救援王朝。

⑫侵弱：逐渐衰弱。

【译文】

评论道：周朝统治天下八百多年，传至后世王室衰微，出现了诸侯合纵连横的局面。直至末代君主周赧王被降为庶人之前，王室与诸侯之间仍能相互扶助，周天子仍是名义上的天下共主。在那个时候，楚王曾询问九鼎的轻重，晋侯曾请求以天子的礼仪安葬自己，他们虽有觊觎王室之心，却都被各姬姓诸侯阻止。难道当时没有奸雄？不过是有赖于诸侯的维持。所以俗话说：“百足之虫，死而不僵，这是因为支撑它的腿脚众多。”说的正是这个道理！等到秦朝统一天下，有鉴于周朝的教训，废除了分封制，实行郡县制。君主富有海内，而子弟只是普通百姓；功臣虽勤勉效力，却无法得到封爵。秦始皇一人宰制天下，独享其利，等到他身死之日，海内分崩离析。陈胜袒露右臂，率先揭竿而起，刘邦提剑起义，兴起于后，以虎啸龙吟之势，迅速推翻了秦朝。刘邦、陈胜等豪杰，都是平民出身。没有吴国、楚国那样的势力，也没有立锥大小的封地，然而他们率领一帮乌合之众，却能与天子相抗衡，这是由于百姓想要造反，且无须忌惮诸侯前来勤王。所以俗话说：“混乱的政治，残酷的刑法，是帮助英雄成事，加速自身灭亡的原因。”说的就是这个道理。砍伐一棵根深蒂固的大树很困难，而摧折朽木枯枝则很容易。如今实施分封制的国家，好比根深蒂固的大树；实施郡县制的国家，好比朽木枯枝。所以自秦朝以来，直至北周、隋朝，丧失天下的政权，自身未必衰弱，得到天下的政权，也未必能够持久，这是由国家的政治形势造成的。呜呼！采用郡县制，容易使平民百姓萌生叛逆之心；采用分封制，容易导致诸侯纷争的祸患；由此可知，任何制度都有其弊端，并不是说分封制就不会产生动乱，郡县制就一定不能用来治理天下。但是开始经营天下时，要考虑优点较多的制度；考虑施政后果时，要选择后患较少的体制，这是人们看重分封制的原因。圣人深知这一道理，所以兢兢业业，一天比一天谨慎，修养德行以安抚天下，选拔贤人而加以任用。修养了德行，选拔了贤人，黎民百姓安居乐业，即使出现了商汤、周武王这样的圣人也不能兴起，何况是区区百姓，谁又敢振臂高呼揭竿而起呢！这其中的道理，不能不认真考虑。

卷第六　霸纪下

三国权第十九蜀、吴、魏

【题解】

所谓"三国权"，指的是蜀、吴、魏三国的权谋计策。继战国之后，这是又一个群雄逐鹿、纵横捭阖的精彩时代。赵蕤认为，蜀、吴二国之所以能长期割据，与占据优势的魏国鼎足而立，根本原因在于地利的优势，所谓"地利不同，势使之然耳"。在"蜀""吴"两个章节中，赵蕤不仅概述了三国时期蜀、吴两国的重要历史事件与关键性谋略，还回顾了曾割据蜀地的公孙述、谯纵，曾割据吴地的黥布、刘濞等人的兴亡始末。而在"魏"这一章节中，赵蕤回顾了地处中原的魏、晋两朝，如何荡平群雄，继而平定蜀、吴的过程。所谓"天道顺，地利不如人和"，中原王朝既得天时，又得人和，因此能最终一统海内。

赵蕤写定此文时（唐开元四年），天下重新统一已经一百二十六年。但赵蕤认为，当时州郡长官的权力过大，与皇室的关系过于疏远，而蜀、吴两地由于地理形势，具有天然的离心倾向，故执政者必须居安思危，加以防范。

论曰：臣闻，昔汉氏不纲，网漏凶狡。袁本初虎视河朔，刘景升鹊起荆州①，马超、韩遂雄据于关西②，吕布、陈宫窃命于东夏[3]，辽河、海、岱[4]，王公十数，皆阻兵百万，铁骑千群，合纵缔交，为一时之杰也。然曹操挟天子，令诸侯，六七年间，夷灭者十八九。唯吴、蜀蕞尔国也[5]，以地图案之，才四州之土，不如中原之大都。人怯于公战，勇于私斗，轻走易北，不敌诸华之士。角长量大，比才称力，不若二袁、刘、吕之盛。此二雄以新造未集之国[6]，资逆上不侔之势[7]，然能抚剑顾眄[8]，与曹氏争衡，跃马指麾，而利尽南海，何哉？则地利不同，势使之然耳。

【注释】

①鹊起：《太平御览》卷九百二十一引《庄子》："鹊上高城之绝，而巢于高树之颠，城坏巢折，陵风而起。故君子之居世也，得时则义行，失时则鹊起也。"本谓见机而作，后用为乘时崛起之意。

②关西：指潼关以西地区。《三国志·魏书·武帝纪》："是时关中诸将疑繇欲自袭，马超遂与韩遂、杨秋、李堪、成宜等叛，……超等屯潼关。"

③陈宫：字公台，东郡东武阳（今山东莘县东南）人。初为曹操部将，后乘操出征陶谦，后方空虚之机，策动张邈等起兵反操，迎立吕布为兖州牧，为吕布出谋划策。吕布兵败，被曹操俘斩。窃命：篡夺国柄。东夏：泛指中国东部地区。

④辽河：中国东北地区南部大河。海、岱：今山东渤海至泰山之间的地带。

⑤蕞（zuì）尔：形容小。

⑥新造：新建成，新建立。集：辑睦，安定。

⑦资：凭借。逆上不侔（móu）：指吴、蜀名为叛逆，且实力与曹魏完全不对等。侔，齐等，相当。

⑧顾眄(miǎn):左顾右眄。多用以表示洋洋自得。眄,看,望。

【译文】

评论道:我听说,从前汉朝纲纪废弛,凶顽狡诈之人得以逃脱法网。袁绍在黄河以北虎视眈眈,刘表在荆州乘时崛起,马超、韩遂占据潼关以西,吕布、陈宫割据东部地区,辽河、海、岱地区,自称王公的人有十多位,他们都拥兵百万,铁骑千群,合纵结盟,堪称一时的豪杰。然而曹操挟天子以令诸侯,六七年间,将各路豪杰消灭了十之八九。只有吴国、蜀国这两个蕞尔小国,从地图上看,仅仅占据四个州的地盘,甚至比不上中原的一座大都邑。吴、蜀之民怯于为国家作战,却勇于因私事争斗,在战场上容易临阵脱逃,敌不过中原的军队。衡量地盘的大小,才能、力量的高低,吴、蜀也比不过袁绍、袁术、刘表、吕布这些豪杰。吴、蜀凭借着刚刚建立、尚未安定的国家,身背叛逆之名,实力与曹魏完全不对等,却能够按剑四顾,与曹氏抗衡,跃马指挥,尽得南海地区的利益,这是什么原因?这是由于吴、蜀有着其他割据势力所不具备的地理优势,这一形势造成了三国鼎立的局面。

故《易》曰:"王侯设险,以守其国[①]。"古语曰:"一里之厚,而动千里之权者,地利也[②]。"故曹丕临江见波涛汹涌[③],叹曰:"此天所以限南北。"孙资称南郑为"天狱"[④],斜谷道为"五百里石穴"[⑤]。稽诸前志[⑥],皆畏其深阻矣。虽云"天道顺,地利不如人和",若使中材守之,而延期挺命可也[⑦],岂区区艾、濬得奋其长策乎[⑧]!由是观之,在此不在彼。於戏[⑨]!智者之虑必杂于利害,故不尽知用兵之害,则不能知用兵之利[⑩],有自来矣。是以采摭其要而为此《权》耶[⑪]!夫囊括五湖[⑫],席卷全蜀,庶知害中之利,以明魏家之略焉。

【注释】

①王侯设险，以守其国：语出《周易·坎卦·彖辞》。王弼注："国之为卫，恃于险也。"设险，谓利用险要之地建立防御工事。

②"一里之厚"三句：出自《战国策·韩策一·三晋已破智氏》。关修龄《战国策高注补正》："厚，重固，谓险隘也。言据一里隘则震动于人有千里之权者，是赖地利也。"

③曹丕临江见波涛汹涌：《三国志·吴书·吴主传》裴松之注引《吴录》："是冬魏文帝至广陵，临江观兵，兵有十余万，旌旗弥数百里，有渡江之志。权严设固守。时大寒冰，舟不得入江。帝见波涛汹涌，叹曰：'嗟乎！固天所以隔南北也！'遂归。"

④孙资：字彦龙，太原中都（今山西平遥西南）人。三国时期曹魏权臣。官至中书令，长期掌握机要。南郑：即今陕西汉中东。天狱：天然的牢狱。亦喻地形的险恶。

⑤斜谷道：即褒斜道，秦、汉以来往来秦岭南北的交通要道，因取褒水、斜水（今名"石头河"）两河谷而得名。自今陕西眉县沿斜水及其上源石头河，经今太白，循褒水及其上源白云河至汉中。《三国志·魏书·孙资传》裴松之注引《资别传》："诸葛亮出在南郑，时议者以为可因大发兵，就讨之，帝意亦然，以问资。资曰：'昔武皇帝征南郑，取张鲁，阳平之役，危而后济。又自往拔出夏侯渊军，数言"南郑直为天狱，中斜谷道为五百里石穴耳"，言其深险，喜出渊军之辞也。'"

⑥前志：前人的记述。

⑦挺：支撑。

⑧艾、濬（jùn）：指灭亡蜀、吴的名将邓艾、王濬。王濬，字士治，弘农湖县（今河南灵宝西北）人。西晋时期名将。任益州刺史时，修造战船，训练水军，力主伐吴。咸宁六年（280），率军顺流而下，克武昌，入建业，受孙皓降。以功封襄阳侯，累迁抚军大将军。长

策：长的鞭。常比喻威势。

⑨於戏（wū hū）：感叹词。

⑩不尽知用兵之害，则不能知用兵之利：语出《孙子兵法·作战》。

⑪采摭（zhí）：采集摘录。《权》：指本篇《三国权》。

⑫五湖：泛指太湖流域一带的湖泊。此处代指吴地。

【译文】

所以《周易》说："王侯利用险要的地势设置防御工事，来守卫自己的国家。"古话说："凭借一里的关隘，却可以撼动方圆千里的政权，这是因为地形有利的缘故。"所以曹丕来到长江边，看到波涛汹涌的江水，感叹道："这是上天设置的南北界限。"孙资将南郑称为"天狱"，将斜谷道称为"五百里石穴"。考察前人的记述，人们都畏惧这些地方的偏远险阻。虽然说"在顺应天时的情况下，地利不如人和"，但如果让中等才能的君主守住基业，要延续政权的时间，支撑国家的命运不难做到，怎么可能让区区邓艾、王濬施展其威势！由此看来，胜败的关键在于人和，并不全在地利。呜呼！智者考虑问题时，一定会权衡利害得失，所以不完全了解用兵的危害，就不能懂得用兵的好处，自古以来都是如此。因此我选取了三国历史上权谋的精要，写成了这篇《三国权》！篇中涵盖了吴国、蜀国的历史，希望后人能了解其中利与害的辩证关系，从而明白曹魏的谋略。

蜀

天帝布政房、心，致理参伐①。参伐则益州分野②，以东井南股距星为界③。东井南股距星，连钺者是也④。觜星度在参右足⑤，玉井所衔星是⑥。西距星即参中央三星，西第一星是⑦。按《职方》则雍州之境⑧，据《禹贡》则梁州之域⑨。地方五千里，提封四十郡[10]，实一都会也[11]。常璩《国志》云[12]：“蜀，其卦直坤[13]，故多斑彩之章[14]。其辰直未[15]，故尚滋味[16]。《诗》称文王之化被于江、汉之域[17]，有文王之化焉。《秦》《豳》同诗[18]，秦、蜀同分[19]，故有夏声云[20]。”故古称天府之国，沃野千里，其有以矣。

【注释】

①天帝布政房、心，致理参伐：出自《三国志·蜀书·秦宓传》，原文作“天帝布治房、心，决政参伐”。房、心，指房宿、心宿，东方苍龙七宿的第四、第五宿。致理，即致治，使政治上安定清平。参，参宿，西方白虎七宿的第七宿。伐，星名。属于参宿。故以“参伐”为参宿的别称。《晋书·天文志》：“参十星，一曰参伐。”

②参伐则益州分野：指参宿对应着益州的分野。

③东井：即井宿，南方朱鸟七宿的第一宿，有星八颗。南股：南面的分支。距星：天文学名词。二十八宿中，各宿所包含的恒星都不止一颗，从每宿中选定一颗作为精细测量天体坐标时的标准，叫作这个宿的距星。距星的选取古今不同。

④连钺（yuè）：指井宿的距星（井宿一、双子座μ）与钺星位置相近。钺，星名。在井宿之西（双子座η）。《史记·天官书》：“东井为水事，其西曲星曰钺。”

⑤觜（zī）：指觜宿。西方白虎七宿的第六宿，有星三颗。星度：星辰运行的度数。此处指恒星所处的赤经方位。参右足：指参宿七（猎户座β）。《晋书·天文志》：“参十星，……其中三星横列，三将也。东北曰左肩，主左将；西北曰右肩，主右将；东南曰左足，主后将军；西南曰右足，主偏将军。”觜星度在参右足，指觜宿距星（觜宿一，猎户座λ）的星度（赤经方位），与参宿七相当。

⑥玉井：星官名。参宿下方四颗星，形如井，故名。参宿七位于玉井

井口处，故曰“玉井所衔”。

⑦西距星即参中央三星，西第一星是：指参宿的距星（参宿三，猎户座δ），是参宿中央三星（参宿一、参宿二、参宿三）中西面的第一颗星。

⑧《职方》：指《周礼·夏官·职方氏》。

⑨《禹贡》：指《尚书·禹贡》。

⑩提封：通共，大凡。

⑪实：通“寔”，是。都会：大城市。

⑫常璩（qú）：字道将，蜀郡江原（今四川崇州东南）人。东晋史学家。著有《华阳国志》。

⑬蜀，其卦直坤：以下至“故有夏声云”，出自《华阳国志·蜀志》，有删节，文字有所不同。其卦直坤，按照后天八卦方位，《坤》卦位于西南方，所以说位于西南方的蜀地“其卦直坤”。

⑭多斑彩之章：《周易·说卦》“坤……为文”，孔颖达疏：“为文，取其万物之色杂也。”所以说“多斑彩之章”。

⑮其辰直未：按照十二地支方位，“未”在西南，所以说蜀地“其辰直未”。辰，十二地支的统称。

⑯故尚滋味：《史记·律书》：“未者，言万物皆成，有滋味也。”

⑰《诗》称文王之化被于江、汉之域：语本《诗经·周南·汉广》小序：“《汉广》，德广所及也。文王之道被于南国，美化行乎江汉之域。”

⑱《秦》《豳（bīn）》同诗：指《秦风》《豳风》都是秦地的诗歌。

⑲秦、蜀同分：指秦地与蜀地属于同样的分野。据《华阳国志·蜀志》“星应舆鬼”的说法，蜀地的分星是鬼宿（舆鬼），与秦地分星（东井、舆鬼）相同。

⑳夏声：古代中原地区的音乐。本句《华阳国志·蜀志》作：“与秦同分，故多悍勇……《秦》《豳》同咏，故有夏声也。”

【译文】

天帝施政于房宿、心宿,在参宿达到安定清平。参宿对应着益州的分野,益州的分星,以位于井宿南边分支的距星为界。位于井宿南边分支的距星,就是与钺星相邻的那颗星。觜宿距星的星度与参宿右足相当,就是位于玉井井口处的那颗星。参宿的距星,是参宿中央三星中靠西面的第一颗星。按照《周礼·夏官·职方氏》的记载,蜀地属于雍州,根据《尚书·禹贡》的记载,蜀地属于梁州。蜀地方圆五千里,总共有四十个郡,是一个重要的都会。常璩《华阳国志》说:"蜀地,按照后天八卦方位属于《坤》卦,所以多有五彩斑斓的文饰。按照十二地支的方位属于未,所以有滋有味。《诗经》称周文王的教化遍及长江、汉水流域,所以蜀地也接受了周文王的教化。《秦风》《豳风》都是秦地的诗歌,秦地与蜀地属于同样的分野,所以蜀地也有中原地区的音乐。"所以古人称蜀地是"天府之国",有着广阔的肥沃田野,确实是有原因的。

王莽末[①],公孙述据蜀。述字子阳[②],扶风茂陵人也。王莽时,为导江卒正[③],治临邛[④]。及更始立,豪杰各起其县以应汉。南阳人宗成略汉中,商人王岑亦起兵于雒县[⑤],自称"定汉将军",以应成。述闻之,遣使迎成。成等至成都,虏掠暴横。述意恶之,召县中豪杰谓曰:"天下同苦新室,思刘氏久矣。故闻汉将军到,驰迎道路。今百姓无辜,而妇子系获,室屋烧燔[⑥],此寇贼,非义兵也。吾欲保郡自守,以待真主。诸卿欲并力者即留,不欲者便去。"豪杰皆叩头,愿效死。述于是使人诈称汉使者自东方来,假述辅汉将军、益州牧。乃选精兵千余人而击宗成等,破之。别遣弟恢于绵竹[⑦],击更始所置益州刺史张忠,又破之。由是威震益部者也。益部功曹李熊说述曰:"方今四海波荡,匹夫横议[⑧]。将军割据千里,地什汤、武,若奋发威德,以投天隙[⑨],霸王之业成矣。今山东饥馑，人民相食，兵所屠灭，城邑丘墟。蜀地沃野千里，土壤膏腴[10]，果实所生，无谷而饱。女工之业[11]，覆衣天下。名材竹干[12]，器械之饶不可胜用。又有鱼盐铜铁之利，浮水转漕之便。北据汉中，杜褒、斜之隘[13]；东守巴郡，拒捍关之口[14]。地方数千里，战士不下百万，见利则出兵而略地，无利则坚守而力农。东下汉水，以窥秦地；南顺江流，以震荆、扬，所谓用天因地，成功之资。今君王之声闻于天下，而位号未定，志士狐疑，宜即大位，使远人有所归依。”述曰[15]：“帝王有命，吾何德以当之？”熊曰：“天命无常，百姓与能[16]。能者当之，王何疑焉？”遂然之也。建武元年四月[17]，遂自立为天子，号成家，色尚白。使将军侯丹开白水关[18]，北守南郑；将军任满从阆中下江州[19]，东据扞关，于是尽有益州之地也。

【注释】

①王莽末：以下至“色尚白”，出自《后汉书·公孙述传》，有删节。

②述字子阳：以下至“由是威震益部者也”，出自《后汉书·公孙述传》，有删节。

③导江：王莽时将蜀郡改名为“导江”。卒正：官名。西汉末年王莽置，职如郡太守，爵为侯，世袭其官。《汉书·王莽传》：“莽以《周官》《王制》之文，置卒正、连率、大尹，职如太守；属令、属长，职如都尉。置州牧、部监二十五人，见礼如三公。监位上大夫，各主五郡。公氏作牧，侯氏卒正，伯氏连率，子氏属令，男氏属长，皆世其官。其无爵者为尹。”

④临邛（qióng）：县名。今四川邛崃。

⑤商：县名。今陕西商洛市商洛镇西北。雒县：县名。今四川广汉北。

⑥烧燔(fán):烧毁。燔,焚烧。

⑦绵竹:县名。今四川德阳北黄许镇。

⑧横议:恣意议论。

⑨天隙:时机,机会。《后汉书·公孙述传》李贤注:"天时之间隙也。"

⑩膏腴(gāo yú):指土地肥沃。

⑪女工:指女子所做纺织、刺绣、缝纫等事。

⑫名材:名贵的木材。竹干:竹箭。

⑬褒、斜之隘:指褒斜道。

⑭捍关:《后汉书·公孙述传》作"扞关",下文亦作"扞关",即瞿塘关。

⑮述曰:以下至"王何疑焉",出自《后汉书·公孙述传》。

⑯百姓与能:指百姓拥戴有才能的人。与,通"举"。《周易·系辞下》:"人谋鬼谋,百姓与能。"孔颖达疏:"天下百姓亲与能人,乐推为王也。"

⑰建武元年:25年。建武,东汉光武帝刘秀的年号(25—56)。

⑱使将军侯丹开白水关:以下至"于是尽有益州之地也",出自《后汉书·公孙述传》。白水关,又名"关头",在今四川青川东北白水街北,为古代陕、甘入蜀要隘。

⑲阆(làng)中:县名。今属四川。江州:县名。今重庆市区嘉陵江北岸。

【译文】

王莽末年,公孙述割据蜀地。公孙述字子阳,扶风茂陵人。王莽时,担任导江卒正,治所在临邛。等到更始帝登基,各地豪杰都在自己的县内起兵响应汉军。南阳人宗成略地汉中,商县人王岑也在雒县起兵,自称"定汉将军",以响应宗成。公孙述听到这个消息,派使者前去迎接宗成。宗成等人到了成都,四处抢劫,横行暴虐。公孙述内心厌恶他们,于是召集县中豪杰,对他们说:"天下人苦于王莽的统治,思念刘氏已经很久了。所以听说汉将军到来,便飞奔到大路上迎接。如今百姓没有罪过，而妻子儿女被俘虏，房屋被焚烧，这些人是强盗，并不是义军。我打算守住蜀郡自保，等待真命天子的出现。诸位愿意与我齐心协力的便留下，不愿意的可以离去。”豪杰们都叩头，表示愿效死力。公孙述于是派人诈称是来自东方的汉朝使者，任命自己为辅汉将军、益州牧。于是挑选精兵一千余人攻打宗成等人，击溃了他们。又派自己的弟弟公孙恢到绵竹，攻击更始帝任命的益州刺史张忠，又击败了他。从此，公孙述威震益州。益州功曹李熊劝公孙述说：“如今天下动荡，匹夫恣意议论。将军您割据方圆千里之地，地盘相当于商汤、周武王当年的十倍，如果能够振奋威严，广施恩德，利用天赐良机，可以成就霸王之业。如今山东饥荒，百姓饿得相互吃人，军队屠杀过的地方，城邑变成了废墟。而蜀地沃野千里，土地肥沃，所盛产的水果，让百姓不吃粮食也能填饱肚子。女子纺织的布帛，足以供天下人穿用。有名贵的木材、可以制作箭杆的竹子，各种器械充足，用也用不完。又盛产鱼、盐、铜、铁，有着水运的便利。北面据守汉中，阻塞褒斜道；东面扼守巴郡，据守扞关。其中的土地方圆数千里，战士上百万，如果形势有利，可以出兵夺取地盘，如果形势不利，可以坚守险阻，致力农耕。沿着汉水东出，可以窥探秦地；顺着长江南下，可以震动荆州、扬州；这里正是拥有天时、地利，可以取得成功的地方。如今您的名声已传扬于天下，而名号尚未确定，使有意投奔的有志之士犹豫不决，您应当登上帝位，让远方之人找到归向与依托。”公孙述说：“帝王自有天命，我有什么功德能当此大任？”李熊说：“没有永恒不变的天命，百姓乐于推举有才能的人。有才能的人就可以成为王者，您有什么可疑虑的呢？”公孙述采纳了李熊的意见。建武元年（25）四月，公孙述自立为天子，定国号为“成家”，以白色为贵。公孙述派将军侯丹设立白水关，向北镇守南郑；派将军任满从阆中下江州，向东镇守扞关，于是占据了整个益州。

自更始败后[①]，光武方事山东，未遑西伐[②]，关中豪杰多拥众归述。其后，平陵人荆邯见东方将平[③]，兵且西向，说述曰：“兵者，帝王之大器，古今所不能废也。隗嚣遭遇运会，割有雍州[4]，兵强士附，威加山东。不及此时推危乘胜以争大命[5]，而返欲为西伯之事[6]，偃武息戈[7]，卑辞事汉，喟然自以文王复出也。令汉帝释关、陇之忧[8]，专精东伐，四分天下而有其三。使西州豪杰咸居心于山东，发间使[9]，招携贰[10]，则五分而有其四。若举兵天水[11]，必至沮溃。天水既定，则九分而有其八。陛下以梁州之地[12]，内奉万乘，外给三军，百姓愁困，不堪上命，将有王氏自溃之变。臣之愚计以为，宜及天人之望未绝[13]，豪杰尚可招诱，急以此时发国内精兵，令田戎据江陵，临江南之会[14]，倚巫山之固，筑垒坚守。传檄吴、楚[15]，长沙以南必随风而靡。令延岑出汉中，定三辅，天水、陇西拱手自服，如此，海内震摇，冀有大利。"述以问群臣[16]。博士吴柱曰："昔武王伐纣，八百诸侯不期同辞，然犹还师以待天命[17]。未闻无左右之助，而欲出师于千里之外，以广封疆者也。"邯曰："今东帝无尺寸之柄[18]，驱乌合之众，跨马陷敌，所向辄平[19]。不亟乘时与之争功[20]，而坐谈武王之说，是效隗嚣欲为西伯也。"范晔曰："援旗纠族[21]，假制明神[22]，迹夫创图首事[23]，有以识其风矣。终于孤立一隅，介于大国[24]。陇坻虽隘[25]，非有百二之势[26]。区区两郡，以御堂堂之锋，则知其道有足怀者[27]，所以栖有四方之杰。夫功全则誉显，业谢则衅生，回成丧而为其议者，或未闻焉[28]。若嚣命会符运，敌非天力，坐论西伯，岂多嗤也[29]！"述不听邯计。光武乃使岑彭、吴汉伐蜀[30]，破荆门[31]，长驱入江关[32]。岑彭为蜀刺客所煞[33]。吴汉并将其军，入犍为界[34]。诸县皆城守，汉乃进军攻广都[35]，拔之。遣轻骑烧成都市桥[36]，武阳以东诸小城皆降[37]。光武戒汉曰："成都十万众，不可轻也。但坚据广都，待其来攻，勿与争锋。若不敢来攻,转营迫之,须其力疲,乃可击也。”汉乘利将步骑二万余人进逼成都。去城十余里,阻江北为营[38]。作浮桥,使副将刘尚将万余人屯江南,相去二十余里。光武闻之,大惊,让汉曰:“贼若出兵缀公[39],而以大众攻尚,尚破,公即败矣。幸本无他者[40],急引兵还广都。”诏书未到,述果使其将谢丰攻汉,使别将劫刘尚,令不得相救。汉乃闭营三日不出,多树幡旗,使烟火不绝。夜衔枚引兵与尚军合[41]。丰等不觉。明日,乃分兵拒水北,自将攻江南。汉破之,斩谢丰。于是引还广都,以状闻。光武报曰:“公还广都,甚得其宜,述必不敢略尚而击公也。若先攻尚,公从广都五十里悉步骑赴之,适当值其疲困,破之必矣。”自是汉与述战于广都、成都之间,八战八克,遂军其郭中[42]。述乃悉散金帛[43],募敢死士五千人,以配延岑。岑于市桥伪建旗帜,鸣鼓挑战,而潜遣奇兵出吴汉军后,袭击破汉。汉堕水,缘马尾得出。述乃自将攻汉,三合三胜。自旦及日中,军士不得食,并疲。汉因命壮士突之,述兵大败也。**军至成都,述出战,兵败,被刺洞胸死。夷述妻子,焚其宫室。**光武闻之怒,以谴汉曰:“城降三日,吏人服从,一旦放兵纵火,良失斩将吊人之义也[44]!”乃下诏慰之,其忠节志义之士并蒙旌显。李育以有才干[45],擢用之[46]。于是西土咸悦,莫不归心焉。范晔曰:“昔赵他自王番禺[47],公孙亦窃帝蜀汉[48],推其无他功能,而至于后亡者,将以边地处远,非王化之所先乎?不能因隙立功,以会时变,方乃坐饰边幅[49],以高深自安[50],昔吴起所以惭魏侯也[51]。及其谢群臣,审废兴之命[52],与夫泥首、衔玉者异日谈也[53]。”

【注释】

①自更始败后:以下至“焚其宫室”,出自《后汉书·公孙述传》,有

删节。

②未遑(huáng):没有时间顾上。

③平陵:西汉五陵之一,在今陕西咸阳西北。汉昭帝筑陵置县,死后葬此。

④雍州:古九州之一。《尚书·禹贡》:"黑水西河惟雍州。"黑水,所指说法不一,有今甘肃境内张掖河、党河及青海境内大通河等多种说法。西河,指今山西、陕西二省之间黄河。当时隗嚣占据陇西、天水,《后汉书·公孙述传》李贤注:"陇西、天水皆雍州之地,故言'割有'也。"

⑤推危:指消灭处于困境的割据势力。大命:天命。

⑥西伯:指周文王。《论语·泰伯》:"三分天下有其二,以服事殷。周之德,其可谓至德也已矣。"

⑦偃武息戈:停息武备,不事战争。

⑧令汉帝释关、陇之忧:《后汉书·公孙述传》李贤注:"以嚣居西,无东之意,故置之度外而不为忧。"关、陇,指关中和甘肃东部一带地区。

⑨间(jiàn)使:密使,暗中派往敌方进行反间或侦察等活动的使者。

⑩携贰:指怀有离心的人。

⑪天水:郡名。西汉元鼎三年(前114)置,治平襄(今甘肃通渭西北)。辖境相当于今甘肃定西、通渭、静宁、庄浪、秦安、甘谷、清水、张家川等市县及天水、榆中、陇西等市县一部分。

⑫梁州:古九州之一。《尚书·禹贡》:"华阳黑水惟梁州。""华"指华山,"华阳"为华山之南。黑水,说法不一,有澜沧江、怒江、金沙江等说。此处指益州地区。

⑬天人之望:《后汉书·公孙述传》作"天下之望",译文从之。

⑭临:攻伐,挟制。会:指一个地区的政治、经济中心,主要城市。

⑮吴、楚:泛指春秋吴楚之故地,即今长江中、下游一带。

⑯述以问群臣：以下至“是效隗嚣欲为西伯也”，出自《后汉书·公孙述传》。

⑰“昔武王伐纣”三句：《史记·周本纪》：“是时，诸侯不期而会盟津者八百诸侯。诸侯皆曰：‘纣可伐矣。’武王曰：‘女未知天命，未可也。’乃还师归。”

⑱东帝：指光武帝刘秀。尺寸之柄：《后汉书·公孙述传》作“尺土之柄”。

⑲辄（zhé）：立即，就。

⑳亟（jí）：急，赶紧。

㉑援旗纠族：以下至“岂多嗤也”，出自《后汉书·隗嚣传》范晔“论曰”。

㉒假制明神：《后汉书·隗嚣传》李贤注：“谓立高祖、孝文等庙而祭之也。”《隗嚣传》：“（隗嚣）立庙邑东，祀高祖、太宗、世宗。嚣等皆称臣执事，史奉璧而告。祝毕，有司穿坎于庭，牵马操刀，奉盘错锓，遂割牲而盟。曰：‘凡我同盟三十一将，十有六姓，允承天道，兴辅刘宗。如怀奸虑，明神殛之。高祖、文皇、武皇，俾坠厥命，厥宗受兵，族类灭亡。’”

㉓创图：首先谋划。首事：首先发难，首先倡导。

㉔孤立一隅，介于大国：《后汉书·隗嚣传》李贤注：“东逼于汉，南拒于蜀。”

㉕陇坻（chí）：即陇山，六盘山南段的别称。隘：险要。

㉖百二之势：《后汉书·隗嚣传》李贤注：“百二者，以秦地险固，二万人当诸侯百万人。”

㉗怀：归向。《尚书·皋陶谟》：“安民则惠，黎民怀之。”伪孔传：“爱则民归之。”

㉘回成丧而为其议者，或未闻焉：《后汉书·隗嚣传》李贤注：“成丧犹成败也。言事之成败在于天命，不由人力。能回为此议者寡，

故未之闻也。”

㉙“若嚣命会符运”四句:《后汉书·隗嚣传》李贤注:“天力谓光武天所授也。言不遇光武为敌,则不谢西伯也。嗤,笑也。”蚩,通“嗤”,嘲笑。

㉚岑彭:字君然,南阳棘阳(今河南南阳)人。东汉中兴名将。官至廷尉,行大将军事,封舞阴侯。率军伐蜀,屡破公孙述军,直至成都城下,被公孙述派遣的刺客所杀。死后谥壮侯。

㉛荆门:山名。在今湖北宜都西北,长江南岸,隔江和虎牙山相对。江水湍急,形势险峻,古为巴蜀荆吴之间要塞。

㉜江关:即瞿塘关。

㉝岑彭为蜀刺客所煞:以下至“遂军其郭中”,出自《后汉书·吴汉传》,有删节。

㉞犍(qián)为:郡名。亦作“楗为郡”,属益州。西汉建元六年(前135)分广汉郡南部及夜郎国地置,治鳖县(今贵州遵义西)。元光五年(前130)移治南广(今四川筠连),始元元年(前86)移治僰道(今四川宜宾西南)。

㉟广都:县名。今四川双流东南中和镇。

㊱市桥:亦名“冲星桥”,战国时秦建,在今四川成都西南文庙西街附近。常璩《华阳国志·蜀志》:“(城)西南石牛门曰‘市桥’。”桥在石牛门外郫江上,与笮桥相对。

㊲武阳:县名。今四川彭山东北江口镇。

㊳江:指郫江,又名“内江”“石犀渠”,相当于今四川成都平原之柏条河。常璩《华阳国志·蜀志》:“(李)冰乃壅江作堋,穿郫江、检江,别支流双过郡下。”《史记·河渠书》:“穿二江成都之中。”张守节《正义》引《括地志》:“郫江,一名‘成都江’,一名‘市桥江’,亦名‘中日江’,亦曰‘内江’。”顾祖禹《读史方舆纪要》卷六十七《四川二·成都府·华阳县》:“后汉建武中吴汉乘利逼成

都，去城十余里，阻江北营作浮桥，使别将刘尚屯江南为营，相去二十余里。……江即石犀渠也。”

㊴缀（chuò）：指牵制。

㊵幸本无他者：《后汉书·吴汉传》作“幸无它者”，指幸好没有其他的祸患。《资治通鉴·汉纪三十五·建武十二年》胡三省注：“言幸而无他虞，不至丧败也。”

㊶衔枚：横衔枚于口中，以防喧哗或叫喊。枚，形如筷子，两端有带，可系于颈上。

㊷郭：外城，古代在城的外围加筑的一道城墙。

㊸述乃悉散金帛：以下至“述兵大败也”，出自《后汉书·公孙述传》，有删节。

㊹吊人：抚慰百姓。

㊺李育：公孙述的部将。

㊻擢（zhuó）用：选拔任用。

㊼昔赵他自王番禺：以下至“与夫泥首、衔玉者异日谈也”，出自《后汉书·公孙述传》“论曰”。

㊽蜀汉：蜀郡与汉中的并称。

㊾饰边幅：形容注意仪容、衣着的整洁。边幅，布帛的边缘。比喻仪容、衣着。

㊿高深：指地势的险峻。

51昔吴起所以惭魏侯也：《史记·孙子吴起列传》：“（魏）武侯浮西河而下，中流，顾而谓吴起曰：‘美哉乎山河之固，此魏国之宝也！’起对曰：‘在德不在险。……若君不修德，舟中之人尽为敌国也。’”

52谢群臣，审废兴之命：《后汉书·公孙述传》：“帝乃与述书，陈言祸福，以明丹青之信。述省书叹息，以示所亲太常常少、光禄勋张隆。隆、少皆劝降。述曰：‘废兴命也。岂有降天子哉！’左右莫敢复言。”

㊾泥首：以泥涂首，表示自辱服罪。衔玉：犹“衔璧”。《左传·僖公六年》：“许男面缚衔璧，大夫衰绖，士舆榇。”杜预注：“缚手于后，唯见其面，以璧为贽，手缚故衔之。”后因称国君投降为“衔璧”。

【译文】

自更始帝失败后，光武帝正专注于平定山东地区，顾不上向西征伐，许多关中地区的豪杰率众归顺公孙述。此后，平陵人荆邯见到东方即将平定，光武帝的大军不久就将西征，劝公孙述说：“军队，是帝王所掌握的重器，古往今来都不可能废弃。隗嚣遇到好的时运机会，割据雍州，军队强大，士人归附，威名远震山东。他不趁着这个时候消灭群雄，乘胜出兵以争夺天下，却退而想做周文王之事，停息武备，不事战争，以谦卑的言辞事奉刘秀，喟然感叹，认为自己是周文王复生。使刘秀免除了来自关陇地区的威胁，得以专心东伐，占据了天下的四分之三。又使西方州郡的豪杰都归心于山东，刘秀再派遣密使，招揽那些怀有离心的人，如此一来，便占据了天下的五分之四。如果刘秀出兵天水，隗嚣必定溃败。平定了天水之后，刘秀便占有了天下的九分之八。陛下您仅凭梁州一地，对内要供奉万乘之君，对外要供给三军的费用，百姓忧愁困苦，已无法承担朝廷的要求，恐怕即将发生王莽时期那样的内乱。依照我的看法，应该趁着天下人对您的期望尚未断绝，各地豪杰还可以招诱的时候，赶紧趁此征调国内的精兵，命令田戎占据江陵，威胁江南的繁华地区，依靠巫山的险阻，筑垒坚守。向吴、楚地区发布檄文，这样，长沙以南的地区必然闻风归附。再命令延岑出兵汉中，平定关中三辅地区，则天水、陇西地区必然拱手臣服，如此，天下震动，有望形成极为有利的局面。”公孙述询问群臣的意见。博士吴柱曰：“从前，周武王讨伐商纣王，八百诸侯不期而会，异口同声，然而周武王仍然退兵等待天命。从来没有听说，没有左右的辅助，却要出兵到千里之外，来开拓疆土的。”荆邯说：“如今，刘秀没有尺寸土地的权柄，驱赶着一群乌合之众，跨马陷阵，所向披靡。如果不赶紧趁着时势与他争夺功业，而空谈周武王的典故，这是在效仿隗嚣想当周文王的愚蠢行为。”范晔说：“隗嚣高举义旗，纠集族人，假托汉室先帝的神灵，率先谋划大事，颇能见出他的风采。但最终孤立于一个狭小地区，夹在两个大国中间。陇山虽然险要，却没有关中之地以二当百的地理优势。隗嚣以区区天水、陇西二郡，抵御光武帝严整强大的兵锋，可知其施政之道有值得归向之处，所以能招揽四方的豪杰。功业成就则声誉显著，事业失败则毁谤顿生，能够摆脱成王败寇的成见，对人物重新进行评价的人，从来没有听说过。如果隗嚣上应天命，对手又不是像刘秀这样得到上天庇佑的人，那么隗嚣的功绩未必输给周文王，又有什么值得嘲笑的呢！”**公孙述没有听从荆邯的计策。光武帝于是派遣岑彭、吴汉征讨蜀地，攻破了荆门，长驱直入江关。**岑彭被公孙述派遣的刺客杀害。吴汉一并统御了他的部队，进入了犍为郡界。各县都据城固守，吴汉于是进击广都，攻占了这座城。并派轻骑烧掉了成都市桥，武阳以东的各个小城都投降了。光武帝告诫吴汉说：“成都城内有十万军队，不可轻视。你只需坚守广都，等待敌人前来攻打，不要与他们争锋。如果敌人不敢前来，便转移军营迫近他们，等敌人筋疲力尽，才可以发动进攻。”吴汉趁着胜利的形势，率领步兵骑兵两万多人进逼成都。在离城十多里的地方，依靠郫江北岸扎营。又搭建浮桥，派副将刘尚率领一万多人驻扎于郫江南岸，两军相距二十多里。光武帝听说这一情况，大惊，责备吴汉说：“敌人如果出兵牵制你，而以主力部队攻打刘尚，刘尚一旦被击败，你也就失败了。所幸没有其他的祸患，你赶紧率军返回广都。”光武帝的诏书尚未送达，公孙述果然派遣他的将领谢丰攻打吴汉，派其他将领攻打刘尚，使其不能救援吴汉。吴汉于是紧闭营垒，三日不出战，又树立了很多旗帜，让营垒中烟火不断。晚上，吴汉率军衔枚渡过郫江，与刘尚的部队会合。谢丰等人完全没有察觉。到了第二天，谢丰仍分兵阻挡江北的部队，自己率军攻打郫江南岸的营垒。吴汉击溃敌军，斩杀了谢丰。于是率军返回广都，将战况上报朝廷。光武帝回信说：“你回兵广都，是很恰当的，公孙述必然不敢不顾刘尚而直接进攻你。如果他先攻刘尚，你从五十里外的广都出动全部步兵骑兵赶赴前线，将正好遇上敌军疲劳困顿的时候，一定能击败他。”自此之后，吴汉与公孙述在广都、成都之间交战，吴汉八战八胜，遂进驻了成都城的外城。公孙述于是把金银财物全部散发，招揽了五千名敢死之士，归属延岑指挥。延岑在市桥假装树立旗帜，击鼓挑战，而暗中派遣奇兵绕到吴汉军队背后偷袭，击败了吴汉。吴汉坠入河中,拉着马尾巴才从水中逃出。公孙述于是亲自率军攻打吴汉,三战三胜。从早晨到正午,公孙述的士兵们吃不上饭,都很疲劳。吴汉趁机命令壮士们突击,公孙述的部队大败。**吴汉的军队到了成都,公孙述出战,兵败,被刺穿胸膛死去。吴汉杀死了公孙述的妻子儿女,焚毁了他的宫室。**光武帝听说后大怒,谴责吴汉说:"全城投降已经三天,官吏和百姓都已服从,你却纵兵抢劫放火,实在有违斩杀敌将、抚慰百姓的大义!"于是颁布诏书抚慰百姓,表彰蜀地的忠臣义士。李育由于有才干,受到了提拔。于是蜀地之人都心悦诚服,无不归心汉室。范晔说:"从前,赵他在番禺称王,公孙述亦在蜀汉称帝,推究起来,他们并没有什么特别的本领,却直到最后才灭亡,这大概是因为处于偏远的边疆地区,不是君王施行教化最先考虑到的地方吧?公孙述不能抓住时机建功立业,以响应时势的变化,却安坐着修饰仪表,认为蜀地地势险峻而怡然自安,这正与当年吴起批评魏武侯,令其感到羞愧的情形一致。至于他拒绝臣下的劝谏,认为成败由天命所决定,与那些以泥涂首、衔着玉璧投降的君主相比,又不可同日而语了。"

至灵帝时,政理衰缺,王室多故,雄豪角逐,分裂疆宇,以刘焉为益州牧[①]。焉,鲁恭王后也[②]。时四方兵寇,焉以为刺史威轻,乃建议改置牧伯,镇安方夏[③],清选重臣以居其任。以焉为益州牧。是时,梁州贼马相聚疲役之人数千,先煞绵竹令,进攻雒县。州从事贾龙先领兵数百在犍为,遂纠合吏人攻相,破之。乃选吏迎焉,遂领益州牧也。**焉死,子璋立**,州大吏赵韪等贪璋温仁[④],立为刺史。初,南阳、三辅人数万户流入益州,焉悉收以为众,名曰"东州兵"。璋性柔宽,无威略,东州人侵暴,赵韪因人情不缉[⑤],乃结州中大姓。东州人畏见诛灭,乃同心并力,为璋殊死战,斩赵韪。时张鲁亦以璋懦弱[⑥],不承顺璋,遂自雄于巴、蜀也[⑦]。**为刘备所围,遂降。**备迁璋于公安[⑧],归其财宝。后以病卒。

【注释】

①刘焉：字君郎，江夏竟陵（今湖北潜江西北）人。汉宗室，汉末群雄之一。历冀州刺史、南阳太守、宗正、太常等职。汉灵帝时建议设置州牧，遂出任益州牧。任职期间，注意收拢人心，扩充实力，派张鲁驻守汉中，割断与中原联系，并诛杀州内豪强，击败叛兵，稳定州内统治，形成了割据益州的局面。

②焉，鲁恭王后也：以下至"遂领益州牧也"，出自《后汉书·刘焉传》，有删节。鲁恭王，即刘馀，汉景帝第五子。汉景帝前二年（前155）被立为淮阳王，后徙王鲁。

③方夏：指中国，华夏。与"四夷"相对。

④州大吏赵韪（wěi）等贪璋温仁：以下至"遂自雄于巴、蜀也"，出自《后汉书·刘焉传》，有删节。

⑤缉：通"辑"，和睦。

⑥张鲁：字公祺，沛国丰（今江苏丰县）人。汉末群雄之一。其祖父张道陵创立五斗米道。初被益州牧刘焉授以督义司马，奉命与张修进攻汉中，后杀张修并收编其众，占据汉中。推行五斗米道，实行政教合一。后投降曹操，拜镇南将军，封阆中侯。

⑦巴、蜀：《后汉书·刘焉传》作"巴、汉"，指巴郡、汉中地区。译文从之。

⑧公安：县名。三国蜀汉置，属南郡，治油口（今湖北公安北古油水入江之口）。

【译文】

到了汉灵帝时期，朝政衰败混乱，王室不断出现变故，群雄角逐，国家四分五裂，灵帝任命刘焉为益州牧。刘焉，是鲁恭王的后人。当时四方兵乱，刘焉认为刺史的权威太轻，于是建议改设牧伯，镇抚华夏，精选重臣来担任这个职务。于是朝廷任命刘焉为益州牧。那个时候，益州盗贼马相聚集了数千因服役而疲敝的民众，先杀死了绵竹县令，又进攻雒县。益州从事贾龙此前领兵数百人驻扎犍为，于是集合官吏民众进攻马相，打败了他。然后派遣官吏迎接刘焉，刘焉遂出任益州牧。**刘焉去世后，其子刘璋继任益州牧**，益州大吏赵韪等人贪图刘璋温厚仁爱，拥立他为益州刺史。此前，南阳、三辅两地的数万户民众流亡到益州，刘焉把他们全部收编为自己的部下，号称“东州兵”。刘璋性格柔顺宽和，缺少声威谋略，东州兵遂侵凌百姓，赵韪趁着益州人情不睦，于是勾结州中的豪强大姓。东州兵害怕被诛灭，于是同心协力，为刘璋拼死战斗，斩杀了赵韪。此时，张鲁也认为刘璋懦弱，不再服从他，遂称雄于巴郡、汉中地区。**被刘备围攻，于是投降了刘备**。刘备将刘璋迁徙到公安，归还了他的财宝。后来刘璋因病去世。

初，刘备为豫州牧也①，备字玄德②，涿郡涿县人也。少言语，善下人，喜怒不形于色。徐州牧陶谦表先主为豫州牧③，后谦病，使人迎先主。先主曰：“袁公路近在寿春④，此君四世五公，海内所归，君以州与之。”陈登曰：“袁公路骄豪，非治乱之主。今欲为使君合步骑十万⑤，上可以匡主济人⑥，成五霸之业，下可以割地守境，书功于竹帛。若使君不见听，登亦未敢听使君。”孔融谓先主曰：“袁公路岂忧国忘家者耶？冢中枯骨，何足介意。今日之事，百姓与能。天与不取，悔不可追。”遂领徐州。陈登遣使诣袁绍曰⑦：“天降灾戾，祸臻鄙州⑧，州将殂殒⑨，士人无主⑩。恐奸雄一旦承隙，以贻盟主日昃之忧⑪，辄共奉平原相刘府君以为宗主⑫，永使百姓知有依归。方今寇难纵横，不遑释甲，谨遣下吏奔告执事⑬。”绍答曰：“刘玄德弘雅有信义，今徐州乐戴之，诚副所望也。”**为曹公所破，走屯新野**。时刘表薨⑭，诸葛亮说攻琮⑮，荆州可有。先主曰：“荆州临亡⑯，托我以遗孤，吾不忍也。”荆州人多归先主。先主日行十余里。或曰：“宜速行，保江陵。”先主曰：“夫济大事者以人为本，今人归吾，何忍弃去？”习凿齿曰：“刘主虽颠沛险难⑰，而信义愈明，势逼事危，而言不失道。追景升之顾[18]，则情感三军；恋赴义之士，则甘与同败。视其所以结物情[19]，岂徒投醪抚寒、含蓼问疾而已[20]！其终济大业者，不亦宜乎？"闻诸葛亮躬耕南阳，乃三诣亮于草庐之中[21]。屏人言曰："汉室倾颓，奸臣窃命，主上蒙尘。孤不度德量力，欲信大义于天下[22]，而智术浅短，遂用猖蹶[23]，至于今日。然意犹未已，君谓计将安出？"亮答曰："自董卓已来，豪桀并起，跨州连郡者不可胜数。曹操比于袁绍，名微而众寡，然遂能克绍，以弱为强者，非唯天时，抑亦人谋也。今操已拥百万之众，挟天子而令诸侯，《传》云："求诸侯莫如勤王[24]。"此之谓也。此诚不可与争锋。孙权据有江东，已历三代，国险而民附，贤能为用，此可与为援，而不可图也。荆州北据汉、沔，利尽南海[25]，东连吴会[26]，西通巴、蜀，此用武之国，而其主不能守，此殆天所以资将军也。益州崄塞[27]，沃野千里，天府之土，高祖因之以成帝业。刘璋暗弱[28]，张鲁在北，民殷国富而不知恤，智能之士思得明后[29]。将军既帝室之胄，信义著于四海，总览英雄，思贤如渴。若跨有荆、益，保其严岨[30]，西和诸戎，南抚夷越[31]，结好孙权，内修政理。天下有变，则命上将将荆州之军以向宛、洛，将军身率益州之众出于秦川[32]，百姓孰不箪食壶浆以迎将军者乎[33]！诚如是，则霸业可成，汉室可兴矣。"

【注释】

①初，刘备为豫州牧也：以下至"汉室可兴矣"，出自《三国志·蜀书·诸葛亮传》，有删节。

②备字玄德:以下至“遂领徐州”,出自《三国志·蜀书·先主传》,有删节。

③陶谦:字恭祖,丹阳郡丹阳(今安徽当涂东北丹阳镇)人。官至徐州牧,汉末群雄之一。

④袁公路:即袁术,字公路。寿春:县名。今安徽寿县。

⑤使君:对州郡长官的尊称。

⑥匡、济:二词同义,救助。

⑦陈登遣使诣袁绍曰:以下至“诚副所望也”,出自《三国志·蜀书·先主传》裴松之注引《献帝春秋》。

⑧臻(zhēn):到,至。

⑨州将:指州牧。殂(cú)殒:死亡。

⑩士人无主:《三国志·蜀书·先主传》裴松之注引《献帝春秋》作“生民无主”,译文从之。

⑪盟主:指袁绍。日昃(zè)之忧:指由于忧患,从早晨到午后一直顾不上吃饭。日昃,太阳偏西。

⑫平原:指平原国,治平原县(今山东平原西)。辖境约当今山东平原、陵县、禹城、齐河、临邑、商河、惠民、阳信及河北吴桥等市县。东汉延平元年(106)改为国,后复为郡,建和二年(148)改为国,建安十一年(206)复为郡。刘备曾以平原令领平原相。

⑬执事:对对方的敬称。《左传·僖公二十六年》:“寡君闻君亲举玉趾,将辱于敝邑,使下臣犒执事。”杜预注:“言执事,不敢斥尊。”

⑭时刘表薨:以下至“何忍弃去”,出自《三国志·蜀书·先主传》,有删节。

⑮琮(cóng):指刘琮,山阳高平(今山东微山西北)人。刘表次子。受到刘表宠爱。刘表死后,在蔡瑁、张允等人支持下继位。曹操攻荆州,他率部迎降,被授为青州刺史,封列侯。

⑯荆州:指荆州牧刘表。

⑰刘主虽颠沛险难：以下至“不亦宜乎”，出自《三国志·蜀书·先主传》裴松之注引“习凿齿曰”。

⑱景升：即刘表，字景升。

⑲物情：众情，民心。

⑳投醪（láo）：《文选·张协〈七命〉》：“单醪投川，可使三军告捷。”李善注引《黄石公记》曰：“昔良将之用兵也，人有馈一箪之醪，投河，令众迎流而饮之。夫一箪之醪，不味一河，而三军思为致死者，以滋味及之也。”后因以“投醪”比喻与军民同甘共苦。含蓼（liǎo）问疾：相传越王勾践谋复吴仇，身自磨砺，夜以继日，目倦欲睡，则含辛辣之蓼；问病济贫，抚慰百姓。事见《国语·越语》、赵晔《吴越春秋·勾践归国外传》。后用为君主艰苦自砺，抚慰百姓的典实。

㉑诣（yì）：到。

㉒信：通“伸”。

㉓猖蹶：失败。

㉔求诸侯莫如勤王：出自《左传·僖公二十五年》：“狐偃言于晋侯曰：‘求诸侯，莫如勤王。诸侯信之，且大义也。’”勤王，谓尽力于王事。

㉕利尽南海：《资治通鉴·汉纪五十七·建安十二年》胡三省注：“谓自桂阳、苍梧跨有交州，则利尽南海也。”

㉖吴会：东汉分会稽郡为吴、会稽二郡，并称“吴会”。后亦泛称此两郡故地为吴会。

㉗崄（xiǎn）塞：险要。崄，同“险”，险要。

㉘暗弱：昏庸懦弱。

㉙明后：贤明的君主。

㉚岨：同“阻”，险要。

㉛夷越：古代对长江中下游以南各族聚居地区之称。

㉜秦川：古地区名。泛指今陕西、甘肃的秦岭以北平原地带。因春秋、战国时地属秦国而得名。

㉝箪（dān）食壶浆：用箪装着饭食，用壶盛着浆汤。《孟子·梁惠王下》："以万乘之国伐万乘之国，箪食壶浆以迎王师，岂有他哉！避水火也。"后用为犒师拥军的典故。箪，古代用来盛饭食的盛器，以竹或苇编成，圆形，有盖。

【译文】

起初，刘备担任豫州牧时，刘备字玄德，涿郡涿县人。平日寡言少语，礼贤下士，喜怒不形于色。徐州牧陶谦上表朝廷，请求任命刘备为豫州牧，后来陶谦病重，派人迎接刘备。刘备说："袁术近在寿春，此人祖上四代出了五位三公，海内归心，您可以将徐州托付给他。"陈登说："袁术骄横傲慢，不是能够平定乱世的人。如今我们将为您召集十万步兵与骑兵，上可以扶助君主，拯救百姓，成就春秋五霸的功业，下可以割据守卫一方，在史册上留下功名。如果您不答应我们的请求，我也不敢听从您的吩咐。"孔融对刘备说："袁术哪里是忧国忘家的人？袁氏那些当过三公的先祖，不过是坟墓中的枯骨而已，何必放在心中。如今的形势，百姓将拥护有能力的人。上天的赐予不肯接受，将来后悔也来不及了。"刘备遂兼任徐州牧。陈登派遣使者去见袁绍说："上天降下灾祸，殃及我们徐州，州牧去世，百姓失去了主宰。我们害怕奸雄一旦趁机作乱，给盟主您带来忧患，因此我们一起拥立前平原相刘备为本州之主，让百姓知道有所归依。如今贼寇横行，我们没有卸下盔甲的空暇，于是谨派属下官吏前来报告。"袁绍回答说："刘备宽宏文雅而讲信义，如今徐州民众乐意拥戴他，实在符合我的期望。"**被曹操击败，撤退到新野安身**。此时刘表去世，诸葛亮劝刘备趁机进攻刘琮，可以夺得荆州。刘备说："刘表临终时，将遗孤托付于我，我不忍心做这样的事。"荆州人多归附刘备。刘备带着他们行军，一天只能走十余里。有人劝刘备说："应该急速行军，占据江陵城。"刘备说："要成就大事，必须以人为根本，如今人们来归附我，我怎么忍心抛弃他们？"习凿齿说："刘备虽然处于颠沛流离、险阻艰难之中，却愈发讲求信义；虽然形势紧迫、事态危急，却言语不失道义。追念刘表的眷顾之恩，真情感动三军将士；不舍前来归附的荆州人士，甘愿与他们一起遭受失败。观察他获得民心的做法，难道仅仅是与人同甘共苦、嘘寒问暖吗！他能成就一番大业，不也是必然的吗？”听说诸葛亮隐居于南阳，于是三次到诸葛亮所居住的草庐中拜访他。刘备摒退身边的人，问道：“汉室衰落倾覆，奸臣篡夺国柄，主上蒙尘。我不度德量力，想要伸张大义于天下，但我的智慧谋略短浅，因而连遭失败，直至今日。但我的心意依然没有改变，您认为应当怎么办？”诸葛亮回答道：“自从董卓之乱后，群雄并起，割据多个州郡的人数不胜数。曹操与袁绍相比，名气小而兵力弱，然而最终能打败袁绍，转弱为强，不仅因为占据天时，同时也由于谋略得当。如今，曹操已拥有百万大军，挟制天子，用其名义号令诸侯，《左传》说：“要求得诸侯的拥护，最好的办法就是为天子效力。”说的就是这个道理。这确实不能和他一争高下。孙权占有江东地区，已经经历了三代人，地势险要，民心归附，贤能之士为其所用，这可以作为外援，而不可图谋吞并。荆州北面依托汉水、沔水，南面尽得南海地区的利益，东面连接吴郡、会稽郡，西面通往巴、蜀地区，这是适合用兵的地方，而这个地方的君主却没有能力守住它，这大概是上天用来资助将军的。益州地势险要，沃野千里，是天府之国，高祖刘邦凭借此地成就帝业。而刘璋昏庸懦弱，张鲁在北面虎视眈眈，人口众多，地方富饶，刘璋却不知体恤，有智慧才能的士人都在期盼明君的到来。将军您既是皇室的后代，而且信誉与道义天下闻名，努力延揽英雄，思贤若渴。如果能占据荆、益两州，把守险要之处，西面与各个少数民族和平共处，南面安抚夷越部族，与孙权结好，完善内政。一旦天下局势有了变化，则命令一位高级将领率领荆州军队进军宛城、洛阳，而将军您亲自率领益州军队进军秦川，百姓谁敢不用箪装着饭食，用壶盛着浆汤，前来迎接您呢！如果真能这样，那么您的霸业可成，汉室可以复兴。”

时曹公破荆州，先主奔吴。先主之奔吴也[①]，论者以孙权必杀之。程昱料曰：“曹公无敌于天下，初举荆州，威震江表。权虽有谋，不能独当也。刘备，英雄也。关羽、张飞皆万人之敌，权必资以御于我。难解势分[②]，备资以成[③]，不可得杀也。”权果多与备兵，以御太祖。时益州刺史刘璋闻曹公征荆州[④]，遣别驾张松诣曹公[⑤]。曹公时已定荆州，走先主。曹公不存录松[⑥]，松劝璋自绝。习凿齿曰：“昔齐桓一矜其功[⑦]，而叛者九国；曹操暂自骄伐[⑧]，而天下三分。皆勤之于数十年之内，弃之于俯仰之顷，岂不惜乎！是以君子劳谦日昃[⑨]，虑以下人。功高而居之以让，势尊而守之以卑，夫然后能有其富贵，保其功业，传福百代，何骄矜之有哉！君子是以知曹操之不能遂兼天下也。”**备用亮计，结好孙权，共拒曹公于赤壁，破之。曹公北还，权乃以荆州业备**[⑩]。周瑜上疏谏曰[⑪]：“刘备以枭雄之姿，而关羽、张飞熊虎之将，必非久屈为人用者。愚谓大计宜徙置吴，盛为筑室，多其美女玩好之物[⑫]，以娱其耳目。分此三人，各置一方，使如瑜者得挟与攻战，大事可定也。今猥割土地以资业之[⑬]，聚此三人，俱在疆场，恐蛟龙得云雨，非复池中物也。”权以曹公在北方，当广揽英雄，故不纳也。

【注释】

①先主之奔吴也：以下至“以御太祖”，出自《三国志·魏书·程昱传》，有删节。

②难解势分：指孙、刘联盟面临的危难解除，双方势力分开的时候。

③备资以成：指刘备的势力已成气候。

④时益州刺史刘璋闻曹公征荆州：以下至“松劝璋自绝”，出自《三国志·蜀书·刘璋传》，有删节。

⑤别驾：即别驾从事（史），汉朝为刺史、司隶校尉属吏，秩百石，秩轻职重，位居州吏之右，事无不统。张松：字子乔，成都（今属四

川)人。益州牧刘璋别驾。劝刘璋与曹操断绝关系,并与法正密谋奉刘备为主。后被其兄张肃告发,为刘璋所杀。

⑥存录:存恤录用。

⑦昔齐桓一矜其功:以下至“君子是以知曹操之不能遂兼天下也”,出自《三国志·蜀书·刘璋传》裴松之注引“习凿齿曰”,有删节。《公羊传·僖公九年》:“葵丘之会,桓公震而矜之,叛者九国。震之者何?犹曰振振然。矜之者何?犹曰莫若我也。”

⑧骄伐:骄傲自矜。

⑨劳谦:勤劳谦恭。《周易·谦卦》九三爻辞:“劳谦,君子有终,吉。”

⑩业:成业,使之立业。

⑪周瑜上疏谏曰:以下至“故不纳也”,出自《三国志·吴书·周瑜传》。

⑫玩好:供玩赏的奇珍异宝。

⑬猥:谬,错误地。

【译文】

此时,曹操攻破了荆州,刘备奔逃至吴国。刘备奔逃至吴国,议论此事的人都认为孙权一定会杀了刘备。程昱却预言到:“曹公无敌于天下,刚刚攻下了荆州,声威震动江南。孙权虽然有谋略,却不能独立对抗曹公。刘备,是英雄。关羽、张飞,都是勇力可敌万人的猛将,孙权一定会借助他们来抵御我们。等到孙、刘联盟面临的危难解除,双方分开的时候,刘备的势力已成气候,孙权想要再杀刘备也不可能了。”孙权果然给了刘备许多兵马,以抵御曹操。当时,益州刺史刘璋听说曹操征讨荆州,派别驾张松前去拜见曹操。曹操此时已平定荆州,赶走了刘备。曹操没有存恤录用张松,张松回蜀后,劝刘璋与曹操断绝关系。习凿齿说:“从前,齐桓公一旦居功自傲,就有九个诸侯叛离;曹操短暂地骄傲自矜,导致了天下三分。都是数十年间勤劳经营的功业,却在顷刻之间被废弃了,岂不是很可惜吗!所以君子终日勤劳谦恭,考虑如何礼贤下士。功劳虽高,却始终礼让,地位尊贵,却保持谦卑,然后才能拥有富贵,长保功业,福禄流传百代,哪里会骄傲自满呢!君子因此知道曹操不可能统一天下。”**刘备采纳了诸葛亮的计策,与孙权结好,联合起来在赤壁抵御**

曹操,打败了他。曹操返回北方,孙权于是把荆州借给了刘备。周瑜上奏疏劝谏道:“刘备有枭雄的姿态,而关羽、张飞都是熊虎一般的猛将,必定不肯长时间委屈自己为人所用。以我的愚见,应该把刘备迁徙到吴国,为他修筑宫室,多送给他美女和各种供玩赏的奇珍异宝,以满足他的耳目享受。将这三人分开,安置在不同的地方,再派遣像我这样的人挟制他们一同作战,大事就可以成功。如今错误地割让土地去资助他们,让这三人聚在一起,活跃于战场之上,恐怕他们会像蛟龙得到云雨一样,不再是池中之物了。”孙权认为曹操在北方虎视眈眈,眼下应该广揽英雄,因此没有采纳周瑜的建议。

庞统说备曰[①]:“荆州荒残,人物单尽[②],东有吴孙,北有曹氏,鼎足之计,难以得志。今益州国富人强,户口百万,郡中兵马,所出毕具,宝货无求于外。今可权借,以定大事。”备曰:“今指与吾为水火者[③],曹操也。操以急,吾以宽;操以暴,吾以仁;操以谲,吾以忠。每与操反,事乃可成耳。今以小故而失信义于天下者,吾所不取也。”统曰:“权变之时,固非一道所能定也。兼弱吞昧[④],五伯之事。逆取顺守[⑤],报之以义。各事定后,封以大国,何负于信?今日不取,终为人利耳。”备乃使关羽守荆州,欲自取蜀。时孙权遣使报备[⑥],欲共取蜀,曰:“米贼张鲁君王巴、汉[⑦],为曹操耳目,规图益州。刘璋不能自守。若操得蜀,则荆州危矣。今欲先攻取璋,进讨张鲁,首尾相运[⑧],一统吴、楚。虽有十操,无所忧也。”或说备宜报听许,吴终不能越荆有蜀,蜀地可有也。主簿殷观曰:“若为吴先驱,进未能克蜀,返为吴所乘,则大事去矣。”备从之,距答权曰:“益州民富国强,土地阻险,刘璋虽弱,足以自守。张鲁虚伪,未尽忠于操。若暴师于蜀汉[⑨],转运于万里,欲使战克攻取,举不失利,此吴起不能定其规，孙武不能善其事。今曹操三分天下有其二，将饮马沧海⑩，观兵于吴⑪，而同盟无故自相攻伐，借枢于操⑫，使敌乘其隙，非计也。"权知备意，乃止也。

【注释】

①庞统说备曰：以下至"欲自取蜀"，出自《三国志·蜀书·庞统传》裴松之注引《九州春秋》。庞统，字士元，襄阳（今湖北襄阳襄城区）人。号为"凤雏"，刘备帐下重要谋士，与诸葛亮并为军师中郎将。率军围攻雒城时，中流矢卒。

②人物：指人与财物、财富。单尽：竭尽。单，通"殚"。

③指与吾为水火：《资治通鉴·汉纪五十八·建安十六年》胡三省注："言水火者，以其性相反也。"指，行事宗旨。

④兼弱吞昧：兼并弱国，攻取政治昏乱之国。

⑤逆取顺守：《史记·郦生陆贾列传》："且汤武逆取而以顺守之，文武并用，长久之术也。"古代从正统观念出发，认为汤、武以诸侯身份用武力夺取帝位，不合君臣之道，故叫"逆取"。即位后，偃武修文，法先圣，行仁义，合乎正道，故叫"顺守"。

⑥时孙权遣使报备：以下至"乃止也"，出自《三国志·蜀书·先主传》及裴松之注引《献帝春秋》。

⑦米贼：旧时对五斗米道的贬称。《三国志·魏书·张鲁传》："祖父陵，客蜀，学道鹄鸣山中，造作道书以惑百姓，从受道者出五斗米，故世号'米贼'。"

⑧首尾相运：《三国志·蜀书·先主传》裴松之注引《献帝春秋》作"首尾相连"，译文从之。

⑨暴师：谓军队在外，蒙受风雨霜露。

⑩饮马：语本《左传·宣公十二年》："楚子北师次于郔。沈尹将中军，子重将左，子反将右，将饮马于河而归。"谓使战争临于某地，

通过战争扩大疆土至某地。

⑪观兵：显示兵力。

⑫借枢：把全局的关键交给别人去掌握。

【译文】

庞统劝刘备说："荆州破败荒凉，人力与财富都已耗尽，东面有吴国孙权，北面有曹操，三足鼎立的计划难以实现。如今益州国富民强，户口上百万，郡中兵马所需的各种物资，无不具备，各种珍宝货物无须向外求取。我们可以暂且借来，以成就大事。"刘备说："如今行事宗旨与我截然相反的，是曹操。曹操为人褊急，我为人宽厚；曹操为人残暴，我为人仁爱；曹操为人诡诈，我为人忠信。凡事与曹操相反，才能成就大事。如今因为小事而失信于天下，我不愿做这样的事。"庞统说："如今是需要讲究权变的时代，当然不是一种方法所能平定的。兼并弱国，攻取政治昏乱之国，正是春秋五霸的做法。用非常的手段夺取，用仁义的手段治理，并以仁义之道对待前任之君。等大事平定之后，封给刘璋一个大的封国，对于信义有什么损害？现在您不攻取益州，最终将落到他人手中。"于是刘备派关羽镇守荆州，打算亲自夺取蜀地。当时，孙权派使者通报刘备，想和他一起攻取蜀地，说："米贼张鲁在巴郡、汉中称王，充当曹操的耳目，并图谋夺取益州。刘璋没有能力自保。如果曹操得到蜀地，则荆州就危险了。如今我打算先攻取刘璋，再进军讨伐张鲁，从而首尾相连，一统吴、楚之地。即便有十个曹操，也无须忧虑了。"有人劝刘备应该同意孙权的请求，因为吴军终归不能越过荆州而占有蜀地，如此一来，蜀地也就可以获得了。主簿殷观说："如果我们充当吴国的先锋，进攻蜀地未能得手，撤退后被吴军趁机攻击，则大事去矣。"刘备听从了他的建议，回绝孙权说："益州民富国强，地形险要，刘璋虽然懦弱，但足以自守。张鲁为人虚伪，未必会尽忠于曹操。如果劳师远征蜀地、汉中，运输军需到万里之外，想要战必克，攻必取，举兵不失利，即便吴起也无法制定规划，孙武也无法确保取胜。如今曹操已经占有了天下的三分之二，即将征服沿海地区，并向东吴炫耀军威，而我们同盟内部无故互相讨伐，使曹操掌握主动，抓住机会进攻我们，这不是好主意。"孙权明白了刘备的用意，于是停止了这个计划。

会刘璋闻曹公向汉中讨张鲁[①]，内怀恐惧，别驾张松说璋曰："曹公兵强，无敌于天下。若因张鲁之资以取蜀土，谁能御之？刘豫州，使君之宗，而曹公之深仇也。若使之讨鲁，鲁必破。鲁破，则益州强，曹公虽来，无能为也。"璋然之，遣法正迎先主[②]。时黄权谏曰[③]："左将军有枭名[④]，今以部曲遇之[⑤]，则不满其心；以客礼待之，则一国不容二君。若客有太山之安，则主有累卵之危。愿且闭境，以待河清[⑥]。"时刘巴亦谏曰[⑦]："备，雄杰人也。入必有为，不可内也。"既入，巴又曰："若使备讨张鲁，是放虎于山林也。"璋并不听。先主与璋会涪[⑧]。

【注释】

①会刘璋闻曹公向汉中讨张鲁：以下至"先主与璋会涪"，出自《三国志·蜀书·先主传》。

②法正：字孝直，扶风郿（今陕西眉县东）人。建安初依益州牧刘璋，不受重用，后奉命邀刘备入蜀，遂献策劝备趁机取蜀。善出奇谋，深受刘备信任。官至蜀郡太守、尚书令、护军将军。

③时黄权谏曰：以下至"璋并不听"，出自《三国志·蜀书·黄权传》。黄权，字公衡，巴西阆中（今四川阆中）人。三国时期蜀汉、曹魏将领。初为刘璋主簿。刘备取益州，黄权闭城坚守，璋降乃降，历任偏将军、治中从事、镇北将军。刘备伐吴，命黄权督江北之军以防魏军。刘备兵败后，黄权的归路被隔断，不得已降魏，官至车骑将军、仪同三司。

④左将军：指刘备。刘备曾被朝廷任命为左将军。枭（xiāo）名：骁勇之名。

⑤部曲：部属，部下。

⑥河清：黄河水浊，少有清时，古人以“河清”为升平祥瑞的象征。

⑦时刘巴亦谏曰：以下至“璋并不听”，出自《三国志·蜀书·刘巴传》裴松之注引《零陵先贤传》。刘巴，字子初，零陵烝阳（今湖南邵东东南）人。三国时期蜀汉官员。官至尚书令。

⑧涪（fú）：县名。今四川绵阳东。

【译文】

这时候，刘璋听说曹操出兵汉中讨伐张鲁，心怀恐惧，别驾张松劝刘璋说：“曹操兵力强盛，无敌于天下。如果他取得汉中，凭借张鲁的物资来攻取蜀地，谁能够抵挡？豫州牧刘备，与您同宗，又是曹操的大仇人。如果让他来讨伐张鲁，张鲁必然被击败。张鲁被打败，则益州的力量便强大了，曹操即便前来，也不能有什么作为。”刘璋同意张松的看法，于是派法正前去迎接刘备。此时黄权劝谏道：“左将军刘备有枭雄的名声，如果把他当作部下看待，那么他心中不会满意；如果以宾客的礼仪对待他，则一国之内无法容纳两个君主。如果客人的处境安如泰山，那么主人就会危如累卵。希望您关闭边境，等待天下太平。”此时刘巴也劝谏道：“刘备，是豪杰之人。进入益州后必然会有所图谋，不能放他进来。”刘备进入益州后，刘巴又说：“如果让刘备去讨伐张鲁，就好比放虎归于山林。”刘璋没有听从这些意见。刘备与刘璋在涪城会面。

璋既还成都[①]，先主当为璋北征汉中。统复说备曰：“阴选精兵，昼夜兼道，径袭成都。璋既不武，又素无豫备，大军卒至，一举便定，此上计也。杨怀、高沛，璋之名将，各杖强兵，据守关头[②]。闻数有笺来谏璋，使发遣将军还荆州。将军未至，遣与相闻，说荆州有急，欲还救之，并使装束[③]，外作归形。此二子既服将军英名，又喜将军之去，必乘轻骑来见[④]。将军因此执之，进取其兵，乃向成都，此中计也。返还白帝,连引荆州,徐还图之,此下计也。若沉吟不去,将致大困,不可久矣。”先主然其中计。初,张松、法正见备[5],备以私意接纳[6],尽其殷勤。因问蜀中兵器府库人马众寡,及诸要害。松等具为言之。又画地图处置山川[7]。由是尽知益州虚实。先主北到葭萌[8],未即讨鲁,厚树恩德,以收众心。明年,曹公征孙权,权呼先主自救。备乃从璋求万兵及资宝,欲以东行救权。璋但许兵四千,其余皆半给。备因激怒其众曰:“吾为益州征强敌[9],师徒勤瘁,不遑宁居。今积帑藏之财[10],而吝于赏功,望士大夫为出死力战[11],其可得乎!”乃召璋白水军督杨怀,责以无礼,斩之。使黄忠等勒军向璋[12]。先主径至关,质诸将士卒妻子,引兵从忠等进到涪,据其城。璋所遣将皆破败也。即斩怀等,自葭萌南,还取璋。

【注释】

①璋既还成都:以下至“还取璋”,出自《三国志·蜀书·庞统传》。

②关头:即白水关。

③装束:束装,整理行装。

④轻骑:单骑。

⑤初,张松、法正见备:以下至“由是尽知益州虚实”,出自《三国志·蜀书·先主传》裴松之注引《吴书》。

⑥备以私意接纳:《三国志·蜀书·先主传》裴松之注引《吴书》作“皆厚以恩意接纳”,译文从之。

⑦画地图处置山川:《三国志·蜀书·先主传》裴松之注引《吴书》作“画地图山川处所”,译文从之。

⑧先主北到葭(jiā)萌:以下至“璋所遣将皆破败也”,出自《三国志·蜀书·先主传》及裴松之注引《魏书》,有删节。葭萌,县名。今四川广元西南。

⑨益州：指益州牧刘璋。

⑩帑（tǎng）藏：国库。

⑪士大夫：将佐，将士。

⑫黄忠：字汉升，南阳（今属河南）人。原为刘表部将，后归刘备，从征益州，多有战功。建安二十四年（219）定军山之战中，黄忠阵斩曹魏名将夏侯渊，拜征西将军。刘备称汉中王后，官至后将军，赐爵关内侯。

【译文】

刘璋返回成都后，刘备准备替他北伐汉中。庞统又劝刘备说："暗中挑选精兵，昼夜兼程，直接偷袭成都。刘璋既缺乏军事才能，又一向没有防备，大军突然到来，可以一举平定益州，这是上策。杨怀、高沛，是刘璋的名将，各统强兵，占据白水关。听说他们多次上书劝谏刘璋，劝他发遣您返回荆州。您尚未到白水关时，可以先派遣使者与他们联络，就说荆州发生了紧急情况，打算回师救援，同时让军队整理行装，表面做出要返回荆州的样子。这二人既佩服将军您的英名，又庆幸您将要离开，一定会单骑来见。您借此机会抓住他们，进而吞并他们的部队，再回军进攻成都，这是中策。退回白帝城，与荆州互相呼应，再慢慢等待夺取益州的机会，这是下策。如果犹豫不决，不离去，将会陷入大困境，不可长时间停留此地。"刘备同意了庞统的中策。起初，张松、法正前去拜见刘备，刘备盛情款待，极尽热情周到。刘备趁机询问蜀中的武器、物资、兵马数量，以及蜀地各个要害之处的情况。张松等人全部告诉了他。还绘制了益州山川形势的地图送给刘备。刘备因此完全了解了益州的虚实情况。刘备到达北面的葭萌县后，并没有立即讨伐张鲁，而是广施恩德，以收取人心。第二年，曹操进攻孙权，孙权请求刘备救援自己。刘备于是向刘璋讨要一万军队以及军需物资，以便东还救援孙权。刘璋只同意给四千军队，其余的物资都只给一半。刘备借此机会激怒他的部下说："我为刘璋征讨强敌，军队辛苦劳累，无暇休息。如今刘璋的府库里堆满财物，却舍不得拿出来犒赏有功之人，却指望将士们为他拼死作战，这怎么可能呢！"于是招来刘璋的白水关督军杨怀，责备他无礼，将其斩首。派黄忠等人率军进攻刘璋。刘备自己径直赶到白水关内，把守关将士的妻儿扣为人质，然后率军与黄忠等人进军涪城，攻占了城池。刘璋所派遣的将领全都被击败了。于是斩杀了杨怀等人，从葭萌南下，攻打刘璋。

时郑度说璋曰[①]："左将军袭我，兵不满万，士众未附，野谷是资。计莫若尽驱巴西、梓潼人内涪水以西[②]，其仓禀野谷一皆烧除，高垒深沟，静以待之。彼请战不许，久无所资，不过百日，必将自走。走而击之，则必禽矣。"璋不用度计。先主遂长驱，所过必克，而有巴、蜀。刘备袭蜀[③]，丞相掾赵戬曰[④]："刘备其不济乎！拙于用兵，每战必败，奔亡不暇，何以图人？蜀虽小国[⑤]，险固四塞，独守之国，难卒并也。"征士傅幹曰[⑥]："刘备宽仁有度，能得人之死力。诸葛亮达理知变，正而有谋，而为之相。张飞、关羽勇而有义，皆万人之敌，而为之将。此三人者，皆人杰也。以刘备之略，三杰佐之，何为不济？"先主围成都数十日[⑦]，璋出降。蜀中殷盛丰乐，先主置酒大飨士卒[⑧]，取蜀城中金银分赐将士，还其谷帛。初攻刘璋[⑨]，备与士众约曰："若事定，府库百物，孤无豫焉。"及拔成都，士众皆舍干戈，赴诸藏竞取宝物，军用不足，备甚忧之。刘巴曰："易耳。但当铸直百钱[⑩]，平诸物价，令吏为官市[⑪]。"备从之。数月之间，府库充实。先主领益州牧[⑫]，诸葛亮为股肱，法正为谋主，关羽、张飞、马超为爪牙，许靖、糜竺、简雍为宾友。董和、黄权、李严等本璋之授用也[⑬]，吴壹、费观等又璋之婚亲也[⑭]，彭羕者又璋之所排摈也[⑮]，刘巴者宿昔之所忌恨也，皆处之显任，尽其器能。有志之士，无不竞劝也。

【注释】

①时郑度说璋曰：以下至“则必禽矣”，出自《三国志·蜀书·法正传》。郑度，广汉郡（治雒县，今四川广汉北）人。刘璋时任益州从事。

②巴西：郡名。建安六年（201）改巴郡置，自安汉（今四川南充北）移治阆中（今属四川）。辖境相当于今四川阆中、武胜以东，广安、渠县以北，万源、开江以西地区。梓潼：郡名。建安二十二年（217）析广汉郡置，治梓潼（今四川梓潼）。辖境相当于今四川广元、青川、剑阁、梓潼、江油、绵阳和陕西宁强等市县地。涪水，即涪江。

③刘备袭蜀：以下至“何为不济”，出自《三国志·蜀书·先主传》裴松之注引《傅子》。

④丞相掾（yuàn）：丞相属吏。当时曹操为丞相。赵戬（jiǎn）：字叔茂，京兆长陵（今陕西咸阳东北）人。赵岐从子。

⑤蜀虽小国：《三国志·蜀书·先主传》裴松之注引《傅子》作“蜀虽小区”。

⑥征士：指不接受朝廷征聘的隐士。傅幹：字彦材（一作“彦林”），小字别成，北地泥阳（今陕西铜川耀州区东南）人。汉末汉阳太守傅燮之子，西晋名臣傅玄之父。建安年间为丞相参军、仓曹属。官至扶风太守。

⑦先主围成都数十日：以下至“还其谷帛”，出自《三国志·蜀书·先主传》。

⑧飨（xiǎng）：拿食物犒劳。

⑨初攻刘璋：以下至“府库充实”，出自《三国志·蜀书·刘巴传》裴松之注引《零陵先贤传》。

⑩直百钱：面值为一百的钱币。《资治通鉴·汉纪五十九·建安十九年》胡三省注：“直百钱，一钱直百也。杜佑曰：蜀铸直百钱，文曰

'直百'。亦有勒为五铢者,大小称两如一焉,并径七分,重四铢。"

⑪官市:官府设立的集市。

⑫先主领益州牧:以下至"无不竞劝也",出自《三国志·蜀书·先主传》。

⑬董和:字幼宰,南郡枝江(今湖北枝江北)人。刘璋时历任江原长、成都令、益州太守等职,有政绩。刘备据蜀后,任掌军中郎将,与诸葛亮同掌军政。李严:字正方,南阳(今属河南)人。刘璋时任成都令。后归降刘备,任犍为太守、尚书令。备临死,与诸葛亮同受遗诏辅政。后亮出师祁山,他主掌后勤,因失职被免官。

⑭吴壹:字子远,陈留(今河南开封)人。随刘焉入蜀,刘璋时任中郎将,后归降刘备,任护军讨逆将军。其妹为刘备夫人。诸葛亮逝世后,任汉中都督,升任车骑将军、雍州刺史,进封济阳侯。费观:字宾伯,江夏鄳(今河南罗山西南)人。刘璋女婿。后归降刘备,任裨将军、巴郡太守、江州都督。刘禅即位后,封都亭侯,加振威将军。

⑮彭羕:字永年,广汉郡(治雒县,今四川广汉北)人。初为益州书佐,因受谤毁,被刘璋髡钳为徒隶。刘备入蜀,得庞统、法正引荐,任为治中从事。因骄纵,被贬为江阳太守。后因言语悖逆,下狱诛死。

【译文】

此时郑度劝刘璋说:"刘备袭击我们,其兵力不足万人,尚未得到士卒的真心归附,粮草只能依赖田野中的谷物。如今之计,不如将巴西、梓潼两郡的百姓全部迁徙到涪水以西,把粮仓和田野上的谷物全部烧掉,然后高筑堡垒,深挖壕沟,静静等待。刘备挑战得不到回应,长期相持又缺乏粮草,不出一百天,必定撤军。等他们撤军时,再出兵追击,必能擒获刘备。"刘璋没有采纳郑度的计谋。刘备于是长驱直入,每攻必克,占领了巴蜀地区。刘备袭击蜀地,丞相属吏赵戬说:"刘备不会成功吧!他不善用兵,屡战屡败,逃跑还来不及,凭什么图谋别人?蜀虽然是个小地方,然而四面皆有天险,是个可以独自据守的国家,难以迅速吞并。”征士傅幹说:“刘备宽厚仁慈而有度量,能让人为他拼死效力。诸葛亮通达事理,知晓权变,正直而有谋略,担任刘备的辅佐。张飞、关羽勇猛而有信义,都是力敌万人的猛将,担任刘备的大将。这三个人,都是人中豪杰。以刘备的雄才大略,加上三位豪杰的辅佐,怎么会不成功?”刘备围攻成都数十天后,刘璋出城投降。蜀地富庶安乐,刘备大摆酒宴犒劳将士,将成都府库中的金银赏赐给将士,谷物与布帛则发还百姓。当初攻打刘璋时,刘备与士卒约定:“如果大事成功,成都府库内的一切财物,我都不要。”等到攻下成都,将士们都扔下武器,前往各个府库抢夺宝物,以致军需费用不足,刘备很是忧虑。刘巴说:“这不难。只要铸造面值为一百的钱币,平抑物价,让官员设立官方市场。”刘备听从了刘巴的建议。数月之间,府库就充实了。刘备就任益州牧,以诸葛亮为辅佐,法正为主要谋士,关羽、张飞、马超为将领,许靖、糜竺、简雍为宾客朋友。董和、黄权、李严等原本是刘璋任用的部下,吴壹、费观等是刘璋的姻亲,彭羕曾受到刘璋的排斥,刘巴是刘备过去所憎恨的人,他们都被安置在显要的职位上,充分发挥他们的才能。于是有志之士,无不受到鼓舞。

群臣劝先主称尊号[①],先主未许。诸葛亮曰:“昔吴汉、耿纯等劝世祖即帝位[②],世祖辞让,前后数四。耿纯进言曰:‘天下英雄喁喁,冀有所望[③]。如不从议者,士大夫各归求主,无为从公也。’世祖感纯言深至,遂然诺之。今曹氏篡汉,天下无主。大王刘氏苗族,绍世而起[④],即帝位,乃其宜也。士大夫久勤苦者,亦望尺寸之功名,如纯言耳。”先主于是即帝位。谯周等劝进云[⑤]:“臣父群未亡时[⑥],言西南数有黄气,直立数丈,见来积年时时有景云祥风[⑦],从璇玑下应之[⑧],此为异瑞[⑨]。又二十二年中,数有气如旗,从西竟东,中天而行[⑩]。图书曰[⑪]:‘必有天子出其方。’加是年太白、荧惑、镇星常从岁星相追近。

汉初兴，五星从岁星[12]，其岁星主义[13]，汉位在西，义之上方[14]，故汉法常以岁星候人主，当有圣主起于此州，以致季兴[15]。时许帝尚存[16]，故群下不敢漏言。顷者，荧惑复追岁星，见在胃、昴[17]。胃、昴为天纲。经曰：'帝星处之[18]，众邪消亡。'愿大王应天顺人，速即洪业[19]，以宁海内也。"

【注释】

①群臣劝先主称尊号：以下至"先主于是即帝位"，出自《三国志·蜀书·诸葛亮传》。

②耿纯：字伯山，钜鹿宋子（今河北赵县东北）人。东汉开国将领、云台二十八将之一。《三国志·蜀书·诸葛亮传》作"耿弇"，译文从之。世祖：指光武帝刘秀。

③天下英雄喁喁（yóng），冀有所望：《后汉书·耿纯传》："耿纯进曰：'天下士大夫捐亲戚，弃土壤，从大王于矢石之间者，其计固望其攀龙鳞，附凤翼，以成其所志耳。'"喁喁，仰望期待貌。

④绍世：继承世系。

⑤谯周等劝进云：以下至"以宁海内也"，出自《三国志·蜀书·先主传》，有删节。谯周，字允南，巴西西充（今四川阆中西南）人。蜀中经学大师。后主刘禅时，官至太子家令、光禄大夫。炎兴元年（263）魏军攻蜀，他劝后主出降，被封为阳城亭侯，拜骑都尉、散骑常侍。

⑥臣父群：指周群。钱大昕《廿二史考异·三国志二·蜀·先主传》："此奏列名者有刘豹、向举、张裔、黄权、殷纯、赵莋、杨洪、何宗、杜琼、张爽、尹默、谯周等，而忽称臣父，果何人之父邪？《华阳国志》云'周群父未亡时'，似当从之。又按《周群传》云：'子巨，亦传其术。'或'臣'为'巨'之讹，而上脱'周'字邪？"

⑦景云：祥云，瑞云。

⑧璇（xuán）玑：泛指北斗。

⑨异瑞：异常的吉兆。

⑩中天：天文学名词。天体经过观测者的子午圈。

⑪图书：指河图、洛书。

⑫汉初兴，五星从岁星：五星，指金、木、水、火、土五星。从岁星，指金、水、火、土四星向木星的方位靠近。《汉书·天文志》："汉元年十月，五星聚于东井，以历推之，从岁星也。此高皇帝受命之符也。"颜师古注引孟康曰："岁星先至，先至为主也。"

⑬岁星主义：指木星与"义"相对应。《汉书·天文志》："凡五星所聚宿，其国王天下：从岁以义，从荧惑以礼，从填以重，从太白以兵，从辰以法。"

⑭义之上方：指西方。古代以"五常"与"五方"相配，义配西方。

⑮季兴：中兴，复兴。

⑯许帝：指在许都的汉献帝。

⑰胃：胃宿，西方白虎七宿的第三宿。昴（mǎo）：昴宿，西方白虎七宿的第四宿。

⑱帝星处之：指木星运行至胃宿、昴宿的星区。

⑲洪业：大业。指帝位。

【译文】

群臣劝刘备称帝，刘备尚未答应。诸葛亮劝说道："从前吴汉、耿弇等人劝世祖登上帝位时，世祖也推辞谦让，前后多次。耿纯进言说：'天下英雄仰望期待，希望能在您称帝后获取富贵。如果不听从他们的建议，士大夫们将各自归去寻找新的主人，不会再追随您了。'世祖被耿纯深刻诚挚的话所打动，同意登基称帝。如今曹丕篡夺汉室，天下没有主人。大王您是刘氏苗裔，继承祖业登上帝位，乃是理所应当。士大夫千辛万苦地追随您，也希望能建立功名，正如耿纯当年所说的那样。"刘备

于是登基称帝。谯周等人劝刘备称帝,说:"周群还没去世时,曾说蜀地西南方屡屡有黄气,直立向上,高达数丈,已经出现好几年了,并且时时有瑞云祥风,从北斗的方位降下与之呼应,这是奇异的吉兆。另外,建安二十二年(217)间,多次出现像旗帜一样的云气,自西向东,横跨中天移动。《河图》《洛书》说:'必然有天子出现在云气初起的方位。'加之这一年中,金星、火星、土星常常追随木星而行,位置相近。汉朝刚刚兴起时,金、水、火、土四星向木星的方位靠近,而木星与义相配,汉的方位在西方,恰好也是与义相配的方位,所以汉代的占星之法,常以木星的运行预测人主的吉凶,根据天象,应当有圣明的君主兴起于益州,使汉室中兴。当时许都的皇帝还在,所以群臣不敢泄露这件事。最近,火星又开始追赶木星,出现在胃宿、昴宿的星区。胃宿、昴宿是上天的纲纪。星经说:'帝星位于胃宿、昴宿时,各种邪恶都会消亡。'希望大王您顺应天意民心,赶紧登上帝位,以安定天下。"

时曹公拔汉中[①]。初,魏太祖破张鲁于汉中[②],刘晔进计曰[③]:"明公北破袁绍,南征刘表,九州百郡,十并其八,威震天下,势慑海外[④]。今举汉中,蜀人望风,破胆失守[⑤]。推此而前,蜀可传檄而定。刘备,人杰也。有度而迟,得蜀日浅,蜀人未附,人心震恐,其势自倾。因其倾而压之,无不克也。若小缓之,诸葛孔明明于治体,关羽、张飞勇冠三军,武毅以威之,文德以抚之,据崄守要,不可犯矣。今时不取,必有后忧。"太祖不从。居七日[⑥],蜀降者言蜀中惊扰,虽斩之,犹不禁。太祖又问晔曰:"蜀可伐不?"对曰:"今以小安,不可动也。"法正说先主曰:"曹操一举降张鲁,定汉中,不因此势以图巴、蜀,而留夏侯渊、张郃屯守[⑦],身遽北还。此非其智不逮、力不足也,将内有忧逼故耳。今算渊、郃才略,不胜国之将率,举众往讨,则必克之。克之日,广农积谷,观衅伺隙[⑧],上可以倾覆寇敌,尊奖王室;中可以蚕食雍、凉,广境拓土；下可以固守要害，为持久之计。此盖天以与我，时不可失也！”先主善其策，乃率诸将进兵汉中，正亦从行。先主自阳平南度沔水[9]，缘山稍前，于定军、兴势作营[10]。渊将兵来争其地。正曰：“可击矣。”先主命黄忠乘高鼓噪攻之，大破渊军，渊等授首，遂奄有梁、汉[11]。

【注释】

①时曹公拔汉中：以下至“渊等授首”，出自《三国志·蜀书·法正传》。

②初，魏太祖破张鲁于汉中：以下至“太祖不从”，出自《三国志·魏书·刘晔传》。

③刘晔：字子扬，淮南成德（今安徽寿县东南）人。汉朝宗室，曹魏大臣、谋士。官至侍中、大鸿胪，封东亭侯。

④慑：威慑，使慑服。

⑤失守：惊恐不能自持。

⑥居七日：以下至“不可动也”，出自《三国志·魏书·刘晔传》裴松之注引《傅子》。

⑦夏侯渊：字妙才，沛国谯（今安徽亳州）人。夏侯惇族弟，曹魏名将。

⑧璺（xìn）、隙：二词同义，间隙，空子。

⑨阳平：即阳平关，在今陕西勉县西。南临汉水，为汉中盆地西边门户，当川、陕交通要冲。

⑩于定军、兴势作营：应作“于定军山作营”。《三国志·蜀书·先主传》：“自阳平南渡沔水，缘山稍前，于定军山势作营。”卢弼《三国志集解》：“定军山在阳平关之南，亦在沔水之南，传文明言‘自阳平关南渡沔水，缘山稍前’，其为定军山无疑。阳平关在今沔县西北，定军山在今沔县东南，故云‘缘山稍前’。若兴势山则在

沔水之北，汉中之东，距阳平关数百里。汉中为夏侯渊、张郃屯兵之地，先主纵善用兵，决不能入敌境为营，此传‘势’字当为衍文。……《通鉴》云‘营于定军山’，《考异》亦云《法正传》误，胡注亦云‘兴势去沔阳地里相远’，是皆为定军山之证。”定军，指定军山，位于今陕西勉县西南。沿汉水起伏，东西绵延，两峰对峙，处汉中盆地西缘。译文从之。

⑪奄有：全部占有，多用于疆土。

【译文】

此时曹操攻取了汉中。起初，曹操在汉中大败张鲁，刘晔向曹操献计说：“您北破袁绍，南征刘表，天下九个州上百个郡，您已经占有了十分之八，威震天下，声势震慑海外。如今又攻下汉中，蜀人得知消息，无不闻风丧胆。若趁机进军，只要发布一道檄文就可以平定蜀地。刘备，是人中豪杰。虽有谋略却反应迟缓，得到蜀地的日子还不长，蜀地民众尚未真心归附，如今人心恐惧，势必从内部分崩离析。趁着他们分崩离析而大兵压境，一定可以取胜。如果暂时放过他们，诸葛亮懂得治国，关羽、张飞勇冠三军，用勇武震慑民众，用文德安抚民众，占据险要，坚守关塞，就没法进攻他们了。现在不攻取蜀地，必然留下后患。”曹操没有听取刘晔的建议。七天之后，蜀地前来投降的人说蜀中惊慌扰动，虽然斩杀了惊惶之人，依然无法制止。曹操又问刘晔说：“现在还能进攻蜀地吗？”刘晔说：“现在蜀地已经稍稍安定，不可以攻打了。”**法正劝刘备说：“曹操一举收服张鲁，平定汉中，却不趁势攻取巴、蜀，只留下夏侯渊、张郃驻守汉中，自己匆匆返回北方。这并不是因为曹操的智谋与力量不足，而是因为内部有了忧患威胁。如今，衡量夏侯渊、张郃的才干谋略，无法胜任一国的将帅，如果率领大军前去讨伐，一定能打败他们。攻克汉中之后，再加强农业，积聚粮食，观察形势等待时机，上可以消灭敌寇，扶助汉室；中可以蚕食雍州、凉州，开拓疆土；下可以固守要害之地，做长期坚持的打算。这是上天赐予的良机，机不可失！”刘备很赞赏法正的计策，于是率领诸将进军汉中，法正也随行。刘备从阳平关南渡沔水，沿着山势逐渐推进，在定军山扎营。夏侯渊领兵前来争**

夺。法正说："可以出击了。"刘备命黄忠居高临下擂鼓呐喊，发起猛攻，大败夏侯渊的部队，夏侯渊等人被斩首，于是全部占有了益州、汉中。

时魏使夏侯楙镇长安[①]，蜀将魏延就诸葛亮请兵从褒中出[②]，循秦岭而东，当子午而北[③]，以袭长安。亮不许。《魏略》曰："夏侯楙为安西将军[④]，镇长安。诸葛亮于南郑与群下计议[⑤]。魏延曰：'闻夏侯楙少，主婿也，怯而无谋。今假延精兵五千，负粮五千，直从褒中出，循秦岭而东，当子午而北，不过十日，可到长安。楙闻延奄至，必乘船逃走。长安唯有御史、京兆太守，横门邸阁与散人谷足周食也[⑥]。比东方相合聚，尚二十许日，而公从斜谷来[⑦]，亦足以达。如此，则一举而咸阳以西可定矣。'亮以为悬绝[⑧]，不如安从阻道[⑨]，可以平取陇右，万全必克而无虞，故不用延计也。"延每随亮出[⑩]，辄欲请兵万人，与亮异道，会于潼关，如韩信故事。亮制而不许。延常谓亮为怯，叹恨己才用之不尽也。

【注释】

①时魏使夏侯楙（mào）镇长安：以下至"亮不许"，出自《三国志·蜀书·魏延传》裴松之注引《魏略》。夏侯楙，字子林，沛国谯县（今安徽亳州）人。夏侯惇之子。其妻为曹操之女清河公主。官至侍中、尚书、安西将军、镇东将军。

②魏延：字文长，义阳（今河南信阳西北）人。三国时期蜀汉名将。官至前军师、征西大将军，封南郑侯。诸葛亮死后，与杨仪争权，兵败被杀。褒中：县名。在今陕西勉县东，属汉中郡。

③子午：指子午道，从关中到汉中的南北通道。北起杜陵（今陕西西安东南），经南山（今秦岭）、汉中，南至今安康市境。三国时为魏、蜀相争的要道。《汉书·王莽传》："莽以皇后有子孙瑞，通子

午道。子午道从杜陵直绝南山，径汉中。”颜师古注：“子，北方也。午，南方也。言通南北道相当，故谓之子午耳。”

④夏侯楙为安西将军：以下至“故不用延计也”，出自《三国志·蜀书·魏延传》裴松之注引《魏略》。

⑤南郑：今陕西汉中东。

⑥横门邸阁与散人谷足周食也：《资治通鉴·魏纪三·太和二年》胡三省注：“魏置邸阁于横门以积粟。民闻兵至必逃散，可收其谷以周食。”横门，又名“光门”，汉代长安城北西头的第一门。邸阁，古代官府所设储存粮食等物资的仓库。散人谷，《三国志·蜀书·魏延传》裴松之注引《魏略》作“散民之谷”，译文从之。

⑦斜谷：指斜谷道，即褒斜道。

⑧悬绝：《三国志·蜀书·魏延传》裴松之注引《魏略》作“县危”，译文从之。

⑨阻道：《三国志·蜀书·魏延传》裴松之注引《魏略》作“坦道”，译文从之。

⑩延每随亮出：以下至“叹恨己才用之不尽也”，出自《三国志·蜀书·魏延传》。

【译文】

当时，魏国派夏侯楙镇守长安，蜀国将领魏延向诸葛亮请兵，从褒中出发，沿着秦岭东进，到子午道后转而北上，去袭击长安。诸葛亮不准。

《魏略》说：“夏侯楙任安西将军，镇守长安。诸葛亮在南郑与属下众人商议对策。魏延说：‘听说夏侯楙年轻，是曹操的女婿，胆怯而无谋。如果能给我五千精兵，五千背负军粮的人，直接从褒中出兵，沿着秦岭东进，到子午道后转而北上，不超过十天，可以抵达长安。夏侯楙听说我突然到来，必然乘船逃跑。长安城中只剩下御史、京兆太守等官员，横门仓库以及逃散百姓的粮食，足以供给军粮。等东方的魏军会合前来救援，需要二十多天，而您从斜谷进军，也完全可以赶到长安。如此一来，则咸阳以西地区可以一举平定。’诸葛亮认为这个方案太冒险，不如安稳地沿着平坦的道路进军，可以稳妥地攻取陇右地区，这样有万全的把握，而且没有危险，所以没有采用魏延的计策。”魏延每次随诸葛亮出征，都要请求率领一支万人的军队，与诸葛亮走不同的道路，在潼关会师，就像韩信当年所做的那样。诸葛亮始终制止他，不同意他的做法。魏延常常说诸葛亮胆小，遗憾自己的才能无法完全施展。

其后，吴孙权袭关羽，取荆州。刘备令关羽镇守荆州[①]，吴将吕蒙拜汉昌太守[②]，与关羽分土接境。知羽枭雄，有兼并心，且居上流，其势难久。蒙乃密陈计策曰：“今征虏守南郡[③]，潘璋将游兵万人[④]，循江上下，应敌所在。蒙为国家前据襄阳。如此何忧于操，何赖于羽？”将图之。会羽讨樊[⑤]，留兵将备南郡。蒙上疏曰：“羽讨樊而多留备兵，必恐蒙图其后故也。蒙常有病，乞分众还建业[⑥]，以治病为名。羽闻之，必彻备兵，尽赴襄阳。大军浮江，昼夜驱上，袭其空虚，则南郡可下而羽可禽也。”遂称病笃。权乃露檄召蒙还[⑦]，阴与图计。羽果信之，稍彻兵赴樊。权遂行，遣蒙在前。伏其精兵于䑩䑧中[⑧]，使白衣摇橹[⑨]，作商贾服，昼夜兼行。至羽所置江边屯候[⑩]，尽缚之，是故羽不闻知。蒙入据城，尽得羽及将士家属，皆抚慰纳，约令军不得干历人家[⑪]，有所求取。羽还，在道路，数使人与蒙相闻，蒙辄厚遇其使。羽使人还，咸知家门无恙，见待过于平时，故羽吏士无斗心，皆委羽而降，即父子俱获。初，孙权之讨羽也[⑫]，遣使报魏云：“欲讨关羽自效，乞不漏露，令羽有备。”群臣咸言密之是宜。董昭曰：“军事尚权，期于合宜。宜露其事。羽闻权上，即当还护，其城围得速解，便获其利。可使两贼相持，我乘其弊。若密而不露，使权得志，非计之上也。”乃使射书于围中及羽屯内，羽犹豫未去。陆逊至[⑬]，破江陵，羽走至临沮[⑭]，为吴将潘璋所杀也。

【注释】

①刘备令关羽镇守荆州：以下至“即父子俱获”，出自《三国志·吴书·吕蒙传》，有删节。

②汉昌：郡名。原为汉昌县，东汉桓、灵时析罗县置，治今湖南平江东南金铺观，属长沙郡。建安十四年(209)，孙权以此县为周瑜奉邑，次年又于此县置汉昌郡。

③征虏：指孙皎，字叔朗，吴郡富春（今浙江富阳）人。三国时期吴国宗室、将领，孙权堂弟。时任征虏将军。南郡：郡名。战国秦昭王二十九年（前278）置，治郢县（今湖北江陵北纪南城），后迁江陵（今属湖北）。辖境约当今湖北南漳及襄阳以南，荆门、洪湖二市以西，长江和清江流域以北，西至重庆巫山县。

④潘璋将游兵万人：《三国志·吴书·吕蒙传》作“潘璋住白帝，蒋钦将游兵万人，循江上下，应敌所在”。潘璋，字文珪，东郡发干（今山东冠县东南）人。三国时期吴国将领。

⑤樊：指樊城，今湖北襄阳樊城区。

⑥建业：吴国都城。今江苏南京。

⑦露檄：发布公告。

⑧艒艣（gōu lù）：也作“舸艣”“艒艛”，大船。

⑨白衣：当时商人常穿的衣服。

⑩屯候：斥候，哨兵。

⑪干历：骚扰。

⑫初，孙权之讨羽也：以下至“为吴将潘璋所杀也”，出自《三国志·魏书·董昭传》，有删节。董昭，字公仁，济阴定陶（今山东菏泽定陶区）人。三国时期曹魏谋士、重臣。

⑬陆逊至：《三国志·魏书·董昭传》作“权军至”，译文从之。

⑭临沮：县名。今湖北远安西北。

【译文】

此后，吴国孙权偷袭关羽，夺取了荆州。刘备命令关羽镇守荆州，吴国将领吕蒙担任汉昌郡太守，与关羽的辖境接壤。吕蒙知道关羽骁勇雄豪，有兼并吴国领土之心，而且处于长江上游，这种形势难以持久。吕蒙于是秘密向孙权陈述计策说："如今，让征虏将军孙皎镇守南郡，潘璋率领万人的机动部队，沿着长江上下巡逻，以对付敌军的进攻。我为国家向前占据襄阳。如此一来，何必担心曹操？何必依赖关羽？"准备讨伐关羽。此时，恰逢关羽出兵讨伐樊城，留下一批将士防守南郡。吕蒙上疏说："关羽进攻樊城，而留下众多驻守的军队，这一定是害怕我攻击他的后方。我常常有病，请让我以治病为名，带一部分军队回建业。关羽听说后，必然撤出南郡守兵，全部调到襄阳前线。我们再出动大军，沿着长江，乘船昼夜赶往上游，趁其防备空虚发动袭击，则南郡可以攻下，关羽可以擒获。"遂对外宣称病重。孙权于是发布公开文书召回吕蒙，暗中与他商议大计。关羽果然信以为真，逐渐撤走南郡守军调往樊城。于是孙权开始行动，派遣吕蒙作为先锋。吕蒙把精兵隐藏在大船中，让摇橹的士兵穿上白色衣服，伪装成商人，昼夜赶路。到达关羽所设置的江边哨所后，把哨兵全部捆绑起来，因此关羽浑然不知吴军来袭。吕蒙进军占据江陵，将关羽及其将士的家属全部俘获，对他们加以安抚招纳，命令士卒不得骚扰民众，不得索要财物。关羽从樊城撤军，途中，数次派遣使者与吕蒙联络，吕蒙则每次都厚待使者。关羽的使者返回后，关羽麾下将士都得知家属平安，受到的待遇甚至超过了平时，所以关羽的将士都没有斗志，纷纷离开关羽投降，关羽父子很快都被擒获。当初，孙权准备讨伐关羽时，派遣使者向魏国报告："我打算讨伐关羽，以向您效劳，恳请不要泄露消息，让关羽有所防备。"群臣都说应当保守秘密。董昭说："军事注重权变，目的在于合乎事宜。应该泄露这个消息。关羽听说孙权出兵西上，就会立即撤兵保护后方，樊城之围可以很快解除，我方就获得了利益。还可以让孙权、关羽互相对峙攻击，等到双方疲敝，我们再乘其疲敝而入。如果秘而不宣，让孙权得逞，并非上策。"于是派人把孙权的书信绑在箭上，射进被围的樊城以及关羽的军营中，关羽犹豫不决，没有立即撤军。孙权军至，攻破江陵，关羽逃跑至临沮县，被吴国将领潘璋所杀。

先主怒吴，伐之，败绩。还蜀至永安而崩[1]。初，魏文帝闻备东下[2]，与孙权交战，树栅连营七百余里，谓群臣曰："备不晓兵机，岂有七百里营可以距敌乎？'包原隰阻险而为军者[3]，为敌所禽'，此兵忌。孙权上事今至矣。"后七日，权破备于夷陵书至。**后主禅即位**。下诏曰[4]："朕闻，善积者昌，祸积者丧[5]，古今常数也。曩者，汉祚中微，网漏凶慝[6]；董卓造难，震荡京畿；曹操阶祸[7]，窃执天衡；子丕孤竖，敢寻乱阶[8]，盗据神器，更姓改物，世济其凶[9]。当此之时，天下无主，则我帝命殒越于下[10]。昭烈皇帝[11]，光演文武[12]，存复祖业，诞膺皇纲[13]，不坠于地。万国未靖，早世遐殂[14]。朕以幼冲[15]，继统鸿业，未习保傅之训[16]，而婴祖宗之重[17]。光戴前绪[18]，未有攸济，朕甚惧焉。诸葛丞相，弘毅忠壮，忘身忧国。今授之以旄钺之重[19]，付之以专命之权[20]，统领步骑二十万众，董督元戎[21]，龚行天罚，除患宁乱，克复旧都，在此行也。伐其元帅[22]，吊其残人[23]。他如诏书律令者也。"

【注释】

①永安：县名。三国蜀汉章武二年（222）以鱼复县改名，治今重庆奉节东白帝城，为巴东郡治。

②初，魏文帝闻备东下：以下至"权破备于夷陵书至"，出自《三国志·魏书·文帝纪》。

③包：包裹。此处指处于不利地形的包围中。原隰（xí）：平坦低湿之地。

④下诏曰：以下至"他如诏书律令者也"，出自《三国志·蜀书·后主传》裴松之注引《诸葛亮集》，有删节。

⑤祸积者丧：《三国志·蜀书·后主传》裴松之注引《诸葛亮集》作

“恶积者丧”，译文从之。

⑥凶慝（tè）：指凶恶奸诈之人。慝，邪恶。

⑦阶祸：招致祸患，惹祸。

⑧乱阶：祸端，祸根。

⑨世济其凶：语出《左传·文公十八年》：“此三族也，世济其凶，增其恶名。”世世代代相承凶恶。

⑩我帝：指汉献帝。殒越：死亡。

⑪昭烈皇帝：指刘备，谥号昭烈皇帝。

⑫光演：光大延续。

⑬诞膺：指承受天命或帝位。皇纲：朝廷的纲纪。

⑭遐殂（cú）：长辞人世。指死亡。殂，死亡。

⑮幼冲：指年龄幼小。

⑯保傅：古代保育、教导太子等贵族子弟及未成年帝王、诸侯的男女官员，统称为“保傅”。

⑰婴：加，担负。

⑱光戴：《三国志·蜀书·后主传》裴松之注引《诸葛亮集》作“光载”，光大。译文从之。前绪：前人的事业。

⑲旄钺：语本《尚书·牧誓》：“王左杖黄钺，右秉白旄以麾。”白旄和黄钺。借指军权。

⑳专命：不奉上命而自由行事。

㉑董督：统率，监督。元戎：大军。

㉒伐其元帅：《三国志·蜀书·后主传》裴松之注引《诸葛亮集》作“贷其元帅”。贷，饶恕、宽免。译文从之。

㉓残人：被残害的人民，劫后余民。

【译文】

刘备对吴国深感愤怒，兴兵讨伐，结果大败。在返回蜀地途中，病逝于永安。起初，曹丕听说刘备率军东下，与孙权交战，树立栅栏连接军营长达七百多里，便对群臣说："刘备不懂得用兵，哪有七百里长营可以抵御敌人的呢？'在平坦低湿或地势险阻处驻军，将被敌人擒获'，这是兵家大忌。孙权报捷的文书很快就要到了。"七天之后，孙权在夷陵击溃刘备的报告果然送到。**后主刘禅即位**。刘禅下诏说："我听说，累积善行就会昌盛，累积恶行就会灭亡，这是古今的常理。先前，汉室中道衰微，大奸大恶之人逃脱法网；董卓制造祸难，震荡京城；曹操招来祸患，窃夺了天子的权威；曹丕不过是个年幼竖子，竟敢制造祸端，盗取帝位，改朝换代，延续了曹操的凶恶。这个时候，天下无主，而献帝也死于他们手中。昭烈皇帝，光大延续了文治武功，保存复兴了先祖基业，承接了帝王的纲纪，使其不至于消亡。然而天下尚未平定，先帝不幸早早去世。我尚在幼年，便继承大统，还没来得及接受师傅的教导，就担负起祖宗基业的重任。光大前人事业的重任，尚未实现，我很是恐惧。诸葛丞相，宽宏坚毅，忠义勇武，奋不顾身，忧虑国家。现在授予他执掌军权的重任，以及不奉上命自由行事之大权，统领步兵、骑兵共二十万，率领大军，替上天讨伐叛逆，消除祸患，平定战乱，收复旧都，在此一举。胜利后，宽恕敌军的将帅，安抚饱经战乱的民众。其他的事务，都遵照颁布的诏书与律令执行。"

先是，吴主孙权请和[①]，吴使张温使蜀[②]。权谓温曰："卿不宜远出，恐诸葛孔明不知吾所以与曹氏通意，故屈卿行。行人之义，受命不受辞也[③]。"对曰："臣入无腹心之规，出无专对之用[④]。惧无张老延誉之功[⑤]，又无子产陈事之效[⑥]。然诸葛达见计数，必知神虑屈伸之宜[⑦]。加受朝庭天覆之惠，推亮之心，必无疑贰。"温至蜀，诣阙拜章曰："昔高宗以谅闇昌殷祚于中兴[⑧]，成王以幼冲隆周德于太平。今陛下以聪明之姿，等契往古；总百揆于良佐[⑨]，参列精之炳耀[⑩]；遐迩望风，莫不忻赖[⑪]。吴国勤任旅力[⑫]，清澄江浒[⑬]，愿与有道平一宇内，委心协规，有如河水[⑭]！使下臣温通致情好。陛下敦崇礼义，未便耻忽。臣自入远境，及即近郊，频蒙劳来，以荣自惧。"蜀使马良使吴[⑮]。良谓亮曰："今衔国命，协穆二家[⑯]，幸为良介于孙将军[⑰]。"亮曰："君试自为文。"良即草曰："寡君遣掾马良通聘继好，以绍昆吾、豕韦之勋[18]。其士人吉士[19]，荆楚之令[20]，鲜于造次之华[21]，而有克终之美，愿降心存纳，以慰将命[22]。"权大待之也。丞相诸葛亮虑权闻先主殂，有异计，乃遣邓芝修好于权[23]。权果狐疑，不时见芝。芝自表请见。权语芝曰："孤诚愿与蜀和亲，然恐蜀主幼弱，国小势逼[24]，为魏所乘，不自保全，以此犹豫耳。"芝对曰："吴、蜀二国四州之土，大王命世之英[25]，诸葛亮一时之杰也。蜀有重险之固，吴有三江之阻[26]，合此二长，共为唇齿，进可兼并天下，退可鼎足而立，此理势之自然也。大王今若委质于魏[27]，魏必上望大王之入朝，下求太子之内侍。若其不从，则奉辞伐叛。蜀必顺流，见可而进。如此，江南之地，非复大王之有也。"权默然良久，曰："君言是也。"遂自绝魏，与蜀连和。时司徒华歆、司空王朗等与诸葛亮书陈天命[28]，欲使举国称蕃。亮不答书，作《正议》曰："昔在项羽，起不由德，虽处华夏[29]，秉帝者之势，卒就汤镬[30]，为后来戒。魏不审鉴，今次之矣。免身为幸，灭在子孙。而二三子多逞苏、张诡靡之说，奉进驩兜滔天之辞[31]，欲以诬毁唐帝，讽解禹、稷[32]，所以徒怀文藻[33]，烦劳翰墨，大雅君子所不为也[34]。又《军志》曰[35]：'万人必死，横行天下。'昔轩辕氏挈卒数万，制四帝[36]，定海内，况以数十万之众，据正道而临有罪，可得干拟者哉[37]！"

【注释】

①先是，吴主孙权请和：以下至"与蜀连和"，出自《三国志·蜀

书·邓芝传》。

②吴使张温使蜀：以下至“以荣自惧”，出自《三国志·吴书·张温传》。张温，字惠恕，吴郡吴（今江苏苏州）人。三国时期吴国大臣。官至议郎、选曹尚书、太子太傅。曾出使蜀汉，归，称美蜀政，为孙权所忌，遂借他事下狱治罪，六年后病卒。

③受命不受辞：只接受使命，不预先接受应对之辞令，以便灵活应对。《公羊传·庄公十九年》：“聘礼，大夫受命不受辞，出竟有可以安社稷，利国家者，则专之可也。”

④专对：谓任使节时独自随机应答。《论语·子路》：“诵诗三百，授之以政，不达；使于四方，不能专对；虽多，亦奚以为？”何晏《集解》：“专，犹独也。”

⑤张老延誉之功：《国语·晋语七》：“使张老延君誉于四方，且观道逆者。”韦昭注：“延，陈也。陈君之称誉于四方，且观察诸侯之有道德与逆乱者。”张老，春秋时期晋国大夫张孟。

⑥子产陈事之效：子产出使晋国，碰上晋平公生病。负责接待的韩宣子向子产请教病因，子产立即加以分析，说病因在于没有祭祀夏代的神灵。晋国马上进行祭祀，五天后晋平公痊愈。事见《国语·晋语八》。

⑦神虑：指孙权的考虑。

⑧高宗：指武丁，商代国君。谅闇（àn）：亦作“谅阴”，指居丧，多用于皇帝。《论语·宪问》：“子张曰：‘《书》云：“高宗谅阴，三年不言。”何谓也？’子曰：‘何必高宗，古之人皆然。君薨，百官总己以听于冢宰三年。’”张温出使蜀国时，刘备去世刚刚一年，刘禅还在居丧期间，所以张温以殷高宗作比。

⑨总：统领。百揆：百官。

⑩精：指日月星辰之属。

⑪忻（xīn）赖：欣喜仰赖。

⑫勤任：亦作“勤恁”，勤思。旅力：出力，尽力。《文选·班固〈典引〉》：“若然受之，亦宜勤恁旅力，以充厥道。”蔡邕注：“恁，思也。旅，陈也。”

⑬江浒（hǔ）：江边。

⑭有如河水：《国语·晋语四》：“（重耳）公子曰：‘所不与舅氏同心者，有如河水。’沉璧以质。”意谓请河神为证。

⑮蜀使马良使吴：以下至“权大待之也”，出自《三国志·蜀书·马良传》。马良，字季常，襄阳宜城（今湖北宜城南）人。三国时期蜀汉官员，马谡之兄。

⑯协穆：和睦。

⑰介：介绍。孙将军：指孙权。孙权曾被朝廷任命为讨虏将军。

⑱以绍昆吾、豕韦之勋：《国语·郑语》：“佐制物于前代者，昆吾为夏伯矣，大彭、豕韦为商伯矣。”昆吾、豕韦为夏朝、商朝的诸侯之长。

⑲其士人吉士：《三国志·蜀书·马良传》作“其人吉士”。吉士，贤人。

⑳令：美。

㉑造次：善辩。

㉒将命：奉命。

㉓邓芝：字伯苗，义阳新野（今河南新野）人。三国时期蜀国大臣。受诸葛亮委派出使孙吴，说服孙权重建吴蜀联盟。后主时官至车骑将军。

㉔逼：狭窄。

㉕命世：著名于当世。多用以称誉有治国之才者。

㉖三江：《尚书·禹贡》“扬州”：“三江既入，震泽厎定。”《周礼·夏官·职方氏》“扬州”：“其川三江。”汉以后各家解释不一。近人认为“三江”应为众多水道的总称，并非确指某几条水。

㉗委质：引申为臣服、归顺。

㉘时司徒华歆（xīn）、司空王朗等与诸葛亮书陈天命：以下至“可得干拟者哉”，出自《三国志·蜀书·诸葛亮传》裴松之注引《诸葛亮集》，有删节。华歆，字子鱼，平原高唐（今山东禹城西南）人。汉末三国时期名士、重臣。官至尚书令、司徒、太尉。

㉙华夏：指中原地区。

㉚汤镬（huò）：古代把人投入滚烫的热水中煮死的酷刑。此处代指灭亡。

㉛驩（huān）兜：相传为尧、舜时的部落首领，四凶之一。滔天：比喻罪恶、灾祸或权势等极大。

㉜讽解：讥讽离间。

㉝所以：《三国志·蜀书·诸葛亮传》裴松之注引《诸葛亮集》作“所谓”，译文从之。

㉞大雅：非常端正。雅，正。

㉟《军志》：《三国志·蜀书·诸葛亮传》裴松之注引《诸葛亮集》作“《军诫》”。

㊱四帝：《三国志·蜀书·诸葛亮传》裴松之注引《诸葛亮集》作“四方”，译文从之。

㊲干拟：干犯。

【译文】

此前，吴国君主孙权派使者前来求和，吴国派张温出使蜀国。孙权对张温说：“您本来不应远出，但我担心诸葛亮不了解我与曹丕往来的用意，所以委屈您出行。使者的行事准则，就是只接受使命，而不预先接受应对的辞令。”张温回答说：“我在朝中，没法像心腹大臣那样出谋划策；充当使者，又没有独自应对的才能。我怕自己无法像张老那样宣扬君主的声誉，也无法像子产那样为晋侯分析病因。然而诸葛亮见识通达，精于谋略，一定能理解您能屈能伸的良苦用心。加上我方对于蜀汉的广大恩惠，我推测诸葛亮的内心，一定不会有猜疑与背离。”张温到达蜀国后，前往宫阙呈上奏章说：“从前，殷高宗居丧三年，却使殷商的国运重新昌盛；周成王年幼即位，却使周朝的天下得到太平。如今陛下聪明的资质，与古代的圣明之君完全一样；贤良的辅佐统领百官，如同群星一般闪耀；远近之人仰望风采，无不欣喜仰赖。吴国尽心尽力，安定江东，希望能与有道之君共同平定天下，齐心协力，共谋大业，河神可以为证！为此，吴主派我前来表达友好之情。陛下您崇尚礼义，没有立即对我表示轻蔑。我从贵国远方的边境，来到京城近郊，频频受到慰劳，我受宠若惊，深感不安。”蜀国派马良出使吴国。马良对诸葛亮说：“如今我肩负国家的使命，和睦吴、蜀二国的关系，希望您写一封介绍信，将我介绍给孙权将军。”诸葛亮说：“您试着自己写吧。”马良就起草到：“我国君主派遣下属马良前来访问，延续两国的友好，以继承昆吾、豕韦辅佐王室的功勋。使者马良是位贤人，是荆楚之地的优秀人物，虽然没有能言善辩的口才，却有着很好地完成使命的能力，希望您屈尊接纳，以慰劳身负使命的使者。”孙权隆重地接待了马良。丞相诸葛亮担心孙权得知刘备去世，会有另外的打算，于是派遣邓芝出使吴国，与孙权结好。孙权果然犹豫不决，没及时接见邓芝。邓芝主动上表，请求拜见孙权。孙权对邓芝说：“我确实愿意与蜀国和好亲善，但唯恐蜀国君主幼弱，国土狭小逼仄，如果受到魏国的攻击，难以保全自己，所以我才犹豫不决。”邓芝回答说：“吴、蜀两国占据着四州的土地，大王您是当世著名的英雄，诸葛亮也是一时的豪杰。蜀国四周有重重险关，吴国有三江的险阻，如果结合这两方面的长处，两国结为唇齿相依的关系，进可以兼并天下，退可以鼎足三分，这是很自然的道理。如今大王您如果臣服于魏国，魏国一定会上逼您入朝觐见，下求您把太子送去充当人质。如果不答应其要求，魏国就将以正当的理由出兵讨伐吴国。那时蜀国也必定顺流而下，趁势夹击。这样，江南的土地，将不再归大王所有了。”孙权沉默了很久，说：“您说得很对。”于是与魏国断绝关系，和蜀国结盟。当时，曹魏司徒华歆、司空王朗等人给诸葛亮写信，信中陈说天命，想劝诸葛亮带领蜀国臣服于魏国。诸葛亮没有回信，写了一篇《正议》作为回答：“从前西楚霸王项羽，兴起时不依靠德行，虽然占据中原，有着帝王般的威势，但最终灭亡，成为后人的前车之鉴。魏国如果不吸取这一教训，将重蹈项羽的覆辙。

这一代人虽然可能幸免，但子孙必然灭亡。而你们几个人倚仗着苏秦、张仪那样的诡辩不实之词，献上像驩兜那样罪恶滔天的说辞，想要诬蔑诋毁尧这样的君主，讥讽离间禹、契这样的忠臣，真可谓空怀辞藻，徒劳笔墨，这是正人君子所不愿做的。此外，《军志》说：'一万人抱着必死的决心，可以纵横于天下。'从前，黄帝率领数万士卒，制服四方，平定海内，何况我们有数十万军队，依据正道而讨伐有罪之人，哪里是你们所能阻挡的呢！"

亮死后，魏令邓艾伐蜀，蜀兵败。后主用谯周策，降魏。

议曰：国君为社稷死则死，为社稷亡则亡[①]。谯周劝后主降魏，可乎？孙盛曰[②]："《春秋》之义，国君死社稷，卿大夫死位，况称天子而辱于人乎！周谓万乘之君偷生苟存[③]，亡礼希利，要冀微荣，惑矣！且以事势言之，理不可尽。何者？禅虽庸主，实无桀、纣之酷；战虽屡北，未有土崩之乱。纵不能君臣固守，背城一战，自可退次东鄙，以思后图。是时罗宪以重兵据白帝[④]，霍弋以强卒镇夜郎[⑤]，蜀土险狭，山水峻隔，绝巘激湍[⑥]，非步卒所涉。若悉收舟楫，保据江州，征兵南中[⑦]，乞师东国，如此，则姜、廖五将自然云从[⑧]，吴之二师承命电赴[⑨]，何投寄之无所而虑于必亡耶？魏师之来，搴国大举[⑩]。欲追则舟楫靡资，欲留则师老多虞。且屈申有会[⑪]，情势代起，徐因思旧之人，以攻骄惰之卒，此越王所以走阖闾、田单所以摧骑劫也。何为忿忿遽自囚虏[⑫]，下坚壁于敌人，致斫石之至恨哉[⑬]！葛生有云：'事不济即亡耳[⑭]，安能复为之下！'壮哉斯言！可以立懦夫之志矣。观古燕、齐、荆、越之败，或国覆主灭，或鱼悬鸟窜[⑮]，终能建功立事，康复社稷，岂曰天助？抑人谋也。向使怀苟存之计，纳谯周之言，何颓基之能构，令名之可获哉？禅既暗主，周实驽臣，方之申包胥、田单、范蠡、大夫种，不亦远乎！"

【注释】

①国君为社稷死则死，为社稷亡则亡：以下至“可乎”，出自《三国志·蜀书·谯周传》裴松之注引“孙绰评曰”。为社稷死则死，为社稷亡则亡，《左传·襄公二十五年》：“故君为社稷死，则死之；为社稷亡，则亡之。若为己死而为己亡，非其私昵，谁敢任之？”

②孙盛曰：以下至“不亦远乎”，出自《三国志·蜀书·谯周传》裴松之注引“孙盛曰”。孙盛，字安国，太原中都（今山西平遥西南）人。东晋官员、名士、史学家。著有《魏氏春秋》《晋阳秋》等。

③谓：劝。

④罗宪：字令则，荆州襄阳（今湖北襄阳襄城区）人。蜀汉至西晋时期官员。仕蜀为太子舍人、尚书吏部郎。因不依附宦官黄皓，被贬为巴东太守。蜀亡后投降魏国。

⑤霍弋：字绍先，南郡枝江（今湖北枝江）人。蜀将霍峻之子，蜀汉至西晋时期官员。后主刘禅时任监军、翊军将军，领建宁太守，统南中诸郡。夜郎：汉时我国西南地区古国名。在今贵州西北部及云南、四川二省部分地区。

⑥绝巘（yǎn）：极高的山峰。

⑦南中：指今四川南部及云南、贵州两省地区，因在蜀汉以南，故名。

⑧姜、廖：指姜维、廖化。姜维，字伯约，天水冀（今甘肃甘谷东南）人。三国时期蜀汉名将。本为魏将，后归蜀。费祎死后，姜维总领蜀汉军权，屡次发兵攻魏，均告无功。蜀亡后，降于魏将锺会。后欲乘锺会叛魏之机恢复蜀汉，事败被杀。廖化，字元俭，本名淳，荆州襄阳（今湖北襄阳襄城区）人。三国时期蜀国将领。当时姜维、廖化诸将拒守剑阁。

⑨二师：《三国志·蜀书·谯周传》裴松之注引“孙盛曰”作“三师”，译文从之。

⑩搴（qiān）：举。

⑪屈申：亦作“屈伸”，进退。

⑫悤悤（cōng）：匆匆。悤，同“匆”，急遽，急速。

⑬斫（zhuó）石之至恨：《三国志·蜀书·姜维传》：“（姜维等）寻被后主敕令，乃投戈放甲，诣会于涪军前，将士咸怒，拔刀砍石。”

⑭事不济即亡耳：《三国志·蜀书·谯周传》裴松之注引“孙盛曰”作“事之不济则已耳”。《三国志·蜀书·诸葛亮传》：“亮曰：‘……若事之不济，此乃天也，安能复为之下乎！’”译文从之。

⑮鱼悬：谓鱼上钩被钓起。

【译文】

诸葛亮死后，魏国派邓艾攻打蜀国，蜀军大败。后主刘禅采纳了谯周的计策，投降魏国。评论道：国君为了社稷而死，臣子就随他而死；国君为了社稷逃亡，臣子就随他逃亡。而谯周却劝后主投降魏国，这样做可以吗？孙盛说：“按照《春秋》的大义，国君与社稷共存亡，卿大夫与自己的职任共存亡，何况被称为天子的人，怎么能受辱于人呢！谯周劝一国之君苟且偷生，抛弃礼义谋求小利，以追求微不足道的荣华富贵，太糊涂了！况且，就当时的形势而言，谯周劝后主投降的理由也并不周全。为什么？刘禅虽然是平庸的君主，实际上并不像夏桀、商纣那样残酷；蜀国虽然屡战屡败，但并没有出现土崩瓦解的局面。纵使蜀国君臣不能死守，背城一战，但仍可以撤退到东部边境，再做下一步的打算。当时，罗宪手握重兵驻守白帝，霍弋率领精兵镇守夜郎，蜀国地势险隘，山水阻隔，群山险峻，河流湍急，步兵难以长驱直入。如果尽数收集船只，退保江州县，征召南中的士兵，并乞求吴国出兵援助，如此一来，则姜维、廖化等五位勇将自然追随，吴国的三军必然接受命令迅速赶来救援，怎么会认为无处投奔，必定亡国呢？魏军进攻蜀国，已倾尽全国之力。要追击蜀军，则没有船只可用；要留下驻守，则将士疲惫而多生不测。况且是进是退因时而定，形势也在不停地发生变化，到时倚靠怀念旧主之人，渐渐进攻骄纵怠惰的敌军，这正是越王勾践之所以打败吴王阖闾、田单之所以击溃骑劫的原因。为什么要匆忙地让自己成为俘虏，把坚固的城池交给敌人，以至于蜀军将士以刀斫石，满怀遗恨呢！诸葛亮曾经说：‘如果大事不能成功也就罢了，怎么能再屈居人下呢！’这句话真是悲壮！可以树立懦夫的志气。纵观古代燕、齐、荆、越诸国失败之时，有的国破君死，有的如同鱼儿上钩、禽鸟飞窜，却最终能建功立业，恢复社稷，难道只是上天庇佑？同时也是由于人的谋划。假如这些国家的君主都怀着苟且偷生之计，采纳了谯周这样的建议，如何能够重整基业，获得美名呢？刘禅是昏庸的君主，谯周是无能的臣子，与申包胥、田单、范蠡、大夫文种这些人相比，不是差得太远了吗！”

晋时李特复据蜀[①]，初，特在蜀暴横[②]，晋乃募取特兄弟，许以重赏。未暇宣闻，遂不藏本[③]。特弟骧见书[④]，悉改其购云：“敢斩六郡人头首李、任、阎、赵等及氐侯王一人诣官，许以重赏。”六郡人见之大骇[⑤]，遂并反归特。益州牧罗尚遣隗伯攻李雄于郫城[⑥]，迭有胜负。冬十月，雄与朴泰金[⑦]，鞭之流血，令泰佯得罪奔尚，欲为内应。尚信之，以兵随泰。雄内外击之，大破尚军[⑧]。雄乘胜追蹑，夜至城下，因称“万岁”，诳尚城中云：“已得郫城！”尚信之，开少城门[⑨]。雄军得入，尚遂遁走，遂克成都称王也。**晋桓温灭之。至义熙中**[⑩]，**谯纵又杀益州刺史毛璩于成都**[⑪]，**称成都王**。初，毛璩使约之赴义军[⑫]。军至枝江[⑬]，会刘毅败[⑭]，约之奔桓振[⑮]。璩闻约之奔桓振也，自将兵三千，由外水下[⑯]。谯纵为之参军，使将梁州兵五百人从内水发[⑰]。梁州人不欲东，遂推纵为主，反攻涪城，克之。璩闻难作，自洛城步还至成都[⑱]，为纵党所杀也。**宋使朱龄石灭之。**

【注释】

①李特：字玄休，略阳（今甘肃秦安东北）人，祖籍巴西宕渠（今四川渠县东北）。氐族。十六国时期成汉政权建立者李雄之父，成汉政权的奠基人。

②初，特在蜀暴横：以下至“遂克成都称王也”，出处不详。《晋书·李

特载记》以及《资治通鉴》永宁元年（301）、太安二年（303）有相近记载。

③未暇宣闻，遂不藏本：意义不明，疑有误。《晋书·李特载记》作："（辛）冉大怒，遣人分榜通逵，购募特兄弟，许以重赏。特见，大惧，悉取以归，与骧改其购云。……"

④骧（xiāng）：指李骧，字元龙，氐族，李特幼弟，成汉第四位皇帝李寿之父。任太傅、大将军，死后谥汉献王。

⑤六郡人：指六郡流民。西晋元康年间，关中连年荒旱，饥疫交迫。氐人齐万年起兵反晋，战乱频起。秦、雍二州之天水、略阳、扶风、始平、武都、阴平六郡（今甘肃东南和陕西西部地区）汉、賨、氐等族百姓十万余口，由大姓率领流入巴蜀觅食。成汉建国，即以六郡流民为基础。

⑥罗尚：字敬之，一名仲，荆州襄阳（今湖北襄阳襄城区）人。永宁元年（301），益州刺史赵廞谋反，朝廷拜罗尚为平西将军、益州刺史，率军入益州平叛。后为李特所败，从成都退至江阳，在援军抵达后，与诸军突袭李特，将其斩杀。之后为李雄所败，退守巴郡，不久病死。隗（wěi）伯：氐族酋长，后叛归罗尚。李雄：字仲俊，氐族，李特第三子，成汉政权开国君主。郫（pí）城：即今郫县，位于四川成都西。

⑦朴泰：武都（今甘肃西和西南）人。板楯蛮人。李雄部将。

⑧雄内外击之，大破尚军：指李雄与李骧内外夹击。《资治通鉴·晋纪七·太安二年》："尚使隗伯将兵攻郫，泰约举火为应，李骧伏兵于道，泰出长梯于外。隗伯兵见火起，争缘梯上，骧纵兵击，大破之。"

⑨少城：在今四川成都。古成都城有太城、少城等，秦张仪所筑。少城在府西城，惟西、南、北三壁，东即太城之西墉。晋时益州刺史治太城，成都内史治少城。

⑩义熙：东晋安帝司马德宗的第三个年号（405—418）。

⑪毛璩（qú）：字叔琏，荥阳阳武（今河南原阳东南）人。东晋末年官员。官至建威将军，益州刺史。义熙元年（405），桓振攻陷江陵，毛璩起兵讨伐桓振，为谯纵叛军所害。

⑫初，毛璩使约之赴义军：以下至"为纵党所杀也"，出处不详，与《晋书·毛璩传》《谯纵传》的记载有所不同。约之，指柳约之，巴东郡太守。义军，指刘毅、何无忌、刘道规等人率领的讨伐桓玄的部队。

⑬枝江：县名。今属湖北枝江北。

⑭会刘毅败：指刘毅所率部队在灵溪（今湖北荆州市荆州区西南）被桓振击败。《晋书·桓玄传》："（桓）振、（冯）该等距战于灵溪，道规等败绩，死没者千余人。义军退次寻阳。"

⑮约之奔桓振：《晋书·毛璩传》："约之诣振伪降，因欲袭振。"据此，柳约之为伪降。桓振，字道全，谯郡龙亢（今安徽怀远西北）人。桓石虔之子，桓玄之侄，东晋末年将领。桓玄败死后，继续领导桓楚余众对抗东晋，最终兵败被杀。

⑯外水：即外江，指四川眉山彭山区以下之岷江与宜宾至重庆间之长江。

⑰梁州兵：指居住于巴西、梓潼郡的氐人。《晋书·毛璩传》："（毛璩）使参军谯纵领巴西、梓潼二郡军下涪水。"《晋书·谯纵传》："义熙元年，刺史遣纵及侯晖等领诸县氐进兵东下。晖有贰志，因梁州人不乐东也，将图益州刺史毛璩。"内水：即涪江。

⑱洛城：《晋书·毛璩传》作"略城"，在今四川盐亭西南。译文从之。

【译文】

西晋时期，又有李特割据蜀地，起初，李特在蜀地暴虐横行，西晋朝廷于是悬赏重金，捉拿李特兄弟。还没来得及广为宣布，布告的原本收藏得不够严密。李特的弟弟李骧见到布告后，将悬赏文字改为："能够斩杀六郡流民头目李氏、任氏、阎氐、赵氏以及氐人酋长任意一人，将其首级送官，将有重赏。”六郡流民看到这一悬赏令后大惊，于是一齐反叛，归附了李特。益州牧罗尚派遣隗伯攻打李雄所在的郫城，互有胜负。太安二年（303）十月，李雄给了朴泰许多黄金，然后把他鞭打得皮开肉绽，让他假装获罪前去投奔罗尚，并告诉罗尚自己可以充当李雄军中的内应。罗尚相信了他，派兵跟随朴泰。李雄与李骧内外夹击，大败罗尚的军队。李雄乘胜追击，夜晚到了成都城下，于是高呼“万岁”，骗城中守军说：“已经攻下了郫城！”罗尚信以为真，打开了成都少城城门。李雄部队进入了少城，罗尚急忙逃走，于是李雄攻克了成都，称王。**东晋时期，桓温消灭了成汉政权。到了东晋义熙年间，谯纵在成都杀死了益州刺史毛璩，自称成都王。**起初，毛璩派柳约之率军投奔义军。军队到达枝江时，正碰上刘毅兵败，于是柳约之转而投奔桓振。毛璩听说柳约之投奔桓振，于是亲自率领三千士兵，从外江沿江而下。谯纵是毛璩的参军，毛璩派他率领梁州兵五百人沿涪江进发。梁州人不愿东行，于是推举谯纵为主帅，回师进攻涪城，攻占了涪城。毛璩听说发生了叛乱，从略城徒步返回成都，被谯纵的党羽杀害。**宋武帝刘裕派朱龄石消灭了谯纵。**

此蜀国形也。议曰：吴、蜀唇齿之国①，蜀灭则吴亡，信乎？陆士衡曰：“夫蜀盖蕃援之与国②，而非吴人之存亡也。何则？其郊境之接，重山积险，陆无长毂之径③，川隘流迅，水有惊波之难。虽有锐师百万，启行不过千夫④；舳舻千里⑤，前驱不过百舰。故刘氏之伐，陆公譬之长蛇⑥，其势然也。”故黄权称曰：“可以往，难以反，此兵之绝地也。”古云：“夫道狭路崄，譬如两鼠斗于穴，将勇者胜也⑦。”

【注释】

①吴、蜀唇齿之国：以下至“其势然也”，出自陆机《辩亡论》。

②蕃援：护卫辅助。蕃，通“藩”。与国：盟国，友邦。

③长毂（gǔ）：指兵车。

④启行：指军队的先锋。《诗经·小雅·六月》："元戎十乘，以先启行。"

⑤舳舻（zhú lú）千里：舳，船后持舵处；舻，船前刺棹处。形容船多，首尾相接，千里不绝。

⑥陆公：指陆逊，字伯言，吴郡吴（今江苏苏州）人。三国时期吴国政治家、军事家。曾擒杀关羽，大败刘备。官至丞相。后因反对孙权废太子，屡受责让，愤恚卒。

⑦夫道狭路崄：以下至"将勇者胜也"，出自《史记·廉颇蔺相如列传》："秦伐韩，军于阏与。王……召问赵奢，奢对曰：'其道远险狭，譬之犹两鼠斗于穴中，将勇者胜。'"

【译文】

以上，就是蜀国兴亡的大概情形。评论道：吴、蜀是唇齿相依的邻国，蜀国灭亡，吴国也会跟着灭亡，确实是这样吗？陆机说："蜀国是可以提供护卫辅助的盟邦，而不是吴国存亡的关键。为什么？吴、蜀边境交界之处，重山叠岭，险阻重重，陆地上没有能够通过战车的道路；江岸狭窄，水流疾速，水上有惊涛骇浪之险。纵然有精兵百万，先锋不过千人；战船绵延千里，前驱不过百舰。所以刘备伐吴时，陆逊将其军队比作长蛇，这是由地势所决定的。"所以黄权说："可以前往，难以返回，这是兵家所说的绝地。"古话说："道路狭窄险要，就好比两只老鼠在洞穴中争斗，主将更勇敢的一方会获胜。"

吴

丑为星纪[①]。吴、越之分，上应斗、牛之宿，下当少阳之位[②]。今之会稽、九江、丹阳、豫章、庐江、广陵、六安、临淮，皆吴之分野。今苍梧、郁林、合浦、交趾、九真、日南、南海，皆越之分野。古人有言曰："大江之南[③]，五湖之间[④]，其人轻心[⑤]。扬州保强[⑥]，保，恃也。三代要服，不及以正[⑦]。"国有道则后服，无道则先叛。故《传》曰:“吴为封豕长蛇,荐食上国[8]。”为上国之患,非一日之积也。

【注释】

①星纪:星次名。十二次之一,与十二辰之丑相对应,二十八宿中之斗、牛二宿属之。

②少阳:指东方。

③大江之南:以下至“不及以正”,出自《汉书·广陵厉王刘胥传》,又见于《史记·三王世家》。

④五湖:泛指太湖流域一带所有湖泊。

⑤轻心:轻率,漫不经心。

⑥保强:恃势逞强。谓不服管辖。

⑦不及以正:指无法加以管辖。《汉书·广陵厉王刘胥传》颜师古注:“正,政也。”《史记·三王世家》载褚先生曰:“广陵在吴越之地,……不大及以政教,以意御之而已。”

⑧吴为封豕长蛇,荐食上国:出自《左传·定公四年》。杜预注:“荐,数也。言吴贪害如蛇豕。”封豕长蛇,大猪与长蛇。喻贪暴者。荐食,不断吞食,不断吞并。上国,指中原地区的诸侯国。

【译文】

十二次中的星纪,与十二地支中的丑对应。吴、越之地的分野,在上对应二十八宿中之斗、牛二宿,在下处于华夏的东方。今天的会稽、九江、丹阳、豫章、庐江、广陵、六安、临淮,都属于吴地的分野。今天的苍梧、郁林、合浦、交趾、九真、日南、南海,都属于越地的分野。古人曾经说过:“长江以南,五湖之间,人心轻率。扬州凭借其强大,保,是凭借的意思。夏、商、周三代都属于要服之地,无法加以管辖。”当国家政治清明时,这个地方最晚臣服;当国家政治昏乱时,这个地方最先反叛。所以《左传》说:“吴国就像大猪与长蛇,屡屡吞并中原国家。”吴国成为中原国家的祸患,不是一天的事了。

汉高帝时[①]，淮南王英布反。布都六安[②]，今寿州是也[③]。反书闻，上召诸将问："布反，为之奈何？"汝阴侯滕公曰[④]："臣客故楚令尹薛公有筹策可问[⑤]。"初，滕公问令尹[⑥]，令尹曰："是故当反。"滕公曰："上裂地而王之，疏爵而赏之[⑦]。南面而立，万乘之主，其反何也？"令尹曰："往年杀彭越，前年杀韩信[⑧]。此三人，同功一体之人也。自疑祸及，故反耳。"上乃召见，问薛公。薛公对曰："布反，不足怪也。使布出于上计，山东非汉之有也；出于中计，胜败之数未可知也；出于下计，陛下安枕而卧矣。"上曰："何谓上计？"令尹曰："东取吴，苏州是也。西取楚，荆州是也。并齐取鲁，齐，青州。鲁，兖州。传檄燕、赵，固守其所，山东非汉之有也。"议曰：合从山东，为持久之策，上计也。"何谓中计？""东取吴，西取楚，并韩取魏，据敖仓之粟，塞成皋之口，胜败之数未可知也。"议曰：长驱入洛，以决一朝之战，中计也。"何谓下计？""东取吴，西取下蔡[⑨]，归重于越[⑩]，身归长沙，陛下安枕而卧，汉无事矣。"议曰：自广江表，无窥中原之心，下计也。桓谭《新论》曰[⑪]："世有围棋之戏，或言是兵法之类也。及为之，上者远棋疏张，置以会围，因而伐之，成多得道之胜。中者则务相绝遮要[⑫]，以争便求利[⑬]，故胜狐疑，须计数而定。下者则守边隅，趋作罫[⑭]，以自生于小地，然亦不如[⑮]。察薛公之言上计云'取吴、楚，并齐、鲁及燕、赵'者，此广道地之谓；中计云'取吴、楚，并韩、魏，塞成皋，据敖仓'，此趋遮要争利者也；下计云'取吴、下蔡，据长沙，以临越'[⑯]，此守边隅趋作罫者也。"罫，音为卦反。上曰："是计将安出？"令尹对曰："出下计。"上曰："何为废上、中计而出下计？"令尹曰："布故郦山之徒也，自致万乘之国。此皆为身，不顾其后为万世虑者，故曰出下计。”上曰：“善。”果如策。乃封薛公千户。

【注释】

①汉高帝时：以下至“果如策”，出自《史记·黥布列传》，有删节。

②六安：应作“六”，今安徽六安东北。《史记·黥布列传》：“布遂剖符为淮南王，都六，九江、庐江、衡山、豫章郡皆属布。”

③寿州：开皇九年（589）改扬州置，治寿春（今安徽寿县），唐辖境相当于今安徽淮南、寿县、六安、霍山、霍邱等市县地。译文从之。

④汝阴侯滕公：即夏侯婴，沛县（今江苏沛县）人。西汉开国功臣。因功被封为汝阴侯，又曾任滕县县令，故称“滕公”。

⑤故楚令尹：指曾在项羽手下担任令尹。

⑥初，滕公问令尹：以下至“故反耳”，出自《史记·黥布列传》。

⑦疏爵：分封爵位。赏：《史记·黥布列传》作“贵”，译文从之。

⑧往年杀彭越，前年杀韩信：泷川资言《史记会注考证·黥布列传》引中井积德曰：“杀信、越，皆在布反之时，不当称‘往年’‘前年’，盖记者之误。”

⑨下蔡：县名。今安徽凤台。

⑩归重于越：将辎重转移到越地。

⑪桓谭《新论》曰：以下至“此守边隅趋作罫者也”，出自《史记·黥布列传》裴骃《集解》。

⑫遮要：拦截于要害之处。

⑬便：利益，好处。

⑭趋：追求。作罫（guǎi）：围棋术语。谓在一片棋中“做眼”以求活局的棋术。罫，围棋盘上的方格。

⑮然亦不如：指最终依然落败。

⑯临：攻伐，胁制。

【译文】

汉高祖刘邦时，淮南王英布造反。英布定都六，就是今天的寿州。消息传来，刘邦召集众将问道："英布造反了，应该怎么办？"汝阴侯滕公说："我的门客中，有一位曾在项羽手下做过令尹的薛公，很有计谋，您可以询问他。"之前，滕公向薛公询问英布之事，薛公说："他本来就该造反。"滕公说："皇上分出土地，封他为王；分封爵位，使他显贵。他已经成为南面而立的大国君主，为什么还要造反？"薛公说："朝廷之前杀了彭越，去年杀了韩信。这三个人，功劳与地位一致。英布怀疑自己也将大祸临头，所以造反。"于是刘邦召见了薛公，询问他的意见。薛公回答说："英布造反，不足为怪。如果英布采用上策，崤山以东地区就不归朝廷所有了；如果英布采用中策，谁胜谁败尚未可知；如果英布采用下策，陛下您可以高枕无忧。"刘邦问："上策是什么？"薛公说："向东攻占吴地，即苏州。向西攻占楚地，即荆州。再兼并齐、鲁之地，齐，即青州。鲁，即兖州。然后发出檄文威胁燕地、赵地，坚守这些地方，那么崤山以东就不归朝廷所有了。"评论道：联合山东诸侯，做长久相持的打算，这是上策。刘邦问："中策是什么？"薛公说："向东攻占吴地，向西攻占楚地，再兼并韩、魏之地，占据敖仓的粮食，守住成皋的险阻，则胜败之数尚未可知。"评论道：长驱直入占据洛阳，与汉军一决胜负，这是中策。刘邦问："下策是什么？""向东攻占吴地，向西攻取下蔡，将辎重转移到越地，自己返回长沙，陛下可以高枕而卧，汉朝将平安无事。"评论道：拓展长江以南地区，没有窥伺中原之心，这是下策。桓谭《新论》说："世上有围棋这种游戏，有人说它和兵法相似。对弈的时候，上等棋手从远处落子，布局疏远开阔，将对手置于包围之中，再趁势进攻，最终取得大胜。中等棋手致力于阻绝对方棋路，拦截要害之处，以争夺利益，所以胜负难料，需要计算目数后才能确定。下等棋手守住边角，争取做活，以占住一小块地盘，但最终依然落败。考察薛公所说的上策，'攻占吴、楚，吞并齐、鲁以及燕、赵'，这就是围棋中整体布局的办法；所说的中策，'攻占吴、楚，吞并韩、魏，守住成皋，占据敖仓'，就是围棋中拦截要害、争夺利益的办法；所说的下策，'攻占吴地、下蔡，占据长沙，讨伐越地'，就是围棋中守住边角，争取做活的办法。”罫，音为卦反。刘邦问：“英布会采取哪条计策呢？”薛公回答道：“会用下策。”刘邦问：“他为什么不用上、中两策，而用下策呢？”薛公说：“英布原本是骊山的苦役犯，凭着自己的奋斗成为大诸侯国的国君。这样的人只顾自身利益，不会为子孙后代做长远的打算，所以我说他会用下策。”刘邦说：“说得好。”英布的举动果然像薛公所预料的那样。刘邦封给薛公一千户食邑。

是后，吴王刘濞以子故而反。初发也[①]，其大将田禄伯曰：“兵屯聚而西，无他奇道[②]，难以就功。臣愿得奇兵五万人，别循江、淮而上，收淮南、长沙，入武关，与大王会。此亦一奇也。”吴王太子谏曰：“王以反为名，此兵难以藉人。人亦且反王。”吴王不许。其少将桓将军复说吴王曰：“吴多步兵，步兵利险阻；汉多车骑，车骑利平地。愿大王所过城邑不下，宜弃去，疾西据雒阳武库[③]，食敖仓之粟，阻山河之险，以令诸侯。虽无入关，天下固已定矣。即大王徐行[④]，留下城邑，汉车骑至，驰入梁、楚之郊[⑤]，事败矣。”王问诸老，诸老曰：“此年少摧锋之计耳，安知大虑[⑥]？”吴王不从桓将军之计，乃自并将其兵。汉以太尉周亚夫击吴、楚，亚夫用其父客计，遂败吴。客计在《霸纪上》。

【注释】

①初发也：以下至“遂败吴”，出自《史记·吴王濞列传》。

②奇道：出奇制胜之道。

③雒阳武库：洛阳的兵器仓库。

④即：如果。

⑤驰入梁、楚之郊：占据梁、楚之间的交通要冲之处，即今河南东部、安徽北部、江苏西北部与山东西部一带的军事要地。郊，交通要冲之处。

⑥大虑：深谋远虑。

【译文】

此后，吴王刘濞因为儿子被杀的缘故造反。刚起兵时，他的大将田禄伯说："如果只是集结兵力向西进攻，没有别的出奇制胜之道，难以取得胜利。我请求率领奇兵五万人，走另一条道路，沿着长江、淮河逆流而上，夺取淮南、长沙两国，攻入武关，与大王您在关中会师。这也是出奇制胜的一种方法。"吴王太子劝谏道："您以造反为名，军队难以交给他人统领。如果交给他人，他人也会借此反叛您。"因此吴王没有答应田禄伯的请求。吴国的一位少将桓将军又劝吴王说："吴军大多是步兵，步兵适宜在险要地形作战；汉军多是车兵与骑兵，车兵与骑兵适宜在平地作战。希望大王在进军途中遇到城邑，如果不能顺利攻克，应该舍城而去，迅速西进占据洛阳武库，占有敖仓的粮食，凭借山河的险阻以号令诸侯。虽然还未攻入函谷关，天下的大势已经决定了。如果大王进军迟缓，停下来攻打城池，等汉军的车兵骑兵一到，快速占据了梁、楚之间的要冲之处，大事就失败了。"吴王询问各位老将的意见，老将说："这是年轻人猛冲猛打的计策，他哪里懂得深谋远虑？"吴王没有听从桓将军的计策，于是把军队集中起来由自己率领。朝廷命令太尉周亚夫征讨吴、楚叛军，周亚夫采纳其父亲门客的计策，击败了吴军。门客的计策记载在《霸纪上》。

淮南王刘安怨望其父厉王长死①，谋为叛逆，问伍被曰②："吾举兵西向，诸侯必有应者。即无，奈何？"被曰："南收衡山③，衡州。以击庐江④，庐州，有浔阳之船⑤，守下雉之城⑥，在江夏，县名也。结九江之浦⑦，绝豫章之口⑧，洪州是也。

强弩临江而守，以禁南郡之下。东收江都、扬州也。会稽[⑨]，越州也。南通劲越[⑩]，屈强江、淮间[⑪]，犹可一举得延岁月之寿。”王曰：“善。”未得发，会事泄，诛。

【注释】

①淮南王刘安怨望其父厉王长死：以下至“会事泄，诛”，出自《史记·淮南衡山列传》。厉王长，指淮南厉王刘长，刘邦少子。汉文帝时，骄纵跋扈，阴谋反叛，事泄被拘。谪徙蜀严道邛邮（今四川荥经西南），途中绝食而死。

②伍被：楚人。或言为伍子胥后人，淮南王刘安谋士。曾力谏刘安不要造反，刘安不听。后被迫为刘安出谋划策。刘安谋反事发之后，伍被向汉廷自首谋反经过。汉武帝欲赦之，而张汤认为伍被最先为刘安策划谋反，罪无可赦，于是被诛杀。

③收衡山：指与其弟衡山王刘赐的兵力会合。

④庐江：郡名。治舒县（今安徽庐江西南）。辖境相当于今安徽巢湖、舒城、霍山等市县以南，长江以北，湖北英山、武穴、黄梅和河南商城等县市地。

⑤浔阳：《史记·淮南衡山列传》作“寻阳”，县名。今湖北黄梅西南。

⑥下雉：县名。今湖北阳新东。

⑦九江之浦：在寻阳境内，即今湖北武穴、黄梅一带。《汉书·地理志》庐江郡寻阳：“《禹贡》九江在南，皆东合为大江。”浦，水边，河岸。

⑧豫章之口：由豫章（郡治在今江西南昌）北入长江的口岸，即今九江湖口。

⑨江都：指江都国，当时江都王为汉景帝之孙刘建，国都广陵（今江苏扬州西北）。会稽：郡名。治吴县（今江苏苏州），西汉辖境相当于今江苏长江以南，茅山以东，浙江大部及福建省全省。

⑩越：指南越国。

⑪屈（jué）强：倔强。屈，通“倔”。

【译文】

淮南王刘安对其父淮南厉王刘长之死心怀怨恨，阴谋反叛朝廷，问伍被说：“我出兵西进，一定会有诸侯响应。倘若没有诸侯响应，怎么办？”伍被说：“向南与衡山王合兵，衡州。以攻打庐江郡，庐州。夺取寻阳的船只，坚守下雉，在江夏郡，县名。在九江浦一带集结兵力，切断豫章北入长江的口岸，就是洪州。以强弓硬弩临江设防，以防止南郡的军队沿江而下。再向东攻占江都、就是扬州。会稽，就是越州。往南联合南越国，在长江、淮河之间固守坚持，还可以再坚持一些时日。”刘安说：“好。”还没来得及发兵，谋反之事败露，被诛杀。

至后汉灵、献时，阉人擅命，天下提契[①]，政在家门。何进谋诛阉官[②]，太后不从。进乃召董卓诣京师，以胁迫太后。密令卓上书曰：“中常侍张让等窃幸乘宠，浊乱海内。昔赵鞅兴晋阳之甲[③]，以逐君侧之恶。辄鸣钟如洛阳[④]，讨让等罪。”卓未至，进败。及卓到，遂废立，天下乱矣。议曰：家门，大夫也。时长沙太守孙坚杀南阳太守张咨[⑤]，袁术得据其郡。坚与术合纵，欲袭夺刘表荆州，坚为流矢所中，死。初，刘表据荆州也[⑥]，闻江南贼盛，谓蒯越等曰[⑦]：“吾欲征兵，恐不集[⑧]，其策焉出？”对曰：“众不附者，仁不足也；附而不理者，义不足也。苟仁义之道行，百姓归之如水之趋下，何患不附？袁术勇而无谋，宗贼贪暴，为下所患[⑨]。若示之以利，必以众来。君诛其无道，抚而用之。人有乐存之心，必襁负而至[⑩]。兵强士附，南据江陵，北守襄阳，八郡可传檄而定[⑪]。术等虽至，无能为也。”后果然也。

【注释】

①提契：主宰，操纵。契，通“挈”。

②何进谋诛阉官：以下至“天下乱矣”，出自《三国志·魏书·董卓传》。

③赵鞅兴晋阳之甲：《公羊传·定公十三年》：“晋赵鞅取晋阳之甲，以逐荀寅与士吉射。荀寅与士吉射者，曷为者也？君侧之恶人也。”赵鞅，即赵简子，又称“赵孟”，春秋时期晋国大夫，长期执掌晋国国政。他以清君侧为名，调发晋阳的军队驱逐荀寅、士吉射。后因称地方长吏不满朝廷而举兵内向为兴“晋阳之甲”。

④鸣钟：指声讨其罪。《后汉书·董卓传》李贤注：“鸣钟鼓者，声其罪也。《论语》曰：‘小子鸣鼓而攻之。’”

⑤孙坚：字文台，吴郡富春（今浙江富阳）人。参与镇压黄巾起义，拜长沙太守。后与袁术合兵讨伐董卓，拜破虏将军、豫州刺史。之后奉袁术之命征讨刘表，为刘表部将黄祖兵士射杀。孙权称帝，追谥武烈皇帝。张咨：字子议，颍川（治今河南禹州）人。董卓掌权期间担任南阳太守。因不肯提供军粮，被孙坚杀死。

⑥初，刘表据荆州也：以下至“后果然也”，出自《三国志·魏书·刘表传》裴松之注引司马彪《战略》，有删节。

⑦蒯（kuǎi）越：字异度，南郡中庐（今湖北襄阳襄城区西南）人。刘表的重要谋士。为人足智多谋，曾帮助刘表平定荆州。刘表病逝后，与刘琮一同投降曹操，官至光禄勋。

⑧不集：不成功。

⑨宗贼贪暴，为下所患：《三国志·魏书·刘表传》裴松之注引司马彪《战略》作“宗贼帅多贪暴，为下所患”。宗贼，以同族人为主而结伙的盗贼。译文从之。

⑩襁（qiǎng）负：用布幅包裹小儿而负于背。

⑪八郡：指东汉末年荆州地区下辖的八个郡，分别是南阳郡、南郡、江夏郡、长沙郡、桂阳郡、武陵郡、零陵郡和章陵郡。

【译文】

到了东汉灵帝、献帝时期，宦官擅自发号命令，不受节制，天下被操纵，朝政为权臣所掌握。何进计划诛杀宦官，何太后不同意。于是何进征召董卓进京，以威胁太后。并暗中令董卓上书："中常侍张让等人骗取皇上的宠幸，扰乱天下。从前，赵鞅调发晋阳的军队，驱逐君主身边的恶人。我如今鸣钟击鼓前往洛阳，清算张让等人的罪行。"董卓的军队尚未到达洛阳，何进已经被宦官杀害。董卓到达之后，于是废黜少帝另立献帝，天下陷入混乱。评论道：家门，指卿大夫。当时，长沙太守孙坚杀了南阳太守张咨，袁术趁机占据了南阳郡。孙坚与袁术联合，打算袭击夺取刘表的荆州，孙坚被流矢射中而死。起初，刘表占据了荆州，听说江南盗贼众多，对蒯越等人说："我想招募士兵，但担心不能成功，用什么计策呢？"蒯越说："民众不归附，是因为仁爱不足；归附了却无法治理好，是因为道义不足。如果能推行仁义之道，百姓就会像水流往低处一样前来归附，何须担心百姓不归附？袁术勇猛而无谋略，宗贼领袖贪婪暴虐，他们的属下深以为患。如果用利益加以引诱，他们一定率众归附。然后您再诛杀那些残暴无道的首脑，安抚收编他们的部众。民众都希望能好好生活，必定会扶老携幼前来投靠。到时军队强大，士人归附，向南占据江陵，向北据守襄阳，传布一道檄文就可以平定荆州八郡。袁术等人即便前来，也不会有什么作为。"后来果然如此。

孙坚死，子策领其部曲击扬州刺史刘繇[①]，破之，因据江东。策闻袁术将欲僭号[②]，与书谏曰："昔董卓无道，陵虐王室，祸加太后[③]，暴及弘农[④]，天子播越[⑤]，宫庙焚毁，是以豪杰发愤，沛然俱起[⑥]。然而河北异谋于黑山[⑦]，曹操毒被于东徐，刘表僭乱于荆南，公孙叛逆于朔北[⑧]，正礼阻兵，玄德争盟。当谓使君与国同规，而舍是弗恤，莞然有自取之志[⑨]，惧非海内企望之意。昔成汤讨桀，犹云有夏多罪[⑩]；武王伐纣，曰殷有重罚[⑪]。此二王者，虽有圣德，假时无失道之过，无由逼而取也。今主上非有恶于天下，徒以幼小胁于强臣,异于汤、武之时也。使君五世相承,为汉宰辅,荣宠之盛,莫与为比,宜效忠节,以报王室。”术不纳,策遂绝之也。**策闻魏太祖与袁绍相持于官渡,将渡江袭许。未济,为许贡客所杀**[12]。初,策有是谋也[13],众皆惧。魏谋臣郭嘉料之曰:“策,英雄豪杰,能得人死力[14]。然轻而无备,虽有百万之众,无异于独行中原。若刺客伏起,一人之敌耳。以吾观之,必死于匹夫之手。”果为许贡客所杀也。

【注释】

①刘繇(yóu):字正礼,东莱牟平(今山东烟台福山区)人。东汉末年宗室大臣。曾任扬州牧。后受孙策逼迫,退保豫章地区,不久病死。

②策闻袁术将欲僭号:以下至“策遂绝之也”,出自《后汉书·袁术传》,有删节。

③太后:指何太后,汉灵帝皇后,汉少帝刘辩生母。

④弘农:指汉少帝刘辩,被董卓废为弘农王。后在董卓胁迫下自尽。

⑤播越:流亡,逃亡。

⑥沛然:行疾貌。

⑦河北异谋于黑山:《后汉书·袁术传》李贤注:“谓袁绍为冀州牧,与黑山贼相连。”黑山贼,指东汉末年活动于太行山区的农民起义军,主要领导人有张牛角、张燕等人。

⑧公孙:指公孙瓒。朔北:泛指我国长城以北地区。

⑨莞(wǎn)然:《后汉书·袁术传》作“完然”,自得貌。

⑩成汤讨桀,犹云“有夏多罪”:《尚书·汤誓》:“有夏多罪,天命殛之。”

⑪武王伐纣,曰“殷有重罚”:《史记·周本纪》:“于是武王遍告诸侯曰:‘殷有重罪,不可以不毕伐。’”罚,罪行。

⑫许贡:东汉末年人。吴郡太守。为孙策所杀。

⑬初，策有是谋也：以下至“果为许贡客所杀也”，出自《三国志·魏书·郭嘉传》，有删节。

⑭策，英雄豪杰，能得人死力：《三国志·魏书·郭嘉传》作“策新并江东，所诛皆英豪雄杰，能得人死力者也”。

【译文】

孙坚死后，其子孙策统领他的部众，攻打扬州刺史刘繇，击败了他，因而占据了江东。孙策听说袁术将要称帝，写信劝阻道：“从前董卓无道，欺凌王室，害死太后，残害弘农王，天子流亡于外，宫室宗庙被焚毁，因此豪杰激愤，迅速起兵。然而袁绍与黑山贼暗中勾结，曹操在东方的徐州肆意施暴，刘表在南面的荆州犯上作乱，公孙瓒在朔北发动叛乱，刘繇凭借兵力抗命，刘备争当盟主。我以为您会与朝廷同心协力，您却弃国事于不顾，而志得意满，有自己称帝的打算，恐怕不是天下人对您的期望。从前商汤讨伐夏桀，称‘夏朝犯下很多罪过’；周武王讨伐商纣王，说‘殷商有严重的罪行’。商汤与周武王两位王者，虽然有圣明的德行，但如果当时的天子没有违背道义的过错，也没有理由逼迫而取代。如今的皇帝对于天下并没有过错，只不过因为年龄幼小，被强臣所胁迫，与商汤、周武王时的情形并不一样。您的家族连续五代，都担任了汉朝的宰辅，所得到的荣耀与恩宠之盛，天下没有人能够相比，您应当尽忠守节，以报效王室。”袁术没有采纳孙策的劝告，孙策遂与袁术绝交。孙策听说曹操与袁绍在官渡相持，打算渡过长江袭击许都。还没来得及渡江，孙策就被许贡的门客杀害了。起初，听说孙策有渡江袭击许都的计划，众人都很害怕。曹魏谋臣郭嘉预料到：“孙策是英雄豪杰，能让人为他拼死效力。然而此人轻率而没有防备，虽然统领百万大军，却好似一个人独自走在原野中。如果派刺客伏击，一个人就能对付他。在我看来，他必定死于匹夫之手。”后来，孙策果然被许贡的门客刺杀。

策死，弟权领其众，时吴割据江南，席卷交、广也。属曹公破袁绍[①]，兵威日盛，乃下书责孙权求质。张昭等会议不决[②]。权乃独将周瑜诣其母前定议。瑜曰：“昔楚国初封于荆山之侧[3]，不满百里之地。继嗣贤能，广土开境，立基于郢，遂据荆、扬，至于南海，传业延祚九百余年。今将军承父兄余资，兼六郡之众[4]，兵精粮多，将士用命，铸山为铜，煮海为盐，境内富饶，人不思乱。泛舟举帆，朝发夕到。土风劲勇，所向无前。有何逼迫，而欲送质？质子一入，不得不与曹氏，曹氏命召，不得不往，便见制于人也，岂与南面称孤同哉？不如勿与，徐观其变。若曹氏率义以正天下，将军事之未晚。若图为暴乱，兵犹火也，不戢必将自焚[5]。韬勇枕威[6]，以待天命，何送质之有！”权母曰：“公瑜议是也。”遂不送质。策薨[7]，权年少，初统事，太妃忧之[8]，引见张昭、董袭等问曰[9]：“江东可保安不？”袭对曰：“江东地势有山川之固，而讨逆明府恩德在人[10]，讨虏承基[11]，大小用命。张昭秉众事，袭等为爪牙，此地利人和之时也，万无所忧。”众皆壮其言也。

【注释】

①属曹公破袁绍：以下至“遂不送质”，出自《三国志·吴书·周瑜传》裴松之注引《江表传》，有删节。属，适逢。

②张昭：字子布，徐州彭城（今江苏徐州）人。三国时期吴国重臣。

③荆山：山名。在今湖北南漳西部。

④六郡：《资治通鉴·汉纪五十六·建安七年》胡三省注：“六郡，会稽、吴、丹阳、豫章、庐陵、庐江也。”

⑤兵犹火也，不戢（jí）必将自焚：《左传·隐公四年》：“夫兵，犹火也；弗戢，将自焚也。”兵，指战争。戢，止息。

⑥韬（tāo）：掩藏，敛藏。枕：《三国志·吴书·周瑜传》裴松之注引《江表传》作“抗”，收藏。译文从之。

⑦策薨：以下至“众皆壮其言也”，出自《三国志·吴书·董袭传》。

⑧太妃：指孙策、孙权之母吴夫人。

⑨董袭：字元代，会稽余姚（今浙江余姚）人。三国时期吴国将领。

⑩讨逆：指孙策，曾被朝廷任命为讨逆将军。明府：汉魏以来对郡守牧尹的尊称。

⑪讨虏：指孙权。

【译文】

孙策死后，其弟孙权统领他的部众，此时吴国割据江南，并占有了交州、广州。适逢曹操击败了袁绍，兵威日益强盛，于是下书责令孙权送儿子入朝作为人质。张昭等人聚集讨论，无法决断。孙权于是单独带着周瑜，到母亲面前商讨此事。周瑜说：“从前，楚国刚刚被分封到荆山之侧时，地方不满百里。而继位的君主贤能，开拓疆土，以郢都为基础，占据了荆州、扬州，领土一直延伸到南海，基业世代相传长达九百多年。如今将军您继承了父兄的基业，统领江东六郡的民众，兵精粮足，将士效命，开矿炼铜，煮海制盐，境内富饶，人不思乱。乘船扬帆，早上出发晚上就能到达。民风顽强勇敢，所向无前。为何接受逼迫，要送交人质给曹操？人质一旦送交，则不得不与曹操结盟，曹操召见，则不得不前往，如此一来便受制于人，怎能和南面称王同日而语呢？不如不送人质，慢慢观察形势的变化。如果曹操能够以道义匡正天下，您到时再事奉他也不迟。如果他图谋行凶作乱，战争就像火一样，如果不止息，最终将焚烧他自己。我们暂时收敛武勇，隐藏军威，以等待天命，有什么必要送人质呢！”孙权母亲说：“周瑜说得很对。”孙权于是决定不送人质。孙策去世，孙权年轻，刚刚开始统领政事，孙权之母吴太妃很忧虑，召见张昭、董袭等人询问道：“江东可以保全并获得安定吗？”董袭回答说：“江东的地势，有高山长江的险阻，而讨逆将军孙策对民众广施恩德，讨虏将军孙权继承了基业，大小臣僚尽心效命。张昭主持全局，我等充当战将，地利、人和两项优势都具备了，没有什么可担忧的。”众人都认为董袭的话真是雄壮。

后曹公入荆州[1]，刘琮举众降。初，刘表死[2]，鲁肃进说曰："夫荆楚与我邻接，水流顺北。外带江、汉，内阻山陵，有金城之固。沃野万里，士人殷富。若据而有之，此帝王之资也。肃请得奉命吊表二子，并慰劳军中用事者，说刘备使抚养表众，共拒曹操。"肃未到，琮已降也。曹操得其水军船步卒数十万，吴将士闻之皆恐。孙权延见群下，问以计策。议者咸曰："曹公，豺虎也。托名汉相，挟天子以征四方，动以朝廷为辞。今日距之，事更不顺。且将军大势可以距操者，长江也。今操得荆州，奄有其地[3]，刘表治水军，蒙冲斗槛乃以千数[4]，操悉以沿江，兼有步兵，水陆俱下，此为长江之险已与我共之矣。而势力众寡，又不可论。愚谓大计不如迎之。"周瑜曰："不然。操虽托名汉相，其实汉贼。将军以神武之雄才，兼杖父兄之烈，割据江东，地方数千里，精兵足用，英豪乐业，尚当横行天下，为汉家除残去秽。况操自送死，而可迎之耶？请为将军筹之。今使北土已安，操无内忧，能旷日持久来争疆场，又能与我校胜负于舟楫，可也。今北土既未安，马超、韩遂尚在关西，为操后患。且舍鞍马，杖舟楫，与吴、越争衡，本非中国所长。又今盛寒，马无藁草，驱中国士众，远涉江湖之间，不习水土，必生疾病。此数四者，用兵之患也，而操皆冒行之。将军擒操，宜在今日！瑜请得精兵三万人进住夏口，保为将军破之。"权曰："老贼欲废汉自立久矣，徒忌二袁、吕布、刘表与孤耳。今数雄已灭，唯孤尚存，孤与老贼势不两立。君言当击，甚与孤合，此天以君授孤也！"时权军柴桑[5]，刘备在樊。曹公南征刘表，会表卒，子琮举众降。先主不知曹公卒至，至宛乃闻之，遂率其众南行，为曹公所追破。刘备至夏口，诸葛亮曰："事急矣，请奉命求救孙将军。"遂见，说曰："将军起兵江东，刘豫州亦收众汉南，与曹操并争天下。今操芟夷大难[6]，略已平矣，遂破荆州，威震四海。英雄无所用武，故豫州遁逃至此。将军量力而处之。若能以吴、越之众与中国争衡，不如早与之绝；若不能当，何不按兵束甲，北面而事之？今将军外托服从之名，而内怀犹豫之计，事急而不断，祸至无日矣。"权曰："苟如君言，刘豫州何不遂事之乎？"亮曰："田横[7]，齐之壮士耳，犹守义不辱。况刘豫州，王室之胄，英才盖世，众士慕仰，若水之归海。若事之不济，此乃天也，安得复为人之下？"权勃然曰："吾不能举全吴之地，十万之众，受制于人！吾计决矣。非刘豫州莫可以当曹操者，然豫州新败之后，能抗此难乎？"亮曰："豫州军虽败于长坂[8]，今战士还者及关羽所将精甲万人，刘琦合江夏战士亦不下万人[9]。曹操之众，远来疲弊，闻追豫州，骑一日一夜行三百里，此所谓强弩之末不能穿鲁缟者也[10]。故兵法忌之曰：'必蹶上将军。'且北方人不习水战，又荆州之人附操者，逼兵势耳，非心服也。今将军诚命猛将统兵数万，与豫州协规同力，破操军必矣。操军破，必北还，如此则荆、吴之势强，鼎足之形成。成败之机，在于今日。"权大悦，即遣周瑜、鲁肃随亮诣先主，并力拒曹公也。

【注释】

①后曹公入荆州：以下至"此天以君授孤也"，出自《三国志·吴书·周瑜传》。

②初，刘表死：以下至"琮已降也"，出自《三国志·吴书·鲁肃传》，有删节。

③奄有：全部占有。

④蒙冲斗槛：《三国志·吴书·周瑜传》作"蒙冲斗舰"，古代两种战船。《资治通鉴·汉纪五十七·建安十三年》胡三省注："杜佑曰：蒙冲，以生牛皮蒙船覆背，两厢开掣棹孔，左右有弩窗、矛穴，敌不得近，矢石不能败。此不用大船，务于速疾，乘人之所不及，非战之船也。斗舰，船上设女墙，可高三尺，墙下开掣棹孔。船内五尺，又建棚，与女墙齐。棚上又建女墙，重列战敌。上无覆背，前后左右树牙旗、帜幡、金鼓，此战船也。"译文从之。

⑤时权军柴桑：以下至"并力拒曹公也"，出自《三国志·蜀书·诸葛亮传》。柴桑，县名。今江西九江西南。

⑥芟（shān）夷：铲除，削平。

⑦田横：狄（今山东高青东南）人。原齐国贵族，田儋、田荣之弟。秦末随其兄田儋起兵反秦，重建齐国。田荣被项羽击败身死后，田横立田荣之子田广为齐王，自任国相。韩信破齐，俘虏田广，田横遂自立为齐王，投奔彭越。汉朝建立，田横率其部众五百余人逃亡海岛，汉高祖命他至洛阳，虽被迫前往，但不愿向汉称臣，于途中自杀。其留居海岛的部众闻讯，也全部自杀。

⑧长坂：在今湖北当阳东北。

⑨刘琦：山阳高平（今山东微山西北）人。刘表长子。为刘表后妻蔡夫人所厌恶，为求自保，自请出任江夏太守。

⑩鲁缟（gǎo）：古代鲁地出产的一种白绢，以细薄著称。

【译文】

后来，曹操攻入荆州，刘琮率众投降。当初，刘表去世后，鲁肃进言说："荆州与我们江东相邻，长江水自北面而来。其外部有长江、汉水环绕，内部有险峻的山脉，就像金属铸造的城墙一样坚固。又有沃野万里，人民殷实富有。如果能占据荆州，可以成为建立帝王大业的资本。我请求奉您的命令，向刘表的两个儿子表示吊唁，慰劳荆州军中的当权者，并劝刘备安抚刘表的部众，共同抵御曹操。"鲁肃还没赶到，刘琮就已经投降了。曹操得到了荆州的水军、船只、步兵一共数十万，吴国将士听到消息都很惊恐。孙权召见群臣，询问对策。众人都说："曹操，如同豺虎一般凶恶。但他名义上是汉朝的丞相，挟制天子以征讨四方，动辄假借朝廷的名义。现在抗拒他，事情于理不顺。况且就大势而言，将军您可以用来抵御曹操的，是长江天险。如今曹操得到了荆州，全部占有其地，刘表所训练的水军，各种战船数以千计，曹操将其全部调遣到长江沿线，再加上步兵，水陆并进，如此一来，长江天险已是曹操与我们共有了。而双方的兵力多寡，更不可相提并论。我们认为从大局考虑，不如迎接曹操。"周瑜说："不对。曹操虽然名义上是汉朝的丞相，其实是汉朝的奸贼。将军您有着英明神武的雄才大略，凭借父兄开创的基业，割据江东，土地方圆数千里，士卒精锐足以使用，英雄豪杰乐于效命，正当横行天下，为汉朝扫除残暴、涤荡污秽。何况是曹操自己前来送死，怎么可以迎接他呢？请让我为您估量形势。如果北方已经安定，曹操没有内部的忧患，能够旷日持久地与我方在战场上争夺，又能与我方在水战上一较短长，那么自当别论。然而如今北方尚未安定，马超、韩遂仍割据关西，是曹操的后患。而且放弃骑兵，倚仗水军，来与吴、越之人一争高下，本来就不是中原军队所擅长的。加之现在天气严寒，战马缺乏草料，驱遣中原将士，长途跋涉来到南方的江湖水乡，水土不服，必生疾病。以上几点，都是用兵的大忌，而曹操不顾风险，贸然行动。将军您捉拿曹操，就在今天！我请求率领三万精兵进驻夏口，保证为您击败曹军。"孙权说："曹操老贼想废汉自立已经很久了，只是顾忌袁绍袁术兄弟、吕布、刘表与我罢了。如今群雄已被消灭，只有我还在，我与曹操势不两立。您说应当抗击曹操，很合我的心意，这是上天把您送给我啊！"当时，孙权驻军柴桑，刘备驻军樊城。曹操南征刘表，适逢刘表病逝，刘表之子刘琮率众投降。刘备不知道曹操突然到来，等曹军到了宛城才得到消息，于是率军向南逃走，被曹军追上击溃。刘备逃到夏口，诸葛亮说："事情很紧急了，请让我奉您的命令向孙权求救。"于是求见孙权，劝说道："将军您起兵于江东，刘豫州也在汉水以南召集人马，与曹操共同争夺天下。如今曹操铲除各支割据势力，大致平定了北方，接着攻破荆州，威震四海。英雄无用武之地，所以刘豫州逃避到这里。请将军您衡量自己的力量然后决定对策。如果能凭借吴、越之众与中原抗衡，不如趁早与曹操断绝关系；如果不能抵挡，为何不解除武装，向曹操称臣？如今将军您表面上服从曹操，而内心却犹豫观望，事情如此紧急还不做出决断，灾祸马上就要临头了。”孙权说：“如果像您所说，刘豫州为何不投降曹操呢？”诸葛亮说：“田横，不过是齐国的壮士，还能坚守大义宁死不辱。何况刘豫州，是王室后裔，英才盖世，众人仰慕，如同流水归向大海。如果大事不能成功，那是天意如此，怎么能再屈居人下呢？”孙权勃然变色，说道：“我不能拿着整个吴国的地盘，十万兵马，去受他人的控制！我心意已决。除了刘豫州，没有别的人能抵挡曹操，但刘豫州刚刚吃了败战，能够抵抗这场大难吗？”诸葛亮说：“刘豫州的军队虽然在长坂战败，但重新聚集的士兵以及关羽所率领的精兵还有万人，刘琦召集的江夏郡士兵也不下万人。曹操的军队，远道而来疲惫不堪，听说当时追击我军时，骑兵一日一夜行军三百里，这就是所谓的‘强弩发出的箭，到了末程，连鲁地的细绢也穿不透’。所以兵法以此为忌，说：‘必定使上将军受挫。’况且北方人不熟悉水战，而荆州的民众之所以归附曹操，是迫于武力，并没有心悦诚服。如今将军您如果能派遣猛将率领数万军队，与刘豫州同心协力，必定能击败曹军。曹军一旦被击败，必定返回北方，如此则荆州、吴国的势力强盛，鼎足三分的形势就形成了。成败的关键，就在今日。”孙权听了非常高兴，立即派遣周瑜、鲁肃随诸葛亮去见刘备，合力抵挡曹操。

周瑜等水军三万，与刘备并力距曹公，用黄盖火攻策，遂败曹公于赤壁。初一日交战[①]，曹公军破退，引次江北[②]，瑜等在南岸。瑜部将黄盖曰[③]：“今寇众我寡，难与持久。然观操军，方连船槛[④]，首尾相接，可烧而走也。”乃取蒙冲斗槛数十艘，实以薪草，膏灌其中，裹以帷幕，上建牙旗[⑤]。先书报曹公，欺以欲降。盖又豫备走舸[⑥]，各系火船后，因引次俱前。曹公军吏士皆延颈观望，指言盖降。去北军二里余，同时发火，火烈风猛，船去如箭，飞埃绝焰，烧尽北船，延烧岸上营落，顷之，烟焰涨天，人马烧溺死者甚众。瑜率轻锐，寻系其后，雷鼓大进。曹公留曹仁等守江陵，径自北归。瑜又进南郡，与仁相对，仁遂退也。**曹公败，径北还，权遂虎视江表。**时刘璋为益州牧[⑦]，外有张鲁寇侵。瑜乃诣京见权曰[⑧]："今曹操新衄[⑨]，方忧腹心，未能与将军连兵相事也。乞与奋威俱进取蜀[⑩]，得蜀而并张鲁，留奋威固守其地，好与马超结援。瑜与将军据襄阳，以蹙操[⑪]，北方可图也。"权许之。会瑜卒，不果也。

【注释】

①初一日交战：以下至"仁遂退也"，出自《三国志·吴书·周瑜传》及裴松之注引《江表传》。初一日交战，《三国志·吴书·周瑜传》作"初一交战"，译文从之。

②次：驻扎。

③黄盖：字公覆，零陵泉陵（今湖南永州北）人。三国时期吴国将领。

④船槛：《三国志·吴书·周瑜传》作"船舰"，译文从之。

⑤牙旗：竿上饰有象牙的大旗。多为主将主帅所建，亦用作仪仗。

⑥走舸（gě）：轻便快速的战船。

⑦时刘璋为益州牧：以下至"不果也"，出自《三国志·吴书·周瑜传》。

⑧京：指京口，今江苏镇江。

⑨衄（nǜ）：失败，挫伤。

⑩奋威：指孙瑜，字仲异，吴郡富春（今浙江富阳）人。孙坚之弟孙静次子，孙权堂兄。官至奋威将军、丹杨太守。

⑪蹙（cù）：逼迫，追逼。

【译文】

周瑜等人率领三万水军，与刘备合力对抗曹操，他们用黄盖的火攻

之策，在赤壁打败了曹操。刚一交战，曹军败退，退回长江北岸扎营，周瑜等人在南岸。周瑜部将黄盖说：“如今敌众我寡，难以持久作战。然而观察曹操军队，正把船舰连在一起，首尾相接，可以用火攻的方法击退他们。”于是黄盖挑选了蒙冲、斗舰共数十艘，装满柴草，在其中灌满油脂，外面用帷幕盖好，上面竖立牙旗。黄盖预先给曹操写信，谎称要投降。黄盖又预备了快船，系在各只火攻船的船尾，然后依次出发，一同前进。曹操军中的将士都伸长脖子远远观望，指点着说这是黄盖前来归降了。离江北曹军还有二里多时，火船同时点火，火烈风猛，船速如箭，一时尘埃飞扬，烈焰滚滚，北岸的曹军战船被全部烧毁，火势还蔓延到岸上的营垒，顷刻之间，烈火浓烟遮天蔽日，曹军人马烧死溺死的非常多。周瑜率领轻装部队跟随其后，擂鼓进军。曹操留下曹仁等人驻守江陵，自己径直逃回北方。周瑜又进军南郡，与曹仁对峙，曹仁于是弃城退兵。**曹操战败后，径直逃回了北方，孙权于是称霸江东。**此时刘璋为益州牧，外部受到张鲁的侵略骚扰。周瑜于是到京口拜见孙权说：“如今曹操新败，正担心自己内部的问题，不可能与将军您交锋作战。我请求与奋威将军孙瑜一起攻取蜀地，攻下蜀地后，再吞并张鲁，留下孙瑜在当地坚守，与马超结为同盟。我与将军您据守襄阳，以逼迫曹操，如此，就可以图谋进取北方了。”孙权同意了。正逢周瑜去世，未能实施这个计划。

初，周瑜荐鲁肃才宜佐时[1]，权即引肃对饮曰[2]：“今汉室倾危，四方云扰，孤承父兄遗业，思有桓、文之功。君既惠顾，何以佐之？”肃对曰：“昔高帝区区欲尊事义帝而不获者[3]，以项羽为害也。今之曹操，犹昔项羽，将军何由得为桓、文乎[4]？肃窃料之，汉室不可复兴，犹曹操不可卒除。将军为计[5]，唯有鼎足江东，以观天下之衅[6]。规模如此[7]，亦自无嫌。然后建号帝王，以图天下，此高帝之业也。”及是平一江浒，称尊号，临坛顾谓公卿曰：“昔鲁子敬尝道此，可谓明于事势矣。”议曰：陆士衡称：“孙权执鞭鞠躬，以重陆公之威[8];悉委武卫,以济周瑜之师[9];卑宫菲食,以丰功臣之赏[10];披怀虚己[11],以纳谋士之筭;屏气跼蹐,以伺子明之疾[12];分滋损味,以育凌统之孤[13]。是以忠臣竞尽其能,志士咸得肆力,而帝业固矣。”黄石公曰:“贤人之政[14],降人以体;圣人之政,降人以心。体降可以图始,心降可以保终。降体以体,降心以心[15]。”由此观之,孙权执鞭鞠躬,降体者也;披怀虚己,心降者也。善终令始,不亦宜乎?

【注释】

①初,周瑜荐鲁肃才宜佐时:以下至“可谓明于事势矣”,出自《三国志·吴书·鲁肃传》,有删节。佐时,谓辅佐当世之君治理国家。

②引:延请。

③区区:真情挚意。

④桓、文:指齐桓公、晋文公。

⑤将军为计:《三国志·吴书·鲁肃传》作“为将军计”,译文从之。

⑥舋(xìn):间隙,空子。

⑦规模:规划,筹谋,计划。

⑧孙权执鞭鞠躬,以重陆公之威:以下至“而帝业固矣”,出自陆机《辩亡论》,有删节。《三国志·吴书·陆逊传》裴松之注:“陆机为逊铭曰:‘魏大司马曹休侵我北鄙,乃假公黄钺,统御六师及中军禁卫而摄行王事,主上执鞭,百司屈膝。’《吴录》曰:‘假逊黄钺,吴王亲执鞭以见之。’”执鞭,执鞭驾车。陆公,指陆逊。

⑨悉委武卫,以济周瑜之师:《文选·陆机〈辩亡论〉》刘良注:“时曹公入荆州,权尽委武卫之兵以济益周瑜之军也。悉,尽也。武卫,谓权之亲近宿卫之兵也。”武卫,指孙权护卫部队。

⑩卑宫菲食:指宫室简陋,饮食菲薄。卑,低,矮。

⑪披怀:敞开胸怀。喻诚心相待。

⑫屏气踞蹐(jú jí),以伺子明之疾:《三国志·吴书·吕蒙传》:“会蒙疾发,权时在公安,迎置内殿,所以治护者万方,募封内有能愈蒙疾者,赐千金。时有针加,权为之惨慽,欲数见其颜色,又恐劳动,常穿壁瞻之,见小能下食则喜,顾左右言笑,不然则咄唶,夜不能寐。”子明,即吕蒙,字子明。踞蹐,谨慎小心貌。

⑬分滋损味,以育凌统之孤:《三国志·吴书·凌统传》:“二子烈、封,年各数岁,权内养于宫,爱待与诸子同,宾客进见,呼示之曰:‘此吾虎子也。’”凌统,字公绩,吴郡余杭(今浙江余杭)人。三国时期吴国名将,凌操之子。

⑭贤人之政:以下至“降心以心”,出自《黄石公三略·下略》。

⑮降体以体,降心以心:《黄石公三略·下略》作“降体以礼,降心以乐”。

【译文】

起初,周瑜向孙权推荐鲁肃,认为他的才能足以辅佐君主,孙权立即请来鲁肃,和他对坐饮酒,说:“如今汉室倾危,四方动荡不安,我继承了父兄留下的基业,想要建立齐桓公、晋文公那样的功业。您既然屈尊到来,将如何帮助我呢?”鲁肃回答说:“从前汉高祖刘邦一心想尊奉义帝却不能如愿,是由于项羽为害的缘故。如今的曹操,就像当年的项羽,将军您又如何能成为齐桓公、晋文公呢?我私下预料,汉室已经不可能复兴,正如曹操不可能最后除掉。为将军您考虑,唯有割据江东,以观望天下的形势,寻找时机。做这样的谋划,也不必有什么顾忌。然后建立帝王尊号,以谋取天下,这就是当年汉高祖刘邦的事业。”等到孙权平定长江沿岸,即位称帝,登上举行仪式的土坛后,回头对公卿大臣们说:“从前,鲁肃曾为我谋划称帝之事,他真可以说是明察事势的人了。”评论道:陆机说:“孙权手执马鞭鞠躬致敬,以增强陆逊的威望;尽数调拨自己的护卫,以增加周瑜的兵力;宫室简陋,饮食菲薄,以丰厚功臣的赏赐;敞开胸怀,虚心待人,以听取谋士的计策;抑止呼吸,谨慎小心,以探视吕蒙的疾病;分出美味,减损饮食,以养育凌统的遗孤。所以忠臣争着贡献自己的才能，志士都获得了尽力报效的机会，孙权的帝业因此稳固。”黄石公说：“贤人为政，通过身体力行使民众顺从；圣人为政，通过诚心感化使民众归顺。民众行动顺从，可以开创基业；民众心悦诚服，可以保全基业。让人们行动顺从，要靠君主身体力行；让人们心悦诚服，要靠君主诚心感化。”由此看来，孙权为陆逊手执马鞭鞠躬致敬，是身体力行；敞开胸怀虚心待人，是诚心感化。孙权能够善始善终，不也理所当然吗？

黄武元年[①]，魏使大司马曹仁步骑数万向濡须[②]，濡须督朱桓破之[③]。初，曹仁欲以兵袭取中州[④]，伪先扬声欲东攻羡溪[⑤]。桓分兵赴羡溪，既发卒而仁奄至，诸将业业[⑥]，各有惧心。桓喻之曰：“凡两军交战，胜负在将，不在众寡。诸君闻曹仁用兵孰与桓耶？兵法所以称客倍而主人半者，谓俱在平原，无城池之守，又谓士众勇怯齐等故耳。今仁既非智勇，加其士卒甚怯，又千里步涉，人马疲困。桓与诸将共据高城，南临大江，北背山陵，以逸待劳，为主制客，此百战百胜之势也。”桓因偃旗鼓，外示虚弱，以诱致仁。仁果遣子泰攻濡须城，分遣诸将袭中州。中州者，部曲妻子所在。泰等退，桓遂枭其诸将也[⑦]。**七年，又使大司马曹休骑十万[⑧]，至皖城迎周鲂[⑨]。鲂欺之，无功而返。**吴鄱阳太守周鲂谲诱曹休[⑩]，休迎鲂至皖城，知见欺，当引军还，自负众盛，邀于一战。朱桓进计于元帅陆逊曰：“休本以亲戚见任，非智勇名将也。今战必败，败必走，走道当由夹石、挂车[⑪]，此两道也皆厄险，若以万兵柴路[⑫]，则彼众必尽，而休可生虏。臣请将所部以断之，若蒙天威，得以休自效，便可乘胜长驱，进取寿春，割有淮南，以窥许、洛，此万代一时，不可失也。”权先与陆逊以议，逊以为不可，故计不施行也。

【注释】

①黄武元年：即222年。黄武，为三国吴大帝孙权的第一个年号（222—228）。

②曹仁：字子孝，沛国谯（今安徽亳州）人。曹操从弟，三国时期曹魏名将。官至大将军、大司马，封陈侯。濡须：堡坞名。东汉末年孙权于濡须口筑以防备曹操。在今安徽无为东南，因形似偃月，又名“偃月坞”或“偃月城”。

③朱桓：字休穆，吴郡吴（今江苏苏州）人。三国时期吴国名将。官至前将军。

④初，曹仁欲以兵袭取中州：以下至“桓遂枭其诸将也”，出自《三国志·吴书·朱桓传》。中州，濡须附近长江中的沙洲。

⑤羡溪：古水名。在今安徽无为东北，西去濡须口三十里。

⑥业业：危惧貌。

⑦枭：斩杀。

⑧曹休：字文烈，沛国谯（今安徽亳州）人。曹操族子，三国时期曹魏将领。官至征东大将军，大司马，封长平侯。

⑨皖城：指皖县，属庐江郡，今安徽潜山。周鲂：字子鱼，吴郡阳羡（今江苏宜兴南）人。三国时期吴国将领。曾诈降曹休，诱其率军接应，使曹休在石亭之战中一败涂地。

⑩吴鄱阳太守周鲂谲诱曹休：以下至“故计不施行也”，出自《三国志·吴书·朱桓传》。

⑪夹石：即今安徽桐城北北硖山。挂车：在今安徽桐城西南。

⑫柴路：堵塞道路。

【译文】

孙权黄武元年（222），曹魏派大司马曹仁率领步兵、骑兵数万进攻濡须，濡须守将朱桓击败了曹仁。起初，曹仁想出兵袭取中州，先假意放出风声，说要进攻东面的羡溪。朱桓分兵赶赴羡溪，发兵后，曹仁突然率军杀到。朱桓手下将领战战兢兢，皆有畏惧之心。朱桓开解他们说："凡两军交战，胜负取决于主将，而不在士兵的多少。诸位觉得曹仁的用兵之术，和我朱桓相比谁更高明？兵法中说'远来进攻的军队，数量应该超过本地守军一倍'，说的是双方处于平原地带，没有城池可供坚守，同时双方士兵勇怯的情形相等。而如今曹仁既不是智勇双全的名将，加上魏军士兵非常怯懦，又千里步行跋涉，人困马乏。我与诸位一同据守高峻的城堡，南临长江，北靠山岭，以逸待劳，作为本地军队以制服来犯的敌军，这是百战百胜的形势。"朱桓于是偃旗息鼓，对外示弱，引诱曹仁进攻。曹仁果然派儿子曹泰进攻濡须城，又分别派遣诸将袭击中州。中州，是朱桓部下的家眷居住的地方。曹泰等人退兵后，朱桓遂消灭了袭击中州的曹魏众将。**黄武七年（228），曹魏又派大司马曹休率领十万骑兵，到皖城接应归降的周鲂。周鲂原本就是诈降，曹休无功而返。**吴国鄱阳太守周鲂以诈降诱骗曹休，曹休率军来到皖城接应周鲂，得知自己受骗后，本当撤军，却自负兵力强盛，想与吴军一战。朱桓向元帅陆逊献计说："曹休原本就是凭借亲戚关系才被任用，并不是智勇双全的名将。如今与我军作战，他必定战败；战败后，必定要逃跑；逃跑时，应当取道夹石、挂车，这两条道路都很狭窄险峻，如果派一万部队堵塞道路，必然可以全歼敌军，活捉曹休。我请求率领本部人马前去截击，如果凭借天威，我得以俘虏曹休向您效命，那么接下来就可以乘胜长驱直入，攻克寿春，占据淮南，然后谋取许都、洛阳，这是千载难逢的机会，不能错过。"孙权事先与陆逊商议，陆逊认为不可行，所以这个计划没有施行。

至权薨，皓即位[①]。穷极淫侈，割剥蒸人[②]，崇信奸回[③]，贼虐谏辅。晋世祖令杜预等伐吴[④]，灭之。议曰：昔魏武侯浮西河[⑤]，顾谓吴起曰："山河之固，此魏国之宝也。"吴起对曰："昔三苗氏左洞庭而右彭蠡[⑥]，德义不修，禹灭之。夏桀之君，左河、济，右太华[⑦]，伊阙在其南[⑧]，羊肠在其北[⑨]，仁政不修，汤放之。由此观之，在德不在险。"今孙皓席父祖之资，有天阻之固，西距巫硖[⑩]，东负沧海，长江判其区宇，峻山带其封域，地方几万里，荷戟将百万，而一朝弃甲，面缚于人，则在德之言为不刊之典耶？对曰：“何为其然？”陆机云：“《易》曰[11]：‘汤、武革命，顺乎天[12]。’《玄》曰[13]：‘乱不极则理不形[14]。’言帝王之因天时。‘天时不如地利’，《易》曰：‘王侯设险以守其国。’言国之恃险也。又曰‘地利不如人和’，‘在德不在险。’言守险之由人也。吴之兴也，参而由焉[15]。孙卿所谓合其参者[16]。及其亡也，恃险而已。”娄敬曰：“周之衰也[17]，分而为两，天下莫朝。周不能制，非其德薄也，形势弱也。”由此观之，国之兴亡亦资险云，非唯在德而已矣。

【注释】

①皓（hào）：指孙皓，字元宗，一名彭祖，字皓宗，吴郡富春（今浙江富阳）人。孙权之孙，孙和之子。三国时期吴国末代君主，在位时期专横残暴，奢侈荒淫，大失民心。吴国被西晋攻灭后，孙皓投降晋朝，被封为归命侯。

②蒸人：即“烝人”，民众，百姓。

③奸回：指妒恶邪僻的人。

④晋世祖：即司马炎，庙号世祖。

⑤昔魏武侯浮西河：以下至“在德不在险”，出自《史记·孙子吴起列传》，有删节。西河，指山西南部与陕西交界处的黄河。

⑥三苗：古民族名。相传分布在江、淮、荆州一带。彭蠡：古泽薮名。又称“彭蠡泽”。传统观点认为即今江西鄱阳湖。近人考证认为古彭蠡应在长江北岸，约当今鄂东、皖西南一带滨江诸湖。

⑦太华：即华山。

⑧伊阙：山名。在今河南洛阳南。

⑨羊肠：太行山的坂道，因盘旋如羊肠而得名。其地有二：一在今山西平顺东南，一在今山西晋城南。

⑩硖：同“峡”。

⑪《易》曰：以下至“恃险而已”，出自陆机《辩亡论》。

⑫汤、武革命，顺乎天：出自《周易·革卦·彖辞》：“汤武革命，顺乎天而应乎人。”革命，古代认为王者受命于天，改朝换代是天命变更，因称“革命”。

⑬《玄》：指扬雄所著《太玄》。

⑭乱不极则理不形：出自《太玄·太玄文》：“阴不极则阳不生，乱不极则德不形。”

⑮吴之兴也，参（sān）而由焉：《文选·陆机〈辩亡论〉》李周翰注：“言吴之兴也，天时、地利、人和三者并用。参，三也；由，用也。”参，通“三”。

⑯孙卿所谓合其参者：《荀子·天论》：“天有其时，地有其财，人有其治，夫是之谓能参。舍其所以参，而愿其所参，则惑矣。”《文选·陆机〈辩亡论〉》李周翰注：“谓道合于天、地、人。”

⑰周之衰也：以下至“非唯在德而已矣”，出自《史记·刘敬叔孙通列传》。

【译文】

到孙权去世后，孙皓即位。他穷奢极欲，侵夺百姓，宠信奸恶邪僻的小人，残害进谏辅佐的忠臣。晋世祖司马炎命令杜预等人讨伐吴国，将吴国灭掉。评论道：从前，魏武侯在黄河上泛舟，回头对吴起说：“山河险要，这是我们魏国的珍宝。”吴起回答道：“昔日的三苗氏，左有洞庭湖，右有彭蠡泽，然而不修德义，被大禹消灭了。夏桀在位时，左有黄河、济水，右有华山，伊阙山在其南面，羊肠坂在其北面，然而不行仁政，被商汤放逐了。由此看来，国家兴亡的关键，在于德行而不在于险阻。”如今孙皓继承了父亲和祖父遗留下来的基业，有天然的险阻作为坚固的屏障，国土西到巫峡，东临大海，长江划分其境域，崇山环绕其疆界，国土方圆几万里，士兵将近百万人，而一朝放下武器，束手投降，这样看来，国家兴亡“在德不在险”的说法，果然是颠扑不破的真理吗？有人问：“为何如此呢？”陆机说：“《周易》说：‘商汤、周武王革命，是顺应上天。’《太玄》说：‘祸乱不到极点，太平就无法显现。’说的是帝王要依靠天时。古人说‘天时不如地利’，《周易》说：‘王侯设置险要，以守卫他的国家。’说的是守卫国家要依靠险阻。古人又说‘地利不如人和’，‘国家兴亡在于德行而不在于险阻。’说的是守卫险阻，终究得依靠人。吴国兴起，是天时、地利、人和三种要素共同作用造成的。这就是荀子所说的天、地、人三者合用。而等吴国灭亡时，只是依靠险阻而已。”娄敬说：“等到周朝衰弱的时候，分裂成西周、东周两个小国，天下没有谁再来朝觐。周王室也无法控制这一局面，这不是因为周王朝的德行微薄，而是因为形势太弱了。”由此看来，国家的兴亡也要依赖险阻，并不是只依靠德行就行了。

至晋永嘉中，中原丧乱，晋元帝复渡江，王江南。宋、齐、梁、陈皆都焉。事在《霸纪上》也。

此吴国形也。

【译文】

到了西晋永嘉年间，中原动乱，晋元帝司马睿又渡过长江，在江南建立了东晋。宋、齐、梁、陈都在此建都。具体情况记载于《霸纪上》。

以上，就是吴国兴亡的大概情形。

魏

古者[1]，天子守在四夷[2]；天子卑弱，守在诸侯。当汉之季，奸臣擅朝，九有不澄[3]，四郊多垒[4]。虽复诸侯释位，以间王政[5]，然皆包藏祸心，各图非冀。魏太祖略不世出，灵武冠时，值炎精幽昧之期[6]，逢风尘无妄之世[7]，嗔目张胆[8]，首建义旗。时韩暹、杨奉挟献帝，自河东还洛阳。灵帝崩[9]，太子辩即位。并州牧董卓入朝,因废帝为弘农王,而立献帝,以董卓为太师,迁都长安。司徒王允诛卓,卓将郭汜、李傕围长安城[10]。城陷,杀王允。后李傕与郭汜有隙,傕质天子于其家。傕将杨奉谋杀傕,事泄叛傕。傕衰弱,天子乃得出奔。杨奉欲以天子还洛阳,郭汜追天子于弘农之曹阳[11]。奉等败,杀公卿略尽。天子渡河,都安邑[12]。以韩暹为征东将军,持政,还洛阳。洛阳宫室烧尽,百官披荆棘。太祖迎天子都许,韩暹、奉出奔也。太祖议迎都许[13],或以为山东未定,不可。荀彧劝太祖曰:"昔晋文纳周襄王而诸侯景从[14]。高祖东伐,为义帝缟素,天下归心。自天子播越,将军首唱义兵[15],以山东扰乱,未能远赴关右。然犹分遣将帅,蒙险通使。虽御外难,乃心无不在王室,是将军匡天下之素志也。今车驾旋轸[16],义士有存本之思[17],百姓感旧而增哀。诚因此时,奉主上以从人望,大顺也;秉至公以服雄杰,大略也;挟弘义以致英俊[18],大德也。天下虽有逆节,不能为累,明矣。韩暹、杨奉其敢为害?若不时定,四方生心。后虽虑之,无及。"太祖至洛阳,奉天子都许,维其弛紊[19],纫其赘旒[20],俾我汉家不失旧物矣[21]。

【注释】

①古者:以下至"守在诸侯",出自《左传·昭公二十三年》。

②天子守在四夷:指天子有德,德及于远方,四夷之国都为王朝守卫。竹添光鸿《左传会笺·昭公二十三年》:"守在四夷、亦言其和柔四夷以为诸夏之卫也。"

③九有:九州。

④四郊多垒:《礼记·曲礼上》:"四郊多垒,此卿大夫之辱也。"郑玄

注："垒，军壁也。数见侵伐则多垒。"四郊营垒很多，本指频繁地受到敌军侵犯，后多用以形容外敌侵迫，国家多难。

⑤诸侯释位，以间王政：《左传·昭公二十六年》："诸侯释位，以间王政。"杜预注："间，犹'与'也。去其位，与治王之政事。"

⑥炎精：指汉王朝。按照五行学说，汉以火德王，故称"炎精"。幽昧：昏暗不明。

⑦风尘：比喻战乱。无妄：指灾祸变乱。

⑧嗔（chēn）目：瞪大眼睛。嗔，同"瞋"。张胆：大胆，无所畏惧。

⑨灵帝崩：以下至"韩暹、奉出奔也"，抄撮自《三国志·魏书·董卓传》。

⑩郭汜（sì）：一名多，张掖（今属甘肃）人。董卓部将。董卓被杀后，他与李傕率部攻陷长安，挟制汉献帝，专擅朝政。后与李傕之间或攻杀或联合，汉献帝趁机脱逃。最后被部将伍习所杀。

⑪曹阳：即曹阳墟，又称"七里谷"，在今河南三门峡陕州区西。

⑫安邑：县名。治今山西夏县西北。

⑬太祖议迎都许：以下至"奉天子都许"，出自《三国志·魏书·荀彧传》。

⑭景从：像影子一样跟随。景，同"影"。

⑮唱：同"倡"。

⑯车驾旋轸（zhěn）：指汉献帝从长安回到洛阳。旋轸，还车，回车。

⑰存本：指存续国家正统。

⑱弘义：大义，正道。

⑲弛紊：松弛紊乱。

⑳纫：缝缀。赘旒（zhuì liú）：赘，连缀；旒，旌旗上的飘带。比喻实权旁落、为大臣挟持的君主。

㉑俾（bǐ）：使。不失旧物：《左传·哀公元年》："（少康）遂灭过、戈，复禹之绩，祀夏配天，不失旧物。"指恢复汉朝统治及典章制度。

【译文】

古时候，天子以四夷之国为王朝守卫；天子地位卑弱后，以诸侯国为王朝守卫。汉朝末年，奸臣专擅朝政，九州混乱，战祸频繁。虽然有诸侯离开封国，参与朝政，但都包藏祸心，各有非分之想。魏太祖曹操谋略非凡，英明神武冠绝当世，正值汉朝国祚衰微之时，恰逢灾祸战乱频繁之世，曹操瞋目大怒，无所畏惧，率先举起义旗。此时韩暹、杨奉挟持汉献帝，从河东返回洛阳。汉灵帝驾崩后，太子刘辩即位。并州牧董卓率兵入朝，趁机废少帝为弘农王，另立献帝，任命自己为太师，迁都长安。司徒王允诛杀董卓，董卓部将郭汜、李傕围攻长安城。长安陷落后，王允被杀害。之后，李傕与郭汜之间有了矛盾，李傕把献帝扣留在自己家中作为人质。李傕部将杨奉图谋刺杀李傕，消息泄露后，杨奉便公开反叛了李傕。李傕的势力衰弱，献帝才得以出逃。杨奉想护送献帝返回洛阳，郭汜率军紧追不舍，在弘农郡曹阳墟追上了献帝的队伍。杨奉等人兵败，公卿大臣几乎全被杀害。献帝渡过了黄河，暂时以安邑为都城。任命韩暹为征东将军，主持朝政，还都洛阳。洛阳的宫室焚毁殆尽，百官披荆斩棘，无处安身。曹操奉迎献帝定都许县，韩暹、杨奉都逃走了。曹操提议迎接献帝，迁都许县，有人认为山东尚未平定，这一计划难以施行。荀彧劝曹操说："从前，晋文公帮助周襄王复位，诸侯们紧紧跟随。汉高祖东伐项羽，为义帝穿孝服，天下归心。自从天子流亡，将军您率先兴起义兵，只是因为山东混乱，未能远赴长安迎接天子。但仍然分派将帅，冒着危险与朝廷互通使者。虽然在外抵御祸难，但是内心无时不在思念王室，这是将军您匡扶天下的一贯志向。如今天子回到了洛阳，义士有维系朝廷的想法，百姓感念旧主而更加悲伤。如果趁此时机，拥奉天子以顺从民众的愿望，这是大顺；秉持大公无私之心使天下豪杰归服，这是大略；弘扬大义以招揽天下英才，这是大德。如此，即便天下有不服从的人，也不足为患，这是很明显的事。韩暹、杨奉怎么敢为害作乱？如果不及时决定迎接天子，天下人将生出同样的打算。以后即使再来谋划此事，也来不及了。"于是曹操来到洛阳，迎接天子迁都许县，重整已经废弛的纲纪，维护天子威权,恢复了汉朝的统治与典章制度。

于是运筹演谋,鞭挞宇内,北破袁绍,南虏刘琮,东举公孙康,西夷张鲁,议曰:刘表诸杰,虽中间自有吞并,乃扬雄所谓"六国蚩蚩,为嬴弱姬"者也[①]。并吞虽众,适所以为吾奉也。**九州百郡,十并其八,志绩未究,中世而殒。**曹操字孟德[②],少机警,有权数,而任侠放荡,不治行业[③],故世人未之奇也。唯乔玄异焉[④],谓曰:"天下将乱,非命世之才不能济也。能安之者,其在君乎?"太祖为东郡太守[⑤],治东武阳[⑥],军顿丘[⑦]。黑山贼于毒等攻东武阳[⑧],太祖引兵西入山,攻毒等本屯。诸将皆以为当还自救。太祖曰:"昔孙膑救赵而攻魏[⑨],耿弇欲走西安而攻临淄[⑩]。使贼闻我西而还,是武阳自解也。不还,我能败虏家,虏不能败武阳,必矣。"乃行。毒闻之,弃武阳还。太祖要击[⑪],大破之。初,辽东太守公孙康恃远不服,袁尚、袁熙依之。及太祖破乌丸,或说公遂征之,尚兄弟可擒也。公曰:"吾方使康斩送尚、熙首,不烦兵矣。"九月,公引军自柳城还[⑫],康即斩送尚、熙首。诸将问曰:"公还而康斩送尚、熙,何也?"公曰:"彼素畏尚等,吾急之则并力,缓之则自相图,其势然也。"太祖攻吕布于下邳[⑬],不拔,欲还。荀攸曰:"布勇而无谋,今三战皆北,其锐气衰。三军以将为主,主衰则军无奋意。陈宫有智而迟。今及布气未复,宫谋之未定,进急攻之,布可拔也。"乃决沂、泗灌城[⑭],城溃,生禽布[⑮]。袁绍将文丑与太祖战,荀攸劝太祖以辎重饵贼。贼遂奔之,阵乱,斩文丑。太祖与袁绍相持于官渡[⑯],时公粮少,与荀彧书,议欲还许。彧曰:"绍悉众聚官渡,欲与公决胜败。公以至弱当至强,若不能制,必为所乘,是天下之大机也。且绍,布衣之雄耳,能聚人而不能用。夫以公之神武明哲,而辅以大顺,何向而不济!今军食虽少,未若楚在荥阳、成皋时也。是时,刘、项莫肯先退,先退者势屈。公以十分居一之众,画地而守之,扼其喉而不得进已半年矣。情见势竭,必将有变。此用奇之时,不可失也。”又绍谋臣许攸贪财,绍不能纵,来奔。说太祖袭绍别屯[17],燔其粮谷,遂破绍。张绣在南阳[18],与荆州牧刘表合。太祖征之。谋臣进曰:“绣与刘表相恃为强,然绣以游军而食于表,表不能供也。急之则并力,缓之则自离。”太祖不从,征。表果遣兵救绣,太祖兵败。三年春[19],太祖还许,绣兵来追,太祖军不得进。与荀彧书曰:“贼来追吾,虽日行数里,吾策之,至安众[20],破之必也。”果设奇伏,攻破之。公还许,荀彧问:“前何以策贼必破?”对曰:“虏遏吾归师,与吾死地战[21],吾是以知胜。”西平麴光杀其郡守以叛[22],诸将欲击之。张既曰[23]:“唯光等造反,郡人未必悉同。若便以军临之,吏人、羌胡必谓官家不别是非,更使皆相持着[24],此为虎傅翼也。光等欲以羌、胡为援,今先使羌、胡钞击[25],重其赏,所虏获者皆以俾之[26]。外阻其势,内离其交,必不战而定。”乃檄告喻,诸为光等所误者原之,能斩贼帅送首者加封。于是光部党斩送光首。此“九州百郡,十并其八”之大略也。

【注释】

①嗤嗤:《法言·重黎》作“蚩蚩”,惑乱貌,纷扰貌。译文从之。

②曹操字孟德:以下至“其势然也”,抄撮自《三国志·魏书·武帝纪》及裴松之注。

③行业:操行学业。

④乔玄:字公祖,梁国睢阳(今河南商丘南)人。东汉时期大臣,官至太尉。

⑤东郡：郡名。秦置，汉因之。约当今河南东北部和山东西部部分地区。

⑥东武阳：县名。今山东莘县东南。

⑦顿丘：县名。今河南清丰西南。

⑧于毒：东汉末年黑山军首领。

⑨孙膑救赵而攻魏：前353年，魏国围攻赵国都城邯郸。赵国求救于齐国。齐将田忌、孙膑率军救赵，趁魏国都城兵力空虚，引兵直攻魏国。魏军回救，齐军乘其疲惫，于中途大败魏军，遂解赵围。事见《史记・孙子吴起列传》。

⑩耿弇欲走西安而攻临淄：其事见《霸图》。西安，县名。今山东桓台东。

⑪要（yāo）击：拦截狙击。

⑫柳城：县名。今辽宁朝阳南。

⑬太祖攻吕布于下邳：以下至“斩文丑”，抄撮自《三国志・魏书・荀攸传》。下邳，县名。今江苏睢宁北古邳镇东三里。

⑭沂：古水名。即今山东南部、江苏北部沂河。源出今山东沂源，南流经东莞故城（今沂水）西，又经临沂（今费县东）、开阳（今临沂北）二县东，又南过郯县（今山东郯城北）西，至今江苏睢宁北注入泗水。泗：古水名。又名“清水”“清泗”。源出今山东泗水蒙山南麓，向西南流，在山东鱼台东转东南，经江苏徐州大致循黄河故道至淮安西南入淮河。下邳城位于沂水、泗水交汇处。

⑮禽：同“擒”。

⑯太祖与袁绍相持于官渡：以下至“遂破绍”，抄撮自《三国志・魏书・武帝纪》与《荀彧传》。

⑰别屯：谓军队原驻地以外设立的营盘。

⑱张绣在南阳：以下至“太祖兵败”，出自《三国志・魏书・荀攸传》，文字有所不同。张绣，武威祖厉（今甘肃靖远西南）人。董

卓部将张济族子，东汉末年割据军阀。曹操攻打宛城，张绣率众归降，但得知曹操纳张济之妻（张绣伯母）为妾，心怀愤恨，遂偷袭曹军，曹操大败。之后，曹操与袁绍在官渡对峙时，张绣听取贾诩之计，再次归降曹操，官至扬武将军、破羌将军，封二千户。

⑲三年春：以下至“吾是以知胜”，出自《三国志·魏书·武帝纪》。三年，建安三年，即198年。

⑳安众：县名。西汉置，治今河南邓州东北。东汉改置为安众侯国。

㉑死地：绝境。《孙子兵法·九地》：“疾战则存，不疾战则亡者，为死地。”

㉒西平麹（qū）光杀其郡守以叛：以下至“于是光部党斩送光首”，出自《三国志·魏书·张既传》。西平，郡名。东汉建安中分金城郡置，治西都（今青海西宁）。辖境相当于今青海湟源、乐都间湟水流域。

㉓张既：字德容，冯翊高陵（今陕西西安高陵区）人。三国时期曹魏名臣。治理雍、凉二州，政绩卓著。

㉔持着：支持依附。

㉕钞击：包抄袭击。

㉖俾：《三国志·魏书·张既传》作“畀（bì）”，赐予。译文从之。

【译文】

于是运筹帷幄，施展谋略，征伐天下，北面攻破袁绍，南面俘虏刘琮，东面挫败公孙康，西面讨平张鲁，评论道：刘表等各位豪杰，虽然在此期间互相吞并，但正如扬雄所说“六国纷扰，不过是替秦国削弱周王”。他们吞并的地盘虽多，只不过是为曹操准备的礼物。**天下九个州上百个郡，曹操占有了十分之八，但统一天下的大业尚未完成，曹操便中途去世了。**曹操字孟德，年轻时机警，有权术心计，而以侠义自任，放荡不羁，不注重操行学业，所以没有得到世人的看重。唯有乔玄赏识他，对曹操说：“天下将要大乱，只有定国安邦的杰出人才才能拯救。能够安定天下的人，恐怕就是您吧？”曹操被任命为东郡太守，治所在东武阳，后驻军顿丘。黑山贼于毒等人进攻东武阳，曹操率军向西进入山区，攻打于毒等人的大本营。众将都认为应当回师救援东武阳。曹操说："从前，孙膑为了救援赵国而攻打魏国，耿弇为了驱逐西安守军而进攻临淄。如果贼人听说我向西进军而撤兵，那么东武阳之围自然就解开了。如果贼人不撤兵，则我军能攻破敌人大本营，而敌人无法攻破东武阳，这是肯定的事。"于是进军。于毒听到这个消息，便放弃围攻东武阳回师救援。曹操半路截击，大败于毒军。起初，辽东太守公孙康仗着地处偏远，不服朝廷的统治，袁尚、袁熙前去投奔。等到曹操击败乌丸后，有人劝曹操趁机讨伐公孙康，可以抓到袁尚兄弟。曹操说："我正要让公孙康砍下袁尚、袁熙的首级送来，无需出兵。"建安十二年（207）九月，曹操率军从柳城凯旋，公孙康果然砍下袁尚、袁熙的首级送呈曹操。众将问道："您已率军返回，而公孙康反而砍下袁尚、袁熙的首级送来，这是为什么？"曹操说："公孙康素来忌惮袁尚等人，我如果逼得太急，他们就会同心协力，我放松之后，他们就会自相残杀，这是由形势所决定的。"曹操围攻据守下邳的吕布，久攻不下，打算撤军。荀攸说："吕布勇而无谋，如今三战皆败，锐气已经衰竭。三军以大将为主宰，主宰一旦泄气，部队也就失去了奋战的意志。陈宫虽有智谋，却反应迟缓。如今趁着吕布的锐气尚未恢复，陈宫的计谋尚未确定，进兵急速攻城，就可以击败吕布。"于是引来沂水、泗水灌城，城墙毁坏，活捉了吕布。袁绍部将文丑与曹操作战，荀攸劝曹操用辎重引诱敌军。敌军果然争着奔去抢夺，阵势大乱，文丑被斩杀。曹操与袁绍在官渡对峙，此时曹军粮少，曹操给荀彧写信，商议撤回许都。荀彧说："袁绍把所有部队聚集在官渡，打算和您一决胜负。您以最弱的兵力对抗最强大的对手，如果不能制服对方，一定会被对方趁势击败，这是决定天下大局的关键。况且袁绍，只不过是普通人中的强者罢了，能够招揽人才却不能任用他们。以您的神武英明，加上辅佐天子讨伐叛逆的正当名义，兵锋所指，有谁不能击败！眼下军粮虽少，毕竟没有像楚、汉在荥阳、成皋之间对峙时那样困难。当时，刘邦、项羽谁也不肯先退，因为先撤退的一方将处于被动的境地。您以袁绍十分之一的兵力，划下界限固守，扼住敌人咽喉使其不能前进已经半年了。敌人真情败露，声势衰竭，局面必将发生变化。这正是使用奇谋的时机，不可错过。"此时，袁绍的谋臣许攸贪财，袁绍不能满足他，因此前来投奔。在许攸的劝说下，曹操袭击了袁绍储藏粮草的营盘，焚烧了袁绍的粮草，遂击败了袁绍。张绣在南阳，与荆州牧刘表联合。太祖征讨张绣。谋臣劝谏道："张绣与刘表相互倚仗，力量强大，但张绣是流动部队，依赖刘表提供粮草，刘表不能供给。如果逼得太急，他们就会同心协力；如果暂缓进攻，他们就会内讧。"曹操没有听从，继续征讨张绣。刘表果然派兵救援张绣，曹操兵败。建安三年（198）春，曹操撤军返回许都，张绣率军追击，曹操军队无法前进。曹操给荀彧写信说："敌军前来追击我军，虽然我军一天只能行军数里，但我预料，一到安众县，必定能击败张绣。"于是曹操设下奇兵作为埋伏，大败张绣。曹操回到许都，荀彧问道："之前，您为何预料一定能打败敌人？"曹操回答说："敌军截断我军的归路，与处于绝境的我军作战，所以我知道这一仗必定胜利。"西平人麴光杀死郡守，起兵造反，众将想要前往讨伐。张既说："造反的只有麴光等人，郡中百姓未必都愿意跟随他们。如果兴兵讨伐，则西平郡的官吏百姓与羌人、胡人一定认为朝廷不辨是非，反而使他们都支持依附麴光，这等于为老虎添上了翅膀。麴光等人想借助羌人、胡人的力量，如今我们先派羌人、胡人包抄袭击他们，给予重赏，并将所获的俘虏都送给他们。这样，在外部遏止他们的势力，在内部离间他们的关系，一定能不出兵就平定西平郡。"于是发布檄文广为通告，凡是受麴光欺骗加入叛军的人一概赦免，能斩杀叛军首领并送呈首级的加以封赏。于是麴光的部下杀死了他，并送来了首级。这就是"天下九个州上百个郡，曹操占有了十分之八"的大概过程。

夫能扶天下之危者①**，则据天下之安；能除天下之忧者，则享天下之乐；能救天下之祸者，则得天下之福。**董昭等欲共进曹公九锡备物②，密访于荀彧。彧不许。操心不平，遂杀之。范晔论曰："世之言荀君，通塞或过矣③。常以中贤以下，道无求备。智笇有所研疏④，原始未必要终，斯理之不可全诘者也⑤。夫以卫赐之贤⑥，一说而毙两国⑦。彼非薄于仁而欲之，盖有全必有丧也。斯又功之不可兼者矣⑧。方时运之屯邅⑨，非雄才无以济其弱，功高势强则皇器自移矣⑩。此又时之不可并也。盖取其归正而已⑪，亦杀身以成仁之义也。”

【注释】

①夫能扶天下之危者：以下至“则得天下之福”，出自《黄石公三略·下略》。

②董昭等欲共进曹公九锡备物：以下至“亦杀身以成仁之义也”，出自《后汉书·荀彧传》，有删节。本句《后汉书·荀彧传》作“董昭等欲共进操爵国公，九锡备物”。九锡，古代天子赐给诸侯、大臣的九种器物，是一种最高礼遇。备物，指仪卫、祭祀等所用的器物。

③通塞或过矣：指评价标准或过于通达，或过于苛刻。

④智筭（suàn）：犹谋划、计谋。研疏：精细和粗疏。

⑤诘（jié）：查究，究办。

⑥卫赐：指端木赐，字子贡，孔子弟子。由于是卫国人，故称“卫赐”。

⑦一说而毙两国：据《史记·仲尼弟子列传》记载，子贡为了阻止齐国伐鲁，游说列国，造成了“存鲁，乱齐，破吴，强晋而霸越”的一连串后果。《后汉书·荀彧传》李贤注：“两国谓齐与吴也。”

⑧斯又功之不可兼者矣：《后汉书·荀彧传》李贤注：“言彧岂愿强曹氏令代汉哉？事不得已也。”

⑨屯亶（zhūn zhān）：《周易·屯卦》六二爻辞：“屯如、亶如，乘马班如。”孔颖达疏：“‘屯’是屯难，‘亶’是亶回。”后多指艰难。

⑩皇器自移：《后汉书·荀彧传》李贤注：“谓魏太祖功业大而神器自归也。”皇器，指帝位。

⑪归正：回到正道。

【译文】

能够拯救天下危亡的人，就能拥有天下的安宁；能够解除天下忧患的人，就能享有天下的快乐；能够解救天下灾祸的人，就能获得天下的幸福。董昭等人想一同上奏，请朝廷封曹操为国公，并赐予九锡，秘密询问荀彧的意见。荀彧不同意。曹操内心很不满，遂杀害了荀彧。范晔评论道："世上评论荀彧，标准或过于通达，或过于苛刻。我常常认为，中等贤人以下的人，不可求全责备。智谋计算有时精密，有时粗疏；能够考察事物的本始，未必能了解事物的结局；可见万事万物之理，难以彻底查究。以子贡的贤明，一从事游说便灭掉了两个国家。这并不是子贡轻视仁义而想要这样做，而是因为有所保全，就必然有所丧失。可见要建立功业，便难以面面俱到。天下正动荡混乱之时，不是雄才大略的人不能拯救危难；而功劳超群，势力强大，则帝位自然会发生转移。这又是时势的难以两全之处。荀彧最终选择了归于正道，这就是杀身成仁的大义吧。"

曹氏率义拨乱，代载其功。至文帝时，天人与能矣，遂受汉禅。刘若劝进曰[①]："臣闻，符命不虚见，众心不可违，故孔子曰：'周公其不圣乎？以天下让。是天地日月轻去其万物也。'是以舜享天下，不拜而受命。今火德气尽，炎上数终，帝迁明德[②]，祚隆大魏。符瑞昭晢[③]，受命既固[④]，光天之下[⑤]，神人同应。虽有虞之仪凤[⑥]，周之跃鱼[⑦]，方之今事，未足为喻。而陛下违天命以饰小行，逆人心以守私志，上误皇穹乃眷之旨[⑧]，中忘圣人达节之数[⑨]，下孤人臣翘首之望，非所以扬圣道于高衢[⑩]，垂无穷之懿勋也。臣等闻，事君有献可替否之道，奉上有逆鳞固争之义[⑪]。臣等敢以死请。"太史丞许芝又曰[⑫]："《易传》曰：'圣人受命而王，黄龙以戊己日见[⑬]。'七月四日戊寅，黄龙见，此帝王受命之符瑞最著明也。又曰：'圣人以德，亲比天下[⑭]，仁恩洽普，麒麟以戊己日见，厥应圣人受命。'臣闻，帝王者，五行之精。易姓之符，代兴之会，以七百二十年为一轨。有德者过于八百，无德者不及四百载。是以周家八百六十七年，夏家四百数十年。汉行夏正[⑮]，迄今四百二十六岁，天之历数将以尽终。斯皆帝王受命易姓之符瑞也。夫得岁者道始兴[⑯]。昔武王伐殷，岁在鹑火[17]，有周之分野也。高祖入秦，五星聚于东井，有汉之分野也。今兹岁在大梁[18]，有魏之分野也。而天之瑞应，并集来臻。伏惟殿下体尧、舜之盛明[19]，应七百之禅代，天下学士所共见也。谨以上闻。”给事中苏林等又曰[20]：“天有十二次以为分野，王公之国，各有所属。天子受命，诸侯以封。周文王受命，岁在鹑火。至武王伐纣十三年，岁星复在鹑火，故《春秋传》曰：‘武王伐纣，岁在鹑火，则我有周之分野也。’昔光和七年[21]，岁在大梁，武王始受命为将讨黄巾[22]。建安元年[23]，岁复在大梁，始拜大将军。十三年复在大梁，始拜丞相。今二十五年，复在大梁，陛下受命，此魏得岁与周文王受命相应。舜以土德承尧之火，今亦以土德承汉之火，于行运，会于尧、舜授受之次。陛下宜改正朔，易服色，正大号[24]，天下幸甚。”

【注释】

①刘若劝进曰：以下至“天下幸甚”，抄撮自《三国志·魏书·文帝纪》裴松之注引《献帝传》。刘若，三国时期曹魏将领。历任建武将军、辅国将军，封清苑侯。

②帝迁明德：语出《诗经·大雅·皇矣》：“帝迁明德，串夷载路。”郑玄笺：“天意去殷之恶，就周之德。”指天帝之心向着拥有明德之人。

③符瑞：吉祥的征兆。多指帝王受命的征兆。昭晢（zhé）：清楚，明显。

④受命既固：语出《诗经·大雅·皇矣》：“天立厥配，受命既固。”指获得的天命已经非常牢固。

⑤光天：犹言“普天”。

⑥有虞之仪凤：指虞舜在位时凤凰飞来。《史记·夏本纪》：“舜德大明。于是夔行乐，祖考至，群后相让，鸟兽翔舞，《箫韶》九成，凤皇来仪，百兽率舞，百官信谐。”仪，来。

⑦周之跃鱼：指周武王渡河伐纣时，有白鱼跃入舟中。《史记·周本纪》："武王渡河，中流，白鱼跃入王舟中，武王俯取以祭。"

⑧皇穹（qióng）：皇天。皇，大。乃眷：语出《诗经·大雅·皇矣》："乃眷西顾。"郑玄笺："乃眷然运视西顾。"后以"乃眷"喻关怀。

⑨达节：谓不拘常规而合于节义。《左传·成公十五年》："圣达节，次守节，下失节。"杨伯峻注："最高道德为能进能退，能上能下，而俱合于节义。"

⑩高衢：大道，要路。比喻高位显职。

⑪逆鳞：倒生的鳞片。《韩非子·说难》："夫龙之为虫也，柔可狎而骑也，然其喉下有逆鳞径尺，若人有婴之者则必杀人。人主亦有逆鳞，说者能无婴人主之逆鳞则几矣。"古人以龙比喻君主，因以触"逆鳞"、批"逆鳞"等喻犯人主或强权之怒。

⑫许芝：三国时期曹魏大臣。官至太史令。

⑬戊己日：指天干中的戊日、己日。

⑭亲比：亲近依附。

⑮夏正：夏历正月的省称。代指夏历。

⑯得岁：谓受到岁星的照临。古人以岁星为祥星，得岁者有福。《左传·昭公三十二年》："越得岁而吴伐之，必受其凶。"杜预注："岁星所在，其国有福。吴先用兵，故反受其殃。"

⑰鹑火：星次名。南方有井、鬼、柳、星、张、翼、轸七宿，称"朱鸟七宿"。首位者称"鹑首"，中部者（柳、星、张）称"鹑火"，末位者称"鹑尾"。

⑱大梁：星次名。在十二支中为酉，在二十八宿为胃、昴、毕三宿。

⑲伏惟：下对上的敬辞，多用于奏疏或信函。谓念及，想到。

⑳苏林：字孝友，陈留外黄（今河南民权西北）人。三国时期曹魏官员、学者。官至博士、给事中，累迁散骑常侍。

㉑光和七年：即184年。光和，东汉灵帝刘宏的第三个年号（178—184）。

㉒武王：指魏武王曹操。

㉓建安元年：即196年。建安，东汉献帝刘协的第三个年号（196—219）。

㉔大号：国号，帝号。

【译文】

曹氏首倡义举，拨乱反正，其功业世代传颂。到魏文帝曹丕时，天命人心都归于能者，于是接受了汉献帝的禅让。刘若等人劝曹丕登上帝位，上奏说：“我听说，上天的符命不会凭空显现，民心不可违背，所以孔子说：‘周公大概不够圣明吧？把天下让给成王。这好比天地日月轻率地离开万物。’所以舜享有天下，不拜谢就接受了尧的禅让。如今火德气数已尽，汉朝国运将终，天帝之心向着拥有明德之人，将福祚赐给大魏。吉祥的征兆已经非常清晰，获得的天命已经非常坚固，普天之下，神和人一同响应。即便是虞舜时凤凰飞来，周武王渡河伐纣时白鱼跃入舟中，与今日之事相比，尚不足以相提并论。而陛下您违背天命以讲究小节，违背民心以固守个人的志向，对上忤逆了皇天眷顾的旨意，对中忘记了圣人不拘常规而合于节义的教诲，对下辜负了臣子翘首以盼的期望，这不是身居高位者宣扬圣道，传承无穷之功勋的做法。我们听说，臣子事奉君主，应当进献可行者，废去不可行者，有着不惜触犯逆鳞，坚持直言强谏的义务。所以我们冒死恳请您登基。”太史丞许芝又说：“《易传》说：‘圣人接受上天之命称王，黄龙将在戊日、己日出现。’七月四日是戊寅日，黄龙出现，这是帝王接受上天之命的符瑞最为明白显著的。《易传》又说：‘圣人凭借德行，使天下亲近依附，仁爱恩德遍及万民，麒麟将在戊日、己日出现，这是圣人接受天命的瑞应。’我听说，帝王，是五行的精粹。帝王更替，朝代轮回，以七百二十年为一个周期。有德行的王朝，寿命将超过八百年；没有德行的王朝，寿命将少于四百年。所以周朝的寿命八百六十七年，夏朝的寿命四百几十年。汉朝施行夏朝的历法，从建国至今已经四百二十六年了，天的历数即将终结。以上这些，都是帝王接受天命，改朝换代的符瑞。得到岁星的照临，是帝王事业的开端。以前周武王伐纣，岁星位于鹑火，而鹑火正对应着周地的分野。汉高祖刘邦进入关中时，五星聚集于井宿，而井宿正对应着汉地的分野。如今岁星位于大梁，而大梁正对应着魏地的分野。而上天的各种瑞应，都纷纷到来。殿下您具备尧、舜那样的圣明，恰逢七百年一次的禅让易代之时，这是天下学士有目共睹的。谨将这些情况报告给您。”给事中苏林等人又说：“天上有十二星次，对应着地上相应的分野，王、公们的封国，都有各自所属的分野。这是天子受命，诸侯受封的依据。周文王接受天命时，岁星位于鹑火。到了十三年后周武王伐纣，岁星又运行到了鹑火，所以《春秋传》说：‘武王伐纣，岁星位于鹑火，而鹑火对应着周地的分野。’昔日，光和七年(184)，岁星位于大梁，魏武帝接受任命，成为将领讨伐黄巾军。建安元年(196)，岁星又运行到了大梁，魏武帝被拜为大将军。建安十三年(208)，岁星又运行到了大梁，魏武帝被拜为丞相。如今是建安二十五年(220)，岁星又运行到了大梁，而陛下您接受天命，这是魏国得到岁星的眷顾，与当年周文王接受天命时的情形完全符合。舜以土德继承了尧的火德，如今大魏也以土德继承了汉朝的火德，在五行更迭的运次上，与尧、舜禅让正好符合。陛下您应该变更历法，变换车马和祭牲的颜色，更改国号，天下就十分幸运了。”

王室虽靖[1]，而二方未宾[2]，乃问贾诩曰[3]：“吾欲伐不从命，以一天下[4]，吴、蜀何先？”对曰：“攻取者先兵权[5]，建本者尚德化。陛下应期受禅[6]，抚临率土[7]，若绥之以文德[8]，而俟其变[9]，则平之不难矣。吴、蜀虽蕞尔小国，依阻山水。刘备有雄才，诸葛亮善治国；孙权识虚实，陆逊见兵势[10]。据险守要，泛舟江湖，皆难卒平也。用兵之道，先胜后战[11]，量敌论将，故举无遗策。臣窃料群臣无权、备对，虽以天威临之，未见万全之势。昔舜舞干戚而有苗服[12]，臣以为，当今宜先文后武。”文帝不纳，后果无功。三苗国，今岳州是也[13]。蜀相诸葛亮出斜谷[14]，屯渭南，司马宣王距之。诏宣王：“但坚壁距守，以挫其锋。彼进不得志，退无与战。久停则粮尽，虏掠无所获，则必走矣。走而追之，以逸待劳，全胜之道。”亮送妇人衣以怒宣王[15]。宣王将出战，辛毗杖节不许[16]，乃止。宣王见亮使，唯问寝食及事繁简，不及戎事。使答曰："答罚二十已上皆亲览焉。啖食至数升[17]。"宣王曰："亮毙矣。"寻果卒也[18]。

【注释】

①王室虽靖：以下至"后果无功"，出自《三国志·魏书·贾诩传》。靖，安定。

②宾：服从，归顺。

③贾诩（xǔ）：字文和，武威姑臧（今甘肃武威东）人。汉末三国时期著名谋士，曹魏开国功臣。官至太尉。

④一：统一。

⑤兵权：用兵的权谋，计谋。

⑥应期：顺应期运。

⑦抚临：据有，统治。率土："率土之滨"之省，谓境域之内。

⑧绥（suí）：安抚。

⑨俟（sì）：等待。

⑩兵势：指用兵布阵。

⑪先胜：语出《孙子兵法·形》："胜兵先胜而后求战，败兵先战而后求胜。"指先创造取胜的条件。

⑫舜舞干戚而有苗服：《尚书·大禹谟》："帝乃诞敷文德，舞干羽于两阶，七旬，有苗格。"指舜以文德感化了有苗氏。

⑬岳州：隋开皇九年（589）改巴州置，治巴陵（今湖南岳阳）。辖境相当于今湖南沅江等市县以东，湘阴、平江等县以北地区。

⑭蜀相诸葛亮出斜谷：以下至"全胜之道"，出自《三国志·魏书·明帝纪》。

⑮亮送妇人衣以怒宣王：以下至"寻果卒也"，出自《三国志·魏书·明帝纪》裴松之注引《魏氏春秋》，文字有所不同。

⑯辛毗（pí）：字佐治，颍川阳翟（今河南禹州）人。三国时期曹魏大臣。官至卫尉，封颍乡侯。杖节：执持旄节。古代帝王授予将帅兵权或遣使四方，给旄节以为凭信。《三国志·魏书·辛毗传》："大将军司马宣王数请与亮战，明帝终不听。是岁恐不能禁，乃以毗为大将军军师，使持节；六军皆肃，准毗节度，莫敢犯违。"

⑰啖（dàn）食至数升：《三国志·魏书·明帝纪》裴松之注引《魏氏春秋》作"所啖食不过数升"，《三国志·蜀书·诸葛亮传》裴松之注引《魏氏春秋》作"所啖食不至数升"，译文从之。

⑱寻：不久。

【译文】

朝廷内部虽然安定了，但吴、蜀二国尚未归顺，于是曹丕问贾诩说："我想要讨伐不服从命令的人，以统一天下，吴国与蜀国，应该先讨伐哪一个呢？"贾诩回答说："攻城略地的人，重视用兵的计谋；建立基业的人，崇尚道德教化。陛下您顺应期运，接受禅让，君临天下，如果能以礼乐教化安抚吴、蜀二国，等待他们内部发生变故，则平定他们并不困难。吴国、蜀国虽然是蕞尔小国，但依傍着山川的险阻。刘备有雄才大略，诸葛亮善于治国；孙权懂得虚实变化，陆逊通晓用兵布阵。两国或据守于险要之地，或泛舟于长江大湖，都难以迅速平定。用兵之道，要先创造取胜的条件然后开战，衡量敌情然后挑选将领，这样行动才能万无一失。臣私下估量，群臣中没有人是孙权、刘备的对手，即便您以天威面对，也未见万全之势。从前，舜以文德感化了有苗氏，我认为，如今应当先修文德，后用武力。"曹丕没有采纳贾诩的建议，后来果然无功而返。三苗国，就是现在的岳州。蜀汉丞相诸葛亮兵出斜谷，驻扎于渭水南岸，司马懿率军抵挡。魏明帝向司马懿下诏说："只需依靠坚固的壁垒进行防守，以挫折敌军的锐气。敌军想要前进不能如愿，想要后退也无法与我军一决胜负。停留久了，敌军粮草耗尽，在当地掳掠又没有收获，就一定会退走。敌军退兵后趁势追击，以逸待劳，这是大获全胜的办法。"诸葛亮为了激怒司马懿，送给他妇人的衣服。司马懿大怒，准备出战，辛毗手持旄节阻拦他不许出兵，司马懿才放弃出战。司马懿会见诸葛亮的使者，只询问诸葛亮的饮食起居以及公务是否繁忙，并不提及打仗的事。使者回答道："鞭笞超过二十下的惩罚，诸葛亮都要亲自过问。每天的饮食不过数升。"司马懿说："诸葛亮快要死了。"不久后，诸葛亮果然去世了。

至甘露元年[①]，始以邓艾为镇西将军，距蜀将姜维。维军败，退守剑阁[②]。锺会攻维，不能克，艾上言曰："今贼摧折，宜遂乘之。从阴平由邪径经汉德阳亭趣涪[③]，出剑阁西四百里，去成都三百余里，奇兵冲其腹心。剑阁之守必还赴涪，则会方轨而进[④]。剑阁之军不还，则应涪之兵寡矣。《军志》有之：'攻其不备，出其不意[⑤]。'今掩其空虚，破之必矣。"冬十月，艾自阴平行无人之地七百余里，凿山通道。山高谷深，艾以毡自裹，推转而下。将士皆攀木缘崖[⑥]，鱼贯而进，先登至江由[⑦]。蜀将诸葛瞻自涪还绵竹[⑧]，列阵待艾。艾遣子忠等出战，大破之，斩瞻。进军到雒县，刘禅遂降。后主用谯周策[⑨]，奉玺书于艾曰："限分江、汉，遇值深远，阶缘蜀土[⑩]，计绝一隅[⑪]。干运犯冒[⑫]，渐苒历载[⑬]。每惟黄初中，宣温密之诏[⑭]，申三好之恩[⑮]，开示门户[⑯]，大义炳然[⑰]。而不德暗劣[⑱]，贪窃遗绪[⑲]，俯仰累纪，未率大教[⑳]。天威既震，人鬼归能之数[㉑]。威骇王师[㉒]，神武所次，敢不革面，顺以从命？"艾大喜[㉓]，报书曰："王纲失道，群英并起，龙战虎争，终归真主，此盖天命去就之道也[㉔]。自古圣帝，爰逮汉、魏，受命而王者，莫不在乎中土。河出图，洛出书，圣人则之[㉕]，以兴洪业。其不由此，未有不颠覆者矣。隗嚣凭陇而亡，公孙据蜀而灭，斯寔前代覆车之鉴[㉖]。圣上明哲，宰相忠贤，将比隆黄轩[㉗]，侔功往代。衔命来征，思闻嘉响，果烦来使，告以德音[㉘]。此非人事[29]，乃天意也。昔微子归周[30]，实为上宾，君子豹变[31]，义存大《易》。来辞谦冲，以礼舆榇[32]，此皆前哲归命之典。全国为上，破国次之，自非通明智达，何以见王者之义乎？”后主至洛阳[33]，策命之为安乐公[34]，曰：“盖统天载物[35]，以咸宁为大；光宅天下[36]，以时雍为盛[37]。乃者汉氏失统，六合震扰。我太祖承运龙兴[38]，弘济八极[39]，是用应天顺人，抚有区夏[40]。于时乃考因群杰虎争[41]，九服不靖，乘间阻远[42]，保据庸、蜀，几将五纪[43]。朕永惟祖考遗志，思在绥辑四海[44]，爰整六师，曜威梁、益[45]。公恢崇德度[46]，应机豹变，履信思顺，以享左右无疆之休[47]，岂不远欤！往钦哉[48]，其祗服朕命[49]，克广德心，以终乃显列[50]。”初，晋文王欲遣锺会伐蜀[51]。邵悌曰[52]：“今锺会十余万众伐蜀，愚谓会单身无重任[53]，不若余人[54]。”文王曰：“我宁当复不知此耶？若灭蜀后，如卿所虑，当何能辨？凡败军之将不可以语勇，亡国之大夫不可以图存，心胆已破故也。若蜀已破，遗人震恐，不足与图事。中国将士各自思归，不肯与同也。若作恶，只自族耳。”会果与姜维反。魏将士愤发，杀会及维也。

【注释】

①至甘露元年：以下至“刘禅遂降”，出自《三国志·魏书·邓艾传》，有删节。甘露元年，即前53年。甘露，西汉宣帝刘询的第六个年号（前53—前50）。

②剑阁：地名。即今四川剑阁东北剑门关。自古为蜀地北大门，有天险之称。

③阴平：县名。今甘肃文县西白龙江北岸。邪径：小路。德阳亭：亭名。在今四川江油东北雁门坝一带。趣（qū）：前往。

④方轨：车辆并行。

⑤攻其不备，出其不意：出自《孙子兵法·计》。

⑥缘：攀援。

⑦先登：指先锋。江由：指江由戍，在今四川平武东南南坝镇旧州。

⑧诸葛瞻：字思远，琅琊阳都（今山东沂南）人。诸葛亮之子，蜀汉后期重臣。绵竹：县名。今四川德阳北黄许镇。

⑨后主用谯周策：以下至“顺以从命”，出自《后汉书·蜀书·后主传》，有删节。

⑩阶缘：凭借。

⑪计绝一隅：《后汉书·蜀书·后主传》作“斗绝一隅”，指孤悬边远之地。

⑫干运：违背天运。

⑬渐苒（rǎn）：亦作“渐冉”，逐渐，渐渐过去。历载：经历多年。

⑭温密：温和亲密。

⑮三好：已不知确切所指。疑指魏、蜀、吴三方友好。

⑯开示门户：指点并给予出路。

⑰炳（bǐng）然：显著、明显貌。

⑱不德：谦辞。帝王自称。暗劣：愚昧无能。

⑲遗绪：前人留下来的功业。

⑳率：顺服，顺从。大教：重要的教导和训诫。

㉑人鬼归能之数：卢弼《三国志集解·蜀书·后主传》：“此句上下疑有阙文。”

㉒威骇：震慑。

㉓艾大喜：以下至“何以见王者之义乎”，出自《三国志·蜀书·后主传》裴松之注引王隐《蜀记》。

㉔天命去就：指天命由汉转移至魏。

㉕河出图，洛出书，圣人则之：语出《周易·系辞上》。图，指河图。书，指洛书。河图、洛书，是古代儒家关于《周易》卦形来源及《尚

书·洪范》“九畴”创作过程的传说。根据汉儒孔安国、刘歆等解说，伏羲时有龙马出于黄河，马背有旋毛如星点，称作“龙图”，伏羲取法以画八卦生蓍法。夏禹治水时有神龟出于洛水，背上有裂纹，纹如文字，禹取法而作《尚书·洪范》“九畴”。古代认为出现“河图”“洛书”是帝王圣者受命之祥瑞。

㉖寔(shí)：同“实”。

㉗比隆：同等兴盛。黄轩：黄帝轩辕氏的省称。

㉘德音：善言。指好消息。

㉙人事：人之所为，人力所能及的事。

㉚微子：周代宋国的始祖，名启，商纣王的庶兄，封于微(今山东梁山西北)。因见纣淫乱将亡，数谏，纣不听，遂出走。周武王灭商，复其官。周公承成王命诛武庚，乃命微子统率殷族，奉其先祀，封于宋。

㉛豹变：语出《周易·革卦》上六爻辞：“君子豹变，小人革面。”孔颖达疏：“上六居‘革’之终，变道已成，君子处之，虽不能同九五革命创制，如虎文之彪炳，然亦润色鸿业，如豹文之蔚缛。”谓如豹纹那样发生显著的变化。幼豹长大退毛，然后疏朗焕散，其毛光泽有文采。

㉜舆榇(yú chèn)：载棺以随，表示有罪当死。舆，运载。榇，棺材。

㉝后主至洛阳：以下至“以终乃显列”，出自《三国志·蜀书·后主传》，有删节。

㉞策命：以策书封官授爵。

㉟统天：语出《周易·乾卦·彖辞》：“大哉乾元，万物资始，乃统天。”孔颖达疏：“乃统天者，以其至健而为物始，以此乃能统领于天。”后用以指统领天下。

㊱光宅：广有。

㊲时雍：语出《尚书·尧典》：“百姓昭明，协和万邦，黎民于变时

雍。”伪孔传:“时,是;雍,和也。”犹和熙,和睦太平。

㊳龙兴:龙腾飞上天。喻王者兴起。

㊴弘济:广为救助。八极:八方极远之地。

㊵区夏:诸夏之地。指华夏、中国。

㊶乃考:指刘禅之父刘备。考,对于死去父亲的称呼。

㊷乘间:利用机会,趁空子。

㊸五纪:一纪为十二年,五纪为六十年。

㊹绥辑:安抚集聚。

㊺曜(yào)威:指炫耀武力。梁、益:指蜀地。蜀地所占据的地理位置,按《尚书·禹贡》所载属于梁州,按汉代行政区划属于益州,故以梁、益并称。

㊻恢崇:发扬光大。德度:道德气度。

㊼左右:辅佐。无疆之休:无限美好,无穷幸福。

㊽往钦哉:语出《尚书·尧典》:“往,钦哉!”伪孔传:“敕鲧往治水,命使敬其事。”往,去吧。钦,敬。

㊾祗(zhī)服:敬谨奉行。

㊿显列:《三国志·蜀书·后主传》作“显烈”,昭著的功业。

51初,晋文王欲遣锺会伐蜀:以下至“只自族耳”,出自《三国志·魏书·锺会传》,有删节。

52邵悌:字元伯,阳平郡(治今河北馆陶)人。司马昭西曹属。

53无重任:没有特别亲近的家属充当人质。《资治通鉴·魏纪十·咸熙元年》胡三省注:“魏制,凡遣将帅,皆留其家以为质任。会单身无子弟,故曰单身无任。”

54不若余人:《三国志·魏书·钟会传》作“不若使余人行”,译文从之。

【译文】

到了甘露元年(256),方任命邓艾为镇西将军,抵御蜀国将领姜维。

姜维战败，退守剑阁。锺会攻打姜维，久攻不克，邓艾上书说：“如今敌人遭到挫败，应该乘胜追击。从阴平沿小路出发，经由汉代的德阳亭，可以直达涪县，出剑阁以西四百里，离成都三百多里，派一支奇兵沿此路直捣敌方腹心。如此一来，剑阁守军必定回师救援涪县，那么锺会就可以车辆并行直入。如果剑阁守军不撤退，那么救援涪县的军队就很少了。《军志》上说：‘攻其不备，出其不意。’如今直捣其空虚无备之处，一定能攻破蜀国。”这年冬天十月，邓艾从阴平出发，在荒无人烟的山区跋涉了七百多里，凿山开路。山高谷深，邓艾用毛毡裹住身体，一路翻滚下山。将士们都攀着树木紧贴悬崖，一个挨一个地前进，先锋抵达了江由。蜀军将领诸葛瞻从涪县退回绵竹，摆好阵势等待邓艾。邓艾派儿子邓忠等人出战，大破蜀军，斩杀了诸葛瞻。邓艾进军至雒县，刘禅就投降了。后主听取了谯周的建议，向邓艾献上玉玺与降表，降表写到：“因为长江、汉水的阻隔，我身处偏远的区域，凭借蜀国的地盘，孤悬边远之地。违背天命，冒犯朝廷，渐渐过去了许多年。常常想起黄初年间，朝廷颁下温和亲密的诏书，申明友好的恩惠，指引出路，浩大的恩义鲜明清楚。而我愚昧无能，贪恋前人留下的功业，俯仰之间过去了几十年，没能遵循教导。如今天威震怒，无论人鬼无不归服。朝廷大军声威远震，所到之处，谁敢不洗心革面，顺从命令？”邓艾大喜，给后主回信说：“朝廷纲纪混乱，群雄并起，龙争虎斗，而天下最终归于真命天子，这就是天命运转的规律。从古代的圣明帝王，直至汉朝、魏朝，接受天命成为王者的，无不身处中原。黄河出现河图，洛水出现洛书，圣人效仿河图、洛书，用以振兴大业。凡是不遵循此道的人，没有不最终败亡的。隗嚣占据陇西，最终灭亡；公孙述占据蜀地，最终被消灭，这些都是前代的失败教训。当今天子明智睿哲，宰相忠诚贤良，可以与黄帝的盛德比肩，与历代王朝的功业媲美。我奉命前来讨伐，一直希望能听到好消息，您果然派来了使者，通知我这个喜讯。这不是人力所能及之事，而是天意。从前，微子归顺周朝，成为了周朝的上宾，君子如豹皮纹理那样随时变化，其义旨记载于《周易》中。您的来信言辞谦虚，依照投降的礼仪载棺以随，这些都是前代哲人归顺时的先例。保全国家为上策，毁坏国家为下策，如果不是明智通达之人，如何能显出王者的大义呢？”后主来到洛阳，朝廷以策书封其为安乐公，策书中说："统领上天抚育万物，以让万物安宁的功劳最大；广有天下，以让天下和睦太平的功业最盛。以往，汉朝丧失纲纪，天下动荡。我们太祖武皇帝承受天命，像龙一样腾飞上天，救济天下，所以能顺应天意民心，据有华夏。当时您的父亲趁着群雄虎斗，天下尚未安宁之时，趁机占据险阻遥远之地，割据四川地区，几乎有六十年之久。我始终记得先祖的遗志，一心想安定四海，于是调动大军，在蜀地显示军威。您发扬道德气度，顺应时机及时变通，履行信义衷心归顺，从此享有因辅佐朝廷而得到的无穷福分，眼光岂不远大！去吧，恭敬地对待您的职位，恭顺地听从我的命令，发扬仁德之心，以创下光辉的功业。"当初，司马昭想派锺会伐蜀。邵悌说："如今锺会率领十万大军伐蜀，我认为锺会单身赴任，没有特别亲近的家属留下做人质，不如派其他人去。"司马昭说："我难道不知道这一点吗？消灭蜀国之后，即便发生您所顾虑的情况，锺会又能做成什么事呢？但凡败军之将，不能和他谈论勇敢；亡国之臣，不能和他商量保存国家，这是因为他们已吓破了胆。如果蜀国已被攻破，活下来的人震惊恐惧，没法和他们谋划大事。来自中原的我军将士都渴望回到家乡，一定不肯和锺会一起造反。如果锺会作乱，只不过自取族灭罢了。"锺会果然与姜维谋反。魏军将士奋起反击，杀了锺会和姜维。

至晋末，谯纵复窃蜀。宋刘裕使朱龄石伐蜀，声言从内水取成都，败衣羸老进水口①。谯纵果疑其内水上也，议曰：内水，涪江也。悉军新城以待之②。乃配朱龄石等精锐，径从外水③，议曰：外水，泯江也④。若中⑤，今雒县水是也⑥。直至成都，不战而禽纵。事具《霸纪上》。

此灭蜀形也。

【注释】

①败衣：破旧的衣服。羸（léi）：弱。老：年老。水口：水流的出入口或其近旁。此处应指涪江与嘉陵江交汇处，在今重庆合川区。

②新城:应作“涪城”。《宋书·朱龄石传》:“谯纵果备内水,使其大将谯道福以重兵戍涪城。”

③径:直接。

④外水,泯江也:疑有误。外水,指四川眉山彭山区以下之岷江与宜宾至重庆间之长江。

⑤中:指中水,即今四川长江支流沱江下游。

⑥雒县水:指雒水,即今石亭江,沱江上源之一。

【译文】

到了东晋末年,谯纵又割据了蜀地。刘裕派朱龄石率军伐蜀,声称要从内水直取成都,派遣老弱残兵穿着破旧的衣裳从水口进军。谯纵果然怀疑晋军将由内水进攻,评论道:内水,指涪江。把全部军队部署于涪城严阵以待。刘裕于是让朱龄石率领精锐,直接沿外水进军,评论道:外水,指泯江。如果说中水,指现在的雒县水。直取成都,不经战斗就擒获了谯纵。具体情况记载于《霸纪上》。

这就是灭蜀的大概情形。

魏嘉平中[①],孙权死,征南大将军王昶、征东大将军胡遵、镇南将军毌丘俭等表征吴[②]。朝廷以三征计异,诏访尚书傅嘏[③]。嘏对曰:“昔夫差胜齐陵晋,威行中国,不能以免姑苏之祸[④]。齐闵辟土兼国,开地千里,不足以救颠覆之败。有始者不必善终,古事之明效也。孙权自破蜀兼荆州之后,志盈欲满,凶亢已极。相国宣文王先识取乱侮亡之义[⑤],深达宏图大举之策。今权已死,托孤于诸葛恪[⑥]。若矫权苛暴,蠲其虐政[⑦],民免酷烈,偷安新惠,外内齐虑,有同舟之惧,虽不能终自保完,犹足以延期挺命于深江之外矣。今议者或欲泛舟径济,横行江表[⑧];或欲倍道并进[⑨],攻其城垒;

或欲大佃疆场[10]，观衅而动。此三者，皆取贼之常计。然施之当机则功成，若苟不应节，必贻后患。自治兵已来，出入三载，非掩袭之军也[11]。贼丧元帅[12]，利存退守。若罗船津要[13]，坚城清野，横行之计，其殆难捷也[14]。贼之为寇，几六十年，君臣伪立，吉凶同患。若恪蠲其弊，天夺之疾[15]，崩溃之应，不可卒待也。今贼设罗落[16]，又将重密[17]，间谍不行，耳目无闻。夫军无耳目，校察未详[18]，而举大众以临巨崄，此为晞幸邀功[19]，先战而后求胜[20]，非全军之长策也。唯有大佃，最差完牢[21]。兵出民表，寇钞不犯[22]。坐食积谷，不烦运士。乘衅讨袭，无远劳弊。此军之急务也。夫屯垒相逼，巧拙得用。策之而知得失之计，角之而知有余不足，虏之情伪，将焉所逃？夫以小敌大，则役烦力竭；以贫敌富，则敛重财匮。故'敌逸能劳之，饱能饥之'，此之谓也。然后盛众厉兵以振之，参惠倍赏以招之，多方广似以疑之。由不虞之道[23]，以间其不戒。比及三年，左提右挈，虏必冰散瓦解，安受其弊，可坐筭而得也。昔汉氏历世常患匈奴，朝臣谋士早朝晏罢[24]，介胄之将则陈征伐[25]，搢绅之徒咸言和亲，勇奋之士思展搏噬[26]。故樊哙愿以十万横行匈奴，季布面折其短[27]。李信求以二十万独举楚人，而果辱秦军[28]。今诸将有陈越江陵崄，独步虏庭，即亦向时之类也。以陛下圣德，辅相贤智，法明士练，错计于全胜之地[29]，振长策以御之，虏之崩陨[30]，必然之数。故兵法曰：'屈人之兵而非战也，拔人之城而非攻也[31]。'若释庙胜必然之理[32]，而行百一不全之略[33]，诚愚臣之所虑也。故谓大佃而逼之计最长。"时不从嘏言，诏昶等征吴。吴将诸葛恪距之，大败魏军于东关[34]。魏后陵夷，禅晋，太祖即位[35]。王昶等败[36]，朝议欲贬黜诸将[37]。景王曰[38]："我不听公休[39]，以至此。此我过，诸将何罪？"时雍州刺史陈泰讨胡[40]，又败。景王又谢朝士曰："此我过也，非玄伯之责。"于是魏人悦穆，思报之也。

【注释】

①魏嘉平中：以下至"大败魏军于东关"，出自《三国志·魏书·傅嘏传》裴松之注引司马彪《战略》，有删节。嘉平，三国魏齐王曹芳的第二个年号（249—254）。

②王昶（chǎng）：字文舒，太原晋阳（今山西太原）人。三国时期曹魏重臣。官至司空。胡遵：安定临泾（今甘肃镇原东南）人。三国时期曹魏大臣。官至卫将军，封阴密侯。

③傅嘏（gǔ）：字兰石，北地泥阳（今陕西铜川耀州区东南）人。三国后期曹魏大臣，深受司马氏信任。善言名理，好论才性同异，力主"才性同"之说。

④姑苏：指姑苏台，又名"胥台"，在今江苏苏州西南姑苏山上。《史记·吴太伯世家》："越因伐吴，败之姑苏。"司马贞《索隐》："姑苏，台名。在吴县西三十里。"

⑤相国宣文王：即司马懿，谥号宣文。取乱侮亡：夺取政治荒乱的国家，侵侮将亡的国家。本句指攻伐敌国，要等待其内部混乱之时。

⑥诸葛恪：字元逊，琅琊阳都（今山东沂南）人。三国时期吴国重臣，诸葛瑾长子。官至大将军、太傅。孙权去世后，诸葛恪辅立孙亮，掌握大权。因刚愎自用，穷兵黩武，渐失民心。吴国建兴二年（253），孙峻联合孙亮刺杀诸葛恪，并夷其三族。

⑦蠲（juān）：除去，减免。

⑧横行:犹言纵横驰骋,多指在征战中所向无敌。

⑨倍道:兼程。

⑩佃:耕作,开垦。此处指屯田。

⑪“自治兵已来”三句:指治兵三年之后,吴人早有防备,已无法实施突然袭击。

⑫元帅:指孙权。

⑬津要:水陆冲要之地。

⑭殆(dài):大概,或许。

⑮天夺之疾:《三国志·魏书·傅嘏传》裴松之注引司马彪《战略》作“天去其疾”,指上天不给吴国降下灾患。译文从之。

⑯罗落:警戒联络。

⑰将:《三国志·魏书·傅嘏传》裴松之注引司马彪《战略》作“持”,译文从之。重密:严密精细。

⑱校察:侦查。

⑲晞(xī)幸:谓侥幸之心。晞,通“希”。邀功:求取功劳。

⑳先战而后求胜:语出《孙子兵法·形》:“胜兵先胜而后求战,败兵先战而后求胜。”

㉑最差完牢:比较起来最完善可靠。

㉒兵出民表,寇钞不犯:指屯田军队驻扎在百姓外面,位于前线。这样吴军就无法前来抄掠。

㉓不虞:意料不到。

㉔晏:晚,迟。

㉕介胄之将:代指武将。介胄,铠甲与头盔。下文搢(jìn)绅之徒:代指文官。搢绅,插笏于绅。绅,古代仕宦者围于腰际的大带。

㉖思展搏噬(shì):指想要展示自己的勇力。搏噬,搏击吞噬。

㉗樊哙(kuài)愿以十万横行匈奴,季布面折其短:《史记·季布栾布列传》:“上将军樊哙曰:‘臣愿得十万众,横行匈奴中。’……季

布曰:‘樊哙可斩也!夫高帝将兵四十余万众,困于平城,今哙奈何以十万众横行匈奴中,面欺!且秦以事于胡,陈胜等起。于今创痍未瘳,哙又面谀,欲摇动天下。’”樊哙,沛县(今江苏沛县)人。西汉开国元勋。官至左丞相,封舞阳侯。

㉘李信求以二十万独举楚人,而果辱秦军:《史记·白起王翦列传》:“秦将李信者,年少壮勇。……始皇问李信:‘吾欲攻取荆,于将军度用几何人而足?’李信曰:‘不过用二十万人。’……荆人因随之,三日三夜不顿舍,大破李信军,入两壁,杀七都尉,秦军走。”李信,战国末年秦国将领。

㉙错:通“措”,施展,推行。

㉚崩隤(tuí):崩溃,溃散。

㉛屈人之兵而非战也,拔人之城而非攻也:出自《孙子兵法·谋攻》。

㉜庙胜:指朝廷预先制定的克敌制胜的谋略。

㉝百一:百中之一。言极难得。

㉞东关:关隘名。三国吴诸葛恪筑,为魏、晋、南北朝时的要冲。故址在今安徽含山西南濡须山上。252年,诸葛恪在此大败魏军。

㉟太祖:指司马昭,庙号太祖。事实上,到晋武帝司马炎时,才接受了魏元帝曹奂的禅让。

㊱王昶等败:以下至“思报之也”,出自《三国志·魏书·齐王芳纪》裴松之注引《汉晋春秋》,有删节。

㊲朝议:指朝廷的评议,决议。

㊳晋王:指司马师。

㊴公休:指诸葛诞,字公休。卢弼《三国志集解·魏书·齐王芳纪》:“三道进兵,本用公休之策,所谓‘不听公休’者,或别有兵略也。”

㊵陈泰:字玄伯,颍川许昌(今河南许昌)人。三国时期曹魏名将,司空陈群之子。官至尚书左仆射。

【译文】

曹魏嘉平年间，孙权去世，征南大将军王昶、征东大将军胡遵、镇南将军毌丘俭等上表朝廷，请求征讨吴国。由于三人的征吴方略不一致，朝廷下诏询问尚书傅嘏的意见。傅嘏回答说："从前，吴王夫差战胜齐国，欺凌晋国，威震中原，但不能避免在姑苏台败亡的下场。齐闵王开疆拓土，兼并他国，拓展国土上千里，但不足以挽救最终被颠覆的命运。有良好的开端，未必能有好的结局，以往的史实充分地证明了这一点。孙权自从打败蜀国、兼并荆州之后，志得意满，凶暴骄傲到了极点。相国宣文侯司马懿最先认识到攻伐敌国，要趁其混乱衰亡之时的道理，深知能够让国家大展宏图的策略。如今孙权已死，将幼子托付给诸葛恪。如果诸葛恪能纠正孙权的严苛暴虐，废除残暴的政令，让吴国民众免于苛政的迫害，在新政的实惠下暂且偷安，朝廷内外共忧国事，同舟共济，即使不能最终保全吴国，但仍足以在江东苟延残喘一段时间。如今讨论伐吴的人，有的想直接泛舟渡过长江，横行于江东；有的想几路大军倍道兼行，攻打吴国的城垒；有的想在边境地区大规模屯田，寻找敌人的破绽伺机而动。这三种策略，都是对敌作战的常用计策。然而这些策略，施行时符合时机才能成功，如果施行时不合时宜，必然会带来后患。自从朝廷整饬军队以来，前后已有三个年头，吴人早有防备，这已是无法实施突然袭击的军队了。敌人刚刚丧失了主帅，最有利的策略就是退守。如果敌军调集战船防守要害之地，坚壁清野，则横行江东的计策，恐怕也难以取胜。敌人在江东为寇，已经将近六十年了，私自设立君臣之位，上下患难与共。如果诸葛恪扫除了弊端，上天又不给吴国降下灾患，则吴国的崩溃，恐怕没法很快到来。如今敌军严密地警戒巡逻，防守严密，使我们的间谍无法行动，对于敌情一无所知。军队没有耳目，无法详细地侦查敌情，而要出动大军深入险阻，这是怀着侥幸之心求取功劳，先开战才想办法取胜，不是保全军队的长久之计。只有大规模屯田的办法，最为可行。屯田军队进驻前线，敌人就无法前来抄掠。军队吃自己生产的粮食,无需士卒转运粮草。敌人一有破绽,可以立即出击,没有长途行军的疲弊。这些都是军事上的当务之急。双方的营垒互相逼近,巧妙或笨拙的计策都得以运用。认真谋划,就能知道计策的得失;角逐于战场,就能知道力量的强弱,敌人的虚实,哪里能够隐瞒呢?以小国对抗大国,势必劳役繁多,民力衰竭;以穷国对抗富国,势必赋敛沉重,财力匮乏。所以兵书上说'敌人安逸,能使他疲劳;敌人饱足,能使他饥饿',说的就是这个道理。然后再调集大军、磨砺兵器以震慑敌人,多施恩惠、加倍行赏以招降敌人,用多种计谋、广布疑兵以迷惑敌人。从敌人意料不到的路线出兵,攻打敌方毫无戒备的地点。到三年之后,在左右夹击之下,敌人必定涣散瓦解,我方坐等敌人崩溃,端坐着就可握着胜算。从前,汉朝历代君主常以匈奴为患,大臣与谋士从早到晚都在思考对策,武将们主张出征讨伐,文官们都主张和亲,勇敢奋发的志士想要展示自己搏击吞噬的勇力。所以樊哙请求率领十万军队横扫匈奴,遭到了季布的当面斥责。李信请求率领二十万军队单独攻下楚国,结果却使秦军战败受辱。如今,如果某位将领声称要跨越长江天险,横行于敌境的,都和樊哙、李信的情况类似。凭借陛下之圣德,辅佐大臣之贤明智慧,法令之严明,军队之训练有素,施展能够大获全胜的计策,推行长远的战略来抵御敌军,敌人的崩溃是必然的。所以《孙子兵法》说:'善于用兵的人,不通过打仗就使敌人屈服,不通过攻城就使敌城投降。'如果放弃稳操胜券的战略,而去执行难以成功的鲁莽计划,这正是我所担忧的事情。所以我认为,大规模屯田,以此逼迫吴国的计策是最好的。"当时朝廷没有听从傅嘏的建议,下诏命令王昶等人征讨吴国。吴国将领诸葛恪率军抵抗,在东关大败魏军。魏国之后日渐衰败,最后禅让给晋朝,司马昭即位。王昶等人兵败,朝廷决议,要贬黜参战的各位将领。司马师说:"我没有听从诸葛诞的意见,才导致了这样的后果。这是我的过错,各位将领有什么错?"当时,雍州刺史陈泰讨伐胡人,也被击败了。司马师又跟大臣们谢罪说:"这是我的过错,不是陈泰的责任。"于是魏人愉悦和乐,都想着报答司马师。

至世祖时[①]，即晋武帝。羊祜上平吴表曰："先帝顺天应时，西平巴蜀，南和吴会[②]，海内得以休息，兆庶有乐安之心[③]。而吴复背信，使边事更兴。夫期运虽天所授，而功业必由人而成。不一大举扫灭，则众役无时得安。亦所以隆先帝之勋，成无为之化也[④]。故尧有丹水之伐[⑤]，舜有有苗之征[⑥]，咸以宁静宇宙，戢兵和众者也。蜀平之后，天下皆谓吴当并亡，自此来十三年，是谓一周，平定之期，复在今日。议者常言：'吴、楚有道后服，无礼先强[⑦]。'此乃诸侯之时耳。当今一统，不得与古同论。夫适道之论，皆未应权，是故谋之虽多，而决之欲独。凡以险阻得存者，谓所敌者同，力足以自固。苟其轻重不齐，强弱异势，则智士不能谋，而险阻不可保也。蜀之地非不险也。高山寻云霓，深谷肆无景[⑧]。束马悬车[⑨]，然后能济。皆言一夫荷戟，千人莫当，及进兵之日，曾无藩篱之限，斩将搴旗，伏尸数万，乘胜席卷，径至成都，汉中诸城皆鸟栖而不敢出[⑩]。非皆无战心，诚力不足相抗。至刘禅降服，诸营堡者索然俱散[⑪]。今江、淮之难，不过剑阁；山川之险，不过岷、汉；孙皓之暴，侈于刘禅；吴、越之困，甚于巴、蜀；而大晋兵众，多于前世；资储器械，盛于往时。今不于此平吴而更阻兵相守，征夫苦役，日寻干戈[⑫]，经历盛衰，不可长久。宜当时定，以一四海。今若引梁、益之兵水陆俱下，荆、楚之众进临江陵，平南、豫州直指夏口[⑬]，徐、扬、青、兖并向秣陵[⑭]。鼓旆以疑之[⑮]，多方以误之。以一隅之吴，当天下之众，势分形散，所备皆急。巴、汉奇兵出其空虚，一处倾坏，则上下震荡。吴缘江为国，无有内地，东西数千里,以藩篱自持,所敌者大,无有宁息。孙皓恣情任意,与下多忌,名臣重将不复自信,是以孙秀之徒皆畏逼而至[16]。臣疑于朝,士困于野,无有保势之计[17],一定之心。平常之日,犹怀去就[18],兵临之际,必有应者,终不能齐力致死,已可知也。其俗急速不能持久[19],弓弩戟楯不如中国,唯有水战是其所便。一入其地,则长江非复所固。还保城池,则去长入短。而官军悬进,人有致节之志。吴人战于其地,有凭城之心[20]。如此,军不逾时,克可必矣。"帝深纳焉。

【注释】

①至世祖时:以下至"帝深纳焉",出自《晋书·羊祜传》。

②吴、会:吴郡、会稽郡的合称,泛指吴、会二郡所辖地区。此处指吴国。

③兆庶:万民。指百姓。

④无为之化:语出今本《老子》第五十七章:"我无为而民自化,我好静而民自正。"

⑤尧有丹水之伐:《吕氏春秋·恃君览·召类》:"尧战于丹水之浦,以服南蛮。"丹水,即今陕西、湖北、河南边境之丹江,为汉江支流。

⑥舜有有苗之征:《尚书·舜典》:"流共工于幽州,放驩兜于崇山,窜三苗于三危,殛鲧于羽山,四罪而天下咸服。"

⑦吴、楚有道后服,无礼先强:《公羊传·僖公四年》:"楚有王者则后服,无王者则先叛。"

⑧深谷肆无景:指山谷幽深,见不到阳光。《淮南子·兵略训》:"山高寻云,溪肆无景。"许慎注:"肆,极也。极豁之深,不见景也。"景,日光。

⑨束马悬车:包裹马足,挂牢车子,以防滑跌倾覆。形容路险难行。

《管子·封禅》:“束马悬车,上卑耳之山。”尹知章注:“将上山,缠束其马,悬钩其车也。”

⑩鸟栖:谓如鸟之栖息。形容固守。

⑪索然:离散零落貌。

⑫日寻干戈:语出《左传·昭公元年》:“日寻干戈,以相征讨。”杜预注:“寻,用也。”

⑬平南:指平南将军胡奋。豫州:指豫州刺史王戎。

⑭秣(mò)陵:即建业,今江苏南京。建安十六年(211)孙权自京(今江苏镇江)徙治秣陵,次年改名建业。

⑮鼓旆(pèi):击鼓和树旗。

⑯孙秀:字彦才,吴郡富春(今浙江富阳)人。三国时期吴国宗室、将领。乌程侯孙匡之孙、长水校尉孙泰之子,孙权侄孙。因受孙皓猜忌,投降晋朝。

⑰保势之计:《晋书·羊祜传》作“保世之计”。

⑱去就:去留不定。常有离去之意。

⑲急速:犹急躁,急于求成。

⑳凭城:据城以守。

【译文】

到了晋世祖时,即晋武帝司马炎。羊祜上表请求平定吴国,说:“先帝顺应天时,西面平定了巴蜀,南面与吴国讲和,海内得以休养生息,百姓拥有乐生安居之心。但吴国又背信弃义,使边境上战事再起。王朝的期运虽然来自上天授予,而功业却必须由人来成就。如果不一举消灭吴国,则各种兵役、劳役就不能停息。这样做,也是为了光大先帝的功业,最终成就无为而治的教化。所以尧曾经在丹水攻打南蛮,舜曾经征讨三苗,都是为了使天下安宁,兵革停息,人民和睦。平定蜀国后,天下人都认为吴国也会一并灭亡,从那时到现在已经十三年,这就是所谓的一个循环,平定吴国的时间,就在今日。人们常说:‘吴、楚两国,在王朝政治清明时最后归顺，王朝政治混乱时最先反叛。'说的是诸侯争霸时的情形。如今天下一统，不可与古代同日而语。符合大道的理论，未必都适合特殊的形势，所以出谋划策的人虽多，但最终决策时还须朝纲独断。凡是依赖险要的地理形势得以生存的国家，是因为与对手实力相当，力量足以保全自己。如果双方兵力轻重不等，强弱悬殊，那么足智多谋的人也束手无策，险要的地势也不足以保全国家。蜀地的地势，不可谓不险要。高山直入云端，山谷幽深，见不到阳光。包裹马足，挂牢车子，方能通过险阻。人们都说蜀道一夫荷戟，千人都攻击不了，但等到攻打蜀地时，却连篱笆那样的阻碍都没有遇到，斩杀敌将，拔取敌方旗帜，敌军死伤数万，我军乘胜席卷蜀地，径直来到成都城下，汉中各城的守军都固守城池，不敢出战。他们并非全都没有抵抗之心，实在是力量无法与我军抗衡。等到刘禅投降，各个营垒的将士都零乱离散。如今长江、淮河的险阻，比不过剑阁；吴地山川的险要，也比不过岷山、汉水；孙皓的残暴，远远超出刘禅；吴、越之地的困顿，更甚于巴、蜀；而我大晋的军队，比前朝人数更多；物资器械的储备，比以往更充足。如果不趁着这个时机平定吴国，而只是在边境上屯兵相守，战士们苦于兵役，常常发生战事，军队士气由盛转衰，不能长久维持。应当及时平定吴国，以统一天下。现在，如果命令蜀地的部队沿着长江水陆并进，荆楚的部队逼近江陵，平南将军胡奋、豫州刺史王戎率军直指夏口，徐、扬、青、兖四州的部队进军秣陵。到处擂起战鼓、树立军旗使对手起疑，运用多种计谋使对手迷惑。以偏处一隅的吴国，抵抗天下的军队，兵力分散，所防备的地方将处处告急。这时，来自巴郡、汉中的奇兵再出其不意，攻击其防备空虚的地方，一处防线崩溃，吴国上下就会动荡不安。吴国以长江为国境线，没有腹地，国土东西绵延数千里，依赖长江作为屏障，与大国为敌，没有安宁的时候。孙皓放肆任性，对属下颇多猜疑，名臣、大将各怀疑惧之心，所以孙秀等人都害怕受到迫害，归顺我方。将领在朝中不被信任，士兵在野外遭受困苦，没有保全国家的谋略，也没有坚定不移的决心。在平常的时候，已经常常怀有离去的心思，一旦大兵压境，其内部必定有人响应，吴国终究不可能上下一心，拼死抵抗，这一点显而易见。吴人的特点，是性格急躁而不能持久，弓弩戟楯等兵器也不如中国，唯有水战是他们所擅长的。一旦我军进入其境内，长江便不再是他们的屏障。吴军被迫退守城池，失去了水战的长处，被迫以短处与我军抗衡。而我军孤军深入，人人有拼死战斗的意志。吴国人在本土作战，有据城防守之心。如此一来，不需要多长时间，一定可以打败吴国。”晋武帝司马炎非常赞同羊祜的意见。

乃令王濬等灭吴。天下书同文，车同轨矣。时吴王皓有兼上国之心[①]，使陆抗为荆州牧。晋使羊祜与吴人相持，祜增修德政以怀吴。吴每与战，必克日而后合，间谋掩袭并不为。若临阵俘获，军正将斩之[②]，祜辄曰：“此等死节之臣也！”为之垂涕，亲加殡给。其家迎丧者，必厚为之祀而归之。吴将有来者，辄任其所适。若欲反吴，便为祖道[③]。吴将有二儿皆幼，在境上戏，为祜军所略。经月，其父谓之已死，发丧。祜亲自免劳[④]，供养遣归。父后感其恩德，率众二千来降。于是陆抗每告其众曰[⑤]：“彼专为义，此专为暴，是不战而自服也。各保分界，无求细益而已。”称曰：“羊叔子，虽乐毅、诸葛亮何以过之！”陆抗将死[⑥]，言于吴王皓曰：“西陵、建平[⑦]，国之蕃表[⑧]，处在上流，受敌二境[⑨]。臣父逊，昔垂没陈言[⑩]：‘西陵，国之西门。如其有虞，当举国争之。’臣愚以为，诸侯王幼冲，未掌事，乞简阅壹切，以辅疆场[⑪]。”晋南征大将军羊祜来朝[⑫]，密陈伐吴之计。使王濬治船于蜀[⑬]。方舟百余步[⑭]，皆为城郭，门施楼卤[⑮]，首画怪兽，以惧江神。容二千余人，皆驰马往还。及柹流于吴[⑯]，建平太守吾彦取其流柹以呈吴王[⑰]，曰：“晋必有攻吴之计，宜增建平兵。建平不下，终不敢渡江。"吴王皓不从。彦乃辄为铁锁,加之锥刺,以断于江,阻于我也。濬闻之[18],乃为大筏,缚草为人,伏习流者,下施竹炬,以碍锁锥,乃兴师。果如濬策,弗之患也。太康元年[19],安东将军王浑击横江[20],破之。龙骧将军王濬克建平、丹阳二城[21]。杜预又分遣轻兵八百[22],乘簟舡潜渡江[23],上乐乡岸[24],屯巴山[25],多张旗帜,起火山上,出其不意,破公安。时诸将咸谓:"百年之寇,未可全克。且春水方生,难于持久。宜待来冬,更克大举。"预喻之曰:"昔乐毅藉济西一战,以并强齐[26]。今兵威以振,譬如破竹,数节之后,皆迎刃而解耳。"抗表论之[27],上深然焉。吴遣张悌、沈莹济江[28]。莹谓悌曰:"晋作战船于蜀久矣。今倾国大动,万里齐起。并悉益州之众,浮江而下。我上流诸军,无有戒备,恐边江诸城莫尽能御也。晋之水军必至于此,宜畜力待来一战。若破之日,江西自清,上方虽坏,可还取也。今度江逆战,胜不可保。若或摧丧,则大事去矣。"张悌不从,遂济江,尽众来逼。王师不扰,其众退而兵乱,晋军乘之,大破吴师。吴王皓乃降于濬。戍卒八万,方舟鼓噪,入于石头。皓面缚舆榇。濬焚榇,礼也。赐皓爵为归命侯。

【注释】

①时吴王皓有兼上国之心:以下至"率众二千来降",出处不详。《晋书·羊祜传》有相似记载。

②军正:军中执法官。

③祖道:古代为出行者祭祀路神,并饮宴送行。

④免:通"勉"。

⑤于是陆抗每告其众曰:以下至"虽乐毅、诸葛亮何以过之",出自《晋书·羊祜传》。

⑥陆抗将死：以下至"以辅疆场"，出自《三国志·吴书·陆抗传》，有删节。

⑦西陵：县名。三国吴黄武元年（222）改夷陵县置，为宜都郡治。在今湖北宜昌东南长江北岸。建平：郡名。三国吴永安三年（260）分宜都郡置。治巫县（今巫山北），一说治信陵（今秭归东南）。

⑧蕃表：犹藩屏。蕃，通"藩"。

⑨二境：指西面的益州和北面西晋的荆州。

⑩昔垂没陈言：《三国志·吴书·陆抗传》作"昔在西垂陈言"，译文从之。

⑪"诸侯王幼冲"四句：此处有脱漏。《三国志·吴书·陆抗传》作："臣愚以为诸王幼冲，未统国事，可且立傅相，辅导贤姿，无用兵马，以妨要务。又黄门竖宦，开立占募，兵民怨役，逋逃入占。乞特诏简阅，一切料出，以补疆埸受敌常处，使臣所部足满八万。"译文从之。简阅，考察，察看。

⑫南征大将军：应作"征南大将军"。

⑬使王濬治船于蜀：以下至"弗之患也"，抄撮自《晋书·王濬传》《吾彦传》。

⑭方舟百余步：《晋书·王濬传》作"方百二十步"。

⑮楼卤：《晋书·王濬传》作"楼橹"，古代军中用以瞭望、攻守的无顶盖的高台，建于地面或车、船之上。

⑯柿（fèi）：削下的木片。

⑰吾彦：字士则，吴郡吴（今江苏苏州）人。三国时期吴国及西晋初年将领。

⑱濬闻之：以下至"以碍锁锥"，叙述不清。《晋书·王濬传》作："濬乃作大筏数十，亦方百余步，缚草为人，被甲持杖，令善水者以筏先行，筏遇铁锥，锥辄着筏去。又作火炬，长十余丈，大数十围，灌以麻油，在船前，遇锁，然炬烧之，须臾，融液断绝，于是船无所

碍。”

⑲太康元年:280年。太康,晋武帝司马炎的第三个年号(280—290)。

⑳横江:指横江城,在今安徽和县东南长江之滨。

㉑丹阳:位于今湖北秭归东南。

㉒杜预又分遣轻兵八百:以下至“上深然焉”,出处不详。相近记载见于《晋书·杜预传》。

㉓簟舡(diàn chuán):竹子制作的小船。舡,同“船”。

㉔乐乡:指乐乡城,在今湖北松滋东北、长江南岸。三国吴陆抗筑。

㉕巴山:又称“麻山”,在今湖北松滋西南。

㉖乐毅藉济西一战,以并强齐:《史记·乐毅列传》:“乐毅于是并护赵、楚、韩、魏、燕之兵以伐齐,破之济西。诸侯兵罢归,而燕军乐毅独追,至于临淄。”

㉗抗表:向皇帝上奏章。

㉘吴遣张悌、沈莹济江:以下至“大破吴师”,出自《三国志·吴书·孙皓传》裴松之注引《襄阳记》。张悌,字巨先,荆州襄阳(今湖北襄阳襄城区)人。三国时期吴国大臣。官至丞相。沈莹,三国时期吴国大臣。官至丹阳太守。西晋伐吴时,二人率军抵抗,双双战死。

【译文】

于是命令王濬等人攻灭吴国。天下书同文,车同轨,重新实现了统一。当时,吴王孙皓有兼并晋国的图谋,派陆抗担任荆州牧。晋国派羊祜与吴军对峙,羊祜施行德政,以怀柔吴人。羊祜每次与吴军作战,一定约好日期然后交锋,离间、偷袭之类的举动一概不做。如果临阵抓获吴军俘虏,军正要杀了他们,羊祜则会说:“这些都是为国尽忠之臣啊!”为之流泪,亲自安葬他们。如果他们的家人前来迎丧,必定举行隆重的祭祀,然后将遗体归还家属。吴军将领前来投奔,就任命他们合适的职务。如果想要返回吴国,便为他们祭祀路神并设宴送行。吴军一位将领的两个儿子,皆年幼,在边境上玩耍,被羊祜的部队俘虏了。过了一个月,两个小孩的父亲以为他们已经死了,便为他们发丧。羊祜亲自操劳,抚育两个小儿,并把他们送了回去。小孩的父亲感激羊祜的恩德,率领两千士兵前来归顺。于是陆抗常常告诫他的部下说:“羊祜专行仁义,我们专行暴虐,这是不战而自败啊。我们应当守卫各自的疆界,不要贪图小的利益。”称赞羊祜道:“羊叔子这个人,即使是乐毅、诸葛亮,又哪里能超过他!”陆抗临终前,对吴王孙皓说:“西陵、建平,是国家的屏障,地处上流,两面受敌。我的父亲陆逊,往日镇守西方边境时曾上书说:‘西陵,是国家的西大门。一旦出现状况,应当倾全国之力去争夺。’我窃以为,各位诸侯王年龄幼小,没有承担国家事务,请求为他们设置师傅加以辅导。宦官所侵占的人口,请求加以审查,以补充军队。”晋征南大将军羊祜回京朝见,秘密上奏讨伐吴国的计划。于是派王濬在蜀地打造战船。战船宽达百余步,在船上建造城楼,门楼上设置望台,在船头画上怪兽,以此威慑江神。每条战船可以容纳两千多人,在船上可以骑马往来。造船削下的木片一直漂流到吴地,吴建平太守吾彦捞起江中的木片呈送给吴王,说:“晋国一定有攻打吴国的计划,应该增加建平的守军。建平守住了,晋军就始终不敢渡江。”吴王孙皓不听。吾彦于是打造铁索以及铁锥,阻断长江航道,以阻挡晋军。王濬听说后,制造了大竹筏,在竹筏上竖起草人,让熟习水性的人在水下推着竹筏前进,又设置火炬,从而清除了铁索与铁锥,于是大举进军。果然如王濬料想的那样,这些措施没有对晋军造成阻碍。太康元年(280),安东将军王浑攻打横江城,攻下了它。龙骧将军王濬攻克了建平、丹阳二城。杜预又派遣轻兵八百人,乘着竹制的小船渡江,在乐乡上岸,屯驻于巴山,树立众多旗帜,在巴山上放火,出其不意地攻下了公安。当时众将都说:“吴国作乱江东已经百年,难以全部攻克。况且春天来临,江水将要上涨,难以持久。当等冬天来临时,再大举进攻。”杜预开导他们说:“从前,乐毅凭借济西一战,吞并了强大的齐国。如今我军军威已经大振,气势好比用刀劈竹子,劈开数节之后,接下来便迎刃而解了。”于是上奏说明计划,司马炎非常同意。吴国派张悌、沈莹渡江。沈莹对张悌说:“晋国在蜀地制造战船已经很长时间了。如今发动全国的兵力,在万里战线上一齐出兵。同时,益州所有的部队,也乘船顺江而下。我国驻守上游地区的各支部队,都没有戒备,恐怕沿江的各个城池都没法抵御晋军的进攻。晋国的水军一定会打到这里,我们应该积蓄力量,待晋军前来决一死战。如果能打败晋军水师，长江西岸自然肃清，上游各城虽然被攻破，还可以再夺回来。如今渡江迎战晋军，不能确保胜利。万一兵败，那就大势已去了。”张悌没有听从沈莹的意见，遂渡过长江，率全部军队进逼晋军。晋军不为所动，等到吴军撤退时，阵势大乱，晋军趁机反击，大败吴军。吴王孙皓于是向王濬投降。王濬率领八万戍卒，乘着连在一起的大船，高声呐喊，进入了石头城。孙皓双手反绑，车载空棺出降。王濬烧了棺材，以礼相待。晋武帝赐封孙皓为归命侯。

至晋惠庸弱，胡乱中原，天子蒙尘，播迁江表。当时，天下复分裂矣。出入五代，三百余年。随文帝受图[①]，始谋伐陈矣。尝问高颎取陈之策[②]。颎曰：“江北地寒，田收差晚。江南土热，水田早熟。量彼收获之际，微征士马，声言掩袭，贼必屯兵坚守，足得废其农时。彼既聚兵，我便解甲。再三如此，贼以为常。后更集兵，彼必不信。犹豫之顷，我乃济师登陆而战，兵气益倍。又江南土薄，舍多竹茅，所有储积，皆非地窖。密遣行人，因风纵火，待其修立，复更烧之。不出数年，自可财力俱尽。”上行其策，陈人益弊。后发兵[③]，以薛道衡为淮南道行台尚书[④]，兼掌文翰。及王师临江，高颎召道衡夜坐幕下，因问曰：“今师之举，克定江东以不？君试言之。”道衡答曰：“凡论大事成败，先须以至理断之。《禹贡》所载九州[⑤]，本是王者封域。后汉之季，群雄竞起，孙权兄弟遂有吴、楚之地。晋武受命，寻即吞并。永嘉南迁，重此分割。自尔已来，战争不息。否终斯泰[⑥]，天道之恒。郭璞有云[⑦]：‘江东偏王三百年，还与中国合。’今数将满矣。以运数而言，其必克，一也。有德者昌，无德者亡，自古兴灭，皆由此道。主上躬履恭俭，忧劳庶政。叔宝峻宇雕墙[⑧]，酣酒荒色，上下离心，人神同愤。其必克，二也。为国之体，在于任寄[⑨]。彼之公卿，备员而已。拔小人施文庆[⑩]，委以政事。尚书令江总唯事诗酒，本非经略之才。萧摩诃、任蛮奴是其大将[⑪]，一夫之用耳。其必克，三也。我有道而大，彼无德而小。量其甲士，不过十万，西自巫峡，东至沧海，分之则势悬而力弱，聚之则守此而失彼。其必克，四也。席卷之兆，其在不疑。”颎忻然曰：“君言成败，理甚分明，吾今豁然矣。本以才学相期，不意筹略乃至此也。”遂进兵，虏叔宝。

【注释】

①随：通“隋”。受图：《尚书中候》载，河伯曾以河图授大禹，后因称帝王受命登位为“受图”。

②尝问高颎（jiǒng）取陈之策：以下至“陈人益弊”，出自《隋书·高颎传》。

③后发兵：以下至“不意筹略乃至此也”，出自《隋书·薛道衡传》。

④淮南道行台尚书：《隋书·薛道衡传》作“淮南道行台尚书吏部郎”。行台，“台”指中央尚书省，出征时于其驻地设立代表中央的临时机构，称“行台”。隋文帝为了伐陈，于开皇八年（588）设置淮南道行台尚书省，治寿春（今安徽寿县），以晋王杨广为行台尚书令。

⑤《禹贡》所载九州：指冀、兖、青、徐、扬、荆、豫、梁、雍九州。

⑥否终斯泰：指闭塞到极点，则转向通泰。“否”“泰”，是《周易》中的两个卦名。天地交，万物通谓之“泰”，不交闭塞谓之“否”。

⑦郭璞：字景纯，河东闻喜（今山西闻喜）人。东晋时期著名学者、文学家。

⑧峻宇雕墙：高大的屋宇和彩绘的墙壁。形容居处豪华奢侈。

⑨任寄：委任，托付。

⑩施文庆：吴兴乌程（今浙江湖州）人。南朝陈官员。陈后主即位，提拔为中书舍人，与沈客卿等人搜刮百姓，以供后主挥霍，甚得后主宠信。隋军攻入建康时被杀。

⑪任蛮奴：即任忠，字奉诚，小名蛮奴，南朝陈将领。官至领军将军，侍中。隋军攻入建康后，降于韩擒虎。

【译文】

到晋惠帝，平庸懦弱，胡人扰乱中原，天子蒙受风尘，被迫流离到江东。这一时期，天下又出现了分裂的局面。江东前后经历了东晋、宋、齐、梁、陈五个朝代，一共三百余年。隋文帝杨坚登基后，开始图谋讨伐陈国。杨坚曾向高颎询问攻取陈国的计策。高颎说："长江以北气候寒冷，庄稼收获较晚。江南地区气候温暖，水田中种植的庄稼成熟较早。估计江南到了收获季节，我们便稍稍征调兵马，声称将发动突袭，对方必定屯兵坚守，足以使他们耽误收获。等对方集结军队之后，我军便解散。几次三番之后，对方就会习以为常。之后，我方再集结兵力，对方必定不相信。趁他们犹豫之际，我军便可渡过长江登陆作战，必定士气高涨。此外，江南的土层较薄，房屋大都用竹子、茅草建成，拥有的物资积蓄，也都不储藏于地窖中。我们秘密派人乘风放火，等他们修复之后，再放火将其烧毁。不出几年，陈国的民财民力自会消耗殆尽。"杨坚执行了高颎的计策，导致陈国日益衰弱。此后隋朝发兵伐陈，任命薛道衡为淮南道行台尚书吏部郎，兼管起草文书。等到隋军兵临长江，高颎在晚上召见薛道衡，二人坐于帐幕之下，于是问道："这次大举发兵，能否平定江东？请您谈谈看法。"薛道衡回答说："凡是讨论大事的成功与失败，必须先用至理加以判断。《尚书·禹贡》所记载的九州，原本都是王者的疆域。东汉末期，群雄竞相起兵，孙权兄弟遂占领了吴、楚之地。晋武帝即位后，随即吞并了吴国。永嘉年间晋室南迁，南北又陷入分裂。从那时以后，战争不息。但否极泰来，是永恒的天理。郭璞曾经说：'江东偏安称王三百年后，就会重新与中原合而为一。'如今这个期限就要到了。就天命运数而言，这是陈国必败的第一个原因。有德行的国家昌盛，没有德行的国家灭亡，自古以来的王朝兴亡，都离不开这一规律。我们的君主亲身履行恭敬简朴之道，操劳政务。而陈叔宝居住在奢华的宫室中，沉湎酒色，君臣上下离心离德，人神共愤。这是陈国必败的第二个原因。治理国家的大体，在于知人善任。陈国的公卿大臣，只是滥竽充数罢了。陈后主提拔小人施文庆，委以国家大事。尚书令江总只会饮酒作诗，本来就不是治国安邦的人才。萧摩诃、任蛮奴是陈国的大将，只不过是匹夫之勇。这是陈国必败的第三个原因。我方拥有道义而强大，对方缺乏德行而弱小。估计陈国的士兵不超过十万人，其疆域西起巫峡，东到大海，如果分兵守备就会势气悬殊，兵力薄弱，互相之间难以救援；如果聚集兵力防守一处，就会顾此失彼。这是陈国必败的第四个原因。我军必定席卷江南，没有什么疑问。"高颎高兴地说："您分析双方的成败，条理非常分明，令我豁然开朗。本以为您只是才学广博，没想到您的谋略也如此高明。"于是进军江南，俘虏了陈叔宝。

此灭吴形也。议曰：昔三国时[①]，蜀遣宗预使吴[②]。预谓权曰："蜀土虽云邻国，东西相赖，吴不可无蜀，蜀不可无吴。"孙盛曰[③]："夫帝王之保，唯道与义。道义既建，虽小可大，殷、周是也。苟杖诈力，虽强必败，秦、项是也。况乎偏鄙之城[④]，恃山水之固，而欲连横万里[⑤]，永相资赖哉！昔九国建合纵之计[⑥]，而秦人卒并六合。嚣、述营辅车之谋[⑦]，而光武终兼陇、蜀。夫以九国之强，陇、汉之大，莫能相救，坐观屠覆，何者？道德之基不周，而离弱之心难一故也。而云'吴不可无蜀，蜀不可无吴'，岂不谄哉[⑧]！"由此观之，为国之本，唯道义而已。君若不修德，舟中之人尽敌国也[⑨]。有矣夫！

【注释】

①昔三国时：以下至“蜀不可无吴”，出自《三国志·蜀书·宗预传》裴松之注引《吴历》。

②宗预：字德艳，南阳安众（今河南邓州东北）人。三国时期蜀国大臣。官至镇军大将军。

③孙盛曰：以下至“岂不谄哉”，出自《三国志·蜀书·宗预传》裴松之注引“孙盛曰”。

④况乎偏鄙之城：《三国志·蜀书·宗预传》裴松之注引“孙盛曰”作“况乎居偏鄙之城”，译文从之。

⑤连横：指吴、蜀两国东西联合。

⑥九国：指韩、魏、燕、楚、齐、赵、宋、卫、中山九国。《史记·秦始皇本纪》：“当是时，齐有孟尝，赵有平原，楚有春申，魏有信陵。此四君者，皆明知而忠信，宽厚而爱人，尊贤重士，约从离衡，并韩、魏、燕、楚、齐、赵、宋、卫、中山之众，……常以十倍之地，百万之众，叩关而攻秦。”

⑦辅车：颊辅与牙床，一说车夹木与车舆。比喻事物互为依存的利害关系。

⑧谄（tāo）：《三国志·蜀书·宗预传》裴松之注引“孙盛曰”作“谄”，译文从之。

⑨舟中之人尽敌国：《史记·孙子吴起列传》：“魏文侯既卒，（吴）起事其子武侯。武侯浮西河而下，中流，顾而谓吴起曰：‘美哉乎山河之固，此魏国之宝也！’起对曰：‘……在德不在险。若君不修德，舟中之人尽为敌国也。’”

【译文】

这就是灭吴的大概情形。评论道：三国时期，蜀国派宗预出使吴国。宗预对孙权说：“蜀国与吴国虽说是邻国，然而互相依赖，吴国不可没有蜀国，蜀国也不可没有吴国。”孙盛说：“帝王的依靠，只有道德和仁义。建立了道义，即使是小国也可以变成大国，商朝、周朝就是这样。如果依靠欺诈暴力，虽然一时强大也必定败亡，秦朝、项羽就是这样。何况吴、蜀居于偏远的小城，倚仗山川的险阻，而想要联合东西万里的地盘，永远互相依赖呢！从前，韩、魏、燕、楚、齐、赵、宋、卫、中山九国约定合纵的计策，共同对付秦国，但秦国最终统一了天下。隗嚣、公孙述经营互相依存的谋略，但光武帝最终兼并了陇西、蜀地。以九国的强大，陇西、蜀地的广阔，却不能互相救援，坐视友邦覆灭，这是为什么？这是由于道德的根基不坚固，而离散、脆弱的人心难以统一的缘故。而宗预却说'吴国不可没有蜀国，蜀国也不可没有吴国'，岂不是谄媚吗！"由此看来，治理国家的根本，只有道德和仁义而已。君主如果不修道德，那么同船的人都会成为敌人。确实是如此啊！

自隋开皇十年庚戌岁灭陈①，至今开元四年丙辰岁②，凡一百二十六年，天下一统。论曰：《传》称："都城过百雉，国之害也③。"又曰："大都偶国，乱之本④。"古者诸侯地不过百里⑤，山海不以封。毋亲夷狄，以疏其属。良有以也。何者？贾生有言⑥："臣窃迹前事⑦，夫诸侯大抵强者先反。淮阴王楚最强⑧，则最先反。韩信倚胡⑨，则又反。贯高因赵资⑩，则又反。陈豨兵精，则又反。彭越因梁，则又反。黥布用淮南⑪，则又反。卢绾最弱⑫，最后反。长沙乃在二万数千户耳⑬，功少而最完，势疏而最忠，非独性异人也，亦形势然也。曩令樊、郦、绛、灌据数十城而王⑭，今虽以残亡可也。令信、越之伦列为彻侯而居⑮，虽至今存可也。然则天下之大计亦可知已，欲诸侯之皆忠附，则莫若令如长沙王；欲臣子之勿菹醢⑯，则莫若令如樊、郦等；欲天下之治安，则莫若众建诸侯而少其力⑰。"以此观之，令专城者皆隄封千里⑱，有人民焉，非特百里之资也⑲。官以才居，属非肺腑⑳，非特毋亲之疏也[21]。吴据江湖，蜀阻天险，非特山海之利也[22]；跨州连郡，形束壤制[23]，非特偶国之害也[24]。若遭万世之变，有七子之祸[25]，则不可讳。有国者不可不察。魏明帝问黄权曰[26]："今三国鼎峙，何方为正？"对曰："当以天文正之。往年荧惑守心而文帝崩，吴、蜀二国主无事。"由是观之，魏正统矣。

【注释】

①开皇十年：即590年。开皇，隋文帝杨坚的第一个年号（581—600）。

②开元四年：即716年。开元，唐玄宗李隆基的第二个年号（713—741）。

③都城过百雉，国之害也：出自《左传·隐公元年》。杨伯峻注："'都''城'为两词，'都'谓都邑，'城'谓城垣。……雉，三堵也。长一丈，高一丈谓之堵，三堵为雉，则雉高一丈长三丈。"

④大都偶国，乱之本：出自《左传·闵公二年》："大都耦国，乱之本也。"指大城的规模与国都相匹敌。

⑤古者诸侯地不过百里：以下至"以疏其属"，出自《史记·吴王濞列传》"太史公曰"。

⑥贾生有言：以下至"则莫若众建诸侯而少其力"，出自《汉书·贾谊传》。

⑦迹：考察，推究。

⑧淮阴：指淮阴侯韩信。

⑨韩信：指韩王信。

⑩贯高：汉初赵国相国。汉高祖刘邦经过赵地时，对待赵王张敖无礼。贯高非常愤怒，阴谋刺杀刘邦。计划败露后，贯高被捕，身受酷刑，但始终坚持说赵王没有参与谋反。最终，刘邦赦免了赵王与贯高，但贯高仍自杀以明志。

⑪黔：通"黥"，墨刑。

⑫卢绾（wǎn）：沛县丰邑（今江苏丰县）人。西汉开国功臣，封燕王。由于刘邦屡诛异姓诸侯王，卢绾内心疑惧，遂与陈豨暗中联合，并勾结匈奴，企图割据自保。事败，逃亡匈奴，被匈奴封为东胡卢王。岁余，死于匈奴中。

⑬长沙：指长沙王吴芮，秦朝时任番阳令，甚得民心，号曰“番君”。后率越人举兵反秦，从项羽入关。项羽分封诸侯时，立为衡山王，都邾（今湖北黄冈西北）。刘邦称帝后，徙为长沙王，都临湘（今湖南长沙）。

⑭樊：指樊哙。郦：指郦商。绛：指绛侯周勃。灌：指灌婴。

⑮彻侯：爵位名。秦统一后所建立的二十级军功爵中的最高级。汉初因袭之，多授予有功的异姓大臣，受爵者还能以县立国。后避武帝讳，改称“通侯”或“列侯”。

⑯菹醢（zū hǎi）：古代把人剁成肉酱的酷刑。后亦用以泛指处死。

⑰众建诸侯而少其力：指拆分大诸侯国，使每个诸侯国的势力都很弱小。《汉书·贾谊传》：“割地定制，令齐、赵、楚各为若干国，使悼惠王、幽王、元王之子孙毕以次各受祖之分地，地尽而止，及燕、梁它国皆然。其分地众而子孙少者，建以为国，空而置之，须其子孙生者，举使君之。”

⑱专城：指主宰一城的地方长官。隄（dī）封：犹都凡、大凡。《汉书·匡衡传》：“初，衡封僮之乐安乡，乡本田隄封三千一百顷，南以闽佰为界。”颜师古注：“隄封，举其封界内之总数。”

⑲百里：指“地不过百里”的古代诸侯封地。

⑳肺腑：同“肺附”。比喻帝王的宗室近亲。

㉑毋亲之疏：即上文所说的“毋亲夷狄，以疏其属”，指这些地方长官与天子的关系，与亲属相比要疏远得多。

㉒山海之利：指以山、海作为封地所带来的利益。

㉓形束壤制：语出《史记·平津侯主父列传》：“严安上书曰：‘……今

外郡之地或几千里,列城数十,形束壤制,旁胁诸侯,非公室之利也。'"裴骃《集解》:"苏林曰:'言其土地形势足以束制其民也。'"

㉔偶国之害:指"大都偶国"的危害。

㉕七子:指汉景帝时同时起兵的吴、楚等七诸侯国之王。

㉖魏明帝问黄权曰:以下至"吴、蜀二国主无事",出自《三国志·蜀书·黄权传》裴松之注引《蜀记》。

【译文】

从隋朝开皇十年庚戌岁(590)灭亡陈朝,到如今唐朝开元四年丙辰岁(716),总共一百二十六年,天下始终统一。评论道:《左传》称:"都邑的城墙超过百雉,就会成为国家的危害。"又说:"大城的规模与国都相同,是祸乱的来源。"古代诸侯封国方圆不超过百里,山、海不用来分封。不可亲近夷狄,以致疏远亲属。这样的规定是有原因的。为什么?贾谊说过:"我私下考察往事,在诸侯王中,大抵势力强大的先反叛。淮阴侯韩信分封于楚国,势力最强,于是最先反叛。韩王信倚仗匈奴,于是接着反叛。贯高凭借赵国的力量,又接着反叛。陈豨部队精锐,又接着反叛。彭越凭借梁国,又接着反叛。黥布凭借淮南国,又接着反叛。卢绾势力最弱,所以最后才反叛。长沙王吴芮的封国只有两万几千户,功劳最小,而封国却保存得最为完整,关系最疏远,却对朝廷最忠诚,这并不是吴芮的天性与他人不同,而是由形势所决定的。当时,如果让樊哙、郦商、周勃、灌婴等人占据数十座城邑成为诸侯王,恐怕如今已经灭亡了。如果让韩信、彭越等人居于彻侯之位,大概如今仍然活着。那么治理天下的大计就很清楚了:如果想让诸侯王们都忠心依附,最好让他们像长沙王那样封地狭小;如果想让大臣们不至于身遭杀戮,最好让他们像樊哙、郦商那样仅被封为彻侯;如果想让天下长治久安,最好是拆分大诸侯国,使每个诸侯国的势力都变得弱小。"由此看来,那些被任命为地方长官的人,大凡掌管着方圆千里的地盘,管理着众多人民,远远超过仅仅百里的诸侯封国。他们凭着才能获得官职,并非帝王的宗室近亲,与皇室的关系十分疏远。吴地占据着长江大湖，蜀地有天险的阻隔，远远超过山、海作为封地所带来的利益；吴、蜀两地横跨州郡，其土地形势足以制约民众，万一有变，带来的绝不仅仅是“大城规模与国都匹敌”的危害。如果国家遭遇重大变故，发生了七国之乱那样的祸患，将会带来不可讳言的严重后果。治理国家的人不可不明察。魏明帝曹叡问黄权说：“如今三国鼎立，哪一方是正统？”黄权回答说：“应当以天象作为依据。往年，荧惑停留于心宿，文帝驾崩，而吴国、蜀国的君主平安无事。”由此看来，魏国是正统所在。

卷第七　权议

惧诫第二十

【题解】

本卷名为《权议》，包括《惧诫》《时宜》两篇。所谓“权”，指权变，是一个与“经”（常道）相对的概念。如《公羊传·桓公十一年》云：“权者何？权者反于经，然后有善者也。”与“王道”相比，“期于有成，不问所由”的“霸道”便是典型的权变之道。那么，如何运用权变之道？其成败的关键是什么？这正是本卷所讨论的重点。

在《惧诫》篇中，赵蕤搜集了从商周时期直至隋唐之际的众多历史事例，从多个角度展示了权变之道的成败经验。赵蕤认为，朝代更迭是历史的常态，“天命所受者博，非独一姓也”。在天下动荡的特殊时期，能否准确地审时度势，是当事人成败存亡的关键所在。事成，则顺天应人，开创基业；事败，则不免沦为乱臣贼子。故在这样的关键时刻，务必戒慎恐惧，综合各方面情况进行审慎的判断，这也是本篇以“惧诫”为名的用意。值得注意的是，本篇还罗列了众多谋臣说客的摇唇鼓舌、推波助澜之辞。在叙述东汉末年阎忠劝皇甫嵩谋反一事时，赵蕤不仅批评阎忠游说不得其法，甚至亲自下场，悬拟游说之辞。在全书序言中，赵蕤曾说“书读纵横则思诸侯之变”，此处正是一个绝佳的注脚。

《易》曰：“汤、武革命，顺乎天而应乎人[①]。”《书》曰：

"抚我则后，虐我则仇[②]。"尸子曰："昔周公反政[③]，孔子非之曰：'周公其不圣乎？以天下让，不为兆人也。'"议曰：昔尧称："吾以天下授舜[④]，则天下得其利，而丹朱病。授丹朱，则天下病，而丹朱得其利。吾终不以天下之病而利一人。"遂禅于舜。今周公不以天下为务，而自取其让名，非为圣达节者也，故孔子非之。董生曰[⑤]："虽有继体守文之君，不害圣人之受命[⑥]。"古语曰："穷鼠啮狸，匹夫奔万乘[⑦]。"故黄石公曰："君不可以无德，无德则臣叛[⑧]。"孙卿曰："能除患则为福，不能则为贼。"孙卿子曰："昔者[⑨]，天子初即位，上卿进曰：'能除患则为福，不能则为贼[⑩]。'授天子一策[⑪]。中卿进曰：'先事虑事谓之接[⑫]，接则事优成。先患虑患谓之豫，豫则祸不生。事至而后虑者谓之后，后则事不举。患至而后虑者谓之困，困则祸不御。'授天子二策。下卿进曰：'庆者在堂，吊者在闾。祸与福邻，莫知其门。豫哉[⑬]！豫哉！'授天子三策。"此诫之至也。何以明之？

【注释】

①汤、武革命，顺乎天而应乎人：出自《周易·革卦·彖辞》。

②抚我则后，虐我则仇：出自《伪古文尚书·泰誓》。抚，抚育，爱护。后，君主。

③昔周公反政：以下至"不为兆人也"，见于《三国志·魏书·文帝纪》裴松之注引《献帝传》。

④吾以天下授舜：以下至"遂禅于舜"，出自《史记·五帝本纪》。

⑤董生：指董仲舒。

⑥虽有继体守文之君，不害圣人之受命：出自《汉书·眭弘传》。继体，嫡子继承帝位。守文，遵循先王法度。语出《史记·外戚世

家》："自古受命帝王及继体守文之君，非独内德茂也，盖亦有外戚之助焉。"司马贞《索隐》："继体谓非创业之主，而是嫡子继先帝之正体而立者也。守文犹守法也，谓非受命创制之君，但守先帝法度为之主耳。"

⑦穷鼠啮（niè）狸，匹夫奔万乘：出自《盐铁论·诏圣》。狸，猫。奔，驱逐。

⑧君不可以无德，无德则臣叛：出自《黄石公三略·中略》。

⑨昔者：以下至"授天子三策"，出自《荀子·大略》，有删节。

⑩能除患则为福，不能则为贼：《荀子·大略》杨倞注："能为天下除患则百福归之，不能则反为贼害。"

⑪授天子一策：《荀子·大略》杨倞注："谓书于策，读之而授天子，深戒之也。……策，编竹为之，后易之以玉焉。"

⑫接：通"捷"，迅速。

⑬豫哉：《荀子·大略》杨倞注："言可戒备也。"

【译文】

《周易》说："商汤、周武王革命，上顺天心，下应民意。"《尚书》说："爱护我们的就是君主，虐待我们的就是仇敌。"尸子说："从前，周公把统治权归还给周成王，孔子批评他说：'周公大概不够圣明吧？把天下让给成王，不为天下万民考虑。'"评论道：从前尧说："如果我把天下交给舜，那么天下人都会受益，只对丹朱一人不利。如果把天下交给丹朱，则天下人都会遭殃，只有丹朱受益。我终究不能让天下人遭殃，只让丹朱一人受益。"于是将帝位禅让给了舜。如今周公不以天下为重，只为了自己获得谦让的名声，不能像圣人那样不拘常规而合于节义，所以孔子批评他。董仲舒说："虽然有以嫡子身份继位、谨守先王法度的君主，不妨碍另有圣人接受天命取而代之。"古话说："老鼠逼急了也会咬猫，百姓逼急了就会驱逐君主。"所以黄石公说："君主不可以没有德行，君主没有德行，臣子就会反叛。"荀子说："如果能为天下除去祸患，就会获得福报；如果不能为天下除去祸患，就会受到祸害。"荀子说："从前，天子登基时，上卿上前说：'如果能为天下除去祸患，就会获得福报；如果不能为天下除去祸患，就会受到祸害。'将这第一策献给天子。中卿上前说：'在事情发生之前就加以考虑，叫作'迅速'；迅速，事情就能圆满完成。在祸患发生之前就加以考虑，叫作'有预备'；有预备，祸患就不会发生。事情发生了才考虑，叫作'滞后'；滞后，事情就不会成功。祸患到来了才考虑，叫作'窘迫'；窘迫，就没法抵御祸患。'将这第二策献给天子。下卿上前说：'庆贺的人还在堂上，哀悼的人就已经到了里巷大门。祸患与幸福相邻，没有人知道它们的所在。警惕啊！警惕啊！'将这第三策献给天子。"这是最深刻的告诫。**如何证明这一道理？**

昔文王在酆[①]，召太公曰[②]："商王罪杀不辜，汝尚助余忧人，今我何如？"太公曰："王其修身、下贤、惠人，以观天道。天道无殃，不可以先唱；人道无灾，不可以先谋。必见天殃，又见人灾，乃可以谋。与民同利，同利相救[③]，同情相成，同恶相助，同好相趋。无甲兵而胜，无衡机而攻[④]，无渠堑而守[⑤]。利人者天下启之，害人者天下闭之。天下非一人之天下也。取天下若逐野兽，得之而天下皆有分肉。若同舟而济，皆同其利；舟败，皆同其害。然则皆有启之，无有闭之者矣。无取于民者，取民者也；无取于国者，取国者也；无取于天下者，取天下者也。议曰：沛公之起也，虎啸丰谷[⑥]，饮马秦川，财宝无所收，妇女无所取。降城则以侯其将，得赂则以分其士，而己无私焉。所私者，私于天下也。故老子曰："夫唯不私，故能成其私[⑦]。"是知无取人，乃大取也。取民者民利之，取国者国利之，取天下者天下利之[⑧]。故道在不可见，事在不可闻，胜在不可知。微哉，微哉！鸷鸟将击[⑨]，卑身翕翼[⑩]；猛兽将搏，俯耳俯伏；圣人将动，必有愚色。唯文唯德，谁为之式[⑪]？弗观弗视，安知其极[12]？今彼殷商，众口相惑。吾观其野，草茅胜谷；吾观其群，众曲胜直；吾观其吏，暴虐残贼，败法乱刑而上不觉。此亡国之则也。”文王曰：“善。”贾子曰：“殷汤放桀[13]，武王杀纣，此天下之所同闻也。为人臣而放其君，为人下而杀其上，天下之至逆也，而所以长有天下者，以其为天下开利除害，以义继之也。故声名称于天下，而传于后也。”太公曰：“天下者[14]，非一人之天下，天下之天下也。与天下同利者得天下，擅天下之利者失天下。天有时，地有利，能与人共之者，仁也。仁之所在者，天下归之。免人之死、解人之难、救人之患、济人之急者，德也。德之所在，天下归之。与人同忧同乐同好同恶者，义也。义之所在，天下归之。凡人恶死而乐生，好德而归利，能生利者，道也。道之所在，天下归之也。”

【注释】

①昔文王在酆（fēng）：以下至“文王曰善”，出自《群书治要》卷三十一《六韬·武韬》。酆，又称“丰”，与镐京同为西周都城，在今陕西西安长安区西沣河西岸客省庄、马王村一带。周文王伐崇侯虎自岐迁此。《诗经·大雅·文王有声》：“既伐于崇，作邑于丰。”

②太公：指太公望吕尚。

③同利相救：《群书治要·六韬·武韬》作“同病相救”，译文从之。

④衡机：《群书治要·六韬·武韬》作“冲机”，指冲车和云梯。机，械，云梯之属。译文从之。

⑤渠壍（qiàn）：沟渠堑壕。

⑥虎啸丰谷：出自《文选·陆机〈汉高祖功臣颂〉》：“龙兴泗滨，虎啸丰谷。”李善注引《淮南子》曰：“虎啸而谷风至。”丰，刘邦为丰邑人。

⑦夫唯不私,故能成其私:出自今本《老子》第七章。

⑧“取民者民利之”三句:“取民者”“取国者”“取天下者”,即上文所说的“无取于民者”“无取于国者”“无取于天下者”。《武经七书》本《六韬·武韬·发启》本句作“无取民者,民利之;无取国者,国利之;无取天下者,天下利之”,译文从之。

⑨鸷(zhì)鸟:凶猛的鸟。

⑩卑身:低身,屈身。卑,低。翕(xī)翼:合拢翅膀。

⑪式:准则,法度。此处为榜样之义。

⑫极:中正的准则。

⑬殷汤放桀:以下至“而传于后也”,出自贾谊《新书·立后义》。

⑭天下者:以下至“天下归之也”,见于《群书治要》卷三十一《六韬·序》。

【译文】

当年,周文王在酆京,召见太公望说:“商纣王虐杀无辜的人,请您帮助我解救百姓,如今我应该怎么做?”太公说:“您应该修养德行、屈己尊贤、施惠于民,以观察天意。如果上天没有降下灾祸,不可以率先倡导伐商;如果商朝没有发生人祸,不可以率先谋划起兵。一定要看到商朝既发生了天灾,又发生了人祸,才可以谋划伐商。应当与民众共享利益,有共同的祸患就会互相救助,有共同的情感就会互相成就,有共同的憎恶就会互相帮助,有共同的喜好就会彼此接近。如此一来,没有甲胄兵器也能战胜敌人,没有冲车云梯也能发起进攻,没有沟渠堑壕也能坚守。为民众谋利的人,天下人都会竭诚欢迎;使民众受害的人,天下人都会闭门相拒。天下,不是某一个人的天下。争夺天下,就好比追逐野兽,一旦获得,应当让天下人都能分肉而食。就好比同舟共济,如果渡河成功,一船之人同受其利;如果船只倾覆,一船之人同受其害。如果能做到这样,天下人都会竭诚欢迎,而不会有人闭门相拒了。不向民众索取,是获得民心的方法;不向国家索取,是获得国家的方法;不向天下索取,是获得天下的方法。评论道:沛公刘邦起兵时,宛如猛虎咆哮于丰邑的山谷中,最终消灭秦国,饮马秦川,财宝一无所受,妇女一无所取。获得城邑,就封攻城的将领爵位;得到财货,就赏赐给士兵们,而自己完全没有私心。他的私心,是要把天下据为己有。所以老子说:“没有私心的人,反而能够成就他的私利。”由此可知,不向人索取,恰恰是更大的索取。不向民众索取的人,民众会使他得利;不向国家索取的人,国家会使他得利;不向天下索取的人,天下会使他得利。所以真正高妙的大道是一般人看不到的,真正的机密之事是一般人听不到的,获胜的关键是一般人不了解的。微妙啊!微妙啊!猛禽将要发动袭击前,一定会伏低身子,收拢翅膀;猛兽将要搏杀猎物前,一定会垂着耳朵,伏在地上;圣人将要有所行动前,一定会表现出愚钝的神色。既有文采又有德行,谁能够作为榜样?如果不看不听,如何能知道准则所在?如今的殷商,众人互相欺瞒。我观察其田野,茅草长得比庄稼茂盛;我观察其民众,众多心术不正的人压倒了正直的人;我观察其官吏,暴虐凶残,败坏法纪滥施刑罚,而君主却没有察觉。这是国家将要灭亡的征兆。”文王说:“好。”贾谊说:“商汤流放了夏桀,周武王杀死了商纣王,这是天下人都听说的事情。作为人臣却流放他的君主,作为臣下却杀害他的国君,这是天下最大的叛逆;然而他们之所以能长期拥有天下,是因为他们为天下兴利除害,以仁义取代了前朝的残暴。所以美名被天下人称颂,并流传到后代。”太公说:“天下,不是某一个人的天下,而是天下人共有的天下。能与天下人分享利益的人,能够得到天下;想独占天下之利的人,将失去天下。天有天时,地有地利,能够与人共同分享,这就是仁。仁所在之处,天下人都会归向那里。免除他人的死亡,解救他人的患难,拯救他人的祸患,接济他人的急需,这就是德。德所在之处,天下人都会归向那里。能与人们一同忧虑,一同快乐,有着共同的爱憎,这就是义。义所在之处,天下人都会归向那里。凡是人,无不厌恶死亡而乐于生存,喜爱仁德而追求利益,能够为人们谋得利益,这就是‘道’。道所在之处,天下人都会归向那里。”

楚恭王薨[①],子灵王即位[②]。群公子因群丧职之族[③],杀灵王而立子干[④]。立未定，弟弃疾又杀子干而自立[⑤]。弃疾，平王也。五人皆恭王子也[⑥]。初，子干之入也，韩宣子问于叔向曰："子干其济乎？"对曰："难。"宣子曰："同恶相求，如市贾焉[⑦]，何难？"对曰："无与同好，谁与同恶？取国有五难：有宠而无人，一也；宠须贤人而固也[⑧]。有人而无主，二也；虽有贤人，当须内主为应也[⑨]。有主而无谋，三也；谋，策谋也。有谋而无民，四也；民，众也。有民而无德，五也。四者既备，当以德成。子干在晋十三年矣，晋、楚之从不闻达者[⑩]，可谓无人；族尽亲叛，可谓无主；无亲族在楚。无衅而动，可谓无谋；召子干时，楚未有大衅也。为羁终世，可谓无人[⑪]；终身羁客在晋，是谓无民。亡无爱征，可谓无德。楚人无爱念之者。王虐而不忌[⑫]，灵王暴虐，无所畏忌，将自亡也。楚君子干，涉五难以杀旧君，谁能济之？有楚国者，其弃疾乎？君陈、蔡，城外属焉。城，方城也[⑬]。时穿封戌既死[⑭]，弃疾并领陈事也[⑮]。苛慝不作[⑯]，盗贼伏隐，私欲不违[⑰]，民无怨心。先神命之，国人信之。芈姓有乱[⑱]，必季实立[⑲]，楚之常也。获神，一也；当璧拜也[⑳]。有民，二也；人信之也。命德，三也；无苛慝也。宠贵，四也；贵妃子也。居常[㉑]，五也。弃疾，季也。有五利以去五难[㉒]，谁能害之？子干之官，则右尹也[㉓]。数其贵宠，则庶子也。以神所命，则又远之[㉔]。其贵亡矣，其宠弃矣，父既没矣。民无怀焉，非令德也。国无与焉，无内主也。将何以立？"宣子曰："齐桓、晋文不亦是乎？"皆庶贱也。对曰："齐桓，卫姬之子也，有宠于僖[㉕]，有鲍叔牙、宾须无、隰朋以为辅佐[㉖]，有莒、卫以为外主，齐桓奔莒，卫有舅氏之助。有国、高以为内主，国氏、高氏[27]，齐上卿也。从善如流，下善齐肃[28]，齐，严；肃，敬。不藏贿，清也。不从欲，俭也。施舍不倦，求善不厌，以是有国，不亦宜乎？我先君文公，狐季姬之子也。有宠于献公。好学不贰[29]，生十七年，有士五人。狐偃、赵衰、颠颉、魏武子、司空季子五士从出者也[30]。有先大夫子馀、子犯以为腹心，子馀，赵衰。子犯，狐偃。有魏犨、贾他以为股肱[31]，有齐、宋、秦、楚以为外主，齐妻以女，宋赠以马，楚王飨之，秦伯纳之。有栾、郤、狐、先以为内主。谓栾枝、郤縠、狐突、先轸也[32]。亡十九年，守志弥笃。惠、怀弃民[33]，民从而与之。献无异亲，民无异望。献公之子九人，惟文公在。天方相晋，将何以代之？此二君者，异于子干。恭有宠子，国有奥主[34]。谓弃疾也。子干无施于民，无援于外，去晋晋不送，归楚楚不逆[35]，何以冀国？"子干果不终，卒立弃疾，如叔向言。初，楚恭王无冢嫡[36]，有宠子五人，无適立焉[37]。乃大有事于群望[38]，而祈曰："请神择于五人者，使主社稷。"乃遍以璧见于群望曰："当璧而拜者，神所立也。"乃密埋璧于太室之庭[39]，使五人齐[40]，而长幼入拜。康王跨之[41]，灵王肘加焉，子干、子皙皆远之[42]，平王弱，抱而入，再拜皆压纽[43]。平王即弃疾也。

【注释】

①楚恭王薨：以下至"何以冀国"，出自《左传·昭公十三年》。楚恭王，即楚共王，名审，楚庄王之子，春秋时期楚国君主。

②灵王：即楚灵王，名围，即位后改名虔，楚共王次子，春秋时期楚国君主。

③群公子：指楚共王之子公子比（子干）、公子黑肱（子皙）、公子弃疾。群丧职之族：指在楚灵王时期丧失职位的家族。

④子干：即公子比，名比，字子干，楚共王第三子。

⑤弃疾：即楚平王，名弃疾，即位后改名居。楚共王幼子，春秋时期楚国君主。

⑥五人：指楚康王、楚灵王、公子比、公子黑肱、楚平王。

⑦同恶相求，如市贾焉：《左传·昭公十三年》杨伯峻注："服虔谓'国人共恶灵王者如市贾之人求利也'，则'同恶'泛指恶灵王之人。"

⑧宠须贤人而固也：以下自注至"谓弃疾也"，均出自《左传·昭公十三年》杜预注。

⑨内主：指身处于内，而与外部相呼应者。

⑩晋、楚之从不闻达者：《左传·昭公十三年》杜预注："晋、楚之士从子干游，皆非达人。"达人，贤达之人。

⑪可谓无人：《左传·昭公十三年》作"可谓无民"。

⑫虐而不忌：《左传·昭公十三年》杨伯峻注："俞樾《平议》：'灵王虽暴虐，而尚不忌克，观其赦芋尹无宇及使穿封戌为陈公二事，殊有君人之度。'"为使文义与自注一致，译文仍遵照杜注。

⑬方城：春秋时楚北的长城，由今之河南方城，循伏牛山，北至今邓州。

⑭穿封戌：春秋时期楚国将领。楚灵王时管辖陈地。《左传·昭公八年》："使穿封戌为陈公。"杜预注："戌，楚大夫。灭陈为县，使戌为县公。"

⑮弃疾并领陈事：公子弃疾之前被楚灵王任命为蔡公，管辖蔡地。《左传·昭公十一年》："楚子城陈、蔡、不羹。使弃疾为蔡公。"

⑯苛慝（tè）不作：《左传·昭公十三年》杨伯峻注："苛，琐细烦细；慝，邪恶污秽。此等事无有。"

⑰私欲不违：《左传·昭公十三年》杨伯峻注："此谓虽有私欲，而不违礼。"

⑱芊:应作“芊”,同“芈(mǐ)”。楚国为芈姓。

⑲必季实立:《左传·昭公十三年》杨伯峻注:“文元年《传》云:‘楚国之举,恒在少者。’平王为共王幼子。”

⑳当璧拜也:参见本节末尾自注。

㉑居常:指公子弃疾为楚共王幼子,符合楚国发生变乱时幼子继位的惯例。

㉒五难:《左传·昭公十三年》杨伯峻注:“五难,即子干之无人、无主、无谋、无民、无德。”

㉓右尹:官名。春秋战国楚置。初为尊官,次令尹,征战时兼任军帅。后地位稍降,多以王族充任。

㉔以神所命,则又远之:参见本节末尾自注。

㉕僖:指齐僖公,名禄甫,齐襄公、齐桓公之父,春秋时期齐国君主。

㉖宾须无:一作“宾胥无”,齐桓公时大臣。

㉗国氏、高氏:春秋时齐国上卿。《左传·僖公十二年》:“王以上卿之礼飨管仲,管仲辞曰:‘臣,贱有司也。有天子之二守国、高在。’”杜预注:“国子、高子,天子所命为齐守臣,皆上卿也。”

㉘下善:见人有善,就以身下之。齐肃:庄重敬慎。齐,同“斋”,庄重,恭敬。

㉙不贰:不变心,专一。

㉚赵衰:又称“赵成子”,字子馀,春秋时期晋国大夫。晋献公时事公子重耳,跟随重耳在外流亡十九年,并助其返国即位。晋文公(重耳)即位后,被任命为原(今河南济源西北)大夫,故又称“原季”。帮助晋文公成就霸业。颠颉(xié):春秋时期晋国大夫。跟随重耳在外流亡。晋文公讨伐曹国时,因违背命令被处死。魏武子:即魏犨(chōu),春秋时期晋国大夫,毕万之子。跟随重耳在外流亡。晋文公即位后,封其为大夫,治魏邑。司空季子:指胥臣,字季子。由于封地于臼(今山西永济东北),曾任司空,所以又称

“臼季”“司空季子”。春秋时期晋国大夫。跟随重耳在外流亡。

㉛贾他：即贾佗，春秋时期晋国大夫。跟随重耳在外流亡。《国语·晋语四》：“晋公子，……父事狐偃，师事赵衰，而长事贾佗。”

㉜栾枝：春秋时期晋国大臣，晋文公时担任下军将。狐突：春秋时期晋国大臣，狐偃之父。

㉝惠：指晋惠公，名夷吾，晋献公之子，晋文公之弟。怀：指晋怀公，名圉，晋惠公之子。弃民：《左传·昭公十三年》杜预注：“惠公、怀公，不恤民也。”

㉞奥主：《左传·昭公十三年》杨伯峻注：“奥，谓深秘不易窥见，即今之‘深奥’之‘奥’。”

㉟逆：迎。

㊱初，楚恭王无冢（zhǒng）嫡：以下至“再拜皆压纽”，出自《左传·昭公十三年》，有删节。冢嫡，嫡长子。

㊲適：同“嫡”。

㊳大有事：遍祭。群望：受祭于天子、诸侯的山川星辰。望，谓不能亲到，望而遥祭。

㊴太室：太庙中央之室。亦指太庙。

㊵齐：同“斋”，斋戒。

㊶跨之：《左传·昭公十三年》杨伯峻注：“跨，谓骑之，两足各跨璧一边。”

㊷子皙：即公子黑肱，字子皙，楚共王第四子。

㊸纽：《左传·昭公十三年》杨伯峻注：“纽，《广雅·释器》云：‘印谓之玺，纽谓之鼻。’凡器物之隆起如鼻者皆谓之鼻，……鼻有孔，所以穿组。此璧当亦有鼻。”

【译文】

楚共王去世后，其子楚灵王即位。楚共王的各位公子依靠那些丧失了职位的家族，杀死了楚灵王，立子干为王。子干的王位还没坐稳，他的弟弟弃疾又杀了子干，自立为王。弃疾，就是楚平王。楚康王、楚灵王、公子比、公子黑肱、楚平王五人都是楚共王之子。起初，子干刚回到楚国，韩宣子问叔向说："子干能够成功吗？"叔向回答说："很难。"韩宣子说："他们有共同的憎恶又互相需要，就好像商人追求利益，有什么难的？"叔向说："没有人和他有共同的喜好，谁会和他有共同的憎恶？夺取国家有五种困难：得到国君的宠爱，却没有贤人相助，这是其一；来自国君的宠爱，需要贤人的辅佐才能巩固。有贤人的辅佐，却没有人内应，这是其二；虽然有贤人辅佐，但还需要国内的势力作为内应。有了内应，却没有谋略，这是其三；谋，指策谋。有谋略，却得不到民众的支持，这是其四；民，指民众。有民众的支持，却没有德行，这是其五。前四者都具备了，还需要靠德行来成就功业。子干在晋国已经十三年，晋、楚两国追随他的人中，没听说有贤达之人，可以说没有辅佐的人；族人被灭，亲戚背叛，可以说没有内应；子干没有亲人、族人在楚国。楚国内部没有空子可钻，却轻举妄动，可以说没有谋略；子干被召回国时，楚国内部没有什么大的空子可钻。终身在外流亡，可以说没有民众的支持；子干终身流亡于晋国，所以说没有民众的支持。逃亡在外却没有人爱戴，可以说没有德行。楚国人没有爱戴、怀念他的。楚灵王暴虐而肆无忌惮，楚灵王暴虐，肆无忌惮，将自取灭亡。楚国想拥立子干为君主，有这五种困难，而且要杀死旧国君，谁能办得到？能得到楚国的，大概是公子弃疾吧？统治着陈、蔡二地，方城之外也归其管辖。城，指方城。当时，穿封戌已经去世，公子弃疾一并统领陈地。没有烦琐的政令与邪恶之事，盗贼藏匿不敢为非作歹，虽有私欲却不违背礼法，民众没有怨恨之心。早先已经得到了神明的命令，国内的民众都信任他。况且芈姓有祸乱，总是幼子继位为国君，这是楚国的常规。得到神灵庇佑，此其一；下拜的时候，压在玉璧正上方。有民众的拥护，此其二；民众信任他。有好的德行，此其三；没有烦琐的政令与邪恶之事。受到宠爱，地位尊贵，此其四；他是楚共王宠妃的儿子。符合楚国继位的常规，此其五。弃疾，是楚共王的幼子。他拥有五利而避免了五难，谁能够危害他？子干的官职，不过是右尹。论起他的尊贵与受宠程度，不过是庶子。说到神明的命令，他下拜时又远离了玉璧。他丧失了显贵，失去了宠信，父亲楚共王已经去世。民众不怀念他，没有好的德行。国内没有人亲附他，没有内应。凭借什么立为国君？”韩宣子说：“齐桓公、晋文公不也是这样吗？”齐桓公、晋文公都是庶出。叔向回答道：“齐桓公，是卫姬的儿子，受到父亲齐僖公的宠爱，有鲍叔牙、宾须无、隰朋作为辅佐，有莒国、卫国作为外援，齐桓公出奔莒国时，得到了卫国作为舅父的帮助。有国氏、高氏作为内应。国氏、高氏，是齐国的上卿。他从善如流，尊重贤人，庄重敬慎，齐，是威严的意思；肃，是恭敬的意思。不贪财，清廉。不纵欲，俭朴。施舍财物不知疲倦，追求善行从不满足，因此享有国家，不也是很自然的吗？我们的先君文公，是狐季姬之子。得到父亲晋献公的宠爱。好学而专心致志，十七岁时，就有五位贤士辅佐他。指跟随晋文公出奔的狐偃、赵衰、颠颉、魏武子、司空季子五人。有先大夫子馀、子犯作为腹心，子馀，就是赵衰。子犯，就是狐偃。有魏犨、贾佗作为股肱，有齐国、宋国、秦国、楚国作为外援，齐国把女儿嫁给他，宋国赠给他马匹，楚王以飨礼招待他，秦穆公送他回晋国即位。有栾枝、郤縠、狐突、先轸作为内应。谓栾枝、郤縠、狐突、先轸。流亡十九年，志向愈发坚定。惠公、怀公不体恤民众，民众都追随支持他。献公没有别的后代，民众没有别的希望。晋献公有九个儿子，只有晋文公还在世。上天正帮助晋国，又有谁能取代文公？这两位国君，都和子干不一样。楚共王有宠爱的儿子，国内有心机深沉的掌权者。指公子弃疾。子干对民众没有施舍，在外部没有援助，离开晋国时没人送行，回到楚国也没人迎接，他凭什么希望享有楚国？”子干果然没有成功，最后楚国拥立公子弃疾为国君，正如叔向所言。起初，楚共王没有可继位的嫡子，但有五个宠爱的儿子，拿不定主意应该立谁。于是遍祭山川星辰，祈祷说：“请神明在这五人中选择，让他主持国家。”于是将一块玉璧向群神展示，说：“正对着玉璧下拜的，就是神明所选择的人。”于是暗中将玉璧埋在太庙的庭院里，让五个儿子斋戒，然后按长幼次序入拜。康王两脚跨在玉璧上，灵王的胳膊压在玉璧上，子干、子皙都离玉璧很远，平王年幼，被人抱进来，两次下拜，都压在玉璧的璧纽上。平王，就是公子弃疾。

鲁昭公薨于乾侯[①]。赵简子问于史墨曰[②]："季氏出其君[③]，而民服焉，诸侯与之。君死于外，而莫之或罪，何也？"对曰："物生有两、有三、有五、有陪贰[④]，故天有三辰[⑤]，谓有三也。地有五行，谓有五也。体有左右，谓有两也。各有妃耦[⑥]。谓陪贰也。王有公，诸侯有卿，皆其贰也。天生季氏，以贰鲁侯，为日久矣。民之服焉，不亦宜乎？鲁君世纵其失，季氏世修其勤，民忘君矣。虽死于外，其谁矜之？社稷无常奉，奉之无常人，言唯德也。君臣无常位，自古以然。故《诗》曰：'高岸为谷，深谷为陵[⑦]。'三后之姓[⑧]，于今为庶，主所知也。三后，虞、夏、商也。在《易》卦，雷乘《乾》曰《大壮》䷡，《乾》下《震》上，《大壮》。《震》在《乾》上，故曰"雷乘《乾》"也。天之道也。《乾》为天子，《震》为诸侯，而在《乾》上，君臣易位，犹人臣强壮，若天上有雷也。政在季氏，于此君也四公矣[⑨]。民不知君，何以得国？是以为君慎器与名[⑩]，器，车服也。名，爵号也。不可以假人。议曰：刘向称："人君莫不欲安[⑪]，然而常危矣；莫不欲存，然而常亡，失御臣之术也。夫人臣操权柄，持国政，未有不为害者也。昔晋有六卿，齐有田、崔，卫有孙、宁，鲁有季、孟，常掌国事，世执朝柄。终复田氏取齐，六卿分晋，崔杼弑其君光[⑫]，孙林父、宁殖出其君衎[⑬]，弑其君剽[⑭]，季氏八佾舞于庭[⑮]，三家者以《雍》彻[⑯]，并专国政，卒逐昭公。皆阴胜而阳微，下失臣道之所致也。"范雎说秦昭王曰[⑰]："夫三代所以亡国者，常纵酒，驰骋弋猎，不听政事。其所授者，妒贤嫉能，取下蔽上[⑱]，以成其私，不为主计，而主不觉悟，故失其国。今有秩已上[⑲]，至诸史及王左右[⑳]，无非相国之人者[㉑]。见王独立于朝，臣窃为王恐。恐万世之后，有秦国者，非王子孙也。"

由是观之[22],《书》称“臣之有作威作福,害于而家,凶于而国”[23],孔子曰“禄之去公室,政逮于大夫”[24],亡之兆也。信哉!是言也。

【注释】

①鲁昭公薨(hōng)于乾侯:以下至“不可以假人”,出自《左传·昭公三十二年》,有删节。乾侯,古邑名。春秋晋邑,在今河北成安东南。

②史墨:春秋时期晋国太史,蔡氏,名墨。

③季氏出其君:鲁昭公曾试图讨伐季氏,反而被三桓驱逐,流亡在外。

④陪贰:副手,助手。

⑤三辰:指日、月、星。

⑥妃(pèi)耦:配偶。妃,配。

⑦高岸为谷,深谷为陵:出自《诗经·小雅·十月之交》。

⑧后:君主。姓:子孙之通称。《广雅·释亲》:“姓,子也。”王念孙《疏证》:“姓者,生也,子孙之通称也。”

⑨政在季氏,于此君也四公矣:指鲁国宣公、成公、襄公、昭公都没有实权。

⑩器:古代标志名位、爵号的器物。

⑪人君莫不欲安:以下至“下失臣道之所致也”,出自《汉书·刘向传》,有删节。

⑫光:即齐庄公,名光。

⑬宁殖:春秋时卫国大夫,亦称“宁惠子”。衎(kàn):即卫献公,名衎,卫定公之子,春秋时期卫国国君。由于卫献公对孙林父、宁殖无礼,故二人驱逐卫献公,拥立卫献公之弟卫殇公。事见《左传·襄公十四年》。

⑭弑其君剽:宁殖之子宁喜与出奔在外的卫献公勾结,杀害卫殇公,迎接卫献公复位。事见《左传·襄公二十六年》。剽,即卫殇公,

名剽。

⑮季氏八佾（yì）舞于庭：《论语·八佾》："孔子谓季氏，'八佾舞于庭，是可忍也，孰不可忍也？'"杨伯峻注："古代舞蹈奏乐，八个人为一行，这一行叫一佾。八佾是八行，八八六十四人，只有天子才能用。诸侯用六佾，即六行，四十八人。大夫用四佾，三十二人。四佾才是季氏所应该用的。"

⑯三家：指鲁国当政的孟孙、叔孙、季孙三家大夫。《雍》：《诗经·周颂》篇名。为周天子行祭礼后撤去祭品时所唱。彻：撤除，撤去。《论语·八佾》："三家者以《雍》彻。子曰：'"相维辟公，天子穆穆"，奚取于三家之堂？'"

⑰范雎说秦昭王曰：以下至"非王子孙也"，出自《史记·范雎蔡泽列传》。

⑱取下蔽上：《史记·范雎蔡泽列传》作"御下蔽上"，译文从之。

⑲有秩：秦、汉时职掌一乡民政赋役的乡官，由郡任命，秩百石。

⑳诸史：《史记·范雎蔡泽列传》作"诸大吏"。大吏，大臣，大官。译文从之。

㉑相国：指穰侯魏冉。

㉒由是观之：以下至"亡之兆也"，出自《汉书·刘向传》。

㉓臣之有作威作福：以下至"凶于而国"，出自《尚书·洪范》。而，代词，你，你的。

㉔禄之去公室，政逮于大夫：出自《论语·季氏》。禄，指赐予爵禄的权力，即国家政权。公室，指君主之家，王室。

【译文】

鲁昭公在乾侯去世。赵简子问史墨说："季氏赶走了他的国君，而民众服从他，诸侯亲附他。国君死在国外，而没有人向他问罪，这是什么原因？"史墨回答说："事物的存在有的成双、有的成三、有的成五、有的具备辅佐，所以天有三辰，指有的事物成三。地有五行，指有的事物成五。身体有左右，指有的事物成双。各有配偶。指有的事物有辅佐。王有公，诸侯有卿，各有辅佐。上天降生季氏，以辅佐鲁侯，已经很久了。民众服从他，不也很正常吗？鲁国君主世世代代放纵安逸，季氏世世代代勤勤恳恳，民众已经忘记了他们的国君。虽然昭公死在国外，谁会怜惜他？国家没有固定不变的统治者，国家的统治者不会固定不变，讲的是唯有有德行的人才能拥有国家。君臣没有固定不变的地位，自古以来都是如此。所以《诗经》说：'高高的堤岸变为河谷，深深的河谷变为山陵。'虞、夏、商三代的子孙，今天已经变成了平民，这是您所知道的。三后，指虞、夏、商。在《周易》的卦象上，代表雷的《震》卦在《乾》卦之上，就是《大壮》䷡，《乾》在下，《震》在上，就是《大壮》的卦象。《震》卦在《乾》卦之上，所以说"雷乘《乾》"。这是上天的常道。《乾》代表天子，《震》代表诸侯，而《震》卦居于《乾》卦之上，意味着君臣的位置颠倒了，卦象表示臣子过于强大，好像天上有雷一样。鲁国的大权掌握在季氏手中，到这代国君已经是第四代了。民众不知道国君，国君又怎么能得到国政？所以国君要谨慎地对待器物与名位，器，指车舆、礼服。名，指爵号。不能借给他人。评论道：刘向说："国君没有不希望国家安定的，然而常常危险；没有不希望国家存在的，然而常常灭亡，这是因为失去了驾驭臣下的方法。大臣操持权柄，把持国政，没有不带来危害的。从前，晋国有六卿，齐国有田氏、崔氏，卫国有孙氏、宁氏，鲁国有季孙氏、孟孙氏，他们常常掌管国家大事，世代把持朝廷权柄。最后，田氏篡夺了齐国，六卿瓜分了晋国，崔杼杀害了他的君主齐庄公，孙林父、宁殖驱逐了他们的君主卫献公，杀害了他们的君主卫殇公，季孙氏在庭中采用天子的八佾之舞，三桓家中撤膳时演奏《雍》乐，他们一起把持国政，最终驱逐了鲁昭公。这都是由于阴盛阳衰，在下位者不遵守人臣之道所导致的。"范雎劝秦昭王说："夏、商、周三代之所以亡国，是因为国君纵情饮酒，驰骋打猎，不理政务。而那些受委托掌权的大臣，妒贤嫉能，欺下瞒上，以满足自己的私利，不替国君着想，而国君却不觉悟，因此失掉了自己的国家。如今，从地位低微的有秩到各位大臣，以及大王您的左右近侍，全部都是相国的人。看到大王您在朝中孤立无援，我私下为您感到担心。恐怕万世之后，统治秦国的就不是大王您的子孙了。"由此看来，《尚书》

说“臣子中有作威作福的人,就会危害您的家族与国家”,孔子说“君主失去国家政权,大夫掌握朝政”,这是国家危亡的预兆。这些话说得真有道理啊!

孔子在卫[①],闻齐田常将欲为乱,专齐国,有无君之心。而惮鲍、晏,鲍氏、晏氏,齐之世卿大夫。因移其兵以伐鲁。初,田常相齐[②],选国中女长七尺者三百人以为后宫,宾客舍人出入不禁。田常后有七十余男,因此以盗齐国也。孔子会诸弟子曰:“鲁,父母之国,不忍观其受敌,将欲屈节于田常以救鲁。二三子谁使[③]?”子贡请使,夫子许之。遂如齐说田常曰:“今子欲取功于鲁实难,若移兵于吴则可也。夫鲁,难伐之国。其城薄以卑,地狭以泄[④];其君愚而不仁,大臣伪而无用;其士民又恶甲兵之事,此不可与战。夫吴,城高以厚,地广以深[⑤],甲坚以新,士选以饱[⑥],重器精兵尽在其中[⑦],又使明大夫守之,此易伐也。”田常忿然作色曰:“子之所难,人之所易;子之所易,人之所难。而以教常,何也?”子贡曰:“夫忧在内者攻强,忧在外者攻弱。今君忧在内矣。吾闻子三封而三不成,是则大臣不听也。今君破鲁以广齐,战胜以骄主,破国以尊臣,晏等帅师,若破国则益尊。而子之功不与焉,则交日疏于主,是君上骄主心,下恣群臣,求以成大事,难矣。夫上骄则恣,臣骄则争。是君上与主有郤[⑧],下与大臣交争也,如此,则子之位危矣,故曰不如伐吴。伐吴而不胜,民人外死,大臣内空,是君上无强臣之敌,下无民人之过[⑨],孤主制齐者,唯君也。”田常曰:“善!然兵业已加鲁矣,不可更,如何?”子贡曰:“子缓师,吾请救于吴,令救鲁而伐齐,子以

兵迎之。"田常许诺。子贡遂南说吴王曰[10]:"王者不绝世[11],霸者无强敌,千钧之重,加铢而移[12]。今以万乘之齐而私千乘之鲁,与吴争强,其为患之甚。且夫救鲁,显名也;伐齐,大利也。以抚泗上诸侯[13],诛暴齐以服晋,利莫大焉。名存亡鲁,实困强齐,智者不疑也。"吴王曰:"善!然吾实困越,越王今苦身养士,有报吴之心。子待我先伐越,然后乃可。"子贡曰:"越之劲不过鲁,吴之强不过齐,而王置齐而伐越,则齐已平鲁矣。王方以存亡继绝为名,而畏强齐,伐小越,非勇也。勇者不避难,仁者不穷约[14],智者不失时,义者不绝世,以立其义。今存越,示天下以仁。救鲁伐齐,威加晋国,诸侯相率而朝吴,霸业成矣。且王必或恶越[15],臣请东见越君,令出兵以从,此则实空越,而名从诸侯以伐也。"吴王悦,乃使子贡之越。越王郊迎,自为子贡御,曰:"此蛮夷之国也,大夫何足俨然辱临之[16]?"子贡曰:"今者吾说吴王以救鲁伐齐,其志欲之,而畏越,曰:'待我伐越乃可。'如此则破越必矣。且无报人之志而令人疑之,拙也;有报人之意使人知之,殆也;事未发而先闻,危也。三者,举事之大患也。吴王为人猛暴,群臣弗堪;国家疲于数战,士卒不忍;百姓怨上,大臣内变。子胥以谏死,太宰嚭用事[17],顺君之过,以安其私。此王报吴之时也。诚能发卒佐之,以激其志[18],而重宝以悦其心,卑辞以尊其礼,则伐齐必矣。此圣人之所谓屈节以期达者也。彼战不胜,王之福也。若胜,必以兵临晋。臣还北,请见晋君,令共攻之,其弱吴必也。其锐兵尽于齐,重甲困于晋,而王乘其弊,灭吴必矣。"越王许诺,乃使大夫种以三千人助吴。吴遂伐齐于艾陵[19],果以兵临晋,遇于黄池[20]。越王袭吴之国,遂灭吴。孔子曰:"夫其乱齐存鲁,吾之始愿也。若乃强晋以弊吴,使吴亡而越霸,赐之说也。美言伤信,慎言哉!"

【注释】

①孔子在卫：以下至“田常许诺”，杂抄自《孔子家语·屈节解》与《史记·仲尼弟子列传》。

②初，田常相齐：以下至“田常后有七十余男”，出自《史记·田敬仲完世家》。

③二三子：犹言诸君，几个人。

④地狭以泄：王念孙《读书杂志·史记》：“《索隐》曰：‘泄’字作‘浅’。……‘地’当为‘池’字之误也。上言城，故下言池，池有广狭深浅，故此言‘狭以浅’，下言‘广以深’也。”译文从之。

⑤地广以深：应作“池广以深”。

⑥选：指挑选出来的精兵。饱：指精神足、士气盛。

⑦重器：犹重兵器。

⑧郤（xì）：通“隙”，嫌隙。

⑨过：指责，批评。

⑩子贡遂南说吴王曰：以下至“慎言哉”，杂抄自《孔子家语·屈节解》与《史记·仲尼弟子列传》。

⑪王者不绝世：韩兆琦《史记笺证》：“一个称‘王’于天下的人，不能眼看着某一个诸侯国被人灭掉而不管。《论语·尧曰》有所谓‘兴灭国，继绝世’，即此之谓。”

⑫千钧之重，加铢而移：韩兆琦《史记笺证》：“意谓在天平的两侧，尽管都是千钧之重，那么不论在哪一边再加上哪怕是‘一铢’‘一两’，那被加的一侧将立刻超过另一侧。”铢，一两的二十四分之一。

⑬泗上诸侯：指泗水一带的各诸侯国，如鲁、滕、薛、邹、莒、费等。泗，指泗水，又名“清水”“清泗”。《史记·夏本纪》张守节《正义》：“泗水源在兖州泗水县东陪尾山。其源有四道，因以为名。”源出今山东泗水蒙山南麓，西南流，在山东鱼台东转东南，经江苏徐州大致循黄河故道至淮安西南入淮河。

⑭穷约：穷困，贫贱。

⑮恶（wù）：畏惧。此处指有顾虑。

⑯俨然：严肃庄重的样子。

⑰太宰嚭（pǐ）：指伯嚭。

⑱激其志：《史记·仲尼弟子列传》作“徼其志”。徼（yāo），通“邀”，求取，招致。译文从之。

⑲艾陵：古邑名。春秋齐邑，在今山东莱芜东北，一说在今山东泰安南。

⑳遇于黄池：指吴、晋在黄池会盟，双方争为盟主。事见《左传·哀公十三年》。黄池，春秋时为卫地，在今河南封丘西南，当济水与黄沟交汇处。

【译文】

孔子在卫国，听说齐国的田常想发动叛乱，田常独揽齐国大权，有篡位的野心。而忌惮鲍氏、晏氏的势力，鲍氏、晏氏，是齐国世代承袭的卿大夫。因此移兵攻打鲁国。起初，田常在齐国当相国，在国内挑选了三百位身高七尺的女子充做后宫，他的宾客和左右亲信都可以自由出入后宫。田常后来有了七十多个儿子，借此篡夺了齐国。孔子召集众位弟子，对他们说：“鲁国，是父母之国，我不忍心看它受到攻击，我打算屈节于田常，以拯救鲁国。你们谁能担任使者？”子贡请求出使，孔子答应了。于是子贡来到齐国，劝田常说：“如今，您想在鲁国取得功劳实在难，如果移兵攻打吴国，就可以成功。鲁国，是个难以攻打的国家。鲁国的城墙单薄而矮小，护城河窄而浅；君主愚昧而不仁慈，大臣虚伪而不中用；鲁国的士人民众又厌恶打战，这样的国家不可以与它交战。而吴国，城墙高大而宽厚，护城河宽而深，铠甲坚固而崭新，士兵精悍而士气旺盛，重器精兵都在吴国，又有贤明的大夫守卫，很容易攻打。”田常愤怒地变了脸色，说：“您认为难的，别人都认为容易；您认为容易的，别人都认为难。您用这种不合常理的话来指教我，是什么意思？”子贡说：“有内部的忧患，就要攻打强大的国家；有外部的忧患，就要攻打弱小的国家。如今您的忧患在齐国之内。我听说，您三次受封都没有成功，这是因为大臣中有人反对。如今您攻破鲁国来扩张齐国的领土，战胜后，齐君会更加骄横，攻破鲁国后，有功的大臣会更加尊崇，晏氏等卿大夫率军出征，如果攻破了鲁国，他们的地位就会更加尊崇。而您的功劳则不被看重，您与君主的关系将日益疏远，如此一来，您对上使齐君愈发骄横，对下使群臣愈发放肆，而想以此成就大事，太困难了。君主骄傲，就会变得放肆；大臣骄傲，就会争权夺利。您上与君主产生了嫌隙，下与群臣互相争权，如此一来，那么您在齐国的地位就危险了，所以我说，您不如去讨伐吴国。讨伐吴国而不能取胜，则百姓在外战死，大臣在国内的势力被削弱，那么您在上没有强大的大臣反对，在下不会受到百姓的批评，能孤立君主而控制齐国的，就只有您了。"田常说："好！但如今已经出兵攻打鲁国，不能更改了，怎么办？"子贡说："请您命令军队暂缓行动，我前往吴国求救，请吴国救援鲁国而讨伐齐国，您趁机发兵迎击。"田常答应了。子贡于是南下吴国，劝吴王说："王者不会坐视诸侯灭亡，霸主不会允许强敌出现，天平两侧都是同等的千钧重物，不管在哪一边再加上一铢重量，立刻会打破平衡。如今，如果拥有万乘战车的齐国吞并了拥有千乘战车的鲁国，再来和吴国一争高下，将给吴国带来巨大的祸患。况且援救鲁国，可以彰显吴国的名声；讨伐齐国，可以获得很大的利益。以此安抚泗上一带的诸侯，讨伐强暴的齐国，使晋国屈服，没有比这更大的利益了。名义上是救援即将灭亡的鲁国，实际上是困住了强大的齐国，聪明人绝不会迟疑。"吴王说："好！但是我曾经打败越国，越王如今劳苦其身躯培养人才，有报复吴国之心。你等我先击败了越国，然后才能救援鲁国。"子贡说："越国的力量不超过鲁国，吴国的强大不超过齐国，大王您如果把齐国放在一边而去讨伐越国，到时齐国早已把鲁国吞并了。大王您正打着保存危亡之国，延续将灭之国的旗号，却畏惧强大的齐国，讨伐弱小的越国，这不是勇敢的表现。勇敢的人不逃避困难，仁慈的人不让别人陷入困境，智慧的人不会错过时机，有道义的人不会坐视别的国家灭亡，以此来建立他的大义。如今放过越国，可以向天下显示您的仁义。救援鲁国，讨伐齐国，威慑晋国，各国诸侯相继来吴国朝见，您的霸业就成功了。况且，如果您真的顾虑越国，请让我东去会见越王，让他出兵跟随，这事实上消耗了越国国力，而又有着诸侯国跟随出征的威名。”吴王很高兴，就派子贡前往越国。越王到郊外迎接子贡，亲自为子贡驾车，说：“我们越国是个蛮夷之国，您为何郑重其事地屈尊光临？”子贡说：“如今我劝说吴王为了救援鲁国而讨伐齐国，他内心同意了，但担心越国趁机报复，说：‘等我攻下越国后才行。’如此一来，越国必定被攻破。况且没有报复之心却被人怀疑，这很笨拙；有报复之心却被人察觉，这很危险；事情还没做就传开了，这也很危险。以上三者，是做事的大忌。吴王为人凶残暴戾，群臣不堪忍受；吴国由于多次发动战争而疲敝，士兵不堪忍受；百姓怨恨君主，大臣蓄谋发动内乱。伍子胥因为直言进谏被处死，太宰伯嚭专权，迎合吴王的过错以巩固私利。这正是您向吴国报仇的好机会。如果您能发兵跟随吴王，以迎合他的心志，用重金宝物来获取他的欢心，用谦卑的言辞来表示尊崇，那么吴王一定会去讨伐齐国。这就是圣人所说的，通过暂时屈服以期达成目的。如果吴国伐齐不胜，那就是大王您的福气。如果吴国取胜，则一定会进军逼近晋国。到时我再北上拜见晋君，劝晋国一起攻打吴国，则吴国必定被削弱。吴国的精兵在齐国消耗殆尽，军队主力又被晋国牵制，大王您趁着吴国疲敝之时发起攻击，一定能灭亡吴国。”越王答应了，于是派大夫文种率领三千人帮助吴国。吴国在艾陵击败齐军，之后果然进军逼近晋国，与晋国在黄池争做盟主。越王趁机偷袭，遂灭亡了吴国。孔子说：“让齐国发生动乱而保存鲁国，这是我最初的愿望。至于让晋国强大而让吴国凋敝，甚至使吴国灭亡而让越国称霸，这是子贡游说的功劳。美妙的言辞会伤害信义，要慎言啊！”

秦始皇帝游会稽[①]，至沙丘[②]，疾甚。始皇令赵高为书赐公子扶苏，未授使者，始皇崩。时始皇有二十余子[③]。长子扶苏，使监兵上郡，蒙恬为将。少子胡亥，爱，请从，上许之。余子莫从。丞相李斯以为，上在外崩，无真太子，故秘之。群臣莫知也。赵高因留所赐扶苏玺书，而谓公子胡亥曰：“上崩，无诏封王诸子，而独赐长子书。长子至，即位为皇帝，而子无尺寸之地，为之奈何?”胡亥曰:“固然也。吾闻明君知臣,明父知子。父既捐命,不封诸子,何可言也?”赵高曰:“不然。方今天下之权,存亡在子与高及丞相耳,愿子图之。且夫臣人与见臣于人,制人与见制于人,岂可同日而道哉!”胡亥曰:“废兄而立弟,是不义也;不奉父诏而畏死,是不孝也;能薄而材谫[④],强因人之功[⑤],是不能也。三者逆德,天下不服。”高曰:“臣闻汤、武杀其主,天下称义焉,不为不忠。卫君杀其父[⑥],而卫国载其德,孔子著之,不为不孝。议曰:乱臣贼子,自古有之,生而楚言[⑦],可为痛哭者,胡亥是也。夫大行不细谨,大德不辞让[⑧],乡曲各有宜[⑨],而百官不同功[⑩]。故顾小而忘大,后必有害;狐疑犹豫,后必有悔。断而敢行,鬼神避之,后有成功,愿子遂之也。”胡亥喟然叹曰:“今大行未发[⑪],岂宜以此事干丞相哉[⑫]?”高曰:“时乎时乎,间不及谋[⑬]!赢粮跃马[⑭],唯恐后时。”胡亥既然高之言[⑮],高乃谓丞相斯曰:“上崩,赐长子书,与丧俱会咸阳而立为嗣。书未行,今上崩,未有知者,事将何如?”斯曰:“安得亡国之言耶?”高曰:“君自料,才能孰与蒙恬?功高孰与蒙恬?谋远不失孰与蒙恬?无怨于天下孰与蒙恬?长子旧而信之孰与蒙恬[⑯]?”斯曰:“此五者,皆不及蒙恬,而君责之何深也[⑰]?”高曰:“高故内宫之厮役也,幸得以刀笔之吏进入秦宫[⑱],管事二十余年,未尝见秦免罢丞相功臣有封及二世者也,卒皆以诛亡。皇帝二十余子,皆君之所知。长子刚毅而武勇,信人而奋士[⑲],即位必用蒙恬为丞相,君侯终不怀通侯之印归于乡里[⑳],明矣。高受诏教习胡亥学法,仁慈笃厚,轻财重士,秦之诸子皆莫及也，可以为嗣。君计而定之。”斯曰：“斯，上蔡闾巷布衣也[21]。上幸擢为丞相者，固将以存亡安危属臣也，岂可负哉？夫忠臣不避死而庶几[22]，孝子不勤劳而见危[23]。君其勿复言。”高曰：“盖闻圣人迁徙无常[24]，龙变而从时[25]，见末而知本，观指而睹归[26]。物固有之，安得常法哉！方今天下之权悬命于胡亥[27]，高能得志焉[28]。且夫从外制中谓之惑，从下制上谓之贼。故秋霜降者草华落，水风摇者万物作[29]，此必然之效也。君侯何见之晚也？”斯曰：“吾闻晋易太子，三世不安[30]。齐桓兄弟争位，身死为戮[31]。纣残贼亲戚[32]，不听谏者，国为丘墟。三者逆天，宗庙不血食。斯其由人哉[33]，安足与谋？”高曰：“上下合同[34]，可以长久。中外若一[35]，事无表里[36]。君听臣之计，则长有封侯，世世称孤，必有松、乔之寿[37]，孔、墨之智。今释此而不从，祸及子孙，足为寒心。善者因败为福，君何处焉？”斯乃仰天而叹，垂涕太息曰：“既已不能死，安托命哉？”乃听高立胡亥，改赐玺书，杀扶苏、蒙恬。初，李斯从荀卿学帝王之术[38]，欲西入秦，辞于荀卿曰：“斯闻，得时无怠。今万乘争时，游者主事。今秦王欲吞天下，称帝而治，此布衣驰骛之时，而谈游者之秋也。故斯将西说秦王。”至秦，为吕不韦舍人。不韦贤之，任以为郎。说秦王阴遣谋士赍金玉以游说诸侯[39]，诸侯名士皆厚给遗之[40]；不肯者，利剑刺之。离其君臣之计，遂吞天下，皆斯之谋也。

【注释】

①秦始皇帝游会稽：以下至“杀扶苏、蒙恬”，出自《史记·李斯列

传》,有删节。会稽,指会稽山,在今浙江绍兴南。《史记·秦始皇本纪》:“三十七年十月癸丑,始皇出游,……上会稽,祭大禹。”张守节《正义》:“越州会稽山上有夏禹穴及庙。”

②沙丘:地名。在今河北广宗西北。

③时始皇有二十余子:以下至“群臣莫知也”,出自《史记·李斯列传》,有删节。

④谫(jiǎn):浅薄。

⑤强因人之功:勉强地去抢夺别人的功业。因,袭,劫取。

⑥卫君杀其父:指卫出公击败其父蒯聩之事。蒯聩为太子时,试图谋杀其父卫灵公夫人南子,事觉被逐。卫灵公去世后,国人立蒯聩之子辄为君,是为卫出公。蒯聩想借助晋国赵氏的力量争夺卫君之位,被卫人击败。事见《史记·卫康叔世家》。按,卫出公并未杀死蒯聩。

⑦楚言:说楚国方言。此处比喻沾染恶习。《汉书·贾谊传》:“夫习与正人居之,不能毋正,犹生长于齐不能不齐言也;习与不正人居之,不能毋不正,犹生长于楚之地不能不楚言也。”

⑧让:责难。

⑨乡曲各有宜:意谓各个地方的风俗不同。

⑩百官不同功:意谓不同官员的工作方式不同。

⑪大行:讳称帝王死亡。未发:尚未发丧。

⑫干:干扰,麻烦。

⑬间不及谋:指时间紧迫,没有谋划商议的时间。间,空隙。

⑭嬴粮:背着粮食,担粮。

⑮既:已经,之后。然:认同,认为可以。

⑯长子旧而信之:指与长子扶苏是故交,受到信任。

⑰责:要求,期望。

⑱刀笔之吏:《史记·李斯列传》作“刀笔之文”,译文从之。刀笔,指

法律案牍。

⑲奋士：能使人发挥才干。

⑳通侯：即“彻侯”，秦统一后所建立的二十级军功爵中的最高级。

㉑上蔡：古邑名。本名蔡，在今河南上蔡西南。

㉒庶几：指侥幸行事。泷川资言《史记会注考证·李斯列传》：“余有丁曰：庶几，谓贪生幸利也。愚按：谓徼幸于万一也。”

㉓孝子不勤劳而见危：韩兆琦《史记笺证》：“此语生涩，郭嵩焘曰：‘言忠臣不以侥幸图苟存，孝子不以危殆而弛其勤劳也。’”译文从之。

㉔迁徙无常：指见机行事，不墨守成规。

㉕龙变而从时：《史记·李斯列传》作“就变而从时”，意谓随着形势变化而变化，译文从之。

㉖指：旨趣，意向。归：归宿，结局。

㉗天下之权悬命于胡亥：《史记·李斯列传》作“天下之权命悬于胡亥”，指天下之权与万民之命，都掌握于胡亥手中。权命，大权与命运。译文从之。

㉘高能得志焉：指能让胡亥顺着我的意志行事。

㉙水风摇：《史记·李斯列传》作“水摇动”，指春天冰面消融。

㉚晋易太子，三世不安：春秋时，晋献公因宠爱骊姬而废杀太子申生，另立骊姬之子奚齐。晋献公死后，大臣里克先后杀死奚齐以及骊姬妹妹之子悼子，迎立晋惠公。晋惠公死后，其子晋怀公即位。此时秦人送公子重耳回国，杀晋怀公而自立，是为晋文公。王树岷《史记斠证》：“‘三世’盖‘五世’之误。《赵世家》：‘晋国将大乱，五世不安。’……谓晋献公、奚齐、卓子、惠公、怀公五世也。”事见《史记·晋世家》。

㉛齐桓兄弟争位，身死为戮：春秋时，齐襄公死后，齐襄公之弟公子纠、公子小白回国争位。公子小白先到一步，成功继位，是为齐桓

公。随后发兵攻鲁，杀死公子纠。事见《史记·齐太公世家》。

㉜纣残贼亲戚：指商纣王杀害了叔叔比干，囚禁了弟弟箕子。事见《史记·殷本纪》。

㉝斯其由人哉：《史记·李斯列传》作"斯其犹人哉"，司马贞《索隐》："言我今日犹是人，人道守顺，岂能为逆谋。故下云'安足与谋'。"译文从之。

㉞上下合同：指赵高、李斯与胡亥通力合作。合同，合力同心。

㉟中外若一：指宫外的李斯与宫内的胡亥、赵高配合一致。

㊱事无表里：犹言"事无差池"。表里，内外。引申为歧异、差错。

㊲松、乔：指赤松子与王子乔，古代传说中的仙人。

㊳初，李斯从荀卿学帝王之术：以下至"皆斯之谋也"，抄撮自《史记·李斯列传》。

㊴赍（jī）：带着，持。

㊵遗（wèi）：给。

【译文】

秦始皇出巡会稽山，到达沙丘时，病得非常严重。秦始皇命令赵高写好诏书，赐给公子扶苏，还没将诏书交给使者送走，就去世了。秦始皇有二十多个儿子。长子扶苏，被派到上郡担任监军，蒙恬任将军。小儿子胡亥，很受宠爱，请求跟着一起出巡，秦始皇答应了。其他儿子都没能跟着去。丞相李斯认为，皇帝在外地去世，又没有正式确立太子，所以封锁消息。大臣们都不知道秦始皇已经去世。赵高于是扣留了赐给扶苏的诏书，而对公子胡亥说："皇帝去世了，没有诏书分封诸子为王，只赐给长子扶苏一封诏书。扶苏到来，即位为皇帝，而你却连尺寸封地都没有，这怎么办呢？"胡亥说："本来就是如此。我听说，贤明的君主了解他的大臣，贤明的父亲了解他的儿子。父亲临终前，没有下令分封诸子，那还有什么可说的呢？"赵高说："不是这样。如今天下的大权，就在你、我和丞相李斯的手里掌握着，希望你仔细考虑。何况统治人与被别人统治，控制人与受制于人，难道可以同日而语吗！”胡亥说：“废掉兄长而立弟弟，这是不义；不服从父亲的诏命而畏惧死亡，这是不孝；自己能力小而资质浅薄，还勉强去抢夺别人的功业，这是无能。这三件事都违背道德，天下人也不会服从。”赵高说：“我听说，商汤、周武王杀死了他们的君主，天下人称赞这是义举，并不认为是不忠。卫出公杀了他的父亲，卫国人歌颂他的功德，孔子记载了这件事，并不认为是不孝。评论道：乱臣贼子，自古有之，然而沾染恶习，令人万分痛惜的，就是胡亥。成就大事者不能顾忌小节，成就大德者不怕小的责备，各个地方的风俗不同，百官的工作方式也各不一样。所以顾忌小节而忘了大事，日后必生祸害；关键时刻狐疑犹豫，日后必然后悔。果断而大胆地去做，连鬼神都要回避，日后一定成功，希望您照我说的去做。”胡亥长叹道：“如今皇帝刚刚去世，尚未发丧，怎么能拿这些事情去麻烦丞相呢？”赵高说：“时机啊时机啊，眼下没有时间慢慢谋划！就像背着干粮骑马赶路，唯恐耽误了时机。”胡亥同意了赵高的话，于是赵高对丞相李斯说：“皇上去世前，赐给长子扶苏诏书，命他到咸阳参加丧礼，并指定他为继承人。诏书还没送出，皇上就去世了，没有人知道这件事，您看应该怎么办？”李斯说：“你怎么能说出这样祸国殃民的话？”赵高说：“请您自己估计一下，您与蒙恬相比，谁的才能更高？谁的功劳更大？谁的谋略更长远而不失误？谁更不受天下人怨恨？谁与扶苏是故交而更受信任？”李斯说：“这五方面，我都比不过蒙恬，但您为什么这样苛求于我呢？”赵高说：“我原来只是后宫中的一名杂役，有幸凭借熟悉法律案牍进入秦宫，管事二十多年，从来没有见过秦国被罢免的丞相、功臣能够将封爵传给下一代的，最后都以被杀告终。始皇帝有二十多个儿子，您全都了解。长子扶苏刚毅而武勇，信任人而善于使人发挥才干，即位之后，必然任用蒙恬为丞相，您终究无法怀揣通侯的印信告老还乡，这是很明显的事。我接受诏令，教导胡亥学习法律，他仁慈敦厚，轻视钱财而重视士人，始皇帝的其他儿子都比不上他，可以成为继承人。请您仔细考虑再做决定。”李斯说：“我，原本是上蔡街巷中的一个平民百姓。有幸被皇上擢拔为丞相，将国家安危存亡的重任交给了我，我怎能辜负皇上的信任呢？忠臣不因怕死而侥幸行事，孝子不因危险而不再勤劳。请您不要再说了。”赵高说：“我听说，圣人见机行事，顺应时势的变化，看见苗头就能洞悉本质，看见动向就能知道结局。事物本来就是如此，哪有什么一成不变的常法！如今天下之权与万民之命，都掌握于胡亥手中，而我能让胡亥顺着我的意志行事。况且外面的人想要控制朝廷，叫作‘妄想’；下面的人想要制服上面，叫作‘造反’。所以秋霜一降，花草随之凋落；春天冰面消融，万物随之生长，这是必然的结果。您的见识怎么这样迟钝呢？”李斯说：“我听说，晋国改立太子，三代都不安宁。齐桓公兄弟争位，哥哥被杀死。商纣王杀害亲戚，不听劝谏，国家变为废墟。这三者违背天意，将导致宗庙无人祭祀。我李斯也是人，怎么能参与这样的阴谋？”赵高说：“上下齐心协力，就可以长治久安。宫内宫外协调一致，就不会有什么差错。您如果听我的安排，就能长久保有封侯，世世代代传承爵位，拥有像赤松子、王子乔那样的长寿，孔子、墨子那样的智慧。如果放弃这些福祉，不听从我的安排，一定会祸及子孙，其后果令人寒心。聪明人能够转祸为福，您打算怎么办？”李斯于是仰天而叹，垂泪叹息说：“既然不能以死尽忠，又能去依靠谁呢？”于是依从赵高拥立胡亥，篡改赐给扶苏的诏书，杀害了扶苏、蒙恬。起初，李斯跟随荀卿学习帝王治理天下之术，打算西行入秦，向荀子告别说：“我听说，如果遇到时机，千万不可错过。如今大国争雄，游说之士主持着各国事务。现在秦王想要吞并天下，称帝而治理四海，这正是平民出身的士人奔走四方，游说之士大展身手的时代。所以我准备到西方去游说秦王。”到了秦国，成为吕不韦的舍人。吕不韦很赏识他，举荐他做了郎官。李斯劝秦王暗中派遣谋士带着黄金珠玉去游说诸侯，对于诸侯各国的知名人物，都赠送厚礼加以笼络；不肯被笼络的，就派刺客刺杀。破坏东方各国君臣的谋略，最终吞并了天下，都出自李斯的谋略。

秦二世末[1]，陈涉起蕲[2]，兵至陈[3]，张耳、陈馀说涉曰：

"大王兴梁、楚[4]，务在入关，未及收河北也。臣尝游赵，知其豪杰，愿请奇兵略赵地。"于是陈王许之，与卒三千。从白马渡河，今滑州白马县界也[5]。至诸郡县，说其豪杰曰："秦为乱政虐刑，残灭天下。北为长城之役，南有五岭之戍[6]，外内骚动，百姓罢毙[7]，头会箕敛[8]，以供军费，财匮力尽，重以苛法，使天下父子不相聊生[9]。今陈王奋臂为天下唱始[10]，莫不响应。家自为怒，各报其怨。县杀其令丞[11]，郡杀其守尉[12]。今已张大楚，王陈[13]，使吴广、周文将卒百万西击秦[14]。于此时而不成封侯之业者，非人豪也。夫因天下之力而攻无道之君，报父兄之怨而成割地之业，此一时也。"豪杰皆然其言。乃行收兵下赵十余城。议曰：班固云："昔《诗》《书》述虞、夏之际[15]，舜、禹受禅，积德累仁数十年，然后在位。殷、周之王，乃由卨、稷历十余世[16]，然后放杀。秦起襄公[17]，稍蚕食六国，至于始皇，乃并天下。秦既称帝，患周之败，以为诸侯力争，以弱见夺，于是削去五等，隳城销刃[18]，拑语烧书[19]，内钼雄俊[20]，外攘胡、越，用一威权，以为万世安。然十余年间，强敌横发乎不虞[21]，谪戍强于五伯[22]，闾阎逼于戎狄[23]。响应瘠于谤议[24]，奋臂威于甲兵。向秦之禁，适所以资豪杰，自速其毙也。"由是观之，夫豪杰之资，在于虐政矣。

【注释】

①秦二世末：以下至"乃行收兵下赵十余城"，出自《汉书·张耳陈馀传》，有删节。

②蕲（qí）：指蕲县，今安徽宿州东南。陈胜、吴广于大泽乡起兵，大泽乡时属蕲县。

③陈：指陈县，今河南淮阳。

④梁:指以大梁(今河南开封)为中心的今河南东北部一带。楚:指以陈郡(治陈县,今河南淮阳)为中心的河南东部一带。陈郡在战国后期曾为楚国都城。

⑤滑州:隋开皇十六年(596)改杞州置,治白马(今河南滑县东旧滑县),即古滑台城,故"取滑台为名"(《元和郡县志》)。

⑥五岭:越城、都庞、萌渚、骑田、大庾五岭的总称,也称"南岭"。位于江西、湖南、广东、广西四省之间,是长江与珠江流域的分水岭。

⑦罢(pí)毙:疲敝,疲困。

⑧头会:按人头征税。箕敛:用畚箕征收谷物。指赋税重。

⑨聊:依靠。

⑩唱:同"倡"。

⑪令丞:县令与县丞。县丞,战国始置,为县令副佐,协助县令治理一县政事。秦汉沿置,员额多为一人,秩四百石至二百石,由中央任命。

⑫守尉:郡守和郡尉。秦始皇统一天下后分天下为三十六郡,郡置守、尉、监。郡尉协助郡守典武职甲卒,为郡守主要佐官,秩比二千石。

⑬张大楚,王陈:指建立了国号为"张楚"的国家,定都陈县。《史记·陈涉世家》:"陈涉乃立为王,号为张楚。"

⑭周文:即周章,字文,战国末年楚国陈(今河南淮阳)人。陈胜建立张楚政权后,任将军,率主力西击秦。至戏(今陕西西安临潼区东北),距离咸阳仅百余里,因孤军深入,后援不继,为秦将章邯所败,自刭死。

⑮昔《诗》《书》述虞、夏之际:以下至"自速其毙也",出自《汉书·异姓诸侯王表》,有删节。

⑯卨(xiè):同"契",商人始祖。稷:后稷,周始祖。

⑰襄公:指秦襄公,春秋时期秦国国君,秦庄公之子。因为护送周

平王东迁有功,被封为诸侯。《史记·秦本纪》:"周避犬戎难,东徙雒邑,襄公以兵送周平王。平王封襄公为诸侯,赐之岐以西之地,……襄公于是始国,与诸侯通使聘享之礼。"

⑱隳(huī)城销刃:毁坏诸侯的坚城,销毁天下的兵器。《汉书·异姓诸侯王表》颜师古注引应劭曰:"坏其坚城,恐复阻以害己也。聚天下之兵,铸以为铜人十二,不欲令民复逆命也。古者以铜为兵。"隳,毁坏。

⑲拑语:拑制语言,即禁止人相互交谈。

⑳钼(chú):消除,诛灭。

㉑不虞:意料不到。

㉒谪戍:因罪而被遣送至边远地方担任守卫的人。此处指陈胜、吴广。五伯:五霸。《汉书·异姓诸侯王表》颜师古注:"五霸谓昆吾、大彭、豕韦、齐桓、晋文也。"

㉓闾阎:里巷内、外的门。借指平民。此处指陈胜、吴广,他们是闾左贫民。《史记·陈涉世家》:"二世元年七月,发闾左適戍渔阳,……陈胜、吴广皆次当行,为屯长。"

㉔瘖:当作"憯(cǎn)",痛,惨痛。《汉书·异姓诸侯王表》颜师古注:"秦法,诽谤者族。今陈胜奋臂大呼,天下莫不向应,向应之害更憯烈于所谤议也。"

【译文】

秦二世末年,陈胜在蕲县起兵,进军至陈县,张耳、陈馀劝陈胜说:"大王您从梁地、楚地起兵,目标在于攻入关中,无暇收复河北地区。我过去曾游历赵地,熟悉当地的豪杰,希望您给我一支奇兵,以攻取赵地。"于是陈胜答应了,给了张耳、陈馀三千士兵。他们从白马津渡过黄河,在今天滑州白马县地界。来到河北各郡县,劝当地的豪杰说:"秦国施行乱政酷刑,残害天下。北面有修筑长城的劳役,南面有戍守五岭的兵役,内外动荡,百姓疲惫不堪,按人数征税,用畚箕装取所征的谷物,以供给军费，天下财穷力尽，再加上严刑峻法，使天下老少都不得安生。如今陈王振臂，率先起兵，天下莫不响应。家家义愤填膺，各自报仇雪恨。各县杀死他们的县令县丞，各郡杀死他们的郡守郡尉。如今陈王已经建立了张楚，在陈县称王，派吴广、周文率领百万大军向西进攻秦朝。在这个时候，如果不能趁势成就封侯大业，算不上人中豪杰。凭借天下人的力量攻打无道的君主，为父兄报仇而成就分地封侯之业，眼下正是最好的时机。"豪杰们都赞同他们的意见。于是一边进军一边扩充队伍，攻克了赵地十多座城邑。评论道：班固说："从前，《诗经》《尚书》记载了在虞、夏之际，舜和禹接受禅让时，已积累德行仁义长达数十年，然后才登上帝位。殷商和周朝取得天下，始自契、后稷，历经了十多代，到了商汤与周武王时，才流放了夏桀，杀死了商纣王。秦朝兴起于秦襄公，渐渐蚕食东方六国，到了秦始皇时，最终统一了天下。秦始皇称帝后，担心秦朝重蹈周朝的覆辙，认为周朝的灭亡是由于诸侯相互争斗，王室弱小，因此被夺去了天下，于是废除五等分封制，毁坏诸侯的坚城，销毁天下的兵器，钳制言论，焚毁典籍，对内消灭雄才俊杰，对外驱逐匈奴与越人，以此集中威势和权力，认为这样就可以带来万世的安宁。然而仅仅过了十几年，强敌出其不意地涌现，戍卒的力量强于五霸，平民百姓的威胁大过戎狄。百姓群起响应，比起诽谤批评的言论更令秦朝感到惨痛；振臂而起的义军，其威力胜过秦朝的精兵。秦朝之前设置的各种禁令，恰恰帮助了起义的豪杰，加速了自身的灭亡。"由此看来，英雄豪杰成功的凭借，正在于秦朝的暴政。

韩信既平齐[①]，为齐王。项王恐，使盱台人武涉往说齐王[②]，使三分天下。信不听。武涉已去，蒯通知天下权在韩信，欲为奇策而感动之，以相人说韩信曰："仆常受相人之术[③]。"韩信曰："先生相人何如？"对曰："贵贱在于骨法[④]，忧喜在于容色，成败在于决断，以此参之，万不失一。"信曰："先生相寡人如何？"对曰："愿请间[⑤]。"信曰："左右远[6]。”蒯通曰："相君之面，不过封侯，又危不安。相君之背，贵乃不可言。”背畔则大贵也。韩信曰："何谓也？”蒯通曰："天下初发难，俊雄豪杰建号一呼，天下之士云合雾集，鱼鳞杂遝[7]，熛至风起[8]。当此之时，忧在亡秦而已。今楚、汉分争，使天下无罪之人肝胆涂地，父子暴骸，骨肉流离于中野，不可胜数。楚人起于彭城[9]，转斗逐北，至于荥阳，乘利席卷，威振天下。然兵困于京、索之间[10]，迫西山而不能进者三年于此矣[11]。汉王将数十万之众，距巩、洛，阻山河之险，一日数战，无尺寸之功，折北不救。败荥阳[12]，伤成皋[13]，遂走宛、叶之间[14]。此所谓智勇俱困者也。夫锐气挫于险塞，而粮食竭于内藏，百姓罢极，怨望容容无所依倚[15]。以臣料之，其势非天下贤圣固不能息天下之祸。当今两主之命悬于足下。足下为汉则汉胜，与楚则楚胜。臣愿披腹心，输肝胆，效愚计，恐足下不用也。诚能听臣之计，莫若两利而俱存之[16]，三分天下，鼎足而居，其势莫敢先动。夫以足下之贤圣，有甲兵之众，据强齐，从燕、赵，出空虚之地而制其后，因民之欲，西向为百姓请命[17]，则天下风起而响应矣，孰敢不听！割大弱强，以立诸侯。诸侯已立，天下服听而归德于齐[18]。按齐国之故[19]，有胶、泗之地[20]，怀诸侯以德，深拱揖让，则天下之君王相率而朝于齐矣。盖闻，天与不取，反受其咎；时至不行，反受其殃。愿足下熟虑之。”韩信曰："汉王遇我厚，载我以其车，衣我以其衣，食我以其食。吾闻之，乘人车者载人之患，衣人衣者怀人之忧，食人之食者死人之事，吾岂可以向利背义乎？”蒯生曰："足下自以为善汉王，欲建万世之业，臣窃以为误矣。始常山王、成安君为布衣时[21]，相与为刎颈之交。后争张黡、陈泽之事[22]，二人相怨。常山王奉项婴头鼠窜归于汉王[23]，汉王借兵东下[24]，杀成安君泜水之南，头足异处，卒为天下笑。此二人相与，天下至欢，然而卒相擒者，何也？患生于多欲，人心难测也。今足下欲行忠信以交于汉王，必不能固于二君之相与也，而事多大于张黡、陈泽，故臣以为足下必汉王之不危己，亦误矣。大夫种、范蠡存亡越，霸勾践，立功成名而身死亡。谚曰：'野兽尽而猎狗烹，敌国破而谋臣亡。'夫以交友言之，则不如张耳之与成安君也；忠臣言之[25]，则不过大夫种之于勾践也。此二人者，足以观矣。愿足下深虑之。且臣闻，勇略震主者身危，而功盖天下者不赏。臣请言大王功略：涉西河，虏魏王[26]，擒夏说，引兵下井陉，诛成安君，徇赵胁燕，定齐，南摧楚人之兵二十万，东杀龙且[27]，西向以报。此所谓功无二于天下，而略不世出者也。今足下载振主之威，挟不赏之功，以归楚，楚人不信；归汉，汉人震恐。足下欲持是安归乎？夫势在人臣之位，而有震主之威，名高天下，窃为足下危之。"韩信谢曰："先生且休矣，吾将念之。"后数日，蒯通复说曰："夫听者事之候，计者事之机也[28]。听过计失而能久安者[29]，鲜矣。听不失一二者[30]，不可乱以言；计不失本末者，不可纷以辞。夫随厮养之役者失万乘之权[31]，守担石之禄者[32]，一担，一斛之余也[33]。阙卿相之位。故智者，决之断也；疑者，事之害也[34]。审毫厘之小计，遗天下之大数。智成知之，决不敢行者，百事之祸也。故猛虎之犹与[35]，不如蜂虿之致螫[36]；骐骥之踯躅[37]，不如驽马之安步；孟贲之狐疑，不如庸夫之必至也[38]。虽有舜、禹之智，沉吟而不言，不如瘖聋之指麾也[39]。夫功者，难成而易败；时者，难得而易失也。时不再来，愿足下详察之。"韩信犹与，不忍背汉，又自以为功多，汉王终不夺我齐，遂谢蒯生。蒯生曰："夫迫于苛细者不可与图大事，拘于臣虏者固无君王之意。"说不听，因去，佯狂为巫。议曰：昔齐崔杼弑庄公[40]，晏子不死君难，曰："君人者岂以陵人？社稷是主。臣君者岂为其口实？社稷是养。故君为社稷死则死之，为社稷亡则亡之。若为己死而为己亡，非其亲昵，谁敢任之？"孟子谓齐宣王曰："君之视臣如手足[41]，则臣之视君如腹心；君之视臣如土芥，则臣之视君如寇仇。"虽云"君，天也，天不可逃"，然臣缘君恩以为等差，自古然矣。韩信以汉王遇厚不背其德，诚足怜耳。

【注释】

①韩信既平齐：以下至"佯狂为巫"，出自《史记·淮阴侯列传》，有删节。

②盱台（xū yí）：县名。秦置，在今江苏盱眙东北盱眙山麓。武涉：秦汉之际策士。为项羽部下。项羽失败后，他亡匿民间。

③常：通"尝"，曾经。

④骨法：指人或其他动物的骨相特征。

⑤请间：谓请求在空隙之时白事，不欲对众言之。

⑥左右远：泷川资言《史记会注考证·淮阴侯列传》："中井积德曰：'少间'之下有'信屏左右'一事，文略之。而信曰'左右既去矣'，以请其说。"

⑦杂遝（tà）：纷杂繁多貌。遝，通"沓"。

⑧烟至风起:《史记·淮阴侯列传》作"熛至风起"。熛,疾风,暴风。

⑨楚人起于彭城:指汉王二年(前205),项羽在彭城大破汉军。《史记·项羽本纪》:"四月,汉皆已入彭城,收其货宝美人,日置酒高会。项王乃西从萧,晨击汉军而东,至彭城,日中,大破汉军。汉军皆走,相随入谷、泗水,杀汉卒十余万人。"

⑩京:古邑名。今河南荥阳东南。索:即索城,今河南荥阳北。

⑪西山:泛指京、索西面的山地。三年于此:自汉王二年(前205)五月刘、项于荥阳一带形成对峙,至汉王四年(前203)二月韩信称齐王,共二十一月,跨了三个年头。

⑫败荥阳:指汉王三年(前204),楚军围困荥阳,刘邦逃跑。

⑬伤成皋:指汉王四年(前203),刘邦与项羽夹广武涧而语,刘邦数项羽十大罪状,被项羽伏弩射伤胸部。

⑭走宛、叶之间:指汉王三年(前204),刘邦在荥阳兵败后,到宛县、叶县一带收编、扩充军队。宛,指宛县,今河南南阳。叶,指叶县,今河南叶县西南。

⑮容容:纷乱动荡貌。此指精神不定。

⑯两利:谓兼顾双方的利益。

⑰西向为百姓请命:即要求刘邦、项羽停战。

⑱归德:归顺。

⑲按齐国之故:安定好齐国已有的地盘。按,安定。

⑳胶:指胶水,即今山东东部胶莱河。源出山东青岛黄岛区铁橛山,北流经高密、平度,至昌邑东北入海。泗:指泗水。

㉑常山王、成安君:即张耳、陈馀。

㉒张黡(yǎn)、陈泽之事:秦将章邯围赵王歇于钜鹿时,张耳在城内,陈馀在城外。张耳派张黡、陈泽出城向陈馀求救,陈馀给了二将五千人,结果被秦军消灭。钜鹿之战后,张耳怀疑二人被陈馀杀害,二人从此结怨。事见《史记·张耳陈馀列传》。

㉓奉项婴头：王叔岷《史记斠证·淮阴侯列传》："施之勉云：'张森楷曰："《汉书》作'奉头鼠窜'四字。"'案《说文》：'婴，绕也。'《淮南·要略》：'以与天和相婴薄。'注：'婴，绕抱也。'与'奉头'同意。"译文从之。

㉔汉王借兵东下：指刘邦派张耳协助韩信破赵。借兵，给予张耳士兵。

㉕忠臣言之：《史记·淮阴侯列传》作"以忠信言之"，译文从之。

㉖魏王：指魏豹。

㉗龙且：项羽部将，在潍水之战中被韩信击杀。

㉘听者事之候，计者事之机也：大意谓能听取意见，就是事情成功的征兆；能反复计虑，就能把握事情成败的关键。

㉙听过：听取了错误意见。

㉚一二：犹次第。

㉛随厮养之役者失万乘之权：安心于当奴仆的人，就会失去做帝王的可能。随，顺适。

㉜担石之禄：微末的俸禄。担，容器名。引申为一石或一百斤之量。

㉝斛（hú）：量词，多用于量粮食。古代一斛为十斗。

㉞智者，决之断也；疑者，事之害也：王念孙《读书杂志·史记》："'知者决之断'当作'决者知之断'，下句'疑者事之害'正与此相反也。有智而不能决，适足以害事，故下文又申之曰'智诚知之，决弗敢行者，百事之祸也'。"译文从之。

㉟犹与：犹豫。

㊱虿（chài）：蝎子一类的毒虫。螫（shì）：毒虫或蛇咬刺。

㊲踯躅（zhí zhú）：徘徊不进貌。

㊳必至：必定要做到，表示意志的坚决。

㊴瘖（yīn）聋：聋哑。

㊵昔齐崔杼弑庄公：以下至"谁敢任之"，出自《左传·襄公二十五年》。

㊶君之视臣如手足:以下至“则臣之视君如寇仇”,出自《孟子·离娄下》,有删节。

【译文】

韩信平定齐国后,被封为齐王。项羽害怕了,派盱台人武涉前去游说齐王韩信,劝他与楚、汉三分天下。韩信不同意。武涉离开后,蒯通知道决定天下形势的关键在于韩信,想用奇谋打动他,于是用相人之术游说韩信说:“我曾经学过相人之术。”韩信问:“您用什么方法相人?”蒯通回答说:“一个人是贵是贱,要观察他的骨相特征;是忧是喜,要观察他的容貌神色;成功或失败,要观察他做出的决断;从这三个方面综合判断,可以做到万无一失。”韩信说:“您看我的相如何呢?”蒯通说:“希望您让左右回避一下。”韩信说:“左右之人已经出去了。”蒯通说:“看您的面相,不过封侯,而且危机四伏,不得安稳。看您的背,那就贵不可言了。”如果背叛,就会大富大贵。韩信说:“什么意思?”蒯通说:“天下刚刚起兵反秦时,英雄豪杰自立为王,登高一呼,天下之士像云雾一般汇集,像鱼鳞一般纷杂繁多,像暴风一般骤然袭来。在那个时候,大家所焦虑的只是如何灭亡秦朝。如今楚、汉相争,令天下无辜之人肝胆涂地,父子暴露尸骸,骨肉至亲在原野上流离失所,这样的情况不可胜数。楚人在彭城大败汉军,一路转战,追击败兵,一直打到荥阳,乘势席卷,威震天下。然而如今部队被困于京、索二地之间,离西山近在咫尺却不能前进一步,到如今已经三年了。汉王率领数十万军队,拒守于巩县、洛阳,凭借山河之险,一日数次与楚军交战,却没有获得一点功劳,兵败奔逃不能自救。先是大败于荥阳,之后在成皋受伤,还曾一度逃窜到宛、叶一带。可以说智力与勇气都已经消耗殆尽了。军队的锐气在险塞下受挫,仓库中的粮食逐渐耗尽,百姓极度疲惫,怨声载道,六神无主不知道应该依靠谁。在我看来,在这样的形势下,如果不是天下圣明贤能的人,绝不可能平息天下的大祸。如今汉王刘邦、楚王项羽的命运,都掌握在您手中。您帮助汉王,汉王就会胜利;帮助楚王,楚王就会胜利。我愿意推心置腹,披肝沥胆,奉献我的计策,只怕您不肯采用。如果您能听从我的计策,最好兼顾楚、汉双方的利益,让双方共存,从而三分天下,鼎足而居,在这种局势下,楚、汉谁也不敢轻举妄动。凭借您的贤能圣明,拥有的军队之多,而且占据着强大的齐国,率领着燕国、赵国,如果出兵乘虚而入,控制楚、汉双方的后方,顺应民众的愿望,西向要求楚、汉双方停战,则天下必将闻风响应,谁敢不听您的命令!再分割削弱强大的势力,以分封诸侯。等到诸侯册立,天下都将服从并归附齐国。到时,您安定好齐国已有的地盘,再进一步占据胶、泗地区,以仁德感召诸侯,恭敬礼让,则天下的君王们都要相继来齐国朝见了。我听说,上天的赐予不接受,反而会遭祸;时机到来不行动,反而会遭殃。希望您仔细考虑这件事。"韩信说:"汉王对我有厚恩,把自己的车子给我乘,把自己的衣服给我穿,把自己的饭食给我吃。我听说,乘人家的车,就得为人解决祸患;穿人家的衣服,就得为人分担忧愁;吃人家的饭食,就得为人舍命报效;我怎么可以为了利益而违背道义呢?"蒯通说:"您自认为与汉王关系很好,想建立流传万世的功业,我私下里认为您想错了。当年张耳、陈馀还是平民百姓时,一起结为刎颈之交。后来因为张黡、陈泽之事,二人结怨。张耳被陈馀进攻,抱头鼠窜投奔汉王,汉王让他带兵东下,在泜水南岸杀死了陈馀,身首异处,被天下人耻笑。这二人的交情,原本是天下最深厚的,然而最终闹到互相擒拿的地步,这是为什么?问题就出在欲望太多而人心难测。如今,您想奉行忠信之道与汉王结交,但你们之间的交情,绝不可能比张耳、陈馀二君的更牢固,而你们之间的矛盾,却比张黡、陈泽之事更严重,所以我认为,您如果坚信汉王不会加害于您,那就错了。大夫文种、范蠡保存即将灭亡的越国,帮助勾践成就霸业,但功成名就之后,文种被杀,范蠡逃亡。俗话说:'野兽打完了,猎狗就会被烹煮;敌国攻破了,谋臣就会被杀。'就朋友交情而论,您和汉王的交情远远没有张耳、陈馀那样深厚;就臣子的忠诚信实而言,您也比不过文种对于勾践的忠诚。以上二人的下场,足以作为您的前车之鉴。我希望您慎重考虑此事。况且我听说，勇敢、谋略让人主畏忌的人，会有性命危险；功劳盖世无双的人，没法给予奖赏。请让我列举一下您的功劳：渡过西河，俘虏了魏王，生擒了夏说，引兵东出井陉，诛杀了陈馀，平定了赵地，使燕国归附，平定了齐国，向南击败了二十万楚军，向东杀死了楚将龙且，向西给汉王报捷。这就是所谓的功高盖世，谋略无双。如今您有着令君主畏忌的威名，带着无法赏赐的功勋，想归服楚王，楚王不信；想归服汉王，汉王害怕。以这样的威名与功勋，您能去投奔谁呢？身为人臣，却有着让君主畏忌的威势；超出天下人的名声，我私下认为您处境危险。”韩信推辞说：“先生您别说了，让我考虑一下。”过了几天，蒯通又劝韩信说：“能听取意见，是事情成功的征兆；能反复谋划，就能把握成败的关键。听取了错误意见，打错了主意，还能长久安宁，这样的情况非常罕见。听取意见时能分清主次的人，无法用言语迷惑他；考虑问题时不会本末倒置的人，无法用言辞去扰乱他。安心于当奴仆的人，就会失去成为帝王的可能；满足于微末官职的人，一担，就是一斛多。就会丧失成为卿相的可能。所以办事坚决，是智者的表现；犹豫不决，是成事的大害。计较细微的小事，将会耽误天下的大事。智慧足以明察，却不敢果断行动，是各种事情失败的祸根。所以，如果猛虎犹豫不决，还不如马蜂、蝎子的蜇刺；千里马徘徊不进，不如驽马缓步前行；孟贲狐疑不决，不如普通人说到做到。虽然有舜、禹的智慧，如果沉默不言，不如聋哑人打手势。功业，难成却容易失败；时机，难得却容易失去。时机失去了，便不会再来，希望您仔细考虑。”韩信犹豫不决，不忍心背叛汉王，又自认为功劳很大，汉王不至于夺走自己的齐国，于是谢绝了蒯通的建议。蒯通说：“拘泥于细枝末节的人，不能与他商议大事；满足于给别人当臣仆的人，本来就没有成为君主的愿望。”蒯通游说不成，于是离去，假装疯癫做了巫师。评论道：从前，崔杼弑杀了齐庄公，晏子没有为齐庄公之死殉难，说：“成为百姓的君主，难道是为了凌驾于民众之上？是为了主持国政。成为君主的臣子，难道只是为了俸禄？是为了保养社稷。所以国君如果为了社稷而死，臣子就随他而死；为了社稷逃亡，臣子就随他逃亡。国君如果因为个人原因而死，因为个人原因逃亡，那么如果不是国君亲昵宠爱的人，谁能跟着殉葬或逃亡？”孟子对齐宣王说：“君主把臣子当作自己的手足，那么臣子就会把君主当作自己的腹心；君主把臣子当作泥土草芥，那么臣子就会把君主当作仇敌。”虽然说“君主，好比上天，谁也无法逃避上天”，然而臣子会根据君主恩德的厚薄，来决定如何报效，自古以来都是如此。韩信因为刘邦对他恩德深厚，不肯背叛，最终竟被杀害，确实令人怜悯。

吴王濞以子故不朝[①]，孝文帝时[②]，吴太子入朝侍皇太子饮博[③]，争道不恭[④]，皇太子引博局投吴太子杀之[⑤]。及削地书至，于是乃使中大夫应高诛田鸟反。胶西王[⑥]。无文书，口报曰："吴王不肖，有宿夕之忧[⑦]。不敢自外[⑧]，使喻其欢心。”王曰：“何以教之？”高曰：“今者，主上兴于奸雄[⑨]，饰于邪臣[⑩]，好小善，听谗贼，擅变更律令，侵夺诸侯之地，征求滋多[⑪]，诛罚良善，日以益甚。语有之曰：‘舐糠及米[⑫]。’吴与胶西，知名诸侯也，一时见察[⑬]，恐不得安肆矣[⑭]。吴王身有内病，不能朝请二十余年，常患见疑，无以自白。今胁肩累足[⑮]，犹惧不见释。窃闻大王以爵事有適[⑯]，直革反。所闻诸侯削地，罪不至此[⑰]，此恐不得削地而已。”王曰：“然，有之。子将奈何？”高曰：“同恶相助，同好相留[⑱]，同情相成[⑲]，同欲相趋，同利相死。今吴王自以为与大王同忧，愿因时修理[⑳]，弃躯以除患害于天下，抑亦可乎[㉑]？”王矍然骇曰[㉒]：“寡人何敢如是？今主虽急[㉓]，固有死耳，安得弗戴？”高曰：“御史大夫晁错荧惑天子，侵夺诸侯，蔽忠塞贤，朝廷疾怨，诸侯皆有背叛之意，人事极矣。彗星夕出，蝗虫数起，此万世一时，而愁劳圣人之所起也。故吴王内欲以晁错为讨，外随大王后车[㉔]，傍佯天下[25],所乡音向。者降[26],所指者下,天下莫敢不服。大王诚幸而许之一言,则吴王帅楚王略函谷关[27],守荥阳敖仓之粟,距汉兵,治次舍[28],须大王[29]。大王有幸而临之,则天下可并,两主分割,不亦可乎?”王曰:“善。”七国皆反,兵败伏诛。太史公曰:“汉兴[30],孝文施大德,天下怀安[31]。至孝景,不复忧异姓,而晁错刻削诸侯[32],遂使七国俱起,合从西向。诸侯大盛,而错为之不以渐也。及主父偃言之[33],而诸侯以弱,卒以安。安危之机,岂不以谋哉!”

【注释】

①吴王濞以子故不朝:以下至“兵败伏诛”,出自《史记·吴王濞列传》。

②孝文帝时:以下至“皇太子引博局投吴太子杀之”,出自《史记·吴王濞列传》。

③皇太子:即汉景帝刘启,当时为皇太子。

④争道:争棋路。

⑤博局:棋盘。

⑥中大夫:王国侍从官员。汉朝置,多用文学之士,掌奉使京城及诸国。诛(tiǎo):挑逗,煽动。胶西王:指刘卬,汉高祖刘邦之孙,齐悼惠王刘肥之子。汉文帝前元十六年(前164)以平昌侯立为胶西王。汉景帝前元三年(前154)响应吴王刘濞谋反,兵败被杀,国除。

⑦宿夕:犹旦夕,比喻短时间内。

⑧自外:自视为外人,自行疏远。

⑨兴于奸雄:《史记·吴王濞列传》作“兴于奸”,韩兆琦《史记笺证》:“从其内心生出一种奸诈。”译文从之。

⑩饰于邪臣:指被奸邪之臣蒙蔽。

⑪征求滋多：向各诸侯国征调的财物越来越多。滋，更加。

⑫舐（shì）糠及米：比喻贪婪蚕食。《史记·吴王濞列传》司马贞《索隐》："言舐糠尽则至米，谓削土尽则至灭国也。"糠，谷壳。

⑬一时见察：一旦被朝廷查办。一时，犹一旦。

⑭安肆：安乐放纵。

⑮胁肩累足：缩紧肩膀，不敢正立。形容极为恐惧。

⑯以爵事有適（zhé）：《史记·吴王濞列传》："胶西王卬以卖爵有奸，削其六县。"適，通"谪"，责罚，惩罚。

⑰所闻诸侯削地，罪不至此：意谓听说其他遭到削地的诸侯，罪过都没有你这么大。

⑱相留：彼此关心。

⑲同情：指同心志者。

⑳修：循，遵循。

㉑抑：表示语气，犹或许、或者。

㉒矍（jué）然：惊惧貌，惊视貌。

㉓急：迫使，逼迫。

㉔后车：副车，侍从所乘的车。

㉕傍佯：《史记·吴王濞列传》作"彷徉"，遨游，纵横。

㉖乡：通"向"。

㉗楚王：指楚王刘戊，楚元王刘交之孙，楚夷王刘郢之子。参与七国之乱，兵败自杀。

㉘次舍：止息之所。

㉙须：等待。

㉚汉兴：以下至"岂不以谋哉"，出自《史记·孝景本纪》"太史公曰"。

㉛怀安：归向德政而安居乐业。

㉜刻削：侵害、剥夺。

㉝主父偃言之：指主父偃建议汉武帝实施推恩令。《史记·平津侯主父列传》："今诸侯或连城数十，地方千里，缓则骄奢易为淫乱，急则阻其强而合从以逆京师。今以法割削之，则逆节萌起，前日晁错是也。今诸侯子弟或十数，而適嗣代立，余虽骨肉，无尺寸地封，则仁孝之道不宣。愿陛下令诸侯得推恩分子弟，以地侯之。彼人人喜得所愿，上以德施，实分其国，不削而稍弱矣。"

【译文】

吴王刘濞因为儿子被杀，称病不肯入朝，孝文帝时，吴王濞世子入朝，陪同皇太子饮酒下棋，两人为棋路发生争执，吴世子不恭敬，皇太子抄起棋盘砸向吴世子，把他打死了。等朝廷削夺藩王封地的诏书送达后，吴王便派中大夫应高前去挑拨诛，音田鸟反。胶西王刘卬。吴王没有书信，应高口头说："我们吴王不肖，有旦夕之间就会降临灾难的担扰。我们不敢自视为外人，所以派我来传达吴王对您的好感。"胶西王说："有何指教？"应高说：'如今，皇上心生邪念，又被奸邪之臣所蒙蔽，追求眼前的利益，听信谗言，擅自变更律令，侵夺诸侯的封地，向各诸侯国征调的财物越来越多，诛杀惩罚善良的人，这些情形日益严重。俗话说：'谷壳被舔尽，就要轮到米粒了。'吴国与胶西国，都是知名的诸侯国，一旦被朝廷查办，恐怕就不得安逸了。吴王有身体内部的病症，已经二十多年不能入朝，常常担心被猜疑，无法辩白。如今缩紧肩膀，不敢正立，仍然害怕不被朝廷谅解。我听说大王您因为卖爵之事受到惩罚，適，音直革反。听说其他被削地的诸侯，罪过都没有您这么大，这恐怕不是削地就能完事的。胶西王说："对，有这事。您打算怎么办？"应高说："有共同仇恨的人一定互相帮助，有共同喜好的人一定互相关心，心志相同的人一定互相成就，愿望相同的人一定共同追求，利益相同的人一定同生共死。如今吴王自认为和大王您有着共同的忧患，希望能顺应时势，遵循事理，豁出性命为天下除害，应该可以吧？"胶西王吃惊地说："我怎么敢这么做？如今即便受到皇上的逼迫，不过一死而已，怎么敢不拥戴天子？"应高说："御史大夫晁错蛊惑天子，侵夺诸侯的封地，堵塞忠臣贤士的晋身之路，朝廷大臣都十分痛恨他，诸侯也都有背叛之意，人事方面已经糟糕到了极点。彗星在晚上出现，蝗灾屡次发生，这是万世难逢的好机会，而且百姓愁苦之时，正是圣人兴起的时候。所以吴王想对内以讨伐晁错为号召，在外追随大王您的后车，纵横天下，大军所向乡，音向。无不归降，兵锋所指无不陷落，天下没有谁敢不服从。您如果能同意吴王的请求，则吴王将率领楚王攻取函谷关，守住荥阳敖仓的粮食，阻挡汉朝的军队，然后安排住所，等待大王您的到来。如果您愿意幸临，那么天下就可以吞并，吴王与您平分天下，不也可以吗？”胶西王说：“好。”于是吴、楚、赵、胶西、济南、淄川、胶东七个诸侯国一齐造反，兵败后都被诛杀。太史公说：“汉朝建立以来，孝文帝广施恩德，天下归向德政而安居乐业。到了孝景帝时，不用再顾虑异姓诸侯的威胁，而晁错侵夺同姓诸侯封地，于是造成七国一同起兵造反，联合向西进攻。这是由于诸侯势力太大，而晁错没有采用循序渐进的方式进行削藩。直到主父偃建议实施推恩令，诸侯的势力才彻底被削弱，天下最终安定。国家安危的关键，难道不在于谋略吗！”

淮南王安怨望厉王死[①]，厉王长，淮南王安父也。长谋反，槛车迁蜀[②]，至雍死[③]。上怜之[④]，封其三子[⑤]，以安为淮南王也。欲谋叛逆，未有因也。及削地之后[⑥]，其为谋益甚，与左吴等日夜按舆地图部署兵所从入[⑦]。召伍被与谋，被曰：“上宽赦大王，王复安得亡国之言乎？臣闻子胥谏吴王，吴王不用。子胥曰：‘臣今见麋鹿游于姑苏之台[⑧]。’臣今亦见宫中生荆棘，雾露沾衣也。臣闻，聪者听于无声，明者见于未形，故圣人万举万全。昔文王一动而功显于世，列为三代，此所谓因天心以化者也[⑨]，故海内不期而随，此千岁之可见者。夫百年之秦，近世之吴、楚，亦足以喻国家之存亡矣。臣不敢避子胥之诛,愿大王无为吴王之听。昔秦绝圣人之道,杀术士[⑩],燔《诗》《书》,弃礼仪,尚诈力,任刑罚,转负海之粟致之西河[⑪]。当是之时,男子疾耕不足于糟糠,女子纺绩不足以盖形。遣蒙恬筑长城,东西数千里,暴露兵师常数十万,死者不可胜数,僵尸千里,流血顷亩。百姓力竭,故欲为乱者十家而五。又使徐福入海求异物及延年益寿之药[⑫]。还为伪辞曰:'臣见海中大神,曰以令名振男女振,童男女也。与百工之事[⑬],即得之矣。'秦皇大悦,遣振男女三千人,资之种种百工而行[⑭]。徐福得平原广泽,止王不来。于是百姓悲痛相思,欲为乱者十家而六。又使尉他逾五岭攻百越。尉他知中国劳极,止王不来。使人上书求女无夫家者三万人,以为士卒衣补。秦皇可其万五千人。于是百姓离心瓦解,欲为乱者十家而七。客谓高皇帝曰[⑮]:'时可矣。'高皇帝曰:'待之。圣人当起东南间。'不一年,陈胜、吴广发矣。高皇始于丰、沛一唱,天下不期而响应者不可胜数也。此所谓蹈瑕候间[⑯],因秦之亡而动者也。百姓愿之,若旱之望雨,故起于行阵之中[⑰],而立为天子,功高三王,德传无穷。今大王见高皇得天下之易也,独不观近世之吴、楚乎?夫吴王赐为刘氏祭酒[⑱],受几杖而不朝[⑲]。王四郡之众[⑳],地方数千里,内铸铜以为钱,东煮海以为盐,上取江陵木为船。国富人众,举兵而西,破于大梁[㉑],败于狐父[㉒],奔走而东,至于丹徒[㉓],越人擒之,身死绝祀,为天下笑。夫以吴、楚之众,不能成功者,何也?诚逆天道而不知时也。方今大王之兵众不能十分吴、楚之一,天下安宁又万倍于秦时,愿大王从臣之计。大王不从臣之计,今见大王事必不成而语先泄也。臣闻微子过故国而悲,于是作《麦秀》之歌[24],是痛纣之不用王子比干也[25]。故孟子曰:'纣贵为天子,死曾不若匹夫[26]。'是纣先自绝于天下久矣,非死之日而天下去之也。今臣亦窃悲大王弃千乘之君,必且赐绝命之书,为群臣先,死于东宫也。"王时所居。于是王气怨结而不扬,涕满眶而横流,即起,历阶而去。

【注释】

①淮南王安怨望厉王死:以下至"会事泄,诛",出自《史记·淮南衡山列传》,有删节。

②槛车:用栅栏封闭的车,用于囚禁犯人或装载猛兽。

③雍:县名。治今陕西凤翔南。《史记·淮南衡山列传》:"于是乃遣淮南王,载以辎车,令县以次传。……淮南王乃谓侍者曰:'谁谓乃公勇者?吾安能勇!吾以骄故不闻吾过至此。人生一世间,安能邑邑如此!'乃不食死。至雍,雍令发封,以死闻。"

④上:指汉文帝。

⑤封其三子:《史记·淮南衡山列传》:"上怜淮南厉王废法不轨,自使失国蚤死,乃立其三子:阜陵侯安为淮南王,安阳侯勃为衡山王,阳周侯赐为庐江王,皆复得厉王时地,参分之。"

⑥及削地之后:据《史记·淮南衡山列传》载,元朔五年(前124),由于淮南国郎中雷被的告发,刘安被削二县。

⑦左吴:刘安门客。《史记·淮南衡山列传》司马贞《索隐》:"《淮南要略》云安养士数千,高才者八人,苏非、李尚、左吴、陈由、伍被、毛周、雷被、晋昌,号曰'八公'也。"舆地图:地图。

⑧姑苏之台:又名"胥台",在今江苏苏州西南姑苏山上,春秋时吴

王阖闾所筑。

⑨因天心以化者也:《史记·淮南衡山列传》作"因天心以动作者也"。

⑩术士:有道术之士。指儒生。

⑪负海之粟:东部沿海地区生产的粮食。西河:今宁夏、内蒙古间自南而北的一段黄河。当时为秦朝的西部前线。

⑫徐福:名或作"市",齐地方士。秦始皇时,上书言海中有三神山,名曰蓬莱、方丈、瀛洲,仙人居之。秦始皇因遣其发童男女数千人,入海求仙,竟不返。异物:《史记·淮南衡山列传》作"神异物"。

⑬令名:好名声。振男女:指童男童女。振,通"侲(zhèn)",幼童。百工:各种工匠。

⑭资之种种百工而行:《史记·淮南衡山列传》作"资之五谷种种百工而行",译文从之。

⑮高皇帝:指刘邦。

⑯蹈瑕:利用过失。候间:等待时机。

⑰行阵:行伍。旧指军队。

⑱吴王赐为刘氏祭酒:指吴王刘濞在刘氏皇族中辈分最高,年纪最大。祭酒,古代飨宴时酹酒祭神的长者。后亦以泛称年长或位尊者。

⑲几杖:坐几和手杖。皆老者所用,古代常用为敬老之物。

⑳四郡:指吴国所辖的东阳、鄣、吴、会稽四郡。

㉑破于大梁:韩兆琦《史记笺证》:"此'大梁'指当时的梁国都城睢阳(今河南商丘南),而非通常所称的今河南开封市。据《吴王濞列传》,吴军攻下梁国的棘壁后,遂包围梁都睢阳,梁孝王誓死抵抗,使吴军消耗甚大,故曰'破'。"

㉒败于狐父:韩兆琦《史记笺证》:"当吴楚军攻梁都睢阳时,周亚夫军先坚壁于昌邑(今山东钜野南)。后移军南下,破吴楚军于下邑(今安徽砀山东),即伍被之所谓'败于狐父'。"狐父,又作"狐父城",在今安徽砀山南。

㉓丹徒：县名。今江苏镇江东。

㉔微子过故国而悲，于是作《麦秀》之歌：据《史记·宋微子世家》，作《麦秀》之歌的并非微子，而是纣王叔叔箕子："其后箕子朝周，过故殷虚，感宫室毁坏，生禾黍，箕子伤之，欲哭则不可，欲泣为其近妇人，乃作《麦秀》之诗以歌咏之。其诗曰：'麦秀渐渐兮，禾黍油油。彼狡僮兮，不与我好兮！'所谓狡童者，纣也。殷民闻之，皆为流涕。"

㉕不用：不听从，不采纳。

㉖纣贵为天子，死曾不若匹夫：今本《孟子》无此二句。

【译文】

淮南王刘安对其父淮南厉王刘长之死心怀怨恨，厉王刘长，是淮南王刘安的父亲。刘长谋反，被关进囚车中放逐蜀地，到达雍县时绝食而死。文帝怜悯刘长，分封他的三个儿子，以刘安为淮南王。阴谋反叛朝廷，只是没有找到机会。等封地被削之后，刘安便更加积极地准备谋反，与左吴等人日夜对着地图策划，部署进军的路线。刘安召伍被参与谋划，伍被说："皇上刚刚宽赦了您，您怎么能又说出这种亡国之言呢？我听说，当年伍子胥劝谏吴王夫差，吴王不听从。伍子胥说：'我如今已经看到麋鹿在姑苏台上出没了。'我今天仿佛也看见您的宫中长满荆棘，露水沾湿衣服了。我听说，听力好的人，能在无声处听到声响；眼力好的人，能看到尚未成形的事物；所以圣人做事总是万无一失。从前周文王一行动，功名显扬于当世，周朝被列为'三代'之一，这就是所谓的顺应天意行动的结果，所以四海之内，人们不约而同地追随他，这是千年之前有目共睹的事情。而百年之前的秦朝，近代的吴、楚七国，也都足以说明国家兴衰存亡的道理。我不敢躲避像伍子胥那样被杀的下场，希望大王不要像吴王那样不听劝谏。当初，秦朝断绝圣人之道，坑杀儒生，焚烧《诗》《书》，抛弃礼仪，崇尚欺诈暴力，任用刑罚，将沿海地区的粮食千里迢迢转运至西河。在那个时候，男子拼命耕种，却连糟糠也吃不饱，女子拼命纺织，却衣不蔽体。秦始皇派蒙恬修筑长城，东西长达数千里，暴露于荒野中的军队常常有数十万，死者不可胜数，尸横千里，血流遍野。百姓精疲力竭，所以十家之中就有五家想要造反。又派徐福到海上寻求神异之物，以及延年益寿的仙药。徐福回来后，编造谎言说：'我见到了海中的大神，让我们送上良家出生的童男童女振，指童男女。以及各种工匠，就可以得到仙药。'秦始皇非常高兴，派三千童男童女，以及五谷种子、各类工匠随徐福一同前往。徐福在海外找到了一片平原大泽，留在那里称王，不再回来了。于是百姓悲痛思念亲人，十家之中有六家想要造反了。又派尉他翻越五岭进攻百越。尉他知道中原已经疲敝到了极点，于是留在南越称王，不再回来。尉他派人上书，要求秦朝派遣三万名没有夫家的女子，为士卒缝补衣服。秦始皇答应派给他一万五千人。于是百姓人心离散如同土崩瓦解，十家之中有七家想要造反。有人对高皇帝说：'时机到了。'高皇帝回答说：'还得等等。圣人将从东南方兴起。'不到一年，陈胜、吴广起义。高皇帝在丰、沛振臂一呼，天下不约而同响应的人不可胜数。这就是所谓的利用过失、等待时机，趁着秦朝将要灭亡的时势而行动。百姓拥护，就如同大旱时渴盼雨水，所以高皇帝从军队中崛起，最终成为天子，功业超过三王，圣德流传万世。如今，大王您只看到高皇帝取得天下很容易，怎么不看看近世吴、楚等国的下场？天子赐封吴王刘濞为刘氏宗族的祭酒，赐予坐几和手杖，允许他不用进京朝拜。吴王统治着四郡的民众，封地方圆数千里，在国内熔铜铸钱，又在东海煮海为盐，沿江而上，获取江陵的木材以建造船只。吴国国家富裕，人口众多，于是举兵西进反叛汉朝，却在大梁被击破，在狐父被再次击败，刘濞奔走东逃，逃到丹徒时，被越人擒获，最后身死国灭，被天下人耻笑。吴、楚拥有这么多军队，最终却不能成功，这是什么原因？正是因为他们悖逆天道，不识时务。如今大王您的兵力不足吴、楚的十分之一，天下的安宁稳定又万倍于秦朝之时，希望大王您能听从我的意见。如果不听我的意见，我估计您的计划必定失败，而且消息还会事先泄露。我听说，微子路过殷商故都时心中悲伤，于是作了《麦秀》之歌，对商纣王不听从王子比干的劝谏深感痛惜。所以孟子说：'商纣王虽然贵为天子，但死的时候连普通人都不如。'这是因为商纣王自绝于天下百姓已经很久了，并不是死的时候天下人才抛弃他。如今我也私下感到悲伤，因为您抛弃千乘之君的尊贵地位图谋造反，有朝一日必然收到朝廷赐死的诏书，先于群臣死于东宫。"东宫，指淮南王刘安当时所居之宫。于是刘安怨气郁结于胸，泪水盈眶而出，即刻起身，快步离去。

后复问伍被曰："汉廷，治？乱？"被曰："窃睹朝廷之政，君臣之义，父子之亲，夫妇之别，长幼之序，皆得其理。上之举措遵古之道，风俗纲纪未有所缺。南越宾服，羌、僰入献[①]，东瓯入降[②]，广长杨[③]，塞名。开朔方[④]，匈奴折翅伤翼，失援不振。虽不及古太平之时，然犹为治也。王欲举事，臣见其将有祸而无福也。"王怒，被谢死罪。王曰："陈胜、吴广无立锥之地，千人之众起于大泽，奋臂大呼而天下响应，西至于戏许宜反。而兵百万[⑤]。今吾国虽小，然而胜兵者可得十余万[⑥]，非直適戍之众[⑦]，钒凿棘矜也[⑧]。大镰谓之钒，五哀反。或是钺。矜，音其巾反。公何以言有祸无福？"被曰："秦无道，残贼天下。兴万乘之驾[⑨]，作阿房音旁。之宫，收太半之赋，发闾左之戍[⑩]，父不宁子，兄不便弟，政苛刑峻，天下敖然若燋[⑪]。民皆引领而望，倾耳而听，悲号仰天，扣心而怨上[⑫]，故陈胜一呼，天下响应。当今陛下临制天下，一齐海内，泛爱蒸庶[⑬]，布德施惠。口虽未言，声疾雷霆；令虽未出，化驰如神[⑭]；心有所怀，威动万里；下之应上，犹影响也[⑮]。而大将军材能不特章邯、杨熊也[⑯]。大王以陈胜、吴广谕之，被以为过。”王曰：“苟如公言，不可徼幸耶[17]？”被曰：“被有愚计。”王曰：“奈何？”被曰：“今朔方之郡，田地广，水草美，民徙者不足以实其地。可伪为丞相、御史请书[18]，徙郡国豪杰任侠及有耐罪以上[19]，轻罪不至于髡[20]，完其耏鬓，故曰“耏”。又曰：“律，为司寇[21]，为鬼薪、白粲[22]。耏犹任也[23]。”赦令除，家产五十万已上者，皆徙其家属朔方之郡，益发甲卒，急其会日。又伪为左右都司空、上林中都官诏狱[24]，逮诸侯太子、幸臣。宗正有左右都司空[25]，上林有水司空[26]，皆主囚徒官也。如此，则民怨，诸侯惧，即使辨武人名。随而说之，倘可徼幸十得一乎。”王曰：“此可也。”欲如伍被计。使人伪得罪而西，事大将军、丞相。一日发兵[27]，发淮南兵。使人即刺杀大将军青，而说丞相已下，如发蒙耳[28]。又欲令衣求盗衣[29]，持羽檄从东方来[30]，呼曰：“南越兵入！”欲因以发兵。未得发，会事泄，诛。武帝时[31]，赵人徐乐上书言世务曰[32]：“臣闻，天下之患，在于土崩，不在瓦解，古今一也。何谓土崩？秦之末世是也。陈涉无千乘之尊[33]，无疆土之地[34]，身非王公大人、名族之后，无乡曲之誉，非有孔、曾、墨子之贤，陶朱、猗顿之富也[35]，然起穷巷，奋棘矜，偏袒大呼[36]，而天下风从。此其故何也？由其民困而主不恤，下怨而上不知，俗乱而政不修。此三者，陈涉所以为资也，是谓之土崩。故曰：‘天下之患，在于土崩。’何谓瓦解？曰：‘吴、楚、齐、赵之兵是也。七国谋为大逆，号皆称万乘之君，带甲数十万。威足以严其境内，财足以劝其士民，然不能西攘尺寸之地，而身为擒于中原者，此其故何也？非权轻于匹夫而兵弱于陈涉也，当是之时，先帝之德泽未衰，而安土乐俗之民众，故诸侯无境外之助，此之谓瓦解。’由是观之，天下诚有土崩之势，虽有布衣穷处之士[37]，或首恶而危海内，陈涉是也。况三晋之君或存乎[38]！天下虽未有大治也[39]，诚能无土崩之势，虽有强国劲兵，不得旋踵而身已擒矣[40]，吴、楚、齐、赵是也。况群臣百姓能为乱乎哉？此二体者，安危明要也[41]，贤主之所宜留意而深察也。间者，关东五谷数不登，推数循治而观之[42]，则人且有不安其处者矣。不安故易动，易动者，土崩之邻也。愿修之庙堂之上，销未形之患也。”

【注释】

①羌：我国古代民族名。主要分布地相当于今甘肃、青海、四川一带。僰（bó）：古氐羌人的一部分。秦以前主要分布在今川南及滇东北，曾建立“僰国”或“僰侯国”。

②东瓯：亦称“瓯越”，越族的一支，相传为越王勾践后裔。秦汉时分布在今浙江南部瓯江、灵江流域一带。楚汉战争时，首领摇率兵助汉王刘邦灭项羽。汉惠帝三年（前192）封为东海王，都东瓯（今浙江温州），俗称“东瓯王”。汉武帝时，为闽越所攻，徙其族于江淮间。

③长杨：《史记·淮南衡山列传》作“长榆”。《汉书·伍被传》颜师古注：“长榆在朔方，即《卫青传》所云榆谿旧塞是也。”榆谿塞，亦名“榆林塞”，秦置，在今内蒙古河套北。

④朔方：郡名。西汉元朔二年（前127）置，治朔方（今内蒙古杭锦旗北）。

⑤戏：古邑名。在今陕西西安临潼区东北戏水西岸。

⑥胜兵者：指能充当兵士参加作战的人。

⑦適（zhé）戍：谓谪罚戍边。

⑧钒（qí）：大镰刀。凿：锤斧之类。棘矜：《汉书·徐乐传》颜师

古注:“棘,戟也。矜者,戟之把也。时秦销兵器,故但有戟之把耳。”戟柄,即木棍。棘,通“戟”。

⑨兴万乘之驾:极言调动兵车之多,指伐匈奴而言。

⑩闾左:居住于闾巷左侧的人民。一说秦时贫贱者居闾左,后因借指平民。《汉书·食货志》:“至于始皇,遂并天下,内兴功作,外攘夷狄,收泰半之赋,发闾左之戍。”颜师古注:“应劭曰:‘秦时以適发之,名適戍。先发吏有过及赘婿、贾人,后以尝有市籍者发,又后以大父母、父母尝有市籍者。戍者曹辈尽,复入闾,取其左发之,未及取右而秦亡。’师古曰:‘闾,里门也。言居在里门之左者,一切发之。此闾左之释,应最得之。’”

⑪敖然:受煎熬貌。敖,通“熬”。燋(jiāo):通“焦”,烧焦。

⑫扣心:捶胸。形容心情迫切或悲愤。

⑬蒸庶:民众,百姓。蒸,同“烝”,众,多。

⑭化驰:德化施行迅速。

⑮影响:影子和回声。多用以形容感应迅捷。

⑯大将军:指卫青。杨熊:秦朝将领。被刘邦击败,之后被秦二世问罪处死。

⑰徼幸:通“侥幸”,求取意外的幸运。

⑱请书:向上有所请求的文书。

⑲耐(nài):同“耏”,古代剃去鬓须的刑罚。

⑳髡(kūn):古代剃发之刑。

㉑司寇:汉代刑罚名。罚往边地戍守防敌。汉代为二岁刑。司,通“伺”。

㉒鬼薪:秦汉时的一种徒刑,因最初为宗庙采薪而得名。鬼薪从事官府杂役、手工业生产劳动以及其他各种重体力劳动等。白粲(càn):令罪人选精米以供祭祀。秦汉时的一种刑罚,施于高级官员命妇及其后裔中的女子犯罪者。鬼薪、白粲都是三年刑。

㉓耐犹任也：本句有脱漏。《史记·淮南衡山列传》裴骃《集解》："如淳曰：律'耐为司寇，耐为鬼薪、白粲'。耐犹任也。苏林曰：一岁为罚作，二岁刑已上为耐。耐，能任其罪。"耐，同"耏"。

㉔左右都司空：《汉书·伍被传》王先谦注："左右都司空者，左右司空及都司空也。《百官表》宗正属官都司空，无'左右'二字。少府乃有左右司空。"上林中都官：设在上林苑中，主管查办犯罪和管理犯人的官府。诏狱：《史记·淮南衡山列传》作"诏狱书"。诏狱，关押钦犯的牢狱。

㉕宗正：官名。掌管王室亲族的事务。

㉖水司空：指水司空长，西汉水衡都尉属官，主管上林诏狱囚徒。

㉗一日：一旦。

㉘发蒙：揭开蒙盖物。喻轻而易举。

㉙求盗：古代亭长手下掌逐捕盗贼的亭卒。

㉚羽檄：古代军事文书。插鸟羽以示紧急，必须迅速传递。

㉛武帝时：以下至"销未形之患也"，出自《史记·平津侯主父列传》。

㉜徐乐：右北平无终（今天津蓟州区）人。汉武帝时任郎中。

㉝千乘之尊：具有千辆兵车的诸侯。

㉞疆土之地：《史记·平津侯主父列传》作"尺土之地"，译文从之。

㉟陶朱：指范蠡。范蠡辅佐勾践灭吴后，功成身退，经商致富，号"陶朱公"。猗（yī）顿：战国时期的大盐商。事迹见《史记·货殖列传》。

㊱偏袒：脱去右袖，露出右臂。古时表示参加起事的标志。

㊲穷处：谓乡居不仕，隐居。

㊳三晋之君：指跟随陈胜起兵的韩、赵、魏三国的后裔，如魏咎、魏豹、韩成、赵歇等。

㊴大治：谓政治修明，局势安定。

㊵旋踵：掉转脚跟。比喻退却。

㊶明要：明显的关键。

㊷推数循治：《史记·平津侯主父列传》作“推数循理”。

【译文】

后来，刘安又问伍被：“现在朝廷的情况是治？还是乱？”伍被说：“我暗中观察朝廷的政治，君臣的礼义，父子的亲情，夫妇的分别，长幼的次序，都能做到符合义理。皇上的举措遵循着古代圣贤之道，风俗和法度都没有缺失。南越归顺朝廷，羌人、僰人入朝进贡，东瓯前来投降，领土拓展到了长榆塞，长榆，边塞名。开辟了朔方郡，匈奴人好比鸟儿折断了翅膀，失去援助一蹶不振。虽然还赶不上古代的太平盛世，但仍不失为治世。大王您想举兵起事，我认为只会带来灾祸，而不会有福报。”刘安大怒，伍被连忙谢罪。刘安说：“陈胜、吴广没有立锥之地，率领千余人在大泽乡起事，振臂大呼而天下响应，向西进军到戏，戏，音许宜反。已经有了百万大军。如今淮南国虽小，然而能充当士兵参加作战的人有十几万，不仅是谪罚戍边的乌合之众，武器也不仅是镰刀、斧头、木棍而已。大镰刀叫作“钔”，音五哀反。或者是斧钺一类的兵器。矜，音其巾反。您为什么说起兵只有灾祸没有福报？”伍被说：“秦朝暴虐无道，残害天下百姓。征调上万辆兵车出征，兴建阿房房，音旁。宫，征收百姓一半以上的收入作为赋税，征发平民戍边，使得父亲无法保全儿子，兄长无法照顾弟弟，政令严苛，刑罚峻急，天下百姓饱受煎熬，就像被烤焦了一样。百姓们都伸着脖子到处张望，侧着耳朵仔细倾听，仰天悲号，捶胸顿足地怨恨朝廷，所以陈胜振臂一呼，天下响应。当今皇上临朝治理天下，一统海内，博爱百姓，广施德政。他即使不开口说话，声音也会传播得比雷霆更迅速；即使不颁布政令，德化施行也会迅速得有如神助；心中有所思虑，声威就会震动到万里之外；百姓响应皇上的号召，就像影子和回声一样迅疾。而大将军卫青的才能，又不是秦将章邯、杨熊所能比得上的。大王您拿陈胜、吴广的事情来打比方，我认为是错误的。”刘安说：“即便如您所说，我们就不可能侥幸取胜吗？”伍被说：“我有个笨拙的主意。”刘安问："什么主意？"伍被说："如今的朔方郡，田野广阔，水草肥美，迁徙过去的百姓不足以充实这个地区。我们可以伪造丞相、御史大夫上呈皇帝的奏书，请求征调各个郡国的豪杰、游侠，以及被处以耏罪以上的囚徒，罪行轻微不至于受到髡刑，剃去其鬓发，所以叫作"耏"。另一种说法："按照律令：耏为司寇，耏为鬼薪、白粲。耏，就是任的意思。"赦免他们的罪过，以及家产在五十万钱以上的人，让他们举家迁徙到朔方郡，多派士兵押送，定下紧迫的出发期限。再伪造左右司空、都司空、上林中都官诏狱的逮捕令，声称要大肆逮捕各诸侯国的太子与宠臣。宗正下属有左右都司空，上林苑有水司空，都是主管囚徒事务的官。如此，则民怨四起，诸侯恐惧，再派辨武人名。前去游说他们造反，这样或许侥幸有十分之一的成功机会吧？"刘安说："这个主意很好。"准备按照伍被的计策行事。刘安派人假装获罪，向西逃到京城，事奉大将军卫青、丞相公孙弘。一旦发兵，发淮南国兵。便令其刺杀大将军卫青，并劝说丞相投降，就如同揭开蒙盖物一样轻而易举。又打算派人穿着求盗的衣服，拿着告急文书从东方赶来，大喊道："南越兵打来了！"借机发兵造反。还没来得及发兵，事情就泄露了，刘安等人被诛杀。汉武帝时，赵人徐乐上书谈论国事，说："我听说，天下的忧患在于土崩，而不在于瓦解，古往今来都是如此。什么叫作'土崩'？秦朝末年就是如此。陈胜没有诸侯的尊贵地位，没有尺寸封地，自身也不是王公大臣、名门贵族的后代，在家乡没有很好的声誉，没有孔子、曾参、墨子的贤能，也没有陶朱公、猗顿的富有，然而他兴起于贫穷的里巷，挥舞着木棍，偏袒右臂高呼，天下人闻风响应。这是什么原因？这是因为秦朝时百姓困苦而国君不知体恤，下民怨恨而上位者并不知情，风俗败坏而国家政务却不加整治。以上三者，是陈胜起兵的资本，这就叫作'土崩'。所以说：'天下的忧患，在于土崩。'什么叫作'瓦解'？即：'吴、楚、齐、赵等七国之乱就是如此。七国之君阴谋叛乱，他们都是拥有万乘兵车的大国君主，拥有数十万军队。他们的威严足以震慑其封国境内，财富足以激励其士人与民众，然而没能向西夺取尺寸之地，而自身却在中原战败被擒，这是什么原因？并不是他们的权势比普通百姓轻，兵力比陈胜弱，而是因为在那个时候，先帝的恩德还没有衰弱，而安居乐业的百姓为数众多,所以这些诸侯得不到封国之外力量的帮助,这就叫作‘瓦解’。就此看来,如果天下真有土崩之势,即便是普通百姓,也能够带头造反,危及海内,陈胜就是如此。何况还有三晋诸侯的后裔随之起兵呢!天下虽然还没有达到大治,但如果确实没有土崩之势,即使有强大的国家与军队反叛,还没来得及退却就会被擒获,吴、楚、齐、赵等七国就是如此。何况群臣百姓又怎么可能起来造反呢?这两种情况,是决定国家安危的关键所在,贤明的君主应当多加留意并认真考察。最近,关东地区粮食屡次歉收,从形势与情理来看,将会有不安于处境的民众出现了。不安于处境,就容易发生骚动,民众容易躁动,就是土崩之势的苗头。希望贤明的君主能在朝堂之上修明政治,将灾难消灭于萌芽状态。”

后汉灵帝以皇甫嵩为将军[①],讨破黄巾,威震天下,而朝政日乱,海内虚困,故信都令阎忠来说嵩曰[②]:“难得而易失者,时也;时至不旋踵者,机也。故圣人顺时以动,智者因机以发。今将军遭难得之运,蹈易骇之机[③],而践运不抚[④],临机不发,将何以保大名乎?”嵩曰:“何谓也?”忠曰:“天道无亲,百姓与能。今将军受钺于暮春[⑤],收功于末冬。兵动如神,谋不再计[⑥],摧强易于折枯,消坚甚于汤雪[⑦]。旬月之间[⑧],神兵电扫,封户刻石[⑨],南向以报德[⑩]。威名震本朝,风声驰海外,虽汤、武之举,未有高将军者也。今身建不赏之功,体兼高人之德,而北面庸主,何以求安乎?”嵩曰:“夙夜在公,心不忘忠,何故不安?”忠曰:“不然。议曰:记有之,亲母为其子治扢秃出血[⑪],见者以为爱子之至。使在于继母,则过者以为悷也[⑫]。事之情一矣,所以从观者异耳。当今政理衰缺,王室多故,将军处继母之位,挟震主之威,虽怀至忠,恐人心自变,窃为将军危之。且吾闻之,势得容奸,伯夷可疑;苟曰无猜,盗跖可信。今权兵百万，势得为非。握容奸之权，居可疑之地，虽竭忠信，其能谕乎？此田单解裘所以见忌也[13]。愿将军虑之。”阎生合将此类以破其志[14]，便引韩信喻之，实不解心、不忘忠之意。谈说之机，漏于此矣。昔韩信不忍一餐之遇[15]，而弃三分之业，利剑以揣其喉，方发悔毒之叹者，机失而谋乖也。今主上势弱于刘、项，将军权重于淮阴，指挥足以振风云[16]，叱咤可以兴雷电，赫然奋发，因危抵颓，崇恩以绥先附，振武以临后服。征冀方之士，动七州之众，羽檄先驰于前，大军响振于后，蹈流漳、河，饮马孟津，诛阉官之罪，除群怨之积，虽童儿可使奋拳以致力，女子可使褰裳以用命[17]，况厉熊罴之卒，因迅风之势哉！功业已就，天下已顺，然后请呼上帝，示以天命，混齐六合，南面称制，移宝器于将兴，推亡汉于已坠，实神机之至会、风发之良时也[18]。夫既朽之木不雕，衰世之朝难佐。若欲辅难佐之朝，雕朽败之木，是犹逆坂走丸[19]，迎流纵棹[20]，岂云易哉！且今宦竖群居，同恶如市[21]，上命不行，权归近习[22]。昏主之下，难以久居，不赏之功，谗人侧目[23]。如不早图，后悔无及。”嵩惧曰：“非常之谋不施于有常之势，创图大功，岂庸才所致？黄巾细孽，敌非秦、项，新结易散，难以济业。且民未忘主，天不祐逆。若虚造不冀之功，以速朝夕之祸[24]，孰与委忠本朝，守其臣节？虽云多谗，不过放废，犹有令名，死且不朽。反常之论，所不敢闻。”议曰：夫明暗不相为用，能否不相为使，智士不为勇将谋，勇夫不为怯将死，自古然矣。故《传》曰：“忠为令德[25]，非其人犹不可，况不令乎？”《军势》曰：“使义士不以财，故义者不为不仁者死，智者不为暗主谋。”所以伊挚去夏不为伤德[26],飞廉死纣不可谓贤[27]。今时昏道丧,九域焚如[28],而委忠危朝,宴安昏宠[29],忠不足以救世,死不足以成义,且为智者固若此乎?阎忠又合以此意说也。**忠知说不用,因亡去。**董卓擅朝政[30],征皇甫嵩。梁衍说令讨卓[31]。又陶谦等共推朱儁为太师[32],不使受李傕征。二人皆不从。范晔评曰:"皇甫嵩、朱儁并以上将之略[33],受脤仓卒之时[34]。值弱主蒙尘[35],犷贼放命[36],斯诚叶公投袂之机[37],翟义鞠旅之日[38],故梁衍献规,山东连盟。而舍格天下之大业,蹈匹妇之小谅[39],卒狼狈虎口,为智士笑。岂天之长斯乱也?何智勇之不终甚乎?"议曰:楚白公胜杀子西[40],劫惠王[41]。叶公闻白公为乱,率国人攻白公,白公败亡也。

【注释】

①后汉灵帝以皇甫嵩为将军:以下至"所不敢闻",出自《后汉书·皇甫嵩传》。

②信都:县名。今河北衡水冀州区。阎忠:汉阳(今甘肃甘谷东)人。东汉凉州名士。

③易骇之机:指容易丧失的时机。《三国志·魏书·贾诩传》裴松之注引《九州春秋》作"易解之机"。

④抚:顺应,依循。

⑤受钺(yuè):古代大将出征,接受天子所授的符节与斧钺,称为"受钺"。

⑥谋不再计:形容谋划周全,当机立断。再计,重新谋划。

⑦汤雪:谓用热水浇雪。比喻事情轻而易举。

⑧旬月:十天至一个月。指较短的时日。

⑨封户:《后汉书·皇甫嵩传》作"封尸",指收集敌人尸体,封土其上筑成高冢,以炫耀武功。又称"京观"。《后汉书·皇甫嵩传》:

“首获十余万人，筑京观于城南。”译文从之。刻石：指刻石记载功勋。《后汉书·窦宪传》：“（窦）宪、（耿）秉遂登燕然山，去塞三千余里，刻石勒功，纪汉威德。”

⑩南向以报德：《后汉书·皇甫嵩传》作“南向以报”，译文从之。

⑪亲母为其子治扢（gē）秃出血：以下至“所以从观者异耳”，出自《淮南子·齐俗训》。扢秃，突起的头疮。扢，通“疙”。

⑫悷（lì）：《淮南子·齐俗训》作“嫉”。

⑬田单解裘：《战国策·齐策六·燕攻齐齐破》：“（田单）过淄水，有老人涉淄而寒，出不能行，坐于沙中。田单见其寒，欲使后车分衣，无可以分者，单解裘而衣之。襄王恶之，曰：‘田单之施，将欲以取我国乎？不早图，恐后之。’”

⑭合：应该，应当。

⑮昔韩信不忍一餐之遇：以下至“机失而谋乖也”，《后汉书·皇甫嵩传》李贤注：“《前书》，项羽使武涉说韩信，信曰：‘汉王解衣衣我，推食食我，背之不祥。’又蒯通说信，令信背汉，参分天下，鼎足而立。信曰：‘汉王遇我厚，岂可背之哉？’后信谋反，为吕后所执，叹曰：‘吾不用蒯通计，为女子所诈，岂非天哉！’”

⑯指挥：以手或手持物挥动示意。

⑰褰（qiān）裳：撩起下裳。《诗经·郑风·褰裳》：“子惠思我，褰裳涉溱。”

⑱风发：奋发。

⑲逆坂走丸：逆着斜坡滚动弹丸。比喻事情难于办到。

⑳棹（zhào）：船桨。

㉑同恶如市：形容狼狈为奸。《左传·昭公十三年》：“同恶相求，如市贾焉。”

㉒近习：指君主宠爱亲信的人。

㉓侧目：斜目而视。形容愤恨。

㉔朝夕:犹言一朝一夕,形容短时间。

㉕忠为令德:以下至“况不令乎”,出自《左传·成公十年》。杜预注:“言申叔为忠,不得其人,还害身。”意谓忠诚本是美德,但效忠的对象不合适,反而会害了自身。

㉖伊挚(zhì):即伊尹。

㉗飞廉:商纣王的谀臣。《孟子·滕文公下》:“驱飞廉于海隅而戮之。”赵岐注:“飞廉,纣谀臣。”

㉘九域:九州。焚如:谓火焰炽盛。亦指火灾或战事。

㉙宴安:谓逸乐。昏宠:谓昏乱世道中居于贵宠之位。

㉚董卓擅朝政:以下至“二人皆不从”,抄撮自《后汉书·皇甫嵩传》。

㉛梁衍:东汉末年人。时任皇甫嵩长史。

㉜朱儁(jùn):字公伟,会稽上虞(今浙江绍兴上虞区)人。东汉末年名将,官至太尉、录尚书事。《后汉书·朱儁传》:“陶谦以儁名臣,数有战功,可委以大事,乃与诸豪桀共推儁为太师,因移檄牧伯,同讨李傕等,奉迎天子,……会李傕用太尉周忠、尚书贾诩策,征儁入朝。军吏皆惮入关,欲应陶谦等。儁曰:‘以君召臣,义不俟驾,况天子诏乎!’”

㉝皇甫嵩、朱儁并以上将之略:以下至“何智勇之不终甚乎”,出自《后汉书·皇甫嵩朱儁列传》“论曰”,有删节。

㉞受脤(shèn):古代出兵祭社,其名为“宜”。祭毕,以社肉颁赐众人,谓之“受脤”。《左传·闵公二年》:“帅师者,受命于庙,受脤于社。”杜预注:“脤,宜社之肉,盛以脤器也。”后称受命统军为“受脤”。仓卒(cù):同“仓猝”,仓促。指非常事变。

㉟蒙尘:古代多指帝王失位逃亡在外,蒙受风尘。

㊱犷(guǎng):野蛮。放命:逆命,违命。

㊲叶公:即沈诸梁,字子高,春秋时楚国人。受封于叶(今河南叶县西南),故称“叶公”。白公胜发动叛乱后,叶公率军平叛,白公兵

败自杀。投袂：甩袖。形容激动奋发。

㊳鞠（jū）旅：向军队发出出征号令，犹誓师。

㊴匹妇：《后汉书·皇甫嵩朱儁列传》作“匹夫”，译文从之。小谅：小事情上的诚信。

㊵子西：即公子申，春秋时楚国人，楚平王庶子。楚昭王、惠王时期担任令尹。

㊶惠王：指楚惠王，名章，春秋时期楚国君主，楚昭王之子。

【译文】

东汉时，灵帝任命皇甫嵩为将军，大破黄巾军，威震天下，然而此时朝政日益混乱，海内空虚贫乏，因此信都令阎忠前来劝皇甫嵩说：“难得到却容易失去的，是时势；到来后又转瞬即逝的，是时机。所以圣人顺应时势而行动，智者抓住时机而有所作为。如今将军您遇到了难得的时势，踏着容易丧失的时机，然而获得了时势却不把握，面对着良机却不行动，要靠什么来保全您的大名呢？”皇甫嵩说：“您这话是什么意思？”阎忠说：“天道无所偏私，百姓乐于拥戴有才能的人。如今将军您在暮春受命出征，到了冬末就大功告成。用兵如神，当机立断，摧垮强敌比折断枯枝还容易，攻取坚固的堡垒就像用热水融化冰雪一样简单。在很短的时间内，率军如闪电般清扫敌寇，将敌人的尸首筑成京观，刻石记录功勋，再往南向朝廷告捷。威名震动朝廷，名声传扬海外，即便是商汤与周武王的功绩，也没有超过将军您。如今您立下了难以奖赏的功勋，怀着高出常人的德行，却作为臣子事奉昏庸的君主，怎么可能求得平安呢？”皇甫嵩说：“我从早到晚为国事操劳，心里不忘记对朝廷的忠心，为什么会不平安呢？”阎忠说：“不是这样。评论道：《淮南子》中有这样的记载，亲生母亲为她的儿子治疗头疮，弄出了血，看到的人都认为这位母亲非常疼爱她的儿子。假如做这件事的是继母，那么经过的人就会认为这是出于嫉恨。事情的状况是一致的，但每个人观察的角度不同。如今朝政衰微混乱，王室多灾多难，将军您处于继母那样的位置，有着功高震主的威势，虽然怀着赤诚忠心，但恐怕他人对您的看法未必如此,我私下里认为您处境危险。况且我听说,如果掌握的权势足以为非作歹,那么连伯夷也会受到猜疑;如果处在没有嫌疑的位置,那么连盗跖也是可以信任的。如今您掌握着百万大军,权势足以犯上作乱。您掌握着足以作乱的大权,处于被人猜疑的境地,您即便竭尽忠诚,别人会相信吗?这就是为什么田单脱下皮毛大衣送给受冻的老人,却受到齐王猜忌的原因。希望将军您加以考虑。”阎忠应该用这一类说辞来打动皇甫嵩,然而他却援引了韩信的事例来劝说他,这实在是不理解皇甫嵩的内心,不明白他忠于汉室的心意。这就是阎忠游说关键,疏漏在这点上。当年韩信不忍心辜负刘邦一顿饭的恩惠,抛弃了三分天下的功业,直到利剑抵住咽喉,才发出悔恨的感叹,这是因为错失时机而策略不当。如今皇上的势力弱于刘邦、项羽,而将军您的权势重于韩信,挥手示意足以震动风云,高声叱咤足以引来雷电,如果您赫然奋起,趁着危乱的局势推翻即将倾颓的朝廷,广施恩德,以安抚那些先来归附的人,振奋军威,以征讨那些迟迟不肯服从的人。征调冀州的士卒,发动七州的民众,先发布檄文昭告天下,大军随后跟进,渡过漳水,兵临孟津,剪除宦官的罪恶,清除民众的积怨,如果这样做,即使是童子也可以让他们挥拳出力,即使是女子也可以让她们撩起下裳为您效命,何况是率领着如同熊罴一般勇猛的士卒,凭借着疾风一般迅猛的势头呢!大功告成之后,天下归顺,然后请示神灵,以天命昭告天下,一统天下,登基称帝,建立新的政权,推翻已然衰朽的汉朝,这实在是上天赐予的绝佳时机,是奋发有为的大好机会。已经腐朽的木头无法雕刻,已经衰败的国家难以辅佐。如果要辅佐难以辅佐的国家,雕刻腐朽的木头,就好比逆着斜坡滚动弹丸,逆着水流划船,谈何容易!况且,如今宦官小人彼此勾结,狼狈为奸,皇上的命令得不到执行,朝廷大权落入皇帝宠爱亲信的人手中。在昏庸君主的统治下,难以长久安居,您立下了难以奖赏的功勋,将引来谄佞小人的侧目而视。如果不早做打算,到时后悔就来不及了。”皇甫嵩害怕地说:“不同寻常的计谋,无法在正常时期施展;开创宏图的大功,哪里是庸人所能办到的?黄巾不过是小小的妖孽,不能和秦朝、项羽相提并论,他们聚集不久，容易溃散，难成就大事。况且百姓并未忘记皇上，上天也不会庇护叛逆之人。妄想成就难以实现的功业，以招来迅速降临的祸患，哪里比得上尽忠朝廷，守住臣子的节操呢？虽然招致众多谗言，不过放逐罢黜而已，我仍能保有美名，死后也能永垂不朽。违背常理的言论，我不敢听。”评论道：明智的人不会与愚昧的人合作，有才能的人不会与无能的人共事，智谋之士不会为只有匹夫之勇的将领出谋划策，勇敢的战士不会为怯懦的将领效命，自古以来都是如此。所以《左传》说：“忠诚本是美德，但如果效忠的对象不合适，反而会害了自己，更何况本人又不善呢？”《军势》说：“用钱财无法驱使忠义之士，所以义士不会为不讲仁义的人效命，智者不会为愚昧的君主出谋划策。”所以伊尹离开夏朝，并不违背道德；飞廉为商纣王而死，不能称之为贤良。如今时局昏乱，大道丧失，九州之内生灵涂炭，而效忠于即将倾危的朝廷，在昏乱之朝深得贵宠而晏然自得，忠诚不足以拯救世道，死亡也不足以成就道义，智者难道会这么做吗？阎忠又应该用这样的说辞劝说皇甫嵩。阎忠知道自己的意见不被采纳，就逃走了。董卓专擅朝政，征召皇甫嵩入朝。梁衍劝皇甫嵩起兵讨伐董卓。此后，陶谦等人共同推举朱儁为太师，劝他不要接受李傕的征召。皇甫嵩、朱儁二人都没有听从。范晔评论道：“皇甫嵩、朱儁都以上将的才略，受命于国家危难之际。时值年幼的君主蒙受风尘，凶恶的反贼犯上作乱，这正是效仿叶公甩袖而起平定叛乱，翟义誓师起兵讨伐王莽的好机会，所以梁衍献策规谏皇甫嵩，山东诸侯联合推举朱儁。而二人却舍弃匡正天下的大业，固守平民百姓的小信用，最终落入虎口，狼狈不堪，被智者耻笑。难道是上天要让混乱长久持续吗？为何二人的智慧与勇敢不能始终保持呢？”评论道：春秋时期，楚国白公胜杀害了令尹子西，劫持了楚惠王。叶公听说白公胜造反，便率领国人进攻白公胜，白公胜兵败自杀。

王莽时[①]，寇盗群发。莽遣将军廉丹伐山东[②]，丹辟冯衍为掾[③]，与俱至定陶。莽追诏丹曰：“将军受国重任，不能捐身中野，无以报恩塞责[④]。”丹惶恐，夜召衍以书示之。衍因说丹曰："衍闻之，顺而成者道之所大也，逆而功者权之所贵也。是故期于有成不问所由，论于大体不守小节。昔逢丑父伏轼而使其君取饮，称于诸侯[⑤]。郑祭仲立突而出忽，终得复位[⑥]，美于《春秋》[⑦]。盖以死易生，以存易亡[⑧]，君子之道也。诡于众意[⑨]，宁国存身，贤者之虑也。故《易》曰：'穷则变[⑩]，变则通，通则久。是以自天祐之，吉，无不利。'若夫知其不可而必为之，破军残众，无补于主，身死之日，负义于世，智者不为，勇者不行。且衍闻之，得时无怠。张良以五代相韩，椎秦始皇于博浪之中[⑪]，勇冠乎贲、育[⑫]，名高于太山。将军之先，为汉信臣[⑬]。新室之兴，英俊不附。今海内溃乱，民怀汉德，甚于诗人之思召公也，爱其甘棠[⑭]，而况子孙乎！民所歌舞，天必从之。方今为将军计，莫若屯据大郡，镇抚吏士，砥砺其节，百里之内，牛酒日赐，纳雄杰之士，询忠智之谋，要将来之心[⑮]，待纵横之变，兴社稷之利，除万人之害。则福禄流于无穷，功烈著于不灭。何为军覆于中原，身膏于草野，功败名丧，耻及先祖哉？圣人转祸而为福，智士因败而为功，愿将军深计，而无与俗同。"丹不能从。进及睢阳[⑯]，复说丹曰："盖闻明者见于未形，智者虑于未萌，况其昭晰者乎！凡患生于所忽，祸发于细微，败不可悔，时不可失。公孙鞅曰[⑰]：'有高人之行必负非于世，有独见之虑必见赘于民[⑱]。'故信庸庸之论，破金石之策[⑲]；袭当世之操，失高明之德。夫决者智之君也，疑者事之役也[⑳]。时不再来，公勿再计。"丹不听。进及无盐[㉑]，与赤眉战，死。

时汝南郅恽仰观玄象而谓友人曰[㉒]："今镇、岁、荧惑并在汉分翼、轸之域[23]，去而复来，汉必再受命。如有顺天发策者，必成大功。”以此说丹[24]，丹并不用其言也。衍乃亡命河东。议曰：昔蒯通说韩信，阎忠说皇甫嵩，冯衍说廉丹，此三人皆不从，甘就危亡，何也？对曰：“范晔曰：‘夫事苦则矜全之情薄[25]，生厚故安存之虑深。登高不惧者，胥靡之人也[26]；坐不垂堂者[27]，千金之子也。’由此观之，夫人情乐则思安，苦则图变，必然之势也。今三子或南面称孤，或位极将相，但图自安之术，无虑非常之功。不知势疑则衅生，力侔则乱起。势已疑矣，弗能辞势以去嫌；力已侔矣，弗能损力以招福。迟回犹豫，至于危亡。其祸在于矜全，反贻其败者也。语曰：‘心死则生，幸生则死[28]。’数公可谓幸生也。”

【注释】

①王莽时：以下至“衍乃亡命河东”，出自《后汉书·冯衍传》。

②廉丹：京兆杜陵（今陕西西安东南）人。王莽新朝大司马。山东：战国、秦汉时，称崤山以东为“山东”。

③冯衍：字敬通，京兆杜陵（今陕西西安东南）人。更始、东汉时期官员，著名辞赋家。

④塞责：尽责，补过。

⑤逄（páng）丑父伏轼（shì）而使其君取饮，称于诸侯：前589年，齐、晋之间爆发了鞌之战，齐军战败。晋国大夫韩厥即将追上齐顷公的战车，逄丑父便和齐顷公交换了位置，自己假扮齐君。被韩厥追上后，逄丑父假意让齐顷公下车打水，使其趁机逃脱。韩厥将逄丑父献给晋军主帅郤克，郤克认为其代君受难的精神可嘉，赦免了他。事见《左传·成公二年》。逄丑父，春秋时期齐国大夫，鞌之战时担任齐顷公车右。伏轼，俯身靠在车前的横木上。

⑥郑祭（zhài）仲立突而出忽，终得复位：郑庄公死后，祭仲立太子忽

为君，即郑昭公。但公子突为宋国雍氏女所生，因此宋国人抓住了祭仲，威胁他立公子突为君。祭仲与宋人订立盟约，回国后改立公子突为君，是为郑厉公。郑昭公出奔。四年后，祭仲又驱逐了郑厉公，迎郑昭公回国重新即位。事见《左传·桓公十一年》。祭仲，春秋时期郑国大夫，长期执掌郑国国政。突、忽，皆郑庄公之子。

⑦美于《春秋》：《公羊传·桓公十一年》肯定了祭仲的行为："祭仲者何？郑相也。何以不名？贤也。何贤乎祭仲？以为知权也。其为知权奈何？……宋人执之，谓之曰：'为我出忽而立突。'祭仲不从其言，则君必死，国必亡。从其言，则君可以生易死，国可以存易亡。少辽缓之，则突可故出，而忽可故反，是不可得则病。然后有郑国。古人之有权者，祭仲之权是也。权者何？权者反于经，然后有善者也。"

⑧以存易亡：《公羊传》认为，祭仲以暂时的妥协，避免了国家的灭亡（"国可以存易亡"）。

⑨诡：违背，相反。

⑩穷则变：以下至"无不利"，出自《周易·系辞下》。

⑪张良以五代相韩，椎秦始皇于博浪之中：《后汉书·冯衍传》李贤注："张良大父开地相韩昭侯、宣惠王、襄哀王，父平相釐王、悼惠王。五代相韩，谓良父及祖相韩之五王也。后秦灭韩，良家僮三百人，乃悉以家财求客刺秦王。得力士，为铁椎重百二十斤，击始皇于博浪沙中。"博浪，即博浪沙，地名。在今河南原阳东关。

⑫贲、育：战国时勇士孟贲和夏育的并称。

⑬信臣：忠诚可靠之臣。

⑭诗人之思召公也，爱其甘棠：《诗经·召南·甘棠》："蔽芾甘棠，勿翦勿伐，召伯所茇。"郑笺："召伯听男女之讼，不重烦劳百姓，止舍小棠之下而听断焉。国人被其德，说其化，思其人，敬其树。"

甘棠，木名。即棠梨。

⑮要（yāo）将来之心：指笼络招揽暂未归附之人。要，约请，邀请。将来，欲来，打算来。

⑯睢阳：县名。今河南商丘南，以在睢水之阳得名。

⑰公孙鞅：即商鞅。

⑱有高人之行必负非于世，有独见之虑必见赘于民：见于《史记·商君列传》。赘，厌恶。《后汉书·冯衍传》李贤注："赘，犹恶也。"

⑲金石：常用以比喻事物的坚固、刚强，心志的坚定、忠贞。

⑳疑者事之役：大意谓疑虑是坏事的原因。役，《后汉书·冯衍传》李贤注："役，犹贱也。"

㉑无盐：县名。治今山东东平东南。

㉒时汝南郅（zhì）恽仰观玄象而谓友人曰：以下至"必成大功"，出自《后汉书·郅恽传》。郅恽，字君章，汝南西平（今河南西平）人。东汉时期官员。精通《韩诗》《严氏春秋》，明天文历数。

㉓汉分翼、轸（zhěn）之域：《后汉书·郅恽传》李贤注："翼、轸者，南方鹑尾之宿，楚之分野。《演孔图》曰：'卯金刀，名为刘，中国东南出荆州。'故为汉分也。"

㉔以此说丹：据《后汉书·郅恽传》，郅恽游说的对象是左队大夫（即颍川太守）逯并，并非廉丹。

㉕夫事苦则矜全之情薄：以下至"千金之子也"，出自《后汉书·马融传》"论曰"。矜全，怜惜而予以保全。

㉖胥靡：古代服劳役的奴隶或刑徒。

㉗坐不垂堂：不坐在屋檐下，恐瓦堕伤身。形容自爱、谨慎。

㉘心死则生，幸生则死：出自《吴子·治兵》，原文作"必死则生，幸生则死"。

【译文】

王莽时，天下盗贼四起。王莽派将军廉丹讨伐山东地区的盗贼，廉丹征辟冯衍为掾属，与他一同来到定陶。王莽派人追上廉丹的部队，下达诏书说：“将军你接受国家的重任，如果不能在原野上为国捐躯，就无法报答君主的恩情，尽到自己的职责。”廉丹非常惶恐，连夜召见冯衍，把诏书拿给他看。冯衍趁机劝廉丹说：“我听说，顺应天理成就功业，是道义所推崇的；违逆正道取得成功，是权变之道所看重的。所以期待获得成功，就不要管取得成功的方式；讨论天下大事，就不要拘泥于小节。从前，逢丑父伏在车轼上，假意让他的君主前去打水，使其得以逃脱，在诸侯中获得了赞誉。郑国大夫祭仲受到宋国威胁，改立郑厉公而驱逐了郑昭公，却最终使郑昭公得以复位，受到了《春秋》的赞美。使君主以死易生，国家以存易亡，这是君子之道。违反众人的意志，使国家安宁，君主的性命得以保全，这是贤者的谋划。所以《周易》中说：‘穷极就会出现变化，变化就能畅通，畅通就能长久。所以上天庇佑，吉祥而无所不利。’如果知道行不通却强行去做，将导致损兵折将，对君主没有任何帮助，死去的时候，还落得一个愧对天下的骂名，这样的事情，智者和勇者都不会去做。况且我听说，得到了时机就不要懈怠。张良由于先祖曾先后辅佐五代韩王，于是在博浪沙用铁椎刺杀秦始皇，勇气超过孟贲、夏育，名声高过泰山。将军您的先祖，是汉室的忠臣。新朝建立后，英雄豪杰都不归附。如今海内大乱，民众怀念汉朝的德政，超过诗人对于召公的思念，百姓对于召公止息过的甘棠树都非常爱护，何况是他的子孙呢！百姓所歌颂的，上天必然庇佑。如今替将军您打算，不如屯兵驻守大郡，安抚将士，磨砺他们的节操，方圆百里之内，每天以牛肉美酒犒赏将士，招纳英雄豪杰，征询忠诚明智之士的计谋，笼络尚未归附之人，等待时势的变化，为国家兴利，为万民除害。那么您的福禄将永远流传，丰功伟绩将永不磨灭。您为何要让军队在原野中覆灭，用身体养肥草野，身败名裂，让先祖受辱呢？圣人能够转祸为福，智者能够转败为胜，希望将军您仔细考虑，不要和庸俗之人见解一致。”廉丹没有听从他的劝说。军队进发至睢阳时，冯衍再次劝廉丹说：“我听说，眼力好的人能看到尚未成形的事物，明智的人能考虑到尚未萌发的问题，何况眼下的局势已如此明显！凡祸患由疏忽所造成，从细微之处发展起来，等失败之后，再后悔也来不及了，时机一旦到来，就不可错失。商鞅说：'拥有高出一般人的操行，必然背负世人的非议；拥有独到的见解，必然引起常人的厌恶。'所以，如果相信平庸的论调，就会破坏果断坚定的策略；沿袭一般人的操守，就会失去高明的德行。决断是智慧的主宰，疑虑是坏事的根源。时机稍纵即逝，一旦错过就不会再来，请您不要再犹豫了。"廉丹不听。进军至无盐，与赤眉军作战，廉丹战死。当时，汝南人郅恽仰观天象，对友人说："如今土星、木星、火星都停留在与汉朝分野相对应的翼宿、轸宿的区域上，而且离开之后又回到了这片星区，这意味着汉朝必将再次接受天命。如果有人能顺应天道，率先起事，必定能成就大功。"郅恽用这些话劝说廉丹，廉丹也没有采纳他的建议。冯衍于是逃亡到河东郡。评论道：从前，蒯通劝说韩信，阎忠劝说皇甫嵩，冯衍劝说廉丹，这三人都没有听从劝谏，心甘情愿走向危亡，这是什么原因？回答说："范晔说：'生活困苦，保全自己的心思就淡薄；生活优厚，保存身家性命的考虑就多。登高而不害怕的，是那些从事苦役的奴隶；不坐在屋檐之下的，是富家子弟。'由此看来，人之常情，安乐时就想保持安定，困苦时就图谋改变，这是必然的趋势。如今这三个人或南面称王，或位极将相，都只想着如何保全眼下的安乐，不会去考虑建立不同寻常的功勋。他们不知道，如果拥有了受人猜忌的权势，灾祸就会产生；拥有了与君主相当的势力，祸乱就会兴起。已经处于嫌疑之地，却不能放弃权势来避免嫌疑；势力已经与君主相当，却不能自损势力以换取后福。徘徊犹豫，直到最终灭亡。他们灾祸的源头，就在于苟且偷安，最终导致了失败。俗话说：'抱着必死的决心，反而能求得生存；抱着侥幸偷生的心思，则必死无疑。'这三个人，正是怀着侥幸偷生的心思。"

来歙说隗嚣遣子入侍[①]，嚣将王元以为[②]，天下成败未可知，不愿专心内事，遂说嚣曰："昔更始西都，四方响应，天下喁喁[③]，谓之太平。一旦坏败，大王几无所措[④]。今南有子阳[⑤]，北有文伯[⑥]，江湖海岱，王公十数[⑦]，而欲牵儒生之说，弃万乘之基，羁旅危国[8]，以求万全。此循覆车之轨，计之不可者也。今天水完富，士马最强，北取西河、上郡，东收三辅之地，案秦旧迹，表里山河[9]。元请以一丸泥为大王东封函谷关[10]，此万代一时也。若计不及此，宜蓄糗粮[11]，养士马，据隘自守，旷日持久，以待四方之变。图王不成，其弊犹足以霸。要之，鱼不可脱于泉，神龙失势即还与蚯蚓同。"嚣然元计，虽已遣子入质，犹负于险厄，欲专制方面[12]，遂背汉。

贾复曰："图尧、舜之事而不能至者[13]，汤、武是也。图汤、武之事而不能至者，桓、文是也。图桓、文之事而不能至者，六国是也。定六国之规而欲安守之而不能至者，亡六国是也。"

【注释】

①来歙（xī）说隗（wěi）嚣遣子入侍：以下至"遂背汉"，出自《后汉书·隗嚣传》。来歙，字君叔，南阳新野（今河南新野）人。东汉名将。初依更始帝，后归附刘秀，任太中大夫。曾说服隗嚣归附东汉。隗嚣反叛后，来歙率军击败隗嚣，平定陇右。建武十一年（35），率军攻打公孙述，被公孙述派出的刺客刺杀。

②王元：字惠孟，长陵（今陕西咸阳东北）人。隗嚣部下，任大将军。

③喁喁（yóng）：仰望期待貌。

④措：安放，安置。

⑤子阳：指公孙述，字子阳。

⑥文伯：指卢芳，字君期，安定三水（今宁夏同心东北）人。王莽时期，卢芳假称自己是汉武帝曾孙刘文伯，于三水起兵。更始政权时，征为骑都尉，镇抚安定以西。更始败后，被三水豪杰拥为上将军、西平王，并被匈奴立为汉帝，占据五原、朔方等五郡。建武十二年（36）因众叛亲离，亡入匈奴。十六年（40）降汉，封代王。

后又叛亡，病死匈奴中。

⑦江湖海岱，王公十数：《后汉书·隗嚣传》李贤注："谓张步据齐，董宪起东海，李宪守舒，刘纡居垂惠，佼彊、周建、秦丰等各据州郡。"

⑧羁旅：寄居异乡。

⑨表里山河：《左传·僖公二十八年》："子犯曰：'战也。战而捷，必得诸侯。若其不捷，表里山河，必无害也。'"杜预注："晋国外河而内山。"后以谓有山河天险作为屏障。

⑩一丸泥：一颗泥丸。比喻以极少的力量守住险要的函谷关。

⑪糗（qiǔ）粮：干粮。

⑫方面：指一方的军政事务。

⑬图尧、舜之事而不能至者：以下至"亡六国是也"，出自《后汉书·贾复传》。

【译文】

来歙劝隗嚣派自己的儿子入朝事奉皇帝，隗嚣部将王元认为，天下谁胜谁败尚未可知，不愿一心归附朝廷，于是劝隗嚣说："从前，更始帝定都长安，四方响应，天下仰望期待，认为天下已经太平。然而更始政权一旦崩溃，大王您几乎无处安身。如今南有公孙述，北面有卢芳，在长江、大湖、海滨、泰山一带，拥兵割据自称王公的人有十几个，而您却想听从儒生的议论，抛弃帝王的基业，寄居于根基不稳的政权，以此求得万全之策。这一计策注定导致失败，绝不可行。如今天水郡完好富足，兵最强马最壮，往北攻取西河、上郡，往东收取三辅地区，占据秦国原有的疆域，以山河天险作为屏障。到时，请让我用一颗泥丸在东面为您封住函谷关，这是建立万代基业的大好时机。如果这一计划不能实现，也应该积蓄粮草，养兵喂马，占据险隘自保，长久相持，以等待天下形势的变化。即便没法成就王业，起码还可以称霸一方。总之，鱼不可以离开水，神龙失势，就和蚯蚓没有两样。"隗嚣赞同王元的计策，虽然已经派儿子入朝当了人质，但仍然凭借着险要的地势，想要割据一方，之后遂背叛了汉朝。贾复说：“想要实现尧、舜那样的功业，却最终没有达成的人，是商汤、周武王。想要实现商汤、周武王那样的功业，却最终没有达成的人，是齐桓公、晋文公。想要实现齐桓公、晋文公那样的功业，却最终没有达成的人，是战国时期山东六国的君主。想要像六国君主那样割据一方想安稳自保，一旦不能实现，就会像六国一样最终灭亡。”

魏太祖与吕布战于濮阳[①]，不利。袁绍使人说太祖连和，使太祖遣家居邺。太祖将许之。程昱见曰：“窃闻将军欲遣家居邺，与袁绍连和，诚有之乎？”太祖曰：“然。”昱曰：“意者[②]，将军殆临事而惧。不然，何虑之不深也？夫袁绍据燕、赵之地，有并天下之心，而智不能济也。将军自度，能为之下乎？将军以龙虎之威，可为韩、彭之事耶[③]？昱愚，不识大旨，以为将军之志不如田横。田横，齐一壮士耳，犹羞为高祖之臣。今将军欲遣家往邺，将北面而事袁绍。夫以将军之聪明神武，而反不羞为袁绍之下，窃为将军耻之。今兖州虽残，尚有三城，能战之士不下万人，若与文若、昱等收而用之[④]，霸王之业成也。愿将军更虑之。”太祖乃止。议曰：陈寿称：“先主弘毅宽厚[⑤]，知人待士盖有高祖之风，英雄之器也。机权干略不逮魏武，然折而不挠，终不为下者，抑揆彼之量必不容己，非唯竞利，且以避害。”语曰：“一栖不两雄，一泉无二蛟。”由此观之，若位同权均，必不容己，有自来矣。曹公欲遣家居邺，与袁绍连和，惑之甚也。

【注释】

①魏太祖与吕布战于濮阳：以下至“太祖乃止”，出自《三国志·魏书·程昱传》及裴松之注引《魏略》，有删节。濮阳，县名。治今属河南。

②意者：表示测度，大概，或许，恐怕。

③韩、彭：指韩信、彭越。

④文若：即荀彧，字文若。

⑤先主弘毅宽厚：以下至“且以避害”，出自《三国志·蜀书·先主传》“评曰”，有删节。

【译文】

曹操与吕布在濮阳交战，多次失利。袁绍派人劝说曹操与他联合，让曹操把家眷送到邺城居住。曹操打算同意。程昱去见曹操，说：“听说将军您打算把家眷送到邺城，与袁绍联合，确实有这件事吗？”曹操说：“是的。”程昱说：“我猜测，您大概是事到临头产生了恐惧。不然，怎么会考虑得如此浅薄呢？袁绍占据了燕、赵之地，有吞并天下的意图，然而他的智谋却不足以成事。将军您自己估量，能屈居袁绍之下吗？您以龙虎一般的威势，难道能像韩信、彭越一样屈膝事奉他人吗？我为人愚钝，不识大体，以为您的志向还不如田横。田横，不过是齐地的一位壮士，尚且羞于成为汉高祖的臣子。如今将军您打算把家眷送到邺城，向袁绍北面称臣而事奉他。以您的聪明神武，反而不把臣服于袁绍当作一种耻辱，我私下替您感到羞耻。如今兖州虽然残破，还有三座城池，能够作战的士兵不下万人，如果让荀彧与我收拾余部加以运用，仍然可以成就霸王之业。希望您重新考虑这件事。”曹操于是放弃了这个打算。评论道：陈寿说：“刘备为人刚强坚毅，待人宽厚，在了解和对待人才方面，有汉高祖的风范，有英雄的气度。刘备的机智权谋、才干谋略比不上曹操，然而百折不挠，始终不愿屈为人下的原因，或许是估计到对方的气量必定容不下自己，所以其目的不仅是争权夺利，而且也是为了躲避祸害。”俗话说：“一个巢穴没法容纳两只雄鸟，一处泉水没法容纳两条蛟龙。”由此看来，如果地位相同，权势均等，必然无法互相包容，向来都是如此。曹操想把家眷送到邺城居住，与袁绍联合，真是糊涂得厉害。

袁绍为盟主[①]，有骄色。陈留太守张邈正义责之。绍令曹操杀邈，操不听，邈心不自安。及操东击陶谦，令其将陈宫屯东郡，宫因说邈曰：“今天下分崩，雄杰并起。君拥十万之众，当四战之地[②]，抚剑顾眄[③]，亦足以为人豪，而反受制于人，不亦鄙乎！今州军东征，其处空虚，吕布壮士，善战无前。若迎之，共据兖州，观天下之形势，俟时事之变通，此亦纵横之一时也。”邈从之，而反曹公。议曰：曹公与邈甚相善，然邈包藏祸心者，迫于事也。故每览古今所由改趋[④]，因缘侵辱，或起瑕衅[⑤]。若韩信伤心于失楚[⑥]，彭宠积望于无异[⑦]，卢绾嫌畏于已隙[⑧]，英布忧迫于情漏[⑨]，此事之缘也。由此观之，夫叛臣逆子未必皆不忠也，或心忿意危，或威名振主，因成大业，自古然之矣。

【注释】

①袁绍为盟主：以下至“而反曹公”，出自《后汉书·吕布传》，有删节。

②四战之地：指四面受敌的战略要地。

③顾眄（miàn）：看，左顾右盼。

④故每览古今所由改趋（qù）：以下至“此事之缘也”，出自《文选·阮瑀〈为曹公作书与孙权〉》。改趋，改变了志趣。《文选》作“改趣”。趋，志向，意趣。

⑤瑕衅：嫌隙，隔阂。

⑥韩信伤心于失楚：《文选·阮瑀〈为曹公作书与孙权〉》李善注引《汉书》曰：“高祖徙信为楚王，后以为淮阴侯。信知汉畏其能，称疾不朝，由此日怨。”

⑦彭宠：字伯通，南阳宛（今河南南阳）人。更始帝时任渔阳太守。后投靠刘秀，助其击败王朗，平定河北，被封为建忠侯。因对待遇不满，又与幽州牧朱浮不和，遂起兵反叛。后被家奴杀死。《文选·阮瑀〈为曹公作书与孙权〉》李善注引《后汉书》曰："光武至蓟，彭宠上谒，自负功德，光武接之不能满，以此怀不平。"

⑧卢绾嫌畏于已隙：《文选·阮瑀〈为曹公作书与孙权〉》李善注引《汉书》曰："上立卢绾为燕王。初，上如邯郸击陈豨，燕王卢绾亦击其东北。豨使王黄求救于匈奴，绾亦使其臣张胜于匈奴。胜至胡，燕王臧荼子衍亡在胡，见胜曰：'公何不令燕且缓豨而与胡和？事宽，得长王燕。'胜以为然，乃令匈奴兵击燕。绾疑胜与胡反，上书请族胜。胜还报，具道所以为者，绾寤，乃诈论他人以脱胜家属，使得为匈奴间，而阴使范齐之豨所，欲令连兵无决。汉既斩豨，其裨将降，言燕王绾使范齐通谋豨所。上使使召绾，绾称病，于是上曰：'绾果反矣。'乃遣樊哙伐燕。"

⑨英布忧迫于情漏：《文选·阮瑀〈为曹公作书与孙权〉》李善注引《汉书》曰："黥布为淮南王。汉诛梁王彭越，盛其醢，以遍赐诸侯，至淮南王，王大恐，阴令人部聚兵，伺旁郡警急。贲赫为布中大夫，上变，言布谋反有端，可先未发诛也。淮南王疑其上言国阴事，汉使又来，颇有所验，遂族赫家，发兵反。"

【译文】

袁绍成为关东联军的盟主，有骄傲的神色。陈留太守张邈义正词严地责备他。袁绍命令曹操杀掉张邈，曹操不听，但张邈仍内心不安。曹操向东攻打陶谦时，命令部将陈宫屯守东郡，陈宫趁机劝张邈说："如今天下分崩离析，英雄并起。您拥兵十万，占据着四面受敌的战略要地，按剑顾盼，足以成为人中豪杰，现在反而受制于人，不也太卑贱了吗！如今州中军队随曹操东征，本地兵力空虚，吕布是壮士，英勇善战，所向无敌。如果迎接他共同占据兖州，观望天下的形势，等待时局的变化，这也正是纵横于天下的大好时机。”张邈听从了他的建议，背叛了曹操。评论道：曹操与张邈关系很好，然而张邈包藏祸心最终背叛，是由于形势所迫。所以每每观察古往今来人们之所以改变志趣的原因，或是因为受到了侵犯羞辱，或是由于产生了嫌隙隔阂。像韩信因丧失楚王之位而伤心，彭宠因得不到光武帝的殊遇而积怨，卢绾因嫌隙已生而疑惧，英布因隐情泄漏而忧心焦急，这就是事变发生的原因。由此看来，那些叛臣逆子未必一开始就不忠诚，或内心愤恨，感到危险，或功高震主，于是就想自己成就一番大业，自古以来都是如此。

锺会、邓艾既破蜀①，蜀主降。会搆艾②，艾槛车征。会阴怀异图，厚待蜀将姜维等。维见而知其心，谓可搆成扰乱，徐图克复也③，乃诡说之曰④：“闻君自淮南以来⑤，算无遗策，晋道克昌⑥，皆君为之。今复定蜀，威德震世，民高其功，而主畏其谋，欲以此安归乎？夫韩信不背汉于扰攘⑦，而见疑于既平。大夫种不从范蠡于五湖，卒伏剑而妄死⑧。岂暗主愚臣哉？利害使之然也。今君大功既立，大德已著，何不法陶朱泛舟绝迹，全功保身，登峨眉之岭⑨，而从赤松游乎？”会曰：“君言远，我不能行。且为今之道，或未尽于此也。”维曰：“其他则君智力之所能，无烦于老夫矣。”由是情好欢甚。会自称益州牧以叛，欲授维兵五万人，使为前驱。魏将士愤发，杀会及维。张华外镇⑩，当征为尚书令。冯紞疾之⑪，侍帝，从容论魏、晋故事，因曰：“臣尝谓锺会之反，颇由太祖⑫。”帝勃然曰：“何言耶！”紞曰：“臣以为，夫善御者必识六辔盈缩之势⑬，善治者必审官方控带之宜⑭，是故汉高八王以宠过夷灭⑮，光武诸将以抑损克终⑯。非上有仁暴之异，下有愚智之殊，盖抑扬与夺使之然。于锺会才见有限，而太祖奖诱太过⑰，嘉其谋猷，盛其名位，授以重势，故会自谓算无遗策，功在不赏，辀张利害[18]，遂搆凶逆耳。向令太祖录其小能，节以大礼，抑之以权势，纳之以轨度[19]，则逆心无由而生，乱事无阶而成也[20]。”世祖曰：“然。”纨稽首曰：“陛下既然愚臣之言，思坚冰之道[21]，无令如会之徒复致覆败。”世祖曰：“当今岂有如会者乎？”纨曰：“陛下谋谟之臣，总戎马之任者，皆在陛下圣思耳。”世祖默然，俄而征华免官也[22]。

【注释】

①锺会、邓艾既破蜀：以下至“杀会及维”，出自《三国志·蜀书·姜维传》及裴松之注引《汉晋春秋》。

②搆（gòu）：诬陷。

③徐：慢慢地。

④诡说：谎骗，假说。

⑤自淮南以来：指锺会辅佐司马昭平定诸葛诞叛乱。《三国志·魏书·锺会传》：“寿春之破，会谋居多，亲待日隆，时人谓之子房。”

⑥晋：指司马昭，当时为晋公。

⑦扰攘：混乱，骚乱。

⑧妄死：谓无意义的死。

⑨峨眉：山名。也写作“峨嵋”，在四川峨眉县西南，因山势逶迤，有山峰相对如蛾眉，故名。

⑩张华外镇：以下至“俄而征华免官也”，出自《晋书·张华传》，有删节。外镇，指张华此前由中书令出为都督幽州诸军事、领护乌桓校尉、安北将军。

⑪冯纨（dǎn）：字少胄，安平（今属河北）人。西晋初年大臣。受到晋武帝宠信。《晋书·冯纨传》：“初谋伐吴，纨与贾充、荀勖同共苦谏不可。吴平，纨内怀惭惧，疾张华如仇。”《晋书·张华传》：

“初，华毁征士冯恢于帝，统即恢之弟也，深有宠于帝。”

⑫太祖：指司马昭，庙号太祖。

⑬六辔：古一车四马，马各二辔，其两边骖马之内辔系于轼前，谓之“纳”，御者只执六辔。辔，缰绳。

⑭官方：设官府，立常官。

⑮汉高八王：指西汉初年分封的八位异姓诸侯王。《汉书·韩彭英卢吴传》：“赞曰：昔高祖定天下，功臣异姓而王者八国。张耳、吴芮、彭越、黥布、臧荼、卢绾与两韩信，皆徼一时之权变，以诈力成功，咸得裂土，南面称孤。见疑强大，怀不自安，事穷势迫，卒谋叛逆，终于灭亡。张耳以智全，至子亦失国。唯吴芮之起，不失正道，故能传号五世，以无嗣绝，庆流支庶，有以矣夫，著于甲令而称忠也。”

⑯光武诸将以抑损克终：据《后汉书·光武帝纪》，光武帝“退功臣而进文吏”，限制功臣权力。《后汉书·贾复传》李贤注引《东观汉记》：“上以天下既定，思念欲完功臣爵土，不令以吏职为过，故皆以列侯就第也。”《后汉书·马武传》：“帝虽制御功臣，而每能回容，宥其小失。远方贡珍甘，必先遍赐列侯，而太官无余。有功，辄增邑赏，不任以吏职，故皆保其福禄，终无诛谴者。”

⑰奖诱：勉励诱导。

⑱辀（zhōu）张利害：《晋书·张华传》作“辀张跋扈”，译文从之。辀张，强横，嚣张。

⑲轨度：规范法度。

⑳无阶：谓没有门径。

㉑坚冰：语出《周易·坤卦》：“初六，履霜坚冰至。《象》曰：履霜坚冰，阴始凝也；驯致其道，至坚冰也。”王弼注：“始于履霜，至于坚冰，所谓至柔而动也。刚阴之为道，本于卑弱而后积著者也。”比喻事态逐渐发展，将有严重后果。

㉒俄而征华免官：《晋书·张华传》："顷之，征华为太常。以太庙屋栋折，免官。遂终帝之世，以列侯朝见。"俄而，不久。

【译文】

锺会、邓艾攻破蜀国后，后主刘禅投降。锺会诬陷邓艾，邓艾被关进囚车押解进京。锺会暗中图谋造反，厚待蜀将姜维等人。姜维一看便洞察了锺会的内心，认为可以借机造成混乱，再慢慢图谋恢复蜀汉，于是假意劝锺会说："听说您自淮南平叛以来，谋划周密，从不失误，晋公之所以能成就功业，都是您的功劳。如今又平定了蜀地，威震天下，百姓称颂您的功绩，君主畏惧您的谋略，带着这么大的功劳和名声，您将何去何从？当年，韩信不肯在天下混乱时背叛汉王，却在天下平定后受到猜疑。大夫文种不肯跟随范蠡隐居五湖，最终无意义地自刎而死。难道是因为君主昏庸、大臣愚昧吗？是利害冲突导致了这种局面。如今您立下大功，德行彰显于天下，为何不效仿陶朱公范蠡泛舟隐居，以保全自己的功名与性命，登上峨眉之巅，跟随仙人赤松子云游呢？"锺会说："您说得太远了，我做不到。况且目前的状况，或许还不至于发展到那一步吧。"姜维说："其他事情，都是您的智慧、能力所能办到的，不烦我多说了。"于是锺会、姜维两人的交情愈发融洽。之后，锺会自称益州牧举兵造反，打算交给姜维五万人马，让他做先锋。魏国将士愤怒，杀了锺会与姜维。晋武帝时，张华出外镇守幽州，朝廷打算征调他回京担任尚书令。冯统痛恨张华，陪侍晋武帝时，从容不迫地谈起魏、晋时期的旧事，趁机说道："我曾经说过，锺会的反叛，是由太祖造成的。"晋武帝勃然变色，说："这是什么话！"冯统说："我认为，善于驾车的人，一定懂得缰绳收紧与放松的恰当时机；善于治理国家的人，一定懂得设立官职、控制下属的适宜方式；所以西汉初年的八位异姓诸侯王，由于荣宠太盛，最终被诛灭；东汉光武帝的各位将领，由于权力受到限制，最后得以善终。并不是君主有仁慈、残暴的区别，臣子有愚蠢、明智的差异，而是由于对臣子贬损与褒扬、赐予与剥夺的不同做法造成的。锺会的才能见识有限，而太祖对他的勉励劝诱太过，赞赏他的谋略，抬升他的名誉与地位，给予他重要的职权，所以锺会自认为算无遗策，功劳大得无法赏赐，嚣张跋扈，最终发动叛乱。如果当时太祖能够善用他的小小才能，以礼义节制他的行为，抑制他的权势，使他的行为符合规范法度，那么他的叛逆之心就不会萌发，叛乱之举也无法实现。”晋武帝说：“确实如此。”冯统叩头说：“陛下既然肯定我的意见，就应该思考坚冰之道，防微杜渐，不要让锺会这样的人再有机会颠覆社稷。”晋武帝说：“当今难道还有像锺会这样的人吗？”冯统说：“为陛下出谋划策的大臣，统领兵马的将领，陛下都应该加以考虑提防。”晋武帝沉默不语，不久便把张华召回京城，罢免了他的官。

晋怀帝时[①]，辽东太守庞本私憾东夷校尉李臻[②]，鲜卑索连、木津等为臻兴义[③]，实因而为乱，遂攻陷诸将[④]。大单于慕容廆之长子翰言于廆曰[⑤]：“臣闻，求诸侯莫如勤王，自古有为之君靡不杖此以成事业者也。今连、津跋扈，王师覆败，苍生屠鲙[⑥]，岂甚此乎？竖子外以庞本为名，内实幸而为寇。辽东倾没，垂已二周[⑦]，中原兵乱，州师屡败[⑧]，勤王杖义，今其时也。单于宜明九伐之威[⑨]，救倒悬之命[⑩]，数连、津之罪，合义兵以诛之。上则兴复辽邦，下则并吞二部。忠义彰于本朝，私利归于我国。此则吾鸿渐之始也[⑪]，终可以得志于诸侯。”廆善之，遂诫严讨连、津，斩之，立辽东郡。议曰：古人称：“始祸者死。”谓首乱先唱，被奸雄不逞之辈。外托义兵以除逆节，内包凶悖因兹而起，皆勤王助顺，用时取权，廆之谓矣。

【注释】

①晋怀帝时：以下至“立辽东郡”，出自《晋书·慕容廆载记》，有删节。

②辽东太守庞本私憾东夷校尉李臻（zhēn）：《晋书·慕容廆载记》作“辽东太守庞本以私憾杀东夷校尉李臻”，译文从之。辽东，郡

名。治襄平(今辽宁辽阳),辖境相当于今辽宁大凌河以东地区。因地处辽水以东,故名。私憾,私人间的仇怨。东夷校尉,武官名。三国魏置,主管东北及华北东北部地区的鲜卑慕容部、段部、宇文部和高句丽等少数民族事务。魏明帝时曾改成护东夷校尉,旋复旧。领兵,设府于襄平,西晋沿置。

③索连:《晋书·慕容廆载记》作"素连",译文从之。

④攻陷诸将:《晋书·慕容廆载记》作"攻陷诸县",译文从之。

⑤慕容廆(wěi):字弈洛环,昌黎棘城(今辽宁义县西南)人。鲜卑族领袖。晋怀帝永嘉初,自号鲜卑大单于。时中原大乱,廆修明刑政,招纳中原流亡士庶,重用汉人士子裴嶷等人,建立地方政权。东晋建立,慕容廆遣使上表臣服,授车骑将军、单于,封辽东郡公。翰:即慕容翰,字元邕,慕容廆庶长子,前燕宗室大臣、名将。为弟慕容皝所忌,出奔段辽,又奔宇文氏。后返国,为建威将军。后被人诬告谋反,赐死。

⑥屠鲙(kuài):犹宰割。鲙,同"脍",把鱼、肉切成薄片。

⑦垂:将近。二周:两年。

⑧州师:指州中的军队。辽东郡当时属于平州。

⑨九伐:古代指对九种罪恶的讨伐。《周礼·夏官·大司马》:"以九伐之法正邦国:冯弱犯寡则眚之,贼贤害民则伐之,暴内陵外则坛之,野荒民散则削之,负固不服则侵之,贼杀其亲则正之,放弑其君则残之,犯令陵政则杜之,外内乱、鸟兽行则灭之。"后泛指征伐。

⑩倒悬:指人头脚倒置地悬挂着。比喻处境极其困苦或危急。《孟子·公孙丑上》:"当今之时,万乘之国行仁政,民之悦之,犹解倒悬也。"

⑪鸿渐:《周易·渐卦》:"初六,鸿渐于干","六二,鸿渐于磐","九三,鸿渐于陆","六四,鸿渐于木","九五,鸿渐于陵"。谓鸿鹄飞翔从低到高,循序渐进。比喻事业逐渐腾飞昌盛。

【译文】

晋怀帝时，辽东太守庞本出于私仇杀害了东夷校尉李臻，鲜卑部素连、木津等人为李臻报仇，实际上借机作乱，于是攻陷了多个县城。鲜卑大单于慕容廆长子慕容翰对父亲说："我听说，要求得诸侯的拥护，最好的办法就是为天子效力，自古以来，想要有所作为的君主，无不借此成就一番事业。如今素连、木津嚣张跋扈，王室军队覆灭，百姓惨遭屠戮，难道还有比这更惨的状况吗？这些家伙对外以讨伐庞本为名，事实上趁机寇略。辽东郡倾覆已将近两年，中原兵荒马乱，州中军队屡屡败北，眼下正是尽力王事、主持正义的大好时机。您应该展示征讨叛逆的威势，拯救极端困苦的百姓，列举素连、木津的罪行，召集义兵诛灭叛贼。上可以振兴恢复辽东郡，下可以吞并素连、木津二部。忠义之名显扬于朝廷，暗中的好处则归于我国。这是我们腾飞昌盛的开始，最终可以称霸于诸侯。"慕容廆很赞同他的建议，于是严密戒备，讨伐素连、木津，斩杀了他们，重新建立了辽东郡。评论道：古人说："首先制造祸端的人，必定灭亡。"说的是那些带头作乱，为非作歹的奸雄之辈。他们对外假托义兵之名，声称要扫除叛逆，暗地里包藏祸心，想趁机起事，都是看似尽力王室，扶助正道，事实上抓住时机，扩大权势，说的就是慕容廆这样的人。

后秦秦王苻生杀害忠良[①]，秦人度于一时如过百日。权翼乃说东海王坚曰[②]："今主上昏虐，天下离心。有德者昌，无德受殃，天之道也。一旦有风尘之变，非君王而谁？神器业重，不可令他人取之。愿君王行汤、武之事，以从民心。"坚然之，引为谋主。遂废生，立坚为秦王。议曰：《传》云："圣达节，次守节，下失节[③]。"仲虺称[④]："惟天生人有欲[⑤]，无主乃乱，唯天生聪明时乂[⑥]。有夏昏德，人坠涂炭，惟王弗迩声色[⑦]，弗殖货利[⑧]。推亡固存[⑨]，邦乃其昌。殖有礼[⑩]，覆昏暴。钦崇天道[⑪]，永保天命。"许芝曰："《春秋传》云[12]：'周公何以不之鲁？盖以为虽有继体守文之君，不害圣人受命而王。'京房作《易传》曰：'王者主之[13]，恶者去之，弱者夺之。易姓改代，天命无常。人谋鬼谋，百姓与能[14]。'"由此观之，苻坚自立而废生，此圣人达节，以天下为度者也[15]。

【注释】

①后秦秦王苻生杀害忠良：以下至"立坚为秦王"，出自《晋书·苻坚载记》。后秦，当作"前秦"。苻生，字长生，略阳临渭（今甘肃秦安东南）人。氐族。十六国时期前秦君主，苻健之子。在位期间荒淫无道，滥杀无辜。后被苻坚发动政变推翻，降封越王，不久被杀。然据《洛阳伽蓝记》卷二隐士赵逸之言，苻生种种残忍好杀的事迹，很可能出自史家的诬陷捏造。

②权翼：字子良，十六国时略阳（今甘肃秦安东南）人。苻坚重要谋士。与丞相王猛并掌机密，历任吏部尚书、尚书右仆射。苻坚失败后，投奔后秦姚苌，任太常。东海王坚：即苻坚，当时为东海王。

③圣达节，次守节，下失节：出自《左传·成公十五年》。杨伯峻注："最高道德为能进能退，能上能下，而俱合于节义。次则不能积极对待，仅消极保守节义。下等者唯名利是图，无节义。"

④仲虺（huǐ）：商汤的左相。

⑤惟天生人有欲：以下至"永保天命"，出自《伪古文尚书·仲虺之诰》，有删节。生人，《仲虺之诰》作"生民"。

⑥时：通"是"。乂（yì）：治理。

⑦迩：近。声色：指淫声与女色。

⑧殖：积聚，聚敛。货利：货物财利。

⑨推亡固存：推翻行亡道之国，巩固行存道之邦。

⑩殖：树立，扶持。

⑪钦崇：崇敬。

⑫《春秋传》云：以下至“百姓与能”，出自《三国志·魏书·文帝纪》裴松之注引《献帝纪》。《春秋传》，《献帝纪》作“《春秋大传》”。

⑬王者主之：《三国志·魏书·文帝纪》裴松之注引《献帝纪》作“凡为王者”，译文从之。

⑭人谋鬼谋，百姓与能：出自《周易·系辞下》。王弼注：“人谋，况议于众以定失得也；鬼谋，况寄卜筮以考吉凶也。”

⑮度：计量长短的标准。

【译文】

前秦君主苻生杀害忠良，秦人度日如年。权翼于是劝东海王苻坚说：“如今皇上昏庸暴虐，天下离心离德。有德的人会昌盛，无德的人会遭殃，这是天道的规律。一旦时局发生动荡，国家不归于您，还能归于谁呢？国家基业至关重要，不可让别人得到。希望您能效仿商汤、周武王当年的举动，以顺应民心。”苻坚深以为然，请权翼做自己最主要的谋士。于是废黜了苻生，拥立苻坚为秦王。评论道：《左传》说：“圣人不拘常规而合于节义，其次者只能保守节义，最下者失去节义。”仲虺说：“上天诞生百姓，天生就有七情六欲，如果没有君主，就会陷入混乱，只有天生聪明的人，才能治理天下。夏桀混乱失德，使民众陷入水深火热之中，而您不近淫声女色，不聚敛货物财利。推翻行亡道之国，巩固行存道之邦，这样国家才能昌盛。扶持有礼的邦国，消灭昏乱暴虐的君主。崇敬天道，永保天命。”许芝说：“《春秋传》说：‘周公为什么不到他的封地鲁国去？大概是因为虽然有以嫡子身份继位、谨守先王法度的君主，不妨碍圣人接受天命取而代之。’京房作《易传》说：‘凡是称王统治天下的人，恶劣的就会被驱逐，庸弱的就会被取代。易姓改换朝代，天命不是永恒不变的。与众人商议以定得失，向鬼神问卜以定凶吉，百姓将拥戴有才能的人。’”就此看来，苻坚自立为王而废黜苻生，符合圣人不拘常规而合于节义的标准，将天下人的利益作为了衡量的标准。

宋孔熙先者[①]，广州刺史默之子也。有奸才，善占星气[②]。言江州分野出天子，上当见弑于骨肉[③]。及大将军彭城王义康幽于安城郡[④]，熙先谓为其人也，遂说王詹事范晔曰[⑤]："先君昔去广州，朝谤纷纭，藉大将军深相救解，得免艰危[⑥]。曩受遗命[⑦]，以死报德。今主上昏僻，殆天所弃。大将军英断聪敏，人神相属。失职南垂，天下愤怨。今人情骚动，星文舛错[⑧]，时至则不可拒，此之谓乎？若顺天人之心，收慕义之士，内连宠戚，外结英豪，潜图搆于表里[⑨]，疾雷奋于肘腋[⑩]，然后诛除异我，崇奉圣明，因人之望，以号令天下，谁敢不从！小人请以七尺之躯，三寸之舌，立功立事而归诸君子，丈人谓为何如[⑪]？"晔甚愕然。熙先重曰："昔毛玠竭节[⑫]，不容于魏武；张温毕议，见逐于孙权。彼二人者，国之信臣，时之俊乂，岂疵瑕暴露，言行玷缺，然后至于祸哉？皆以廉直劲正困于邪枉，高行妙节不得久容。丈人之于本朝，不深于二主；人间雅誉，有过于两臣。谗夫侧目，为日久矣，比肩竞逐[⑬]，庸可遂乎？近者殷铁一言而刘班碎首[⑭]，彭城斥逐[⑮]，徐童见疑[⑯]。彼岂父母之仇，万代之怨，寻戈拔棘[⑰]，自幼而然？所争不过荣名势利先后之间耳。及其末也，唯恐陷之不深，发之不早，戮及百口，犹曰不厌。是岂书籍远事？可为寒心悼栗者也！今建大勋，奉贤哲，图难于易，以安易危，比之泰山而去累卵[⑱]，何苦不就？且崇树圣明，至德也。身享卿相，大业也；授命幽居[⑲]，鸿名也；比迹伊、周[⑳]，美号也。若夫至德、大业、鸿名、美号，三王五霸所以覆军杀将而争之也，一朝包括，不亦可乎？又有过于此者，愚则未敢道。"晔曰："何谓？"熙先曰："丈人弈叶清华[㉑]，而不得连姻帝室，国家作禽兽相处，丈人曾未耻之。”晔门无内行[22]，故熙先以此为激。晔默然。自是情好遂密，阴谋搆矣。熙先专为谋主。事露，皆伏诛。裴子野曰：“夫有逸群之才[23]，必思冲天之举；据盖俗之量，则愤常均之下[24]。其能导之以道，将之以识[25]，作而不失于义，行而无犯于礼，殆难为乎？若晔等忸志而贪权[26]，矜才以徇逆，天方无衅，以欲干时[27]，及罪暴刑行，父子相哭，累叶风素[28]，一朝而殒。所谓智能翻为亡身之具，心逆而险，此之谓乎？”

【注释】

①宋孔熙先者：以下至“皆伏诛”，出处不详，疑出自裴子野《宋略》，类似记载见于《资治通鉴·宋纪六·元嘉二十二年》。

②星气：指占星望气之术。

③上：指宋文帝。

④彭城王义康：刘义康，小字车子，彭城（今江苏徐州）人。宋武帝刘裕第四子，刘宋宗室大臣。初封彭城王，宋文帝时征为侍中、司徒，后进位大将军，独掌朝权，势倾天下，行事常不顾君臣礼仪。为宋文帝所忌，出为江州刺史。后被告谋反，贬为庶人，数年后被逼自杀。安城郡：应作“安成郡”，三国吴宝鼎二年（267）分豫章、庐陵、长沙等郡置，治平都（今江西安福），辖境相当今江西新余以西的袁水流域和泸水、禾水流域。据《宋书·彭城王义康传》，刘义康此时在豫章郡，孔熙先、范晔谋反事发之后，才被幽禁于安成郡。

⑤王詹事：“王”字衍，据《宋书·范晔传》，范晔官职为太子詹事。

⑥“先君昔去广州”四句：《宋书·范晔传》：“初熙先父默之为广州刺史，以赃货得罪下廷尉，大将军彭城王义康保持之，故得免。”

先君,已故的父亲。

⑦曩(nǎng):以前。

⑧舛(chuǎn)错:错乱,不正常。

⑨潜图:暗中谋划。表里:内外。

⑩肘腋:胳膊肘与胳肢窝。比喻切近之地。

⑪丈人:对老人的尊称。

⑫毛玠:字孝先,陈留平丘(今河南封丘东南)人。东汉末年大臣。历任司空东曹掾、丞相右军师、魏国尚书仆射。曾与崔琰并典选举,举用清廉正直之士。后因不满曹操杀崔琰,以语涉怨谤免官,卒于家。

⑬比肩:并列。竞逐:竞争追逐。《资治通鉴·宋纪六·元嘉二十二年》胡三省注:"言与时贵比肩竞逐,荣利所在,众所共争,将不得遂其志也。"

⑭殷铁:即殷景仁,一名铁,陈郡长平(今河南西华东北)人。刘宋大臣。受宋文帝重用,官至尚书仆射、中书令。因与彭城王刘义康、领军将军刘湛不和,称病归家,但仍左右朝政。宋文帝诛刘湛后,复召为扬州刺史,不久后病卒。刘班:即刘湛,字弘仁,小字班虎,南阳涅阳(今河南邓州东北)人。刘宋大臣,官至领军将军。因与殷景仁不和,遂与刘义康等人结成朋党,专擅朝政。后为宋文帝所杀。

⑮彭城:指彭城王刘义康。

⑯徐童见疑:指刘湛被杀时,徐湛之曾一度被牵连。《宋书·徐湛之传》:"湛之为大将军彭城王义康所爱,与刘湛等颇相附协。及刘湛得罪,事连湛之,太祖大怒,将致大辟。湛之忧惧无计,以告公主。公主即日入宫,既见太祖,因号哭下床,不复施臣妾之礼。以锦囊盛高祖纳衣,掷地以示上曰:'汝家本贫贱,此是我母为汝父作此纳衣。今日有一顿饱食,便欲残害我儿子!'上亦号哭,湛之

由此得全也。”徐童，指徐湛之，字孝源，东海郯（今山东郯城北）人。徐逵之之子，母亲为宋武帝刘裕长女会稽公主刘兴弟。官至尚书仆射、领护军将军。

⑰寻戈拔棘：指动用刀兵。寻戈，语出《左传·昭公元年》：“昔高辛氏有二子，伯曰阏伯，季曰实沈，居于旷林，不相能也，日寻干戈，以相征讨。”杜预注：“寻，用也。”棘，戟。《左传·隐公十一年》：“郑伯将伐许，五月甲辰，授兵于大宫。公孙阏与颍考叔争车，颍考叔挟辀以走，子都拔棘以逐之。”

⑱之：往，至。

⑲授命：拼命，效命。幽居：指刘义康。

⑳比迹：齐步，并驾。谓彼此相当。

㉑弈（yì）叶：累世，世世代代。清华：谓门第或职位清高显贵。

㉒内行：平日家居的操行。

㉓夫有逸群之才：以下至“此之谓乎”，出处不详，疑出裴子野《宋略》，类似记载见于《资治通鉴·宋纪六·元嘉二十二年》。

㉔常均：指庸常之人。

㉕将之以识：《资治通鉴·宋纪六·元嘉二十二年》作“将之以礼”，译文从之。将，遵奉，秉承。

㉖忸（niǔ）：骄纵。

㉗干时：违反时势。

㉘风素：风采素养。

【译文】

刘宋时期的孔熙先，是广州刺史孔默之的儿子。有奸邪之才，擅长占星望气之术。他根据星象，认为江州之地会出现天子，宋文帝将被骨肉至亲杀害。等大将军彭城王刘义康被幽禁于安成郡，孔熙先认为他正是星象所预言的人，于是劝太子詹事范晔说：“我的父亲先前卸任广州刺史时，受到众多朝臣的诽谤，有赖大将军的尽力相救，才幸免于难。我父亲临死前留下遗命,要以死报答大将军的恩德。如今皇上昏庸邪僻,或许已经被上天所抛弃。大将军英明果断,聪睿敏捷,百姓与神灵都归心于他。如今却被贬职流放到南方边陲,天下人为之愤愤不平。如今人心骚动,星象错乱,时势到来后便不可抗拒,说的就是眼下的情形吧?如果顺应上天和百姓的心意,召集倾慕道义之士,在内联合得宠的贵戚,在外结交英豪,暗中谋划,里应外合,以迅雷不及掩耳之势在宫内发动政变,然后诛杀异己,拥立圣明的君主,顺应人民的愿望,以号令天下,有谁敢不听从!我请凭借自己的七尺之躯,三寸之舌,建立功业,并将功劳归于各位君子,您认为如何?"范晔听了非常吃惊。孔熙先又说道:"从前,毛玠尽忠,却不为曹操所容;张温竭力出谋划策,却被孙权驱逐。这两个人,都是国家的忠臣,一时的俊杰,难道是因为缺点暴露,言行有失,然后才遭遇灾祸的吗?他们都是因为廉洁刚正而被奸邪之人陷害,品节高尚而不为君主长久的包容。如今您与朝廷之间,并不比曹操与毛玠、孙权与张温的关系更深;而人们对于您的赞誉,却胜过毛玠与张温两位臣子。谗佞之人对您侧目而视,已经很久了,与这些人比肩追逐功名利禄,哪里能成功呢?最近,殷景仁一句话就让刘湛掉了脑袋,彭城王被放逐,徐湛之受到猜疑。他们之间难道有父母之仇,万代的宿怨,自幼便刀兵相向?他们所争夺的,不过是名利地位的高低先后而已。到了最后的时刻,他们唯恐陷害对方不够深,下手不够早,对方全家被屠戮,仍然觉得不满足。这难道是书中所记载的久远之事?想起来就令人寒心战栗!如今建立大功,拥立贤哲之君,化危难为平易,以安定取代危险,好比就泰山之安而去累卵之危,为什么不这样做呢?况且拥立圣明之君,是至高的德行。身居卿相之位,是崇高的功业;效命于幽居之人,是盛大的名声;与伊尹、周公相提并论,是美好的名号。至高的德行、崇高的功业、盛大的名声、美好的名号,三王、五霸不惜损兵折将也要争夺,而您一朝之内就能全部获得,这不是很值得去做吗?还有更超过这些的话,我还不敢和您说。"范晔说:"什么意思?"孔熙先说:"您世世代代清高显贵,却不能与帝室联姻，朝廷将您当作禽兽看待，您竟不以此为辱。”范晔平日居家不讲操守，所以孔熙先用这样的说辞刺激他。范晔沉默不语。自此之后，二人关系愈发亲密，开始阴谋叛乱。孔熙先是主谋。事情败露后，他们都被诛杀。裴子野说：“人有超群的才能，必定想有一飞冲天的举动；有超越世俗的胸怀，必定气愤屈居庸人之下。如果想引导他们遵守正道，秉承礼义，所作所为不失道义，言行举止不违礼法，恐怕很难吧？像范晔这样的人，心志骄纵而贪图权力，自矜才能而图谋造反，当时天下并无祸乱，他们却出于私欲违背时势，等到罪行暴露，父子在刑场上相对痛哭，累代相传的家风素养，一个早上就毁灭了。他们所谓的智慧才能，反而成了导致自身灭亡的原因，内心悖逆而阴险，说的就是范晔这样的人吧？”

周大将军郭荣奉使诣隋高祖[①]，高祖，杨坚，时为定州[②]。高祖谓荣曰：“吾雅尚山水，不好缨绂[③]，过藉时来[④]，遂叨名位[⑤]。愿以侯归第[⑥]，以保余年，何如？”荣对曰：“今主上无道[⑦]，人怀危惧。天命不常，能者代有。明公德高西伯，望极国华[⑧]，方据六合，以慰黎庶，反效童儿女子投坑落阱之言耶[⑨]？”高祖大惊曰：“无妄言，族矣！”及高祖作相，笑谓荣曰：“前言果中。”后竟代周室。议曰：昔武王至殷[⑩]，将战，纣之卒甚盛，武王惧曰：“夫天下以纣为大，以周为细；以纣为众，以周为寡；以周为弱，以纣为强；以周为危，以纣为安；以周为诸侯，以纣为天子。以此五短击彼五长，其可以济功成事乎？”太公曰：“王无恐且惧。所谓大者，尽得天下之人；所谓众者，尽得天下之众；所谓强者，尽用天下之力；所谓安者，能得天下之欲；所谓天子者，天下相爱如父如子，此之谓天子。今日之为天下除残去贼也，周虽细，曾残贼一人不当乎？”武王大喜，曰：“何谓残贼？”太公曰：“收天下珠玉美女金银彩帛，藏之不休，此谓残也；收暴虐之吏，杀无罪之人，非以法度，此谓贼也。”由此言之，苟为残贼之行，虽大，亡也。故知王者之势，不在众寡，有自来矣。

【注释】

①周大将军郭荣奉使诣隋高祖：以下至“后竟代周室”，出处不详，与《隋书·郭荣传》记载不同。郭荣，字长荣，自云太原（今属山西）人。北周、隋朝重要将领。屡立战功，官至右候卫大将军。

②定州：北魏天兴三年（400）改安州置，治卢奴（北齐改名“安喜”，今河北定州）。辖境相当于今河北满城以南，安国、饶阳等县以西，井陉、藁城、辛集等县市以北地区。杨坚曾任定州总管。

③缨绂（yīng fú）：冠带与印绶。亦借指官位。

④过藉（jiè）：借助。藉，同“借”。

⑤叨：犹忝，表示承受之意。常用作谦辞。名位：官职与品位，名誉与地位。

⑥以侯归第：指保全爵位告老还乡。当时杨坚为随国公。

⑦主上：杨坚任定州总管时，君主为北周武帝宇文邕。

⑧国华：国家的杰出人才。

⑨投坑落阱：指自投陷阱，自寻死路。

⑩昔武王至殷：以下至“此谓贼也”，见于《群书治要》卷三十一引《六韬·犬韬》。

【译文】

北周大将军郭荣奉命去见杨坚，隋高祖，即杨坚，时任定州总管。杨坚对郭荣说：“我平素爱好山水，不喜欢做官，不过借助时势，才有了今日的官职与地位。我希望能保持爵位告老还乡，安度晚年，您觉得怎么样？”郭荣回答说：“如今皇上昏庸无道，人人恐惧自危。天命常常变动，有能力的人取而代之。您的德行高于周文王，在国家精英中的声望最高，正当拥有天下，以抚慰黎民百姓，怎么能仿效小儿女，说出自投陷阱的话呢？”杨坚大惊失色，说：“不要胡言乱语，这是要灭族的！”等到杨坚成为北周的丞相，笑着对郭荣说：“您之前的话果然说中了。”后来，杨坚完全取代北周建立了隋朝。评论道：从前，周武王率军来到殷地，将要与商纣王交战，商纣王兵力强盛，周武王有些畏惧，说：“天下人都认为纣王国土广大，周国土狭小；认为纣王人口众多，周人口稀少；认为周兵力弱小，纣王兵力强大；认为周形势危险，纣王形势安全；认为周是诸侯，而纣王是天子。以这五个短处，攻击对方的五个长处，能够获得成功吗？”太公说：“大王您不要恐惧害怕。所谓‘大’，指的是能够完全得到天下人的拥护；所谓‘众’，指的是能够完全得到天下人的支持；所谓‘强’，指的是天下人全都愿意为之效力；所谓‘安’，指的是能够顺应天下人的愿望；所谓‘天子’，指的是与天下人相亲相爱如同父子一般，这才称得上是‘天子’。今日，我们是为了天下除去残贼之人，周虽然小，难道敌不过一个残贼之人吗？”周武王大喜，问道：“什么叫作‘残贼’？”太公说：“收罗天下的珠宝、美女、金银、彩色丝绸，搜刮无休无止，这就叫作‘残’；网罗凶狠残暴的官吏，杀害无辜之人，不遵守法度，这就叫作‘贼’。”由此看来，如果君主有着残贼的行径，即便强大，也迟早灭亡。由此可知，王者的权势，并不取决于人口与兵力的多寡，自古以来就是如此。

隋高祖崩[①]，葬于太陵[②]。初疾也，玺书征汉王谅[③]。谅时镇并州。谅闻高祖崩，流言杨素篡位，大惧，以为诈也。发兵自守，阴谋为乱，南袭蒲州[④]，取之。谅初反也，王頍说谅曰[⑤]：“王之将吏家属尽在关西，若用此等，即宜长驱深入，直据京师，所谓疾雷不及掩耳。若但欲割据旧齐之地，宜任东人。”谅不从其言，故败也。司兵参军裴文安说谅曰[⑥]：“兵以拙速，不闻巧迟[⑦]。今梓宫尚在仁寿[⑧]，比其征兵东进，动移旬朔[⑨]。若骁勇万骑卷甲宵行[⑩]，直指长安，不盈十日。不逞之徒擢授高位[⑪]，付以心膂[⑫]，共守京城，则以东府县非彼之有。然后大王鼓行而西[13]，声势一接，天下可指麾而定也。”谅不从，乃亲率大军屯于并、介之间[14]。上闻之[15]，大惧，召贺若弼议之。弼曰：“汉王，先帝之子，陛下之弟，居连率之重[16]，总方岳之任[17]，声名震响，为天下所服，其举事毕矣[18]。然而进取之策有三：长驱入关，直据京师，西拒六军[19]，东收山东，上策也。如是，则天下未可量。顿大军于蒲州，使五千骑闭潼关，复齐旧境，据而都之，中策也。如是，以力争。议曰：齐旧境，谓北齐时境土也，非今青州之齐也。若亲居太原，徒遣其将来，下策也。如是，成擒耳。”上曰：“公试为朕筹之，计将何出？”弼曰：“萧摩诃，亡国之将，不可与图大事。裴文安，少年虽贤，不被任用。余皆群小，顾恋妻孥[20]，苟求自安，不能远涉。必遣军来攻蒲州，亲居太原，为之窟穴。臣以为，必出下策。”果如弼所筹。乃以杨素为将，破之。议曰：初，汉王阴谋为乱[21]，声言讨素，司马皇甫诞谏曰[22]：“大隋据有天下二十余载，兆庶乂安[23]，难以摇动，一矣。万姓厌乱，人思安乐，虽舜、禹更生，其望未从，二矣。太子聪明神武，名应图谶[24]，素曾不得捧毂[25]，庸敢生心[26]，三矣。方今诸侯王列守州郡，表里相制，势不可举，四矣。以兹四固，镇临天下，得兴祸乱，未之前闻也。”汉王不从，故败。由此观之，天下无思乱之心，土崩之衅，虽有吴、楚之众[27]，犹不能成，而况于幺麽乎[28]？故先王貊其德音[29]，勤恤人隐者[30]，盖为是也。

【注释】

①隋高祖崩：以下至“乃亲率大军屯于并、介之间”，出处不详，与《隋书·杨谅传》记载不同。

②太陵：隋文帝杨坚与独孤皇后的合葬墓，位于陕西咸阳杨陵区五泉乡三畤原上。

③玺书：皇帝的诏书。汉王谅：即杨谅，字德章，一名杰，弘农华阴（今陕西华阴）人。杨坚第五子，隋炀帝杨广同母弟。隋朝建立后，封汉王，官至上柱国、左卫大将军、并州总管。杨坚死后，起兵造反，被杨素率兵击败，幽禁至死。

④蒲州：北周明帝二年（558）以泰州改置，治蒲坂（今山西永济西南）。辖境约当今山西永济、河津、临猗、闻喜、万荣等市县及运城西南部地区。

⑤王頍（kuǐ）：字景文，太原祁（今山西祁县）人。南梁名将王僧辩之子。隋文帝时，为国子博士，坐事发配岭南。数年后，复任汉王杨谅府谘议参军，参与谋反。兵败后自杀。

⑥司兵参军：亦作"司兵参军事"，隋开皇三年（583）改诸卫、太子诸率、诸王府、诸州兵曹参军事而置，掌军政。

⑦兵以拙速，不闻巧迟：出自《孙子兵法·作战》："兵闻拙速，未睹巧之久也。"历代注家解释不一。于鬯《香草续校书》曰："孙子之意，不过欲极言久之无巧，而非敢言速之无拙。盖久必拙，速必巧。然因过速而取败者亦有之矣，是拙速也，而卒无因过久而巧者。两相比较，究贵速不贵久，而岂有贵拙之意乎！"李零《兵以诈立——我读〈孙子〉》翻译为："军事上……只有老老实实的快，没有聪明机灵的慢。"译文从之。

⑧梓宫：皇帝、皇后的棺材。仁寿：指仁寿宫，隋开皇十三年（593）建，唐贞观五年（631）改为九成宫。故址在今陕西麟游境内。

⑨旬朔：十天或一个月。泛指不长的时间。

⑩卷甲：卷起铠甲。形容轻装疾进。宵行：夜间出行。

⑪不逞之徒：《左传·襄公十年》："初，子驷为田洫，司氏、堵氏、侯氏、子师氏皆丧田焉。故五族聚群不逞之人，因公子之徒以作

乱。”后指因不得志而故意为非作歹的人。擢授:提拔。

⑫心膂(lǚ):喻重要的部门或职任。

⑬鼓行:击鼓行军。引申为大张声势地前去。

⑭介:指介州,北周以南朔州改置,治隰城(今山西汾阳)。辖境相当于今山西汾阳、汾西、介休、孝义、离石等市县地区。隋大业初改为西河郡。

⑮上闻之:以下至“乃以杨素为将,破之”,出处不详,《隋书·贺若弼传》不载。

⑯连率:即连帅,古代十国诸侯之长。泛指地方高级长官。

⑰方岳:指州郡。

⑱毕:通“必”,一定。

⑲六军:天子所统领的军队。

⑳妻孥(nú):妻子儿女。

㉑初,汉王阴谋为乱:以下至“汉王不从,故败”,出处不详,与《隋书·皇甫诞传》记载不同。

㉒司马:当时皇甫诞为并州总管司马。皇甫诞:字玄宪,安定朝那(今甘肃灵台西北)人。北周、隋朝大臣。官至并州总管司马。杨谅谋反,他极力阻止,被杨谅杀害,追封弘义公。

㉓兆庶:众民,百姓。乂(yì)安:太平、安定。

㉔图谶(chèn):古代方士或儒生编造的关于帝王受命征验一类的书,多为隐语、预言。

㉕捧毂(gǔ):扶着车毂推车。比喻辅佐。

㉖庸:岂,哪里。

㉗吴、楚:指西汉初年发动七国之乱的吴、楚两国。

㉘幺麽(yāo mó):微不足道的人,小人。

㉙貊(mò)其德音:《诗经·大雅·皇矣》:“貊其德音,其德克明。”毛传:“貊,静也。”孔颖达《正义》:“言其政教清静也。”

㉚勤恤:忧悯,关怀。人隐:人民的痛苦。

【译文】

隋高祖杨坚去世,葬于太陵。当初,杨坚病重的时候,曾以诏书征召汉王杨谅进京。杨谅当时镇守并州。杨谅听说杨坚去世,又听到杨素将要篡位的流言,非常害怕,认为召自己进京一定有诈。于是发兵自卫,并阴谋造反,向南袭击蒲州,攻占了蒲州。杨谅开始谋反的时候,王頍劝他说:"大王您麾下将吏的家属都在关西,如果要用这些人,就应该立即长驱直入,直接占据京师,这就是所谓的迅雷不及掩耳之势。如果只打算割据以往北齐的地盘,就应该任用关东人。"杨谅不听他的话,因此失败。司兵参军裴文安劝杨谅说:"在军事上,只有老老实实的快,没有聪明机灵的慢。如今先帝的棺木还停放在仁寿宫,等朝廷征兵东进,还要十天到一个月的时间。如果派万名骁勇的骑兵,轻装连夜疾进,不需十天就可以直取长安。再提拔那些不得志的人,授予他们高官,让他们负责重要的部门,与他们共守京城,则京城以东的府、县就不归朝廷所有了。然后大王您大张旗鼓地率军西进,东西之间声势呼应,天下挥挥手就能平定。"杨谅没有听从,而是亲率大军屯驻于并州、介州之间。隋炀帝听说杨谅起兵,非常害怕,召贺若弼前来商议。贺若弼说:"汉王,是先帝之子,陛下您的弟弟,身居地方要职,担负州郡重任,声名震响,为天下所信服,所以他起事是必然的。然而,他进攻的策略不外以下三种:长驱入关,直接占据京师,向西抗拒朝廷的军队,向东攻取山东地区,这是上策。如果这样,那么天下的归属尚难预料。将大军屯驻于蒲州,派五千骑兵封锁潼关,占据北齐的旧有疆域,并于此建都,这是中策。如果这样,双方需要以力相争,才能分出胜负。评论道:齐旧境,指的是北齐时期的疆域,不是今天青州所在的齐地。如果他自己留守太原,只派手下的将领前来进攻,这是下策。如果这样,他一定会被我们擒获。"隋炀帝说:"您试着帮我分析一下,杨谅会采取哪一条计策?"贺若弼说:"萧摩诃是亡国之将,不能与他图谋大事。裴文安年纪太轻,虽然贤能却不被任用。杨谅手下其他人,都是一群小人,只顾恋妻子儿女，苟且偷安，不愿长途出征。杨谅一定会派兵攻打蒲州，自己留守太原，将其作为自己的巢穴。我认为，杨谅一定会采用下策。”后来，事情果然如贺若弼所预料的那样。于是隋炀帝任命杨素为大将，击败了杨谅的叛军。评论道：起初，汉王杨谅阴谋作乱，声称要讨伐杨素，司马皇甫诞劝谏道：“大隋取得天下已经二十多年了，黎民百姓安居乐业，难以动摇，此其一。百姓厌恶战乱，人们都想过安乐的日子，即使舜、禹复生，也无法改变百姓的想法，此其二。太子聪明神武，姓名上应图谶，杨素竟连辅佐他的资格都没有，哪里敢有非分之想，此其三。如今诸侯王各自镇守州郡，朝廷内外相互制约，这种形势下不可起兵，此其四。朝廷凭借这四方面的稳固形势，以镇守天下，在这样的形势下还能造反成功的，从来没有听说过。”汉王杨谅没有听从他的建议，所以最终失败。由此看来，如果天下没有到人心思乱，土崩瓦解的境地，造反者即便拥有吴、楚七国那么多兵力，仍然不可能成功，何况是杨谅这样微不足道的小人呢？所以先王清静政教，关怀民众的痛苦，就是出于这个原因。

隋炀帝亲御六军伐高丽[①]，礼部尚书楚国公杨玄感据黎阳反。李密说玄感曰[②]：“天子远征辽左[③]，地去幽州[④]，悬隔千里，南有巨海之限，北有胡戎之患，中间一道，理极艰危。今公权兵[⑤]，出其不意，长驱入蓟[⑥]，直扼其喉。前有高丽，退无归路，不过旬月，赍粮必尽。举麾一召[⑦]，其众自降，不战而克，计之上也。一本云：“今车驾在辽[⑧]，未闻斯举。分万余人电发捍临渝关[⑨]，绝其归路。不经一月，仓廪必竭。东拒大敌，西迫我师，进无所依，退无所据，百万之众，可使为鱼[⑩]。此不战而屈人，上策也。”关中四塞，天府之国，有卫文昇[⑪]，不足为意。今若率众西入长安，天子虽还，失其襟带[⑫]，据险临之，故当必克，万全之策，计之中也。一本云：“自上君临，天下胥怨[⑬]。明公上将之子[14]，恩被黎元，长驱入关，中策也。”若随近逐便，先向东都，顿兵坚城之下，胜负都未可知，此计之下也。”一本云：“樊子盖不达大体[15]，奸谋雄断，据全周之地[16]，恃甲兵之强，召之则不来，攻之则不陷。顿兵牢城之下，外无同力之师，攻洛阳，下策也。”玄感利洛阳宝货，曰：“公之下策，我之上计也。”遂围之。玄感失利，宵溃，王师追斩之。议曰：玄感之反也，太白入南斗[17]。谚曰：“太白入南斗，天子下殿走。”由是天下持两端。故《三略》曰：“放言过之[18]。”裴子野曰：“夫左道怪民[19]，幻挟罔诞，足以动众，而未足以济功。”今以谚观之，左道可以动众者，信矣。故王者禁焉。李密乃亡归翟让。议曰：太公称：“利天下者取天下[20]，安天下者有天下，爱天下者久天下，仁天下者化天下。”《吕氏春秋》曰：“庖人调和而不敢食[21]，故可以为庖人矣。若使庖人调和而食之，则不可为庖矣。霸王之君亦然，诛暴而不私，以封天下之贤者，故可以为霸王。若使霸王之君诛暴而私之，则亦不可以为霸王矣。”由是观之，夫与之为取，政之宝也。今玄感利洛阳宝货，安得霸王之事哉！

【注释】

①高丽：即高句丽，为存在于前1世纪至7世纪的中国古代边疆政权，地跨今中国东北地区与朝鲜半岛北部。

②李密说玄感曰：以下至“我之上计也”，见于《隋书·李密传》，有删节。

③辽左：辽东的别称。指辽河以东地区，今辽宁东部和南部。

④去：距离。幽州：汉武帝所置十三州刺史部之一，治蓟县（今天津蓟州区）。隋大业初改为涿郡，唐武德元年（618）复置，辖境相当于今北京市区及所辖通州、房山、大兴及天津武清，河北易县、永

清、安次等县。

⑤权兵:手握兵权。

⑥蓟(jì):县名。今天津蓟州区。

⑦麾(huī):古代用以指挥军队的旗帜。

⑧车驾:帝王所乘的车,用为帝王的代称。

⑨临渝关:又称"渝关""榆关",隋开皇三年(583)筑,即今河北秦皇岛东山海关。

⑩为鱼:《左传·昭公元年》:"微禹,吾其鱼乎。"言若无大禹治水,人们将淹没为鱼。后因用"为鱼"喻遭受灾殃。

⑪卫文昇:即卫玄,字文昇。

⑫襟带:谓山川屏障环绕,如襟似带。比喻险要的地理形势。

⑬胥怨:相怨。多指百姓对上的怨恨。胥,相互。

⑭上将:指杨素。杨玄感为杨素之子。

⑮樊子盖:字华宗,庐江(治今安徽庐江西南)人。北齐、北周、隋朝官员。当时任东都留守,驻守洛阳。

⑯全周之地:指洛阳。

⑰太白:即金星。南斗:星名。即斗宿,有星六颗。在北斗星以南,形似斗,故称。

⑱放言过之:出自《黄石公三略·上略》。《长短经·将体》"因势破之,放言过之",赵蕤自注:"放过恶言以诬诈敌人,以怒己众也。"

⑲夫左道怪民:以下至"而未足以济功",见于《建康实录·高祖武皇帝》。

⑳利天下者取天下:以下至"仁天下者化天下",见于《群书治要》卷三十一所引《六韬·龙韬》。

㉑庖人调和而不敢食:以下至"则亦不可以为霸王矣",出自《吕氏春秋·孟春纪·去私》。

【译文】

隋炀帝杨广亲率六军讨伐高丽，礼部尚书楚国公杨玄感占据黎阳谋反。李密劝杨玄感说："如今天子率军远征辽东，其地与幽州远隔千里，南面有大海的阻隔，北面有胡人的侵扰，南北之间只有一条通道，形势极其艰难危险。如今您手握兵权，如果出其不意，长驱直取蓟县，直接扼住朝廷大军的咽喉。前有高丽军队，退无归路，不过十天到一个月时间，官军所带粮草必然耗尽。到时您旗帜一挥，官军士卒自然投降，不战而胜，这是上策。另一种记载是："如今皇上在辽东，还不知道我们的举动。分派上万的军队迅速出发，占据临渝关，断绝官军的归路。不出一个月，粮草必定耗尽。官军东面要对抗高丽的大军，西面又受到我军的紧逼，前进没有依托，后退也没有可以据守的地方，朝廷百万大军，将遭受灾殃。这是不战而屈人之兵，乃是上策。"关中地区四面都有要塞，是天府之国，虽然有卫玄驻守，但不足为虑。现在，如果率军西入长安，天子即便还师，也失去了地利，我军凭借险要的地势，必定能击败官军，这是万全之策，是中策。另一种记载是："自从皇上登基，天下百姓怨声载道。您是上将的儿子，恩德施加于百姓，率军长驱入关，这是中策。"如果就近图方便，先攻打东都洛阳，大军屯驻于坚城之下，则胜负难以预料，这是下策。"另一种记载是："樊子盖不识大体，但奸诈多谋，敢于决断，占据着洛阳，倚仗着强大的守军，既不肯归顺，又难以攻陷。我军屯兵于坚城之下，在外又没有同心协力的援军，攻打洛阳，是下策。"杨玄感贪图洛阳的金银财宝，说："您所说的下策，正是我心目中的上策。"于是围攻洛阳。结果杨玄感失利，军队夜间溃散，官军乘胜追击，斩杀了杨玄感。评论道：杨玄感造反时，太白星进入斗宿。俗话说："太白入南斗，天子下殿走。"因此天下人都怀有二心。所以《黄石公三略》说："散布恶言，使敌人发生过失。"裴子野说："用旁门左道来迷惑民众，这些荒诞不经的言论，足以蛊惑人心，但不足以成就功业。"从前面提到的谚语来看，旁门左道可以蛊惑人心，的确如此。所以王者严加禁止。李密于是逃走，投奔翟让。评论道：太公说："为天下谋利者可以取得天下，安定天下者可以拥有天下，爱护天下者可以长久统治天下，施仁德于天下者可以感化天下。"《吕氏春秋》

说："厨师烹调食物而不敢私自食用，所以可以做厨师。如果厨师烹调食物却私自吃掉，那么这样的人就不能做厨师了。成就王霸之业的君主也是如此，诛杀残暴之君，却不占有他的土地，而是用来封赏天下的贤人，所以能够成就王霸之业。如果他们诛杀暴君，却把土地据为己有，那么也就不可能成就王霸之业了。"就此看来，给予正是为了获得，这是为政的法宝。如今，杨玄感贪图洛阳的金银财宝，怎么可能成就王霸大业呢！

隋炀帝初猜忌唐高祖[①]，知之，常怀危惧。唐公为太原留守[②]，炀帝自辽东还，征唐公诣行在所[③]。时遇患不瘳[④]，未得时谒。唐公外甥王氏充选后宫，炀帝问曰："汝舅来何迟？"甥以实对。帝曰："可得死否？"高祖知之，每怀危惧也。为太原留守，以讨击不利[⑤]，恐为炀帝所谴，甚忧之。时太宗从在军中，知隋将亡，潜图义举，以安天下，乃进白曰："大人何忧之甚也？当今主上无道，百姓愁怨，城门之外，皆以为贼。独守小节，必旦暮死亡[⑥]。若起义兵，实当人欲。且晋阳用武之地[⑦]，足食足兵，大人居之，此乃天授，正可因机转祸，以就功业。既天与不取，忧之何益？"高祖大惊，深拒之。太宗趋而出。明日，复进说曰："此为万全之策，以救族灭之事。今王纲弛紊[⑧]，盗贼遍天下。大人受命讨捕，其可尽乎？贼既不尽，自当获罪。且又世传李氏姓膺图箓[⑨]，李金才位望隆贵[⑩]，一朝族灭。大人既能平贼，即又功当不赏，以此求活，其可得乎？"高祖意少解，曰："我一夜思量，汝言大有道理。今日破家灭身亦由汝，化家为国亦由汝。"于是定计。乃命太宗与晋阳令刘文静及门下客长孙顺德、刘弘基等募兵[⑪]，旬日之间，众且一万。斩留守副王威、高君雅[⑫]，以其诡请高祖祈雨于晋祠[13],将为不利故也。用裴寂计,准伊尹放太甲、霍光废昌邑故事[14],尊炀帝为太上皇,立代王侑以安隋室。传檄诸郡,以彰义举。秋七月,以精甲三万西图关中。高祖杖白旗,誓众于太原之野[15],引师即路,遂亡隋族,造我区夏。晋阳令刘文静尝窃观太宗[16],谓裴寂曰:“非常人也。大度类于汉高,神武同于魏帝,年虽少,乃天纵也。”后文静为李密亲戚被禁[17],太宗阴有异志,入禁所看之。文静大喜,亦觉太宗有非常之意,因叹曰:“天下大乱,非有汤、武、高、光之才,不能定也。”太宗知其意,报曰:“卿安知无,但恐常人不能别耳。”文静起抃曰[18]:“久知郎君乃潜龙也[19]。今时事如此,正是腾跃之秋。素禀膺箓之资,仍怀拨乱之道,此乃生人有息肩之望[20],文静知攀附之所。”太宗喜曰:“计将安出?”文静对曰:“今李密长围洛邑,主上流播淮南[21],大贼连州郡、小盗阻山泽者以千万数,但须真主驱驾取之。诚能应天顺人,举旗大呼,则四海不足定也。今并州百姓避盗贼者皆入此城,文静为令数年,知其豪杰,一朝啸集,立地可数万人。尊公所领之兵复且数万,一言出口,谁敢不从?乘虚入关,号令天下,不盈半岁,帝业可成。”太宗笑曰:“卿言善合人意。”于是部署宾客,阴图起义。高祖乃命文静诈为炀帝敕[22],发太原、雁门、马邑数郡人二十已上五十已下悉为兵[23],以岁暮集涿郡[24]。由是人情大扰,思乱者益众。又令文静与裴寂诈作符敕,出宫监库物[25],以供留守资用。因募兵集众而起,改旗帜,以彰义举。又令文静连突厥[26],突厥始毕曰[27]:“唐公举义,欲何为也?”文静曰:“文皇帝废冢嫡,传位后主,因致斯祸乱。唐公,国之懿戚[28],不忍坐观成败,欲废不当立者。愿与可汗兵马同入京师,人众土地入唐公,财帛金宝入突厥。”始毕大悦,即遣兵随文静而至,兵威益盛矣。

【注释】

①隋炀帝初猜忌唐高祖：以下至“造我区夏”，出处不详，《册府元龟·帝王部·创业第三》所载略同。

②唐公为太原留守：以下至“每怀危惧也”，出处不详，《旧唐书·高祖纪》所载略同。唐公，指李渊。李渊袭封唐国公。留守，皇帝不在京都、陪都时所置负责军政之最高长官。隋朝陪都太原置，炀帝大业十三年（617）以李渊为之。

③行在所：指天子所在的地方。

④瘳（chōu）：疾病痊愈。

⑤讨击不利：指与突厥作战不利。《册府元龟·帝王部·创业第三》：“未几，突厥寇马邑，高祖遣高君雅拒之。君雅颇忧罪谴，高祖亦惧炀帝节度，隋师不捷。”

⑥旦暮：早晚。

⑦晋阳：县名。今山西太原。

⑧弛紊：松弛紊乱。

⑨膺（yīng）图箓：谓帝王承受符命。膺，受。箓，指上天赐予帝王的符命文书。

⑩李金才：即李浑，字金才，陇西成纪（今甘肃静宁西南）人。隋开国元勋李穆第十子。官至右骁卫大将军，袭爵郕国公。后因妻兄宇文述诬告，被隋炀帝灭族。

⑪刘文静：字肇仁，自云彭城（今江苏徐州）人。唐朝开国功臣。后因对李渊宠信裴寂不满，口出怨言，被处死。长孙顺德：洛阳（今属河南）人。鲜卑族。唐太宗长孙皇后族叔，唐朝开国功臣。刘弘基：雍州池阳（今陕西泾阳西北）人。唐朝开国功臣。

⑫王威：隋末官员，太原郡丞（一说为虎贲郎将）。高君雅：隋末官员，武牙郎将。二人当时任太原副留守。

⑬诡请高祖祈雨于晋祠：《旧唐书·高祖纪》：“威、君雅见兵大集，恐

高祖为变,相与疑惧,请高祖祈雨于晋祠,将为不利。”晋祠,周代晋国开国君主唐叔虞的祠庙,在今山西太原西南悬瓮山麓。

⑭太甲:名至,商汤之孙,太丁之子。因暴虐,不遵汤之法,被伊尹流放于桐宫(今河南偃师境)。伊尹摄政三年,他悔过自新,遂被迎归复位。

⑮誓众:誓师,告诫众人。

⑯晋阳令刘文静尝窃观太宗:以下至“以彰义举”,出处不详,《册府元龟·总录部·攀附第二》所载略同。

⑰文静为李密亲戚被禁:《旧唐书·刘文静传》:“后文静坐与李密连婚,炀帝令系于郡狱。”

⑱抃(biàn):鼓掌,拍手表示欢欣。

⑲潜龙:比喻圣人在下位,隐而未显。

⑳息肩:卸去负担,休息。

㉑流播:流离迁徙。淮南:当时隋炀帝杨广巡幸江都(今江苏扬州)。

㉒敕:诏书。

㉓太原:郡名。治晋阳(今山西太原),辖境相当于今阳曲、交城、平遥、和顺间的晋中地区。雁门:郡名。隋大业初改代州置,治雁门(今山西代县)。辖境相当于今山西代县、繁峙、原平、五台等县地。马邑:郡名。隋大业初改朔州置,治善阳(今山西朔州)。辖境约当今山西宁武及恒山以北,黑驼山、洪涛山、左云以东地区。

㉔涿郡:隋大业初改幽州置,治蓟县(今天津蓟州区)。辖境相当于今北京市及河北霸州和天津海河以北,蓟运河以西,河北赤城、涿鹿以东地区。

㉕宫:指晋阳宫。当时裴寂为晋阳宫副监。

㉖又令文静连突厥:以下至“兵威益盛矣”,出处不详,《旧唐书·刘文静传》所载略同。

㉗始毕:指东突厥始毕可汗,姓阿史那,名咄吉世(或咄吉),启民可

汗之子。

㉘懿戚：指皇亲国戚。

【译文】

隋炀帝开始猜忌李渊，李渊得知后，常常心怀忧惧。李渊担任太原留守，隋炀帝从辽东还师，召李渊前来觐见。当时，李渊患病未愈，没能及时觐见。李渊的外甥女王氏是隋炀帝的嫔妃，隋炀帝问她："你的舅舅为什么迟迟不来？"王氏据实回答。隋炀帝问："你的舅舅会病死吗？"李渊得知这件事后，常常心怀忧惧。李渊担任太原留守，因与突厥作战不利，害怕被隋炀帝责罚，非常担忧。当时李世民跟随军中，知道隋朝即将灭亡，暗中谋划起义，以安定天下，于是劝李渊说："您为什么如此忧虑呢？如今皇上昏庸无道，百姓愁苦怨恨，城门之外已经遍地盗贼。如果仍独自固守小节，必定早晚都有杀身之祸。如果我们发起义兵，正符合百姓的心愿。况且晋阳是用武之地，粮草兵源充足，您镇守于此，乃是上天的恩赐，正可以借机转祸为福，成就功业。如果不接受上天的赐予，忧虑又有什么用呢？"李渊大惊，严厉拒绝了李世民的建议。李世民快步退了出去。第二天，李世民又劝说李渊："这是万全之策，可以拯救我们族灭的危险。如今朝廷纲纪松弛紊乱，盗贼遍布天下。您接受诏命讨捕盗贼，难道抓得完吗？盗贼既然抓不完，自然就会获罪。况且，如今世间传闻李氏之姓上应图谶，李浑地位尊贵，声望甚隆，一个早晨就被灭族。您平定了盗贼之后，就会获得无法奖赏的功劳，想以此求得生存，怎么可能办得到呢？"李渊的态度缓和了一些，说："我思考了一个晚上，你的话很有道理。今日，家破人亡也听凭你，建立李家王朝也听凭你。"于是定下了计划。于是李渊命令李世民与晋阳令刘文静以及门客长孙顺德、刘弘基等人招募士兵，十来天内，就招募了将近一万人。斩杀了太原副留守王威、高君雅二人，因为他们假意请李渊到晋祠祈雨，准备对李渊不利。李渊采纳了裴寂的计策，效仿伊尹流放太甲、霍光废黜昌邑王刘贺的先例，尊隋炀帝为太上皇，拥立代王杨侑以安定隋朝王室。发布檄文到各个郡县，以宣告这一义举。当年七

月,李渊发动三万精兵攻打关中。李渊手持白旗,在太原郊外誓师,率领军队出征,遂灭亡了隋朝,缔造了大唐。晋阳令刘文静曾私下观察李世民,对裴寂说:"他不是一般人。宽宏大度类似汉高祖刘邦,英明神武类似魏武帝曹操,虽然年少,却是天纵奇才。"之后,刘文静因为与李密有姻亲关系被囚,李世民暗中有推翻隋朝的志向,到牢中看望刘文静。刘文静大喜,也察觉到了李世民非凡的抱负,于是感叹道:"如今天下大乱,如果没有商汤、周武王、汉高祖、汉光武帝那样的才能,就不能安定天下。"李世民知道他的用意,回答道:"您怎么知道没有这样的才能?只怕常人不能识别罢了。"刘文静起身鼓掌说道:"我早就知道公子您是一条潜龙。如今这样的时势,正是潜龙腾跃的大好时机。您一向有着上应天命的资质,怀有平定乱世的雄才伟略,如此一来,百姓便有了休养生息的希望,我也知道应该追随何人了。"李世民高兴地问:"您有什么计策?"刘文静回答说:"如今,李密长久围困洛阳,皇上流离于淮南,大股盗贼跨州连郡,小股盗贼啸聚山泽,人数多至千万,只需真命天子驾驭统领他们。如果能顺应天意民心,高举义旗高呼,那么四海之内很快就能平定。如今,躲避盗贼的并州百姓都进入了晋阳城,我担任晋阳令多年,熟悉他们中的豪杰之士,一旦把他们召集起来,立刻可以得到几万兵马。您父亲所领的兵马又有数万,号令一出,谁敢不服从?乘虚率军攻入关中,号令天下,不到半年,就可以成就帝业。"李世民笑着说:"您的计策甚合我意。"于是部署门客,暗中准备起义。李渊命令刘文静伪造隋炀帝的诏书,宣称将征发太原、雁门、马邑等数郡全部二十以上、五十以下的人为兵,年底时在涿郡集结。因此人心动荡,想要作乱的人越来越多。又命令刘文静与裴寂伪造符节诏书,取出晋阳宫仓库中的钱财物资,以供李渊起兵之用。于是以此招募士兵,更改旗帜,正式宣告起义。又命令刘文静联合突厥,突厥始毕可汗问道:"唐公起义,想要做什么呢?"刘文静说:"隋文帝废除嫡长子,把帝位传给杨广,因此招致祸乱。唐公,是皇亲国戚,不忍心坐视国家衰败,想要废黜那个不当立的皇帝。希望能与可汗您的兵马一同攻入京师,所获得的百姓、土地归唐公,金银布帛归突厥。"始毕可汗非常高兴,于是派兵跟随刘文静前来,义军的威势更盛大了。

由此观之，是知天下者非一人之天下也，天下之天下也。所以王者必通三统[①]，明天命所受者博，非独一姓也。昔孔子论《诗》，至于“殷士肤敏，灌将于京”[②]，喟然叹曰：“富贵无常。不如是，王公其何以诫慎？民萌其何以劝勉[③]？”《易》曰：“安不忘危，存不忘亡，是以身安而国家可保也[④]。”故知惧而思诫，乃有国之福者矣。

【注释】

①所以王者必通三统：以下至“是以身安而国家可保也”，出自《汉书·刘向传》。通三统，古人认为夏、商、周三代分别代表人统、地统、天统，代表着王朝的更替循环。《汉书·刘向传》颜师古注：“应劭曰：‘二王之后，与己为三统也。’孟康曰：‘天地人之始也。’张晏曰：‘一曰天统，为周十一月建子为正，天始施之端也。二曰地统，谓殷以十二月建丑为正，地始化之端也。三曰人统，谓夏以十三月建寅为正，人始成之端也。’师古曰：‘二家之说皆不备也。言王者象天地人之三统，故存三代也。’”

②殷士肤敏，灌将于京：出自《诗经·大雅·文王》。《汉书·刘向传》颜师古注：“殷士，殷之卿士也。肤，美也。敏，疾也。裸，灌鬯也。将，行也。京，周京也。言殷之臣有美德而敏疾，乃来助祭于周，行裸鬯之事，是天命无常，归于有德。”肤敏，优美敏捷。灌，指灌鬯，古代祭祀的一种仪式。把黑黍和郁金草酿成的香酒浇在地上，求神降临。京，镐京。

③民萌：即“民氓”，百姓。萌，通“氓”。

④安不忘危：以下至“是以身安而国家可保也”，出自《周易·系辞下》。

【译文】

由此看来，可知天下不是某一个人的天下，而是天下人的天下。所以王者必须通晓王朝更替的道理，明白天命所授予的人众多，并不是只有某一家。从前，孔子讲论《诗经》，讲到“殷商的臣子优美敏捷，来到镐京进行灌鬯”这一句时，感叹道：“富贵不是永恒不变的。如果不是这样，拿什么来告诫帝王公卿，劝勉黎民百姓呢？”《周易》说：“平安时不忘记危险，生存时不忘记灭亡，所以自身平安而国家得以保存。”所以知道有所畏惧并自我告诫，这是统治者的福气。

时宜第二十一

【题解】

所谓“时宜”，指必须顺应时势所宜。在本篇中，赵蕤转而从原理层面，讨论权变之道的成败关键。文中借荀悦之口指出，“立策决胜之术”的关键有三：一曰“形”，即天下的整体形势；二曰“势”，即当时的具体局势；三曰“情”，即当事者的心态意志。看似相同的事件，由于“形”“势”“情”三者的不同，往往有着截然不同的结果，所谓“事有趋同而势异者，非事诡也，时之变耳”。所以，有志于建功立业者，务必顺应时势，随机应变，不可固执一端。

夫事有趋同而势异者，非事诡也①，时之变耳。何以明其然耶？

【注释】

①诡：差异。

【译文】

有些事情发展的方向相同，而最终的态势却截然不同，这并不是事情本身有什么差异，而是因为时势发生了变化。怎么知道是这样的呢？

昔秦末[①]，陈涉起蕲兵至陈。陈豪杰说涉曰："将军披坚执锐，帅士卒以诛暴秦，复立楚社稷，功德宜为王。"陈涉问陈馀、张耳两人，两人对曰："将军瞋目张胆[②]，出万死不顾一生之计，为天下除残贼。今始至陈而王之，示天下以私。愿将军无王，急引兵而西，遣人立六国后，自为树党。如此，野无交兵，诛暴秦，据咸阳以令诸侯，则帝业成矣。今独王陈，恐天下解也[③]。"

【注释】

①昔秦末：以下至"恐天下解也"，出自《史记·张耳陈馀列传》，有删节。

②瞋（chēn）目张胆：形容有胆有识，敢作敢为。

③解：《史记·张耳陈馀列传》张守节《正义》："言天下诸侯见陈胜称王王陈，皆解堕不相从也。"解堕，懈怠。

【译文】

秦朝末年的时候，陈胜在蕲县大泽乡发动起义，进军至陈县。陈县的豪杰劝陈胜说："将军您披坚执锐，率领将士讨伐暴秦，恢复了楚国的社稷，以您的功劳与德行，应该称王。"陈胜问陈馀、张耳二人的意见。二人回答说："将军您怒目张胆，舍生忘死，是为了替天下铲除残贼。如今，刚刚攻下陈县就称王，无异于向天下昭告了自己的私心。希望您不要称王，而是立即出兵西进，并派人拥立六国诸侯的后代，为自己树立盟友。如此一来，秦国便没有兵力与我们在野外交战，我们就可以推翻暴秦，占据咸阳以号令诸侯，您的帝王大业就可以成就了。如今您在陈县独自称王，恐怕天下人心将懈怠瓦解。"

及楚、汉时[①]，郦食其为汉谋挠楚权曰[②]："昔汤伐桀，封其后于杞[③]；武王伐纣，封其后于宋[④]。今秦失德弃义，侵伐诸侯社稷，灭亡六国之后，使无立锥之地。陛下诚能复立六国后，此其君臣百姓必皆戴陛下德，莫不向风慕义[⑤]，愿为臣妾。德义以行[⑥]，陛下南面称霸，楚必敛衽而朝[⑦]。"汉王曰："善。"张良曰："诚用客之谋，陛下事去矣。"汉王曰："何哉？"良因发八难，其略曰："昔者，汤伐桀，封其后于杞者，度能制桀之死命也。今陛下能制项籍之死命乎？其不可一也。武王入殷，表商容之闾[⑧]，释箕子之囚，封比干之墓。今陛下能封圣人之墓，褒贤者之闾乎？其不可二也。发钜桥之粟[⑨]，散鹿台之财[⑩]，以赈贫民。今陛下能散府库以赐贫穷乎？其不可三也。殷事已毕，偃革为轩[⑪]，倒载干戈[⑫]，示天下不复用武。今陛下能偃武修文不复用兵乎？其不可四也。放马华山之阳，示无所为。今陛下能放马不复用乎？其不可五也。休牛桃林之野[⑬]，示天下不复输积。今陛下能乎？其不可六也。且夫天下游士离亲戚、弃坟墓、去故旧从陛下者[⑭]，日夜望咫尺之地。今复六国，立韩、魏、燕、赵、齐、楚之后，余无复立者，天下游士各归事其主，从亲戚，反故旧，陛下与谁取天下乎？其不可七也。且楚唯无强，六国立者复挠而从之[⑮]，惟当使楚无强，强则六国从之也。陛下安得而臣之哉？其不可八也。诚用客之谋，则大事去矣。"时王方食，吐哺[⑯]，骂郦生曰："竖儒几败我事[⑰]！"趣令销印[⑱]。此异形者也。荀悦曰："夫立策决胜之术[⑲]，其要有三：一曰形，二曰势，三曰情。形者，言其大体得失之数也；势者，言其临时之势、进退之机也；情者，言其心志可否之实也[⑳]。故策同事等而功殊者何？

三术不同也。初，张耳说陈涉以复六国后，自为树党，郦生亦用此说汉王。所以说者事同而得失异者何哉？当陈涉之起也，天下皆欲亡秦，而楚、汉之分未有所定，今天下未必欲亡项也。且项羽力能率从六国，如秦之势则不能矣。故立六国，于陈涉所谓多己之党而益秦弊也。且陈涉未能专天下之土也，所谓取非其有以德于人，行虚惠而获实福也。立六国，于汉王所谓割己之有而以资敌，设虚名而受实祸。此事同而异形者也。”

【注释】

①及楚、汉时：以下至“竖儒几败我事”，出自《史记·留侯世家》，有删节。

②挠（náo）：削弱，限制。

③杞：古国名。在今河南杞县。

④宋：古国名。都商丘（今河南商丘南），有今河南东部和山东、江苏、安徽三省各一小部。

⑤向风：指政治上的归顺或对个人的敬仰。

⑥以：通“已”，已经。

⑦敛衽：整饬衣襟，表示恭敬。

⑧表：设立标志以示表彰。《史记·留侯世家》司马贞《索隐》：“表者，标榜其里门也。”商容：商纣王时期贤人。《史记·殷本纪》：“商容贤者，百姓爱之，纣废之。”闾：里巷的大门。

⑨钜桥：商纣王时粮仓名。仓址在今河北平乡东南古衡漳水东岸。

⑩鹿台：古台名。别称“南单之台”，商纣王贮藏珠玉钱帛的地方。故址在今河南汤阴朝歌镇南。

⑪偃革为轩：《史记·留侯世家》司马贞《索隐》引苏林曰：“革者，兵车也；轩者，朱轩皮轩也。谓废兵车而用乘车也。”形容停息武

备,修治文教。革,兵车。轩,古代一种前顶较高而有帷幕的车子,供大夫以上乘坐。

⑫倒载干戈:倒着藏放兵器,表示不再打仗。

⑬桃林:古地区名。在今河南灵宝以西、陕西潼关以东地区,为周武王放牛处。

⑭游士:指在外奔走,从事游说活动的人。弃坟墓:指背井离乡。

⑮挠:屈服。

⑯吐哺:吐出嘴里食物。

⑰竖儒:对儒生的鄙称。

⑱趣(cù):赶快,从速。

⑲夫立策决胜之术:以下至"此事同而异形者也",出自荀悦《汉纪·高祖皇帝纪》。

⑳心志可否之实:《汉纪·高祖皇帝纪》作"心志可否之意"。

【译文】

到楚、汉相争时,郦食其替汉王刘邦谋划如何限制楚国的势力,他说:"从前,商汤讨灭夏桀,把夏的后代封在杞地;周武王讨灭商纣,把商的后代封在宋地。如今秦朝背弃德义,侵夺诸侯社稷,灭亡六国诸侯的后代,使他们没有立锥之地。如果陛下您能重新封立六国的后代,那么这些国家的君臣百姓必定都会对您感恩戴德,无不仰慕您的德义归顺您,愿意成为您的奴仆。您的德义风行天下,便可以南面称霸,项羽必定整理衣襟朝拜您。"刘邦说:"好。"张良说:"如果真的采用他的计谋,那么您的大事就完了。"刘邦问:"为什么?"张良于是从八个方面加以反驳,大概内容是:"从前,商汤讨伐夏桀,把夏的后代封在杞国,是考虑到有把握置夏桀于死地。如今您能够置项羽于死地吗?这是第一个不可以。周武王进入殷都后,在商容居住的里巷门口设立标志以示表彰,把箕子从监狱里放出来,重修了比干的坟墓。如今您能重修圣人的坟墓,在贤者的里巷门口设立标志以示表彰吗?这是第二个不可以。周武王散发钜桥仓的粮食、鹿台的财宝，以赈济贫民。如今您能散发府库中的粮食、钱财来赈济贫民吗？这是第三个不可以。殷商灭亡后，周武王将兵车改为轩车，倒着藏放兵器，向天下宣告不再用武。如今您能停止武备，修明文教，不再用兵吗？这是第四个不可以。周武王把战马放到华山南坡上，以宣告不再用它们作战。如今您能放走战马，不再用其作战吗？这是第五个不可以。周武王把牛放到桃林的旷野中，向天下宣告今后不再运送粮草。如今您能做得到吗？这是第六个不可以。况且，天下的游士离开亲戚、背井离乡、告别故友来追随陛下您，日夜盼望能得到一块小小的封地。如今恢复六国，重新分封韩、魏、燕、赵、齐、楚六国的后人，其他人不再分封，那么天下的游士就会各自回国事奉他们的旧主，和亲戚团聚，与故友重逢，您还靠谁来夺取天下呢？这是第七个不可以。况且除非使项羽变得弱小，如果项羽依然强大，那么新立的六国又会屈服并跟随他，唯有使项羽变得弱小，如果项羽依然强大，那么新立的六国就会追随他。您怎么可能让他们臣服呢？这是第八个不可以。如果您真的采纳了郦食其的主意，您的大事就全完了。"当时刘邦正在吃饭，听了张良的话后，吐出嘴里的食物，大骂郦食其说："这个书呆子，差点坏了我的大事！"赶紧令人销毁了准备分封六国后代的印信。这就是事情相似而整体形势不同的例子。荀悦说："制定计策取得胜利的方法，有三个关键之处：一是形，二是势，三是情。所谓'形'，指对整体形势优劣的衡量；所谓'势'，指当时的具体局势，前进退后的时机；所谓'情'，指当事者内心赞同或反对的真实情形。为什么策略相同、事情类似，而最终的结果却不同呢？就是由于形、势、情这三术不相同。起初，张耳劝陈胜分封六国诸侯的后代，为自己树立盟友，郦食其也用相同的计策劝说刘邦。他们所主张的策略相同，而成败得失的结果却不相同，这是为什么呢？当陈胜起义时，天下人都想消灭秦朝；而楚、汉之间尚未分出胜负时，天下人并不是都想消灭项羽。况且，项羽的势力足以率领六国，而陈胜时秦朝却做不到这一点。所以对陈胜来说，分封六国增加了自己的盟友，让秦朝更加疲敝。况且，陈胜当时并未占领全天下的土地，这就是所谓的拿不属于自己的东西向别人施恩，送出虚假的恩惠，换得实际的利益。但对于刘邦来说，分封六国是割让自己的土地去资助敌人，获得了虚名，却受到实际的祸害。这是事情类似，而整体形势不同的例子。”

七国时[1]，秦王谓陈轸曰[2]：“韩、魏相攻，期年不解[3]，或曰救之便，或曰勿救便。寡人不能决，请为寡人决之。”轸曰：“昔卞庄子方刺虎[4]，管竖子止之曰[5]：‘两虎方食牛，牛甘必争，争必斗，斗则大者伤，小者死。从伤而刺之，一举必有两虎之名。’今韩、魏相攻，期年不解，必是大国伤，小国亡。从伤而伐之，一举必有两实。此卞庄刺虎之类也。”惠王曰：“善。”果如其言。

【注释】

①七国时：以下至“果如其言”，出自《史记·张仪列传》，有删节。

②秦王：指秦惠王。

③期年：一年。不解：不和解。

④卞庄子：春秋时期鲁国大夫，著名勇士。食邑于卞，谥庄。

⑤管竖子：《史记·张仪列传》作“馆竖子”，泷川资言《史记会注考证·张仪列传》：“《桃源抄》引刘伯庄云‘馆竖，掌官馆之小吏也’。”

【译文】

战国时，秦惠王对陈轸说：“韩、魏两国交战，一年了不能和解，有人说去制止为好，有人说不去制止为好。我不能决定，请你帮我拿个主意。”陈轸说：“从前卞庄子将要去刺杀老虎，宫馆的一个小吏劝阻他说：‘两只老虎正在吃牛，牛肉美味，必然会引起争抢，一争抢就会打斗，打斗起来，大虎就会受伤，小虎就会死亡。趁大虎受伤的时候刺死它，可以一举赢得杀死两只老虎的名声。’如今韩、魏两国相攻，历时一年还难分难解，必然导致大国受伤，小国危亡。到时您再去讨伐受伤的大国，可以一举拿下两个国家。这和卞庄子刺虎是一个道理。”秦惠王说：“好。”结果和陈轸所说的完全一样。

初，诸侯之叛秦也，秦将章邯围赵王于钜鹿[①]，楚怀王使项羽、宋义等北救赵[②]。至安阳[③]，今相州安阳县也。留不进。羽谓义曰：“今秦军围钜鹿，疾引兵渡河，楚击其外，赵应其内，破秦军必矣。”宋义曰：“不然。夫搏牛之虻，不可以破虱[④]。虻，喻秦也；虱，喻章邯也。喻今将兵方欲灭秦，不可尽力与章邯即战也。今秦攻赵，战胜则兵罢，我承其弊。不胜则我引兵鼓行而西，必举秦矣，故不如斗秦、赵。夫击轻锐我不如公，坐运筹策公不如我。”羽曰：“将军戮力而攻秦[⑤]，久留不行。今岁饥民贫，士卒半菽[⑥]，士卒食蔬菜以菽杂之半。军无见粮[⑦]，乃饮酒高会，不引兵渡河因赵食，与并力击秦，乃曰承其弊。夫以秦之强，攻新造之赵，其势必举赵。赵举而秦强，何弊之承？且国兵新破，王不安席，扫境内而属将军，国家安危，在此一举。今不恤士卒而徇私，非社稷臣也[⑧]。”即夜入义帐中斩义，悉兵渡河，沉舟破釜，示士卒必死无还心，大破秦军。此异势者也。荀悦曰：“宋义待秦、赵之弊[⑨]，与卞庄刺虎事同而势异，何也？施之战国之时，邻国相攻，无临时之急则可也。战国之立，其来久矣，一战之胜败未必以亡也。其势非能急于亡敌国也，进则乘利，退则自保，故畜力待时，承弊然也。今楚、赵新起，其力与秦势不并立，安危之机，呼吸成变，进则定功，退则受祸，此事同而势异者也。”

【注释】

①秦将章邯围赵王于钜鹿：以下至“大破秦军”，出自《汉书·项籍传》，有删节。赵王，指赵王歇，战国时期赵国贵族，被张耳、陈馀立为赵王。钜鹿，郡名。治今河北平乡西南。

②楚怀王：即项梁所拥立的楚怀王之孙，名心。《史记·项羽本纪》：“项梁……乃求楚怀王孙心民间，为人牧羊，立以为楚怀王，从民所望也。”宋义：战国末年人。原为楚国令尹（据荀悦《汉纪》），秦末农民起义爆发后，投奔项梁，后被楚怀王心任命为上将军，号卿子冠军，率兵北上救赵。到安阳时，屯兵观望，为项羽所杀。

③安阳：古邑名。杨宽《战国史料编年辑证》：“此安阳当在东阿（今山东阳谷县东北五十里阿城镇）西北小湖阿泽之西北。东阿原称‘柯’，即因阿泽而得名，安阳当因在阿泽之阳而得名，犹赵之‘阿邑’或称‘安邑’。……安阳地处齐东边聊城与甄城之间，当水陆交通要道，因而成为齐东边之重要商业城市，并成为项羽准备引兵渡河之地。”

④搏牛之虻，不可以破虱：指用手拍击牛背，可以杀死其上的牛虻，却不能伤害虮虱。比喻当时的主要目标是灭秦，故不可与章邯全力作战。《汉书·项籍传》颜师古注：“搏，击也，言以手击牛之背，可以杀其上虻，而不能破虱，喻今将兵方欲灭秦，不可尽力与章邯即战。或未能禽，徒费力也。”

⑤将军戮力而攻秦：《汉书·项籍传》作“将戮力而攻秦”，译文从之。戮力，即勠力，勉力，并力。

⑥半菽：半菜半豆类杂粮。指粗劣的饭食。菽，豆类的总称。

⑦见粮：现存的粮食。见，同“现”。

⑧社稷臣：谓关系国家安危之重臣。

⑨宋义待秦、赵之弊：以下至“此事同而势异者也”，出自荀悦《汉纪·高祖皇帝纪》。

【译文】

当初，各路诸侯起兵反叛秦朝，秦将章邯率军围困赵王歇于钜鹿，楚怀王派项羽、宋义等人率军北上援救赵王。到达安阳后，今天的相州安阳县。停止不进。项羽对宋义说："如今秦军围困钜鹿，应该赶紧引兵渡过黄河，楚军从外攻打，赵军从内接应，必定能击溃秦军。"宋义说："不对。用手拍击牛背，可以杀死上面的牛虻，却不能伤害虮虱。虻，比喻秦朝；虱，比喻章邯。这句话是说，如今正要率军灭亡秦朝，故不可尽全力与章邯决战。现在秦军攻打赵国，即便秦军胜利，也一定疲惫不堪，我们可以趁其疲敝攻击他们。如果秦军失败，我们就可以率军大张旗鼓地长驱西进，必定能灭亡秦国，所以不如先让秦、赵两方互相争斗。攻击轻捷精锐之敌，我不如您；坐着筹划，您不如我。"项羽说："现在应当率军勠力进攻秦军，我们却久久停留不前。如今年岁饥馑，百姓贫困，士卒的食物有一半是蔬菜一半是豆子，士兵吃蔬菜掺杂一半豆子充饥。军队没有存粮，然而您却大摆酒宴，不抓紧率军渡河到赵国获取粮草，与其合力进攻秦军，说什么要乘秦军疲敝不堪。以秦军的强大，攻打刚刚建立的赵国，势必攻下赵国。赵国被攻下，秦军就更强大了，怎么会有疲敝不堪的机会等着我们？况且楚军刚刚打了败仗，大王急得坐不安席，集中了境内的全部兵力交给您，国家的安危在此一举。如今您不体恤士卒而只顾私情，算不上社稷之臣。"当天夜里，项羽闯入宋义的军帐中斩杀了他，然后率领全军渡河，渡河后凿沉船只，砸碎锅碗，向士兵们显示决一死战的决心，结果大破秦军。这就是事情相似，而具体局势不同的例子。荀悦说："宋义想等待秦、赵分出胜负，秦军疲敝不堪时再发起进攻，这与卞庄子刺虎之事看似相同，而具体的局势却不同，为什么呢？把卞庄子刺虎的策略用在战国时期，邻国相互攻击，没有突发的危急事件时，是可行的。战国的局面形成已经很久了，一场战争的胜败，未必能决定一个国家的存亡。就形势而论，没法很快灭亡敌国，于是形势有利时便进取，形势不利时便退却以保全自己，以蓄积力量，等待时机，寻找乘虚而入的机会。如今楚国、赵国刚刚建立，与秦朝势不两立，决定安危存亡的关键时机，一呼一吸间就会发生变化,进取就能建立功业,退后就会遭受灾祸,这就是事情相似,而具体局势不同的例子。”

韩信伐赵[①],军井陉。选轻骑二千人,人持一赤帜,从间道升山而望赵军[②]。诫曰:“赵见我走,必空壁逐我。若疾入赵壁[③],拔赵帜,立汉赤帜。”信乃使万人先行,出,陪水阵[④]。平旦[⑤],信建大将之旗,鼓行出井陉口。赵开壁击之,大战良久。于是信弃旗鼓,走水上军。水上军开入之,复疾战。赵空壁争汉旗鼓,逐韩信。韩信等已入水上军,军皆殊死战,不可败。信所出奇兵二千骑[⑥],共候赵空壁逐利,则驰入赵壁,皆拔赵旗,立汉赤帜二千。赵军已不能得信等,欲还归,壁皆汉赤帜,而大惊,以为皆已得赵王将矣,遂乱遁走。赵将虽斩之,不能禁也。于是汉兵乘击,大破之,虏赵军。诸将效首虏[⑦],皆贺信,因问曰:“兵法,右背山陵,前左水泽。今者反背水阵,然竟以胜,此何术也?”信曰:“兵法不曰:‘陷之死地而后生,置之亡地而后存[⑧]。’且信非得素抚循士大夫也[⑨],此所谓‘驱市人而战之’[⑩],其势非置之死地,使人人自为战。今与之生地皆走,宁尚可得而用之?”又高祖劫五诸侯兵[⑪],入彭城。项羽闻之,乃引兵去齐[⑫],与汉大战睢水上[⑬],大破汉军,多杀士卒,睢水为之不流。此异情者也。荀悦曰:“伐赵之役[⑭],韩信军泜水,而赵不能败,何也?彭城之难,汉王战于睢水之上,士卒赴入睢水,而楚兵大胜,何也?赵兵出国近攻,见可而进,知难而退,深怀内顾之心[⑮],不为必死之计。韩信孤军立于水上,有必死之计,无生虑也。此信之所以胜也。汉王制敌入国，饮酒高会，士众逸豫，战心不同。楚以强大之威而丧其国都，项羽自外而入，士卒皆有愤激之气，救败赴亡，以决一旦之命，此汉所以败也。且韩信选精兵以守，而赵以内顾之士攻之；项羽选精兵以攻汉，而汉王以懈怠之卒应之，此事同而情异者也。故曰权不可预设，变不可先图，与时迁移，应物变化，计策之机也。”

【注释】

①韩信伐赵：以下至“宁尚可得而用之”，出自《史记·淮阴侯列传》，有删节。

②间（jiàn）道：小路。

③若：你们。

④陪：通“倍（背）”，背向。

⑤平旦：天亮时分，清晨。

⑥奇兵：出乎敌人意料而突然袭击的军队。

⑦效首虏：交验自己所斩获的人头与擒获的俘虏，即向统帅禀报战功。效，上呈。

⑧陷之死地而后生，置之亡地而后存：出自《孙子兵法·九地》：“投之亡地然后存，陷之死地然后生。”

⑨抚循：安抚存恤。士大夫：将士。

⑩市人：市民，城市平民。

⑪又高祖劫五诸侯兵：以下至“睢水为之不流”，出自《史记·高祖本纪》，有删节。五诸侯，说法不一，《史记·项羽本纪》张守节《正义》引颜师古曰：“五诸侯者，谓常山、河南、韩、魏、殷也。”泷川资言《史记会注考证·项羽本纪》：“董教增曰：《项羽本纪赞》亦曰‘遂将五诸侯灭秦’，寻其条贯，当据故七国，以其地言，不以其王言也。汉定三秦，即故秦地，项羽王楚，乃故楚地，其余韩、

赵、魏、齐、燕为五诸侯，劫五诸侯兵，犹后言引天下兵耳。故汉伐楚，可以言五诸侯，楚灭秦，亦可以言五诸侯也。”

⑫引兵去齐：项羽此时在齐地与田荣作战。

⑬睢水：古水名。战国魏所开鸿沟支派之一，故道自今河南开封东由鸿沟分出，经今杞县、睢县、宁陵、商丘、夏邑、永城，安徽濉溪、宿县、灵璧及江苏睢宁，至宿迁南注入古泗水。

⑭伐赵之役：以下至“计策之机也”，出自荀悦《汉纪·高祖皇帝纪》。

⑮内顾：指对家事、国事或其他内部事务的顾念。

【译文】

韩信讨伐赵国，率军驻扎于井陉。他挑选了两千名轻骑兵，让他们每人手持一面红旗，从小路上山监视赵军。韩信告诫他们说：“赵军看见我军败走，必定倾巢而出追击我军。你们就快速冲入赵军营垒，拔掉赵军旗帜，插上汉军的红旗。”韩信于是派出一万人的先头部队，出井陉口，背靠河水摆开阵势。到了清晨，韩信竖起大将的旗帜，擂起战鼓，率领主力出井陉口。赵军出营迎战，双方大战了很久。于是韩信假装战败，丢下大将的旗帜、战鼓，逃向背水列阵的部队。水边的军阵让开通道，把他们迎入阵中，继续与赵军激战。赵军倾巢而出，争夺汉军的旗鼓，追逐韩信的部队。韩信等人已经进入背水为阵的部队，全军皆拼死作战，赵军无法取胜。这时，韩信派出的两千轻骑兵，等赵军倾巢而出争夺战功时，一齐迅速冲入赵军营垒，拔掉赵军的旗帜，插上两千面汉军的红旗。赵军无法击败韩信，打算收兵回营，却发现营垒中插满了汉军的红旗，大为惊慌，认为汉军已经俘获了赵王的将领，于是军心大乱，四散奔逃。赵军将领虽然斩杀了不少逃兵，仍不能阻止士卒的溃逃。于是汉军趁机反击，大破赵军，俘虏了很多士兵。汉军各位将领上呈首级与俘虏，纷纷向韩信表示祝贺，并问道：“兵法上说，布阵时应当右后方靠着山陵，左前方对着水泽。如今反而背水为阵，最终竟然获得了胜利，这是什么战术？”韩信说：“兵法上不是说：‘陷之死地而后生，置之亡地而后存。’况且我平素对于将士并没有安抚存恤，这就好比‘驱赶着集市上的乌合之众去作战’，在这种情况下，必须把他们置之死地，让他们人人为了保全自己而作战。如果把他们放在一个还有退路的地方，他们一定都会逃跑，还怎么能用他们去作战呢？”此外，刘邦挟持五诸侯之兵，攻入彭城。项羽听说后，便率兵离开齐地，与汉军大战于睢水岸边，大破汉军，汉军死伤惨重，睢水被尸体堵塞而无法流动。这就是事情相似而当事者心志不同的例子。荀悦说：“在讨伐赵国的战役中，韩信将军队驻扎于泜水边，而赵军无法击败汉军，这是什么原因？彭城之败，刘邦与项羽在睢水边战斗，汉军士兵逃入睢水中，而楚军大获全胜，这又是什么原因？赵军离开国境，攻击不远处的敌人，看到形势有利就进攻，形势困难就后退，士兵心怀顾念家人之心，没有拼死作战的打算。而韩信率领孤军背水为阵，将士们只能拼死作战，没有偷生的打算。这是韩信之所以胜利的原因。刘邦战胜了敌人，攻入楚都彭城，大摆宴席，将士们贪图安乐，缺乏斗志。而楚国以强大的威力，却不慎丧失了自己的都城，项羽从齐地赶回救援，士卒都满怀激愤之气，一心想着救亡图存，与汉军决一死战，这是汉军之所以失败的原因。况且韩信挑选精兵来防守，而赵国却用顾念家人的士兵进攻他们；项羽挑选精兵以进攻汉军，而刘邦却用懒散懈怠的士兵来应对，这就是所说的事情相似，而当事者的心志不同的例子。所以说，权谋不可以事先预设，变化不可以事先图谋，根据时势的迁移而迁移，根据事物的变化而变化，这才是制定计策的关键所在。”

汉王在汉中[①]，韩信说曰[②]：“今士卒皆山东人，跂而望归[③]。及其锋东向[④]，可以争天下。”后汉光武北至蓟[⑤]，闻邯郸兵到[⑥]，世祖欲南归，召官属计议。耿弇曰：“今兵从南来，不可南行。渔阳太守彭宠[⑦]，公之邑人；上郡太守[⑧]，即弇父也。发此两郡，控弦万骑[⑨]，邯郸不足虑也。”世祖官属不从，遂南驰，官属各分散。议曰：归师一也，或败或成，何也？对曰：“孙子云：‘归师勿遏[⑩]。’项王使三王之秦[⑪]，遏汉王归路，故锋不可当。又孙子称：'诸侯自战其地，为散地[12]。'光武兵从南来，南行入散地，所以无斗志而分散也。故归师一也，而一成一败也。"

【注释】

①汉王在汉中：以下至"可以争天下"，出自《史记·韩信卢绾列传》。

②韩信：指韩王信。

③跂（qǐ）：踮起脚跟。

④及其锋东向：指趁着将士思乡的锐气，向东进军。《史记·韩信卢绾列传》司马贞《索隐》："姚氏云'军中将士气锋'，韦昭曰'其气锋锐欲东也'。"

⑤后汉光武北至蓟：以下至"官属各分散"，出自《后汉书·耿弇传》。

⑥邯郸兵：指王郎的部队。当时王郎自称汉成帝之子，称帝并定都邯郸，与刘秀争夺河北地区。

⑦渔阳：郡名。治今北京密云西南。辖境相当于今河北滦河上游以南，蓟运河以西，天津海河以北，北京怀柔、通州二区以东地区。

⑧上郡：应作"上谷郡"，治沮阳（今河北怀来东南）。辖境相当于今河北张家口、小五台山以东，赤城、北京延庆以西及内长城和昌平区以北地。当时上谷郡太守为耿弇之父耿况。

⑨控弦：借指士兵。

⑩归师勿遏：出自《孙子兵法·军争》。李筌注："士卒思归，志不可遏也。"

⑪三王：指被项羽封在关中的雍王章邯、塞王司马欣、翟王董翳。《史记·项羽本纪》："三分关中，王秦降将以距塞汉王。项王乃立章邯为雍王，王咸阳以西，都废丘。长史欣者，故为栎阳狱掾，尝有德于项梁；都尉董翳者，本劝章邯降楚。故立司马欣为塞王，王咸阳以东至河，都栎阳；立董翳为翟王，王上郡，都高奴。"

⑫诸侯自战其地，为散地：出自《孙子兵法·九地》。散地，指诸侯

在自己领地内作战，士卒在危急时容易逃亡离散，故名。李筌注："卒恃土，怀妻子，急则散，是为散地也。"

【译文】

刘邦在汉中时，韩王信劝刘邦说："如今您的士兵都是山东人，天天踮着脚盼望回到故乡。趁着将士思乡的锐气，向东进军，可以争夺天下。"东汉光武帝刘秀向北进军至蓟县，听说王郎的军队到来，打算率军南归，召集属下商议。耿弇说："如今王郎的部队从南面来，不能往南走。渔阳太守彭宠，是您的同乡；上谷郡太守，是我的父亲。征发这两郡的兵马，可以得到上万骑兵，王郎不足为虑。"刘秀的属下不听从耿弇的意见。于是刘秀向南奔逃，官员随从都各自分散了。评论道：都是返回家乡的军队，有的失败，有的成功，这是什么原因？回答是："孙子说：'返回本国的军队不可阻挡。'项羽将雍王章邯、塞王司马欣、翟王董翳分封在关中，阻挡刘邦的归路，所以汉军锐不可当。孙子又说过：'诸侯在自己的境内作战，叫作"散地"。'刘秀的士兵从南面来到河北，回师南归，就是进入了散地，所以士兵没有了斗志，各自逃散。所以都是返回家乡的军队，刘邦成功，刘秀却失败了。"

后汉李傕等追困天子于曹阳①。沮授说袁绍曰："将军累叶台辅②，世济忠义。今朝廷播越③，宗庙残毁，观诸州郡，虽外托义兵，内实相图，未有忧在社稷恤人之意。且今州城粗定，兵强士附，西迎大驾，即宫邺都，挟天子而令诸侯，稸士马以讨不庭④，谁能御之？若不早定，必有先之者。夫权不失机，功不厌速，愿其图之。"绍不从。魏武果迎汉帝，绍遂败。

【注释】

①后汉李傕等追困天子于曹阳：以下至"绍不从"，出自《后汉

书·袁绍传》，有删节。

②累叶：累代，接连几代。台辅：三公宰辅之位。

③播越：逃亡，流离失所。

④稸（xù）：同“蓄”。不庭：不朝于王庭者。

【译文】

东汉末年，李傕等人追赶汉献帝，将汉献帝围困于曹阳墟。沮授劝袁绍说：“将军您接连几代官居宰辅之位，世代奉行忠义之道。如今朝廷流离失所，宗庙残毁，观察各个州郡诸侯，虽然对外打着义兵的旗号，其实都在互相图谋，没有担忧社稷、体恤百姓的心思。况且，如今您所管辖的州郡已大体平定，兵马强盛，士人归附，如果向西奉迎天子，定都邺城，挟天子以令诸侯，积蓄兵马以讨伐那些不臣服的人，谁能够抵挡？如果不及早定夺，一定会有人抢先下手。权谋不可错过时机，建立功业越快越好，希望您好好考虑。”袁绍没有听从。曹操果然奉迎汉献帝，袁绍最终失败。

梁武帝萧衍初起义[①]，杜思冲劝帝迎南康王都襄阳[②]，正尊号。帝不从。张弘策曰：“今以南康置人手中[③]，彼挟天子以令诸侯。节下前去[④]，为人所使，此岂岁寒之计耶[⑤]？”帝曰：“若前途大事不捷，故自兰艾同焚[⑥]。若功业克建，谁敢不从？岂是碌碌受人处分[⑦]？”于沔南立新野郡，以集新附哉[⑧]。不从，遂进兵，克建邺而有江左。议曰：挟天子而令诸侯，其事一也，有以之成，有以之败，何也？对曰：“天下者，非一人之天下也。肆行凶暴，继体不足以自存[⑨]；人望所归，匹夫可以成洪业。夫天命底止[⑩]，唯乐推[⑪]，有自来矣。当火德不竞，群豪虎争。汉祚虽衰，人望未改，故魏武奉天子以从人欲，杖大顺以令宇内[⑫]，使天下之士委忠霸图。《传》曰：‘求诸侯莫如勤王。’斯之谓矣。齐时则不然。

溥天思乱[13],海水群飞。当百姓与能之秋,属三灵改卜之日[14],若挟旧主,不亦违乎? 故《传》讥苌弘欲与天之所坏[15],而美蔡墨雷乘《乾》之说[16]。是以其事一也,有以之成,有以之败也。"

【注释】

①梁武帝萧衍初起义:以下至"克建邺而有江左",出自《南史·梁本纪·武帝纪上》。

②杜思冲:南朝名将曹景宗亲信。《梁书·曹景宗传》:"及义师起,景宗聚众,遣亲人杜思冲劝先迎南康王于襄阳即帝位,然后出师,为万全计。"南康王:即齐和帝萧宝融,当时为都督荆、雍、益、宁、梁、南秦、北秦七州军事,荆州刺史。

③今以南康置人手中:当时萧颖胄行荆州府、州事,实际上掌控着荆州,故云南康王萧颖胄在其手中。

④节下:对将领的敬称。古代授节予将帅以加重职权,故敬称将领为"节下"。

⑤岁寒:喻困境,乱世。

⑥兰艾同焚:谓良莠或贵贱同归于尽。

⑦碌碌:随众附和貌,平庸无能貌。

⑧于沔南立新野郡,以集新附:据《南史·梁本纪·武帝纪上》及《梁书·武帝纪》,本句是萧衍之后采取的措施,并非对张弘策说的话。

⑨继体:指嫡子继承帝位。

⑩天命厎(zhǐ)止:指天命所归。《左传·宣公三年》:"天祚明德,有所厎止。"杨伯峻注:"上天赐福于明德之人,必有所固定,非随时可变者。"厎,同"底"。

⑪乐推:乐意拥戴。

⑫大顺:谓顺乎伦常天道。

⑬溥天：遍天下。

⑭三灵：指日、月、星。改卜：谓另行选择。《文选·陆机〈汉高祖功臣颂〉》："波振四海，尘飞五岳，九服徘徊，三灵改卜。"李周翰注："言天将恶秦浊乱，改卜清平之君也。"

⑮苌（cháng）弘：也称"苌叔"，春秋时期周景王、周敬王大夫。周敬王时，曾发动晋国会同诸侯修建成周城。后因在晋卿内讧中助范氏，受牵连被杀。《左传·定公元年》："苌叔违天，……天之所坏，不可支也。"杜预注："天既厌周德，苌弘欲迁都以延其祚，故曰违天。"

⑯蔡墨：即史墨，春秋时期晋国史官。雷乘《乾》：指《大壮》卦。《左传·昭公三十二年》："社稷无常奉，君臣无常位，自古以然。故《诗》曰：'高岸为谷，深谷为陵。'三后之姓于今为庶，主所知也。在《易》卦，雷乘《乾》曰《大壮》，天之道也。"杜预注："《乾》下《震》上，《大壮》。《震》在《乾》上，故曰'雷乘《乾》'。《乾》为天子，《震》为诸侯，而在《乾》上，君臣易位，犹臣大强壮，若天上有雷。"

【译文】

梁武帝萧衍刚刚起义时，杜思冲劝他迎立南康王萧宝融，定都襄阳，正式称帝。萧衍没有听从。张弘策说："如今南康王在萧颖胄手中，他得以挟天子以令诸侯。您如今前去，将被他驱使，这哪里是身处乱世的合适计策？"萧衍说："如果将来大事不能成功，那么无论贵贱贤愚都将同归于尽。如果大功能够告成，有谁敢不服从？哪里会碌碌无为受人驱遣？"于沔水之南设立新野郡，以召集新归附的人。萧衍没有听从张弘策的意见，于是进军攻克建邺，占有了江左。评论道：同是挟天子以令诸侯，事情一致，但有人成功，有人却失败了，这是什么原因？回答说："天下，不是某个人的天下。如果肆无忌惮地推行残暴统治，即便是继体之君也不能自我保存；如果是众望所归，那么平民百姓也可以成就大业。天命所归属的，一定是百姓乐意拥戴之人，自古以来就是如此。当年，汉朝火德衰微，群雄如猛虎一般争夺天下。然而汉朝的国运虽然衰微，但在人们心中的威望仍没有改变，所以曹操尊奉天子以顺从人们的愿望，倚仗君臣大义来号令天下，使天下的士人都前来尽忠效命，以此成就了霸业。《左传》说：‘要求得诸侯的拥护，最好的办法就是为天子效力。’说的就是这个道理。南齐末年，形势就不是这样了。遍天下都在想着反叛作乱，万民不宁。此时正是百姓都想着拥戴贤能之人，神灵也将改立清平之君之际，如果仍挟持着原来的君主，岂不违背了天意民心？所以《左传》中讥讽苌弘想要延续已被上天抛弃的周朝，赞美蔡墨对于《大壮》卦的解释。所以事情虽然一致，但有人成功，有人却失败了。”

此情与形、势之异者也。随时变通，不可执一矣。诸葛亮曰：“范蠡以去贵为高，虞卿以舍相为功，太伯以三让为仁①，燕哙以辞国为祸②。尧、舜以禅位为圣，孝哀以授董为愚③，武王以取殷为义，王莽以夺汉为篡，桓公以管仲为霸，秦皇以赵高丧国。此皆趣同而事异也。明者以兴治，暗者以辱乱也。”

【注释】

①太伯以三让为仁：太伯，亦作“泰伯”，周太王古公亶父长子，季历长兄。古公亶父欲传位于季历，泰伯于是断发文身，避地荆蛮。《论语·泰伯》：“子曰：‘泰伯其可谓至德也已矣。三以天下让，民无得而称焉。’”

②燕哙（kuài）以辞国为祸：燕哙，指燕王哙，燕易王之子，战国时期燕国君主。他效法尧舜禅让，禅位于国相子之，引发了燕国内乱。

③孝哀：指汉哀帝刘欣，汉元帝之孙，定陶恭王刘康之子，西汉皇帝。董：指董贤，字圣卿，云阳（今陕西淳化西北）人。汉哀帝宠臣，官至大司马。汉哀帝曾经想将帝位禅让给董贤。《汉书·佞幸传·董贤》：“后上置酒麒麟殿，贤父子亲属宴饮，王闳兄弟侍中中

常侍皆在侧。上有酒所，从容视贤笑，曰：'吾欲法尧禅舜，何如？'闳进曰：'天下乃高皇帝天下，非陛下之有也。陛下承宗庙，当传子孙于亡穷。统业至重，天子亡戏言！'上默然不说，左右皆恐。"

【译文】

以上，就是事情类似，而当事者心志、整体形势、具体局势不同的情况。应当顺应时势及时变通，不能固执一端。诸葛亮说："范蠡的高明之处，在于舍弃了尊贵的地位；虞卿的功绩，在于抛弃了赵国相国之位；泰伯的仁义，在于三次让位；燕王哙禅位给国相子之，因而招致祸乱。尧、舜禅让天下，被尊为圣人；汉哀帝想把帝位禅让给董贤，被视为愚蠢；周武王推翻了殷商，被视为正义之举；王莽夺取了汉朝，被视为篡逆；齐桓公因为有管仲的辅佐，成就了霸业；秦二世由于任用赵高，使国家灭亡。这些都是事情发展的方向相同，而最终态势截然不同的例子。明白这一道理，就能兴盛安定；不明白这一道理，就会导致屈辱和祸乱。"

卷第八　杂说

钓情第二十二

【题解】

所谓“钓情”，指探知游说对象的隐情。赵蕤认为，君主之心深邃难测，游说者如果无法了解对方的真实心意，游说时必定动辄得咎，甚至身陷险境。要避免这种情况，就必须“钓情”，所谓“语必有钓，以取人情”。文中指出，“人情必见于物”，游说者可以通过物、言、事、志、视、贤、色等途径探知君主的隐情，从而投其所好，达到成功进说的目的。

孔子曰：“未见颜色而言谓之瞽[①]。”又曰：“未信则以为谤己[②]。”孙卿曰：“语而当[③]，智也；默而当，知也。”尸子曰：“听言耳目不惧[④]，视听不深，则善言不往焉。”是知将语者必先钓于人情，自古然矣。故韩子曰：“夫说之难也[⑤]，在知所说之心，可以吾说当之。说之以厚利[⑥]，则见下节而遇卑贱，必弃远矣。所说实为厚利，则阴用其言而显弃其身，此不可不知也[⑦]。说之以名高[⑧]，则见无心而远事情，必不收矣。所说实为名高，则阳收其身而实疏之[⑨]，此不可不知。事以密成，语以泄败。未必其身泄之也，而说及其所匿之事[⑩]，如是者身危。周泽未渥也而语极知[⑪]，说行而有功则德亡，说不行而有败则见疑，如是者身危。贵人有过端[12]，而说者明言善议以推其恶者身危[13]。贵人得计而欲自以为功[14]，说者与知焉则身危[15]。强之以其所不为，止之以其所不能已者身危。”又曰：“与之论大人则以为间己[16]，与之论细人则以为粥权[17]，论其所爱则以为借资[18]，论其所憎则以为尝己[19]，顺事陈意则曰怯懦而不尽[20]，虑事广肆则曰草野而倨侮[21]。此不可不知也。彼自知其计则无以其失穷之，自勇其断则无以其敌怒之[22]。”凡说须旷日弥久[23]，而周泽既渥，深计而不疑，交争而不罪，乃明计利害以致其功，直指是非以饰其身[24]。以此相持，此说之成也。

【注释】

①未见颜色而言谓之瞽（gǔ）：出自《论语·季氏》：“孔子曰：‘侍于君子有三愆：言未及之而言谓之躁，言及之而不言谓之隐，未见颜色而言谓之瞽。’”

②未信则以为谤己：出自《论语·子张》：“子夏曰：‘君子信而后劳其民；未信，则以为厉己也。信而后谏；未信，则以为谤己也。’”

③语而当：以下至“知也”，出自《荀子·非十二子》。

④听言耳目不惧：以下至“则善言不往焉”，出自《尸子·明堂》。惧，惊惧。指倾心专注。深，指视听时全神贯注。

⑤夫说之难也：以下至“自勇其断则无以其敌怒之”，出自《史记·老子韩非列传》，又见于《韩非子·说难》。

⑥说之以厚利：《史记·老子韩非列传》以上有“所说出于为名高者也”一句，指游说追求高名的君主。

⑦“所说实为厚利”三句：此处及下条自注，均出自《史记·老子韩非列传》，但似乎误解了韩非子的原意。《史记·老子韩非列传》：“所说实为厚利而显为名高者也，而说之以名高，则阳收其身而

实疏之;若说之以厚利,则阴用其言而显弃其身。此之不可不知也。”韩非子所讨论的,是游说“阴为厚利而显为名高者”的两种情况。译文从之。

⑧说之以名高:《史记·老子韩非列传》以上有“所说出于厚利者也”一句,指游说追求厚利的君主。

⑨阳:假装。

⑩说及其所匿之事:《韩非子·说难》王先慎注:“谓有其心而未发,说者及之,故其身危。”

⑪周泽未渥也而语极知:以下至“如是者身危”,出自《史记·老子韩非列传》。周泽,恩宠。渥,浓厚,优厚。

⑫贵人:指君主。过端:过失。

⑬说者明言善议以推其恶:《史记·老子韩非列传》张守节《正义》:“人主有过失之端绪,而引美善之议以推人主之恶。”

⑭得计:计策得当。

⑮与知:参与其事并得知内情。

⑯大人:指大臣。

⑰细人:小人。指君主的近侍。粥权:卖弄权势。粥,同“鬻”,卖。

⑱借资:谓利用别人的某种心理,作为自己进身之资。

⑲惜:《史记·老子韩非列传》作“憎”,译文从之。尝:试探。

⑳顺事陈意则曰怯懦而不尽:《史记·老子韩非列传》张守节《正义》:“说者陈言顺人主之意,则或怯懦而不尽事情也。”

㉑虑事广肆则曰草野而倨侮:《韩非子·说难》陈奇猷《集释》:“谓谋虑远而放纵无所收束,则曰鄙陋而倨傲侮慢也。”广肆,远大而无所收束。草野,粗俗鄙陋。倨侮,傲慢。

㉒无以其敌怒之:《韩非子·说难》作“无以其谪怒之”,陈奇猷《集释》引陶鸿庆曰:“《史记·韩非列传》‘谪’作‘敌’,‘敌’亦‘谪’之假字。”谪,过失。

㉓凡说须旷日弥久：以下至“此说之成也”，出自《史记·老子韩非列传》。

㉔以饰其身：使帝王严格约束自己。饰，同“饬”，约束。《韩非子·说难》陈奇猷《集释》引陶鸿庆曰：“‘饰’读为‘饬’，古通用。……旧注解为‘荣宠光饰’，非是。”

【译文】

孔子说：“不看君子的脸色就贸然说话，这样的人好比盲人。”又说：“未获得信任时就进谏，君主会以为在诽谤他。”荀子说：“说话得当，是智慧的表现；沉默得当，也是智慧的表现。”尸子说：“君主听取谏言时，如果不能专注倾听，全神贯注，就无法获得善言。”由此可知，要向别人进言时，必须先了解对方的心理状态，自古以来都是如此。因此韩非子说：“游说的困难，在于了解对方的心理，并以恰当的说辞去打动他。如果游说对象想要获得高名，而游说者却劝他追逐厚利，就会被认为节操低下而得到卑贱的待遇，必然被抛弃疏远。如果游说对象表面上追求高名而事实上追求厚利，游说者劝他追求厚利，他就会暗地里采纳游说者的意见而公开抛弃游说者本人，这一情况不可不知。如果游说对象想要获得厚利，而游说者却劝他追逐高名，就会被认为没有心计而不切实际，必然不被采纳。如果游说对象表面上追求厚利而事实上追求高名，游说者劝他追求高名，他就会表面上录用游说者，而实际上却疏远他，这一情况不可不知。事情因为机密而成功，游说因为泄露秘密而失败。未必是游说者本人泄露了秘密，而是无意中谈到了君主想保守的秘密，像这样，游说者的生命就危险了。君主对于游说者的恩泽还不深厚，而游说者却知无不言，那么，如果他的说辞施行并获得成功，功劳会被忘记；如果他的说辞行不通而遭到失败，就会受到怀疑，像这样，游说者的生命就危险了。君主有了过错，而游说者义正词严地推究他的罪恶，那么游说者的生命就危险了。君主计谋得当，想要以此作为自己的功绩，而游说者参与其事并知晓内情，那么游说者的生命就危险了。勉强君主去做不愿做的事，阻止君主去做不愿停止的事，游说者的生命就危险了。”

韩非子又说："和君主讨论大臣，会被认为在离间君臣关系；和君主讨论近侍，会被认为在卖弄权势；谈论君主所喜爱的人，会被认为在寻找进身之资；谈论君主所憎恶的人，会被君主认为在试探自己；随顺君主的心意进说，会被认为怯懦而不够坦诚；谋虑深远，进说时无所拘束，会被认为粗俗傲慢。这些游说的困难不可不知。君主如果自认为计谋高明，就不要用他过去的失败困窘他；君主如果自认为决断果敢，就不要用他的过失触怒他。"凡是游说君主，必须与君主长期相处，深受恩泽，深入谋划也不会被怀疑，引发争执也不会被治罪，于是就可以明确计算利害得失，以成就君主的功业，直接指明是非曲直，以约束君主的行为。能以这样的方式与君主相处，便是游说的成功。

荀悦曰："夫臣下之所以难言者何也[1]？言出乎身则咎悔及之矣[2]。故曰：举过揭非则有干忤之咎[3]，劝励教诲则有侠上之讥[4]。言而当则耻其胜己也，言而不当则贱其愚也。先己而同则恶其夺己明也，后己而同则以为顺从也。违下从上则以为谄谀也，违上从下则以为雷同也。与众共言则以为顺负也[5]，违众独言则以为专美也[6]。言而浅露则简而薄之，深妙弘远则不知而非之[7]。特见独智则众恶其盖之也[8]，虽是而不见称；与众同智则以为附随也[9]，虽得之不以为功。谦让不争则以为易穷，言而不尽则以为怀隐，进说竭情则以为不知量[10]。言而不效则受其怨责，言而事效则以为固当。利于上不利于下，或便于左则不便于右，或合于前而忤于后，此下情所以常不通[11]。仲尼发愤称'予欲无言'者[12]，盖为语之难也。"

【注释】

①夫臣下之所以难言者何也:以下至"盖为语之难也",出自荀悦《汉纪·孝哀皇帝纪》。

②咎悔:灾祸,灾患。

③干忤:触犯。咎:罪过。

④侠:挟持。《汉纪·孝哀皇帝纪》作"刺"。

⑤顺负:随顺依凭。

⑥专美:独享美名。

⑦深妙:深奥微妙。弘远:广大深远。

⑧独智:过人的智能,独特的智慧。

⑨附随:附属,从属。

⑩不知量:犹不自量,过高地估计自己。

⑪下情:指下级或群众的情况或心意。

⑫予欲无言:出自《论语·阳货》。

【译文】

荀悦说:"臣子向君主进言很难,为什么呢?因为话一出口,灾祸就随之而来。所以说:指出君主的过失,会有冒犯君主的罪过;勉励教诲君主,会招来挟持君主的非议。所言得当,君主会因为你的计谋胜过他而引以为耻;所言不当,君主会认为你愚笨而加以鄙视。抢先说出与君主相同的见解,君主会憎恶你夺走了显示聪明的机会;稍后说出与君主相同的见解,君主会认为你曲意顺从。违背下级顺从上级的意见,会被认为阿谀奉承;违背上级顺从下级的主张,会被认为与人雷同。与众人一同进言,会被认为随波逐流;抛开众人单独进言,会被认为打算独享美名。言论浅露,会被认为简陋而受到鄙视;言论深奥微妙、广大深远,会因为不被理解而受到批评。有独到的见解、过人的智慧,会因为盖过了众人的风头而遭到厌恶,即便见解正确,也不会受到称赞;与众人见识相同,会被认为随声附和,即使谋略得当,也没有功劳。谦让而不争辩,会被认为轻易就理屈词穷；言而不尽，会被认为有所隐瞒；进言时竭心尽意，会被认为不自量力。提出的建议没有成效，会受到埋怨责备；提出的建议收到成效，会被认为本该如此。事情有利于上级，就有可能不利于下级；方便了左边，就有可能妨碍右边；符合了前面的利益，就有可能伤害后面的利益；这就是臣下的真实情况往往难以被君主了解的原因。孔子曾经激愤地说‘我打算不再讲话’，就是针对进言之难发出的感慨。”

何以明其难耶？

昔宋有富人[①]，天雨墙坏。其子曰：“不筑且有盗。”其邻人亦云[②]。暮而果大亡。其家智其子而疑邻人之父。

郑武公欲伐胡[③]，乃以其子妻之，因问群臣：“吾欲用兵，谁可伐者？”关其思曰[④]：“胡可。”乃戮关其思，曰：“胡，兄弟之国也。子言伐之，何也？”胡君闻之，以郑为亲己而不备郑，郑人袭胡，取之。

此二说者，其智皆当矣。然而甚者为戮，薄者见疑，非智之难也，处智则难。

【注释】

①昔宋有富人：以下至“处智则难”，出自《史记·老子韩非列传》。

②其邻人：《史记·老子韩非列传》作“其邻人之父”。父（fǔ），对老年男子的尊称。译文从之。

③郑武公：名掘突，郑桓公之子，春秋时期郑国君主。胡：古国名。姬姓。在今河南郾城西南，春秋初为郑所灭。

④关其思：春秋时郑国大夫。

【译文】

如何说明进言的困难呢？

从前,宋国有个富人,大雨冲坏了他家的墙壁。他的儿子说:“如果不赶紧修好,就会失窃。”邻居家的老人也这么说。当天晚上,果然被偷走了许多钱财。这家人便认为自己的儿子很聪明,而怀疑邻居家的老人。

郑武公想攻打胡国,于是把女儿嫁给胡君为妻,借机问群臣:“我想对外用兵,可以攻打哪个国家?”关其思说:“可以攻打胡国。”郑武公于是杀了关其思,说:“胡国,是兄弟之国。你说可以攻打,是什么居心?”胡国君主听说此事,认为郑国亲近自己,不再防备郑国,郑国于是袭击胡国,吞并了它。

邻人之父与关其思,这二人的智慧都很恰当。然而他们重则被杀害,轻则被猜疑,可见具备智慧并不困难,困难的是如何运用智慧。

卫人迎新妇①,妇上车,问:“骖马②,谁马也?”御曰:“籍之③。”新妇谓仆曰:“拊骖④,无苦服⑤。”车至门,拔⑥,教送母⑦:“灭灶,将失火。”入室见臼⑧,曰:“徙牖下⑨,妨往来者。”主人大笑之。此三言,皆要言也,然而不免为笑者,早晚之时失矣。此说之难也。

【注释】

①卫人迎新妇:以下至“早晚之时失矣”,出自《战国策·宋卫策·卫人迎新妇》。

②骖马:古代一车四马,位于两边的马称“骖马”。

③籍:通“藉”,借。

④拊:通“拊”,击打。

⑤苦:《战国策·宋卫策》作“笞”,译文从之。服:中间夹辕二马称“服马”。

⑥拔:《战国策·宋卫策》作“扶”,译文从之。

⑦送母:《战国策·宋卫策》鲍彪注:"母送妇者,将还,故戒之。"

⑧臼:舂米器。

⑨牖(yǒu):窗户。

【译文】

有一位卫国人迎娶新娘,新娘上车后,问:"两边的骖马,是谁的马?"驾车人说:"是借来的。"新娘便对仆人说:"赶车时鞭打骖马,不要打服马。"车子到了夫家门口,新娘被人扶下车,告诫送行的保姆说:"回去把家中的灶火熄灭,以免失火。"新娘进入房间时,看见捣米臼,说:"把它移到窗下,以免妨碍行人往来。"夫家的人都笑话她。这三句话,都是很中肯的话,然而不免被人嘲笑,这是因为说话的早晚时机不对。这就是进言的困难之处。

说者知其难也,故语必有钧,以取人情。何以明之?

【译文】

游说者明白进言的困难,所以在游说之前必须先进行试探,以了解对方的心理与态度。如何证明这一道理?

昔齐王后死[①],欲置后而未定,使群臣议。薛公田婴欲中王之意[②],因献十珥而美其一[③]。旦日,因问美珥所在,因劝立以为王后。齐王大悦,遂重薛公。此情可以物钓也。

【注释】

①昔齐王后死:以下至"遂重薛公",出自《淮南子·道应训》。齐王,指齐威王,名因齐,战国时期齐国君主。

②薛公田婴:战国时期齐国宗室,齐威王少子(存疑),孟尝君田文

之父，号靖郭君。封于薛（今山东滕州南），故称“薛公”。

③珥（ěr）：用珠玉做的耳饰。

【译文】

从前，齐王的王后去世了，齐王打算选立新王后，但人选尚未确定，让大臣们讨论。薛公田婴想迎合齐王的心意，于是献给齐王十对耳饰，其中有一对特别精美。第二天，田婴就去打探那对最精美的耳饰赐给了哪位妃子，然后劝齐王将她立为王后。齐王非常高兴，遂重用田婴。这说明，可以利用器物来探知人心。

申不害始合于韩王①，然未知王之所欲也，恐言而未必中于王也。王问申子曰：“吾谁与而可？”对曰：“此安危之要，国家之大事也。臣请深惟而苦思之。”乃微谓赵卓、韩晁曰②：“子皆国之辩士也。夫为人臣者，言何必用，尽忠而已矣。”二人各进议于王以事。申子微视王之所说以言于王③，王大说之。此情可以言钓也。

【注释】

①申不害始合于韩王：以下至“王大说之”，出自《战国策·韩策一·魏之围邯郸》。申不害，战国时郑国京（今河南荥阳东南）人。事韩昭侯，为相十五年。主张法治，尤其重视“术”，是法家代表人物之一。韩王，指韩昭侯，名武，战国时期韩国君主。

②微：暗暗，悄悄。赵卓、韩晁：韩国大臣。

③说：同“悦”。下“说”字同。

【译文】

申不害刚开始和韩王接触，但还不知道韩王想要什么，担心进言未必能投合韩王的心意。韩王问申不害说：“我和谁结盟比较好呢？”申不害回答说："这是安危的关键，国家的大事。请让我深思熟虑后再回答。"申不害于是暗中对赵卓、韩晁说："你们都是韩国能言善辩之士。作为臣子，意见何必被君主采纳，只要竭尽忠心就可以了。"于是二人分别在韩王面前讨论国家大事。申不害暗中观察韩王喜欢谁的意见，再把这个意见献上，韩王听了非常高兴。这说明，可以利用言语来探知人心。

吴伐越[①]，越栖于会稽[②]，勾践喟然叹曰："吾终此乎？"大夫种曰："汤系夏台[③]，文王囚羑里，重耳奔翟[④]，齐小白奔莒[⑤]，其卒霸王。由是观之，何遽不为福乎？"勾践及得免，务报吴。大夫种曰："臣观吴王政骄矣，请尝之。"乃贷粟以卜其事。子胥谏勿与，王遂与之。子胥曰："王不听谏，后三年吴其墟矣。"太宰嚭闻之，谗曰："伍员貌忠而实忍人[⑥]。"吴遂杀子胥。此情可以事钓也。

【注释】

①吴伐越：以下至"吴遂杀子胥"，出自《史记·越王勾践世家》，有删节。

②会稽：指会稽山，在今浙江绍兴南。《史记·越王勾践世家》："越王乃以余兵五千人保栖于会稽。"裴骃《集解》引杜预曰："上会稽山也。"

③汤系夏台：《史记·夏本纪》："（夏桀）乃召汤而囚之夏台，已而释之。"夏台，又名"均台"，在今河南禹州南。

④重耳奔翟：重耳，即晋文公。晋献公时，重耳为了躲避迫害，出奔到翟国。事见《左传·僖公五年》。翟，同"狄"。

⑤齐小白奔莒：小白，即齐桓公。齐襄公时，小白为了躲避内乱，出奔到莒国。事见《左传·庄公七年》。莒，古国名。西周时小国。

春秋初迁都莒（今山东莒县），后为楚所灭。

⑥忍人：残忍的、硬心肠的人。

【译文】

吴国讨伐越国，越王勾践被困于会稽山，叹息道："难道我将要死在这里吗？"大夫文种说："当年，商汤被囚禁于夏台，周文王被囚禁于羑里，晋公子重耳出奔狄国，齐公子小白出奔莒国，但他们后来都成就了王霸之业。就此看来，谁说我们不能转祸为福呢？"勾践被赦免回国后，一心想着报复吴国。大夫文种说："据我观察，吴王夫差治理国事已经很傲慢了，请让我试探一下。"于是向吴国借贷粮食，以此试探吴王。伍子胥劝吴王不要借粮，吴王不听，坚持借粮给越国。伍子胥说："大王不听劝谏，不出三年，吴国恐怕要成为一片废墟了。"太宰伯嚭听到了伍子胥的话，向吴王进谗言说："伍子胥貌似忠厚，实际上是个残忍的人。"吴王于是杀害了伍子胥。这说明，可以利用事情来探知人心。

客以淳于髡见梁惠王①，惠王屏左右②，再见之，终无言。惠王怪之，让客。客谓淳于髡，髡曰："吾前见王，王志在驰逐。后复见王，王志在音声。是以默然。"客具以报王。王大骇曰："淳于先生诚圣人也。前有献善马，寡人未及试，会生来。后有献讴者，未及试，又会生至。寡人虽屏人，然私心在彼。"此情可以志钓也。

【注释】

①客以淳于髡见梁惠王：以下至"然私心在彼"，出自《史记·孟子荀卿列传》，有删节。

②屏（bǐng）：使退避。

【译文】

有人把淳于髡推荐给梁惠王，梁惠王摒退左右随从，两次接见了淳于髡，但淳于髡始终一言不发。梁惠王感到奇怪，责备那个推荐淳于髡的人。这人将梁惠王的话转告淳于髡，淳于髡说："我第一次见大王时，大王正想着骑马驰骋。第二次见大王时，大王正想着欣赏音乐。所以我默不作声。"这人将淳于髡的话全部汇报给梁惠王。梁惠王大吃一惊，说："淳于先生果真是圣人。第一次接见时，有人献给我一匹好马，我还没来得及试骑，恰好淳于先生来了。第二次接见时，有人献给我一名歌者，我还没来得及试听，恰好淳于先生又来了。我当时虽然摒退左右，但心里确实在想着别的事。"这说明，可以通过观察神志来探知人心。

智伯从韩、魏之君伐赵[①]。韩、魏用赵臣张孟谈之计[②]，阴谋叛智伯。张孟谈因朝智伯，遇智果于辕门之外[③]。智果入见智伯曰："二主殆将有变。臣遇张孟谈，察其志矜而行高[④]，见二君色动而变[⑤]，必背君矣。"智伯不从。智果出，遂更其姓为辅氏。张孟谈入见赵襄子曰："臣遇智果于辕门之外，其视有疑臣之心。入见智伯而更其族。今暮不击，必后之矣。"襄子曰："诺。"因与韩、魏杀守堤之吏，决水灌智伯军。此情可以视钓也。

【注释】

①智伯从韩、魏之君伐赵：以下至"决水灌智伯军"，出自《战国策·赵策一·知伯帅赵、韩、魏而伐范、中行氏》，有删节。

②张孟谈：赵襄子谋臣。

③辕门：领兵将帅的营门。

④矜：骄傲。行高：犹言趾高气扬。

⑤色动而变:《战国策·赵策一》作"色动而意变"。色动,脸色改变。意变,意态异常。译文从之。

【译文】

智伯率领韩、魏两家的君主一起讨伐赵氏。韩、魏之君听从了赵氏家臣张孟谈的计策,阴谋背叛智伯。张孟谈拜见智伯出来,在营门外遇见了智果。智果进去见智伯说:"韩、魏之君恐怕会叛变。我刚刚遇见张孟谈,看到他神情傲慢,趾高气扬,又看到韩、魏之君神色改变,意态异常,一定会背叛您。"智伯没有听从他的意见。智果出来之后,就把自己的姓改为辅氏。张孟谈去见赵襄子,说:"我在营门外碰到智果,他眼中露出怀疑我的神色。他去见智伯,出来后就更改了自己的姓氏。今天晚上如果不发动攻击,就来不及了。"赵襄子说:"好。"于是与韩、魏两家一起杀了守护堤坝的官吏,挖开堤坝,水淹智伯的军队。这说明,可以通过察言观色来探知人心。

殷浩仕晋[①],有盛名。时人观其出处[②],以卜江左兴亡。此情可以贤钓也。《吕氏春秋》曰:"夫国之将亡,有道者先去[③]。"

【注释】

①殷浩仕晋:以下至"以卜江左兴亡",出自《晋书·殷浩传》。殷浩,字渊源,陈郡长平(今河南西华东北)人。东晋时期大臣,清谈家。官至扬州刺史、中军将军。后由于北伐失败,被免为庶人。

②出处:谓出仕和隐退。

③夫国之将亡,有道者先去:出自《吕氏春秋·先识览·先识》。

【译文】

殷浩在东晋做官,名气很大。当时人通过观察殷浩是出仕还是隐退,来判断东晋的兴亡。这说明,可以通过贤人的行为来探知国家的情况。《吕氏春秋》说:"国家将要灭亡时,有道之人一定会先离开。"

《黔经》曰："喜色犹然以出[①]，怒色麃然以侮[②]，欲色呕然以愉[③]，惧色惮然以下[④]，忧色惧然以静[⑤]。"此情可以色钓也。《易》曰："将叛者其辞惭[⑥]，中心疑者其辞枝[⑦]，吉人之辞寡[⑧]，躁人之辞多[⑨]，诬善之人其辞游[⑩]，失其守者其辞屈[⑪]。"《周礼》五听[⑫]："一曰辞听[⑬]，辞不直则烦[⑭]；二曰色听，色不直则赧[⑮]；三曰气听，气不直则喘；四曰耳听[⑯]，耳不直则惑；五曰目听，目不直则眊然[⑰]。"

【注释】

①喜色犹然以出：以下至"忧色惧然以静"，类似文字见于《逸周书·官人解》与《大戴礼记·文王官人》。犹然，舒迟貌。

②麃（biāo）然：《大戴礼记·文王官人》作"拂然"，愤怒貌，不悦貌。拂，通"怫（fú）"。译文从之。侮：轻慢，不恭敬。黄怀信《逸周书汇校集注》引潘振曰："人怒则不敬，故曰侮也。"

③呕（ōu）然：《逸周书·官人解》作"妪然"。黄怀信《逸周书汇校集注》引朱右曾曰："妪然，欲得之貌，如鸡将伏卵然。"愉：《大戴礼记·文王官人》作"偷"，苟且。译文从之。

④惮（dàn）然：畏惧貌。

⑤惧然：惊视貌，惊貌。惧，通"瞿"。

⑥将叛者其辞惭：以下至"失其守者其辞屈"，出自《周易·系辞下》。

⑦枝：分散，杂乱。《周易·系辞下》孔颖达疏："中心于事疑惑，则其心不定，其辞分散，若闲枝也。"

⑧吉人：善良的人。

⑨躁人：急躁的人。

⑩游：虚浮不实。《周易·系辞下》孔颖达疏："游谓浮游，诬罔善人，其辞虚漫，故言其辞游也。"

⑪失其守：失去操守。《周易·系辞下》高亨注："失其操守之人，附

声附和，不敢坚持己见，故其辞屈服。”

⑫五听：审察案情的五种方法。听，判断。《周礼·秋官·小司寇》：“以五声听狱讼，求民情。”

⑬一曰辞听：以下至“目不直则眊然”，出自《周礼·秋官·小司寇》及郑玄注。

⑭烦：繁多，繁杂。

⑮赧（nǎn）：因羞愧而脸红，惭愧。

⑯耳听：指观察当事人倾听他人言辞时的反应。

⑰眊（mào）：眼睛失神。

【译文】

《黔经》说：“高兴的神色轻松而舒缓，愤怒的神色怫然不悦而盛气凌人，贪欲的神色贪婪而苟且，恐惧的神色畏惧而退缩，忧虑的神色惊恐而沉默。”这说明，可以通过神色来探知人心。《周易》说：“将要背叛的人，其言辞惭愧不安；内心疑惑的人，言辞杂乱无章；善良的人，话少；急躁的人，话多；诬陷善人的人，其言辞虚浮不实；失去操守的人，其言辞理屈词穷。”《周礼》记载了审察案情的五种方法：“一是根据言辞判断曲直，理屈的人言辞繁杂；二是根据神色判断曲直，理屈的人神色羞愧；三是根据气息判断曲直，理屈的人呼吸急促；四是根据当事人倾听他人言辞时的反应判断曲直，理屈的人常常显得疑惑；五是根据眼神判断曲直，理屈的人目光无神。”

由是观之，夫人情必见于物。昔晋王好色[①]，骊姬乘色以壅之[②]；吴王好广地，太宰陈伐以壅之；桓公好味，易牙蒸子以壅之[③]。沉冥无端[④]，甚可畏也。故知人主之好恶不可见于外，所好恶见于外，则臣妾乘其所好恶以行壅制焉。故曰：“人君无见其意，将为下饵[⑤]。”此之谓也。能知此者，可以纳说于人主矣。

【注释】

①昔晋王好色：以下至“此之谓也”，见于《群书治要》卷四十七引《世要论·决壅》。

②壅：蒙蔽。

③易牙：齐桓公宠臣，善于烹饪。传说他曾杀了儿子蒸好后给齐桓公吃。

④沉冥无端：指隐秘而难以捉摸。

⑤下饵：指臣子用诱饵来引诱蒙蔽君主。

【译文】

就此看来，人的内心必定会通过外物表现出来。从前，晋献公喜欢美色，骊姬就利用自己的美色蒙蔽他；吴王夫差喜欢开疆拓土，太宰伯嚭就通过建议发动战争来蒙蔽他；齐桓公喜欢美味，易牙就通过把儿子蒸熟供其享用来蒙蔽他。臣子蒙蔽君主的手段隐秘而难以捉摸，非常可怕。因此，君主的好恶不可以显露于外，好恶一旦显露于外，他的臣子、妻妾就会利用他的好恶来蒙蔽挟制他。所以说：“君主不要显露自己的意图，不然，臣子将用诱饵来引诱蒙蔽君主。”说的就是这个道理。能懂得这个道理，就可以成功地游说君主了。

诡信第二十三议曰：代有诡诈反为忠信者也。抑亦通变适时，所谓“见机而作，不俟终日”者。

【题解】

所谓“诡信”，指貌似诡诈之人，往往才是真正的忠信之士。儒家认为，不可拘泥于“信”而不知变通。如孔子曾说过：“言必信，行必果，硁硁然小人哉。”孟子也曾说过：“大人者，言不必信，行不必果，惟义所在。”应当以“义”为准绳，“适时所为，见机而作”。文中还指出，由于阵营、立场的不同，“忠于斯，必不诚于彼”。对敌人的诡诈，正是忠信的表现形式。赵蕤总结到，是否忠信，应以“臣主之义”“上下之分”作为判断标准。只要符合这一标准，即便行事诡诈，不妨碍其为忠信之人。

赵蕤自注：“每个时代，都有看似诡诈，其实忠实诚信的人。他们或许就是通晓变化，顺应时势，所谓‘明察事物细微的变化，抓住时机立即行动’的人吧。”

孔子曰：“君子贞而不谅[1]。”又曰：“信近于义，言可覆也[2]。”由是言之，唯义所在，不必信也[3]。议曰：微哉！微哉！天下之事也，不有所废则无以兴。若忠于斯，必不诚于彼，自然之理矣。由是观之，则吾之所谓忠，则彼之所谓诈。然则忠之与诈，将何而取定哉？抑吾闻之，夫臣主有大义，上下有定分[④]，此百代不易之道也。故欲行忠，观臣主之义定；欲行信，顾上下之分明。苟分、义不愆于躬[⑤]，虽谲而不正可也[⑥]。

【注释】

①君子贞而不谅：出自《论语·卫灵公》。何晏《集解》引孔安国曰："君子之人正其道耳，言不必小信。"

②信近于义，言可覆也：出自《论语·学而》，为有子之言。覆，《论语》作"复"，指履行诺言。

③唯义所在，不必信也：《孟子·离娄下》："孟子曰：大人者，言不必信，行不必果，惟义所在。"

④定分：固定的名分。

⑤愆：违背，违失。躬：自身，自己。

⑥谲（jué）而不正：指行事诡诈而不正派。《论语·宪问》："子曰：'晋文公谲而不正，齐桓公正而不谲。'"谲，诡诈，欺诳。

【译文】

孔子说："君子坚守正道而不必拘泥于小信用。"又说："所定的信约符合道义，说的话就能兑现。"就此而言，君子只要坚守道义，说话不一定要句句守信。评论道：微妙啊！微妙啊！天下的事情，不有所废弃，就不会有兴起。如果忠诚于某一方，必然无法忠诚于另一方，这是很自然的道理。就此看来，我方认为是忠诚的人，在对方看来就是奸诈的。那么忠诚与奸诈，又将如何区分呢？我听说，君臣之间有公认的大义，上级与下级有固定的名分，这是百代不变的道理。因此要讲忠诚，就看是否符合君臣之间的大义；要讲信义，就看是否符合上下级之间的名分。只要自身没有违背名分与大义，即使行事诡诈而不正派，也是可以的。

何以明之？

叶公问孔子曰[①]："吾党有直躬者[②]，其父攘羊[③]，而子证之[④]。"孔子曰："吾党有直躬者异于是。父为子隐，子为父隐，直在其中矣。"

【注释】

①叶公问孔子曰：以下至"直在其中矣"，出自《论语·子路》。叶公，即沈诸梁。

②吾党：我的同乡。党，古代行政基层组织。五家为邻，五邻为里，五百家为党。直躬：以直道立身。

③攘（rǎng）：盗窃。

④证：告发。

【译文】

如何证明这一点呢？

叶公对孔子说："我们乡里有个以直道立身的人，他的父亲偷了羊，他就出来告发。"孔子说："我们乡里行直道的人与此不同。父亲为儿子隐瞒，儿子为父亲隐瞒，直道就在其中了。"

楚子围宋[①]，宋求救于晋。晋侯使解扬如宋[②]，使无降楚，曰："晋师悉起，将至矣。"郑人囚而献诸楚。楚子厚赂之，使反其言[③]。许之。登诸楼车[④]，使呼宋人而告之，遂致其君命。楚子将杀之，使与之言曰："尔既许不穀[⑤]，而反之，何故？非我无信，汝则弃之。速即尔刑。"对曰："臣闻之，君能制命为义，臣能承命为信[⑥]，信载义而行之为利。谋不失利，以卫社稷，民之主也[⑦]。义无二信，信无二命。君之赂臣，不知命也。受命以出，有死无贾[⑧]，又何赂乎？臣之许君，以成命也。死而成命，臣之禄也[⑨]。寡君有信臣[⑩]，下臣获考考，成也。死又何求[⑪]？”楚子舍之以归。韩子曰：“楚有直躬者[⑫]，其父窃羊而讦之吏。令尹曰：‘必杀之。’以为直于君而曲于父，执其子而罪之。以是观之，夫君之直臣，父之暴子也。鲁人从君战，三战三北。仲尼问其故，对曰：‘吾有老父，死莫之养也。’仲尼以为孝，举而用之。以是观之，夫父之孝子，君之北人也。故令尹诛而楚奸不上闻，仲尼赏之，鲁人易降北。上下之利若是其异也。而人主兼举匹夫之行，而求致社稷之福，必不几矣[⑬]。”

【注释】

①楚子围宋：以下至“楚子舍之以归”，出自《左传·宣公十五年》。楚子，指楚庄王。

②晋侯：指晋景公。解扬：字子虎，霍（今山西霍州西南）人（据《史记·郑世家》），春秋时期晋国大夫。

③反其言：《左传·宣公十五年》杨伯峻注：“使其言晋不来救。”

④楼车：古代战车，上设望楼，用以瞭望敌人。

⑤不穀（gǔ）：不善。古代王侯自称的谦辞。

⑥君能制命为义，臣能承命为信：《左传·宣公十五年》杨伯峻注：“制定与发布命令为君主之事，以此为当然，为合理；接受并贯彻命令为臣下之事，以此为信守。”

⑦民之主：指卿大夫。《左传·宣公十五年》杨伯峻注：“《传》凡五言‘民之主也’，皆指卿大夫，……此则似解扬暗中自指。”

⑧霣（yǔn）：废弃命令。《左传·宣公十五年》杨伯峻注：“宁有死而不能废命。霣，同‘陨’。”

⑨禄：福气。

⑩寡君：臣下对别国谦称本国国君。信臣：忠臣。

⑪下臣获考死又何求:《左传·宣公十五年》杨伯峻注:"考死,为一词,犹《尚书·洪范》之'考终命',此谓死得其所。"

⑫楚有直躬者:以下至"必不几矣",出自《韩非子·五蠹》。

⑬不几(jì):没有希望,不可希求。几,通"冀"。

【译文】

楚庄王率军围困宋国,宋国向晋国求救。晋景公派解扬到宋国去,让宋国不要投降楚国,说:"晋军已经全部出发了,即将到达。"解扬路经郑国时,郑国人将他抓获并献给楚国。楚庄王给他许多财物,让他对宋人传达相反的话。解扬同意了。解扬登上楼车,楚人让他呼叫宋人并向他们传话,解扬却趁机传达了晋君的命令。楚庄王要杀掉他,派人对他说:"你既然已经答应了我,却又反悔,是什么原因?不是我不讲信用,而是你违背了诺言。你赶紧受死吧。"解扬回答说:"我听说,国君能制定正确的命令叫作'义',臣子能承担命令叫作'信',以臣子的信去贯彻施行君主的义叫作'利'。谋划而不失去利,以保卫国家社稷,这是卿大夫的本分。贯彻义不能有两种相互矛盾的信,守信的臣子也无法接受两种相互矛盾的命令。您用财物贿赂我,说明您不理解命令的意义。臣子接受君主的命令出使于外,宁死也不能废弃命令,又怎么可以因为财物而改变呢?我之所以假装答应您,是为了完成我们君主的命令。虽然死了,却完成了君主的命令,这是我的福气。我们君主有忠心的臣子,我又死得其所,考,是成的意思。还能要求什么呢?"楚庄王于是赦免了解扬,让他回去了。韩非子说:"楚国有个以直道立身的人,他的父亲偷了羊,他向官吏告发。令尹说:'一定要杀了他。'认为他虽然对君主忠诚,却背叛了自己的父亲,因而把他抓起来治罪。就此看来,君主的忠臣,却是父亲的逆子。有个鲁国人跟随鲁君作战,三次上阵三次败逃。孔子问他是什么原因,他回答说:'我家中有老父亲,我如果战死,就没人奉养他了。'孔子认为他是位孝子,于是加以提拔任用。就此看来,父亲的孝子,却是君主的逃兵。所以令尹诛杀了告发父亲的人,楚国的奸诈之事就没人举报了;孔子奖励了守孝道的逃兵,鲁国人作战时就容易投降败逃了。国家和个人的利益是如此不同。君主如果既奖赏个人的德行,又想谋求国家的利益,必然没有希望。"

颜率欲见公仲[①],公仲不见。颜率谓公仲之谒者曰:"公仲必以率为伪也,故不见率。公仲好内,率曰好士;公仲啬于财,率曰散施;公仲无行,率曰好义。自今以来,率且正言之而已矣。"公仲之谒者以告公仲,公仲遽起而见之。议曰:《语》称:"恶讦以为直者[②]。"《易》曰:"君子以遏恶扬善[③]。"若使颜率忠正,则公仲之恶露,故颜率诈伪,则公仲之福。

【注释】

①颜率欲见公仲:以下至"公仲遽起而见之",出自《战国策·韩策一·颜率见公仲》。颜率,战国时期谋士。公仲,指公仲侈(王引之《读书杂志》认为应作"公孙侧"),战国时期韩国人,韩宣惠王时为相。

②恶讦(jié)以为直者:出自《论语·阳货》。讦,揭发别人的阴私。

③君子以遏恶扬善:出自《周易·大有卦·象辞》。

【译文】

颜率求见韩相公仲侈,公仲侈不见他。颜率对公仲侈的侍从说:"公仲一定认为我不诚实,所以不肯见我。公仲喜欢女色,我却说他好士;公仲对钱财吝啬,我却说他慷慨好施;公仲品行不端,我却说他追求道义。从今以后,我对公仲之事只好直言不讳了。"公仲的侍从把这些话告诉公仲侈,公仲侈连忙起身接见他。评论道:《论语》说:"憎恶那些揭人阴私而自以为正直的人。"《周易》说:"君子遏止邪恶,宣扬善行。"如果颜率忠诚正直,那么公仲侈的恶行就会暴露,所以颜率诡诈虚伪,反而是公仲侈的福气。

齐伐燕得十城[1]。燕王使苏秦说齐[2]，齐归燕十城。苏秦还，燕人或毁之曰："苏秦左右卖国[3]，反覆臣也，将作乱。"燕王意疏之，舍而不用。苏秦恐被罪，入见王曰："臣，东周之鄙人也[4]，无尺寸之功，而王亲拜之于庙，礼之于庭。今臣为王却齐之兵，而功得十城，宜以益亲。今来而王不官臣者，人必有以不信伤臣于王者。且臣之不信，王之福也。燕王亦尝谓苏代曰[5]："寡人甚不喜訑者言也[6]。"代对曰："周地贱媒，为其两誉也。之男家曰女美，之女家曰男富。然周之俗，不自为娶妻。且夫处女无媒，老且不嫁。舍媒而自炫[7]，弊而不售[8]。顺而无毁，则售而不弊者，唯媒耳。且事非权不立，非势不成。夫使人坐受成事者，唯訑耳。"訑，音土和反。使臣信如尾生，廉如伯夷，孝如曾参，三者天下之高行，而以事王，可乎？"燕王曰："可也。"苏秦曰："有此臣亦不事王矣。孝如曾参，义不离其亲宿昔于外[9]，王又安能使之步行千里而事弱燕之危王哉？廉如伯夷，义不为孤竹君之嗣[10]，不肯为武王之臣，不受封侯而饿死于首阳之下。有廉如此者，王又安能使之步行千里而进取于齐哉？信如尾生，与女子期于梁柱之下[11]，女子不来，水至不去，抱梁柱而死。有信如此，何肯扬燕、秦之威，却齐之强兵哉[12]？韩子曰："夫许由、续牙、卞随、务光、伯夷、叔齐[13]，此数人者，皆见利不喜，临难不恐。夫见利不喜，虽厚赏无以劝之。临难不恐，虽严形无以威之[14]。此谓不令之人，先古圣王皆不能臣。当今之代，将安用之？"且夫信行者[15]，所以自为也，非所以为人也，皆自覆之术[16]，非进取之道也。且三王代兴，五霸迭盛，皆不自覆？君以自覆为可乎？则齐不益于营丘[17]，足下不窥于边城之外。昔郑子产献入陈之捷于晋[18]，晋人问曰："何故侵小？"对曰："先王之命，惟罪所在，各致其辟[19]。且昔天子之地一圻[20]，列国一同[21]，自是以衰[22]。今大国多数圻矣，若无侵小，何以至大焉？"晋人不能诘也。且臣之有老母于东周，离老母而事足下，去自覆之术，而行进取之道，臣之趋固不与足下合者。足下皆自覆之君也，仆者进取之臣也。臣所谓以忠信得罪于君也。"燕王曰："夫忠信又何罪之有也？"对曰："足下不知也。臣邻家有远为吏者，其妻私人。其夫且归，其私者忧之。其妻曰：'公勿忧也，吾以为药酒待之矣[23]。'后二日，夫至，妻使妾奉卮酒进之。妾知其药酒也，进之则杀主父，言之则逐主母，乃佯僵弃酒[24]。主父大怒而笞之。妾之弃酒，上以活主父，下以存主母，忠至如此，然不免于笞。此以忠信得罪也。臣之事，适不幸而类妾之弃酒也。且臣之事足下，亢义益国[25]，今乃得罪，臣恐天下后事足下者，莫敢自必也[26]。且臣之说齐，曾不欺之也[27]。后之说齐者[28]，莫如臣之言，虽尧、舜之智，不敢取之[29]。"燕王曰："善。"复厚遇之。

【注释】

①齐伐燕得十城：以下至"复厚遇之"，杂抄自《史记·苏秦列传》与《战国策·燕策一·人有恶苏秦于燕王者》。

②燕王：指燕易王。

③左右：指摇摆不定。

④东周：战国时代小国名。周考王分封的诸侯国西周，传至西周惠公，封其少子于巩（今河南巩义西南），号东周。后为秦所灭。

⑤燕王亦尝谓苏代曰：以下至"唯訑耳"，出自《战国策·燕策

一·燕王谓苏代曰》。

⑥诧（tuó）：欺诈。

⑦炫（xuàn）：自夸，自荐。

⑧弊而不售：困在家里嫁不出去。

⑨宿昔：夜晚。

⑩义不为孤竹君之嗣：《史记·伯夷列传》："伯夷、叔齐，孤竹君之二子也。父欲立叔齐，及父卒，叔齐让伯夷。伯夷曰：'父命也。'遂逃去。叔齐亦不肯立而逃之。"

⑪梁柱：支承桥梁的柱子。

⑫扬燕、秦之威，却齐之强兵：指苏秦以燕、秦联合恐吓齐王，逼齐国归还城邑。事见《史记·苏秦列传》。

⑬夫许由、续牙、卞随、务光、伯夷、叔齐：以下至"将安用之"，出自《韩非子·说疑》。续牙，人名。传说是舜的七友之一。卞随、务光，均为人名。传说商汤灭夏后想把君位让给他们，他们都不接受，投河而死。

⑭严形：严刑。亦指施行严厉的刑法。形，通"刑"。

⑮信行：诚实守信的品行。

⑯自覆：《战国策·燕策一·人有恶苏秦于燕王者》鲍彪注："覆，犹庇护也，自护其名。"

⑰营丘：齐国早期都城。在今山东淄博临淄区东北。

⑱昔郑子产献入陈之捷于晋：以下至"晋人不能诘也"，出自《左传·襄公二十五年》。献入陈之捷，指献上从陈国缴获的战利品。鲁襄公二十五年（前548），郑国攻入陈国，以报前一年陈国与楚国侵郑之仇。《左传·襄公二十五年》："初，陈侯会楚子伐郑，当陈隧者，井堙木刊。郑人怨之。六月，郑子展、子产帅车七百乘伐陈，宵突陈城，遂入之。"

⑲惟罪所在，各致其辟（pì）：指犯下罪过，就应该给予相应的惩罚。

辟，刑罚。

⑳一圻（qí）：方圆千里。

㉑一同：方圆百里。

㉒自是以衰（cuī）：以此递减。衰，差降。

㉓药酒：毒酒。

㉔僵：倒下。

㉕亢义益国：高王之义，利王之国。

㉖自必：自己坚信，自以为必然。

㉗曾不欺之也：意谓何尝不是欺骗他呢。曾，犹何曾。也，犹邪，表示疑问的语气词。

㉘后之说齐者：《战国策·燕策一》作“使之说齐者”。何建章注：“王引之《经传释词》卷九‘之，犹“若”也。“假之”，皆谓“假若”也。’则此‘使之’即‘使若’，本书屡见，亦即‘假若’。”译文从之。

㉙取：言取回齐侵燕之十城。

【译文】

齐国攻打燕国，夺取了十座城邑。燕王派苏秦去齐国游说，使齐国归还了燕国的十座城邑。苏秦回到燕国后，燕国有人诽谤他说：“苏秦左右摇摆，出卖国家，是个反复无常的奸臣，将来一定会作乱。”燕王于是有意疏远苏秦，不再任用他。苏秦害怕获罪，去拜见燕王说：“我，是来自东周的鄙陋之人，并无半点功劳，而大王您亲自在宗庙中授予我官职，在朝堂上以礼相待。如今我为您劝退了齐国的军队，收复了十座城邑，您理应更亲近我。现在我回到燕国，您却不再让我任职了，这一定是有人将不诚信的罪名加在我头上，在您面前中伤我。况且我不诚信，正是您的福分。燕王也曾经对苏代说：“我很不喜欢欺骗的话。”苏代回答说：“周地看不起媒人，因为媒人两边说好话。到男方家就夸女方美丽，到女方家就夸男方富有。但是周地风俗，男子不能自行娶妻。而且，如果没有媒人撮合，姑娘到老也嫁不出去。如果不用媒人而去自我夸耀，就更加难以出嫁。顺应风俗，避免诋毁，顺利地成亲，只有靠媒人才行。况且，如果不变通，事情就办不成；如果不顺应时势，事情就不能成功。能够让人坐享其成的，只有说谎话的人。”訑，音土和反。如果我像尾生那样守信，像伯夷那样廉洁，像曾参那样孝顺，以这三种天下最高尚的品行来事奉您，可以吗？”燕王说：“可以。”苏秦说：“即便有这样的臣子，也不会来事奉您。像曾参一样孝顺的人，为尽孝道，不会离开父母在外面过上一夜，您又怎么能让他步行千里来到弱小的燕国，事奉处在危困中的君主呢？像伯夷一样廉洁的人，坚守道义，不愿做孤竹君的继承人，不愿成为周武王的臣子，不愿接受封侯而最终饿死在首阳山下。像这样廉洁的人，您又怎么能让他步行千里到齐国游说齐王呢？像尾生一样守信的人，和女子相约在桥下见面，女子没有按时到来，河水上涨，尾生坚持不肯离开，最后抱着桥柱淹死了。像这样守信的人，又怎么肯向齐王吹嘘燕国、秦国的威势，以吓退齐国的强兵呢？韩非子说：“许由、续牙、卞随、务光、伯夷、叔齐，这些人，全都见到利益而不动心，面临危难而不恐惧。见到利益而不动心的人，虽然加以厚赏，也无法激励他们。面临危难而不恐惧的人，虽然施加严刑，也无法威慑他们。这就是所谓的无法指使的人，即便是古代圣王也不能令他们臣服。处在当今的时代，又怎么任用他们呢？”况且诚实守信的品行，是为了自己，而不是为了别人，是维护自己名声的方式，而不是进取之道。况且三王轮流兴起，五霸先后强盛，他们都不在意个人的名声，您难道认为维护自己的名声就可以了吗？那么齐国的势力就不会超出营丘，您也不会觊觎边城之外的地盘。从前，郑国子产向晋国奉献从陈国缴获的战利品，晋人问他：“为什么进攻小国？”子产回答说：“根据先王的命令，只要有罪，就要给予相应的惩罚。况且从前天子只有方圆千里的地盘，各个诸侯只有方圆百里的地盘，以此递减。如今大国的领土多达方圆数千里，要是没有侵犯小国，怎么能有这么大的疆域呢？”晋人无言以对。况且，我的老母亲还在东周家中，我离开老母事奉您，不顾自己的名声而谋求进取，我的追求本来就和您不一样。您是在意自己名声的君主，我是积极进取的臣子。我就是所谓的因为忠实诚信而得罪君主的人。”燕王问：“忠实诚信又有什么罪过呢？”苏秦回答说：“您不了解。我的邻居家有一位到远方做官的男主人,他的妻子与人私通。男主人就要回家了,妻子的情夫很担忧。妻子说:‘您不要担心,我已经准备好毒酒等着他了。’过了两天,男主人到家,妻子让侍妾献上一卮酒给他喝。侍妾知道卮中装着毒酒,献上就会使男主人丧命,说明真相就会使女主人被驱逐,于是假装倒地,把酒洒在地上。男主人非常生气,鞭打了她。侍妾泼掉毒酒,上可以挽救男主人的性命,下可以保全女主人,忠心耿耿到了这样的程度,但仍不免遭受鞭笞。这就是因为忠实诚信而招致罪名。我的情况,恰巧不幸与这位泼掉毒酒的侍妾类似。况且我事奉您,是为了彰显您的道义,利于您的国家,现在竟然获罪,我担心日后天下前来事奉您的人,都会丧失信心。而且我劝说齐王,何尝不是在欺骗他呢?如果游说齐王的人,都不敢像我这样进言,那么即使有尧、舜那样的智慧,也无法替您收回这十座城邑。”燕王说:“你说得对。”于是重新重用苏秦。

由此观之,故知谲即信也,诡即忠也。夫诡谲之行,乃忠信之本焉。

【译文】

就此看来,可知欺诳就是诚信,诡诈就是忠诚。欺诳诡诈的行为,是忠实诚信的基础。

忠疑第二十四

【题解】

所谓“忠疑”，指忠心耿耿之人常受到怀疑。赵蕤指出，“事之情一也，所从观者异耳”，由于立场、角度的不同，对于同一事物，不同的人往往有着迥异的判断，导致“毁誉是非不可定”。加之君主常常被成见、谗言所蒙蔽，所以即便是忘家殉国的忠臣，也不免横遭猜忌。

夫毁誉是非不可定矣。以汉高之略[①]，而陈平之谋，毁之则疏，誉之则亲。以文帝之明，而魏尚之忠，绳之以法则为罪，施之以德则为功[②]。知世之听者多有所尤，多有所尤即听必悖矣[③]。尤，过。

【注释】

①以汉高之略：以下至“施之以德则为功”，出自《后汉书·冯衍传》。李贤注：“《史记》曰，魏无知荐陈平于高祖，高祖以平为将。绛、灌等咸谮平曰：‘虽美丈夫，如冠玉耳，居家盗嫂。今大王令护军，诸将金多者得善处，金少者得恶处。’高祖让魏无知。无知曰：‘臣所言者能也，陛下所问者行也。楚汉相拒，臣进奇谋之士。

盗嫂受金,又何足疑。'高祖乃令平尽护诸将也。"

②魏尚:西汉槐里(今陕西兴平东南)人。汉文帝时任云中(治今内蒙古托克托东北古城)郡守。《后汉书·冯衍传》李贤注:"魏尚,槐里人。文帝时为云中守,匈奴不近云中。后坐上首虏差六级,下之吏,罚作之。冯唐谏文帝曰:'臣愚以为陛下法太明,罚太重,赏太轻。'帝悦。是日令唐持节赦尚,复以为云中守也。"

③知世之听者多有所尤,多有所尤即听必悖矣:出自《吕氏春秋·有始览·去尤》。尤,《吕氏春秋·有始览·去尤》许维遹注:"疑'尤'借作'囿',谓有所拘蔽也。'过'字不足以尽其义。"

【译文】

诋毁与赞誉,正确与错误,难以有固定的标准。以汉高祖的雄才大略,陈平的足智多谋,有人诽谤陈平时,刘邦就疏远他;有人称赞陈平时,刘邦就亲近他。以汉文帝的明智,魏尚的忠诚,以法律衡量,魏尚就有罪;文帝施加恩德,魏尚就有功。由此可知,世上凭着听闻下结论的人,大多有所局限;大多有所局限,那么所得出的结论必然是谬误的。尤,是过错的意思。

何以知其然耶?

《吕氏春秋》云:人有亡𫓧者[1],意其邻之子。视其行步、颜色、言语、动作、态度无为而不窃𫓧者也。窃掘其谷而得其𫓧。谷,坑也。他日复见其邻之子,动作、态度无似窃𫓧者也。其邻子非变也,己则变之。变之者无他,有所尤矣。

【注释】

①人有亡𫓧(fǔ)者:以下至"有所尤矣",出自《吕氏春秋·有始览·去尤》,有删节。𫓧,通"斧"。

【译文】

怎么知道是这样的呢？

《吕氏春秋》说：有一个丢了斧子的人，怀疑是邻居的儿子偷的。于是，他看邻居儿子走路的姿态、脸色、言语、举止、态度，没有一样不像偷斧子的人。后来，这个人挖坑的时候，找到了自己的斧子。谷，是坑的意思。过了几天，当他又看见邻居的儿子时，其举止、神态，一点也不像偷斧子的人。邻居的儿子没有改变，是他自己改变了。他的改变没有别的原因，就是因为当初存有偏见。

郰之故为甲裳以帛[①]，以帛缀甲。公息忌谓郰之君曰："不若以组。"郰君曰："善。"下令令官为甲必以组[②]。公息忌因令其家皆为组。人有伤之者曰："公息忌之所以欲用组者，其家为甲裳多为组也[③]。"伤，败也。郰君不悦，于是乎止，无以组。郰君有所尤也。郰之故为甲以组而便也[④]，公息忌虽多为组，何伤？以组不便，公息忌虽无以为组，亦何益？为组与不为组，不足以累公息忌之说也。累，辱也。凡听言不可不察。

【注释】

①郰（zhū）之故为甲裳以帛：以下至"不足以累公息忌之说也"，出自《吕氏春秋》，有删节。郰，即邹国，春秋诸侯国，故地在今山东邹城东南。甲裳以帛，即"被练"，指用熟丝来穿缀甲片。

②甲必以组：即"组甲"，指用丝绳带穿缀甲片。《左传·襄公三年》："使邓廖帅组甲三百，被练三千，以侵吴。"杨伯峻注："（组甲）《初学记》二十二引《周书》云：'年不登，甲不缨组。'又《燕策》云：'身自削甲札，妻自组甲絣。'絣是用丝绵所织带，以之穿组甲片

而组甲,则谓之'组甲',较之以绳索穿成者自为牢固;即为兵器所中,穿透后着肉亦无力。然太费工力,故年岁不丰,穿甲不用组綪。""(被练)考之《吕氏春秋·去尤篇》:'邾之故法,为甲裳以帛。公息忌谓邾君曰:"不若以组。凡甲之所以为固者,以满窍矣。今窍满矣,而任力者半耳。且组则不然,窍满则尽任力矣。"'……练是煮熟之生丝,柔软洁白,用以穿甲片成甲衣,自较以组穿甲为容易,但不如组带之坚牢。"

③其家为甲裳多为组也:《吕氏春秋·有始览·去尤》作"其家多为组也"。

④邾之故为甲以组而便也:《吕氏春秋·有始览·去尤》无"邾之故"三字。

【译文】

邾国的旧法,是用熟丝来穿缀甲片,用熟丝来穿缀甲片。公息忌对邾国国君说:"不如用丝绳来穿缀。"邾国国君说:"好。"于是下令,命令官府制作铠甲必须用丝绳来穿缀。公息忌于是让他的家人都制造丝绳。有人诋毁他说:"公息忌之所以建议用丝绳,是因为他家制造了很多穿缀铠甲的丝绳。"伤,是败坏的意思。邾国国君很不高兴,于是又下令制作铠甲时不准用丝绳穿缀。这便是邾国国君存有偏见。如果用丝绳穿缀铠甲有好处,公息忌即使大量制造丝绳,有什么妨碍呢?如果用丝绳连缀铠甲没有好处,公息忌即使没有制造丝绳,又有什么益处呢?公息忌制造丝绳或不制造丝绳,都不足以损害公息忌的主张。累,是损害的意思。凡是听取言论,这一点不可不考察清楚。

楼缓曰[①]:"公父文伯仕于鲁[②],病而死,女子为自杀于房中者二人。其母闻之,弗哭。其相室曰[③]:'焉有子死而弗哭乎?'其母曰:'孔子,贤人也,逐于鲁,而是人弗随之。今死,妇人为自杀,若是者,必其于长者薄,而于妇人厚。'故从母言之是为贤母,从妻言之是不免于妒妻也。故其言一也,言者异则人心变矣。"

【注释】

①楼缓曰:以下至"言者异则人心变矣",出自《史记·平原君虞卿列传》。

②公父文伯:名歜(chù),季悼子之孙,春秋时期鲁国大夫。

③相室:古代为卿大夫管理家务的人。男称"家老",女称"傅母",通称"家臣"。

【译文】

楼缓说:"公父文伯在鲁国做官,生病死了,他的两个姬妾随即在房中自杀。他的母亲听说了这件事,就不为他的儿子哭泣了。她的傅母说:'哪有儿子死了母亲不哭的?'公父文伯的母亲说:'孔子,是贤人,被鲁国驱逐,而他没有追随孔子一起流亡。如今他死了,却有女子为他自杀,这说明他必定对长者薄情,而对女人过分宠爱。'因为这话出自母亲之口,人们便认为这是一位贤明的母亲,如果出自妻子之口,则人们不免认为这是一位好妒忌的妻子。所以同样的话,说话的人不同,别人的看法就会不一样。"

乐羊为魏将而攻中山[①],其子在中山。中山之君烹其子而遗之羹。乐羊尽啜之。文侯曰:"乐羊以我故,食其子之肉。"堵师赞曰[②]:"其子且食之,其谁不食?"乐羊罢中山,文侯赏其功而疑其心。

【注释】

①乐羊为魏将而攻中山:以下至"文侯赏其功而疑其心",出自《战国

策·魏策一·乐羊为魏将而攻中山》。乐羊,战国时期魏国名将。

②堵师赞:人名。魏国臣子。《战国策·魏策一》作“睹师赞”。

【译文】

乐羊担任魏将去进攻中山国,他的儿子在中山国。中山君烹杀了他的儿子,并送给他一杯肉羹。乐羊一饮而尽。魏文侯说:“乐羊因为我的缘故,吃了他儿子的肉。”堵师赞说:“他连自己儿子的肉都吃,还有谁的肉不吃?”乐羊从中山回国,魏文侯奖赏他的战功,却怀疑他的内心。

《淮南子》曰:“亲母为其子治扢秃[①],出血至耳,见者以为爱子之至也。使在于继母,则过者以为悷也。事之情一也,所从观者异耳。从城上视牛如羊,视羊如豚,所居高也。窥面于盘水则圆[②],于杯则隋[③]。隋音随,训亏也。面形不变其故,有所圆、有所隋者,所自窥之异也。今吾虽欲正身而待物,庸讵知世之所自窥我者乎[④]?是知天下是非无所定也,世各是其所是,非其所非。今吾欲择是而居之,择非而去之,不知世之所是非者,孰是孰非哉!”议曰:夫忘家殉国则以为“不怀其亲,安能爱君”[⑤],卫公子开方、吴起、乐羊三人是也。若私其亲则曰“将受命之日则忘其家,临军约束则忘其亲,援桴鼓则忘其身”[⑥],穰且杀庄贾是也[⑦]。故《传》曰:“欲加之罪,能无辞乎[⑧]!”审是非者,则事情得也[⑨]。

【注释】

①亲母为其子治扢(gē)秃:以下至“孰是孰非哉”,出自《淮南子·齐俗训》,有删节。扢秃,突起的头疮。扢,通“疙”。

②圆:完整。

③隋（suí）：残缺。

④庸讵（jù）：怎么，哪里。

⑤不怀其亲，安能爱君：出自《三国志·魏书·程昱传》裴松之注引徐众《三国评》。

⑥"将受命之日则忘其家"三句：出自《史记·司马穰苴列传》。临军约束，指到达军队，发布命令。援枹（fú）鼓，指擂鼓进军。

⑦穰且：应作"穰苴"。庄贾：人名。齐景公宠臣。

⑧欲加之罪，能无辞乎：出自《左传·僖公十年》。

⑨事情：事理人情。

【译文】

《淮南子》说："亲生母亲为他的儿子治疗头疮，弄出了血，一直流到耳朵上，看到的人都认为这位母亲非常疼爱他的儿子。假如做这件事的是继母，那么经过的人就会认为这是出于嫉恨。事情的状况是一致的，但每个人观察的角度不同。从城楼上看牛像只羊，看羊像头猪，是因为站在高处的原因。从一盆水中看自己的面容，是完整的；从一杯水中看自己的面容，则是残缺的。隋，音随，是残缺的意思。人的面容没有发生变化，而看起来有时完整、有时残缺，是由于观照面容的用具不同造成的。现在我虽然打算端正自身以待人接物，又怎么知道世人会以什么角度来观察我呢？由此可知，天下没有固定的是非标准，世人都认为自己所肯定的是正确的，自己所否定的是错误的。现在我想选择正确的予以保留，挑出错误的加以摒弃，但不知世人所认定的是与非，究竟是正确的呢？还是不正确的呢！"评论道：如果不顾小家，为国献身，就会被批评"不爱惜自己的亲人，怎么可能爱国君呢"，卫国公子开方、吴起、乐羊三人，就是这样的情况。如果眷恋亲人，就会被批评"当将军接受任命的那一天，就应该忘记自己的家；当他到达军队，发布命令，就应该不再顾念自己的亲人；等到擂鼓进军，就应该不再顾及自身的安危"，司马穰苴就是因此杀死了庄贾。所以《左传》说："如果想治罪，还怕找不到理由吗！"能够判断是非，就能够明白事理人情了。

故有忠而见疑者,不可不察。

【译文】

所以有忠心耿耿却被怀疑的人,不能不加以考察。

用无用第二十五

【题解】

所谓“用无用”，指看似无用之物，往往有着大作用。赵蕤认为，为政者应借鉴道家的智慧，具备长远的目光。如隐士这一类型的人物，看似对朝廷无用，然而朝廷通过对他们的礼遇，可以鼓励后进，赢得人心。这便是无用中的大用。

古人有言曰：“得鸟者罗之一目①，然张一目之罗终不能得鸟矣。鸟所以能远飞者，六翮之力也②，然无众毛之助，则飞不能远矣。”以是推之，无用之为用也大矣。

【注释】

①得鸟者罗之一目：以下至“则飞不能远矣”，出自《三国志·魏书·崔琰传》裴松之注引鱼豢《魏略》。

②六翮（hé）：谓鸟类双翅中的正羽，即被覆在鸟类体表的大型羽片。

【译文】

古人说过：“捕鸟时，抓住鸟的只是罗网上的一个网眼；然而，如果张开只有一个网眼的罗网，就永远捉不到鸟。鸟之所以能飞得远，是依靠双翅中正羽的力量；然而如果没有其他羽毛的辅助，鸟依然飞不远。”以此推论,看似无用的东西,事实上有着很大的作用。

故惠子谓庄子曰[①]:"子言无用矣。"庄子曰:"知无用而始可与言用矣。夫天地非不广且大也,人之所用容足耳。然则削足而垫之至黄泉[②],人尚有用乎?"惠子曰:"无用。"庄子曰:"然则无用之为用也亦明矣。"

【注释】

①故惠子谓庄子曰:以下至"然则无用之为用也亦明矣",出自《庄子·外物》。惠子,即惠施,战国时期宋人,名家代表人物,庄子好友。

②削足:《庄子·外物》作"厕足",侧足,置足。译文从之。垫:挖掘。黄泉:地下的泉水。《庄子·外物》成玄英疏:"若使侧足之外,掘至黄泉,人则战栗不得行动。"

【译文】

所以惠子对庄子说:"你说的话没有什么用处。"庄子说:"只有懂得'无用'的道理,才可以和他谈'有用'的问题。天地不是不广阔,但是人们所占用的,仅仅是两脚踩着的那一块地罢了。但如果把立足以外的地方挖成坑堑,一直掘到黄泉,那么人的这块立足之地还有用吗?"惠子说:"没有用了。"庄子说:"那么,'无用'的用处也就很明显了。"

昔陈平智有余而见疑[①],周勃质朴忠而见信。夫仁义不足相怀[②],则智者以有余见疑,而朴者以不足取信矣。

【注释】

①昔陈平智有余而见疑:以下至"而朴者以不足取信矣",出自《后

汉书·吴汉传》“论曰”。

②怀：信赖。《后汉书·吴汉传》李贤注：“怀，依也。言若仁义之心足相依信，则情无疑阻。若彼此之诚未协，仁义不足相依，则智者翻以有余见疑，朴者以愚直取信。”

【译文】

从前，陈平智慧有余却受到怀疑，周勃质朴忠厚却得到信赖。当仁义不足以使君臣之间互相信赖时，聪明的人就会因为足智多谋而被怀疑，质朴的人就会因为智慧不足而受到信任。

汉征处士樊英、杨厚①，朝廷若待神明，至竟无他异。李固、朱穆以为②，处士纯盗虚名，无益于用，然而后进希之以成器，世主礼之以得众。孔子称：“举逸人，天下之人归心焉③。”燕昭尊郭隗以致剧、乐④，齐桓礼九九之术以招英俊之类也⑤。原其无用，亦所以为用也。而惑者忽不践之地⑥，赊无用之功，至乃诮噪远术⑦，贱斥国华⑧，不亦过乎！

【注释】

①汉征处士樊英、杨厚：以下至“不亦过乎”，出自《后汉书·方术传·樊英》“论曰”，有删节。处士，有才德而隐居不仕的人。樊英，字季齐，南阳鲁阳（今河南鲁山）人。东汉时期学者。通《京氏易》，擅长风角、星算等方术。汉安帝、顺帝时屡受征召。《后汉书·方术传·樊英》：“英初被诏命，佥以为必不降志，及后应对，又无奇谟深策，谈者以为失望。”杨厚，字仲桓，广汉新都（今四川成都新都区）人。擅长图谶之学。汉顺帝时征拜议郎，三迁为侍中。

②李固：字子坚，汉中南郑（今陕西汉中东）人。东汉名臣。官至太尉。后受梁冀诬陷，被杀。朱穆：字公叔，南阳宛（今河南南阳）

人。东汉官员。官至冀州刺史、尚书。著有《崇厚论》《绝交论》。

③举逸人,天下之人归心焉:出自《论语·尧曰》。

④燕昭尊郭隗以致剧、乐:《史记·燕召公世家》:“燕昭王于破燕之后即位,卑身厚币以招贤者。谓郭隗曰:‘齐因孤之国乱而袭破燕,孤极知燕小力少,不足以报。然诚得贤士以共国,以雪先王之耻,孤之愿也。先生视可者,得身事之。’郭隗曰:‘王必欲致士,先从隗始。况贤于隗者,岂远千里哉!’于是昭王为隗改筑宫而师事之。乐毅自魏往,邹衍自齐往,剧辛自赵往,士争趋燕。”剧、乐,指剧辛、乐毅。剧辛,战国时期燕国将领。

⑤齐桓礼九九之术以招英俊:事见《韩诗外传》卷三:“齐桓公设庭燎,为士之欲造见者。期年而士不至。于是东野鄙人有以九九见者。桓公使戏之,曰:‘九九足以见乎?’鄙人曰:‘臣不以九九足以见也。臣闻君设庭燎以待士,期年而士不至。夫士之所以不至者,君,天下之贤君也,四方之士皆自以为不及君,故不至也。夫九九,薄能耳,而君犹礼之,况贤于九九者乎? ……’桓公曰:‘善。’乃因礼之。期月,四方之士相导而至矣。”九九之术,指九九乘法口诀。

⑥不践之地:即《庄子·外物》所说的立足之地以外的土地。

⑦诮噪(zào):讥笑。远术:《后汉书·樊英传》李贤注:“远术谓礼乐。”

⑧国华:《后汉书·樊英传》李贤注:“谓怀道隐逸之士也。”

【译文】

汉朝征召处士樊英、杨厚,朝廷像对待神明那样尊崇他们,但最终也没有显示出什么卓异之处。李固、朱穆认为,处士纯粹盗窃虚名,没有实际用处,然而后辈因为仰慕他们的名声而成了大器,皇帝因为礼遇处士而赢得了人心。孔子说:“举用隐士,天下人就诚心归附。”燕昭王尊重郭隗,从而招来了剧辛、乐毅;齐桓公礼遇只会九九乘法口诀的乡下人,从而招来了英俊之才。

所以推究起来，他们的“无用”，恰恰发挥了大的作用。而迷惑的人忽视了立足之地以外的土地，不愿做那些看似无用的事情，甚至讥笑礼乐，鄙视排斥那些怀道隐逸之士，不也太过分了吗！

恩生怨第二十六

【题解】

所谓“恩生怨”，指恩情催生怨恨。赵蕤指出，“怨者不怨于所疏，必怨于亲密”，亲密的关系得不到回应，厚重的恩情得不到报答，将催生出深刻的怨恨。恩与怨，是一体两面的关系。

《传》称：“谚曰[1]：‘非所怨勿怨。’寡人怨矣。”是知凡怨者不怨于所疏，必怨于亲密。何以明之？

【注释】

①谚曰：以下至“寡人怨矣”，出自《左传·襄公二十六年》。杨伯峻注：“引古人言不怨非所怨，意谓我今之怨则是应怨者也。”

【译文】

《左传》说：“谚语说：‘不要怨恨不该怨恨的人。’我现在所怨恨的，就是该怨恨的人。”由此可知，凡是心怀怨恨的人，不会去怨恨他所疏远的人，一定是怨恨他所亲密的人。如何证明这一道理？

高子曰[1]：“《小弁》[2]，小人之诗也。”孟子曰：“何以言之？”高子曰：“怨乎。”孟子曰：“固哉！夫高叟之为诗也。

有越人于此，关弓而射我[③]，我则谈笑而道之，无他，疏之也。兄弟关弓而射我，我则泣涕而道之，无他，戚之也[④]。然则《小弁》之怨，亲亲也。亲亲，仁也。”《小弁》，刺幽王也。太子之傅作焉。

【注释】

①高子曰：以下至“仁也”，出自《孟子·告子下》。

②《小弁（pán）》：指《诗经·小雅·小弁》。《毛传》：“《小弁》，刺幽王也。太子之傅作焉。”孔颖达《正义》：“太子，谓宜咎也。幽王信褒姒之谗，放逐宜咎。其傅亲训太子，知其无罪，闵其见逐，故作此诗以刺王。”“三家诗”认为《小弁》是周宣王时名臣尹吉甫之子伯奇所作。尹吉甫娶后妻，生子伯邦，后妻谮伯奇于吉甫，放之于野。《论衡·书虚》：“伯奇放流，首发早白。诗云：‘惟忧用老。’”弁，通“般（pán）”，快乐。

③关弓：拉满弓。关，通“弯”。

④戚：亲也。此处用作动词。

【译文】

高子说：“《小弁》，是小人写的诗。”孟子问：“为什么这样说呢？”高子说：“因为诗中充满怨恨。”孟子说：“高老先生讲诗，真是太死板了！假如这里有个越国人，张开弓向我射箭，事后，我会谈笑风生地讲述这件事，没有别的缘故，只是因为越国人与我的关系疏远。如果我的兄弟张开弓向我射箭，事后，我会哭泣着向人讲述这件事，没有别的缘故，只是因为兄弟是自己的亲人。《小弁》中的怨恨，正是由于爱自己的亲人。爱自己的亲人，是仁的表现。”《小弁》一诗讽刺周幽王。是太子的老师所写。

晋使韩简子视秦师[①]，云：“师少于我，斗士倍我。”公曰[②]:"何故?"对曰:"出因其资[③],入用其宠[④],饥食其粟[⑤]。三施而不报,所以来也。"观秦怒而来,则知至恩必有至怨矣。

【注释】

①晋使韩简子视秦师:以下至"所以来也",出自《左传·僖公十五年》。韩简子,应作"韩简",春秋时晋国大夫。视秦师,探察秦国兵力。

②公:指晋惠公夷吾。

③出因其资:当年夷吾出奔时,曾依靠秦国的资助。《左传·僖公十五年》杨伯峻注:"杜注:'谓奔梁求秦。'考之《晋语二》,夷吾奔梁亦由梁近于秦,可以求援之故。夷吾出奔,盖因秦之资助。"

④入用其宠:夷吾回国即位,有赖于秦国的帮助。

⑤饥食其粟:指晋国饥荒时,曾向秦国借粮。《左传·僖公十三年》:"冬,晋荐饥,使乞籴于秦,……秦于是乎输粟于晋,自雍及绛相继,命之曰'泛舟之役'。"

【译文】

晋方派韩简去探察秦国的兵力,韩简回来说:"军队比我们少,拼死敢斗之士却比我们多一倍。"晋惠公问:"这是什么原因?"韩简回答说:"您出奔时得到过秦国的资助;回国即位,也得到过秦国的帮助;晋国饥荒时,曾经向秦国借粮。三次的恩惠都没有报答,所以秦军来讨伐我们。"观察秦国因愤怒而攻打晋国一事,可以知道至深的恩情将催生出至深的怨恨。

杜邺说王音曰[①]:"邺闻人情,恩深者其养谨,爱至者其求详。夫戚而不见异,亲而不见殊,戚,近也。殊,谓异于疏者也。孰能无怨?此《棠棣》《角弓》之所作也[②]。"

【注释】

①杜邺说王音曰：以下至“此《棠棣》《角弓》之所作也”，出自《汉书·杜邺传》。杜邺，字子夏，茂陵（今陕西兴平东北）人，祖籍魏郡繁阳（今河南内黄西北）。西汉大臣。王音，魏郡元城（今河北大名东）人。西汉外戚、大臣，孝元皇后王政君从弟。官至大司马、车骑将军，封安阳侯。

②《棠棣（dì）》《角弓》：《诗经·小雅》篇名。颜师古注：“《棠棣》《角弓》皆小雅篇名也。《棠棣》美燕兄弟，《角弓》刺不亲九族也。”

【译文】

杜邺劝王音说：“我听说人之常情，对于恩情深厚的人，供养得格外恭敬；对于特别喜爱的人，要求得格外周备详细。关系亲近却不被重视，关系亲密却没有特殊待遇，戚，是近的意思。殊，指不同于关系疏远的人。谁能没有怨恨？这就是《棠棣》《角弓》这些诗作产生的原因。”

由此观之，故知怨也者亲之也，恩也者怨之所生也，不可不察。

【译文】

就此看来，怨恨是亲近关系的一种表现；恩情，正是怨恨产生的原因；这些道理，不能不加以考察。

诡顺第二十七

【题解】

本篇名为“诡顺”，讨论如何对待那些曾经反对自己，如今却愿意归顺的人。赵蕤认为，当天下未定之时，人人各为其主；只有那些忠于旧主的人，才会对新君忠贞不二，所谓“守义于故主，斯可以事新主”。而胜利者也应不计前嫌，广纳良才，才称得上通于大体的明君。

赵子曰①：“夫云雷世屯②，瞻乌未定③。当此时也，在君为君，委质事人④，各为其主用职耳。故高祖赏季布之罪⑤，晋文嘉寺人之过⑥。虽前窘⑦，莫之怨也，可谓通于大体矣。”

【注释】

①赵子：赵蕤自称。

②云雷世屯：屯，指《屯》卦，上《坎》（云）下《震》（雷），故曰“云雷”。《屯卦·彖辞》：“屯，刚柔始交而难生。”所以“屯”有艰难之意。世屯，指时世艰难。

③瞻乌：语出《诗经·小雅·正月》：“哀我人斯，于何从禄？瞻乌爰止，于谁之屋？”《毛传》：“富人之屋，乌所集也。”郑玄笺：“视乌

集于富人之室，以言今民亦当求明君而归之。”后以比喻乱世无所归依之民。

④委质：向君主献礼，表示献身。

⑤高祖赏季布之罪：季布效力于项羽时，曾数次使刘邦陷于窘境。项羽败亡后，刘邦以千金悬赏缉拿季布。后因夏侯婴说情，季布被刘邦赦免，并拜为郎中。

⑥晋文嘉寺人之过：事见下文。晋文，晋文公。寺人，寺人报。

⑦窘：困迫。

【译文】

赵蕤说：“时世艰难，民众无所归依。在这个时候，成为哪位君主的手下，就全心全意事奉他，各为其主尽职尽责。所以汉高祖赏识季布，赦免了他的罪过；晋文公嘉奖寺人披，原谅了他的过错。虽然这两位君主之前遭受过他们的困迫，但并不怨恨他们，可以说通晓为君的大体。”

昔晋文公初出亡[①]，献公使寺人披攻之蒲城[②]，披斩其祛[③]。及反国，郤、吕畏逼[④]，将焚公宫而杀之。寺人披请见，公使让之曰：“蒲城之役，君命一宿[⑤]，汝即至。其后，余从狄君以田渭滨[⑥]，汝为惠公来求杀余。命汝三宿，汝中宿至[⑦]。虽有君命，何其速也！”对曰：“臣谓君之入也，其知之矣[⑧]。若犹未也，又将及难。君命无二，古之制也。除君之恶，唯力是视[⑨]。蒲人、狄人，余何有焉[⑩]？今君即位，其无蒲、狄乎？齐桓公置射钩而使管仲相，君若易之，何辱命焉[⑪]！行者甚众，岂唯刑臣[⑫]！”国君而仇匹夫，惧者甚众也[⑬]。公见之，以难告，得免吕、郤之难。韩子曰：“齐、晋绝嗣[⑭]，不亦宜乎？桓公能用管仲之功而忘射钩之怨，文公能听寺人之言而弃斩祛之罪，桓公、文公能容二子也。后世之君，明不能及二公；后世之臣，贤不如二子。以不忠之臣以事不明之君，君不知则有子罕、田常之劫⑮；知之则因以管仲、寺人自解。君必不诛而自以为有桓、文之德⑯，是臣其仇，而明不能烛，多假之资。自以为贤而不惑⑰，则虽无后嗣，不亦可乎！”

【注释】

①昔晋文公初出亡：以下至“得免吕、郤之难”，出自《左传·僖公二十四年》，有删节。

②寺人披：春秋时期晋国宦官，名披。《左传·僖公五年》杨伯峻注：“‘披’，《晋世家》作‘勃鞮’，‘披’乃急言，‘勃鞮’之合音也。”蒲城：今山西隰县西北。

③披斩其袪（qū）：《左传·僖公五年》：“及难，公使寺人披伐蒲。重耳……逾垣而走。披斩其袪，遂出奔翟。”袪，衣袖。

④郤（xì）、吕：郤芮、吕甥（即瑕甥），二人是晋惠公旧臣。

⑤一宿：一夜。此处指住一夜后到达。

⑥田：打猎。

⑦中宿：次夜。

⑧其知之矣：《左传·僖公二十四年》杜预注：“知君人之道。”

⑨唯力是视：《左传·僖公二十四年》杨伯峻注：“犹竭尽己力而为。”

⑩蒲人、狄人，余何有焉：《左传·僖公二十四年》杜预注：“当二君世，君为蒲、狄之人，于我有何义。”孔颖达《正义》：“言献公之时，君为蒲邑人。惠公之时，君为狄国人。余未事君，何有恩义于君焉？”

⑪君若易之，何辱命焉：《左传·僖公二十四年》杜预注：“言若反齐桓，己将自去，不须辱君命。”

⑫刑臣：指受过宫刑的阉人，寺人披自称。

⑬国君而仇匹夫，惧者甚众也：出自《左传·僖公二十四年》。

⑭齐、晋绝嗣：以下至"不亦可乎"，出自《韩非子·难三》。

⑮子罕：即乐喜，字子罕，战国时期宋国大臣。他劫杀宋桓侯，夺取了宋国政权。《韩非子·二柄》："子罕谓宋君曰：'夫庆赏赐予者，民之所喜也，君自行之；杀戮刑罚者，民之所恶也，臣请当之。'于是宋君失刑而子罕用之。故宋君见劫。"

⑯诛：惩罚，责罚。

⑰自以为贤而不惑：《韩非子·难三》作"自以为贤而不戒"，译文从之。

【译文】

当年，晋文公重耳刚开始流亡时，晋献公命令寺人披进攻逃到蒲城的重耳，并在重耳逃跑时斩断了他的衣袖。重耳回国即位后，郤芮、吕甥害怕受到逼迫，计划焚烧公宫并杀死重耳。寺人披请求进见，重耳派人责备他说："蒲城之战，献公命令你一夜之后到达蒲城，你当天就到了。之后，我和狄君一起在渭水之滨打猎，你奉惠公之命来追杀我。惠公命令你三个晚上之后赶到，你第二晚就到了。虽然有国君的命令，你追杀我也太着急了吧！"寺人披回答说："我以为您这次回国，已经懂得为君之道了。如果您依然不懂，还将遭受祸难。执行国君的命令不能有二心，这是自古以来的准则。除掉国君所厌恶的人，应当竭尽全力。您当时是君主所憎恶的蒲人、狄人，我怎么会在乎？现在您当了国君，难道就没有像蒲人、狄人那样的敌人吗？齐桓公不计较射钩之仇而重用管仲为相，您如果改变齐桓公的做法，我自然会离开，不必劳烦您下命令！那样的话要走的人很多，岂止我一个？"身为国君却仇恨普通人，那么心生恐惧的人就会很多。重耳于是接见了他，寺人披把郤芮、吕甥将要作乱的事报告了重耳，使重耳避免了一场灾难。韩非子说："齐国和晋国灭亡，不是很正常吗？齐桓公能够任用管仲的才能，而忘记他射中自己带钩的仇怨；晋文公能够听取寺人披的言论，而宽恕他曾经斩断自己衣袖的罪行；这是因为齐桓公、晋文公能够宽容这两个人。后世的君主，英明比不上齐桓公、晋文公；后世的臣子，贤能也比不上管仲、寺人披。不忠的臣子事奉不明智的君主，君主如果没有察觉，就会发生子罕劫杀宋桓侯、田常劫杀齐简公这样的灾难；君主如果察觉了，奸臣就会用管仲、寺人披的例子来为自己开脱。君主如果不惩处他们，而自认为有齐桓公、晋文公的德行，这就是任用仇人为臣，不但不能洞察他们的阴谋，反而为他们提供了许多便利。君主自认为贤能而不加戒备，那么丢掉了政权，不也是应该的吗！”

陈轸与张仪俱事秦惠王[①]，惠王皆重之。二人争宠。仪恶轸于王曰：“轸重币轻使秦、楚之间[②]，将为国交也。今楚不善于秦而善于轸，轸为楚厚，为秦薄也。轸欲去秦而之楚，王何不听之？”王乃召轸而问之。轸曰：“臣愿之楚。臣出，必故之楚[③]，且明臣为楚与不也[④]。昔楚有两妻者，王闻之乎？”王曰：“弗闻。”轸曰：“楚有两妻者，人挑其长者，长者骂之；挑其少者，少者复挑之。居无几何，有两妻者死。客谓挑者曰：‘为汝娶少者乎？长者乎？’挑者曰：‘娶长者。’客曰：‘长者骂汝，少者复挑汝，汝何故娶长者？’挑者曰：‘居人之所则欲其挑我，为我之妻则欲其骂人。’今楚王[⑤]，明主；昭阳[⑥]，贤相。使轸为臣，常以国情输楚，楚王将不留臣，昭阳将不与臣从事矣，臣何故之楚？臣出，必故之楚，足以明臣为楚与不也。”轸出。仪入，问王曰：“轸果欲之楚不？”王曰：“然。”仪曰：“轸不为楚，楚王何为欲之？”王复以仪言谓轸。轸曰：“然。”王曰：“仪之言果信矣。”轸曰：“非独仪知之，行道之人尽知之矣[⑦]。子胥忠于君而天下皆争以为臣，曾参、孝己爱于亲而天下皆愿以为子[⑧]。故卖仆妾不出闾巷售者良仆妾也，出妇嫁于乡曲者必善妇也[⑨]。

今轸若不忠于君，楚亦何以为臣乎？忠且见弃，轸不之楚，将何归乎？”王以其言为然，遂厚待之。惠王终相张仪，轸遂奔楚。张仪初恶陈轸于魏王曰[10]：“轸犹善楚，为求地甚力。”左爽谓陈轸曰：“仪善于魏王，魏王甚信之。公虽百说，犹不听也。公不如以仪之言为质而得复楚。”轸曰：“善。”因使人以张仪之言闻于楚王[11]。楚王喜，欲复之。轸乃奔楚也。

【注释】

①陈轸与张仪俱事秦惠王：以下至“遂厚待之”，杂抄自《史记·张仪列传》与《战国策·秦策一·陈轸去楚之秦》，文字有所不同。周斌先生认为其中部分文字出自《春秋后语》。秦惠王，名驷，秦孝公之子，战国时期秦国君主。

②轻使：指频繁出使。

③故：固，本来。

④明臣为楚与不也：证明我是否暗通楚国。不，同“否”。

⑤楚王：指楚怀王。

⑥昭阳：战国时楚国令尹。

⑦行道之人：过路人。亦比喻不相关的人。

⑧孝己：人名。传说为殷高宗武丁之子，以孝行著，因遭后母谗言，被放逐而死。后用作孝子的典范。

⑨出妇：被丈夫休弃的妇女。

⑩张仪初恶陈轸于魏王曰：以下至“轸乃奔楚也”，出自《战国策·楚策三·陈轸告楚之魏》。魏王，指魏惠王。

⑪楚王：指楚怀王。

【译文】

陈轸与张仪共同事奉秦惠王，秦惠王对二人都很器重。二人相互争宠。张仪向秦惠王诋毁陈轸说:“陈轸携带大量财物频繁出使于秦国、楚国之间,本应维护秦国的邦交。如今楚国对秦国并不友好,却对陈轸特别友善,这说明陈轸为楚国打算得多,为秦国考虑得少。陈轸想离开秦国到楚国去,大王您为何不听任他去呢?”秦惠王于是召见陈轸询问此事。陈轸说:“我愿意到楚国去。我如果离开秦国,本来就要到楚国去,并以此证明自己是否暗通楚国。从前,楚国有个人娶了两位妻子,您听过他的故事吗?”秦惠王说:“没有听过。”陈轸说:“楚国有个人娶了两位妻子,有人挑逗那位年长的妻子,被她骂了一顿;又挑逗那位年轻的妻子,年轻的妻子反过来挑逗他。没过多久,娶了两位妻子的楚国人去世了。旁人问那个挑逗别人妻子的人:‘你要娶年轻的妻子,还是年长的妻子呢?’这人回答说:‘娶年长的。’旁人问:‘年长的骂你,年轻的反过来挑逗你,你为什么要娶那位年长的呢?’这人说:‘当她还是别人妻子时,则希望她来挑逗我;当她成为我的妻子时,就希望她能责骂挑逗她的外人。’如今楚王是明君,昭阳是贤相。如果我作为秦国的臣子,常常将秦国的情报送给楚国,那么楚王一定不会收留我,昭阳也一定不愿与我共事,我还去楚国干什么呢?我离开秦国,必定会去楚国,这足以证明我是否暗通楚国。”陈轸出去了。张仪进来,问秦惠王:“陈轸果真要去楚国吗?”秦惠王说:“是的。”张仪说:“如果陈轸没有替楚国效力,楚王为什么想招揽他?”秦惠王又把张仪的话告诉了陈轸。陈轸说:“对。”秦惠王说:“张仪说的果然是真的。”陈轸说:“不仅张仪知道,过路人也都明白这个道理。伍子胥忠于君主,所以天下的君主都希望他成为自己的臣子;曾参、孝己孝敬父母,所以天下的父母都希望他们成为自己的儿子。所以卖奴仆、侍妾,不出巷子就能卖出去的,一定是很好的奴仆侍妾;被休弃的媳妇还能在本乡本土嫁出去,一定是很好的媳妇。如果我现在不忠于自己的君主,楚王又怎么会用我做臣子呢?忠心耿耿却被抛弃,我不去楚国,还能去哪儿呢?”秦惠王认为陈轸的话很有道理,于是厚待他。但秦惠王最终任命张仪做了相国,陈轸于是投奔楚国。起初,张仪在魏王面前诽谤陈轸说："陈轸还是对楚国好，总是极力为楚国争取地盘。"左爽对陈轸说："张仪受到魏王的尊重，魏王很信任他。您即使费尽唇舌，魏王也不会听您的。您不如将张仪的话作为证据，便可以回楚国去。"陈轸说："好。"于是派人把张仪的那番话转达给楚王。楚王很高兴，果然准备召回陈轸。陈轸于是投奔楚国。

韩信初为齐王时[①]，蒯通说使三分天下。信不听。后知汉畏恶其能，乃与陈豨谋反。事泄，吕太后以计擒之。方斩，曰："吾悔不听蒯通之计，乃为儿女子所诈[②]，岂非天哉！"高祖自将伐陈豨于钜鹿[③]，信称病不从，欲于中起。信舍人得罪于信，信囚欲杀之。舍人弟上变[④]，告信欲反状于吕后。吕后欲召，恐其党不就[⑤]，乃与萧相国谋，诈令人从上所来，言豨已得死，列侯群臣皆贺。相国诈信曰："虽病，强入贺。"信入，吕后使武士缚信，斩之也。高帝归，乃诏齐捕通。通至，上曰："若教淮阴侯反耶[⑥]？"曰："然。臣固教之，竖子不用臣之策，故今自夷于此[⑦]。如彼竖子用臣之计，陛下安得而夷之乎？"上怒曰："烹之！"通曰："嗟乎！冤哉，烹也。"上曰："若教韩信反，何冤？"对曰："秦之纲弛而维绝，山东大扰，异姓并起，英俊乌聚[⑧]。秦失其鹿[⑨]，天下共逐之，于是高材疾走者先得焉。跖之狗吠尧[⑩]，尧非不仁，狗固吠非其主。当是时，臣独知韩信，非知陛下也。且天下锐精持锋欲为陛下所求者甚众[⑪]，顾力不能耳，又可尽烹耶？"高帝曰："置之[⑫]。"乃释通之罪也。貂勃常恶田单曰[⑬]："安平君，小人也。"安平君闻之，故为酒而召貂勃，曰："单何以得罪于先生，故常见誉于朝[⑭]？"貂勃曰："跖之狗吠尧，非贵跖而贱尧也，狗固吠非其人也。且今使公孙子贤而徐子不肖[15]，然而使公孙子与徐子斗，徐子之狗固攫公孙子之腓而噬之[16]。若乃得去不肖者而为贤者狗，岂特攫其腓而噬之哉！”安平君曰：“敬闻命矣。”任之于王。后田单得免九子之谗[17]，貂勃之力也。

【注释】

①韩信初为齐王时：以下至“乃释通之罪也”，出自《史记·淮阴侯列传》，有删节。

②儿女子：犹言妇孺之辈。

③高祖自将伐陈豨于钜鹿：以下至“斩之也”，出自《史记·淮阴侯列传》。

④上变：向朝廷告发谋反等非常事变。

⑤恐其党不就：担心韩信万一不来。党，同“傥”，倘若。

⑥若：你。

⑦夷：诛灭。

⑧乌聚：像乌鸦一样飞集。形容其多。

⑨失其鹿：失去天下。《史记·淮阴侯列传》裴骃《集解》引张晏曰：“以鹿喻帝位也。”

⑩跖（zhí）：即盗跖。

⑪锐精：谓磨砺武器使锋利。

⑫置：赦免，释放。

⑬貂勃常恶田单曰：以下至“貂勃之力也”，出自《战国策·齐策六·貂勃常恶田单》。貂勃，又作“刁勃”，战国时期齐人。

⑭常见誉于朝：指在朝廷上与田单过不去。《战国策·齐策六》鲍彪注：“不欲正言其毁。”

⑮使：连词，假使。公孙子、徐子：于鬯《战国策注》：“此二人必亦被召者，当时在饮酒，故即借言之。”

⑯攫（jué）：抓。腓（féi）：小腿肚。噬（shì）：咬。

⑰九子：齐襄王身边的九个宠臣。《战国策·齐策六·貂勃常恶田单》："王有所幸臣九人之属，欲伤安平君。"

【译文】

韩信刚被封为齐王时，蒯通游说他，劝他与刘邦、项羽三分天下。韩信不听。后来，韩信知道刘邦对他的才能又怕又恨，于是与陈豨合谋造反。事情败露后，吕后用计生擒了韩信。在处斩时，韩信说："我后悔当初没听蒯通的话，如今竟被女子小儿所骗，这难道不是天意吗！"刘邦亲率大军到钜鹿讨伐陈豨，韩信借口生病，没有随同前去，打算在京城起兵。韩信的一个舍人得罪了韩信，韩信把他囚禁起来，打算杀掉他。这位舍人的弟弟上书吕后，告发了韩信打算造反的事。吕后想召韩信进宫，又怕他万一不来，于是与相国萧何商量好，派人假装从刘邦那儿来，说陈豨已被擒获处死，让列侯、百官都进宫祝贺。萧何骗韩信说："你虽然生病，还是应该强撑着进宫祝贺。"韩信进宫后，吕后命令武士把韩信捆绑起来，斩杀了他。刘邦班师回朝后，就下令齐国逮捕蒯通。蒯通被押到京城，刘邦问："是你教唆韩信造反的吗？"蒯通说："是的。我的确叫他造反，可那小子不用我的计策，所以如今自取灭亡。如果那小子用了我的计策，陛下您怎么可能诛灭他呢？"刘邦大怒说："烹了他！"蒯通说："哎呀，我被烹杀真是冤枉啊！"刘邦说："你教唆韩信造反，有什么冤枉的？"蒯通说："秦朝纲纪废弛，山东大乱，各家诸侯纷纷起兵，英雄豪杰们像乌鸦一样飞集。秦朝丢失的天下好似一只逃跑的鹿，天下人都去追逐它，只有才能高、跑得快的人才能得到它。盗跖的狗朝着尧狂吠，并非尧不仁义，而是因为狗的本性就会朝着主人以外的人狂吠。在那个时候，我只知道有韩信，不知道有陛下您。况且天下磨砺武器、手持锋刃，想像您一样争夺天下的人有很多，只不过实力不够罢了，您能把他们全都烹杀了吗？"刘邦说："放了他吧。"于是赦免了蒯通的罪过。貂勃常常说田单的坏话，说："安平君田单是个小人。"田单听说后，特地准备了宴席款待貂勃，说："我有什么地方得罪了先生，让您常常在朝廷中和我过不去？"貂勃说："盗跖的狗向尧狂吠，并不是尊重盗跖而鄙视尧，而是因为狗的本性就会朝着主人以外的人狂吠。如今,假设公孙子贤能、徐子无能,但如果让他们互相争斗,徐子的狗一定会去抓咬公孙子的小腿肚子。如果让那只狗离开无能的人,成为贤者的狗,那岂止是抓咬对方的小腿肚子而已!”田单说:“恭敬地听闻您的指教。”于是向齐王推荐貂勃,任用他做官。后来,田单得以免于九子进谗言的祸难,正是貂勃的功劳。

初,吴王濞与七国谋反[1],及发,济北王欲自杀[2]。齐人公孙玃俱碧反。谓济北王曰[3]:“臣请试为大王明说梁王[4],通意天子。说而不用,死未晚也。”公孙玃遂见梁王曰:“夫济北之地,东接强齐,南牵吴、越,北胁燕、赵。此四分五裂之国[5],权不足以自守,劲不足以扞寇[6],又非有奇佐之士以待难也。虽坠坠,失也。言于吴[7],非其正计也。昔郑祭仲许宋人立公子突以活其君,非义也。《春秋》记之,为其以生易死,以存易亡也。向使济北见情实[8],示不从之端,则吴必先屠济北,招燕、赵而总之,如此,则山东之从结而无隙矣[9]。今吴、楚之王练诸侯之兵[10],驱白徒之众[11],西与天子争衡。济北独底节坚守不下[12],使吴失与而无助,跬行独进[13],瓦解土崩,破败而不救者,未必非济北之力也。夫以区区之济北而与诸侯争强,是以羔犊之弱而捍虎狼之敌也。守职不挠,可谓诚一矣。功义如此,尚见疑于上,胁肩低首[14],累足抚襟[15],使有自悔不前之心,悔不与吴西也。非社稷之利也。臣恐藩臣守职者疑之。臣窃料之,能历西山[16],径长乐[17],抵未央[18],攘袂而正议者[19],独大王耳。上有全亡之功,下有安百姓之名,德沦于骨髓,恩加于无穷,愿大王留意详惟之。”孝王大说,使人驰以闻。济北王得不坐,徙封于淄川[20]。

【注释】

①初,吴王濞与七国谋反:以下至“徙封于菑川”,出自《汉书·邹阳传》。

②及发,济北王欲自杀:《汉书·邹阳传》作:“及发,齐、济北两国城守不行。汉既破吴,齐王自杀,不得立嗣。济北王亦欲自杀,幸全其妻子。”济北王,即刘志,西汉宗室,齐悼惠王刘肥之子。七国之乱时,刘志初与吴王刘濞通谋,后被济北国郎中令劫持,没有发兵参加叛乱。

③公孙玃(jué):西汉策士。

④梁王:指梁孝王刘武,西汉宗室,汉文帝之子,汉景帝同母弟。

⑤四分五裂:指四面受敌。《汉书·邹阳传》颜师古注引张晏曰:“四方受敌,济北居中央为五。”

⑥扞(hàn):抵御。

⑦坠言于吴:指济北王刘志一度答应吴王刘濞参加叛乱。

⑧向使:假使,假令。

⑨从结:指山东诸侯结为同盟。从,通“纵”,合纵。

⑩练:通“拣”,选择。

⑪白徒:未经训练的兵卒,临时征集的壮丁。

⑫底节:砥砺节操。底,通“砥”。

⑬跬(kuǐ)行:指进军缓慢。跬,半步。古时称人行走,举足一次为“跬”,举足两次为“步”。

⑭胁肩低首:缩肩低头。形容恭敬畏惧的样子。

⑮累足:犹重足。两足相叠,不敢正立。形容小心戒惧。抚襟:抚摸衣襟。表示感叹。

⑯西山:《汉书·邹阳传》颜师古注:“西山,谓崤及华山也。”

⑰长乐:指长乐宫,故址在今陕西西安西北郊汉长安故城东南隅。汉惠帝之后为太后寝宫。

⑱未央：指未央宫，故址在今陕西西安西北郊汉长安故城西南隅。汉高帝七年（前200）建，常为朝见之处。

⑲攘袂：捋上衣袖。常形容奋起貌。

⑳淄（zī）川：指淄川国，汉文帝十六年（前164）分临淄郡东部置，治剧（今山东寿光南）。

【译文】

起初，吴王刘濞与七国谋反，失败后，济北王刘志打算自杀。齐人公孙玃玃，音俱碧反。对济北王说："我请试着为您游说梁王，让梁王帮着向天子说情。如果游说不起作用，您再死也不晚。"公孙玃于是去见梁孝王说："济北之地，东面与强大的齐国接壤，南面被吴国、越国牵制，北面被燕国、赵国胁迫。这是四面受敌之国，靠权谋不足以自守，靠武力不足以抵御贼寇，又缺乏奇谋之士的辅佐以应对祸难。虽然济北王曾一度许诺吴王，坠，是失的意思。但这只是权宜之计，不是济北王的本意。从前，郑国的祭仲答应宋国人拥立公子突为君，以保全郑昭公的性命，这不符合大义。但《春秋》记载了这件事，认为祭仲使君主以生易死，国家以存易亡。当时，如果济北王表露实情，向吴王表现出不愿顺从的迹象，那么吴国必定先消灭济北国，并招抚燕国、赵国，集中他们的兵力，如此一来，山东的诸侯就结为一体，没有间隙可乘了。如今吴王、楚王挑选诸侯的士兵，驱赶临时征集的壮丁，向西和天子争夺天下。而济北国却始终固守臣节，坚守不下，使得吴王失去盟国，没有援助，单独进军，行动缓慢，最终瓦解土崩，破败而不可挽救，这未必不是济北国的功劳。以区区济北国和诸侯争强，如同以弱小的羔羊、牛犊同虎狼搏斗。而济北王坚守职责，不屈不挠，可以说真诚专一了。功劳道义如此，还被皇上怀疑，济北王不得不缩肩低头，不敢正立，手抚衣襟，后悔不如当初追随吴王西进，后悔没有追随吴王一同西进。这对国家没有什么好处。我担心各地尽忠职守的诸侯都会产生疑虑。我私下考虑，能够翻越西山，经过长乐宫，到达未央宫，捋起衣袖发表公正言论的，只有大王您了。上有保全济北国的功劳，下有安定百姓的美名，功德深入骨髓，恩泽流于无穷，希望大王您仔细考虑这件事。”梁孝王听后非常高兴，派人奔驰前往禀告汉景帝。济北王因此没有获罪，移封为淄川王。

陈琳典袁绍文章[①]，袁氏败，琳归太祖。太祖谓曰：“卿昔为本初移书[②]，但可罪状孤而已，恶止其身[③]，何乃上及父祖耶[④]？”琳谢曰[⑤]：“楚、汉未分，蒯通进策于韩信。乾时之战，管仲肆力于子纠[⑥]。唯欲效计其主，取福一时。故跖之客可以刺由，桀之狗可使吠尧也。今明公必能进贤于忿后，弃愚于爱前，四方革面，英豪宅心矣[⑦]。唯明公裁之。”太祖曰：“善。”厚待之。

【注释】

①陈琳典袁绍文章：以下至“何乃上及父祖耶”，出自《三国志·魏书·陈琳传》。

②本初：即袁绍，字本初。移书：指陈琳为袁绍起草的声讨曹操的檄文。全文见于《三国志·魏书·袁绍传》裴松之注引《魏氏春秋》，又见于《昭明文选·陈琳〈为袁绍檄豫州〉》。

③恶止其身：语出《公羊传·昭公二十年》：“恶恶止其身，善善及子孙。”指憎恶恶行，仅限于本人。

④上及父祖：陈琳在檄文中抨击了曹操的祖父曹腾、父亲曹嵩。陈琳《为袁绍檄豫州》：“司空曹操，祖父腾，故中常侍，与左悺、徐璜并作妖孽，饕餮放横，伤化虐民。父嵩，乞匄携养，因赃假位，舆金辇璧，输货权门，窃盗鼎司，倾覆重器。”

⑤琳谢曰：以下至“厚待之”，《三国志·魏书·陈琳传》裴松之注佚文，见于《群书治要》卷二十六《魏志下》裴松之注引《文士传》。

⑥乾时之战，管仲肆力于子纠：鲁庄公九年（前685），鲁庄公为了帮助公子纠争位，领兵攻齐。齐、鲁两军在乾时（今山东临淄西南与旧桓台县城之间）交战，鲁军大败。不久，齐大夫鲍叔牙率军至鲁，对鲁施加压力，迫使其杀死公子纠，交出管仲。事见《左传·庄公七年》。

⑦宅心：归心，心悦诚服而归附。

【译文】

陈琳曾负责为袁绍起草文书，袁绍失败后，陈琳归附魏太祖曹操。曹操对陈琳说："你当初为袁绍起草讨伐我的檄文，只列举我一个人的罪状也就可以了，憎恶恶行，仅限于本人，为什么还要辱及我的父亲和祖父呢？"陈琳谢罪说："楚、汉相争尚未见分晓时，蒯通曾向韩信献策，与刘邦、项羽三分天下。乾时之战时，管仲为公子纠效命。他们都想着为各自的主人出谋划策，以获得一时的好处。所以盗跖的门客可以去刺杀许由，夏桀的狗可以对着尧狂吠。如今您必定能抛开愤怒，进用贤人；摒弃私情，罢免庸才，如此一来，天下人都会改变态度，英雄豪杰都会归心于您了。希望您加以裁断。"曹操说："好。"于是厚待陈琳。

由此观之，是知晋侯杀里克[①]，汉祖戮丁公[②]，石勒诛枣嵩[③]，刘备薄许靖[④]，良有以也。故范晔曰："夫人守义于故主[⑤]，斯可以事新主；耻以其众受宠[⑥]，斯可以受大宠。若乃言之者虽诚，而闻之者未譬，岂苟进之悦易以情纳，持正之忤难以理求[⑦]？诚能释利以循道，居方以从义，君子之概也[⑧]。"

【注释】

①晋侯杀里克：晋献公死后，里克先后杀死了奚齐与悼子，迎立晋惠公。后为晋惠公所杀。《左传·僖公十年》："将杀里克，公使谓之

曰:'微子则不及此。虽然,子弑二君与一大夫,为子君者,不亦难乎?'对曰:'不有废也,君何以兴?欲加之罪,其无辞乎?臣闻命矣。'伏剑而死。"晋侯,指晋惠公。里克,春秋时晋国大臣。

②汉祖戮丁公:《史记·季布栾布列传》:"季布母弟丁公,为楚将。丁公为项羽逐窘高祖彭城西,短兵接,高祖急,顾丁公曰:'两贤岂相厄哉!'于是丁公引兵而还,汉王遂解去。及项王灭,丁公谒见高祖。高祖以丁公徇军中,曰:'丁公为项王臣不忠,使项王失天下者,乃丁公也。'遂斩丁公,曰:'使后世为人臣者无效丁公!'"汉祖,指刘邦。丁公,指项羽将领丁固,楚汉相争时曾放刘邦逃走。

③石勒诛枣嵩:枣嵩,字台产,颍川长社(今河南长葛)人。西晋大臣,王浚女婿。石勒偷袭幽州,杀死王浚时,枣嵩一同遇害。《晋书·石勒载记》:"(石勒)数朱硕、枣嵩、田矫等以贿乱政,责游统以不忠于浚,皆斩之。"

④刘备薄许靖:许靖,字文休,汝南平舆(今河南平舆)人。汉末至三国时期蜀汉重臣、名士。官至司徒。《三国志·蜀书·法正传》:"进围成都,璋蜀郡太守许靖将逾城降,事觉,不果。璋以危亡在近,故不诛靖。璋既稽服,先主以此薄靖不用也。"

⑤夫人守义于故主:以下至"君子之概也",出自《后汉书·鲍永传》"论曰"。鲍永,字君长,上党屯留(今山西屯留南)人。更始帝时任尚书仆射,行大将军事。后归降光武帝,官至谏议大夫,司隶校尉。

⑥耻以其众受宠:指鲍永在投降光武帝前,遣散了所统率的更始部队,不愿以此获取荣宠。事见《后汉书·鲍永传》。

⑦苟进之悦易以情纳,持正之忤难以理求:《后汉书·鲍永传》李贤注:"言谄曲则易入,刚直则难进也。"

⑧概:节操。

【译文】

就此看来，晋惠公杀掉里克，刘邦杀掉丁公，石勒杀掉枣嵩，刘备轻视许靖，都是很有道理的。所以范晔说：“人只有忠于昔日的君主，才可以事奉新的君主；把凭借旧主的兵众获得荣宠看作可耻的事，才可以获得新主特别的宠信。至于进言的人虽然诚恳，而听的人却未必明白，岂不是因为讨人欢心的话，在情感上易于接受；而坚持正道的逆耳忠言，很难被接纳吗？如果能做到放弃私利而遵循正道，保持方正而坚持大义，这便是君子的节操。”

难必第二十八

夫忠为事君之首，龙逢斩，比干诛。孝称德行之先，孝己忧而曾参泣。遇好文之主，贾谊被谪于长沙。当用武之时，李广无封侯之爵。又云："意合，异类生爱；意不合，至亲交兵。"

【题解】

所谓"难必"，指外物没有定准。赵蕤指出，无论是忠臣、孝子、兄弟等看似牢固的关系，还是权利、美色等令人羡慕的资本，全都没有定准，难以依靠。所谓"望人者不至，恃人者不久"，要求得福佑，唯有依靠自己。

赵蕤自注："忠诚是事奉君主的首要标准，然而关龙逢被斩首，比干被诛杀。孝顺是德行的根本，然而孝己忧愁而曾参哭泣。遇到喜好文德的君主，贾谊却被贬谪到长沙。正当讨伐匈奴的用武之时，李广却终生无法封侯。又有这样的说法：'如果意气相投，不同种族的人也会产生友爱；如果心思不合，最亲近的人也会兵戎相见。'"

夫人主莫不欲其臣之忠[①]，而忠未必信，故伍员流于江[②]，苌弘死于蜀，其血三年而化为碧[③]。凡人亲莫不欲其子之孝，而孝未必爱，故孝己忧而曾参悲[④]。此难必者也。何以言之？语曰：羿关弧则越人之行自若[⑤]，弱子关弧则慈母入室闭户。故可必则越人不疑羿，不可必则慈母逃弱子也[⑥]。

【注释】

①夫人主莫不欲其臣之忠：以下至“故孝己忧而曾参悲”，出自《庄子·外物》。

②伍员流于江：《史记·伍子胥列传》：“吴王闻之大怒，乃取子胥尸盛以鸱夷革，浮之江中。”伍员，即伍子胥。伍子胥被赐死后，尸体被吴王夫差抛入江中。

③苌（cháng）弘死于蜀，其血三年而化为碧：成玄英疏：“苌弘遭谮，被放归蜀，自恨忠而遭谮，遂刳肠而死。蜀人感之，以匮盛其血，三年而化为碧玉，乃精诚之至也。”其血三年而化为碧，《庄子·外物》作“藏其血三年而化为碧”，译文从之。

④孝未必爱，故孝己忧而曾参悲：《庄子·外物》成玄英疏：“孝己，殷高宗之子也。遭后母之难，忧苦而死。而曾参至孝，而父母憎之，常遭父母打，邻乎死地，故悲泣也。”

⑤羿（yì）关弧则越人之行自若：以下至“不可必则慈母逃弱子也”，出自《韩非子·说林下》，文字有所不同。关弧，弯弓。关，通“弯”。越人，喻指居住在边远地区关系疏远的人。

⑥可必则越人不疑羿，不可必则慈母逃弱子也：由于羿一定能射中目标，所以即便是越人，也无须防备。小孩射箭未必能射中，所以即便是慈母，也需要“入室闭户”加以防范。王引之《读书杂志·余编》：“弱子扜弓则矢必妄发，故慈母入室闭户。”可必，指一定能射中目标。

【译文】

君主没有不希望臣子效忠的，然而忠臣未必能获得君主的信任，所以伍子胥被赐死后尸体抛入江中，苌弘死于蜀地，他的血被收藏起来，三年后化为碧玉。父母没有不希望子女孝顺的，然而孝子未必能获得父母的喜爱，所以孝己忧愁而曾参悲伤。这些遭遇说明凡事都不是必然的。为什么这么说呢？古语说：后羿弯弓射箭，附近的越人依然神态自若地行走；小孩子弯弓射箭，慈母就会躲进房间，关上门户。所以，如果一定能射中目标，那么越人也不会怀疑后羿；不一定能射中目标，那么慈母也会躲避拉弓的小孩。

魏文侯问狐卷子曰[①]："父子兄弟君臣之贤足恃乎？"对曰："不足恃也。何者？父贤不过尧而丹朱放，子贤不过舜而瞽瞍顽，兄贤不过舜而象敖，弟贤不过周公而管叔诛，臣贤不过汤、武而桀、纣伐。望人者不至，恃人者不久。君欲理，亦从身始，人何可恃乎？"

【注释】

①魏文侯问狐卷子：以下至"人何可恃乎"，出自《韩诗外传》卷八，有删节。

【译文】

魏文侯问狐卷子说："父、子、兄、弟、君、臣的贤明，能够依靠吗？"狐卷子回答说："不能依靠。为什么这么说？没有比尧更贤明的父亲了，但他的儿子丹朱十分放荡；没有比舜更贤明的儿子了，而他的父亲瞽瞍却十分愚顽；没有比舜更贤明的兄长了，而他的弟弟象却十分傲慢；没有比周公旦更贤明的弟弟了，而他的哥哥管叔却因为叛乱被诛；没有比商汤、周武王更贤明的臣子了，而他们的君主夏桀、商纣却遭到讨伐。期待他人的人，目的无法实现；依赖他人的人，事业无法长久。您如果想治理好国家，应该从自己做起，怎么能依靠他人呢？"

汉时，梁孝王藏匿羊胜、公孙诡[①]。韩安国泣说梁孝王曰[②]："大王自度于皇帝，皇帝，景帝也，是梁孝王兄。孰与太上皇之与高皇帝及皇帝之与临江王亲[③]？"临江王，景帝太子也。孝王曰："弗如也。"安国曰："夫太上、临江亲父子间，然而高帝曰：'提三尺剑取天下者，朕也。'故太上终不得制事，居栎阳[④]；临江王，適长太子也[⑤]，以言过废王临江，景帝尝属诸姬[⑥]，太子母栗姬言不逊，由是废太子，栗姬忧死也。用宫垣事卒自杀中尉府[⑦]。何者？治天下终不以私害公。语曰：'虽有亲父，安知其不为虎？虽有亲兄，安知其不为狼？'今大王列在诸侯，说一邪臣浮说[⑧]，犯上禁，挠明法，天子以太后故不忍致法于王[⑨]。太后日夜泣涕，幸大王自改，而大王终不觉悟。又如太后宫车即晏驾[⑩]，大王尚谁攀乎？"语未卒，孝王出羊胜等。景帝弟梁孝王用羊胜、公孙诡之计[⑪]，求为汉太子，恐大臣不听，乃阴使人刺汉用事谋臣袁盎。帝闻诡、胜计，遣使十辈，举国大索，捕诡、胜不得。内史韩安国闻诡、胜匿孝王所，入见王，说之。王出诡、胜，诡、胜自杀也。

【注释】

①汉时，梁孝王藏匿羊胜、公孙诡：以下至"孝王出羊胜等"，出自《史记·韩长孺列传》。羊胜、公孙诡，西汉齐人，梁孝王谋士。二人与梁孝王合谋，派人刺杀袁盎等大臣，被朝廷通缉。

②韩安国：字长孺，梁国成安（今河南汝州东南）人。西汉名臣。官至御史大夫。当时韩安国为梁国内史。

③太上皇：指刘邦父亲刘太公。临江王：指刘荣，汉景帝长子。曾被立为太子，后被废为临江王。

④栎（yuè）阳：在今陕西西安临潼区北渭水北岸。刘邦称帝后，封

其父为太上皇，住在栎阳宫。

⑤適：同“嫡”。

⑥景帝尝属诸姬：指汉景帝曾经向妃嫔们交代后事。《史记·外戚世家》：“景帝尝体不安，心不乐，属诸子为王者于栗姬，曰：‘百岁后，善视之。’栗姬怒，不肯应，言不逊。”

⑦宫垣事卒自杀中尉府：指汉景帝中元二年（前148），刘荣因侵占宗庙周围之地营建宫室，被召至中尉府责讯，被迫自杀。《史记·五宗世家》：“（刘荣）坐侵庙壖垣为宫，上征荣。……荣至，诣中尉府簿。中尉郅都责讯王，王恐，自杀。”司马贞《索隐》：“服虔云‘宫外之余地’。……壖垣，墙外之短垣也。”

⑧浮说：虚浮不实的言谈。

⑨太后：指窦太后，清河观津（今河北武邑东南）人。汉文帝皇后，汉景帝与梁孝王之母。致法：以法治罪。

⑩晏驾：车驾晚出，古代称帝王死亡的讳辞。

⑪景帝弟梁孝王用羊胜、公孙诡之计：以下至“诡、胜自杀也”，出自《史记·韩长孺列传》。

【译文】

西汉时，梁孝王藏匿被朝廷通缉的羊胜、公孙诡二人。韩安国哭着劝梁孝王说：“大王您自己揣度与当今皇帝的关系，皇帝，指汉景帝，是梁孝王的哥哥。和太上皇与高皇帝的关系，以及皇帝与临江王的关系相比，哪个更亲近？”临江王，是汉景帝的太子。梁孝王说：“不如他们亲近。”韩安国说：“太上皇和高皇帝，当今皇帝与临江王都是亲父子，然而高皇帝说：‘提着三尺利剑打下天下的，是我。’所以太上皇始终不能干预政事，一直住在栎阳宫；临江王，是景帝的嫡长太子，因为母亲栗姬说错了话，被废为临江王，汉景帝曾经向妃嫔们交代后事，太子母亲栗姬出言不逊，因此汉景帝废黜太子，栗姬忧愁而死。又因为侵占宗庙周围之地，最终在中尉府自杀了。这是为什么？因为治理天下，终究不能因为私情而损害国家大事。

俗话说：‘虽然是亲生父亲，怎么知道他不是凶猛的老虎？虽然是同胞兄弟，怎么知道他不是凶狠的豺狼？’如今大王您身为诸侯，喜欢听信一个奸臣虚浮不实的话，触犯皇上的禁令，扰乱国家的法律，皇上因为太后的缘故，不忍心依法治您的罪。太后日夜哭泣，希望您能够悔过，而您却始终不觉悟。假如太后有一天去世了，那时您还能依靠谁呢？”韩安国的话还没说完，梁孝王便把羊胜等人交了出来。汉景帝的弟弟梁孝王用羊胜、公孙诡的计策，谋求成为汉太子，怕大臣们不答应，于是暗中派人刺杀朝廷的主事大臣袁盎。汉景帝听说是公孙诡、羊胜的计谋，派了十批使者来到梁国，在全国上下进行搜查，却没能抓到公孙诡、羊胜。梁国内史韩安国听说公孙诡、羊胜藏于梁孝王宫中，便进见梁孝王，劝他交出二人。梁孝王交出了公孙诡、羊胜，二人自杀。

由是观之，安在其可必哉！语曰：“以权利合者，权利尽而交疏[①]。”又曰：“以色事人者，色衰则爱绝[②]。”此言财色不可必也。墨子曰：“虽有慈父，不爱无益之子[③]。”黄石公曰：“主不可以无德，无德则臣叛[④]。”此言臣子不可必也。《诗》云：“自求伊祐[⑤]。”有旨哉！有旨哉！

【注释】

①以权利合者，权利尽而交疏：出自《史记·郑世家》“太史公曰”。权利，权势和货财。

②以色事人者，色衰则爱绝：出自《史记·吕不韦列传》。

③虽有慈父，不爱无益之子：出自《墨子·亲士》。

④主不可以无德，无德则臣叛：出自《黄石公三略·中略》。

⑤自求伊祐：出自《诗经·鲁颂·泮水》。祐，《泮水》作“祜”，郑笺：“祜，福也。”译文从之。

【译文】

就此看来,哪有一定可以依靠的事物呢!古话说:“为了权势、货财相结交的,当权势、货财耗尽了,交情也就疏远了。”又说:“依靠美色事奉人,当美色衰退,宠爱也就随之断绝。”这是说钱财、美色都不足依靠。墨子说:“即使是慈爱的父亲,也不会喜欢没有作为的儿子。”黄石公说:“君主不可以没有德行,没有德行,臣子就会反叛。”这是说臣子不足依靠。《诗经》说:“福禄要靠自己追求。”说得真好啊!说得真好啊!

运命第二十九《易》曰："精气为物，游魂为变。"夫人之受生，貌异音殊。苦乐、愚智、尊卑、寿夭无非三世业理使之然。

【题解】

所谓"运命"，指人与国家吉凶、兴亡的命运。赵蕤认为，吉凶由人所决定，兴亡取决于德行。命运与报应都是存在的，只不过有时以较为曲折的方式体现出来。值得注意的是，赵蕤在篇名自注中提到了"三世业理"，似乎受到了佛教因果报应说的影响。但就《运命》全篇的主旨来看，赵蕤所持的还是中国传统的福报观念，即所谓"积善之家，必有余庆"，与佛教的果报观关系不大。

赵蕤自注：《周易》说："精气聚集生成万物，精魂游散，事物也随之变化。"人的自然禀性，相貌各异，声音不同。是辛苦还是享乐，是愚蠢还是智慧，是尊贵还是卑贱，是长寿还是夭折，无不由过去、现在、未来三世的因果所决定。

夫天道、性命，圣人所稀言也[①]。虽有其旨，难得而详。然校之古今[②]，错综其纪[③]，乘乎三势[④]，亦可以仿佛其略[⑤]。何以言之？

【注释】

①天道、性命，圣人所稀言：《论语·公冶长》："子贡曰：'夫子之文章，可得而闻也；夫子之言性与天道，不可得而闻也。'"性命，中国古代哲学范畴，指万物的天赋和禀受。

②挍（jiào）：同"校"，比较，考察。

③错综：交错综合。纪：事物的端绪。

④三势：见下文。

⑤略：大概。

【译文】

天道与性命，圣人很少谈及。虽然有大概的宗旨，但详细的情形很难得知。不过，比较古往今来的不同言论，综合分析其端绪，运用"性命三势"的道理加以研究，也可以了解这一问题的概貌。为什么这么说呢？

荀悦云："凡三光议曰：三光，日月星也。精气变异[①]，此皆阴阳之精也。其本在地而上发于天，政失于此则变见于彼。不其然乎？文王问太公曰[②]："人主动作举事，有祸殃之应、鬼神之福无[③]？"太公曰："有之。人主好重赋敛，大宫室，则人多病温[④]，霜露杀五谷。人主好畋猎，不避时禁[⑤]，则岁多大风，禾谷不实。人主好破坏名山，壅塞大川，决通名水，则岁多大水伤人，五谷不滋。人主好武事，兵革不息，则日月薄蚀[⑥]，太白失行。"文王曰："诚哉！"今称《洪范》咎征[⑦]，则有尧、汤水旱之灾[⑧]；称消灾复异，则有周宣《云汉》'宁莫我听'[⑨]；《易》称'积善余庆'[⑩]，则有颜、冉短折之凶[⑪]。善恶之报，类变万端，不可齐一，故视听者惑焉。太史公曰："《书》称'天道无亲，常与善人'[⑫]。七十子之徒[⑬]，仲尼最独荐颜回为好学[⑭]，然回也屡空[⑮]，糟糠不餍而早夭[⑯]。天之报施善人,何如哉?盗跖日杀不辜,肝人之肉[17],暴戾恣睢[18],聚党数千人,横行天下,竟以寿终。是遵何德哉?余甚惑焉!"常试言之:孔子曰:'死生有命[19]。'又曰:'不得其死[20]。'又曰:'幸而免者[21]。'夫'死生有命',其正理也;'不得其死'者,未可以死而死也;'幸而免者',可以死而不死也。此皆性命三势之理也。昔虢太子死,扁鹊治而生之[22]。扁鹊曰:"我非能生死人者,我能治可生者耳。"然不遇扁鹊亦不生矣。若夫膏肓之病,虽医和弗能治矣[23]。故曰:"死生有命",其正理也;"不得其死"者,未可以死而死也;"幸而免者",可以死而不死也。此荀悦论性命三势之理。扬子《法言》云:"或问[24]:'寿可益乎?'曰:'德。'或问:'回、牛之行,德矣,曷寿之不益也?'曰:'德故尔。如回之残,牛之贼[25],焉得尔?'曰:'残贼或寿。'曰:'彼妄也,君子不妄也[26]。'"

【注释】

①凡三光精气变异:以下至"此之谓也",出自荀悦《汉纪·高后纪》,有删节。

②文王问太公曰:以下至"诚哉",见于《群书治要》卷三十一所引《六韬·文韬》,有删节。

③无:副词,用于句末,表示疑问,相当于"否"。

④温:中医学病名。热病的总称。

⑤时禁:指时节的禁忌。

⑥薄蚀:指日月相掩食。

⑦咎征:灾祸应验。《尚书·洪范》认为,君主德行的好坏,将会导致相应的吉兆(休征)或灾祸(咎征):"曰休征:曰肃,时雨若;曰乂,时旸若;曰哲,时燠若;曰谋,时寒若;曰圣,时风若。曰咎征:

曰狂，恒雨若；曰僭，恒旸若；曰豫，恒燠若；曰急，恒寒若；曰蒙，恒风若。”

⑧尧、汤水旱之灾：《汉书·食货志》：“尧、禹有九年之水，汤有七年之旱。”如果按照《洪范》的理论，尧、商汤都是盛德之君，不应遭遇水旱之灾。

⑨周宣：指周宣王，名静，西周天子，号称中兴之君。《史记·周本纪》：“宣王即位，二相辅之，修政，法文、武、成、康之遗风，诸侯复宗周。”《云汉》：《诗经·大雅》篇名。是周宣王向上天求雨的祷词。宁莫我听：指上天不回应周宣王祈雨的请求。《诗经·大雅·云汉》：“王曰於乎：何辜今之人！天降丧乱，饥馑荐臻。靡神不举，靡爱斯牲。圭璧既卒，宁莫我听？”郑笺：“言王为旱之故，求于群神，无不祭也。无所爱于三牲，礼神之圭璧又已尽矣，曾无听聆我之精诚而兴云雨。”

⑩积善余庆：语出《周易·坤卦·文言》：“积善之家，必有余庆；积不善之家，必有余殃。”

⑪颜、冉短折之凶：颜，指颜回，字子渊。冉，指冉耕，字伯牛。二人为孔子弟子，以德行著称，均英年早逝。

⑫《书》称“天道无亲，常与善人”：以下至“余甚惑焉”，出自《史记·伯夷列传》，有删节。天道无亲，常与善人，出自今本《老子》第七十九章。

⑬七十子：指孔子弟子。《史记·仲尼弟子列传》：“孔子曰‘受业身通者七十有七人’，皆异能之士也。”“七十”是举其成数。

⑭仲尼最独荐颜回为好学：《论语·雍也》：“哀公问：‘弟子孰为好学？’孔子对曰：‘有颜回者好学，不迁怒，不贰过。不幸短命死矣！今也则亡，未闻好学者也。’”

⑮屡空：经常贫困。谓贫穷无财。

⑯糟糠不餍（yàn）：指连糟糠也吃不饱。餍，吃饱。

⑰肝人之肉：泷川资言《史记会注考证·伯夷列传》："'肝'疑当作'脍'。"脍，把鱼或肉细切。

⑱暴戾恣睢（zì suī）：残暴凶狠，恣意横行。

⑲死生有命：《论语·颜渊》："子夏曰：'商闻之矣：死生有命，富贵在天。'"

⑳不得其死：指不得善终。《论语·先进》："闵子侍侧，訚訚如也；子路，行行如也；冉有、子贡，侃侃如也。子乐。'若由也，不得其死然。'"

㉑幸而免者：《论语·雍也》："子曰：'人之生也直，罔之生也幸而免。'"

㉒昔虢（guó）太子死，扁鹊治而生之：以下至"可以死而不死也"，出自荀悦《汉纪·高后纪》。扁鹊医治虢国太子事，见《史记·扁鹊仓公列传》。

㉓若夫膏肓之病，虽医和弗能治矣：《左传·成公十年》："公疾病，求医于秦。秦伯使医缓为之。未至，公梦疾为二竖子，曰：'彼，良医也。惧伤我，焉逃之？'其一曰：'居肓之上，膏之下，若我何？'医至，曰：'疾不可为也。在肓之上，膏之下，攻之不可，达之不及，药不至焉，不可为也。'公曰：'良医也。'厚为之礼而归之。"膏肓，古代医学以心尖脂肪为"膏"，心脏与膈膜之间为"肓"。医和，应作"医缓"。医和、医缓，均为春秋时秦国良医。

㉔或问：以下至"君子不妄也"，出自《法言·君子》。

㉕残、贼：指败坏仁义。《孟子·梁惠王下》："贼仁者谓之贼，贼义者谓之残。"

㉖彼妄也，君子不妄也：汪荣宝《法言义疏》："言残、贼之人纵得寿考，亦幸免而已。幸免之生，非君子所贵也。……《法言》此文正用《论语》义为说，而字作'妄'者，盖读'罔'为'妄'也。"

【译文】

荀悦说："凡是三光评论道：三光，指日、月、星。精气的变异，都缘于阴阳精气的变化。其根源在大地上,而通过天象的变化显露出来;朝廷的政治有所失误,天象就会产生相应的变异。难道不是这样吗?周文王问太公说:"君主的言行举动,会不会有祸殃的报应、鬼神的保佑?"太公说:"有的。君主如果喜好横征暴敛,扩建宫室,则人民多罹患热病,冰霜寒露冻死五谷。如果君主喜好打猎,不顾时节禁忌,则该年多刮大风,庄稼籽粒不饱满。如果君主喜欢破坏名山,堵塞大河,挖开名川,则该年多有洪水伤人,五谷不生长。如果君主喜好用兵打仗,战争连年不息,就会出现日食、月食,金星的运行也会偏离轨道。"周文王说:"确实如此啊!"如今,如果谈论《尚书·洪范》的吉凶报应,那么像尧、商汤这样的圣明之君,却遭遇了水旱之灾;如果谈论消除灾祸、平复灾异之道,那么像周宣王这样的中兴之主,诗篇《云汉》中发出了他"祈雨的请求却得不到上天回应"的感慨;《周易》说"积善之家,必有余庆",然而像颜回、冉耕这样的贤人,却英年早逝。可见善恶的报应,变化万端,不可一概而论,因此令人感到迷惑。司马迁说:"《尚书》说'上天无所偏爱,总是帮助好人'。在孔子的弟子中,孔子单独称赞颜回好学,但颜回却常常陷于穷困,甚至连糟糠都吃不饱,最后短命而死。上天赐予好人福报,难道就是这样的吗?盗跖每天杀害无辜之人,把人肉切成丝吃,残暴凶狠,恣意横行,聚集数千党羽,横行天下,最后竟然寿终。这遵循的又是什么道德标准呢?我真是迷惑啊!"我试着分析一下这个问题:孔子说:'死生有命。'又说:'不得善终。'又说:'侥幸偷生。'所谓'死生有命',指的是性命之理的一般原则;'不得善终',指的是不该死的人却死了;'侥幸偷生',指的是本该死的人却没有死。这就是性命之理的三种态势。从前,虢国太子看似已经死亡,而扁鹊将其治活了。扁鹊说:"我做不到起死回生,我只能医治那些还有生还希望的人。"然而,虢国太子如果没有遇到扁鹊,也不可能活过来。如果病入膏肓,即便是医和这样的神医也无法医治。所以说:"死生有命",是性命之理的一般原则;"不得善终",指不该死的人却死了;"侥幸偷生",指本该死的人却没有死。这就是荀悦所说的性命之理的三种态势。扬雄《法言》说:"有人问:'人的寿命可以延长吗?'扬雄回答说:'德行可以延长寿命。'又问道:'颜回、冉耕德行高尚,为什么他们的寿命没有延长呢?'扬雄回答说:

‘正因为他们德行高尚，所以才有这样的寿命。如果颜回、冉耕败坏仁义，怎么可能有现在的寿命呢？’那人又说：‘有些败坏仁义的人，寿命很长。’扬雄说：‘他们不过是侥幸偷生罢了，君子不愿侥幸偷生。’”

“推此以及教化则亦如之。人有不教化而自成者，有待教化而后成者，有虽加教化而终不成者。故上智与下愚不移，至于中人则可上可下。议曰：《传》云：“能者养之以福，不能者败之以取祸①。”此可上可下者。推此以及天道则亦如之。灾祥之应②，无所疑焉，故尧、汤水旱，天数也。议曰：夫阴静阳动，天回地游③。太一筭周成百六之厄④，太岁数极为一元之灾⑤，必然之符，不可移也。故《传》曰：“美恶周必复⑥。”又曰：“天灾流行，国家代有⑦。”言必定也，故曰天数。汉时，公孙弘则不然。以为尧遭洪水⑧，使禹治之，未闻禹之有水也。若汤之旱，则桀余烈。桀、纣行恶，受天之罚；禹、汤积德，以王天下。因此观之，天无私亲，顺之和起，逆之害生。此天文、地理、人事之纪。观公孙弘所言，以为德感水旱，非天数也。一家之谈，非为正论。

【注释】

①能者养之以福，不能者败之以取祸：出自《左传·成公十三年》：“民受天地之中以生，所谓命也。是以有动作礼义威仪之则，以定命也。能者养以之福，不能者败以取祸。”杨伯峻注：“‘养以之福’，《汉书·五行志》《律历志》、《汉酸枣令刘熊碑》并如此，自唐石经后误倒作‘养之以福’。‘养以之福’意谓保持动作礼义威仪之则以致幸福，‘之’作动词，与下文‘败以取祸’正相对为文。”

②灾祥：指吉凶灾变的征兆。

③天回地游：指天地运转。《文选·张华〈励志诗〉》："大仪斡运，天回地游。"李善注引《春秋元命包》曰："天左旋，地右动。"

④太一：古代占术之一，又称"太乙数"。黄宗羲《易学象数论》："《太一》，纬书也。盖仿《易历》而作。其以一为太极，因之生二目，二目生四辅，犹《易》之太极生两仪，两仪生四象也。又有计神与太乙合之为八将，犹《易》之八卦也。其以岁月日时为纲，而以八将为纬，三基、五福、十精之类为经，亦犹之乎历也。"百六之厄：《后汉书·董卓传》："百六有会，过、剥成灾。"李贤注："《前书音义》曰：'四千五百岁为一元，一元之中有九厄，阳厄五，阴厄四。阳为旱，阴为水。'初入元百六岁有阳厄，故曰'百六之会'。"

⑤太岁：古代天文学中假设的岁星，又称"岁阴"或"太阴"。古代认为岁星（即木星）十二年一周天（实为11.86年），因将黄道分为十二等分，以岁星所在部分作为岁名。但岁星运行方向自西向东，与将黄道分为十二支的方向正相反，故假设有一太岁星做与岁星运行相反的方向运动，以每年太岁所在的部分来纪年。数极为一元之灾：古人认为太岁运行一周（十二年），将发生灾祸。《盐铁论·水旱》："故太岁之数，在阳为旱，在阴为水。六岁一饥，十二岁一荒。"

⑥美恶周必复：出自《左传·昭公十一年》。杨伯峻注："言无论美或恶，吉或凶，逢岁星绕一周必有报。复，报也，酬也，答也。"

⑦天灾流行，国家代有：出自《左传·僖公十三年》。国家代有，指在各个国家间轮流发生。代，更替。

⑧尧遭洪水：以下至"此天文地理人事之纪"，出自《汉书·公孙弘传》。

【译文】

"将这个道理类推到教化百姓上，情况也是如此。有不需要教化就能自我成就的人，有需要教化之后成材的人，有虽然加以教化，却最终无法成材的人。所以最智慧的人与最愚蠢的人,都是不可改变的,至于中等的人,则有可上可下的可塑性。评论道:《左传》说:“有能力的人,保持动作、礼义、威仪的准则而获得福报;无能的人,败坏这些准则而导致祸患。”说的就是可以向上为善,也可以向下为恶的中等人。把这个道理类推到天道,情况也是如此。吉凶灾变的感应,是无须怀疑的,所以尧、商汤遭遇水旱之灾,这是天数所决定的。评论道:阴气安静而阳气运动,天地运转周而复始。根据太一算法,入元后一百六十年将有大灾;考察太岁之数,每十二年将发生灾荒;这是必然的现象,不可改变。所以《左传》说:“无论美恶,在岁星运行一周后必然会有报应。”又说道:“天灾流行,在各个国家轮流发生。”这是必然发生的现象,所以叫作“天数”。西汉时,公孙弘却认为不是这样。他认为尧在位的时候遭遇洪水,于是派禹加以治理,没听说禹在位的时候有洪水。至于商汤在位时的旱灾,那是夏桀遗留的祸患。夏桀、商纣作恶,受到上天的惩罚;大禹、商汤积德,故而称王于天下。由此看来,上天并无偏私,顺应天道,和气就会滋生;违逆天道,灾害就会降临。这就是天文、地理、人事之间相互关系的规则。观察公孙弘的言论,他认为君主德行的好坏,导致了水、旱等灾异的发生,并不是由天数所决定的。但这只是公孙弘的一家之言,不是正确的理论。

“《洪范》咎征,人事也。议曰:《传》云:“祸福无门,唯人所召[①]。”谓五事以应休咎[②],故曰人事。鲁僖霪雨[③],可救之应也。周宣旱甚,难变之势也。议曰:孔子云:“祭如在[④]。”言祭法在精诚也。语曰:“应天以实不以文[⑤]。”言上天不以伪动也。《易》曰:“善不积不足以成名[⑥]。”古语曰:“土性胜水[⑦],掬壤不可以塞河[⑧];金性胜木,寸刃不可以残林[⑨]。”《传》曰:“小信未孚,神弗福也[⑩]。”此言善少不足以感物也。今雩祭是同而感应异者[⑪],或为仁甚少而求福甚多,或徒设空文,精诚不至,故不同也。

【注释】

①祸福无门，唯人所召：出自《左传·襄公二十三年》。

②五事：指古代统治者修身的五件事，谓貌恭、言从、视明、听聪、思睿。《尚书·洪范》："五事：一曰貌，二曰言，三曰视，四曰听，五曰思。貌曰恭，言曰从，视曰明，听曰聪，思曰睿。"休咎：吉凶，善恶。

③鲁僖霪（yín）雨：《汉纪·高后纪》作"鲁僖澍（shù）雨"。澍雨，应时的雨水。《后汉书·黄琼传》："琼复上疏曰：'昔鲁僖遇旱，以六事自让，躬节俭，闭女谒，放谗佞者十三人，诛税民受货者九人，退舍南郊，天立大雨。'"李贤注引《春秋考异邮》曰："僖公之时，雨泽不澍，比于九月。公大惊惧，率群臣祷山川，以六过自让，绌女谒，放下谗佞郭都等十三人，诛领人之吏受货赂赵祝等九人，曰：'辜在寡人。方今天旱，野无生稼，寡人当死，百姓何谤？请以身塞无状。'"译文从之。

④祭如在：出自《论语·八佾》。祭，指祭祀祖先。

⑤应天以实不以文：出自《汉书·息夫躬传》。

⑥善不积不足以成名：出自《周易·系辞下》。

⑦土性胜水：以下至"寸刃不可以残林"，出自《淮南子·说林训》："金胜木者，非以一刀残林也；土胜水者，非以一璞塞江也。"土性胜水，金性胜木，指按照五行相胜的次序，土克水，金克木。

⑧掬壤：一捧之土。

⑨寸刃：小刀。

⑩小信未孚，神弗福也：出自《左传·庄公十年》。孚，信任。

⑪雩（yú）祭：古代求雨的祭祀。

【译文】

"《尚书·洪范》所说的吉凶报应，是人事所决定的。评论道：《左传》说："祸与福不是注定的，都是人们自己造成的。"君主的貌、言、视、听、思，将导致吉凶报应，所以说是人事。鲁僖公时遭遇旱灾，僖公祈祷改过，求来了及时的雨水,这是灾异可以拯救的应验。周宣王时遭遇大旱,宣王百般祈祷无效,说明这是难以改变的灾害。评论道:孔子说:“祭祀祖先时,好像祖先真在那里。”说的是祭祀的关键在于真诚。古语说:“回应上天要以实际行动,不能用漂亮的文辞。”说的是上天不会被虚伪的言辞打动。《周易》说:“不积累善行,不足以成就美名。”古话说:“土胜过水,然而无法用一捧土堵塞大河;金胜过木,然而无法用一把小刀砍伐树林。”《左传》说:“小的信用,不足以取得神灵的信任,神灵不会降福。”说的是善行太少,不足以感动上天。如今,同样举行了求雨的祭祀,然而上天的感应却不相同,或许是因为所做的善行太少而所求的福报太多,或许是因为仅有浮泛空洞的文辞,没有拿出精诚之心,所以祭祀的效果不同。

“颜、冉之凶,性命之本也。议曰:秦伯问于士鞅曰[①]:“晋大夫其谁先亡?”对曰:“其栾氏乎?”秦伯曰:“以其汰乎[②]?”对曰:“然。栾黡汰虐已甚[③],犹可以免,其在盈乎[④]?”秦伯曰:“何故?”对曰:“武子之德在人[⑤],如周人之思邵公焉,爱其甘棠[⑥],况其子乎?栾黡死,盈之善未能及人,武子所施没矣,而黡之怨实彰,将于是乎在[⑦]。”后廿一年[⑧],晋灭栾氏。由是观之,黡虽汰虐,以其父武子之德,身受其福。盈虽贤智,以其父黡之汰虐,遂遇于祸。然则祸之与福,不在我之贤虐矣。范晔曰:“陈平多阴谋,而知其后必废[⑨];邴吉有阴德,夏侯胜识其当封及其子孙[⑩]。终陈掌失侯[⑪],而邴昌绍国[⑫]。虽有不类[⑬],未可致诘[⑭],其大致归于有德矣。袁安窦氏之间乃情帝室[⑮],引义雅正[⑯],可谓王臣之烈[⑰]。及其理楚狱[⑱],未尝鞠人于赃罪[⑲],其仁心足覃乎后昆[⑳]。子孙之盛,不亦宜乎!”由是观之,夫陈平、邴吉及袁安之后,衰与盛乃在先人之德,又不在我之得失矣。虞南曰:“夫释教有布施、持戒、忍辱、精进、禅定、智惠[㉑],与夫仁、义、礼、智、信亦何殊哉?盖以所修为因,其果为报[㉒]。人修此六行,皆多不全,有一阙焉，果亦随灭。是以䶋明丑于貌而惠于心[23]，赵壹高于才而下于位[24]，罗裒富而无义[25]，原宪贫而有道。其不同也如斯悬绝，兴衰得失咸必由之。由是言之，夫行己不周则诸福不备[26]，故吉凶祸福不得齐也。故世人有操行不轨而富寿者矣，有积仁洁行而凶夭者矣。今下士庸夫见比干之剖心，以为忠贞不足为也；闻偃王之亡国，以为仁义不足法也，不亦过乎！"

【注释】

①秦伯问于士鞅（yāng）曰：以下至"将于是乎在"，出自《左传·襄公十四年》。秦伯，指秦景公，名石，春秋时期秦国君主。士鞅，即范献子，士匄之子，春秋时期晋国大夫。当时流亡到秦国。

②汰：通"泰"，骄泰，奢侈。

③栾黡（yǎn）：谥桓，故称"栾桓子"，栾书之子，春秋时期晋国大夫。

④盈：指栾盈，栾黡之子。

⑤武子：指栾书，栾黡之父。谥武，故称"栾武子"。

⑥周人之思邵公焉，爱其甘棠：《诗经·周南·甘棠》："蔽芾甘棠，勿剪勿伐，召伯所茇。"郑笺："召伯听男女之讼，不重烦劳百姓，止舍小棠之下而听断焉。国人被其德，说其化，思其人，敬其树。"

⑦将于是乎在：指栾氏将在栾盈时灭亡。《左传·襄公十四年》杨伯峻注："其亡将在于此。"

⑧后廿一年：指鲁襄公二十一年（前552）。

⑨陈平多阴谋，而知其后必废：以下至"不亦宜乎"，出自《后汉书·袁安传》"论曰"。《后汉书·袁安传》李贤注："丞相陈平为高祖谋臣，出六奇，叹曰：'我多阴谋，道家之所禁，吾世即废，以吾多阴谋祸也。'其后曾孙掌以卫氏亲戚贵达，愿得续封，而终不得也。"

⑩邴吉有阴德，夏侯胜识其当封及其子孙：《后汉书·袁安传》李贤

注:"武帝末,戾太子巫蛊事起,邴吉为廷尉监。时宣帝年二岁,坐太子事系。望气者言长安狱中有天子气,于是上遣使者分条中都官诏狱,系者亡轻重一切皆杀之。内者令郭穰至郡邸狱,吉闭门扞拒曰:'它人无辜犹不可,况亲曾孙乎?'穰不得入,还以闻。上曰:'天使之也。'因大赦天下。曾孙赖吉得立。宣帝立,吉为丞相,未及封而病。上忧吉不起,夏侯胜曰:'此未死也。臣闻有阴德者必飨其乐以及子孙。'后吉病愈,封博阳侯。薨,子显嗣。甘露中,削爵为关内侯。至孙昌,复封博阳侯。传子至孙,王莽败乃绝。"邴吉,即丙吉,字少卿,鲁国(治今山东曲阜)人。西汉大臣。汉宣帝时任丞相,封博阳侯。夏侯胜,字长公,东平(今属山东)人。西汉经学家,今文《尚书》"大夏侯学"的开创者。

⑪陈掌:陈平曾孙。

⑫邴昌:邴吉之孙。绍:继承。

⑬类:相似。

⑭致诘:究问,推究。

⑮袁安窦氏之间乃情帝室:《后汉书·袁安传》:"安以天子幼弱,外戚擅权,每朝会进见,及与公卿言国家事,未尝不噫呜流涕。自天子及大臣皆恃赖之。"指袁安在窦氏专权期间,竭诚效忠王室。乃情,竭诚。

⑯引义:引用义理。

⑰王臣:志匡王室之臣。烈:功业。

⑱楚狱:指汉明帝时楚王刘英谋反案。《后汉书·袁安传》:"永平十三年,楚王英谋为逆,事下郡覆考。明年,三府举安能理剧,拜楚郡太守。是时英辞所连及系者数千人,显宗怒甚,吏案之急,迫痛自诬,死者甚众。安到郡,不入府,先往案狱,理其无明验者,条上出之。府丞掾史皆叩头争,以为阿附反虏,法与同罪,不可。安曰:'如有不合,太守自当坐之,不以相及也。'遂分别具奏。帝感

悟,即报许,得出者四百余家。”

⑲未尝鞠(jū)人于赃罪:《后汉书·袁安传》:“岁余,征为河南尹。政号严明,然未曾以臧罪鞠人。常称曰:‘凡学仕者,高则望宰相,下则希牧守。锢人于圣世,尹所不忍为也。’”按照汉代法律,犯了贪污受贿罪将会被禁锢(禁止做官),所以袁安从不以贪污受贿罪给人定罪。鞠人,审讯犯人。鞠,通“鞫”,审问。赃罪:贪污受贿罪。

⑳覃(tán):延及。后昆:后代,后嗣。

㉑释教:佛教。布施、持戒、忍辱、精进、禅定、智惠:即佛教的“六度(六波罗蜜)”,使人由生死之此岸度到涅槃(寂灭)之彼岸的六种法门。

㉒因、果:佛教语。谓因缘和果报。根据佛教轮回之说,种什么因,结什么果;善有善报,恶有恶报。

㉓鬷(zōng)明:即然明,春秋时期郑国大夫。容貌丑恶。

㉔赵壹:字元叔,汉阳西县(今甘肃礼县)人。东汉时期辞赋家。《后汉书·文苑传·赵壹》:“袁逢使善相者相壹,云‘仕不过郡吏’,竟如其言。”

㉕罗裒(póu):成都(今属四川)人。汉成帝、汉哀帝时期富商。事见《汉书·货殖传》。

㉖行己:立身行事。不周:不齐全,不周到。

【译文】

“颜回、冉耕英年早逝,这是性命的定数。评论道:秦景公问士鞅:“晋国大夫中谁会先灭亡?”士鞅回答说:“大概是栾氏吧?”秦景公问:“是因为骄泰吗?”士鞅回答说:“是的。栾黡太过骄横暴虐,如果他还可以免于灾祸,这灾祸大概要落到栾盈的头上吧?”秦景公问:“这是什么缘故?”士鞅回答说:“栾书对百姓有恩德,百姓思念栾书,好比周人思念召公,人们对召公止息过的甘棠树都非常爱护,何况是他的儿子呢?但栾黡死后,栾盈的善行尚未施及百姓,栾书的恩泽已经消失,而人们对于栾黡的怨恨越来越彰显,因此栾氏将在栾盈时灭亡。”鲁襄公二十一年(前552),晋国消灭了栾氏家族。就此看来,栾黡虽然骄横暴虐,却因为父亲栾书的恩德,受到了福报。栾盈虽然贤明智慧,却因为父亲栾黡的骄横暴虐,于是遭遇了灾祸。可见是祸是福,并不取决于自身的贤明或暴虐。范晔说:“陈平多阴谋诡计,因而知道自己的后代必定衰败;邴吉积有阴德,夏侯胜知道他一定会获得封爵并世代传承。后来,陈平的曾孙陈掌果然失去了爵位,而邴吉的孙子邴昌继承了封爵。虽然情况有所区别,不能详细推究,但大致而言,获得福报的关键在于德行。袁安在窦氏专权期间,竭诚效忠王室,仗义端正,可以说成就了匡正王室的功业。到他公平审理楚郡的案件,从未以贪污受贿罪给人定罪,其仁爱之心足以泽及子孙后代。袁氏子孙昌盛,不也是应该的吗!”就此看来,陈平、邴吉以及袁安的后代,兴盛与衰败,取决于祖先的德行如何,而与自身的优劣得失无关。虞世南说:“佛教有布施、持戒、忍辱、精进、禅定、智惠六种法门,与儒家的仁、义、礼、智、信又有什么不同呢?佛教认为人的修持是因缘,将引起相应的果报。人们修持这六种法门,大多不能圆满,如果缺失了其中的一项,果报也就随之消失。所以鬷明外貌丑陋而内心聪慧,赵壹才能高而地位低,罗裒非常富有却不讲道义,原宪贫穷却有德行。他们的不同如此悬殊,其兴衰得失,都是由此造成的。就此而言,如果立身行事有缺憾,那么获得的福报就不完整,所以每个人的吉、凶、祸、福都是不同的。所以有些品行不端的人却富足长寿,有些积聚仁义、操行清白的人却不幸夭亡。如今那些见识低下的人,看见比干被剖心,就认为忠贞之事不值得去做;听说徐偃王亡国了,就认为仁义之举不值得效法,这不是太偏颇了吗!”

“《易》曰‘有天道焉,有地道焉,有人道焉[①]’,言其异也;‘兼三才而两之[②]’,言其同也。故天人之道有同有异,据其所以异而责其所以同,斯则惑矣;守其所以同而求其所以异,则取弊矣。迟速深浅变化错乎其中,是故参差难得而均也。天地人物之理莫不同之,故君子尽心焉,尽力焉,以邀命也[3]。议曰：孙卿云："天行有常[4]，不为尧存，不为桀亡。应之以理则吉[5]，应之以乱则凶。强本而节用则天不能贫[6]，养备而动时则天不能病[7]，循道而不惑则天不能祸，背道而妄行则天不能吉。故明于天人之分则可谓至人矣[8]。若星坠木鸣[9]，天地之变，怪之可也，畏之非也。唯人妖乃可畏矣[10]。何者？政险失人，田荒稼恶，籴贵人饥[11]，道有死人，夫是之谓人妖也；政令不明，举措不时，本事不理[12]，夫是之谓人妖也；礼义不修，外内无别[13]，男女淫乱，父子相疑，上下乖离，寇难日至[14]，夫是之谓人妖也。三者错乱[15]，无安国矣。其说甚尔[16]，其灾甚惨。《传》曰：'万物之怪，《书》不说。'无用之辩，不急之察[17]，弃而不治也。"墨翟曰："古之圣王举孝子而劝之事亲[18]，尊贤良而劝之为善，发宪令以教诲，明赏罚以沮劝[19]。若此，则乱者可使理，而危者可使安矣。若以为不然，昔者桀之所乱，汤理之；纣之所乱，武王理之。此世不渝而人不改[20]，上变正而人易教[21]，则安危治乱在上之发政也，岂可谓有命哉！"昔梁惠王问尉缭曰："吾闻黄帝有刑德[22]，可以百战百胜，其有之乎？"尉缭曰："不然。黄帝所谓刑德者，以刑伐之，以德守之，非世之所谓刑德也。世之所谓刑德者，天官时日阴阳向背者也[23]。黄帝者，人事而已矣。何以言之？今有城于此，从其东西攻之不能取，从其南北攻之不能取。此四者，岂不得顺时乘利者哉？然不能取者，何也？城高池深，兵战备具，谋而守之也。由是观之，天官时日不若人事也。《天官之阵》曰[24]：'背水阵者为绝军[25]，向阪阵者为废军[26]。'武王之伐纣也，背漳水，向山之阪，以万二千击纣之亿有八万[27]，断纣头，悬之白旗。纣岂不得天官之阵哉？然而不胜者，何也？人事不得也[28]。黄帝曰：'先稽己智者谓之天子[29]。'以是观之，人事而已矣。"按：孙卿、墨翟、尉缭之说，言吉凶祸福在于人矣。周公诫成王曰:“昔殷王中宗[30],治人祗惧[31],弗敢荒宁[32],享国七十年[33]。其在高宗[34],嘉靖殷邦[35],至于小大[36],无时或怨[37],享国五十九年。其在祖甲[38],爰知小人之衣食[39],能保惠于庶人[40],弗侮鳏寡[41],享国卅有三年[42]。自时厥后[43],立王则逸,惟耽乐之从[44],亦罔或克寿[45],或十年,或七八年,或三四年。呜呼!嗣王其鉴于兹[46]。”《史记·陈世家》曰:“陈,舜后也[47],周武王封之陈。太史公云:舜之德至矣!禅于夏,而后世血食者历三代[48]。及楚灭陈,而田氏得政于齐,卒为建国,百世不绝。”又《南越传》云[49]:“越虽蛮夷[50],其先岂尝有大功德于人哉?何其久也!历数代尝为君王,勾践一称伯,盖禹之余烈也[51]。”又曰:“郑桓公友者[52],周厉王之少子也,幽王以为司徒。问于太史伯曰[53]:‘王室多故[54],予安逃死乎[55]?吾欲南之江上,何如?’对曰:‘昔祝融为高辛火正[56],其功大矣,而其于周未有兴者,楚其后也。周衰,楚必兴,兴非郑之利也。’公曰:‘周衰,何国兴?’对曰:‘齐、秦、晋、楚乎?夫齐,姜姓,伯夷之后也[57]。伯夷佐尧典礼[58]。秦,嬴姓,伯翳之后也[59]。伯翳佐舜,怀柔百物[60]。及楚之先,皆常有功于天下。而武王封叔虞于唐[61],其地阻险,以此有德。若周衰,并必兴矣[62]。”按:周公、马迁、太史伯之谈,言兴亡长短必依德矣。此略言其本,而不语其详。尝试论之,曰:“命也者,天之授也。德也者,命之本也。皇灵虽阴骘下人[63],定于冥兆[64],然兴亡长短以德为准。若德循于曩[65],则命定于今。然则今之定命,皆曩之德也,明矣。夫命之在德则吉凶祸福不由天也,命定于今则贤圣鬼神不能移也。故君子尽心焉,尽力焉,以邀命也。”此运命之至也。

【注释】

①“有天道焉”：以下至“有人道焉”，出自《周易·系辞下》。

②兼三才而两之：出自《周易·系辞下》：“兼三材而两之，故六。六者非它也，三材之道也。”孔颖达《正义》：“言六爻所效法者，非更别有他义，唯三材之道也。”黄寿祺、张善文《周易译注》：“三画的八卦含有‘三才’的象征（初画象地，中画象人，上画象天）；重成六画的六十四卦之后，各卦也含有‘三才’的象征（初、二象地，三、四象人，五、上象天），故下文云：‘六者非它也，三才之道也。’”

③邀命：等待命运，即儒家所说的“俟命”。《孟子·尽心上》：“孟子曰：‘尽其心者，知其性也。知其性，则知天矣。存其心，养其性，所以事天也。夭寿不贰，修身以俟之，所以立命也。’”邀，迎候。

④天行有常：以下至“弃而不治也”，出自《荀子·天论》，有删节。

⑤理：《荀子·天论》作“治”，指政治清明，社会安定。

⑥强本而节用：谓加强农业生产，节约支出。

⑦养备：供养充足。动时：《荀子·天道》杨倞注：“谓劝人勤力，不失时，亦不使劳苦也。”

⑧至人：最高明的人。

⑨木鸣：《荀子·天道》王先谦《集解》引俞樾曰：“木不能鸣，或因风而鸣，人亦不恐，而此云然者，盖古有‘社鸣’之说。……所谓‘社鸣’者，社必树其土所宜木，故古文‘社’从木作‘袿’，社鸣，实即其木鸣也。古人盖甚畏之，故荀子以‘星队’‘木鸣’并言也。”

⑩人妖：《荀子·天论》作“人祆”，人事方面的反常现象，人为的灾祸。

⑪籴（dí）：买粮。

⑫本事：指农业。

⑬外内：指男女。

⑭日至：天天到来。

⑮三者：指上述三种“人妖”。

⑯尔:通“迩”,浅近。

⑰不急:不切需要。

⑱古之圣王举孝子而劝之事亲:以下至“岂可谓有命哉”,出自《墨子·非命中》。

⑲沮(jǔ)劝:谓阻止恶行,勉励善事。沮,阻止。

⑳渝:改变。

㉑正:通“政”。

㉒吾闻黄帝有刑德:以下至“人事而已矣”,见于《群书治要》卷三十七《尉缭子·天官》。刑德,古人以刑为阴克,以德为阳生,附会五行生克之说。

㉓天官:天文,天象。

㉔《天官之阵》:《群书治要》卷三十七《尉缭子·天官》作“《刑德天官之阵》”。《汉书·艺文志·数术略》著录《刑德》七卷。疑《刑德》为书名,《天官之阵》为篇名。

㉕背水阵:背水列阵。绝军:《群书治要》卷三十七《尉缭子·天官》作“绝地”,指极险恶而无出路的境地。译文从之。

㉖阪:山坡。

㉗亿:古代或以十万为亿,或以万万为亿。此处指十万。

㉘人事不得:指商纣王不得民心。

㉙稽:计算。

㉚昔殷王中宗:以下至“嗣王其鉴于兹”,出自《尚书·无逸》,有删节。殷王中宗,指殷中宗太戊。据《史记·殷本纪》,太戊任用伊陟、巫咸等人治理国政,使商朝中兴,诸侯归顺,故称“中宗”。

㉛祇(zhī)惧:敬惧,小心谨慎。

㉜荒宁:荒废懈怠,贪图安逸。

㉝七十年:《尚书·无逸》作“七十有五年”,译文从之。

㉞高宗:指殷高宗武丁。《史记·殷本纪》:“武丁修政行德,天下咸

雝，殷道复兴。”

㉟嘉靖：谓以美好的教化安定平服。

㊱小：指百姓。大：指群臣。

㊲无时或怨：指无人怨恨殷高宗。时，通“是”，此，这。指殷高宗。或，有。

㊳祖甲：指商汤之孙太甲。《尚书·无逸》孔颖达《正义》：“此祖甲是汤孙太甲也。”

㊴爰：连词，于是，就。衣食：《尚书·无逸》作“依”，隐痛，苦衷。译文从之。

㊵保惠：保护并施以恩惠。

㊶侮：轻慢，轻贱。鳏（guān）寡：老而无妻或无夫的人。引申指老弱孤苦者。

㊷卅（sà）：三十。

㊸厥：助词，之。

㊹耽乐：过度享乐，沉溺享乐。

㊺罔：无。克：能够。寿：长寿。

㊻嗣王：指周成王。兹：这些。

㊼陈，舜后也：以下至“百世不绝”，出自《史记·陈杞世家》，有删节。《陈杞世家》：“陈胡公满者，虞帝舜之后也。昔舜为庶人时，尧妻之二女，居于妫汭，其后因为氏姓，姓妫氏。……周武王克殷纣，乃复求舜后，得妫满，封之于陈，以奉帝舜祀，是为胡公。”

㊽血食：谓受享祭品。古代杀牲取血以祭，故称。

㊾《南越传》：应作“《东越传》”。

㊿越虽蛮夷：以下至“盖禹之余烈也”，出自《史记·东越列传》“太史公曰”。

51盖禹之余烈：据《史记·越王勾践世家》《东越列传》，越王勾践为大禹的苗裔，东越、闽越的君主都是勾践的后人。余烈，遗留下来的功绩、功业。

52郑桓公友者:以下至“并必兴矣”,出自《史记·郑世家》,有删节。郑桓公友,姬姓,名友,周厉王少子,周宣王庶弟。

53太史伯:周朝太史。

54多故:多变乱,多患难。

55逃死:逃避灾祸或致死的危险。

56祝融为高辛火正:据《史记·楚世家》,楚人的先祖重黎是帝颛顼之后,帝喾时担任火正之官,因有功绩,被命名为祝融。高辛,即帝喾,号高辛氏,“五帝”之一。火正,古代掌火之官。《汉书·五行志上》:“古之火正,谓火官也,掌祭火星,行火政。”

57伯夷:舜的臣子,齐太公的祖先。

58典礼:掌管礼仪。

59伯翳(yì):即伯益,辅佐舜、禹平治水土,调训鸟兽,为秦国、赵国的始祖。

60怀柔:安抚。

61武王封叔虞于唐:《史记·郑世家》作“周武王克纣后,成王封叔虞于唐”。叔虞,周武王之子,周成王之弟。唐,古国名。相传为尧的后裔。后为周公所灭,成为叔虞的封国。故城在今陕西翼城与曲沃之间。

62以此有德若周衰并必兴矣:《史记·郑世家》作“以此有德,与周衰并,亦必兴矣”。泷川资言《史记会注考证·郑世家》:“冈白驹曰:以此有德子孙,与周季衰德者并,其势必兴矣。”但根据下文自注所引,赵蕤将此句断作“以此有德。若周衰,并必兴矣”,译文从之。

63皇灵:指天帝。阴骘(zhì):默默地使安定。《尚书·洪范》:“惟天阴骘下民。”伪孔传:“骘,定也。天不言,而默定下民,是助合其居,使有常生之资。”

㊹冥兆：指天意神旨注定之初而尚未明白显示的时候。

㊺曩（nǎng）：先时，以前。

【译文】

"《周易》说'有天之道，有地之道，有人之道'，说的是天、地、人三者的不同；又说：'八卦兼合三才之道而两两相重'，说的是三者的共同之处。所以天道与人道有同有异，如果根据其相异之处，去否定二者相同的地方，就会陷入困惑；如果根据其相同之处，去否定二者相异的地方，就会带来弊端。天道与人道运行的迟速、深浅、变化，错综复杂，所以参差不齐，难以整齐划一。天、地、人、物的道理莫不如此，所以君子尽心、尽力，以等待命运。评论道：荀子说："天道有一定的规律，不因为尧而存在，也不因为桀而灭亡。用安定来呼应天道就吉利，用混乱来呼应天道就凶险。加强农业生产，节约支出，上天也无法使他贫穷；供养充足而适时劳作，上天也不能使他生病；遵循道义而明辨是非，上天也不能使他遭遇灾祸；违背道义而恣意妄为，上天也不能使他吉祥。所以明白天和人的不同，就可以称得上是最高明的人了。如果像流星坠落，社树鸣响，这是天地的变化，认为它奇怪是可以的，但畏惧它就不对了。只有人为的灾祸是值得畏惧的。为什么这么说？政治险恶失去民心，田地荒芜庄稼歉收，粮价昂贵百姓饥饿，道路上有饿死的人，这就叫作人为的灾祸；政令不清明，举措违背时令，不管理农业生产，这就叫作人为的灾祸；不修整礼义，内外无别，男女淫乱，父子互相猜疑，上级下级互相背离，内乱外患天天到来，这就叫作人为的灾祸。这三种现象交错发生，国家就不会安定。这个道理很浅近，但带来的灾难却非常惨痛。古书上说：'万物的怪现象，书上是不讲的。'没有用处的辩说，不切需要的考察，应当抛弃不要。"墨子说："古代的圣王推举孝子，以鼓励人们事奉双亲；尊敬贤良的人，以鼓励人们行善；发布法令，以教诲民众；明确赏罚的标准，以阻止恶行，勉励善事。如此一来，混乱的国家可以得到治理，危难的国家可以获得安定。如果有人以为不是这样，那么从前夏桀搞乱的国家，被商汤治理好了；商纣王搞乱的国家，被周武王治理好了。这个世界没有改变，百姓也没有变化，只要君主改变政令，百姓就容易教化，可见国家的安危、治乱，取决于君主的施政措施，怎么可以认为是天命在主宰呢!”从前,梁惠王问尉缭子说:“我听说黄帝有‘刑德’之术,可以百战百胜,有这样的事吗?”尉缭子说:“不是这样。黄帝所谓的‘刑德’,指用武力讨伐暴乱,用文德安定天下,并不是世人所讲的‘刑德’。世人所讲的‘刑德’,是天象时日、阴阳向背一类的学说。而黄帝的‘刑德’,不过是人力所为之事罢了。为什么这么说?假如有这样一座城池,从它的东、西两面进攻不能攻取,从它的南、北两面进攻不能攻取。这四个方向,难道都没有攻城的适宜时辰和有利方位吗?那么无法攻下这座城池,为什么呢?是由于城墙很高,护城河很深,守城的兵力物资充足,守卫者精心谋划、坚守城池的缘故。由此看来,注重天象时日,不如发挥人的作用。《天官之阵》说:‘背水列阵,是将部队置于危绝之地;面向山坡列阵,是将部队置于无用之处。’然而武王伐纣,背靠漳水,面向山坡,以一万两千人击败了纣王的十八万大军,砍下了纣王的头颅,悬挂在白旗上。难道是纣王不懂得天官之阵吗?然而不能取胜,为什么呢?这是因为纣王不得民心。黄帝说:‘首先用自己智慧做出判断的人,叫作“天子”。’就此看来,黄帝的‘刑德’不过是人力所为之事罢了。”按:荀子、墨子、尉缭子的学说,吉、凶、祸、福都取决于人事。周公劝诫周成王说:“过去,殷中宗恭敬谨慎地治理百姓,不敢荒废懈怠,在位七十五年。殷高宗时,他用美好的教化安定殷国,无论百姓还是群臣,没有怨恨他的,在位五十九年。太甲时,他了解百姓的苦衷,能够保护并施恩于民众,不敢轻慢那些老弱孤苦之人,在位三十三年。自此之后,在位的殷王生来就过着安逸的生活,只知道追求享乐,没有人能够长寿,他们在位时间有的十年,有的七八年,有的三四年。唉!您要以此为鉴啊!”《史记·陈杞世家》说:“陈国,是舜的后裔,周武王把他们封在陈地。太史公说:舜的德行可以说到达顶点了!将帝位禅让给夏禹,而后代子孙享受祭祀历经夏、商、周三代。等到楚国灭亡陈国,而田氏又掌握了齐国的政权,最终建立国家,百代没有断绝。”又《史记·东越列传》载:“越国虽然是蛮夷,他们的祖先难道对百姓有过大功德吗?为何传世如此久远!经历多个朝代常为君主,勾践时还曾一度称霸诸侯,这大概是大禹功业的余荫吧。”又《史记·郑世家》载:“郑桓公名友,是周厉王的少子,周幽王任命他做司徒。他询问太史伯说:‘王室多有变乱,我怎么才能逃避灾祸呢?我打算南迁到长江岸边去,怎么样?’太史伯说:‘从前,祝融担任帝喾高辛氏的火正,立下了大功,而他的后代在周朝没有发达的，楚国就是他的后代。周室衰微，楚国必定兴盛，而楚国兴盛，将对郑国不利。’郑桓公问：‘周室衰微，哪些国家会兴起？’太史伯回答说：‘大概是齐国、秦国、晋国、楚国吧？齐国，姜姓，是伯夷的后代。伯夷辅佐尧执掌礼仪。秦国，嬴姓，是伯翳的后代。伯翳辅佐舜，安抚万物。伯夷、伯翳以及楚人先祖祝融，都曾为天下立下大功。而周成王将叔虞分封到唐，那里地势险阻，因此可以长期延续国运。如果周室衰败，这四个国家一定会兴起。按：周公、司马迁、太史伯的言论，国家的兴亡，国运的长短，都取决于德行。他们大致讲述了根本的道理，却并未详细展开讨论。我曾尝试着讨论这一问题：“命，是上天所授予的。德行，是命的根本。上天虽然默默安定下民，在暗中安排命运，但国家的兴亡，国运的长短，依然取决于德行。以往是否遵循德行，决定了今日的命运。那么如今注定的命运，都是由以往的德行所决定的，这是很明显的道理。命运由德行所决定，那么吉、凶、祸、福便与上天无关；命运在当今已经注定，那么贤人、圣人以及鬼神均无法更改命运。所以君子尽心、尽力，以等待命运。”这就是关于命运最深刻的道理。

“《易》曰：‘穷理尽性以至于命[①]。’此之谓矣。”议曰：夫吉凶由人，兴亡在德，稽于前载[②]，其在德必矣。今论者以尧、舜无嗣，以为在命，此谬矣。何者？夫佐命功臣必有兴者[③]，若使传子，则功臣之德废。何以言之？昔郑桓公问太史伯曰[④]：“周衰，何国兴？”对曰：“昔祝融为高辛火正，其功大矣，而其于周未有兴者，楚其后也。周衰，楚必兴。齐，姜姓，伯夷之后。伯夷佐尧典礼。秦，嬴姓，伯翳之后。伯翳佐舜，怀柔百物。若周衰，并必兴矣。”是以班固《典引》云：“陶唐舍胤而禅有虞[⑤]，有虞亦命夏后[⑥]。稷、契熙载[⑦]，越成汤、武[⑧]。股肱既周，天乃归功元首，将授汉刘[⑨]。”由此言之，安在其无嗣哉？又曰：“楚师屠汉卒，睢水鲠其流[⑩]；秦人坑赵士，沸声若雷震；虽游、夏之英才[⑪]，伊、颜之殆庶[⑫]，焉能抗之哉？此其弊也[⑬]。”对曰："宋景公之时[14]，荧惑在心，公惧，问子韦[15]。子韦曰：'心者，宋分野也，祸当在君。虽然，可移于人。'"据此言，则君有祸，人当受之。若当君厄会之时[16]，则生人涂炭，虽伊、颜、游、夏何所抗哉！故庄子曰："当尧、舜[17]，天下无穷人[18]，非智得也；当桀、纣，天下无通人，非智失也，时势适然。"此之谓矣。又曰："彼戎狄者[19]，人面兽心，晏安鸩毒[20]，以诛杀为道德，蒸报为仁义[21]。自金行不竞[22]，天地版荡[23]，遂覆瀍、洛[24]，倾五都[25]。呜呼！福善祸淫[26]，徒虚言耳。"据此论，以戎狄内侵，便谓由命，此所谓不量于德者也。何则？昔秦穆公问戎人由余曰："中国以诗书礼乐法度为政[27]，然尚时乱。今戎夷无此，何以为理乎？"由余笑曰："乃中国所以乱也。夫自上圣黄帝作为礼乐法度，身以先之，仅可小理[28]。及其后世，日以骄淫，沮法度之盛[29]，以责督于下[30]；下罢极则以仁义怨望于上，上下交争怨而相篡杀，至于灭宗，皆此类也。夫戎夷则不然，上含淳德以遇于下[31]，下怀忠信以事其上，一国之政犹一身之治，不知所以治。此真圣人之治。"夫戎夷之德有如是者。今晋之兴也，"宗子无维城之助[32]，而阏伯、实沈之隙岁搆；师尹无具瞻之贵，而颠坠戮辱之祸日有。宣、景遭多难之时[33]，务伐兵雄、诛庶桀以便事"[34]。其倾覆屠鲙非止于诛杀也[35]。"风俗淫僻[36]，廉耻并失。先时而昏[37]，任情而动，皆不耻淫逸之过[38]，不拘妒忌之恶。有逆于舅姑[39]，有反易刚柔[40]，有杀戮妾媵[41]，有黩乱上下"[42]。其淫乱凶逆非止于蒸报也。由是观之，晋家之德，安胜于匈奴哉？今见戎狄乱华，便以为在命不在德，是何言之过欤！

【注释】

①穷理尽性以至于命：出自《周易·说卦传》。孔颖达《正义》："穷

极万物深妙之理，究尽生灵所禀之性，物理既穷，生性又尽，至于一期所赋之命，莫不穷其短长，定其吉凶。”

②前载：前代的记载。

③佐命：古代帝王得天下，自称是上应天命，故称辅佐帝王创业为“佐命”。

④昔郑桓公问太史伯曰：以下至“并必兴矣”，出自《史记·郑世家》。

⑤陶唐舍胤而禅有虞：以下至“将授汉刘”，出自班固《典引》。陶唐，尧。胤，后代。指尧之子丹朱。

⑥有虞：指舜。夏后：即夏后氏，指禹受舜禅而建立的夏王朝。

⑦熙载：语本《尚书·舜典》：“舜曰：咨，四岳！有能奋庸熙帝之载。”伪孔传：“载，事也。访群臣有能起发其功，广尧之事者。”意谓弘扬功业。

⑧越成汤、武：《文选·班固〈典引〉》李周翰注：“稷、契佐治，能广尧事，夏氏之后，远成汤之业，汤复远成武王之祚。……越，远也。”

⑨“股肱”三句：《文选·班固〈典引〉》蔡邕注：“天有五行之序，尧与四臣各据其一行，而尧为之正，四臣已遍，故归功元首之子孙，而授汉刘也。”汉人认为汉室是尧的后代。股肱，大腿和胳膊。比喻左右辅佐之臣。元首，君主。这里指尧。

⑩楚师屠汉卒，睢水鲠（gěng）其流：以下至“此其弊也”，出自《文选·刘孝标〈辩命论〉》。楚师，指项羽军队。汉卒，指刘邦军队。鲠，堵塞。《史记·高祖本纪》：“（项羽）与汉大战彭城灵璧东睢水上，大破汉军，多杀士卒，睢水为之不流。”

⑪游、夏：指孔子弟子子游、子夏，以文章博学著称。

⑫伊、颜：指伊尹、颜回。殆庶：《周易·系辞下》：“子曰：‘颜氏之子，其殆庶几乎！’”后以“殆庶”指贤德者。

⑬弊：弊病，弊端。《文选·刘孝标〈辩命论〉》作“蔽”：“言而非命，有六蔽焉尔。”刘孝标指出，认为命运取决于德行，存在着难以自

圆其说的弊病。

⑭宋景公之时：以下至“可移于人”，出自《史记·宋微子世家》，有删节。宋景公，名头曼，春秋时期宋国君主。

⑮子韦：春秋时期宋国人。担任主管占候星象的“司星”一职。

⑯厄会：众灾会合，犹言“厄运”。

⑰当尧、舜：以下至“时势适然”，出自《庄子·秋水》。

⑱穷：困窘不得志。

⑲彼戎狄者：以下至“徒虚言耳”，出自《文选·刘孝标〈辩命论〉》。

⑳晏安鸩（zhèn）毒：原意指耽于逸乐而杀身，此处应指戎狄之人安于狠毒之事。晏安，安逸。鸩毒，毒药。

㉑蒸报：谓与母辈或晚辈亲属淫乱。

㉒金行：指晋朝。古人以五行相胜来比附王朝的兴替，认为每一个朝代都代表五行中的一德，循环往复，终而复始。因晋王朝以金德王，乃以之代指。不竞：不强，不振。

㉓版荡：《诗经·大雅》有《板》《荡》两篇，皆刺周厉王暴虐无道，而致天下不宁。版，同“板”。后因以“板荡”指动乱不安。

㉔瀍（chán）、洛：瀍水和洛水的并称。洛阳为东周、东汉、魏、晋等朝都城（今属河南，地处瀍水两岸、洛水之北），故多以二水连用称谓其地。

㉕五都：历代所指不同，三国魏时以长安、谯、许昌、邺、洛阳为五都。

㉖福善祸淫：指上天赐福给为善的人，降祸给作恶的人。《伪古文尚书·汤诰》：“天道福善祸淫。”

㉗中国以诗书礼乐法度为政：以下至“此真圣人之治”，出自《史记·秦本纪》。中国，指中原地区。

㉘小理：《史记·秦本纪》作“小治”，略有政绩。

㉙沮法度之盛：《史记·秦本纪》作“阻法度之威”。阻，倚仗，凭借。译文从之。

㉚责督：责罚督察。

㉛淳德：淳厚的德行。

㉜宗子无维城之助：以下至“务伐兵雄、诛庶桀以便事”，出自《文选·干宝〈晋纪总论〉》。

㉝宣：指晋宣帝司马懿。景：指晋景帝司马师。

㉞兵雄：《文选·干宝〈晋纪总论〉》作“英雄”，译文从之。桀：杰出的人才。

㉟屠鲙（kuài）：宰割。

㊱风俗淫僻：以下至“有黩乱上下”，出自《文选·干宝〈晋纪总论〉》。

㊲先时而昏：《文选·干宝〈晋纪总论〉》刘良注：“礼，男三十而婚，女二十而嫁。先时，不依礼而早婚娶也。”昏，结婚。后多作“婚”。

㊳淫逸：淫荡，淫乱。

㊴舅姑：称夫之父母。俗称“公婆”。

㊵反易刚柔：指妻子凌驾于丈夫之上。反易，颠倒。刚柔，《文选·干宝〈晋纪总论〉》李善注：“男子亲迎，男先于女，刚柔之义也。”

㊶妾媵（yìng）：古代诸侯贵族女子出嫁，以侄娣从嫁，称“媵”。后因以“妾媵”泛指侍妾。

㊷黩（dú）乱上下：《文选·干宝〈晋纪总论〉》刘良注：“黩乱上下，谓不恭也。”谓对长辈不尊，对小辈轻浮。

【译文】

“《周易》说：‘穷究万物之理、生灵之性，以至于通晓天命。’说的就是这个道理。”评论道：是吉是凶，由人所决定；是兴是亡，取决于德行；考察前代的记载，吉、凶、兴、亡无疑由德行所决定。如今有些论者依据尧、舜的后代未能继承帝位，便认为兴亡是由命运所决定的，这就大错特错了。为什么呢？尧、舜身边那些立下大功的佐命功臣，必然会有兴起的，如果尧、舜把帝位传给儿子，那么这些功臣的德行就得不到回报了。为什么这么说呢？从前，郑桓公询问太史伯说：“周室衰微，哪些国家会兴起？”太史伯回答说：“从前，祝融担任帝喾高辛氏的火正，立下了大功，而他的后代在周朝没有发达的，楚国就是他的后代。周室衰微，楚国必定兴盛。齐国，姜姓，是伯夷的后代。伯夷辅佐尧执掌礼仪。秦国，嬴姓，是伯翳的后代。伯翳辅佐舜，安抚万物。如果周室衰败，这几个国家一定会兴起。”所以班固《典引》说：“尧没有把帝位传给儿子却禅让给了舜，舜也把帝位禅让给了禹。稷、契弘扬尧、舜的功业，奠定了商汤、周武王的帝业。辅佐之臣及其后裔都已经接受了帝位，于是上天把功劳归于尧，将天下重新授予尧的后裔刘氏。”就此而言，怎么能说尧、舜没有继承人呢？又有人说：“楚军屠杀汉兵，睢河被堵塞了流水；秦人坑杀赵军，喧腾之声宛如雷震；遇见这样的灾祸，即使是子游、子夏这样的英才，伊尹、颜回这样的贤人，又怎么能与之对抗呢？所以认为命运取决于德行，存在着难以自圆其说的弊病。”回答道：“宋景公时，荧惑星停留于心宿，宋景公很害怕，便询问司星子韦。子韦说：‘心宿，对应着宋国的分野，灾祸将降临在国君身上。不过，可以把灾祸转嫁给百姓。’”根据这一说法，君主面临灾祸时，百姓将会遭殃。如果君主碰到众灾会合的厄运，将造成生民涂炭，即便是伊尹、颜回、子游、子夏这样的贤人，又怎能抵抗这种命运呢！所以庄子说：“在尧、舜的时代，天下没有困窘不得志之人，并不是因为他们智慧超群；在桀、纣的时代，天下没有通达之人，并不是因为他们智慧低下，这都是时势造成的。”说的就是这个道理。又有人说道：“那些戎狄，人面兽心，安于狠毒之事，以杀人为道德，以乱伦为仁义。自从晋室衰微，天下动荡，他们趁机攻下洛阳，毁灭了五大都市。唉！上天赐福给为善的人，降祸给作恶的人，不过是一句空话罢了。”根据这一论断，因为戎狄入侵中华，便说是由命运所决定的，这就是所谓的不明白德行含义的人。为什么这么说？从前，秦穆公问戎人由余说：“中原以诗、书、礼、乐以及法度来治理国家，但仍然常常发生动乱。戎夷没有这些，靠什么来治理国家呢？”由余笑着回答说：“这正是中原常常发生动乱的原因。自从上古圣人黄帝制定礼乐法度，身体力行，也不过略有政绩。到了后世，君主日益骄奢淫逸，倚仗法令的威势，责罚督查下民；下民疲困至极，就会怨恨君主不仁不义；上下互相怨恨，从而互相篡夺、杀害，以至于灭族，都是由此造成的。而戎夷却不这样，君主怀着淳厚的德行对待下民，下民怀着忠信之心事奉君主，治理一个国家，就像一个人管理自身，虽然不知如何治理，却治理得很好。这才是真正的圣人之治。”戎狄拥有着这样的德行。如今晋朝兴起时，“嫡子得不到兄弟的帮助，而皇室兄弟之间频繁互相讨伐；重臣没有万民景仰的威望，而随时面临被打倒、侮辱、诛灭的危险。宣帝、景帝遭遇天下多难之时，一门心思讨伐英雄、诛杀豪杰，以成就事业”。其颠覆国家、屠戮英雄的罪恶，比戎狄的诛杀更严重。“风俗放荡淫乱，毫无廉耻。妇女不到婚龄便成亲，放纵性情随意行动，全都不以淫乱为耻，不约束妒忌的恶行。有的忤逆公公婆婆，有的凌驾于丈夫之上，有的杀害丈夫的侍妾，有的轻慢不恭”。其风俗的淫乱、凶恶、悖逆，比戎狄的乱伦更可耻。由此看来，晋朝的德行，又有哪里胜过了匈奴？如今看到戎狄祸乱华夏，就认为这取决于命运而非德行，这种说法是多么荒谬啊！

大私第三十

【题解】

所谓“大私”，指与一己之私相对的大利益、大成就。赵蕤指出，君主必须摒除小的私心与贪欲，“将欲取之，必故与之”，才能成就真正的“大私”。

管子曰：“知与之为取，政之宝也①。”《周书》曰：“将欲取之，必故与之②。”何以征其然耶？

【注释】

①知与之为取，政之宝也：出自《管子·牧民》。与，给予。

②将欲取之，必故与之：《逸周书》逸文。今本《老子》第三十六章：“将欲夺之，必固与之。”

【译文】

管仲说：“明白‘给予正是为了取得’这个道理，是治国的法宝。”《周书》说：“想要有所获取，一定要先行给予。”如何证明这个道理呢？

黄石公曰：“得而勿有①，立而勿取②，为者则己，有者则士，焉知利之所在？人多务功，鲜有让者，唯天子不与下争功名耳，故曰"有者则士，焉知利之所在"乎？彼为诸侯，己为天子。天子不收功于万物，故能成其高；王不竞名于众庶，故能成其大也。使城自保，令士自取，尽与敌城之财，令自取之，所谓使贪使愚者也。王者之道也。"

【注释】

①得而勿有：以下至"王者之道也"，出自《黄石公三略·上略》。得而勿有，指胜利后不要将功劳占为己有。

②立而勿取：击败他国后，立其国之人为君，不要取而代之。

【译文】

黄石公说："取得胜利后，不要将功劳占为己有；攻占他国后，立其国之人为君，不要取而代之；决策出于自己，功劳归于将士，哪里会计较利益的归属？人们大多追求功劳，很少有谦让的，只有天子不会与臣下争夺功名，所以说"功劳归于将士，哪里会计较利益的归属"呢？让他人做诸侯，自己做天子。天子不与万物争夺功名，所以能成就最高的功名；王者不与百姓争夺名声，所以能成就最大的名声。让人们保全自己的城池，让将士自己夺取敌国城池的财货，将敌国城池的财货全部赏给将士，让他们自己夺取，这就是所谓的驱使贪婪、愚昧之人的方法。这就是王者之道。"

尸子曰："尧养无告[①]，禹爱辜人[②]，此先王之所以安危而怀远也。圣人于大私之中也为无私。汤曰：'朕身有罪，无及万方[③]；万方有罪，朕身受之。'汤不私其身而私万方。文王曰：'苟有仁人，何必周亲[④]。'文王不私其亲而私万国。先王非无私也，所私者与人不同。"此知大私者也。由是言之，"夫唯不私，故能成其私"[⑤]。不利而利之，乃利之大者矣。

【注释】

①尧养无告:以下至“所私者与人不同”,出自《尸子·绰子》。无告,孤苦无处投诉的人。

②辜人:罪人。

③无及万方:不要连累各地的百姓。万方,万邦,各地。

④周亲:最亲近的人。周,至。

⑤夫唯不私,故能成其私:出自今本《老子》第七章。

【译文】

尸子说:“尧养育孤苦无告的人,大禹同情有罪的人,这就是先王之所以能拯救危难、怀柔远人的原因。圣人在最大的私心中,表现出无私。商汤说:‘如果我自身有罪,不要祸及天下百姓;如果天下百姓有罪,就让我一人承受罪责。’商汤不偏爱自身,而爱天下的百姓。周文王说:‘假如有仁人,为什么一定要任用至亲?’周文王不偏爱至亲,而爱万国的人民。先王并不是没有私心,只不过他们的私心与一般人不同。”这才是懂得了“大私”的道理。就此而言,“只有没有私心,才能成就真正的私心”。只有通过不谋私利的方式谋求利益,才能获得最大的利益。

败功第三十一

【题解】

所谓“败功”，指失败中蕴含着成功的契机。赵蕤认为，只要本着仁义之心，正视失败，因势利导，就能因祸为福，转败为功。

文子曰：“有功离仁义者即见疑[1]，有罪不失仁心者必见信。故仁义者，天下之尊爵也[2]。”何以言之？

【注释】

①有功离仁义者即见疑：以下至“天下之尊爵也”，出自《文子·微明》。

②尊爵：尊贵的爵位。

【译文】

文子说：“一个人即使有功劳，如果背离了仁义，就会受到怀疑；一个人即使有罪过，如果没有丧失仁心，仍然会得到信任。所以仁义，是天下最尊贵的爵位。”为什么这么说？

昔者[1]，楚恭王有疾，召其大夫曰：“不穀不德，少主社稷，失先君之绪[2]，覆楚国之师[3]，不穀之罪也。若以宗庙之灵，得保首领以没[④]，请为‘灵’若‘厉’[⑤]。”大夫许诺。及其卒也，子囊曰[⑥]：“不然。夫事君者从其善，不从其过[⑦]。赫赫楚国而君临之，抚征南海[⑧]，训及诸夏[⑨]，其宠大矣[⑩]。有是宠也，而知其过，可不谓‘恭’乎[⑪]？”大夫从之。此因过以为功者也。

【注释】

①昔者：以下至“大夫从之”，出自《国语·楚语上》，文字有所不同。

②绪：前人未竟之功业。

③覆楚国之师：指楚国在鄢陵之战中失败。《左传·襄公十三年》：“不穀不德，少主社稷，……是以不德，而亡师于鄢，以辱社稷。”

④得保首领以没：指寿终正寝。首领，头和脖子。

⑤灵、厉：“灵”与“厉”都是恶谥。《国语·楚语上》韦昭注：“乱而不损曰‘灵’，杀戮不辜曰‘厉’。”

⑥子囊：即公子贞，楚庄王之子，楚恭王之弟。当时担任令尹。

⑦从其善，不从其过：《国语·楚语上》作“先其善，不从其过”，韦昭注：“先其善，先举君之善事以为称，不从其过行。”

⑧抚：安。征：正。南海：南方蛮族邦国。

⑨训：教。诸夏：指华夏诸侯国。

⑩宠：荣耀。

⑪恭：《国语·楚语上》韦昭注：“谥法，既过能改曰‘恭’。”

【译文】

从前，楚恭王病重，召见大夫们说：“我缺少德行，年少时便主持国政，失掉了先君的霸业，使楚军在鄢陵遭受惨败，这是我的罪过啊。如果祖宗保佑，我得以寿终正寝，请将我的谥号定为‘灵’或‘厉’。”大夫们答应了。等楚恭王去世后，令尹子囊说：“不能这样做。侍奉君主，应该先举君主的功绩，而不是他的过错。先君统治着显赫的楚国，安定南方蛮族，教令施及中原诸国，获得了很大的荣耀。有这样的荣耀，又明白自己的过错，难道不是谥法所说的‘恭’吗？”大夫们听从了子囊的意见。这就是有了过错反而获得尊敬的例子。

魏将王昶、陈泰兵败[1]，大将军以为己过[2]。魏人感将军引过皆悦，思报之。习凿齿论曰：“司马大将军引二败以为己过，过销而业昌，可谓智矣。夫民忘其败而下思其报，虽欲勿康，其可得乎？若乃讳败推过，归咎万物，上下离心，贤愚释体，是楚再败而晋再克[3]，谬之甚矣。夫人君苟统斯理，行虽失而名扬，兵虽挫而战胜，百败犹可，况再败乎！”此因败以为功也。

【注释】

①魏将王昶（chǎng）、陈泰兵败：以下至“况再败乎”，出自《三国志·魏书·三少帝纪》裴松之注引《汉晋春秋》。

②大将军：指司马师。

③楚再败而晋再克：《左传·宣公十二年》：“城濮之役，晋师三日谷，文公犹有忧色。左右曰：‘有喜而忧，如有忧而喜乎？’公曰：‘得臣犹在，忧未歇也。困兽犹斗，况国相乎！’及楚杀子玉，公喜而后可知也，曰：‘莫余毒也已。’是晋再克而楚再败也。楚是以再世不竞。”得臣，字子玉，楚国令尹。由于城濮战败，被楚成王赐死。

【译文】

曹魏将领王昶、陈泰吃了败仗，大将军司马师把两次败仗引为自己的过错。魏人有感于司马师主动承担过错，都心悦诚服，想着报答他。习凿齿评论道：“大将军司马师主动承担两次败仗的责任，不仅消除了过错，而且使事业更加昌盛，可以说非常明智。人们忘记了他的失败，属下想报答他的恩德，即使不想安宁康泰，又怎么可能呢？如果讳言失败，推脱责任，将失败归咎于种种外在原因，将导致上下离心离德，众叛亲离，这就好比城濮之战后，楚成王不引咎自责却杀死子玉，使得楚国再次失败而晋国再次胜利，岂不大错特错。君主如果遵循这一道理，行动虽有过失，却美名远扬；用兵虽遭遇挫折，却赢得最终的胜利，即使失败一百次，也无妨大局，何况只是失败了两次！”这就是由于失败却获得成功的例子。

故知智者之举事也，因祸为福，转败为功，自古然矣。

议曰：白起为秦坑赵降卒四十余万，使诸侯曲秦而合纵。夫坑赵降卒非胜也，乃败秦之机。商君诈魏，虏公子卬，使秦信不行于天下，乃自败之兆，非霸业也。乐毅杖义以下齐城，败于即墨[1]，非败也，乃是吞天下之势。刘备怜归义之人[2]，日行十数里，败于长坂，虽奔亡不暇，乃霸王之始。故知非霸者不能用败。齐人以紫败素，而其价十倍[3]。此言虽小，可以喻大也。

【注释】

①乐毅杖义以下齐城，败于即墨：《史记·乐毅列传》：“乐毅留徇齐五岁，下齐七十余城，皆为郡县以属燕，唯独莒、即墨未服。”

②刘备怜归义之人：《三国志·蜀书·先主传》：“琮左右及荆州人多归先主。比到当阳，众十余万，辎重数千两，日行十余里，……或谓先主曰：‘宜速行保江陵，今虽拥大众，被甲者少，若曹公兵至，何以拒之？’先主曰：‘夫济大事必以人为本，今人归吾，吾何忍弃去！’”

③齐人以紫败素，而其价十倍：《史记·苏秦列传》：“齐紫，败素也，而贾十倍。”张守节《正义》：“齐君好紫，故齐俗尚之。取恶素帛染为紫，其价十倍贵于余。”素，白色生绢。

【译文】

由此可知，明智的人做事，能够变祸为福，转败为胜，自古以来都是如此。评论道：白起为秦国坑杀了四十多万赵国降卒，使诸侯们都感到秦国残暴，从而合纵对抗秦国。所以白起坑杀赵国降卒，并不是胜利，而是秦国败亡的关键。商鞅欺骗魏国，俘虏了公子卬，使秦国失信于天下，这是秦国击败自己的征兆，而不是成就霸业的方式。乐毅依靠信义攻取齐国七十多座城池，却长期攻不下即墨，这不是失败，而是吞并天下的势头。刘备怜悯那些归顺自己的百姓，每天只走十几里路，最终在长坂被曹军击败，刘备虽狼狈逃亡，此时却是其霸王之业的开端。由此可知，不是霸王之才，便无法利用失败。齐国人将品质很差的白绢染成紫色，价格便提高了十倍。这虽然是小事，但可以从中悟出深刻的道理。

昏智第三十二

【题解】

所谓“昏智”，指声色的享乐、势利的诱惑、喜怒的情绪，都会冲昏人的头脑，使人无法做出正确的判断与决策。要避免这种情况，就必须“自公心言之，自公心听之”，时刻保持灵台的清明。

夫神者[①]，智之渊也，神清则智明。智者，心之符也[②]，智公即心平。此出《文子》。今士有神清智明而暗于成败者，非愚也，以声、色、势、利、怒、爱昏其智矣。何以言之？

【注释】

①夫神者：以下至“智公即心平”，出自《文子·九守·守清》。

②符：《文子·九守·守清》作“府”，译文从之。

【译文】

精神，是智慧的渊源，精神清朗，智慧就会显明。智慧，是心灵的府库，智虑公允，心灵就会平静。这话出自《文子》。如今，有些士人神智清明，却不明白成败的道理，这不是因为愚蠢，而是被声音、美色、权势、财利、愤怒、偏爱冲昏了头脑。为什么这么说？

昔孔子摄鲁相[①]，齐景公闻而惧曰：“孔子为政，鲁必霸。霸则吾地近焉，我之为先并矣。”犁且曰[②]：“去仲尼犹吹毛耳。君何不延之以重禄[③]，遗哀公以女乐[④]？哀公亲乐之必怠于政，仲尼必谏，谏不听，必轻绝鲁[⑤]。”于是选齐国中女子好者八十人，皆衣文绣之衣[⑥]，而舞《康乐》[⑦]，遗鲁君。鲁君受齐女乐，怠于事，三日不听政。孔子曰：“彼妇人之口，可以出走[⑧]。”遂适卫。此昏于声色者也。戎王使由余观秦[⑨]。秦缪公以由余贤圣[⑩]，问内史廖曰[⑪]：“孤闻邻国有圣人，敌国之忧也。今由余贤，寡人之害，将奈何？”内史廖曰：“戎王处僻匿，未尝闻中国之声。君试遗其女乐以夺其志，为由余请以疏其间，留而莫遣以失其期。戎王怪之，必疑由余。且戎王好乐，必怠于政。”缪公曰：“善。”以女乐二八遗戎王[⑫]。戎王受而悦之，终年不迁[⑬]。由余谏，不听。缪公使人间要由余[⑭]，由余遂降秦。梁王觞诸侯于范台[⑮]。鲁君曰[⑯]：“昔者帝女仪狄作酒而美[⑰]，进之禹。禹饮而甘，遂疏仪狄，绝旨酒[⑱]，曰：‘后世必有以酒亡其国者也。’齐桓公夜半不嗛[⑲]，易牙乃煎熬燔炙，和调五味而进之。桓公食而饱，曰：‘后世必有以味亡其国者也。’晋文公得南之威[⑳]，三日不听朝，遂推南之威而远之，曰：‘后世必有以色亡其国者也。’楚王登强台而望崩山[㉑]，左江而右湖，其乐忘死，遂弗登，曰：‘后世必有以高台陂池亡其国者也[㉒]。’今主君之樽，仪狄之酒也；主君之味，易牙之调也；左白台而右闾须[㉓]，南威之美也；前夹林而后兰台[㉔]，强台之乐也。人有一于此，足以亡国，今主君兼此四者，可无诫欤？”梁王称善相属。由此言之，昏智者非一涂矣。

【注释】

①昔孔子摄鲁相:以下至“遂适卫”,杂抄自《史记·孔子世家》与《韩非子·内储说下六微》。摄,代理。

②犁且:《史记·孔子世家》作“黎钼”,齐国大夫。

③延:招揽。

④遗(wèi):送给。女乐:歌舞伎。

⑤轻绝:轻易弃绝。

⑥衣:穿。文绣之衣:刺绣华美的衣服。

⑦《康乐》:舞曲名。

⑧彼妇人之口,可以出走:《史记·孔子世家》裴骃《集解》引王肃曰:“言妇人之口请谒,足以忧使人死败,故可以出走也。”

⑨戎王使由余观秦:以下至“由余遂降秦”,出自《史记·秦本纪》。

⑩缪:通“穆”。

⑪内史廖:名廖,官职为内史。

⑫二八:即十六人。古代歌舞分为两列,每列八人。

⑬不迁:指沉迷其中。

⑭间(jiàn):暗中。要(yāo):邀请。

⑮梁王觞(shāng)诸侯于范台:以下至“梁王称善相属”,出自《战国策·魏策二·梁王魏婴觞诸侯于范台》。梁王,指魏惠王。觞,以酒饮人或自饮。范台,高台名。

⑯鲁君:指鲁共公。

⑰仪狄:夏禹时善酿酒者,相传为黄帝之女。于鬯《战国策注》:“《书钞》两处引并作‘黄帝女仪狄作酒’。”

⑱旨酒:美酒。

⑲不嗛(qiè):不满足。此处指饥饿。嗛,满足。

⑳南之威:即南威,古代美女。

㉑强台:台名。又名“荆台”“章华台”。崩山:即巫山。

㉒陂（bēi）池：池沼，池塘。

㉓白台、闾须：皆美女名。

㉔夹林、兰台：皆游乐景点。

【译文】

从前，孔子代理鲁国的国相，齐景公听说后很害怕，说："孔子治理国政，鲁国必定成为霸主。鲁国一旦称霸，齐国离得最近，势必被鲁国先吞并。"黎钼说："除去孔子的威胁，就像吹去毛发一样简单。您为何不用优厚的俸禄招揽孔子，并向鲁哀公赠送歌伎舞女？鲁哀公沉溺于歌舞之中，一定会懈怠政事，孔子必定劝谏哀公，哀公不听劝谏，那么孔子就会很容易地离开鲁国。"于是齐景公在齐国挑选了八十位美貌的女子，让她们穿上华美的衣服，教会她们跳《康乐》舞，送给鲁君。鲁哀公接受了齐国的歌伎舞女，果然懈怠政事，三天没有上朝理政。孔子说："妇人搬弄口舌，可以让人出走。"于是去了卫国。这就是被音乐、美色冲昏了头脑的例子。戎王派由余去考察秦国情况。秦穆公认为由余是贤圣之人，问内史廖说："我听说邻国有圣人，是敌对国家的忧患。如今由余这样贤能，是我的祸害，应该怎么办呢？"内史廖说："戎王身处偏僻闭塞的地方，不曾听过中原的音乐。您可以试着送给他歌伎舞女，以削弱他的心志；为由余请功，以离间他们君臣之间的关系；留住由余不让他走，以耽误他的归期。戎王感到奇怪，必然怀疑由余。且戎王沉溺于音乐，必定懈怠政事。"秦穆公说："好。"于是将十六位舞女送给戎王。戎王接受之后，非常喜欢，终年沉溺其中。由余劝谏，戎王不听。秦穆公派人暗中邀请由余，由余遂投降了秦国。魏惠王在范台宴请诸侯。鲁共公说："从前，黄帝的女儿仪狄酿出了美酒，献给大禹。大禹喝了感觉味道很好，于是疏远了仪狄，并从此戒酒，说：'后代必定有因为饮酒而亡国的君主。'齐桓公半夜感到饥饿，于是易牙煎熬烧烤，调和五味，烹制美食献给齐桓公。齐桓公吃饱之后，说：'后代必定有因为美食而亡国的君主。'晋文公得到了美女南威，三天不理朝政，于是疏远了南威，说：'后代必定有因为美色而亡国的君主。'楚王登上强台眺望崩山，左面是长江，右面是洞庭湖，快乐得忘怀生死，于是不再登台，说：'后代必定有因为游览高台池沼而亡国的君主。'如今，您杯中的美酒，就像仪狄所酿的那样甘美；您席上的食物，就像易牙所做的那样美味；您身边的白台和闾须，都是南威那样的美女；您前有夹林，后有兰台，游览之乐媲美楚国的强台。君主有了其中一样，便足以亡国，而如今您同时拥有这四者，怎能不警惕呢？”魏惠王听后连连称好。就此而言，能够使人心智昏聩的东西，并非只有一种。

太史公曰：“平原君[①]，翩翩浊代之佳公子也[②]，然不睹大体。语曰：‘利令智昏。’平原君贪冯亭邪说[③]，使赵陷长平四十余万，邯郸几亡[④]。”此昏于利者也。《人物志》曰：“夫仁出于慈[⑤]，有慈而不仁者；仁者有恤[⑥]，有仁而不恤者；厉者有刚，有厉而不刚者。若夫见可怜则流涕，将分与则吝啬，是有慈而不仁者；睹危急则恻隐，将赴救则畏患，是有仁而不恤者；处虚义则色厉，顾利欲则内荏[⑦]，是有厉而不刚者。然则慈而不仁则吝夺之也，仁而不恤则惧夺之也，厉而不刚则欲夺之也。”

【注释】

①平原君：以下至“邯郸几亡”，出自《史记·平原君虞卿列传》。

②翩翩：形容风度或文采的优美。浊代：乱世。佳公子：才行出众的贵家子弟。

③冯亭：战国时韩国上党太守。前262年，秦将白起攻占野王（今河南沁阳），阻断了韩上党地区与韩国本土之间的交通。冯亭不愿降秦，率上党郡投降赵国，从而引发了秦、赵长平之战。《史记·白起王翦列传》：“（白起）伐韩之野王。野王降秦，上党道绝。其守冯亭与民谋曰：‘郑道已绝，韩必不可得为民。秦兵日进，韩不能应，不如以上党归赵。赵若受我，秦怒，必攻赵。赵被兵，必亲韩。韩赵为一，则可以当秦。’因使人报赵。赵孝成王与平阳君、平原君计之。平阳君曰：‘不如勿受。受之，祸大于所得。’平原君曰：

‘无故得一郡，受之便。’赵受之，因封冯亭为华阳君。”

④几：几乎。

⑤夫仁出于慈：以下至“厉而不刚则欲夺之也”，出自《人物志·八观》。

⑥恤：救济，周济。

⑦内荏（rěn）：内心怯懦。

【译文】

司马迁说：“平原君，是乱世中一位风度翩翩的贵公子，然而不识大体。俗话说：‘利令智昏。’平原君听信冯亭的邪说，使赵国在长平之战中损失了四十多万军队，首都邯郸几乎丢失。”这就是被利益冲昏了头脑的例子。《人物志》说：“仁义出于慈爱，但有些人有慈爱之心，却没有仁义的行为；仁爱之人会救助他人，但有些人有仁爱之心，却不肯救助他人；严厉的人往往刚直，但有些严厉的人却不刚直。如果见到可怜的人就流泪，一旦需要解囊相助却变得吝啬，这就是慈爱却不仁义的人；见到危急之中的人就心生恻隐，一旦需要前去救助却畏惧祸患，这就是仁爱却不肯救助他人的人；谈论抽象的道义时声色俱厉，一旦触及个人私利就内心怯懦，这就是严厉却不刚直的人。慈爱却不仁义，这是因为吝啬压倒了慈爱之心；仁爱却不肯救助他人，这是因为恐惧压倒了仁爱之心；严厉却不刚直，这是因为私欲压倒了严厉。”

《后汉·班固传》评曰：“昔班固伤司马迁云[①]：‘迁博物洽闻，不能以智免极刑[②]。’然固身亦自陷大戮[③]。班固附窦氏势，窦氏败，固坐之，死洛阳狱中也。可谓智及之而不能守[④]，古人所以致论于目睫耶[⑤]？”此昏于势者。议曰：夫班固伤迁，公论也。自陷大戮，挟私也。夫心有私则智不能守矣。

【注释】

①昔班固伤司马迁云：以下至“古人所以致论于目睫耶”，出自《后

汉书·班固传》。

②极刑：酷刑，严刑。

③大戮：指死罪。

④智及之而不能守：《后汉书·班固传》李贤注："《论语》孔子之言也，言有智而不能自守其身。"

⑤古人所以致论于目睫：典出《史记·越王勾践世家》："齐使者曰：'幸也越之不亡也！吾不贵其用智之如目，见豪毛而不见其睫也。今王知晋之失计，而不自知越之过，是目论也。'"眼睛能看见毫毛，却看不见自己的睫毛。比喻人无自知之明。

【译文】

《后汉书·班固传》评论道："从前，班固哀怜司马迁的遭遇，说：'司马迁见多识广，知识渊博，却不能依靠智慧免于酷刑。'然而班固自己身陷囹圄死于狱中。班固依附外戚窦氏的势力，窦氏失败后，班固也受到牵连，死于洛阳监狱中。可谓虽有足够的智慧，却无法保全自身，这就是古人所说的眼睛看不见自己的睫毛吧？"评论道：班固哀怜司马迁的遭遇，这是公正的议论。自己身陷死罪，是由于心怀私念。内心有了私念，智慧便不足以保全自身。

尸子曰："夫吴、越之国以臣妾为殉[①]，中国闻而非之。及怒，则以亲戚殉一言。夫智在公则爱吴、越之臣妾，在私则忘其亲戚。非智损也，怒弃之也[②]。此昏于怒者也。好亦然矣。语曰：'莫知其子之恶。'非智损也，爱弃之也。此昏于爱者也。是故论贵贱、辩是非者，必且自公心言之，自公心听之，而后可知也。"

【注释】

①夫吴、越之国以臣妾为殉：以下至"而后可知也"，出自《尸子·广

泽》。臣妾，古时对奴隶的称谓。男曰臣，女曰妾。

②弇（yǎn）：覆盖，掩盖。

【译文】

尸子说："吴、越这样的国家，人死后用奴隶殉葬，中原之人听说后，都批判这种行为。等到自己因为一句话被激怒，便不惜赔上亲戚的性命。运用智慧时，如果本着公心，就会怜惜吴国、越国殉葬的奴隶；如果怀着私心，就会不顾自己的亲戚。这不是智慧有所减损，而是因为被愤怒蒙蔽。这就是被愤怒冲昏了头脑的人。偏爱也是如此。俗话说：'没有谁知道自己儿子的缺点。'这不是智慧有所减损，而是因为被偏爱蒙蔽。这就是被偏爱冲昏了头脑的人。因此讨论贵贱，辨别是非，必须本着公心进行讨论，本着公心听取意见，才能得出正确的结论。"

故范晔曰："夫利不在身[①]，以之谋事则智。虑不私己，以之断义则厉[②]。诚能回观物之智，而为反身之察，则能恕而自鉴[③]。"议曰：孔子曰："吾未见刚者[④]。"或对曰："申枨[⑤]。"子曰："枨也欲，焉得刚？"由此言之，心苟有私，则失其本性矣。尸子曰："鸿鹄在上[⑥]，彀弩以待之[⑦]。若发若否，问二五[⑧]，曰不知也。非二五难计，欲鸿之心乱也。"是知情注于利，则本心乱矣。

【注释】

①夫利不在身：以下至"则能恕而自鉴"，出自《后汉书·马援传》"论曰"。

②厉：严格，严厉。

③则能恕而自鉴：《后汉书·马援传》作"若施之于人则能恕，自鉴其情亦明矣"，李贤注："见人之谓智，自见之谓明。以自见之明为见人之用，其于物理岂不通乎。"恕，推己及人，仁爱待物。译文

从之。

④吾未见刚者：以下至“焉得刚”，出自《论语·公冶长》。

⑤申枨（chéng）：孔子弟子。

⑥鸿鹄（hú）在上：以下至“欲鸿之心乱也”，见于《艺文类聚》卷七十四《艺部·射》引《尸子》。鸿鹄，天鹅。

⑦彀（gòu）：张满弓弩。

⑧二五：二乘以五。

【译文】

所以范晔说：“利害不关系到自己，谋划事情就会很明智；考虑问题时不怀私心，依据道义进行决断就会非常严格。如果能运用观察他人的智慧，反过来对自身进行考察，那么就能宽容地对待他人，并正确地认识自己了。”评论道：孔子说：“我没见过刚强不屈的人。”有人回答：“申枨是这样的人。”孔子说：“申枨欲望太多，哪里能刚强不屈？”就此而言，如果怀有私心，就会失去自己的本性。尸子说：“天鹅在天上飞翔，有人张满弓弩准备射下它。在将射未射的时候，如果问这个人二乘以五等于多少，他一定回答不知道。并不是二乘以五很难计算，而是因为想射下天鹅的欲望扰乱了内心。”由此可知，如果专注于利益，人的本心就会混乱。

卑政第三十三

刘廙云："日月至光至大而有所不遍者，以其高于万物之上也；灯烛至微至小而世不可乏者，以其明之下能照日月之所蔽。"由是观之，政之贵卑也久矣，是以先王设官分职而共治也。

【题解】

所谓"卑政"，指简单平易的施政措施。赵蕤指出，由于治国理政乃"人间之事"，所以比起好高骛远、玄妙难知的奇异之论，那些"夫妇之所明知"的名法权术、农稼军阵之术，才是治理国家的关键，所谓"事在于适时，无贵于远功"。

赵蕤自注：刘廙说："太阳、月亮光明而巨大，但它们的光芒仍有照耀不到的地方，这是因为它们高悬于万物之上；油灯蜡烛微小而昏暗，但世人却离不开它们，这是因为它们能照到太阳、月亮照不到的地方。"就此看来，施政以简单平易为贵，自古以来都是如此，所以先王设立官吏，让他们各司其职，共同治理国家。

《淮南子》曰："济溺人以金玉，不如寻常之缰[①]。"韩子曰："百日不食，以待粱肉，饿者不肯[②]。"故曰：疗饥不期于鼎食，拯溺无待于规行也[3]。此言政贵卑以济事者也。何以言之?

【注释】

①济溺人以金玉,不如寻常之纆(mò):出自《淮南子·说林训》。纆,绳索。

②百日不食:以下至"饿者不肯",出自《韩非子·难势》,原文作"且夫百日不食以待粱肉,饿者不活"。粱肉,以粱为饭,以肉为肴,指精美的膳食。

③疗饥不期于鼎食,拯溺无待于规行也:出自《文选·王融〈永明十一年策秀才文〉》。鼎食,列鼎而食。指世家大族的豪奢生活。规行,规规矩矩地行走。喻拘于礼法而不逾矩。

【译文】

《淮南子》说:"与其用黄金珠玉去拯救溺水的人,不如使用普通的绳索。"韩非子说:"让人一百天不吃饭,以等待一顿美食,那饥饿的人肯定不同意。"所以说:治疗饥饿,无需等待丰盛的宴席;拯救溺水的人,不能迈着循规蹈矩的步伐。这是说,治理国家的措施,以简单平易,便于解决事情为贵。为什么这么说?

韩非曰:"所谓知者[1],微妙之言[2],上知之所难知也[3]。今为众人法,而以为上知之所难知,则人无从识之矣。故糟糠不厌者不待粱肉而饱[4],短褐不完者不须文绣而好[5]。以是言之,夫治世之事,急者不得则缓者非务也。今所治之政,人间之事,夫妇之所明知者不用[6],而慕上知之所难论,则其于人过远矣[7]。是知微妙之言,非人务也。"又曰:"世之所谓列士者[8],离众独行,取异于人,为恬惔之学[9],而理恍惚之言[10]。臣以为,恬惔,无用之教也;恍惚,无法之言也。夫人生必事君养亲,事君养亲不可以恬惔；之人必以言论忠信[11]，言论忠信不可以恍惚之言；然则恍惚之言，恬惔之学，天下之惑术也[12]。”又曰：“察士而后能知之[13]，不可以为智全也[14]，夫人未尽察也。唯贤者而后能行之，不可以为法也[15]。”

【注释】

①所谓知者：以下至“非人务也”，出自《韩非子·五蠹》。知者，即智者，有智慧的人。

②微妙：精微深奥。

③上知：智力超凡的人。多指圣哲。

④厌：吃饱，饱足。

⑤短褐不完：连粗布短衣也穿不周全。形容生活穷苦。

⑥夫妇：犹言匹夫匹妇，指平民男女。

⑦则其于人过远矣：《韩非子·五蠹》作“则其于治反矣”，译文从之。

⑧世之所谓列士者：以下至“天下之惑术也”，出自《韩非子·忠孝》。列士，《韩非子·忠孝》作“烈士”，有气节有壮志的人。

⑨恬惔：清净淡泊。

⑩恍惚：迷离，难以捉摸。

⑪之人必以言论忠信：陈奇猷《韩非子新校注》：“‘之人’当作‘治人’，属下读。‘之’‘治’音近而误。”

⑫惑术：迷惑人心之术。

⑬察士而后能知之：以下至“不可以为法也”，出自《韩非子·八说》。察士，明察之士人。

⑭不可以为智全也：《韩非子·八说》作“不可以为令”，译文从之。

⑮不可以为法也：《韩非子·八说》后有“夫民不尽贤”一句，译文予以补足。

【译文】

韩非子说："世人所谓的智者，善用精微深奥的言辞，连圣哲都难以理解。如今为民众立法，却使用连圣哲都难以理解的文辞，那么民众就更无从理解了。所以连糟糠都吃不饱的人，不会等到有了美食之后才饱餐一顿；连粗布短衣也穿不周全的人，不会奢望用华美的衣服打扮自己。就此而言，治理国家的事务，如果急切的事情还没有办好，那么可以延缓的事情就不必急着去办。如今所治理的国家政事与民间事务，不去运用那些平民男女都能明白的道理，却去追求连圣哲都难以理解的言论，这便违反了治国理政的原则。所以那些精微深奥的言辞，不是治国理民所应追求的。"又说道："世人所谓有气节的人，脱离众人独来独往，有意与别人不同，提倡清净淡泊的学说，研究恍惚迷离的言论。我认为，清净淡泊，是毫无用处的说教；恍惚迷离的言辞，是违背法度的言论。人生于世，必然要奉事君主、孝养双亲，要奉事君主、孝养双亲，就不可能清静淡泊；治理民众，必须使言论符合忠信之道，言论符合忠信之道，就不能恍惚迷离；那么恍惚迷离的言辞，清净淡泊的学说，都是迷惑人心的邪说。"又说道："只有明察之士才能知晓的事务，不可作为制定法令的依据，因为民众并非都能明察。只有贤能之人才能做到的事情，不可作为制定法律的依据，因为民众并非尽皆贤能。"

故尹文子曰："凡有理而无益于治者[①]，君子不言；有能而无益于事者，君子不为。故君子所言者不出于名法权术[②]，所为者不出于农稼军阵，周务而已[③]。故曰：小人所言者极于儒、墨是非之辩[④]，所为者极于坚伪偏抗之行[⑤]。求名而已，故明主诛之也[⑥]。今世之人，行欲独贤，事欲独能，辩欲出群，勇欲绝众。夫独行之贤不足以成化，独能之事不足以周务，出群之辩不可为户说[⑦]，绝众之勇不可与正阵[⑧]。凡此四者，乱之所由生也。故曰：为善者使人不能得从[⑨]，为巧者使人不能得为，此独善、独巧者也，未尽巧善之理。故所贵圣人之理，不贵其独治，贵其能与众共治也。所贵工倕之巧者[10]，不贵其独巧，贵其能与众共巧也。文子曰："夫先知远见[11]，人材之盛也，而治世不以责于人；博闻强志[12]，口辩辞给[13]，人智之溢也，而明主不以求于下；傲世贱物[14]，不污于俗，士之抗行也[15]，而治世不以为人化。故高不可及者，不以为人量[16]；行不可逮者，不以为国俗[17]。故国治可与愚守，而军旅可与怯同。不待古之英俊而人自足者，因其所有而并用之也。"议曰：据文子此言，以为圣人不可用先知远见、博闻强志、傲世贱物三事化天下百姓，使皆行此道，用为风俗。今但任其风土[18]，化以农稼、军阵，曲成于物[19]，而俯同于俗耳。非贵于独能、独勇者也。**故圣人任道以通其险**，《淮南子》曰："体道者逸而不穷[20]，任数者劳而无功[21]。离朱之明，察针末百步之外，而不能见泉中之鱼[22]；师旷之聪，合八风之调[23]，而不能听十里之外。故任一人之能，不足以理三亩之宅；循道理之数，因天地之自然，则六合不足均也[24]。"此任道以通其崄也[25]。**立法以理其差**，文子曰："农士商工[26]，乡别州异[27]。农与农言藏，士与士言行，工与工言巧，商与商言数。是以士无遗行[28]，工无苦事[29]，农无废功，商无折货[30]，各安其性。"此立法以理其差也。**使贤愚不相弃，能鄙不相遗[31]，此至理之术[32]。"**

【注释】

①凡有理而无益于治者：以下至"此至理之术"，出自《尹文子·大道上》，有删节。

②名：名分。法：法令。权：权谋。术：用以驾驭臣属的策略、手段。《韩非子·定法》："术者，因任而授官，循名而责实，操杀生之柄，课群臣之能者也。此人主之所执也。"

③周务:济事,成事。

④小人所言者极于儒、墨是非之辩:以下至“故明主诛之也”,出自《尹文子·大道上》。极,穷尽,竭尽。

⑤坚伪:固执虚伪。偏抗:偏激高傲。

⑥诛:惩罚。

⑦户说:挨家挨户地告谕解说。

⑧正阵:《尹文子·大道上》作“征阵”,战阵。在战阵中迎敌作战,必须令行禁止,不可展现个人的武勇。译文从之。

⑨为善者使人不能得从:以下至“贵其能与众共巧也”,出自《尹文子·大道上》。

⑩工倕:倕,为古巧匠名。相传尧时被召,主理百工,故称“工倕”。

⑪夫先知远见:以下至“因其所有而并用之也”,出自《文子·下德》。

⑫博闻强志:见闻广博,记忆力强。志,通“识”,记住。

⑬口辩:巧言善辩。辞给:有口才,言辞敏捷。

⑭傲世:谓轻视世人。贱物:轻视名利。

⑮抗:正直,高尚。

⑯量:标准。

⑰国俗:一国的风俗。

⑱风土:本指一方的气候和土地,泛指风俗习惯和地理环境。

⑲曲成:多方设法使有成就,委屈成全。

⑳体道者逸而不穷:以下至“则六合不足均也”,出自《淮南子·原道训》,有删节。

㉑任数:用权谋,使心计。

㉒泉中之鱼:《淮南子·原道训》作“渊中之鱼”。

㉓八风:指八音。《左传·襄公二十九年》:“五声和,八风平。”王引之《经义述闻·礼记》:“古者八音谓之八风。襄二十九年《左传》:‘五声和,八风平。’谓八音克谐也。”

㉔六合：天下，人世间。

㉕崄（xiǎn）：同“险”。

㉖农士商工：以下至“各安其性”，出自《文子·下德》。

㉗乡别州异：指农、士、商、工四民各有所居，不互相杂处。《国语·齐语》：“桓公曰：‘成民之事若何？’管子对曰：‘四民者，勿使杂处，杂处则其言哤，其事易。’”

㉘遗行：失检之行为，品德有缺点。

㉙苦事：谓粗制滥造，生产次品。苦，通“盬（gǔ）”，粗劣。

㉚折货：打折的货物。此处指亏本买卖。

㉛能鄙：能者与无能者。

㉜至理之术：《尹文子·大道上》作“至治之术”。

【译文】

所以尹文子说：“凡是虽有道理，却对治理国家没有益处的话，君子是不说的；虽然能显示能力，却对成就事业没有益处的事，君子是不做的。所以君子所说的话不外乎名、法、权、术，所做的事不外乎农业生产、行军打仗，都是为了完成实际的事务。所以说：小人所说的话，尽是儒家、墨家的是非辩论；所做的事，尽是固执虚伪、偏激高傲之事。他们不过是追求名声罢了。所以贤明的君主会惩罚他们。当今之人，在品行上想显示自己特别贤良，做事时想显示自己特别能干，论辩时想显得出类拔萃，在武勇上想显得超出众人。但单独的贤明，不足以教化大众；单独的能干，不足以成就事业；出类拔萃的辩说，不足以挨家挨户告谕劝说；超出众人的武勇，不足以在战阵中作战。以上四者，正是祸乱滋生的原因。所以说：做善事却不能使他人追随，技艺巧妙却不能使他人效仿，这是独自一人的善和巧，没有穷尽善和巧的道理。所以人们推崇圣人的治理，不是推崇他独自治理国家，而是推崇他能与众人共同治理国家。人们推崇工倕技艺的巧妙，不是推崇他独自做事时的巧妙，而是推崇他能与众人一同运用其技巧。文子说：“具有先知和远见的人，是才能超群之人，但太平之世并不以此为标准要求民众；博闻强识，能言善辩，是才智过人之人，但贤明的君主并不以此为标准要求下属；轻视世俗名利，不与世俗同流合污，这是士大夫高尚的品行，但太平之世并不以此为标准教化人民。所以品行高不可及的人，不可以作为普通人的标准；行为难以效仿的人，不可作为国家风俗的标准。所以国家如果治理得好，可以和愚人一同守护；军队如果训练得好，可以和怯懦的人一同作战。不必等待像古代的英俊之才那样的人才出现，就能把事情办好，这是因为充分利用了现有的人才，让他们共同效力。”评论道：根据文子的说法，认为圣人不可以用先知远见、博闻强识、轻视世俗名利这三种标准来教化天下百姓，让他们都奉行此道，成为一国的风俗。应该根据当地的风土人情因地制宜，以农业生产、行军作战之事来教化百姓，委屈成全，且入乡随俗。不推重于个人的能力与武勇。**所以圣人遵循大道以通过险阻，**《淮南子》说：“遵循大道的人安逸而不会穷困，玩弄权术的人辛劳却无法成功。离朱的视力非常敏锐，可以发现百步之外的针尖，却不能看见深渊中的游鱼；师旷的听力非常灵敏，可以调和八音的音调，却不能听到十里之外的声音。所以依靠一人的才能，不能管理三亩大小的田宅；遵循大道的规律，随顺天地的自然，天下也不难治理好。”这就是所谓的遵循大道以通过险阻。**确立法度以治理千差万别的情况，**文子说：“农、士、商、工四民，各有所居，不互相杂处。农民与农民所谈的，都是秋收冬藏之事；士人与士人所谈的，都是道德品行之事；工匠与工匠所谈的，都是工艺技巧之事；商人与商人所谈的，都是获利多少之事。所以士人没有失检的行为，工匠不会生产次品，农民不会耽误农时，商人没有亏本的买卖，四民各安其业。”这就是所谓的确立法度，以治理千差万别的情况。**使贤人和愚人不互相抛弃，能人和庸人不互相遗弃，这就是最好的治国之术。”**

故叔孙通欲起礼[①]，汉高帝曰：“得无难乎？”对曰：“夫礼者，因时世人情而为之节文者也[②]。”张释之言便宜事[③]，文帝曰：“卑之，无甚高论，令今可施行[④]。”

【注释】

①故叔孙通欲起礼：以下至“因时世人情而为之节文者也”，出自

《史记·刘敬叔孙通列传》。起礼，指叔孙通为刘邦制定朝仪。

②节文：谓制定礼仪，使行之有度。

③张释之言便宜事：以下至"令今可施行"，出自《史记·张释之冯唐列传》。便宜事，谓合乎时势要求的事宜或根据情况应采取的措施。

④"卑之"三句：《史记·张释之冯唐列传》司马贞《索隐》："卑，下也。欲令且卑下其志，无甚高谈论，但令依时事，无说古远也。"

【译文】

所以，叔孙通想制定朝廷礼仪，刘邦说："恐怕太难操作吧？"叔孙通回答说："礼仪，是根据时世、人情的具体情况，对人的言行加以节制修饰。"张释之向汉文帝陈述当前该办的事，文帝说："讲得实际一些，不要高谈阔论，要说现在就能够施行的。"

由是言之，夫理者，不因时俗之务而贵奇异，是饿者百日以待粱肉、假人金玉以救溺子之说矣。议曰：昔楚之公输、宋之墨翟能使木鸢自飞[①]，无益于用。汉之张衡能使参轮自转[②]，魏之马钧能使木人吹箫[③]，苟无益于用而为之，则费功损力，其害多矣。庄子曰："朱泙漫学屠龙于支离益[④]，殚千金，伎成，无所用其巧。"文子曰[⑤]："夫治国在仁义礼乐、名法刑赏[⑥]，过此而往，虽弥纶天地[⑦]，缠络万品[⑧]，治道之外，非群生所飡挹[⑨]，圣人措而不言也[⑩]。"由是观之，事在于适时，无贵于远功，有自来矣。

【注释】

①昔楚之公输、宋之墨翟能使木鸢（yuān）自飞：《墨子·鲁问》："公输子削竹木以为鹊，成而飞之，三日不下，公输子自以为至巧。"《韩非子·外储说左上》："墨子为木鸢，三年而成，蜚一日而败。"

木鸢，木制的形状像鸢的飞行器。

②汉之张衡能使参轮自转：指张衡所做的指南车。《后汉书·张衡传》："参轮可使自转，木雕犹能独飞。"王先谦《集解》引沈钦韩曰："王应麟以为即记里鼓车。案《宋书·志》：'指南车，其始周公作，张衡始复创造。'"《宋书·礼志》："其制如鼓车，设木人于车上，举手指南。车虽回转，所指不移。"

③魏之马钧能使木人吹箫：马钧，字德衡，扶风（今陕西兴平）人。三国时期曹魏发明家。《三国志·魏书·方技传》裴松之注引傅玄《马钧传》："人有上百戏者，能设而不能动也。帝以问先生：'可动否？'对曰：'可动。'帝曰：'其巧可益否？'对曰：'可益。'受诏作之。以大木雕构，使其形若轮，平地施之，潜以水发焉。设为女乐舞象，至令木人击鼓吹箫；作山岳，使木人跳丸掷剑，缘絙倒立，出入自在；百官行署，舂磨斗鸡，变巧百端。"

④朱泙（pēng）漫学屠龙于支离益：以下至"无所用其巧"，出自《庄子·列御寇》。朱泙漫，姓朱泙，名漫。屠龙，指屠龙之术。支离益，姓支离，名益。

⑤文子：应作"尹文子"。

⑥夫治国在仁义礼乐、名法刑赏：以下至"圣人措而不言也"，出自《尹文子·大道下》。

⑦弥纶：统摄，笼盖。

⑧缠络：《尹文子·大道下》作"笼络"，控制，统御。译文从之。

⑨飧挹（sūn yì）：采用，吸收。

⑩措：弃置，搁置。

【译文】

就此而论，治理国家的人，如果不因循当前世间的事务，推崇奇异的学说，就好比让人一百天不吃饭以等待一顿美食，使用黄金珠玉去拯救溺水的人一样。评论道：从前，楚国的公输班、宋国的墨翟能让木鸢飞翔，但这并没有什么用处。东汉的张衡造出了能够自动回转的指南车，曹魏的马钧造出了能够吹箫的木人，但如果造出的东西没有用处，则费时费力，害处很多。庄子说："朱泙漫向支离益学习屠龙的技术，花费了千金，技术学成后，却无处使用这种技巧。"尹文子说："治国的关键，在于仁、义、礼、乐、名、法、刑、赏八者，除此之外，即便有笼盖天地，统御万物的学说，也与治道无关，百姓不会采用它，圣人置之不理。"就此看来，做事应该适合事宜，不推重好高骛远，自古以来就是如此。

善亡第三十四议曰：世有行善而反亡者。

【题解】

所谓“善亡”，指世上存在着看似做了善事，反而遭遇厄运的情况。赵蕤认为，这并不意味着“积善之家，必有余庆”的古训是错误的，只是因为善与恶的积累还未到达一定程度。因此，行善的关键在于不断积累。本篇可以视作对《运命》篇的补充。

赵蕤自注：“世上有做善事反而灭亡的。”

《易》曰：“积善之家，必有余庆[1]。”又曰：“善不积不足以成名[2]。”何以征其然耶？

【注释】

①积善之家，必有余庆：出自《周易·坤卦·文言》。

②善不积不足以成名：出自《周易·系辞下》。

【译文】

《周易》说：“修善积德之家，必然有更多的吉庆。”又说：“不积累善行，不足以成就美名。”为什么这么说呢？

孟子云：“仁之胜不仁也[1]，犹水之胜火也。今为仁者，犹以一杯水救一车薪之火，火不息则谓水不胜火，此又与于不仁之甚者也[②]。又五谷，种之美者，苟为不熟，不如稊稗[③]。夫仁亦在熟之而已矣。”熟，成也。

【注释】

①仁之胜不仁也：以下至“夫仁亦在熟之而已矣”，出自《孟子·告子上》。

②与：帮助，助长。

③稊稗（tí bài）：一种形似谷的草。

【译文】

孟子说：“仁胜过不仁，就像水可以扑灭火一样。如今推行仁的人，好像用一杯水去救一车燃烧的柴禾，火焰不能熄灭，就说水不能扑灭火，这又助长了那些不仁之人的气势。又如五谷，是庄稼中的好品种，但如果不能成熟，反而比不上稊稗这样的杂草。仁，也在于使它成熟罢了。”熟，是成熟的意思。

尸子曰：“食所以为肥也[①]。一饭而问人曰：‘奚若？’则皆笑之。夫治天下，大事也。譬今人皆以一饭而问人‘奚若’者也。”议曰：此善少不足以成名也。恶亦如之。何以明其然耶？《书》曰：“商罪贯盈[②]，天命诛之。余弗顺天，厥罪惟均[③]。”由是观之，夫罪未盈，假令中有罪恶未灭也，今人见恶即未灭，以为恶不足惧，是以亡灭者继踵于世。故曰“恶不积不足以灭身”[④]，此圣人之诫。

【注释】

①食所以为肥也：以下至“譬今人皆以一饭而问人‘奚若’者也”，出自《尸子·处道》。

②商罪贯盈:以下至“厥罪惟均”,出自《伪古文尚书·泰誓上》。

③均:相等,相同。

④恶不积不足以灭身:出自《周易·系辞下》。

【译文】

尸子说:“吃饭是为了吃胖。如果吃一顿饭就问人:‘怎么样了?’那么人们都会取笑他。治理天下,是大事。然而如今治理天下的人,都和吃一顿饭就问‘怎么样了’的人一样。”评论道:这是说行善太少,便不足以成就美名。作恶也是如此。怎么知道是这样的呢?《尚书》说:“商纣王恶贯满盈,上天命令我诛灭他。如果我不顺从天命,罪行就与商纣王相等。”由此看来,有的人虽然作恶,但罪恶尚未满盈,假使有些这样的人一时未被诛灭,今人看到作恶之人未被诛灭,就以为作恶不足为惧,因为这种想法最终灭亡的人,在世上一个接着一个。所以说“恶行不积累,不足以灭亡其身”,这是圣人的告诫。

由是观之,故知善也者,在积而已。今人见徐偃亡国,谓仁义不足杖也;见承桑失统,谓文德不足恃也。承桑氏之君[①],修德废武,以灭其国也。是犹杯水救火、一饭问肥之说,惑亦甚矣。

【注释】

①承桑氏之君:以下至“以灭其国也”:出自《吴子·图国》。

【译文】

就此看来,行善的关键在于积累。当今之人看到徐偃王施行仁义却亡了国,就认为仁义不足倚仗;见到承桑氏偃武修文却亡了国,就认为文德不足依赖。承桑氏的君主,修行文德而废弃武力,因此导致了国家的灭亡。这就好比用一杯水去救一车燃烧的柴禾,吃了一顿饭就问人“我胖了没有”,真是太糊涂了。

诡俗第三十五

【题解】

所谓“诡俗”，指世俗的判断、好恶，常常与事理相违背。赵蕤指出，顺从与偏爱，往往欲益反损；严厉的批评，反而是治疗弊病的良药；个人所推崇的品行，常与国家的利益背道而驰。其中的辩证关系，统治者必须加以慎重的考虑。

夫事有顺之而为失义①，有爱之而为害，有恶于己而为美，有利于身而损于国者。何以言之？

【注释】

①夫事有顺之而为失义：出自《后汉书·文苑传·刘梁》，文字有所不同。

【译文】

事情有顺他人之意却违背道义的，有出于爱意却造成伤害的，有讨厌自己却对自己有好处的，有利于自身却损害国家的。为什么这么说？

刘梁曰①：“昔楚灵王骄淫②，暴虐无度。芋尹申亥从王之欲[3],以殡于乾溪[4],殉之以二女。此顺之而失义者也。议曰:夫君正臣从谓之顺。今君失义而臣下从之,非所谓顺也。鄢陵之役,晋、楚对战。榖阳献酒,子反以毙[5]。此爱之而害者也。汉文帝幸慎夫人[6],其在禁中尝与后同席[7]。及幸上林[8],郎署长布席[9],慎夫人席与后同席。袁盎引却慎夫人坐[10]。上大怒。袁盎前说曰:"臣闻尊卑有序,上下乃和。今陛下既已立后,慎夫人乃妾耳,妾主岂可同坐哉[11]?且陛下幸之,即厚赐之。陛下所以为慎夫人,适所以祸之。陛下独不见人豕乎[12]?"上乃悦。由是言之,夫爱之为害,有自来矣。臧武仲曰[13]:'孟孙之恶我[14],药石也[15];季孙之爱我[16],美疢也[17]。疹毒滋厚[18],药石犹生我。'此恶之而为美者也。"孙卿曰:"非我而当者[19],吾师也;是我而当者,吾友也;谄谀我者[20],吾贼也。"商君曰:"貌言华也[21],至言实也[22],苦言药也[23],甘言疾也[24]。"

【注释】

①刘梁:一名岑,字曼山,东平宁阳(今山东宁阳南)人。东汉文学家。著有《破群论》《辩和同之论》。

②昔楚灵王骄淫:以下至"此恶之而为美者也",出自《后汉书·文苑传·刘梁》。

③芋尹:官名。春秋楚、陈等国置,掌田猎驱兽之事。申亥:春秋时楚国人,申无宇之子。担任芋尹之职。前529年,公子弃疾等人发动政变,楚灵王被迫逃到申亥家,自缢而死。申亥以自己的两个女儿为楚灵王殉葬。事见《左传·昭公十三年》。

④殡:死者入殓后停柩以待葬。乾溪:春秋楚邑。在今安徽亳州东南。

⑤"鄢陵之役"四句:前575年,晋、楚两国爆发了鄢陵(今属河南)

之战。结束了第一天的战斗后，楚共王召见子反商议军务，结果子反喝了榖阳竖进献的酒，大醉，无法议事。楚共王只得趁夜撤军，子反引咎自杀。事见《左传·成公十六年》。榖阳，《左传》作“榖阳竖”，子反侍臣。子反，即公子侧，楚穆王之子，任楚国司马。

⑥汉文帝幸慎夫人：以下至“上乃悦”，出自《史记·袁盎晁错列传》，文字有所不同。慎夫人，汉文帝宠妃。

⑦禁中：指帝王所居宫内。尝：通“常”。同席：同坐一席。

⑧上林：指上林苑，古宫苑名。原为秦旧苑，汉初荒废，至汉武帝时重新扩建。故址在今陕西西安西及周至、户县界。

⑨郎署：汉唐时宿卫侍从官的公署。《汉书·袁盎传》颜师古注：“苏林曰：‘郎署，上林中直卫之署也。’如淳曰：‘盎时为中郎将，天子幸署，豫设供帐待之，故得却慎夫人坐也。’”

⑩引却慎夫人坐：将慎夫人的坐席向后拉了一些，使其与皇后分出等级。

⑪妾主：小妾与正妻。

⑫人豕：《史记·袁盎晁错列传》作“人彘（zhì）”，指刘邦宠妃戚夫人。刘邦死后，戚夫人被吕后砍去四肢，抛入厕所，称为“人彘”。事见《史记·吕太后本纪》。

⑬臧武仲曰：以下至“药石犹生我”，事见《左传·襄公二十三年》。臧武仲，即臧孙纥（hé），谥武，臧文仲之孙，春秋时期鲁国大夫。

⑭孟孙：指孟庄子，即孟孺子速，孟献子之子，春秋时期鲁国大夫。

⑮药石：药剂和砭石。泛指药物。比喻规诫。

⑯季孙：指季武子，即季孙宿，季文子之子，春秋时期鲁国大夫，长期执掌鲁国朝政。

⑰美疢（chèn）：无痛苦的病。疢，疾病。

⑱疹毒滋厚：《左传·襄公二十三年》作“疢之美，其毒滋多”，译文从之。

⑲非我而当者：以下至“吾贼也”，出自《荀子·修身》。

⑳谄谀：谄媚阿谀。

㉑貌言华也：以下至“甘言疾也”，出自《史记·商君列传》。貌言，虚伪文饰的话。华，同“花”。

㉒至言：直言，真实的话。

㉓苦言：诤言，逆耳之言。

㉔甘言：好听的话。

【译文】

刘梁说：“从前，楚灵王骄奢淫逸，暴虐无度。芋尹申亥顺从楚灵王的愿望，在乾溪入殓安葬楚灵王，并以自己的两个女儿殉葬。这就是顺从君主之意，却违背了道义的例子。评论道：君主正直，臣子顺从，这叫作“顺”。如今君主违背道义而臣下却顺从他，不能称之为“顺”。鄢陵之战中，晋、楚两国对战。穀阳竖给子反献上美酒，导致子反引咎自杀。这就是出于爱意却造成伤害的例子。汉文帝宠信慎夫人，在后宫中，她与皇后常常同席而坐。等到汉文帝驾临上林苑，郎署长在布置坐席时，安排慎夫人与皇后同席而坐。袁盎将慎夫人的坐席往后拉退了一些。汉文帝大怒。袁盎上前进言道：“我听说尊卑分明，才能上下和睦。如今陛下您已经立了皇后，慎夫人只是姬妾，姬妾与正妻怎么能同席而坐呢？况且陛下您如果宠爱慎夫人，可以重重地赏赐她。您宠爱慎夫人的方式，只会给她带来灾祸。您忘了戚夫人被弄成‘人彘’的事了吗？”汉文帝这才高兴起来。就此说来，出于爱意却造成伤害，这种事自来就有。臧武仲说：‘孟庄子讨厌我，是治病的药石；季武子喜欢我，是没有痛苦的疾病。没有痛苦的疾病，带来的祸患更严重，药石却能挽救我的生命。’这就是讨厌自己却对自己有好处的例子。”荀子说：“批评我而又很中肯的，是我的老师；肯定我而又很恰当的，是我的朋友；谄媚阿谀我的，是贼害我的人。”商鞅说：“虚伪文饰的话就像花朵，直言不讳的话就像果实，逆耳之言就像良药，好听的话就像疾病。”

韩子曰：“为故人行私谓之不弃[①]，以公财分施谓之仁人，轻禄重身谓之君子，枉法曲亲谓之有行，弃官宠交谓之有侠[②]，离俗遁世谓之高慠[③]，交争逆令谓之刚材[④]，行惠取众谓之得人。不弃者，吏有奸也；仁人者，公财损也；君子者，人难使也；有行者，法制毁也；有侠者，官职旷也；高慠者，人不事也；刚材者，令不行也；得人者，君上孤也。此八者，匹夫之私誉，而人主之大败也[⑤]。”人主不察社稷之利害[⑥]，而用匹夫之私誉，家国无危乱，不可得也。

【注释】

①为故人行私谓之不弃：以下至“而人主之大败也”，出自《韩非子·八说》。

②有侠：讲义气。

③高慠（què）：《韩非子·八说》作“高傲”，译文从之。

④刚材：陈奇猷《韩非子新校注》：“刚材者，刚毅之材也。”

⑤败：祸害。

⑥人主不察社稷之利害：以下至“不可得也”，出自《韩非子·八说》。

【译文】

韩非子说：“为老朋友徇私，被认为是不抛弃朋友；把公家财产散发施舍，被认为是仁人；轻视爵禄、看重自身，被认为是君子；违反法令、包庇亲人，被认为是有德行；放弃官职、看重私交，被认为是讲义气；逃避世俗、避世隐居，被认为清高傲世；互相争斗、违抗禁令，被认为是刚毅之才；施行恩惠、笼络民众，被认为能得民心。不抛弃朋友，官吏就会有奸邪的行为；当仁人，公家的财产就会受损失；做君子，民众便难以驱使；有德行，法制就会败坏；讲义气，官职就会出现空缺；清高傲世，民众就不会事奉君主；为人刚毅，法令就无法推行；得民心，君主就会孤立。以上八者，是个人的私誉，却是君主的大祸害。”君主不考察这些关乎社稷的利害关系，而听任个人追求私誉，想要国家不陷入危乱，是不可能的。

由是观之，夫俗之好恶，与事相诡[①]，唯明者能察之。韩子曰："君臣之利异[②]，故人臣莫忠，故臣利立而主利灭。"此之谓异利者也。

【注释】

①诡：违背，相反。

②君臣之利异：以下至"故臣利立而主利灭"，出自《韩非子·内储说下六微》。

【译文】

就此看来，世俗的好恶，往往与事理相反，只有明智的人才能察觉这些情况。韩非子说："君主和臣子的利益不同，所以臣下都不忠于君主，所以臣下得到了利益，君主的利益就会消失。"这就是所说的君臣利益不同的情况。

息辩第三十六议曰：夫人行皆著于迹，以本行而征其迹，则善恶无所隐矣。夫辩者焉能逃其诈乎！

【题解】

赵蕤认为，应当通过行为而非言论对人物进行考察，所谓“操其本行，以事迹绳之”。如此一来，那些徒有虚名、巧言善辩之人就无所遁形了。

赵蕤自注：“人的品行如何，会显示出相应的迹象，把握一个人品行的根本，并考察其迹象，是善是恶就无法隐藏了。即便是能言善辩的人，也无法用诡诈的手段加以掩饰！”

《中论》曰：“水之寒也[①]，火之热也，金石之坚刚也，彼数物未尝有言而人莫不知其然者，信著乎其体[②]。”故曰：使吾所行之信如彼数物[③]，谁其疑之？今不信吾之所行，而怨人之不信己，惑亦甚矣！故知行有本，事有迹，审观其体[④]，则无所窜情[⑤]。

【注释】

①水之寒也：以下至“信著乎其体”，出自徐幹《中论·贵验》。

②著：显著，显现。

③使吾所行之信如彼数物：以下至“惑亦甚矣”，出自徐幹《中论·贵验》。

④审：详细，仔细。

⑤窜：伏匿，隐藏。

【译文】

《中论》说：“水是冷的，火是热的，金石是坚硬的，这几样东西从未用语言自我表白，却没有人不知道他们的性状，这是因为这些性状明白地显现于它们的形体上。”所以说：如果我的所作所为可信得如同水、火与金石，谁还会怀疑我呢？不使自己的行为变得可信，而去抱怨别人不相信自己，这也太糊涂了！由此可知，人的品行有其根本，所做之事会留下痕迹，详细观察事物的本体，真情就无法隐藏了。

何谓行本？孔子曰：“立身有义矣[①]，而孝为本；丧纪有礼矣，而哀为本；战阵有列矣，而勇为本。”太公曰：“人不尽力[②]，非吾人也；吏不平洁爱人[③]，非吾吏也；宰相不能富国强兵，调和阴阳，安万乘之主，简练群臣，定其名实，明其赏罚，非吾宰相。”此行本者也。

【注释】

①立身有义矣：以下至“而勇为本”，出自《孔子家语·六本》。

②人不尽力：以下至“非吾宰相”，出自《六韬·文韬·上贤》。人，《六韬·文韬·上贤》作“民”。

③平洁：公平廉洁。

【译文】

什么叫做品行的根本？孔子说：“立身处世有义的原则，而以孝道为根本；举办丧事有相应的礼节，而以哀痛之情为根本；两军交战要摆开阵势，而以勇气为根本。”太公说：“百姓如果不尽力劳作，那就不是我的百姓；官吏如果不能公正廉洁、爱护人民，那就不是我的官吏；宰相如果不能富国强兵，调和阴阳，稳固君主的地位，不能选拔培养群臣，使名实相符，赏罚分明，那就不是我的宰相。”这就是品行的根本。

何为事迹①？昔齐威王召即墨大夫而语之曰②：“自子之居即墨也，毁日至。然吾使人视即墨，田野辟，人民给，官无留事，东方以宁。是子不事吾左右以求誉也。”封之万家。召阿大夫而语之曰③：“自夫子之守阿也，誉日闻。然吾使人视阿，田野不辟，人贫苦。赵攻甄④，子不能救。卫取薛陵⑤，子不能知。是子常以币事吾左右以求誉也。”是日烹阿大夫及左右常誉之者。齐国大理。

【注释】

①事迹：事情的迹象。

②昔齐威王召即墨大夫而语之曰：以下至“齐国大理”，出自《史记·田敬仲完世家》。

③阿：又作“柯”，春秋、战国齐邑。在今山东阳谷东北阿城镇。

④甄：古邑名。即“鄄”，战国齐邑，后属赵。在今山东鄄城北。

⑤薛陵：古邑名。战国齐邑。在今山东阳谷东北。

【译文】

什么是事情的迹象？从前，齐威王招来即墨大夫，对他说：“自从你到即墨任职，诋毁你的话天天传到我这里来。然而我派人到即墨考察，却看到田野得到开垦，百姓衣食丰足，官府没有积压的政事，齐国的东部得以安宁。可见你没有奉承我的左右以求得赞誉。”于是封给他食邑一万户。齐威王又召见阿大夫,对他说:“自从你到阿任职以来,赞扬你的话天天传到我这里来。然而我派人到阿考察,却看到田野没有开垦,百姓生活贫苦。赵国进攻鄄,你不能救援。卫国攻占薛陵,你竟然不知道。可见你常常用财物贿赂我的左右以求得赞誉。”当天,烹杀了阿大夫以及身边那些常常称赞阿大夫的人。齐国因此大治。

汉元帝时[①],石显专权。京房宴见[②],问上曰:“幽、厉之君何以危?所任者何人也?”上曰:“君不明而所任巧佞[③]。”房曰:“知其巧佞而用之也,将以为贤?”上曰:“贤之。”房曰:“然则今何以知其不贤也?”上曰:“以其时乱而君危知之。”房曰[④]:“齐桓公、秦二世亦尝闻此君而非笑之,然则任竖刁、赵高,政治日乱,盗贼满山。何不以幽、厉卜之而觉悟乎[⑤]?”上曰:“唯有道者能以往知来耳。”房曰:“陛下视今为治也?乱也?”上曰:“亦极乱耳。”房曰:“今所任用者谁欤?”上曰:“然幸其愈于彼,又以为不在此人也[⑥]。”房曰:“夫前世二君亦皆然耳。臣恐后之视今,如今之视前也。”此事迹者也。

【注释】

①汉元帝时:以下至“以其时乱而君危知之”,出自《汉书·京房传》。

②宴见:在皇帝公余时被召见,有别于朝见。

③巧佞:奸诈机巧,阿谀奉承。

④房曰:以下至“如今之视前也”,出自《汉书·京房传》,有删节。

⑤以幽、厉卜:指以周幽王、周厉王的事迹作为借鉴。《资治通鉴·汉纪二十一·建昭二年》胡三省注:“以龟卜,所以验吉凶;以幽、厉卜,所以验治乱。”

⑥幸其愈于彼,又以为不在此人:《汉书·京房传》颜师古注:“言今

之灾异及政道犹幸胜于往日,又不由所任之人。"

【译文】

汉元帝时,石显专权。京房在元帝闲暇时进见,问元帝说:"周幽王、周厉王那样的君主为什么会陷于危亡?他们所任用的是什么人呢?"元帝说:"这是因为他们昏庸不明,任用的都是奸诈谄媚之人。"京房问:"周幽王、周厉王是知道他们奸诈谄媚却仍加以任用呢?还是以为他们贤明才加以任用?"元帝说:"以为他们贤明才加以任用。"京房说:"那么,今天我们怎么知道周幽王、周厉王任用的不是贤臣呢?"元帝说:"从当时国家混乱、君主身陷危境的状况中得知。"京房说:"齐桓公、秦二世也曾听说这类君主的事迹并嘲笑他们,然而自己却任用竖刁、赵高,弄得国政一天比一天混乱,盗贼遍布山野。他们为什么不以周幽王、周厉王的事迹为鉴,觉悟到自己用人的失误呢?"元帝说:"只有有道的君主,才能鉴往知来啊。"京房说:"陛下您看今日的天下是安定呢?还是混乱呢?"元帝说:"已经混乱到极点了。"京房说:"如今陛下您所任用的又是什么人呢?"元帝说:"所幸现在情况还是比周幽王、周厉王时期好一些,混乱的根源也不在于所任用之人。"京房说:"从前齐桓公、秦二世两位君主也都是这么认为的。我担心后人看今天的情形,正如我们今天看以前的情形。"这就是事情的迹象。

由是言之,夫立身从政皆有本矣,理乱能否皆有迹矣。若操其本行,以事迹绳之①,譬如水之寒,火之热,则善恶无所逃矣。

【注释】

①绳:衡量。

【译文】

就此而言,立身处世、为官从政,都存在着根本的准则,国家是安定还是混乱,臣下贤能与否,都有迹象可寻。如果能把握住品行的根本,再根据事情的迹象加以衡量,正如水的冷,火的热,人的善恶就无法掩饰了。

量过第三十七

议曰：杨恽书云："明明求仁义，常恐不能化人者，士大夫之行也；遑遑求财利，常恐乏匮者，庶人之行也。今奈何以士大夫之行而责仆哉！"此量过者也。

【题解】

所谓"量过"，指衡量一个人的过失。赵蕤指出，对人进行批评，必须从实际情况出发，不可求全责备。同时，观察一个人所犯的过失，也是观察人的重要方式，即所谓"观过知人"。

赵蕤自注：杨恽在书信中说到："勉力追求仁义，常常担心不能教化百姓，这是士大夫的品行；匆忙追求财利，常常担心穷困贫乏，这是平民的品行。如今，为什么要用士大夫的标准来要求我呢！"这就是衡量过失的道理。

孔子曰："人之过也[①]，各于其党[②]，观过斯知人矣。"党[③]，党类也。小人不能为君子之行[④]，非小人之过，当恕而勿责之也[⑤]。何以言之？

【注释】

①人之过也：以下至“观过斯知人矣”，出自《论语·里仁》。

②各于其党：朱熹《四书章句集注》：“程子曰：‘人之过也，各于其类。君子常失于厚，小人常失于薄；君子过于爱，小人过于忍。’”

③党：以下至“当恕而勿责之也”，出自何晏《论语集解》。

④小人：指平民百姓。

⑤恕而勿责：指不要求全责备。皇侃《论语义疏》：“小人不能为君子之行，则非小人之失也。犹如耕夫不能耕乃是其失，若不能书，则非耕夫之失也。若责之，当就其辈类责也。”

【译文】

孔子说：“人所犯的错误，有着各自不同的类型，考察某人所犯的错误，就可以知道他是什么样的人了。”党，是同类的意思。小人无法达到君子的品行标准，这不是小人的过错，应当本着恕道，不要求全责备。为什么这么说？

太史公云：“昔管仲相齐[①]，九合诸侯，一匡天下。然孔子小之曰：‘管仲之器小哉！’岂不以周道衰，桓公既贤，而不勉之至王，乃称霸哉？”议曰：夔、龙、稷、契[②]，王者佐也。狐偃、咎犯，霸者佐也。孔子称：“微管仲，吾其被发左衽矣[③]。”是奇管仲有王佐之材矣。夫有王佐之材，而为霸者之政，非小器而何？由是观之，孔子以管仲为夔、龙、稷、契之党而观过也。

【注释】

①昔管仲相齐：以下至“乃称霸哉”，出自《史记·管晏列传》，文字有所不同。

②龙：尧、舜的臣子。担任纳言。

③微管仲，吾其被发左衽矣：出自《论语·宪问》。微，没有。被发

左衽，头发披散不束，衣襟向左掩。古代指中原地区以外少数民族的装束。

【译文】

司马迁说："从前，管仲出任齐国的国相，九次会盟诸侯，匡正天下。然而孔子却贬低他，说：'管仲的器量太小了！'这难道不是因为周室衰微，齐桓公又是贤明的君主，管仲却没有勉励他推行王道，而只是称霸诸侯吗？"评论道：夔、龙、稷、契，是王者的辅佐。狐偃、咎犯，是霸者的辅佐。孔子说："如果没有管仲，我们大概都披散着头发、穿着衣襟左掩的衣服了。"这是赏识管仲有着辅佐帝王的才能。有着王佐之才，却只辅佐齐桓公成就了霸业，不是器量小又是什么呢？就此看来，孔子认为管仲与夔、龙、稷、契是一类人，以此为标准批评他的过失。

虞卿说魏王曰[①]：虞卿说楚春申君伐燕，以定身封。然楚之伐燕，路由于魏。恐魏不听，虞卿乃为春申君说魏君假道也。"夫楚亦强大矣，天下无敌，乃且攻燕。"魏王曰："向也子云天下无敌，今也子云乃且攻燕者，何也？"对曰："今谓马多力则有之矣，若曰胜千钧则不然者，何也？夫千钧非马之任也。今谓楚强大则有矣，若夫越赵、魏而开兵于燕，则岂楚之任哉！"

【注释】

①虞卿说魏王曰：以下至"则岂楚之任哉"，出自《战国策·楚策四·虞卿谓春申君》。

【译文】

虞卿劝魏王说：虞卿劝说楚国春申君帮助赵国讨伐燕国，从而在赵国获得封地。然而楚国讨伐燕国，必须途经魏国。春申君担心魏国不让楚军通过，虞卿于是替春申君劝说魏王同意借道。“楚国也算是强大了，天下无敌，却要去攻打燕国。”魏王说：“先前您说楚国天下无敌，如今您又说楚国却要去攻打燕国，这是为什么呢？”虞卿回答说：“如今，人们都说马的力气很大，这是事实，但如果说马能负重千钧，却是不可能的，为什么？因为负重千钧，不是马所能胜任的。如今，人们都说楚国很强大，这是事实，但如果说楚国可以越过赵国、魏国而对燕国用兵，则哪里是楚国所能胜任的呢！”

由是观之，夫管仲九合诸侯，一匡天下，而孔子小之；楚人不能伐燕，虞卿反以为强大，天下无敌；非诡议也，各从其党言之耳，不可不察。

【译文】

由此看来，管仲九次会盟诸侯，匡正天下，而孔子却贬低他；楚国无法越过魏国去讨伐燕国，虞卿反而认为楚国强大，天下无敌；这并不是诡辩，而是根据其所属的类别进行的评论，这一点，不能不加以考察。

势运第三十八 百六之运，推迁改移，不为尧存，不为桀亡。君子小人，无贤不肖，至人无可奈何，知其不由智力也。

【题解】

赵蕤认为，人的品行很大程度上由外部环境所决定，这便是所谓的“势运”。天下太平，则小人守正；昏君在位，则君子也不免作奸犯科。

赵蕤自注：入元后一百六十年的天灾，随着时间的推移必然发生，天道的运行，不因为尧而存在，不因为桀而灭亡。一个人是君子还是小人，是贤明还是不肖，圣人也无可奈何，因为明白其并不由本人的才智与勇力所决定。

夫天下有君子焉，有小人焉，有礼让焉。此数事者，未必其性也，未必其行也，皆势运之耳。何以言之？

【译文】

天下有君子，有小人，有礼让。以上三者，未必出自人的本性，未必出自原本的品行，都是由时势推动造成的。为什么这么说呢？

文子曰："夫人有余则让[①]，不足则争。让则礼义生，争则暴乱起。物多则欲省，求赡则争止[②]。"议曰：管子云："衣食足，知荣辱[③]。"此有余则让者也。《汉书》曰："韩信为布衣时[④]，贫无行，不得推择为吏[⑤]。及在汉中，萧何言于高祖曰：'韩信者，国士无双[⑥]。'"此不足则争者也。故傅子曰："夫授夷、叔以事而薄其禄[⑦]，父母饿于前，妻子馁于后[⑧]，能守志不移者鲜矣[⑨]。"

【注释】

①夫人有余则让：以下至"求赡则争止"，出自《文子·上礼》，文字有所不同。

②赡（shàn）：满足。

③衣食足，知荣辱：出自《管子·牧民》。

④韩信为布衣时：以下至"国士无双"，抄撮自《汉书·韩信传》。

⑤推择：推举选拔。

⑥国士：一国中才能最优秀的人物。

⑦夫授夷、叔以事而薄其禄：以下至"能守志不移者鲜矣"，见于《群书治要》卷四十九引《傅子·重爵禄》，有删节。夷、叔，伯夷、叔齐。

⑧馁（něi）：同"馁"，饥饿。

⑨鲜（xiǎn）：少。

【译文】

文子说："人衣食有余就会互相谦让，衣食不足就会互相争夺。互相谦让就产生了礼义，互相争夺就会发生暴乱。财物多了，欲望就会减少；欲望得到满足，争夺就会停止。"评论道：管子说："衣食丰足，人们才会知道荣辱。"这是说衣食有余，人们就会互相谦让。《汉书》说："韩信还是平民的时候，贫穷且品行不端，不能被推选为官吏。等到去汉中投奔刘邦时，萧何对刘邦说：'韩信，是天下无双的国士。'"这是说衣食不足，人们就会互相争夺。所以傅子说："即便是像伯夷、叔齐这样的人，如果委任以职务，却只给微薄的俸禄，父母饥饿，妻子儿女没饭吃，碰到这样的情况，还能坚守志向毫不动摇的人太少了。"

《淮南子》曰："游者不能拯溺[1]，手足有所争急也；灼者不能救火，身体有所痛也；林中不卖薪、湖上不鬻鱼者，有所余也。故世治则小人守正，而利不能诱也；世乱则君子为奸，而刑不能禁也。"慎子曰[2]："桀、纣之有天下也[3]，四海之内皆乱，关龙逢、王子比干不与焉，而谓之皆乱，其乱者众也。尧、舜之有天下也，四海之内皆治，而丹朱、商均不与焉，而谓之皆治，其治者众也。"

【注释】

①游者不能拯溺：以下至"而刑不能禁也"，出自《淮南子·齐俗训》。

②慎子：应为"尸子"之误。

③桀、纣之有天下也：以下至"其治者众也"，见于《尸子·处道》。

【译文】

《淮南子》说："游泳的人无法拯救落水的人，因为手脚忙不过来；被烧伤的人无法救火，是因为身体疼痛难忍；树林中不卖柴，湖边不卖鱼，是因为这些东西有富余。所以世道太平，小人也会循规蹈矩，利益无法引诱他们；世道混乱，君子也会作奸犯科，刑罚无法禁止他们。"尸子说："夏桀、商纣统治天下时，四海之内尽皆混乱，关龙逢、王子比干虽然没有同流合污，但后人还是认为当时天下皆乱，这是因为作乱的人占了大多数。尧、舜统治天下时，四海之内尽皆安定，丹朱、商均虽然没有改恶从善，但后人还是认为当时天下皆治，这是因为遵纪守法的人占了大多数。"

故庄子曰："当尧、舜而天下无穷人[1]，非智得也；当桀、纣而天下无通人，非智失也，时势适然。”

【注释】

①当尧、舜而天下无穷人：以下至“时势适然”，出自《庄子·秋水》。

【译文】

所以庄子说：“在尧、舜的时代，天下没有困窘不得志之人，并不是因为他们智慧超群；在桀、纣的时代，天下没有通达之人，并不是因为他们智慧低下；这都是时势造成的。”

《新语》曰：“近河之地湿、近山之木长者[①]，以类相及也。四渎东流则百川无西行者[②]，小象大而少从多也。”

【注释】

①近河之地湿：以下至“小象大而少从多也”，出自《新语·无为》。

②四渎：长江、黄河、淮河、济水的合称。

【译文】

《新语》说：“靠近河边的土地湿润、靠近山岭的树木高大，这是因为受到同类事物的影响。长江、黄河、淮河、济水都向东流，而其他众多河流也没有向西流的，这是因为小的效仿大的，少的追随多的。”

是知世之君子未必君子，议曰：匡衡云：“循礼恭让则人不争[①]，好仁乐施则下不暴，尚义高节则人兴行，宽柔惠和则众相爱。此四者，明王之所以不严而成化也[②]。”由是言之，夫世之君子，乃由上之所化矣。世之小人未必小人，议曰：《尚书》云：“殷罔弗小大[③]，好草窃奸宄[④]，卿士师师非度[⑤]，罔获[⑥]。”此言殷之季世，卿士君子并为非法，无得其中，皆从上化耳。故知世之小人未必小人。

世之礼让未必礼让。议曰:《左传》云:“范宣子好让[7],其下皆让,栾黡为汰[8],弗敢违也。晋国以平,数世赖之,刑善也[9]。夫周之兴也,其《诗》曰:‘仪刑文王,万邦作孚[10]。’言形善也。及其衰也,其《诗》曰:‘大夫不均,我从事独贤[11]。’言不让也。”由此言之,夫栾黡之让,势运之耳。故知世之礼让未必礼让也。夫势运者不可不察。议曰:《政论》云[12]:“虽有素富骨清者[13],不能百一,不可为天下通变[14]。”故知君子小人本无定质,盖随势运者多矣。

【注释】

①循礼恭让则人不争:以下至“明王之所以不严而成化也”,出自《汉书·匡衡传》。

②成化:完成教化。

③殷罔弗小大:以下至“罔获”,出自《尚书·微子》。小,指百姓。大,指群臣。

④草窃:掠夺,盗窃。奸宄(guǐ):违法作乱之事。

⑤卿士:卿大夫。师师:互相效法。非度:违反法度。

⑥罔获:《尚书·微子》作“凡有罪辜,乃罔恒获”,伪孔注:“六卿典士相师效,为非法度,皆有辜罪,无秉常得中者。”译文从之。

⑦范宣子好让:以下至“言不让也”,出自《左传·襄公十三年》,有删节。范宣子,即士匄,春秋时晋国政治家。

⑧汰:通“泰”,骄泰,奢侈。

⑨刑:效法。

⑩仪刑文王,万邦作孚:出自《诗经·大雅·文王》。仪刑,效法。孚,信任。

⑪大夫不均,我从事独贤:出自《诗经·小雅·北山》。《左传·襄公十三年》杨伯峻注:“此句本意是讽刺周幽王役使不平,自己所

作独多。贤，多也。但引此《诗》者则读贤为贤能，解《诗》意为自夸而不相让。”译文依照《左传》引诗之意进行翻译。

⑫《政论》：东汉时崔寔撰。崔寔，字子真，一名台，字符始，涿郡安平（今河北安平）人。东汉文学家、政论家。

⑬骨：品性。清：廉洁。

⑭通变：《政论》作“通率”，通常的标准。译文从之。

【译文】

由此可知，世人所谓的君子，未必真是君子；评论道：匡衡说：“统治者遵循礼法、恭敬谦让，民众就不会争斗；好行仁义、乐于施舍，下民就不会性情残暴；崇尚道义、表彰节操，民众就会修养品行；宽厚温柔、仁爱和顺，民众就会互相关爱。以上四点，是英明的君主不用严刑峻法就能完成教化的原因。”就此而言，世上的君子，大都是英明的君主教化的结果。**世人所谓的小人，未必真是小人**；评论道：《尚书》说：“殷商的百姓群臣，好抢夺偷盗、为非作歹，卿大夫们互相效法，全都违背法度，罪行累累，没有人能秉持中正之道。”这是说殷商末年，卿大夫和君子们全都违背法度，没有人能秉持中正之道，这都是君主教化的结果。由此可知，世人所谓的小人，未必原本就是小人。**世人所谓的礼让，未必是真的礼让**。评论道：《左传》说：“范宣子谦让，他的属下也就都谦让了，连栾黡那样骄横的人，也不敢违背。晋国因此安定团结，几世都受益，这是由于效法善行的缘故。周朝兴盛时，《诗经》中说：‘以文王为榜样，赢得天下万国的信任。’说的是效法善行。到了周朝衰败时，《诗经》中说：‘大夫处事不公，唯有我做事最贤明。’说的是不肯谦让。”由此而言，栾黡的谦让，是由时势造成的。可知世人所谓的礼让，未必是真的礼让。**因此时势对人的影响，不可不认真考察**。评论道：《政论》说：“虽然也有素来富裕，品性廉洁的人，但百中无一，不能视作天下的通率。”由此可知，君子、小人本来就没有固定不变的本质，大多都随着时势的变化而变化。

傲礼第三十九

【题解】

所谓“傲礼”，指把傲慢当作礼节。在某些特殊情形下，可以通过傲慢无礼的行为，凸显对方涵养深厚、礼贤下士，从而令对方获得更高的声誉。侯嬴对信陵君，王生对张释之，汲黯对卫青，都使用了这种手段。

《左传》曰：“无傲礼[①]。”《曲礼》曰：“无不敬[②]。”然古人以傲为礼，其故何也？欲彰于人德者耳。何以言之？

【注释】

①无傲礼：出自《左传·定公四年》。杨伯峻注：“谓勿向有礼傲。”

②无不敬：出自《礼记·曲礼上》。

【译文】

《左传》说：“不要傲视有礼的人。”《曲礼》说：“不要不恭敬。”然而古人却有把傲慢当作礼节的，这是什么原因？这是为了彰显他人的德行。为什么这么说呢？

昔侯嬴为大梁夷门监[①]。魏公子闻之[②]，乃置酒大会宾客。坐定，公子从车骑，虚左[③]，自迎夷门侯生。侯生引公子过市，及至家，以为上客[④]。侯生谓公子曰："今日嬴之为公子亦足矣。嬴乃夷门抱关者也[⑤]，而公子亲枉车骑。稠人广众之中不宜有所过[⑥]，今公子故过之[⑦]。然嬴欲就公子之名，故久立公子车骑市中，以观公子，公子愈恭。市人皆以嬴为小人，而以公子为长者，能下士也。"初，公子迎侯生[⑧]，侯生曰："臣有客在市屠中，愿枉车骑过之。"侯生下见其客朱亥[⑨]，与之语，微察公子[⑩]，公子色愈和。市人皆观，从骑窃骂侯生。侯生视公子色终不变，乃谢客就车也。

【注释】

①昔侯嬴为大梁夷门监：以下至"能下士也"，出自《史记·魏公子列传》，有删节。侯嬴，战国时魏国隐士。家贫，年七十任大梁夷门守门小吏。信陵君闻其贤，迎为上客。前257年，秦围赵，魏王派将军晋鄙救赵，中途屯兵观望。侯嬴献计信陵君，请魏王宠妃如姬设法窃得兵符，并推荐勇士朱亥击杀晋鄙，助信陵君夺取兵权，率军击败秦兵。夷门监，夷门的守门小吏。夷门，魏都大梁东门。

②魏公子：即信陵君。

③虚左：空着左边的位置。古代以左为尊，虚左表示对宾客的尊敬。

④上客：尊客，贵宾。

⑤抱关：守门小吏。

⑥过：拜访。

⑦故：特意，特地。

⑧初，公子迎侯生：以下至"乃谢客就车也"，出自《史记·魏公子列传》，有删节。

⑨朱亥：战国时魏国人。隐居于市井之中，有勇力。后助魏公子椎

杀晋鄙，夺取兵权。

⑩微：暗中，悄悄。

【译文】

从前，侯嬴是大梁夷门的守门小吏。魏公子听说后，大摆酒宴，邀请了很多宾客。客人们入席坐好后，魏公子让车马跟着自己，空着车子左面的尊位，亲自去夷门迎接侯嬴。侯嬴领着魏公子的车马从市场中穿过，等到了魏公子府中，侯嬴被奉为上宾。侯嬴对魏公子说："今天，我帮助公子您也够多了。我不过是夷门的守门人，而公子您亲自屈尊驾车来接我。在大庭广众之下，不应该再去拜访他人，而您特地陪着我拜访他人。但我为了成就您的美名，所以让您带着车马随从长时间地站在市场中等候，借以考察您，而您的态度愈发谦恭。市场上的人都认为我是个小人，而认为公子您是一位长者，能够礼贤下士。"起初，魏公子去迎接侯嬴，侯嬴说："我有个朋友在市场上的肉店里，想劳驾您的车马绕路去拜访一下他。"侯嬴下车去见他的朋友朱亥，和他交谈，暗中观察魏公子的反应，魏公子的脸色愈发平和。市场上的人都在围观，魏公子的随从都在暗中大骂侯嬴。侯嬴看到魏公子的神色始终不变，才辞别朋友上车。

张释之居廷中①，三公九卿尽会立②。王生老人③，曰："吾袜解。"顾谓张廷尉④："为我结袜。"人或谓王生曰："独奈何廷辱张廷尉？"王生曰："吾老且贱，自度终无益于张廷尉。张廷尉，方今天下名臣，吾故聊辱廷尉，使跪结袜，欲以重之。"诸公闻之，贤王生而重张廷尉。汲黯常与大将军抗礼⑤，或谗黯曰⑦："自天子常欲群臣下大将军，君不可以不拜。"黯曰："夫以大将军有揖客⑧，反不重耶？"大将军闻之，愈贤黯也。

【注释】

①张释之居廷中：以下至“贤王生而重张廷尉”，出自《史记·张释之冯唐列传》。据《史记·张释之冯唐列传》，坐于廷中的是王生，而非张释之。《汉书·张释之传》王先谦补注：“居，犹坐也。时汉廷尊尚黄、老，故大会时王生被召坐廷中，而公卿尽立也。”译文从之。居，坐。廷中，朝堂之上。

②三公：古代中央三种最高官衔的合称。西汉前期以丞相、太尉、御史大夫为三公。九卿：古代中央政府的九个高级官职。汉以太常、光禄勋、卫尉、太仆、廷尉、大鸿胪、宗正、司农、少府为九卿。会立：相聚而立。

③王生：西汉初年黄、老学者。《史记·张释之冯唐列传》：“王生者，善为黄、老言，处士也。”生，“先生”的省称。

④廷尉：官名。秦始置，九卿之一，掌刑狱。汉初因之，秩中二千石。汉景帝时改称“大理”，汉武帝时复称“廷尉”。张释之时任廷尉。

⑤汲黯常与大将军抗礼：以下至“愈贤黯也”，出自《史记·汲郑列传》。大将军，指卫青。抗礼，行对等之礼，以平等的礼节相待。

⑦谗：《史记·汲郑列传》作“说”，译文从之。

⑧揖：拱手行礼。

【译文】

王生坐在朝堂上，三公九卿都相聚而立。王生年纪很大了，说：“我的袜带松了。”回头对张释之说：“帮我把袜带系好。”有人问王生说：“为何单单要在朝堂之上侮辱张廷尉？”王生说：“我老了而且地位低贱，自己估摸着终究帮不上张廷尉了。张廷尉，是当今天下的名臣，所以我故意姑且当众羞辱他，让他跪着给我系袜带，想以此提高他的声誉。”公卿大臣们听说后，都认为王生贤明，而更加敬重张释之。汲黯常与大将军卫青行平等之礼，有人劝汲黯说：“皇上常希望群臣百官尊崇大将军，您见了他不可不行跪拜之礼。”汲黯说：“让大将军有个拱手行礼的朋友，不是反而更令人敬重吗？”卫青听说后，越发觉得汲黯贤能。

由是观之，以傲为礼，可以重人矣。议曰：老子云：“国家昏乱有忠臣，六亲不和有孝慈[①]。”此言忠臣、孝子因不和、昏乱乃见其节。向使侯生不傲，则市人不知公子能下士也；使王生不倨，则三公不知廷尉能折节也[②]。故曰：不善人者，善人之资[③]。信矣夫！

【注释】

①国家昏乱有忠臣，六亲不和有孝慈：出自今本《老子》第十八章。六亲，指父、子、兄、弟、夫、妇。这里泛指亲人。

②折节：屈己下人。

③不善人者，善人之资：出自今本《老子》第二十七章。

【译文】

由此看来，把傲慢当作礼节，可以使别人更受尊重。评论道：老子说：“国家昏乱，才会出现忠臣；亲人之间不和睦，才会开始提倡孝顺慈爱。”这是说孝子、忠臣因为亲人不和、国家昏乱，才能显现出自己的节操。如果当时侯嬴的态度不傲慢，市场上的人就无法知道魏公子能礼贤下士；如果当时王生的态度不倨傲，三公们就不知道张释之能屈己下人。所以说：不善的人，是善人的凭借。的确如此啊！

定名第四十

【题解】

所谓"定名",指确定事物的名分。本篇从各种典籍中,搜罗了前人对于道、德、仁、义、礼、智、信、忠、乱、和、同、音、乐、礼、仪等重要概念的定义。赵蕤认为,"理得于心,非言不畅;物定于彼,非名不辩",只有掌握恰当的命名方式,才能以"循名责实"的手段,准确把握事物的本质。

夫理得于心[①],非言不畅[②];物定于彼,非名不辩[③]。言不畅志,则无以相接[④];名不辩物,则识鉴不显。原其所以,本其所由,非物有自然之名、理有必定之称也。欲辩其实则殊其名,欲宣其志则立其称,故称之曰道、德、仁、义、礼、智、信。

【注释】

①夫理得于心:以下至"欲宣其志则立其称",出自欧阳建《言尽意论》。

②畅:表达。

③辩:通"辨",辨别,区分。

④相接：交接，相交。

【译文】

心中明白了某种道理，不通过语言就无法表达出来；事物的性质确定后，不通过命名就无法与别的事物区分开。言语不能表达情志，就无法与他人交流；名称不能区别事物，就无法显示出人们对于事物的认识。追溯事物的本源，考察事物的端由，事物并非生来就有名称，道理也并没有固定的称谓。想要区分事物的本质，就必须区分它们的名称；想要阐发某种思想，就必须确立它的称谓，所以才有道、德、仁、义、礼、智、信等概念。

夫道者，人之所蹈也[①]。居知所为[②]，行知所之，事知所乘[③]，动知所止，谓之道。又曰："道者[④]，谓人之所蹈，使万物不失其所由也[⑤]。"德者[⑥]，人之所得也。使人各得其所欲，谓之德。仁者[⑦]，爱也。致利除害，兼爱无私，谓之仁。又曰："仁者[⑧]，人之所亲[⑨]。有慈悲恻隐之心，遂其生成[⑩]。"义者[⑪]，宜也。明是非，立可否，谓之义。又曰："义者[⑫]，人之所宜。赏善罚恶，以建功立事也。"礼者[⑬]，履也[⑭]。进退有度，尊卑有分，谓之礼。又曰："礼者[⑮]，人之所履。夙兴夜寐以成人君之序也[⑯]。"又曰："立善防恶谓之礼也[⑰]。"智者，人之所知也。以定乎得失是非之情，谓之智。信者，人之所承也。发号施令，以一人心，谓之信。见本而知末[⑱]，执一而应万[⑲]，谓之术。又曰："擅杀生之柄[⑳]，通壅塞之涂，权轻重之数，论得失之道，使远近情伪必见于上，谓之术。"

【注释】

①夫道者，人之所蹈也：出自《黄石公三略·下略》。

②居知所为：以下至“谓之道”，出自《文子·微明》，类似文字又见于《淮南子·人间训》。

③乘：王树岷《诸子斠证·文子斠证·微明篇》：“案‘乘’当作‘秉’，字之误也。《淮南子》正作‘事知所秉’。”

④道者：以下至“使万物不失其所由也”，出自《素书·原始》。

⑤使万物不失其所由：《素书·原始》作“使万物不知其所由”。

⑥德者：以下至“谓之德”，出自《素书·原始》。

⑦仁者：以下至“谓之仁”，出自《汉书·公孙弘传》。

⑧仁者：以下至“遂其生成”，出自《素书·原始》。

⑨人之所亲：指人亲爱万物之心。《素书·原始》张商英注：“仁之为体如天，天无不覆；如海，海无不容；如雨露，雨露无不润。”

⑩遂其生成：指生长养育万物。《素书·原始》张商英注：“无一夫不获其所，无一物不获其生。”遂，生长，养育。

⑪义者：以下至“谓之义”，出自《汉书·公孙弘传》。

⑫义者：以下至“以建功立事也”，出自《素书·原始》。

⑬礼者：以下至“谓之礼”，出自《汉书·公孙弘传》。

⑭履：指人们所应履行的规范。《汉书·公孙弘传》颜师古注：“履而行之。”

⑮礼者：以下至“夙兴夜寐以成人君之序也”，出自《素书·原始》。

⑯夙兴夜寐：早起晚睡。形容勤劳。人君之序：《素书·原始》作“人伦之序”，译文从之。

⑰立善防恶谓之礼也：见于《群书治要》卷四十九所引《傅子·法刑》。

⑱见本而知末：以下至“谓之术”，出自《文子·微明》。

⑲执一：指掌握根本之道。

⑳擅杀生之柄：以下至“谓之术”，出自《汉书·公孙弘传》。

【译文】

所谓“道”，就是人们所践行的。居家时知道应该做什么，出行时知道应该去哪儿,处事知道应该秉持的原则,行动知道什么时候应该停止,这就叫作“道”。另一种说法是:“所谓‘道’,就是人所走的道路,使万物不偏离原本的发展轨道。”所谓“德”,就是人们所得到的。使人们各自得到自己想要的,就叫作“德”。所谓“仁”,就是爱。为人们谋取利益,消除祸害,博爱无私,就叫作“仁”。另一种说法是:“仁,就是人亲爱万物之心。人有慈悲恻隐之心,能够生长养育万物。”所谓“义”,就是适宜。明确是非,确定可否的标准,就叫作“义”。另一种说法是:“义,就是人应当做的事。奖赏善良,惩罚罪恶,以此建功立业。”所谓“礼”,就是人们所履行的规范。进退遵循法度,尊卑有所区分,就叫作“礼”。另一种说法是:“礼,就是人们所履行的规范。人们勤勉辛劳,以建立人伦秩序。”又一种说法是:“确立善的标准,防止恶行,就叫作‘礼’。”所谓“智”,就是人们所具备的知识。人们以此来判断事物的得失与是非,这就叫作“智”。所谓“信”,就是人们所做的承诺。人们以此发号施令,统一人心,这就叫作“信”。见到事物的根本,就知道其终结,掌握根本之道,以应对复杂多变的情况,就叫作“术”。另一种说法是:“专擅生杀予夺的权柄,疏通被堵塞的道路,权衡轻重之数,论说得失之道,使远近各方的真伪情况必定能展现于君主面前,就叫作‘术’。”

《说苑》曰:“从命利君谓之顺①,又曰:“君正臣从谓之顺也②。”从命病君谓之谀,又曰:“应言而不言谓之隐,应谏而不谏谓之谀。”又曰:“君僻臣从谓之逆也③。”逆命利君谓之忠,又曰:“分人以财谓之惠,教人以善谓之忠④。”孙卿曰:“以德覆君而化之⑤,大忠也;以德调君而补之⑥,次忠也;以是谏非而怒之,下忠也。”逆命病君谓之乱。又曰:“赏无功谓之乱⑦。”君有过失,将危国家,有能尽言于君⑧,用则留,不用则去,谓之谏;用则可,不用则死,谓之诤。能率群下以谏于君,解国之大患,除国之大害,谓之辅;抗君之命,反君之事⑨,安国之危,除主之辱，谓之弼。”故谏、诤、辅、弼者[10]，可谓社稷之臣，明君之所贵也。

【注释】

①从命利君谓之顺：以下至“谓之弼”，出自《说苑·臣术》。

②君正臣从谓之顺也：出自《晏子春秋》内篇卷一《景公燕赏无功而罪有司晏子谏》。

③君僻臣从谓之逆也：出自《晏子春秋》内篇卷一《景公燕赏无功而罪有司晏子谏》。

④分人以财谓之惠，教人以善谓之忠：出自《孟子·滕文公上》。

⑤以德覆君而化之：以下至“下忠也”，出自《荀子·臣道》。覆，王先谦《集解》引俞樾曰：“以德覆君，谓其德甚大，君德在其覆冒之中，故足以化之。”

⑥调：调养。补：王先谦《集解》引郝懿行曰：“‘补之’，《韩诗外传》作‘辅之’，亦于义为长。”译文从之。

⑦赏无功谓之乱：出自《晏子春秋》内篇卷一《景公欲诛骇鸟野人晏子谏》。

⑧有：连词。表示假设，如果，即使。

⑨反君之事：反对君主的错误行为。

⑩故谏、诤、辅、弼者：以下至“明君之所贵也”，出自《说苑·臣术》。

【译文】

《说苑》说：“服从命令有利于君主，叫作‘顺’；另一种说法是：“君主正直而臣子服从，叫作‘顺’。”服从命令有害于君主，叫作‘谀’；另一种说法是：“应该说话时却不说话，叫作‘隐’；应该劝谏时却不劝谏，叫作‘谀’。”又一种说法是：“君主邪僻而臣子服从，叫作‘逆’。”违背命令有利于君主，叫作‘忠’；另一种说法是：“把财物分给他人，叫作‘惠’；教导他人行善，叫作‘忠’。”荀子说：“用道德覆育君主并感化他，这是大忠；用道德调养君主并辅佐他，这是次忠；用正确的意见劝谏君主改正错误却激怒了他，这是下忠。”违背命令有害于君主，叫作

'乱'。另一种说法是:"奖赏没有功劳的人,叫作'乱'。"君主有了过失,将对国家造成危害,如果对君主直言进谏,君主采纳就留下,不采纳就离去,这叫作'谏';君主采纳就好,不采纳就以死抗争,这叫作'诤'。能够率领群臣共同劝谏君主,解除国家的大患,铲除国家的大害,这叫作'辅';违抗君主的命令,反对君主的错误行为,使国家转危为安,消除君主的耻辱,这叫作'弼'。"所以能做到谏、诤、辅、弼的人,可谓是关系国家安危的重臣,是贤明的君主所看重的。

庄子曰:"莫之顾而进谓之佞①,俙意导言谓之谄②,不择是非而言谓之谀,好言人恶谓之谗,称誉诈伪以败恶人谓之匿③,不择善否、两容颜适、偷拔其所欲谓之险④。"

【注释】

①莫之顾而进谓之佞:以下至"不择善否、两容颜适、偷拔其所欲谓之险",出自《庄子·渔父》。莫之顾而进,成玄英疏:"强进忠言,人不采顾,谓之佞也。"

②俙(xī)意:《庄子·渔父》作"希意",迎合他人意旨。导言:《庄子·渔父》作"道言",谓说话迎合人意。成玄英疏:"希望前人意气而导达其言。"谄(tāo):《庄子·渔父》作"谄",译文从之。

③称誉诈伪以败恶人谓之匿(tè):《庄子·渔父》王先谦《集解》:"诈伪则称誉之,恶其人则毁败之,是为奸慝。"匿,"慝"的古字,邪恶。

④不择善否、两容颜适、偷拔其所欲谓之险:《庄子·渔父》成玄英疏:"善、恶二边,两皆容纳,和颜悦色,偷拔其意之所欲,随而佞之,斯险诐之人也。"颜适,《庄子·渔父》作"颊适",和颜悦色。陆德明《释文》:"善恶皆容,颜貌调适也。'颊'或作'颜'。"偷拔其所欲,指暗中引出别人心中的欲念。《庄子·渔父》王先谦《集

解》引宣颖曰："偷拔，谓潜引人心中之欲。"

【译文】

庄子说："他人不理睬却强行进言，叫作'佞'；揣度他人意旨，说话迎合人意，叫作'谄'；说话是非不分，叫作'谀'；喜欢说别人的坏话，叫作'谗'；称赞诈伪的人，败坏自己憎恶的人的名声，叫作'慝'；不区分善恶，两边都予以容纳并和颜悦色地对待，暗中引出别人心中的欲念并加以讨好，这叫作'险'。"

古语曰："以可济否谓之和，好恶不殊谓之同[①]，以贤代贤谓之夺[②]，以不肖代贤谓之伐，缓令急诛谓之暴，取善自与谓之盗，罪不知愆谓之虐[③]，敬不中礼谓之野[④]，禁而不止谓之逆[⑤]，又曰："勇不中礼谓之逆[⑥]。"又曰："令而不行谓之障[⑦]。"禁非立是谓之法[⑧]，知善不行谓之狂，知恶不改谓之惑[⑨]。"

【注释】

①以可济否谓之和，好恶不殊谓之同：出自《后汉书·刘梁传》。

②以贤代贤谓之夺：以下至"取善自与谓之盗"，出自《孔子家语·辩政》。

③罪不知愆谓之虐：出自《晏子春秋》内篇卷一《景公欲诛骇鸟野人晏子谏》。不知愆，指不知自己过错的人。《晏子春秋》作"罪不知谓之虐"。

④敬不中礼谓之野：出自《礼记·仲尼燕居》。

⑤禁而不止谓之逆：出自《管子·法法》。

⑥勇不中礼谓之逆：《礼记·仲尼燕居》。

⑦令而不行谓之障：出自《管子·法法》。

⑧禁非立是谓之法：见于《群书治要》卷四十九所引《傅子·法刑》。

⑨知善不行谓之狂，知恶不改谓之惑：出自《鬻子·曲阜鲁周公政甲》。

【译文】

古话说："用正确纠正错误，叫作'和'；不区分好坏，叫作'同'；以贤人代替贤人，叫作'夺'；以不肖之人代替贤人，叫作'伐'；法令下达缓慢，惩罚却很急迫，叫作'暴'；把好处都归于自己，叫作'盗'；惩罚不明白自己过错的人，叫作'虐'；恭敬却不合礼仪，叫作'野'；颁布了禁令，却不能阻止违反禁令的行为，叫作'逆'；另一种说法是："勇敢却不合礼仪，叫作'逆'。"又一种说法是："颁布了政令，却不能贯彻执行，叫作'障'。"禁止错误的行为，确立正确的典范，叫作'法'；知道是善事却不去做，叫作'狂'；知道是恶行却不改正，叫作'惑'。"

太公曰："收天下珠玉美女金银彩帛谓之残[①]；收暴虐之吏，杀无罪之人，非以法度，谓之贼。"庄子曰："析交离亲谓之贼[②]。"孙卿曰："不恤君之荣辱[③]，不恤国之臧否[④]，偷合苟容[⑤]，以持禄养交[⑥]，国之贼也。"

【注释】

①收天下珠玉美女金银彩帛谓之残：以下至"谓之贼"，见于《群书治要》卷三十一引《六韬·犬韬》。

②析交离亲谓之贼：出自《庄子·渔父》。析，离间。交，朋友。

③不恤君之荣辱：以下至"国之贼也"，出自《荀子·臣道》。

④臧否：善恶，得失。

⑤偷合苟容：谓苟且迎合以取悦于人。

⑥持禄：保持禄位，犹言尸位素餐。养交：谓豢养其私交以成朋党。

【译文】

太公说："搜刮天下的珠宝、美女、金银、彩色丝绸，叫作'残'；网罗凶狠残暴的官吏，杀害无辜之人，不遵守法度，叫作‘贼’。”庄子说：“离间亲友，叫作‘贼’。”荀子说：“不顾君主的荣辱，不顾国家的得失，苟且迎合以取悦君主，以取得俸禄、豢养党羽，这叫作‘国之贼’。”

贤人不至谓之蔽，忠臣不至谓之塞[①]，色取人而实违之谓之虚，不以诚待其臣而望其臣以诚事己谓之愚[②]，分于道谓之性，分，谓始得为人。形于一谓之命[③]。受阴阳刚柔之性[④]，故曰“形于一”也。

【注释】

①贤人不至谓之蔽，忠臣不至谓之塞：出自《管子·法法》。忠臣不至，《管子》作“忠臣不用”，译文从之。

②色取人而实违之谓之虚，不以诚待其臣而望其臣以诚事己谓之愚：见于《群书治要》卷四十八所引杜恕《体论》。人，通“仁”。色取仁，貌似仁德。

③分于道谓之性，形于一谓之命：出自《孔子家语·本命解》，原文作“分于道谓之命，形于一谓之性”，译文从之。随文注释采自《孔子家语·本命解》王肃注。分于道，指人的诞生以及才性气质的生成，来自于天道的赋予。形于一，指天道（阴阳之气）凝结为某一具体的人，呈现出各自不同的才性。

④受阴阳刚柔之性：《孔子家语·本命解》王肃注作“受阴阳以刚柔之性”。

【译文】

不能招揽贤人，叫作“蔽”；不能任用忠臣，叫作“塞”；貌似仁爱而实际上并不如此，叫作“虚”；不用诚心对待臣子，却指望臣子以诚心事奉自己，叫作“愚”；天道所赋予人的，叫作“命”；分，是说人刚刚诞生的时候。

人禀受天道,形成各自不同的才性,叫作“性”。人禀受阴阳之气,形成刚柔不同的个性,所以说“形于一”。

凡人函五常之性[①],而刚柔、缓急、音声不同,系水土之气,谓之风。好恶、取舍、动静无常,随君上之情欲,谓之俗。

【注释】

①凡人函五常之性:以下至“谓之俗”,出自《汉书·地理志下》。五常,指仁、义、礼、智、信。

【译文】

人都包含有五常之性,而每人的刚柔、缓急、音声却各不相同,这是由不同的水土之气造成的,这就叫作“风”。每人的好恶、取舍、动静变化无常,随着君主性情欲望的变化而变化,这就叫作“俗”。

或曰:“乐与音同乎?”对曰:“昔魏文侯问子夏曰[①]:‘吾端冕而听古乐[②],唯恐卧,听郑、卫之音则不知倦。敢问古乐之如彼,新乐之如此,何也?’子夏曰:‘今君之所问者乐也,所好者音也。夫乐者,与音相近而不同。’文侯曰:‘敢问何如?’子夏曰:‘夫古乐者[③],天地顺而四时当,民有德而五谷昌,疾疫不作而无妖祥[④],此之谓大当。然后圣人为父子君臣以为之纪纲[⑤],纪纲既正,天下大定。天下大定,然后正六律[⑥],和五声[⑦],弦歌《诗·颂》[⑧],此之谓德音[⑨]。德音之谓乐。《诗》云:“莫其德音[⑩],其德克明。克明克类,克长克君。王此大邦,克顺克比。比于文王[⑪],其德靡悔[⑫]。既受帝祉[⑬],施于孙子[⑭]。”此之谓也。今君之所好者,溺音乎[⑮]?郑音好滥[16]，淫志也[17]；宋音燕安[18]，溺志也[19]；卫音趋数[20]，烦志也[21]；齐音傲僻[22]，骄志也[23]。四者皆淫于色而害于德，是以祭祀弗用。'"此音、乐之异也。董生曰："古者未作乐之时[24]，乃用先王之乐宜于时者，而以深入教化于人，然后功成作乐[25]，乐其德也。"故国风淫俗[26]，在于管弦。《乐书》曰："知声而不知音者[27]，禽兽是也；知音而不知乐者，众庶是也；唯君子为能知乐。是故审声以知音，审音以知乐，审乐以知正[28]，而理道备矣。"此又音、声之异也。

【注释】

①昔魏文侯问子夏曰：以下至"是以祭祀弗用"，出自《礼记·乐记》，亦见于《史记·乐书》，有删节。

②端冕：玄衣和大冠。古代帝王、贵族的礼服。

③古乐者：《礼记·乐记》作"古者"，"乐"字衍，译文从之。

④妖祥：显示灾异的凶兆。

⑤圣人为父子君臣以为之纪纲：《礼记·乐记》作"圣人作，为父子君臣，以为纪纲"。作，兴起。

⑥六律：古代乐音标准名。相传黄帝时伶伦截竹为管，以管之长短分别声音的高低清浊，乐器的音调皆以此为准。乐律有十二，阴、阳各六，阳为律，阴为吕。六律即黄钟、大蔟、姑洗、蕤宾、夷则、无射。

⑦五声：指宫、商、角、徵、羽五音。

⑧弦歌：依琴瑟而咏歌。《礼记·乐记》孔颖达《正义》："'弦歌诗颂'者，谓以琴瑟之弦，歌此《诗·颂》也。"

⑨德音：指朝廷所定的正统音乐。

⑩莫其德音：以下至"施于孙子"，出自《诗经·大雅·皇矣》，所引内容是赞美王季（文王之父）与周文王的美德。《礼记·乐记》郑

玄注:“德正应和曰‘莫’,照临四方曰‘明’,勤施无私曰‘类’,教诲不倦曰‘长’,庆赏刑威曰‘君’,慈和遍服曰‘顺’,……择善从之曰‘比’。施,延也。言文王之德,皆能如此,故受天福,延于后世也。”

⑪比于文王:至于文王之时。比,至,到。

⑫靡悔:没有缺失。

⑬帝祉(zhǐ):上天的福佑。

⑭孙子:子孙后代。

⑮溺音:古谓淫溺的音乐,与正音、雅音相对言。

⑯滥:过度,没有节制。

⑰淫志:谓使人心志放荡。

⑱燕安:《礼记·乐记》作“燕女”,指安于女色。

⑲溺志:谓使心志沉湎其中。

⑳趋数:谓节奏短促急速。

㉑烦志:《礼记·乐记》孔颖达疏:“卫音既促且速,所以使人意志烦劳也。”

㉒傲僻:傲慢邪僻。

㉓骄志:《礼记·乐记》孔颖达疏:“齐音既敖很辟越,所以使人意志骄逸也。”

㉔古者未作乐之时:以下至“乐其德也”,出自《汉书·董仲舒传》,有删节。

㉕功成作乐:指教化百姓的大功告成后制作音乐。《汉书·董仲舒传》:“教化之情不得,雅颂之乐不成,故王者功成作乐,乐其德也。”

㉖淫俗:不正的风俗。

㉗知声而不知音者:以下至“而理道备矣”,出自《史记·乐书》,又见于《礼记·乐记》。关于声、音、乐的不同,《礼记·乐记》:“感于物而动,故形于声。声相应,故生变;变成方,谓之音;比音而乐

之，及干戚羽旄，谓之乐。”

㉘正：通“政”。

【译文】

有人问：“‘乐’和‘音’一样吗？”回答说：“从前，魏文侯问子夏说：‘我穿着礼服聆听古乐，生怕打瞌睡，听郑、卫之音，就不知疲倦。请问古乐为何是那样的？新乐又为何是这样的？’子夏回答说：‘现在您所问的是“乐”，而您所喜好的却是“音”。“乐”，与“音”虽然相近却不相同。’魏文侯问：‘请问这是怎么一回事？’子夏说：‘古时候，天地和顺而四季运行正常，人民有德行而五谷丰登，疫病不发作，也没有灾异出现，这样的时代就叫做“大当”。然后圣人兴起，规定父子、君臣之间的伦常关系，作为众人遵守的纲纪，纲纪确定之后，天下才彻底安定。天下彻底安定了，然后制定六律，调和五声，在琴瑟的伴奏下歌唱《诗经》中的《颂》，这就叫做“德音”。德音就是乐。《诗》说：“王季的德音天下无不应和，他的美德能够照临四方。德行照临四方，勤劳施惠于民，作为师长教诲不倦，作为君主赏罚分明。他治理大国，慈爱和睦，择善而从。等到周文王即位，他的德行没有任何缺点。不但获得了上天的福佑，还把福佑传给子孙后代。”说的就是这个道理。如今您所喜好的，恐怕是溺音吧？郑国之音没有节制，使人心志放荡；宋国之音安于女色，使人心志沉湎；卫国之音节奏短促急速，使人意志烦劳；齐国之音傲慢邪僻，使人意志骄逸。这四国的音乐，都沉湎于声色而损害人的道德，所以祭祀的时候不会采用。’”这就是“音”和“乐”的区别。董仲舒说：“古时候，当王者暂未制礼作乐时，会在先王之乐中选取合乎时宜的部分，用以深入教化百姓，等到教化百姓的大业成功，然后制作新乐，以歌颂王者的功德。”所以一个国家风俗的败坏，可以从音乐中得知。《史记·乐书》说：“只懂得‘声’而不懂得‘音’的，是禽兽；只懂得‘音’而不懂得‘乐’的，是庶民；只有君子能够懂得‘乐’。所以通过审查‘声’而懂得‘音’，通过审查‘音’而懂得‘乐’，通过审查‘乐’而懂得政治，这样，治理国家的道理也就完全掌握了。”这又是“音”与“声”的区别。

或曰:“音与乐既闻命矣,敢问仪与礼同乎?”对曰:“昔赵简子问揖让周旋之礼于子太叔[①],太叔曰:‘是仪也,非礼也。吉也闻诸先大夫子产曰[②]:“夫礼,天之经也,经者,道之常也。地之义也,义者,利之宜也[③]。民之行也。”行者,人所履也[④]。天地之经,民实则之。则天之明,日月星辰,天之明也。因地之性,高下刚柔,地之性也。生其六气,谓阴、阳、风、雨、晦、明也。用其五行。金、木、水、火、土也。气为五味,酸、咸、辛、甘、苦也。发为五色,青、黄、赤、白、黑。发,见于是非分别也。章为五声。宫、商、角、徵、羽也。淫则昏乱,民失其性,滋味声色,过则伤性。是故为礼以奉之。制礼以奉其性也。人有好恶喜怒哀乐,生于六气,此六者,皆禀阴、阳、风、雨、晦、明之气也。是故审则宜类[⑤],以制六志。为礼以制好、恶、喜、怒、哀、乐六志,使不过节也。哀有哭泣,乐有歌舞,喜有施舍,怒有战斗。哀乐不失,乃能协于天地之性,是以长久。协,和也。故人能曲直以从礼者[⑥],谓之成人[⑦]。’”

【注释】

①昔赵简子问揖让周旋之礼于子太叔:以下至“谓之成人”,出自《左传·昭公二十五年》,有删节。随文注释采自《左传·昭公二十五年》杜预注。赵简子,即赵鞅。揖让周旋,古代行礼时进退揖让的动作。周旋,应对。子太叔,即游吉,春秋时期郑国正卿,接替子产担任郑国执政。

②先大夫:已故的大夫。

③义者,利之宜也:《左传·昭公二十五年》孔颖达疏:“训‘义’为‘宜’,故云‘利之宜’也。杜以今文《孝经》云:‘用天之道,分地之

利。’故天以道言之,地以利言之。天无形,言其有道理也;地有质,言其有利益也。”

④行者,人所履也:《左传·昭公二十五年》孔颖达疏:“人禀天地之性而生,动作皆象天地,其践履谓之为‘行’。”

⑤审则宜类:《左传·昭公二十五年》孔颖达疏:“是故人君为政,审法时之所宜,事之所类,以至民之六志,使之不过节也。……审者,言其谨慎之意也。”审,审慎。则,效法。

⑥曲直以从礼:《左传·昭公二十五年》孔颖达疏:“刘炫云:‘礼有宜曲宜直,不可信情而行。故人之能自曲直以赴于礼者,谓之为成人。’……性曲者,以礼直之;性直者,以礼曲之。”指用礼矫正人的性情与行为。

⑦成人:德才兼备的人,犹完人。

【译文】

有人问:“‘音’和‘乐’的区别我已经明白了,请问‘仪’和‘礼’相同吗?”回答说:“从前,赵简子向子太叔请教揖让进退应对的相关礼节,子太叔说:‘这是“仪”,而不是“礼”。我曾经听郑国已故的大夫子产说过:“礼,是上天的常道,经,指恒常不变的大道。大地的准则,义,指适宜的利益。人民的行动依据。”行,指人们的实践。天地的常道,民众确实地予以效法。效法上天的光明,日、月、星、辰,是上天的光明。依据大地的本性。高、下、刚、柔,是大地的本性。天地生出六气,指阴、阳、风、雨、晦、明。运用五行。指金、木、水、火、土。气有五种味道,指酸、咸、辛、甘、苦。表现为五种颜色,指青、黄、赤、白、黑。发,指表现为不同的颜色。显示为五种声音。指宫、商、角、徵、羽。如果过分就会导致混乱,使民众失去本性,如果过分追求滋味声色,就会伤害本性。所以通过礼来奉养人的本性。制定礼仪,以奉养人的本性。人有好、恶、喜、怒、哀、乐六种情感,从六气中产生,这六种情绪,是人禀受阴、阳、风、雨、晦、明之气产生的。所以君主审慎地效法天地之道,以制约这六种情感。制定礼仪,以约束好、恶、喜、怒、哀、乐六种情感,使其不超过限度。哀伤时便会哭泣，欢乐时便会歌舞，高兴时便会施舍，愤怒时便会战斗。哀与乐都不违背礼，才能够和天地的本性相协调，所以能够长久。协，是和的意思。能够用礼来矫正自己的人，叫作“成人”。’”

或曰：“然则何谓为仪？”对曰：“养国子[①]，教之六仪。祭祀之容，穆穆皇皇[②]；宾客之容，俨恪矜庄[③]；朝廷之容，济济跄跄[④]；丧纪之容[⑤]，累累颠颠[⑥]；累，音力追反。颠，音田，忧思之貌。军旅之容，暨暨詻詻[⑦]；詻，音额，教令之貌也[⑧]。车马之容，骓骓翼翼[⑨]。此礼、仪之异也。”

【注释】

①养国子：以下至“骓骓翼翼”，出自《周礼·地官·司徒·保氏》及郑玄注。国子，公卿大夫的子弟。

②穆穆：端庄恭敬。皇皇：美盛貌，庄肃貌。

③俨恪（yǎn kè）矜庄：庄严恭敬。

④济济跄跄（qiāng）：形容队列整齐庄严，行动合乎礼仪。跄跄，形容走路有节奏。

⑤丧纪：丧事。

⑥累累（léi）：瘦瘠疲惫貌。颠颠：忧思貌。

⑦暨暨（jì）：果断刚毅貌。詻詻（è）：严肃貌。

⑧教令之貌：《礼记·玉藻》：“戎容暨暨，言容詻詻。”郑玄注：“詻詻，教令严也。”

⑨骓骓（fēi）：马行走不止貌。翼翼：整齐貌。

【译文】

有人问：“那么什么是‘仪’？”回答说：“培养国子，要教给他们六种仪容。祭祀时的仪容，必须肃穆庄严；接待宾客时的仪容，必须恭敬庄重；在朝廷上的仪容，必须举止有度；丧事时的仪容，必须疲惫悲哀；累，音力追反。颠，读作“田”，忧思的样子。处于军中的仪容，必须刚毅严肃；诰，读作“额”，教令严肃的样子。车马的仪容，行进时必须齐整。这就是‘礼’与‘仪’的差异。”

夫定名之弊，在于钩鈲析辞[①]。鈲，音普觅反。苟无其弊，则定名之妙也。

【注释】

①钩鈲（pī）析辞：《汉书·艺文志》作“钩鈲析乱”。钩鈲，探索分析。析辞，玩弄词句。

【译文】

为事物定名的弊端，在于过分辨析概念，玩弄词句。鈲，音普觅反。如果避免了这一弊端，就能发挥定名的真正妙用。

论曰：班固九流[①]，其九曰杂家[②]，兼儒、墨，合名、法；《傅子》九品[③]，其九曰杂才[④]，以长讽议。由是观之，杂说之益，有自来矣。故著此篇，盖立理叙事，以示将来君子矣。

【注释】

①班固九流：指《汉书·艺文志·诸子》中记载的九个学术流派，分别是儒家、道家、阴阳家、法家、名家、墨家、从横家、杂家、农家。

②其九曰杂家：在《汉书·艺文志·诸子》中，“杂家”排在第八位。

③《傅子》九品：指傅玄在《傅子》中，将人才分为德行、理才、政才、学才、武才、农才、工才、商才、辩才九种类型。参见《量才篇》赵蕤自注引《傅子》。

④杂才:《量才篇》赵蕤自注引《傅子》作“辩才”。

【译文】

评论道:班固在《汉书·艺文志》中罗列了九个思想派别,第九位叫“杂家”,其兼取儒家、墨家的学说,综合名家、法家的理论;《傅子》中罗列了九种不同人才,第九种叫“杂才”,擅长讽喻进谏。由此看来,杂取百家学说的好处,是早有根据的。所以我撰写了《杂说》一卷,用来阐明道理、叙述事情,以供将来的君子们借鉴。

卷第九　兵权

赵子曰："《诗》云：'允文允武[①]。'《书》称：'乃武乃文[②]。'孔子曰：'君子有文事，必有武备[③]。'《传》曰：'天生五才[④]，民并用之，废一不可。谁能去兵！'黄帝与蚩尤战[⑤]，颛顼与共工争，尧伐驩兜，舜伐有苗，启伐有扈，汤伐有夏，文王伐崇[⑥]，武王伐纣。汉高有京、索之战，光武兴昆阳之师，魏动官渡之军，晋举平吴之役。故《吕氏春秋》曰：'圣王有仁义之兵，而无偃兵[⑦]。'《淮南子》曰：'以废不义而授有德者也[⑧]。'是知取威定霸，何莫由斯！自古兵书，殆将千计，若不知合变，虽多，亦奚以为[⑨]？故曰：'少则得，多则惑[⑩]。'所以举体要而作《兵权》云。"

【注释】

①允文允武：出自《诗经·鲁颂·泮水》。

②乃武乃文：出自《伪古文尚书·大禹谟》。

③君子有文事，必有武备：出自《史记·孔子世家》。

④天生五才：以下至"谁能去兵"，出自《左传·襄公二十五年》。五才，《左传》作"五材"，指金、木、水、火、土。

⑤蚩尤：传说中的古代九黎族首领，与黄帝战于涿鹿，兵败被杀。

⑥崇：古国名。商的与国，为周文王所灭。在今陕西西安沣水西。

⑦圣王有仁义之兵，而无偃（yǎn）兵：出自《吕氏春秋·孟秋纪·荡兵》。偃，止息。

⑧以废不义而授有德者也：出自《淮南子·兵略》。

⑨虽多，亦奚以为：出自《论语·子路》

⑩少则得，多则惑：出自今本《老子》第二十二章。

【译文】

赵子说："《诗经》说：'既有文德，又有武功。'《尚书》说：'文武兼备。'孔子说：'君子行文德之事，必有武力作为后盾。'《左传》说：'上天生就金、木、水、火、土五种材料，人民都要用到，缺一不可。谁能够去除武器不用！'黄帝曾与蚩尤作战，颛顼曾与共工争斗，尧讨伐驩兜，舜讨伐有苗，夏启讨伐有扈氏，商汤讨伐夏桀，周文王讨伐崇国，周武王讨伐商纣王。汉高祖刘邦与项羽在京、索之地交战，光武帝刘秀在昆阳兴兵大败王莽，曹操在官渡发动军队击败袁绍，西晋发动了平定吴国的战争。所以《吕氏春秋》说：'圣王为了仁义起兵，而不会废止战争。'《淮南子》说：'战争的目的，是为了废黜不义的君主，将君位授予有德行的人。'由此可知，树立威望，奠定霸业，哪个不是通过武力来实现！自古以来的兵书大概近千种，如果不能融会贯通，即使读得再多，又有什么用呢？所以说：'少而精，就能有所收获；贪多务得，反而令人迷惑。'所以我举列其要点，作《兵权》一卷。"

出军第一

【题解】

本篇名为“出军”,事实上讨论的是在出兵之前,君主所必须考虑的事项,这也是决定战争胜败的基础。一方面,战争必须出于正义的目的,只有“救乱诛暴”的“义兵”,“敌加于己,不得已而用之”的“应兵”,才能取胜。另一方面,君主必须慎重地挑选主将。人选确定之后,就要赋予主将绝对的威权,“无天于上,无地于下,无敌于前,无君于后”,方能赢得胜利。

夫兵者①,凶器也;战者,危事也。兵战之场,立尸之所②,帝王不得已而用之矣。凡天有白云如匹布经丑、未者③,天下多兵。赤者尤甚。或有云如匹布竟天,或有云如胡人行列阵,皆天下多兵。或壬子日四望无云,独见赤云如旌旗,天下兵起。若遍四方者,天下尽兵。或四望无云,独见黑云极天,亦天下兵起。三日内有雨,灾解。或有赤云赫然者④,所见之地兵大起。凡有白云如仙人衣,千万连结,部队相逐,罢而复兴,当有千里兵来。或有如人持刀楯,此暴兵气也⑤。或有白气广六丈,东西竟天者,亦兵起也。青者,有大丧也。故曰:“救乱诛暴⑥,谓之义兵。兵义者王。敌加于己，不得已而用之，谓之应兵。应兵者胜。争恨小故，不胜愤怒者，谓之忿兵。兵忿者败。利人土地宝货者，谓之贪兵。兵贪者破。恃国之大，矜人之众，欲见威于敌者，谓之骄兵。兵骄者灭。”夫禁暴救乱曰义兵⑦，可以礼服；恃众以伐曰强兵，可以谦服；因怒兴师曰刚兵，可以辞服；弃礼贪利曰暴兵，可以诈服；国危人疲、举事动众曰逆兵，可以权服。是知圣人之用兵也⑧，非好乐之，将以诛暴讨乱。夫以义而诛不义，若决江河而溉萤火⑨，临不测之渊而欲堕之，其克之必也。所以必优游恬泊者何⑩？重伤人物。故曰：“远人不服，则修文德以来之⑪。”不以德来，然后命将出师矣。

【注释】

①夫兵者：以下至“危事也”，出自《汉书·晁错传》。

②兵战之场，立尸之所：出自《吴子·治兵》。

③凡天有白云如匹布经丑、未者：以下至“有大丧也”，李淳风《乙巳占》卷九《暴兵气象占》有类似文字。丑、未，古代阴阳五行家将十二地支和四方相配，子在正北，卯在正东，午在正南，酉在正西。丑位为东北偏北方位，未为西南偏南方位。

④赫然：光彩鲜明貌。多指红色。

⑤暴兵：凶暴不义之师。

⑥救乱诛暴：以下至“兵骄者灭”，出自《汉书·魏相传》。

⑦夫禁暴救乱曰义兵：以下至“可以权服”，出自《吴子·图国》，文字有所不同。

⑧是知圣人之用兵也：以下至“重伤人物”，出自《黄石公三略·下略》。

⑨萤火：比喻微弱的灯火或亮光。

⑩优游：从容不迫。恬泊：淡泊。

⑪远人不服，则修文德以来之：出自《论语·季氏》。

【译文】

兵器，是凶器；战争，是危险之事。战场，是横尸流血的地方，帝王只有在不得已的情况下才会动用武力。凡是天上有布匹一般的白云经过东北偏北、西南偏南的方位，天下多战事。如果云是红色的，战事就更多。或者有布匹一样的云朵铺满天空，或者有云朵宛如胡人的军队阵列，都意味着天下多战事。或在壬子日这一天，举目四望，没有其他云彩，只看见天上有旌旗一般的红云，天下将有战事。如果红云遍布天空四方，天下将到处都有战乱。或举目四望，没有其他云彩，只看见黑云直抵苍穹，也意味着天下将有战事。如果三日之内下雨，灾祸就可以解除。或者看到光彩鲜明的红云，在能看到红云的地方，将发生大的战事。凡是天上有宛如仙人衣裳的白云，千万朵连接在一起，如部队一般互相追逐，消失了又重新出现，意味着将有千里之外的大兵袭来。或者有云的形状像人拿着刀和盾牌，这是将有凶暴的敌军袭来的征兆。或者有宽五六丈的白气，东西横跨天际，也意味着将有战事发生。如果气呈青色，意味着将有大丧。所以说："为拯救危乱，铲除暴虐而起兵，叫作'义兵'。统率义兵作战，能够成就王业。敌人侵犯自己，不得已而起兵应战，叫作'应兵'。应兵一定会获胜。因为小事争斗怨恨，不能忍受愤怒而起兵，叫作'忿兵'。出于愤恨而作战的军队，一定会失败。贪图别人的土地、财货而起兵，叫作'贪兵'。出于贪念而作战的军队，一定被攻破。自恃国家强大，人口众多，为了向敌人逞威风而起兵，叫作'骄兵'。骄傲轻敌的军队，一定被消灭。"制止强暴、拯救危乱的军队，叫作"义兵"，可以用礼义来折服它；倚仗人数众多、征伐别国的军队，叫作"强兵"，可以用谦让使它悦服；因为愤怒而起兵的军队，叫作"刚兵"，可以用言辞来说服它；背弃礼义、贪图利益的军队，叫作"暴兵"，可以用诡诈来制服它；国家危乱、民众疲惫而兴师动众，叫作"逆兵"，可以用威权使其顺服。由此可知，圣人用兵，并不是因为好战，而是以此诛杀暴虐，讨平叛乱。以正义之师讨伐不义的军队，好比决开江河去浇灭微弱的火苗，把摇摇欲坠的敌人推向不测深渊，获得胜利是必然的。圣人为何用兵从容不迫而不急于进攻？是因为害怕对人与物造成过多的伤害。所以说："如果远方之人不归服，就修治文德招来他们。"如果文德已修，对方仍不肯归附，然后才任命将领，率军出征。

夫将者，国之辅也①，人之司命也②。故曰："将不知兵③，以其主与敌也；君不择将，以其国与敌也。"将既知兵，主既择将，天子居正殿而召之④，曰："社稷安危，一在将军。今某国不臣，愿烦将军应之。"乃使太史卜，斋，择日，授以斧钺⑤。君入太庙，西面而立。将军北面而立。君亲操钺，持其首，授其柄，曰："从是以上至天者，将军制之。"乃复操柄，授与刃，曰："从是以下至渊者，将军制之。"将既受命，拜而报曰："臣闻，国不可从外理，军不可从中御。二心不可以事君，疑志不可以应敌⑥。臣既受命，专斧钺之威，臣不敢还诸⑦。"乃辞而行，凿凶门而出⑧。故《司马法》曰："进退唯时，无曰寡人⑨。"孙子曰："将在军，君命有所不受⑩。"古语曰："阃以内⑪，寡人制之；阃以外，将军制之。"《汉书》曰："唯闻将军之命，不闻天子之诏⑫。"故知合军聚众，任于阃外，受推毂之寄⑬，当秉旄之重⑭，无天于上⑮，无地于下，无敌于前，无君于后，乃可成大业矣。故曰："将能而君不御者胜⑯。"此之谓也。

【注释】

①将者，国之辅也：出自《孙子兵法·谋攻》。

②人之司命也：出自《六韬·龙韬·奇兵》。

③将不知兵：以下至“以其国与敌也”，出自《汉书·晁错传》。

④天子居正殿而召之：以下至“臣不敢还诸”，出自《六韬·龙韬·立将》。居正殿，《六韬·龙韬·立将》作“避正殿”。

⑤授以斧钺（yuè）：象征授以统率全军的权力。钺，一种兵器，似斧而较大。军中以斧钺为执法杀人的刑具。

⑥疑志：优柔寡断，意志不坚定。

⑦还诸：指生还。《六韬·龙韬·立将》作“臣不敢生还”。

⑧乃辞而行，凿凶门而出：出自《淮南子·兵略训》。凶门，古代将军出征时，凿一扇向北的门，由此出发，如办丧事一样，以示必死的决心，称“凶门”。

⑨进退唯时，无曰寡人：见于《孙子兵法·谋攻》曹操注引《司马法》。

⑩将在军，君命有所不受：出自《史记·孙子吴起列传》。

⑪阃（kǔn）以内：以下至“将军制之”，出自《史记·张释之冯唐列传》。阃，指外城之门。

⑫唯闻将军之命，不闻天子之诏：出自《汉书·周亚夫传》，原文作“军中闻将军之令，不闻天子之诏”。

⑬推毂（gǔ）：推车前进。古代帝王任命将帅时的隆重礼遇。《史记·张释之冯唐列传》：“臣闻上古王者之遣将也，跪而推毂，曰阃以内者，寡人制之；阃以外者，将军制之。”寄：委托，托付。

⑭秉旄：持握旌旗。借指掌握兵权。

⑮无天于上：以下至“无君于后”，出自《六韬·龙韬·立将》。

⑯将能而君不御者胜：出自《孙子兵法·谋攻》。

【译文】

将领，是国家的辅佐，人民生命的主宰。所以说：“将领不了解士兵，等于把自己的君主交给敌人；国君不妥善选择将领，等于把自己的国家交给敌人。”将领了解了士兵，君主妥善选择了将领，然后天子在正殿召见将领，说：“国家社稷的安危，全靠将军您了。如今某国不肯臣服，希望您率军前往讨伐。”于是命令太史占卜，君主斋戒，选择吉日举行授予斧钺的仪式。君主进入太庙，面向西站立。将军面向北站立。君主亲自执钺，拿着钺的头部，将钺柄授予将军，说：“从这以上一直到天上，一切都由将军您控制。”又手拿钺柄，将钺的刃部授予将军，说：“从这以下一直到深渊，一切都由将军您控制。”将军接受任命之后，下拜回答国君说：“我听说，国家不可从境外治理，军队不可由朝中指挥。为臣的如果心怀二心，就无法事奉君主；如果优柔寡断，就无法应对敌人。我既已接受任命，手握统率全军的大权，不敢抱着生还的念头。”于是辞别而行，凿开凶门出发。所以《司马法》说：“军队的进退应该根据时势决定，不能以君主的意见为准。”孙武说：“将领统率军队，可以不接受君主的命令。”古话说：“城门以内的事，由君主决定；城门以外的事，由将军掌管。”《汉书》说：“在军中只听从将军的命令，不听从天子的诏命。”由此可知，集结军队，受命处理城门之外的战事，接受君主隆重的委任，承担统率全军的重任，唯有上不受制于天，下不受制于地，前不管敌情有何变化，后不顾国君有何意见，才能够成就大业。所以说：“将领有才能，而君主不横加干预，才能获胜。”说的就是这个道理。

练士第二

【题解】

所谓“练士”，指对士卒的简选与训练。赵蕤指出，只有用人得当，令各司其职，各显其能，才能获得战争的胜利。通过篇中所引《六韬》等文献可以看出，在中国早期的军事体系中，已经形成了相当成熟的参谋与兵种分配制度。

夫王者帅师①，必简练英雄②，知士高下，因能授职③，各取所长，为其股肱羽翼④，以成威神⑤，然后万事毕矣。

【注释】

①王者帅师：以下至“知士高下”，出自《六韬·龙韬·选将》。

②简练：简选训练。此处专指精选。简，通“拣”。英雄：指品德优秀、能力杰出的人才。

③因能授职：以下至“然后万事毕矣”，出自《六韬·龙韬·王翼》。

④股肱(gōng)、羽翼：指辅佐的人或力量。股肱，大腿和胳膊。

⑤威神：赫奕的声威，神明般的威严。

【译文】

王者统率军队，一定要精选品德优秀、能力杰出之才，了解将士才能的高低，根据他们的才能授予适宜的职务，各用其所长，使其成为自己的得力辅佐，以造成威严、神秘的气势。这样，就万事俱备了。

腹心一人[①]，主赞谋应卒、揆天消变、总揽计谋、保国全命者也[②]。**谋士五人**，主图安危、豫虑未然、论才能、明赏罚、授官位、决嫌疑、定可否者也[③]。**天文三人**，主占星历、候风气、理时日、考符验、效灾异、知天心去就者也[④]。**地形三人**，主军行止、形势利害、远近险易、水涸山阻、不失地理者也[⑤]。**兵法九人**，主讲论异同、行事成败、简练兵器、凡军阵所用、刺举非法者也[⑥]。**通粮四人**，主广饮食、密畜积、通粮道、致五谷、令三军不困乏食者也[⑦]。**奋威四人**，主择材士、谕兵马[⑧]，风流电击，不失所由奇状也[⑨]。**鼓旗三人**，主佐鼓旗、符节、号令[⑩]，倏忽往来[⑪]，出入若神。**股肱四人**，主出旌杆、任重持难、修沟堑、治壁垒、四转守御者也[⑫]。**通材三人**，主拾遗补过、集会术数、周流并会、应偶宾客、议论谈语、消患解结[⑬]。**权士三人**，主奇谲殊异[⑭]，非人所识，行无穷之变也。**耳目七人**，主往来听言语、览视四方之事，军中之情伪[⑮]，日列于前也。**爪牙五人**，主扬威武、激厉三军、冒难攻锐[⑯]，令三军勇猛也。**羽翼四人**，主飞名誉、震远近、动移四境、以弱敌心者。**游士八人**，主相征祥、候开阖、视敌人为谋者也[⑰]。**术士二人**，主为谲诈、依托鬼神、以惑敌心。**法筭二人**，主计会三军、领理万物也[⑱]。**方士二人**。主为药以全伤病也。

【注释】

①腹心一人：以下至“方士二人”以及赵蕤自注，出自《六韬·龙韬·王翼》。据《六韬·龙韬·王翼》，主将有“股肱羽翼七十二

人”，本段列举这七十二人的官职设置与不同职责。

②赞谋：辅佐谋划。应卒（cù）：应对突发状况。卒，突然。后多作“猝”。揆（kuí）天：观测天象。消变：消除灾变。

③谕才能：指考察将士的才能。《六韬·龙韬·王翼》作“论行能”。

④占星历：《六韬·龙韬·王翼》作“司星历”。占，窥察，察看。星历，星象历数。候风气：古代的一种占候之法。占验风向及时气的变化。理时日：指判断时日吉凶，选择吉日。《六韬·龙韬·王翼》作“推时日”。考符验：考察征兆是否与人事相符。效：通“校”，考核，考查。

⑤形势：地理状况，地势。水涸山阻：指查明水源是否充沛，是否有崇山峻岭的阻隔。不失地理：《六韬·龙韬·王翼》作“不失地利”。

⑥刺举：侦察检举。

⑦广饮食：《六韬·龙韬·王翼》作“度饮食”，指计算军队饮食所需。译文从之。粮道：运粮的道路。

⑧材士：勇武之士。谕兵马：指训练兵马。谕，教导，教诲。《六韬·龙韬·王翼》作“论兵革”。

⑨不失所由奇状也：《六韬·龙韬·王翼》作“不知所由”。

⑩符节：指古代朝廷传达命令或征调兵将用的凭证，双方各执一半，以验真假。

⑪倏忽：形容行动急速。

⑫旌杆：疑指帅旗。任重：担负沉重器物。持难：指从事艰巨任务。

⑬集会术数：疑指聚集权术计谋之士商讨方略。术数，权术和计谋。周流并会：疑指融会综合各方意见。应偶：应酬接待。解结：解怨。

⑭奇谲：异常诡谲。殊异：奇异，不寻常。

⑮情伪：犹虚实。

⑯冒难：不避祸患。

⑰相（xiàng）：看，观察。征祥：征兆。开阖：指用兵的间隙和疏漏。

《孙子·九地》:“敌人开阖,必亟入之。”

⑱领理:治理、管理。

【译文】

主将身边有腹心一人,负责辅佐谋划,应对突发状况,观测天象,消除灾变,总揽拟定谋略计划,从而保卫国家,保全民众的生命。**谋士五人**,负责筹划关系安危的大事,预先考虑尚未发生的情况,考察军中将士的才能,明确赏罚标准,依照能力授予合适的官职,决断疑惑难辨之事,判断计划是否可行。**天文三人**,负责依据星象历数进行占卜,根据风气进行占候,判断时日的吉凶,考察征兆是否应验,考察灾异发生的原因,从而确定行动是否符合天意。**地形三人**,负责了解军队前进与驻扎时的地形状况,考察不同地形的有利与不利条件,掌握地形的远与近、险阻与平坦等情况,查明水源是否充沛,是否有崇山峻岭的阻隔,确保军队始终占据地利。**兵法九人**,负责讨论敌我形势的异同,分析作战胜负的原因,精选兵器以及战阵所需的物资,检举触犯军法的人。**通粮四人**,负责计算全军饮食所需,准备好军需储备,确保粮道畅通,军粮能够顺利送达,使全军将士不至于粮草匮乏。**奋威四人**,负责挑选勇士,训练兵马,确保军队行动如狂风雷电一般迅猛,使敌人不知我方从何而来。**鼓旗三人**,负责辅佐主帅掌管旗鼓、符节、号令,使军队得以快速行动,神出鬼没。**股肱四人**,负责执掌帅旗,负担沉重器物,从事艰巨任务,挖掘壕沟,修筑营垒,负责四方的守备工作。**通材三人**,负责补正将帅的疏漏过失,聚集权术计谋之士,综合融会各方意见,应酬接待宾客,与之讨论谈判,消除祸患,解开仇怨。**权士三人**,负责策划奇谋妙计,使敌人难以识破,实行变化无穷的战术。**耳目七人**,负责往来刺探情报,观察四方的事变,以及军中的虚实情形,使这些情报每日呈现于主帅之前。**爪牙五人**,负责宣扬军威,激励三军士气,使将士不避艰险,攻克强敌。使三军将士勇猛杀敌。**羽翼四人**,负责宣扬将帅的威名,使远近震慑,动摇周边邻国的军心,削弱敌人的斗志。**游士八人**,负责观察各种征兆,寻找敌军的间隙与疏漏,根据敌情制定计谋。**术士二人**,负责策划诡异之事,假托鬼神,以迷惑敌人的军心。**法算二人**,负责计算三军的费用,管理各种军需物资。**方士二人**。负责医药事务,治疗伤员。

军中有大勇、敢死、乐伤者[①]，聚为一卒[②]。名曰冒刃之士[③]。有勃气、壮勇、暴强者[④]，聚为一卒。名曰陷阵之士[⑤]。有学于奇正、长剑、琱弧、接武齐列者[⑥]，聚为一卒。名曰锐骑之士[⑦]。有破格舒钩、强梁多力、能溃破金鼓、绝灭旌旗者[⑧]，聚为一卒。名曰勇力之士。有能逾高超远、轻足善走者，聚为一卒。名曰冠兵之士[⑨]。有故王臣失势欲复见其功者，聚为一卒。名曰死斗之士。有死将之人昆弟为其将报仇者，聚为一卒。名曰死愤之士[⑩]。有贫穷忿怒将快其志者[⑪]，聚为一卒。名曰必死之士。有故赘婿人虏欲昭迹扬名者[⑫]，聚为一卒。名曰厉顿之士[⑬]。有辩言巧辞善毁誉者，聚为一卒。名曰间谍飞言弱敌之士[⑭]。有故胥靡免罪之人欲逃其耻者[⑮]，聚为一卒。名曰幸用之士[⑯]。有材伎过人能负重行数百里者[⑰]，聚为一卒。名曰待令之士[⑱]。夫卒强将弱曰弛[⑲]，吏强卒弱曰陷[⑳]，兵无选锋曰北[㉑]，必然之数矣。故曰："兵众孰强[㉒]？士卒孰练？知之者胜，不知之者不胜。"不可忽也。

【注释】

①军中有大勇、敢死、乐伤者：以下至"有材伎过人能负重行数百里者，聚为一卒"以及赵蕤自注，出自《六韬·犬韬·练士》。

②卒：古代军队编制。一说，一百人为一卒。

③冒刃：迎着刀锋。形容勇敢无畏。

④勃气：《六韬·犬韬·练士》作"锐气"，译文从之。壮勇：强健而勇敢。暴强：凶暴强横。

⑤陷阵：攻入敌人的营垒或阵地。

⑥奇正：古时兵法术语。古代作战以对阵交锋为"正"，设伏掩袭等

为“奇”。琱(diāo)弧:刻绘花纹的弓。琱,用彩绘装饰。弧,弓。接武、齐列:指行军阵列齐整。接武,指后列踏着前列的足迹。武,足迹。齐列,并列。

⑦锐骑之士:《六韬·犬韬·练士》作“勇锐之士”。

⑧破格:《六韬·犬韬·练士》作“拔距”,指比腕力。一说指跳跃,古代的一种练武方式。舒钩:《六韬·犬韬·练士》作“伸钩”,拉直铜或铁钩。形容两手强有力。古代军中亦以此法训练士卒。强梁:强劲有力,勇武。溃破金鼓:指能攻破敌军金鼓所在的指挥中心。金鼓,指四金和六鼓。四金,指錞、镯、铙、铎。六鼓,指雷鼓、灵鼓、路鼓、鼖鼓、鼛鼓、晋鼓。金鼓用以节声乐,和军旅,正田役。此处指用于指挥作战的金鼓。绝灭旌旗:指能夺取敌军指挥中心的旗帜。

⑨冠兵:指行动在全军之前。

⑩死愤:激愤敢死。

⑪快其志:指恣意行事。

⑫赘婿:指就婚、定居于女家的男子。以女之父母为父母,所生子女从母姓,承嗣母方宗祧。秦汉时赘婿地位等于奴婢,后世有所改变。人虏:奴隶。昭迹:《六韬·犬韬·练士》作“掩迹”,译文从之。

⑬厉顿之士:指疲敝的意志得到激励的士卒。厉,“励”的古字,劝勉。顿,疲敝,疲劳。《六韬·犬韬·练士》作“励钝”。

⑭间谍飞言弱敌:指通过传播流言、搬弄是非来削弱敌人。间谍,离间,搬弄是非。飞言,没有根据的话。

⑮胥靡(xū mí):古代服劳役的奴隶或刑徒,亦为刑罚名。

⑯幸用:侥幸得到任用。

⑰材伎:卓越的武艺。

⑱待令:等待命令。

⑲夫卒强将弱曰弛:以下至“必然之数矣”,出自《孙子兵法·地

形》，有删节。弛，毁坏，败坏。

⑳陷：覆没，陷落。

㉑选锋：古代指挑选精锐的士兵组成的突击队。北：败逃。

㉒兵众孰强：以下至“不知之者不胜”，出自《孙子兵法·计》。

【译文】

军中有特别勇敢，敢于赴死，以受伤为光荣的士卒，把他们编为一队。叫作“冒刃之士”。有充满锐气，强健勇敢，凶暴强横的士卒，把他们编为一队。叫作“陷阵之士”。有熟悉战阵、剑术、射术，行军时阵列齐整的士卒，把他们编为一队。叫作“锐骑之士”。有力量过人，勇武有力，能够直冲敌人中军，毁坏金鼓，夺取旗帜的士卒，把他们编为一队。叫作“勇力之士”。有能够翻越高城，擅走远路，步履轻快，擅长奔跑的士卒，把他们编为一队。叫作“冠兵之士”。有丧失权势，想要重建功勋的臣子，把他们编为一队。叫作“死斗之士”。有阵亡将领的子弟，想要为父兄报仇的，把他们编为一队。叫作“死愤之士”。有因贫穷而愤怒，想要快意行事的人，把他们编为一队。叫作“必死之士”。有曾经是上门女婿和奴隶，想要掩盖踪迹，赢得名声的，把他们编为一队。叫作“厉顿之士”。有巧言善辩，擅长诋毁赞誉他人的人，把他们编为一队。叫作“间谍飞言弱敌之士”。有犯了罪而免于惩处的人，想要洗雪自己的耻辱，把他们编为一队。叫作“幸用之士”。有武艺过人，能够背负重物长途跋涉数百里的人，把他们编为一队。叫作“待令之士”。士卒强悍而将领懦弱，叫作“弛”；将领强横而士卒懦弱，叫作“陷”，没有选择精锐组成突击队，叫作“北”，其失败是必然的。所以说：“哪一方的实力强大？哪一方的士卒训练有素？了解这些情况的将领就能获胜，不了解这些情况的将领就无法获胜。”以上这些不可忽视。

结营第三

【题解】

本篇介绍了如何运用“建除”等方术，安排营垒与军阵的设置。赵蕤认为，唯有“法天结营”，并随着时日吉凶的变化不断追寻吉位，才能做到“物莫能害”。这些内容属于“兵阴阳”之学，是中国传统兵学的重要组成部分。

太公曰：“出军征战[1]，安营置阵，以‘六’为法。六者，谓六百步，亦可六十步。量人地之宜，置表十二辰也[2]。将军自居九天之上[3]，青龙亦为九天，若行止顿宿居玉帐下。凡月建前三辰为玉帐。假令正月，巳地是也[4]。竟一旬复徙[5]。开牙门[6]，常背建向破[7]。不向太岁、太阴[8]。不饮死水，不居死地，不居地柱，不居地狱。无休天灶，无当龙首。”死水者，不流水也；死地者，丘墓之间[9]；地柱者，下中之高地；地狱者，高中之下；天灶者，谷口也；龙首者，山端也。故曰：凡结营安阵[10]，将军居青龙，军鼓居逢星，士卒居明堂，伏兵于太阴，军门居天门，小将居地户，斩断居天狱，治罪居天庭，军粮居天牢，军器居天藏。此谓法天结营，物莫能害者也。假令甲子旬中[11]，子为青龙，丑为逢星，寅为明堂，卯为太阴，辰为天门，巳为地户，午为天狱，未为天庭，申为天牢，酉为天藏。甲戌旬中，戌为青龙，亥为逢星，子为明堂，丑为太阴，寅为天门，卯为地户，辰为天狱，巳为天庭，午为天牢，未为天藏。甲申旬中，申为青龙，酉为逢星，戌为明堂，亥为太阴，子为天门，丑为地户，寅为天狱，卯为天庭，辰为天牢，巳为天藏。甲午旬中，午为青龙，未为逢星，申为明堂，酉为太阴，戌为天门，亥为地户，子为天狱，丑为天庭，寅为天牢，卯为天藏。甲辰旬中，辰为青龙，巳为逢星，午为明堂，未为太阴，申为天门，酉为地户，戌为天狱，亥为天庭，子为天牢，丑为天藏。甲寅旬中，寅为青龙，卯为逢星，辰为明堂，巳为太阴，午为天门，未为地户，申为天狱，酉为天庭，戌为天牢，亥为天藏。

【注释】

①出军征战：以下至“无当龙首”，见于《通典》卷一百五十七《兵十·行军下营审择其地》。

②置表十二辰：指用十二支来标识安营置阵时的不同方位。子为正北，午为正南，卯为正东，酉为正西。其余地支按照顺序依次排列。可参看下图。表，标木，标记。十二辰，即子、丑、寅、卯、辰、巳、午、未、申、酉、戌、亥十二支。

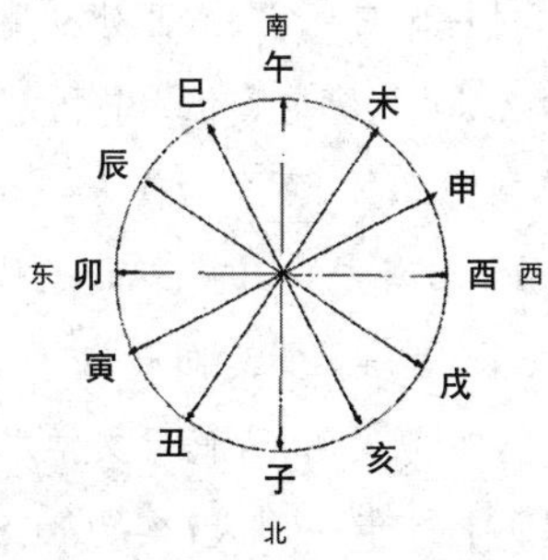

③九天：指“青龙”所代表的方位。关于青龙位的规定，见下文赵蕤自注。

④“凡月建前三辰为玉帐”三句：月建，指旧历每月所建之辰。古代以北斗七星斗柄的运转作为定季节的标准，将十二地支和十二个月份相配，用以纪月，以通常冬至所在的十一月（夏历）配子，称建子之月，类推，十二月建丑、正月建寅、二月建卯，直到十月建亥，如此周而复始。所谓“月建前三辰为玉帐”，是说“玉帐”所对应的方位，在“月建”所对应地支之后的第三位。如正月建寅，那么玉帐的方位，就在“寅”之后（寅卯辰巳）的第三位“巳”，方位在东南。所以说“假令正月，巳地是也”。如果是在二月（建卯），那么玉帐的方位就在午位。

⑤竟一旬复徙：一旬之后，青龙位会发生改变，所以主将也随之迁徙。见下文赵蕤自注。

⑥牙门：古时驻军，主帅或主将帐前树牙旗以为军门，称“牙门”。

⑦背建向破：此处采用了“建除术”以安排方位。古代历家以建、除、满、平、定、执、破、危、成、收、开、闭十二日为一周的建除十二神来判断吉凶。其法是从月建上起建。如正月建寅，即从寅日起建，顺行十二辰：寅日为建，卯日为除，辰日为满，巳日为平，午日为定，未日为执，申日为破，酉日为危，戌日为成，亥日为收，子日为开，丑日为闭。若二月建卯，则卯日为建，辰日为除，以此类推。建除十二神原本对应时日的吉凶，此处则用来选择方位。如果在正月（建寅），那么“建”就是寅位（东北方），“破”就是申位（西南方），牙门要背对东北方，面向西南方。如果在五月（建午），那么“建”就是午位（正南方），“破”就是子位（正北方），牙门要背对南方，面向北方，这就是“背建向破”。

⑧不向太岁、太阴：太岁即太阴，古代天文学中假设的岁星。古代认为岁星（即木星）十二年一周天(实为11.86年)，因将黄道分为

十二等分，以岁星所在部分作为岁名。但岁星运行方向自西向东，与将黄道分为十二支的方向正相反，故人们假想了一个和岁星运行方向相反，亦为十二年运行一周天的太岁，并以每年太岁所在的地支名来称呼年。“不向太岁、太阴”，指不要朝向当年太岁所在地支对应的方位。如甲子年，太岁在子，那么设置牙门时，除了满足“背建向破”的规则外，还必须不朝向子位（正北方）。

⑨丘墓：坟墓。

⑩凡结营安阵：以下至“军器居天藏”，《太白阴经》卷十《杂式·推国君自将法》有类似文字。青龙、逢星、明堂、太阴、天门、地户、天狱、天庭、天牢、天藏，代表随着时日改变而迁徙的十个方位，见下文赵蕤注。

⑪假令甲子旬中：以下至“亥为天藏”，《太白阴经》卷十《杂式·推神位诸煞例》有类似文字。甲子旬，指以甲子日为开端的一旬（从甲子日至癸酉日）。就地支方位而言，在这一旬中，青龙居于子位，逢星居于丑位，以此类推。到了甲戌旬中（从甲戌日至癸未日），青龙居于戌位，逢星居于酉位，以此类推。以青龙位为例，其方位随着时日的变化不断迁徙，从子位，经由戌位、申位、午位、辰位，最终迁徙到寅位，所以居于青龙位的将军，“竟一旬复徙”。

【译文】

太公说：“出兵征战，安营扎寨，布置战阵，要以‘六’为法度。六，指以六百步为单位，也可以是六十步。测量人、地所适宜的距离、方位，设置标明十二支方位的标记。**将军自己居于九天之上，**青龙位也就是九天，如果是行军或宿营，将军居住于玉帐的方位。月建所对应地支之后的第三位，就是玉帐所在。如果是建寅的正月，那么巳地就是玉帐。**一旬之后，主将跟随青龙位的改变而迁徙。设置牙门，要背对“建”所在方位，面对“破”所在方位。**同时，不能朝向太岁所在的方位。**不饮用死水，不驻扎于死地，不驻扎于地柱，不驻扎于地狱。不要在天灶休息，不要在龙首停留。**死水，指不流动的水；死地，指坟墓之间；地柱，指低洼地带中的地势较高之处；地狱，指地势高处中的低洼地；天灶，指山谷口；龙首，指山的顶端。**所以说，凡是安营扎寨，布置阵势，将军居于青龙，军队的战鼓位于逢星，士卒居于明堂，伏兵埋伏于太阴，军门位于天门，职位低的将领居于地户，行刑之地位于天狱，判决罪人之地位于天庭，军粮储藏于天牢，武器储藏于天藏。这就是所说的效法天道以安营扎寨，外物就难以对军队造成危害。**假如在甲子旬中，那么子位为青龙，丑位为逢星，寅位为明堂，卯位为太阴，辰位为天门，巳位为地户，午位为天狱，未位为天庭，申位为天牢，酉位为天藏。在甲戌旬中，戌位为青龙，亥位为逢星，子位为明堂，丑位为太阴，寅位为天门，卯位为地户，辰位为天狱，巳位为天庭，午位为天牢，未位为天藏。在甲申旬中，申位为青龙，酉位为逢星，戌位为明堂，亥位为太阴，子位为天门，丑位为地户，寅位为天狱，卯位为天庭，辰位为天牢，巳位为天藏。在甲午旬中，午位为青龙，未位为逢星，申位为明堂，酉位为太阴，戌位为天门，亥位为地户，子位为天狱，丑位为天庭，寅位为天牢，卯位为天藏。在甲辰旬中，辰位为青龙，巳位为逢星，午位为明堂，未位为太阴，申位为天门，酉位为地户，戌位为天狱，亥位为天庭，子位为天牢，丑位为天藏。在甲寅旬中，寅位为青龙，卯位为逢星，辰位为明堂，巳位为太阴，午位为天门，未位为地户，申位为天狱，酉位为天庭，戌位为天牢，亥位为天藏。

道德第四

【题解】

所谓“道德”，指向民众与士兵施加恩德。赵蕤认为，只有将领以身作则，与士卒同甘共苦，“畜恩不倦”，“积恩不已”，才能令三军用命，“勇者为之斗，智者为之忧”，获得战争的胜利。

夫兵不可出者三[①]：不和于国，不可以出军；不和于军，不可以出阵[②]；不和于阵，不可以出战。故孙子曰：“一曰道[③]。道者，令人与上同意者也[④]。故可与之死，可与之生，而人不畏危[⑤]。”危，疑也[⑥]。言主上素有仁施于下，则士能致前赴敌。故与处存亡之难[⑦]，不畏倾危之败。若晋阳之围[⑧]，沉灶生蛙[⑨]，而民无叛疑也。

【注释】

①夫兵不可出者三：以下至“不可以出战”，出自《吴子·图国》。

②出阵：布阵出战。

③一曰道：以下至“而人不畏危”，出自《孙子兵法·计》。《计》篇指出，要把握战争的胜负形势，必须从五个方面进行观察，分别是

道、天、地、法、将。“道”是其中第一位。

④同意:同心,一心。

⑤人不畏危:银雀山汉简本《孙子兵法》作“民弗诡也”,意谓百姓不违反君主的旨意。畏,当为衍文。危,通“诡”,违背。曹操训“危”为“危疑”,怀疑,不信任。

⑥危,疑也:以下至“而民无叛疑也”,应为《孙子兵法》古注,又见于《孙子兵法·计》篇杜佑注。

⑦存亡:指衰亡,灭亡。

⑧晋阳之围:指公元前455年至前453年,智伯率韩康子、魏桓子围赵襄子于晋阳。

⑨沉灶生蛙:锅灶淹水,生出蛤蟆。蛙,蛤蟆。《国语·晋语九》:“晋师围而灌之,沉灶产蛙,民无叛意。”

【译文】

有以下三种情况,不可以出兵:国内不和睦,不可以出兵;军中不和睦,不可以出阵;阵中不和睦,不可以出战。所以孙子说:“决定战争胜负的第一个因素是‘道’。所谓‘道’,指令民众与君主同心同德。这样,民众就会与君主同生共死,不违背君主的命令。”危,是怀疑的意思。这句话的意思是,君主平时能施恩于下属,那么士卒就能勇往直前,奔赴敌阵。所以君主可以与他们共同面对濒临灭亡的险境,即便有全军覆灭的危险也毫无畏惧。好比赵襄子在晋阳被围困时,智伯决河灌城,以至锅灶淹水,生出蛤蟆,而民众丝毫没有叛变动摇之心。

黄石公曰:“军井未达[①],将不言渴;军幕未办[②],将不言倦;冬不服裘,夏不操扇。是谓礼将[③]。与之安,与之危,故其众可合而不可离,可用而不可疲。接之以礼,励之以辞,厉士以见危授命之辞也[④]。则士死之。”

【注释】

①军井未达：以下至“则士死之”，出自《黄石公三略·上略》。军井，军中士众用的井。

②军幕：行军宿营的帐幕。

③礼将：《黄石公三略·上略》作“将礼”。

④见危授命：谓在危难关头，勇于献身。

【译文】

黄石公说：“军井还未挖好，将帅不说自己口渴；营帐还未搭好，将帅不说自己困倦；冬天将帅不穿皮衣，夏天将帅不用扇子。这是身为将帅的礼仪。与士卒同安乐，共患难，所以他的军队团结一致而不可分离，士卒奋勇作战而不知疲倦。对士卒待之以礼，用言辞激励他，以危难关头，应该勇于献身的言辞激励士卒。这样士卒就会舍命报效。”

是以含蓼问疾，越王霸于诸侯①；吮疽恤士，吴起凌于敌国②；阳门恸哭，胜三晋之兵③；单醪投河，感一军之士④。勇者为之斗，智者为之忧。视死若归，计不旋踵者⑤，以其恩养素畜⑥，策谋和同也。故曰：“畜恩不倦，以一取万。”语曰：“积恩不已，天下可使。”此道德之略也。

【注释】

①含蓼（liǎo）问疾，越王霸于诸侯：相传越王勾践谋复吴仇，身自磨砺，夜以继日，目倦欲睡，则含辛辣之蓼；问病济贫，抚慰百姓。事见《国语·越语》《吴越春秋·勾践归国外传》。后用为君主艰苦自砺，抚慰百姓的典实。

②吮疽（jū）恤士，吴起凌于敌国：《史记·孙子吴起列传》：“起之为将，与士卒最下者同衣食。卧不设席，行不骑乘，亲裹赢粮，与士

卒分劳苦。卒有病疽者，起为吮之。卒母闻而哭之。人曰：'子卒也，而将军自吮其疽，何哭为。'母曰：'非然也。往年吴公吮其父，其父战不旋踵，遂死于敌。吴公今又吮其子，妾不知其死所矣。是以哭之。'"吮疽，以口嘬吸疮疽之毒。

③阳门恸哭，胜三晋之兵：《礼记·檀弓下》："晋人之觇宋者，反报于晋侯曰：'阳门之介夫死，而子罕哭之哀，而民说，殆不可伐也。'"阳门，春秋宋国城门。介夫，披甲的卫士。子罕，即乐喜，春秋时期宋国大夫。担任司城。三晋，此时晋国尚未三分，即指晋国。

④单醪（láo）投河，感一军之士：《文选·张协〈七命〉》："单醪投川，可使三军告捷。"李善注引《黄石公记》曰："昔良将之用兵也，人有馈一箪之醪，投河，令众迎流而饮之。夫一箪之醪，不味一河，而三军思为致死者，以滋味及之也。"后因以"投醪"比喻与军民同甘共苦。单醪，犹言"樽酒"。单，通"箪"。

⑤计不旋踵：谓决不后退。旋踵，旋转脚跟。

⑥以其恩养素畜：以下至"以一取万"，出自《黄石公三略·上略》。

【译文】

所以越王勾践含辛辣之蓼，抚慰百姓，因此称霸于诸侯；吴起体恤士兵，为伤员吮吸疮疽，因此凌驾于敌国；子罕在守卫阳门的披甲卫士的葬礼上痛哭，因此使晋国的军队不敢轻举妄动；将军将樽里的酒倒入河中，与士卒共享，感动了全军的将士。如此一来，勇敢的人为他战斗，智慧的人为他殚精竭虑。将士们视死如归，绝不退缩，正是因为将帅平素施加恩德，谋划与众人心意相合。所以说："平时始终向士卒施加恩德，战场上就可以一敌万。"俗话说："不停地积累恩德，整个天下就能为我所用。"这就是运用道德的谋略。

禁令第五

【题解】

本篇强调了执行军令，严明军纪的重要性。赵蕤指出，只有既爱护士卒，“视卒如爱子”，又严格地执行军令，才能使部队具有战斗力，所谓“令之以文，齐之以武，是谓必取”。

孙子曰：“卒未专亲而罚之则不服[①]，不服则难用；卒已专亲而罚不行，则不可用矣。”故曰：“视卒如婴儿[②]，故可与之赴深溪[③]；视卒如爱子，故可与之俱死。厚而不能使，爱而不能令，乱而不能理，譬若骄子，不可用也。”

【注释】

①卒未专亲而罚之则不服：以下至“则不可用矣”，出自《孙子兵法·行军》。

②视卒如婴儿：以下至“不可用也”，出自《孙子兵法·地形》。

③深溪：喻指危险的地带。

【译文】

孙子说：“如果还未获得士卒的一心拥护就施加刑罚，士卒就会不服，不服，就难以驱使；如果已经获得了士卒的一心拥护，却不能施行赏罚，那么士卒同样难以驱使。”所以说：“对待士卒就像对待婴儿一样爱护，就可以与他们共赴艰险；对待士卒就像对待爱子一样，就可以与他们一起赴死。厚待士卒却不能使用，爱护士卒却无法号令，军纪混乱却不能治理，这就好比宠坏的孩子，无法用来作战。”

《经》曰：“兵以赏为表，以罚为里①。”又曰：“令之以文②，文，惠也。齐之以武，武，法。是谓必取。”故武侯之军禁有七③：孙子曰：“施无法之赏，悬无政之令④。”《司马法》曰：“见敌作誓，瞻功作赏⑤。”此盖围急之时，不可格以常制。其敌国理戎⑥，周旋中野⑦，机要纲目，不得不预令矣。“一曰轻，二曰慢，三曰盗，四曰欺，五曰背，六曰乱，七曰误，此治军之禁也。若期会不到，闻鼓不行，乘宽自留，回避务止，初近而后远，唤名而不应，军甲不具，兵器不备，此谓轻军。有此者斩之。受令不传，传之不审⑧，以惑吏士；金鼓不闻，旌旗不睹，此谓慢军。有此者斩之。食不廪粮⑨，军不部兵⑩，赋赐不均，阿私所亲，取非其物，借贷不还，夺人头首以获功名，此谓盗军⑪。有此者斩之。若变易姓名，衣服不鲜，金鼓不具，兵刃不磨，器仗不坚⑫，矢不着羽，弓弩无弦，主者吏士⑬，法令不从，此谓欺军。有此者斩之。闻鼓不行，叩金不止，按旗不伏，举旗不起⑭，指麾不随⑮，避前在后，纵发乱行⑯，折兵弩之势，却退不斗，或左或右，扶伤舆死，因托归还，此谓背军。有此者斩之。出军行将，士卒争先，纷纷扰扰，军骑相连，咽塞道路，后不得前，呼唤喧哗，无所听闻。失行乱次，兵刃中伤，长将不理，上下纵横⑰，此谓乱军。有此者斩之。屯营所止，问其乡里，亲近相随，共食相保；呼召不得，越入他位，干误次第，不可呵止；度营出入，不由门户，不自启白；奸邪所起，知者不告，罪同一等；合人饮食，阿私所受；大言惊语，疑惑吏士，此谓误军。”有此者斩之。斩断之后，万事乃理。所以乡人盗笠，吕蒙先涕而后斩[18]；马逸犯麦，曹公割发而自刑[19]。故太公曰：“刑上极，赏下通[20]。”孙子曰：“法令孰行[21]？赏罚孰明？吾以此知胜。”此之谓也。

【注释】

①兵以赏为表，以罚为里：出自《黄石公三略·上略》，指赏与罚相辅相成，缺一不可。

②令之以文：以下至“是谓必取”，出自《孙子兵法·行军》。

③故武侯之军禁有七：以下至“此谓误军”，见于《太平御览》卷二百九十六引《武侯兵法》。武侯，指诸葛亮。

④施无法之赏，悬无政之令：出自《孙子兵法·九地》。意谓施行不合常法的奖赏，颁布不合常规的法令。《孙子兵法·九地》贾林注：“欲拔城、隳国之时，故悬法外之赏罚，行政外之威令，故不守常法、常政，故曰‘无法’‘无政’。”

⑤见敌作誓，瞻功作赏：见于《孙子兵法·九地》张预注引《司马法》。意谓根据敌情发布告诫将士的号令，根据功劳决定奖赏的方式。张预注：“法不先施，政不预告，皆临事立制，以励士心。”誓，军中发布有关告诫、约束将士的号令。

⑥理戎：治军。

⑦周旋：指作战。中野：原野之中。

⑧审：仔细。

⑨廪粮：公家给予的粮食。

⑩部：部勒，约束。

⑪盗军：谓营私舞弊以乱军。

⑫器仗：武器总称。

⑬主者：主管人。

⑭按旗、举旗：古代军队用旗帜来指挥士卒。旗帜按下，士卒就要随之卧倒隐蔽；旗帜举起，士卒就要随之起立。

⑮指麾：发令调遣。

⑯纵发：指乱放箭矢。

⑰纵横：杂乱貌。

⑱乡人盗笠，吕蒙先涕而后斩：《三国志·吴书·吕蒙传》："蒙麾下士，是汝南人，取民家一笠，以覆官铠，官铠虽公，蒙犹以为犯军令，不可以乡里故而废法，遂垂涕斩之。于是军中震栗，道不拾遗。"

⑲马逸犯麦，曹公割发而自刑：《三国志·魏书·武帝纪》裴松之注引《曹瞒传》："常出军，行经麦中，令'士卒无败麦，犯者死'。骑士皆下马，付麦以相持。于是太祖马腾入麦中，敕主簿议罪；主簿对以《春秋》之义，罚不加于尊。太祖曰：'制法而自犯之，何以帅下？然孤为军帅，不可自杀，请自刑。'因援剑割发以置地。"

⑳刑上极，赏下通：出自《六韬·龙韬·将威》。

㉑法令孰行：以下至"吾以此知胜"，出自《孙子兵法·计》。

【译文】

《经》说："军队以奖赏为表，以惩罚为里，缺一不可。"又说："用奖赏来号令士卒，文，指恩惠。用军纪军法来约束士卒，武，指法令。这样的军队作战就一定能获胜。"所以诸葛亮的军中有七条禁令：孙子说："施行不合常法的奖赏，颁布不合常规的法令。"《司马法》说："根据敌情发布告诫将士的号令，根据功劳决定奖赏的方式。"这说的是被围困时采取的紧急措施，不可用常规的制度加以限制。至于治理军队抗衡敌国，与敌军在原野交战，谋划军机要务，就不能不依照法令行事。"一是轻，二是慢，三是盗，四是欺，五是背，六是乱，七是误，这些就是治军的禁令。如果约定了时间却不按时到达,听到了鼓声却不前进,乘着法令宽缓滞留不进,回避危险止步不前,起初靠前,之后躲到远处,点名却不答应,不带好盔甲,不准备好兵器,这叫作‘轻忽军令’。有这些行为的,斩首。接受了命令却不传达,传达了却不细心,造成将士疑惑;不听金鼓的号令,不看旌旗的指挥,这叫作‘怠慢军令’。有这些行为的,斩首。没有准备好粮草,没有约束好士卒,分配、赏赐不公平,包庇自己的亲信,夺取不属于自己的财物,借钱不还,抢夺他人斩获的首级以获取军功,这叫作‘营私舞弊以乱军’。有这些行为的,斩首。如果变更姓名,衣服不整,金鼓不齐备,兵刃没有磨砺,兵器不结实,箭矢上没有箭羽,弓弩没有弓弦,从主管到吏士都不遵守法令,这叫作‘欺骗军令’。有这些行为的,斩首。听到击鼓却不前进,听到鸣金却不停止,旗帜已经按下却不卧倒,旗帜已经举起却不起立,不跟随将领的指挥,逃避前锋的位置,躲在阵后,乱发箭矢,混乱阵列,折损弓弩的威力,退却而不敢战斗,忽左忽右,借口扶助伤员,运送死者,趁机逃回后方,这叫作‘背弃军令’。有这些行为的,斩首。军队出征时,士卒争先恐后,纷纷扰扰,骑兵首尾相连,堵塞道路,后方的部队无法前进,到处呼喊喧哗,无法听清军令。军队不成行列,次序混乱,兵刃碰撞导致误伤,长官不去处理,上下纵横杂乱,这叫作‘混乱军队’。有这些行为的,斩首。驻扎宿营时,四处打听老乡,关系亲近的彼此相随,一起聚餐,互相保护;不听从召唤,擅入他人防区,破坏军中上下次第,不可禁止;出入军营不走正门,也不主动禀报;奸邪之事发生后,知情不报,与犯罪者同罪;聚众吃喝,徇私受贿;故作惊人之语,使将士疑惑;这叫作‘疑误军队’。”有这些行为的,斩首。只有果断处决违反禁令的人,才能治理好军中各项事务。所以同乡偷了一顶斗笠,吕蒙挥泪将其斩首;战马受惊踩坏了麦田,曹操割下自己的头发表示主动受刑。所以太公说:“地位再高也无法避免刑罚,地位再低也能获得赏赐。”孙子说:“哪一方能贯彻法令?哪一方能赏罚分明?我据此就可以判断双方的胜负。”说的就是这个道理。

教战第六

【题解】

所谓"教战",指对于士兵的训练。赵蕤指出,士卒是否经过训练,是否熟悉号令与阵法,很大程度上决定了战争的胜负。作为将领,必须做到指挥得当,号令严明,以旌旗金鼓统一士卒的耳目。此外,还要通过誓师激励将士的士气。这样才能在战场上占得先机。

孔子曰:"不教人战,是谓弃之①。"故知卒不服习②,起居不精③,前击后解④,与金鼓之指相失,百不当一,此弃之者也。故领三军教之战者⑤,必有金鼓约令,所以整齐士卒也。教令操兵、起居、旌旗指麾之变⑥。故教使一人学战,教成合之十人;十人学战,教成合之百人,渐至三军之众。

【注释】

①不教人战,是谓弃之:出自《论语·子路》,原文作"以不教民战,是谓弃之",意谓用未受过训练的人民去作战,等于抛弃他们。杨伯峻《论语译注》:"'不教民'三字构成一个名词语,意思就是'不教之民'。"

②故知卒不服习：以下至“百不当一”，出自《汉书·晁错传》。服习，谓习熟武艺。

③起居：指坐立进退、分合变化、列队布阵等基本动作。

④解：通“懈”，懈怠。

⑤故领三军教之战者：以下至“渐至三军之众”，出自《六韬·犬韬·教战》。

⑥操兵：执持与使用兵器。

【译文】

孔子说：“用未受过训练的人民去作战，等于抛弃他们。”由此可知，士卒武艺不熟，训练不精，前军出击而后军懈怠，不按金鼓的号令行动，一百人还敌不过对方一人，用这样的军队作战，就等于抛弃他们。所以率领三军，训练士兵作战，一定要有金鼓作为指挥的号令，这是为了统一士兵的行动。训练士兵使用兵器，排列阵势，并根据旗帜指挥的变化而行动。所以先挑选一人来学习各种战斗技能，训练好后，就可以集合十人一起演练；这十人学习各种战斗技能，训练好后，就可以集合一百人一起演练，由此逐渐扩展到三军之众。

大战之法，为其校阵[①]。各有其道，左校青龙，右校白虎，前校朱雀，后校玄武，中校轩辕。大将之所处，左锋右戟，前楯后弩[②]，中央鼓旗，兴动俱起。闻鼓则进，闻金则止，随其指麾，五阵乃理。夫五阵之法，鼓旗为主：一鼓举青旗则为曲阵，二鼓举赤旗则为锐阵[③]，三鼓举黄旗则为员阵[④]，四鼓举白旗则为方阵，五鼓举黑旗则为直阵。曲阵者，木也；锐阵者，火也；员阵者，土也；方阵者，金也；直阵者，水也。此五行之阵，展转相生[⑤]，以为胜负。凡结五阵之法，五五相保。五人为一长，五长为一师，五师为一帅，五帅为一校，五校为一火，五火为一橦，五橦为一军，则事备矣。夫兵之便,务知节度[⑥]。短者持旌旗,勇者持金鼓,弱者给粮牧,智者为谋主。乡里相比[⑦],五五相保。一鼓正立,二鼓起食,三鼓严办[⑧],四鼓就行。闻闻听令,然后举旗出兵,随幡所至。

【注释】

①校:古代军队的一种建制。亦指军营。

②楯(dùn):同"盾",盾牌。

③锐阵:一种古代兵阵。阵形如刀尖。

④员:同"圆",圆形。

⑤展转相生:指五行之阵按照木生火,火生土,土生金,金生水,水生木的五行相生顺序,辗转变化。

⑥节度:调度,指挥。

⑦相比:互相联合,编在一起。

⑧严办:指细致地做准备。

【译文】

大战的方法,关键在于军营的布置。排兵布阵的方式各有不同,左面的阵势以青龙为标志,右面的阵势以白虎为标志,前方的阵势以朱雀为标志,后方的阵势以玄武为标志,中间的阵势以轩辕为标志。大将所在之处,左有锋刃,右有长戟,前有盾牌,后有劲弩,中央是号令全军的金鼓与旗帜,旗鼓一动,全军随之行动。听到鼓声就前进,听到鸣金就停止,根据旗鼓的号令行动,五个阵势才能井井有条。布置五个阵势的方法,以金鼓、旗帜的指挥为主:第一次击鼓,举青旗,变化为曲阵;第二次击鼓,举赤旗,变化为锐阵;第三次击鼓,举黄旗,变化为圆阵;第四次击鼓,举白旗,变化为方阵;第五次击鼓,举黑旗,变化为直阵。曲阵,对应五行之木;锐阵,对应五行之火;圆阵,对应五行之土;方阵,对应五行之金;直阵,对应五行之水。这就是五行之阵,辗转相生,以此取胜。结五行之阵的方法,以"五"为基本单位,彼此救助。五人为一长,五长为一师,五师为一帅,五帅为一校,五校为一火,五火为一橦,五橦为一军,这样,五行之阵就完备了。统兵的要领，在于有效地调度指挥。矮小的人举旌旗，勇敢的人持金鼓，体弱的人负责粮草，聪明的人当谋士。同乡之人编在一处，以“五”为基本单位，彼此救助。第一次击鼓端正站立，第二次击鼓开始用餐，第三次击鼓细致准备，第四次击鼓排成行列。随时听候命令，然后高举旗帜出兵，跟随旌旗所指的方向行动。

故曰：“治众如治寡[①]，分数是也[②]。部曲为分，什伍为数[③]。斗众如斗少，形名是也[④]。”旌旗曰形，金鼓曰名[⑤]。言不相闻[⑥]，故为鼓铎[⑦]；视不相见，故为旌旗。夫金鼓旌旗，所以一人耳目也。夜战多火鼓[⑧]，昼战多旌旗，所以变人耳目[⑨]。是知鼓鞞金铎所以威耳[⑩]，旌旗麾帜所以威目[⑪]，禁令刑罚所以威心。耳威于声，不可不清；目威于色，不可不明；心威于罚，不可不严。三者不立，虽胜必败。故曰：将之所麾，莫不从移；将之所指，莫不前死。纷纷纭纭[⑫]，斗乱而不可乱；浑浑沌沌，形圆而不可败，此用众之法也。卒服习矣，器用利矣，将军乃秉旄麾众而誓之[⑬]。有虞氏诫于国[⑭]，夏后氏誓于军[⑮]，殷誓于军门之外[⑯]，周将交刃而誓之。所誓不同，吾从周。誓之曰：“呜呼！溥天之下[⑰]，莫非王土；率土之滨，莫非王臣。今某国威侮五行[⑱]，怠弃三正[⑲]。俾我有众[⑳]，龚行天讨[㉑]。用命者赏不逾时，逗挠者诛不迁列[㉒]。死生富贵，在此一举。嗟尔庶士，各勉乃心也[㉓]！”于是气励青云，虽赴蹈汤火可也。此教战之法也。

【注释】

①治众如治寡：以下至“形名是也”，出自《孙子兵法·势》。

②分数：规定人数，分任职务。指军队的组织编制。

③部曲为分，什伍为数：出自《孙子兵法·势》曹操注。部曲，古代

军队编制单位。大将军营五部,校尉一人;部有曲,曲有军候一人。什伍,古代军队编制。五人为伍,十人为什,称“什伍”。

④形名:指旗帜、金鼓等军队通讯手段。

⑤旌旗曰形,金鼓曰名:出自《孙子兵法·势》曹操注。

⑥言不相闻:以下至“所以一人耳目也”,出自《孙子兵法·军争》。

⑦鼓铎(duó):鼓与铎,古代军中所用的乐器。铎,大铃的一种。青铜制,形如钲而有舌。

⑧夜战多火鼓:以下至“所以变人耳目”,出自《孙子兵法·军争》。

⑨变人耳目:《孙子兵法·军争》张预注:“凡与敌战,夜则火鼓不息,昼则旌旗相续,所以变乱敌人之耳目,使不知其所以备我之计。”

⑩是知鼓鞞(pí)金铎所以威耳:以下至“莫不前死”,出自《吴子·论将》。鼓鞞,古代军中常用的乐器。指大鼓和小鼓。鞞,同“鼙”,小鼓。

⑪麾帜:将帅的旗帜。

⑫纷纷纭纭:以下至“形圆而不可败”,出自《孙子兵法·势》。李筌注:“纷纭而斗,示如可乱;建旌有部,鸣金有节,是以不可乱也。浑沌,合杂也。形圆,无向背也。示敌可败而不可败者,号令齐整也。”意谓看似混乱不堪,但在混乱中作战却能做到有条不紊;形势看似混沌不清,却能做到应付自如而不被敌人击败。

⑬秉旄:持握旌旗。

⑭有虞氏诫于国:以下至“周将交刃而誓之”,出自《司马法·天子之义》。有虞氏,古部落名。传说其首领舜受尧禅,都蒲阪,故址在今山西永济东南。

⑮夏后氏:指禹受舜禅而建立的夏王朝。

⑯军门:军营的门。

⑰溥天之下:以下至“莫非王臣”,出自《诗经·小雅·北山》。

⑱今某国威侮五行:以下至“龚行天讨”,出自《尚书·甘誓》,文

字有所不同。威侮，陵虐侮慢。五行，《尚书·甘誓》孔颖达疏："'五行'，水、火、金、木、土也。分行四时，各有其德。《月令》孟春三日，太史谒于天子，曰：'某日立春，盛德在木。'夏云'盛德在火'，秋云'盛德在金'，冬云'盛德在水'。此五行之德，王者虽易姓，相承其所取法同也。言王者共所取法，而有扈氏独侮慢之，所以为大罪也。"

⑲怠弃：怠惰荒废。三正：指天、地、人之正道。《尚书·甘誓》伪孔传："怠惰弃废天地人之正道。"

⑳俾（bǐ）：使。

㉑龚：通"恭"，敬。

㉒用命者赏不逾时，逗挠者诛不迁列：见于《司马法·天子之义》。逗挠，谓因怯阵而避敌。诛不迁列，指就地正法。

㉓免：通"勉"。

【译文】

所以说："管理大部队像管理小部队一样容易，是因为组织编制得当。军队编制中的部、曲叫做"分"，什、伍叫做"数"。指挥大部队作战像指挥小部队作战一样容易，是因为通讯手段运用得好。"旌旗叫做"形"，金鼓叫做"名"。战场上难以听清号令，所以设置了鼓铎；难以看清指挥，所以设置了旌旗。设置金鼓、旌旗，是为了统一士卒的耳目。夜间作战多使用火炬和战鼓，白天作战多使用旌旗，这是为了扰乱敌人的视听。由此可知，战鼓与金铎，是用来震慑耳朵的；各种旗帜，是用来震慑眼睛的；禁令刑罚，是用来震慑内心的。耳朵为金鼓之声所震慑，声音便不可不清晰；眼睛为旌旗之色所震慑，色彩便不可不鲜明；内心为刑罚之威所震慑，刑罚便不可不严明。这三件事如果不能确立，即便一时胜利，最终也必然失败。所以说：将帅所指挥的方向，士卒莫不遵命移动；将帅所指示的目标，士卒莫不拼死进攻。看似混乱不堪，但在混乱中作战却能做到有条不紊；形势看似混沌不清，却能做到应付自如而不被敌人击败，这就是指挥大军作战的方法。士卒训练有素,装备精良,于是将军手握帅旗,誓师出征。有虞氏在国内告诫民众,夏后氏在军中誓师,殷商在军营门外誓师,周代在两军即将交锋时誓师。誓师的方式不同,我赞同周朝的誓师方式。誓师的言辞是:"呜呼!整个天下,无不是天子的领土;四海之内,无不是天子的臣民。如今有某个国家陵虐侮慢五行之德,怠惰荒废三才之道。我将率领大军,恭敬地执行上天的惩罚。凡奋勇作战者,及时赏赐;怯阵避敌者,就地正法。死生富贵,在此一举。各位将士,都要尽心尽力!"于是将士们气冲霄汉,即使让他们赴汤蹈火也义无反顾。这就是训练士卒的方法。

天时第七

【题解】

本篇所谓“天时”，主要指对于云气的观察占候。古人认为，掌握了望气之法，便能预知战争的吉凶胜负。《墨子·迎敌祠》云：“凡望气，有大将气，有小将气，有往气，有来气，有败气，能得明此者，可知成败、吉凶。”这是“兵阴阳”之学中的重要内容。赵蕤在篇末提出，虽然胜负的关键在于“任贤使能”，“令明法审”，“封功赏劳”，“共苦同甘”，但掌握天时吉凶可以提供“五助”，同样不可轻忽。

孙子曰：“二曰天时[①]。天时者，阴阳、寒暑、时制也[②]。”《司马法》曰：“冬夏不兴师，所以兼爱吾人[③]。”太公曰：“天文三人[④]，主占风气，知天心去就。”故《经》曰：“能知三生[⑤]，临刀勿惊，从孤击虚[⑥]，一女当五丈夫[⑦]。”故行军必背太阴[⑧]，向太阳，察五纬之光芒[⑨]，观二曜之薄蚀[⑩]。必当以太白为主，辰星为候[⑪]。合宿有必斗之期[⑫]，格出明不战之势[⑬]。避以日耗[⑭]，背以月刑[⑮]，以王击困，以生击死[⑯]。是知用天之道，顺天行诛，非一日也。

【注释】

①二曰天时：以下至“时制也”，出自《孙子兵法·计》。天时，《孙子兵法·计》作“天”。

②时制：时令，季节。俞樾《俞楼杂纂·著书余料·〈孙子·计篇〉》：“时制，当读为‘时节’。‘节’与‘制’一声之转。”

③冬夏不兴师，所以兼爱吾人：出自《司马法·仁本》，原文作“冬夏不兴师，所以兼爱其民也”，译文从之。

④天文三人：以下至“知天心去就”，出自《六韬·龙韬·王翼》。

⑤能知三生：以下至“一女当五丈夫”，见于《太平御览》卷三百二十八引《六韬》，原文作“从孤击虚，高人无余，一女子当百夫”。三生，疑指奇门遁甲八门中的三生门。奇门遁甲有休、生、伤、杜、景、死、惊、开八门，其中开、休、生三门大吉，为“三生门”。王希明《太乙金镜式经》卷二《推八门所主法》：“天有八门，以通八风也；地有八方，以应八卦之纲纪。……开、休、生三门大吉，景门小吉，惊门小凶，死、伤、杜大凶。”能识别三生门所在，便可获得胜利。《太白阴经》卷九《遁甲·总序》：“三门发，五将具，而征蚩尤，以斩之。”三门，即指开、休、生“三生门”。

⑥从孤击虚：此处涉及古代方术中的孤虚法。古代计日时，以十天干顺次与十二地支相配为一旬，所余的两地支称之为“孤”，与孤相对者为“虚”。《史记·龟策列传》：“日辰不全，故有孤虚。”裴骃《集解》：“甲乙谓之日，子丑谓之辰。《六甲孤虚法》：甲子旬中无戌亥，戌亥即为孤，辰巳即为虚。甲戌旬中无申酉，申酉为孤，寅卯即为虚。甲申旬中无午未，午未为孤，子丑即为虚。甲午旬中无辰巳，辰巳为孤，戌亥即为虚。甲辰旬中无寅卯，寅卯为孤，申酉即为虚。甲寅旬中无子丑，子丑为孤，午未即为虚。”从孤击虚，指从“孤”的方位，攻击“虚”的方位。如在甲子旬中，即从戌、亥（西北方）攻击辰、巳（东南方）。但孤虚又有月孤虚、旬孤虚、

日孤虚、时孤虚的不同用法,参见许洞《虎钤经》卷十一《孤虚》。

⑦丈夫:成年男子。

⑧太阴:应指太岁。

⑨五纬:金、木、水、火、土五星。

⑩二曜:日、月。薄蚀:指日、月相掩食。

⑪太白为主,辰星为候:指占卜时以金星为主,水星为客。《晋书·戴洋传》:"太白在东方,辰星不出。兵法先起为主,应者为客。辰星若出,太白为主,辰星为客。辰星不出,太白为客,先起兵者败。"辰星,水星。

⑫合宿:指太白、辰星同出一方。《史记·天官书》:"其(辰星)与太白俱出东方,皆赤而角,外国大败,中国胜;其与太白俱出西方,皆赤而角,外国利。"宿,指日月五星在空中运行所处的位置。

⑬挌(gé)出:指太白、辰星各出一方。《史记·天官书》:"(辰星)出东方,太白出西方;若出西方,太白出东方,为格,野虽有兵不战。"挌,《史记·天官书》作"格",司马贞《索隐》:"格谓不和同,故野虽有兵不战然也。"

⑭日耗:指四耗日,即春天的壬子日、夏天的乙卯日、秋天的戊午日、冬天的辛酉日。《协纪辨方书》卷五《义例》:"春壬子,干枝皆水;夏乙卯,干枝皆木;冬辛酉,干枝皆金;秋戊午,干土而枝火。《洞源经》云:'……盖春木旺则水耗,夏火旺则木耗,秋金旺则火土耗,冬水旺则金耗,故曰四耗。"干枝,即干支。四耗日不宜出兵。

⑮月刑:指每月的某些特定日子,不宜出兵。《星历考原》卷四《月事凶神·月刑》:"《广圣历》曰:'月建所刑之辰,其日忌出军攻战。'历例曰:'月刑者,正月巳,二月子,三月辰,四月申,五月午,六月丑,七月寅,八月酉,九月未,十月亥,十一月卯,十二月戌。'"

⑯以王击囚,以生击死:疑与"四时休旺"之说有关。萧吉《五行大义》:"五行体休王者:春则木王、火相、水休、金囚、土死。夏则

火王、土相、木休、水囚、金死。六月则土王、金相、火休、木囚、水死。秋则金王、水相、土休、火囚、木死。冬则水王、木相、金休、土囚、火死。”除此之外,又有支干休王、八卦休王之说。参见《五行大义》卷二《论相生·论四时休王》。王,通“旺”。困,囚。

【译文】

孙子说:“决定战争胜负的第二个因素是天时。天时,指阴阳、寒暑、时节。”《司马法》说:“寒冬、盛夏不用兵,是为了同时爱护敌我双方的人民。”太公说:“主将身边有三人掌管天文,负责根据风气进行占候,确定行动是否符合天意。”所以《经》说:“能够识别三生门,白刃临头也无须害怕;能够背孤击虚,一个女子能敌过五个成年男子。”所以行军一定要背对太岁,向着太阳,观察金、木、水、火、土五星的光芒,关注日食与月食的发生。占卜一定以太白为主,以辰星为客。太白、辰星一同出现,意味着战争不可避免;太白、辰星各出一方,意味着战争不会发生。注意避开四耗日、月刑日。以旺击困,以生击死。由此可知,充分运用天时,顺应天道进行讨伐,自古以来都是如此。

若细雨沐军,临机必有捷;回风相触[①],道还而无功。云类群羊,必走之道;气如惊鹿,必败之势。黑云出垒,赤气临军,六穷起风[②],三刑生雾[③],此皆见师之出而不见其入也。若烟非烟,此庆云也;若星非星,此归邪也[④];若雾非雾,是泣军也;若雷非雷,此天鼓也。庆云开有德,归邪有降人。泣军多杀将,天鼓多败军。是知风云之占,岁月之候,其来久矣。

【注释】

①回风:旋风。

②六穷：疑指六甲穷日，即六十甲子中的最后一日癸亥日。《后汉书·邓禹传》："明日癸亥，匡等以六甲穷日不出。"王先谦《集解》引周寿昌曰："六甲以甲子始，周行一匝，至癸亥止，故谓为'穷日'。"

③三刑：古人将十二支与五行四方相配，据其生克之理以推凶吉。萧吉《五行大义·论刑》："日辰支干之刑，亦有三种。……支自相刑者，子刑在卯，卯刑在子；丑刑在戌，戌刑在未，未刑在丑；寅刑在巳，巳刑在申，申刑在寅；辰、午、酉、亥各自刑。……云三刑者，如寅刑在巳，巳刑在申，寅日申时，巳上起风，或巳上见妖，谓之'三刑'也。他亦效此。"寅、巳、申与丑、戌、未，存在三者循环相刑的关系，如果时日、方位等因素都落在三者之内，如"寅日申时，巳上起风"，就被称为"三刑"。

④归邪：星象名。《史记·天官书》："如星非星，如云非云，命曰'归邪'。归邪出，必有归国者。"裴骃《集解》引孟康曰："星有两赤彗上向，上有盖状如气，下连星。"

【译文】

如果出征时细雨蒙蒙，一旦交锋，必然能打胜仗；如果遭遇旋风，必然半途而返，劳而无功。天上的云像群羊，预示着必将败逃；云气像受惊的鹿，预示着必然失败。黑云出现在营垒上空，赤色的云气出现在军队上空，六穷之日起风，三刑之地起雾，这都预示着全军覆没。如果云气似烟非烟，这叫作"庆云"；如果星星似星非星，这叫作"归邪"；如果空中有似雾非雾的云气，这叫作"泣军"；如果空中有似雷非雷的声响，这叫作"天鼓"。出现庆云，预示着有德行的军队将会获胜；出现归邪，预示着有人前来归降。出现泣军，预示着多位将领阵亡。出现天鼓，预示着军队将会战败。由此可知，利用风云进行占卜，通过岁月时日判断吉凶，由来已久了。

故古者初立将，始出门，首建牙之时[①]，必观风气之气。

诸谋立武事[2]，征伐四方，兴兵动众，忌大风雷雨，阴不见日，辰、午、酉、亥[3]，自刑之日。夫牙旗者，将军之精。凡竖牙旗，必以制日[4]。制日者，谓上克下也[5]。初立牙门，祃之曰[6]："两仪有正[7]，四海有王。宝命在天[8]，世德弥光[9]。蕞尔凶狡[10]，敢谋乱常[11]。天子命我，秉钺专征[12]。爰整其旅[13]，讨兹不庭[14]。夫天道助顺[15]，神祇害倾[16]。使凶丑时歼[17]，方隅聿清[18]。兵不血刃，凯归上京。神器增辉[19]，永观厥成[20]。实正直之赖[21]，凡乃神之灵，急急如律令[22]！"凡气初出[23]，如甑上气[24]，勃勃上升[25]。气积为雾，雾为阴，阴气结为虹蜺晕珥之属[26]。凡气不积不结，散漫一方，不能为灾。必和杂杀气[27]，森森然疾起，乃可论占。常以平旦、下晡日出没时候之[28]，期内有风雨，灾不成也。**若风不旁勃[29]，旌旗晕晕[30]，顺风而扬举，或向敌终日，军行有功，胜候也[31]。**凡敌军上气如山堤上林木[32]，不可与战。在吾军，大胜。或如火光，亦大胜。或敌上白气粉拂如楼[33]，缘以赤气者[34]，兵劲，不可击。在吾军，必大胜。或敌上气黄白厚润而重者，勿与战。或有云广如三四帛[35]，前锐后大，军行好[36]。遥望军上[37]，云如斗鸡，赤白相随在气中，得天助，不可击。两军相当，上有气如蛇举头向敌者，战必胜。凡军营上有五色气，上与天连，此应天之军，不可击。有赤黄气干天，亦不可攻。或有云如日月，而赤气绕之，如日晕状有光者，所见之地大胜，不可攻。敌上气如虎状，其军不可攻。此皆胜气也。**若逆风来应，气旁勃，牙扛折，阴不见日，旌幡激扬，败候也。**若云气从敌所来[38]，终日不止，军不可出，出则不利。若风气俱来，此为败候，在急击也。凡敌上气色如马肝，如死灰，或类偃盖[39]，皆败征也。或黑气如坏山堕军上者，军必败。或军上气昏发，连夜照人，则军士散乱。或军上气卑而一绝一败[40]，再绝再败。在东发白气者,灾深。或军上气五色杂乱[41],东西南北不定者,其军欲败。或军上有赤气,炎炎降天,将死众乱。或军上有黑气如牛马形,从气雾中下,渐入军,名曰天狗下食血,败军也。或有云气盖道[42],蒙蔽昼冥者[43],饭不暇食,炊不暇熟,急去。此皆败候也。

【注释】

①建牙:古谓出师前树立军旗。

②诸谋立武事:以下至“阴不见日”,见于《通典》卷一百六十二《兵十五·风云气候杂占》,又见于《开元占经》卷九十七《猛将军阵胜败云气占》。

③辰、午、酉、亥:指地支为辰、午、酉、亥的日子。

④制日:古人将天干、地支各与五行相搭配,凡是天干克地支的日子,被称为“制日”。《淮南子·天文训》:“甲乙寅卯,木也;丙丁巳午,火也;戊己四季,土也;庚辛申酉,金也;壬癸亥子,水也。水生木,木生火,火生土,土生金,金生水。子生母曰义,母生子曰保,子母相得曰专,母胜子曰制,子胜母曰困。”如戊子日,戊为天干,属土,子为地支,属水。土克水,戊克子,所以戊子日就是“制日”。《协纪辨方书》卷五《义例三》:“制日者:乙丑、甲戌、壬午、戊子、庚寅、辛卯、癸巳、乙未、丙申、丁酉、己亥、甲辰。”

⑤上克下:指天干克地支。

⑥祃(mà):古代在军队驻地举行的祭礼。

⑦两仪:指天、地。

⑧宝命:对天命的美称。

⑨世德:累世的功德,先世的德行。

⑩蕞(zuì)尔:形容小。凶狡:指凶顽狡诈之人。

⑪乱常:破坏纲常,违反人伦。

⑫秉钺:持斧。借指掌握兵权。专征:受命自主征伐。

⑬爰:助词,无义。用在句首或句中,起调节语气的作用。整:整顿。

⑭不庭:不朝于王庭者。指不归顺朝廷的人。

⑮顺:指顺乎天理。

⑯神祇(qí):天神与地神。倾:指行为不正。

⑰凶丑:对敌人或叛乱者的蔑称。歼(jiān):消灭,杀尽。

⑱方隅:四方和四隅。借指边疆。聿:助词,用于句首或句中。清:清平,太平。

⑲神器:代表国家政权的实物,如玉玺、宝鼎之类。借指帝位、政权。

⑳永观厥成:出自《诗经·周颂·有瞽》。指周的客人观赏乐章。此处指四方之人瞻仰王朝的功绩。

㉑正直:借指神灵。《左传·庄公三十二年》:"神,聪明正直而一者也。"

㉒急急如律令:汉代公文常以"如律令"或"急急如律令"结尾,意谓立即按照法令办理。后多为道教咒语或符箓文字用以勒令鬼神按符令执行。

㉓凡气初出:以下至"灾不成也",见于《通典》卷一百六十二《兵十五·风云气候杂占》。

㉔甑(zèng):蒸食炊器。其底有孔,古用陶制,殷周时代有以青铜制,后多用木制。俗叫"甑子"。

㉕勃勃:烟气上升貌。

㉖阴气:寒气,肃杀之气。虹蜺(ní):亦作"虹霓",即䗖蝀(dì dōng)。为雨后或日出、日没之际天空中所现的七色圆弧。虹蜺常有内、外二环,内环称"虹",也称"正虹""雄虹";外环称"蜺",也称"副虹""雌虹"或"雌蜺"。晕珥:晕和珥。泛指日、月旁的光晕。

㉗和杂:混杂,掺杂。

㉘平旦:清晨。下晡(bū):下午。候:观察。

㉙若风不旁勃:以下至"败候也",见于《通典》卷一百六十二《兵十

五·风云气候杂占》。勃,兴起貌。

㉚晕晕:明亮貌。此指旗帜光彩貌。晕,光辉。

㉛候:征候,征兆。

㉜凡敌军上气如山堤上林木:以下至“勿与战”,见于《通典》卷一百六十二《兵十五·风云气候杂占》,又见于《开元占经》卷九十七《猛将军阵胜败云气占》。

㉝粉拂:《开元占经》卷九十七《猛将军阵胜败云气占》作“粉沸”,飞扬腾涌貌。

㉞缘:绕着。

㉟或有云广如三四帛:以下至“军行好”,见于《隋书·天文志》。帛,古代丝织物的通称。

㊱军行好:《隋书·天文志》作“大军行气也”。

㊲遥望军上:以下至“其军不可攻”,见于《通典》卷一百六十二《兵十五·风云气候杂占》。

㊳若云气从敌所来:以下至“则军士散乱”,见于《通典》卷一百六十二《兵十五·风云气候杂占》。

㊴偃盖:车篷或伞盖。

㊵或军上气卑而一绝一败:以下至“灾深”,见于《隋书·天文志》,原文作“军上气半而绝,一败,再绝再败,三绝三败。在东发白气者,灾深”,译文从之。

㊶或军上气五色杂乱:以下至“败军也”,见于《通典》卷一百六十二《兵十五·风云气候杂占》。

㊷或有云气盖道:以下至“急去”,见于李淳风《乙巳占》卷九《军败气象占》。

㊸昼冥:白昼昏暗。

【译文】

所以,古代刚刚任命大将,将要出征,首次树立军旗时,必定要观察

风气。准备发动战争，征伐四方，兴师动众，忌讳出师时遇见大风雷雨，阴不见日的天气，以及遇上辰、午、酉、亥四个自我相克的日子。军旗，代表着将军的精神。凡树立军旗的仪式，一定要在制日举行。所谓“制日”，指天干克地支的日子。初次树立牙门时，要举行祃祭，祭辞说：“天地有正道，四海有王者。上天降下美好的天命，累世的功德愈发光大。如今，有渺小的凶顽狡诈之徒，妄图破坏纲常。天子命我，率军征讨。整顿军队，讨伐那些不归顺朝廷的人。天道帮助顺乎天理的人，神灵惩罚行为不正的人。使叛乱之人及时被消灭，四方边疆重获清平。兵不血刃，凯旋还京。为帝位增加光辉，令四方之人长久瞻仰王朝的功绩。有赖于正直之神，依凭四方神灵，速速保佑我军！”凡是云气刚刚出现的时候，就像甑上的蒸汽勃勃上升。云气累积为雾，雾凝结为阴气，阴气凝结为霓虹与日月旁的光晕。凡是云气不郁积、不凝结，散漫一方，便不会导致灾祸。必定是云气混杂着杀气，森森然迅速升起的时候，才可以用于占卜。通常在清晨、下午日升日落时观察云气，如果期间有风雨出现，灾祸就不会形成。**如果风不四下乱吹，旗帜光彩，顺风飘扬，或者向着敌军方向终日飘扬，这预示着军队出师有功，是胜利的征兆。**凡是敌军上方的云气如同山上、堤坝上的林木，不可与之交战。如果这样的云气出现在我军上方，将大获全胜。或者我军上方出现宛如火光的云气，也将大获全胜。如果敌军上方的云气呈现白色，飞扬腾涌如同高楼，又环绕着赤气，意味着敌军强劲，不可发起进攻。如果这样的云气出现在我军上方，必将大获全胜。如果敌军上方的云气呈现黄白色，厚润而浓重，不可与之交战。如果有如同三匹绸缎那么宽的云朵，前面尖锐，后面宽大，这是部队行军之气。远望敌军上方，如果有形似斗鸡的云气，赤色、白色相随在云气中，意味着敌军得到上天帮助，不可攻击。两军对峙，如果某一方上方的云气宛如举头向敌的蛇，必定获胜。凡是军营上方有五色云气，上与天空相连，意味着这是顺应天道的军队，不可攻击。如果军营上有赤黄色的云气直达天际，也不可攻击。或者有形似日、月的云朵，被赤气环绕，如日晕一般散发光芒，被这种云气笼罩的地方将获得大胜，不可攻击。敌军上方有形似老虎的云气，这样的军队不可攻击。这些都是预示胜利的云气。**如果逆风兴起，风从旁边吹来，牙旗旗杆折断，天昏地暗，不见日光，旌旗激烈飘扬，这是失败的征兆。**如果云气从敌军方向飘来，终日不停，军队便不可出征，出征则不利。如果风与云气一同从敌军方向飘来，这是敌军将要失败的征兆，一定要急速出击。凡是敌军上方的云气色彩像马肝，像死灰，或者像伞盖，都是失败的征兆。如果有黑色的云气，像崩塌的山一样压在军队上方，这支军队必然战败。或者军队上方的云气在黄昏时升起，彻夜光芒照人，则预示着士卒散乱。或者军队上方的云气升腾到一半就断绝了，这预示着一次战败，再次断绝，预示着再次战败。如果在东方升起白色的云气，灾祸尤其深重。或者军队上方有杂乱的五色云气，东西南北飘忽不定，这样的军队即将失败。或者军队上方有赤色的云气，如同火焰一样从天而降，这预示着将领会战死，部队会混乱。或者军队上方有黑色的云气形似牛马，从云雾中降下，渐渐落入军中，这叫做天狗下来吃血，预示着军队将会战败。或者有云气遮盖道路，使白昼昏暗，那么便等不及吃饭，等不及煮熟食物，应该急速离去。这些都是失败的征兆。

若下轻其将[①]，妖怪并作，众口相惑，当修德审令，缮砺锋甲，勤诫誓士[②]，以避天怒。然后复择吉日，祭牙旗，具太牢之馔[③]，震鼓铎之音，诚心启请，以备天问，观其祥应[④]，以占吉凶。若人马喜跃，旌旗皆前指高陵[⑤]，金铎之声扬以清，鞞鼓之音宛以鸣，此得神明之助持，以安于众心，乃可用矣。虽云任贤使能，则不占而事利；令明法审，则不筮而计成；封功赏劳，则不祷而福从；共苦同甘，则犯逆而功就。然而临机制用，有五助焉：一曰助谋，二曰助势，三曰助怯，四曰助疑，五曰助地。此五者，助胜之术。故曰："知地知天，胜乃可全[⑥]。"不可不审察也。

【注释】

①若下轻其将：以下至"则犯逆而功就"，见于《通典》卷一百六十二《兵十五·风云气候杂占》。

②勤诫：勤勉忠诚。誓士：誓师，告诫将士。

③太牢：古代祭祀，牛、羊、豕三牲具备谓之太牢。

④祥应：祥瑞的先兆。

⑤高陵：高丘，高山。

⑥知地知天，胜乃可全：出自《孙子兵法·地形》。

【译文】

如果士卒轻视将领，怪异的事情不断发生，军中到处流传谣言，主将就应该修养德行，明确军令，修缮铠甲，磨砺锋刃，以勤勉忠诚之道告诫将士，以避免上天的震怒。然后再挑选吉日，祭祀牙旗，备齐牛、羊、豕三牲祭品，奏响鞞鼓、金铎之音，诚心祈祷，以预备上天的询问，观察上天呈现的征兆，以占卜吉凶。如果人马欣喜欢腾，旌旗指向前方的高山，金铎之声悠扬清越，鞞鼓之声宛转鸣响，这意味着得到了神明的佑助，将士之心因此安定，可以用来作战了。虽然说任用贤能的人，不必占卜事情也会顺利；法令严明周密，不必卜筮计谋也能成功；封赏有功劳的人，不必祈祷福佑也会降临；与士卒同甘共苦，即便触犯忌讳也能成就功业。然而当主将面对变化的情势，制定应对策略时，掌握天时可以提供五种帮助：一是帮助谋划，二是帮助获得有利的态势，三是帮助消除将士的恐惧，四是帮助解除疑虑，五是帮助获得地利。这五者，都是帮助取得胜利的方式。所以说："上知天时，下知地利，取得胜利就万无一失了。"不可不仔细研究。

地形第八

【题解】

本篇所讲的“地形”，指军队在行军、驻扎、作战过程中可能遇到的各种地貌与地理形势。其中既包括了客观的地貌条件，即《孙子兵法·地形》提到的“六地”（通地、挂地、支地、隘地、险地、远地）；也包括了由战争中的主客关系造成的地理形势，即《孙子兵法·九地》提到的“九地”（散地、轻地、争地、交地、衢地、重地、圮地、围地、死地）。篇中强调，“用兵之道，地利为宝”，将领必须对地形以及不同地形下的作战方式有深刻的理解，才能在战争中占据优势。

孙子曰：“三曰地利①。地利者，远近、险易、广狭、死生也②。故不知山林、险阻、沮泽之形者③，不能行军；不用乡导④，不能得地利。”

【注释】

①三曰地利：以下至“死生也”，出自《孙子兵法·计》。地利，《孙子兵法·计》作“地”。

②险易：险阻与平坦。死生：指死地与生地。死地，绝境。《孙子兵

法·九地》:“疾战则存,不疾战则亡者,为死地。”生地,谓可以保全生命之地。

③故不知山林、险阻、沮(jù)泽之形者:以下至“不能得地利”,出自《孙子兵法·九地》。沮泽,水草丛生的沼泽地带。

④乡导:即向导。乡,通“向”。

【译文】

孙子说:“决定战争胜负的第三个因素是地利。地利,指地形的远与近、险阻与平坦、开阔与狭窄、是死地还是生地。所以不了解山林、险阻、沼泽的地形,便不能行军。不用向导,就不能获得地利。”

故用兵有散地[①],有轻地,有争地,有交地,有衢地,有重地,有氾地[②],有围地,有死地。九地之名。诸侯自战其地为散地。战其境内之地,士卒意不专,有自溃之心也,故《经》曰:“散地,吾将一其志也。”入人之地而不深者为轻地。入人之地未深,士卒意尚未专而轻走也,故《经》曰:“轻地,吾将使之属也[③]。”我得则利、彼得亦利者为争地。可以少胜众,弱胜强,谓山水厄口有险固之利[④],两敌所争,故《经》曰:“争地,吾将趣其后也[⑤]。”我可以往、彼可以来为交地。道上相交错,平地有数道,往来交通,无可绝也,故《经》曰:“交地,吾将固其结[⑥]。”诸侯之地三属,我与敌相对而旁有他国也。先至而得天下之众者为衢地。先至其地,可交结诸侯之众为助也,故《经》曰:“衢地,吾将谨其守也[⑦]。”入人难反之地深、倍城邑多者为重地。远去己城郭,深入敌地,专心意,故谓之重地,故《经》曰:“重地,吾将继其食也[⑧]。”行山林险阻沮泽、凡难行之道者为氾地。氾,浸洳之地[⑨],故《经》曰:“氾地,我将进其途也[⑩]。”所由入者隘、所从归者迂、彼寡可

以击吾众者为围地。所欲从入厄险，欲归道远也，持久则粮乏，故敌可以少击吾众者为围地，故《经》曰："围地，吾将塞其阙也[11]。"**疾战则存、不疾则亡者为死地**[12]。前有高山，后有大水，进则不得，退复有碍，又粮乏绝，故为死地。在死地者，当及士卒尚饱，强志殊死，故可以俱死，故《经》曰："死地，吾将示之以不活也。"**是故散地则无战**，士卒顾家，不可以战。**轻地则无止**，入敌地浅，士意尚未坚，不可以遇敌，自当坚其心也。**争地则无攻**，三道攻，当先主利地也。先得其地者，不可攻也。**交地则无绝**，相及属也。交地者，俱可进退，不以兵绝之。**衢地则合交**，佐诸侯也[13]。当结交于诸侯。**重地则掠**，蓄粮食也。入深，士卒坚固，则可掠取财物。**汜地则行**，可不止也[14]。**围地则谋**，发奇谋也。则当权谋奇谲[15]，可以免难。**死地则战。**殊死战也。未战先励之曰："无虑愚戆[16]，用军不明，乃堕围厄之地，益士大夫之忧也[17]，皆将之罪也。今日之事，在此一举。若不用力，身当膏野草，为虫兽食，妻子无所求索。克则身荣，赏禄在焉，可不免哉[18]！"

【注释】

①故用兵有散地：以下至"死地则战"，出自《孙子兵法·九地》。本段自注见于杜佑《通典》卷一百五十九《兵十二》，文字有所不同。

②汜（sì）地：应作"氾地"。银雀山汉简《孙子兵法》作"泛地"，《银雀山汉墓竹简（壹）·孙子兵法·九地》："简文'泛地'，十一家本作'圮地'，《长短经·地形》引作'汜地'。……'汜''氾'形近易混。《长短经》'行山林险阻沮泽、凡难行之道者，为汜地'句下有注曰：'汜地，浸洳之地。'其字似本应作'氾'。'氾''泛'字通。"

③轻地，吾将使之属（zhǔ）也：本句指处于轻地，军队在行军、驻扎时要紧密相连。《孙子兵法·九地》张预注："密营促队，使相属续，以备不虞，以防逃遁。"属，相连，相接。

④厄（ài）：指险阻之处，险要之地。

⑤争地，吾将趣（qū）其后也：《孙子兵法·九地》陈暤注："所谓争地必趋其后者，若地利在前，先分精锐以据之，彼若恃众来争，我以大众趋其后，无不克者。赵奢所以破秦军也。"趣其后，指绕到敌人的背面攻打。趣，赴，前往。

⑥交地，吾将固其结：指处于交地，要巩固与诸侯的结盟。《孙子兵法·九地》作"交地，吾将谨其守"。

⑦衢地，吾将谨其守也：指处于衢地，要谨慎防守。《孙子兵法·九地》作"衢地，吾将固其结"。

⑧继其食：指保证军队的粮草供给。《孙子兵法·九地》杜佑注："深入，当继其粮饷。"

⑨浸洳（rù）之地：低湿的地方。

⑩进其途：指快速通过。《孙子兵法·九地》曹操注："疾过去也。"

⑪塞其阙（quē）：指堵住活路，以激励士卒决一死战。《孙子兵法·九地》杜牧注："兵法'围师必阙'，示以生路，令无死志，因而击之；今若我在围地，敌开生路以诱我卒，我返自塞之，令士卒有必死之心。"

⑫疾战：速战，突击。

⑬佐诸侯也：应从《孙子兵法·九地》曹操注作"结诸侯也"。

⑭可不止也：杜佑《通典》卷一百五十九《兵十二》作"不可止"。

⑮权谋：随机应变的谋略。奇谲：谓深有机变。

⑯无虑：没有深谋远虑。愚戆（zhuàng）：愚昧刚愎。

⑰士大夫：将士。

⑱免：通"勉"。

【译文】

所以用兵的地势，有散地，有轻地，有争地，有交地，有衢地，有重地，有圮地，有围地，有死地。这是九种地势的名称。诸侯在本国领土上作战，叫作“散地”。在自己境内作战，士卒的意志不专一，有自行溃散之心，所以《经》说：“处于散地，要先凝聚全军的意志。”进入敌国境内还未深入，叫作“轻地”。进入敌国境内还未深入，士卒的意志还不够专一，容易逃跑，所以《经》说：“处于轻地，军队在行军、驻扎时要紧密相连。”我军占领则对我方有利，敌军占领则对敌方有利的必争之地，叫作“争地”。可以少胜多，以弱胜强的地形，指险要的山水隘口，有险阻坚固的地利，是敌我双方争夺的目标，所以《经》说：“在争地作战，要绕到敌人背后进攻。”我军可以去，敌军可以来的地区，叫作“交地”。道路互相交错，地势平坦，有多条道路往来交通，无法阻绝，所以《经》说：“处于交地，要巩固与诸侯的结盟。”同多个诸侯国的土地接壤，我军与敌军相持，而旁边还有其他国家。先到达就可以得到多国援助的地区，叫作“衢地”。抢先到达这一地区，可以结交其他诸侯作为援助，所以《经》说：“处于衢地，要谨慎防守。”深入敌国腹地，难以撤军，背后有众多敌方城邑，叫作“重地”。远离我方城邑，深入敌国境内，士卒意志专一，所以叫作“重地”，所以《经》说：“处于重地，要保证军队的粮草供给。”在山林、险阻、沼泽之地行军，道路难以通行的，叫作“圮地”。圮，指低湿之地，所以《经》说：“处于圮地，要快速通过。”入口狭窄，归路迂回，敌人可以少胜多的地形，叫作“围地”。想进入的入口狭窄险要，要撤退的路线漫长遥远，如果长久相持则粮草不济，所以敌方能以少攻打兵多的我方，这样的地形叫作“围地”，所以《经》说：“处于围地，要堵住活路，激励士卒决一死战。”速战就能生存，不能速战就会灭亡，这样的地形叫作“死地”。前方有高山，后方有大河，前进不得，后退有阻碍，加之粮草断绝，所以叫作“死地”。处于死地，应当趁士卒还能吃饱的时候，鼓舞将士殊死决战，所以可以与他们同生共死，所以《经》说：“处于死地，要展示拼死一搏的决心。”所以在散地不要作战，士卒恋家，不可投入作战。在轻地不要停留，进入敌境不深，将士的意志还不坚定，不可以和敌人交锋，应当先坚定将士的斗志。在争地不要轻易进攻,发起三路进攻,应该以夺取争地为首要目标。如果有一方占据了争地,便不可进攻了。**在交地不要让部队首尾不接**,无绝,指部队首尾相连。处于交地,敌我双方均可进可退,难以用兵力断绝交通。**在衢地要结交诸侯**,合交,指结交诸侯。处于衢地,应当结交于诸侯。**在重地要掠取粮草**,指筹备积蓄粮食。深入敌境,士卒意志坚定,可以去抢夺敌方财物。**在圮地要迅速通过**,不可停留。**在围地要制定奇谋**,指制定奇谋妙计。处于围地,应当随机应变,制定奇谋妙计,以避免全军覆没。**在死地要拼死战斗**。要殊死作战。在战斗之前要先激励将士:"我愚昧刚愎,缺乏深谋远虑,用兵不明智,导致全军陷入围困之中,增加了将士们的忧患,这全是主将的过错。如今之事,成败在此一举。如果不全力作战,就会抛尸荒野,成为虫兽的食物,妻子儿女无所找寻。如果获胜,就可以使自身荣显,获得赏赐厚禄,一定要勉力作战!"

又有六地[①]:有通,有挂,有支,有隘,有险,有远。六地名也。我可以往,彼可以来,曰通。谓俱在平陆[②],往来通利也。居通地,先处其高阳[③],利粮道,以战则利。宁致人,无至于人[④]。已先处高地,分为屯守于归来之路,不使敌绝己粮道也。可以往,难以反,曰挂。挂,相挂牵也。挂形曰:敌无备,出而胜之;敌有备,出而不胜,难以反,不利。敌无备而出攻之,胜,可也;有备,不得胜之,则难还反也。我出而不利,彼出而不利,曰支。支,久也。俱不便,久相持也。支形曰:敌虽利我,我无出。引而去也,令敌半出而击之,利。利我也,佯背我去,无出逐。待其引而击之,可败也。隘形曰[⑤]:我先居之,必盈之而待敌[⑥]。盈,满也。以兵陈满厄形名[⑦],使敌不得进退。若敌先居之,盈而勿从也,不盈而从之。隘形者,两山之间通谷也。敌怒,势不饶我也。先居之,必前齐厄口阵而守之,以出奇也。敌即先居此地,齐口阵，勿从也；即半隘阵者[8]，从而与敌共此利也。**险形曰：我先居之，必居高阳以待敌。**居高阳之地以待敌人，敌人从其下阴来，击之胜也。**若敌先居，则引而去之，勿从也。**地险先据，不可致于人也。**夫远形均势[9]，难以挑战，战而不利。**挑，迎敌也。远形，去国远也。地均等，无独便利，先挑之，战不利。**凡此六者，地之道也，皆将之至任，不可不察。**

【注释】

①又有六地：以下至“不可不察”，出自《孙子兵法·地形》。本段自注见于杜佑《通典》卷一百五十九《兵十二》，文字有所不同。

②平陆：平原，陆地。

③高阳：指高而向阳之地。

④宁致人，无至于人：《孙子兵法·虚实》作“致人而不致于人”，指要调动敌人，而不要为敌人所调动。

⑤隘形：指道路狭隘队伍展不开的地区。《孙子兵法·地形》曹操注：“隘形者，两山间通谷也。”

⑥盈之而待敌：指布阵时与山谷口齐平，以等待敌人的进攻。《孙子兵法·地形》杜牧注：“盈者，满也。言遇两山之间，中有通谷，则须当山口为营，与两山口齐，如水之在器而盈满也。”

⑦以兵陈满厄形名：杜佑《通典》卷一百五十九《兵十二》作“以兵陈满厄形”。

⑧半隘阵：指在山谷中央列阵。

⑨远形：据《孙子兵法·地形》杜牧、陈皞、张预等注，指双方营垒相距较远。杜牧注：“譬如我与敌垒相去三十里，若我来就敌垒，而延敌欲战者，是我困敌锐，故战者不利；若敌来就我垒，延我欲战者，是我佚敌劳，敌亦不利，故言势均。”

【译文】

又有六种不同的地形：通地、挂地、支地、隘地、险地、远地。这是六种地形的名称。我方可以去，敌方可以来的，这样的地形叫“通地”。指都在平原，往来便利。处在通地，应当先占据高而向阳之地，有利于粮道畅通，这样作战就会处于有利地位。应当调动敌人，不要为敌人所调动。我方先占据高地，分兵驻守于回去的道路上，不要让敌人切断自己的粮道。可以前往，难以返回，这样的地形叫“挂地”。挂，指相牵累。处于挂形之地的作战原则是：如果敌人没有防备，可以出击战胜它；如果敌人有了防备，一旦出击无法获胜，便难以返回，对我军不利。如果敌军没有防备，出击能够获胜，这样还好；如果敌军有了防备，出击无法获胜，那么想要撤退就很困难了。我军出击不能获利，敌军出击也不能获利，这样的地形叫“支地”。支，就是久。这种地形对敌我双方都不利，导致长久相持。处于支形之地的作战原则是：敌人虽然用小利引诱我方，我军也不要出击。假装引兵撤退，等敌军出动一半的时候再攻击，这样最有利。敌人以小利引诱我方，佯装背对我方撤军，这个时候切勿出击。等到敌方被引诱出动时再发动攻击，这样便可以击败对方。处于隘形之地的作战原则是：如果我方先占据了隘地，一定要在隘口布置重兵以等待敌人。盈，是满的意思。以重兵列阵填满隘口，使敌人无法进退。如果敌方先占据了隘地，若是在隘口布阵，就不要强攻；如果没有在隘口布阵，就可以发动攻击。隘形，指两山之间作为通道的山谷。敌人发怒，势必不肯放过我军。如果我方先占据了隘地，列阵御敌时一定要与隘口齐平，以出奇制胜。如果敌方先占据了隘地，若敌军列阵与隘口齐平，就不要进攻；如果敌军在山谷中央列阵，就发动进攻，与敌军共享这一有利地形。处于险形之地的作战原则是：如果我方先占据了险地，一定要驻扎在高而向阳的地方以等待敌人。驻扎在高而向阳之地等待敌人，敌人便只能从地势较低的背阴之地发起进攻，我军迎战一定能够获胜。如果敌人先行占据了险地，应该撤兵离开，不要与敌接战。险地已被敌方占据，要注意不可被敌方调动。如果在远形之地，双方势均力敌，难以挑战，与敌作战则不利。挑，指迎敌。远形，指离开本国很远。地利均等，双方都没有优势，先挑战的一方将处于劣势。以上六点，是利用地形的关键，皆是将军的重大责任，不可不认真研究。

故曰：深草蓊秽者[①]，所以遁逃也；深谷阻险者，所以止御车骑也；隘塞山林者[②]，所以少击众也；众少可以夜击敌也。沛泽杳冥者[③]，所以匿其形也。

【注释】

①深草蓊秽（wěng huì）者：以下至“所以匿其形也”，出自《六韬·龙韬·奇兵》。又见于杜佑《通典》卷一百五十九《兵十二》。蓊秽，草木茂盛貌。

②隘塞：狭窄阻塞。

③沛泽：沼泽，水草茂密的低洼地。杳冥（yǎo míng）：幽暗隐蔽。

【译文】

所以说：把军队布置在茂密的深草丛中，是为了便于退兵逃走；占据深谷险阻之地，是为了抵挡敌人的战车骑兵；占据狭窄阻塞的山林之地，是为了以少击多；可以较少的兵力，趁夜攻击敌军。处于低洼幽暗之地，是为了把军队隐蔽起来。

丈五之沟[①]，渐车之水，渐，浸也，音子廉反。山林、石径、泾川、丘阜、泾川，常流之川。草木所在[②]，此步兵之地，车骑二不当一。丘陵漫衍相属[③]，漫衍犹联延也[④]。属，续也，音之欲反。平原广野，此车骑之地，步兵十不当一。平原相远[⑤]，远，离也。仰高临下，此弓弩之地，短兵十不当一。两阵相近，平地浅草，可前可后，此长戟之地，剑楯三不当一。藿苇竹萧[⑥]，萧，蒿也。草木蒙笼[⑦]，枝叶茂接，此矛铤之地[⑧]，长戟二不当一。曲道相伏,险厄相薄[9],此剑楯之地,弓弩三不当一。

【注释】

①丈五之沟:以下至“弓弩三不当一”,出自《汉书·晁错传》。本段自注出自《汉书·晁错传》颜师古注。

②泾川:《汉书·晁错传》作“经川”,流动不息的河川。丘阜:土丘。

③漫衍:绵延伸展貌。

④联延:连绵,连续。

⑤平原相远:《汉书·晁错传》作“平陵相远”。平陵,平地和丘陵。

⑥萑(huán)苇:荻和苇。泛指芦苇。萑,同“萑”。萧:蒿类植物的一种,即艾蒿。

⑦蒙笼:草木茂盛貌。

⑧矛铤(chán):铁柄小矛。

⑨相薄:相迫近。

【译文】

一丈五尺宽的沟壑,淹过车轮的积水,渐,意思是漫过,音子廉反。山林、石路、河川、土丘、泾川,指流动不息的河川。草木茂盛之地,这是有利于步兵作战的地形,两个车骑兵敌不过一个步兵。丘陵绵延相连,漫衍,意思类似连绵。属,是连续的意思,音之欲反。平原旷野,这是有利于车骑作战的地形,十个步兵敌不过一个车骑兵。在平地和丘陵地带,两军相距很远,远,意思是远离。或一方居高临下,这是有利于弓弩手作战的地形,十个手持短兵的士兵敌不过一个弓弩手。双方的阵地相近,地势平坦,草木低矮,进退方便,这是有利于长戟兵作战的地形,三个剑盾兵敌不过一个长戟兵。长满了芦苇、竹子、艾蒿,萧,就是艾蒿。草木茂盛,枝叶交接,这是有利于短矛兵作战的地形,两个长戟兵敌不过一个短矛兵。道路曲折,起伏不定,险隘的地形紧密相连,这是有利于剑盾兵作战的地形,三个弓弩手敌不过一个剑盾兵。

故曰："地形者，兵之助[①]。"又曰："用兵之道，地利为宝。赵奢趋山，秦师所以覆败[②]；韩信背水，汉兵由其克胜。"此用地利之略也。

【注释】

①地形者，兵之助：出自《孙子兵法·地形》。

②赵奢趋山，秦师所以覆败：赵奢，战国时期赵国名将，被封为马服君。在阏与（今山西和顺西北）之战中，赵奢抢占北山高地，因此大败秦军。事见《史记·廉颇蔺相如列传》。

【译文】

所以说："地形，是用兵打仗的辅助。"又说："用兵之道，地利是获胜的法宝。赵奢抢占北山高地，秦军因此覆败；韩信背水为阵，汉军因此获胜。"这就是运用地形的方略。

水火第九

【题解】

《孙子兵法·火攻》篇云:"以水佐攻者强,以火佐攻者明。"水攻与火攻,是古代战争的重要手段,往往能起到扭转局势、一锤定音的重要作用,"水火之变,可以制胜,其来久矣"。赵蕤列举了历史上运用水攻、火攻的成功战例,指出借助水火之势必须因地、因时,注意气象条件与地理条件,强调这是"将之至任,盖军中尤急者矣,不可不察"。

《经》曰:"以水佐攻者强,以火佐攻者明[①]。"是知水火者,兵之助也。

【注释】

①以水佐攻者强,以火佐攻者明:出自《孙子兵法·火攻》。

【译文】

《经》说:"用水来辅助进攻,势头强劲;用火来辅助进攻,效果明显。"由此可知,水和火,是用兵打仗的重要辅助。

故火攻有五[①]:一曰火人。敌傍近草,因风烧之。二曰火

积。烧其积蓄。**三曰火辎**。烧其辎重。**四曰火库**。当使间人之敌营[2]，烧其兵库。**五曰火燧**[3]。燧，堕也。以火堕敌人营中也。火头之法[4]：以铁盈火着箭头，强弩射敌之营中。烧绝粮道也[5]。**行火必有因**，因奸人也。**烟火素具。发火有时，起火有日。时者，天之燥也；日者，月在箕、壁、翼、轸也**[6]。**凡此四宿者，风起之日**。萧世诚云[7]："春丙丁，夏戊己，秋壬癸，冬甲乙[8]，此日有疾风猛雨也。吾勘太一[9]，中有飞鸟十精知风雨期[10]，五子元运式各候其时[11]，可用火。"故曰"以火佐攻者明"。何以言之？昔杨璇与桂阳贼相会[12]，璇以皮作大排囊[13]，以石灰内囊中，置车上，作火燧系马尾[14]。因从上风鼓排囊吹灰，群贼眯目，因烧马尾，奔突贼阵，众贼奔溃。此用火之势也。殷浩北伐[15]，长史江逌取数百鸡[16]，以长绳连之，脚皆系火，一时驱放。群鸡飞散羌营，营皆燃。因击之，姚襄退走[17]。此用火之势。李陵在大泽草中[18]，虏从上风纵火，陵从下风纵火，以此火解火势也。吾闻敌烧门，恐火灭门开，当更积薪助火，使火势不灭，亦解火之法也。

【注释】

①故火攻有五：以下至"风起之日"，出自《孙子兵法·火攻》。本段自注，从"敌傍近草"至"可用火"，见于杜佑《通典》卷一百六十《兵十三·绝粮道及辎重》。

②间人：间谍。

③火燧：《孙子兵法·火攻》作"火队"，杜牧注："焚其行伍，因乱而击之。"贾林注："隧，道也。烧绝粮道及转运也。"

④火头：《通典》卷一百六十《兵十三·绝粮道及辎重》作"矢头"。

⑤烧绝粮道也：《通典》卷一百六十《兵十三·绝粮道及辎重》作

“一曰火道，烧绝其粮道也”，译文从之。

⑥箕、壁、翼、轸（zhěn）：星宿名。

⑦萧世诚：即梁元帝萧绎，字世诚。

⑧春丙丁：指春天中，天干为丙、丁的日子。夏戊己、秋壬癸、冬甲乙以此类推。

⑨太一：指式占中的太乙占，为“三式”（太乙、遁甲、六壬）之一。太一，亦称“太乙”。《周易乾凿度》：“太一取其数以行九宫。”郑玄注：“太一者，北辰之神名也。居其所曰太一（《五行大义》作“太帝”），常行于八卦日辰之间，曰天一，或曰太一，出入所游，息于紫宫之内外，其星因以为名焉。”《太乙金镜式经》：“太乙者，天帝之神也。主使十六神，知风雨、水旱、兵革、饥馑、疾疫、灾害之国也。”

⑩飞鸟十精：在太乙占中，有所谓“十精太乙”，可根据其在九宫之分布，以及与太乙相合之情况，预测风晴雨露，“飞鸟十精”应与此相关。据《太乙金镜式经》，“十精太乙”一曰天皇太乙，二曰帝符太乙，三曰天时太乙，四曰太尊太乙，五曰飞鸟太乙，六曰五行太乙，七曰三风太乙，八曰五风太乙，九曰八风太乙，十曰太乙数。其中飞鸟太乙为“七星之使，朱雀之体也。飞鸟与太乙合旺相之地，天星有变；与天皇合，有大风雨；与天时合，有大阴风”。《隋书·经籍志·子部·五行》中有《太一飞鸟历》一卷、《太一十精飞鸟历》一卷、《太一飞鸟立成》一卷。

⑪五子元运式：太乙占的推算方式之一，从“五子”（甲子、丙子、戊子、庚子、壬子）开始，至“五亥”（乙亥、丁亥、己亥、辛亥、癸亥）结束，分为阳遁七十二局与阴遁七十二局，可用于推测用兵胜负。参见《武经总要》卷十九《太乙定主客胜负阳局立成》、卷二十《太乙定主客胜负阴局立成》。

⑫昔杨璇（xuán）与桂阳贼相会：以下至“众贼奔溃”，事见《后汉

书·杨璇传》。杨璇，字机平，会稽乌伤（今浙江义乌）人。汉灵帝时任零陵太守。桂阳，指桂阳郡，治郴县（今湖南郴州）。

⑬排囊：鼓风用的革囊。

⑭火燧：引火之物。

⑮殷浩北伐：以下至“姚襄退走”，事见《晋书·江逌传》。

⑯江逌（yóu）：字道载，陈留圉（今河南杞县西南）人。东晋官员，曾随殷浩北伐。

⑰姚襄：字景国，南安赤亭（今甘肃成县西南）人。十六国时期羌族首领，姚弋仲第五子。

⑱李陵在大泽草中：以下至“陵从下风纵火”，事见《汉书·李广传附李陵传》。李陵，字少卿，天水成纪（今甘肃静宁西南）人。名将李广之孙。少为侍中建章监，善骑射，谦让下士。汉武帝以为有李广之风，使为骑都尉，率五千兵出击匈奴，至浚稽山与匈奴单于相遇，单于以八万人攻陵，陵矢尽粮绝战败投降。

【译文】

火攻有五种：一是火烧对方的人马。敌军附近多草，可以借助风势发动火攻。**二是火烧对方的粮草。**焚烧敌人的粮草积蓄。**三是火烧对方的辎重。**焚烧敌人的辎重。**四是火烧对方的仓库。**应当派遣间谍潜入敌营，焚烧敌人的武器库。**五是用火箭发起火攻。**燧，是落下的意思。火燧，指让火落入敌人营中。使用火箭进行火攻的方法：用铁器装满点火物，绑在箭头上，用强弩射进敌军军营中。另一种说法是，火燧就是火道，指用火攻烧绝敌方的粮道。**运用火攻一定要有所依凭，**依靠奸细。**火攻用具平时一定要准备好。放火要选择恰当的时机，火攻要选择合适的日子。恰当的时机，指天干物燥的时候；合适的日子，指月亮运行到箕、壁、翼、轸四个星宿的时候。月亮运行到这四个星宿时，就是起风的日子。**萧绎说：“春天的丙丁日，夏天的戊己日、秋天的壬癸日、冬天的甲乙日，这些日子会有疾风暴雨。我观察太乙式盘，推衍飞鸟十精之数，以预测风雨兴起的日期；根据五子元运式，可以得知发动火攻的恰当时机。”所以说“能够用火来辅助进攻，效果明显”。为什么这么说？从前，杨璇讨伐桂阳郡叛贼时，用皮革制作了鼓风用的大排囊，把石灰放在排囊中，并将排囊放在马车上，在马尾绑上引火物。于是在上风处鼓动排囊，吹出石灰，使群贼都被石灰迷了眼，然后点燃马尾，让惊马冲入贼阵中，叛贼因此大败奔溃。这就是火攻的威势。殷浩北伐时，长史江逌取来几百只鸡，用长绳连起来，鸡脚都绑上点火物，点燃后驱赶释放。群鸡飞入羌军营中，羌营到处起火。晋军趁机发动攻击，姚襄只得后退逃走。这就是火攻的威势。李陵的部队处于大湖边的草丛中，匈奴人在上风处纵火，李陵从下风处放火，用火来化解火势。我听说，如果敌军纵火焚烧城门，担心火灭之后城门就会大开，这时应当在门内堆积柴草同时放火，令火势不灭，这也是用火来化解火攻的办法。”

太公曰：“强弩长兵，所以逾水战[①]。”孙子曰：“水可以绝[②]。”谓灌城也。又曰：“绝水必远水[③]。引敌使渡也。客绝水而来，勿迎之于水内，令敌半渡而击之，利。欲战，无附于水而迎客也[④]。”谓处水上之军。故曰“以水佐攻者强”。何以言之？

【注释】

①强弩长兵，所以逾水战：出自《六韬·龙韬·奇兵》。长兵，长兵器，戈矛之类。

②水可以绝：出自《孙子兵法·火攻》。

③绝水必远水：以下至“无附于水而迎客也”，出自《孙子兵法·行军》。绝水必远水，指渡过河流后，一定要在远离河流的地方宿营。《孙子兵法·行军》张预注：“凡行军过水，欲舍止者，必去水稍远，一则引敌使渡，一则进退无碍。”

④欲战，无附于水而迎客也：指如果想与敌人决战，不要贴着水边布阵，这样敌人便无法渡河。《孙子兵法·行军》李筌注：“附水迎

客，敌必不得渡而与我战。"

【译文】

太公说："使用强弩、长兵器，是为了渡过江河与敌军交战。"孙子说："水可以分隔敌人。"指用水灌城。又说："渡过河流后，一定要远离河流驻扎。引诱敌军渡河。敌军渡河前来进攻，不要在水中迎战敌人，让敌军渡过一半时再发动攻击，可以获得优势。如果想与敌人决战，不要贴着水边布阵迎敌。"说的是在水边指挥部队的方法。所以说"用水来辅助进攻，势头强劲"。为什么这么说？

昔韩信定临淄①，走齐王田广。楚使龙且来救齐。齐王广、龙且并军，与信合战，人或说龙且曰②："汉兵远斗穷战③，其锋不可当。齐、楚自居其地战，兵易败散。不如深壁④，令齐王使其信臣招所亡城⑤，城闻其王在，楚来救，必反汉。汉兵二千里客居，齐城皆反之，其势无所得食，可无战而降也。"龙且曰："吾平生知韩信为人，易与耳⑥。且夫不战而降之，吾何功？"遂战败。吾闻："古之所谓善战者⑦，胜于易胜者也。故善战者之胜也，无知名，无勇攻⑧，故其战胜不忒⑨。不忒者，其所错胜⑩，胜已败者也。"龙且不用客之计，欲求赫赫之功，昧矣！夹潍音唯。水阵⑪。韩信乃夜令人为万余囊盛沙，壅水上流。引军半渡，击龙且，佯不胜，还走。龙且果喜曰："固知信怯也。"遂追信渡水。信使决壅囊，水大至，龙且军太半不得渡。即急击之，杀龙且。龙且水军东散走。此反半渡之势。吾闻兵法："绝水必远水，令敌半渡而击之，利。"韩信半渡，军佯入害地，令龙且击之，然后决壅水。此所谓"杂于利而务可伸，杂于害而患可解"也⑫，皆反兵而用兵法。微哉！微哉！

【注释】

①昔韩信定临淄:以下至“龙且水军东散走”,出自《史记·淮阴侯列传》。

②人或说龙且曰:以下至“遂战败”,出自《史记·淮阴侯列传》。

③穷战:尽力战斗。

④深壁:筑高墙,谓构筑牢固的工事以自守。

⑤信臣:忠诚可靠之臣。

⑥易与:容易对付。含有轻蔑之意。

⑦古之所谓善战者:以下至“胜已败者也”,出自《孙子兵法·形》。

⑧攻:通“功”,功劳。

⑨不忒(tè):没有差错,

⑩所错:指作战的安排举措。错,通“措”。

⑪潍(wéi)水:古水名。即今山东东部潍河。

⑫杂于利而务可伸,杂于害而患可解:出自《孙子兵法·九变》。杜牧注:“信,申也。言我欲取利于敌人,不可但见取敌人之利,先须以敌人害我之事参杂而计量之,然后我所务之利,乃可申行也。……我欲解敌人之患,不可但见敌能害我之事,亦须先以我能取敌人之利,参杂而计量之,然后有患乃可解释也。……譬如敌人围我,我若但知突围而去,志必懈怠,即必为追击;未若励士奋击,因战胜之利以解围也。举一可知也。”

【译文】

从前,韩信攻下了临淄,齐王田广被迫逃走。项羽派龙且率军援救齐王。齐王田广、龙且合兵一处,与韩信作战。有人劝龙且说:“汉兵远离本土,拼死作战,其锋锐不可当。齐、楚两军在本土作战,士卒容易败逃溃散。我方不如深沟高垒,坚守不出,让齐王派遣忠诚可靠之臣,招降沦陷的城池。那些城池听说齐王还活着,楚军又来救援,一定会反叛汉军。汉军远离本土两千里,齐国各地的城池都反叛他们,势必无法获得食物。如此一来,不用战斗就可以使他们投降。”龙且说："我一向了解韩信的为人，很容易对付。况且一仗没打敌军就投降，我能有什么功劳？"于是被韩信击败。我听说过："古代所说的善于打仗的人，战胜的都是容易战胜的敌人。所以善于打仗的人打了胜仗，没有智慧的名声，没有勇武的战功。所以能够确保胜利而不出差错。不出差错的原因，在于他们的作战举措确保了胜利，战胜的都是那些已经陷于失败的敌人。"龙且没有采用这位客人的建议，想追求赫赫的战功，真是愚蠢啊！双方隔着潍潍，音唯。水列阵。韩信连夜令人做了一万多个口袋，装满沙土，在上游堵住潍水。然后率军渡河，部队刚渡过一半的时候，便向龙且发动了攻击，假装不能获胜，退回逃走。龙且果然高兴地说："我就知道韩信怯懦。"遂率军渡河追击韩信。韩信派人扒开上游堵水的沙袋，河水汹涌而至，龙且的大部分部队还来不及渡河。韩信立刻回击，杀死了龙且。潍水东岸尚未渡河的龙且部队四散奔逃。这就是反用"半渡而击"获得成功的战例。我听兵法上说："渡过河流后，一定要远离河流驻扎，等敌军渡过一半时再发动攻击，可以获得优势。"韩信的部队仅有一半渡过了潍水，佯装陷入不利的境地，引诱龙且前来进攻，然后决开被拦截的河水。这就是所说的"在不利的情况下考虑有利的一面，目的才可达到；在有利的情况下看到有害的一面，祸患才可解除"，都是违背常规运用兵法的例子。真是微妙啊！微妙啊！

卢绾佐彭越攻下梁地十余城[①]，项羽闻之，谓其大司马曹咎曰："谨守城皋。即汉挑战，慎勿与战。"汉果挑楚军，楚军不出。使人辱之。孙子曰："廉洁可辱也[②]。"大司马怒，渡汜水[③]，音凡。卒半渡，汉击，大破之。此欲战无附于水势也。

【注释】

①卢绾佐彭越攻下梁地十余城：以下至"大破之"，出自《汉书·项籍传》，有删节。

②廉洁可辱也：出自《孙子兵法·九变》。曹操注："廉洁之人，可污

辱致之也。”杜牧注：“此言敌人若高壁固垒，欲老我师；我势不可留，利在速战。揣知其将多忿急，则轻侮而致之；性本廉洁，则污辱之。”

③汜水：《汉书·高帝纪》作“氾水”，古水名。源于今河南巩义东南，北流经荥阳汜水镇西，北注入黄河。

【译文】

卢绾辅佐彭越攻下了梁地十余座城池，项羽听说了，对他的大司马曹咎说：“谨慎守卫成皋。即便汉军挑战，也切勿和他们交战。”汉军果然前来挑战，楚军不出战。汉军派人辱骂。孙子说：“对于廉洁的将领，可以用羞辱的办法激怒他，引诱他出击。”大司马曹咎大怒，率军渡过汜水。汜，音凡。士卒刚渡过一半，汉军出击，大败楚军。这就是所说的如果想与敌人决战，不要贴着水边布阵。

故知水火之变可以制胜，其来久矣。秦人毒泾上流，晋军多死[①]。荆王烧楚积聚，项氏以擒[②]。曹公决泗于下邳，吕布就戮。黄盖火攻于赤壁，魏祖奔衄[③]。此将之至任，盖军中尤急者矣，不可不察。

【注释】

①秦人毒泾上流，晋军多死：事见《左传·襄公十四年》：“诸侯之大夫从晋侯伐秦，……秦人毒泾上流，师人多死。”

②荆王烧楚积聚，项氏以擒：《史记·荆燕世家》：“汉四年，汉王之败成皋，北渡河，得张耳、韩信军，军修武，深沟高垒，使刘贾将二万人，骑数百，渡白马津入楚地，烧其积聚，以破其业，无以给项王军食。”荆王，指刘贾。

③奔衄（nǜ）：犹溃败。

【译文】

由此可知，灵活运用水、火的变化，可以获得胜利，自古以来就是如此。秦人在泾河上游放毒，令晋军死伤惨重。荆王刘贾焚烧楚军积聚，使项羽最终失败。曹操决开泗水，水淹下邳，吕布因此被杀。黄盖在赤壁发动火攻，曹操因此溃败。掌握水攻、火攻的方法，是将领的重要职责，是用兵打仗尤其重要的手段，不能不认真研究。

五间第十

【题解】

所谓“五间”，指五种不同类型的间谍，即乡间、内间、反间、生间、死间。他们有的负责探听传递情报，有的负责散布假消息以迷惑敌方，甚至为此付出生命代价。《孙子兵法》强调“知彼知己者，百战不殆”，而对于间谍的运用，正是“知彼”的关键所在，是战争获胜的基础。因此，间谍与主将的关系最亲近，待遇最丰厚，事务最机密：“三军之亲莫亲于间，赏莫厚于间，事莫密于间。”同时，运用间谍，对于主将的素质也有着很高的要求：“非圣智莫能用间，非密微莫能得间之实。”

《周礼》曰“巡国、搏谍”者，反间也[①]。吕望云：“间谍飞言，聚为一卒[②]。”是知用间之道非一日也。凡有白气群行[③]，徘徊结阵来者，为他国人来，欲图人。不可应，视其所往，随而击之，可得也。或有黑气临我军上，如车轮行，敌人深入，谋乱我国臣。或有黑气游行，中含五色，临我军上，敌必谋合诸侯而罚我国，诸侯反谋军，军自败。或有黑气如幢[④]，出于营中，上黑下黄，敌欲来求战，无诚实，言信相反，九日内必觉，备之，吉。或日月阴沉无光，不雨，或十日昼夜不见日月，名曰蒙，臣谋主，故曰“久阴不雨，臣谋主”也[⑤]。

【注释】

①《周礼》曰“巡国、搏谍”者，反间也：见于《周礼·夏官·司马·环人》：“环人掌……巡邦国，搏谍贼。”郑玄注：“谍贼，反间为国贼。”反间，古代指潜入敌方刺探情报、机密，进行扰乱、颠覆活动的人。

②间谍飞言，聚为一卒：见于《意林》卷一引《太公六韬》。间谍飞言，指通过传播流言、搬弄是非来削弱敌人。间谍，离间，搬弄是非。飞言，没有根据的话。

③凡有白气群行：以下至“故曰‘久阴不雨，臣谋主’也”，见于李淳风《乙巳占》卷九《图谋气象占》，文字次序有所不同。

④幢（chuáng）：一种旌旗。垂筒形，饰有羽毛、锦绣。古代常在军事指挥、仪仗行列、舞蹈表演中使用。

⑤久阴不雨，臣谋主：《汉书·夏侯胜传》：“会昭帝崩，昌邑王嗣立，数出。胜当乘舆前谏曰：‘天久阴而不雨，臣下有谋上者，陛下出欲何之？’”

【译文】

根据《周礼》记载，环人的职责是“巡视邦国，抓捕间谍”，所以“谍”，指从事刺探、颠覆活动的间谍。吕望说：“擅长搬弄是非、传播流言的人，把他们编为一队。”由此可知，对于间谍的使用，由来已久了。凡有白色云气结队而行，游移不定，像军阵一样袭来，预示着有他国之人潜入，有所图谋。不可直接响应，应该观察他到什么地方去，随后发动袭击，就可以捉到他。或者有黑色的云气降临我军上方，像车轮一样滚动前进，预示着有敌人深入，图谋扰乱我国臣子。或者有黑色的云气游行，中间夹杂着五种色彩，降临我军上方，预示敌人一定正在谋划联合诸侯来讨伐我国。如果诸侯联合起来反叛敌人，则敌军自败。或者有幢一样的黑色云气，从军营中飘出，上面是黑色，下面是黄色，预示着敌人打算前来挑战。敌人不讲诚信，言行相反，九天之内必然被察觉，只要做好防备，便形势有利。或者日月阴沉无光，不下雨，或者十天之内，昼不见日，夜不见月，这种天象叫作“蒙”，预示着臣子将会谋害君主，所以说“久阴不雨，预示着臣子将谋害君主”。

故间有五间[①]**:有乡间**[②]**,有内间,有反间,有生间,有死间。五间俱起,莫知其道。乡间者,因其乡人而用之者也**[③]**。**言敌乡邑之人,知敌表里虚实,可使伺候听察[④],通辞致言。故曰:因之用[⑤],赏禄为先也。**内间者,因其官人而用之者也。**因其在官失职者,若刑诛之子孙与受罚之家也。因其有隙,就而用之。**反间者,因敌间而用之者也。**曹公曰:"敌使间来视我,我知之,因厚赂重许,反使为我间,故曰'反间'。"萧世诚曰:"言敌使人来候我,我佯不知而示以虚事,前却期会[⑥],使归相语,故曰'反间'也。"**生间者,反报者也。**择己有贤才智谋,能自开通于敌之亲贵[⑦],察其动静,知其事计[⑧]。彼所为,已知其实,还报,故曰"生间"也。**死间者,为诳事于外,令吾间知之,而待于敌间者也**[⑨]**。**作诈诳之事于外,佯漏泄之,使吾间知之。吾间至敌中,为敌所得,必以诳事输敌,敌从而备之。吾所行不然也,间则死矣。又一云:"敌间来在营,间以我诳事而持归,然皆非吾所图也。"二间皆不能知幽隐,故曰"死间"。萧世诚云:"所获敌人及已叛亡军士有重罪系者,故为免,相敕勿泄,佯不秘蜜,令拘者窃闻之,因缓之使亡。亡必归敌,以所闻告之,敌必信焉。往必死,故曰'死间'者也。"

【注释】

①故间有五间:以下至"而传于敌国者也",出自《孙子兵法·用间》。本段自注见于杜佑《通典》卷一百五十一《兵四》,文字有所不同。

②乡间:《孙子兵法·用间》作"因间"。

③因其乡人而用之:《孙子兵法·用间》杜牧注:"因敌乡国之人而厚抚之,使为间也。晋豫州刺史祖逖之镇雍丘,爱人下士,虽疏交

贱隶，皆恩礼而遇之。河上堡固先有任子在胡者，皆听两属；时遣游军伪抄之，明其未附。诸坞主感戴，胡有异图，辄密以闻，前后克获，盖由于此。”

④伺候：侦察。

⑤因：指因间，即乡间。

⑥前却：进退。期会：约期聚集。

⑦开通：犹引荐。

⑧事计：处事的计划、谋略。

⑨待于敌间：《孙子兵法·用间》作“传于敌间”。

【译文】

所以间谍有五种类型：有乡间，有内间，有反间，有生间，有死间。五种间谍同时使用，令敌人摸不清规律。乡间，指利用敌方的乡野之人做间谍。是说敌方的乡野之人，知道敌人的内外虚实，可以让他们侦察情况，通报消息。所以说：使用乡间，首先要给予奖赏报酬。**内间，指利用敌方的官吏做间谍。**利用敌方失去官职的官吏，如那些被诛杀之人的子孙，以及受到惩罚的家族。趁他们心怀嫌隙，将他们发展为内间。**反间，指利用对方的间谍，使其成为我方的间谍。**曹操说：“敌人派间谍前来窥探我方情况，我方察觉后，便许以重金，使其反而成为我方的间谍，所以叫‘反间’。”萧绎说：“是说敌方派人前来侦察我方情况，我方假装不知，将虚假的情报，如军队进退、约期聚集的情形透露给敌方间谍，让他回去报告，所以叫作‘反间’。”**生间，指能够安全回国报告敌情的间谍。**选择我方有贤才智谋，能够通过自荐结识敌方亲近贵幸之人的士人，派他们观察敌方动静，探知敌方计划。已探明敌方的真实情况后，安全回国报告，所以叫作“生间”。**死间，指故意传播假消息，让我方间谍得知，从而传播于敌方。**在外做出种种虚假的举动，并假装泄露消息，让我方的间谍知晓。我方间谍去往敌方阵营后，被敌人俘虏，必然会把了解到的虚假情报告诉敌方，敌方据此戒备。但我方的实际行动却并非如此，这样一来，这名间谍就必死无疑了。另一种说法是：“敌人的间谍来到我方营中，拿着虚假的情报回去报告，而这却不是我方真正的计划。”这两种间谍,都无法了解隐秘的实情,所以叫作“死间”。萧绎说:“所俘获的敌人,我方的逃兵,以及犯了重罪被囚禁起来的军士,假装免除他们的罪过,告诫他们不要泄露秘密,然后假装未能严守机密,让这些被囚禁的人偷偷听到机密事宜,于是有意放松看守,让他们逃亡。这些人逃亡后,必定投奔敌方,报告自己听到的情报,敌方一定会相信。但敌方知道上当后,必然处死他们,所以叫作‘死间’。”

昔汉西域都护班超初为将兵长史[①],悉发诸国步骑二万五千击莎车[②]。莎车求救龟兹[③],龟兹王遣左将军发温宿、姑墨、尉头合五万人助之[④]。超召部曲及于阗、疏勒王议曰[⑤]:“兵少不敌,计莫如各解散去。于阗从此东,长史亦从此西归,夜半闻鼓声便发。”众皆以为然。乃阴缓擒得生口[⑥]。生口归,以超言告龟兹。龟兹闻之喜,使左将军将万骑于西界遮超,温宿王将八千骑于东界遮于阗王。人定后[⑦],超密令诸司马勒兵励士[⑧]。至鸡鸣[⑨],驰赴莎车军营,掩覆之,胡皆惊走,斩首五千级。莎车遂降。又耿弇讨张步,步闻之,乃使其大将费邑军历下,又分兵屯祝阿,别于太山钟城列营数十,以待弇。昔刘备东下,与孙权交战。魏文帝闻备树栅连营七百余里,谓群臣曰:“备不晓兵权,岂有七百里营可以拒敌者乎?包原隰险阻而为军者,为敌所擒,此兵忌也。”后七日,权破备书到。今张步列营数十,缓急不能相救,又一军溃则众心难固。此黥布所以走荆王也[⑩]。步非计也,败其宜也。弇渡河,先击祝阿,拔之。故开围一角,令其众得奔钟城。钟城人闻祝阿已溃,大惧,遂空壁亡去。孙子曰:“三军可夺气,将军可夺心[⑪]。”耿弇开祝阿之围,令其众奔钟城以震怖之,亦夺气、夺心计也,妙矣夫!费邑分遣其弟敢守巨里。弇进兵,先胁巨里,多伐树木,扬言以填塞坑堑。数日，有降者言："邑闻弇欲攻巨里，谋来救之。"弇乃严令军中趣治攻具，后三日当悉力攻巨里。阴缓生口，令得亡归。归者以弇期告邑，邑至日果自将来救之。弇喜，谓诸将曰："吾所修攻具者，欲诱致邑耳。今来，适吾所求也。"即分三千人守巨里，自引精兵止岗坂，乘高合战，大破之，临阵斩邑。或问孙子曰[12]："敌众而整[13]，将来，待之若何？"曰："先夺其所爱则听矣[14]。"又曰："善战者致人而不致于人[15]。"弇扬言攻巨里也，亦夺其所爱，令自致之计也。此用乡间之势也。

【注释】

①昔汉西域都护班超初为将兵长史：以下至"莎车遂降"，出自《后汉书·班超传》，文字有所不同。西域都护，汉朝管理西域事务的长官。班超，字仲升，扶风安陵（今陕西咸阳东北）人。班彪之子，班固之弟，东汉时期著名军事家、外交家。在西域三十一年，平定西域诸国，是开拓和维持汉朝与西域关系的重要人物。

②莎车：西域古国名。汉时治莎车城（今新疆莎车境内）。

③龟兹（qiū cí）：西域古国名。又作"屈兹国""屈支国""屈茨国""鸠兹国""丘兹国""归兹国"，亦作"俱支囊国""拘夷国"，汉时治延城（今新疆库车东皮郎旧城）。

④温宿：西域古国名。在今新疆乌什一带。姑墨：西域古国名。又作"姑默""跋禄迦""拨换"，汉时治南城（今新疆阿克苏一带）。尉头：西域古国名。汉时治尉头谷（今新疆阿合奇县以东色帕巴依乡）。

⑤于阗：西域古国名。又作"于寘""于遁"等，汉时治西城（今新疆和田境内）。疏勒：西域古国名。汉时治疏勒城（今新疆喀什一带）。

⑥生口：俘虏。

⑦人定:夜深人静时。一说,古时计时术语,约为亥时,相当于现在的21时至23时。

⑧勒兵:治军,操练或指挥军队。

⑨鸡鸣:古时计时术语,约为丑时,凌晨二时左右。

⑩此黥布所以走荆王也:指黥布击败荆王刘贾。《史记·黥布列传》:"(黥布)东击荆,荆王刘贾走死富陵。"

⑪三军可夺气,将军可夺心:出自《孙子兵法·军争》。

⑫或问孙子曰:以下至"先夺其所爱则听矣",出自《孙子兵法·九地》。

⑬众而整:兵力众多而阵容严整。

⑭先夺其所爱则听矣:意谓首先夺取敌人重视的要素,敌人就会听从我方调遣。《孙子兵法·九地》曹操注:"夺其所恃之利。若先据利地,则我所欲必得也。"陈皞注:"爱者,不止所恃利,但敌人所顾之事,皆可夺也。"

⑮善战者致人而不致于人:出自《孙子兵法·虚实》。

【译文】

东汉时期,西域都护班超刚刚担任将兵长史时,征调西域诸国步兵、骑兵两万五千人,攻打莎车国。莎车向龟兹求救,龟兹王派遣左将军征发温宿、姑墨、尉头三国人马共五万人援助莎车。班超招来部下以及于阗、疏勒国王商议道:"我军兵少,不是敌军对手,不如各自撤兵离去。于阗王由此向东,我也从这里向西归去,半夜时分,听到鼓声就各自出发。"众人都认为这样很对。班超于是暗中放走之前俘获的俘虏。俘虏逃归后,把班超的话告诉了龟兹王。龟兹王听了很高兴,派左将军率领一万骑兵在莎车西面边界阻拦班超,派温宿王率领八千骑兵在莎车东面边界阻拦于阗王。夜深人静后,班超密令各部司马指挥军队,鼓舞士气。到了鸡鸣时分,大军驰扑莎车军营,将其迅速击破,胡人都惊慌逃散,班超所部斩获五千多个首级。莎车国于是投降。又,耿弇讨伐张步,张步听到这一消息,便派他的大将费邑驻军历下,又分兵驻扎祝阿,另外在泰山钟城布置了几十座营垒，以抵抗耿弇。过去刘备率军东下，与孙权交战。曹丕听说刘备树立栅栏连接军营长达七百多里，对群臣说："刘备不懂得用兵，哪有七百里长营可以抵御敌人的呢？在平坦低湿或地势险阻处驻军，将被敌人擒获，这是兵家大忌。"七天之后，孙权击溃刘备的报告果然送到。如今张步扎下数十个营垒，遇到紧密情况无法互相救援，况且，只要其中一支部队奔溃，其他各营的军心就很难稳定。这就是黥布之所以能击败荆王刘贾的原因。张步计策失当，失败是必然的。耿弇渡河后，先攻打祝阿，很快将其攻下。耿弇故意打开包围圈的一角，让城中士兵得以逃归钟城。钟城人听说祝阿已被击溃，非常恐惧，于是丢下营垒全部逃走了。孙子说："可以使三军失去锐气，可以使将军失去决心。"耿弇故意打开祝阿的包围圈，令祝阿的败军逃奔钟城，以震慑钟城的守军。这正是夺三军之气、夺将军之心的计策，真是巧妙啊！费邑分派他的弟弟费敢去守卫巨里。耿弇进兵威胁巨里，派人大量砍伐树木，扬言要用这些木头来填平护城河。几天后，有投降过来的士兵说："费邑听说耿弇要进攻巨里，打算前来救援。"耿弇于是严令全军加紧制造攻城器械，扬言三天后将全力攻打巨里城。同时暗地里放松对俘虏的看管，让他们逃跑回去。逃回去的俘虏将耿弇攻打巨里的日期告诉了费邑，到了那一天，费邑果然亲自率军前来救援。耿弇非常高兴，对各位将领说："我之所以制造攻城器械，就是想引诱费邑前来。现在他来了，正是我所希望的。"于是分兵三千人守在巨里城下，自己率领精兵登上山坡，居高临下交战，大败敌军，在战斗中杀死了费邑。有人问孙子说："敌人兵力众多而阵容严整，将要前来和我方决战，应该如何对付？"回答说："首先夺取敌人重视的要素，敌方就会听从调遣。"又说："善战者要调动敌人，而不要为敌人所调动。"耿弇扬言攻打巨里，正是夺取费邑所重视之处，诱使对方前来救援的计策。这是使用乡间的情形。

晋时①，益州牧罗尚遣隗伯攻李雄于郫城，迭有胜负。雄乃募武都人朴泰，鞭之见血，使谲罗尚，欲为内应，以火为期。尚信之，悉出精兵，遣隗伯等率兵从泰。李雄先使李骧于道设伏。泰以长梯倚城而举火。伯军见火起，皆争缘梯。泰又以绳汲上尚军百余人，皆斩之。雄因放兵，内外击之，大破尚军。此用内间之势也。

【注释】

①晋时：以下至“此用内间之势也”，见于《孙子兵法·用间》何氏注。

【译文】

西晋时期，益州牧罗尚派遣隗伯攻打李雄所在的郫城，互有胜负。李雄于是找来了武都人朴泰，把他鞭打得皮开肉绽，让他假装获罪前去投奔罗尚，告诉罗尚自己可以充当李雄军中的内应，以火把为信号。罗尚相信了他，调集全部精兵，派隗伯等人率军跟随朴泰。李雄先派李骧在道路旁设下伏兵。到达郫城后，朴泰将长梯靠在城墙上，登上郫城城墙，并点燃火把。隗伯率领的部队看到火光燃起，都争着攀登长梯。朴泰又用绳索吊上来百余名罗尚的士兵，将他们全部斩首。李雄趁机出兵，与李骧内外夹击，大败罗尚的军队。这是使用内间的情形。

郑武公欲伐胡，先以其子妻胡，因问群臣曰：“吾欲用兵，谁可伐者？”大夫关期思曰[①]：“胡可伐。”武公怒而戮之，曰：“胡，兄弟之国，子言伐之，何也？”胡君闻之，以郑为亲己而不备郑。郑袭胡，取之。汉使郦生说齐王田横[②]，横罢兵，与郦生纵酒。汉将韩信因齐无备，袭齐，破之。田横烹郦生。郦生偶成韩信死间。唐李靖伐匈奴[③]，以唐俭先和亲[④]，而己以兵乘其不备，破之。此靖以唐俭为死间者也。此用死间之势也。

【注释】

①关期思：本书卷八《钓情》作“关其思”，春秋时期郑国大夫。

②汉使郦生说齐王田横：以下至“田横烹郦生”，事见《史记·郦生陆贾列传》。郦生，即郦食其。田横，应作“田广”。

③李靖：字药师，一说本名药师，京兆三原（今陕西三原）人。隋末至初唐时期杰出军事家。先后率军击破东突厥、吐谷浑。官至兵部尚书、尚书右仆射，封卫国公。伐匈奴：指李靖讨伐东突厥颉利可汗。《旧唐书·李靖传》：“颉利虽外请朝谒，而潜怀犹豫。其年二月，太宗遣鸿胪卿唐俭、将军安修仁慰谕，靖揣知其意，谓将军张公谨曰：‘诏使到彼，虏必自宽。遂选精骑一万，赍二十日粮，引兵自白道袭之。’公谨曰：‘诏许其降，行人在彼，未宜讨击。’靖曰：‘此兵机也，时不可失，韩信所以破齐也。如唐俭等辈，何足可惜。’督军疾进。……颉利见使者大悦，不虞官兵至也。靖军将逼其牙帐十五里，虏始觉。颉利畏威先走，部众因而溃散。靖斩万余级，俘男女十余万。”

④唐俭：字茂约，并州晋阳（今山西太原）人。唐初大臣。官至礼部、民部尚书，封莒国公。《旧唐书·唐俭传》：“太宗谓俭曰：‘卿观颉利可图否？’对曰：‘衔国威恩，亦可望获。’遂令俭驰传至虏庭，示之威信。颉利部落欢然定归款之计，因而兵众弛懈。李靖率轻骑掩袭破之，颉利北走，俭脱身而还。”

【译文】

郑武公想攻打胡国，先把女儿嫁给胡君为妻，借机问群臣：“我想对外用兵，可以攻打哪个国家？”大夫关期思说：“可以攻打胡国。”郑武公于是假装发怒，杀了关期思，说：“胡国，是兄弟之国，你说可以攻打，是什么居心？”胡国君主听说此事，认为郑国亲近自己，不再防备郑国。郑国于是袭击胡国，吞并了它。刘邦派郦食其游说齐王田广，田广听从郦食其的劝说罢兵，与郦食其终日饮酒。汉将韩信趁着齐国没有防备，发动突袭，攻破了齐国。田广烹杀了郦食其。郦食其机缘巧合，成为韩信的死间。唐朝李靖讨伐东突厥颉利可汗，唐俭先去和亲，而自己却率军乘其不备，大破突厥。这是李靖利用唐俭做死间。这是使用死间的情形。

陈平以金纵反间于楚军，间范增，楚王疑之。此用反间者也。事具《霸纪》。

【译文】

陈平以重金在楚军中进行反间活动，离间范增与项羽的关系，项羽果然对范增起了疑心。这是使用反间的情形。具体情况记载于《霸纪》。

故知三军之亲莫亲于间[1]，赏莫厚于间，事莫密于间。非圣智莫能用间，非密微莫能得间之实[2]。此三军之要，唯贤将之所留意也。

【注释】

①故知三军之亲莫亲于间：以下至"非密微莫能得间之实"，出自《孙子兵法·用间》。

②密微：邃密微妙。《孙子兵法·用间》作"微妙"。《孙子兵法·用间》杜牧注："间亦有利于财宝，不得敌之实情，但将虚辞以赴我约，此须用心渊妙，乃能酌其情伪虚实也。"张预注："间以利害来告，须用心渊微精妙，乃能察其真伪。"

【译文】

由此可知，在三军将士中，没有谁与主帅的关系比间谍更亲近，没有谁获得的赏赐比间谍更优厚，没有什么事情比间谍更机密。不是才智卓越的人，不能使用间谍；不是心思邃密微妙的人，不能察知间谍的真伪。这是用兵的关键所在，唯有贤能的将军能加以留意。

将体第十一

【题解】

所谓“将体”，指将领所应具备的素质。赵蕤指出，临敌制胜的关键，在于指挥全军的将领。所以一方面，我方将领必须兼备“五才”（勇、智、仁、信、必），明识“四机”（气机、地机、事机、力机），具备强大的心理素质，避免种种弱点，方能确保战争的胜利。而另一方面，必须在战前探知对方将领的特点，“占其将而察其才”，再进行针对性的布置。如此一来，便可以达到“不劳而功兴”的效果。《将体》篇全文及自注，均见于《太平御览》卷二百七十三《兵部四·将帅》。

《万机论》曰[①]：“虽有百万之师，临时吞敌在将也[②]。”吴子曰：“凡人之论将[③]，恒观之于勇。勇之于将，乃万分之一耳。”故《六韬》曰：“将不仁则三军不亲，将不勇则三军不为动[④]。”太公曰：“将者[⑤]，勇、智、仁、信、必也[⑥]。勇则不可犯，智则不可乱，仁则爱人，信则不欺人，必则无二心。”此所谓五才者也。

【注释】

①《万机论》：三国时期蒋济著，《隋书·经籍志》著录八卷，《新唐书·艺文志》著录十卷，今佚。严可均《全三国文》辑有佚文一卷。

②吞敌：消灭敌人。

③凡人之论将：以下至“乃万分之一耳”，出自《吴子·论将》。

④将不仁则三军不亲，将不勇则三军不为动：出自《六韬·龙韬·奇兵》，文字有所不同。

⑤将者：以下至“必则无二心”，出自《六韬·龙韬·论将》。

⑥必：坚持，坚决。《六韬·龙韬·论将》作“忠”。

【译文】

《万机论》说：“虽然有百万大军，临战时要击败敌人，关键还在于将领。”吴子说：“一般人评论将领时，往往只看他是否勇敢。但勇敢对于将领来说，只不过是所应具备素质的万分之一罢了。”所以《六韬》说：“主将不仁爱，三军将士就不会亲附；主将不勇敢，三军将士就不会听从指挥。”太公说：“作为将领，必须具备勇、智、仁、信、必五种品质。勇敢，就不可侵犯；智慧，就不会迷乱；仁爱，就会爱护士卒；诚信，就不会欺骗人；坚决，就不会有二心。”这就是将领所应具备的五种能力。

三军之众[①]，百万之师，张设轻重[②]，在于一人，谓之气机；道峡路险[③]，名山大塞，十人所守，千人不过，是谓地机；善行间谍，分散其众，使君臣相怨，是谓事机；车坚舟利，士马闲习[④]，是谓力机。此所谓四机者也。

【注释】

①三军之众：以下至“是谓力机”，出自《吴子·论将》，有删节。

②张设：部署，设置。

③峡：狭窄。

④闲习：熟习。闲，通“娴”。

【译文】

三军将士，百万大军，军队的部署，轻重的权衡，都取决于统帅一人，这叫作“气机”；道路狭窄险峻，有名山要塞阻隔，用十人把守，千人都无法通过，这叫作“地机”；善于使用间谍，分散敌方的兵力，使敌方君臣之间互相埋怨，叫作“事机”；战车坚固，战船轻便，兵马久经训练，这叫作“力机”。这就是将领所应掌握的“四机”。

夫将可乐而不可忧[①]，谋可深而不可疑[②]。将忧则内疑，将有忧色，则内外相疑，故曰不相信也[③]。谋疑则敌国奋[④]。多疑则计乱，乱则令敌国奋威。以此征伐，则可致乱。故将能清，能静，廉财曰清，不扰曰静。老子曰“重为轻根，静为躁君”也[⑤]。能平，能整，能受谏，能听讼[⑥]，能纳人，受贤于群英之中，若越纳范蠡、齐纳宁戚之类也。能采善言，能知国俗，能图山川，能裁厄难[⑦]，险、难、厄皆悉明之。能制军权[⑧]。危者安之，惧者欢之，叛者还之，将有不合去者，慰诱还之，若萧何追韩信。冤者原之，诉者察之，卑者贵之，士卒苦卑贱者[⑨]，贵之。昔吴起下与士卒同衣食是也。强者抑之，敌者残之，卑中有贱而敌贵者，乱上下之礼，残杀之。贪者丰之，悬赏以丰其心，所以使贪。欲者使之，临敌将战，有欲立功名、有欲利敌人者，皆许而使之。所谓使勇、使贪。畏者隐之，士卒有所畏惧者，隐蔽于后，勿使为军锋。军败由锋怯。谋者近之，谗者覆之，有谗间者，覆亡之。毁者复之，官职有毁废者则修而复之。反者废之，横者挫之，服者活之，首服罪者活之。降者说之[⑩]。说，舍[⑪]。获城者割之，赏功臣也。获地者裂之，赐功荣者。获国者守之，得其国，必封贤以守之。昔吴伐越，得而不守，所以终败也。获厄塞之[12]，获难屯之，获财散之。敌动伺之，敌强下之，敌阵强则下之，勿与战。若齐师伐鲁[13]，鼓之，曹刿不动[14]。三鼓破齐下之。敌凌待之，敌之威势凌我而来，宜持重以待之[15]，勿与战。楚凌汉，求战一决。汉祖知弱，不许之，是也。敌暴安之，敌人为暴虐之行，则安之劝之，所以怒我众也。昔燕伐齐[16]，田单不下。燕师掘齐人冢墓，田单安、劝之。敌勃义之[17]，敌为勃乱之事，则随有义以待之。彼勃我义，故克之。敌睦携之[18]，顺举挫之，举顺以挫逆也。因势破之，放言过之，放过恶言以诬诈敌人，以怒己众也。四网罗之。此为将之道也。

【注释】

①夫将可乐而不可忧：以下至"此为将之道也"，见于《黄石公三略·上略》。

②疑：迟疑，犹豫不决。

③故曰不相信也：《太平御览》卷二百七十三《兵部四·将帅》无"故曰"二字。

④奋：奋起。指发动攻击。

⑤重为轻根，静为躁君：出自今本《老子》第二十六章。躁，动。君，主。引申为根本。

⑥听讼：听理诉讼，审案。

⑦裁：消除，解除。厄难：祸难。

⑧军权：统率并指挥军队的权力。

⑨苦：《太平御览》卷二百七十三《兵部四·将帅》作"若"。

⑩说（tuō）：通"脱"，解脱，免除。

⑪舍：开释，赦免。

⑫厄：指险阻之处，险要之地。塞：驻守。

⑬若齐师伐鲁：以下至“三鼓破齐下之”，事见《左传·庄公十年》。

⑭曹刿（guì）：春秋时期鲁国人。在长勺（今山东莱芜东北）之战中辅佐鲁庄公击败齐军。

⑮持重：稳重，谨慎。

⑯昔燕伐齐：以下至“田单安、劝之”，见于《史记·田单列传》：“单又纵反间曰：‘吾惧燕人掘吾城外冢墓，僇先人，可为寒心。’燕军尽掘垄墓，烧死人。即墨人从城上望见，皆涕泣，俱欲出战，怒自十倍。”

⑰勃：通“悖”，乖戾，乱。

⑱携：离心，离散，离间。

【译文】

将领可以乐观而不能忧愁，谋略可以深思熟虑而不能犹豫。将领忧愁，军队内部就会滋生疑虑。将领有忧愁的神色，军队内外就会互相怀疑，彼此不信任。制定谋略时犹豫不决，敌国就会趁机进攻。多疑会令计谋混乱，计谋混乱，敌国就会奋勇进攻。以此出征讨伐，一定会导致混乱。所以将领必须能清正廉洁，能镇静，廉洁不贪财叫作“清”，不受外界打扰叫作“静”。老子说“重是轻的基础，静是动的根本”。能公平，能严整，能接受劝谏，能听理诉讼，能招纳人才，在众多英才中招贤纳能，就像当年越国招纳范蠡、齐国招纳宁戚那样。能采纳好的建议，能了解一国的风俗，能描绘山川地势，能消除祸难，皆清晰地了解各种危险、艰难、困厄的情况。能掌握统率全军的权力。危难者使其安全，恐惧者使其欢欣，叛逃者予以召还，有因为心意不合而离去的将领，要抚慰诱导，将其劝回，如当年萧何追回韩信那样。有冤屈者为其昭雪，前来控告者明察其案情，卑贱者使其尊贵，对于那些地位卑贱的士卒，要尊重他们。从前吴起与士卒同衣共食就是这种情况。强横者要压抑他，敌对者要摧毁他，地位卑贱者与尊贵者对抗，扰乱上下之礼，必须处死这样的人。贪婪者使其丰足，通过悬赏以迎合其内心的欲望，这是驱使贪婪之人的方法。对有欲望

的人加以任用，两军交战之际，有想要建立功名的人，有想要掠夺战利品的人，皆答应他们的请求并予以任用。这就是驱使勇敢者、贪婪者的方法。**将胆小的人隐藏于阵列之后**，那些胆小畏惧的士卒，把他们隐藏于阵列之后，不要让他们充当前锋。军队的溃败，往往由于前锋的怯懦。**对于有智谋的人要加以亲近，对于进谗言的人要及时消灭**，有以谗言行离间之计的，要予以消灭。**被撤职者恢复其官职**，官职被撤的人，使其官复原职。**谋反者要加以废黜，骄横者要使其挫败，服罪者要给予生路**，首先认罪的人，要让他活命。**投降者要免除罪责**，说，是赦免的意思。**攻克城邑者，将城邑赏赐给他**，赏赐功臣。**夺得土地者，将土地赏赐给他**，赏赐建立了功名的人。**夺得敌国后必须据守**，夺得了敌国，一定要委派贤人据守。从前吴国讨伐越国，攻下后却不据守，所以最终失败。**夺得险塞后必须驻守，夺得难攻之地后必须屯守，获得财物后要分发给众人。敌方的行动要加以侦察，敌方实力强大，要暂时甘居下风**，敌人强大，就暂时甘居下风，不要与敌人交战。如当年齐军讨伐鲁国，击鼓进攻，曹刿按兵不动。等到齐军击鼓三次，士气衰竭，曹刿才下令进攻，打败了齐军。**敌方攻势凌厉，要暂避锋芒**，敌人气势汹汹，攻势凌厉，我方应该稳重谨慎，严阵以待，不要与敌方交战。如当年项羽攻势凌厉，要求与汉军一决胜负。刘邦知道自己兵力弱小，不肯出战，便是这种情况。**敌方残暴，要安抚士卒**，敌方做出暴虐的行径，则安抚、劝慰我方将士，以此激起他们的怒火。从前，燕军讨伐齐国，田单所守的即墨久攻不下。燕军挖开齐人的坟墓，田单则安抚、劝慰齐军。**敌人悖逆，我方要坚持仁义之举**。敌人行悖逆之事，我方则坚持仁义来对付他们。敌方悖逆而我方仁义，因此能战胜他们。**敌人内部和睦，要设法离间他们，顺应正道以挫败敌军**，顺应正道，以挫败悖逆的敌军。**借助有利形势击溃敌军，制造舆论指责敌方的罪恶**，放出恶言，诋毁敌人，以激怒我方的将士。**四面设围以围剿敌人。以上这些，都是将领指挥作战的方法。**

故将拒谏则英雄散[①]，策不从则谋士叛，善恶同则功臣倦，赏罚不明，善恶无异，则有功之臣皆懈倦也。将专己则下归咎，专己自任，不与下谋，众皆归罪于将而责之。将自臧则下少功，臧，善也。将自伐勋[②]，忘下自用者，故曰少功也。将受谗则下有离心，将贪财则奸不禁，上贪则下盗也。将内顾则士卒淫。内顾，思妻妾也。将有一则众不服，有二则军无式，式，法也。有三则军乖背[③]，有四则祸及国。

【注释】

①故将拒谏则英雄散：以下至“有四则祸及国”，出自《黄石公三略·上略》。

②自伐：自夸。

③乖背：违背，指反叛。

【译文】

因此，将领拒绝听取意见，英雄豪杰就会离他而去；不采纳好的计策，谋士就会背叛他；善恶不分，功臣就会懈怠；赏罚不明，善恶没有区别，那么有功之臣都会松懈倦怠。将领独断专行，属下就会归罪于他，将领独断专行，不与属下一起商议，那么众人就会归罪于将领并指责他。将领自我夸耀，下属就不愿多立功劳。臧，是善的意思。将领自我夸耀功勋，忘了属下的功劳，居功自傲，因此属下将士不愿多立功劳。将领听信谗言，属下就会离心离德；将领贪图财物，奸邪之事就难以禁止，上级贪婪，下级就会盗窃。将领内顾，士卒就会淫乱无度。内顾，指思念妻妾。将领犯了以上一条，众人就不愿服从；犯了两条，军法就无法执行；式，指法度。犯了三条，军队就会反叛；犯了四条，祸乱就会危及国家。

《军志》曰[①]：“将谋欲密，士众欲一，将、众如一体也。攻敌欲疾。将谋密则奸心闭，士众一则群心结，结，如一也。攻敌疾则诈不及。设军有此三者，则计不夺。将谋泄则军无势，以外窥内则祸不制，窥，见也。谋泄则外见已情之虚实，其祸不可制也。财入营则众奸会。凡为军，使外人以财货入营内，则奸谋奄集其中心②。将有此三者，军必败。将无虑则谋士去③，将无防虑④，不能从谋，故去之。将无勇则吏士恐，将怯则下无所恃，故恐也。将迁怒则军士惧。虑也，谋也，将之所重；勇也，怒也，将之所用意。”

【注释】

①《军志》曰：以下至“将之所用意”，出自《黄石公三略·上略》。《军志》，《黄石公三略·上略》作“《军谶》”。

②奄：覆盖。引申为尽、包括。

③无虑：没有深谋远虑。

④防虑：因有所顾虑而提防。

【译文】

《军志》说：“将领的谋划要机密，将领士卒要团结一致，将领、士卒犹如一个整体。攻击敌人要迅猛。将领的谋划机密，奸细的企图就不能得逞；将领士卒团结一致，全军就会同心同德，结，指团结如一。攻击敌人迅猛，对方的诡诈计谋就来不及布置。军队做到这三点，作战计划就不会失败。将领的谋划泄露，军队就会失去有利形势；敌方从外部窥探到我军的内部情况，祸患就不可避免。窥，是看见的意思。谋划泄露，敌方就能掌握我方的虚实，祸患将不可避免。非法的财物进入军营，众多奸邪之人就会在此聚集。凡是统率军队，如果让外人把财物带入军营中，那么各种奸谋都会集中到这里发生。将领有这三种情况，军队必然失败。将领缺乏谋虑，谋士就会离去。将领没有深谋远虑，不能听从计策，谋士因此离去。将领缺乏勇气，士兵就会恐慌。将领胆怯，部下就无所依靠，因此会恐慌。将领迁怒于人，士兵就会恐惧。谋虑、计策，是将领所倚重的；勇敢、怒气，是将领所应留意的。”

故曰："必死，可杀也[①]；必生，可虏也[②]；忿速，可侮也[③]；廉洁，可辱也[④]；爱人，可烦也[⑤]。此五者，将军之过，用兵之灾。"

【注释】

①必死，可杀也：以下至"用兵之灾"，出自《孙子兵法·九变》。曹操注："勇而无虑，必欲死斗，不可曲挠，可以奇伏中之。"

②必生，可虏也：《孙子兵法·九变》张预注："临陈畏怯，必欲生返，当鼓噪乘之，可以虏也。"

③忿速，可侮也：《孙子兵法·九变》杜牧注："忿者，刚怒也。速者，褊急也，性不厚重也。若敌人如此，可以陵侮，使之轻进而败之也。"

④廉洁，可辱也：《孙子兵法·九变》曹操注："廉洁之人，可污辱致之也。"

⑤爱人，可烦也：《孙子兵法·九变》曹操注："出其所必趋，爱民者，则必倍道兼行以救之，救之则烦劳也。"

【译文】

所以说："对于一味拼死的敌将，可以用计杀死他；对于贪生怕死的敌将，可以设法俘虏他；对于愤怒急躁的敌将，可以通过侮辱使其冒进；对于廉洁惜名的敌将，可以通过羞辱使其中计；对于爱护民众的敌将，可以通过不断骚扰使其疲惫不堪。以上五条，是将领容易犯的错误，是用兵作战的大忌。"

故凡战之要[①]，先占其将而察其才[②]，因刑用权[③]，则不劳而功兴也。其将愚而信人，可谋而诈；贪而忽名，可货而赂；轻变无谋，可劳而困；上富而骄，下贫而桀[④]，可离而间；将怠士懈，可潜而袭。

【注释】

①故凡战之要:以下至“可潜而袭”,出自《吴子·论将》。

②占(zhān)其将:观察对方将领。占,窥察,察看。

③因刑用权:意谓根据敌人的情况,采取权变的方法。刑,通“形”,形势,情况。权,权变,随机处置。

④桀:凶悍,横暴。《吴子·论将》作“怨”。

【译文】

所以,作战的关键是,一定要先探知敌方的将领,并充分了解他的才能。根据敌人情况,随机应变,不费多大力气就可以取得胜利。如果敌将愚昧而轻信他人,可以用计谋欺骗他;如果敌将贪婪而不顾名誉,可以用财物贿赂他;如果敌将轻举妄动,没有谋略,可以通过骚扰使其疲困;如果敌方将领富裕而骄横,士卒贫困而凶悍,可以离间他们;如果敌方将领懈怠,士兵松懈,可以偷袭他们。

智而心缓者[①],可迫也;勇而轻死者,可暴也[②];急而心速者,可诱也;贪而喜利者,可袭也,可遗也;仁而不忍于人者,可劳也;智而心缓者,可惊也;信而喜信于人者,可诳也;廉洁而不爱人者,可侮也;刚毅而自用者,可事也[③];懦心喜用于人者,可使人欺也。

【注释】

①智而心缓者:以下至“可使人欺也”,出自《六韬·龙韬·论将》,文字有所不同。此处“智而心缓”,应从《六韬·龙韬·论将》作“智而心怯”。

②暴:猝然,突然。指发起突然进攻,击杀敌将。

③事:此指烦以琐事,使之心力交瘁。

【译文】

如果敌将有智谋却内心怯懦，可以迫使他应战；如果敌将勇敢而不惧死亡，可以发起突然进攻，将其击杀；如果敌将急躁而求胜心切，可以设计引诱他；如果敌将贪婪好利，可以诱之以利，设计袭击他；如果敌将仁爱而不忍民众受苦，可以骚扰他；如果敌将有智谋却优柔寡断，可以惊吓他；如果敌将诚实而轻信他人，可以欺骗他；如果敌将廉洁却不爱护他人，可以侮辱他；如果敌将刚毅而自行其是，可以用各种琐事骚扰他；如果敌将怯懦而喜欢依赖他人，可以使人欺诈他。

此皆用兵之要、为将之略也。

【译文】

以上这些，都是用兵的重要原则，将领所应具备的谋略。

料敌第十二

【题解】

所谓“料敌”，指探明敌情。《孙子兵法·谋攻》篇中说：“知彼知己者，百战不殆；不知彼而知己，一胜一负；不知彼不知己，每战必败。”所以知己知彼，探明敌方情形，是确保胜利的关键。本篇援引《孙子兵法》《吴子》等文献，介绍了多种探明敌方态势的方法。赵蕤在结尾处强调“兵者，诡道也”，在观察敌情时，万不可被敌方的假象所迷惑。

夫两国治戎①，交和而舍②，不以冥冥决事③，必先探于敌情。故孙子曰：“胜兵先胜而后战④。”又曰：“策之而知得失之计⑤，候之而知动静之理⑥，因形而作胜于众⑦。”用兵之要也。

【注释】

①治戎：作战，治军。

②交和：两军相对。《孙子兵法·军争》：“交和而舍。”曹操注：“军门为和门，……两军相对为交和。”舍：屯驻，驻扎。

③冥冥：懵懂无知貌。

④胜兵先胜而后战：出自《孙子兵法·形》。

⑤策之而知得失之计：以下至“因形而作胜于众”，出自《孙子兵法·虚实》，有删节。张预注：“筹策敌情，知其计之得失。”策，筹算，用筹策计算。

⑥候：观察。

⑦因形而作胜于众：《孙子兵法·虚实》作“因形而措胜于众”。张预注：“因敌变动之形以置胜。”

【译文】

两国兴兵交战，两军相对驻扎，此时不能懵懂无知地进行决策，必须首先探明敌情。所以孙子说：“能够打胜仗的军队，总是先具备了获胜的条件，才与敌人决战。”又说：“筹策计算，以了解敌方的计谋得失；仔细观察，以掌握敌方的动静规律；根据敌情变化调兵遣将，从而获得胜利。”这是用兵的关键所在。

若欲先知敌将①，当令贱而勇者，将轻锐以尝之，观敌之来。一起一坐②，其政以理③；其追北，佯为不及；其见利，佯为不知。如此者，将必有智，勿与轻战。凡敌上气黄白润泽者④，将有威德。或军上气发，渐渐如云，变作山形，将有深谋。或敌上气外黑中赤在前者⑤，将精悍。皆不可击。凡气上与天连，军中将贤良。凡有气如龙如虎在杀中⑥，或如火烟之形，或如火光之状，或如山林，或如尘埃头尖而卑，或气紫黑如门上楼，或如白粉沸，皆猛将之气也。若其众欢旗乱，其卒自止自行，其兵或纵或横，其追北恐不及，见利恐不得，如此者，将必无谋，虽众可获。凡敌上气青而疏散者，将怯弱。前大后小，将怯不明也。

【注释】

①若欲先知敌将：以下至“虽众可获”，出自《吴子·论将》，有删节。

②一起一坐：指一举一动。

③其政以理：意谓指挥有条不紊。

④凡敌上气黄白润泽者：以下至“将怯不明也”，见于《开元占经》卷九十七《猛将军阵胜败云气占·将军气》。

⑤敌上气外黑中赤在前者：《开元占经》卷九十七《猛将军阵胜败云气占·将军气》作“敌上气黑中赤在前者”，译文从之。

⑥杀：指杀气。《开元占经》卷九十七《猛将军阵胜败云气占·将军气》作“猛将气如兽在杀气中”。

【译文】

如果想先了解敌将的情况，可以命令一位勇敢的下层军官，率领轻锐部队去试探敌人，观察敌人的动向。如果敌军的一举一动，指挥有条不紊；追逐败兵时假装追不上，见到战利品时假装没看见。像这样的军队，将领必定很有智谋，不要轻易与之交战。凡是敌军上方的云气呈现黄白色，厚润而浓重，说明敌将有威望德行。或者敌军上方有云气升发，渐渐形成云朵，变为山的形状，说明敌将有深谋远虑。或者敌军上方的云气中间呈黑色，前面呈红色，说明敌将精悍。上述情况，都不可发起攻击。凡是云气与天相连，说明军中的将领贤良。凡是云气如龙如虎，与杀气混杂在一起，或者如烟火的形状，或者如火光的形状，或者如山林，或者如扬起的尘埃，前头尖而低，或者云气呈紫黑色，宛如门楼，或者呈现白色，飞扬腾涌，这些都说明军中必有猛将。如果敌军喧哗吵闹，旗帜纷乱，士卒自由散漫，或行或止，纵横无序，追逐败兵时唯恐追不上，见到战利品时唯恐抢不到，像这样的军队，将领必然没有谋略，即使人数众多，也不难击败。凡是敌军上方的云气呈现青色而稀疏散漫，说明敌将懦弱。如果云气前大后小，说明敌将怯懦而愚蠢。

故曰：敌近而静者[1]，恃其险也；敌远而挑战者，欲人之进也。众树动者，来也；众草多障者，疑也。稠草中多障蔽者，必逃去。恐吾追及，多作障蔽，使吾疑其间有伏兵也。鸟起者，伏也。凡军上气浑浑圆长[②]，赤气在其中，或有气如赤杵在黑云中，皆有伏兵。或两军相当，有赤气在军前后左右者，有伏兵，随气所在防之。或有云绞绞绵绵，此以车骑为伏兵。或有云如布席之状，此以步卒为伏兵。或有云如山岳在外，为伏兵。不可不审察也。兽骇者，覆也[③]。尘卑而广者，徒来也。散而条达者[④]，薪来也[⑤]。少而往来者，营军也。少，尘少也。辞卑而益备者，进也。敌增备也。辞强而进驱者，退也[⑥]。无约而请和者，谋也[⑦]。半进半退者，诱也[⑧]。杖而立者，饥也[⑨]。汲而先饮者，渴也。见利不进者，劳也。鸟集者，虚也。夜呼者，恐也。军扰者，将不重也。旗动者，乱也。吏怒者，倦也[⑩]。粟马食肉，军无悬湹[⑪]，音唾。一箪之食也[⑫]。不及其舍者，穷寇也。谆谆翕翕，徐言入入者，失其众也[⑬]。此将失其众之意也。数赏者，窘也。数罚者，困也。数顾者，失其群也。来委谢者[⑭]，欲休息也。兵怒而相迎，久而不合，又不相去，必谨察之。

【注释】

①敌近而静者：以下至"必谨察之"，出自《孙子兵法·行军》，有删节。

②凡军上气浑浑圆长：以下至"不可不审察也"，见于《开元占经》卷九十七《猛将军阵胜败云气占·伏兵云气》。浑浑，浑浊貌，纷乱貌。

③覆：突然袭击。《孙子兵法·行军》李筌注："不意而至曰覆。"

④条达：断续分散貌。

⑤薪来：《孙子兵法·行军》作"薪采"。

⑥辞强而进驱者,退也:《孙子兵法·行军》张预注:“使来辞壮,军又前进,欲胁我而求退也。”

⑦无约而请和者,谋也:《孙子兵法·行军》张预注:“无故请和,必有奸谋。”

⑧半进半退者,诱也:《孙子兵法·行军》张预注:“诈为乱形,是诱我也。”

⑨杖而立者,饥也:《孙子兵法·行军》杜牧注:“倚仗矛戟而立者,饥之意。”

⑩吏怒者,倦也:《孙子兵法·行军》杜牧注:“众悉倦弊,故吏不畏而忿怒也。”

⑪军无悬箠:《孙子兵法·行军》作“军无悬缻”,杜牧注:“粟马,言以粮谷秣马也。肉食者,杀牛马飨士也。军无悬缻者,悉破之,示不复炊也。不返其舍者,昼夜结部伍也。如此皆是穷寇,必欲决一战尔。”

⑫箪(dān):古代用来盛饭食的盛器,以竹或苇编成,圆形,有盖。

⑬“谆谆(zhūn)翕翕(xī)”三句:意谓絮絮叨叨、低声下气,语调和缓地与士卒说话,说明敌将已失去人心。谆谆,絮絮不休貌。翕翕,失意不满貌。徐,慢慢地。

⑭委谢:谓委贽谢罪。指敌人派使者来送礼道歉。

【译文】

所以说:敌人离我军很近却保持安静,是因为有险要地形可以依靠;敌人离我军很远却发出挑战,是想引诱我军进兵。树丛摇动,说明有敌人前来;草丛中设置了许多障碍物,说明敌人想迷惑我军。稠密的草丛中设置了许多障碍物,说明敌人打算逃跑。又害怕我军追击,所以在草丛中设置了许多障碍物,让我军怀疑其中有伏兵。鸟儿惊飞,说明下面藏有伏兵。凡是军队上方的云气浑浊,圆且长,中间包裹着红色云气,或者有形如红色棒槌的云气被包裹于黑云中,都说明有伏兵。或者两军对峙时,有红色云气在军队前后左右飘荡,说明有伏兵，要随云气所在的方位设防。或者有云气交织缠绵，说明有骑兵的埋伏部队。或者有云气如同布匹、席子的形状，说明有步兵的埋伏部队。或者有云气状如山岳，横亘于外，说明有伏兵。以上情况，不可不认真审察。野兽惊骇，说明敌人发动了突然袭击。尘土低飞而宽广，说明敌人的步兵袭来。尘土断续分散，说明敌人正派人砍柴。尘土稀少，此起彼落，说明敌人正在扎营。少，指尘土少。敌军使者言辞谦卑，却在加强战备，说明他们将要发动进攻。敌人增强军备。敌军使者言辞强硬，又摆出进军的架势，说明他们将要撤退。敌方无缘无故请求和解，说明其中藏有阴谋。敌军半进半退，阵形混乱，是想引诱我军进攻。敌军士卒倚靠着兵器站立，说明很饥饿。敌军士卒去打水，自己先饮用，说明很干渴。敌军见到好处却不愿上前，说明很疲劳。敌营中群鸟聚集，说明营垒已经空虚。敌军士卒夜晚呼叫，说明军心恐慌。敌军士卒惊扰，说明将领没有威望。敌军旌旗乱摇，说明他们阵形已乱。敌军军吏常常发脾气，说明敌人已经倦怠。拿粮食喂马，让士卒吃肉，吊着的瓦锅被打烂，棰，音唾，指一箪食物。部队不返回军营，说明这是陷入绝境的敌人。絮絮叨叨、低声下气，语调和缓地与士卒说话，说明敌将已失去军心。这是将领已失去军心的表现。屡屡犒赏士卒，说明敌军处境困窘。屡屡惩罚士卒，说明敌军陷入困境。行军时左顾右盼，说明和大部队失去了联系。敌人前来送礼谢罪，说明他们希望休战。敌人盛怒前来迎战，却久久不与我军交锋，也不撤退，这种情况一定要谨慎观察。

敌来新到[①]，行阵未定，可击也；阵虽定，人马未食，可击也；涉长道后行未息[②]，可击也；行坂涉险[③]，半隐半出，可击也；涉水半渡，可击也；险道狭路，可击也；旌旗乱动，可击也；阵数动移，可击也；人马数顾，可击也。凡见此者，击之而勿疑。

【注释】

①敌来新到：以下至“击之而勿疑”，出自《吴子·料敌》，文字有所不同。

②后行：后续部队。

③坂：山坡。

【译文】

敌人初来乍到，还未摆好阵势，可以攻击；阵势已经摆好，但人马还没来得及进食，可以攻击；敌军长途跋涉而来，后续部队尚未得到休息，可以攻击；敌军在山坡等险要地形行军，只有一半部队通过了险要之处，可以攻击；敌军渡河，刚渡过一半，可以攻击；敌军在险要狭窄的道路上行军，可以攻击；敌军旌旗乱动，可以攻击；敌军阵地屡次转移，可以攻击；敌军将士前顾后盼，可以攻击。凡是见到以上这些情况，要迅速发动进攻，不要迟疑。

然兵者[①]，诡道也。能而示之不能[②]，用而示之不用[③]。故匈奴示弱，汉祖有平城之围[④]；石勒藏锋，王浚有幽州之陷[⑤]。即其效也，可不慎哉！

【注释】

①然兵者：以下至“用而示之不用”，出自《孙子兵法·计》。

②能而示之不能：《孙子兵法·计》张预注：“实强而示之弱，实勇而示之怯。”

③用而示之不用：《孙子兵法·计》李筌注：“言己实用师，外示之怯也。”

④故匈奴示弱，汉祖有平城之围：事见《史记·刘敬叔孙通列传》：“汉七年，韩王信反，高帝自往击之。至晋阳，闻信与匈奴欲共击汉，上大怒，使人使匈奴。匈奴匿其壮士肥牛马，但见老弱及羸

畜。使者十辈来，皆言匈奴可击。上使刘敬复往使匈奴，还报曰：'两国相击，此宜夸矜见所长。今臣往，徒见羸瘠老弱，此必欲见短，伏奇兵以争利。愚以为匈奴不可击也。'是时汉兵已逾句注，二十余万兵已业行。上怒，骂刘敬曰：'齐虏！以口舌得官，今乃妄言沮吾军。'械系敬广武。遂往，至平城，匈奴果出奇兵围高帝白登，七日然后得解。"

⑤石勒藏锋，王浚有幽州之陷：事见《晋书·石勒载记》。参见本书《霸图》赵蕤自注。

【译文】

用兵，是诡诈之道。有能力却装作没能力，要出兵却装作不出兵。所以匈奴示弱，刘邦遂有平城之围；石勒隐藏锋芒，王浚据守的幽州因此失陷。这些都是以诡道用兵的战果，怎么能不谨慎呢！

势略第十三

【题解】

在《孙子兵法》中，“势”是一个重要的概念，包括了奇正、虚实、勇怯等方面的内涵。本篇主要从“勇怯，势也”这一角度出发，通过具体的战例，强调民心的安定与军队的斗志，对于战争胜败起着关键性的作用，所谓“战胜之威，人百其倍；败兵之卒，没世不复”。而作为将领，必须敏锐察觉并充分利用勇怯之势的变化，以达到“水之弱至于漂石”的效果。

孙子曰：“勇怯，势也；强弱，形也①。”又曰：“水之弱至于漂石者，势也②。”何以明之？

【注释】

①勇怯，势也；强弱，形也：出自《孙子兵法·势》。意谓士卒勇敢或怯懦，取决于战场上的态势；兵力强大或弱小，取决于军队的实力。李筌注：“夫兵，得其势则怯者勇，失其势则勇者怯。”李零《兵以诈立——我读〈孙子〉》：“勇怯取决于战势，即人为的态势和作战环境。强弱取决于兵形，即双方的实力。”

②水之弱至于漂石者，势也：出自《孙子兵法·势》。张预注：“水性柔弱，险径要路，激之疾流，则其势可以转巨石也。”

【译文】

孙子说："士卒勇敢或怯懦，取决于战场上的态势；兵力强大或弱小，取决于军队的实力。"又说："水的本性柔弱，但激流却能冲走巨石，这是由于'势'的作用。"如何说明这一点呢？

昔曹公征张鲁[①]，定汉中，刘晔说曰："明公以步卒五千，将诛董卓，北破袁绍，南征刘表，九州百郡，十并其八，威震天下，势慑海外。今举汉中，蜀人望风破胆失守。推此而前，蜀可传檄而定也。刘备，人杰也，有智而迟，得蜀日浅，蜀人未附。今破汉中，蜀人震恐，其势自倾。以公之神明，因其倾而压之，乌甲切。无不克也。若小缓之，诸葛亮明于理而为相，关羽、张飞勇冠三军而为将，蜀人既定，据险守要，则不可犯也。今不取，必为后忧。"曹公不从。居七日[②]，蜀降者说："蜀中一日数十惊，备斩之而不能禁也。"曹公延问晔曰："今尚可击否？"晔曰："今已小定，未可击也。"又太祖征吕布[③]，至下邳。布败，固守城。攻不拔，太祖欲还。荀攸曰："吕布勇而无谋。今三战皆北，其锐气衰。三军以将为主，主衰则军无奋意。夫陈宫有智而迟。今及布气之未复，宫之谋未定，进急攻之，布可拔也。"乃引沂、泗灌城，城溃，生擒布。以此观之，当是时，虽诸葛之智，陈宫之谋，吕布之勇，关、张之劲[④]，无所用矣。此谓"勇怯，势也；强弱，形也"。

【注释】

①昔曹公征张鲁：以下至"曹公不从"，出自《三国志·魏书·刘晔传》。

②居七日：以下至“未可击也”，出自《三国志·魏书·刘晔传》裴松之注引《傅子》。

③又太祖征吕布：以下至“生擒布”，出自《三国志·魏书·荀攸传》。

④劲：战斗力强。

【译文】

从前，曹操征讨张鲁，平定了汉中，刘晔劝曹操说：“您当初率领五千步卒，讨伐董卓，北破袁绍，南征刘表，天下九个州上百个郡，您已经占有了十分之八，威震天下，声势震慑海外。如今又攻下汉中，蜀人得知消息，无不闻风丧胆。若趁机向前推进，只要发布一道檄文就可以平定蜀地。刘备，是人中豪杰，虽有谋略却反应迟缓，得到蜀地的日子还不长，蜀地民众尚未真心归附。如今我们攻破汉中，蜀地人心恐惧，其形势会从内部分崩离析。以您的英明神武，趁着他们分崩离析而大兵压境，压，乌甲切。一定可以取胜。如果暂时放过他们，诸葛亮善于治国而担任丞相，关羽、张飞勇冠三军而担任将领，安定蜀地民众之后，再占据险要，坚守要塞，就没法进攻他们了。现在不攻取蜀地，必然留下后患。”曹操没有听取刘晔的建议。七天之后，蜀地前来投降的人说：“蜀地一天之内惊慌扰动了数十次，刘备斩杀了惊惶之人，依然无法制止。”曹操请来刘晔又询问说：“现在还能进攻蜀地吗？”刘晔说：“如今蜀地已稍稍安定，不可以攻打了。”又如曹操征讨吕布，进军下邳。吕布战败，固守下邳城。曹操久攻不下，打算撤军。荀攸说：“吕布勇而无谋。如今三战皆败，锐气已经衰竭。三军以大将为主宰，主宰一旦泄气，部队也就失去了奋战的意志。陈宫虽有智谋，却反应迟缓。如今，趁着吕布的锐气尚未恢复，陈宫的计谋尚未确定，进兵急速攻城，可以击败吕布。”于是曹操引来沂水、泗水灌城，城墙毁坏，活捉了吕布。由此看来，在当时的形势下，即便有诸葛亮的智慧，陈宫的谋略，吕布的勇猛，关羽、张飞的强劲，也无法发挥作用。这就是所谓的“士卒勇敢或怯懦，取决于战场上的态势；兵力强大或弱小，取决于军队的实力”。

故兵有三势，夫兵有三势[①]：一曰气势，二曰地势，三曰因势。若将勇轻敌，士卒乐战，三军之众，志励青云，气等飘风[②]，声如雷霆，此所谓气势也；若关山狭路，大阜深涧[③]，龙蛇蟠磴[④]，羊肠狗门，一夫守险，千人不过，此所谓地势也；若因敌怠慢，劳役饥渴，风波惊扰，将吏纵横，前营未舍，后军夹涉[⑤]，所谓因势者也。善战者恒求之于势[⑥]。势之来也，食其缓颊，下齐七十余城[⑦]；谢石渡淝，摧秦百万之众[⑧]。势之去也，项羽有拔山之力，空泣虞姬[⑨]；田横有负海之强，终然刎颈[⑩]。故曰：战胜之威[⑪]，人百其倍[⑫]；败兵之卒，没世不复。永挫折也。言人气伤，虽有百万之众，无益于用也。故水之弱至于漂石。此势略之要也。

【注释】

①夫兵有三势：以下至“所谓因势者也”，见于《通典》卷一百五十八《兵十一·审敌势破之》。

②飘风：旋风，暴风。

③大阜：高山。

④蟠：盘曲。磴（dèng）：石台阶。

⑤夹涉：《通典》卷一百五十八《兵十一·审敌势破之》作“半涉”。

⑥善战者恒求之于势：出自《孙子兵法·势》。

⑦食其缓颊，下齐七十余城：指郦食其劝齐王田广归降刘邦。事见《史记·郦生陆贾列传》。食其，即郦食其。缓颊，婉言劝解。

⑧谢石渡淝，摧秦百万之众：太元八年（383），谢石任征讨大都督，与侄儿谢玄、谢琰等率兵八万，在淝水之战中击溃前秦大军。谢石，字石奴，陈郡阳夏（今河南太康）人。东晋大臣、将领，谢安之弟。

⑨项羽有拔山之力，空泣虞姬：事见《史记·项羽本纪》：“项王军壁垓下，兵少食尽，汉军及诸侯兵围之数重。夜闻汉军四面皆楚歌，

项王乃大惊曰：'汉皆已得楚乎？是何楚人之多也！'项王则夜起，饮帐中。有美人名虞，常幸从；骏马名骓，常骑之。于是项王乃悲歌慷慨，自为诗曰：'力拔山兮气盖世，时不利兮骓不逝。骓不逝兮可奈何，虞兮虞兮奈若何！'歌数阕，美人和之。项王泣数行下，左右皆泣，莫能仰视。"

⑩田横有负海之强，终然刎颈：事见《史记·田儋列传》。汉朝建立后，田横率部众五百余人逃亡海岛，刘邦命他至洛阳。田横虽被迫前往，但不愿向汉称臣，于途中自杀。

⑪战胜之威：以下至"没世不复"，出自《汉书·晁错传》。

⑫人百其倍：《汉书·晁错传》作"民气百倍"。

【译文】

所以用兵打仗有三种"势"，用兵打仗有三种"势"：一是气势，二是地势，三是因势。如果将领勇猛，蔑视敌人，士卒乐于战斗，三军将士，斗志直冲云霄，气势如同暴风，声响如同雷霆，这就是所谓的"气势"。如果关山阻隔，道路狭窄，高山深涧，山路像龙蛇一样盘曲，像羊肠一样狭窄，又有像狗洞一样低矮的隧道，一人把守，千人都无法通过，这就是所谓的"地势"。如果趁着敌人松懈怠慢，劳苦饥渴，被风波所惊扰，将士纵横杂乱，前军尚未安营扎寨，后军还在渡河时发动进攻，这就是所谓的"因势"。善于作战的将领，总是求之于势。当形势有利时，郦食其婉言劝解齐王，拿下齐国七十多座城邑；谢石渡过淝水，击溃了前秦百万大军。当形势不利时，项羽虽有力拔山兮的气势，最终只能与虞姬泣别；田横虽然有背靠大海的地利优势，最终落得自刎的下场。所以说：获胜后的威势，可以让士卒以一当百；打了败仗后的士卒，士气长期无法恢复。受到长久的挫折。是说士气受到伤害，虽然有百万大军，也无济于事。所以水的本性柔弱，但激流却能冲走巨石。这就是"势"的要旨。

攻心第十四

【题解】

所谓"攻心",指从精神或心理上瓦解对方。《孙子兵法·谋攻》篇云:"百战百胜,非善之善者也;不战而屈人之兵,善之善者也。"而"攻心",正是达成"不战而屈人之兵"的不二途径。赵蕤列举了攻心的成功战例,并在自注中强调"攻心之计非一途也",需要主帅随机应变,选择最佳的攻心方式。

孙子曰:"攻心为上,攻城为下①。"何以明之?

【注释】

①攻心为上,攻城为下:出自《三国志·蜀书·马谡传》裴松之注引《襄阳记》。据《太平御览》卷二百八十二《兵部十三·机略一》,此为孙膑语。

【译文】

孙子说:"攻心为上策,攻城为下策。"如何说明这一点呢?

战国时①,有说齐王曰:"凡伐国之道,攻心为上,攻城为下;心胜为上,兵胜为下。是故圣人之伐国攻敌也,务在先服其心。何谓攻其心？绝其所恃，是谓攻其心也。今秦之所恃为心者，燕、赵也，当收燕、赵之权。今说燕、赵之君，勿虚言空辞，必将以实利以回其心，所谓攻其心者也。”

【注释】

①战国时：以下至“所谓攻其心者也”，见于《太平御览》卷二百八十二《兵部十三·机略一》，文字有所不同。据《太平御览》，游说齐王者为孙膑。

【译文】

战国时，有人游说齐王说：“大凡讨伐敌国的方略，以攻心为上策，攻城为下策；心理上取胜为上策，军事上取胜为下策。所以圣人讨伐敌国，攻击敌人，首要的目标在于征服人心。什么叫作‘攻心’呢？断绝对方心理上的依靠，就叫作‘攻心’。如今秦国的心理依靠，是与燕、赵两国的同盟关系，应当加强我们对于燕、赵两国的影响力。如今去游说燕、赵两国君主，切勿光说空话，一定要用实际的好处让两国回心转意，这就是所谓的‘攻心’。”

沛公西入武关①，欲以二万人击秦峣音尧。关下军②。张良曰：“秦兵尚强，未可轻也。臣闻其将屠子，贾竖易动以利③。愿沛公且留壁④，使人先行，为五万人具食。益张旗帜诸山之上为疑兵⑤，令郦食其持重宝啖秦将⑥。”贪而忽名，可货以赂。秦将果欲连和俱西袭咸阳。沛公欲听之。良曰：“此独其将欲叛，士卒恐不从，不从必危。不如因其懈击之。”沛公乃引兵击秦军，大破之。诸葛亮擒孟获⑦，七纵七擒之，南方终亮之世不敢背叛。又四面楚歌而项羽走，刘琨吹葭胡人散⑧，攻心之计非一途也。

【注释】

①沛公西入武关：以下至“大破之”，出自《史记·留侯世家》。

②哓（yáo）关：秦置，即今陕西商洛西北牧护关，因临哓山得名。

③贾竖：旧时对商人的贱称。

④留壁：指驻军设防。壁，军垒。

⑤“使人先行”三句：《汉书·张良传》颜师古注：“皆所以表己军之多，夸示敌人。”

⑥啖（dàn）：利诱。

⑦孟获：三国时期建宁郡（治今云南曲靖西北）人。蜀汉南方南中一带豪强。刘备死后，与当地大姓雍闿起兵反蜀。诸葛亮南征，七纵七擒孟获，令其心悦诚服，遂不复反。事见《华阳国志》卷四《南中志》。

⑧刘琨吹葭（jiā）胡人散：事见《晋书·刘琨传》：“在晋阳，尝为胡骑所围数重，城中窘迫无计，琨乃乘月登楼清啸，贼闻之，皆凄然长叹。中夜奏胡笳，贼又流涕歔欷，有怀土之切。向晓复吹之，贼并弃围而走。”葭，通“笳”，古管乐器。

【译文】

刘邦西入武关，打算用两万人攻击秦朝镇守哓哓，音尧。关的军队。张良进言说：“秦军的战斗力还很强，不能轻敌。我听说镇守哓关的将领是屠户的儿子，商人容易被利益诱惑。希望您暂且扎下营垒，派一部分人先行，到前面为五万人准备饭食。同时在四周的山上多树旗帜，作为疑兵，再派郦食其带上贵重宝物去贿赂秦将。”贪婪而不顾名声的人，可以用财物贿赂。秦将果然反叛，想与刘邦联合西进袭击咸阳。刘邦想同意。张良说：“这只是那个守将想叛秦，恐怕他的士卒不会追随他，士卒不追随，事情就危险了。不如趁他们放松戒备的时候袭击他们。”于是刘邦引兵突袭，大破秦军。诸葛亮擒拿孟获，先后七纵七擒，令其心悦诚服，因此在诸葛亮生前，蜀国南部地区始终不敢背叛。又如四面楚歌，项羽因此逃走；刘琨吹奏胡笳，胡人解围而去；攻心的计谋，并非只有一种。

此攻心者也。

【译文】

这就是攻心的事例。

伐交第十五

【题解】

所谓“伐交”，指通过种种手段，破坏敌方与其他方面的联合。《孙子兵法·谋攻》篇云：“上兵伐谋，其次伐交，其次伐兵，其下攻城。”就大的方面说，战国时期纵横家朝秦暮楚，纵横捭阖，“一怒而诸侯惧，安居而天下熄”（《孟子·滕文公下》），正是以外交为武器开展着“伐交”活动。就小的方面说，如本篇所列举的战例，将领可以通过选择进攻对象，安排进攻次序，巧妙地离间对方同盟的关系，可谓运用之妙，存乎一心。

孙子曰：“善用兵者，使交不得合①。”何以明之？

【注释】

①善用兵者，使交不得合：出自《孙子兵法·九地》，原文作“夫霸王之兵，伐大国，则其众不得聚；威加于敌，则其交不得合”，李筌注：“夫并兵震威，则诸侯自顾，不敢预交。”

【译文】

孙子说：“善于用兵的人，会使敌方的盟国不敢与它联合。”如何说明这一点呢？

昔楚莫敖将明贰、轸[①]。贰、轸，二国名也。郧人军于蒲骚[②]，将以随、绞、州、蓼伐楚师[③]，莫敖患之。斗廉曰[④]："郧人军于其郊，必不诫，且日虞四邑之至[⑤]。虞，度也。四邑，随、绞、州、蓼也。君次于郊郢[⑥]，以御四邑，我以锐师霄加于郧[⑦]。郧有虞心而恃其城，莫有斗志。若败郧师，四邑必离。"莫敖从之，遂败郧师于蒲骚。

【注释】

①昔楚莫敖将明贰、轸：以下至"遂败郧师于蒲骚"，出自《左传·桓公十一年》。莫敖，春秋战国时楚国掌军政之官，相当于别国之司马。当时楚国大臣屈瑕担任莫敖一职。明，通"盟"。贰、轸，杨伯峻注："贰、轸，两国名。《春秋传说汇纂》以为贰在今湖北省应山县境，轸在今应城县西。两国其后皆为楚灭。"

②郧（yún）：诸侯国名。在今湖北安陆。蒲骚：郧地名。在今湖北应城西北。

③随：诸侯国名。在今湖北随州。绞：诸侯国名。在今湖北郧县。州：诸侯国名。在今湖北洪湖东北。蓼（liǎo）：诸侯国名。一作"缪"，在今河南固始东北。

④斗廉：春秋时期楚国大夫。

⑤虞：盼望。

⑥君：指屈瑕。《左传·桓公十一年》杨伯峻注："君，除指国君外，亦为一般对称敬词。"郊郢：春秋楚地，即今湖北钟祥郢州故城。

⑦霄：通"宵"，夜间。

【译文】

以前，楚国的莫敖屈瑕打算和贰、轸两国结盟。贰、轸，是两个国家的名字。郧国的军队驻扎在蒲骚，准备和随、绞、州、蓼四国一起进攻楚军，屈瑕对此非常担心。斗廉说："郧国的军队驻扎在他们的郊区，一定缺乏警戒，并且天天盼望四国军队的到来。虞，是盼望的意思。四邑，指随、绞、州、蓼。您驻扎郊郢，以便抵御四国的军队，我带领精锐部队趁夜偷袭郧军。郧军一心盼望四国援军的到来，又仗着城池坚固，必定缺乏斗志。如果能打败郧国军队，随、绞、州、蓼四国的军队必定散去。"屈瑕听从了斗廉的建议，在蒲骚击败了郧国的军队。

汉宣帝时[①]，先零与罕、幵羌解仇[②]，合党为寇。帝命赵充国先诛罕、幵[③]。充国守便宜不从[④]，上书曰："先零羌虏欲为背叛，故与罕、幵解仇，然其私心不能忘恐汉兵至而罕、幵背之也[⑤]。臣愚以为，其计当欲赴罕、幵之急，以坚其约。先击罕羌，先零必助之。今虏马肥粮方饶，击之恐不能伤害，适使先零得施德于罕羌也，坚其约，合其党。虏交坚党合，诛之用力数倍，臣恐国家忧累由此十数年，不一二岁而已。先诛先零，则罕、幵之属不烦兵服矣。"帝从之，果如策。

【注释】

①汉宣帝时：以下至"果如策"，出自《汉书·赵充国传》。

②先零：汉代羌族的一支。最初居于今甘肃、青海的湟水流域，后渐与西北各族融合。罕、幵（qiān）羌：指罕羌、幵羌，羌人中的两支。《汉书·赵充国传》作"罕、幵"，颜师古注："罕、幵，羌之别种也。"

③赵充国：字翁孙，原为陇西上邽（今甘肃天水）人，后移居金城令居（今甘肃永登）。西汉名将。

④便宜：指有利国家，合乎时宜之事。

⑤忘：通"亡"，无，没有。

【译文】

汉宣帝时,先零羌与罕羌、开羌解除仇怨,联合起来作乱。汉宣帝命令赵充国先去讨伐罕羌、开羌部落。赵充国根据实际情况,没有执行汉宣帝的命令,上书说:“先零羌想要发动叛乱,所以与罕羌、开羌解除仇怨,但是内心不能不害怕汉兵一到,罕羌、开羌就会背叛它。我认为,先零羌的打算是找机会解救罕羌、开羌的危难,以巩固他们之间的盟约。如果我们先攻击罕羌、开羌,先零羌一定会救援他们。如今敌虏兵马强壮,粮草充足,此时攻击他们,恐怕难以取得战果,刚好给了先零羌施恩于罕羌、开羌的机会,使他们的盟约更加坚固,团结更加紧密。敌虏盟约巩固,团结加强,我们想要打败他们,就得花费数倍的力量,我担心这会给国家造成十几年的祸患,不是一两年内就能解决的。如果先讨平先零羌,那么罕羌、开羌之属不需要出兵就会臣服。”汉宣帝听从了赵充国的建议,结局果然同他预料的一样。

魏太祖初伐关中贼①,每一部到,太祖辄喜。贼破之后,诸将问其故。太祖曰:“关中道远,若各依险阻,征之,不一二年不可定也。今皆来集,众虽多,莫相归服,军无适主②,一举可灭。为攻差易③,吾是以喜。”语曰:“连鸡不俱栖,可离而解④。”曹公得之矣。

【注释】

①魏太祖初伐关中贼:以下至“吾是以喜”,出自《三国志·魏书·武帝纪》。

②适(dí)主:专主。指军队的主帅、正帅。

③为攻差易:《三国志·魏书·武帝纪》作“为功差易”。差易,比较容易。

④连鸡不俱栖，可离而解：出自《三国志·魏书·吕布传》。连鸡，缚在一起的鸡。喻群雄相互牵掣，不能一致行动。《战国策·秦策一》："诸侯不可一，犹连鸡之不能俱上于栖之明矣。"

【译文】

魏太祖曹操当初讨伐关中贼寇，开始用兵时，每有一部敌兵到来，曹操就非常高兴。贼寇被消灭后，将领们请教其中的缘故。曹操说："关中地域辽阔，如果敌人各自凭借险要地形抵抗，我军一一征讨，没有一两年时间无法平定。如今敌人都来会合，人数虽多，却互不服从，军队没有统一的主帅，可以一举消灭。要平定关中，这样容易得多，我因此非常高兴。"俗话说："缚在一起的鸡不能一起上架栖息，可以离间瓦解他们。"曹操深得其中要义。

此伐交者也。

【译文】

这就是伐交的事例。

挌形第十六

【题解】

《孙子兵法》中，有一个核心的作战原则，那便是《虚实》篇所说的“善战者，致人而不致于人”。唐代名将李靖曾经赞叹“（兵法）千章万句，不出乎‘致人而不致于人’而已”（《唐太宗李卫公问对》卷中）。所谓“致人”，指调动敌人；“不致于人”，指不被敌人调动。本篇《挌形》所讨论的，正是如何“致人”的问题。赵蕤指出，调动敌人的关键，在于“批亢捣虚，形挌势禁”，“攻其所必趋”，攻击敌人不得不救之处。要做到这一点，有赖于将领对瞬息万变的战场态势的准确掌握。

孙子曰：“安能动之①。”又曰：“攻其所必趋②。”何以明之？

【注释】

①安能动之：出自《孙子兵法·虚实》。曹操注：“攻其所必爱，出其所必趋，则使敌不得不相救也。”

②攻其所必趋：出自《孙子兵法·虚实》。

【译文】

孙子说：“敌人安稳不动，我能设法调动它。”又说：“攻打敌军必须救援的地方。”如何说明这一点呢？

昔楚子围宋[①]，宋公使如晋告急。晋狐偃曰：“楚始得曹，而新婚于卫。若伐曹、卫，楚必救之，则齐、宋免矣。”前年楚戍谷以逼齐[②]。果如其计。

【注释】

①昔楚子围宋：以下至“果如其计”，出自《左传·僖公二十七年》。

②谷：齐地。在今山东东阿。

【译文】

从前，楚王率军包围宋国，宋国国君派使臣到晋国求救。晋国大夫狐偃说：“楚国刚刚与曹国结盟，最近又与卫国通婚。如果我们讨伐曹、卫两国，楚国必定救援，那么齐、宋两国就可以免于被楚国进攻了。”前一年，楚国驻扎谷地以逼迫齐国。后来，果然和狐偃所预料的一样。

魏伐赵[①]，赵急，请救于齐。齐威王以田忌为将，以孙膑为师，居辎车中为计谋[②]。田忌欲引兵之赵。孙子曰：“夫解杂乱纷纠者不控卷[③]，救斗者不搏撠[④]。批亢捣虚[⑤]，形格势禁[⑥]，则自为解耳。今梁、赵相攻，轻兵锐卒必竭于外，老弱疲于内。君不若引兵疾走大梁，据其街路[⑦]，冲其方虚，彼必释赵而自救。是我一举解赵之围，而弊于魏也。”田忌从之，魏果去邯郸。

【注释】

①魏伐赵：以下至“魏果去邯郸”，出自《史记·孙子吴起列传》。

②辎（zī）车：古代有帷盖的车子。既可载物，又可做卧车。

③控卷：握拳。《史记·孙子吴起列传》司马贞《索隐》："谓解杂乱纷纠者，当善以手解之，不可控卷而击之。卷，即拳也。"

④搏撠（jǐ）：犹言揪住。《资治通鉴·周显王十六年》引此文，胡三省注曰："撠，如《汉书》'撠太后掖'之'撠'，师古曰：'撠，谓拘持之也。'毛晃曰：'索持曰搏，拘持曰撠。'"

⑤批亢捣虚：指避实就虚。泷川资言《史记会注考证·孙子吴起列传》引谈允厚曰："'批'之为言'撇'也，谓撇而避亢满之处，捣其虚空无备之所。"

⑥形格势禁：《史记·孙子吴子列传》司马贞《索隐》："谓若批其相亢，击捣彼虚，则是事形相格，而其势自禁止，则彼自为解兵也。"挌，王观国《学林·格》："史书言格杀、格斗者，当用从手之'挌'，而亦或用从木之'格'，如《汉书·子虚赋》用从木之'格'，盖古人于从木、从手之字，多通用之。"

⑦街路：指交通要道。

【译文】

魏国攻打赵国，赵国形势紧急，向齐国求救。齐威王任命田忌为主将，让孙膑担任军师，坐在辎车中出谋划策。田忌打算率军直接救援赵国。孙膑说："要解开杂乱缠绕的丝线，不能握着拳头；要劝解别人不要打斗，自己就不能动手。如果避实击虚，那么形势就会发生变化，问题也就迎刃而解了。如今魏国、赵国交战，其精锐部队必然在外精疲力竭，国内留守的老弱残兵也疲惫不堪。您不如领兵奔袭魏国都城大梁，占据魏国的交通要地，攻击他们守备空虚的地方，魏军一定会从赵国撤兵自救。这样一来，我们便一举两得，不仅解了赵国之围，还让魏军疲于奔命。"田忌听从了孙膑的建议，魏军果然撤离了邯郸。

又曹操为东郡太守[①]，东郡，今魏州是[②]。治东武阳，军顿丘。黑山贼黑山，今卫州界也[③]。于毒等攻东武阳，太祖欲引兵西入山攻毒本屯，诸将皆以为当还自救。曹操曰："昔孙膑救赵而攻魏，耿弇欲走西安攻临淄。使贼闻我西而还，则武阳自解。不还，我能败虏家，虏不能拔武阳，必矣！"乃行。毒闻之，果弃武阳还。曹操要击，大破之。

【注释】

①又曹操为东郡太守：以下至"大破之"，出自《三国志·魏书·武帝纪》及裴松之注引《魏书》。

②魏州：北周大象二年（580）析相州置，治贵乡（今河北大名西北）。

③卫州：北周宣政元年（578）分相州汲郡置，治枋头城（今河南浚县西南）。

【译文】

又如，曹操担任东郡太守时，东郡，就是现在的魏州。治所在东武阳，后驻军顿丘。黑山贼黑山，在今天卫州境内。于毒等人进攻东武阳，曹操打算率军向西进入山区，攻打于毒等人的大本营，众将都认为应当回师救援东武阳。曹操说："从前，孙膑为了救援赵国而攻打魏国，耿弇为了驱逐西安守军而进攻临淄。如果贼人听说我向西进军而撤兵，那么东武阳之围自然就解开了。如果贼人不撤兵，则我军能攻破敌人大本营，而敌人无法攻破东武阳，这是肯定的事！"于是进军。于毒听到这个消息，便放弃围攻东武阳回师救援。曹操半路截击，大败于毒军。

初，关羽围樊、襄阳[①]，曹操以汉帝在许，近贼，欲徙都。司马宣王及蒋济说曹操曰："刘备、孙权，外亲内疏，关羽得志，权必不愿也。可遣人劝权蹑其后[②]，许割江南以封权，则楚围自解[③]。"曹操从之，羽遂见擒。

【注释】

①初,关羽围樊、襄阳:以下至“羽遂见擒”,出自《三国志·魏书·蒋济传》,有删节。樊,今湖北襄阳樊城区。

②蹑其后:指偷袭关羽后方。

③楚:《三国志·魏书·蒋济传》作“樊”。

【译文】

起初,关羽围困樊城、襄阳,曹操因为汉献帝在许都,离敌军太近,想要迁都。司马懿与蒋济劝曹操说:“刘备与孙权外表亲密,实则疏远,关羽得志,孙权必定不愿意。可以派人劝说孙权偷袭关羽后方,并许诺把江南分封给孙权,那么樊城的包围就会自动解除了。”曹操听从了他们的建议,关羽果然被孙权擒获。

此言攻其所爱则动矣。是以善战者无知名,无勇功[①],不争白刃之前,不备已失之后[②],此之谓矣。

【注释】

①是以善战者无知名,无勇功:出自《孙子兵法·形》。

②不争白刃之前,不备已失之后:出自《六韬·龙韬·军势》。

【译文】

以上说的是,攻击敌人重视的地方,就能够调动敌人。所以真正善于用兵的人,没有智慧的名声,没有勇武的战功,不在刀光剑影的战场上冒险拼杀,也不会在失败之后才开始防备,说的正是这个道理。

蛇势第十七

【题解】

在《孙子兵法·九地》篇中,提到了一种名为“率然”的蛇。这种蛇“击其首则尾至,击其尾则首至,击其中则首尾俱至”。孙子认为,这是军队的理想状态,不仅各部之间积极救援,如同一体,而且反应机敏,触一发而动全身。那么,如何达到这种状态呢?赵蕤认为,应当借助“势”的作用,让士卒处于“同舟而济,则救如左右手”的形势中。而面对处于“率然”之势的敌人,则要设法让敌人丧失这种形势,陷入“六亲不能相保”的境地。本篇列举了数个精彩战例以说明这一点。

语曰:“投兵散地①,则六亲不能相保②。同舟而济,胡、越何患乎异心?”孙子曰:“善用兵者,譬如率然③。”何以明之?

【注释】

①投兵散地:以下至“胡、越何患乎异心”,出自王弼《周易略例·明爻通变》。散地,兵家谓诸侯在自己领地内作战,其士卒在危急时容易逃亡离散,故名“散地”。《孙子兵法·九地》:“诸侯自战其地,为散地。”

②六亲:泛指亲属。《老子》第十八章:“六亲不和有孝慈。”王弼注:

“六亲,父、子、兄、弟、夫、妇。”

③善用兵者,譬如率然:出自《孙子兵法·九地》。率然,古代传说中的一种蛇。

【译文】

俗话说:“把士兵放在散地作战,即便至亲之间也不能彼此保护。同舟渡河的时候,即便素不相识的胡人、越人,也不会起异心。”孙子说:“善于指挥作战的人,能够让部队如同率然之蛇。”如何说明这一点呢?

汉宣帝时①,先零为寇,帝命赵充国征之。引兵至先零所在,虏久屯聚,解弛②,望见大军,弃车重,欲渡湟水③。道厄狭,充国徐行驱之。或曰:“逐利行迟④。”充国曰:“此穷寇,不可迫也。缓之则走不顾,急之则还致死。”诸将校皆曰:“善。”虏果赴水,溺死者数百。于是破之。

【注释】

①汉宣帝时:以下至“于是破之”,出自《汉书·赵充国传》。

②解弛:懈怠松弛。解,通“懈”。

③湟水:水名。即西宁河。源出青海海晏,东南流经西宁、乐都,与大通河汇合,注入黄河。

④逐利行迟:《汉书·赵充国传》颜师古注:“逐利宜疾,今行太迟。”

【译文】

汉宣帝时,先零羌作乱,宣帝命令赵充国前去征讨。赵充国领兵来到先零羌所在地,先零部队在这里屯驻了很久,已懈怠松弛,望见大军到来,就丢下车辆辎重,打算渡过湟水逃跑。道路艰险狭窄,赵充国在后面慢慢追赶。有人说:“追逐敌人应该快速,我们的行动太慢了。”赵充国说:“这是穷途末路的敌人,不能逼得太紧。如果慢慢追赶,他们就会只顾逃跑；如果追得太急，他们就会回头决一死战。”众将官都说：“好。”先零部队果然抢渡湟水，淹死了数百人。于是汉军大败先零羌。

袁尚既败[①]，遂奔辽东，众有数千。初，辽东太守公孙康恃远不服，曹公既破乌丸，或说公遂征之，尚兄弟可擒也。公曰：“吾方使康斩送尚、熙首，不烦兵矣。”公引兵还，康果斩送尚、熙，传其首。诸将或问曰：“公还，而康斩尚、熙，何也？”公曰：“彼素畏尚、熙。吾急之则并力，缓之则自相图，其势然也。”

【注释】

①袁尚既败：以下至“其势然也”，出自《三国志·魏书·武帝纪》。

【译文】

袁尚被曹操击败后，于是逃奔辽东，部众还有数千人。起初，辽东太守公孙康仗着地处偏远，不服朝廷的统治，曹操击败乌丸后，有人劝曹操趁机讨伐公孙康，可以抓到袁尚兄弟。曹操说：“我正要让公孙康砍下袁尚、袁熙的首级送来，不用劳烦我们出兵。”曹操率军凯旋后，公孙康果然砍下袁尚、袁熙的首级送呈曹操。众将问道：“您已率军返回，而公孙康反而砍下袁尚、袁熙的首级送来，这是为什么？”曹操说：“公孙康素来忌惮袁尚等人。我如果逼得太急，他们就会同心协力，我放松之后，他们就会自相残杀，这是由形势所决定的。”

曹公征张绣[①]，荀攸曰：“绣与刘表相恃为强，然绣以游军仰食于表，表不能供也，其势必离。不如缓军以待之，可诱而致也。若急之，则必相救。”曹操不从，进至穰[②]，与绣战，表果救之，军不利矣。

【注释】

①曹公征张绣：以下至“军不利矣”，出自《三国志·魏书·荀攸传》。

②穰（ráng）：指穰县，今河南邓州。

【译文】

曹操征讨张绣，荀攸劝谏道：“张绣与刘表相互倚仗，力量强大，但张绣是流动部队，依赖刘表提供粮草，一旦刘表不能供给，双方必定分离。不如暂缓用兵，等待时机，可以引诱张绣来投降。如果逼得太急，他们一定会互相救援。”曹操不听，进军至穰县，与张绣作战，刘表果然派军救援，使曹军失利。

故孙子曰：“善用兵者[①]，譬如率然。率然者，常山之蛇，击其头则尾至，击其尾则首至，击其中则首尾俱至。”或曰：“敢问可使如率然乎？”孙子曰：“可矣。夫吴人与越人相恶，当其同舟而济[②]，则救如左右手。是故方马埋轮[③]，不足恃也。齐勇若一，政之道也[④]。”此之谓矣。

【注释】

①善用兵者：以下至“政之道也”，出自《孙子兵法·九地》。

②当其同舟而济：《孙子兵法·九地》其后有“遇风”二字。

③方马埋轮：将马匹捆绑在一起，将车轮掩埋起来。曹操注：“方马，缚马也；埋轮，示不动也。”

④齐勇若一，政之道也：陈皞注：“政令严明，则勇者不得独进，怯者不得独退，三军之士如一也。”张预注：“既置之危地，又使之相救，则三军之众，齐力同勇如一夫，是军政得其道也。”

【译文】

所以孙子说：“善于用兵的人，能让部队如同率然之蛇。率然，是常山上的一种蛇，打它的头部，尾巴就来救应；打它的尾部，头部就来救应；打它的腰部，头尾都来救应。”有人问：“请问可让部队做到像率然之蛇一样吗？”孙子回答：“可以。吴国人和越国人相互敌视，但当他们同船共渡，遇上大风的时候，会像人的左、右手一样互相救助。所以把马捆缚在一起，把车轮埋起来，认为这样就能使军心稳固，其实是靠不住的。要让士卒齐心协力、勇敢作战，团结得就像一个人，必须军令严明，指挥得法。”说的就是这个道理。

先胜第十八

【题解】

《孙子兵法·形》篇中说到："昔之善战者，先为不可胜，以待敌之可胜。不可胜在己，可胜在敌。"孙子认为，用兵的关键，在于先立于不败之地，然后再耐心等待敌人的可乘之机。要做到这一点，一方面，必须努力增强军队实力，做到"胜兵若以镒称铢"；另一方面，必须知己知彼，敏锐把握战场态势。这反映了《孙子兵法》中"形"与"势"之间的辩证关系。而在本篇中，赵蕤主要从"待敌之可胜"的角度阐发了这一问题。皇甫嵩、刘岱、慕容德三人的战例表明，如果敌方实力占优或锐气正盛，应暂避锋芒，然后"因其进退，以观其变"，耐心等待一击制胜的时机。

孙子曰："善用兵者①，先为不可胜②，以待敌之可胜。"何以明之？

【注释】

①善用兵者：以下至"以待敌之可胜"，出自《孙子兵法·形》。李零《兵以诈立——我读〈孙子〉》："自己有实力，在实力对比上有胜算，先立于不败之地。"

②先为不可胜：意谓首先创造条件而不被敌人战胜。

【译文】

孙子说："善于用兵的人，首先让自己立于不败之地，然后等待战胜敌人的时机。"如何说明这一点呢？

凉州贼王国围陈仓[①]，乃拜皇甫嵩、董卓，各率二万人拒之。卓欲速进赴陈仓，嵩不听。卓曰："智者不后时，勇者不留决。速战则城全，不救则城灭。全灭之势，在于此也。"嵩曰："不然。百战百胜，不如不战而屈人之兵。是以先为不可胜，以待敌之可胜。不可胜在此，可胜在彼[②]。范蠡曰："时不至不可强生，事不究不可强成[③]。"此之谓也。彼守不足，我攻有余[④]。有余者动于九天之上，不足者陷于九地之下[⑤]。今陈仓虽小，城守固备，非九地之陷也。王国虽强，而攻我之所不救，非九天之势也。夫势非九天，攻者受害；陷非九地，守者不拔。国今已陷受害之地，而陈仓保不拔之城，我可不烦兵动众，而取全胜之功，将何救焉！"遂不听。王国围陈仓，自冬迄春八十余日，城坚守固，竟不能拔。贼众疲弊，果自解去。嵩进兵击之，卓曰："不可。兵法，穷寇勿迫，归众勿追。今我追国，是迫归众，追穷寇也。困兽犹斗，蜂虿有毒[⑥]，况大众乎！"嵩曰："不然。吾前不击，避其锐也。实而备之，强而避之[⑦]。锐卒勿攻[⑧]，兵之机也。今而击之，待其衰也。所击疲师，非归师也。国众且走，莫有斗志。以整击乱，非穷寇也。"遂独进兵击之，使卓为后拒[⑨]。连战大破，国走而死。卓大惭恨。孙子曰："怒而挠之[⑩]。"言待其衰也。又曰："卑而骄之[⑪]。"言敌怒而进兵，则当外示屈弱，以高其志。待其归,随而击之。又曰:“引而劳之[12]。”言因其进退,以观其变,然后攻其不备[13],出其不意。此兵家之胜,不可传也。

【注释】

①凉州贼王国围陈仓:以下至“卓大惭恨”,出自《后汉书·皇甫嵩传》。王国,汉阳郡(治今甘肃甘谷东)人。东汉末年凉州军阀之一。

②不可胜在此,可胜在彼:指立于不败之地,主动权在我方;要战胜敌人,关键在敌方有可乘之机。《孙子兵法·形》:“不可胜在己,可胜在敌。”曹操注:“守固备也。自修理,以待敌之虚懈也。”杜佑注:“先咨之庙堂,虑其危难,然后高垒深沟,使兵士练习,以此守备之固,待敌之阙,则可胜之。”

③时不至不可强生,事不究不可强成:出自《国语·越语下》。时不至不可强生,韦昭注:“物生各有时。”事不究不可强成,韦昭注:“究,穷也。穷则变,生可因而成之。”究,指事物发展的转折点。

④彼守不足,我攻有余:《孙子兵法·形》:“守则不足,攻则有余。”曹操注:“吾所以守者,力不足也;所以攻者,力有余也。”

⑤有余者动于九天之上,不足者陷于九地之下:《孙子兵法·形》:“善守者,藏于九地之下;善攻者,动于九天之上。”梅尧臣注:“九地,言深不可知;九天,言高不可测。”此处对“九天”“九地”的理解与《孙子兵法》有所不同。

⑥虿(chài):蝎子一类的毒虫。

⑦实而备之,强而避之:出自《孙子兵法·计》。实而备之,曹操注:“敌治实,须备之也。”强而避之,杜牧注:“言敌人乘兵强气锐,则当须且回避之,待其衰懈,候其间隙而击之。”

⑧锐卒勿攻:出自《孙子兵法·军争》。陈皞注:“士卒轻锐,且勿攻之,待其懈惰,然后击之。”

⑨后拒:居后以抗击敌人的部队。

⑩怒而挠之:出自《孙子兵法·计》。曹操注:“待其衰懈也。”怒,指敌人士气旺盛。

⑪卑而骄之:出自《孙子兵法·计》。

⑫引而劳之:出自《孙子兵法·计》。

⑬然后攻其不备:以下至“不可传也”,出自《孙子兵法·计》。

【译文】

凉州叛贼王国围攻陈仓,于是朝廷拜皇甫嵩、董卓为将军,各率领两万人抗敌。董卓想迅速赶赴陈仓,皇甫嵩不同意。董卓说:“聪明的人不会错过时机,勇敢的人不会迟疑不决。迅速作战陈仓就可以保全,不去救援陈仓就会覆灭。保全还是覆灭,取决于我们的行动。”皇甫嵩说:“不是这样。百战百胜,比不过不战而屈人之兵。所以要先立于不败之地,然后等待战胜敌人的时机。立于不败之地,主动权在我方;要战胜敌人,关键在敌方有可乘之机。范蠡说:“时节未到,不可让万物勉强生长;事情不到转折点,不可勉强促使其成功。”说的就是这个道理。敌方采取守势,是因为实力不足;我方采取攻势,是因为实力有余。实力有余,就好比高飞于九天之上;实力不足,就好比深陷于九地之下。如今陈仓虽小,但城守坚固完备,并未陷于九地之下。王国的兵力虽然强大,但他去进攻我们不必解救的地方,也并未获得高飞九天之势。不具备九天之势,进攻者就会反受其害;并未深陷九地之中,防守者就不会被攻破。如今,王国已经陷入了反受其害的境地,而陈仓却可以确保不被攻破,我方不需要兴师动众,就可以获得完全的胜利,何必急着去救援呢!”于是不听董卓的建议。王国围攻陈仓,从冬天到春天历经八十多天,陈仓城墙坚固,防守严密,最终无法攻下。贼兵疲惫不堪,果然自动解围。皇甫嵩进军追击,董卓说:“不可以。兵法上说,穷途末路的敌人不要追赶,撤退的敌人不要逼迫。如今我们追击王国,是逼迫撤退的部队,追赶穷途末路的贼寇。陷入困境的野兽尚且要搏斗求生,马蜂与蝎子尚且有毒,何况是数量众多的敌军呢!”皇甫嵩说:“不是这样。我之前不攻击敌人,是为了避开他们的锋芒。敌人实力强大,就严加防备;敌人兵强气锐,就暂时避开。不要进攻锐气正盛的军队,这是用兵的诀窍。现在去攻击敌人,是因为他们已经衰弱。我们所攻击的是疲惫不堪的军队,并不是撤退的军队。王国的部队只想着逃跑,完全没有斗志。以我方严整的军队,去攻击混乱不堪的敌军,并非追赶穷途末路的贼寇。”于是独自率军追击,让董卓在后方防守。皇甫嵩连战连胜,大破敌军,王国在逃亡中死去。董卓非常羞愧愤恨。孙子说:“怒而挠之。”说的是要等待敌方士气衰弱的时候。又说:“卑而骄之。”说的是敌人因愤怒而进军,那么我方应该表现出屈服软弱的样子,以助长敌军的骄气。等到敌军撤退时,再跟随攻击它。又说:“引而劳之。”说的是要根据敌方的进退,以观察敌方的变化,然后进攻敌人毫无防备之处,出乎敌人的意料之外。这是军事家打败敌人的奥妙,难以用语言说明。

青州黄巾众百余万入东平①,刘岱欲击之。鲍永谏曰②:“今贼众百万,百姓皆震恐,士卒无斗志,不可敌也。观贼众群辈相随,军无辎重,唯以抄掠为资③。今若畜士众之力,先为固守,彼欲战不得,攻则不能,其势必离散。然后选精锐,据其要害,击之可破也。”岱不从,果为贼所败。

【注释】

①青州黄巾众百余万入东平:以下至“果为贼所败”,出自《三国志·魏书·武帝纪》。东平,指东平国,治无盐(今山东东平东南),辖境约当今山东济宁、汶上、东平等市县地。

②鲍永:应从《三国志·魏书·武帝纪》作“鲍信”。鲍信,泰山平阳(今山东新泰)人。汉灵帝时任骑都尉,后任济北相,是讨伐董卓的诸路人马之一。

③抄掠:抢劫,抢夺。

【译文】

青州黄巾军一百多万人进入东平境内，兖州刺史刘岱打算进攻他们。鲍信劝谏道："如今贼寇有百万之众，百姓都非常恐惧，士兵没有斗志，不能与他们直接交锋。我观察贼人成群结队，相互追随，军队没有粮草辎重，全靠四处抢劫获得补给。现在我们如果积蓄士卒的力量，先固守城池，对方想决战得不到机会，想攻城又无法攻下，势必分崩离析。然后我们挑选精锐，占据要害之地，发起进攻，一定可以打败他们。"刘岱不听他的建议，果然被黄巾军打败。

晋代王开攻燕邺城[①]，慕容德拒战，代师败绩[②]。德又欲攻之，别驾韩谆进曰[③]："昔汉高祖云：'吾宁斗智，不能斗力。'是以古人先胜庙堂，然后攻战。今代不可击者四，燕不宜动者三。代悬军远入，利在野战，一不可击也；深适近畿[④]，顿兵死地[⑤]，二不可击也；前锋既败，后军方固，三不可击也；彼众我寡，四不可击也。官军自战其地[⑥]，一不宜动；动而不胜，众心难固，二不宜动；隍池未修[⑦]，敌来无备，三不宜动；此皆兵机也。深沟高垒，以逸待劳。彼千里馈粮，野无所掠，久则三军靡费[⑧]，攻则众旅多弊[⑨]。师老衅生[⑩]，详而图之，可以捷也。"德曰："韩别驾之言，良、平之策也。"孙子曰："以近待远[⑪]，以逸待劳，以饱待饥，此治力者[⑫]。"此先胜而后战者也。

【注释】

①晋代王开攻燕邺城：以下至"良、平之策也"，见于《晋书·慕容德载记》，文字有所不同。代王开，指拓跋珪，又名拓跋开，鲜卑族，

北魏开国皇帝。当时为北魏前身代国君主。《晋书·慕容德载记》作“魏将拓拔章攻邺”。

②慕容德拒战,代师败绩:《晋书·慕容德载记》作“德遣南安王慕容青等夜击,败之”。

③韩谆(zhuò):南燕大臣。官至领军将军、尚书右仆射。

④近畿(jī):谓京城附近地区。

⑤死地:绝境。《孙子兵法·九地》:“死地则战。”曹操注:“殊死战也。”所指不可进攻陷入死地的军队。

⑥自战其地:《孙子兵法·九地》:“诸侯自战其地,为散地。……散地则无战。”曹操注:“士卒恋土,道近易散。”

⑦隍:护城壕。池:护城河。

⑧靡费:浪费,耗费过度。

⑨弊:《晋书·慕容德载记》作“毙”。

⑩老:疲惫,困乏。衅(xìn):仇隙,争端。

⑪以近待远:以下至“此治力者”,出自《孙子兵法·军争》。张预注:“近以待远,佚以待劳,饱以待饥,诱以待来,重以待轻,此所谓善治己之力,以困人之力者也。”

⑫治力:指掌握了敌我双方的战斗力情况。

【译文】

东晋时,代王拓跋珪攻打后燕邺城,慕容德率军抵抗,代国军队战败。慕容德又想发动反攻,别驾韩谆劝说道:“从前汉高祖说过:‘我宁可与对方斗智,不愿与对方斗力。’因此古人先在庙堂之上谋划好取胜的方略,然后才攻伐作战。如今不可对代国军队发动攻击的原因有四个,我方不宜采取行动的原因有三个。代军孤军深入,在旷野交战对他们有利,这是不可攻击的第一个原因;代军深入到我国都城附近,军队驻扎于死地,这是不可攻击的第二个原因;代军前锋战败,但后方阵地仍然很坚固,这是不可攻击的第三个原因;代军数量众多,我们兵力较少,这是不可攻击的第四个原因。我方军队在境内作战，士卒容易逃亡，这是我方不宜采取行动的第一个原因；一旦出兵却不能获胜，将导致军心涣散难以巩固，这是我方不宜采取行动的第二个原因；我方城池尚未修缮，敌军一旦攻来我方毫无防备，这是我方不宜采取行动的第三个原因。以上这些，都是用兵的关键。如今应当深挖壕沟，高筑城墙，以逸待劳。对方从千里之外运送粮草，在野外又抢不到什么补给物资，相持日久，则三军耗费过度，想发动进攻，则士卒死伤众多。等到敌军疲惫不堪，内部争端渐生，我们再周密策略，可以获得胜利。”慕容德说：“韩别驾的一番话，可以和张良、陈平的良策媲美。”孙子说：“用自己靠近战场的优势来对付长途跋涉的敌人，用自己的安逸来对付疲惫的敌人，用自己的饱食来对付饥饿的敌人，这就是正确掌握了敌我双方的战斗力。”这就是所谓的“先具备了获胜的条件，才与敌人决战”。

围师第十九

【题解】

本篇指出，在包围战中，应当遵循“围师必阙”的原则，对于已被包围的敌人，应给他们留下一个缺口，“示之活门”。这并非出于仁慈，而是避免对方做困兽之斗，进入“甚陷则不惧，无所往则固，入深则拘，不得已则斗”的作战状态（《孙子兵法·九地》）。故如杜牧所言，应当“示以生路，令无必死之心，因而击之”。在自注中，赵蕤还讨论了如何通过云气的形态，判断围城中的情形。

孙子曰：“围师必阙①。”何以明之？

【注释】

①围师必阙：出自《孙子兵法·军争》。杜牧注：“示以生路，令无必死之心，因而击之。”

【译文】

孙子说：“包围敌人，一定要给敌人留一条生路。”如何说明这一点呢？

黄巾贼韩忠据宛①，朱儁、张超围之，结垒起土山以临城[②],因鸣鼓攻其西南,贼悉众赴之。乃掩其东北,乘城而入[③]。忠退保小城,乞降。诸将欲听之。儁曰:"兵有形同而势异者。昔秦、项之际,民无定主,故赏附以劝来耳。今海内一统,唯黄巾造寇,纳降无以劝善,讨之足以惩恶。今若受之,更开逆意。贼利则进战,钝则乞降。纵敌长寇,非良计也。"因急攻之,不克。儁登土山,顾谓张超曰:"吾知之矣。贼今外围周固,内营逼急,乞降不受,欲出不得,所以死战也。万人一心,犹不可当,况十万乎?其害甚矣!不如彻围,并兵入城。忠见解围,势必自出。出则意散,易破之道也。"既而解围,忠果出战,遂破忠等。

【注释】

①黄巾贼韩忠据宛:以下至"遂破忠等",出自《后汉书·朱儁传》。韩忠,东汉末年黄巾军首领。汉灵帝中平元年(184),屯兵宛城,抗拒汉中郎将朱儁。后败请降,被杀。

②临:监视,监临。

③乘城:登城。

【译文】

黄巾军将领韩忠占据了宛城,朱儁、张超率兵包围了他们,修筑壁垒,堆起土山以观察城内情况,于是敲响战鼓,作势攻打宛城的西南部,敌人全军赶赴西南部抵抗。朱儁、张超趁机突袭宛城东北部,翻越城墙进入宛城。韩忠退守小城,乞求投降。将领们主张接受投降。朱儁说:"用兵,有时看似情况相同而实际形势却不同。当秦朝末年,项羽起兵之际,民众没有确定的君主,所以要重赏归顺之人,以招揽人心。如今海内一统,只有黄巾军造反,接受投降就无法劝人向善,讨伐他们才能使作恶之人受到惩罚。如今,如果接受他们投降,等于越发放纵谋反之心。贼人条件有利就发动进攻，一旦战败就乞求投降。如此放纵敌人助长贼寇气焰，并非良策。”于是发起猛攻，却未能攻克。朱儁登上土山观察敌情，回头对张超说：“我知道情况了。如今贼人外部被牢牢包围，内部感到情况急迫，乞降不被接受，想逃出来又不可能，所以只能拼死决战。万人一心，尚且势不可当，何况是十万人呢？造成的危害必定更大！不如撤开包围，集中部队进入宛城。韩忠看到包围解除，势必主动出城。他们一出城，军心就涣散了，可以很容易地击溃他们。”汉军解除了包围之后，韩忠果然出战，于是汉军大破韩忠等人。

魏太祖围壶关[①]，下令曰：“城拔皆坑之！”连月不下。曹仁言于太祖曰：“围城必示之活门[②]，所以开其生路也。今公许之必死，将人人自为守。且城固而粮多，攻之则士卒伤，守则引日持久。今顿兵坚城之下，以攻必死之虏，非良计也。”太祖从之，城降。凡降人之气[③]，如人十十五五[④]，皆叉手低头[⑤]。又云相向[⑥]。或有气上黄下白，名曰善气，所临之军欲求和退。凡城中有白气如旗者，不可拔。或有黄云临城，有大喜庆。或有青色如牛头触人者，城不可屠。或城中气出东方，其色黄，此天钺也，不可伐，伐者死。或城上气如火烟，主人欲出战。其气无极者，不可攻。或有气如杵形，从城中向外者，内兵欲突出，主人胜，不可攻。或城上有云，分为两彗状者，攻不可得。或有蒙气绕城不入者[⑦]，外兵不得入。凡攻城，有诸气从城中出入吾军上者，敌气也。凡攻城围邑，过旬不雷雨者，城有辅，疾去之，勿攻也。此皆胜气也。凡攻城围邑，赤气在城上，黄气四面绕之，城中有大将死，城降。或城上有赤气如飞鸟，急攻之，可破。或有气出入者，人欲逃。或有气如灰，气出而覆其军上者，士多病，城屠。或城上无云气，士卒散。或城营上有赤气如众人头，下多死丧流血。攻城，有白气绕城而入者，急攻可得。若有屈虹从城外入城者，三日内城屠。此皆败气也。”

【注释】

①魏太祖围壶关：以下至“城降”，出自《三国志·魏书·曹仁传》。壶关，即壶口关，在今山西长治东南壶口村，因山形险狭如壶口，故名。

②示之活门：留一个城门不包围，让城中之人逃生。

③凡降人之气：以下至“此皆败气也”，见于《通典》卷一百六十二《兵十五·风云气候杂占》，部分文字又见于《晋书·天文志》，《开元占经》卷九十七《猛将军阵胜败云气占》等文献。

④十十五五：谓十个一群，五个一组。形容错乱不齐。

⑤叉手：两手在胸前相交，表示恭敬。

⑥又云相向：《晋书·天文志》作“又云，如人叉手相向”。

⑦或有蒙气绕城不入者：以下至“敌气也”，见于《开元占经》卷九十七《猛将军阵胜败云气占·城吉气》。

【译文】

魏太祖曹操围攻壶关，下令说：“攻下壶关后，城中之人全部坑杀！”结果连续数月都无法攻下壶关。曹仁对曹操说：“围攻城池，一定要留一个城门不包围，给城中之人一条生路。如今您下达命令要坑杀全城之人，那么人人都会拼死抵抗。而且壶关城墙坚固，粮草充足，强行攻城会造成士卒大量伤亡，实施围困又旷日持久。如今把军队部署于坚固的城池之下，去攻打拼死抵抗的敌人，这不是个好计策。”曹操听从了他的劝告，于是壶关守军投降。凡是想要投降的军队，其上方的云气就像十个一群，五个一组的人，都叉着手，低着头。另一种说法是，像人叉着手，面对面站着。或者有上面呈黄色，下面呈白色的云气，叫作“善气”。被这种云气笼罩的军队，打算求和撤退。凡是城中有像旗帜一样的白色云气，这样的城难以攻下。或者有黄色的云气笼罩城中,预示着将有大喜事发生。或者城中有像牛头顶人的青色云气,这样的城不可屠城。或者城中的云气从东方升起,呈现黄色,这叫作"天钺",这样的城不可攻打,攻城者死。或者城上的云气像火烟,预示着守城的军队将要出战。如果城上的云气无边无际,这样的城不可攻打。或者有云气像棒槌的形状,从城中指向城外,这预示着守城的军队将要出城突袭,并取得胜利,这样的城不可攻打。或者城上有云朵,分成两个扫帚的形状,这样的城即便攻打,也无法攻下。或者有弥漫的云气环绕城池却不进入,预示着城外的军队无法攻入城中。凡是攻城,有各种云气从城中飘出,进入我军阵地上方的,都是敌人之气。凡是围攻城邑,过了十天还没有打雷下雨,说明城中有得力的辅佐,应该迅速撤兵,不要攻打。以上这些,都是预示守城方胜利的胜气。凡是攻打围困城邑,城上有赤色的云气,又有黄色云气四面围绕,意味着城中有大将死亡,城池即将投降。或者城上有形似飞鸟的赤色云气,要加紧进攻,此城可以攻破。或者有云气出入城中,意味着城中之人打算逃亡。或者有死灰般的云气,出现后覆盖在敌军上方,预示着士卒多病,将被屠城。或者城上没有云气,预示着士卒即将逃散。或者城内军营上方有形似众多人头的赤色云气,预示着下方的军队将多有死伤流血。攻城时,有白色云气环绕城池,并且进入城内,意味着加紧进攻,可以攻下这座城池。如果有弯曲的彩虹从城外进入城内,预示着三日之内将被屠城。以上这些,都是预示守城方失败的败气。"

此围师之道也。

【译文】

以上,就是围城作战的方法。

变通第二十

【题解】

《孙子兵法·虚实》篇中云："夫兵形象水，水之形，避高而趋下，兵之形，避实而击虚。水因地而制流，兵因敌而制胜。故兵无常势，水无常形。能因敌变化而取胜者，谓之神。"随机应变，因敌制胜，是用兵的重要原则。赵蕤强调，"兵法变通，不可执一"，而要做到这一点，就必须"料敌在心，察机在目"，充分掌握敌我力量对比与战场态势。本篇所列举的"减灶"与"增灶"两个战例，正是"因敌变化而取胜"的绝佳范例。

孙子曰："善动敌者①，形之②，敌必从之。"何以明之？

【注释】

①善动敌者：以下至"敌必从之"，出自《孙子兵法·势》。

②形之：指制造假象迷惑敌人。曹操注："见羸形也。"杜牧注："非止于羸弱也。言我强敌弱，则示以羸形，动之使来；我弱敌强，则示之以强形，动之使去。敌之动作，皆须从我。"

【译文】

孙子说："善于调动敌人的将领，制造假象迷惑敌人，敌人必定信从。"如何说明这一点呢？

魏与赵攻韩[①]，齐田忌为将而救之。直走大梁，魏将庞涓去韩而归[②]，齐军已过而西矣[③]。孙膑谓田忌曰："彼三晋之兵，素悍勇而轻齐，齐号为怯。善用兵者，因其势而利导之。兵法曰：'百里而趋利者蹶其将军[④]。'使齐军入魏地为十万灶，明日为五万灶，明日为二万灶。"涓喜曰："我固知齐卒怯也，入吾地三日，士卒亡已过半。"乃弃其步兵，与轻锐倍日并行逐之。膑度其暮至马陵[⑤]。道狭而多险，可伏兵，乃斫大树白书之曰："庞涓死此树下。"令善射者万弩侠道而伏[⑥]，期曰："见火举而发。"涓夜至斫木下，见白书，乃钻火烛之，读书。齐军万弩俱发，魏军大乱。涓乃自刭，曰："果成竖子之名也！"

【注释】

①魏与赵攻韩：以下至"果成竖子之名也"，出自《史记·孙子吴起列传》。

②庞涓：战国初年魏国名将，曾与孙膑一同学习兵法。后仕魏，被魏惠王任命为将军。因嫉妒孙膑的才能，将其骗到魏国，处以膑刑。魏惠王二十八年(前342)，在马陵之战中被孙膑击败，兵败阵亡。

③齐军已过而西矣：梁玉绳《史记志疑》引钱大昕曰："齐扬言走大梁，非真抵大梁，及庞涓弃韩而归，齐军始入魏地。齐在魏东，过而西者，过齐境而西也。齐军初到，未知虚实，故为减灶之计以误之。"

④趋利：此指求胜。蹶：挫败，失败。《孙子兵法·军争》："五十里而争利，则蹶上将军，其法半至。"杜佑注："蹶，犹挫也。前军之将，已为敌所蹶败。"

⑤马陵：古邑名。在今山东莘县西南。

⑥侠：通"夹"。

【译文】

魏国与赵国攻打韩国，齐国派田忌担任大将前往救援。田忌率兵直扑魏都大梁，魏将庞涓得知后，从韩国撤兵回国，这时齐军已经越过边境，向西进入魏国了。孙膑对田忌说："三晋的军队向来勇悍，并且瞧不起齐国的军队，认为齐兵怯懦。善于用兵者，要顺应形势而加以引导。兵法说：'一天之内行军百里去争利的，一定会使将领受挫。'请您下令，让齐军进入魏国境内后，第一天建好给十万人做饭的炉灶，第二天减为五万人的炉灶，第三天减为二万人的炉灶。"庞涓高兴地说："我早就知道齐兵怯懦，进入我国国境才三天，士卒就已经逃亡了一半以上。"于是抛下步兵，率领轻装精锐部队昼夜兼程追赶齐军。孙膑估算庞涓的行军速度，天黑时应该会赶到马陵。马陵道路狭窄，地势险峻，可以埋伏伏兵，于是孙膑让人把一棵大树削去树皮，在白色的树干上写道："庞涓死此树下。"命令一万名神射手，在道路两旁埋伏下来，约定说："看到火把举起，就一起放箭。"庞涓当天夜里来到那棵大树下，看到白色的树干上有字，于是点起火把照明，看树上的文字。此时齐军万箭齐发，魏军大乱。庞涓只好自刎，临死前说："竟然成就了孙膑这小子的名声！"

虞诩为武都郡[①]，羌率众遮诩于陈仓崤谷[②]。诩令吏士各作两灶，日增倍之，羌不敢逼。或问曰："孙子减灶而君增之，兵法'日行三十里以戒不虞'[③]，今且行二百里，何也？"诩曰："虏众既多，吾徐行则易为所及，疾行则彼不测之。且虏见吾灶多，谓郡兵来至。孙子见弱，吾示强，势不同也。"昔王濬在蜀作船，欲伐吴，预流柿江中以威之[④]。及至唐将李靖欲伐荆州，袭萧铣[⑤]，乃投柿于江中，使萧铣见之[⑥]。靖寻以兵随柿而下，萧铣不备，遂虏之，平荆州。夫兵法变通，不可执一，诸君得之矣。

【注释】

①虞诩为武都郡：以下至“势不同也”，出自《后汉书·虞诩传》，有删节。虞诩，字升卿，陈国武平（今河南鹿邑西北）人。东汉时期名臣。官至司隶校尉、尚书仆射、尚书令。武都郡，西汉元鼎六年（前111）以白马氐地置，治武都（今甘肃西和西南）。东汉移治下辨（今甘肃成县西）。辖境约当今甘肃西和、成县、康县、陇南、两当、徽县及陕西略阳、凤县等市县地。

②陈仓：指陈仓县，治今陕西宝鸡东。崤谷：《资治通鉴·汉纪四十一·元初二年》胡三省注：“此崤谷当在陈仓县界，即今之大散关，非弘农渑池县之崤山也。”

③不虞：意料不到的事。

④柿（fèi）：斫木削下的木片。

⑤萧铣（xiǎn）：隋末唐初人。后梁宣帝萧詧曾孙。大业十三年（617），岳州校尉董景珍等聚众反隋，他被推为主，以兴复梁室号召，自称梁王，年号凤鸣。次年称帝，迁都江陵。割据长江中游一带，兵至四十万。后兵败降唐，被杀于长安。

⑥乃投柿于江中，使萧铣见之：让萧铣误以为唐军仍在造船，不会马上发动进攻。

【译文】

虞诩被任命为武都郡守，羌人首领率兵在陈仓崤谷阻拦虞诩。虞诩命令士兵每人垒两个炉灶，每日增加一倍，羌人不敢逼近。有人问虞诩说：“孙膑当年减少炉灶，而您却增加炉灶，兵法说‘一日行军不超过三十里，以防备意外情况’，如今一天行军二百里，这是什么原因？”虞诩说：“敌军人数众多，我军如果行军缓慢，就容易被追赶上，如果急速行军，敌军就无法预测我们的行动。况且敌军看见我们炉灶日渐增多，会以为是郡中的兵马前来接应。孙膑故意示弱，而我故意显示强大，这是由于形势不同。”从前王濬在蜀地造船，准备讨伐吴国，故意把造船产生的木片投入长江中,以威慑吴国。到了隋唐之际,唐将李靖准备讨伐荆州,袭击萧铣,于是将木片投入江中,故意让萧铣看到。李靖随即起兵,和木片一道顺流而下。萧铣没有防备,遂被俘虏,唐军平定了荆州。兵法贵在变通,不可固执一端,上述战例中的将领,都深谙其道。

故曰:料敌在心,察机在目[①],因形而作胜于众[②],善之善者矣。此变通之理也。

【注释】

①料敌在心,察机在目:出自《孙子兵法·计》“不可先传”曹操注。

②因形而作胜于众:出自《孙子兵法·虚实》。曹操注:“因敌形而立胜。”张预注:“因敌变动之形以置胜,非众人所能知。”

【译文】

所以说:要用心判断敌情,要用眼观察时机,根据敌情采取行动以获得胜利,这是最高明的做法。这就是变通的道理。

利害第二十一

【题解】

所谓“利害”,指战争中的有利条件与不利条件。在复杂的战场环境下,利中有害,害中有利,两者相反相成,互相转化。如“死地”“亡地”,对于作战而言是极不利的地形,但处于绝境中的士卒往往能爆发出百倍的勇气,“甚陷则不惧,不得已则斗”,从而克敌制胜。那么作为将领,就必须全面考察利害关系,并因势利导,转害为利。这便是《孙子兵法·九变》篇所强调的:“杂于利而务可伸,杂于害而患可解。”

孙子曰:“陷之死地而后生,投之亡地而后存①。”又曰:“杂于利而务可伸,杂于害而患可解②。”何以明之?

【注释】

①陷之死地而后生,投之亡地而后存:出自《孙子兵法·九地》。曹操曰:“必殊死战。在亡地无败者,孙膑曰:‘兵恐不投之死地也。’”张预曰:“置之死亡之地,则人自为战,乃可存活也。”

②杂于利而务可伸,杂于害而患可解:出自《孙子兵法·九变》。见本卷《水火》篇注。

【译文】

孙子说："把士卒置于危亡之地，这样他们才能存活，让士卒深陷死地，这样他们才能活命。"又说："在有利的情况下考虑不利的因素，作战目的才能达到；在不利的情况下考虑有利的因素，祸患就可以排除。"如何说明这一点呢？

汉将韩信攻赵[①]，赵盛兵井陉口。信乃引兵，未至井陉口三十里止舍。夜半传发[②]，选轻骑二千人，人持一赤帜，从间道萆山音蔽。而望见赵军[③]，诫之曰："赵见我走，必空壁逐我。若疾入赵壁拔赵帜，立汉赤帜。"令其裨将传飧[④]，曰："今日破赵会食！"诸将皆莫信，佯应曰："诺。"信谓军吏曰："赵已先据便地为壁，且彼未见吾大将旗鼓，未肯击前行[⑤]，恐吾至阻险而还。"信乃使万人行，出，倍水阵。赵军望见，大笑之。太公曰："智与众同[⑥]，非人师也；伎与众同，非国工也[⑦]。动莫神于不意，胜莫大于不识。"使赵军识韩信之势，安得败哉！故笑之而败也。平旦，信建大将之旗鼓，鼓行出井陉口，赵开壁击之，大战良久。于是信与张耳弃鼓旗，走水上。水上军开壁入之，复疾战。赵空壁争汉鼓旗，逐韩信、张耳。韩信、张耳已入水上军，军皆殊死战，不可败。信所出奇兵二千骑，共候赵空壁逐利，则驰入赵壁，皆拔赵帜，立汉赤帜二千。赵军不得信等，欲还归壁，壁皆汉赤帜而大惊，太公曰："夫两阵之间[⑧]，出甲陈兵[⑨]，纵卒乱行者，所以为变[⑩]。"此之谓矣。以为汉皆已得赵主将矣，遂乱，遁走。赵将虽击斩之，不能禁也。孙子曰："以治待乱，以静待哗，此治心者[⑪]。"夫众心已乱，虽有良将,亦不能为之计矣。于是汉兵夹击,大破之,斩成安君泜水上,擒赵王歇。诸将效首虏,留贺,因问信曰:“兵法:右背山陵,前左水泽。今者将军令臣等反背水阵,曰‘破赵会食’。时臣等不服,然竟以胜。此何术也?”信曰:“此在兵法中,顾诸君不察耳。兵法不曰‘陷之死地而后生,置之亡地而后存’?夫处死地者,谓力均势敌,以死地取胜可也。若以至弱当至强,投弱兵于死地,自贻陷矣。故孙膑曰:“兵恐不可救。”又《经》曰:“大众陷于害,然后能为胜败⑫。”是知死地之机,必用大众矣。且信非得素抚循士大夫也,所谓驱市人而战,其势非置之死地,使人人自为战。今与之生地皆走,宁尚可得而用之乎?”诸将曰:“善!非所及也。”孙子曰:“兵甚陷则不惧⑬,不得已则斗⑭。是故其兵不修而戒,不求而得,不约而亲,不令而信⑮。投之无往者⑯,诸、刿之勇也⑰。”此之谓矣。

【注释】

①汉将韩信攻赵:以下至“非所及也”,出自《史记·淮阴侯列传》。

②传发:传令出发。

③从间道萆(bì)山:从小路上山,隐蔽到临近赵营的山上。萆,通“蔽”,隐蔽。

④裨(pí)将:副将。传飧(sūn):分发食物。《史记·淮阴侯列传》司马贞《索隐》引如淳曰:“小饭曰飧。谓立驻传飧,待破赵乃大食也。”

⑤前行:前锋。

⑥智与众同:以下至“胜莫大于不识”,出自《六韬·龙韬·军势》,文字有所不同。

⑦国工：一国中技艺特别高超的人。

⑧夫两阵之间：以下至"所以为变"，出自《六韬·龙韬·奇兵》。

⑨甲：甲士，披甲的战士。

⑩变：变诈。

⑪以治待乱：以下至"此治心者"，出自《孙子兵法·军争》。

⑫大众陷于害，然后能为胜败：出自《孙子兵法·九地》，原文作"夫众陷于害，然后能为胜败"。梅尧臣注："未陷难地，则士卒心不专；既陷危难，然后胜败在人为之尔。"

⑬兵甚陷则不惧：以下至"诸、刿之勇也"，出自《孙子兵法·九地》。杜牧注："陷于危险，势不独死，三军同心，故不惧也。"

⑭不得已则斗：杜牧注："不得已者，皆疑陷在死地，必不生；以死救死，尽不得已也，则人皆悉力而斗也。"

⑮不修而戒，不求而得，不约而亲，不令而信：杜牧注："此言兵在死地，上下同志，不待修整而自戒惧，不待收索而自得心，不待约令而自亲信也。"

⑯投之无往者：将士卒置于走投无路的境地。

⑰诸、刿：指专诸、曹刿。

【译文】

汉军大将韩信攻打赵国，赵国在井陉口布置大军迎击。韩信于是率兵在距离井陉口三十里处扎营。夜半时分，韩信传令全军准备出发，挑选了两千名轻骑兵，让他们每人手持一面红旗，从小路上山，隐蔽在山上革，音蔽。监视赵军，告诫他们说："赵军看见我军败走，必定倾巢而出进行追击。你们就快速冲入赵军营垒，拔掉赵军旗帜，插上汉军的红旗。"命令自己的副将给士卒分发简单的食物，说："今天攻破赵军后，我们再会餐庆祝！"将领们都不相信，假意答应说："好。"韩信对军吏说："赵军已经抢占了有利地形，修筑了营垒，他们在见到我军的大将旗鼓之前，不会攻击我军的前锋部队，因为担心我军遇到险阻之后，就会撤军回去。"

韩信于是派出一万人的先头部队，出井陉口，背靠河水摆开阵势。赵军看见后，大声嘲笑汉军。太公说："智慧与众人相同，没法做他人的老师；技巧与众人相同，无法成为首屈一指的工匠。军事行动，最神妙的莫过于出其不意；获得胜利，最关键的莫过于让人无法辨识。"如果赵军识破了韩信的阵势，又怎么会失败呢！赵军嘲笑韩信，正是他们失败的原因。到了清晨，韩信竖起大将的旗帜，擂起战鼓，率领主力出井陉口。赵军出营迎战，双方大战了很久。于是韩信与张耳假装战败，丢下大将的旗帜、战鼓，逃向背水列阵的部队。水边的军阵让开通道，把他们迎入阵中，继续与赵军激战。赵军倾巢而出，争夺汉军的大将旗鼓，追逐韩信、张耳的部队。韩信、张耳已经进入背水为阵的军营，全军皆拼死作战，赵军无法取胜。这时，韩信事先派出的两千轻骑兵，等赵军倾巢而出争夺战功时，就迅速冲入赵军营垒，拔掉赵军的所有旗帜，插上两千面汉军的红旗。赵军无法击败韩信等人，打算收兵回营，却发现营垒中插满了汉军的红旗，因此大为惊慌，太公说："两军对阵，士兵们已经摆好了阵势，却又放纵士卒，使行列混乱，这是为了蒙骗引诱敌人。"说的就是这种情况。认为汉军已经俘获了赵军的主将，于是军心大乱，四散奔逃。赵军将领尽管斩杀了不少逃兵，仍不能阻止士卒的溃逃。孙子说："用自己的严整有序对付敌人的混乱不堪，用自己的安宁镇静对付敌人的喧哗骚动，这是掌握了敌我双方的心理特点。"如果军心已经混乱，即使有良将，也无计可施了。于是汉军前后夹击，大破赵军，在泜水边斩杀了成安君陈馀，擒获了赵王歇。汉军各位将领上呈首级与俘虏，留下来庆贺胜利，问韩信说："兵法上说：布阵时应当右后方靠着山陵，左前方对着水泽。今天您命令我们背水为阵，还说'打败赵军后会餐庆祝'。当时我们都不服气，可是最终竟然获得了胜利。请问这是什么战术？"韩信说："这战术兵法上就有，只不过你们没注意罢了。兵法上不是说'陷之死地而后生，置之亡地而后存'吗？所谓置之死地，指的是双方势均力敌，把士卒置之死地以激发斗志，从而获得胜利。如果双方实力悬殊，把弱小的军队置于死地，这就是自寻死路了。所以孙膑说："士兵一旦恐惧了，局势便无法挽救。"又《经》上说："让大部队陷于危险的境地，就可以同敌人一决胜负了。”由此可见，运用“陷之死地而后生”的战术，关键是兵力必须充足。况且我对于将士并没有施加什么恩情，这就好比驱赶着集市上的乌合之众去作战，在这种情况下，必须把他们置之死地，让他们人人为了保全自己而作战。如果把他们放在一个还有退路的地方，他们一定都会逃跑，还怎么用他们去作战呢？”各位将领说：“妙啊！我们比不上您。”孙子说：“一旦士卒深陷险境，反而不会害怕；在万不得已的情况下，就会拼死战斗。所以这样的军队不待治理就有戒备之心，无须要求就有作战意志，不加约束就能亲近团结，不必严令就会信守纪律。把士卒置于走投无路的境地，他们就会具备专诸、曹刿的勇气。”说的就是这个道理。

魏太祖征张绣①，一朝引军退。绣自追之，贾诩曰：“不可追也。”绣不从，果败而还。诩谓绣曰：“促更追之②，战必胜。”绣收散卒，赴追太祖，战果胜。还，问诩曰：“绣以精兵追退军，而公曰必败。退以败卒击胜兵，而公曰必克。皆如公之言，何其反而皆验也？”诩曰：“此易知耳。军势百途，事不一也。将军虽善用兵，非曹公敌也。魏军新退，曹公必自断其后。追兵虽精，将既不敌，彼士亦锐，故知必败。曹公攻将军，无失策，力未尽而还，必国内有故也。既破将军，必轻军速进，留诸将断后。诸将虽勇，亦非将军敌也。故虽用败兵而胜也。”绣乃服其能。

【注释】

①魏太祖征张绣：以下至“绣乃服其能”，出自《三国志·魏书·贾诩传》。

②促：赶快。

【译文】

魏太祖曹操征讨张绣，有一天突然率军撤退。张绣打算亲自追击，贾诩说：“不能追。”张绣没有听从，果然大败而归。贾诩对张绣说：“赶紧再去追击曹军，这次一定能取胜。”张绣收拢散乱的士兵，追击曹军，果然获得了胜利。凯旋后，张绣问贾诩说：“我以精兵追击撤退的敌军，而您说必定失败。我退回来后，以败兵追击刚刚得胜的敌军，而您说必定胜利。两次都如您所说，为何您的预言与常理相反，却都能应验呢？”贾诩说：“这个很容易理解。军事形势千差万别，具体情况也各不相同。将军您虽然善于用兵，却不是曹操的对手。曹军刚刚撤退，曹操必定亲自断后。您率领的追兵虽然精锐，但您既然敌不过曹操，而对方的士兵同样精锐，所以我知道这次出兵必定失败。曹操攻打将军您，并无失策之处，力量还未用尽就撤退，一定是由于国内发生了变故。曹操既然已经击败了您的追兵，必定轻装快速前进，留下其他将领断后。这些将领虽然勇猛，却也不是将军您的对手。所以虽用败兵追击，却能够取胜。”于是张绣深深佩服贾诩的才能。

此利害之变。故曰：“陷之死地而后生，杂于害而患可解。”此之谓也。

【译文】

以上所说的，就是利与害的互相转化。所以说：“把士卒置于危亡之地，这样他们才能存活；在不利情况下考虑有利的因素，祸患就可以排除。”说的就是这个道理。

奇正第二十二

【题解】

奇正，是《孙子兵法》中的重要概念，拥有非常丰富的意涵。《孙子兵法·形》张预注中，曾罗列了各家对于“奇正”的理解：“奇正之说，诸家不同。尉缭子则曰：‘正兵贵先，奇兵贵后。’曹公则曰：‘先出合战为正，后出为奇。’李卫公则曰：‘兵以前向为正，后却为奇。’此皆以正为正，以奇为奇，曾不说相变循环之义。唯唐太宗曰：‘以奇为正，使敌视以为正，则吾以奇击之；以正为奇，使敌视以为奇，则吾以正击之。混为一法，使敌莫测。’兹最详矣。”所谓“以奇为正”“以正为奇”，正是奇正之道“如环之无端，孰能穷之”的最好注脚。而要做到这一点，前提是必须能够做到“分移”，即对于军队的有效调动部署。

太公曰：“不能分移，不可语奇①。”孙子曰：“兵以正合，事以奇胜②。”何以明之？

【注释】

①不能分移，不可语奇：出自《六韬·龙韬·奇兵》。分移，调度部署。

②兵以正合，事以奇胜：出自《孙子兵法·势》。曹操注：“正者当敌，奇兵从傍击不备也。”杜佑曰：“正者当敌，奇者从傍击不备。

以正道合战,以奇变取胜也。”

【译文】

太公说:“不能调动部署军队,就谈不上出奇制胜。”孙子说:“以正兵抵挡敌人,以奇兵取胜。”如何说明这一点呢?

魏王豹反汉[①],汉王以韩信为左丞相,击魏。魏王盛兵蒲坂,塞临晋。信乃益为疑兵,陈船欲渡临晋,而伏兵从夏阳以木罂渡军,袭安邑。孙子曰:“近而示之远,远而示之近[②]。”此之谓也。魏王豹惊,引兵迎信。信遂虏豹,定魏为河东郡。

【注释】

①魏王豹反汉:以下至“定魏为河东郡”,出自《史记·淮阴侯列传》。

②近而示之远,远而示之近:出自《孙子兵法·计》。杜牧注:“欲近袭敌,必示以远去之形;欲远袭敌,必示以近进之形。”

【译文】

魏王豹背叛刘邦,刘邦任命韩信为左丞相,去讨伐魏王豹。魏王豹在蒲坂集结重兵,堵住了临晋关。韩信于是增设疑兵,摆开船只,做出要从临晋强渡黄河的架势,而暗中派出伏兵,利用木盆木桶从夏阳渡过了黄河,偷袭安邑。孙子说:“想要攻打近处,就要装作将攻打远处;想要攻打远处,就要装作将攻打近处。”说的就是这个道理。魏王豹大惊,率兵迎战韩信。韩信击败并俘虏了魏王豹,魏地被定为河东郡。

是知奇正者,兵之要也。《经》曰:“战势不过奇正[①]。奇正之变不可胜穷,如环之无端[②],孰能穷之?”此之谓矣。

【注释】

①战势不过奇正：以下至“孰能穷之”，出自《孙子兵法·势》。战势，指作战的形式、方法。张预注：“战阵之势，止于奇正一事而已；及其变而用之，则万途千辙，乌可穷尽？”“奇亦为正，正亦为奇，变化相生，若循环之无本末，谁能穷诘？”

②无端：没有起点，没有终点。

【译文】

由此可知，运用奇正之道，是用兵作战的关键。《经》说：“作战的方式不过奇、正两种。然而奇正的变化组合无穷无尽，就如同圆环一样没有起点，没有终点，谁能够穷尽它呢？”说的就是这个道理。

掩发第二十三

【题解】

掩，指暂时掩藏自己的目的，以迷惑敌人；发，指以迅猛之势采取行动，让敌人猝不及防。即所谓“始如处女，敌人开户；后如脱兔，敌不及距”，以此获得战场上的优势。田单击败燕军，吕蒙击败关羽，都是经过了前期的细致准备与铺垫，令对方误判形势，然后再施以雷霆一击，取得彻底的胜利。

孙子曰：“善战者[①]，其势险，其节短[②]。以利动之，以卒待之。”又曰：“善动敌者，形之，敌必从之[③]。”何以明其然耶？

【注释】

①善战者：以下至“以卒待之”，出自《孙子兵法·势》。

②其势险，其节短：形容造成的态势险峻，行动的节奏迅速突然。《孙子兵法·势》：“其势险，其节短。势如彍弩，节如发机。”所造成的“势”，就如同拉满的强弩一样险峻，行动的“节”，就如同触发弩机那样突然。

③善动敌者，形之，敌必从之：出自《孙子兵法·势》。

【译文】

孙子说："善于用兵的将领，所造成的态势是险峻的，行动的节奏是迅速突然的。用小利引诱敌人，用严整的军队等待敌人。"又说："善于调动敌人的将领，制造假象迷惑敌人，敌人必定信从。"如何说明这一点呢？

燕平齐[①]，围即墨城。即墨城中推田单为将，以拒燕。田单欲激怒其卒，乃宣言曰："吾唯恐燕将劓所得齐卒[②]，及掘城外坟墓，僇先人[③]，可为寒心。"燕将如其言。即墨人皆涕泣，共欲出战，怒皆十倍。单乃收人金，得千镒[④]，令即墨富豪遗燕将书[⑤]，曰："即墨即降，愿不虏吾家族。"燕将大喜，益懈。单乃收牛得千头，束苇于尾，烧其端。凿城数十穴，夜纵牛出，以壮士五千人随其后。牛尾热而奔燕，燕军大惊。所随五千因衔枚击之[⑥]，燕军大败，杀其将骑劫，复齐七十余城。

【注释】

①燕平齐：以下至"复齐七十余城"，出自《史记·田单列传》，有删节。

②劓（yì）：割鼻，古代五种酷刑之一。

③僇（lù）：侮辱。

④镒（yì）：亦作"溢（yì）"，古代重量单位。合二十两，一说二十四两。

⑤令即墨富豪遗燕将书：《史记·田单列传》无"书"字。

⑥衔枚：枚，形如筷子，两端有带，可系于颈上。古代行军时，常令士兵横衔口中，以防喧哗。

【译文】

燕军征讨齐国，围攻即墨城。即墨城中的军民推举田单担任将领，以抵抗燕军。田单想激怒齐国将士，于是散布消息说：“我最担心燕军割去被俘齐军士兵的鼻子，以及挖掘即墨城外的坟墓，侮辱祖先的遗体，这是最令人寒心的事。”燕军将领听说后，果然这样做了。即墨人都痛哭流涕，纷纷要求出战，愤怒的情绪十倍于从前。田单于是收集城中百姓的黄金，得到了黄金千镒，让即墨城中的富豪将黄金送给燕军将领，说：“即墨就要投降了，希望你们进城后，不要掳掠我的家族。”燕军将领大喜，从此更加松懈。田单于是征集了一千头牛，把芦苇绑在牛尾上，将芦苇的一端点燃。在城墙上凿开几十个洞，趁夜放牛出去，并派五千名壮士跟随在牛的后面。牛尾受热，牛群奔向燕军军营，燕军大惊。跟随在牛群后的五千壮士趁机悄悄击杀燕军，燕军大败，将领骑劫被杀，田单趁势收复了被燕国占领的七十多座齐国城池。

吕蒙西屯陆口[①]。关羽讨樊，留兵备公安、南郡。蒙上疏曰：“关羽讨樊而多留备兵，必恐蒙图其后故也。蒙常有病，乞分众还建邺，以治病为名。羽闻之，必彻备兵，尽赴襄阳。大军浮江，昼夜驰上，袭其空虚，则南郡可取，而羽可擒之。”遂称病笃。权乃露檄召蒙。羽果信之，稍彻兵赴樊。权闻之，遂行。先遣蒙在前，伏其精兵于䑸䑵中，使白衣摇橹，作商贾服，昼夜兼行。至羽所置江边屯候，尽收缚之。是故羽不闻知。太公曰：“伪称敌使者[②]，所以绝粮道。谬令号，与敌同服者，所以备走北也。”由此言之，衣服、号令之中，不可不审也。遂到南郡，士仁、糜芳皆降[③]。蒙入据城，尽得羽、将士家属，皆抚慰，约令军中不得干历人家，道不拾遗。昔秦伯见袭郑之利，不顾崤、函之败[4]；吴王矜伐齐之功，而忘姑苏之祸。故曰："不能尽知用兵之害者，则不能尽知用兵之利[5]。"此之谓矣。《经》曰："役诸侯者以业[6]。"语曰："因其强而强之，敌乃可折[7]。"关羽讨樊，虽不被人计，亦自役自强者也。**羽还，在道路数使人与蒙相闻。蒙厚遇其使，使周旋城中，家家致问，或手书示信。羽使人还，私相参讯，咸知家门无恙，见待过于平时，故羽士卒无斗心。权至，获羽，遂定荆州。**

【注释】

①吕蒙西屯陆口：以下至"遂定荆州"，出自《三国志・吴书・吕蒙传》，有删节。陆口，即蒲圻口，陆水入长江之口，在今湖北嘉鱼西南。为军事重镇，三国吴曾多次设兵于此。

②伪称敌使者：以下至"所以备走北也"，出自《六韬・龙韬・奇兵》。

③士仁：即傅士仁，字君义，广阳（治今北京西南隅）人。蜀汉将领。糜芳：一作"麋芳"，字子方，东海朐（今江苏连云港海州区西南）人。蜀汉将领，刘备的糜夫人的兄弟。二人由于受到关羽轻慢，吕蒙袭取荆州时不战而降。

④昔秦伯见袭郑之利，不顾崤、函之败：前627年，秦穆公派兵偷袭郑国，后因郑国有备而撤兵。晋军在崤山隘道设伏，全歼了回师的秦军，俘虏了秦军三位统帅。事见《左传・僖公三十三年》。

⑤不能尽知用兵之害者，则不能尽知用兵之利：出自《孙子兵法・作战》。

⑥役诸侯者以业：出自《孙子兵法・九变》。曹操注："业，事也。使其烦劳，若彼入我出，彼出我入也。"

⑦因其强而强之，敌乃可折：出自《战国策・燕策二・客谓燕王曰》。

【译文】

吕蒙驻扎于陆口。关羽征讨樊城，留下一批将士防守公安、南郡。

吕蒙上疏说："关羽进攻樊城，而留下众多驻守的军队，这一定是害怕我攻击他的后方。我常常有病，请让我带一部分军队回建业，以治病为名。关羽听说后，必然撤出南郡守兵，全部调到襄阳前线。我们再出动大军，沿着长江乘船昼夜赶往上游，趁其防备空虚发动袭击，则南郡可以攻下，关羽可以擒获。"遂对外宣称病重。孙权于是发布公开文书召回吕蒙。关羽果然信以为真，逐渐撤走南郡守军调往樊城。孙权听到消息后，立即开始行动。派遣吕蒙作为先锋，吕蒙把精兵隐藏在大船中，让摇橹的士兵穿上白色衣服，伪装成商人，昼夜赶路。到达关羽所设置的江边哨所后，把哨兵全部捆绑起来，因此关羽浑然不知吴军来袭。太公说："假扮敌方使者，是为了断绝对方的粮道。冒用敌军号令，穿上与敌军同样的衣服，是为了预备战败时逃跑。"由此说来，军队的衣服、号令，不能不慎重。吕蒙到达南郡后，傅士仁、糜芳都率众投降。吕蒙占据南郡，将关羽及其将士的家属全部俘获，对他们加以安抚招纳，命令士卒不得骚扰民众，道不拾遗。从前，秦穆公只看到袭击郑国的好处，却没有预料到秦军将在崤山、函谷关遭遇惨败；吴王夫差自满于讨伐齐国的功绩，却没有预料到自己将死于姑苏台上。所以说："不能完全了解用兵的危害，就不能完全懂得用兵的好处。"说的就是这种情况。《经》说："要通过事情役使诸侯，令其疲于奔命。"俗话说："让强大的敌人自恃强大，就可以打败它。"关羽讨伐樊城，即使没有被吕蒙算计，也会因为自我役使，自恃强大而失败。关羽从樊城撤军，路上数次派遣使者与吕蒙联络。吕蒙厚待关羽使者，让他们到城中各处去，挨家挨户问候，有的人家还请使者带回亲笔信报平安。关羽的使者返回后，将士们私下打听消息，都得知家属平安，受到的待遇甚至超过了平时，所以关羽的将士都没有了斗志。孙权率部赶到南郡，擒获了关羽，遂平定了荆州。

此掩发之变。故曰："始如处女[①]，敌人开户；后如脱兔，敌不及距。"此之谓矣。

【注释】

①始如处女：以下至“敌不及距”，出自《孙子兵法·九地》，杜牧注：“言敌人初时谓我无所能为，如处女之弱，我因急去攻之，险迅疾速，如兔之脱走，不可捍拒也。”

【译文】

这就是“掩发”的变化。所以说：“开始时像处女一样沉静，使敌人放松警惕，门户大开；然后像逃脱的兔子一样敏捷，让敌人来不及抗拒。”说的就是这个道理。

还师第二十四

【题解】

本卷《出军》篇指出，大军出征，要给予将帅绝对的主导权，“无天于上，无地于下，无敌于前，无君于后”。那么，当手握重兵的将帅凯旋时，如何处理权力的交接，就成了一个需要慎重对待的政治问题，即所谓“还军罢师，存亡之阶”。君主对于功臣的处置，历史上不乏残酷的先例。本篇强调，应以和平的方式解决这一问题，以“极人臣之位”“中州善国”“美色珍玩”为条件，妥善置换将帅手中的军权。

本卷以《出军》为始，《还师》为终，在兵书中广泛抄撮，涵盖了一系列重要的军事问题。赵蕤最后总结到，对于兵法的运用，必须“因机而用权”，“不可执一”，这也是赵蕤军事理念的核心所在。

孙子曰：“兴师百万，日费千金[①]。”王子曰：“四人用虚，国家无储[②]。”故曰：“运粮百里[③]，无一年之食；二百里，无二年之食；三百里，无三年之食，是谓国虚。国虚则人贫，人贫则上下不相亲。”上无以树其恩，下无以活其身，则离叛之心生，此为战胜而自败。

【注释】

①兴师百万，日费千金：出自《孙子兵法·用间》。

②四人用虚，国家无储：见于《黄石公三略·下略》。四人，《黄石公三略·下略》作“四民”，指士、农、工、商。

③运粮百里：以下至“人贫则上下不相亲”，出自《黄石公三略·上略》。百里，《黄石公三略·上略》作“千里”。

【译文】

孙子说：“出动百万大军，每日的耗费多达千金。”王子说：“士、农、工、商的用度匮乏，国家就没有储备。”所以说：“运粮到百里之外，国家就缺一年的粮食；运粮到两百里之外，国家就缺两年的粮食；运粮到三百里之外，国家就缺三年的粮食；这就是所说的国家空虚。国家空虚，民众就贫困；民众贫困，君臣上下就不会和睦。”君主无法树立恩德，民众无法养活自己，那么民众的背叛之心就会产生，在这种情况下，即使在战争中获胜，国家也会因此衰败。

故虽破敌于外，立功于内，然而战胜者以丧礼处之，将军缟素请罪于君[①]。君曰：“兵之所加，无道国也。擒敌制胜，将无咎殃。”乃尊其官，以夺其势。故曰[②]：“高鸟死，良弓藏；敌国灭，谋臣亡。”亡者，非丧其身，谓沉之于渊。沉之于渊者，谓夺其威，废其权。封之于朝，极人臣之位，以显其功；中州善国，以富其家；美色珍玩，以悦其心。仁者之众可合而不可离[③]，威权可与而难卒移。是故还军罢师，存亡之阶。尉他、章邯是也[④]。故弱之以位，夺之以国。故霸者之佐[⑤]，其论驳也。驳，不纯道也。人主深晓此道，则能御臣将；汉祖袭夺齐军之类[⑥]。人臣深晓此道，则能全功保首。张良学辟谷，弃人间事之类者[⑦]。此还师之术也。

【注释】

①缟素：白色丧服。

②故曰：以下至“则能全功保首”，出自《黄石公三略·中略》，文字有所不同。

③仁者之众可合而不可离：《黄石公三略·中略》作“人众一合而不可卒离”，译文从之。

④尉他：即赵佗，原为秦朝将领，与任嚣南下攻打百越。秦末大乱时，趁机阻绝道路，割据岭南。事见《史记·南越列传》。章邯：秦朝将领，在钜鹿之战中战败，害怕受到朝廷的惩处，遂投降了项羽。事见《史记·项羽本纪》。

⑤霸者之佐：《黄石公三略·中略》作“霸者之作”，译文从之。

⑥汉祖袭夺齐军：指刘邦夺去韩信兵权。《史记·淮阴侯列传》：“项羽已破，高祖袭夺齐王军。”《史记·高祖本纪》：“（刘邦）还至定陶，驰入齐王壁，夺其军。”

⑦张良学辟谷，弃人间事之类者：事见《史记·留侯世家》：“留侯乃称曰：‘家世相韩，及韩灭，不爱万金之资，为韩报仇强秦，天下振动。今以三寸舌为帝者师，封万户，位列侯，此布衣之极，于良足矣。愿弃人间事，欲从赤松子游耳。’乃学辟谷，道引轻身。”辟谷，谓不食五谷。道教的一种修炼术。

【译文】

因此，虽然在外打败了敌人，在内建立了功勋，然而战胜的一方采用丧礼的仪式应对胜利，将军身穿白色丧服向君主请罪。君主说：“我们发兵征讨的，是不讲道义的国家。擒获敌人，取得胜利，将领没有过错。”于是为其加官晋爵，以剥夺他的军权。所以说：“高空上的飞鸟被射尽，优良的弓箭就要藏起来；敌国被消灭，谋臣就会消灭掉。”所谓消灭掉，并不是杀死他们，而是把他们沉于深渊中。所谓沉于深渊中，指剥夺他们的威势，废除他们的权力。在朝廷上给他们封赏，使其位极人臣，以表彰他们的功勋；分封给他们中原地区最好的封国，使其家族富有；赏赐给他们珠宝美人，使其心情愉悦。一旦召集大军，就难以突然解散；一旦给予将领威权，就难以突然收回。所以军队班师回朝，是国家存亡的关键时刻。尉他、章邯就是这方面的例子。所以通过加官晋爵来削弱将帅的权力，通过分封土地来剥夺他的兵权。所以霸者的兴起，所遵循的道理是驳杂的。驳，指不完全符合道义。如果君主能精通此道，就能够驾驭大臣与将领；如汉高祖突然夺去韩信的兵权。人臣精通此道，就能够保全自己功业与性命。如张良学习辟谷之术，放弃人间之事。这就是应对班师回朝军队的方法。

论曰：奇正之机，五间之要，天地之变，水火之道，如声不过五声[①]，五声之变不可胜听；色不过五色[②]，五色之变不可胜观，在乎因机而用权矣，不可执一也。故略举其体之要。此皆诸兵书中语也。

【注释】

①声不过五声：以下至“五色之变不可胜观”，出自《孙子兵法·势》。五声，指宫、商、角、徵、羽五音。

②五色：青、赤、白、黑、黄五种颜色。

【译文】

评论道：奇正的变化，使用五种间谍的原则，天时、地利的变化，水攻、火攻的运用方法，诸如此类，就如同声音不过宫、商、角、徵、羽五声，然而五声的变化却多得听不过来；颜色不过青、赤、白、黑、黄五色，然而五色的变化却多得看不过来，关键就在于把握时机，随机应变，不可固执于某一种方法。因此我简单列举了用兵的要点与原则。以上这些，都是各种兵书中的论述。

中华经典名著
全本全注全译丛书
（已出书目）

读通鉴论
宋论
文史通义
老子
道德经
帛书老子
鹖冠子
黄帝四经·关尹子·尸子
孙子兵法
墨子
管子
孔子家语
吴子·司马法
商君书
慎子·太白阴经
列子
鬼谷子
庄子
公孙龙子(外三种)
荀子
六韬
吕氏春秋
韩非子
山海经
黄帝内经
素书

新书
淮南子
九章算术(附海岛算经)
新序
说苑
列仙传
盐铁论
法言
方言
白虎通义
论衡
潜夫论
政论·昌言
风俗通义
申鉴·中论
太平经
伤寒论
周易参同契
人物志
博物志
抱朴子内篇
抱朴子外篇
西京杂记
神仙传
搜神记
拾遗记

世说新语
弘明集
齐民要术
刘子
颜氏家训
中说
帝范·臣轨·庭训格言
坛经
大慈恩寺三藏法师传
长短经
蒙求·童蒙须知
茶经·续茶经
玄怪录·续玄怪录
酉阳杂俎
历代名画记
化书·无能子
梦溪笔谈
北山酒经(外二种)
容斋随笔
近思录
洗冤集录
传习录
焚书
菜根谭
增广贤文
呻吟语

了凡四训
龙文鞭影
长物志
智囊全集
天工开物
溪山琴况·琴声十六法
温疫论
明夷待访录·破邪论
陶庵梦忆
西湖梦寻
幼学琼林
笠翁对韵
声律启蒙
老老恒言
随园食单
阅微草堂笔记
格言联璧
曾国藩家书
曾国藩家训
劝学篇
楚辞
文心雕龙
文选
玉台新咏
二十四诗品·续诗品
词品

闲情偶寄

古文观止

聊斋志异

唐宋八大家文钞

浮生六记

三字经·百家姓·千字文·弟子规·千家诗

经史百家杂钞